李宗侗（一八九五—一九七四）

字文伯，河北省高陽縣人。自幼聰明過人。十七歲時到法國留學，畢業於法國巴黎大學。一九二四年返國，受聘於國立北京大學，兼法文系主任，曾出任故宮博物院秘書長等職。一九四八年，受聘為國立臺灣大學歷史系教授。後歷兼國史館史料審查委員、編譯館編審委員、臺灣省文獻委員會顧問、中華文化復興運動推行委員會委員等職。對中國古代史頗有研究，在學術上時有獨特見解。

夏德儀（一九〇一—一九九八）

號卓如，為臺灣大學歷史系文史淵博精深知名教授。一九〇一年出生於江蘇，北大歷史系畢業，一九四六年來臺任教，先後開授中國通史、中國近代史、中國外交史等課程。教學之餘並擔任中學歷史教科書編委，以及參與臺灣文獻叢刊的史料編纂工作。一九九四年完成《百吉老人自訂年譜》一書。退休後定居美國，一九九八年去世於美國。

國立編譯館中華叢書編審委員會 主編

資治通鑑今註

第十三冊

唐紀

李宗侗 夏德儀等 校註

臺灣商務印書館

目次　【第十三冊】

卷二百三十七　唐紀五十三

司馬光編集
曲守約註

起柔兆閹茂，盡屠維赤奮若六月，凡三年有奇。（丙戌至己丑，西元八〇六年至八〇九年）

憲宗昭文章武大聖至神孝皇帝上之上

元和元年（西元八〇六年）

㈠春，正月，丙寅朔，上帥羣臣詣興慶宮，上上皇尊號。

㈡丁卯，赦天下，改元。

㈢辛未，以鄂岳觀察使韓皐為奉義節度使㊀。癸酉，以奉義留後伊宥為安州刺史、兼安州留後。宥，愼之子也。壬午，加成德節度使王士真同平章事。

㈣甲申，上皇崩於興慶宮㊁。

㈤劉闢既得旌節㊂，志益驕，求兼領三川，上不許，闢遂發兵，圍東川節度使李康於梓州㊃。欲以同幕㊄盧文若為東川節度使，推官、莆田㊅林蘊力諫闢舉兵，闢怒，械繫於獄，引出㊆將斬之，陰戒行刑者，使不殺，但數礪刃於其頸(八)，欲使屈服而赦之。蘊叱之曰：「豎子(九)當斬，即斬我頸，豈汝礪石邪(一〇)！」闢顧左右曰：「真忠烈之士也。」乃黜為唐昌(一一)尉。

(六)上欲討闢，而重於用兵(一二)，公卿議者亦以為蜀險固(一三)難取，杜黃裳獨曰：「闢狂戇(一四)書生，取之如拾芥(一五)耳！臣知神策軍使高崇文勇略可用，願陛下專以軍事委之，勿置監軍(一六)，闢必可擒。」上從之。翰林學士李吉甫亦勸上討蜀，上由是器之(一七)。戊子，命左神策行營節度使高崇文將步騎五千為前軍，【考異】實錄云：「為左軍。」按有左必有右，而云李元奕為次軍，則崇文必前軍也。神策京西行營兵馬使李元奕將步騎二千為次軍，與山南西道節度使嚴礪同討闢。時宿將(一八)名位素重者(一九)甚眾，皆自謂當征蜀之選，及詔用崇文，皆大驚(二〇)。上與杜黃裳論及藩鎮，黃裳曰：「德宗自經憂患，務為姑息(二一)，不生除節帥(二二)，有物故(二三)者，先遣中使察軍情所與(二四)則授之，中使或私受大將賂(二五)，歸而譽(二六)之，即降旌鉞(二七)，未嘗有出朝廷之意者(二八)。陛下必欲振舉綱紀(二九)，宜稍以法度裁制(三〇)藩鎮，則天下可得而理(三一)也。」上深以為(三二)然，於是始用兵討蜀，以至威行兩河，皆黃裳啓之㉝也。

(七)高崇文屯長武城，練卒五千，常如寇至㉞，卯時受詔，辰時即行㉟，器械糗㊱糧，一無㊲所闕。甲午，崇文至斜谷㊳，李元奕出駱谷㊴，同趣梓州，崇文軍至興元㊵，軍士有食於逆旅㊶，折人匕筯㊷者，崇文斬之以徇㊸。劉闢陷梓州，執李康。

(八)二月，嚴礪拔劍州㊹，斬其刺史文德昭。

(九)奚王誨落可入朝㊺，丁酉，以誨落可為饒樂郡王，遣歸。

(十)癸丑，加魏博節度使田季安同平章事。

(十一)戊午，上與宰相論自古帝王，或勤勞庶政，或端拱㊻無為，互有得失，何為而可？杜黃裳對曰：「王者上承㊼天地宗廟，下撫百姓四夷，夙夜憂勤，固不可自暇自逸㊽；然上下有分㊾，紀綱有敍㊿，苟慎選天下賢材而委任之，有功則賞，有罪則刑，選用(51)以公，賞刑以信，則誰不盡力，何求不獲哉！明主勞於求人，而逸於任人(52)，此虞舜所以能無為而治者也。至於獄市(53)煩細(54)之事，各有司存(55)，非人主所宜親(56)也。昔秦始皇以衡石程書(57)，魏明帝自案行尚書事(五八)，隋文帝衛士傳飧(五九)，皆無補於當時，取譏於後來，其耳目形神(六〇)，非不勤且勞也，所務非其道也。夫人主患不推誠(六一)，人臣患不竭忠，苟上疑其下，下欺其上，將以求理，不亦難乎！」上深然其言。

(十二)三月，丙寅，以神策行營京西節度使范希朝為右金吾大將軍。

(十三)高崇文引兵自閬州(六二)趣梓州，劉闢將邢泚引兵遁去，崇文入屯梓州，闢歸李康於崇文，以求自雪；崇文以康敗軍失守(六三)，斬之。

【考異】劉崇遠金華子雜編曰：「高駢在淮海，周寶在浙西為節度使，相與有隙，駢忽遣使悔敍離絕，願復和好，請境會於金山。寶謂其使者曰，我非李康，更要作家門功勳，欺誑朝廷邪！注云，元和中李康鎮東川，傳有異志，駢祖崇文鎮西川，乃偽設鄰好，康不防備，來會於境，為崇文所斬。」補國史曰：「劉闢舉兵下東蜀，連帥李康棄城奔走，崇文下劍閣日，長子日暉不當矢石，欲戮之以勵眾，師次綿州，斬李康，疏康擅離征鎮，不為拒敵。注云，當時議論云，康任懷州刺史日，杖殺武陟尉，即崇文判官宋君平之父，乘此為之復讎。」按金華子言，固不知李康為劉闢所圍事，而云崇文誘誅之，補國史又不知被擒事，而云棄城走，此皆得於傳聞，不可為據，今從舊傳。

丙子，嚴礪奏克梓州，丁丑，制削奪劉闢官爵。

(十四)初韓全義入朝，以其甥楊惠琳知夏綏留後，杜黃裳以全義出征無功，驕蹇(六四)不遜(六五)，直令致仕，以右驍衛將軍李演為夏綏節度使，惠琳勒兵(六六)拒之，表稱(六七)將士逼臣為節度使。河東節度使嚴綬表請討之。詔河東、天德軍合擊惠琳，綬遣牙將阿跌光進及弟光顏將兵赴之，光進本出河曲步落稽，兄弟在河東軍，皆以勇敢聞。【考異】舊李光進傳曰：「肅宗自靈武觀兵，光進從郭子儀破賊，收兩京；上元初，郭子儀為朔方節度，用光進為都知兵馬使，尋遷渭北節度使。大曆四年，葬母於京城南原，將相致祭者，凡四十四幄。」此乃李光弼弟光進事也，而劉昫置之此傳下，乃云：「元和四年，范希朝救易定，表光進為馬步都虞候。」其疏謬如此。辛巳，夏州兵馬使張承金斬惠琳，傳首京師。

〔六五〕東川節度使韋丹至漢中，表言：「高崇文客軍遠鬭，無所資(六八)，若與梓州，綴(六九)其士心，必能有功。」夏，四月，丁酉，以崇文為東川節度副使，知節度事。【考異】實錄於此云：「為東川節度使。」至十月除西川時，則云：「東川節度副使，知節度事。」蓋此時誤也。

〔六六〕潘孟陽所至，專事遊宴(七〇)，從僕三百人，多納賄賂；上聞之，甲辰，以孟陽為大理卿，罷其度支鹽鐵轉運副使。

〔六七〕丙午，策試制舉之士(七一)，於是校書郎元稹、監察御史獨孤郁、校書郎下邽(七二)白居易、前進士蕭俛、沈傳師出焉(七三)。郁，及之子(七四)；俛，華之孫(七五)；傳師，既濟之子也(七六)。

〔六八〕杜佑請解(七七)財賦之職，仍舉兵部侍郎、度支使、鹽鐵轉運副使李巽自代，丁未，加佑司徒，罷其鹽鐵轉運使，以巽為度支鹽鐵轉運使。自劉晏之後，居財賦之職者，莫能繼(七八)之，巽掌使(七九)一年，征課所入，類(八〇)晏之多，明年過之，又一年加(八一)一百八十萬緡。

(十九)戊申，加隴右經略秦州刺史劉澭保義軍節度使(八二)。

(廿)辛酉，以元稹為左拾遺，白居易為盩厔(八三)尉，集賢校理蕭俛(八四)為右拾遺，沈傳師為校書郎。稹上疏論諫職，【考異】稹自敘及新傳，先上教本書，論諫職在後，今從舊傳。以為：「昔太宗以王珪魏徵為諫官，宴遊寢食，未嘗不在左右，又命三品以上議大政，必遣諫官一人隨之，以參得失，故天下大理。今之諫官，大不得豫召見(八五)，次不得參時政，排行就列，朝謁而已(八六)。近年以來，正牙不奏事(八七)，庶官罷巡對(八八)，諫官能舉職(八九)者，獨誥命有不便，則上封事耳，君臣之際，諷諭(九〇)於未形(九一)，籌畫於至密，尚不能回(九二)至尊之盛意，況於既行之誥令，已命之除授，而欲以咫尺之書(九三)，收絲綸之詔(九四)，誠亦難矣。願陛下時於延英召對，使盡所懷(九五)，豈可寘(九六)於其位，而屏棄(九七)疏賤之哉。」頃之，復上疏，以為：「理亂之始，必有萌象(九八)，開直言，廣視聽，理之萌也(九九)；甘諂諛，蔽近習(一〇〇)，亂之象也。自古人君即位之初，必有敢言之士，人君苟受而賞之，則君子樂行其道，小人亦貪得其利，不為回邪(一)矣。如是，則上下之志(二)通，幽遠之情達(三)，欲無理，得乎(四)？苟拒而罪之，則君子卷懷括囊(五)，以保其身，小人阿意迎合，以竊其位矣。如是，則十步之事，皆可欺也，欲無亂，得乎？昔太宗初即政，孫伏伽以小事諫，太宗喜，厚賞之(六)，故當是時，言事者惟患不深切(七)，未嘗以觸(八)忌諱(九)為憂也，太宗豈好逆意(一〇)而惡從欲(一一)哉？誠以順適之快(一二)小，而危亡之禍大故也。陛下踐阼，今以周歲，未聞有受伏伽之賞者，臣等備位諫列(一三)，曠日彌年(一四)，不得召見，每就列位，屏氣鞠躬(一五)，不敢仰視，又安暇(一六)議得失，獻可否哉？供奉官(一七)尚爾，況疏遠之臣乎！此蓋羣下因循之罪也。」因條奏請次對百官，復正牙奏事，禁非時貢獻等十事。

積又以貞元中王伾、王叔文以伎術得幸東宮，永貞之際，幾亂天下，上書勸上早擇修正(一八)之士，使輔導諸子，以為：「太宗自為藩王，與文學清修之士十八人居(一九)，後代太子，諸王雖有僚屬，日益疏賤，至於師傅之官，非眊瞶(二〇)廢疾不任事者，則休戎(二一)罷帥不知書(二二)者為之，其友諭贊議之徒，尤為冗散之甚(二三)，搢紳皆恥由之(二四)，就使㉕時得僻老㉖儒生，越月踰時，僅獲一見，又何暇傳之德義，納之法度㉗哉！夫以匹士愛其子，猶知求明哲㉘之師而教之，況萬乘之嗣，繫四海之命㉙乎！」上頗嘉納其言，時召見之。

(廿)壬戌，邵王約㉚薨。

(廿一)五月，丙子，以橫海留後程執恭為節度使。

(廿二)庚辰，尚書左丞同平章事鄭餘慶罷為太子賓客。辛卯，尊太上皇后為皇太后。

(廿三)劉闢城鹿頭關㉛，連八柵，屯兵萬餘人以拒高崇文。六月，丁酉，崇文擊敗之。闢置柵於關東萬勝堆，戊戌，崇文遣驍將范陽高霞寓攻奪之，下瞰㉜關城，凡八戰，皆捷。

(廿四)加盧龍節度使劉濟兼侍中，己亥，加平盧節度使李師古兼侍中。

(廿五)庚子，高崇文破劉闢於德陽㉝，癸卯，又破之於漢州，嚴礪遣其將嚴秦破闢眾萬餘人於綿州石碑谷㉞。

(廿六)初李師古有異母弟曰師道，常疏斥㉟在外，不免貧窶㊱，師古私㊲謂所親曰：「吾非不友於師道也，吾年十五，擁節旄，自恨不知稼穡之艱難，況師道復滅㊳吾數歲，吾欲使之知衣食之所自來，且以州縣之務付之，計諸公必不察㊴也。」及師古疾篤㊵，師道時知密州事，好畫及觱篥㊶，師古謂判官高沐、李公度曰：「迨㊷吾之未亂也，欲有問於子，我死子欲奉誰為帥乎？」二人相顧未對，師古曰：「豈非師道乎㊸？人情誰肯薄骨肉而厚他人，顧置帥不善，則非徒㊹敗軍政也，且覆㊺吾族。師道為公侯子孫，不務訓兵理人，專習小人賤事㊻，以為己能，果堪為帥乎，幸諸公審㊼圖㊽之！」閏月，壬戌朔，師古薨，沐、公度秘不發喪，潛逆㊾師道於密州，奉以為節度副使。

(廿八)秋，七月，癸丑，高崇文破劉闢之眾萬人於玄武㊿。甲午，詔凡西川繼援(五一)之兵，悉取崇文處分(五二)。

(廿九)壬寅，葬至德大聖大安孝皇帝於豐陵(五三)，廟號順宗。

(卅)八月，壬戌，以妃郭氏為貴妃。丁卯，立皇子寧為鄧王，寬為澧王，宥為遂王，察為深王，寰為洋王，寮為絳王，審為建王。

(卅一)李師道總軍務久之，朝命(五四)未至，師道謀於將佐，或請出兵掠四境，高沐固止之，請輸兩稅，申官吏(五五)，行鹽法，遣使相繼奉表詣京師，杜黃裳請乘其未定而分之(五六)，上以劉闢未平，己巳，以師道為平盧留後，知鄆州事。

(卅一)堂後主書(五七)滑渙久在中書，與知樞密劉光琦相結，宰相議事，有與光琦異者，令渙達意，常得所欲，杜佑、鄭絪等皆低意(五八)善視之。鄭餘慶與諸相議事，渙從旁指陳是非，餘慶怒叱之，未幾罷相。四方賂遺無虛日，中書舍人李吉甫言其專恣，請去之，上命宰相闔中書四門搜掩(五九)，盡得其姦狀。九月，辛丑，貶渙雷州(六〇)司戶，尋(六一)賜死，籍沒家財，凡數千萬。

(卅二)壬寅，高崇文又敗劉闢之眾於鹿頭關，嚴秦敗劉闢之眾於神泉(六二)，河東將阿跌光顏將兵會高崇文於行營，愆期(六三)一日，懼誅，欲深入自贖，軍於鹿頭之西，斷其糧道，城中憂懼，於是闢綿江(六四)柵將李文悅、鹿頭守將仇良輔皆以城降於崇文，獲闢壻蘇彊，士卒降者萬計。崇文遂長驅，直指成都，所向崩潰，軍不留行(六五)，辛亥，克成都，劉闢盧文若帥數十騎西奔吐蕃，崇文使高霞寓等追之，及於羊灌田(六六)，闢赴江不死，擒之，文若先殺妻子，乃繫石自沈。崇文入成都，屯於通衢，休息士卒，市肆不驚，(六七)珍貨山積，秋豪不犯，檻劉闢送京師，斬闢大將邢泚、館驛巡官沈衍，【考異】林恩補國史曰：「衍與段文昌闢逼令判案，禮同上介，亦接諸公候謁，崇文目段公曰，公必為將相，未敢奉薦。揖起沈衍令梟首，標於驛門。二人誅、賞之異，未曉其意何如也。」餘無所問，軍府事無巨細，命一遵韋南康(六八)故事，從容指撝(六九)，一境皆平。

(四四)初韋皐以西山運糧使崔從知邛州事，劉闢反，從以書諫闢，闢發兵攻之，從嬰城(七〇)固守，闢敗乃得免。從，融之曾孫(七一)也。韋皐參佐房式、韋乾度、獨孤密、符載、郗士美、段文昌等素服(七二)麻屨，銜土(七三)請罪，崇文皆釋而禮之，草表(七四)薦式等，厚贐(七五)而遣之。目段文昌曰：「君必為將相，未敢奉薦。」載、廬山人(七六)，式、琯之從子(七七)，文昌、志玄之玄孫(七八)也。闢有二妾皆殊色，監軍請獻之，崇文曰：「天子命我討平凶豎，當以撫(七九)百姓為先，遽獻婦人以求媚(八〇)，豈天子之意邪！崇文義不為此。」乃以配(八一)將吏之無妻者。杜黃裳建議征蜀及指受高崇文方略，皆懸合(八二)事宜，崇文素憚劉澭，黃裳使謂之曰：「若無功，當以劉澭相代。」故能得死力(八三)。及蜀平，宰相入賀，上目黃裳曰：「卿之功也。」

(七五)辛巳，詔徵少室山(八四)人李渤為左拾遺，渤辭疾不至，然朝政有得失，渤輒附奏(八五)陳論。

(七六)冬，十月，甲子，易定節度使張茂昭入朝。

(七七)制割資、簡、陵、榮、昌、瀘六州隸東川。房式等未至京師，皆除省寺官。丙寅，以高崇文為西川節度使，戊辰，以嚴礪為東川節度使。庚午，以將作監柳晟為山南西道節度使，晟至漢中，府兵(八六)討劉闢還，未至城，詔復遣戍梓州，軍士怨怒，脅(八七)監軍謀作亂，晟聞之，疾驅入城慰勞之，既而問曰：「汝曹何以得成功？」對曰：「誅反者劉闢耳。」晟曰：「闢以不受詔命，故汝曹得以立功，豈可復使他人誅汝以為功邪！」眾皆拜謝(八八)，請詣戍所，如詔書(八九)，軍府由是獲安。

(七八)壬午，以平盧留後李師道為節度使。

(七九)戊子，劉闢至長安，并族黨誅之。

(四十)武寧節度使張愔有疾，上表請代。十一月，戊申，徵愔為工部尚書，以東都留守王紹代之，復以濠泗二州隸武寧軍[九〇]，徐人喜得二州，故不為亂。

(四一)丙辰，以內常侍吐突承璀為左神策中尉，承璀事上於東宮，以幹敏[九一]得幸。

(四二)是歲，回鶻入貢，始以摩尼偕來於中國，置寺處之[九二]，其法，日晏[九三]乃食，食葷[九四]，而不食湩[九五]酪[九六]，回鶻信奉之，可汗或與議國事。

【今註】[一]奉義節度使：德宗貞元十九年，名安黃軍曰奉義。[二]上皇崩於興慶宮：年四十六。[三]劉闢既得旌節：去年，以闢知西川節度，見上卷。旌節，謂旌旄符節，朝廷賜節度使以執持者。[四]圍東川節度使李康於梓州：《舊唐書・地理志》四：「劍南道、梓州，乾元後分蜀為東西川，梓州恒為東川節度使治所，至京師二千九百里。」東川節度使領梓、劍、綿、普、陵、榮、遂、合、渝、瀘等州。[五]同幕：謂同幕府之人。[六]莆田：今福建省莆田縣。[七]引出：牽出。[八]礪刃於其頸：謂以刃置其頸，不停扯動之，如磨刃然。[九]豎子：詈人語，意謂其卑賤無知。[一〇]豈汝礪石邪：謂豈汝礪刃之石耶。[一一]唐昌：據《新唐書・地理志》六，唐昌縣屬劍南道彭州。[一二]重於用兵：謂難於用兵。

⑬險固：謂山川險阻，關塞堅固。⑭狂戇：狂愚，音ㄓㄨㄤˋ。⑮拾芥：謂拾草芥，極喻其易。⑯監軍：唐代以宦官監察軍事，謂之監軍。⑰器之：謂知其可用而倚重之。⑱宿將：舊將。⑲素重者：謂平常已隆重者。⑳皆大驚：謂出於意外，而甚驚訝之。㉑姑息：苟容取安。㉒不生除節帥：謂所除拜之節帥，皆係於前節帥死後始封授之。㉓物故：死亡。㉔軍情所與：謂軍士所贊成而擁戴者。㉕賂：賄賂。㉖譽：稱譽。㉗旄鉞：旌旄節鉞。㉘出朝廷之意者：謂出於天子自己之意思。㉙綱紀：謂法度。㉚裁制：裁斷控制。㉛可得而理：即可得而治，唐人以避治諱，率改為理，諸卷中此類事例，觸處皆是，爰揭櫫於此，後不詳焉。㉜深以為：猶甚以為。㉝啓之：開導之。㉞常如寇至：謂常加戒備，有如寇至，而立起而禦之。㉟卯時受詔，辰時即行：按卯之後為辰，故亦即立刻起行之意。核《舊唐書・高崇文傳》，卯時上有及是中使至長武七字，文較連貫，且於事實，又得闡發，當從添入。㊱糗：熬米麥為糗，音ㄑㄧㄡ。㊲一無：全無。㊳斜谷：《郿縣志》：「斜谷在郿縣西南三十里，入谷口二百二十里，抵鳳縣界；出連雲棧，復百五十里，出谷，抵褒城。」㊴駱谷：《寰宇記》：「駱谷道，南通蜀漢，尋廢塞，唐復開。東北自鄠縣界，西南逕盩厔縣，又西南入駱谷，出谷入洋州興勢縣界。」㊵興元：據《新唐書・地理志》四，山南西道，興元府，漢中郡，天寶元年，更郡名興元。㊶逆旅：謂逆迓行旅之館，或謂客舍及旅館。㊷匕筯：飲食所用之器具。㊸以徇：謂陳尸以徇於軍。㊹劍州：據《舊唐書・地理志》四，劍州屬劍南道，至京師一千六百六十二里。㊺奚王誨落可入朝：按《新、舊唐書・奚國傳》，誨落可皆作梅落。核《舊唐書・憲

宗紀》：「元和元年二月，入朝奚王梅落可銀青光祿大夫，封饒樂郡王。」是《通鑑》誤將詔書用語之可，視為人名之一部分，可字自應行刪去。(四六)端拱：端正拱揖，喻不事事。(四七)承：承奉。(四八)自暇自逸：自己閒暇安逸。(四九)有分：有本來之分。(五〇)有敍：有次序。(五一)選用：選舉任用。(五二)明主勞於求人而逸於任人：謂明主於求賢才時，則甚勤勞；而及得賢士後，則全委賢士為之，故己反甚閒逸。(五三)獄市：刑獄市易。(五四)煩細：煩瑣細碎。(五五)各有司存：謂各有司在其位，而知掌之。(五六)所宜親：謂所宜親掌。(五七)昔秦始皇以衡石程書：《史記·秦始皇紀》：「盧生曰：『始皇天性剛戾，天下之事，無大小皆決於上，上至以衡石量書，日夜有呈，不中呈，不得休息。』」按衡謂權，石謂量，皆用以量文書多少之物，呈通程，謂程期。蓋始皇所視覽之文書，皆有規定之數量及期限也。(五八)魏明帝自案行尚書事：見卷七十二太和六年。(五九)隋文帝衞士傳飧：事見卷一百九十三太宗貞觀四年。(六〇)形神：形體精神。(六一)推誠：推布誠信。(六二)閬州：《九域志》：「閬州西南至梓州，三百餘里。」(六三)失守：失去所守之土。(六四)驕蹇：驕傲偃蹇。(六五)不遜：不謙遜。(六六)勒兵：猶率兵。(六七)表稱：謂上表稱言。(六八)無所資：無所取資。(六九)綴：連綴。(七〇)遊宴：戲遊宴樂。(七一)策試制舉之士：《新唐書·選舉志》上：「其天子自詔者，曰制舉，所以待非常之才。」(七二)下邽：故址在今陝西省渭南縣境。(七三)出焉：謂皆於此試得中。(七四)郁，及之子：獨孤及見卷二百二十三代宗永泰元年。(七五)俛，華之孫：蕭華見卷二百二十二肅宗上元二年。(七六)傳師、既濟之子：沈既濟見卷二百二十六代宗大曆十四年。(七七)解：解免。(七八)繼：繼承。(七九)掌使：謂知掌使職。(八〇)類：似。(八一)加：加多。(八二)加隴右經略劉澭保義軍節度使：胡三省曰：「鳳翔普潤縣，先置隴右軍，今改名保義軍。」(八三)盩厔：今陝西省，盩厔縣，音ㄓㄡ ㄓˋ。(八四)俛：音免。(八五)大不得豫召見：謂大則不得參預召見之舉。(八六)排行就列，朝謁而已：謂不過廁身百官行列之中，朝見參謁天子而已。(八七)近年以來，正牙不奏事：德宗貞元十八年，罷正牙奏事，事見上卷。(八八)庶官罷巡對：胡三省曰：「巡對，猶今云轉對。宋白曰：『貞元七年，令常參官，日二人引見，謂之巡對。二十一年，御史中丞李鄘奏，準貞元七年，勅常參官，並令依次對者，伏以朝夕承命，已有待制官兩員，足備顧問，今更置次對，恐煩聖聽，勅宜停。元和元年，武元衡奏曰，正衙已有待制官兩員，貞元七年，又有次對，難議兩置，詔今後，每坐日，兩人待制，正衙退後，於延英候對，中書門下御史臺官，依故事，並不待制。則是自正衙待制以外，凡德宗所置次對，皆罷矣。』」(八九)舉職：猶盡職。(九〇)諷諭：諷諫譬諭。(九一)未形：謂尚未成形。(九二)回：回轉。(九三)咫尺之書：謂短書，古代以簡牘之長短，以示書牘重要之程度，短書乃文書中之最不重要者。(九四)絲綸之詔：《禮・緇衣》：「王言如絲，其出如綸。」後因稱詔勅為絲綸。(九五)所懷：謂所懷藏之意見。(九六)寘：置。(九七)屛棄：屛除棄置。(九八)萌象：謂萌兆徵象。(九九)理之萌也：謂治化由此而興。(一〇〇)蔽近習：謂為昵近及狎習之人所蒙蔽。(一〇一)回邪：姦回邪僻。(一〇二)上下之志：謂上下之意。(一〇三)達：通。(一〇四)欲無理，得乎：正意謂必可治也。(一〇五)君子卷懷括囊：《論語・衞靈公》：「邦無道，則可卷而懷之。」意謂可收捲而藏之。又《易・坤》：「括囊无咎无譽。」疏：「括，結也；囊所以貯物，以譬心藏知也，閉其知而不用，故曰括囊。」(一〇六)昔太宗初即政，孫伏伽以小事諫，太宗喜，厚賞之：

見卷一百九十五貞觀十二年。⑦深切：深沈懇切。⑧觸：犯。⑨忌諱：謂所畏忌及所避諱。⑩逆意：忤逆其意。⑪從欲：隨從其所欲好。⑫快：快樂。⑬諫列：諫官之位列。⑭曠日彌年：謂隔日滿年。⑮屏氣鞠躬：皆謹敬意。⑯又安暇：謂又安有暇思。⑰供奉官：胡三省曰：「兩省官，自遺補以上，皆供奉官。」⑱修正：修身方正。⑲太宗自為藩王，與文學清修之士十八人居：事見卷一百八十九高祖武德四年。⑳眊瞶：眊，目昏；瞶，耳聾。ㄇㄠˋ ㄎㄨㄟˋ。㉑休戎：在軍旅之退休者。㉒不知書：謂不識字。㉓其友諭贊議之徒，尤為冗散之甚：胡三省曰：「按唐制，王府有諮議參軍、有友、有文學。元稹所謂友諭贊議者，蓋謂友以諭教，諮議則讚議也。冗散之官，今謂之閑慢差遣。」㉔由之：猶為之。㉕就使：係假設語，猶即使。㉖僻老：僻陋耄老。㉗納之法度：謂納之於法度之中。㉘明哲：明知。㉙繫四海之命：謂天下百姓性命之所屬繫。㉚邵王約：約，上之弟。㉛鹿頭關：《新唐書．地理志》六：「劍南道，漢州，德陽縣，武德三年析雒置，有鹿頭關。」㉜瞰：俯視。㉝德陽：見上註。㉞綿州石碑谷：《九域志》：「漢州，綿竹縣有石碑鎮。」州殆竹字之誤。㉟疏斥：疎遠擯斥。㊱貧窶：窶亦貧，音ㄐㄩˋ。㊲私：謂非公開。㊳減：猶小。㊴察：明知。㊵疾篤：疾重。㊶觱篥：《樂府雜錄》：「觱篥，葭管也，卷蘆為頭，截竹為管，出於胡地。制法，角音九孔，漏聲五音。唐編入鹵簿，各為笳管，用之雅樂，以為管，六竅之制，則為鳳管旋宮，轉器以應律者也。」觱音ㄆㄧ。㊷迨：及。㊸豈非師道乎：謂豈非奉師道乎。奉乃承上而省。㊹非徒：非但。㊺覆：傾覆。㊻專習小人賤事：指上好畫及觱篥言。㊼審：詳審。㊽圖：

圖謀。(49)逆：迎。(50)玄武：據《新唐書・地理志》六，玄武縣屬梓州。(51)繼援：繼續前往援救。(52)處分：謂處置部分。(53)豐陵：據《新唐書・地理志》一，豐陵在京兆府、富平縣東三十三里之甕金山。(54)朝命：謂朝廷之冊命。(55)申官吏：謂申請朝廷派遣官吏至州，或原有官吏請朝廷加委。(56)分之：《舊唐書・李正己附師道傳》，分之作分削之，是分即分削之意。(57)堂後主書：胡三省曰：「堂後主書，即今之堂後官。」(58)低意：低心。(59)搜掩：搜索掩襲。(60)雷州：據《舊唐書・地理志》四，雷州屬嶺南道，至京師六千五百一十二里。(61)尋：繼。(62)神泉：據《新唐書・地理志》六，神泉縣屬劍南道、綿州。(63)愆期：過期。(64)綿江：胡三省曰：「綿水在綿州雒縣東三十里，源出綿竹縣紫巖山。」(65)不留行：謂行不停留。(66)羊灌田：《新唐書・地理志》六：「劍南道，彭州，有羊灌田守捉。」(67)不驚：不驚擾。(68)韋南康：韋皐封南康郡王。(69)指撝：指揮，音ㄏㄨㄟ。(70)嬰城：猶據城。(71)從、融之曾孫：崔融事武后，以文華著。(72)素服：白色之喪服。(73)銜土：口銜土塊。(74)草表：猶撰表章。(75)賮：謂以財貨送行，音ㄗㄧㄣˋ。(76)載、廬山人：胡三省曰：「廬山在江州尋陽，未嘗置縣，恐誤。」(77)式、琯之從子：房琯相肅宗。(78)文昌、志玄之玄孫：段志玄唐初開國功臣。(79)撫：安撫。(80)媢：媢幸。(81)配：配與。(82)懸合：猶遙合。(83)死力：謂雖以力致死，亦所不惜。(84)少室山：據《新唐書・地理志》二，河南府、登封縣、嵩山，有少室山。(85)附奏：附奏疏。(86)府兵：胡三省曰：「府兵，漢中之兵也，唐以漢中為興元府，故謂之府兵，非唐初所謂府兵也。」(87)脅：脅迫。(88)拜謝：拜而謝罪。(89)如詔書：謂如詔書之所命令。(90)復以濠泗二州隸武寧軍：分濠泗二州，見卷二百三十五德宗貞元十六年。㊈幹敏：幹練敏達。㊇以摩尼偕來於中國，置寺處之：《唐會要》十九卷：「回鶻可汗王令明教僧進法入唐，大曆三年六月二十九日，勅賜回鶻摩尼，為之置寺，賜額為大雲光明；六年正月，勅賜荊、洪、越等州，各置大雲光明寺一所。」《唐史補》：「蕃人常與摩尼僧議政，京城為之立寺。其法，日晚乃食，飲水茹葷，而不食乳酪。其大摩尼數年一度，來往本國，小者年轉。」㊉日晏：日晚。㊊葷：辛物，蔥薤之屬，音昏。㊋湩：乳汁，音ㄓㄨㄥˋ。㊌酪：《正字通》：「酪，牛馬乳所造，有乾濕二種。」

二年（西元八〇七年）

㈠春，正月，辛卯，上祀圓丘，赦天下。

㈡上以杜佑高年重德，禮重之，常呼司徒而不名㊀，佑以老疾，請致仕，詔令佑每月入朝，不過再三㊁，因至中書議大政，它日聽歸樊川。

㈢門下侍郎同平章事杜黃裳有經濟大略，而不修小節㊂，故不得久在相位，乙巳，以黃裳同平章事，充河中、晉、絳、慈、隰節度使。己酉，以戶部侍郎武元衡為門下侍郎，翰林學士李吉甫為中書侍郎，並同平章事。吉甫聞之感泣，謂中書舍人裴垍曰：「吉甫流落江淮，踰十五年㊃，一旦蒙恩至此，思所以報德，惟在進賢，而朝廷後進，罕所接識㊄，君有精鑒㊅，願悉為我言之。」垍取筆疏㊆三十餘人，數月之間，選用略盡㊇，當時翕然㊈，稱吉甫為得人。

㈣二月，癸酉，邕州奏破黃賊，獲其酋長黃承慶。

㈤夏，四月，甲子，以右金吾大將軍范希朝為朔方靈鹽節度使，以右神策、鹽州定遠兵㊉隸焉，以革舊弊任邊將也㈡。

㈥秋，八月，劉濟、王士真、張茂昭爭私隙㈢，迭㈢相表請加罪㈣，戊寅，以給事中房式為幽州成德義武宣慰㈤使，和解之。

㈦九月，乙酉，密王綢薨㈥。

㈧夏蜀既平，藩鎮惕息㈦，多求入朝，鎮海節度使李錡亦不自安，求入朝，上許之，遣中使至京口㈧慰撫，且勞㈨其將士，錡雖署判官王澹為留後，實無行意，屢遷㈢行期，澹與勅使數勸諭之，錡不悅，上表稱疾，請至歲暮入朝。上以問宰相，武元衡曰：「陛下初即政，錡求朝，得朝，求止[21]，得止，可否在錡，將何以令四海[22]！」上以為然，下詔徵之，錡詐窮，遂謀反，王澹既掌留務[23]，於軍府頗有制置，錡益不平，密諭親兵使殺之，會頒冬服[24]，錡嚴兵坐幄[25]中，澹與勅使入謁，有軍士數百譟於庭曰：「王澹何人，擅主軍務。」曳下臠食之，大將趙琦出慰止，又臠食之，注刃[26]於勅使之頸，詬[27]詈將殺之，錡陽驚[28]救之。冬，十月，己未，詔徵錡為左僕射，以御史大夫李元素為鎮海節度使。庚申，錡表言軍變，殺留後大將。先是，錡選腹心五人為所部五州鎮將，姚志安處蘇州，李深處[29]常州，趙惟忠處湖州，丘自昌處杭州，高肅處睦州，各有兵數千，伺察刺史動靜[30]，至是，錡各使殺其刺史，遣牙將庾伯良將兵三千治[31]石頭，常州刺史顏防用客李雲計，矯制[32]稱招討副使，斬李深，傳檄蘇杭湖睦，請同進討。湖州刺史辛秘潛募鄉閭[33]子弟數百，夜襲趙惟忠營，斬之。蘇州刺史李素為姚志安所敗，生致[34]於錡，具桎梏釘於船舷[35]，未及京口，會錡敗，得免。乙丑，制削李錡官爵及屬籍[36]，以淮南節度使王鍔統諸道兵為招討處置使，徵宣武、義寧、武昌兵[三七]，幷淮南宣歙兵，俱出宣州[三八]，江西兵出信州，浙東兵出杭州以討之。

（九）高崇文在蜀朞年[三九]，一旦[四〇]謂監軍曰：「崇文河朔一卒[四一]，幸有功致位至此，西川乃宰相回翔之地[四二]，崇文叨[四三]居日久，豈可自安！」屢上表，稱蜀中安逸，無所陳力，願效死[四四]邊陲。【考異】舊崇文傳曰：「崇文不通文字，厭大府按牘諮稟之煩，且以優富之地無所陳力，乞居塞上，以扞邊戍，懇疏屢上。」舊武元衡傳曰：「崇文理軍有灋，而不知州縣之政，上難其代者。」今從補國史，參以舊傳。

（十）上擇可以代崇文者，而難其人[四五]，丁卯，以門下侍郎同平章事武元衡同平章事、充西川節度使。【考異】孫光憲北夢瑣言曰：「李德裕太尉未出學院，盛有詞藻，而不樂應舉。吉甫相，俾親表勉之，掌武曰好驢馬不入行，由是以品子敘官也。吉甫相以武元衡同列，事多不叶，每退公，詞色不懌。掌武啟白曰，此出之何難，乃請修狄梁公廟，於是武相漸求出鎮，其智計已聞於早成矣。」今從實錄及舊傳。

（十一）李錡以宣州富饒，欲先取之，遣兵馬使張子良、李奉仙、田少卿將兵三千襲之，三人知錡必敗，與牙將裴行立同謀討之，行立、錡之甥也，故悉知錡之密謀，三將營於城外，將發，召士卒諭之曰：「僕射反逆，官軍四集[四六]，常湖二將繼死，其勢已蹙，今乃欲使吾輩遠取宣城[四七]，吾輩何為隨之族滅？豈若去逆效順，轉禍為福乎！」眾悅，許諾，即夜還趨城，行立舉火鼓譟[四八]，應之於內，引兵趨牙門，錡聞子良等舉兵，怒，聞行立應之，撫膺曰：「吾何望矣！」跣走(四九)匿樓下，親將李鈞引挽彊(五〇)三百趨山亭欲戰，行立伏兵邀斬(五一)之，錡舉家皆哭，左右執錡，裹之以幕，縋(五二)於城下，械送京師，挽彊蕃落爭自殺(五三)，尸相枕藉。癸酉，本軍以聞(五四)，乙亥，羣臣賀於紫宸殿(五五)，上愀然(五六)曰：「朕之不德，致宇內數有干紀(五七)者，朕之愧也，何賀之為？」宰相議誅錡大功以上親(五八)，兵部郎中蔣乂曰：「錡大功親，皆淮安靖王(五九)之後也，淮安有佐命(六〇)之功，陪陵享廟(六一)，豈可以末孫為惡，而累(六二)之乎！」又欲誅其兄弟，乂曰：「錡兄弟、故都統國貞之子也，國貞死王事(六三)，豈可使之不祀(六四)乎！」宰相以為然。辛巳，錡從父弟宋州刺史銛等，皆貶官流放。十一月，甲申朔，錡至長安，上御興安門(六五)，面詰(六六)之，對曰：「臣初不反，張子良等教臣耳。」上曰：「卿為元帥，子良等謀反，何不斬之，然後入朝。」錡無以對，乃并其子師回腰斬之。【考異】誅錡後數日，上遣中使齎黃衣二襲，命有司收其尸并男，以庶人禮葬焉。國史補曰：「錡之擒也，得侍婢一人隨之，錡夜則裂襟自書筦榷之功，言為張子良所賣，教侍婢曰，結之於帶，吾若從容奏對，必當為宰相楊益節度，不得從容，當受極刑矣。我死，汝必入內，上必問汝，當以此進之。及錡伏法，京城大霧，三日不解，或聞鬼哭。憲宗又得帛書，頗疑其冤。內出黃衣二襲，賜錡及子，勑京兆收葬。」

按李錡驕逆，何冤之有？今從實錄。有司請毀錡祖考冢廟，中丞盧坦上言：「李錡父子受誅，罪已塞(六七)矣，昔漢誅霍禹(六八)，不罪霍光，先朝誅房遺愛(六九)，不及房玄齡，康誥曰，『父子兄弟，罪不相及(七〇)。』況以錡為不善，而罪及五代祖乎！」乃不毀。有司籍錡家財輸京師，翰林學士裴垍、李絳上言，以為：「李錡僭侈，割剝六州(七一)之人，以富其家，或枉殺(七二)其身，而取其財，陛下閔(七三)百姓無告(七四)，故討而誅之，今輦金帛(七五)以輸上京(七六)，恐遠近失望，願以逆人資財，賜浙西百姓，代(七七)今年租賦。」上嘉歎久之，即從其言。

(十二)昭義節度使盧從史內與王士真、劉濟潛通(七八)，而外獻策，請圖山東(七九)，擅引兵東出，上召令還，從史託言(八〇)就食邢洺，不時(八一)奉詔，久之，乃還。【考異】蔣偕李司空論事曰：「絳奏，從史比來事就，彰露頗多，意不自安，務欲生事，所以曲陳利害，頻獻計謀，冀許用兵，以求姑息。今請親領士馬，欲往邢洺，假以就糧，實為動眾，去就之際，情狀可知。」舊從史傳曰：「前年丁父憂，朝旨未議起復，屬王士真卒，從史竊獻謀承宗計，以希上意，用是起授，委其成功。及詔下，討賊兵出，逗留不進，陰與承宗通謀，令軍士潛懷賊號。」按三年九月戊戌，李吉甫罷相，出鎮揚州，四年二月丁卯，鄭絪罷相，三月己酉，王士真卒，承宗始襲位，四月壬辰，從史起復。若以從史山東就糧，即請討承宗之時，則於是吉甫絪皆已罷相，何得有譖絪之事？又貶從史制辭云：「況近年上請，就食山東，及遣旋師，不時恭命，致動其眾，覬生其心，賴劉濟抗忠正之辭，使邪豎絕遲迴之計。加以偏毀鄰境，密疏事情，反覆百端，高下在手。」若是討承宗時，朝廷不違其請，何嘗使之旋師？蓋李鄭未罷之前，從史嘗毀鄰道，乞加征討，因擅引兵出山東，朝廷命旋師，託以就食邢名，不時奉詔，但不知事在何年月日，所欲攻討者何人，劉濟有何辭，而從史肯旋。今因李絳論李錡家財事，幷言之。新史云：「從史與承宗連和，有詔歸潞。」誤也。

它日，上召李絳對於浴堂（八二），語之曰：「事有極異者，朕比（八三）不欲言之，朕與鄭絪議，勑從史歸上黨，續徵入朝，絪乃泄之於從史，使稱上黨乏糧，就食山東，為人臣負朕乃爾，將何以處之？」對曰：「審（八四）如此，滅族（八五）有餘矣。然絪從史必不自言，陛下誰從得之？」上曰：「吉甫密奏。」絳曰：「臣竊聞搢紳之論，稱絪為佳士，恐必不然，或者同列欲專朝政，疾寵忌前（八六），願陛下更熟察之，勿使人謂陛下信讒也。」上良久，曰：「誠然，絪必不至此，非卿言，朕幾誤處分（八七）。」上又嘗從容問絳曰：「諫官多謗訕（八八）朝政，皆無事實，朕欲謫其尤者（八九）一二人，以警（九〇）其餘，何如？」對曰：「此殆非陛下之意，必有邪臣欲壅蔽陛下之聰明者，人臣死生，繫人主喜怒，敢發口諫者有幾？就有（九一）諫者，皆晝度夜思（九二），朝刪暮減，比得上達，什無二三，故人主孜孜（九三）求諫，猶懼不至，況罪之乎！如此杜（九四）天下之口，非社稷之福也。」上善其言，而止。

(十三)羣臣請上尊號曰睿聖文武皇帝，丙申，許之。

(十四)盩厔尉、集賢校理白居易作樂府及詩百餘篇，規諷(九五)時事，流聞(九六)禁中，上見而悅之，召入翰林為學士。

(十五)十二月，丙辰，上謂宰相曰：「太宗以神聖之資(九七)，羣臣進諫者，猶往復數四，況朕寡昧(九八)，自今事有違，卿當十論(九九)，無但一二(一〇〇)而已。」

(十六)丙寅，以高崇文同平章事，充邠寧節度京西諸軍都統(一〇一)。

(十七)山南東道節度使于頔憚上英威，為子季友求尚主，上以皇女普寧公主妻之；翰林學士李絳諫曰：「頔、虜族(一〇二)，季友庶孽(一〇三)，不足以辱帝女，宜更擇高門美才。」上曰：「此非卿所知。」己卯，公主適季友，恩禮(一〇四)甚盛，頔出望外，大喜，頃之，上使人諷之(一〇五)入朝謝恩，頔遂奉詔。【考異】實錄不見頔入朝月日，今因尚主，終言之。

(十八)是歲，李吉甫撰元和國計簿(一〇六)，上之，總計天下方鎮四十八，州府二百九十五，縣千四百五十三，其鳳翔、鄜坊、邠寧、振武、涇原、銀夏，靈鹽、河東、易定、魏博、鎮冀、范陽、滄景、淮西、淄青等十五道，七十一州，不申(一〇七)戶口外，每歲賦稅倚辦(一〇八)，止於浙江東西、宣歙、淮南、江西、鄂岳、福建、湖南八道，四十九州，一百四十四萬戶，比天寶稅戶，四分減三㉙，天下兵仰給縣官㉚者，八十三萬餘人，比天寶三分增一，大率二戶資㉛一兵，其水旱所傷，非時調發㉜，不在此數。

【今註】㊀而不名：謂而不呼其名。㊁每月入朝，不過再三：按《舊唐書・憲宗紀》作：「詔令每月三度入朝。」是入朝之次數，乃為三也。㊂小節：小行為。㊃吉甫流落江淮，踰十五年：胡三省曰：「德宗貞元七年，竇參貶，陸贄相，疑吉甫黨於參，貶明州長史，至是為相，凡十六年。」㊄接識：交接知識。㊅精鑒：謂精於人倫之鑒。㊆疏：疏列。㊇略盡：猶幾盡。㊈翕然：繁盛，音ㄒ一ˋ。㊉鹽州定遠兵：胡三省曰：「定遠軍本屬靈州，靈鹽接境，相距三百里，定遠軍在黃河北岸，蓋分戍鹽州也。」⑪以革舊弊任邊將也：范希朝自宿衞出帥，故言以革任邊將之弊。⑫私隙：私人之釁隙。⑬迭：屢。⑭加罪：謂加對方以罪罰。⑮宣慰：宋白曰：「乾元元年，戶部尚書李峘除都統、淮南江東江西節度、觀察、宣慰、處置使，宣慰之名，始此。」⑯密王綢：綢，上之弟。⑰惕息：謂惕懼屏息。⑱京口：今江蘇省、鎮江縣治。⑲勞：慰勞。⑳遷：遷延。㉑求止：謂求止而不朝。㉒令四海：號令四海之人。㉓掌留務：掌留後事務。㉔會須冬服：胡三省曰：「唐養兵之制，有春衣冬衣。」頒、頒賜。㉕幄：帷幄。㉖注刃：加刃。㉗詬：怒罵，音ㄍㄡˋ。㉘陽驚：猶佯驚。㉙處：駐。㉚動靜：行止。㉛治：修治。㉜矯制：假託制書。㉝鄉閭：猶鄉里。㉞生致：於生時而送致之。㉟舷：船邊曰舷。㊱屬籍：宗屬之名籍。㊲徵宣武、義寧、武昌兵：胡三省曰：「此時無義寧軍，新書作武寧，當從之。」㊳俱出宣州：謂俱道出宣州，是時宣州之地，北盡當塗，南至江滸。㊴朞年：周年。㊵一旦：按此當作一日。㊶崇文河朔一卒：高崇文本幽州人。㊷西川乃宰相回翔之地：謂有由西川節將而入為宰相者，亦有宰相外出而為西川節度者。㊸叨：忝，音ㄊㄠ。㊹效死：致死。㊺難其人：謂難其人選。㊻四集：四合。㊼宣城：宣州宣城郡。㊽鼓譟：擊鼓喧譟。㊾跣走：赤足而走。㊿挽彊：謂挽強弓者。(51)邀斬：攔斬。(52)縋：以繩縛物，自上垂放於下，音ㄓㄨㄟˋ。(53)挽彊蕃落爭自殺：錡養挽彊蕃落事，見上卷德宗貞元十七年。(54)本軍以聞：本軍為浙西軍。(55)紫宸殿：《唐六典》卷七：「大明宮，宣政殿北曰紫宸門，其內曰紫宸殿，即內朝正殿也。」(56)愀然：變容色，音ㄑㄧㄠˇ。(57)干紀：干紀綱，亦即觸犯法度。(58)大功以上親：大功謂從父兄弟姊妹以上，則朞親也。(59)淮安靖王：淮安王神通謚曰靖。(60)佐命：輔佐王命。(61)陪陵享廟：神通起兵以應義師，以功陪葬獻陵，配享高祖廟廷。(62)累：連累。(63)國貞死王事：事見卷二百二十二肅宗寶應元年。(64)不祀：謂無祭祀之人，亦即無子孫也。(65)興安門：《唐六典》卷七：「大明宮南面五門，正南曰丹鳳門，西曰建福門，次曰興安門。」(66)詰：詰責。(67)塞：猶償。(68)誅霍禹：見卷二十五漢宣帝地節三年。(69)誅房遺愛：見卷一百九十四高宗永徽四年。(70)康誥曰：「父子兄弟，罪不相及」：胡三省曰：「左傳晉胥臣引康誥之辭，今尚書康誥，無有此語。」相及謂相連及。(七一)六州：指潤、睦、常、蘇、湖、杭而言。(七二)枉殺：無罪而殺。(七三)閔：憐憫，閔憫通。(七四)無告：無所告訴。(七五)輦金帛：以車載運金帛。(七六)上京：長安。(七七)代：替代。(七八)潛通：暗通。(七九)山東：時魏、博、恒、冀，在太行山之東。(八〇)託言：假託言稱。(八一)不時：不應時。(八二)浴堂：胡三省曰：「唐禁中有浴堂殿，德宗以來常居之。」葉石林曰：「館本唐圖，有浴堂殿，殿之位置在綾綺殿南，而綾綺殿長安志曰，『在蓬萊殿東。』」(八三)比：此比乃係以前（指最近以前）之意。(八四)審：猶誠。(八五)滅族有餘：謂雖滅族，猶有餘辜。(八六)疾寵忌前：謂惡其得寵，畏其位高。(八七)處分：猶處置。(八八)謗訕：謗毀誹訕。(八九)尤者：甚者。(九〇)警：警戒。(九一)就有：即有，乃假設語。(九二)晝度夜思：晝間度量，夜間思想。(九三)孜孜：努力不息。(九四)杜：塞。(九五)規諷：規諫諷刺。(九六)流聞：猶傳聞。(九七)資：稟賦。(九八)寡昧：寡陋庸昧。(九九)十論：一事而十次諫論。(一〇〇)一二：謂一二次諫論。(一〇一)京西諸軍都統：《新唐書・百官志》五：「天下兵馬元帥都統、天寶末，置天下兵馬元帥，都統朔方、河東、河北、平盧節度使，招討都統之名，始於此。」(一〇二)頔、虜族：胡三省曰：「頔、于謹之裔孫，謹之先于栗磾，本姓勿忸于氏，從拓拔氏起於代北，故絳云然。」(一〇三)庶孽：非嫡子。(一〇四)恩禮：恩遇禮儀。(一〇五)諷之：諷示之。(一〇六)簿：帳簿。(一〇七)申：申報。(一〇八)倚辦：謂可倚靠而征辦者。(一〇九)比天寶稅戶，四分減三：宋白曰：「國計簿比較數，天寶州郡三百一十五，元和見管總二百九十五，比較天寶應供稅州郡，計少九十七。天寶戶總八百三十八萬五千二百二十三，元和見在戶總二百四十四萬二百五十四，比較天寶數，稅戶通計少百九十四萬四千六百九十九。天寶租稅庸調，每年計錢粟絹布絲綿，約五千二百三十餘萬端、匹、屯、貫、石，元和兩稅、榷酒、斛、㪷、鹽利、茶利，總三千五百一十五萬一千二百二十八貫、石，比較天寶所入賦稅，計少一千七百一十四萬八千七百七十貫、石。」⑳縣官：此謂朝廷。㉑資：供給。㉒水旱所傷，非時調發：胡三省曰：「水旱所傷，則量減賦稅，非時調發，則出於常賦之外。」

三年（西元八〇八年）

㈠春，正月，癸巳，羣臣上尊號曰睿聖文武皇帝，赦天下，自今長吏㈠詣闕，無得進奉㈡。知樞密㈢劉光琦奏分遣諸使，齎赦㈣詣諸道，意欲分其饋遺；翰林學士裴垍、李絳奏：「勅使所至煩擾，不若但附急遞㈤。」上從之，光琦稱舊例，上曰：「例是則從之，苟為非是，奈何不改。」

㈡臨涇鎮將郝玼㈥以臨涇㈦地險要，水草美，吐蕃將入寇，必屯其地，言於涇原節度使段祐，【考異】舊傳作段佐，新傳作佑，今從實錄。奏而城之，自是涇原獲安㈧。

㈢二月，戊寅，咸安大長公主薨於回鶻㈨。三月，回鶻騰里可汗卒。

㈣癸巳，郇王總[10]薨。

㈤辛亥，御史中丞盧坦奏彈前山南西道節度使柳晟、前浙東觀察使閻濟美違赦進奉，【考異】舊晟傳曰：「罷鎮入朝，以違詔進奉，為御史元稹所劾，詔有之[11]。」今從實錄。舊濟美傳：「自福建觀察使徙浙西，罷浙西也，方在道，見詔而貢獻，無所還，故帝為言之。」今據實錄云：「離越州後，方見赦文。」則是浙東，新舊傳誤也。上召坦褒慰[12]之曰：「朕已釋[13]其罪，不可失信。」坦曰：「赦令宣布海內，陛下之大信也，晟等不畏陛下法，奈何存[14]小信，棄大信乎！」上乃命歸所進於有司。

㈥夏，四月，上策試賢良方正直言極諫舉人[15]，伊闕尉牛僧孺、陸渾[16]尉皇甫湜、前進士[17]李宗閔皆指陳時政之失，無所避[18]，吏部侍郎楊於陵、吏部員外郎韋貫之為考策官，貫之署[19]為上第，上亦嘉之，詔中書優與處分[20]。李吉甫惡其言直，泣訴於上，且言：「翰林學士裴垍、王涯覆策[21]，湜，涯之甥也，涯不先言，垍無所異同[22]。」上不得已，罷垍涯學士，垍為戶部侍郎，涯為都官員外郎，貫之為果州[23]刺史，後數日，貫之再貶巴州[24]刺史，涯貶虢州[25]司馬。乙亥，以楊於陵為嶺南節度使，亦坐考策無異同也，僧孺等久之不調(二六)，各從辟(二七)於藩府(二八)，僧孺，弘之七世孫(二九)；宗閔，元懿之玄孫(三〇)；貫之，福嗣之六世孫(三一)；湜，睦州新安人也。

(七)丁丑，罷五月朔宣政殿朝賀(三二)。

(八)以荊南節度使裴均為右僕射，均素附宦官，得貴顯，為僕射，自矜大(三三)，嘗入朝，踰位而立，中丞盧坦揖而退之，均不從，坦曰：「昔姚南仲為僕射，位在此。」均曰：「南仲何人？」坦曰：「是守正不交權倖者。」坦尋改右庶子。

(九)五月，翰林學士左拾遺白居易上疏，以為：「牛僧孺等直言時事，恩奬登科(三四)，而更遭斥逐，並出為關外官(三五)，楊於陵等以考策敢收直言，裴垍等以覆策不退直言，皆坐譴謫，盧坦以數舉(三六)職事，黜庶子(三七)，此數人，皆今之人望，天下視其進退，以卜(三八)時之否臧(三九)者也，一旦無罪，悉疏棄之，上下杜口，眾心洶洶(四〇)，陛下亦知之乎？且陛下既下詔徵之直言(四一)，索之極諫，僧孺等所對如此，縱未能推而行之，又何忍罪而斥之乎！昔德宗初即位，亦徵直言極諫之士，策問天旱，穆質對云：『兩漢故事，三公當免，卜式著議，弘羊可烹。』德宗深嘉之，自畿尉㊷擢為左補闕。今僧孺等所言，未過於穆質，而遽㊸斥之，臣恐非嗣㊹祖宗之道也。」質，寧之㊺子也。

㈩丙午，冊回鶻新可汗為愛登里囉汨密施合毗伽保義可汗㊻。

(十一)西原蠻酋長黃少卿請降㊼。六月，癸亥，以為歸順州刺史。

(十二)沙陀勁勇冠諸胡，吐蕃置之甘州㊽，每戰以為前鋒，回鶻攻吐蕃，取涼州，吐蕃疑沙陀貳於回鶻㊾，欲遷之河外，沙陀懼，酋長朱邪盡忠與其子執宜謀，復自歸於唐，遂帥部落三萬，循烏德鞬山㊿而東，行三日，吐蕃追兵大至，自洮水轉戰至石門(五一)，凡數百合(五二)，盡忠死，士眾死者太半，執宜帥其餘眾，猶近萬人，騎三千，詣靈州降。【考異】趙鳳後唐懿祖紀年錄曰：「懿祖諱執宜，烈考諱盡忠，自曾祖入覲，復典兵於磧北。德宗貞元五年，回紇葛祿部及白眼突厥叛回紇忠貞可汗，附于吐蕃，因為鄉導，驅吐蕃之眾三十萬，寇我北庭。烈考謂忠貞可汗曰，吐蕃前年屠陷靈鹽，聞唐天子欲與吐蕃贊普和親，可汗數世有功尚主，恩若驕兒，若贊普有寵於唐，則可汗必無前日之寵矣。忠貞曰，若之何？烈考曰，唐將楊襲古固守北庭，無路歸朝，今吐蕃突厥併兵攻之，儻無援助，陷亡必矣。北庭既沒，次及于吾，可汗得無慮乎？忠貞懼，乃命其將頡干迦斯與烈考將兵援北庭，貞元六年，與吐蕃戰于磧口，頡干迦斯不利而退。烈考牙於城下，以援襲古，吐蕃攻圍經年，諸部繼沒。十二月，北庭之眾刼烈考，降於吐蕃，由是舉族七千帳，徙於甘州，臣事贊普。貞元十三年，回紇奉誠可汗收復涼州，大敗吐蕃之眾，或有間烈考於贊普者，云沙陀本回紇部人，今聞回紇彊，必為內應。贊普將遷烈考之牙於河外，時懿祖年已及冠，白烈考曰，吾家世為唐臣，不幸陷虜，為它效命，反見猜嫌，不如乘其不意，復歸本朝。烈考然之，貞元十七年，自烏德鞬山，率其部三萬東奔，居三日，吐蕃追兵大至，自洮河轉戰，至石門關，委曲三千里，凡數百戰，烈考戰沒，懿祖挾護靈輿，收合餘衆，至於靈州，猶有馬三千騎，勝兵一萬。時范希朝為河西靈鹽節度使，聞懿祖至，自帥師蕃界，應接而歸，以事奏聞。德宗遣中使賜詔慰勞，賞錫數十萬，因於鹽州置陰山府，以懿祖為都督，授特進驍衞將軍同正。憲宗即位，詔懿祖入朝，元和元年七月，乃自振武至長安，授特進金吾衞將軍，留宿衞。時范希朝亦徵為金吾上將軍，二年，吐蕃誘我党項部寇犯河西，天子復命希朝為靈鹽節度，命懿祖將兵佐之，賊平，戍西受降城。」據德宗實錄，貞元十七年無沙陀歸國事，范希朝傳，德宗時為振武節度使，元和二年乃為朔方靈鹽節度使，誘致沙陀，元和元年，亦無沙陀朝見。紀年錄恐誤，今從實錄舊傳新書。靈鹽節度使范希朝聞之，自帥衆迎於塞上，直之(五三)鹽州，為市牛羊，廣(五四)其畜牧，善撫之。詔置陰山府，以執宜為兵馬使，未幾，盡忠弟葛勒阿波又帥衆七百詣希朝降，詔以為陰山府都督，自是靈鹽每有征討，用之，所向皆捷，靈鹽軍益彊。

(十三)秋，七月，辛巳朔，日有食之。

(十四)以右庶子盧坦為宣歙觀察使。蘇彊之誅也，兄弘在晉州幕府，自免歸(五五)，人莫敢辟(五六)，坦奏弘有才行，不可以其弟故廢之，請辟為判官，上曰：「曏(五七)使蘇彊不死，果有才行，猶可用也，況其兄乎？」坦到官，值旱飢，穀價日增，或請抑其價(五八)，坦曰：「宣歙土狹穀少，所仰四方之來者，若價賤，則商船不復來，益困(五九)矣。」既而米斗二百，商旅輻湊(六〇)。

(十五)九月，庚寅，以于頔為司空同平章事如故，加右僕射裴均同平章事，為山南東道節度使。淮南節度使王鍔入朝，鍔家巨富，厚進奉及賂宦官，求平章事，翰林學士白居易以為：「宰相人臣極位，非清望大功，不應授，昨除裴均，外議已紛然，今又除鍔，則如鍔之輩，皆生冀望，若盡與之，則典章大壞，又不感恩；不與，則厚薄有殊，或生怨望(六一)，倖門一啓，無可奈何。且鍔在鎮五年(六二)，百計誅求(六三)貨財既足，自入進奉，若除宰相，四方藩鎮皆謂鍔以進奉得之，競為刻剝(六四)，則百姓何以(六五)堪之！」事遂寢(六六)。【考異】按舊李藩權德輿傳，白居易集，李絳論事集，皆有諫加王鍔平章事事，觀其辭意，各是一時。居易所論者：「淮南百姓，日夜無憀。」又云：「鍔歸鎮，與在朝，望並不除宰相。」則是自淮南入朝，未除河中時也。權李同在中書，受密旨云：「可兼宰相。」則初除河中時也。李司空論事云：「至太原一二年間，財力贍足。」則是除太原以後六年十一月。李絳作相前也。今附居易疏於初除太原之時。又舊鍔傳云：「在淮南四年，元和二年入朝。」按實錄，鍔以貞元十九年鎮淮南，居易狀云：「五年誅求。」又云：「昨日裴均除平章事。」故置此。

(十六)壬辰，加宣武節度使韓弘同平章事。丙申，以戶部侍郎裴垍為中書侍郎、同平章事，上雖以李吉甫故，罷垍學士，然寵信彌厚，故未幾復擢為相。初德宗不任宰相，天下細務(六七)，皆自決之，由是裴延齡輩得用事，上在藩邸，心固非之，及即位，選擢宰相，推心委之。嘗謂垍等曰：「以太宗玄宗之明，猶藉輔佐以成其理(六八)，況如朕不及先聖萬倍(六九)者乎！」垍亦竭誠輔佐。上嘗問垍為理之要，何先，對曰：「先正其心。」舊制、民輸稅有三：一曰上供，二曰送使，三曰留州。建中初定兩稅，貨重錢輕(七〇)，是後貨輕錢重，民所出已倍其初，其留州送使者，所在又降省估(七一)就實估，以重斂於民；及垍為相，奏天下留州送使物，請一切用省估，其觀察使先稅所理之州以自給，不足，然後許稅於所屬之州。由是，江淮之民稍蘇息。先是執政多惡諫官言時政得失，垍獨賞之，垍器局(七二)峻整(七三)，人不敢干以私，嘗有故人自遠詣之，垍資給優厚，從容款狎(七四)，其人乘間求京兆判司(七五)，垍曰：「公不稱(七六)此官，不敢以故人之私(七七)，傷朝廷至公。」它日有盲宰相憐公者，不妨得之，垍則必不可(七八)。

(七)戊戌，以中書侍郎同平章事李吉甫同平章事，充淮南節度使。

【考異】舊吉甫傳曰：「初裴均為僕射判度支，交結權倖，欲求宰相。先是制試直言極諫科(七九)，其中有譏刺時政，忤犯權倖者，因此均黨揚言，皆執政教指，冀以搖動吉甫，賴諫官李約、獨孤郁、李正辭、蕭俛密疏陳奏，帝意乃解。吉甫早歲知獎羊士諤，擢為監察御史，又司封員外郎呂溫有詞藝，吉甫亦眷接之，竇羣初拜御史中丞，奏請士諤為侍御史，溫為郎中，知雜事，吉甫怒其不先關白，而所請又有超資者，持之數日不行，因而有隙，羣遂伺得日者陳克明出入吉甫家，密捕以聞，憲宗詰之，無姦狀。吉甫以裴垍久在翰林，憲宗親信，必當大用，遂密薦垍代己，因自圖出鎮。其年、九月，拜淮南節度使。在揚州，每有朝廷得失，皆密疏論列。」按牛僧孺等指陳時政之失，吉甫泣訴，故貶考覆官裴垍等，雖欲為讒，若云執政自教舉人，詆時政之失，豈近人情邪！吉甫自以誣搆鄭絪，貶斥裴垍，蓋憲宗察見其情，而疏薄之，故出鎮淮南，及子德裕秉政，掩先人之惡，改定實錄，故有此說耳。

(十八)河中晉絳節度使、邠宣公杜黃裳薨。

(十九)冬，十二月，庚戌，置行原州於臨涇㊇，以鎮將郝玼為刺史。

(廿)南詔王異牟尋卒，子尋閤勸立。

【今註】㊀長吏：指刺史郡守等言。㊁進奉：謂進奉貨賄。㊂知樞密：胡三省曰：「代宗永泰中，置內樞密使，以宦者為之，初不置司局，但有屋三楹，貯文書而已。其職掌，惟受表奏，於內中進呈，若人主有所處分，則宣付中書門下施行。後僖昭時，楊復恭、西門季玄，欲奪宰相權，乃於堂狀後帖黃，指揮公事。」㊃齎赦：攜持赦書，音ㄗ一。㊄急遞：古之傳遞，馳驛兼程而行。㊅玼：音此。㊆臨涇：據《新唐書．地理志》一，臨涇縣屬於關內道涇州。㊇涇原獲安：涇原指涇州原州言，自廣德元年，原州沒於吐蕃後，遂以臨涇為治所。㊈咸安大長公主薨於回鶻：德宗貞元四年，咸安公主下嫁回鶻，見卷二百三十三。㊉鄜王總：總、上弟。⑪考異：「舊晟傳曰，『詔有之』」：按有乃宥之訛。⑫褒慰：褒獎慰勉。⑬釋：免。⑭存：猶保。⑮舉人：貢舉之人。⑯伊闕、陸渾：據《新唐書．地理志》二，伊闕縣、陸渾縣，俱屬河南府。⑰前進士：謂已擢進士。⑱無所避：無所避諱。⑲署：置。⑳處分：此處分謂位置安插。㉑覆策：謂再行策試。㉒無所異同：此謂不表示異見，同乃連類而及，無意。㉓果州：《舊唐書．地理志》四：「劍南道、果州，至京師二千五百五十八里。」㉔巴州：《舊唐書・地理志》二：「山南道、巴州，至京師二千三百六十里。」㉕虢州：《舊唐書・地理志》一：「河南道、虢州，至京師四百三十里。」㉖調：遷調。㉗辟：辟召。㉘藩府：藩王之府署。㉙僧孺、弘之七世孫：牛弘相隋。㉚宗閔、元懿之玄孫：鄭王元懿、高祖之子。㉛貫之、福嗣之六世孫：韋福嗣見卷一百八十二隋煬帝大業九年。㉜罷五月朔宣政殿朝賀：胡三省曰：「唐制，元正冬至，於正牙受朝賀。至貞元七年，勅每年五月日，御宣政殿，與文武百寮相見，京官九品以上，外官因朝奏在京者，並宜就列。本以五月一日，陰生，臣子道長，君父道衰，非善月也，因創是日相見之儀。」㉝矜大：矜伐自大。㉞恩獎登科：謂蒙受恩獎，而登科第。㉟並出為關外官：牛僧孺等從辟於藩府，故以為關外官。㊱舉：修舉。㊲黜庶子：謂貶黜為右庶子。㊳卜：猶判斷。㊴否臧：善惡。㊵洶洶：恐懼不安。㊶徵之直言：之猶其，謂徵其直言。㊷畿尉：胡三省曰：「京兆府除兩赤縣外，餘為畿縣。唐制、凡置都，其郭下縣為赤縣，餘縣亦為畿縣。」㊸遞：當作遽。㊹嗣：繼嗣。㊺質寧之子：穆寧與顏真卿，同討安祿山。㊻冊回鶻新可汗為愛登里囉汨密施合毗伽保義可汗：按此與《新唐書・回鶻傳》之稱相同。《舊唐書・回紇傳》則作藹德曷里祿沒弭施合密毘迦可汗，二者頗不相同。㊼西原蠻酋長黃少卿請降：黃少卿反，見卷二百三十四德宗貞元十年。㊽沙陀勁勇冠諸胡，吐蕃置之甘州：沙陀降吐蕃，見卷二百三十三貞元六年。㊾貳於回鶻：謂與吐蕃攜貳，而親於回鶻。㊿烏德鞬山：胡三省曰：「烏德鞬山在回鶻牙帳之西，甘州東北。」史炤曰：「唐歷云即鬱督軍山，虜語兩音也。」(五一)自洮水轉戰至石門：胡三省曰：「水經注，洮水至枹罕入河。枹罕、唐為河州。石門水在高平縣西八十里，唐於此置石門關，在原州平高縣界。」(52)合：兩軍交鋒一次為一合。(53)直之：遇之。(54)廣：猶多。(55)自免歸：自己罷免而歸。(56)辟：辟用。(57)曏：同嚮，昔也。(58)抑其價：抑制其價格。(59)困：困乏。(60)輻湊：如車輻之湊於一處，以喻眾多。(61)怨望：望亦怨意。(62)鍔在鎮五年：德宗貞元十九年，鍔為淮南帥。(63)誅求：責求。(64)刻剝：朘刻剝削。(65)堪：勝任。(66)寢：止。(67)細務：瑣碎之事。(68)以太宗玄宗之明，猶藉輔佐以成其理：謂藉房杜姚宋，以成貞觀開元之治。(69)萬倍：猶萬一。(70)貨重錢輕：猶貨貴錢賤。(71)降省估：胡三省曰：「省估者，都省所立價也。」降，猶廢。(72)器局：器度局量。(73)峻整：猶嚴整。(74)款狎：親誠戲狎。(75)京兆判司：胡三省曰：「凡州府諸曹參軍，皆謂之判司。」(76)稱：猶合。(77)故人之私：謂故人之私誼。(78)垍則必不可：謂垍則必不能與公此官。(79)考異：「舊吉甫傳，『先是、制試直言極諫科』」：按《舊唐書・李吉甫傳》，制下有策字，可從添。(80)置行原州於臨涇：胡三省曰：「唐原州，本治平高縣，廣德元年，沒於吐蕃，涇原節度使馬璘表置行原州於靈臺之百里城，貞元十九年，徙治平涼，至是，徙治臨涇。」

四年（西元八〇九年）

㈠春，正月，戊子，簡王遘㊀薨。

㈡渤海康王嵩璘卒，子元瑜立，改元永德。

㈢南方旱饑，庚寅，命左司郎中鄭敬德等為江淮、二浙、荊湖、襄鄂等道宣慰使，賑恤之。將行，上戒㊁之曰：「朕宮中用帛一匹，皆籍其數㊂，惟賙㊃救百姓，則不計費，卿輩宜識㊄，此意，勿效潘孟陽飲酒遊山而已㊅。」

㈣給事中李藩在門下㊆，制勅有不可者，即於黃紙後批之㊇，吏請更連素紙㊈，藩曰：「如此，乃狀也，何名批勅。」裴垍薦藩有宰相器，上以門下侍郎同平章事鄭絪循默取容⑩。二月，丁卯，罷絪為太子賓客，擢藩為門下侍郎，同平章事，藩知無不言，上甚重之。

㈤河東節度使嚴綬在鎮九年⑪，軍政補署⑫，一出監軍李輔光，綬拱手⑬而已。裴垍具奏其狀，請以李鄘代之。三月，乙酉，以綬為左僕射，以鳳翔節度使李鄘為河東節度使。

㈥成德節度使王士真薨，其子副大使承宗自為留後。河北三鎮相承，各置副大使，以嫡長⑭為之，父沒，則代領軍務。

(七)上以久旱，欲降德音㉕，翰林學士李絳、白居易上言，【考異】李司空論事及居易集，皆有此奏，語雖小異，大指不殊，蓋同上奏耳。以為：「欲令實惠㉖及人，無如減其租稅。」又言：「宮人驅使之餘，其數猶廣㉗，事宜省費，物貴徇情㉘。」又請禁諸道橫斂㉙，以充進奉。又言：「嶺南、黔中、福建風俗，多掠良人，賣為奴婢，乞嚴禁止。」閏月，己酉，制降天下繫囚，蠲㉚租稅，出宮人，絕進奉，禁掠賣，皆如二人之請。己未，雨，絳表賀曰：「乃知憂先於事，故能無憂，事至而憂，無救㉛於事。」

(八)初王叔文之黨既貶㉜，有詔，雖遇赦，無得移量㉝。

(九)吏部尚書鹽鐵轉運使李巽奏：「郴州司馬程异吏才明辨，請以為楊子留後㉞。」上許之。巽精於督察㉟，吏人居千里之外，戰栗㊱如在巽前，异句檢㊲簿籍，又精於巽，卒獲其用。

(十)魏徵玄孫稠貧甚，以故第質錢㊳於人，平盧節度使李師道請以私財贖出之，上命白居易草詔，居易奏言：「事關激勸㊴，宜出朝廷㊵，師道何人，敢掠㊶斯美，望勑有司，以官錢贖還後嗣㊷。」上從之，出內庫錢二千緡贖賜魏稠，仍禁質賣。

(十)王承宗叔父士則，以承宗擅自立，恐禍及宗(二三)，與幕客劉栖楚俱自歸京師，【考異】舊傳：「栖楚為吏鎮州，王承宗甚奇之。」今從實錄。詔以士則為神策大將軍。

(十一)翰林學士李絳等奏曰：「陛下嗣膺(二四)大寶(二五)，四年于茲，而儲闈(二六)未立，典冊不行，是開窺覦(二七)之端，乖(二八)重慎之義，非所以承宗廟(二九)，重社稷也。伏望抑撝謙之小節(三〇)，行至公之大典。」丁卯，制立長子鄧王寧為太子。寧，紀美人之子也。

(十二)辛未，靈鹽節度使范希朝奏，以太原兵六百人衣糧給沙陀，許之。

(十三)夏，四月，山南東道節度使裴均，恃有中人之助，於德音後，進銀器千五百餘兩。翰林學士李絳、白居易等上言：「均欲以此嘗(三一)陛下，願却之。」上遽命出銀器付度支。既而有旨諭進奏院，自今諸道進奉，無得申御史臺，有訪問者，輒以名聞，白居易復以為言，【考異】居易集奏狀曰：「伏見六七日來，向外傳說，皆云有進止，令宣與諸道進奏院，自今已後，應有進奉，並不用申報御史臺。如有人勘問，便錄名奏來者，內外相傳，不無驚報。臣伏料此事，多是虛傳，且有此聞，不敢不奏云云。」又曰：「若此果虛，即望宣示中外，令知聖旨，使息虛聲。」按禁止進奉，前後制勅非一，不止於昨閏三月德音也。去年三月柳晟閻濟美違赦進奉，已為盧坦所彈，憲宗云，濟美離越州，乃逢赦令，釋其罪。今裴均所進，假使在德音前，亦赦後矣。又云：「赦書未到前，已在道，捨其過。」是則憲宗深惑於左右之言，外示不受獻，內示欲其來獻也。然則居易所聞，不為虛矣。若其虛，必辯明也。實錄及李司空論事，皆以此為憲宗之美，今故直之。上不聽。

(十五)上欲革河北諸鎮世襲之弊，乘王士真死，欲自朝廷除人㊷，不從，則興師討之。裴垍曰：「李納跋扈不恭，王武俊有功於國，陛下前許師道㊸，今奪承宗，沮勸㊹違理，彼必不服。」由是議久不決。上以問諸學士李絳等，對曰：「河北不遵聲教㊺，誰不憤歎㊻，然今日取之，或恐未能。成德自武俊以來，父子相承，四十餘年㊼，人情貫習㊽，不以為非。況承宗已總軍務，一旦易之，恐未必奉詔。又范陽、魏博、易、定、淄、青以地相傳，與成德同體㊾，彼聞成德除人，必內不自安，陰相黨助，雖茂昭有請，亦恐非誠。今國家除人代承宗，彼鄰道勸成㊿，進退有利，若所除之人得入，彼則自以為功，若詔令有所不行，彼因潛相交結，在於國體，豈可遽休(五一)，須興師四面攻討，彼將帥則加官爵，士卒則給衣糧，按兵(五二)玩寇，坐觀勝負，而勞費之病(五三)，盡歸國家矣。今江淮水，公私困竭，軍旅之事，殆未可輕議(五四)也。」左軍中尉吐突承璀欲希上意(五五)，奪裴垍權，自請將兵討之。宗正少卿李拭奏稱：「承宗不可不討，承璀親近信臣，宜委以禁兵，使統諸軍，誰敢不服！」上以拭狀示諸學士，曰：「此姦臣也，知朕欲將承璀，故上此奏，卿曹記之，自今勿令得進用。」

(十六)昭義節度使盧從史遭父喪，朝廷久未起復，從史懼，因承璀說上，請發本軍討承宗，壬辰，起復從史左金吾大將軍，餘如故。

(十七)初平涼之盟(五六)，副元帥判官路泌、會盟判官鄭叔矩皆沒於吐蕃，其後吐蕃請和，泌子隨三詣闕號泣上表，乞從其請，德宗以吐蕃多詐，不許；至是，吐蕃復請和，隨又五上表，詣執政泣請，裴垍李藩亦言於上，請許其和，上從之，五月，命祠部郎中徐復使吐蕃。

(十八)六月，以靈鹽節度使范希朝為河東節度使，朝議以沙陀在靈武，迫近吐蕃，慮其反覆，又部落眾多，恐長穀價(五七)，乃命悉從希朝詣河東，希朝選其驍騎千二百，號沙陀軍，置使以領之，而處其餘眾于定襄川，於是執宜始保神武川(五八)之黃花堆。

(十九)左軍中尉吐突承璀領功德使(五九)，盛脩安國寺(六〇)，奏立聖德碑，高大一準(六一)華嶽碑(六二)，先構(六三)碑樓，請勅學士撰文，且言臣已具錢萬緡，欲酬之。上命李絳為之，絳上言：「堯舜禹湯未嘗立碑，自言聖德，惟秦始皇於巡遊所過，刻石高自稱述，未審(六四)陛下欲何所法？且敍修寺之美，不過壯麗觀遊(六五)，豈所以光益聖德。」上覽奏，承璀適在旁，上命曳倒碑樓；承璀言碑樓甚大，不可曳，請徐毀撤，冀得延引(六六)，乘間再論。上厲聲曰：「多用牛曳之。」承璀乃不敢言，凡用百牛，曳之乃倒。

【今註】(一)簡王遘：遘、代宗子。(二)戒：告戒。(三)皆籍其數：謂皆將其數目，登於簿籍之上。(四)賙：贍給，音周。(五)識：知。(六)勿效潘孟陽飲酒遊山而已：事見元年。(七)門下：即門下省之簡稱。(八)即於黃紙後批之：唐代詔書，用黃紙書寫，故此黃紙，亦即詔誥之謂。(九)更連素紙：謂更貼連一張白紙。(一〇)循默取容：謂因循緘默，以求容身。(一一)嚴綬在鎮九年：貞元十七年，嚴綬鎮河東，見上卷。(一二)補署：補官署員。(一三)拱手：謂不加問聞。(一四)嫡長：謂正夫人所生之長子。(一五)德音：詔今之一種，多有闕賜與恩德之事。(一六)實惠：實際之恩惠。(一七)其數猶廣：廣猶多，謂其人數尚多。(一八)事宜省費，物貴徇情：胡三省曰：「冗食宮中，歲費給賜，則非省費；內多怨女，則非徇情。」(一九)橫歛：非正常征歛，則為橫歛。(二〇)蠲：免。(二一)救：補救。(二二)初王叔文之党既貶：事見上卷永貞元年。㉓移量：謂量予移至距京師較近之處。㉔楊子留後：胡三省曰：「揚州楊子縣，自大歷以來，鹽鐵轉運使置巡院於此，故置留後。」㉕督察：監督廉察。㉖戰栗：栗通慄，謂戰懼。㉗句檢：勾當檢察。㉘質錢：以屋為質，而貸錢於人。㉙激勸：激勵獎勸。㉚宜出朝廷：謂宜出於朝廷。㉛掠：掠奪。㉜以官錢贖還後嗣：謂以公錢贖回，而還予其後嗣。㉝恐禍及宗：謂恐禍及宗族。㉞嗣膺：繼受。㉟大寶：猶神器。㊱儲闈：謂太子。㊲窺覦：窺伺覬覦。㊳乖：違。㊴承宗廟：承奉宗廟。㊵小節：猶小行。㊶嘗：嘗試。㊷除人：除命節度使。㊸陛下前許師道：言許李師道承襲。㊹沮勸：沮止獎勸。㊺聲教：威聲教化。㊻憤歎：憤恨歎息。㊼成德自武俊以來，父子相承，四十餘年：胡三省曰：「自建中三年，王武俊始有恆冀，至是二十八年。」㊽貫習：貫通慣，謂習慣。㊾同體：猶同制。㊿勸成：謂勸而完成之。(五一)遽休：立即罷休。(五二)按兵：謂按兵不動。(五三)病：病患。(五四)輕議：輕率而加議論。(五五)希上意：希承上意。(五六)初平涼之盟：見卷二百三十二德宗貞元三年。(五七)恐長穀價：以人眾需糧多故，恐穀價為之上長。(五八)神武川：胡三省曰：「神武川在漢代郡桑乾縣界，後魏置神武郡，此時、其地在馬邑善陽縣界。」(五九)功德使：胡三省曰：「唐初置寺觀，監天下僧尼道士女官，皆屬鴻臚寺。武后以僧尼屬祠部。開元十四年，以道士女官屬宗正寺，天寶二載，以道士屬司封崇玄館，置大學士，以宰相為之，領兩京玄元宮及道院。貞元四年，崇玄館罷大學士，置左右街大功德使，東都功德使，修功德使，總僧尼之籍及功役。元和二年，以道士女官屬左右街功德使。」(六〇)安國寺：《唐會要》：「安國寺在長樂坊，景雲元年，勑捨龍潛舊宅為寺，便以本封安國為名。」程大昌曰：「長樂坊在朱雀街東第四街。」(六一)準：準依。(六二)華嶽碑：胡三省曰：「玄宗立華嶽碑於華嶽祠前，高五十餘尺。」(六三)構：構建。(六四)未審：未確知。(六五)不過壯麗觀遊：謂不過言其如何壯麗，及觀遊之適。(六六)延引：謂延長時間。

卷二百三十八 唐紀五十四

司馬光編集
曲守約 註

起屠維赤奮若七月，盡玄黓執徐九月，凡三年有奇。（己丑至壬辰，西元八〇九年至八一二年）

憲宗昭文章武大聖至神孝皇帝上之下

元和四年（西元八〇九年）

㈠秋，七月，壬戌，御史中丞李夷簡彈㈠京兆尹楊憑前為江西觀察使，貪汚僭侈，丁卯，貶憑臨賀㈡尉，夷簡、元懿之玄孫㈢也。上命盡籍憑資產㈣，李絳諫曰：「舊制，非反逆不籍其家。」上乃止。憑之親友無敢送者，櫟陽㈤尉徐晦獨至藍田㈥與別，太常卿權德輿素與晦善，謂之曰：「君送楊臨賀，誠為厚㈦矣，無乃為累㈧乎！」對曰：「晦自布衣，蒙楊公知獎，今日遠謫，豈得不與之別！借如明公它日為讒人所逐，晦敢自同路人㈨乎！」德輿嗟嘆㈩，稱之於朝。後數日，李夷簡奏為監察御史，晦謝曰：「晦平生未嘗得望公顏色㈢，公何從而取之？」夷簡曰：「君不負楊臨賀，肯負國乎！」

㈡上密問諸學士曰：「今欲用王承宗為成德留後，割德棣二州更為一鎮㊁，以離其勢，幷使承宗輸二稅㊂，請官吏㊃，一如師道，何如？」李絳等對曰：「德棣之隸成德，為日已久，今一旦割之，恐承宗及其將士憂疑怨望，得以為辭㊄，況其鄰道情狀一同㊅，各慮他日分割，或潛相構扇㊆，萬一旅拒㊇，倍難㊈處置，願更三思。所是㊉二稅官吏，願因弔祭使至彼，自以其意(一一)諭承宗，令上表陳乞，如師道例，勿令知出陛下意，如此，則幸而聽命，於理(一二)固順，若其不聽，體(一三)亦無損。」上又問：「今劉濟、田季安皆有疾，若其物故(一四)，豈可盡如成德，付授其子，天下何時當(一五)平！議者皆言，宜乘此際(一六)代之，不受，則發兵討之，時不可失，如何？」對曰：「羣臣見陛下西取蜀，東取吳(一七)，易於反掌(一八)，故諂諛躁競(一九)之人，爭獻策畫(二〇)，勸開河北(二一)，不為國家深謀遠慮，陛下亦以前日成功之易，而信其言。臣等夙夜(二二)思之，河北之勢，與二方異，何則？西川浙西皆非反側(二三)之地，其四鄰皆國家臂指(二四)之臣，劉闢李錡獨生狂謀，其下皆莫之與(三五)，闢錡徒以財貨啗之(三六)，大軍一臨，則渙然(三七)離耳，故臣等當時亦勸陛下誅之，以其萬全(三八)故也。成德則不然，內則膠固(三九)歲深(四〇)，外則蔓連(四一)勢廣，其將士百姓，懷其累代煦嫗(四二)之恩，不知君臣順逆之理(四三)，諭之不從，威之(四四)不服，將為朝廷羞。又鄰道平居(四五)，或相猜恨(四六)，及聞代易，必合為一心，蓋各為子孫之謀，亦慮他日及此故也。萬一餘道或相表裏(四七)，兵連(四八)禍結，財盡力竭，西戎北狄(四九)，乘間窺窬(五〇)，其為憂患，可勝道哉？濟季安與承宗事體不殊，若物故之際，有間可乘，當臨事(五一)圖之，於今用兵，則恐未可，太平之業，非朝夕(五二)可致，願陛下審(五三)處之。」時吳少誠病甚，絳等復上言：「少誠病必不起，淮西事體與河北不同，四旁皆國家州縣，不與賊鄰，無黨援相助，朝廷命帥，今正其時，萬一不從，可議征討。臣願捨恒冀難致(五四)之策，就申蔡易成之謀，脫或(五五)恒冀連兵，事未如意，蔡州有釁(五六)，勢可興師，南北之役(五七)俱興，財力之用(五八)不足，儻事不得已，須赦承宗，則恩德虛施(五九)，威令頓廢(六〇)，不如早賜處分，以收鎮冀(六一)之心，坐待機宜(六二)，必獲申蔡之利。」既而承宗久未得朝命，頗懼，累表(六三)自訴。八月，壬午，上乃遣京兆少尹裴武詣真定(六四)宣慰，承宗受詔甚恭，曰：「三軍見迫，不暇俟朝旨，請獻德棣二州，以明懇款(六五)。」

(三)丙申，安南都護張舟奏破環王(六六)三萬眾。

(四)九月，甲辰朔，裴武復命，庚戌，以承宗為成德節度使、恒冀深趙州觀察使，德州刺史，薛昌朝為保信軍節度、德棣二州觀察使。【考異】李司空論事：「初武御命使鎮州，令諭王承宗，割德棣兩州，歸朝廷，武飛表上言，一如朝廷意旨，遂除昌朝德棣節度。及旌節至德州，而昌朝已追到鎮州，朝命遂不行。比及武還，事宜與先上表參差。」按實錄，甲辰武至自鎮州，庚戌除昌朝，非武未還，據所上表除之也。論事集誤，今從實錄。昌朝，嵩之子(六七)，王氏之壻也，故就用之。田季安得飛報(六八)，先知之，使謂承宗曰：「昌朝陰與朝廷通，故受節鉞(六九)。」承宗遽遣數百騎，馳入德州，執昌朝至真定，囚之。中使送昌朝節，過魏州，季安陽為宴勞，留使者累日(七〇)，比至德州，已不及矣。

(五)上以裴武為欺罔(七一)，又有譖之者曰：「武使還，先宿裴垍家，明旦乃入見。」上怒甚，以語李絳，欲貶武於嶺南。絳曰：「武昔陷李懷光軍中，守節不屈，豈容今日遽為姦回(七二)，蓋賊多變詐(七三)，人未易盡其情(七四)，承宗始懼朝廷誅討，故請獻二州，既蒙恩貸(七五)，而鄰道皆不欲成德開分割之端，計(七六)必有間說(七七)誘而脅(七八)之，使不得守其初心者，非武之罪也。今陛下選武，使入逆亂之地，使還，一語不相應(七九)，遽竄之遐荒(八〇)，臣恐自今(八一)奉使賊庭者，以武為戒(八二)，苟求便身(八三)，率為依阿(八四)兩可之言，莫肯盡誠(八五)，具陳(八六)利害，如此，非國家之利也。且珀、武久處朝廷，諳練(八七)事體，豈有使還，未見天子，而先宿宰相家乎！臣敢為陛下必保(八八)其不然，此殆有讒人欲傷武及珀者，願陛下察之。」上良久曰：「理或有此。」遂不問。

㈥丙辰，振武奏：「吐蕃五萬餘騎，至拂梯泉(八九)。」辛未，豐州奏：「吐番萬餘騎，至大石谷，掠回鶻入貢還國者。」

㈦左神策軍吏李昱貣(九〇)長安富人錢八千緡，滿三歲不償，京兆尹許孟容收捕械繫，立期使償，曰：「期滿不足(九一)，當死。」一軍大驚。中尉訴於上，上遣中使宣旨付(九二)本軍，孟容不之遣，中使再至，孟容曰：「臣不奉詔，當死，然臣為陛下尹京畿(九三)，非抑制豪彊，何以肅清輦下(九四)。錢未畢償，昱不可得。」上嘉其剛直而許之，京城震慄。

(八)上遣中使諭王承宗，使遣薛昌朝還鎮(九五)，承宗不奉詔。冬，十月，癸未，制削奪承宗官爵，以左神策中尉吐突承璀為左右神策、河中、河陽、浙西、宣歙等道行營兵馬使、招討處置等使(九六)，翰林學士白居易上奏，以為：「國家征伐，當責成(九七)將帥，近歲，始以中使為監軍，自古及今，未有徵天下之兵，專令中使統領者也。今神策軍既不置行營節度使，則承璀乃制將(九八)也，又充諸軍招討處置使，則承璀乃都統(九九)也，臣恐四方聞之，必窺朝廷(一〇〇)，四夷聞之，必笑中國，陛下忍令後代相傳，云以中官為制將都統，自陛下始乎！臣又恐劉濟、茂昭及希朝、從史，乃至諸道將校，皆恥受承璀指麾(一〇一)，心既不齊，功何由立，此是資(一〇二)承宗之計，而挫諸將之勢也。陛下念承璀勤勞，貴之可也，憐其忠赤(一〇三)，富之可也，至於軍國權柄，動關(一〇四)理亂，朝廷制度，出自祖宗，陛下寧忍狗下㉕之情，而自隳㉖法制，從人之欲，而自損聖明！何不思於一時之間，而取笑於萬代之後乎！」

㈨時諫官御史論承璀職名㉗太重者，相屬㉘，上皆不聽。戊子，上御延英殿，度支使李元素、鹽鐵使李鄘、京兆尹許孟容、御史中丞李夷簡、給事中呂元膺、穆質、右補闕獨孤郁等，極言其不可，【考異】舊承璀傳曰：「諫官御史上疏相屬，皆言自古無中貴人為兵馬統帥者，補闕獨孤郁段平仲尤激切。」呂元膺傳：「元膺與給事中穆質孟簡兵部侍郎許孟容等八人，抗論不可。」若據承璀傳則是九人，又平仲時為諫議大夫，非補闕，恐誤。今從實錄。上不得已，明日，削承璀四道兵馬使，改處置為宣慰而已。

㈩李絳嘗極言宦官驕橫㉙，侵害政事，讒毀忠貞，上曰：「此屬安敢為讒，就使㉚為之，朕亦不聽。」絳曰：「此屬大抵不知仁義，不分枉直，惟利是嗜，得賂㉛，則譽跖蹻㉜為廉良，怫意㉝，則毀龔黃為㉞貪暴，能用傾巧㉟之智，構成疑似之端㊱，朝夕左右，浸潤㊲以入之，陛下必有時而信之矣。自古宦官敗國者，備載方冊㊳，陛下豈得不防其漸乎！」

(十一)己亥，吐突承璀將神策兵發長安，命恒州四面藩鎮，各進兵招討⑲。

(十二)初吳少誠寵其大將吳少陽，名以從弟⑳，署㉑為軍職，出入少誠家，如至親㉒，累遷㉓申州刺史。少誠病不知㉔人，家僮鮮于熊兒詐以少誠命召少陽攝副使，知軍州事㉕，少誠有子元慶，少陽殺之。十一月，己巳，少誠薨，少陽自為留後。

(十三)是歲，雲南王尋閣勸卒，子勸龍晟立。

(十四)田季安聞吐突承璀將兵討王承宗，聚其徒曰：「師不跨河二十五年矣㉖，今一旦越魏伐趙，趙虜㉗魏亦虜矣，計為之奈何？」其將有超伍㉘而言者，曰：「願借騎五千，以除君憂。」季安大呼曰：「壯哉，兵決出，格沮㉙者斬。」幽州牙將、絳㉚人譚忠為劉濟使魏，知其謀，入謂季安曰：「如某㉛之謀，是引㉜天下之兵也。何者？今王師越魏伐趙，不使耆臣㉝宿將，而專付中臣，不輸㉞天下之甲㉟，而多出秦甲，君知誰為之㊱謀，此乃天子自為之謀，欲將夸服㊲於臣下也。若師未叩趙㊳，而先碎㊴於魏，是上之謀反不如下，且能不恥㊵於天下乎，既恥且怒，必任智士，畫長策〔四一〕，仗〔四二〕猛將，練精兵，畢力〔四三〕再舉涉河，鑑前之敗，必不越魏而伐趙，校〔四四〕罪輕重，必不先趙而後魏，是上不上，下不下，當魏而來也〔四五〕。」季安曰：「然則，若之何？」忠曰：「王師入魏，君厚犒〔四六〕之，於是悉甲壓境〔四七〕，號曰伐趙，而可陰遺趙人書曰：『魏若伐趙，則河北義士，謂魏賣友，魏若與趙，則河南忠臣，謂魏反君，賣友反君之名，魏不忍受〔四八〕，執事若能陰解陴障〔四九〕，遺魏〔五〇〕一城，魏得持之，奏捷天子，以為符信〔五一〕，此乃使魏北得以奉〔五二〕趙，西得以為臣〔五三〕，於趙有角尖之耗〔五四〕，於魏獲不世之利〔五五〕，執事豈能無意〔五六〕於魏乎！』趙人脫〔五七〕不拒君，是魏霸基〔五八〕安矣。」季安曰：「善，先生之來，是天眷〔五九〕魏也。」遂用忠之謀，與趙陰計，得其堂陽〔六〇〕。忠歸幽州，謀欲激〔六一〕劉濟討王承宗，會濟合諸將，言曰：「天子知我怨趙，今命我伐之〔六二〕，趙亦必大備我，伐與不伐，孰利？」忠疾〔六三〕對曰：「天子終不使〔六四〕我伐趙，趙亦不備燕。」濟怒曰：「爾何不直言濟與承宗反乎？」命繫忠獄，使人視成德之境，果不為備，後一日，詔果來，令濟專護〔六五〕北疆，勿使朕復掛胡憂[六六],而得專心於承宗。濟乃解獄[六七]召忠曰:「信如子斷[六八]矣,何以知之?」忠曰:「盧從史外親燕,內實忌[六九]之,外絕趙,內實與[七〇]之,此為趙畫曰:『燕以趙為障,雖怨趙,必不殘趙[七一],不必為備,一旦[七二]示趙不敢抗燕,二且使燕獲疑天子。』趙人既不備燕,潞人[七三]則走告於天子曰:『燕厚怨趙,趙見伐而不備燕,是燕反與趙[七四]也。』此所以知天子終不使君伐趙,趙亦不備燕也。」濟曰:「今則奈何?」忠曰:「燕趙為怨,天下無不知,今天子伐趙,君坐全燕之甲[七五],一人未濟易水,此正使潞人以燕賣恩於趙,敗忠於上[七六],兩皆售[七七]也。是燕貯忠義之心,卒染[七八]私趙之口[七九],不見德於趙人,惡聲徒嘈嘈[八〇]於天下耳。惟君熟思之。」濟曰:「吾知之矣。」乃下令軍中曰:「五日畢出,後者醢以狥。」

【今註】㊀彈:彈劾。㊁臨賀:《舊唐書・地理志》四:「嶺南道、賀州、臨賀縣,在京師東南四千一百三十里。」㊂夷簡、元懿之玄孫:鄭王元懿、高祖之子。㊃資產:財物田園、人資以生,謂之資產。㊄櫟陽:故城在今陝西省臨潼縣西南,音藥。㊅藍田:今陝西省藍田縣。㊆厚:敦厚。㊇累:連累。㊈自同路人:謂如路人之漠不相關。㊉嗟嘆:此謂贊嘆。[一一]望公顏色:謂關係甚疏。

（一二）鎮：藩鎮。（一三）輸二稅：輸所征之二稅收於朝廷。（一四）請官吏：請朝廷任命官吏。（一五）得以為辭：得以為借辭。（一六）一同：謂完全相同。（一七）構扇：構嫌扇動。（一八）旅拒：旅、眾，旅拒謂挾眾而拒上命。（一九）倍難：猶愈難。（二〇）所是：猶所有，凡是。（二一）自以其意：謂自以弔祭使者之意。（二二）於理：於道理。（二三）體：體面。（二四）物故：死亡。（二五）當：猶會。（二六）此際：謂此時際。（二七）西取蜀，東取吳：胡三省曰：「蜀謂劉闢，吳謂李錡。」（二八）反掌：反覆手掌，以喻動作之容易。（二九）躁競：躁、輕，競、爭。（三〇）畫：計畫。（三一）勸開河北：謂勸開闢河北之疆域，此與勸收河北同意。（三二）夙夜：猶晝夜。（三三）反側：謂反側不安，而謀變亂。（三四）臂指：言其順使。（三五）與：猶贊同。（三六）啗之：猶以飲食餵誘之。音ㄉㄢˋ。（三七）渙然：分散貌。（三八）萬全：謂甚為安全。（三九）膠固：謂堅固。（四〇）歲深：歲久。（四一）蔓連：謂如蔓草之曼衍連屬。（四二）呴嫗：呴，同煦，溫潤之；嫗，撫養之。（四三）理：道理。（四四）威之：威迫之。（四五）平居：猶平常。（四六）猜恨：猜忌怨恨。（四七）表裏：謂裏應外合。（四八）兵連：兵戎相連。（四九）西戎北狄：西戎謂吐蕃，北狄謂回鶻。（五〇）窺窬：窺伺窬隙，音ㄩˊ。（五一）臨事：猶遇事。（五二）朝夕：謂短時。（五三）審：審慎。（五四）難致：謂難獲功效。（五五）脫或：猶萬一。（五六）舋：通釁。（五七）役：兵役。（五八）用：供用。（五九）虛施：謂空施，言雖施，而無效果。（六〇）頓廢：立廢。（六一）鎮冀：胡三省曰：「此時未改恒州為鎮州，史以後來所改州名書之耳。」（六二）機宜：機會便宜。（六三）累表：謂屢次上表。（六四）真定：據《新唐書．地理志》三，河北道、鎮州，領有真定縣。（六五）懇款：懇至之誠。（六六）環王：《新唐書．環王國傳》：「環王、本林邑也，至德後更號環王。」（六七）昌朝，嵩之子：薛嵩亦安史舊將，代宗初來降。（六八）飛報：謂傳報快速如飛。（六九）節鉞：符節斧鉞。（七〇）累日：猶數日。（七一）欺罔：欺誑罔誣。（七二）姦回：姦惡回邪。（七三）變詐：變化欺詐。（七四）情：實。（七五）貸：寬貸。（七六）計：料度。（七七）間說：離間之說。（七八）脅：威脅。（七九）應：合。（八〇）遐荒：遐遠之荒裔。（八一）自今：謂自今以後。（八二）戒：鑒戒。（八三）便身：謂便利於己。（八四）依阿兩可：史炤曰：「依阿，謂不特立其說，常附順人言；兩可，謂無所可否。」（八五）盡誠：盡其忠心。（八六）具陳：詳言。（八七）諳練：諳知練達，音ㄢ。（八八）保：保證。（八九）拂梯泉：史炤曰：「本又作鸊鵜泉，在丰州西受降城北三百里。」（九〇）貳：從人求物，音ㄊㄜˋ。（九一）期滿不足：謂期滿而償還不盡。（九二）付：交付。（九三）京畿：京兆以長安、萬年為京縣，餘屬縣為畿縣。（九四）輦下：謂輦轂之下，亦即京師。（九五）使遣薛昌朝還鎮：使之遣還德州。（九六）招討處置使：胡三省曰：「唐實錄：『開元二十年，置諸道採訪處置使，專以觀省風俗，黜陟官吏。其後伐叛，討有罪，則置招討處置使。』」（九七）責成：謂責求其成效。（九八）制將：言諸軍進退，皆受制於承璀。（九九）都統：胡三省曰：「都統，謂都統諸軍，唐中世以後，專征之任。」（一〇〇）必窺朝廷：謂必可窺知朝廷措置之乖方。（一〇一）指麾：猶指揮。（一〇二）資：資助。（一〇三）忠赤：赤謂丹心，亦係忠意。（一〇四）關：關涉。（一〇五）徇下：徇臣下。（一〇六）隳：毀。（一〇七）職名：猶名位。（一〇八）相屬：謂相連屬不絕。（一〇九）驕橫：驕傲橫暴。（一一〇）就使：即使，乃假設語。（一一一）賂：貨財。（一一二）跖蹻：李奇曰：「跖，秦大盜也，楚之大盜為莊蹻。」（一一三）怫意：逆意。（一一四）龔黃：龔遂黃霸，皆漢之良吏。（一一五）傾巧：傾動巧詐。（一一六）端：事端。（一一七）浸潤：如水之浸潤，而漸入其內。（一一八）方冊：方板書冊。（一一九）招討：謂降則招之，逆則討之。（一二〇）名以從弟：謂稱之為從弟，以示親昵。（一二一）署：任命。（一二二）至親：最親近之人。㉓累遷：積遷。㉔不知人：猶不認人，以喻病甚危篤。㉕知軍州事：謂知掌軍事及州之政事。㉖師不跨河，二十五年矣：自德宗討田悅不克，王師不復越河。㉗趙虜：謂趙為俘虜。㉘超伍：胡三省曰：「超伍，出位而言也，蓋超出儔伍之中而言。」㉙格沮：格拒沮止。㉚絳：據《新唐書・地理志》三，絳縣屬河東道絳州。㉛某：謂某人，乃指上超伍而言之將。㉜引：招引。㉝耆臣：老臣。㉞輸：猶發。㉟秦甲：關中之地，古秦地也，故謂關中之兵為秦甲。㊱之：猶此。㊲夸服：胡三省曰：「夸服謂欲自衒於算略，以服臣下之心。」㊳叩趙：敲擊趙國邊境之關門。㊴碎：破。㊵不恥：不懷羞恥。㊶長策：猶高策。㊷仗：仗任。㊸畢力：盡力。㊹校：校量。㊺上不上，下不下，當魏而來也：謂兵必不上不下，正向魏而來也。㊻犒：犒賞。㊼悉甲壓境：謂舉全國之兵，駐鎮國境。㊽忍受：謂容忍而接受之。㊾陰解陴障：謂暗中自關塞處撤退。㊿遺：留予。(51)符信：信驗。(52)奉：奉事。(53)為臣：言能承上命，不悖臣道。(54)角尖之耗：言損耗者甚少，角尖與毫芒之意頗相類。(55)不世之利：謂非每世所常有之利，言甚大也。(56)無意：猶不關心。(57)脫：萬一。(58)霸基：霸業之基礎。(59)眷：眷顧。(60)堂陽：據《新唐書・地理志》三，堂陽縣屬河北道冀州。(61)激：激勵。(62)今命我伐之：胡三省曰：「今當作必。」(63)疾：急。(64)終不使：謂終必不使。(65)護：防護。(66)掛胡憂：謂掛心於胡之憂患。(67)解獄：謂釋其囚。(68)斷：判斷。(69)忌：畏。(70)與：相與，亦即友好。(71)殘趙：破趙。(72)一旦：猶一則。(73)潞人：盧從史鎮潞州，故謂之潞人。(74)反與趙：謂反與趙相與。(75)坐全燕之甲：軍士集結後，皆坐以待命，故坐甲亦即舉兵也。(76)敗忠於上：胡三省曰：「言燕本忠於上，而盧從史以計敗之。」㉗售：賣物去手曰售。㉘染：汙染。
㉙私趙之口：有偏私於趙之口實。㉚嘈嘈：雜亂。

五年（西元八一〇年）

㈠春，正月，劉濟自將兵七萬人擊王承宗，時諸軍皆未進，濟獨前奮擊，拔饒陽、束鹿㊀，河東、河中、振武、義武四軍為恒州北面招討，會于定州，會望夜㊁，軍吏以有外軍，請罷張燈，張茂昭曰：「三鎮㊂官軍也，何謂外軍！」命張燈，不禁行人㊃，不閉里門，三夜如平日，亦無敢諠譁者。丁卯，河東將王榮拔王承宗洄湟鎮，吐突承璀至行營，威令不振㊄，與承宗戰，屢敗，左神策大將軍酈定進戰死，定進，驍將也，軍中奪氣㊅。

㈡河南尹房式有不法事，東臺監察御史㊆元稹奏攝㊇之，擅令停務㊈。朝廷以為不可㊉，罰一季俸。召還西京，至敷水驛⑪，有內侍後至，破驛門，呼罵而入，以馬鞭擊稹傷面，【考異】實錄云：「中使仇士良元稹爭廳。」按稹及白居易傳，皆云劉士元，實錄云仇士良，恐誤。今止云內侍。上復引⑫稹前過，貶江陵⑬士曹。翰林學士李絳、崔羣言稹無罪，白居易上言：「中使陵辱㉔朝士，中使不問㉕，而稹先貶，恐自今中使出外，益暴橫，人無敢言者。又稹為御史，多所舉奏，不避權勢，切齒㉖者眾，恐自今㉗無人肯為陛下當官執法，疾惡繩愆㉘，有大姦猾㉙，陛下無從得知。」上不聽。

㈢上以河朔方用兵，不能討吳少陽。三月，己未，以少陽為淮西留後。

㈣諸軍討王承宗者，久無功，白居易上言，以為：「河北本不當用兵，今既出師，承璀未嘗苦戰，已失大將㉚，與從史兩軍入賊境，遷延進退，不惟意在逗留㉛，亦是力難支敵㉜。希朝茂昭至新市鎮㉝，竟不能過，劉濟引㉞全軍，攻圍樂壽㉟，久不能下，師道季安元㊱，不可保，察其情狀，似相計會㊲，各收一縣，遂不進軍。陛下觀此事勢，成功有何所望！以臣愚見，須速罷兵，若又遲疑，其害有四，可為痛惜㊳者二，可為深憂者二。何則？若保有㊴成，即不論用度多少，既的㊵知不可，即不合虛費貲糧，悟㊶而後行，事亦非晚，今遲校㊷一日，則有一日之費，更延旬月㊸，所費滋多，終須罷兵，何如早罷，以府庫錢帛，百姓脂膏㉞，資助河北諸侯，轉令彊大，此臣為陛下痛惜者一也；臣又恐河北諸將，見吳少陽已受制命㉟，必引事例輕重，同詞㊱請雪承宗，若章表繼來，即㊲義㊳無不許，請而後捨㊴，體勢㊵可知，轉令承宗膠固同類㊶，如此，則與奪㊷皆由鄰道，恩信不出朝廷，實恐威權㊸盡歸河北，此為陛下痛惜者二也。今天時已熱，兵氣相蒸㊹，至於飢渴疲勞，疾疫暴露㊺，驅以就戰，人何以堪，縱不惜㊻身，亦難忍苦，況神策烏雜㊼，城市之人，例皆不慣㊽如此，忽思生路㊾，一人若逃，百人相扇㊿，一軍若散，諸軍必搖(51)，事忽至此，悔將何及，此為陛下深憂者一也；臣聞回鶻吐蕃皆有細作(52)，中國之事，小大盡知，今聚天下之兵，唯討承宗一賊，至冬及夏，都(53)未立功，則兵力之彊弱，資費之多少，豈宜使西戎北虜一一知之，忽見利生心，乘虛入寇，以今日之勢力，可能(54)救其首尾哉，兵連禍生，何事不有(55)，萬一及此，實關(56)安危，此其為陛下深憂者二也。」【考異】白氏集云：「五月十日進。」據此疏云：「從史雖經接戰，與賊勝負略均。」則是未就縛也。此月戊戌，從史已流驩州，疑五月當為四月，故移於此。

㈤盧從史首建伐王承宗之謀，及朝廷興師，從史逗留不進，陰與承宗通謀，令軍士潛懷承宗號(57)，又高芻粟之價，以販度支(58)，諷朝廷求平章事，誣奏諸道與賊通，不可進兵，上甚患之。會從史遣牙將王翊元入奏事，裴垍引與語，為言為臣之義(59)，微動其心，翊元遂輸誠，言從史陰謀及可取之狀，垍令翊元還本軍經營(60)，復來京師，遂得其都知兵馬使烏重胤等款要(61)。

㈥垍言於上曰：「從史狡猾驕狠，必將為亂，今聞其與承璀對營，視承璀如嬰兒，往來都不設備，失今(62)不取，後雖有大兵，未可以歲月平也(63)。」上初愕(64)然，熟思良久，乃許之。

㈦從史性貪，承璀盛陳奇玩，視其所欲，稍以遺之，從史喜，益相昵狎(65)。甲申，承璀與行營兵馬使李聽謀(66)，召從史入營博(67)，伏壯士於幕下，突出，擒詣帳後縛之，內(68)車中，馳詣京師，【考異】承璀傳曰：「承璀出師，經年無功，乃遣密人告王承宗，令上疏待罪，許以罷兵為解，仍奏昭義節度使盧從史，素與賊通，許為承宗求節鉞，乃誘潞州牙將烏重胤，謀執從史送京師。」今從裴垍等傳。左右(69)驚亂，承璀斬十餘人，諭以詔旨，從史營中士聞之，皆甲(70)以出，操兵(71)趨譁(72)，烏重胤當軍門(73)叱之曰：「天子有詔，從者賞，敢違者斬。」士卒皆斂兵(七四)，還部伍，會夜、車疾驅，未明，已出境。重胤，承洽之子(七五)；聽，晟之子也。

(八)丁亥，范希朝、張茂昭大破承宗之眾於木刀溝(七六)。

(九)上加(七七)烏重胤之功，欲即授以昭義節度使，李絳以為不可，請授重胤河陽，以河陽節度使孟元陽鎮昭義，會吐突承璀奏，已牒(七八)重胤句當昭義留後(七九)，絳上言：「昭義五州(八〇)，據山東要害，魏博恒幽(八一)諸鎮蟠結(八二)，朝廷惟恃此(八三)以制之，邢磁洺入其腹內(八四)，誠國之寶地，安危所繫(八五)也。曏為從史所據，使朝廷旰食(八六)，今幸而得之，承璀復以與重胤，臣聞之驚歎，實所痛心。昨國家誘執從史，雖為長策(八七)，亦失大體(八八)，今承璀又以文牒，差人(八九)為重鎮(九〇)留後，為之求旌節，無君之心，孰(九一)甚於此。陛下昨日得昭義，人神同慶，威令(九二)再立，今日忽以授本軍牙將，物情頓沮(九三)，紀綱(九四)大紊，校計(九五)利害，更(九六)不若從史為之。何則？從史雖蓄姦謀，已是朝廷牧伯，重胤出於列校(九七)，以承璀一牒代之，竊恐河南北(九八)諸侯聞之，無不憤怒，恥與為伍(九九)；且謂承璀誘重胤，逐從史，而代其位，彼人人麾下⑳，各有將校，能無㉑自危乎！儻劉濟、茂昭、季安、執恭㉒、韓弘、師道、繼有章表，陳其情狀，幷指㉓承璀專命㉔之罪，不知陛下何以處㉕之？若皆不報㉖，則眾怒益甚，若為之改除㉗，則朝廷之威重㉘去矣。

(十)上復使樞密使梁守謙密謀於絳曰：「今重胤已總軍務，事不得已，須應與節㉙。」對曰：「從史為帥，不由朝廷㉚，故啓其邪㉛心，終成逆節；今以重胤典兵，即授之節，威福㉜之柄，不在朝廷，何以異於從史乎！重胤之得河陽，已為望外㉝之福，豈敢更為旅拒㉞。況重胤所以能執從史，本以杖順㉟成功，一旦自逆㊱詔命，安知同列不襲其跡而動㊲乎？重胤軍中，等夷㊳甚多，必不願重胤獨為主帥，移之它鎮，乃懾㊴眾心，何憂其致亂㊵乎！」上悅，皆如其請，壬辰，以重胤為河陽節度使，元陽為昭義節度使，戊戌，貶盧從史驩州㊶司馬。

(十一)五月，乙巳，昭義軍三千餘人夜潰，奔魏州，劉濟奏拔安平㊷。

(十二)庚申，吐蕃遣其臣論思邪熱入見，且歸路泌、鄭叔矩之柩㊸。

(十三)甲子，奚寇靈州。

(十四)六月，甲申，白居易復上奏，以為：「臣比請罷兵，今之事勢，又不如前，不知陛下復何所待？」是時，上每有軍國大事，必與諸學士謀之，嘗踰月不見學士，李絳等上言：「臣等飽食不言，其自為計㉔，則得矣，如陛下何？陛下詢訪理道㉕，開納直言，實天下之幸，豈臣等之幸。」上遽令明日三殿對來㉖。白居易嘗因論事，言陛下錯，上色莊㉗而罷，密召承旨㉘李絳，謂白㉙居易小臣不遜㉚，須令出院。絳曰：「陛下容納直言，故羣臣敢竭誠無隱，居易言雖少思㉛，志在納忠，陛下今日罪之，臣恐天下各思箝口㉜，非所以廣聰明，昭聖德也。」上悅，待居易如初。【考異】舊居易傳曰：「吐突承璀為招討使，諫官上章者十七八，居易面論，辭情切至，既而又請罷河北用兵，凡數千百言，皆人之所難言者。上多聽納。唯諫承璀事切，上頗不悅，謂李絳曰，白居易小子，是朕拔擢，而無禮於朕，朕實難柰。絳對曰，居易所以不避死亡之誅，事無巨細必言者，蓋欲酬陛下特力拔擢耳。陛下欲開諫諍之路，不宜阻居易言。上曰，卿言是也，由是多見聽納。」今從李司空論事。上嘗欲近獵苑中，至蓬萊池㉝西，謂左右曰：「李絳必諫，不如且止。」

(十五)秋，七月，庚子，王承宗遣使自陳，為盧從史所離間，乞輸貢賦㉞，請官吏，許其自新，李師道等數上表，請雪承宗，【考異】

實錄：「淄青幽州累有章表，請赦承宗。」按劉濟素與成德有怨，攻之最力，白居易請罷兵狀云：「劉濟近日，情似近忠，今忽罷兵，慮傷其意。」又豈緣劉濟一人惆悵，而不顧天下遠圖，然則濟豈肯請赦承宗，今不取。

朝廷亦以師久無功，丁未，制洗雪承宗，以為成德軍節度使，復以德棣二州與之，悉罷諸道行營將士，共賜布帛二十八萬端匹(三五)。

(十六)加劉濟中書令。劉濟之討王承宗也，以長子緄(三六)為副大使，掌幽州留務(三七)，濟軍瀛州，次子總為瀛州刺史，濟署行營都知兵馬使，使屯饒陽(三八)。濟有疾，總與判官張玘、孔目官成國寶謀，詐使人從長安來曰：「朝廷以相公逗留無功，已除副大使為節度使矣。」明日又使人來告曰：「副大使旌節已至太原。」又使人走而呼曰：「旌節已過代州。」舉軍驚駭，濟憤怒，不知所為，殺大將素與緄厚者數十人，追緄詣行營，以張玘兄皋代知留務，濟自朝至日昃(三九)不食，渴索飲，總因寘(四〇)毒而進之，乙卯，濟薨。緄行至涿州，總矯以父命，杖殺之，遂領軍務。

(十七)嶺南監軍許遂振以飛語(四一)毀節度使楊於陵於上，上命召於陵還，除冗官(四二)，裴垍曰：「於陵性廉直，陛下以遂振故，黜藩臣(四三)，不可。」丁巳，以於陵為吏部侍郎，遂振尋自抵罪(四四)。

㈥八月，乙亥，上與宰相語及神仙，問：「果有之乎？」李藩對曰：「秦始皇漢武帝學仙之效㊺，具載前史，太宗服天竺僧長年藥，致疾㊻，此古今之明戒也。陛下春秋鼎盛㊼，方勵㊽志太平，宜拒絕方士之說，苟道盛德充，人安國理，何憂無堯舜之壽乎！」

㈨九月，己亥，吐突承璀自行營還，辛亥，復為左衞上將軍，充左軍中尉㊾。裴垍曰：「承璀首唱用兵，疲弊天下，卒無成功，陛下縱以舊恩㊿，不加顯戮，豈得全不貶黜，以謝天下[51]乎！」給事中段平仲、呂元膺言承璀可斬，李絳奏稱：「陛下不責承璀，它日復有敗軍之將，何以處之？若或誅之，則同罪異罰，彼必不服；若或釋之，則誰不保身而玩寇[52]乎？願陛下割不忍之恩，行不易之典[53]，使將帥有所懲勸[54]。」間[55]二日，上罷承璀中尉，降為軍器使[56]，中外相賀。

㈩裴垍得風疾[57]，上甚惜之，中使候問，旁午[58]於道。

㈩㈠丙寅，以太常卿權德輿為禮部尚書、同平章事。

㈩㈡義武節度使張茂昭請除代人[59]，欲舉族[60]入朝，河北諸鎮互[61]遣人說止之，茂昭不從，凡四上表，上乃許之；以左庶子任迪簡為義武行軍司馬，茂昭悉以易定二州簿書管鑰㈥㈡授迪簡，遣其妻子先行，曰：「吾不欲子孫染於汚俗。」茂昭既去。冬，十月，戊寅，虞候楊伯玉作亂，囚迪簡。辛巳，義武將士共殺伯玉，兵馬使張佐元又作亂，囚迪簡，迪簡乞歸朝，既而將士復殺佐元，奉迪簡主(六三)軍務。時易定府庫罄竭(六四)，閭閻(六五)亦空，迪簡無以犒士，乃設糲飯(六六)，與士卒共食之，身居戟門下(六七)經月，將士感之，共請迪簡還寢(六八)，然後得安其位。上命以綾絹十萬匹賜易定將士，壬辰，以迪簡為義武節度使。甲午，以張茂昭為河中慈隰晉絳節度使，從行將校皆拜官。

(廿三)右金吾大將軍伊慎以錢三萬緡，賂右軍中尉第五從直，求河中節度使，從直恐事泄，奏之。十一月，庚子，貶慎為右衛將軍，坐死者(六九)三人。初慎自安州入朝(七〇)，留其子宥主留事，朝廷因以為安州刺史，未能去也。會宥母卒於長安，宥利於兵權(七一)，不時(七二)發喪，鄂岳觀察使郗士美遣僚屬以事過其境，宥出迎，因告以凶問(七三)，先備籃輿〔七四〕，即日遣之〔七五〕。

（七四）甲辰，會王纁〔七六〕薨。

（七五）庚戌，以前河中節度使王鍔為河東節度使，上左右受鍔厚賂，多稱譽之。上命鍔兼平章事，李藩固執，以為不可；權德輿曰：「宰相非序進〔七七〕之官，唐興以來，方鎮非大忠大勳，則跋扈者，朝廷或不得已而加之，今鍔既無忠勳，朝廷又非不得已，何為遽〔七八〕以此名假〔七九〕之？」上乃止。【考異】舊李藩傳曰：「鍔以錢數千萬賂權倖，求兼宰相。藩與權德輿在中書，有密旨曰：王鍔可兼宰相，宜即擬來。藩遂以筆塗兼宰相字，却奏云不可〔八〇〕，德輿失色曰，縱不可，宜別作奏，豈可以筆塗詔邪！曰勢迫矣，出今日，便不可止，日又暮，何暇別作奏事。果寢。」會要：「崔鉉曰，此乃不諳故事者之妄傳，史官之謬記耳。既稱奉密旨，宜擬狀中陳論，固不假以筆塗詔矣。凡欲降白麻，若商量於中書門下，皆前一日進文書，然後付翰林草麻。又稱藩曰勢迫矣，出今日，便不可止，尤為疏闊。蓋由史氏以藩有直亮之名，欲委曲成其名，豈所謂直筆哉！」舊德輿傳曰：「初鍔來朝，貴倖多譽鍔者，上將加平章事，李藩堅執以為不可，德輿既奏云云，乃止〔八一〕。」今從之。鍔有吏才，工於完聚〔八二〕，范希朝以河東全軍出屯河北，耗散〔八三〕甚眾，鍔到鎮之初，兵不滿三萬人，馬不過六百匹，歲餘、兵至五萬人，馬有五千匹，器械精利，倉庫充實，又進家財三十萬緡，上復欲加鍔平章事；李絳諫曰：「鍔在太原，雖頗著績效，今因獻家財而命之，若後世何〔八四〕？」上乃止。

（七六）中書侍郎裴垍數以疾辭位，庚申，罷為兵部尚書。

㈦十二月，戊寅，張茂昭入朝，請遷祖考之骨於京兆㈤。

㈧壬午，以御史中丞呂元膺為鄂岳觀察使，呂元膺嘗欲夜登城，門已鏁㈥，守者不為開，左右曰：「中丞也。」對曰：「夜中難辯㈦真偽，雖中丞，亦不可。」元膺乃還，明日擢為重職㈧。

㈨翰林學士、司勳郎中李絳，面陳吐突承璀專横，語極懇切，上作色㈨曰：「卿言太過。」絳泣曰：「陛下置臣於腹心耳目之地，若臣畏避左右，愛身㈩不言，是臣負陛下，言之而陛下惡聞，乃陛下負臣也。」上怒解，曰：「卿所言，皆人所不能言，使朕聞所不聞，真忠臣也，它日盡言㈠，皆應如是。」己丑，以絳為中書舍人，學士如故。絳嘗從容諫上聚財，上曰：「今兩河數十州，皆國家政令所不及，河湟數千里，淪於左衽㈡，朕日夜思雪祖宗之恥，而財力不贍㈢，故不得不蓄聚㈣耳。不然，朕宮中用度極儉薄，多藏何用邪！」

【今註】㈠饒陽、束鹿：據《新唐書．地理志》三，饒陽、束鹿，皆屬河北道、深州。㈡望夜：此謂正月十五夜。㈢三鎮：謂河中、河東、振武。㈣命張燈，不禁行人：胡三省曰：「唐制、兩京及諸州縣，街巷率置邏卒，曉暝傳呼，以禁夜行。惟元夕張燈弛禁，前後各一日。」⑤不振：猶不行。⑥奪氣：謂氣為之奪。⑦東臺監察御史：胡三省曰：「唐制，御史分司東都，謂之東臺。」⑧攝：收錄。⑨擅令停務：謂擅自命令其停止職務。⑩不可：猶非是。⑪敷水驛：《新唐書・地理志》一：「關內道、華州、華陰縣西二十四里，有敷水渠。」又《九域志》：「華陰縣有敷水鎮。」蓋渠、鎮及驛，皆以敷水而為名也。⑫引：引據。⑬江陵：今湖北省江陵縣。⑭陵辱：欺陵侮辱。⑮中使不問：謂不問中使之罪。⑯切齒：謂痛恨。⑰恐自今：謂恐自今以後。⑱繩愆：治罪。⑲姦猾：姦慝狡猾。⑳已失大將：謂酈定進戰死。㉑逗留：謂逗留而不前進。㉒支敵：支拒敵人。㉓新市鎮：胡三省曰：「唐初，新市縣屬觀州，武德五年，廢州，並廢新市為鎮，屬九門縣。」㉔引：率領。㉕樂壽：據《新唐書・地理志》三，樂壽縣屬河北道深州。㉖元：元本。㉗計會：猶合相計議，為唐人之特殊用語。㉘痛惜：沈痛可惜。㉙保：保證。㉚的：的確。㉛悟：覺悟。㉜校：校正，亦即改正。㉝旬月：一旬或一月。㉞脂膏：膏之凝者曰脂，脂膏，亦即肉也。㉟見吳少陽已受制命：言制以吳少陽為淮西留後。㊱同詞：同一言詞。㊲即：猶則。㊳義：義理。㊴捨：猶釋。㊵體勢：猶形勢。㊶轉令承宗，膠固同類：謂轉使承宗與其同類之交結，愈為堅固。㊷奪：奪取。㊸威權：猶權勢。㊹蒸：蒸熏。㊺暴露：無屋宇帳幕，以遮蔽風雨。㊻身：猶生命。㊼烏雜：猶烏合。㊽慣：習慣。㊾思生路：謂思逃奔潰散，為求生之路。㊿扇：扇動。(51)搖：搖動。(52)細作：古之諜者。(53)都：全。(54)可能：猶豈能。(55)不有：不能生有。(56)關：關係。(57)潛懷承宗號：胡三省曰：「凡行軍各有號，以相識別。」此謂暗藏承宗之徽號。（五八）又高芻粟之價，以販度支：度支芻粟，不能遠致，以給行營，就昭義市糴，故盧從史得高其價以牟利。販、賣也。《舊唐書・盧從史傳》作：「售於度支。」是其明釋。（五九）為臣之義：猶為臣之道。（六〇）經營：謂經營取捉之事。（六一）款要：誠要。（六二）失今：謂失去今日之機會。（六三）未可以歲月平也：意謂須需時甚久。（六四）愕：驚愕。（六五）昵狎：親昵狎近。（六六）甲申，承璀與行營兵馬使李聽謀：據《舊唐書・憲宗紀》，甲申上當添夏四月三字。（六七）博：博弈。（六八）內：通納。（六九）左右：從史之左右。（七〇）皆甲：皆披甲。（七一）操兵：持兵器。（七二）趨譁：謂趨走而喧嘩。（七三）當軍門：謂當立於軍門。（七四）斂兵：收下兵器。（七五）重胤、承洽之子：胡三省曰：「新書作承玭之子，韓愈烏氏先廟碑，亦作承玭，一本云，玭或作洽。」（七六）木刀溝：《新唐書・地理志》三：「定州、新樂縣，東南二十里，有木刀溝，有民木刀居溝旁，因名之。」（七七）上加：按加當作嘉。（七八）牒：公文一種之名。（七九）句當昭義留後：句讀作勾，謂處置昭義軍留後之事。（八〇）昭義五州：五州：澤、潞、邢、洺、磁。（八一）魏博、恒、幽：魏博一鎮、恒一鎮、幽一鎮，謂之河朔三鎮。（八二）蟠結：猶盤結。（八三）恃此：此謂昭義。（八四）邢、磁、洺入其腹內：胡三省曰：「邢州臨趙境，磁洺臨魏境，其界犬牙相入。」（八五）繫：繫賴。（八六）旰食：在定時之後，亦即晚食。（八七）長策：高策。（八八）亦失大體：胡三省曰：「不能明斥從史之罪，而行天討，乃誘執之，是為失體。」（八九）差人：派人。（九〇）重鎮：重要之州鎮。（九一）孰：何。（九二）威令：威聲政令。（九三）沮：沮喪。（九四）紀綱：法度。（九五）校計：胡三省曰：「校、數也，考也；計、算也，度也。」（九六）更：猶反。（九七）列校：普通之將校。（九八）河南北：謂黃河南北，亦即河南、河北。㊈伍：同列。〇麾下：猶部下，帳下。㊀能無：謂豈能不。㊁執恭：程執恭。㊂指：指責。㊃專令：專擅命令。㊄處：處置。㊅報：回報。㊆改除：改行除授。㊇威重：猶威嚴。㊈節：旌節。〇從史為帥，不由朝廷：事見卷二百三十六德宗貞元二十年。㊀邪：邪僻。㊁威福：猶刑賞。㊂望外：冀望之外。㊃旅拒：旅眾，謂挾眾以抗拒。㊄杖順：謂依仗順從朝廷之勢。㊅逆：違逆。㊆襲其跡而動：謂沿襲其踪跡而行動也。㊇等夷：同一等列。㊈愜：適。〇致亂：猶為亂。㊀驩州：《舊唐書・地理志》四：「嶺南道，驩州，至京師，陸路一萬二千四百五十二里，水路一萬七千里。」㊁安平：據《新唐書・地理志》三，安平縣屬河北道深州。㊂歸路泌、鄭叔矩之柩：平涼劫盟，泌、叔矩沒於吐蕃。尸在棺曰柩。㊃其自為計：謂為自己計。㊄理道：治道。㊅三殿對來：胡三省曰：「三殿，麟德殿也，殿有三面，故曰三殿。三殿之西，即翰林學士院。對來者，言明日當召對，可前來也。時召對廷臣詔旨，率有對來之語。」㊆色莊：顏色莊厲。㊇承旨：胡三省曰：「唐置翰林學士之始，無承旨，永貞元年，上始命鄭絪為承旨。大誥令，大廢置，丞相之密畫，內外之密奏，上之所甚注意者，莫不專受專對。翰林學士凡十廳，南廳五間，北廳五間，中隔花甎道，承旨居北廳東第一間。」㊈白：胡三省曰：「白當作曰。」〇不遜：不謙遜。㊀少思：謂不甚思考。㊁箝口：猶緘口。㊂蓬萊池：胡三省曰：「蓬萊池在蓬萊殿之北，一曰太液池，池中有蓬萊山，自蓬萊池西出玄武門，入重元門，即苑中重元門，苑之南門，南對宮城玄武門。」㊃輸貢賦：謂輸納貢賦。㊄共賜布帛二十八萬端匹：胡三省曰：「唐制、布帛六丈為端，四丈為匹。」㊱緄：音ㄍㄨㄣˇ。㊲留務：留後之務。㊳饒陽：據《新唐書・地理志》三，饒陽縣屬河北道深州。㊴日昃：日過正午。㊵寘：置。㊶飛語：無根據之語。㊷冗官：冗散之官。㊸藩臣：藩屏之臣。㊹抵罪：當其所獲之罪。㊺效：效驗。㊻太宗服天竺僧長年藥，致疾：事見卷二百一高宗總章二年。㊼鼎盛：方盛。㊽勵：勉勵。㊾充：當。㊿舊恩：吐突承璀事帝於東宮，故言舊恩。(51)以謝天下：謂以謝罪於天下。(52)玩寇：謂玩弄寇敵而不滅之。(53)不易之典：不可改易之典，謂有功必賞，敗軍必誅。(54)懲勸：懲戒獎勸。(55)間：隔。(56)軍器使：胡三省曰：「唐中世以後，置內諸司使，以宦官為之，軍器庫使、其一也。」(57)風疾：中風之疾。(58)旁午：一縱一橫為旁午。(59)請除代人：謂請除命替代之人。(60)舉族：全家族。(61)互：猶皆。(62)管鑰：管鍵之鑰匙。(63)主：主持。(64)罄竭：罄盡空竭。(65)閭閻：此謂民間。(66)糲飯：僅脫粟之飯。(67)戟門下：藩鎮府門列戟，因謂之戟；下謂中。(68)還寢：還於臥室。(69)坐死者：謂坐罪而死者。(70)慎自安州入朝：入朝見上卷元和元年。(71)利於兵權：謂貪利兵權。(72)不時：不立時。(73)凶問：母卒之音問。(74)籃輿：竹轎。(75)即日遣之：謂即日遣宥至京。(76)會王纁：纁，上之弟。(77)序進：謂依官職年資，循次而進。(78)遽：猶突。(79)假：假借。(80)考異曰：「舊李藩傳曰，『賂權侍。……却奏云云不可』」：按武英殿本《舊唐書・李藩傳》，權侍作權倖，却奏云作却奏上，於意為合，當改從。(81)考異曰：「舊德輿傳曰，『德輿既奏云云，乃止』」：按《舊唐書・權德輿傳》，既奏作繼奏，於意為合，當改從。(82)完聚：謂完器械，聚軍民。(83)耗散：損耗失散。(84)若後世何：謂若後世之議論何。㊅請遷祖考之骨於京兆：張茂昭祖謐、父孝忠，皆葬河北，今遷於京師之畿兆。㊆鏁：同鎖。㊇辯：通辨。㊈重職：重要之職位。㊉作色：變色。㊈愛身：愛惜生命。㊈盡言：疑當作進言。㊈淪於左衽：謂淪於夷狄。㊈贍：足。㊈蓄聚：儲蓄積聚。

六年（西元八一一年）

㈠春，正月，甲辰，以彰義留後吳少陽為節度使。

㈡庚申，以前淮南節度使李吉甫為中書侍郎、同平章事。二月，壬申，李藩罷為太子詹事。

㈢己丑，忻王造㊀薨。宦官惡李絳在翰林，以為戶部侍郎，判本司㊁，上問：「故事，戶部侍郎皆進羨餘㊂，卿獨無進，何也？」對曰：「守土之官，厚斂㊃於人，以市私恩，天下猶共非之，況戶部所掌，皆陛下府庫之物，給納有籍㊄，安得羨餘，若自左藏輸之內藏，以為進奉，是猶東庫移之西庫，臣不敢踵此弊㊅也。」上嘉其直，益重之。

㈣乙巳，上問宰相為政寬猛何先，權德輿對曰：「秦以慘刻而亡，漢以寬大而興，太宗觀明堂圖，禁抶人背㊆，是故安史以來，屢有悖逆之臣，皆旋踵㊇自亡，由祖宗仁政，結於人心，人不能忘故也。然則，寬猛之先後可見矣。」上善其言。

㈤夏，四月，戊辰，以兵部尚書裴垍為太子賓客，李吉甫惡之也。

㈥庚午，以刑部侍郎鹽鐵轉運使盧坦為戶部侍郎，判度支。或告泗州刺史薛謇為代北水運使，有異馬，不以獻，事下度支，使巡官往驗，未返，上遲之㊈，使品官㊉劉泰昕㊀按其事，盧坦曰：「陛下既使有司驗之，又使品官繼往，豈大臣不足信於品官乎！臣請先就黜免。」上召泰昕還。

㈦五月，前行營㊁糧料使于皐謨、董溪，坐贓數千緡，勅貸㊂其死，皐謨流春州㊃，溪流封州㊄，行至潭州㊅，並追遣中使賜死。權德輿上言，以為：「皐謨等罪當死，陛下肆諸市朝㊆，誰不懼法？不當已赦而殺之。」溪，晉之子㊇也。

㈧庚子，以金吾大將軍李惟簡為鳳翔節度使。隴州地與吐蕃接，舊常朝夕相伺，更入㊈攻抄㊉，人不得息，惟簡以為邊將當謹守備，蓄財穀，以待寇，不當覩小利，起事盜恩㉑，禁不得妄入其地，益市㉒耕牛，鑄農器，以給農之不能自具㉓者，增墾田數十萬畝，屬㉔歲屢稔，公私有餘，販者流及他方㉕。

㈨賜振武節度使阿跌光進姓李氏。

㈩六月，丁卯，李吉甫奏：「自秦至隋，十有三代㉖，設官之多，無如國家者。天寶以後，中原宿兵㉗，見在可計者，八十餘萬，其餘為商賈僧道，不服田畝㉘者，什有五六，是常以三分勞筋苦骨之人，奉七分待衣坐食㉙之輩也。今內外官以稅錢給俸者，不下㉚萬員，天下三百餘縣，或以一縣之地而為州，一鄉之民㉛而為縣者甚眾，請勅有司，詳定廢置，吏員可省者，省之，州縣可併者，併之，入仕之塗，可減者，減之。又國家舊章，依品㉜制俸㉝，官一品月俸錢三十緡㉞，職田祿米，不過千斛㉟，艱難以來㊱，增置使額，厚給俸錢，大曆中，權臣月俸至九千緡，州無大小，刺史皆千緡，常袞為相，始立限約㊲，李泌又量其閑劇，隨事增加㊳，時謂通濟㊴，理難減削，然猶有名存職廢，或額去㊵俸存，閑劇之間，厚薄㊶頓異，請勅有司，詳考俸料雜給，量定以聞㊷。」於是命給事中段平仲、中書舍人韋貫之，兵部侍郎許孟容，戶部侍郎李絳同詳定。

(十一)秋，九月，富平人梁悅報父仇，殺秦杲，自詣縣請罪，勅：「復讎、據禮經，則義不同天㊸，徵法令㊹，則殺人者死，禮法二事，皆王教之大端㊺，有此異同，固資㊻論辯，宜令都省㊼集議聞奏。」職方員外郎韓愈議，以為：「律無其條，非闕文也，蓋以不許復讎，則傷孝子之心，而乖先王之訓㊽，許復讎，則人將倚法專殺㊾，無以禁止其端㊿矣。故聖人丁寧(五一)其義於經，而深沒(五二)其文於律，其意將使法吏，一斷於法，而經術之士，得引經而議也。宜定其制曰，凡復父讎者，事發，具申尚書省集議奏聞，酌其宜而處之，則經律無失其指(五三)矣。」勅梁悅杖一百，流循州(五四)。

(十二)甲寅，吏部奏準勅併省(五五)內外官，計八百八員，諸司流外(五六)一千七百六十九人。

(十三)黔州大水壞城郭，觀察使(五七)竇羣發溪洞蠻以治之，督役(五八)太急，於是辰溆二州蠻反【考異】舊傳作辰錦二州。今從實錄。，羣討之，不能定（五九），戊午，貶羣開州（六〇）刺史。

（十四）冬，十一月，弓箭庫使（六一）劉希光受羽林大將軍孫璹錢二萬緡，為求方鎮，事覺，賜死，事連左衛上將軍、知內侍省事吐突承璀，丙申，以承璀為淮南監軍。上問李絳：「朕出承璀，何如？」對曰：「外人不意（六二）陛下遽能如是。」上曰：「此家奴耳，曏以其驅使之久，故假以恩私，若有違犯，朕去之輕如一毛耳。」

（十五）十六宅（六三）諸王既不出閤，【考異】新李吉甫傳作十宅，按舊紀自此至唐末皆云十六宅，新傳誤也。其女嫁不以時，選尚者皆由宦官（六四），率以厚賂自達。李吉甫上言：「自古尚主，必擇其人，獨近世不然。」十二月，壬申，詔封恩王等六女為縣主，委中書、門下、宗正、吏部，選門地（六五）人才稱可（六六）者，嫁之。

（十六）己丑，以戶部侍郎李絳為中書侍郎、同平章事。【考異】舊傳曰：「吐突承璀恩寵莫二，是歲將用絳為宰相，前一日，出璀為淮南監軍，翌日降制，以絳同平章事。」新傳曰：「絳所言無不聽，帝欲遂以為相，而承璀寵方盛，忌其進，陰有毀短，帝乃出璀淮南監軍（六七），翌日，拜絳同平章事。」今據實錄，出承璀至絳入相，五十四日，舊傳云翌日，誤也。李吉甫為相，多修（六八）舊怨，上頗知之，故擢絳為相。

吉甫善逢迎㊈上意，而絳鯁直，數爭論於上前，上多直絳㊉而從其言，由是二人有隙。

㊆閏月，辛卯朔，黔州奏辰漵賊帥張伯靖寇播州、費州。

㊇試㊉太子通事舍人李涉知上於吐突承璀，恩顧㊉未衰，乃投匭上疏，稱：「承璀有功，希光無罪，承璀久委心腹，不宜遽棄。」知匭使㊉、諫議大夫孔戣見其副章，詰責不受，涉乃行賂，詣光順門㊉通之，戣聞之，上疏極言：「涉姦險欺天㊉，請加顯戮。」戊申，貶涉峽州㊉司倉。涉，渤之兄㊉；戣，巢父之子㊉也。

㊈辛亥，惠昭太子寧薨㊈。

㊉是歲，天下大稔，米斗有直二錢者。

【今註】㊀忻王造：造、代宗子，皇帝之叔祖。㊁以為戶部侍郎，判本司：胡三省曰：「判本司者，判戶部職事。唐自中世以後，戶部侍郎或判度支，故以判戶部為判本司，此二十四司之司也。」㊂羨餘：盈餘之賦稅。㊃斂：賦斂。㊄籍：簿籍。㊅踵此弊：踵、繼，胡三省曰：「自玄宗時，王鉷歲進錢，以供天子燕私，至裴延齡，而其弊極矣。」㊆太宗觀明堂圖，禁抶人背：事見卷一百九十三貞觀四年。抶，笞擊，音斥。㊇旋踵：言時間甚暫。㊈上遲之：謂上以為遲。㊉品官：胡三省曰：「唐內侍省有品官白身二千九百三十二人。」⑪按：按驗。⑫前行營：謂前討恒州行營。⑬貸：寬假。⑭春州：《舊唐書·地理志》四：「嶺南道、春州，至京師東南六千四百四十八里。」⑮封州：《舊唐書·地理志》四：「嶺南道、封州，至京師水陸四千五百一十里。」⑯潭州：《舊唐書·地理志》三：「江南道、潭州，隋長沙郡，領有長沙縣。」⑰肆諸市朝：謂已刑而陳其尸於市朝。⑱溪，晉之子：董晉相德宗，後鎮宣武，薨於鎮。⑲更入：更番入境。⑳攻抄：攻擊抄掠。㉑起事盜恩：胡三省曰：「生事邀功，竊取官賞，是為盜恩。」㉒益市：增買。㉓自具：自具備者。㉔屬：值。㉕販者流及他方：謂販者將糧流通而賣至他地。㉖自秦至隋十有三代：胡三省曰：「吉甫所謂十三代，以秦、漢、魏、晉、宋、齊、梁、陳、北魏、北齊、周、隋為數也。」㉗宿兵：舊兵。㉘不服田畝：謂不耕田畝。㉙待衣坐食：謂待他人織布而衣，坐食他人稼穡之穀。㉚不下：猶不少於。㉛一鄉之民：乃謂一鄉之地，特以與上句避免重複，而改地作民耳。㉜依品：依品級。㉝制俸：制定俸祿。㉞一品月俸錢三十緡：胡三省曰：「永徽之制，一品月俸八千，開元二十四年，令百官防閤庶僕俸食雜用，以月給之，總稱月俸，一品為錢三萬一千。」㉟職田祿米，不過千斛：胡三省曰：「唐初，給一品職田六十頃，祿七百石。」㊱艱難以來：謂自兵興以來。㊲常袞為相，始立限約：事見卷二百二十五代宗大曆十二年。㊳李泌又量其閑劇，隨事增加：事見卷二百三十三德宗貞元四年。㊴時謂通濟：言時論謂此量制，頗為通情濟事。㊵額去：謂使額已罷。㊶厚薄：此指俸祿言。㊷詳考俸料雜給，量定以聞：胡三省曰：「按常袞為相，增京官正員，及諸道觀察使、都團練使、副使以下料錢。李泌為相，又增百官及畿內官月俸，復置手力資課歲給錢，左右衛上將軍以下，又有六雜給，一曰糧米，二曰鹽，三曰私馬，四曰手力，五曰隨身，六曰春冬服，私馬則有芻豆，手力則有資錢，隨身則有糧米鹽，春冬服則有布絹絁紬綿，射生神策大將軍增以鞋，州縣官有手力雜給錢。李吉甫請就加詳校，而量定之也。」㊸據禮經，則義不同天：《禮·曲禮》：「父之讎，弗與共戴天。」不同天謂不同戴一天。㊹徵法令：驗諸法令。㊺大端：猶大事。㊻資：資須。㊼都省：尚書都省。㊽訓：教訓。㊾專殺：專輒殺人。㊿其端：其事端。(51)丁寧：謂反覆再三言之。(52)深沒：謂力闕。(53)指：旨意，指旨通。(54)循州：《舊唐書·地理志》四：「嶺南道、循州，至東都四千八百里。」(55)併省：併合省減。(56)流外：九品以外，謂之流外。(57)黔中觀察使：據《新唐書·地理志》五，黔州觀察使領黔、辰、錦、施、敍、獎、夷、播、思、費、南、溪、溱等州。(58)督役：督促工役。(59)定：平定。(60)開州：《舊唐書·地理志》二：「山南西道、開州，在京師南一千四百六十里。」(61)弓箭庫使：胡三省曰：「唐內諸司使，弓箭庫使在軍器庫使之下。」(62)不意：不料。(63)十六宅：胡三省曰：「開元以來，皇子多居禁中，詔附苑城為大宮，分院而處，號十王宅，中人押之，就夾城參天子起居。其後增為十六宅。舊史曰：『開元於安國寺東，附苑城為大宅，分院而居，號十王宅，十王，謂慶、忠、棣、鄂、儀、潁、永、榮、延、濟，其後盛、儀、壽、丰、恒、梁六王，又就封入內宅。』此十六宅得名之始也。」(64)選尚者皆由宦官：負選擇尚主者，皆由宦官主之。(65)門地：門第、地位。(66)稱可：符稱而優美者。(67)考異曰：「舊傳曰：『出璀為淮南監軍。』新傳曰：『帝乃出璀淮南監軍』」：按新、舊《唐書・李絳傳》，璀皆作承璀，其全名乃為承璀，二處皆當添增承字。(六八)修：治。(六九)逢迎：迎合。(七〇)直絳：以絳為直。(七一)試：謂非真除者。(七二)恩顧：猶恩遇。(七三)知匭使：胡三省曰：「武后垂拱四年，置匭四枚，共為一室，列於朝堂。以諫議、補拾充，使於朝堂知匭事，每日所有投書，至暮並即進入。」(七四)光順門：《唐六典》卷七：「大明宮、紫宸門左曰崇明門，右曰光順門。」(七五)欺天：欺天子。(七六)峽州：《舊唐書・地理志》二：「山南東道、峽州，在京師東南一千八百十八里。」(七七)涉，渤之兄：李渤時隱於少室山。(七八)戕，巢父之子：孔巢父死於李懷光之難。(七九)惠昭太子寧薨：寧立為太子，見上卷四年三月。

七年（西元八一二年）

㈠春，正月，辛未，以京兆尹元義方為鄜坊觀察使。初，義方媚㊀事吐突承璀，李吉甫欲自託於承璀，擢義方為京兆尹，李絳惡義方為人，故出之；義方入謝，因言：「李絳私其同年許季同，除京兆少尹，出臣鄜坊，專作威福，欺罔聰明㊁。」上曰：「朕諳㊂李絳不如是，明日將問之。」義方惶愧㊃而出，明日，以上詰絳曰：「人於同年，固有情乎㊄？」對曰：「同年，乃九州四海之人，偶同科第，或登科然後相識，情於何有？且陛下不以臣愚，備位宰相，宰相職在量才(六)授任，若其人果才，雖在兄弟子姪之中，猶將用之，況同年乎？避嫌(七)而棄才，是乃便身(八)，非徇公(九)也。」上曰：「善，朕知卿必不爾。」遂趣(一〇)義方之官。

(二)振武河溢，毀東受降城。

(三)三月，丙戌，上御延英殿，李吉甫言：「天下已太平，陛下宜為樂。」李絳曰：「漢文帝時，兵木無刃(一一)，家給人足，賈誼猶以為厝火積薪之下(一二)，不可謂安。今法令所不能制者，河南北五十餘州，犬戎腥羶，近接涇隴，烽火(一三)屢驚，加之水旱時作(一四)，倉廩空虛，此正陛下宵衣(一五)旰食之時，豈得謂之太平，遽(一六)為樂哉！」上欣然曰：「卿言正合朕意。」退謂左右曰：「吉甫專為悅媚，如李絳，真宰相也。」上嘗問宰相：「貞元中政事不理，何乃至此？」李吉甫對曰：「德宗自任(一七)聖智，不信宰相，而信他人，是使姦臣得乘間弄威福，政事不理，職(一八)此故也。」上曰：「然此亦未必皆德宗之過，朕幼在德宗左右，見事有得失，當時宰相亦未有再三執奏者，皆懷祿偷安，今日豈得專歸咎於德宗邪！卿輩宜用此為戒⑲，事有非是，當力陳不已，勿畏朕譴怒⑳，而遽止也。」李吉甫常言：「人臣不當強諫，使君悅臣安，不亦美乎！」李絳曰：「人臣當犯顏苦口㉑，指陳得失，若陷君於惡，豈得為忠！」上曰：「絳言是也。」吉甫至中書，臥不視事，長吁而已；李絳或久不諫，上輒詰之曰：「豈朕不能容受邪？將㉒無事可諫也？」李吉甫又嘗言於上曰：「賞罰，人主之二柄，不可偏廢。陛下踐阼以來，惠澤㉓深矣，而威刑未振㉔，中外懈惰，願加嚴㉕以振之。」上顧李絳曰：「何如？」對曰：「王者之政，尚德㉖不尚刑，豈可捨成康文景而效秦始皇父子乎！」上曰：「然。」後旬餘，于頔入對，亦勸上峻刑；又數日，上謂宰相曰：「于頔大是姦臣，勸朕峻刑，卿知其意乎？」皆對曰：「不知也。」上曰：「此欲使朕失人心耳。」吉甫失色，退而抑首㉗不言笑，竟日。

㊵夏，四月，丙辰，以庫部郎中、翰林學士崔羣為中書舍人，學士如故。上嘉羣讜㉘直，命學士自今奏事，必取崔羣連署㉙，然

後進之。羣曰：「翰林舉動，皆為故事，必如是，後來萬一有阿媚之人為之長，則下位直言㈢〇，無從而進矣。」固不奉詔，章三上，上乃從之。

㈤五月，庚申，上謂宰相曰：「卿輩屢言淮浙去歲水旱，近有御史自彼還，言不至為災㈢一，事竟如何？」李絳對曰：「臣按淮南、浙西、浙東奏狀，皆云：『水旱人多流亡，求設法㈢二招撫。』其意似恐朝廷罪之者，豈肯無災而妄言有災邪！此蓋御史欲為姦諛㈢三，以悅上意耳。願得其主名㈢四，按致其法㈢五。」上曰：「卿言是也，國以人為本，聞有災當亟救之，豈可尚復疑之邪！朕適者㈢六不思失言耳。」命速蠲㈢七其租稅。上嘗與宰相論治道於延英殿，日旰暑甚，汗透御服，宰相恐上體倦，求退，上留之，曰：「朕入禁中，所與處者，獨宮人宦官耳，故樂與卿等，且共談為理之要，殊不知倦也。」

㈥六月，癸巳，司徒同平章事杜佑以太保致仕。

㈦秋，七月，乙亥，立遂王宥為太子，更名恒。【考異】舊澧王惲傳曰：「時吐突承璀恩寵特異，惠昭太子薨，議立儲副，承璀獨排羣議，屬澧王，欲以威權自樹，賴上明斷不惑。」承璀傳曰：「八年，欲召承璀還，乃罷絳相位，承璀還，復為神策中尉。惠昭太子薨，承璀建議，請立澧王寬為太子，憲宗不納，立遂王宥。」崔羣傳曰：「憲宗以澧王居長，又多內助。」新傳亦曰：「惠昭太子薨，承璀請立澧王，不從。」據實錄：「六年十一月，承璀監淮南軍，閏十二月，惠昭太子薨，明年，承璀乃召還。」而新舊傳皆如此，穆宗卒以此殺承璀。蓋憲宗末年，承璀欲廢太子立澧王耳，非惠昭初薨時也。恒，郭貴妃之子也。諸姬子澧王寬長於恒，上將立恒，命崔羣為寬草讓表，羣曰：「凡推己之有以與人，謂之讓，遂王嫡子也，寬何讓焉㊳？」上乃止。

(八)八月，戊戌，魏博節度使田季安薨。初季安娶洺州刺史元誼女，生子懷諫，為節度副使㊴。牙內兵馬使田興，庭玠之子㊵也，有勇力，頗讀書，性恭遜，季安淫虐，興數規諫，軍中賴之，季安以為收眾心，出為臨清鎮將，將欲殺之，興陽為風痺㊶，灸㊷灼滿身，乃得免。季安病風，殺戮無度㊸，軍政廢亂，夫人元氏召諸將立懷諫為副大使，知軍務，時年十一，【考異】論事集作十二，今從實錄及舊傳。遷季安於別寢，月餘而薨，召田興為步射都知兵馬使。辛亥，以左龍武大將軍薛平為鄭滑節度使，欲以控制魏博。上與宰相議魏博事，李吉甫請興兵討之，李絳以為魏博不必用兵，當自歸朝廷，吉甫盛陳不可不用兵之狀，上曰：「朕意亦以為然。」絳曰：「臣竊觀兩河藩鎮之跋扈者，皆分兵以隸㊹諸將，不使專在一人，恐其權任太重，乘間而謀己故也。諸將勢均力敵，莫能相制，欲廣相連結，則眾心不同，其謀必泄，欲獨起為變，則兵少力微，勢必不成，加以購賞既重，刑誅又峻，是以諸將互相顧忌㊺，莫敢先發，跋扈者恃此以為長策。然臣竊思之，若常得嚴明主帥，能制諸將之死命者，以臨之，則粗㊻能自固矣。今懷諫乳臭子㊼，不能自聽斷㊽，軍府大權必有所歸，諸將厚薄不均，怨怒必起，不相服從，則曏日分兵之策，適足為今日禍亂之階㊾也。田氏不為屠㊿肆，則悉為俘囚矣，何煩天兵(51)哉！彼自列將(52)起代主帥，鄰道所惡，莫甚於此，彼不倚朝廷之援以自存，則立為鄰道所虀粉(53)矣。故臣以為不必用兵，可坐待魏博之自歸也。但願陛下按兵養威(54)，嚴勅諸道，選練士馬，以須(55)後勅，使賊中知之，不過數月，必有自效(56)於軍中者矣。至時，惟在朝廷應之敏速，中(57)其機會，不愛爵祿，以賞其人，使兩河藩鎮聞之，恐其麾下效(58)之，以取朝廷之賞，必皆恐懼，爭為恭順矣。此所謂不戰而屈人兵者也。」上曰：「善。」

它日，吉甫復於延英盛陳用兵之利，且言芻糧金帛，皆已有備。上顧(五九)問絳，絳對曰：「兵不可輕動，前年討恒州，四面發兵二十萬，又發兩神策兵(六〇)，自京師赴之，天下騷動，所費七百餘萬緡，訖(六一)無成功，為天下笑；今瘡痍(六二)未復，人皆憚戰，若又以敕命驅之，臣恐非直(六三)無功，或生它變。況魏博不必用兵，事勢明白，願陛下勿疑。」上奮身(六四)撫按(六五)曰：「朕不用兵決矣。」【考異】新吉甫傳：「魏博節度使田季安疾甚；吉甫請任薛平為義成節度使，以重兵控邢洺，因圖上河北險要所在，帝張於浴堂門壁，每議河北事，必指吉甫曰，朕日按圖，信如卿料矣。」按憲宗竟用李絳之策，不用兵而魏博平，不如新傳所言，今不取。絳曰：「陛下雖有是言，恐退朝之後，復有熒惑(六六)聖聽者。」上正色厲聲曰：「朕志已決，誰能惑之！」絳乃拜賀曰：「此社稷之福也。」既而，田懷諫幼弱，軍政皆決於家僮蔣士則，數以愛憎移易(六七)諸將，眾皆憤怒，朝命久不至，軍中不安，田興晨入府，士卒數千人大譟，環(六八)興而拜，請為留後，興驚，仆於地，眾不散，久之，興度(六九)不免，乃謂眾曰：「汝肯聽吾言乎？」皆曰：「惟命(七〇)！」興曰：「勿犯副大使，守朝廷法令，申版(七一)籍，請官吏，然後可。」皆曰：「諾。」興乃殺蔣士則等十餘人，遷懷諫於外(七二)。

【今註】㊀媚：諂媚。㊁欺罔聰明：謂欺罔君上之聰明。㊂諳：知。㊃惶愧：惶懼慚愧。㊄固有情乎：謂固有情誼乎。㊅量才：量度才能。㊆嫌：嫌疑。㊇便身：猶便己。㊈徇公：徇公家之利。㊉趣：讀曰促。⑪兵木無刃：謂兵器及木梃皆無鋒刃。⑫厝火積薪之下：謂置火種於積薪之下，喻將有焚燒之患。⑬烽火：《唐六典》卷五：「凡烽候所置，大率相去三十里，若有山岡隔絕，須逐便安置，得相望見，不必要限三十里。其逼邊境者，築城以置之，每烽置帥一人，副一人，其放烽，有一炬、二炬、三炬、四炬者，隨賊多少而為差焉。」⑭時作：猶常起。⑮宵衣：未明著衣而起。⑯遽：急速。⑰任：任用。⑱職：主要。⑲戒：鑒戒。⑳譴怒：譴責忿怒。㉑苦口：謂強言不已。㉒將：猶抑。㉓惠澤：猶恩澤。㉔振：舉。㉕加嚴：加威嚴。㉖尚德：重德。㉗抑首：低首。㉘讜：直言，音黨。㉙連署：連同署名。㉚則下位直言：謂則在下位者之直言。㉛言不至為災：言雖水旱，然不至為災。㉜設法：設為法制，以招撫流亡之民。㉝姦諛：姦邪阿諛。㉞主名：重要者之名。㉟按致其法：其猶之，謂按致之於法。㊱適者：方纔。㊲蠲：免。㊳遂王嫡子也，寬何讓焉：蓋崔羣乃主立子以嫡不以長也。㊴節度副使：胡三省曰：「新志：『節度副使在行軍司馬之下，節度副大使則在行軍司馬之上，河北三鎮，以為儲帥。』」㊵田興，庭玠之子：田庭玠見卷二百二十六德宗建中二年。㊶風痺：冷濕病。㊷灸：灼艾，音ㄐㄧㄡˋ。㊸無度：不依法度。㊹隸：隸屬。㊺顧忌：顧望畏忌。㊻粗：差。㊼乳臭子：謂乳臭未乾之人，極言其幼稚也。㊽聽斷：視聽裁斷。㊾階：階梯，亦即原由。㊿屠肆：謂為屠肆之物。(51)天兵：天子之兵。(52)列將：謂眾多將校之一，亦即普通將校。(53)韲粉：謂粉身碎骨，音躋。(54)按兵養威：謂按兵不動，以養威勢。(55)須：待。(56)自效：自效力。(57)中：合。(58)效：效法。(59)顧：回視。(60)兩神策兵：謂左右神策兵。(61)訖：終。(62)瘡痍：創傷。(63)直：但。(64)奮身：謂奮身而起。(65)撫按：撫通拊，拍，按當作案。(66)熒惑：炫惑。(67)移易：移置更易。(68)環：環繞。(69)度：度料。(70)惟命：謂惟命是從。(71)申版籍：謂申報賦稅之額數，及軍民之簿籍。(72)遷懷諫於外：代宗廣德元年，田承嗣帥魏博，四世四十九年而滅。

卷二百三十九 唐紀五十五

司馬光編集
曲守約註

起玄黓執徐十月，盡柔兆涒灘，凡四年有奇。（壬辰至丙申，西元八一二年至八一六年）

憲宗昭文章武大聖至神孝皇帝中之上

元和七年（西元八一二年）

㈠冬，十月，乙未，魏博監軍以狀聞㊀，上亟召宰相，謂李絳曰：「卿揣㊁魏博若符契㊂。」李吉甫請遣中使宣慰，以觀其變，李絳曰：「不可，今田興奉其土地兵眾，坐待詔命，不乘此際，推心㊃撫納㊄，結以大恩，必待勑使至彼，持將士表來，為請節鉞㊅，然後與之，則是恩出於下，非出於上，將士為重，朝廷㊆為輕，其感戴之心，亦非今日之比㊇也，機會一失，悔之無及。」吉甫素與樞密使梁守謙相結，守謙亦為之言於上曰：「故事，皆遣中使宣勞，今此鎮獨無，恐更不諭㊈。」上竟遣中使張忠順如㊉魏博宣慰，欲俟其還而議之。癸卯，李絳復上言：「朝廷恩威得失，在此一舉，時機可惜[一一]，奈何棄之，利害甚明，願聖心勿疑。計忠順之行，甫[一二]應過陝，乞明日即降白麻[一三]，除興節度使，猶[一四]可及也。」上且欲除留後，絳曰：「興恭順如此[一五]，自非恩出不次[一六]，則無以使之感激殊常。」上從之。甲辰，以興為魏博節度使，忠順未還，制命已至魏州，興感恩流涕，士眾無不鼓舞[一七]。

㈡庚戌，更名皇子寬曰惲，察曰悰，寰曰忻，寮曰悟，審曰恪。

㈢李絳又言：「魏博五十餘年，不霑[一八]皇化[一九]，一旦舉六州[二〇]之地來歸，剸[二一]河朔之腹心，傾[二二]叛亂之巢穴，不有重賞，過其所望[二三]，則無以慰士卒之心，使四鄰勸慕[二四]。請發內庫錢百五十萬緡以賜之。」左右宦官以為：「所與太多，後有此比[二五]，將何以給之？」上以語絳，絳曰：「田興不貪專地之利，不顧四鄰之患[二六]，歸命[二七]聖朝，陛下奈何愛小費，而遺[二八]大計！不以收一道[二九]人心，錢用盡更來[三〇]，機事一失，不可復追。借使[三一]國家發十五萬兵，以取六州，期年而克之，其費豈止百五十萬緡而已乎！」上悅曰：「朕所以惡衣菲食[三二]，蓄聚貨財，正為欲平定四方；不然，徒貯之府庫，何為？」十一月，辛酉，遣知制誥裴度至魏博宣慰，以錢百五十萬緡賞軍士，六州百姓給復㉝一年，軍士受賜，歡聲如雷。成德、兗鄆使者數輩見之，相顧㉞失色，歎曰：「倔強㉟者果何益乎！」度為興陳君臣上下之義，興聽之，終夕不倦，待度禮極厚，請度徧至所部州縣，宣布朝命，奏乞除節度副使於朝廷，詔以戶部郎中河東胡證為之。興又奏所部缺官九十員，請有司注擬㊱，行朝廷法令，輸賦稅，田承嗣以來，室屋僭侈者㊲，皆避不居。鄆、蔡、恒㊳遣遊客閒說百方㊴，興終不聽。李師道使人謂宣武節度使韓弘曰：「我世與田氏，約相保援㊵，今興非田氏族，又首變兩河事㊶，亦公之所惡也，我將與成德合軍討之。」弘曰：「我不知利害㊷，知奉詔行事耳，若兵北度河，我則以兵東取曹州㊸。」師道懼，不敢動。田興既葬田季安，送田懷諫於京師，辛巳，以懷諫為右監門衛將軍。

㈣李絳奏振武，天德左右㊹良田可㊺萬頃，請擇能吏，開置營田，可以省費足食。上從之。絳命度支使盧坦經度㊻用度，四年之間，開田四千八百頃，收穀四千餘萬斛㊼，歲省度支錢二十餘萬緡，邊防賴之。

㈤上嘗於延英謂宰相曰：「卿輩當為朕惜㊽官，勿用之私親㊾故。」李吉甫、權德輿皆謝不敢，李絳曰：「崔祐甫有言，『非親非故，不諳㊿其才，諳者尚不與官，不諳者何敢復與！』但問其才器與官相稱(51)否耳，若避親故之嫌，使聖朝虧多士之美(52)，此乃偷安之臣，非至公之道也。苟所用非其人，則朝廷自有典刑(53)，安敢逃之。」上曰：「誠如卿言。」

㈥是歲，吐蕃寇涇州，及西門之外，驅掠人畜而去，上患(54)之。李絳上言：「京西京北(55)，皆有神策鎮兵，始置之，欲以備禦吐蕃，使與節度使掎角(56)相應也，今則鮮衣美食，坐耗縣官(57)，每有寇至，節度使邀與俱進，則云：『申取中尉處分(58)。』比其(59)得報，虜去遠矣。縱有果銳(60)之將，聞命奔赴，節度使無刑戮以制之，相視如平交(61)，左右前却，莫肯用命，何所益乎！請據(62)所在之地，士馬及衣糧器械，皆割隸(63)當道節度使，使號令齊壹，如臂之使指，則軍威大振，虜不敢入寇矣。」上曰：「朕不知舊事(四三)如此，當亟行之。」既而神策軍驕恣日久，不樂隸節度使，竟為宦者所沮(四四)而止。

【今註】(一)魏博監軍以狀聞：以魏博兵廢懷諫，立田興之狀聞。(二)揣：揣度。(三)若符契：若符契之相吻合。(四)推心：謂推心置腹。(五)撫納：安撫結納。(六)節鉞：旌節斧鉞。(七)朝廷：此指天子。(八)亦非今日之比：亦非今日之況。(九)恐更不諭：胡三省曰：「言恐其更不諭上意也。」(一〇)如：至。(一一)可惜：可愛惜。(一二)甫：纔。(一三)降白麻：唐代詔誥以白麻書之，故此即降詔之意。(一四)且：猶。(一五)興恭順如此：言興守朝廷法令，申版籍，請官吏，異乎河北諸鎮之所為。(一六)恩出不次：謂不依尋常次第封賞。(一七)鼓舞：鼓譟蹈舞，皆以示歡喜之狀。(一八)霑：霑受。(一九)皇化：皇帝之政化。(二〇)六州：魏、博、貝、衛、澶、相。(二一)刳：刳挖。(二二)傾：傾覆。(二三)望：冀望。(二四)勸慕：獎勸歆慕。(二五)此比：謂與此相類。(二六)患：禍患。(二七)歸命：猶歸身。(二八)遺：遺棄。(二九)一道：此指河北道言。(三〇)更來：復來。(三一)借使：假使。(三二)惡衣菲食：粗惡之衣，菲薄之食。(三三)給復：除其賦役。(三四)相顧：相視。(三五)倔強：謂強悍而不服從命令。(三六)注擬：謂書列其可充之人。(三七)室屋僭侈者：謂室屋華靡，僭擬宮闕者。(三八)鄆、蔡、恒：鄆，李師道，蔡，吳少陽，恒，王承宗。(三九)百方：猶百端。(四〇)保援：保護援助。(四一)首變兩河事：按事上當脫故字。言田興悉心奉事朝廷，首先改變兩河藩鎮故事。(四二)我不知利害：我不知攻田氏之利害如何。㊸曹州：李師道巡屬。㊹左右：猶附近。㊺可：約。㊻經度：猶經劃。㊼收穀四千餘萬斛：胡三省曰：「千當作十」。㊽惜：愛惜。㊾私親故：謂以私之於親戚故舊。㊿諳：悉。(51)稱：猶配。(52)美：美政。(53)典刑：常刑。(54)患：憂。(55)京西京北：京西為鳳翔、秦、隴、原、涇、渭；京北為邠、寧、丹、延、鄜、坊、慶、靈、鹽、夏、綏、銀、宥。(56)犄角：角謂執其角，犄言戾其足。(57)坐耗縣官：謂坐耗國家之財。(58)申取中尉處分：唐神策鎮兵，分屯於外，皆屬左右神策中尉。故凡發兵，皆須申報中尉，而求取其同意。(59)比其：及鎮兵。(60)果銳：果毅勇銳。(61)平交：平等之友朋。(62)剖隸：分隸。(63)舊事：猶故事，亦即制度。(64)沮：沮止。

八年（西元八一三年）

㈠春，正月，癸亥，以博州刺史田融為相州刺史㊀，融興幼孤，融長養㊁而教之，興嘗於軍中角射㊂，一軍莫及，融退而抶㊃之，曰：「爾不自晦㊄，禍將及矣。」故興能自全於猜暴之時。

㈡勃海定王元瑜卒，弟言義權知國務，庚午，以言義為勃海王。

㈢李吉甫李絳數爭論於上前，禮部尚書同平章事權德輿居中，無所可否㈥，上鄙之。辛未，德輿罷守本官；辛卯，賜魏博節度使田興名弘正㈦。司空同平章事于頔久留長安㈧，鬱鬱㈨不得志，有梁正言者，自言與樞密使梁守謙同宗，能為人屬㈩請，頔使其子太常丞敏重賂正言，求出鎮，久之，正言詐漸露，敏索其賂不得，誘其奴支解之，棄溷(一一)中，事覺(一二)，頔帥其子殿中少監季友等素服詣建福門(一三)請罪，門者不內(一四)，退負(一五)南牆而立，遣人上表，閤門以無印引不受(一六)，日暮方歸，明日復至，丁酉，頔左授(一七)恩王傅，仍絕朝謁(一八)，敏流雷州(一九)，季友等皆貶官，僮奴死者數人，敏至秦嶺(二〇)而死。事連僧鑒虛，鑒虛自貞元以來，以財交權倖，受方鎮賂遺，厚自奉養，吏不敢詰，至是權倖爭為之言，上欲釋之，中丞(二一)薛存誠不可，上遣中使詣臺宣旨曰：「朕欲面詰此僧，非釋之也。」存誠對曰：「陛下必欲面釋(二二)此僧，請先殺臣，然後取之，不然臣期不奉詔(二三)。」上嘉而從之。三月，丙辰，杖殺鑒虛，沒其所有之財。【考異】實錄在二月。按長曆二月乙酉朔，三月甲寅朔，丙辰三月三日甲子，武元衡入知政事，十一日也。實錄脫，不書月日。

㈣甲子，徵前西川節度使、同平章事武元衡入知政事。

㈤夏，六月，大水，上以為陰盈㉔之象，辛丑，出宮人二百車。

㈥秋，七月，振武節度使李光進請修受降城，兼理河防，時受降城為河所毀，李吉甫請徙其徒於天德故城㉕，李絳及戶部侍郎盧坦以為：「受降城、張仁愿所築㉖，當磧口㉗，據虜要衝，美水草，守邊之利地㉘，今避河患，退二三里可矣，奈何捨萬代永安之策，徇㉙一時省費之便乎！況天德故城，僻處确瘠㉚，去河絕遠㉛，烽候警急，不相應接，虜忽唐突㉜，勢無由知，是無故而蹙㉝國二百里也。」及城使周懷義奏利害，與絳坦同，上卒用吉甫策，以受降城騎士㉞隸天德軍。李絳言於上曰：「邊軍徒有其數，而無其實，虛費㉟衣糧，將帥但緣私㊱役使，聚貨財以結權倖而已，未嘗訓練，以備不虞㊲，此不可不於無事之時，豫留聖意也。」時受降城兵籍，舊四百人，及天德軍交兵㊳，止有五十人，【考異】實錄：「李光進請東受降城，兼理河防。」又云：「以中受降城及所管騎士一千一百四十人隸于天德軍。」舊傳：「盧坦與李絳叶議以為西城張仁愿所築，不可廢。」三者不同，莫知孰是。今但云受降城，所闕疑也。又李司空論事云：「中城舊屬振武，有鎮兵四百人，其時割屬天德，交割惟有五十人。」人數如此不同，或者一千一百四十人，是三城都數耳。器械止有一弓，自餘㊴稱是㊵，故絳言及之。上驚曰：「邊兵乃如是其虛㊶邪！卿曹當加按

閎。」會(四二)絳(四三)罷相，而止，

(七)乙巳，廢天威軍(四四)，以其眾隸神策軍。

(八)丁未，辰漵賊帥張伯靖請降，辛亥，以伯靖為歸州司馬，委(四五)荊南軍前驅使。

(九)初吐蕃欲作烏蘭橋(四六)，先貯材於河側，朔方常潛遣人投之於河，終不能成，虜知朔方靈鹽節度使王佖貪，先厚賂之，然後併力(四七)成橋，仍築月城(四八)守之，自是朔方禦寇不暇(四九)。

(十)冬，十月，回鶻發兵度磧南，自柳谷(五〇)西擊吐蕃，壬寅，振武天德軍奏回鶻數千騎至鸊鵜泉(五一)，邊軍戒嚴。

(十一)振武節度使李進賢不恤士卒。判官嚴澈，綬之子也，以刻覈得幸於進賢。進賢使牙將楊遵憲將五百騎趣東受降城，以備回鶻，所給資裝多虛估(五二)，至鳴沙(五三)，遵憲屋處(五四)，而士卒暴露(五五)，眾發怒，夜聚薪環其屋而焚之，卷甲(五六)而還，庚寅夜，焚門，攻進賢(五七)，進賢踰城走，軍士屠其家，幷殺嚴澈，進賢奔靜邊軍(五八)。

(十二)羣臣累表請立德妃郭氏(五九)為皇后，上以妃門宗(六〇)彊盛，恐正位(六一)

之後，後宮莫得進，託以歲時禁忌，竟不許。

(十三)丁酉，振武監軍駱朝寬奏，亂兵已定，請給將士衣。上怒，以夏綏節度使張煦為振武節度使，將夏州兵二千赴鎮，仍命河東節度使王鍔以兵二千納之(六二)，聽以便宜從事，駱朝寬歸罪於其將蘇若方，而殺之。

(十四)發鄭滑、魏博卒鑿黎陽古河(六三)十四里，以紓(六四)滑州水患。

(十五)上問宰相：「人言外間朋黨大盛，何也？」李絳對曰：「自古人君所甚惡者，莫若人臣為朋黨，故小人譖君子必曰朋黨，何則？朋黨言之則可惡，尋之則無跡(六五)故也。東漢之末，凡天下賢人君子，宦官皆謂之黨人，而禁錮(六六)之，遂以亡國。此皆羣小欲害善人之言，願陛下深察之。夫君子固與君子合，豈可必使之與小人合，然後謂之非黨邪！」

【今註】(一)以田融為相州刺史：融、興之兄。(二)長養：猶育養。(三)角射：角、競，角射者，以中為勝。(四)抶：打。(五)晦：韜晦。(六)無所可否：謂不表示或可或否之意見。(七)辛卯，賜魏博節度使田興名弘正：按《舊唐書．憲宗紀》，辛卯上有二月二字，當從添。(八)于頔久留長安：二年、頔入朝，見卷二百三十二。㊈鬱鬱：不得志貌。㊉屬請：屬託請求。㊀溷：廁所，音ㄏㄨㄣˋ。㊂事覺：事情發覺。㊂建福門：《唐六典》卷七：「大明宮南面五門，正南曰丹鳳門，西曰建福門。」㊃內：通納。㊄負：背。㊅閤門以無印引不受：胡三省曰：「唐制、凡四方章表，皆閤門受而進之，頔方請罪，既無職印，又無內引，所以不受。」㊆左授：乃貶謫也。㊇朝謁：猶朝請。㊈雷州：《舊唐書・地理志》四：「嶺南道、雷州，至京師六千五百一十二里。」㊉秦嶺：自藍田關南出，度秦嶺。㊀中丞：御史中丞。㊁面釋：猶親釋。㊂臣期不奉詔：《漢書・周昌傳》：「臣期期不奉詔。」補注引劉攽曰：「期讀如荀子曰欲綦色之綦，楚人謂極為綦。」按亦即決也。㊃陰盈：陰盛。㊄天德故城：胡三省曰：「天德故城在東受降城西二百里大同川，乾元後，徙天德軍於永齊柵。」㊅受降城、張仁愿所築：事見卷二百九中宗景龍元年。㊆磧口：沙漠之口。㊇利地：便利之地。㊈徇：順隨。㊉确瘠：确，磽确，音確，瘠，土薄。㊀絕遠：甚遠。㊁唐突：衝犯。㊂蹙：減縮。㊃騎士：猶兵馬。㊄虛費：空費。㊅緣私：胡三省曰：「緣私者，並緣公役之名，而私使之。」㊆不虞：謂不可料度之患。㊇交兵：交出兵卒。㊈自餘：猶其餘。㊉稱是：謂與此相類。㊀虛：空虛。㊁按閱：按驗檢閱。㊂會：遇。㊃廢天威軍：胡三省曰：「元和初，並左右神威為一軍，號天威軍，神威軍本殿前射生軍也。」㊄委：付。㊅烏蘭橋：《新唐書・地理志》一：「關內道、會州、烏蘭縣，西南有烏蘭關。」吐蕃欲於此關附近之河上築橋。㊆併力：合力。㊇月城：謂城如偃月形。㊈不暇：謂無有暇時。㊉柳谷：《新唐書・地理志》四：「隴右道、西州、交河，縣北二百一十里，經柳谷。」㊀鸊鵜泉：《新唐書・地理志》一：「關內道、豐州、西受降城，北三百里有鸊鵜泉。」㊁資裝多虛估：胡三省曰：「資裝不給本色，虛估其價，給以他物。」㊂嗚沙：據《新唐書・地理志》一，嗚沙屬關內道威州。㊃屋處：屋居。㊄暴露：謂暴露於草野之間。㊅卷甲：猶束甲。㊆庚寅夜，焚門，攻進賢：按新、舊《唐書・憲宗紀》，皆列是事於十二月之下，庚寅上當添增十二月三字。㊇靜邊軍：靜邊軍在雲州西二百八十里。㊈德妃郭氏：妃，郭曖之女，子儀之孫女也。㊉門宗：門族。㊀正位：謂即皇后之位。㊁以兵納之：謂以兵納入之。㊂黎陽古河：胡三省曰：「大河故瀆逕黎陽山之東後，南徙為滑州患，故復鑿古河。」㊃紓：解。㊄尋之則無跡：謂尋之則無蹤跡，故無法知之。㊅禁錮：禁止錮置，不令其仕。

九年（西元八一四年）

㈠春，正月，甲戌，王鍔遣兵五千會張煦於善羊柵㈠，乙亥，煦入單于都護府㈡，誅亂者蘇國珍等二百五十三人。二月，丁丑，貶李進賢為通州㈢刺史。甲午，駱朝寬坐縱亂者，杖之八十，奪色㈣，配役定陵。

㈡李絳屢以足疾辭位，癸卯，罷為禮部尚書。初上欲相絳，先出吐突承璀為淮南監軍，至是上召還承璀，先罷絳相。甲辰，承璀至京師，復以為弓箭庫使，左神策中尉。

㈢李吉甫奏：「國家舊置六胡州於靈鹽之境㈤，開元中廢之，更置宥州㈥，以領降戶，天寶中，宥州寄理於經略軍㈦，寶應以來，因循遂廢，今請復之，以備回鶻，撫党項。」上從之。夏，五月，庚申，復置宥州，理經略軍，取鄜城神策屯兵㈧九千以實之。先是回鶻屢請昏㈨，朝廷以公主出降，其費甚廣㈩，故未之許。禮部尚書李絳上言，以為：「回鶻凶彊，不可無備，淮西窮蹙，事要經營(一一)。今江淮大縣，歲所入賦有二十萬緡者，足以備降主(一二)之費，陛下何愛一縣之賦，不以羈縻勁虜(一三)？回鶻若得許昏，必喜而無猜(一四)，然後可以修城塹，蓄(一五)甲兵，邊備既完，得專意淮西，功必萬全。今既未降公主，而虛弱西城(一六)，磧路無備，更修天德(一七)，以疑虜心，萬一北邊有警(一八)，則淮西遺醜，復延歲月之命(一九)矣。儻虜騎南牧(二〇)，國家非步兵三萬、騎五千，則不足以抗禦，借使一歲而勝之，其費豈特降主之比(二一)哉！」上不聽。

㈣乙丑，桂王綸㉒薨。

㈤六月，壬寅，以河中節度使張弘靖為刑部尚書同平章事。弘靖，延賞之子㉓也。

㈥翰林學士獨狐郁，權德輿之壻也，上歎㉔郁之才美，曰：「德輿得壻郁㉕，我反不及邪！」先是尚主皆取貴戚㉖及勳臣之家，上始命宰相選公卿大夫子弟文雅可居清貫㉗者，諸家多不願，惟杜佑孫司議郎悰不辭。秋，七月，戊辰，以悰為殿中少監、駙馬都尉，尚岐陽公主，公主，上長女，郭妃所生也。八月，癸巳，成昏。公主有賢行，杜氏大族尊行㉘，不翅㉙數十人，公主卑委㉚怡順㉛，一同家人禮度㉜，二十年間，人未嘗以絲髮間㉝指㉞為貴驕，始至則與悰謀曰：「上所賜奴婢，卒不肯窮屈㉟。」奏請納㊱之，悉自市寒賤可制指㊲者，自是閨門落然㊳，不聞人聲㊴。

㈦閏月，丙辰，彰義節度使吳少陽薨。【考異】實錄：「少陽卒在閏月己丑下，壬辰上，而并元濟焚舞陽言之。」統紀舊紀，少陽卒皆在九月。按舊傳曰：「少陽卒，凡四十日，不為輟朝。」唐紀：「張弘靖請為少陽廢朝贈官。」而實錄，辛丑贈少陽右僕射，然則己丑至辛丑，才十二日耳，豈容四十日不輟朝乎？今從新紀。

少陽在蔡州，陰聚亡命㊵，牧養馬騾，時抄掠壽州茶山㊶，以實其軍，其子攝〔四二〕蔡州刺史元濟匿喪〔四三〕，以病聞，自領軍務。上自平蜀，即欲取淮西，淮南節度使李吉甫上言：「少陽軍中，上下攜離〔四四〕，請徙理壽州〔四五〕，以經營之。」會朝廷方討王承宗，未暇也。及吉甫入相，田弘正以魏博歸附，吉甫以為：「汝州扞蔽〔四六〕東都，河陽宿兵〔四七〕，本以制〔四八〕魏博，今弘正歸順，則河陽為內鎮，不應屯重兵以示猜阻〔四九〕。」辛酉，以河陽節度使烏重胤為汝州刺史，充河陽懷汝節度使，徙理汝州〔五〇〕。己巳，弘正檢校右僕射，賜其軍錢二十萬緡。弘正曰：「吾未若移河陽軍之為喜也〔五一〕。」九月，庚辰，以洛州刺史李光顏為陳州刺史，充忠武都知兵馬使，以泗州刺史令狐通為壽州防禦使。通，彰之子〔五二〕也。丙戌，以山南東道節度使袁滋為荊南節度使，以荊南節度使嚴綬為山南東道節度使。吳少陽判官蘇兆、楊元卿，大將侯惟清，皆勸少陽入朝，元濟惡之，殺兆，囚惟清。元卿先奏事在長安，具以淮西虛實及取元濟之策，告李吉甫，請討之。時元濟猶匿喪，元卿勸吉甫凡蔡使入奏者，所在止之。少陽死，近四十日，不為輟朝〔五三〕，但易〔五四〕環蔡諸鎮將帥，益兵(五五)為備。元濟殺元卿妻及四男，以圬射堋(五六)。淮西宿將董重質、吳少誠之壻也，元濟以為謀主。戊戌，加河東節度使王鍔同平章事。

(八)李吉甫言於上曰：「淮西非如河北，四(五七)無黨援，國家常宿(五八)數十萬兵以備之，勞費不可支(五九)也，失今(六〇)不取，後難圖(六一)矣。」上將討之，張弘靖請先為少陽輟朝贈官，遣使弔贈，待其有不順之迹，然後加兵。上從之，遣工部員外郎李君何弔祭，元濟不迎敕使(六二)，發兵四出，屠舞陽(六三)，焚葉，掠魯山、襄城(六四)，關東震駭，君何不得入(六五)而還。

(九)冬，十月，丙午，中書侍郎同平章事趙公李吉甫薨。

(十)壬戌，以忠武節度副使李光顏為節度使，甲子，以嚴綬為申、光、蔡招撫使，督諸道兵，招討(六六)吳元濟。乙丑，命內常侍知省事崔潭峻監其軍，【考異】實錄作談峻，今從舊傳。戊辰，以尚書左丞呂元膺為東都留守。

(十一)党項寇振武。

(十二)十二月，戊辰，以尚書右丞韋貫之同平章事。

【今註】㊀善羊柵：胡三省曰：「善羊當作善陽，唐朔州治善陽縣，西北至單于府百二十里，柵蓋立於縣界。」㊁單于都護府：振武節度使治單于都護府。㊂通州：《舊唐書・地理志》二：「山南西道、通州，在京師西南二千三百里。」㊃奪色：奪其品色。㊄舊置六胡州於靈鹽之境：《新唐書・地理志》一，關內道、宥州：「調露元年於靈夏南境，以降突厥置魯州、麗州、含州、塞州、依州、契州，以唐人為刺史，謂之六胡州。」㊅開元中廢之，更置宥州：同上：「長安四年，併為匡長二州。開元二十六年，還所遷胡戶，置宥州及延恩等縣。」㊆天寶中，宥州寄理於經略軍：同上：「宥州延恩縣，有經略軍在榆多勒城，天寶中，王忠嗣奏置，在宥州故城東北三百里。」㊇取鄜城神策屯兵：大曆六年置肅戎軍於鄜州之鄜城。㊈昏：通婚。㊉費甚廣：謂費甚多。⑪事要經營：謂事須經營。⑫降主：公主出降。⑬勁虜：猶強虜。⑭猜：猜疑。⑮蓄：儲蓄。⑯西城：謂西受降城。⑰更修天德：謂徙受降城於天德。⑱有警：有烽燧之警。⑲命：性命。⑳南牧：南下牧馬。㉑比：比例。㉒桂王綸：綸、上弟。㉓弘靖、延賞之子：張延賞相德宗於貞元之間。㉔歎：贊歎。㉕得壻郁：謂得以郁為壻。㉖貴戚：權貴親戚。㉗清貫：猶言清職。㉘大族尊行：謂以族大之故，行輩尊高者。㉙不翅：翅通啻，不翅、不僅。㉚卑委：謙卑委婉。㉛怡順：和怡柔順。㉜一同家人禮度：此謂全合於為子婦之禮法。㉝絲髮間：謂極小之瑕疵。㉞指：指責。㉟窮屈：挨窮受屈。

㊱納：納還。㊲制指：謂可制御而指使者。㊳落然：寂落。㊴不聞人聲：謂無爭吵之聲，極言其全家之融洽也。㊵亡命：謂逃亡而無名籍者。㊶壽州茶山：壽州有茶山。㊷攝：攝理。㊸匿喪：猶祕喪。㊹攜離：攜貳。㊺徙理壽州：淮南節度使治揚州，欲徙治壽州，以經略淮西。㊻扞蔽：扞衛掩蔽。㊼宿兵：舊兵。㊽制：制御。㊾猜阻：猜疑間阻。㊿徙理汝州：謂徙治所於汝州。(51)吾未若移河陽軍之為喜也：喜者，喜朝廷之不猜防魏博。(52)通、彰之子：肅宗時、令狐彰背史安歸順。(53)近四十日不為輟朝：唐制、凡大臣死，天子皆為輟朝數日，以示哀悼。(54)易：更換。(55)益兵：增兵。(56)以圬射堋：圬，墁；堋，埻。(57)四：四面。(58)宿：常駐。(59)支：支持。(60)失今：失去今日機會。(61)圖：圖謀。(62)勑使：天子所遣之使，率以宦官充之。(63)舞陽：據《新唐書・地理志》二，舞陽縣屬河南道，許州。(64)焚葉，掠魯山、襄城：據《新唐書・地理志》二，三地皆屬河南道、汝州。(65)不得入：謂不得入蔡州。(66)招討：招降及討伐。

十年（西元八一五年）

㈠春，正月，乙酉，加韓弘守司徒，弘鎮宣武十餘年，不入朝，頗以兵力自負㈠，朝廷亦不以忠純待之。王鍔加平章事，弘恥班㈡在其下，與武元衡書，頗露不平之意，朝廷方倚其形勢，以制吳元濟，故遷官㊂，使居鍔上，以寵慰㊃之。

㈡吳元濟縱兵侵掠，及於東畿㊄，己亥，制削㊅元濟官爵，命宣武等十六道進軍討之。嚴綬擊淮西兵，小勝，不設備，淮西兵夜還襲之。二月，甲辰，綬敗於磁丘㊆，却五十餘里，馳入唐州㊇而守之。壽州團練使令狐通為淮西兵所敗，走保州城。

㈢境上諸柵盡為淮西所屠，癸丑，以左金吾大將軍李文通代之，貶通昭州㊈司戶。詔鄂岳觀察使柳公綽以兵五千，授安州刺史李聽，使討吳元濟，公綽曰：「朝廷以吾書生，不知兵邪！」即奏請自行，許之。公綽至安州，李聽屬櫜鞬㊉迎之，公綽以鄂岳都知兵馬使，先鋒行營兵馬都虞候二牒授之，選卒六千，以屬⑪聽，戒其部校曰：「行營之事，一決都⑫將。」聽感恩畏威，如出麾下⑬，公綽號令整肅，區處軍事，諸將無不服。士卒在行營者，其家疾病死喪，厚給⑭之，妻淫泆⑮者，沈之於江，士卒皆喜曰：「中丞為我治家⑯，我何得不前死⑰！」故每戰皆捷。公綽所乘馬，踶⑱殺圉人⑲，公綽命殺馬以祭之，或曰：「圉人自不備⑳耳，此良馬，可惜！」公綽曰：「材良性鷙㉑，何足惜㉒也！」竟殺之。

㈣河東將劉輔殺豐州刺史燕重旰，王鍔誅之及其黨。

㈤王叔文之黨坐謫官者㉓，凡十年不量移，執政有憐㉔其才，欲漸進之者，悉召至京師，諫官爭言其不可，上與武元衡亦惡之。三月，乙酉，皆以為遠州刺史，官雖進而地益遠。永州司馬柳宗元為柳州㉕刺史，朗州司馬劉禹錫為播州㉖刺史，宗元曰：「播非人所居，而夢得㉗親在堂㉘，萬㉙無母子俱往理。」欲請於朝，願以柳易播，會中丞裴度亦為禹錫言曰：「禹錫誠有罪，然母老，與其子為死別，良可傷。」上曰：「為人子，尤當自謹，勿貽㉚親憂，此則禹錫重可責也。」度曰：「陛下方侍太后，恐禹錫在所宜矜㉛。」上良久乃曰：「朕所言以責為人子者耳。」然不欲傷其親心，退謂左右曰：「裴度愛我終㉜切。」明日，禹錫改連州㉝刺史。【考異】舊禹錫傳：「元和十年，自武陵召還，宰相復欲置之郎署，時禹錫作遊玄都觀詠看花君子詩，語涉譏刺，執政不悅，復出為播州刺史。」禹錫集載其詩曰：「玄都觀裏桃千樹，盡是劉郎去後栽。」按當時叔文之黨，一切除遠州刺史，不止禹錫一人，豈緣此詩，蓋以此得播州惡處耳。實錄曰：「中丞裴度奏其母老，必與此子為死別，臣恐傷陛下孝理之風。憲宗曰：為子尤須謹慎，恐貽親之憂，禹錫更合重於它人，卿豈可以此論之。度無以對。良久，帝改容而言曰：朕所言，是責人子之事，然終不欲傷其所親之心，明日改授禹錫連州」。趙元拱唐諫諍集要：「裴度曰：陛下方侍太后，以孝理天下，如禹錫誠合哀矜。憲宗乃從之，明日制授禹錫連州，既而語左右，裴度終愛我切。」趙璘因話錄曰：「憲宗初徵柳宗元劉禹錫至京城，俄而柳為柳州刺史，劉為播州刺史，柳以劉須侍親，播州最為惡處，請以柳州換，上不許。宰相對曰：禹錫有老親。上曰：但要與郡，豈繫母在，裴晉公進曰：陛下方侍太后，不合發此言。上有愧色，劉遂改為連州。」按柳宗元墓誌，將拜疏而未上耳，非已上而不許也。禹錫除播州時，裴度未為相，今從實錄及諫諍集。

宗元善為文，嘗作梓人(34)傳，以為：「梓人不執斧斤刀鋸之技，專以尋引(35)規矩繩墨，度羣木之材，視棟宇(36)之制，相(37)高深圓方短長之宜，指麾(38)眾工，各趨(39)其事，不勝任者退之，大夏(40)既成，則獨名(41)其功，受祿三倍。亦猶相(42)天下者，立綱紀，整法度(43)，擇天下之士，使稱其職(44)，居(45)天下之人，使安其業，能者進之，不能者退之，萬國既理，而談者獨稱伊傅周召(46)，其百執事(47)之勤勞，不得紀(48)焉。或者不知體要(49)，衒(50)能矜名，親小勞(51)，侵眾官(52)，听听(53)於府庭，而遺其大者遠者，是不知相道(54)者也。」又作種樹郭駝傳，曰：「橐駝之所種，無不生且茂(55)者。或問之，對曰：『橐駝非能使木壽且孳(56)也，凡木之性，其根欲舒(57)，其土欲故(58)，既植之，勿動勿慮(59)，去不復顧，其蒔(60)也若子(61)，其置也若棄(62)，則其天全而性得(63)矣。它(64)植者則不然，根拳而土易，愛之太恩(65)，憂之太勤，旦視而暮撫(66)，已去(67)而復顧，甚者爪其膚(68)，以驗(69)其生枯，搖其本(七〇)，以觀其疏密(七一)，而木之性，日以離(七二)矣，雖曰愛之，其實害之，雖曰憂之，其實讎之(七三)，故不我若(七四)也。為政亦然。吾居鄉，見長人者(七五)，好煩其令(七六)，若甚憐(七七)焉，而卒以禍之，旦暮(七八)吏來，聚民而令之，促其耕穫(七九)，督其蠶織，吾小人(八〇)輟饔飧(八一)，以勞吏之不暇(八二)，又何以蕃吾生(八三)而安吾性邪！凡病且怠，職(八四)此故也。』」此其文之有理者也(八五)。

(六)庚子，李光顏奏破淮西兵於臨潁(八六)。

(七)田弘正遣其子布將兵三千，助嚴綬討吳元濟。

(八)甲辰，李光顏又奏破淮西兵於南頓(八七)。

(九)吳元濟遣使求救於恒鄆，王承宗李師道數上表，請赦元濟，上不從。是時發諸道兵討元濟，而不及淄青(八八)，師道使大將將二千人趣壽州，聲言(八九)助官軍討元濟，實欲為元濟之援也。師道素養刺客姦人數十人，厚資給之(九〇)，其人說師道曰：「用兵所急，莫先糧儲，今河陰院積江淮租賦，請潛(九一)往焚之，募東都惡少年數百，劫(九二)都市，焚宮闕，則朝廷未暇討蔡，先自救腹心，此亦救蔡一奇(九三)也。」師道從之，自是所在盜賊竊發。辛亥暮，盜數十人攻河陰轉運院，殺傷十餘人，燒錢帛三十餘萬緡匹，穀二萬餘斛，於是人情恇(九四)懼，羣臣多請罷兵，上不許。

(十)諸軍討淮西，久未有功。五月，上遣中丞裴度詣行營宣慰，察用兵形勢，度還，言淮西必可取之狀(九五)，且曰：「觀諸將，惟李光顏勇而知義，必能立功。」上悅。

(十一)考功郎中、知制誥韓愈上言，以為：「淮西三小州(九六)，殘弊困劇(九七)之餘，而當天下之全力，其破敗可立而待(九八)。然所未可知者，在陛下斷與不斷耳。」因條陳用兵利害，以為：「今諸道發兵，各二三千人，勢力單弱(九九)，羈旅異鄉，與賊不相諳委(一〇〇)，望風(一〇一)懾懼，將帥以其客兵(一〇二)，待之既薄，使之(一〇三)又苦，或分割隊伍，兵將相失(一〇四)，心孤意怯(一〇五)，難以有功；又其本軍，各須資遣(一〇六)，道路遼遠，勞費倍多(一〇七)。聞陳、許、安、唐、汝、壽等州，與賊連接處村落，百姓悉有兵器，習(一〇八)於戰鬭，識賊深淺，比來未有處(一〇九)分，猶願自備衣糧，保護鄉里，若令召募，立可成軍，賊平之後，易使歸農。乞悉罷諸道軍，募土人(二〇)以代之。」又言：「蔡州士卒，皆國家百姓，若勢力窮，不能為惡者，不須過(二一)有殺戮。」

(十二)丙申，李光顏奏敗淮西兵於時曲(二二)，淮西兵晨壓(二三)其壘(二四)而陳，光顏不得出，乃自毀其柵之左右，出騎以擊之，光顏自將數騎，衝其陳，出入(二五)數四，賊皆識(二六)之，矢集其身如蝟毛，其子攬(二七)轡止之，光顏舉刃叱去，於是人爭致死(二八)，淮西兵大潰，殺數千人，上以裴度為知人。

(十三)上自李吉甫薨，悉以用兵事委武元衡，李師道所養客說李師道曰(二九)：「天子所以銳意(三〇)誅蔡者，元衡贊之也，請密往刺之，元衡死，則它相不敢主(三一)其謀，爭勸天子罷兵矣。」師道以為然，即資給遣之。

(十四)王承宗遣牙將尹少卿奏事，為吳元濟遊說，少卿至中書，辭指不遜(三二)，元衡叱出之。承宗又上書詆毀(三三)元衡。六月，癸卯，天未明，元衡入朝，出所居靖安坊東門，有賊自暗中突出射之，從者皆散走，賊執元衡馬，行十餘步，而殺之。取其顱骨(三四)而去。又入通化坊，擊裴度，傷其首，墜溝中，度氈帽厚，得不死，傔人(二五)王義，自後抱賊大呼，賊斷義臂而去。京城大駭，於是詔宰相出入，加金吾騎士(二六)，張弦(二七)露刃以衞之，所過坊門，呵索(二八)甚嚴，朝士未曉，不敢出門，上或御殿(二九)久之，班猶未齊(三〇)。賊遺紙於金吾及府縣(三一)曰：「毋急捕我，我先殺汝(三二)。」故捕賊者，不敢甚急。兵部侍郎許孟容見上言：「自古未有宰相橫尸路隅，而盜不獲者，此朝廷之辱(三三)也。」因涕泣；又詣中書，揮涕言，請奏起裴中丞為相，大索賊黨，窮(三四)其姦源。戊申，詔中外所在搜捕，獲賊者賞錢萬緡，官五品，敢庇匿(三五)者，舉族(三六)誅之。於是京城大索，公卿家有複壁(三七)重橑(三八)者，皆索之。成德軍進奏院，有恒州卒張晏等數人，行止無狀(三九)，眾多疑之，庚戌，神策將軍王士則等告王承宗遣晏等殺元衡，吏捕得晏等八人，命京兆尹裴武、監察御史陳中師鞫(四〇)之，癸亥，詔以王承宗前後三表，出示百僚，議其罪。裴度病瘡(四一)，臥二旬，詔以衞兵宿其第，中使問訊不絕。或請罷度官，以安恒鄆之心，上怒曰：「若罷度官，是姦謀得成，朝廷無復綱紀，吾用度一人，足破二賊。」甲子，上召度入對，乙丑，以度為中書侍郎同平章事。度上言：「淮西腹心之疾㊷，不得不除，且朝廷業已討之，兩河藩鎮跋扈㊸者，將視此為高下㊹，不可中止。」上以為然，悉以用兵事委㊺度，討賊甚急。

㈤初德宗多猜忌㊻，朝士有相過從㊼者，金吾皆伺察㊽以聞，宰相不敢私第見客，度奏：「今寇盜未平，宰相宜招延四方賢才，與參謀議。」始請於私第見客，許之。陳中師按張晏等，具服殺武元衡，張弘靖疑其不實，屢言於上，上不聽，戊辰，斬晏等五人，殺其黨十四人，李師道客竟潛匿亡去。【考異】舊張弘靖傳曰：「初盜殺武衡㊾京師索賊未得。時王承宗邸中有鎮卒張晏輩數人行止無狀，人多意之。詔錄附御史臺御史陳中師按之，皆附致其罪，如京中所說。弘靖疑其不直，驟於上前言之，憲宗不聽。及田弘正入鄆，按簿書，亦有殺元衡者，但事曖昧，互有所說，卒未得其實。」按舊呂元膺傳：「獲李師道將訾嘉珍門察，皆稱害武元衡者。」然則元衡之死，必師道所為也。但以元衡叱尹少卿，及承宗上表詆元衡，故時人皆指承宗耳。今從薛圖存河南記。

㈥秋，七月，庚午朔，靈武節度使李光進薨。光進與弟光顏友善，光顏先娶，其母委以家事，母卒，光進後娶㊿，光顏使其妻奉管籥(51)，籍財物(52)，歸於其姒(53)，光進反之(54)，曰：「新婦(55)逮事先姑，先姑命主家事，不可易(56)也。」因相持(57)而泣。甲戌，詔數(58)

王承宗罪惡，絕其朝貢，曰：「冀其翻然改過，束身(五九)自歸，攻討之期，更俟後命(六〇)。」

(七)八月，己亥朔，日有食之。李師道置留後院(六一)於東都，本道人(六二)雜沓(六三)往來，吏不敢詰(六四)。時淮西兵犯東畿，防禦兵悉屯伊闕，師道潛內(六五)兵於院中，至數十百人(六六)，謀焚宮闕，縱兵(六七)殺掠，已烹牛饗士(六八)，明日將發(六九)，其小卒詣留守呂元膺告變，元膺亟追伊闕兵圍之，賊眾突出，防禦兵踵其後(七〇)，不敢迫，賊出長夏門(七一)，望山而遁。【考異】河南記曰：「賊帥訾嘉珍果於東都留後院，潛召募二百餘人，兼造置兵仗，部署已定，會門子健兒有小過，被笞責之，遂使兄弟一人，告河南府。當時飭兩縣驅丁壯，悉持弓矢刀棒，圍興道坊院數重，賊黨迫蹙，遞相蹂，四面矢下如雨，俄然殄滅，因縱火焚其院宇，悉為煨燼。」今從實錄。是時都城震駭，留守兵寡弱，元膺坐皇城門(七二)，指使部分，意氣自若(七三)，都人賴以安。

東都西南接鄧虢(七四)，皆高山深林，民不耕種，專以射獵為生(七五)，人皆趫(七六)勇，謂之山棚(七七)，元膺設重購(七八)以捕賊，數日，有山棚鬻鹿，賊遇而奪之，山棚走召其儕類(七九)，且引官軍共圍之谷中，盡獲之，按驗得其魁，乃中岳寺僧圓淨，故嘗為史思明將，勇悍過人，為師道謀，多買田於伊闕、陸渾之間，以舍山棚(八〇)而衣食之，有訾嘉珍、門察者，潛部分，以屬(八一)圓淨，圓淨以師道錢千萬，陽為治佛光寺，結黨定謀，約令嘉珍等竊發城中，圓淨舉火於山中，集二縣(八二)山棚，入城助之。圓淨時年八十餘，捕者既得之，奮鎚擊其脛(八三)不能折，圓淨罵曰：「鼠子，折人脛且(八四)不能，敢稱健兒！」乃自置其脛，教使折之，臨刑歎曰：「誤我事，不得使洛城流血。」黨與死者凡數千人。留守防禦將二人(八五)，及驛卒八人，皆受其職名(八六)，為之耳目，元膺鞫訾嘉珍門察，始知殺武元衡者，乃師道也，元膺密以聞，以檻車送二人詣京師，上業已(八七)討王承宗，不復窮治。元膺上言：「近日藩鎮跋扈不臣，有可容貸(八八)者，至於師道謀屠都城，燒宮闕，悖逆尤甚，不可不誅。」上以為然，而方(八九)討吳元濟，絕王承宗，故未暇治師道也。

(十八)乙丑，李光顏敗於時曲。

(十九)初上以嚴綬在河東，所遣裨將(九〇)多立功，故使鎮襄陽(九一)，且督諸軍討吳元濟。綬無它材能，到軍之日，傾(九二)府庫，賚(九三)士卒，累年之積(九四)一朝而盡；又厚賂宦官，以結聲援(九五)，擁(九六)八州(九七)之眾萬餘人，屯境上，閉壁（九八）經年，無尺寸（九九）功。裴度屢言其軍無政（一〇〇）。九月，癸酉，以韓弘為淮西諸軍都統。弘樂於自擅（一〇一），欲倚賊自重，不願淮西速平。【考異】舊傳曰：「弘鎮汴州，當兩河賊之衝要，朝廷慮其意志，欲以兵柄授之，而令李光顏烏重胤實當旗鼓，乃授弘淮西諸軍都統。弘雖居統帥，常不欲諸軍立功，陰為逼撓之計（一〇二），每聞獻捷，輒數日不怡，其危國邀功如是。」按弘承宣武積亂之後，鎮定一方，居彊寇之間，威望甚著，若有異志，與諸鄉連衡，跋扈如反掌耳！然觀其始末，未嘗失臣節，朝廷若疑其有異志，而更用為都統，光顏重胤更受其節制，非所以防之也。且數日不怡，有何狀可尋，恐毀之過其實。今從其可信者。李光顏在諸將中，戰最力，弘欲結其歡心，舉大梁城（一〇三）索得一美婦人，教之歌舞絲竹（一〇四），飾以珠玉金翠，直（一〇五）數百萬錢，遣使遺之，使者先致書光顏，大饗將士，使者進妓，容色絕世（一〇六），一座盡驚，光顏謂使者曰：「相公愍光顏羈旅，賜以美妓，荷德誠（一〇七）深。然戰士數萬，皆棄家遠來（一〇八），冒犯白刃，光顏何忍獨以聲色自娛悅（一〇九）乎！」因流涕，座者皆泣，即於席上，厚以繒帛贈使者，幷妓返之，曰：「為光顏多謝相公，光顏以身許國，誓不與逆賊同戴日月（一一〇），死無貳矣（一一一）。」

㈩冬，十月，庚子，始分山南東道為兩節度，以戶部侍郎李遜為襄、復、郢、均、房節度使，以右羽林大將軍高霞寓為唐、隨、鄧節度使，朝議以唐與蔡接，故使霞寓專事攻戰，而遜調（一一二）五州之賦以餉(三三)之。

(廿一)辛丑，刑部侍郎權德輿奏：「自開元二十五年，修格式律令事類後(三四)，至今長行勅(三五)，近刪定為三十卷，請施行。」從之。

(廿二)上雖絕王承宗朝貢，未有詔討之，魏博節度使田弘正，屯兵於其境，承宗屢敗之，弘正忿，表請擊之，上不許，表十上，乃聽至貝州，丙午，弘正軍於貝州。

(廿三)庚戌，東都奏盜焚柏崖倉(三六)。

(廿四)十一月，壽州刺史李文通奏敗淮西兵。壬申，韓弘請命眾軍合攻淮西，從之。李光顏烏重胤敗淮西兵於小溵水，拔其城。乙亥，以嚴綬為太子少保。盜焚襄州佛寺軍儲，盡徙京城積草於四郊，以備火。丁丑，李文通敗淮西兵於固始(三七)。戊寅，盜焚獻陵(三八)寢宮永巷。

(廿五)詔發振武兵二千，會義武軍，以討王承宗。

(廿六)己丑，吐蕃欵(三九)隴州塞，請互市，許之。

(廿七)初吳少陽聞信州人吳武陵名，邀以為賓友，武陵不荅，及元濟反，武陵以書諭之，曰：「足下勿謂部曲不我欺，人情與足下一也㉚，足下反天子，人亦欲反足下，易地而論㉛，則其情可知矣。」

(卅八)丁酉，武寧節度使李愿奏敗李師道之眾，時師道數遣兵攻徐州，敗蕭沛㉜數縣，愿悉以步騎，委都押牙溫㉝人王智興擊破之。十二月，甲辰，智興又破師道之眾，斬首二千餘級，逐北至平陰㉞而還。愿，晟之子也。

(卅九)東都防禦使呂元膺請募山棚，以衛宮城，從之。

(卌)乙丑，河東節度使王鍔薨。

(卌一)王承宗縱兵四掠，幽滄定三鎮皆苦之，爭上表，請討承宗，上欲許之，中書侍郎同平章事張弘靖以為：「兩役並興㉟，恐國力所不支，請併力平淮西，乃征恒冀。」上不為之止，弘靖乃求罷。

【今註】㊀兵力自負：謂以兵力之強大自恃。㊁班：班列。㊂遷官：遷陞其官。㊃寵慰：寵幸安慰。㊄東畿：東都郊畿。㊅削：削罷。㊆磁丘：據《新唐書・地理志》四，慈丘縣屬山南東道、泌州（亦即唐州）。㊇唐州：《九域志》：「唐州東至蔡州三百五十里。」㊈昭州：《舊唐書・地理志》四：「嶺南道、昭州，至京師四千四百三十六里。」㊉屬櫜鞬：屬，著；櫜，盛箭之囊，音

ㄍㄠ；鞬，弓袋。[一一]屬：屬任。[一二]都將：總諸部之軍者，謂之都將。[一三]麾下：猶部下。[一四]厚給：猶優給。[一五]淫泆：泆亦過度，音逸。[一六]治家：治理家務。[一七]不前死：不前驅而死。[一八]踶：俗作踢。[一九]圉人：掌養馬者，音ㄩˇ。[二〇]不備：不防備。[二一]駑：劣。[二二]惜：愛惜。[二三]王叔文之黨坐謫官者：永貞元年，貶王叔文之党，事見卷二百三十六。[二四]憐：憐惜。[二五]柳州：《舊唐書・地理志》四：「嶺南道、柳州，至京師水陸相乘，五千四百七十里。」[二六]播州：《舊唐書・地理志》三：「劍南道、播州，在京師南四千四百五十里。」[二七]夢得：劉禹錫字。[二八]親在堂：謂親尚存活。[二九]萬：猶絕。[三〇]貽：給與。[三一]在所宜矜：謂在所宜矜之列。[三二]終切：終謂始終，亦即全也，甚也。[三三]連州：《舊唐書・地理志》四：「嶺南道、連州，在京師南三千六百六十五里。」[三四]梓人：攻木之工。[三五]尋引：猶運用。[三六]棟宇：室屋。[三七]相：視。[三八]指麾：猶指揮。[三九]趨：赴。[四〇]大夏：夏通廈。[四一]獨名：猶獨著。[四二]相：輔佐。[四三]整法度：振飭法度。[四四]稱其職：猶勝其任。[四五]居：猶處，謂處置，亦即治也。[四六]伊傅周召：伊尹、傅說、周公、召公。[四七]百執事：謂百官。[四八]紀：記載。[四九]體要：體亦要，此謂大要。[五〇]衒：衒露。[五一]親小勞：親事細小事務。[五二]侵眾官：侵犯眾官之職掌。[五三]听听：原為犬吠聲，此謂計較爭吵。[五四]相道：謂為宰相之道。[五五]生且茂：生長且茂盛。[五六]使木壽且孳：謂使樹長壽且不斷孳長。[五七]舒：舒展。[五八]欲故：謂宜用原根所帶之土。[五九]勿慮：猶勿念。[六〇]蒔：更種，音ㄕˊ。[六一]若子：如育稚子。[六二]其置也若棄：及其裁植已畢，則應棄而不顧。[六三]天全而性得：謂天性得以保全，且得其所。[六四]它：此謂它人。[六五]太恩：謂恩惠甚深。[六六]撫：撫摩。[六七]已去：已離開所植之樹。(六八)爪其膚：以指爪劃破其樹皮。(六九)驗：檢驗。(七〇)本：本幹。(七一)以觀其疏密：謂以觀其根土之疏密。(七二)離：猶失。(七三)讎之：謂以為讎敵。(七四)不我若：謂不如我。(七五)長人者：謂為人之官長者。(七六)煩其令：謂煩頻其政令。(七七)憐：愛。(七八)旦暮：謂非旦即暮。(七九)耕穫：猶稼穡。(八〇)小人：此謂小民。(八一)饔飧：熟食。飧，音ㄙㄨㄣ。(八二)以勞吏之不暇：謂以供吏支使之不暇。(八三)蕃吾生：謂蕃殖吾之生資。(八四)職：主。(八五)此其文之有理者也：胡三省曰：「梓人傳以諭相，種樹傳以諭守令，故溫公取之，以其有資於治道也。」(八六)臨潁：據《新唐書・地理志》二，臨潁縣屬河南道、許州。(八七)南頓：據同志二，南頓縣屬河南道、陳州。(八八)而不及淄青：謂而不發淄青之兵。(八九)聲言：猶揚言。(九〇)厚資給之：謂給予資財甚厚。(九一)潛：暗。(九二)劫：劫掠。(九三)一奇：一奇計。(九四)恇：怯。(九五)狀：情狀。(九六)淮西三小州：三小州謂申、光、蔡。(九七)殘弊困劇：謂殘破疲弊，極為困劇。(九八)可立而待：謂可佇立而待，以喻時之短暫。(九九)單弱：單薄孱弱。(一〇〇)諳委：謂知其詳情。(一〇一)望風：謂望風塵，亦即見敵人兵來。(一〇二)客兵：謂非將帥自己麾下之兵。(一〇三)使之：役使之。(一〇四)兵將相失：謂兵將不在一處。(一〇五)心孤意怯：謂心中感覺孤單畏怯。(一〇六)各須資遣：謂各須給以資財，始能遣發。(一〇七)倍多：謂多至一倍或數倍。(一〇八)習：熟習。(一〇九)處分：此謂召募。(一一〇)土人：本土之人。(一一一)過：過分。(一一二)時曲：在陳州、溵水縣西南。(一一三)⿱猒土：同壓。(一一四)壘：營壘。(一一五)出入：謂出入其陣。(一一六)識：認識。(一一七)攬：以手擥取。(一一八)致死：致死力。(一一九)李師道所養客說李師道曰：按下之李字應省。(一二〇)銳意：謂集中意念，亦即一意。(一二一)主：主持。(一二二)不遜：不謙遜。(一二三)詆毀：毀辱，音低。㉔顱骨：頭骨。㉕傔人：侍從，音歉。㉖金吾騎士：《舊唐書・職官志》三：「左右金吾衛，其職掌宮中及京城晝夜巡警之法，以執禦非違，凡翊府及同軌等五十府，皆屬之。」㉗張弦：即箭上弦。㉘呵索：呵叱搜索。㉙御殿：御臨鑾殿。㉚班猶未齊：謂班列間之官，猶未到齊。㉛府縣：京兆府及兩赤縣。㉜毋急捕我，我先殺汝：按此種文句結構，乃係中有省略，其省略者為若急捕我，蓋謂若急捕我，則我先殺汝。此讀者理應瞭解於心者也。㉝辱：恥辱。㉞窮：窮究。㉟庇匿：覆蔽藏匿。㊱舉旅：全族。㊲複壁：夾壁。㊳重橑：胡三省曰：「重橑、大屋覆小屋，上下施椽，其間可容物。」㊴無狀：無善狀。㊵鞫：案問，音ㄐㄩˊ。㊶瘡：創傷。㊷腹心之疾：謂要害處之疾。㊸跋扈：暴橫。㊹視此為高下：謂視此而決定其行動。㊺委：委任。㊻猜忌：猜疑忌嫉。㊼過從：猶過往。㊽伺察：候伺調察。㊾考異曰：「舊張弘靖傳曰：『初盜殺武衡』」：按武衡當添書作武元衡。㊿光顏先娶，母卒，光進後娶：按《舊唐書・李光進傳》，後娶作始娶，始字較為佳勝。(51)管籥：此指府庫之鑰匙。(52)籍財物：簿籍財物。(53)姒：毛晃曰：「杜預云：『兄弟之妻，相謂曰姒。』蓋妯娌相呼，以身年長少為名，年長曰姒，少曰娣，不以夫之長幼也。今俗呼兄之妻曰姒，弟之妻曰娣。」(54)反之：反還之。(55)新婦：中古於媳婦，不論出嫁如何長久，皆曰新婦，亦事之有趣及可注意者也。(56)易：更易。(57)相持：猶相抱。(58)數：責。(59)束身：縛身。(60)後命：以後之命令。(61)留後院：謂留人員於京都而所居之院。(62)本道人：此謂兗、鄆、淄、青。(63)雜沓：離亂、重沓，音踏。(64)詰：問。(65)內：通納。(66)數十百人：謂數十人以至於一百，此數之最高額乃為一百。(六七)縱兵：縱恣兵士。(六八)饗士：犒士。(六九)發：舉事。(七〇)淆其後：踵隨其後。(七一)長夏門：《唐六典》卷七：「東都南面三門：中曰定鼎，左曰長夏，右曰厚載。」(七二)皇城門：《唐六典》卷七：「東都、皇城在都城之西北隅，南面三門，中曰端門，左曰左掖門，右曰右掖門。」胡三省曰：「蓋坐於左掖門下。」(七三)自若：自如。(七四)東都西南接鄧虢：《九域志》：「河南府西南抵虢州界三百二十五里，稍南抵鄧州界六百里。」(七五)為生：以為生計。(七六)趫：捷。(七七)謂之山棚：原意為住於山棚之人，簡稱則曰山棚。(七八)重購：重賞。(七九)儕類：謂同夥。(八〇)以舍山棚：以處山棚之人。(八一)以屬：以屬任。(八二)二縣：陸渾、伊闕。(八三)脛：腳脛。(八四)且：尚且。(八五)留守防禦將二人：留守兵之將及防禦兵之將。(八六)職名：胡三省曰：「職名、李師道私所署衙前管軍職名，給帖者也。」(八七)業已：謂已經。(八八)容貸：寬容假貸。(八九)方：正。(九〇)裨將：偏將，謂李光顏等。(九一)襄陽：山南東道節度治所。(九二)傾：傾盡。(九三)賚：賞賜，音ㄌㄞˋ。(九四)積：積藏。(九五)聲援：聲勢援助。(九六)擁：據有。(九七)八州：襄、鄧、唐、隨、均、房、郢、復。(九八)壁：營壘。(九九)尺寸：極言其微少。(一〇〇)其軍無政：謂其軍政綱不振。(一〇一)擅：擅專。(一〇二)考異曰：「舊傳曰：『朝廷慮其有意志，…陰為逼撓之計』」：按武英殿本《舊唐書・韓弘傳》，意志作異志，逼撓作逗撓，俱於意為合，當改从。(一〇三)舉大梁城：舉猶盡，大梁城乃宣武節度治所。(一〇四)絲行：謂音樂。(一〇五)直：通值。(一〇六)絕世：謂世所罕有。(一〇七)誠：實。(一〇八)遠來：自遠方而來。(一〇九)娛悅：娛樂歡悅。(一一〇)同戴日月：與共戴天之意相類。(一一一)死無貳矣：謂有死無它。(一一二)調：征調。(一一三)餉：饋餉。(一一四)自開元二十五年，修格式、律令、事類後：胡三省曰：

「唐六典敍文法之名格二十四篇，式三十三篇，律十二篇，令二十七篇。」《會要》曰：「開元二十五年，刪緝成律十二卷、律疏三十卷、式二十卷、開元新格十卷；又撰格式、律令、事類四十卷，以類相從，便於省覽。」㉕長行勅：謂永行之勅。按《會要》，開元十九年，裴光庭等奏令有司刪撰格後長行勅六卷，今又刪定二十五年以後長行勅為三十卷。㉖柏崖倉：杜佑曰：「柏崖城、侯景所築，在河清縣西。」㉗固始：據《新唐書・地理志》五，固始縣屬淮南道、光州。㉘獻陵：同志一：「京兆府、三原縣，獻陵在東十八里。」㉙欸：叩。㉚人情與足下，一也：謂他人之情，與足下者，實相一致。㉛易地而論：謂更換地位而推論之。㉜蕭沛：據《九域志》，蕭在徐州西五十里，沛在徐州西北一百四十里。㉝溫：據《新唐書・地理志》三，溫縣、屬河北道、孟州。㉞平陰：據同志二，平陰縣屬河南道、鄆州。㉟兩役並興：兩役謂既討淮西，又討恒冀。

十一年（西元八一六年）

㈠春，正月，己巳，幽州節度使劉總奏，敗成德兵，拔武強①，斬首千餘級。

㈡庚辰，翰林學士、中書舍人錢徽、駕部郎中知制誥蕭俛各解職②，守本官，時羣臣請罷兵者眾，上患之，故黜徽俛，以警③其餘。徽，吳人也。

㈢癸未，制削王承宗官爵，命河東、幽州、義武、橫海、魏博、昭義六道進討，韋貫之屢請，先取吳元濟，後討承宗，曰：「陛下不見建中之事乎？始於討魏及齊，而蔡燕趙皆應，卒致朱泚之亂，由德宗不能忍數年之憤邑㊃，欲太平之功速成故也。」上不聽。

㈣甲申，盜斷建陵㊄門戟四十七枝。

㈤二月，西川奏吐蕃贊普卒，新贊普可黎可足立。

㈥乙巳，以中書舍人李逢吉為門下侍郎同平章事。逢吉，玄道之曾孫㊅也。

㈦乙卯，昭義節度使郗士美奏，破成德兵，斬首千餘級。

㈧南詔勸龍晟淫虐不道，上下怨疾㊆，弄棟㊇節度王嵯巔弒之，立其弟勸利，勸利德嵯巔，賜姓蒙氏，謂之大容。容，蠻言兄也。

㈨己未，劉總破成德兵，斬首千餘級。

㈩荊南節度使袁滋父祖墓在朗山㊈，請入朝，欲勸上罷兵，行至鄧州，聞蕭俛錢徽貶官，及見上，更以必克勸之，僅㊉得還鎮。

(十)辛酉，魏博奏，敗成德兵，拔其固城，乙丑，又奏，拔其鴟城(二)。

(十一)三月，庚午，太后崩(三)，辛未，勑以國哀(三)，諸司公事，權取中書門下處分(四)，不置攝冢宰(五)。

(十二)壽州團練使李文通奏，敗淮西兵於固始(六)，拔鏉山。己卯，唐鄧節度使高霞寓奏，敗淮西兵於朗山，斬首千餘級，焚二柵。幽州節度使劉總圍樂壽(七)。

(十四)夏，四月，庚子，李光顏烏重胤奏，敗淮西兵於陵雲柵(八)，斬首三千級，辛亥，司農卿皇甫鎛以兼中丞權判度支，鎛始以聚斂得幸。

(十五)乙卯，劉總奏，破成德兵於深州，斬首二千五百級。乙丑，義武節度使渾鎬奏，破成德兵於九門(九)，殺千餘人。鎬，瑊之子(一〇)也。

(十六)宥州軍亂，逐刺史駱怡，夏州節度使田進討平之。

(十七)五月，壬申，李光顏、烏重胤奏，敗淮西兵於陵雲柵，斬首二千餘級。

(十八)六月，甲辰，高霞寓大敗於鐵城㉑，僅以身免。時諸將討淮西者，勝則虛張殺獲㉒，敗則匿之，至是，大敗不可掩㉓，始上聞，中外駭愕，宰相入見，將勸上罷兵，上曰：「勝負兵家之常，今但當論用兵方略，察將帥之不勝任者，易之，兵食不足者，助之耳，豈得以一將失利，遽議罷兵邪！」於是獨用裴度之言，它人言罷兵者，亦稍㉔息矣。己酉，霞寓退保唐州。

(十九)上責高霞寓之敗，霞寓稱李遜應接㉕不至。秋，七月，貶霞寓為歸州㉖刺史，遜亦左遷恩王㉗傅。以河南尹鄭權為山南東道節度使，以荊南節度使袁滋為彰義節度、申、光、蔡、唐、隨、鄧觀察使，以唐州為理所㉘。壬午，宣武軍奏，破郾城之眾二萬，殺二千餘人，捕虜千餘人。

(廿)田弘正奏破成德兵於南宮㉙，殺二千餘人。

(廿一)中書侍郎同平章事韋貫之性高簡㉚，好甄別流品㉛，又數請罷用兵，左補闕張宿毀之於上，云其朋黨㉜。八月，壬寅，貫之罷為吏部侍郎。

(廿二)諸軍討王承宗者，互相觀望㉝，獨昭義節度使郗士美，引精兵壓其境，己未，士美奏大破承宗之眾於柏鄉㉞，殺千餘人，降者亦如之㉟，為三壘，以環柏鄉。

(廿三)庚申，葬莊憲皇后於豐陵㊱。

(廿四)九月，乙亥，右拾遺獨孤朗坐請罷兵，貶興元府倉曹。朗，及之子㊲也。

(廿五)饒州大水，漂失四千七百戶。

(廿六)丙子，以韋貫之為湖南觀察使，猶坐前事㊳也。辛巳，以吏部侍郎韋顗、考功員外郎韋處厚等，皆為遠州刺史，張宿讒之，以為貫之之黨也。顗，見素之孫㊴；處厚，敻之九世孫㊵也。

(廿七)乙酉，李光顏烏重胤奏，拔吳元濟陵雲柵。丁亥，光顏又奏，拔石越二柵，壽州奏，敗殷城㊶之眾，拔六柵。

(廿八)冬，十一月，壬戌朔，容管奏，黃洞蠻為寇。乙丑，邕管奏，擊黃洞蠻却之，復賓蠻等州㊷。丙寅，加幽州節度使劉總同平章事。

(卅九)李師道聞拔陵雲柵而懼，詐請輸欵㊸，上以力未能討，加師道檢校司空。

(卌)王鍔家二奴告鍔子稷，改父遺表，匿所獻家財。上命鞫於內仗㊹，遣中使詣東都，檢括㊺鍔家財。裴度諫曰：「王鍔既沒，其所獻之財，已為不少，今又因奴告，檢括其家，臣恐諸將帥聞之，各以身後為憂㊻。」上遽止使者。己巳，以二奴付京兆，杖殺之。

(卌一)庚子，以給事中柳公綽為京兆尹。公綽初赴府㊼。有神策小將躍馬橫衝前導㊽，公綽駐馬，杖殺之。明日，入對延英，上色甚怒，詰其專殺之狀。對曰：「陛下不以臣無似㊾，使待罪京兆㊿，京兆為輦轂(五一)師表(五二)，今視事之初，而小將敢爾唐突(五三)，此乃輕陛下詔命，非獨慢(五四)臣也。臣知杖無禮之人(五五)，不知其為神策軍將也。」上曰：「何不奏？」對曰：「臣職當杖之，不當奏。」上曰：「誰當奏者？」對曰：「本軍當奏，若死於街衢，金吾街使(五六)當奏，在坊內，左右巡使當奏(五七)。」上無以罪之，退謂左右曰：「汝曹須作意(五八)此人，朕亦畏之。」**【考異】**柳氏敍訓曰：「公穆宗朝，為大京兆，有禁軍校冒騶卒唱，駐馬斃之，明日，延英對上云云。朝退，上顧左右曰，爾輩大須作意，如此神采，我亦怕他。」因話錄曰：「憲宗正色，詰公專殺之狀。公曰，京兆尹在取則之地，臣初受陛下獎擢，軍中偏裨躍馬衝過，此乃輕陛下法，不獨輕臣，臣杖無禮之人，不打神策軍將。」按公綽，憲宗穆宗朝俱嘗為京兆尹，此事恐非穆宗所能為，敍訓之誤也。今從因話錄。討淮西諸軍近九萬，上怒諸將久無功，辛巳，命知樞密梁守謙宣慰，因留監其軍，授以空名告身(五九)五百通(六〇)及金帛，以勸死事(六一)。庚寅，先加李光顏等檢校官(六二)，而詔書切責(六三)，示以無功必罰。辛卯，李文通奏，敗淮西兵於固始，斬首千餘級。十二月，壬寅，程執恭奏，敗成德兵於長河(六四)，斬首千餘級。義武節度使渾鎬與王承宗戰屢勝，遂引全師、壓其境，距恒州三十里而軍，承宗懼，潛遣兵入鎬境，焚掠城邑，人心始內顧而搖。會中使督其戰，鎬引兵進薄(六五)恒州，與承宗戰，大敗，奔還定州(六六)。丙午，詔以易州刺史陳楚為義武節度使，軍中聞之，掠鎬及家人衣，至於倮(六七)露，陳楚馳入定州(六八)，鎮遏(六九)亂者，斂軍中衣以歸鎬(七〇)，以兵衞送還朝。楚，定州人，張茂昭之甥也。

(卅二)丁未，以翰林學士王涯為中書侍郎同平章事。

(卅三)袁滋至唐州，去斥候(七一)，止其兵，不使犯吳元濟境，元濟圍其新興柵(七二)，滋卑辭以請(七三)之，元濟由是不復以滋為意，朝廷知之，甲寅，以太子詹事李愬為唐隨鄧節度使。愬，聽之兄㈢也。

㈣初置淮潁水運使，楊子院米，自淮陰泝淮入潁，至項城，入溵㈤。輸於郾城，以饋討淮西諸軍，省汴運之費七萬餘緡。

㈥己未，容管㈥奏，黃洞蠻屠巖州。

【今註】㈠武強：據《新唐書・地理志》三，武強縣屬河北道冀州。㈡解職：解去官職。㈢警：警戒。㈣憒邑：憒怒，悒鬱，邑通悒。㈤建陵：《新唐書・地理志》一：「京兆府、醴泉縣，建陵在東北十八里。」㈥逢吉，玄道之曾孫：李玄道事太宗，為文學館學士。㈦怨疾：怨恨疾惡。㈧弄棟：胡三省曰：「南詔置弄棟節度於唐姚州之地。」程大昌曰：「南詔有六節度，曰：弄棟、永昌、銀生、劍川、招東、麗水。」㈨朗山：據《新唐書・地理志》二，朗山屬河南道蔡州。㈩僅：猶差。㈡固城鵶城：胡三省曰：「固城、鵶城，當在冀州南宮縣界。」㈢太后崩：太后王氏、上母。㈢國哀：意謂天子居憂。㈣權取中書門下處分：謂只令宰相參決百司公事。㈤攝冢宰：胡三省曰：「唐中世以來，天子崩，置攝冢宰，倣古者百官總己以聽於冢宰之制，然非能盡行古道也。」㈥固始：據《新唐書・地理志》五，固始縣屬淮南道、光州。㈦樂壽：據《新唐書・地理志》三，樂壽縣屬河北道、深州。㈧陵雲柵：胡三省曰：「陵雲柵在溵水西南、郾城東北，蔡人立柵於此，以陵雲為名。」㈨九門：據《新唐書・地理志》三，九門縣屬河北道鎮州。㈩鎬，瑊之子：渾瑊事肅、代、德，有大功。㉑鐵城：宋白曰：「鐵城在新興柵東北，新興柵在吳房縣西南、文城東北。」㉒虛張殺獲：謂空虛張大殺獲之數。㉓掩：掩匿。㉔稍：猶漸。㉕應接：指運糧饋餉言。㉖歸州：《舊唐書・地理志》二：「山南東道，歸州，在京師南二千二百六十八里。」㉗恩王：恩王連，代宗子。㉘理所：即治所。此辭於唐代為避諱故，不得不如此用之，至《通鑑》撰述時，則已非唐代，實應改用治所為宜。然《通鑑》於書唐代歷史時，率於治字處沿襲舊文而作理字，爰特揭櫫於此，其餘諸處則不複焉。㉙南宮：據《新唐書・地理志》三，南宮縣屬河北道、冀州。㉚高簡：高雅簡潔。㉛甄別流品：謂甄察分別人物之品級。㉜云其朋黨：云其與人互為朋黨。㉝觀望：謂觀望而不前進。㉞柏鄉：據《新唐書・地理志》三，柏鄉縣屬河北道、趙州。㉟亦如之：謂亦如其數。㊱葬莊憲皇后於豐陵：從順宗也。㊲朗，及之子：獨孤及事代宗，為文長於論議。㊳猶坐前事：前事謂請罷用兵。㊴頵，見素之孫：韋見素，天寶末為宰相，音ㄧˇ。㊵處厚，夐之九世孫：韋夐，後周韋孝寬之兄。㊶殷城：據《新唐書・地理志》五，殷城縣屬淮南道、光州。㊷賓蠻等州：胡三省曰：「賓蠻當作賓巒。武德四年，以故秦桂林郡地置淳州，永貞元年更名巒州。」㊸輸欵：輸誠欵。㊹內仗：《新唐書・儀衛志》上：「凡朝會之仗，三衛番上，分為五仗，號衙內五衛：一曰供奉仗，以左右衛為之；二曰親仗，以親衛為之；三曰勳仗，以勳衛為之；四曰翊仗，以翊衛為之；五曰散手仗，以親勳翊衛為之。皆帶刀捉仗，列坐於東西廊下，每月以四十六人立內廊閤外，號曰內仗，以左右金吾將軍當上中郎將一人押之。」㊺檢括：檢察搜括。㊻各以身後為憂：謂恐死後亦被檢括。

㊼初赴府：謂赴京兆府初治事。㊽前導：謂前導之吏卒。㊾無似：猶言不肖。㊿待罪京兆：乃係謙辭，其實意則為治京兆尹之事。(51)輦轂：指皇帝車言，引申則為京師之意。(52)師表：師法表率。(53)唐突：冒犯。(54)慢：傲慢。(55)臣知杖無禮之人：謂臣惟知杖無禮之人。(56)金吾街使：《新唐書・百官志》四：「左右街使掌分察六街徼巡，凡城門坊角有武候鋪，衞士彍騎分守，大城門百人、大鋪三十人，小城門二十人、小鋪五人。日暮鼓八百聲而門閉，乙夜街使以騎卒循行囂呼，武官暗探，五更二點，鼓自內發，諸街鼓承振，坊市門皆啓，鼓三千撾，辨色而止。」(57)在坊內，左右巡使當奏：程大昌《雍錄》：「長安四郭之內，縱橫皆十坊，大率當為百坊，亦有一面不啻十坊者，故六典曰一百一十坊也。坊皆有垣有門，隨晝夜鼓聲，以行啓閉。」胡三省曰：「巡使掌左右街百坊之內，謹啓閉徼巡者也。宋白曰：『廣德二年九月，命御史中丞兼戶部侍郎王延昌充左巡使，御史中丞源休充右巡使，辛亥，源休充左右巡使。元和八年，薛存誠奏，得兩巡禦使狀，以承平舊例，兩街本屬臺司，其所由，每月衙集，動靜申報，如所報差謬，舉劾悉在臺中。又按唐監察御史十員，裏行五員，掌內外糾察，分為左右巡，糾察違失，以承天、朱雀街為界，每月一代，將晦，即巡刑部、大理、東西徒坊、金吾及縣獄。』」(58)作意：猶今言當心。(59)空名告身：告身、封官之文書，空名、未填封者之姓名，使知其事者，遇有有功人員，隨時填書而封贈之。(60)通：猶份。(61)以勸死事：以獎勸死王事者。(62)檢校官：唐代乃虛銜而非實職。(63)切責：嚴切責戒。(64)長河：據《新唐書・地理志》三，長河屬河北道、德州。(65)薄：迫。(66)定州：《九域志》：「恒州至定州一百三十五里。」(67)倮：

通裸。(六八)馳入定州：胡三省曰：「易州南至定州百四十里。」(六九)鎮遏：鎮壓遏止。(七〇)斂軍中衣以歸犒：謂收斂軍中所掠犒家之衣。(七一)斥候：《史記・李將軍傳》索隱：「斥，度也；候，望也。」(七二)新興柵：胡三省曰：「新興柵當在唐州東北界，新立之以備蔡人。」(七三)以請：謂以請其解圍。(七四)愬，聽之兄：愬聽皆李晟子。(七五)楊子院米自淮陰泝淮入潁，至項城入溵：其詳情具見《舊唐書・憲宗紀》下元和十一年，文云：「運楊子院米，自淮陰泝流至壽州，四千里入潁口，又泝流至潁州沈丘界，五百里至于項城，又泝流五百里入溵河，又三百里輸于郾城，得米五十萬石，茭一千五百萬束，省汴運七萬六千貫。」據《新唐書・地理志》二，項城屬河南道陳州。又據《水經注》，溵水乃汝水之別流，潁水至古南頓縣，與溵水合，唐之溵水縣，屬於陳州。(七六)容管：據《舊唐書・地理志》四，容管十州為：容、辨、白、牢、欽、巖、禺、湯、瀼、古。

卷二百四十 唐紀五十六

起張圉作噩，盡屠維大淵獻正月，凡二年有奇。（丁酉至己亥，西元八一七年至八一九年）

司馬光編集
曲守約註

憲宗昭文章武大聖至神孝皇帝中之下

元和十二年（西元八一七年）

㈠春，正月，甲申，貶袁滋為撫州㊀刺史。李愬至唐州，軍中承喪敗之餘㊁，士卒皆憚戰，愬知之，有出迓㊂者，愬謂之曰：「天子知愬柔懦㊃，能忍恥，故使來拊循㊄爾曹，至於戰攻進取，非吾事也。」眾信而安之。愬親行視士卒，傷病者存恤㊅之，不事㊆威嚴。或以軍政不肅為言，愬曰：「吾非不知也，袁尚書專以恩惠懷㊇賊，賊易㊈之，聞吾至，必增備，吾故示之以不肅㊉，彼必以吾為懦而懈惰㊁，然後可圖也。」淮西人自以嘗敗高袁二帥，輕愬名位素微㊂，遂不為備。【考異】舊傳曰：「愬沉勇長筭，推誠待士，故能用其卑弱之勢，出賊不意，居半歲，知人可用，乃謀襲蔡，表請濟師。詔以河中鄜坊騎兵二千人益之。」鄭澥平蔡錄曰：「正月二十四日甲申，公至所部，先是士卒經萬勝蕭陂鐵城之敗，人心皆惴恐，不敢言戰。公佯曰，戰爭非吾所能，既而陰召大將司其事，是時、公以表請徑襲元濟，人皆笑其說，乃使觀察判官王擬請師闕下，詔徵義成、河中、鄜坊馬步兵二千，以補其闕。」據此，則是始至、便請益兵。又二月即擒丁士良，降吳秀琳，是不待半歲，然後知人可用。舊傳恐悞。然愬密謀襲蔡，豈可先洩之，而云以表請襲元濟，人皆笑其說，則是人人知之，恐非也。今不取。

㈡遣鹽鐵副使程异督財賦於江淮。

㈢回鶻屢請尚公主，有司計其費，近五百萬緡，時中原方用兵，故上未之許。二月，辛卯朔，遣回鶻摩尼僧等歸國㈢，命宗正少卿李誠使回鶻諭意，以緩其期。

㈣李愬謀襲蔡州，表請益兵，詔以昭義、河中、鄜坊步騎二千給之。丁酉，愬遣十將㈣馬少良將十餘騎巡邏，遇吳元濟捉生虞候丁士良，與戰擒之，士良，元濟驍將，常為東邊㈤患，眾請刳其心，愬許之，既而召詰之，士良無懼色，愬曰：「真丈夫也。」命釋其縛，士良乃自言：「本非淮西士，貞元中，隸安州，與吳氏戰，為其所擒，自分死矣㈥，吳氏釋我而用之，我因吳氏而再生，故為吳氏父子竭力㈦，昨日力屈，復為公所擒，亦分死矣，今公又生之，請盡死㈧以報德。」愬乃給其衣服器械，署㈨為捉生將。

㈤己亥，淮西行營奏，克蔡州古葛伯城㈩。

㈥丁士良言於李愬曰：「吳秀琳擁三千之眾，據文城柵㈢。為賊左臂，官軍不敢近者㈢，有陳光洽為之謀主也㈢，光洽勇而輕㈣，好自出戰，請為公先擒光洽，則秀琳自降矣。」戊申，士良擒光洽以歸。

㈦鄂岳觀察使李道古引兵出穆陵關㈤，甲寅，攻申州，克其外郭，進攻子城㈥，城中守將夜出兵擊之，道古之眾驚亂，死者甚眾。道古，皐之子㈦也。

㈧淮西被兵㈧數年，竭倉廩以奉戰士，民多無食，采菱芡㈨魚鱉鳥獸食之，亦盡，相帥歸官軍者，前後五千餘戶，賊亦患其耗㈩糧食，不復禁。庚申，勑置行縣㈡以處之，為擇縣令，使之撫養，并置兵以衞之。

㈨三月，乙丑，李愬自唐州徙屯宜陽柵。

㈩郗士美敗於栢鄉，拔營而歸，士卒死者千餘人。

㈩㈠戊辰，賜程執恭名權。

㈩㈡戊寅，王承宗遣兵二萬，入東光㈢，斷白橋路㈢，程權不能禦，以眾歸滄州。

(十三)吳秀琳以文城柵降於李愬，戊子，愬引兵至文城西五里，遣唐州刺史李進誠將甲士(三四)八千，至城下，召秀琳，城中矢石如雨，眾不得前，進誠還報，賊偽降，未可信也。愬曰：「此待我至耳。」即前至城下，秀琳束兵(三五)投身馬足下，愬撫其背，慰勞之，降其眾三千人，秀琳將李憲，有材勇，愬更其名曰忠義，而用之，悉遷婦女於唐州，於是唐鄧軍氣復振，人有欲戰之志(三六)，賊中降者相繼於道，隨其所便而置之(三七)，聞有父母者，給粟帛，遣之(三八)，曰：「汝曹皆王人(三九)，勿棄親戚。」眾(四〇)皆感泣。

(十四)官軍與淮西兵夾溵水而軍，諸軍相顧(四一)望，無敢度溵水者，陳許兵馬使王沛先引兵五千度溵水，據要地為城，於是河陽、宣武、河東、魏博等軍，相繼皆度，進逼郾城(四二)。丁亥，李光顏敗淮西兵三萬於郾城，走(四三)其將張伯良，殺士卒什二三。己丑，李愬遣山河十將(四四)董少玢等分兵攻諸柵，其日少玢下馬鞍山，拔路口柵(四五)。夏，四月，辛卯，山河十將馬少良下嵖岈山，擒淮西將柳子野。

吳元濟以蔡人董昌齡為郾城令，質其母楊氏，楊氏謂昌齡曰：「順死，賢於逆生㊻，汝去逆而吾死，乃孝子也，從逆而吾生，是戮㊼吾也。」會官軍圍青陵㊽，絕郾城歸路，郾城守將鄧懷金謀於昌齡，昌齡勸之歸國，懷金乃請降於李光顏曰：「城人之父母妻子，皆在蔡州，請公來攻城，吾舉烽求救，救兵至，公逆擊之，蔡兵必敗，然後吾降，則父母妻子庶免㊾矣。」光顏從之。乙未，昌齡、懷金舉城降，光顏引兵入據之。吳元濟聞郾城不守，甚懼。時董重質將騾軍㊿守洄曲，元濟悉發親近及守城卒，詣重質以拒之。李愬山河十將嬀雅、田智榮下治爐城(51)。丙申，十將閻士榮下白狗、汶港二柵(52)，癸卯，嬀雅、田智榮破西平(53)。丙午，遊奕兵馬使王義破楚城(54)。

(十五)五月，辛酉，李愬遣柳子野、李忠義襲朗山，擒其守將梁希果。

(十六)六鎮討王承宗者，兵十餘萬，回環(55)數千里，既無統帥，又相去遠，期約難壹，由是歷二年無功，千里饋運(56)，牛驢死者什四五。劉總既得武彊(57)，引兵出境(58)纔五里，留屯不進，月給度支錢十五萬緡。李逢吉及朝士多言：「宜併力（五九）先取淮西，俟淮西平，乘其勝勢，回（六〇）取恒冀，如拾芥（六一）耳。」上猶豫，久乃從之。丙子，罷河北行營，各使還鎮。

（七）丁丑，李愬遣方城（六二）鎮遏使李榮宗擊青喜城（六三），拔之。愬每得降卒，必親引問委曲，由是賊中險易（六四），遠近虛實，盡知之，愬厚待吳秀琳，與之謀取蔡，秀琳曰：「公欲取蔡，非李祐不可，秀琳無能為也（六五）。」祐者，淮西騎將，有勇略，守興橋柵（六六），常陵暴（六七）官軍，庚辰，祐率士卒刈（六八）麥於張柴村（六九），愬召廂虞候（七〇）史用誠，戒之曰：「爾以三百騎伏彼林中，又使人搖幟（七一）於前，若將焚其麥積者。祐素易（七二）官軍，必輕騎來逐之，爾乃發騎掩（七三）之，必擒之。」用誠如言而往，生擒祐以歸，將士以祐曏（七四）日多殺官軍，爭請殺之，愬不許，釋縛，待以客禮。時愬欲襲蔡，而更密其謀，獨召祐及李忠義屏人語（七五），或至夜分（七六），它人莫得預聞，諸將恐祐為變，多諫愬，愬待祐益厚，士卒亦不悅，諸軍日有牒（七七），稱祐為賊內應，且言得賊諜（七八）者具言其事，愬恐謗先達於上，已不及救，乃持祐泣曰：「豈天不欲平賊邪！何吾二人相知之深，而不能勝眾口(七九)也。」因謂眾曰：「諸君既以祐為疑，請令歸死於天子(八〇)。」乃械祐送京師，先密表其狀(八一)，且曰：「若殺祐，則無以成功。」詔釋之，以還愬，愬見之喜，執其手(八二)曰：「爾之得全，社稷之靈(八三)也。」乃署散兵馬使(八四)，令佩刀巡警，出入帳中，或與之同宿，密語，不寐達曙，有竊聽於帳外者，但聞祐感泣(八五)聲。時唐隨牙隊(八六)三千人，號六院兵馬，皆山南東道之精銳(八七)也，愬又以祐為六院兵馬使。舊軍令，舍(八八)賊諜者，屠其家，愬除其令，使厚待之，諜反以情告愬，愬益知賊中虛實。乙酉，愬遣兵攻朗山，淮西兵救之，官軍不利，眾皆悵恨(八九)，愬獨歡然曰：「此吾計也。」乃募敢死士三千人，號曰突將，朝夕自教習之，使常為行備(九〇)欲以襲蔡，會久雨，所在積水，未果。

(八)閏月，己亥，程异還自江淮，得供軍錢百八十五萬緡。

(九)諫議大夫韋綬兼太子侍讀，每以珍膳餉太子，悅太子以諧謔(九一)，上聞之，丁未，罷綬侍讀，尋出為虔州(九二)刺史。綬，京兆人。

(廿)吳元濟見其下數叛，兵勢日蹙(九三)。六月，壬戌，上表謝罪，願束身(九四)自歸。上遣中使賜詔，許以不死，而為左右及大將董重質所制(九五)，不得出。

(廿一)秋，七月，大水，或平地二丈。

(廿二)初國子祭酒孔戣為華州刺史，明州歲貢蚶蛤(九六)淡菜(九七)，水陸遞夫(九八)勞費，戣奏疏罷之。甲辰，嶺南節度使崔詠薨，宰相奏擬代詠者數人，上皆不用，曰：「頃有諫進蚶蛤淡菜者，為誰？可求其人與之。」庚戌，以戣為嶺南節度使。

(廿三)諸軍討淮蔡，四年不克(九九)，饋運疲弊，民至有以驢耕者(一〇〇)，上亦病之(一〇一)，以問宰相，李逢吉等競言師老(一〇二)財竭，意欲罷兵，裴度獨無言，上問之，對曰：「臣請自往督戰(一〇三)。」乙卯，上復謂度曰：「卿真能為朕行乎？」對曰：「臣誓不與此賊俱生，臣比觀吳元濟表，勢實窘蹙，但諸將心不壹，不併力迫(一〇四)之，故未降耳。若臣自詣行營，諸將恐臣奪其功，必爭進破賊矣。」上悅。丙戌，以度為門下侍郎同平章事、兼彰義節度使，仍充淮西宣慰招討處置使，又以戶部侍郎崔羣為中書侍郎同平章事。制下，度以韓弘已為都統，不欲更為招討，請但稱宣慰處置使，仍奏㉕刑部侍郎馬摠為宣慰副使，右庶子韓愈為彰義行軍司馬，判官書記，皆朝廷之選㉖，上皆從之。度將行，言於上曰：「臣若賊滅，則朝天㉗有期，賊在，則歸闕㉘無日。」上為之流涕。八月，庚申，度赴淮西，上御通化門㉙送之。右神武將軍張茂和，茂昭弟也，嘗以膽略，自衒㉚於度，度表為都押牙，茂和辭以疾，度奏，請斬之，上曰：「此忠順之門㉛，為卿遠貶。」辛酉，貶茂和永州㉜司馬，以嘉王傅㉝高承簡為都押牙。承簡，崇文之子也。

(卌四)李逢吉不欲討蔡，翰林學士令狐楚與逢吉善，度恐其合中外之勢㉞以沮軍事，乃請改制書數字，且言其草制失辭㉟，壬戌，罷楚為中書舍人。

(卌五)李光顏烏重胤與淮西戰，癸亥，敗於賈店。

(卌六)裴度過襄城南白草原，淮西人以驍騎七百邀之，鎮將、楚丘㊱曹華知而為備，擊却之。度雖辭招討名，實行元帥事，以郾城為治所，甲申，至郾城。先是，諸道皆有中使監陳㉗，進退不由主將，勝、則先使獻捷㉘，不利、則陵挫㉙百端，度悉奏去之，諸將始得專軍事，戰多有功。

(七七)九月，庚子，淮西兵寇溵水鎮，殺三將，焚芻藁而去。

(七八)初上為廣陵王，布衣張宿，以辯口㉚得幸，及即位，累官至比部員外郎，宿招權受賂於外，門下侍郎同平章事李逢吉惡之，上欲以宿為諫議大夫，逢吉曰：「諫議重任，必能可否朝政㉛，始宜為之，宿小人，豈得竊賢者之位，必欲用宿㉜，請去臣，乃可。」上由是不悅，逢吉又與裴度異議，上方倚度以平蔡，丁未，罷逢吉為東川節度使。

(七九)甲寅，李愬將攻吳房㉝，諸將曰：「今日往亡㉞。」愬曰：「吾兵少，不足戰，宜出其不意，彼以往亡，不吾虞㉟，正可擊也。」遂往，克其外城，斬首千餘級，餘眾保子城，不敢出，愬引兵還，以誘㊱之，淮西將孫獻忠果以驍騎五百，追擊其背，眾驚，將走，愬下馬據胡床㊲，令曰：「敢退者斬。」返旆力戰，獻忠死，

【考異】舊傳作孫忠憲，今從平蔡錄。淮西兵乃退。或勸愬乘勝攻其子城，可拔也，愬曰：「非吾計也。」引兵還營。

(卅)李祐言於李愬曰：「蔡之精兵，皆在洄曲，【考異】舊元濟傳：「李祐曰，元濟勁軍，多在時曲。」按李光顏傳曰：「董重質棄洄曲軍。」李愬傳云：「分五百人斷洄曲路。」又云：「洄曲子弟歸求寒衣。」然則元濟傳誤，當為洄曲，余意洄曲蓋即時曲也。及四境拒守㉘，守州城者，皆羸㉙老之卒，可以乘虛㉚，直抵其城，比㉛賊將聞之，元濟已成擒矣。」愬然之。冬，十月，甲子，遣掌書記鄭澥至郾城，密白裴度，度曰：「兵非出奇不勝，常侍㉜良圖也。」

(卅一)上竟用張宿為諫議大夫，崔群王涯固諫，不聽，乃請以為權知㉝諫議大夫，許之，宿由是怨執政及端方㉞之士，與皇甫鎛相表裏，譖去之㉟。

(卅二)裴度帥僚佐觀築城於沱口㊱，董重質帥騎出五溝㊲邀之，大呼而進，注弩㊳挺㊴刃，勢將及度，李光顏與田布力戰拒之，度僅得入城，賊退，布扼其溝中㊵歸路，賊下馬踰溝，墜壓死者千餘人。辛未，李愬命馬步都虞候隨州刺史史旻留鎮文城，命李祐李忠義帥突將三千為前驅，自與監軍將三千人為中軍，命李進誠將三千人殿其後，軍出不知所之，愬曰：「但東行。」行六十里，夜至張柴村，盡殺其戍卒及烽子㊶，據其柵，命士少休，食乾糒㊷，整羈靮㊸，留義成軍五百人鎮之，以斷洄曲及諸道橋梁；復夜引兵出門，諸將請所之，愬曰：「入蔡州取吳元濟。」諸將皆失色，監軍哭曰：「果落李祐姦計。」時大風雪，旌旗裂㊹，人馬凍死者相望，天陰黑，自張柴村以東道路，皆官軍所未嘗行，人人自以為必死，然畏愬，莫敢違，夜半雪愈甚，行七十里，至州城㊺，近城有鵝鴨池，愬令擊之，以混軍聲㊻，自吳少誠拒命㊼，官軍不至蔡州城下，三十餘年㊽，故蔡人不為備。壬申四鼓，愬至城下，無一人知者，李祐李忠義钁㊾其城為坎㊿，以先登，壯士從之，守門卒方熟寐(51)，盡殺之，而留擊柝者，使擊柝如故，遂開門納眾，及裏城，亦然，城中皆不之覺。雞鳴雪止，愬入居元濟外宅(52)，或告元濟曰：「官軍至矣。」元濟尚寢，笑曰：「俘囚(53)為盜(54)耳，曉當盡戮之。」又有告者曰：「城陷矣。」元濟曰：「此必洄曲子弟，就吾求(55)寒衣也。」起聽於廷，聞愬軍號令曰：「常侍傳語，應者(五六)近萬人。」元濟始懼曰：「何等(五七)常侍，能至於此。」乃帥左右登牙城拒戰。

(卌三)時董重質擁精兵萬餘人，據洄曲；愬曰：「元濟所望者，重質之救耳。」乃訪重質家，厚撫之，遣其子傳道持書諭重質，重質遂單騎詣愬降，愬遣李進誠攻牙城，毀其外門，得甲庫，取器械；癸酉，復攻之，燒其南門，民爭負薪芻助之，城上矢如蝟毛(五八)，晡時，門壞，元濟於城上請罪，進誠梯而下之(五九)。甲戌，愬以檻車送元濟詣京師(六〇)，【考異】舊愬傳曰：「其月七日，使判官鄭澥告期於裴度，十日夜以李祐率突將三千為先鋒，愬自率中軍三千，田進誠以後軍三千殿而行。」元濟傳曰：「十一月，愬夜出軍，令李祐為前鋒，其十日夜，至蔡州城下。」實錄曰：「愬以十月，將襲蔡州，先七日使判官鄭澥告師期於裴度。」按先七日，即是平蔡錄所云八日甲子也，而愬傳誤云七日，而又云十日夜帥軍行，亦誤。元濟傳，十一月愬出軍，尤誤。裴度傳，十月十一日，李愬襲破懸瓠城，擒元濟，亦誤。按十月戊午朔，韓愈平淮西碑云：「壬申，愬用所得賊將，自文城，因天大雪，疾馳百二十里，」即十五日也。又曰：「用夜半，到蔡，破其門，取元濟以獻。」即十六日也。實錄己卯執元濟，乃奏到日也，今從平蔡錄。且告於裴度。是日，申光二州及諸鎮兵二萬餘人，相繼來降。自元濟就擒，愬不戮一人，凡元濟官吏帳下廚廄(六一)之卒，皆復其職，使之不疑，然後屯於鞠場(六二)，以待裴度。

(卌四)以淮南節度使李鄘為門下侍郎同平章事。

(卌五)己卯，淮西行營奏獲吳元濟，光祿少卿楊元卿言於上曰：「淮西大有珍寶，臣能知之，往取必得。」上曰：「朕討淮西，為人除害，珍寶非所求也。」董重質之去洄曲軍也，李光顏馳入其壁，悉降其眾。庚辰，裴度遣馬摠先入蔡州慰撫，辛巳，度建彰義軍節(六三)，將(六四)降卒萬餘人入城，李愬具櫜鞬(六五)出迎，拜於路左(六六)，度將避之，愬曰：「蔡人頑悖(六七)，不識上下(六八)之分(六九)，數十年矣，願公因而示之(七〇)，使知朝廷之尊(七一)。」度乃受之。李愬還軍文城，諸將請曰：「始公敗於朗山而不憂，勝於吳房而不取，冒大風甚雪(七二)而不止，孤軍深入而不懼，然卒以成功，皆眾人所不諭(七三)也，敢問其故。」愬曰：「朗山不利，則賊輕我而不為備矣；取吳房，則其眾奔蔡，併力固守，故存之(七四)，以分其兵。風雪陰晦，則烽火不接(七五)，不知吾至；孤軍深入，則人皆致死，戰自倍矣(七六)。夫視遠者不顧近，慮大者不詳細(七七)，若矜(七八)小勝，恤(七九)小敗，先自橈(八〇)矣，何暇立功乎！」眾皆服。愬儉於奉己(八一)，而豐於待士，知賢不疑(八二)，見可能斷(八三)，此其所以成功也。

(卌)裴度以蔡卒為牙兵(八四)，或諫曰：「蔡人反仄(八五)者尚多，不可不備。」度笑曰：「吾為彰義節度使，元惡既擒，蔡人則吾人也，又何疑(八六)焉！」蔡人聞之感泣(八七)。先是吳氏父子阻兵(八八)，禁人偶語於塗(八九)，夜不然(九〇)燭，有以酒食相過從者(九一)，罪死。度既視事，下令惟禁盜賊，餘皆不問，往來者不限晝夜，蔡人始知有生民之樂(九二)。

(卌七)甲申，詔韓弘裴度條列平蔡將士功狀，及蔡之將士降者，皆差第以聞(九三)，淮西州縣百姓，給復(九四)二年，近賊四州(九五)，免來年夏稅，官軍戰亡者，皆為收葬(九六)，給其家衣糧五年，其因戰傷殘廢者(九七)，勿停衣糧。十一月，上御興安門(九八)受俘，遂以吳元濟獻廟社，斬於獨柳之下。

(卌八)初淮西之人劫於李希烈、吳少誠之威虐，不能自拔(九九)，久而老者衰，幼者壯，安於悖逆，不復知有朝廷(一〇〇)矣。自少誠以來，遣諸將出兵，皆不束(一〇一)以法制，聽各以便宜自戰，故人人得盡其才。韓全義之敗於溵水(一〇二)也，於其帳中，得朝貴所與問訊(一〇三)書，少誠束以示眾曰：「此皆公卿屬(一〇四)全義書，云：『破蔡州日，乞一將士妻女為婢妾。』」由是眾皆憤怒，以死(一〇五)為賊用，雖居中土(一〇六)，其風俗獷戾㉗，過於夷貊㉘，故以三州之眾，舉㉙天下之兵，環而攻之，四年然後克之。官軍之攻元濟也，李師道募人通使於蔡，察其形勢，牙前虞候劉晏平應募，出汴宋間，潛行至蔡，元濟大喜，厚禮而遣之，晏平還，至鄆，師道屏人而問之，晏平曰：「元濟暴㉚兵數萬於外，阽㉛危如此，而日與僕妾遊戲博奕㉜於內，晏然㉝曾無憂色，以愚觀之，殆必亡不久矣。」師道素倚淮西為援，聞之，驚怒，尋誣㉞以他過，杖殺之。

(三九)戊子，以李愬為山南東道節度使，賜爵涼國公，加韓弘兼侍中，李光顏、烏重胤等，各遷官有差。

(四〇)舊制，御史一人知驛㉟，壬辰，詔以宦者為館驛使，左補闕裴潾諫曰：「內臣㊱外事，職分㊲各殊，切㊳在塞侵官之源，絕㊴出位㊵之漸，事有不便㊶，必戒㊷於初，令㊸或有妨，不必在大。」上不聽。

(四一)甲午，恩王連㊹薨。

(四二)辛丑，以唐隨兵馬使李祐為神武將軍，知軍事㊺。

㊸裴度以馬摠為彰義留後，癸丑，發蔡州，上封二劍㊹以授梁守謙，使誅吳元濟舊將，度至郾城，遇之，復與俱入蔡州，量罪施刑，不盡如詔旨，仍上疏言之。

㊺十二月，壬戌，賜裴度爵晉國公，復入知政事，以馬摠為淮西節度使。

㊻初吐突承璀方貴寵用事，為淮南監軍，李鄘為節度使，性剛嚴㊼，與承璀互相敬憚，故未嘗相失㊽；承璀歸，引鄘為相，鄘恥由宦官進，及將佐出祖㊾，樂作，鄘泣下曰：「吾老，安外鎮㊿，宰相非吾任也㊿。」戊寅，鄘至京師，辭疾，不入見，不視事，百官到門，皆辭不見。

㊽庚辰，貶淮西降將董重質為春州㊾司戶，重質為元濟謀主，屢破官軍，上欲殺之，李愬奏先許重質以不死。

【今註】㊀撫州：《舊唐書・地理志》三：「江南道撫州，在京師東南三千三百一十二里。」㊁餘：猶後。㊂迓：迎。㊃柔懦：柔軟懦弱。㊄拊循：拊通撫，謂安撫循視，《舊唐書・李晟附愬傳》，作撫養，足知此辭之義蘊矣。㊅存恤：存問救恤。㊆事：用。㊇懷：安。㊈易：輕易。㊉肅：

嚴肅。⑪懈惰：鬆懈怠惰。⑫素微：以前頗為卑微。⑬遣回鶻摩尼僧等歸國：摩尼來見卷二百三十七，元年。史炤曰：「元和初，回鶻再朝獻，始以摩尼至，摩尼至京師，歲往來西市，商賈頗與囊橐為姦，至是遣歸國也。」⑭十將：軍中小校，乃唐代軍職之名稱。⑮東邊：謂唐鄧之東邊。⑯自分死矣：謂自以為命分當死。⑰竭力：盡力。⑱盡死：盡死力。⑲署：任命。⑳古葛伯城：《漢書‧地理志》：「陳留，寧陵縣。」孟康注：「古葛伯國今葛鄉是。」㉑文城柵：胡三省曰：「文城柵在蔡州西南一百二十里。」㉒官軍不敢近者：按者字可省。㉓有陳光洽為之謀主也：按也字亦可省。㉔輕：輕佻。㉕穆陵關：《新唐書‧地理志》五：「淮南道，黃州，麻城，西北有木陵關，在木陵山上。」按二文所言者同。㉖子城：內城。㉗道古，皐之子：曹成王皐歷江西山南等鎮，著功名。㉘被兵：猶遭戰爭。㉙芡：今謂之雞頭。㉚耗：耗費。㉛置行縣：胡三省曰：「未能得其縣，故權置行縣，以處來歸之民。」㉜東光：據《新唐書‧地理志》三，東光縣屬河北道景州。㉝白橋路：宋白曰：「東光縣西四里，有永濟渠，渠上有橋，當自縣過弓高之路。白橋跨永濟渠，在德州長河縣。」㉞甲士：著鎧甲之士，謂武裝之精銳者。㉟束兵：束縛兵器。㊱欲戰之志：謂欲戰之意。㊲隨其所便而置之：謂隨其所以為方便而安置之。㊳遣之：遣歸之。㊴王人：謂天子之民。㊵親戚：此指父母言。㊶顧望：猶觀望。㊷郾城：宋白曰：「郾城在蔡州西平縣北五十里。」㊸走：敗走。㊹山河十將：胡三省曰：「時都畿及唐鄧皆募土人之材勇者為兵，以討蔡，號為山河子弟，置十將以領之。」㊺下馬鞍山，拔路口柵：胡三省曰：「按唐蔡交兵，凡境上要地，處處置守，所謂馬鞍山、路口柵，固不可盡詳其處，而強為之注也。」(四六)順死，賢於逆生：謂歸順而死，勝於從逆而生。(四七)戮：猶害。(四八)青陵：胡三省曰：「青陵在郾城西南。」(四九)庶免：庶幾可免。(五〇)騾軍：軍皆騎騾，故謂之騾軍，猶兵騎馬，則謂之馬隊。(五一)治爐城：《九域志》：「蔡州治爐城、韓國鑄劍之地，時當在西平界。」(五二)白狗、汶港二柵：胡三省曰：「白狗汶港二柵，皆在蔡州真陽縣界。」(五三)西平：縣名，時屬蔡州，據《九域志》，在州西一百五里。(五四)楚城：胡三省曰：「楚城在汝陽縣西南。」(五五)回環：猶蜿蜒。(五六)饋運：謂饋運糧餉。(五七)武彊：據《新唐書・地理志》三，武彊縣屬河北道、冀州。(五八)出境：謂出武彊之境。(五九)併力：合力。(六〇)回：回轉。(六一)如拾芥耳：謂拾草芥，極喻其易。(六二)方城：據《新唐書・地理志》四，方城屬山南東道、泌州（亦即唐州）。(六三)青喜城：胡三省曰：「九域志、在州北一百六十里，縣有青臺鎮，此作青喜，筆誤也。」(六四)易：平易。(六五)秀琳無能為也：謂秀琳無能為力。(六六)興橋柵：在張柴村東。(六七)陵暴：謂欺陵暴虐。(六八)刈：割。(六九)張柴村：張柴村在文城柵東六十里。(七〇)廂虞候：廂虞候掌左右廂之兵。(七一)搖幟：揮搖旗幟。(七二)易：輕易。(七三)掩：掩襲。(七四)鄉：同嚮。(七五)屏人：謂屏除左右。(七六)夜分：謂夜半。(七七)牒：牒報。(七八)諜：間諜。(七九)勝眾口：謂勝眾口之言。(八〇)歸死於天子：謂歸至天子之前，而被戮也。(八一)密表其狀：謂密表言與祐謀襲蔡之狀。(八二)執其手：猶今言握手，以示親暱之意。(八三)社稷之靈：猶社稷之福，或釋為社稷神靈所呵護，亦可。(八四)散兵馬使：胡三省曰：「散員兵馬使，未得統兵。」(八五)感泣：感激而哭泣。(八六)隨牙隊：胡三省曰：「牙隊者、節度使牙衙從之隊，猶之簇帳部。」(八七)皆山南東道之精銳：時山南東道分為兩鎮，八州精銳，盡抽選赴唐州，使之攻戰。(八八)舍：停藏於家。(八九)悵恨：惆悵憾恨。(九〇)行備：謂行軍之準備。(九一)諧謔：詼諧戲謔。(九二)虔州：《舊唐書・地理志》三：「江南道、虔州，在京師東南四千一十七里。」(九三)蹙：蹙微。(九四)束身：縛身，指罪人帶刑具言。(九五)所制：所控制。(九六)蚶蛤：蚶，魁陸，橫從其理，五味自充，殼如瓦壠者，謂之瓦壠蚶。蛤小於蚶，蚶殼厚，其理如瓦壠，蛤殼薄，其文如貝。蚶蛤皆生於海濱潮汐往來舄鹵之地。音ㄏㄢ ㄍㄜˊ。(九七)淡菜：淡菜狀如蜌而小，黑殼，唇有鬚如茸，肉甘脆。(九八)遞夫：遞運之夫。(九九)諸軍討淮蔡，四年不克：九年冬始討淮西。(一〇〇)至有以驢耕者：牛斃於運轉，民至無以耕，不得已而改用驢。(一〇一)病之：患之。(一〇二)師老：師旅疲老。(一〇三)督戰：監督作戰。(一〇四)迫：逼迫。(一〇五)仍奏：因奏。(一〇六)皆朝廷之選：謂皆朝廷一時之選，言才望超軼眾人。(一〇七)朝天：謂朝天子。(一〇八)闕：宮闕。(一〇九)通化門：通化門，長安城東面北來第一門。(一一〇)衒：衒露。(一一一)此忠順之門：茂和父孝忠、兄茂昭鎮易定，河朔諸鎮，為忠順。(一一二)永州：《舊唐書・地理志》三：「江南道、永州，在京師南三千二百七十四里。」(一一三)嘉王傅：蓋嘉王運之子，嗣為嘉王。(一一四)合中外之勢：胡三省曰：「翰林學士居禁中，宰相在外朝，恐其中外相應，以主罷兵之議。」(一一五)草制失辭：謂草擬制書，用辭欠妥。(一一六)楚丘：據《新唐書・地理志》二，楚丘縣屬河南道宋州。(一一七)陳：古陣字。(一一八)則先使獻捷：謂先遣使者獻捷於朝廷，而將功據為己有。(一一九)陵挫：陵辱折挫。(一二〇)辯口：猶口辯。(一二一)可否朝政：謂批評朝政是非，而得其當。(一二二)必欲用宿：乃假設語，謂若必欲用宿。(一二三)吳房：《新唐書・地理志》二：「河南道、蔡州、遂平縣，本吳房，元和十二年更名。」㉔今日往亡：陰陽家之說，八月以白露後十八日為往亡，九月以寒露後第二十七日為往亡。㉕不吾虞：謂不虞吾出兵。㉖誘：引誘。㉗胡床：胡三省曰：「胡床，今謂之交床，其制本自虜來，隋以讖有胡，改曰交床，唐猶謂之胡床。」原所謂交床者，乃以兩對木腿相交，而立於地，上絡布或網，人坐於其上即可，實椅中之最簡便者也。㉘及四境拒守：謂及在四境拒守，在乃承上而省。㉙羸：瘦弱。㉚乘虛：乘其空虛。㉛比：及。㉜常侍：李愬檢校左散騎常侍，故如此稱之。㉝權知：權且知掌。㉞端方：端正方雅。㉟諳去之：之指方雅之士言。㊱沱口：據《九域志》，沱口鎮屬郾城縣。㊲五溝：在洄曲之北。㊳注弩：謂注箭於弩。㊴挺：拔。㊵溝中：乃五溝得名之由來。㊶烽子：杜佑曰：「一烽六人，五人為烽子，遞知更刻，觀視動靜；一人為烽率，知文書符辭轉牒。」㊷糒：乾飯，音備。㊸羈靮：羈，馬絡頭，靮，紖，靮音ㄉㄧˊ。㊹旌旗裂：謂旌旗為風所吹而撕裂，以狀風勢之猛。㊺至州城：至蔡州城下。㊻以混軍聲：謂使鵝鴨亂鳴，使人不辨有行軍聲息。㊼拒命：拒抗天子命令。㊽官軍不至蔡州城下，三十餘年：德宗貞元二年，吳少誠據蔡州，至是三十二年。㊾钁：鋤。㊿坎：孔穴。(51)熟寐：謂睡甚酣熟，而毫不覺醒。(52)元濟外宅：謂節度使外宅。(53)俘囚：謂俘虜及囚犯。(54)為盜：謂為盜竊之事。(55)求：求索。(56)應者：響應者，亦即投降者。(57)何等：猶今言之什麼，中古則書作何等或何物。(58)城上矢如蝟毛：愬軍聚射，矢集城上如蝟毛，蝟毛言其眾多。(59)梯而下之：謂以梯扶而下之。(60)以檻車送元濟詣京師：德宗貞元二年，吳少誠得蔡州，三世三十二年而滅。(61)廚廄：治膳及牧馬者。(62)鞠場：毬場。(63)節：旌節。(64)將：率領。(65)櫜鞬：櫜以藏弓，鞬以藏箭。(66)拜於路左：胡三省曰：「鄭玄曰，『道左、道東也。』余案古者乘車尚左，故迎拜於車下者，皆拜於道左。蓋自北而來者，以道東為左，自南而來者，以道西為左，自東西而來者，亦隨車之所嚮而分左右也。鄭玄舉一隅耳。故孔穎達正義曰，『凡言左右，據南鄉西鄉為正。』蓋南鄉、君道也，西鄉、主道也。」(67)頑悖：冥頑荒悖。(68)上下：猶尊卑。(69)分：秩分。(70)願公因而示之：謂願公因此禮儀而昭示之。(71)使知朝廷之尊：謂使知天子之尊貴。(72)甚雪：猶大雪。(73)諭：曉。(74)故存之：即上文所言之不取。(75)烽火不接：謂司烽者不知敵兵至，不舉烽燧。(76)戰自倍矣：戰力自倍增矣。(77)不詳細：謂不能遍計細處。(78)矜：矜滿。(79)恤：憂。(80)橈：敗析。(81)儉於奉己：謂自奉甚儉約。(82)知賢不疑：謂知賢則信任之不疑。(83)見可能斷：見事之實應如此，則能當機立斷。(84)牙兵：猶帳下之兵。(85)反仄：謂反覆不安，仄與側通。(86)疑：猜疑。(87)感泣：感激而泣下。(88)阻兵：謂以兵卒為險阻，亦即怙恃兵力之意。(89)偶語於塗：謂二人不得於塗中相語。(90)然：通燃。(91)有以酒食相過從者：謂私相宴會者。(92)生民之樂：猶人生之樂趣。(93)皆差第以聞：胡三省曰：「史炤曰：『謂將士有功者，等差而次第之。』余謂當時詔旨，既令弘度差第平蔡將士之功狀，而蔡之將士歸降者，有降於元濟未就擒之前者，有降於元濟既就擒之後者，有先嘗拒敵官軍，勢窮力屈而降者，有先通誠款，欲降而能自致者，亦令弘度差第其狀以聞。史炤之說，舉其一而遺其一者也。」(94)給復：除其賦役。(95)四州：謂陳、許、潁、唐。(96)收葬：收其戸骨而埋葬之。(97)其因戰傷殘廢者：謂其因作戰受傷而殘廢者。(98)興安門：《唐六典》卷七：「大明宮南面五門：正南曰丹鳳門，西曰建福門，次曰興安門。」(19)自拔：謂拔身而出。(20)朝廷：指天子言。(21)束：約束。(22)韓全義之敗于溵水：事見卷二百三十五德宗貞元十六年。(23)問訊：謂問訊起居，亦即問候。(24)屬：託。(25)以死：盡死力。(26)中土：蔡州在唐之河南道，故云中土。(27)獷戾：粗獷暴戾。(28)貊：夷之一種，音陌。(29)舉：興。(30)暴：暴露。(31)阽：臨危。(32)博奕：博，賭博；奕當作弈，圍棋。(33)晏然：安然。(34)誣：誣罔。(35)舊制，御史一人知驛：胡三省曰：「開元中，今監察御史兼巡傳驛，至二十五年，以監察御史檢校兩京館驛，大曆十四年，兩京以御史一人知館驛，號館驛使。」(36)內臣：指宦官言。(37)職分：職務分位。(38)切：切要者。(39)絕：斷絕。(40)出位：猶越位。(41)便：宜。(42)戒：戒止。(43)令：命令。(44)恩王連：連，代宗子。(45)為神武將軍，知軍事：胡三省曰：「會要：『乾元四年十月四日，勅左右羽林、左右龍武、左右神武軍文武官，並昇同金吾四衞。』唐制，諸衞將軍、大將軍、上將軍，類加以名號，而不掌兵，知軍事則掌兵矣。」(46)上封二劍：謂上詔賜二劍，持以誅殺罪者。(47)剛嚴：剛正嚴厲。(48)未嘗有失：謂未嘗有違失之處。(49)出祖：出城祖道，即為之餞行。(50)安外鎮：謂安於外鎮之任。(51)宰相非吾任也：謂宰相非吾所欲為也。(52)春州：《舊唐書・地理志》四：「嶺南道、春州，至京師東南六千四百四十八里。」

十三年（西元八一八年）

㈠春，正月，乙酉朔，赦天下。

㈡初李師道謀逆命㊀，判官高沐與同僚郭昈、李公度屢諫之，【考異】新傳又有郭航名，按航乃乃牙將昈所使詣李愿者，非幕僚同諫者也，今從河南記。判官李文會，孔目官林英素為師道所親信，涕泣言於師道曰：「文會等盡心為尚書㊁憂家事，反為高沐等所疾，尚書柰何不愛十二州㊂之土地，以成沐等之功名乎！」師道由是疏沐等，出沐知萊州，會林英入奏事㊃，令進奏吏㊄密申㊅師道云：「沐潛輸款㊆於朝廷。」文會從而構㊇之，師道殺沐，幷囚郭昈，凡軍中勸師道效順者㊈，文會皆指為高沐之黨而囚之。及淮西平，師道憂懼，不知所為，李公度及牙將李英曇(一〇)，因其懼而說之，使納質(一一)獻地以自贖，師道從之，遣使奉表請使長子入侍，幷獻沂密海三州，上許之。乙巳，遣左常侍李遜詣鄆州宣慰。

㈢上命六軍修麟德殿，右龍武統軍張奉國、大將軍李文悅(一二)以外寇初平(一三)，營繕(一四)太多，白宰相，冀有論諫，裴度因奏事言之，上怒。二月，丁卯，以奉國為鴻臚卿，壬申，以文悅為右武衛大將軍(一五)，充威遠營使；於是浚龍首池(一六)，起承暉殿，土木浸(一七)興矣。

㈣李愬奏請判官大將以下官，凡百五十員（一八），上不悅，謂裴度曰：「李愬誠有奇功，然奏請過多，使如李晟渾瑊，又何如哉！」遂留中不下（一九）。

㈤李鄘固辭相位，戊戌，以鄘為戶部尚書，以御史大夫李夷簡為門下侍郎同平章事。

㈥初渤海僖王言義卒，弟簡王明忠立，改元太始，一歲卒，從父仁秀立，改元建興，乙巳，遣使來告喪。

㈦橫海節度使程權，自以世襲滄景（二〇），與河朔三鎮無殊，內不自安，己酉，遣使上表，請舉族（二一）入朝，許之。橫海將士樂自擅（二二），不聽權去，掌書記林蘊諭以禍福，權乃得出，詔以蘊為禮部員外郎。

㈧裴度之在淮西也，布衣柏耆以策干（二三）韓愈曰：「吳元濟既就擒，王承宗破膽矣！願得奉丞相書，往說之，可不煩兵（二四）而服。」愈白度，為書遣之，承宗懼，求哀（二五）於田弘正，請以二子為質，及獻德棣二州，輸租稅（二六），請官吏，弘正為之奏請，上初不許，弘正上表相繼，上重違（二七）弘正意，乃許之。夏，四月，甲寅朔，魏博遣使送承宗子知感、知信及德棣二州圖印(二八)，至京師。幽州大將譚忠說劉總曰：「自元和以來，劉闢、李錡、田季安、盧從史、吳元濟，阻兵馮險(二九)，自以為深根固蔕，天下莫能危也，然顧盼(三〇)之間，身死家覆(三一)，皆不自知，此非人力所能及，殆天誅(三二)也。況今天子，神聖威武，苦身焦思(三三)，縮衣節食(三四)，以養戰士，此志豈須臾忘天下哉！今國兵(三五)駸駸(三六)北來，趙人已獻城十二(三七)，忠深為公憂之。」總泣且拜曰：「聞先生言，吾心定(三八)矣。」遂專意歸朝廷(三九)。

㈨戊辰，內出廢印二紐，賜左右三軍辟仗使(四〇)。舊制，以宦官為六軍辟仗使，如方鎮之監軍，無印，及張奉國得罪，至是，始賜印，得糾繩軍政(四一)，事任專達(四二)矣。庚戌，詔洗雪(四三)王承宗及成德將士，復其官爵。

㈩李師道暗弱，軍府大事，獨與妻魏氏、奴胡惟堪、楊自溫，婢蒲氏、袁氏及孔目官王再升謀之，大將及幕僚(四四)，莫得預焉。魏氏不欲其子入質，與蒲氏袁氏言於師道曰：「自先司徒(四五)以來，有此十二州，奈何無故割而獻之，今計境內之兵，不下數十萬，不獻三州㊻，不過以兵相加，若力戰不勝，獻之未晚。」師道乃大悔，欲殺李公度，幕僚賈直言謂其用事奴曰：「今大禍將至，豈非高沐冤氣㊼所為，若又殺公度，軍府㊽其危哉。」乃囚之，遷李英曇於萊州，未至，縊殺之。李遜至鄆州，師道大陳兵迎之，遜盛氣正色，為陳禍福㊾，責其決語㊿，欲白天子，師道退與其黨謀之，皆曰：「弟(51)許之，它日正煩一表解紛(52)耳。」師道乃謝曰：「曏以父子之私(53)，且迫於將士之情，故遷延未遣(54)，今重煩(55)朝使，豈敢復有二三(56)。」遜察師道非實誠，歸言於上曰：「師道頑愚反覆，恐必須用兵。」既而師道表言：「軍情(57)不聽納質割地。」上怒，決意討之。賈直言冒刃(58)諫師道者二(59)，輿櫬諫者一，又畫縛載檻車妻子係纍者以獻(60)，師道怒，囚之。

㈩五月，丙申，以忠武節度使李光顏為義成節度使，謀討師道也。以淮西節度使馬摠為忠武節度使、陳許溵蔡州觀察使，以申州隸鄂岳，光州隸淮南(61)。

(十一)辛丑，以知勃海國務(62)大仁秀為勃海王。

(十三)以河陽都知兵馬使曹華為棣州刺史，詔以河陽兵送至滴河[六三]，會縣為平盧兵[六四]所陷，華擊却之，殺二千餘人，復其縣，以聞，詔加横海節度副使。

(十四)六月，癸丑朔，日有食之。

(十五)丁丑，復以烏重胤領懷州刺史，鎮河陽。

(十六)秋，七月，癸未朔，徙李愬為武寧節度使。乙酉，下制罪狀李師道，令宣武、魏博、義成、武寧、横海兵共討之，以宣歙觀察使王遂為供軍使。遂，方慶之孫也[六五]。上方委裴度以用兵[六六]，門下侍郎同平章事李夷簡自謂才不及度，求出鎮，辛丑，以夷簡同平章事，充淮南節度使。

(十七)八月，壬子朔，中書侍郎同平章事王涯罷為兵部侍郎。

(十八)吳元濟既平，韓弘懼。九月，自將兵擊李師道，圍曹州。

(十九)淮西既平，上浸[六七]驕侈，戶部侍郎判度支皇甫鎛、衞尉卿鹽鐵轉運程异曉[六八]其意，數進羨餘[六九]，以供其費，由是有寵；鎛又以厚賂結吐突承璀，甲辰，鎛以本官、异以工部侍郎、並同平章事，判使如故(七〇)。制下，朝野駭愕(七一)，至於市井負販者(七二)亦嗤(七三)之。裴度崔羣極陳其不可，上不聽，度恥與小人同列(七四)，表求自退，不許。度復上疏，以為：「鎛异皆錢穀吏(七五)，佞巧小人，陛下一旦寘之相位，中外無不駭笑。況鎛在度支，專以豐取刻與(七六)為務，凡中外仰給度支之人，無不思食其肉，比者裁損淮西糧料(七七)，軍士怨怒，會(七八)臣至行營，曉諭慰勉，僅無潰亂，今舊將舊兵(七九)，悉向淄青，聞鎛入相，必盡驚憂，知無可訴之地矣(八〇)。程异雖人品庸下，然心事和平(八一)，可處煩劇(八二)，不宜為相。至如鎛資性(八三)狡詐，天下共知，唯能上惑(八四)聖聰，足見姦邪之極(八五)，臣若不退，天下謂臣不知廉恥，臣若不言，天下謂臣有負恩寵(八六)，今退既不許，言又不聽，臣如烈火燒心，眾鏑叢體(八七)。所可惜者，淮西盪定(八八)，河北底寧(八九)，承宗斂手削地(九〇)，韓弘輿疾討賊，豈朝廷之力，能制其命(九一)哉！直(九二)以處置得宜(九三)，能服其心耳。陛下建升平(九四)之業。十已八九，何忍還(九五)自隳(九六)壞，使四方解體(九七)乎！」上以度為朋黨，不之省(九八)。鎛自知不為眾所與(九九)，益為巧諂以自固，奏減內外官俸，以助國用，給事中崔植封還勅書[一〇]，極論之，乃止，植、祐甫之弟子[一一]也。

(廿)時內出積年繒帛，付度支，令賣，鎛悉以高價買之，以給邊軍，其繒帛朽敗[一二]，隨手破裂[一三]，邊軍聚而焚之。度因奏事言之，鎛於上前引其足[一四]曰：「此靴[一五]亦內庫所出，臣以錢二千買之，堅完可久服[一六]，度言不可信。」上以為然，由是鎛益無所憚[一七]。程异亦自知不合眾心，能廉謹謙遜，為相月餘，不敢知印秉筆[一八]，故終免於禍。

(廿一)五坊使楊朝汶妄捕繫人，迫[一九]以考[二〇]捶，責[二一]其息錢[二二]，遂轉相誣引，所繫近千人，中丞蕭俛劾[二三]奏其狀，裴度崔羣亦以為言，上曰：「姑[二四]與卿論用兵事，此小事，朕自處[二五]之。」度曰：「用兵事小，所憂不過山東耳，五坊使暴橫，恐亂輦轂[二六]。」上不悅，退召朝汶責之，曰：「以汝故，令吾羞見宰相。」冬，十月，賜朝汶死，盡釋繫者。

(廿二)上晚節[二七]好神仙[二八]，詔天下求方士，宗正卿李道古先為鄂岳觀察使，以貪暴聞，恐終獲罪，思所以自媚[二九]於上，乃因皇甫鎛薦山人柳泌，云：「能合㉚長生藥。」甲戌，詔泌居興唐觀㉛煉藥。

㉓十一月，辛巳朔，鹽州奏，吐蕃寇河曲，夏州靈武奏，破吐蕃長樂州㉜，克其外城。

㉔柳泌言於上曰：「天台山㉝神仙所聚，多靈草㉞，臣雖知之，力不能致，誠得為彼長吏，庶幾可求。」上信之。丁亥，以泌權知台州刺史，仍賜服金紫㉟，諫官爭論奏，以為：「人主喜方士㊱，未有使之臨民㊲賦政㊳者。」上曰：「煩㊴一州之力，而能為人主致長生，臣子亦何愛㊵焉！」由是羣臣莫敢言。甲午，鹽州奏，吐蕃遁去。

㉕壬寅，以河陽節度使烏重胤為橫海節度使，丁未，以華州刺史令狐楚為河陽節度使。重胤以河陽精兵三千赴鎮，河陽兵不樂去鄉里，中道潰歸㊶，又不敢入城，屯於城北，將大掠，令狐楚適至，單騎出慰撫之，與俱歸。先是，田弘正請自黎陽渡河，會義成節度使李光顏討李師道，裴度曰：「魏博軍既度河，不可復退，立須㊷進擊，方有成功，既至滑州，即仰給度支㊸，徒有供餉之

勞，更生觀望㉞之勢；又或與李光顏互相疑阻㉟，益致遷延㊱，與其度河而不進，不若養威㊲於河北，宜且使之秣馬厲兵㊳，俟霜降水落㊴，自楊劉㊵度河，直指鄆州，得至陽穀㊶置營，則兵勢自盛，賊眾搖心㊷矣。」上從之。是月，弘正將全師，自楊劉度河，距鄆州四十里築壘，【考異】河南記云：「營於陽穀西北。」今從實錄。賊中大震㊸。

(46)功德使上言：「鳳翔法門寺塔有佛指骨㊹，相傳三十年一開，開則歲豐人安，來年應開，請迎之。」十二月，庚戌朔，上遣中使帥僧眾迎之。

(47)戊辰，以春州司戶董重質為試太子詹事，委武寧軍驅使㊺，李愬請之也。

(48)戊寅，魏博義成軍送所獲李師道都知兵馬使夏侯澄等四十七人，上皆釋弗誅，各付所獲行營驅使，曰：「若有父母，欲歸者，優給㊻遣之，朕所誅者，師道而已。」於是賊中聞之，降者相繼。

初李文會與兄元規皆在李師古幕下，師古薨，師道立㊼，元規辭去，文會屬㊽師道親黨請留，元規將行，謂文會曰：「我去，身退㊾而安全，汝留，必驟貴(五〇)而受禍。」及官軍四臨，平盧兵勢日蹙，將士喧然，皆曰：「高沐、郭昈、李存為司空(五一)忠謀，李文會奸佞，殺沐囚昈存，以致此禍。」師道不得已，出文會攝(五二)登州刺史，召昈存還幕府。

(四九)上常語宰相：「人臣當力為善(五三)，何乃好立朋黨，朕甚惡之。」裴度對曰：「方(五四)以類聚，物以羣(五五)分，君子小人，志趣同者，勢必相合，君子為徒(五六)，謂之同德，小人為徒，謂之朋黨。外雖相似，內實懸殊，在聖主辨其所為邪正(五七)耳！」

(五〇)武寧節度使李愬與平盧兵十一戰，皆捷，乙卯晦，攻進金鄉(五八)，克之。李師道性懦怯(五九)，自官軍致討，聞小敗，及失城邑，輒憂悸(六〇)成疾，由是，左右皆蔽匿，不以實告。金鄉，兗州之要地也，既失之，其刺史驛騎告急，左右不為通，師道至死，竟不知也。

【今註】 ㊀謀逆命：謂謀違逆朝廷命令。㊁尚書：以師道曾除檢校尚書右僕射，故遂以尚書稱之。㊂十二州：為鄆、兗、曹、濮、淄、青、齊、海、登、萊、沂、密。㊃入奏事：謂至長安奏事。㊄進奏吏：進奏使之屬員。㊅申：申報。㊆輸款：輸納誠款。㊇構：構陷。㊈效順者：致順誠者。

⑳曇：音ㄊㄢˊ。㉑納質：納質子。㉒右龍武統軍張奉國、大將軍李文悅：大將軍即右龍武大將軍。㉓外寇初平：外寇指淮西言。㉔營繕：營構繕修。㉕以奉國為鴻臚卿，以文悅為右武衛大將軍：胡三省曰：「既出奉國於外朝，文悅又自北門諸衛遷南牙諸衛。」㉖龍首池：胡三省曰：「大明宮東面有東內苑，苑中有龍首殿、龍首池，龍首渠水自城南而注入于此池。」㉗浸：漸。㉘奏請判官大將以下官，凡百五十員：謂奏請除命征淮西有功人員為判官大將以下官，凡百五十員。㉙留中不下：謂將奏表留於禁中，而不批下。㉚橫海節度使程權，自以世襲滄景：德宗始命程日海為橫海帥，傳子懷直，為從兄懷信所逐，懷信死，子權嗣為帥。㉛舉族：全家族。㉜樂自擅：樂自專擅。㉝干：干謁。㉞煩兵：煩勞兵卒。㉟求哀：求哀憐。㊱輸租稅：謂輸納租稅於朝廷。㊲重違：難違。㊳二州圖印：謂二州之圖籍及印信。㊴馮險：馮讀曰憑，謂憑恃險阻。㊵顧盼：謂回顧動目，以喻時之短促。㊶家覆：全家傾覆。㊷天誅：皇天之所誅戮。㊸焦思：猶苦思。㊹縮衣節食：縮節皆係減少之意。㊺國兵：謂王師。㊻駸駸：馬行疾貌，音ㄑㄧㄣ。㊼趙人已獻城十二：胡三省曰：「德州領安德、長河、平原、平昌、將陵、安陵六縣，棣州領厭次、滴河、陽信、蒲臺、渤海五縣，程權之退，承宗又取景州之東光，今皆以歸朝廷，故曰獻城十二。」㊽定：決定。㊾歸朝廷：歸從朝廷。㊿左右三軍辟仗使：龍武、神武、羽林三軍，各分左右。宋白曰：「舊制、內官為三軍辟仗使，監視刑賞，奏察違謬，猶方鎮之監軍使。」(51)糾繩軍政：謂糾劾正繩軍事。(52)事任專達：謂事任專一，而直達於君上。(53)洗雪：洗滌雪除。(54)幕僚：幕府之僚佐。(55)先司徒：謂李納。(56)不獻

三州：三州謂沂、密、海。(四七)冤氣：冤枉之氣。(四八)軍府：謂平盧軍節度使府。(四九)為陳禍福：謂為陳禍福之道。(五〇)決語：胡三省曰：「決語、決為一定之說，不依違持兩端。」(五一)弟：通第，但也。(五二)解紛：解除糾紛。(五三)私：私誼。(五四)未遣：未遣質子。(五五)重煩：復煩。(五六)復有二三：謂復有不定之意。(五七)軍情：謂軍中之意見。(五八)冒刃：謂以劍加頸。(五九)二：謂二次。(六〇)又畫縛載檻車妻子係纍者以獻：謂又畫罪人縛載於檻車之中，而其妻子則縛結隨行於檻車之後之圖以獻，蓋欲以深警之。(六一)以申州隸鄂岳，光州隸淮南：乃以示不復以蔡州為節鎮之意。(六二)國務：猶國事。(六三)滴河：滴河縣屬棣州。(六四)平盧兵：李師道之兵。(六五)遂、方慶之孫：王方慶、武后聖曆中為相。(六六)以用兵：謂以用兵之事。(六七)浸：漸。(六八)曉：知。(六九)羨餘：猶盈餘。(七〇)駭愕：驚駭詫愕。(七一)市井負販者：謂無識卑賤之人。(七二)判使如故：皇甫鎛以相判度支如故，程异以相鹽鐵轉運使如故。(七三)嗤：笑，音彳。(七四)同列：同位列，亦即同事。(七五)錢穀吏：管錢穀之員吏。(七六)豐取刻與：謂取則力求其多，與則專務其寡。(七七)淮西糧料：謂淮西行營諸軍糧料。(七八)會：值。(七九)今舊將舊兵：謂舊所遣討蔡之將的討蔡之兵。(八〇)無可訴之地矣：謂鎛在度支，減刻糧賜，軍士猶可訴之於廟堂，今既為相，則無有可訴之地矣。(八一)心事和平：謂居心處事，皆甚和平。(八二)可處煩劇：謂可居煩劇之職，乃指鹽鐵轉運使言。(八三)資性：天資性格。(八四)惑：惑亂。(八五)足見姦邪之極：胡三省曰：「言憲宗英明，且為所惑，可以見其極姦邪。」(八六)恩寵：恩遇寵幸。(八七)眾鏑叢體：謂眾矢叢集於身。(八八)盪定：盪除平定。(八九)底寧：止於平靜。(九〇)承宗斂手削地：謂獻德棣二州。(九一)制其命：制操其性命。(九二)直：只。(九三)得宜：猶得當。（九四）升平：猶治平。（九五）還：猶反。（九六）墮：讀曰隳，壞也。（九七）解體：猶離心。（九八）不之省：謂不省慮其所上之表章，亦即不從之意。（九九）與：猶讚同。（一〇〇）封還勅書：謂以勅書內容不當，而封還於上，不使其宣行。（一〇一）植、祐甫之弟子：崔祐甫為德宗相。（一〇二）朽敗：朽爛腐敗。（一〇三）隨手破裂：謂手一扯拉，隨即破裂。（一〇四）引其足：謂引伸其足。（一〇五）此靴：謂此靴材料所用之繒帛。（一〇六）服：服用。（一〇七）憚：忌憚。（一〇八）不敢知印秉筆：胡三省曰：「時宰相更日知印秉筆。」（一〇九）迫：脅迫。（一一〇）考：通拷，打也。（一一一）責：求。（一一二）息錢：利息錢。（一一三）劾：糾劾。（一一四）姑：且。（一一五）處：處置。（一一六）輦轂：此謂京師。（一一七）晚節：節、時節，此謂晚年。（一一八）好神仙：謂好神仙長生不老之術。（一一九）媚：媚幸。（一二〇）合：合製。（一二一）興唐觀：唐會要：「興唐觀本司農園地，在長樂坊，開元十八年造。」（一二二）吐蕃長樂州：胡三省曰：「吐蕃長樂州，當在靈州黃河外，定遠城之西。」（一二三）天台山：《新唐書・地理志》五：「江南道、台州、唐興縣，有天台山。」《臨海記》：「天台山超然秀出，山有八里，視之如一，高一萬八千丈，周回八百里。」（一二四）靈草：猶神草。（一二五）服金紫：《舊唐書・輿服志》：「上元元年八月制，文武三品已上服紫金玉帶。」謂以三品之官相視。（一二六）方士：方術之士。（一二七）臨民：猶治民。（一二八）賦政：布政。（一二九）煩：煩勞。（一三〇）愛：愛惜。（一三一）潰歸：潰散而歸。（一三二）立須：謂立刻應須。（一三三）既至滑州，即仰給度支：胡三省曰：「義成節度使治滑州，魏博與滑州，以河為界，兵至滑州，為已出界，唐中世以來，命藩鎮兵征討，已出境，芻糧皆仰給於度支。惟裴度用兵於東平，李德裕用兵於上黨，知其弊，有以制之。」（一三四）觀望：謂觀望不進。（一三五）疑阻：猜疑間阻。（一三六）遷延：猶徘徊遲延。（一三七）養威：養威銳。（一三八）厲兵：磨礪兵器，使之犀利。㊴水落：水位降落。㊵楊劉：胡三省曰：「楊劉鎮在鄆州東北東阿縣，臨河津。」㊶陽穀：據《新唐書・地理志》二，陽穀縣屬河南道、鄆州。㊷搖心：謂心意動搖。㊸震：震動。㊹鳳翔法門寺塔有佛指骨：胡三省曰：「法門寺在鳳翔府岐山縣，時功德使言法門寺有護國真身塔，塔內有釋迦牟尼佛指骨一節。」㊺委武寧軍驅使：時徙李愬鎮武寧，以討李師道。㊻優給：從優給予。㊼師古薨，師道立：薨立見卷二百三十七，元年。㊽屬：值。㊾身退：身退隱。㊿驟貴：謂立貴。(51)司空：師道檢校司空，故稱之。(52)攝：代理。(53)當力為善：謂當努力為善。(54)方：猶道。(55)羣：猶類。(56)徒：猶羣。(57)辨其所為邪正：謂辨其所為，究係邪僻抑係方正。(58)金鄉：今山東省金鄉縣。(59)懦怯：懦弱畏怯。(60)悸：畏怖。

十四年（西元八一九年）

㈠春，正月，辛巳，韓弘拔考城㊀，殺二千餘人。丙戌，師道所署沭陽㊁令梁洞以縣降於楚州刺史李聽。

㈡吐蕃遣使者論短立藏等來脩好㊂，未返，入寇河曲。上曰：「其國失信，其使何罪。」庚寅，遣歸國。

㈢壬辰，武寧節度使李愬拔魚臺㊃。

(四)中使迎佛骨，至京師，上留禁中三日，乃歷送[五]諸寺，王公士民，瞻奉[六]捨施[七]，惟恐弗及，有竭產充施者，有然香臂頂[八]供養者，刑部侍郎韓愈上表切諫，以為：「佛者，夷狄之一法[九]耳，自黃帝以至禹湯文武，皆享壽考，百姓安樂，當是時，未有佛也。漢明帝時，始有佛法[一〇]，其後亂亡相繼，運祚[一一]不長，宋齊梁陳元魏已下，事佛漸謹，年代[一二]尤促。惟梁武帝在位四十八年，前後三捨身，為寺家奴[一三]，竟為侯景所逼，餓死臺城，國亦尋滅[一四]。事佛求福，乃更得禍。由此觀之，佛不足信，亦可知矣。百姓愚冥[一五]，易惑難曉[一六]，苟見陛下如此，皆云：『天子猶一心敬信，百姓微賤，於佛豈可更惜身命[一七]！』佛本夷狄之人，口不言先王之法言[一八]，身不服先王之法服[一九]，不知君臣之義，父子之恩，假如其身尚在[二〇]，奉國命來朝京師，陛下容而接之[二一]，不過宣政一見[二二]，禮賓一設[二三]，賜衣一襲，衛而出之於境[二四]，不令惑眾也。況其身死已久，枯朽之骨，豈宜以入宮禁[二五]。古之諸侯行弔於國，尚先以桃茢，祓除不祥[二六]，今無故取朽穢之物[二七]，親視之，巫祝不先[二八]，桃茢不用，羣臣不言其非，御史不舉(29)其罪，臣實恥之。乞以此骨付有司，投諸水火，永絕根本(30)，斷天下之疑，絕後代之惑，使天下之人，知大聖人(31)之所作為，出於尋常萬萬(32)也，豈不盛哉！佛如有靈(33)，能作禍福，凡有殃咎(34)，宜加臣身。」上得表大怒，出示宰相，將加愈極刑(35)。裴度崔羣為言：「愈雖狂(36)，發於忠懇(37)，宜寬容(38)，以開言路(39)。」癸巳，貶愈為潮州(40)刺史。

㈤自戰國之世，老莊與儒者爭衡(41)，更相(42)是非，至漢末益之以佛，然好者尚寡，晉宋以來，日益繁熾(43)，自帝王至於士民，莫不尊信(44)，下者畏慕罪福(45)，高者論難空有(46)，獨愈惡其蠹財(47)惑眾，力排(48)之，其言多矯激(49)太過，惟送文暢師(50)序，最得其要，曰：「夫鳥俛(51)而啄，仰而四顧，獸深居而簡出(52)，懼物之為己害(53)也，猶且不免焉。弱之肉，彊之食(54)，今吾與文暢安居而暇食(55)，優游(56)以生死(57)，與禽獸異者，寧可不知其所自邪(58)！」

㈥丙申，田弘正奏，敗淄青兵於東阿(59)，殺萬餘人。

㈦滄州刺史李宗奭與橫海節度使鄭權不叶(60)，不受其節制(61)，權奏之，上遣中使追之，宗奭使其軍中(六二)留己，表稱懼亂，未敢離州，詔以烏重胤代權，將吏懼(六三)，逐宗奭，宗奭奔京師，辛丑，斬於獨柳之下。

(八)丙午，田弘正奏，敗平盧兵於陽穀(六四)。

【今註】㊀考城：據《新唐書・地理志》二，考城縣屬河南道曹州。㊁沭陽：據同志二，沭陽縣屬河南道海州。㊂吐蕃遣使者論短立藏等來修好：按《新唐書・吐蕃傳》下，短立藏皆作矩立藏，疑當改從。㊃魚臺：今山東省魚臺縣。㊄歷送：謂依次而徧送。㊅瞻奉：瞻仰侍奉。㊆施：施與。㊇臂頂：臂及頭頂。㊈法：猶道。㊉漢明帝時，始有佛法：見卷四十五永平八年。⑪運祚：國之期運福祚。⑫年代：謂君上享國之年代。⑬為寺家奴：謂為寺院之奴僕。⑭尋滅：謂相繼而滅。⑮愚冥：愚蠢冥昧。⑯易惑難曉：謂易於蒙惑，而難於曉達。⑰身命：謂身家性命。⑱法言：猶標準之言語。⑲法服：猶標準之服飾。⑳尚在：尚存在，亦即活著。㉑容而接之：謂含容而接納之。㉒宣政一見：胡三省曰：「唐時、四夷入朝貢者，皆引見於宣政殿。」《唐六典》卷七：「大明宮南面五門，正南曰丹鳳門，丹鳳門內，正殿曰含元殿，其北曰宣政門，門內曰宣政殿。」㉓禮賓一設：胡三省曰：「唐有禮賓院，凡胡客入朝，設宴于此，元和九年置禮賓院於長興里之北。」宋白曰：「屬鴻臚寺。」㉔出之於境：謂送出境外。㉕宮禁：宮庭而禁人亂入，故謂之宮禁。㉖古之諸侯，行弔於國，尚先以桃茢，祓除不祥：《禮・檀弓》：「君臨臣喪，以巫祝桃茢執戈，惡之也。」鄭注：「為有凶邪之氣在側，桃、鬼所惡也，茢、萑苕，可掃除不祥。」《左傳》襄公二十九年：「魯襄公如楚，楚康王卒，楚人使公親襚，公患之，叔孫穆子曰：『祓殯而襚，則布幣也。』乃使巫以桃茢，先祓殯。」本文正引此事。茢音列。㉗朽穢之物：指上朽枯之骨言。㉘巫祝不先：謂不先之以巫祝。㉙舉：劾舉。㉚永絕根本：謂永斷其根源。㉛大聖人：此指憲宗言。㉜萬萬：謂萬萬倍。㉝靈：神靈。㉞殃咎：災殃罪咎。㉟極刑：謂殊死之刑。㊱狂：狂悖。㊲忠懇：忠誠懇惻。㊳寬容：寬大含容。㊴以開言路：以開通進言之路。㊵潮州：《舊唐書・地理志》四：「嶺南道、循州，至東都四千八百里，東至潮州五百一十七里。」按舊志無潮州之文，然潮州至東都之里數，藉此亦可約略推出。㊶爭衡：謂爭同等地位。㊷更相：猶互相。㊸繁熾：繁夥熾盛。㊹尊信：謂尊奉而信仰之。㊺畏慕罪福：謂畏獲罪而慕享福。㊻論難空有：釋氏之說，談空以難有。㊼蠹財：猶傷財。㊽排：排斥。㊾矯激：矯飭激切。㊿文暢師：文暢法師。(51)俛：同俯。(52)簡出：少出。(53)為己害：謂為害於己。(54)彊之食：彊者之食物。(55)暇食：謂飲食甚為暇逸。(56)優游：閒暇自得貌。(57)以生死：謂而生而死。(58)寧可不知其所自邪：胡三省曰：「原其所自，則聖人之所以垂世立教者也。」(59)東阿：據《新唐書・地理志》二，東阿縣屬河南道鄆州。(60)叶：和諧。(61)節制：猶節度。(62)使其軍中：此謂滄州本州之軍。(63)將吏懼：懼重胤訶其黨惡。(64)陽穀：今山東省陽穀縣。

卷二百四十一　唐紀五十七

司馬光編集
曲守約註

起屠維大淵獻二月，盡重光赤奮若六月，凡二年有奇。（己亥至辛丑，西元八一九年至八二一年）

憲宗昭文章武大聖至神孝皇帝下

元和十四年（西元八一九年）

㈠二月，李聽襲海州，克東海、朐山、懷仁等縣㊀，李愬敗平盧兵於沂州，拔丞縣。

㈡李師道聞官軍侵逼，發民治鄆州城塹㊁，脩守備，役及婦人㊂，民益懼且怨。都知兵馬使劉悟，正臣之孫㊃也，師道使之將兵萬餘人，屯陽穀，以拒官軍，悟務為寬惠，使士卒人人自便㊄，軍中號曰劉父，及田弘正度河，悟軍無備，戰又數敗。或謂師道曰：「劉悟不修軍法㊅，專收眾心，恐有他志㊆，宜早圖之。」師道召悟計事，欲殺之，或諫曰：「今官軍四合㊇，悟無逆狀，用一人言殺之，諸將誰肯為用㊈，是自脫㊉其爪牙也。」師道留悟旬日，復遣之，厚贈金帛，以安其意。悟知之，還營，陰(一一)為之備。師道以悟將兵在外，署悟子從諫門下別奏(一二)，從諫與師道諸奴，日遊戲，頗得其陰謀，密疏以白(一三)父。又有謂師道者曰(一四)：「劉悟終為患，不如早除之。」丙辰，師道潛遣二使，齎帖(一五)授行營兵馬副使張暹，令斬悟首獻之，勒(一六)暹權領行營。時悟方據高丘，張幕(一七)置酒，去營二三里，二使至營，密以帖授暹，暹素與悟善，陽與使者謀曰：「悟自使府(一八)還，頗為備，不可忽忽(一九)，暹請先往白之，云：『司空遣使存問將士，兼有賜物，請都頭(二〇)速歸，同受傳語(二一)。』如此，則彼不疑，乃可圖也。」使者然之。暹懷帖走詣悟，屏人(二二)示之，悟潛遣人先執二使，殺之，時已向暮，悟按轡(二三)徐行，還營，坐帳下，嚴兵自衛，召諸將，厲色謂之曰：「悟與公等，不顧死亡，以抗官軍，誠無負於司空，今司空信讒言，來取悟首，悟死，諸公其次矣(二四)。且天子所欲誅者，獨司空一人，今軍勢日蹙，吾曹何為隨之族滅？欲與諸公卷(二五)旗束甲，還入鄆州，奉行天子之命，豈徒免危亡，富貴可圖也。諸公以為何如？」兵馬使趙垂棘立於衆首㉖，良久對曰：「事果濟否？」悟應聲罵曰：「汝與司空合謀邪！」立斬之。徧問其次㉗，有遲疑未言者，悉斬之，並斬軍中素為衆所惡者，凡三十餘，尸於帳前，餘皆股栗㉘曰：「惟都頭命，願盡死㉙。」乃令士卒曰：「入鄆，人賞錢百緡，惟不得近軍帑㉚，其使宅㉛及逆黨家財，任自掠取，有仇者報之。」使士皆飽食，執兵，夜半，聽鼓三聲絕㉜，即行，人啣枚，馬縛口，遇行人執留之㉝，人無知者，距城數里，天未明，悟駐軍，使聽城上柝聲絕㉞，使十人前行，宣言：「劉都頭奉帖追入城㉟。」門者請俟寫簡白使㊱，十人拔刃擬之㊲，皆竄匿㊳，悟引大軍繼至，城中譟譁動地㊴，比㊵至，子城已洞開㊶，惟牙城拒守㊷，尋縱火，斧其門㊸而入，牙中兵不過數百，始猶有發弓矢者，俄知力不支㊹，皆投於地㊺，悟勒兵升聽事㊻，使捕索師道，師道與二子伏廁床下㊼，索得之，悟命置牙門外隙地，使人謂曰：「悟奉密詔，送司空歸闕㊽，然司空亦何顏復見天子。」師道猶有幸生之意，其子弘方仰曰：「事已至此，速死為幸。」尋皆斬之㊾。自卯至午，悟乃命兩都虞候巡坊市(五〇)，禁掠者，即時(五一)皆定。大集兵民於毬場，親乘馬，巡繞慰安之，斬贊(五二)師道逆謀者二十餘家，文武將吏，且懼且喜(五三)，悟見李公度，執手歔欷(五四)，出賈直言於獄，置之幕府。

(三)悟之自陽穀還兵趨鄆也，潛使人以其謀告田弘正：「事成，當舉烽相白(五五)，萬一城中有備，不能入，願公引兵為助，功成之日，皆歸於公，悟何敢有之！」且使弘正進據己營，弘正見烽，知得城，遣使往賀，悟函師道父子三首，遣使送弘正營，弘正大喜，露布(五六)以聞，淄青等十二州皆平。弘正初得師道首，疑其非真，召夏侯澄使識(五七)之，澄熟視其面，長號隕絕(五八)者久之，乃抱其首，舐其目中塵垢，復慟哭，弘正為之改容(五九)，義而不責。

(四)壬戌，田弘正捷奏至，乙丑，命戶部侍郎楊於陵為淄青宣撫使，己巳，李師道首函(六〇)至。自廣德以來，垂(六一)六十年，藩鎮跋扈，河南北三十餘州，自除官吏(六二)，不供貢賦，至是盡遵朝廷約束(六三)。上命楊於陵分李師道地，於陵按圖籍，視土地遠邇(六四)，計士馬眾寡，校(六五)倉庫虛實，分為三道，使之適均(六六)，以鄆、曹、濮為一道，淄、青、齊、登、萊為一道，兗、海、沂、密為一道。上從之。

㈤劉悟以初討李師道，詔云：「部將(六七)有能殺師道以眾降者，師道官爵，悉以與之。」意謂盡得十二州之地，遂補署(六八)文武將佐，更易州縣長吏(六九)，謂其下曰：「軍府(七〇)之政，一切循(七一)舊，自今但與諸公抱子弄孫，夫復可憂。」上欲移悟它鎮，恐悟不受代，復須用兵，密詔田弘正察之，弘正日遣(七二)使者詣悟，託言修好，實觀其所為。悟多力，好手(七三)搏，得鄆州三日，則教軍中壯士手搏，與魏博使者庭觀(七四)之，自搖肩攘臂(七五)，離坐以助其勢(七六)，弘正聞之，笑曰：「是聞除(七七)改，登即行矣(七八)，何能為哉(七九)！」庚午，以悟為義成節度使，悟聞制下，手足失墜(八〇)，明日遂行，弘正已將數道(八一)，比至城西二里，與悟相見於客亭(八二)，即受旌節，馳詣滑州，辟李公度、李存。郭昈、賈直言以自隨。悟素與李文會善，既得鄆州，使召之，未至；聞將移鎮，昈存謀曰：「文會佞人，敗亂(八三)淄青一道，滅李司空之族，萬人所共讎(八四)也，不乘此際(八五)誅之，田相公(八六)

至，務施寬大，將何以雪三齊之憤怨乎？」乃詐為悟帖，遣使即文會所至(八七)，取其首以來，使者遇文會於豐齊驛(八八)，斬之，比還，悟及旿存已去，無所復命矣。文會二子，一亡去，一死於獄，家貲悉為人所掠，田宅沒官。詔以淄青行營副使張暹為戎州刺史。

(六)癸酉，加田弘正檢校司徒、同平章事。先是李師道將敗數月，聞風動鳥飛，皆疑有變，禁鄆人親識(八九)宴聚(九〇)，及道路偶語，犯者有刑。弘正既入鄆，悉除苛禁(九一)，縱人遊樂，寒食、七晝夜不禁行人。或諫曰：「鄆人久為寇敵，今雖平，人心未安(九二)，不可不備。」弘正曰：「今為暴者既除，宜施以寬惠(九三)，若復為嚴察(九四)，是以桀易桀也，庸(九五)何愈(九六)焉！」先是賊數遣人入關，截陵戟(九七)，焚倉場(九八)，流矢飛書(九九)，以震駭京師，沮撓(一〇〇)官軍，有司督察甚嚴，潼關吏至發人(一〇一)囊篋以索之，然終不能絕。及田弘正入鄆，閱李師道簿書，有賞殺武元衡人王士元等，及賞潼關蒲津(一〇二)吏卒案(一〇三)，乃知曏者皆吏卒受賂於賊，容(一〇四)其姦也。

(七)裴度纂(一〇五)述蔡鄆用兵以來，上之憂勤機略(一〇六)，因侍宴獻之，請內印出付史官㊲，上曰：「如此，似出朕志㊳，非所欲也。」弗許。

【今註】㊀克東海、朐山、懷仁等縣：據《新唐書・地理志》二，三縣皆屬河南道海州。㊁治城塹：修治城墻，疏濬壕塹。㊂役及婦人：謂婦人亦役之。㊃劉悟、正臣之孫：劉正臣見卷二百一十七肅宗至德元載。㊄自便：自為方便。㊅不循軍法：謂不以軍法從事。㊆他志：猶異志。㊇四合：四面相合。㊈為用：謂為效力。㊉脫：脫去。⑪陰：暗。⑫門下別奏：胡三省曰：「門下別奏者，使廁員牙門下，俟別奏補官也。唐六典：『凡諸軍鎮大使，三品已上，傔二十五人，別奏十人；副使，傔二十人，別奏八人，總管三品已上，傔十八人，別奏六人；子總管四品已上，傔十一人，別奏三人。若討擊防禦遊奕使副，傔準品各減三人，別奏各減二人，總管及子總管儀，準品各減二人，別奏各減一人，若鎮守已下無副使，或隸屬大軍鎮者，使已下，傔奏並四分減一，所補傔奏，皆令自召以充。』」⑬白：告。⑭又有謂師道者曰：按者字於文為贅，上文同例，亦無者字，當刪去之。⑮帖：文書之一種，與牒相類。⑯勒：令。⑰張幕：張設帳幕。⑱使府：謂節度使府。⑲怱怱：急促。⑳都頭：軍中稱都將為都頭。㉑傳語：謂師道遣使者所傳言語。㉒屏人：屏除左右之人。㉓按轡：謂控勒韁轡，使馬不得疾馳。㉔諸公其次矣：謂諸公將以次而及。㉕卷：同捲。㉖眾首：眾前。㉗其次：其在後之人。㉘栗：通慄。㉙惟都頭命，願盡死：謂惟都頭命之，願盡死力以從。㉚軍帑：軍之帑藏，亦即府庫。㉛使宅：節度使所居之宅。㉜絕：停止。㉝遇行人執留之：恐行人遇兵走還報師道。㉞城上柝聲絕：天明則柝聲絕，柝，行夜所擊之木，音ㄊㄨㄛˋ。㉟追入城：追還而入城也。㊱寫簡白使：胡三省曰：「古者聯竹為簡策，以寫書，後世因謂書為簡。白使，謂白節度使。」㊲擬之：謂作欲殺之之狀。㊳竄匿：逃竄藏匿。㊴譟譁動地：謂譟譁之聲，震動天地。㊵比：及。㊶子城已洞開：謂子城之門已大開。㊷惟牙城拒守：胡三省曰：「凡大城謂之羅城，小城謂之子城，又有第三重城，以衛節度使居宅，謂之牙城。」㊸斧其門：謂以斧砍破其門。㊹不支：不能支拒。㊺投於地：謂投弓矢於地。㊻聽事：謂聽政事之堂，亦有書作廳事者。㊼廁牀下：謂廁所之木牀下。㊽歸闕：歸天闕。㊾尋皆斬之：代宗永泰元年，李正己得淄青，四世、五十四年而滅。㊿坊市：謂住宅地帶及市肆。(51)即時：立時。(52)贊：助。(53)且懼且喜：謂又懼又喜。(54)歔欷：啼貌。(55)相白：相告。(56)露布：《封演聞見記》：「露布、捷書之別名也，諸軍破賊，則以帛書建諸竿，上兵部，謂之露布，亦謂之露板。」(57)識：認。(58)長號隕絕：謂大聲號哭而仆地絕氣。(59)改容：改變容色。(60)首函：裹首級之封函。(61)垂：將。(62)自除官吏：謂自己除任官吏。(63)約束：猶法令。(64)邇：近。(65)校：計校。(66)適均：合適平均。(67)部將：部屬之將帥。(68)補署：補行署任。(69)州縣長吏：指州刺史縣令諸重要官員。(70)軍府：此謂平盧軍及節度使府。(71)循舊：循依舊章。(72)日遣：謂即日差遣。(73)手搏：以雙手相搏。(74)庭觀之：於庭中觀之。(75)搖肩攘臂：按此即作手搏時之形狀。(76)助其勢：助其聲勢。(77)除改：謂除書改授他鎮。(78)登即行矣：言登時即行。(79)何能為哉：謂何能有所作為，而不行哉。(80)手足失墜：猶手足無措，乃驚懼失常之形狀。㈡已將數道：謂已將數道之兵。㈢客亭：胡三省曰：「客亭即驛亭，送迎使客之所。」㈢敗亂：壞亂。㈣讎：讎恨。㈤此際：此時際。㈥田相公：以弘正檢校宰相之事，故因尊稱之曰相公。㈦所至：謂所至之地，此與所在意實相同。㈧豐齊驛：宋白曰：「齊州禹城縣，有漢祝阿故城，在豐齊驛東北二里。」㈨親識：親戚知識。㈩宴聚：宴飲聚會。㈠苛禁：苛暴之禁令。㈡未安：未安定。㈢寬惠：寬大之恩惠。㈣嚴察：嚴厲之禁察。㈤庸：豈。㈥愈：賢或勝。㈦陵戟：山陵所列之戟。㈧倉場：倉庫場院。㈨流矢飛書：以流矢射發文書。㈩沮撓：沮止撓折。㈠發人：發行人。㈡蒲津：黃河津渡名，在山西省永濟縣，西接陝西省朝邑縣東境。㈢案：文案，亦謂之案牘。㈣容：容納。㈤纂：編纂。㈥機略：機宜方略。㈦請內印出付史官：請自禁中用印，而出付史官。㈧朕志：朕意。

㈠三月，戊子，以華州刺史馬摠為鄆、曹、濮等州節度使。己丑，以義成節度使薛平為平盧節度，淄、青、齊、登、萊等州觀察使，以淄青四面行營供軍使王遂為沂、海、兗、密等州觀察使。

㈡橫海節度使烏重胤奏：「河朔藩鎮，所以能旅拒㈠朝命，六十餘年者，由諸州縣各置鎮將領事㈡，收刺史縣令之權，自作威福，䢴使刺史各得行其職㈢，則雖有姧雄如安史，必不能以一州獨反也。臣所領德、棣、景三州，已舉牒㊃各還刺史職事，應在州兵㊄，並令刺史領之。」夏，四月，丙寅，詔諸道節度、都團練、都防禦經略等使所統支郡㊅兵馬，並令刺史領之。自至德以來，節度使權重，所統諸州，各置鎮兵，以大將主之㊆，暴橫為患，故重胤論之，其後河北諸鎮，惟橫海最為順命，由重胤處之得宜故也。

㈢辛未，工部侍郎同平章事程异薨。

㈣裴度在相位，知無不言，皇甫鎛之黨陰擠㊇之，【考異】舊傳曰：「鎛與宰相李逢吉令狐楚，合勢擠度，故出鎮。」按逢吉時在東川，楚在昭義皆不為相，今不取。按後昭義當作河陽。丙子，詔度以門下侍郎同平章事、充河東節度使。

㈤皇甫鎛以掊克㊈取媚⑩，人無敢言者，獨諫議大夫武儒衡上疏言之，鎛自訴於上，上曰：「卿以儒衡上疏，將報怨邪！」鎛乃不敢言。儒衡，元衡之從父弟也。

㈥史館脩撰李翺上言，以為：「定禍亂者，武功也，興太平者，文德⑪也。今陛下既以武功定海內，若遂⑫革弊事，復高祖太宗舊制，用忠正而不疑，屏邪佞而不邇，改稅法，不督錢而納布帛⑬，絕進獻，寬百姓租賦㊃，厚邊兵㊄以制㊅戎狄侵盜，數訪問待制官㊆，以通塞蔽，此六者，政之根本，太平之所以興也。陛下既已能行其難，若何不為其易乎㊇！以陛下天資上聖㊈，如不惑近習容悅㊉之辭，任骨鯁㊀正直之士，與之興大化㊁，可不勞而成也。若不以此為事，臣恐大功之後，逸欲㊂易生，進言者必曰：『天下既平矣，陛下可以高枕自安逸。』如是，則太平未可期㊃矣。」

㈦秋，七月，丁丑朔，田弘正送殺武元衡賊王士元等十六人，詔付內、京兆府、御史臺徧鞫㊄之，皆款服㊅。京兆尹崔元略以元衡物色㊆詢之，則多異同㊇，元略問其故，對曰：「恒鄆同謀，遣客刺元衡，而士元等後期，聞恒人事已成，遂竊以為己功，還報受賞耳，今自度㊈為罪均㊉，終不免死，故承㊀之。」上亦不欲復辨正，悉殺之。戊寅，宣武節度使韓弘始入朝，上待之甚厚，弘獻馬三千、絹五千、雜繒三萬、金銀器千，而汴之庫廐，尚有錢百餘萬緡、絹百餘萬匹、馬七千匹、糧三百萬斛。

㈧己丑，羣臣上尊號曰元和聖文神武法天應道皇帝，赦天下。

㈨兗、海、沂、密觀察使王遂本錢穀吏，性狷急(三二)，無遠識，時軍府草創(三三)，人情未安，遂專以嚴酷為治，所用杖，絕大於常行者(三四)，每詈將卒，輒曰：「反虜(三五)。」又盛夏，役士卒營(三六)府舍，督責峻急(三七)，將卒憤怨。辛卯，役卒王弁與其徒四人，浴於沂水(三八)，密謀作亂，曰：「今服役觸罪(三九)，亦死；奮命(四〇)立事(四一)，亦死。死於立事，不猶愈乎？明日，常侍(四二)與監軍副使(四三)有宴，軍將皆在告(四四)，直兵(四五)多休息，吾屬乘此際，出其不意取之，可以萬全(四六)。」四人皆以為然，約(四七)事成，推弁為留(四八)後。壬辰，遂方宴飲，日過中，弁等五人突入，於直房(四九)前取弓刀，徑前射副使張敦實，殺之，遂與監軍狼狽起走，弁執遂，數(五〇)之以盛暑興役，用刑刻暴，立斬之，傳聲(五一)勿驚監軍，弁即自稱留後，升廳(五二)，號令，與監軍抗禮(五三)，召集將吏參賀(五四)，眾莫敢不從，監軍具(五五)以狀聞。

㈩甲午，韓弘又獻絹二十五萬匹、絁(五六)三萬匹、銀器二百七十，左右軍中尉各獻錢萬緡。自淮西用兵以來，度支鹽鐵(五七)及四方爭進奉(五八)，謂之助軍(五九)，賊平，又進奉，謂之賀禮(六〇)，後又進奉，謂之助賞(六一)，上加尊號，又進奉，亦謂之賀禮。

(十一)丁酉，以河陽節度使令狐楚為中書侍郎同平章事，楚與皇甫鏄同年進士，故鏄引以為相。

(十二)朝廷聞沂州軍亂，甲辰，以棣州刺史曹華為沂、海、兗、密觀察使。

(十三)韓弘累表請留京師。八月，己酉，以弘守司徒、兼中書令。癸丑，以吏部尚書張弘靖同平章事，充宣武節度使，弘靖、宰相子(六二)，少有令聞(六三)，立朝簡默(六四)，河東宣武闕帥，朝廷以其位望素重(六五)，使鎮之，弘靖承王鍔聚歛之餘，韓弘嚴猛之後，兩鎮喜其廉謹(六六)寬大，故上下安之。

(十四)己未，田弘正入朝，上待之尤厚。

(十五)戊辰，陳許節度使郗士美薨，以庫部員外郎李渤為弔祭使，渤上言：「臣過渭南，聞長源鄉舊四百戶，今纔百餘戶，閿鄉縣(六七)舊三千戶，今纔千戶，其他州縣，大率相似。迹(六八)其所以然，皆由以逃戶稅(六九)，攤(七〇)於比鄰，致驅迫俱逃(七一)，此皆聚歛之臣，剝下(七二)媚上，惟思竭澤，不慮無魚(七三)。乞降詔書，絕攤逃(七四)之弊，盡逃戶之產償稅(七五)，不足者，乞免之，計不數年，人皆復於農矣。」執政見而惡之，渤遂謝病(七六)，歸東都。

(十六)癸酉，吐蕃寇慶州，營於方渠(七七)。

(十七)朝廷議興兵討王弁，恐青鄆相扇繼變(七八)，乃除弁開州刺史，遣中使賜以告身(七九)，中使紿(八〇)之曰：「開州計(八一)已有人迎候道路(八二)，留後宜速發。」弁即日發沂州，導從(八三)尚百餘人，入徐州境，所在減之，其眾亦稍逃散，遂加以杻械(八四)，乘驢入關。九月，戊寅，腰斬東市。先是，三分鄆兵以隸三鎮，及王遂死，朝廷以為師道餘黨凶態(八五)未除，命曹華引棣州兵赴鎮，以討之。沂州將士迎候(八六)者，華皆以好言撫之，使先入城慰安，其餘眾皆不疑，華視事三日，大饗將士，伏甲士千人於幕下，乃集眾而諭之曰：「天子以鄆人有遷徙之勞(八七)，特加優給，宜令鄆人處左，沂人處右。」既定，令沂人皆出，因闔門，謂鄆人曰：「王常侍以天子之命，為帥於此，將士何得輒害之！」語未畢，伏者出，圍而殺之，死者千二百人，無一得脫者，門屏間赤霧[八八]高丈餘，久之方散。

(十八)臣光曰：「春秋書楚子虔誘蔡侯般，殺之于申[八九]，彼列國也，孔子猶深貶之，惡其誘討也[九〇]，況為天子，而誘匹夫乎？王遂以聚斂之才，殿[九一]新造之邦，用苛虐致亂，王弁庸夫，乘釁[九二]竊發，苟沂帥得人，戮之易於犬豕[九三]耳，何必以天子詔書，為誘人之餌[九四]乎！且作亂者五人耳，乃使曹華設詐，屠千餘人，不亦濫乎！然則自今士卒，孰不猜[九五]其將帥，將帥何以令其士卒，上下盻盻[九六]，如寇讎聚處，得間則更相魚肉[九七]惟先發者為雄[九八]耳，禍亂何時而弭[九九]哉？惜夫！憲宗削平僭亂，幾致[一〇〇]升平，其美業所以不終，由苟狥[一〇一]近功，不敦[一〇二]大信故也。」

(十九)甲辰，以田弘正兼侍中、魏博節度使如故，弘正三表請留，上不許，弘正常恐一旦物故[一〇三]，魏人猶以故事繼襲[一〇四]，故兄弟子姪，皆仕諸朝，上皆擢居顯列，朱紫[一〇五]盈庭[一〇六]，時人榮之。

(廿)乙巳，上問宰相：「玄宗之政，先理[一〇七]而後亂，何也？」崔羣對曰：「玄宗用姚崇、宋璟、盧懷慎、蘇頲、韓休、張九齡則理，用宇文融、李林甫、楊國忠則亂，故用人得失，所繫⑱非輕。人皆以天寶十四年安祿山反，為亂之始，臣獨以為開元二十四年，罷張九齡相，專任李林甫，此理亂之所分⑲也。願陛下以開元初為法，以天寶末為戒，乃社稷無疆⑳之福。」皇甫鎛深恨之。

(廿)冬，十月，壬戌，容管奏：「安南賊楊清陷都護府㉑，殺都護李象古及妻子官屬部曲千餘人。」象古，道古之兄也，以貪縱苛刻，失眾心，清世為蠻酋，象古召為牙將，清鬱鬱㉒不得志，象古命清將兵三千討黃洞蠻㉓，清因人心怨怒，引兵夜還，襲府城㉔，陷之。初蠻賊黃少卿自貞元以來數反覆，桂管觀察使㉕裴行立、容管經略使陽旻欲徼幸㉖立功，爭請討之，上從之。嶺南節度使孔戣屢諫曰：「此禽獸耳，但可自計利害㉗，不足與論是非。」上不聽，大發江湖兵㉘，會容桂二管㉙入討，士卒被㉚瘴癘死者，不可勝計，安南乘之，遂殺都護，行立旻竟無功，二管彫弊㉛，惟戣所部晏然㉜。丙寅，以唐州刺史桂仲武為安南都護，赦楊清以為瓊州刺史。

(廿二)是歲，吐蕃節度論三摩等將十五萬眾，圍鹽州，党項亦發兵助之，刺史李文悅竭力拒守，凡二十七日，吐蕃不能克。靈武牙將史奉敬㉓，言於朔方節度使杜叔良，請兵三千，齎三十日糧，深入吐蕃，以解鹽州之圍，叔良以二千五百人與之，奉敬行旬餘無聲問㉔，朔方人以為俱沒㉕矣，無何㉖，奉敬自它道出吐蕃背，吐蕃大驚，潰去，奉敬奮擊㉗，大破，不可勝計㉘。奉敬與鳳翔將野詩良輔、涇原將郝玼，皆以勇著名於邊，吐蕃憚之。

(廿三)柳泌至台州，驅吏民采藥，歲餘無所得，而懼，舉家逃入山中，浙東觀察使捕送京師，皇甫鎛、李道古保護之，上復使待詔翰林，服㉙其藥，日加躁渴㉚。起居舍人裴潾上言，以為：「除天下之害者，受天下之利，同天下之樂者，饗天下之福。自黃帝至於文武，享國壽考，皆用此道也。自去歲以來，所在多薦㉛方士，轉相汲引㉜，其數浸㉝繁，借令天下真有神仙，彼必深潛㉞巖壑㉟，惟畏人知；凡候伺權貴之門，以大言自衒㊱奇技驚眾者，皆不軌㊲狥利之人，豈可信其說而餌㊳其藥邪？夫藥以愈疾，非朝夕常餌之物，況金石酷烈(39)有毒，又益以火氣(40)，殆非人五藏(41)之所能勝(42)也。古者君飲藥，臣先嘗之，乞令獻藥者，先自餌一年，則真偽自可辨(43)矣。」上怒。十一月，己亥，貶㴬江陵(44)令。

(24)初羣臣議上尊號，皇甫鎛欲增孝德字(45)，中書侍郎同平章事崔羣曰：「言聖，則孝在其中矣。」鎛譖羣於上曰：「羣於陛下，惜孝德二字。」上怒，時鎛給邊軍賜與，多不時得(46)，又所給多陳敗，不可服用，軍士怨怒，流言(47)欲為亂，李光顏憂懼(48)，欲自殺，遣人訴於上，上不信，京師恟懼，羣具以中外人情上聞。鎛密言於上曰：「邊賜皆如舊制，而人情忽如此者，由羣鼓扇，將以賣直(49)，歸怨於上也。」上以為然。十二月，乙卯，以羣為湖南觀察使，於是中外切齒(50)於鎛矣。

(25)中書舍人武儒衡有氣節(51)，好直言，上器之，顧待甚渥(52)，人皆言且(53)入相，令狐楚忌之，思有以沮(54)之者，乃薦山南東道節度推官狄兼謩才行，癸亥，擢兼謩左拾遺、內供奉(55)。兼謩，仁傑之族曾孫也。楚自草制辭，盛言：「天后竊位，姦臣擅權，賴仁傑保佑中宗，克復明辟㊱。」儒衡泣訴於上，且言臣曾祖平一，在天后朝，辭榮終老㊲，上由是薄楚之為人。

【今註】㈠旅拒：恃眾而行抗拒。㈡領事：謂知領其事。㈢行其職：行使其職權。㈣舉牒：盡牒知。㈤應在州兵：應即後之一應，而一應猶凡也，全句意謂凡在州之兵士。㈥支郡：猶屬郡。㈦主之：主知之。㈧擠：排擠。㈨掊克：聚斂，音培。㈩媚：媚幸。⑪文德：文教德化。⑫遂：猶因。⑬改稅法，不督錢而納布帛：自建中初，楊炎定兩稅法，不令民輸其土之所產而督錢。督錢謂責求民以錢交納賦稅。⑭寬百姓租賦：謂寬減百姓租賦。⑮厚邊兵：謂厚待邊兵。⑯制：制止。⑰待制官：待制詔問訊而應對之官。⑱若何不為其易乎：謂如何不能為其容易者乎。⑲上聖：謂聖人中之最上者。⑳容悅：受納喜悅。㉑骨鯁：喻正直。㉒大化：大政化。㉓逸欲：安逸之嗜欲。㉔期：期望。㉕鞠：通鞫，訊問。㉖款服：款，誠；言吐誠而伏誅也。㉗物色：謂狀貌。㉘則多異同：謂所言多異，此辭之同，以類而及，無意。㉙度：度量。㉚罪均：謂所犯之罪相等。㉛承：招承。㉜狷急：狷介躁急。㉝草創：謂初創而未完備。㉞所用杖絕大於常行者：胡三省曰：「唐制，凡杖皆長三尺五寸，削去節目。訊杖、大頭徑三分二釐，小頭二分二釐；常行杖、大頭二分七釐，小頭一分七釐；笞杖、大頭二分，小頭一分有半。」絕大謂甚大於。㉟反虜：反叛之奴虜。㊱營：營構。㊲峻急：嚴峻迫急。㊳沂水：沂州治臨沂縣，乃以沂水為名。㊴觸罪：犯罪。㊵奮命：猶挺身。(四一)立事：建立大事。(四二)常侍：謂王遂。(四三)副使：謂觀察副使。(四四)在告：謂休假在私室。(四五)直兵：值衞之兵，直通值。(四六)萬全：謂絕對安全。(四七)約：約定。(四八)留後：節度留後。(四九)直房：值兵所舍之室。(五〇)數：責。(五一)傳聲：傳語。(五二)升廳：升登廳事。(五三)抗禮：謂行對等禮。(五四)參賀：參謁及慶賀。(五五)具：詳。(五六)絁：粗綢，似布，音施。(五七)度支鹽鐵：謂度支使及鹽鐵使。(五八)進奉：薦進奉獻。(五九)助軍：補助軍興之用。(六〇)賀禮：慶賀亂平之禮物。(六一)助賞：資助國家賞賜有功將士。(六二)弘靖、宰相子：弘靖、張延賞次子，延賞相德宗。(六三)令聞：令善名聞。(六四)簡默：簡易靜默。(六五)素重：久已顯重。(六六)廉謹：清廉謹慎。(六七)閿鄉縣：據《新唐書・地理志》二，閿鄉縣屬河南道虢州，音ㄇㄧㄣˊ。(六八)跡其：追推其蹤跡。(六九)以逃戶稅：以逃亡戶口之租賦。(七〇)攤：攤派。(七一)致驅迫俱逃：比鄰以不勝負擔致被驅迫而亦皆逃亡。(七二)剝下：剝削下方。(七三)惟思竭澤，不慮無魚：《呂氏春秋》：「竭澤而漁，豈不得魚？而明年無魚。」(七四)攤逃：攤派逃戶所欠之稅。(七五)償稅：償還欠稅。(七六)謝病：辭病。(七七)方渠：據《新唐書・地理志》一，方渠縣屬關內道、慶州。(七八)恐青鄆相扇繼變：青鄆與兗海沂密，本係一鎮，故恐其相扇動而嗣繼為變。(七九)告身：猶後之委任狀。(八〇)紿：欺騙。(八一)計：料。(八二)迎候道路：謂迎候於道路之間。(八三)導從：謂導引及隨從者。(八四)杻械：桎梏。(八五)凶態：凶橫之態。(八六)迎候：迎接伺候。(八七)以鄆人有遷徙之勞：指前三分鄆兵以隸三鎮言。(八八)赤霧：兵死之氣，凝為赤霧。(八九)春秋書楚子虔誘蔡侯般，殺之于申：見《左傳》昭十一年。(九〇)誘討：謂欺誘而討殺之。(九一)殿：鎮。(九二)釁：隙。(九三)易於犬豕：謂易於戮犬豕，戮字乃承上而省。(九四)餌：謂如捕魚之餌。(九五)猜：猜疑。(九六)盻盻：恨視，音ㄒㄧˋ。(九七)更相魚肉：謂互相殘殺。(九八)為雄：謂得勝稱雄。(九九)弭：止。(一〇〇)致：獲得。(一〇一)狥：狥求。(一〇二)敦：重。(一〇三)物故：死亡。(一〇四)猶以故事繼襲：謂猶以故事，奉其兄弟子姪繼襲節度使之職。(一〇五)朱紫：《舊唐書・輿服志》：「上元元年制，文武三品已上，服紫金玉帶，四品服深緋，五品服淺緋，並金帶。」是朱紫乃指五品已上之官員言。(一〇六)盈庭：此謂盈滿家中。(一〇七)先理：先治。(一〇八)繫：繫賴。(一〇九)之所分：之所分異。(一一〇)無疆：無邊涯。(一一一)都護府：安南都護府治交州。(一一二)鬱鬱：抑鬱失意貌。(一一三)黃洞蠻：胡三省曰：「即西原蠻，其屬黃氏者，謂之黃洞蠻。」(一一四)府城：都護府所治之城。(一一五)桂管觀察使：《舊唐書・地理志》四：嶺南道桂管十五州，計為：桂、昭、蒙、富、梧、潯、龔、鬱林、平琴、賓、澄、繡、象、柳、融。(一一六)徼幸：謂徼求幸運。(一一七)但可自計利害：謂但宜自己計算討伐利害之大小。(一一八)江湖兵：此謂江南東西道之兵。(一一九)二管：謂二管之兵。(一二〇)被：遇。(一二一)二管彫弊：謂二管閭閻彫弊。(一二二)惟戕所部晏然：晏然謂安然。嶺南節度使雖兼統五管，而廣州所管，自為巡屬，據《舊唐書・地理志》四，廣州管有韶、循、岡、賀、端、新、康、封、瀧、恩、春、高、藤、義、竇、勤等州。(一二三)史奉敬：按《舊唐書・史敬奉傳》，奉敬皆作敬奉。(一二四)無聲問：無聲息音問。(一二五)俱沒：謂全軍覆沒。(一二六)無何：謂無幾何時，亦即不久。(一二七)奮擊：奮力進擊。(一二八)奮擊大破，不可勝計：胡三省曰：「當曰奮擊，大破之，殺獲不可勝計，文意乃為明暢。」(一二九)服：服用。(一三〇)躁渴：暴躁焦渴。(一三一)薦：薦舉。(一三二)汲引：謂如汲水之引提之。(一三三)浸：漸。(一三四)潛：潛伏。(一三五)巖壑：山谷。(一三六)衒：衒露。(一三七)不軌：不守常軌。(一三八)餌：猶食。㊴酷烈：猶猛烈。㊵火氣：火熱之氣。㊶藏：通臟。㊷勝：猶堪。㊸辨：分辨。㊹江陵：今湖北省江陵縣。㊺欲增孝德字：按當作欲增孝德二字。㊻多不時得：謂多不按時而得。㊼流言：傳言。㊽李光顏憂懼：光顏時帥邠寧。㊾賣直：謂賣弄己之理直。㊿切齒：謂痛恨。㊀氣節：氣度節概。㊁渥：優渥。㊂且：將。㊃沮：止。㊄擢兼暮左拾遺，內供奉：胡三省曰：「以資序尚淺，未除正官，令於左拾遺班內供奉，猶監察御史裏行也。」㊅克復明辟：謂能復為明君。㊆且言臣曾祖平一，在天后朝，辭榮終老：武平一在武后時，畏禍，居嵩山，修浮屠法，累詔不起。

十五年（西元八二〇年）

㈠春，正月，沂、海、兗、密觀察使曹華請徙理兗州㊀，許之。

㈡義成節度使劉悟入朝。

㈢初，左軍中尉吐突承璀謀立澧王惲㊁為太子，上不許，及上寢疾㊂，承璀謀尚未息，太子聞而憂之，密遣人問計於司農卿郭釗，釗曰：「殿下但盡孝謹㊃以俟之，勿恤㊄其它。」釗，太子之舅也。

㈣上服金丹多躁怒，左右宦官往往獲罪，有死者㊅，人人自危㊆，庚子，暴崩於中和殿㊇，時人皆言內常侍陳弘志弒逆，【考異】

實錄但云上崩於大明宮之中和殿，舊紀曰：「時帝暴崩，皆言內官陳弘志弒逆，史氏諱而不書。」王守澄傳曰：「憲宗疾大漸，內官陳弘慶等弒逆，憲宗英武，威德在人，內官秘之，不敢除討，但云藥發暴崩。」新傳曰：「守澄與內常侍陳弘志弒帝於中和殿。」裴廷裕東觀奏記云：「宣宗追恨光陵商臣之酷，郭太后亦以此暴崩。」然茲事曖昧，終不能測其虛實，故但云暴崩。其黨類㊈諱㊉之，不敢討賊，但云藥發，外人莫能明也。

㈤中尉梁守謙與諸宦官馬進潭、劉承偕、韋元素、王守澄等共立太子，殺吐突承璀及澧王惲，賜左右神策軍士錢，人五十緡，六軍、威遠㊁，人三十緡，左右金吾，人十五緡。閏月，丙午，穆宗即位於太極殿東序，是日，召翰林學士段文昌等及兵部郎中薛放、駕部員外郎丁公著對於思政殿㊂。放，戎之弟㊂，公著，蘇州人，皆太子侍讀也。上未聽政，放、公著常侍禁中，參預機密，上欲以為相，二人固辭。

㈥丁未，輟西宮朝臨㊃，集羣臣於月華門外㊄，貶皇甫鎛為崖州㊅司戶，市井皆相賀。

㈦上議命相，令狐楚薦御史中丞蕭俛，辛亥，以俛及段文昌皆為中書侍郎同平章事，楚、俛與皇甫鎛皆同年進士，上欲誅鎛㊆，俛及宦官救之，故得免。壬子，杖殺柳泌及僧大通，自餘方士皆流嶺表⑱，貶左金吾將軍李道古循州⑲司馬。

㈧癸丑，以薛放為工部侍郎，丁公著為給事中。

㈨乙卯，尊郭貴妃為皇太后。

㈩丁卯，上與羣臣皆釋服從吉⑳。

⑾二月，丁丑，上御丹鳳門樓㉑，赦天下，事畢，盛陳倡優雜戲於門內，而觀之。丁亥，上幸左神策軍，觀手㉒搏雜戲。庚寅，監察御史楊虞卿上疏，以為：「陛下宜延對㉓羣臣，周徧顧問，惠以氣色㉔，使進忠㉕若趨利，論政若訴冤㉖，如此而不致升平者，未之有也！」衡山㉗人趙知微亦上疏諫上遊畋㉘無節㉙，上雖不能用，亦不罪也。

⑿壬辰，廢邕管，命容管經略使㉚陽旻兼領之。

⒀安南都護桂仲武至安南，楊清拒境不納，清用刑慘虐，其黨離心，仲武遣人說其酋豪㉛，數月間降者相繼，得兵七千餘人，朝廷以仲武為逗遛，甲午，以桂管觀察使裴行立為安南都護，乙未，以太僕卿杜式方為桂管觀察使，丙申，貶仲武為安州刺史。

㈣丹王逾㉓薨。

㈤吐蕃寇靈武。

㈥憲宗之末，回鶻遣合達干來求昏，尤切㉔，憲宗許之。三月，癸卯朔，遣合達干歸國。

㈦上見夏州觀察判官柳公權書跡，愛之，辛酉，以公權為右拾遺、翰林侍書學士㉔，上問公權，卿書何能如是之善。對曰：「用筆在心，心正，則筆正。」上默然改容，知其以筆諫也㉕。公權、公綽之弟也。

㈧辛未，安南將士開城，納桂仲武，執楊清斬之，裴行立至海門㉖而卒，復以仲武為安南都護。

㈨吐蕃寇鹽州。

㈩初膳部員外郎元積為江陵士曹，與監軍崔潭峻善，上在東宮，聞宮人誦積歌詩而善之，及即位，潭峻歸朝，獻積歌詩百餘篇，上問積安在，對曰：「今為散郎㉗。」夏，五月，庚戌，以積為祠部郎中，知制誥㉘，朝論鄙之，會同僚食瓜於閣下㉙，有青蠅集其上，中書舍人武儒衡以扇揮之，曰：「適從何來，遽㊵集於此！」同僚皆失色㊶，儒衡意氣自若㊷。

(廿一)庚申，葬神聖章武孝皇帝於景陵㊸，廟號憲宗。

(廿二)六月，以湖南觀察使崔羣為吏部侍郎，召對別殿，上曰：「朕升儲副，知卿為羽翼㊹。」對曰：「先帝之意，久屬聖明，臣何力之有？」

(廿三)太后居興慶宮㊺，每朔望，上帥百官，詣宮上壽，上性侈，所以奉養太后，尤為華靡㊻。

(廿四)秋，七月，乙巳，以鄆曹濮節度為天平軍。

(廿五)門下侍郎同平章事令狐楚坐為山陵使㊼，部吏盜官物，又不給工人傭直㊽，收其錢十五萬緡為羨餘㊾，獻之，怨訴㊿盈路，丁卯，罷為宣歙池觀察使。

(廿六)八月，癸巳，發神策兵二千浚魚藻池51。

(廿七)戊戌，以御史中丞崔植為中書侍郎同平章事。

(廿八)己亥，再貶令狐楚衡州52刺史。

(廿九)上甫過公除(五三)，即事遊畋聲色，賜與無節，九月，欲以重陽(五四)大宴，拾遺李珏帥其同僚上疏曰：「伏以元朔未改(五五)，園陵尚新，雖陛下就易月(五六)之期，俯從人欲(五七)，而禮經著三年之制，猶服心喪(五八)，遵同軌之會(五九)始離京(六〇)，告遠夷之使(六一)未復命(六二)，遏密(六三)弛禁(六四)，蓋為齊人(六五)，合樂後庭，事將未可。」上不聽。

(卅)戊午，加邠寧節度使李光顏、武寧節度使李愬，並同平章事。

(卅一)冬，十月，王承宗薨，其下秘不發喪(六六)，子知感知信皆在朝，諸將欲取帥於屬內諸州，參謀崔燧以承宗祖母涼國夫人(六七)命，告諭諸將及親兵，立承宗之弟觀察支使(六八)承元，承元時年二十，【考異】舊傳作年十八。按承元大和七年卒年三十三，則於今年二十矣。今從實錄。將士拜之，承元不受，泣且拜，諸將固請不已，承元曰：「天子遣中使監軍，有事當與之議。」及監軍至，亦勸之，承元曰：「諸公未忘先德(六九)，不以承元年少，欲使之攝軍務，承元請盡節(七〇)，以遵忠烈(七一)之志，諸公肯從之乎！」眾許諾，承元乃視事於都將聽事(七二)，令左右不得謂己為留後，委事(七三)於參佐(七四)密表請朝廷除帥，庚辰，監軍奏承宗疾亟(七五)，弟承元權知留後，并以承元表聞。

(卌二)党項復引吐蕃寇涇州，連營五十里。

(卌三)辛巳，遣起居舍人相耆詣鎮州（七六）宣慰。

(卌四)壬午，羣臣入閤（七七），諫議大夫鄭覃、崔郾等五人進言：「陛下宴樂過多，畋遊無度，今胡寇壓境（七八），忽有急奏，不知乘輿所在，又晨夕與倡優狎暱（七九），賜與過厚。夫金帛、皆百姓膏血，非有功不可與，雖內藏有餘，願陛下愛（八〇）之，萬一四方有事，不復使有司重斂百姓。」時久無閤中論事者（八一），上始甚訝（八二）之，謂宰相曰：「此輩何人？」對曰：「諫官。」上乃使人慰勞之，曰：「當依卿言。」宰相皆賀，然實不能用也。【考異】舊崔郾傳曰：「上即位，荒於禽酒，坐朝常晚，郾與同列鄭覃等延英切諫，上甚嘉之，畋游稍簡。」杜牧郾行狀曰：「穆宗皇帝春秋富盛，稍以畋游聲色為事，公晨朝正殿，揮同列進而言曰，十一聖之功德，四海之大，萬國之眾，之治之亂，懸於陛下。自山已東百城千里，昨日得之，今日失之，西望戎壘，距宗廟十舍，百姓憔悴，蓄積無有，願陛下稍親政事，天下幸甚。誠至氣直，天子為之動容，斂袖慰而謝之。」按是時未失山東，杜牧直取穆宗時事，文飾以為郾諫辭耳。新傳承而用之，皆誤也。今從實錄舊傳。覃、珣瑜之子（八三）也。

(卌五)上嘗謂給事中丁公著曰：「聞外間人多宴樂，此乃時和人安，足用為慰。」公著對曰：「此非佳事（八四），恐漸勞聖慮。」上曰：

「何故？」對曰：「自天寶以來，公卿大夫競為遊宴，沈酣㊇㊄晝夜，優雜子女㊇㊅，不愧左右㊇㊆，如此不已，則百職皆廢，陛下能無獨憂勞乎？願少加禁止，乃天下之福也。」【考異】實錄：「明年二月景子，觀神策雜伎。」因云上嘗召公著問云云。舊紀遂云：「其日上歡甚，顧公著云云。」此誤也。今因單等諫荒事言之。

㊆㊅癸未，涇州奏吐蕃進營㊇㊇，距州三十里，告急求救，以右軍中尉梁守謙為左右神策、京西北行營都監，將兵四千人，并發八鎮㊇㊈全軍救之，賜將士裝錢㊈〇二萬緡，以郯王府㊈㊀長史邵同為太府少卿，兼御史中丞，充荅吐蕃請和好使。初秘書少監田洎入吐蕃，為弔祭使㊈㊁，吐蕃請與唐盟於長武城下，洎恐吐蕃留之，不得還，唯阿而已㊈㊂。既而吐蕃為党項所引入寇，因以為辭㊈㊃，曰：「田洎許我將兵赴盟。」於是貶洎郴州㊈㊄司戶。

㊆㊆成德軍始奏王承宗薨，乙酉，徙田弘正為成德節度使，以王承元為義成節度使，劉悟為昭義節度，李愬為魏博節度使㊈㊅，又以左金吾將軍田布為河陽節度使。

㊆㊇渭州㊈㊆刺史郝玼數出兵襲吐蕃營，所殺甚眾，李光顏發邠寧兵

救涇州，【考異】舊傳光顏救涇州事，在十四年，今從實錄。邠寧兵以神策受賞厚，皆慍(九八)曰：「人給五十緡，而不識戰鬭者，彼何人(九九)邪！常額衣資(〇〇)不得，而冒白刃者，此何人(〇一)邪！」洶洶不可止，光顏親為開陳(〇二)大義，以諭之，言與涕俱，然後軍士感悅(〇三)而行，將至涇州，吐蕃懼而退。丙戌，罷神策行營。西川奏吐蕃寇雅州，辛卯，鹽州奏吐蕃營於烏白池(〇四)，尋亦皆退。

(廿九)十一月，癸卯，遣諫議大夫鄭覃詣鎮州宣慰，賜錢一百萬緡，以賞將士，王承元既請朝命，諸將及鄰道爭以故事勸之(〇五)，承元皆不聽。及移鎮義成，將士諠譁不受命，承元與柏耆召諸將以詔旨諭之，諸將號哭不從，承元出家財以散之，擇其有勞者(〇六)擢之，謂曰：「諸公以先代(〇七)之故，不欲承元去此，意甚厚，然使承元違天子之詔，其罪大矣。昔李師道之未敗也，朝廷嘗赦其罪，師道欲行，諸將固留之，其後殺師道者，亦諸將也。諸將勿使承元為師道，則幸矣！」因涕泣不自勝(〇八)，且拜之，十將李寂等十餘人，固留承元，承元斬以徇，軍中乃定。丁未，承元赴滑州，【考異】舊承元傳曰：「承元與柏耆召諸將於館驛諭之，斬李寂等，軍中始定。」舊鄭覃傳曰：「王承元移授鄭滑，鎮之三軍留承元，不能赴鎮，承元乞重臣宣諭，乃以覃為宣諭使。初鎮卒辭語不遜，覃至，宣詔諭以大義，軍人釋然聽命。」按實錄：「辛亥，田弘正奏，今月九日，王承元領兵三千人赴滑州。」計覃於時猶未能到鎮州，作傳者推以為覃功耳，今從承元傳。將吏或以鎮州器用財貨行㊾，承元悉命留之。

㊵上將幸華清宮，戊午，宰相率兩省供奉官⑳詣延英門㉑，三上表切諫，且言如此臣輩當扈從㉒，求面對㉓，皆不聽，諫官伏門下㉔，至暮乃退。己未，未明，上自複道出城㉕，幸華清宮，獨公主、駙馬中尉、神策六軍使，帥禁兵千餘人扈從，晡時㉖還宮。

㊶十二月，己巳朔，鹽州奏，吐蕃千餘人圍烏白池。

㊷庚辰，西川奏，南詔二萬人入界，請討吐蕃。

㊸癸未，容管奏，破黃少卿萬餘眾，拔營柵三十六。時少卿久未平，國子祭酒韓愈上言：「臣去年貶嶺外㉗，熟知黃家賊事，其賊無城郭可居，依山傍險，自稱洞主，尋常亦各營生㉘，急則屯聚相保，比緣邕管經略使多不得人，德既不能綏懷，威又不能臨制㉙，侵欺虜縛㉚，以致怨恨，遂攻劫州縣，侵暴平人㉛，或復私讎，或貪小利，或聚或散，終亦不能為事㉜。近者征討，本起裴行立、陽

旻，此兩人者，本無遠慮深謀，意在邀㉓功求賞，亦緣見賊未屯聚之時，將謂㉔單弱，爭獻謀計，自用兵以來，已經二年，前後所奏殺獲，計不下二萬餘人，儻皆非虛，賊已尋盡㉕，至今賊猶依舊，足明欺罔朝廷㉖。豈容兩管，經此凋弊，殺傷疾疫，十室九空，如此不已，臣恐嶺南一道，未有寧息㉗之時。自南討已來，賊徒亦甚傷損，察其情理，厭苦必深，賊所處荒僻，假如盡殺其人，盡得其地，在於國計，不為有益，若因改元大慶㉘，赦其罪戾㉙，遣使宣諭，必望風㉚降伏，仍㉛為選擇有威信㉜者為經略使，苟處置得宜，自然永無侵叛之事。」上不能用。

【今註】㈠徙理兗州：謂遷徙治所於兗州。㈡澧王惲：乃憲宗第二子。㈢寢疾：臥疾。㈣孝謹：孝順恭謹。㈤恤：憂。㈥有死者：謂甚至有死者。㈦自危：皆自懼危險之至。㈧暴崩於中和殿。年四十三。㈨黨類：同黨同類。㈩諱：避諱。⑪六軍、威遠：胡三省曰：「按新志，左右龍武、左右神武、左右神策，號六軍。今神策軍賜錢既厚，而復有六軍，則明唐中世以後，以左右羽林、龍武、神武為六軍也。威遠別是一軍。」⑫思政殿：胡三省曰：「以嗣君即位於太極殿東序，及下文輟西宮朝臨徵之，中和殿思政殿，疑皆在西內。實錄言憲宗崩於大明宮之中和殿，則在東內。」⑬放，戎之弟：薛戎見卷二百三十五德宗貞元十六年。⑭西宮朝臨：胡三省曰：「西宮即西內，大行在殯，臣子朝夕臨。臨，哭也。」⑮月華門：胡三省曰：「唐東西內皆有月華門，西內則太極門內之東廂有日華門，西廂有月華門，東內則宣政殿東廊有日華門，西廊有月華門。」⑯崖州：《舊唐書·地理志》四：「嶺南道崖州，至京師七千四百六十里。」⑰上欲誅鎛：以其附吐突承璀，欲立澧王。⑱嶺表：嶺外，亦即嶺南。⑲循州：《舊唐書·地理志》四：「嶺唐道、循州，至東都四千八百里。」⑳上與羣臣皆釋服從吉：用漢文帝遺制。㉑丹鳳門樓：《唐六典》卷七：「大明宮南面五門，正南曰丹鳳門。」門上有樓，則曰丹鳳門樓。㉒手搏：按《舊唐書·穆宗紀》作角抵，知角抵即手搏也。然《通鑑》自唐中葉後，率書作手搏，而不曰角抵。㉓延對：謂延接應對。㉔惠以氣色：謂惠賜以溫和之氣色。㉕進忠：進忠言。㉖趨利訴冤：人處二者時，率皆急欲有所作為，及有所傾吐。㉗衡山：今湖南省衡山縣。㉘遊畋：遊豫畋獵。㉙無節：無節度。㉚容管經略使：《舊唐書·地理志》四：「嶺南道、容管，在桂管西南，管十州，為：容、辯、白、牢、欽、禺、湯、瀼、巖、古。」㉛酋豪：酋長豪帥。㉜丹王逾：逾，代宗子。㉝尤切：尤殷切。㉞翰林侍書學士：使之侍書而已，不使任代言之職。㉟以筆諫也：謂以用筆之法而行進諫。㊱海門：胡三省曰：「海門鎮在白州博白縣東南。」㊲散郎：胡三省曰：「郎中謂之正郎，員外郎謂之散郎。」散郎即冗散之郎，無正式職務者。㊳知制誥：胡三省曰：「唐制，中書舍人六人，一人知制誥，開元初，以它官掌詔勅，未命，謂之兼知制誥。」㊴閣下：中書省曰鳳閣，又有紫微閣。㊵遽：突。㊶皆失色：謂皆為之驚愕失色。㊷意氣自若：謂面部毫無畏懼之色。㊸景陵：據《新唐書・地理志》一，景陵在同州、奉先縣西北二十里金熾山。㊹朕升儲副，知卿為羽翼：事見卷二百三十八憲宗元和七年。㊺興慶宮：乃唐玄宗舊宅，開元初以為離宮，至十四年，又取永嘉勝業坊之半以置。㊻華靡：奢華侈靡。㊼坐為山陵使：謂坐為山陵使時。㊽傭直：雇傭之工資。㊾羡餘：盈餘。㊿怨訴：怨恨又訴苦之聲。(51)魚藻池：程大昌曰：「自東內苑玄化門入禁苑，魚藻宮在其西。」魚藻池即在魚藻宮之左右。(52)衡州：《舊唐書・地理志》三：「江南道、衡州，在京師東南三千四百三里。」(53)公除：胡三省曰：「遵漢制三十七日釋服，謂之公除。按此時以二十七日公除，下所謂易月也。」(54)重陽：九月九日謂之重陽；九，陽數也，故云。(55)元朔未改：謂未踰年也，元朔指元年正月朔日言。(56)易月：謂易一月為一日。(57)人欲：謂士庶之意欲。(58)禮經著三年之制，猶服心喪：蓋三年之慕，內切於心，不可變也。(59)同軌之會始離京：《左傳》隱元年：「天子七月而葬，同軌畢至。」同軌指車同軌言，同軌畢至，謂海內畢至。(60)始離京：謂訃告不過方離京城。(61)告遠夷之使：胡三省曰：「唐制，國有大喪，遣使宣遺詔於四夷，謂之告哀使。」(62)未復命：謂將使命而未復還。(63)遏密：《書・舜典》：「三載，四海遏密八音。」孔注：「遏，絕，密，靜。」意謂禁止奏樂。(64)弛禁：解弛禁令。(65)齊人：猶言齊民，亦即平民。(66)發喪：猶舉哀。(67)涼國夫人：蓋王武俊之妻。(68)觀察支使：猶觀察副使。(69)先德：先人之功德。(70)盡節：盡節操。(71)忠烈：王武俊封清河郡王，謚忠烈。(72)都將聽事：謂都知兵馬使之聽事。(73)委事：委任軍事。(74)參佐：參軍及僚佐。(七五)亟：通急，危急。(七六)鎮州：是年改恒州為鎮州，以避上名。(七七)入閤：歐陽修曰：「唐故事，天子日御殿見羣臣，曰常參，朔望薦食諸陵寢，有思慕之心，不能臨前殿，則御便殿見羣臣，曰入閤。宣政、前殿也，謂之衙，衙有仗；紫宸、便殿也，謂之閤。其不御前殿而御紫宸也，乃自正衙喚仗，由閤門而入，百官俟朝于衙者，因隨而入見，故謂之入閤。」(七八)胡寇壓境：謂吐蕃入寇。(七九)狎暱：狎褻親暱。(八〇)愛：愛惜。(八一)時久無閤中論事者：入閤諫官論事，乃太宗之制。(八二)訝：驚疑。(八三)覃、珣瑜之子：鄭珣瑜永貞間為相。(八四)佳事：猶好事。(八五)沈酣：沈湎酣飲。(八六)優雜子女：《禮·樂記》：「獶雜子女。」鄭注：「獶或為優。」孔疏：「獶雜謂獼猴也，言舞戲之時，狀如獼猴，間雜、男子婦人無別也。」(八七)不愧左右：謂對其左右、不以此為愧。(八八)進營：向前安營。(八九)八鎮：胡三省曰：「左右神策軍分屯近畿，凡八鎮：長武、興平、好時、普閏、郃陽、良原、定平、奉天。」(九〇)裝錢：治裝錢。(九一)郯王府：郯王經、順宗子，音談。(九二)入吐蕃為弔祭使：按《新唐書·吐蕃傳》：「帝即位，遣田洎往告。」則以洎為告哀使，非弔祭使。(九三)唯阿而已：老子曰：「唯之與阿，相去幾何。」皆為允許之辭。《新唐書·吐蕃傳》，則作：「洎含糊應之。」意亦相類。(九四)因以為辭：謂因以為藉口辭。(九五)郴州：《舊唐書·地理志》三：「江南道、郴州，在京師東南三千三百里。」(九六)徙田弘正為成德節度使，以王承元為義成節度使，劉悟為昭義節度使，李愬為魏博節度使：田弘正自魏博徙成德，劉悟自義成徙昭義，李愬初自武寧徙昭義，尋改魏博。(九七)渭州：胡三省曰：「元和四年，以原州之平涼縣置行渭州。」(九八)慍：怒。(九九)彼何人：謂彼為何等人，而受如此優賞。(一〇〇)常額衣資：謂尋常數額之衣糧。①此何人：謂此為何等人，而遇薄行危。②開陳：開導陳說。③感悅：感動歡悅。④烏白池：《新唐書・地理志》一：「關內道鹽州五原縣，有烏池、白池、細項池、四瓦窰池鹽。」是烏白池乃烏池白池，係二池名，而非一也。⑤爭以故事勸之：謂勸其承襲節度使之職。⑥有勞者：有功勞者。⑦先代：謂先人。⑧因涕泣，不自勝：謂涕泣不能止。⑨以鎮州器用財貨行：謂攜鎮州之器用財幣以行。⑩兩省供奉官：胡三省曰：「兩省以中書門下言也。兩省官，自左右常侍以下，至遺補起居郎舍人，皆供奉官也。」⑪延英門：延英殿門。⑫扈從：隨從天子車駕。⑬面對：謂親對。⑭門下：謂延英門下。⑮自複道出城：胡三省曰：「自複道至興慶宮，因而出城，不欲出皇城，令百官知之，而扈從也。」⑯晡時：申時，今下午四至六時。⑰貶嶺外：謂貶潮州。⑱營生：經營生計。⑲臨制：猶制馭。⑳虜縛：俘虜綁縛。㉑平人：即平民。㉒終亦不能為事：謂不能為大事。㉓邀：求。㉔將謂：將以為。㉕尋盡：將盡。㉖足明欺罔朝廷：謂足以證明乃係欺罔君上。㉗寧息：安寧平息。㉘改元大慶：謂即位踰年改元，大赦天下。㉙罪戾：戾亦罪。㉚望風：望風聲。㉛仍：因。㉜威信：威聲信用。

穆宗睿聖文惠孝皇帝上

長慶元年（西元八二一年）

㈠春，正月，辛丑，上祀圓丘，赦天下，改元，河北諸道各令均定兩稅㈠。

㈡門下侍郎同平章事蕭俛介潔㈡疾惡，為相重惜㈢官職，少所引拔，西川節度使王播，大修貢奉，且以賂結宦官，求為相，段文昌復左右㈣之，詔徵播詣京師，俛屢於延英力爭，言播纖邪，物論㈤沸騰，不可以汚台司㈥，上不聽，俛遂辭位。己未，播至京師，壬戌，俛罷為右僕射，俛固辭僕射。二月，癸酉，改吏部尚書。

㈢盧龍節度使劉總既殺其父兄，心常自疑，數見父兄為祟㈦，常於府舍飯㈧僧數百，使晝夜為佛事，每視事退，則處其中，或處他室，則驚悸不敢寐，晚年恐懼尤甚，亦見河南北皆從化㈨，己卯，奏乞棄官為僧，【考異】舊溫造傳曰：「長慶元年，奉使河朔稱旨，遷殿中侍御史。既而幽州劉總，請以所部九州聽朝旨，穆宗選可使者，或薦造，乃拜起居舍人，充太原幽州鎮州宣諭使。造初至范陽，劉總具櫜鞬郊迎，乃宣聖旨，示以禍福，總俯伏流汗，若兵加於頸矣。及造使還，總遂移家入覲。」按實錄：「長慶元年正月己巳，以造為太原鎮州等道宣慰使，二月己卯，劉總奏乞為僧。」計造奉使尚未還，三月癸亥，總已卒，八月丁亥，以殿中侍御史溫造為起居舍人，充鎮州四面諸軍宣慰使。造前以京兆司錄宣慰兩河，眾推其材，故有是命，舊傳誤也。仍乞賜錢百萬緡，以賞將士。

㈣上面諭西川節度使王播令歸鎮，播累表乞留京師，會中書侍郎同平章事段文昌請退，壬申，以文昌同平章事，充西川節度使，以翰林學士杜元穎為戶部侍郎同平章事，以播為刑部尚書，充鹽鐵轉運使。元穎，淹之六世孫⑩也。

㈤回鶻保義可汗卒。

㈥三月，癸丑，以劉總兼侍中，充天平節度使，以宣武節度使張弘靖為盧龍節度使。

㈦乙卯，以權知京兆尹盧士玫為瀛、莫觀察使。丁巳，詔劉總兄弟子姪皆除官，大將僚佐亦宜超擢，百姓給復⑪一年，軍士賜錢一百萬緡。

㈧戊午，立皇弟憬為鄜王，悅為瓊王，惸為沔王，懌為婺王，愔為茂王，怡為光王，協為淄王，憺為衢王，惋為澶王，皇子湛為景王，涵為江王，湊為漳王，溶為安王，瀍為穎王。

㈨劉總奏，懇乞為僧，且以其私第為佛寺。詔賜總名大覺，寺名報恩，遣中使以紫僧服、及天平節鉞、侍中告身，并賜之，惟其所擇，詔未至，總已削髮為僧，將士欲遮留⑫之，總殺其唱⑬帥者十餘人，夜以印節授留後張玘，遁去，及明，軍中始知之，玘奏總不知所在，【考異】新傳：「總以節付張皐，皐玘之兄，為涿州刺史，總之妻父也。」按實錄：「幽州留後張玘奏，總以剃髮為僧，不知所在。」然則，不以節付皐也。癸亥，卒於定州之境。

(十)翰林學士李德裕，吉甫之子也，以中書舍人李宗閔嘗對策，譏切其父⑭，恨之，宗閔又與翰林學士元稹爭進取，有隙⑮，右補闕楊汝士與禮部侍郎錢徽掌貢舉，西川節度使段文昌、翰林學士李紳各以書，屬所善⑯進士於徽，及牓出，文昌紳所屬⑰，皆不預⑱，及第者⑲。鄭朗，覃之弟；裴譔，度之子；蘇巢，宗閔之壻；楊殷士，汝士之弟也。文昌言於上曰：「今歲禮部殊⑳不公，所取進士，皆子弟無藝㉑，以關節㉒得之。」上以問諸學士，德裕、稹、紳皆曰：「誠如文昌言。」上乃命中書舍人王起等覆試㉓。夏，四月，丁丑，詔黜朗等十人，【考異】鄭覃傳曰：「朗長慶元年，登進士甲科。」此蓋言其始者登科耳。貶徽江州㉔刺史，宗閔劍州㉕刺史，汝士開江㉖令。或勸徽奏文昌紳屬書，上必悟㉗，徽曰：「苟無愧心，得喪一致㉘，柰何奏人私書，豈士君子所為邪？」取而焚之，時人多之㉙。紳，敬玄之曾孫㉚；

起，播之弟也。自是德裕宗閔各分朋黨，更相傾軋㉛，垂四十年。

(十一)丙戌，冊回鶻嗣君㉜為登囉羽錄沒密施句主毗伽崇德可汗。

(十二)五月，丙申朔，回鶻遣都督宰相等五百餘人，來迎公主。

(十三)壬子，鹽鐵使王播奏，約榷茶額㉝，每百錢加稅五十。右拾遺李珏等上疏，以為：「榷茶近起貞元多事之際㉞，今天下無虞㉟，所宜寬橫斂之目㊱，而更增之，百姓何時當得息肩㊲？」不從。

(十四)丙辰，建王恪㊳薨。

(十五)癸亥，以太和長公主嫁回鶻。公主，上之妹也。吐蕃聞唐與回鶻婚。六月，辛未，寇青塞堡，鹽州刺史李文悅擊却之，戊寅，回鶻奏，以萬騎出北庭，萬騎出安西，拒吐蕃，以迎公主。

(十六)初，劉總奏分所屬為三道，以幽、涿、營為一道，請除張弘靖為節度使，平、薊、媯、檀為一道，請除平盧節度使薛平為節度使，瀛、莫為一道，請除權知京兆尹盧士玫為觀察使。弘靖先在河東，以寬簡㊴得眾，總與之鄰境，聞其風望㊵，以燕人桀驁㊶日久，故舉弘靖自代，以安輯之。平，嵩之子㊷，知河朔風俗，而盡誠㊸於國，故舉之。士玫，則總妻族之親也。總又盡擇麾下伉㊹健難制者，都知兵馬使朱克融等，送之京師，乞加獎拔㊺，使燕人有慕羡朝廷祿位㊻之志，又獻征馬㊼萬五千匹，然後削髮委去㊽。克融，滔之孫也。

㈦是時上方酣宴㊾，不留意天下之務，崔植、杜元穎無遠略，不知安危大體㊿，苟(51)欲崇重弘靖，惟割瀛莫二州，以士玫領之，自皆餘統於弘靖。朱克融等久羈旅(52)京師，至假匄(53)衣食，日詣中書求官，植元穎不之省(54)，及除弘靖幽州，勒(55)克融輩歸本軍驅使，克融輩皆憤怨。先是河北節度使皆親冒寒暑，與士卒均勞逸(56)，及弘靖至，雍容驕貴，肩輿於萬眾之中(57)，燕人訝(58)之。弘靖莊默(59)自尊，涉旬，乃一出坐決事(60)，賓客將吏，罕得聞其言，情意不接(61)，政事多委之幕僚，而所辟(62)判官韋雍輩，多年少輕薄之士，嗜酒豪縱(63)，出入傳呼甚盛(64)，或夜歸燭火(65)滿街，皆燕人所不習(66)也。詔以錢百萬緡賜將士，弘靖留其二十萬緡，充軍府雜用，雍輩復裁刻(67)軍士糧賜(68)，繩之以法，數以反虜(69)詬(70)責吏卒，謂軍士曰：

「今天下太平，汝曹能挽兩石弓，不若識一丁字。」由是，軍中人人怨怒㊐。

【今註】㊀河北諸道各令均定兩稅：以河北諸鎮，各奉圖請吏，輸賦稅，故令均定之。㊁介潔：狷介高潔。㊂重惜：珍重愛惜。㊃左右：謂輔助。㊄物論：人物之評論，亦即輿論。㊅台司：謂宰相之位。㊆祟：災禍，音ㄙㄨㄟˋ。㊇飯僧：又曰齋僧。㊈從化：順從王化。㊉元穎、淹之六世孫：杜淹太宗朝為相。㊀給復：免除賦役。㊁遮留：遮道而留行。㊂唱帥者：謂唱言及帥領徒眾，而欲有所作為者。㊃以中書舍人李宗閔嘗對策，譏切其父：事見卷二百三十七憲宗元和三年，譏切謂譏責。㊄隙：仇隙。㊅所善：所親善。㊆屬：屬託。㊇不預：未得參預。㊈及第者：取中進士，謂之及第，言其文學及等第也。㊉殊：頗。㊀皆子弟無藝：謂皆公卿子弟，無有才藝。㊁關節：唐人謂相屬請為關節，此語至今猶然，意謂走動門子。㊂覆試：重行考試。㊃江州：《舊唐書・地理志》三：「江南道、江州，在京師東南二千九百四十八里。」㊄劍州：同志四：「劍南道、劍州，至京師一千六百六十二里。」㊅開江：據《新唐書・地理志》四，開江縣屬山南西道、開州。㊆悟：省悟。㊇得喪一致：謂或得或喪，皆無殊異。㊈多之：謂以為善。㊉紳，敬玄之曾孫：李敬玄，高宗朝為相。㊀傾軋：傾覆排軋。㊁冊回鶻嗣君：胡三省曰：「按通鑑例，回鶻新可汗，未嘗書嗣君。」㊂約榷茶額：謂大約制定榷茶稅之總額。㊃榷茶近起貞元多事之際：見卷二百三十四德宗貞元九年。㉟無虞：無憂。㊱寬橫斂之目：謂寬減橫征暴斂之名目。㊲息肩：謂減輕負擔。㊳建王恪：恪，上弟。㊴寬簡：寬弘簡易。㊵風望：風聲資望。㊶桀驁：桀戾驁橫，皆不遜之態。㊷平，嵩之子：薛嵩從史思明為將，代宗初來降。㊸盡誠：猶盡忠。㊹伉：無所卑屈。㊺獎拔：獎賞拔擢。㊻祿位：俸祿爵位。㊼征馬：戰馬。㊽委去：棄官而去。㊾酣宴：沈湎酒色。㊿大體：大要。(五一)苟：苟且。(五二)羈旅：羈留旅寓。(五三)假匄：乞、借，音ㄍㄞˋ。(五四)不之省：謂不之省聽，亦即不之理。(五五)勒：令。(五六)均勞逸：猶同勞逸。(五七)肩輿於萬眾之中：謂於萬眾之中，仍乘肩輿。(五八)訝：驚訝。(五九)莊默：莊肅緘默。(六〇)乃一出坐決事：謂乃一出坐於廳事，而決斷政務。(六一)不接：不相通接。(六二)辟：辟任。(六三)豪縱：豪放縱肆。(六四)出入傳呼甚盛：謂出入騶從傳呼之聲甚盛。(六五)燭火：燭炬火把。(六六)習：慣習。(六七)裁刻：裁減剋扣。(六八)繩：糾正。(六九)反虜：為當時最刻毒之罵人語，意謂反叛之囚虜。(七〇)詬：詈。(七一)怨怒：怨恨忿怒。

卷二百四十二 唐紀五十八

司馬光編集
曲守約註

起重光赤奮若七月，盡玄黓攝提格，凡一年有奇。（辛丑至壬寅，西元八二一年至八二二年）

穆宗睿聖文惠孝皇帝中

長慶元年（西元八二一年）

㈠秋，七月，甲辰，韋雍出逢小將，策馬㈠衝其前導，雍命曳下㈡，欲於街中杖之，河朔軍士，不貫受杖㈢，不服，雍以白弘靖，弘靖命軍虞候繫治㈣之。是夕，士卒連營呼譟作亂，將校不能制㈤，遂入府舍，掠弘靖貨財婦女，囚弘靖於薊門館㈥，殺幕僚韋雍、張宗元、【考異】舊傳作張宗厚，今從實錄。崔仲卿、鄭塤、都虞候劉操、押牙張抱元，明日，軍士稍稍自悔，悉詣館謝弘靖㈦，請改心事之，凡三請，弘靖不應。軍士乃相謂曰：「相公無言，是不赦吾曹，軍中豈可一日無帥！」乃相與迎舊將朱洄，奉以為留後。洄，克融之父也，時以疾廢臥家㈧，自辭老病，請使克融為之，眾從之。眾以判官張徹長者㈨，不殺，徹罵曰：「汝何敢反！行且㈩族滅。」眾共殺之。【考異】實錄：「徹到職纔數日，軍人不之殺，與弘靖同館處之。後數日，軍人恐徹與弘靖為謀，將移之它所，徹自疑就戮，因抗聲大罵，復遇害。」舊傳曰：「續有張徹者，自遠使迴，軍人以其無過，不欲加害，將移引置館中，徹不知其心，遂索弘靖所在，大罵軍人，亦為亂兵所殺。」韓愈徹墓誌曰：「徹累官至范陽府監察御史，長慶二年，今牛宰相為中丞，奏君為御史，其府惜不敢留，遣之，而密奏，臣始至孤怯，須彊佐乃濟，發半道，有詔以君還之。至數日，軍亂，怨其府從事，盡殺之，而囚其帥，且相約，張御史長者，無庸殺，置之帥所。居月餘間，有中貴人自京師至，君謂其帥，公無負此土人。上使至，可因請見自辯，幸得脫免歸，即推門求出，守者以告其魁，魁與其徒皆駭曰，張御史忠義，必為其帥告此餘人，不如遷之別館。即以眾出君，君出門，罵眾曰，汝何敢反，前日吳元濟斬東市，昨日李師道斬於軍中，同惡者父母妻子皆屠死，肉餧狗鼠鴟鴉，汝何敢反！行且罵，眾畏惡其言，不忍聞，且虞生變，即擊君以死，君抵死，口不絕罵。眾皆曰，義士義士，或收瘞之。以俟。」據舊傳，徹以弘靖囚時被殺，實錄云後數日，墓誌云居月餘。三書各不同。按此月丁巳，弘靖已貶官，月餘則離幽州，今從實錄參以墓誌。

㈡壬子，羣臣上尊號曰文武孝德皇帝，赦天下。

㈢甲寅，幽州監軍奏軍亂，丁巳，貶張弘靖為賓客公司㈡，己未，再貶吉州刺史。【考異】舊傳貶撫州刺史。按明年乃改撫州，今從實錄。庚申，以昭義節度使劉悟為盧龍節度使，悟以朱克融方彊，奏請且授克融節鉞㈢，徐圖之，乃復以悟為昭義節度使。

㈣辛酉，太和公主發長安。

㈤初田弘正受詔鎮成德，自以久與鎮人戰，有父兄之仇，乃以魏兵二千從赴鎮，因留以自衛，奏請度支供其糧賜㈢，戶部侍郎判度支崔倰性剛編(一四)，無遠慮，以為魏鎮各自有兵，恐開事例(一五)，不肯給。弘正四上表，不報，不得已，遣魏兵歸。【考異】舊弘正傳：「七月歸卒於魏州。」王庭湊傳云：「六月，魏兵還鎮。」崔倰傳曰：「遣魏卒還鎮，不數日而鎮州亂。」今從之。倰，沔之孫(一六)也。弘正厚於骨肉，兄弟子姪在兩都者(一七)數十人，競為侈靡，日費約二十萬(一八)，弘正輦(一九)魏鎮之貨以供之，相屬(二〇)於道，河北將士頗不平(二一)，詔以錢百萬緡賜成德軍，度支輦運不時至(二二)，軍士益不悅。都知兵馬使王庭湊，本回鶻阿布思之種(二三)也，性果悍(二四)陰狡，潛謀作亂，每抉(二五)其細故以激怒之，尚以魏兵故不敢發，及魏兵去，壬戌夜，庭湊結牙兵譟於府署(二六)，殺弘正及僚佐、元從將吏(二七)并家屬三百餘人，廷湊自稱留後，逼監軍宋惟澄奏求節鉞。八月，癸巳，惟澄以聞(二八)，朝廷震駭，崔倰於崔植為再從兄(二九)，故時人莫敢言其罪。初朝廷易置魏鎮帥臣，左金吾將軍楊元卿上言，以為非便，又詣宰相深陳利害，及鎮州亂，上賜元卿白玉帶，辛未，以元卿為涇原節度使。瀛莫將士家屬多在幽州，壬申，莫州都虞侯張良佐潛引朱克融兵入城，刺史吳暉不知所在(三〇)，癸酉，王庭湊遣人殺冀州刺史王進岌，分兵據其州。

㈥魏博節度使李愬聞田弘正遇害，素服㉛令將士曰：「魏人所以得通聖化㉜，至今安寧富樂者，田公之力也，今鎮人不道㉝，輒敢害之，是輕魏以為無人㉞也，諸君受田公恩，宜如何報之。」眾皆慟哭，深州刺史牛元翼、成德良將也，愬使以寶劍玉帶遺㉟之，曰：「昔吾先人以此劍立大勳，吾又以之平蔡州，今以授公，努力翦㊱庭湊。」元翼以劍帶㊲狥於軍㊳，報曰：「願盡死。」愬將出兵，會疾作㊴，不果，元翼、趙州人也。乙亥，起復㊵前涇原節度使田布為魏博節度使，令乘驛之鎮，布固辭不獲，與妻子賓客訣㊶曰：「吾不還矣。」悉屏去旌節導從而行，未至魏州三十里，被髮徒跣㊷，號哭而入，居於堊室㊸，月俸千緡，一無所取，賣舊產得錢十餘萬緡，皆以頒㊹士卒，舊將老者，兄事之。丙子，瀛州軍亂，執觀察使盧士玫及監軍僚佐送幽州，囚於客館，王庭湊遣其將王立攻深州，不克。

㈦丁丑，詔魏博、橫海、昭義、河東、義武諸軍各出兵，臨成德之境，若王庭湊執迷不復㊺，宜即進討，成德大將王儉等五人，謀殺王庭湊，事泄㊻，幷部兵三千人皆死。己卯，以深州刺史牛元翼為深冀節度使。丁亥，以殿中侍御史溫造為起居舍人，充鎮州四面諸軍宣慰使，歷澤潞、河東、魏博、橫海、深、冀、易、定等道，諭以軍期。造，大雅之五世孫㊼也。己丑，以裴度為幽鎮兩道招撫使。癸巳，王庭湊引幽州兵圍深州。

(八)九月，乙巳，相州軍亂，殺刺史邢濋。

(九)吐蕃遣其禮部尚書論訥羅來求盟㊽，庚戌，以大理卿劉元鼎為吐蕃會盟使。

(十)壬子，朱克融焚掠易州、淶水、遂城、蒲城㊾。

(十一)自定兩稅以來㊿，錢日重(51)，物日輕(52)，民所輸，三倍其初(53)，詔百官議革其弊，戶部尚書楊於陵以為：「錢者、所以權百貨(54)，貿遷(55)有無，所宜流散(56)，不應蓄聚(57)。今稅百姓錢，藏之公府。又開元中、天下鑄錢七十餘爐(58)，歲入百萬，今纔十餘爐，歲入十五萬，又積於商賈之室，及流入四夷。又大曆以前，淄青、太原、魏博貿易雜用鉛鐵，嶺南雜用金銀丹砂象齒，今一用(五九)錢，如此，則錢焉得不重，物焉得不輕？今宜使天下輸稅課(六〇)者，皆用穀帛，廣(六一)鑄錢，而禁滯積(六二)及出塞者(六三)，則錢日滋(六四)矣。」朝廷從之，始令兩稅皆輸布絲纊(六五)，獨鹽酒課用錢。

(十二)冬，十月，丙寅，以鹽鐵轉運使、刑部尚書王播為中書侍郎同平章事、使職如故，播為相，專以承迎(六六)為事，未嘗言國家安危。

(十三)以裴度為鎮州四面行營都招討使，左領軍大將軍杜叔良以善事權倖(六七)得進，時幽鎮兵勢方盛，諸道兵未敢進，上欲功速成，宦官薦叔良，以為深州諸道行營節度使，以牛元翼為成德節度使。

(十四)癸酉，命宰相及大臣凡十七人，與吐蕃論訥羅(六八)盟於城西，遣劉元鼎與訥羅入吐蕃，亦與其宰相(六九)以下盟。

(十五)乙亥，以沂州刺史王智興為武寧節度副使。先是副使皆以文吏為之，上聞智興有勇略，欲用之於河北，故以是寵(七〇)之。

(十六)丁丑，裴度自將兵出承天軍故關(七一)，以討王庭湊。

(十七)朱克融遣兵寇蔚州。戊寅，王庭湊遣兵寇貝州。

(十八)己卯，易州刺史柳公濟敗幽州兵於白石嶺，殺千餘人。

(十九)庚辰，橫海軍節度使烏重胤奏敗成德兵於饒陽(七二)。

(廿)辛巳，魏博節度使田布將全軍三萬人，討王庭湊，屯於南宮(七三)之南，拔其二柵。

(廿一)翰林學士元稹與知樞密魏弘簡深相結(七四)，求為宰相，由是有寵於上，每事咨訪(七五)焉，稹無怨於裴度，但以度先達(七六)重望，恐其復有功大用(七七)，妨己進取，故度所奏畫軍事，多與弘簡從中沮壞(七八)之，度乃上表，極陳其朋比(七九)姦蠹(八〇)之狀，以為：「逆豎構亂，震驚山東，姦臣作朋，撓敗國政，陛下欲掃蕩(八一)幽鎮，先宜肅清朝廷。何者？為患有大小，議事有先後，河朔逆賊，祇亂山東，禁闈(八二)姦臣，必亂天下，是則河朔患小，禁闈患大，小者、臣與諸將必能翦滅，大者、非陛下覺寤制斷(八三)，無以驅除。今文武百寮，中外萬品(八四)，有心者無不憤忿，有口者無不咨嗟(八五)，直以獎用(八六)方深，不敢抵觸(八七)，恐事未行，而禍已及，不為國計，且為身謀(八八)。臣自兵興以來，所陳章疏，事皆要切(八九)，所奉書詔，多有參差(九〇)，蒙陛下委付(九一)之意不輕，遭姦臣抑損(九二)之事不少，臣素與佞倖，亦無讎嫌(九三)，正(九四)以臣前請乘傳(九五)詣闕，面陳軍事，姦臣最所畏憚，恐臣發(九六)其過，百計止臣。臣又請與諸軍齊進，隨便(九七)攻討，姦臣恐臣或有成功，曲加阻礙，逗遛日時，進退皆受羈牽(九八)，意見悉遭蔽塞(九九)，但欲令臣失所(一〇〇)，使臣無成，則天下理亂，山東勝負，悉不顧矣。為臣事君，一至(一〇一)於此！若朝中姦臣盡去，則河朔逆賊，不討自平，若朝中姦臣尚存，則逆賊縱平(一〇二)，無益，陛下儻未信臣言，乞出臣表，使百官集議，彼不受責(一〇三)，臣當伏辜。」表三上，上雖不悅，以度大臣，不得已，癸未，以弘簡為弓箭庫使，稹為工部侍郎，稹雖解翰林，恩遇如故。

(廿一)宿州刺史李直臣坐贓當死，宦官受其賂，為之請，御史中丞牛僧孺固請誅之，上曰：「直臣有才可惜。」

(廿二)僧孺對曰：「彼不才者，無過(一〇四)溫衣飽食，以足妻子，安足慮本(一〇五)？設法令所以擒制有才之人，安祿山朱泚皆才過於人，法不能制者也。」上從之。

(七四)横海節度使烏重胤將全軍救深州㉖，諸軍倚重胤獨當幽鎮東南㉗，重胤宿將㉘，知賊未可破，按兵觀釁，上怒，以杜叔良為横海節度使，徙重胤為山南西道節度使。

(七五)靈武節度使李進誠奏，敗吐蕃三千騎於大石山㉙下。

(七六)十一月，辛酉，淄青節度使薛平奏，突將馬廷崟㉚作亂，伏誅。時幽鎮兵攻棣州，平遣大將李叔佐將兵救之，刺史王稷供饋稍薄，軍士怨怒，宵潰㉛，推廷崟為主，行且收兵㉜至七千餘人，徑逼青州，城中兵少不敵，平悉發府庫及家財，召募得精兵二千人，逆戰，大破之，斬廷崟，其黨死者數千人。【考異】河南記曰：「韓國公之節制青州也，長慶元年，詔徵數道兵馬，且問罪於常山。平盧發二千餘人駐于無棣，臨當回戈，青州所駐兵，部內隊長有馬士端者，殺其首領，遂驅所部士卒，兼招召迫脅，比到博昌，已萬餘人，便謀入青州有日矣。韓公聞之，便議除討。大將等進計曰，彼賊者凶頑一卒，無經遠之謀，可令紿以尚書已赴闕庭，三軍將吏皆延頸以待留後，賊必信之，懈然無備，可伏甲而虜之。韓公大然其策。於是賊心不復疑貳，翌日引兵而來，遂於城北三十餘里，三面伏兵，賊眾果陷於我圍，信旗一麾，步騎雲合，賊眾驚擾，不知所為，悉皆降伏。遂令投戈釋甲，驅入青州，矯令還家，待以不死。遂條其數目，明立簿書，三千二千，各屯一處，霜力齊發，蟻眾湯消，二萬餘人同命一日。賊帥馬士端潰圍奔走，尋於鄒平渡口追獲，磔於城北，於是具列其狀以上聞，旋除左僕射。」據實錄，作馬廷崟，舊傳作馬狼兒，河南記作馬士端，今名從實錄，事從舊傳。明年二月，平加僕射，舊傳云封魏國公，河南記作韓公，恐誤。

(七七)横海節度使杜叔良將諸道兵，與鎮人戰，遇敵輒北，鎮人知其無勇，常先犯㉝之。十二月，庚午，監軍謝良通奏：「叔良大敗於博野㉔，失亡七千餘人，叔良脫身還營，喪其旌節。」

(廿八)丁丑，義武節度使陳楚奏，敗朱克融兵於望都㉕及北平㉖，斬獲萬餘人。

(廿九)戊寅，以鳳翔節度使李光顏為忠武節度使、兼深州行營節度使，代杜叔良。

(卅)自憲宗征伐四方，國用已虛㉗，上即位，賞賜左右及宿衛諸軍無節㉘，及幽鎮用兵久無功，府藏空竭，勢不能支㉙，執政乃議王庭湊殺田弘正，而朱克融全張弘靖，罪有重輕，請赦克融，專討庭湊，上從之。乙酉，以朱克融為平盧㉚節度使。

(卅一)戊子，義武奏，破莫州清源㉛等三柵，斬獲千餘人。

【今註】㈠策馬：驅馬。㈡曳下：自馬上曳之而下。㈢不貫受杖：貫、通慣，猶從未受杖。㈣繫治：囚繫而案治之。㈤制：制馭。㈥薊門館：幽州驛館。㈦謝弘靖：謂向弘靖謝罪。㈧以疾廢臥家：謂以疾辭官而臥居家中。㈨長者：謂忠厚長者。㈩行且：皆係將意。⑪賓客公司：按公乃分之訛，賓客分司，謂太子賓客分司東都。⑫節鉞：旌節斧鉞。⑬奏請度支供其糧賜：舊制、諸鎮兵出境，度支給其衣糧。⑭剛褊：剛強褊狹。⑮恐開事例：謂恐開新之事例。⑯倰，沔之孫：崔沔，開元初名臣。⑰ 兄弟子姪在兩都者：弘正兄弟子姪皆仕於朝，分居東西兩都。⑱ 日費約二十萬：按此單位當為文，謂二十萬文，或二十萬錢。⑲ 輦：以車輸運。⑳ 屬：連屬。㉑ 頗不平：謂心中頗不平伏，亦即不悅之意。㉒ 不時至：不依時而至。㉓ 本回鶻阿布思之種：《舊唐書・王庭湊傳》：「庭湊本回鶻阿布思之種族，曾祖五哥之事李寶臣父子，王武俊養為假子。」㉔ 果悍：果毅強悍。㉕ 抉：挑摘。㉖ 府署：府衙。㉗ 元從將吏：謂自魏隨從弘正至成德之將吏。㉘ 八月癸巳，惟澄以聞：按《舊唐書・穆宗紀》，癸巳作己巳，以是月朔日甲子推之，作己巳是。㉙ 再從兄：謂二人同一曾祖父。㉚ 不知所在：猶不知下落。㉛ 素服：謂著喪服。㉜ 通聖化：通曉天子之教化。㉝ 不道：無臣子之道。㉞ 以為無人：以為無能人。㉟ 遺：贈遺。㊱ 翦：翦除。㊲ 劍帶：寶劍及玉帶。㊳ 狥於軍：謂陳示於軍。㊴ 疾作：疾發。㊵ 起復：謂起而復為官。㊶ 訣：訣別。㊷ 徒跣：徒步跣足。㊸ 堊室：不加塗飾之室。《禮・雜記》：「三年，廬堊室之中。」音惡。㊹ 頒：頒賜。㊺ 不復：猶不改。㊻ 泄：洩漏。㊼ 造，大雅之五世孫：高祖起兵，溫大雅掌書翰。㊽ 吐蕃遣其禮部尚書論訥羅來求盟：按《新唐書・吐蕃傳》作，乃遣使者尚綺力陀思來朝，且乞盟。《通鑑》此處乃用《舊唐書》之文。㊾ 焚掠易州淶水、遂城、滿城：據《新唐書・地理志》三，三縣皆屬易州。㊿ 自定兩稅以來：定兩稅見卷二百二十六德宗建中元年。(五一) 錢日重：猶錢日貴。(五二) 物日輕：猶物日賤。(五三) 初：猶前。(五四) 權百貨：謂權量百貨之所值。(五五) 貿遷：猶貿易，謂互相交易。(五六) 流散：流通散布。(五七) 蓄聚：蓄藏聚積。(五八) 開元中，天下鑄錢七十餘爐：《新唐書・食貨志》四：「天寶末，天下鑪九十九，絳州三十，揚潤宣鄂蔚皆十，益郴皆五，洋州三，定州一。」蓋天寶末又加多於開元矣。(五九)一用：全用。(六〇)稅課：謂所課征之賦稅。(六一)廣：多。(六二)滯積：停滯積聚。(六三)出塞：即上之流入四夷。(六四)日滋：猶日多。(六五)纊：絮，音曠。(六六)承迎：奉承迎合。(六七)權倖：權貴寵幸之臣。(六八)訥羅：按論為吐蕃之官名，故前言論訥羅，此則作訥羅，蓋帶官銜與否，兩皆可也。(六九)宰相：胡三省曰：「吐蕃國有大相、副相，史因亦以宰相書之。」(七〇)寵：寵重。(七一)承天軍故關：胡三省曰：「承天軍當在遼州界，故關即孃子關也。」(七二)饒陽：據《新唐書・地理志》三，饒陽縣屬河北道深州。(七三)南宮：今河北省南宮縣。(七四)結：交結或結納。(七五)咨訪：咨詢訪問。(七六)先達：謂先行顯達。(七七)大用：謂為宰相。(七八)沮壞：沮止毀壞。(七九)朋比：朋黨比周。(八〇)姦蠹：姦邪蠹害。(八一)掃蕩：掃除蕩平。(八二)禁闈：猶宮禁。(八三)制斷：裁斷。(八四)萬品：猶萬民。(八五)咨嗟：猶嗟嘆。(八六)獎用：獎擢任用。(八七)抵觸：猶觸犯。(八八)謀：計謀。(八九)要切：重要急切。(九〇)參差：不齊。(九一)委付：委任付託。(九二)抑損：抑制貶損。(九三)讎嫌：讎恨嫌怨。(九四)正：但。(九五)乘傳：古乘傳車，唐代則乘驛馬。(九六)發：舉發。(九七)隨便：隨事之便宜。(九八)羈牽：胡三省曰：「羈，馬絡頭也，牽，牛紖也，諭以馬牛動為人所制。」(九九)蔽塞：遮蔽窒塞。(一〇〇)失所：猶失位。(一〇一)一至：竟至。(一〇二)縱平：縱然平定。(一〇三)受責：受罰。(一〇四)無過：不過。(一〇五)安足慮本：謂何足慮其本心如何，意謂其本心決無他也。(一〇六)救深州：時王庭湊圍牛元翼於深州。(一〇七)獨當幽鎮東南：橫海當鎮州之東，幽州之南。(一〇八)宿將：老將。(一〇九)大石山：胡三省曰：「大石山在魯州東南，魯州六胡州之一也，在靈夏西河曲之地。」(一一〇)崟：音ㄧㄣˊ。(一一一)潰：潰散。

㊁行且收兵：謂且行且收潰卒。㊂犯：突犯。㊃博野：據《新唐書・地理志》三，博野縣屬河北道、深州。㊄望都：據同志三，望都縣屬河北道定州。㊅北平：據同志三，北平縣屬定州。㊆虛：空虛。㊇無節：無節制。㊈支：支持。㊉平盧：胡三省曰：「平盧當作盧龍。」㊀莫州清源：按清源當作清苑，據《新唐書・地理志》三，清苑縣屬莫州。

二年（西元八二二年）

㈠春，正月，丁酉，幽州兵陷弓高㈠，先是弓高守備甚嚴，有中使夜至，守將不內㈡，旦乃得入，中使大詬㈢怒，賊諜知之，他日，偽遣人為中使，投㈣夜至城下，守將遽內之，賊眾隨之，遂陷弓高。又圍下博㈤，中書舍人白居易上言，以為：「自幽鎮逆命，朝廷徵諸道兵計十七八萬，【考異】白集作七八十萬，計無此數，恐是十七八萬誤耳。四面攻圍，已踰半年，王師無功，賊勢猶盛，弓高既陷，糧道不通，下博深州，飢窮日急㈥，蓋由節將太眾，其心不齊，莫肯率先㈦，遞相㈧顧望；又朝廷賞罰，近日不行，未立功者，或已拜官，已敗衂㈨者，不聞得罪，既無懲勸㈩，以至遷延，若不改張㈡，必無所望。請令李光顏將諸道勁兵，約三四萬人，從東[一二]速進，開弓高糧路，解深邢重圍[一三]，與元翼合勢；令裴度將太原全軍，兼招討舊職，西面壓境[一四]，觀釁而動，若乘虛得便[一五]，即令同力翦除，若戰勝賊窮，亦許受降納款[一六]，如此，則夾攻以分其力，招諭以動其心，必未及誅夷[一七]，自生變故[一八]。又請詔光顏選諸道兵精銳者留之，其餘不可用者，悉遣歸本道，自守土疆。蓋兵多而不精，豈唯虛費[一九]衣糧，兼恐撓敗[二〇]軍陣[二一]故也。今既祇留東西二帥[二二]，請各置都監一人，諸道監軍一時[二三]停罷，如此，則眾齊[二四]令一，必有成功。又朝廷本用田布，令報父讎，今領全師出界，供給度支[二五]，數月已來，都[二六]不進討，非田布固欲如此，抑[二七]有其由。聞魏博一軍，屢經優賞[二八]，兵驕將富，莫肯為用，況其軍一月之費，計實錢二十八萬緡，若更遷延，將何供給[二九]？此尤宜早令退軍者也。若兩道[三〇]止共留兵六萬，所費無多，既易支持[三一]，自然豐足。今事宜[三二]日急，其間變故，遠[三三]不可知，苟兵數不抽[三四]，軍費不減，食既不足，眾何以安？不安之中，何事不有？況有司迫於供軍，百端斂率[三五]，不許，即用度支闕㊱，盡許，則人心無憀㊲，自古安危，皆繫於此。伏乞聖慮，察而念㊳之。」疏奏，不省㊴。

㈡己亥，度支饋滄州，糧車六百乘，至下博，盡為成德軍所掠，時諸軍匱乏㊵，供軍院㊶所運衣糧，往往不得至院，在塗為諸軍邀奪㊷，其懸軍㊸深入者，皆凍餒無所得㊹。初田布從其父弘正在魏，善視㊺牙將史憲誠，屢稱薦至右職㊻，及為節度使，遂寄㊼以腹心，以為先鋒兵馬使，軍中精銳，悉以委之。憲誠之先，奚人也，世為魏將，魏與幽鎮，本相表裏㊽，及幽鎮叛，魏人固搖心㊾，布以魏兵討鎮，軍於南宮，上屢遣中使督戰，而將士驕惰㊿，無鬭志，又屬(51)大雪，度支饋運不繼(52)，布發六州(53)租賦以供軍，將士不悅曰：「故事，軍出境，皆給朝廷(54)，今尚書刮(55)六州肌肉(56)，以奉軍(57)，雖尚書瘠己(58)肥國，六州之人何罪乎！」憲誠陰蓄異志，因眾心不悅，離間鼓扇(59)之，會有詔分魏博軍與李光顏，使救深州，庚子，布軍大潰，多歸憲誠，布獨與中軍八千人還魏，壬寅，至魏州，癸卯，布復召諸將議出兵，諸將益偃蹇(60)，曰：「尚書能行河朔舊事㊅㊁，則死生以之㊅㊂，若使復戰，則不能也。」布無如之何，嘆曰：「功不成矣。」即日作遺表，具其狀㊅㊂，略曰：「臣觀眾意，終負國恩，臣既無功，敢忘即㊅㊃死，伏願陛下，速救光顏元翼，不然者，忠臣義士皆為河朔屠害矣。」奉表㊅㊄號哭，拜授幕僚李石，乃入啓父靈㊅㊅，抽刀㊅㊆而言曰：「上以謝君父㊅㊇，下以示三軍。」遂刺心而死。憲誠聞布已死，乃諭其眾，遵河北故事，眾悅，擁憲誠還魏，奉為留後。戊申，魏州㊅㊈奏布自殺。己酉，以憲誠為魏博節度使，憲誠雖喜得旄鉞，外奉朝廷，然內實與幽鎮連結。

㊂庚戌，以德州刺史王日簡為橫海節度使，日簡，本成德牙將也，壬子，貶杜叔良為歸州刺史。王庭湊圍牛元翼於深州，官軍三面救之㊆〇，皆以乏糧不能進，雖李光顏亦閉壁自守而已，軍士自采薪芻㊆㊀，日給不過陳米㊆㊁一勺，深州圍益急，朝廷不得已。二月，甲子，以庭湊為成德節度使，軍中將士官爵，皆復其舊，以兵部侍郎韓愈為宣慰使。上之初即位也，兩河略定，蕭俛段文昌以為天下已太平，漸宜消兵㊆㊂，請密詔天下軍鎮有兵處，每歲百人

之中，限八人逃死(七四)，上方荒宴(七五)，不以國事為意，遂可其奏(七六)，軍士落籍(七七)者眾，皆聚山澤為盜，及朱克融王庭湊作亂，一呼而亡卒皆集，詔徵諸道兵討之，諸道兵既少(七八)，皆臨時(七九)召募，烏合(八〇)之眾；又諸節度既有監軍，其領偏軍(八一)者，亦置中使監陳，主將不得專號令(八二)，戰小勝，則飛驛(八三)奏捷，自以為功，不勝，則迫脅(八四)主將，以罪歸之，悉擇軍中驍勇以自衛，遣羸懦(八五)者就戰，故每戰多敗。又凡用兵舉動(八六)，皆禁中授以方略，朝令夕改，不知所從，不度(八七)可否，惟督(八八)令速戰，中使道路如織，驛馬不足，掠行人馬以繼之(八九)，人不敢由驛路行(九〇)。故雖以諸道十五萬之眾，裴度元臣(九一)宿望(九二)，烏重胤李光顏皆當時名將，討幽鎮萬餘之眾，屯守踰年，竟無成功，財竭力盡。崔植杜元穎為相，皆庸才，無遠略，史憲誠既逼殺田布，朝廷不能討，遂并朱克融、王庭湊以節授之，由是再失河朔，迄於唐亡，不能復取。朱克融既得旌節，乃出張弘靖及盧士玫。丙寅，以牛元翼為山南東道節度使，以左神策行營樂壽鎮(九三)兵馬使清河(九四)傅良弼為沂州刺史，以瀛州、博野鎮遏(九五)

使李寰為忻州刺史，良弼寰所戍在幽鎮之間，朱克融王庭湊互加誘脅，良弼寰不從，各以其眾堅壁〔九六〕，賊竟不能取，故賞之。

㈣丙子，賜橫海節度使王日簡姓名為李全略。

㈤辛巳，中書侍郎同平章事崔植罷為刑部尚書，以工部侍郎元稹同平章事。【考異】實錄：「以御史中丞牛僧孺為戶部侍郎，翰林學士李德裕為御史中丞。」舊李德裕傳：「元和初，用兵伐叛，始於杜黃裳誅蜀，吉甫經畫，欲定兩河，方欲出師而卒，繼之元衡裴度，而韋貫之李逢吉沮議，深以用兵為非，而韋李相次罷相，故逢吉常怒吉甫、裴度。而德裕於元和時，久之不調，逢吉、僧孺、宗閔以私怨，恒排擯之。時德裕與李紳元稹俱在翰林，以學識才名相類，情頗款密，逢吉之黨深惡之，其月，自學士出為御史中丞。」按德裕元和中揚歷清要，非為不調，此際元稹入相，逢吉在淮南，豈能排擯德裕？蓋出於德裕黨人之語耳。今不取。

㈥癸未，加李光顏橫海節度、滄景觀察使，其忠武深州行營節度如故。以橫海節度使李全略為德棣節度使。時朝廷以光顏懸軍〔九七〕深入，饋運難通〔九八〕，故割滄景以隸之。王庭湊雖受旌節，不解深州之圍，丙戌，以知制誥、東陽〔九九〕馮宿為山南東道節度副使，權知留後，仍遣中使入深州，督〔一〇〇〕牛元翼赴鎮；裴度亦與幽鎮書，責以大義，朱克融即解圍去，王庭湊雖引兵少退，猶守之〔一〇一〕不去。元稹怨裴度，欲解其兵柄，故勸上雪廷湊而罷兵，丁亥，以度為司空、東都留守、平章事如故。【考異】舊紀傳皆云：「度守司徒，為東都留守。」實錄，此云司徒，後領淮南及拜相，皆云司空。新書：「度自檢校司空為守司空東都留守，及領淮南，乃為司徒。」蓋實錄此月誤紀，傳遂因之。新傳後云司徒，亦誤。今據實錄除淮南及拜相制書，自此至罷相，止是守司空。舊裴度傳又曰：「元稹為相，請上罷兵，洗雪廷湊克融，解深州之圍。」蓋欲罷度兵柄故也。按此月甲子，雪廷湊，辛巳，稹為相，蓋稹未為相時勸上也。諫官爭上言，時未偃兵㉒，度有將相全才，不宜置之散地㉓，上乃命度入朝，然後赴東都。

㈦以靈武節度使李聽為河東節度使。初聽為羽林將軍，有良馬，上為太子，遣左右諷求之㉔，聽以職總親軍㉕，不敢獻，及河東缺帥，上曰：「李聽不與朕馬，是必可任。」遂用之。

㈧昭義監軍劉承偕恃恩，陵轢㉖節度使劉悟，數眾辱之㉗，又縱其下亂法，陰與磁州刺史張汶謀縛悟送闕下，以汶代之。悟知之，諷其軍士作亂，殺汶，圍承偕，欲殺之，幕僚賈直言入責悟曰：「公所為如是，欲效李司空邪㉘！此軍中安知無如公者，使李司空有知，得無笑公於地下乎！」悟遂謝直言，救免承偕，因之府舍。

【考異】實錄：「監軍劉承偕頗恃恩侵權，嘗對眾辱悟，又縱其下亂法，悟不能平。異日有中使至，承偕宴之，請悟，悟欲往，左右皆曰，往必為其困辱矣。軍眾因亂，悟不止之，遂擒承偕，殺其二傔，欲幷害承偕，悟救之，獲免。」新劉悟傳曰：「承偕與都將張問，謀縛悟送京師，以問代節度事。悟知之，以兵圍監軍，殺承使，其屬賈直言質責悟，悟即撝兵退，匿承偕囚之。」新直言傳，張問作張汶。杜牧上李司徒書亦云：「其軍大亂，殺磁州刺史張汶。」又云：「汶既因依承偕，謀殺悟自取，軍人忌怒，遂至大亂。」蓋軍士圍承偕，必出於悟志，及奏朝廷，則云軍眾所為耳。今承偕名從實錄，汶名從杜書。

㈨初上在東宮，聞天下厭苦㉙憲宗用兵，故即位，務優假㉚將卒，以求姑息㉑。三月，壬辰，詔神策六軍使及南牙常參武官㉒，具由歷㉓功績，牒送中書，量加獎擢，其諸道大將，久次㉔及有功者，悉奏聞，與除官。應㉕天下諸軍，各委本道，據守舊額㉖，不得輒㉗有減省。於是商賈胥吏，爭賂藩鎮，牒㉘補列將而薦之，即升朝籍㉙，奏章委積㉚，士大夫皆扼腕㉛歎息。

㈩武寧節度副使王智興將軍中精兵三千，討幽鎮，節度使崔羣忌㉜之，奏請即用智興為節度使，不㉝則召詣闕，除以它官。事未報，智興亦自疑，會有詔赦王庭湊，諸道皆罷兵，智興引兵，先期入境，羣懼，遣使迎勞，且使軍士釋甲㉞而入，智興不從；乙巳，引兵直進，徐人開門待㉟之，智興殺不同己者十餘人，乃入府牙，見羣及監軍，拜伏曰：「軍眾之情，不可如何㊱。」為羣及判官從吏具人馬㊲，及治裝㊳，皆素㊴所辦也，遣兵衛從羣，至埇橋而返，【考異】實錄：「羣累表請追智興，授以它官，事未行，詔班師，智興帥眾斬關而入。」舊智興傳亦同。舊羣傳則曰：「羣以智興早得士心，表請因授智興旄鉞，寢不報，智興回戈，城內皆是父兄，開關延人。」今兼取之。遂掠鹽鐵院㊵錢帛，及諸道進奉在汴中者㊶，幷商旅之物，皆三分取二。

㈩丙午，加朱克融、王庭湊檢校工部尚書，上聞其解深州之圍，故褒之。然庭湊之兵，實猶在深州城下。韓愈既行，眾皆危之，詔愈至境，更觀㉜事勢，勿遽入，愈曰：「止，君之仁；死，臣之義㉝。」遂往至鎮，庭湊拔刃弦弓㉞以逆之，及館，甲士羅㉟於庭，庭湊言曰：「所以紛紛㊱者，乃此曹所為，非庭湊心㊲。」愈厲聲曰：「天子以尚書㊳有將帥材，故賜之節鉞，不知尚書乃不能與健兒語邪㊴！」甲士前曰：「先太師㊵為國擊走朱滔，血衣㊶猶在，此軍何負朝廷，乃以為賊乎！」愈曰：「汝曹尚能記先太師，則善矣。夫逆順之為禍福，豈遠邪㊷！自祿山思明以來，至元濟師道，其子孫有今尚存仕宦者乎㊸？田令公㊹以魏博歸朝廷，子孫雖在孩提，皆為美官，王承元以此軍歸朝廷，弱冠為節度使，劉悟李祐今皆為節度使，汝曹亦聞之乎？」庭湊恐眾心動㊺，麾之使出，謂愈曰：「侍郎㊻來，欲使庭湊何為？」愈曰：「神策六軍之將，如牛元翼者不少，但朝廷顧大體㊼，不可棄之耳，尚書何為圍之不置㊽？」庭湊曰：「即當出之。」因與愈宴，禮而歸之。未幾牛元翼將十騎，突圍出，深州大將臧平等舉城降，庭湊責其久堅守，殺平等將吏百八十餘人。

【今註】㊀弓高：據《新唐書・地理志》三，弓高縣屬河北道景州。㊁內：通納。㊂詬：怒罵，音ㄍㄡˋ。㊃投：至。㊄下博：據《新唐書・地理志》三，下博縣屬河北道深州。㊅下博深州，饑窮日急：胡三省曰：「深州西南皆逼於王庭湊，惟恃弓高以通橫海之饋，弓高既陷，糧道遂梗。」㊆率先：率而先進。㊇遞相：猶互相。㊈衄：折傷，音ㄋㄩˋ。㊉懲勸：懲罰獎勸。⑪改張：改絃更張。⑫從東：從東道，以橫海在東故。⑬解深邢重圍：胡三省曰：「深邢當作深州。」⑭壓境：壓鎮州之境。⑮得便：得便宜機會。⑯納款：收納其誠款。⑰夷：平滅。⑱自生變故：謂其麾下，將有誅逆而效順者。⑲費：耗費。⑳撓敗：折敗。㉑陳：讀曰陣。㉒今既祇留東西二帥：謂今裴度居西，李光顏居東。㉓一時：同時。㉔眾齊：謂眾心齊同。㉕供給度支：謂仰供給於度支。㉖都：全。㉗抑：猶或。㉘魏博一軍，屢經優賞：自田弘正舉魏博一軍歸朝，其後代恒平蔡平惲，朝廷犒賞優厚。㉙將何供給：謂將何以供給。㉚兩道：謂河東、橫海。㉛支持：謂支而持之，使不失墜。㉜事宜：事之機宜。㉝遠：猶深。㉞抽：抽縮。㉟斂率：謂率而征斂之。㊱即用度交關：謂則有關於用度之盈縮。㊲憀：賴。㊳念：慮念。㊴不省：猶不報。㊵匱乏：缺乏。㊶供軍院：胡三省曰：「此時供軍院置於行營者，謂之北供軍院，度支自南供軍院運以給之。」㊷邀奪：

遮奪。㊸懸軍：提軍。㊹無所得：無所得衣食。㊺善視：猶優遇。㊻右職：上職。㊼寄：寄任。㊽表裏：謂如表之與裏，互相應合。㊾固搖心：謂固已搖心。㊿驕惰：驕傲怠惰。(51)屬：值。(52)不繼：謂不能繼續。(53)六州：謂魏、博、貝、衞、澶、相。(54)皆給朝廷：謂皆仰給於朝廷。(55)刮：搜刮。(56)肌肉：猶脂膏。(57)奉軍：即上之供軍。(58)瘠己：謂瘠己所屬之州。(59)鼓扇：胡三省曰：「以眾情喻火，火本有熾烈之性，鼓韛以吹之，搖扇以扇之，則愈熾烈矣。」(60)偃蹇：驕傲。(61)河朔舊事：謂據州自立，不奉朝命。(62)則死生以之：謂雖死亦不變，仍將用力事之。(63)具其狀：具列其情狀。(64)即：就。(65)奉表：謂捧表。(66)啓父靈：啓，告。胡三省曰：「孝子之喪其親也，設几筵，朝夕具盥洗，上飲食，事之如生，俗謂之靈筵。」按此亦即《晉書・顧榮傳》所云之靈座。(67)抽刀：拔刀。(68)謝君父：謝罪於君父。(69)歸州：《舊唐書・地理志》二：「山南西道、歸州，在京師南二千二百六十八里。」(70)官軍三面救之：裴度以河東軍臨其西，李光顏以橫海諸軍營其東，陳楚以易定軍逼其北，是三面救之。(71)薪芻：斬伐之木以供燃料曰薪。取草以飼馬曰芻。(72)陳米：舊米。(73)消兵：消裁兵卒。(74)逃死：或以逃，或以死，而除其籍。(75)荒宴：荒淫宴安。(76)可其奏：謂允其奏。(77)落籍：猶除籍。(78)既少：已少。(79)臨時：當時。(80)烏合：如烏鳥之合，喻無組織及紀律。(81)偏軍：別軍。(82)專號令：專自發號施令。(83)飛驛：即馳驛，以行馳如飛，故又曰飛驛。(84)迫脅：逼迫威脅。(85)羸懦：羸弱怯懦。(86)舉動：謂一舉一動。(87)度：度量。(88)督：督促。(89)以繼之：以繼其缺。(90)不敢由驛路行：取間道而行，蓋由驛路則馬將為所掠。(91)元臣：即宰相。(92)宿望：謂久具眾望。〔93〕樂壽鎮：樂壽鎮在深州樂壽縣。〔94〕清河：今河北省清河縣。〔95〕鎮遏：鎮守遏止。〔96〕堅壁：堅守營壁。〔97〕懸軍：此猶孤軍。〔98〕難通：難以通達。〔99〕東陽：據《新唐書・地理志》五，東陽縣屬江南東道婺州。〔100〕督：監督。〔101〕猶守之：謂猶圍守之。〔102〕偃兵：息兵。〔103〕散地：閑散之地。〔104〕諷求之：諷示以求之。〔105〕親軍：以羽林乃侍衛天子，故曰親軍。〔106〕陵轢：欺陵踐轢，音ㄌㄧˋ。〔107〕眾辱之：謂於眾中慢辱之。〔108〕欲效李司空邪：李師道為司空，賈直言曾為其僚屬，故猶稱其官。〔109〕厭苦：厭惡而愁苦之。〔110〕優假：優容寬假。〔111〕姑息：苟求安息。〔112〕南牙常參武官：為十六衛上將軍、大將軍及將軍。〔113〕由歷：由謂得官之由，歷謂所歷職位。〔114〕久次：謂久居其位。〔115〕應：一應。〔116〕舊額：舊日數額。〔117〕輒：擅。〔118〕牒：文書之一種，多用於平行機關，上級及下屬，亦間用之。〔119〕即升朝籍：胡三省曰：「唐末藩鎮列將，帶朝御者，著之朝籍。」〔120〕委積：委亦積，謂堆積。〔121〕扼腕：歎息之態。〔122〕忌：忌嫉。〔123〕不：讀曰否。〔124〕釋甲：解甲。〔125〕待：接待。〔126〕不可如何：猶無如之何。〔127〕人馬：謂隨役及馬匹。〔128〕治裝：謂治裝錢。〔129〕素：平日。〔130〕鹽鐵院：埇橋有鹽鐵院。〔131〕諸道進奉在汴中者：謂諸道進奉船在汴河中者。〔132〕更觀：再行觀看。〔133〕止、君之仁，死、臣之義：胡三省曰：「言止之勿使遽入鎮者，君之仁，不畏死而徑往致命者，臣之義也。」〔134〕弦弓：猶彎弓，為箭上弦意。〔135〕羅：羅列。〔136〕紛紛：謂紛亂蠢動。〔137〕非庭湊心：謂非庭湊之意。〔138〕尚書：以庭湊加檢校工部尚書，故如此稱之。〔139〕不知尚書乃不能與健兒語邪：唐代呼兵卒為健兒，全句應為不知尚書竟不能吩咐號令兵卒耶，邪同耶。〔140〕先太師：王武俊贈太師。〔141〕血衣：以作戰受傷而衣染血，故曰血衣。[四二]豈遠邪：謂例證豈久遠耶。[四三]其子孫有今尚存仕宦者乎：謂其子孫有今尚存及為仕宦者乎。按李翺《韓公行狀》作：「復有若子若孫在乎？亦有居官者乎？」《通鑑》並二句為一句，而仕宦上未加連接辭，致使文意含糊，應於仕宦上添增及為二字為是。[四四]田令公：田弘正之徙成德，進兼中書令。[四五]恐眾心動：謂恐眾聞愈言，而心動搖。[四六]侍郎：韓愈時為兵部侍郎，故如此稱之。[四七]顧大體：顧念大體。[四八]不置：不止。

(一)戊申，裴度至長安，見上謝討賊無功。先是，上詔劉悟送劉承偕詣京師，悟託以軍情，不時[一]奉詔，上問度宜如何處置，度對曰：「承偕在昭義，驕縱不法，臣盡知之，悟在行營，與臣書，具論其事。時有中使趙弘亮在軍中，持悟書去，云：『欲自奏之。』不知嘗奏不？」上曰：「朕殊不知也。且悟大臣，何不自奏？」對曰：「悟武臣，不知事體[二]，然今事狀籍籍[三]如此，臣等面論，陛下猶不能決[四]，況悟當日單辭[五]，豈能動聖聽哉！」上曰：「前事勿論，直[六]言此時如何處置。」對曰：「陛下必欲收天下心[七]，止應下半紙詔書[八]，具陳承偕驕縱之罪，令悟集[九]將士斬之，則藩鎮之臣，孰不思為陛下效死[一〇]？非獨悟也。」上俛[一一]首良久曰：「朕不惜㉓承偕，然太后以為養子，今茲囚縶㉓，太后尚未知之，況殺之乎！卿更思其次㉔。」度乃與王播等奏請流承偕於遠州，必得出㉕。上從之，後月餘，悟乃釋承偕。

㈡李光顏所將兵，聞當留滄景，皆大呼西走㉖，光顏不能制，因驚懼成疾，己酉，上表，固辭橫海節㉗，乞歸許州㉘，許之。【考異】舊光顏傳曰：「光顏以朝廷制置乖方，賊帥連結，未可朝夕平定，事若差誤，即前功盡棄，乃懇辭兼鎮。尋以疾作，表祈還鎮。朝廷果以討賊無功，而赦庭湊。」今從實錄。

㈢壬子，以裴度為淮南節度使，餘如故。

㈣加劉悟檢校司徒，餘如故，自是悟浸驕，欲效河北三鎮㉙，招聚不逞㉚，章表多不遜㉛。

㈤裴度之討幽鎮也，回鶻請以兵從，朝議以為不可，遣中使止之。回鶻遣其臣李義節將三千人，已至豐州北，却之不從，詔發繒帛七萬匹以賜之，甲寅，始還。

㈥王智興遣輕兵二千襲濠州，丙辰，刺史侯弘度棄城奔壽州。

㈦言事者皆謂裴度不宜出外，上亦自重㉜之，戊午，制留度輔政，以中書侍郎同平章事王播同平章事，代度鎮淮南，仍兼諸道鹽鐵轉運使。

(八)李寰帥其眾三千出博野㉓，王庭湊遣兵追之，寰與戰，殺三百餘人，庭湊兵乃還，餘眾二千，猶固守博野。

(九)朝廷以新罷兵，力不能討徐州，己未，以王智興為武寧節度使。

(十)復以德棣節度使李全略為橫海節度使。

(十一)夏，四月，辛酉朔，日有食之。

(十二)甲戌，以傅良弼、李寰為神策都知兵馬使。

(十三)戶部侍郎判度支張平叔上言：「官自糶㉔鹽，可以獲利一倍。」又請令所由㉕，將鹽就村㉖糶易。又乞令宰相領鹽鐵使。又請以糶鹽多少，為刺史縣令殿最㉗。又乞檢責㉘所在實戶，據口團保㉙，給一年鹽，使其四季輸價㉚。又行此策後，富商大賈，或行財賄，邀截㉛喧訴㉜，其為首者，所在杖殺，連狀人㉝皆杖脊。詔百官議其可否。兵部侍郎韓愈上言，以為：「城郭之外，少有見錢糶鹽，多用雜物貿易㉞，鹽商則無物不取，或賒貸㉟徐還㊱，用此取濟㊲，兩得利便㊳。今令吏人坐鋪㊴自糶，非得見錢，必不敢受，如此，貧者無從得鹽，自然坐失常課(四〇)，如何更有倍利？又若令人吏將鹽，家至而戶糶(四一)，必索百姓供應(四二)，騷擾(四三)極多。又刺史縣令，職在分憂(四四)，豈可惟以鹽利多少，為之升黜(四五)，不復考其理行(四六)。又貧家食鹽至少，或有淡食(四七)，動經旬月，若據戶給鹽，依時徵價(四八)，官吏畏罪，必用威刑(四九)，臣恐因此，所在不安，此尤不可之大者也。」中書舍人韋處厚議，以為：「宰相處論道之地(五〇)，雜以鹺(五一)務，實非所宜。竇參、皇甫鎛皆以錢穀(五二)為相，名利難兼(五三)，卒蹈禍敗，又欲以重法，禁人喧訴(五四)，大強人(五五)之所不能，事必不立(五六)，禁人之所必犯，法必不行矣。」事遂寢(五七)。【考異】實錄，因三月壬寅平叔遷戶部侍郎事，遂言變鹽法，及處厚駁議。按韓愈時奉使鎮州，猶未還，又壬寅三月十一日，愈論鹽法狀云，奉今月九日勑，不知其何月也。今附於四月之末。平叔又奏徵遠年逋欠(五八)。江州刺史李渤上言：「度支徵當州(五九)貞元二年逃戶所欠錢四千餘緡，當州今歲旱災，田損什九，陛下柰何於大旱中，徵三十六年前逋負(六〇)？」詔悉免之。

(一四)邕州人不樂屬容管(六一)，刺史李元宗以吏人狀(六二)授御史，使奏之，容管經略使嚴公素聞之，遣吏按(六三)元宗，擅以羅陽縣(六四)，歸蠻酋黃少度。五月，壬寅，元宗將兵百人，并州印，奔黃洞。

(十五)王庭湊之圍牛元翼也，和王(六五)傅于方欲以奇策干進(六六)，言於元積，請遣客王昭、于友明，【考異】實錄作于友明，後作于啟明，舊元積傳作王友明，今從實錄之初及新書。間說(六七)賊黨，使出元翼，仍賂兵吏部令史，偽出告身二十通(六八)，令以便宜給賜。積皆然之。有李賞者，知其謀，乃告裴度云：「方為積結客(六九)刺度。」度隱(七〇)而不發，賞詣左神策告其事，【考異】舊裴度傳曰：「初度與李逢吉素不協，度自太原入朝，而惡度者，以逢吉善於陰計，足能構度，乃自襄陽召逢吉入朝，為兵部尚書。度既復知政事，而魏弘簡劉承偕之黨在禁中，逢吉用族子仲言之謀，因醫人鄭注與中尉王守澄交結內官，皆為之助。五月，左神策軍奏告事人李賞，稱于方受元積所使，結客欲刺裴度。」按惡度者不過元積與宦官，彼欲害度，其術甚多，何必召逢吉？又如所謀，則積當獲罪，非所以害度也。又逢吉若使李賞告之，下御史按鞫，賞急，必連引逢吉，非所以自謀也。蓋賞自告耳，非逢吉教令也。丁巳，詔左僕射韓皐等鞫之。

(十六)戊午，幽州節度使朱克融進馬萬匹、羊十萬口，而表云：「先請其直(七一)，充犒賞。」

(十七)三司按于方刺裴度事，皆無驗(七二)。六月，甲子，度及元積皆罷相，度為右僕射，積為同州刺史，以兵部尚書李逢吉為門下侍郎同平章事。

(十八)党項寇靈州、渭北(七三)，掠官馬。

(十九)諫官上言：「裴度無罪，不當免相，元稹與于方為邪謀，責之太輕。」上不得已，壬申，削稹長春宮使(七四)。

(廿)吐蕃寇靈武(七五)。庚辰，鹽州奏，党項都督拔跋萬誠請降(七六)。

(廿一)壬午，吐蕃寇鹽州。

(廿二)戊子，復置邕管經略使。

(廿三)初張弘靖為宣武節度使，屢賞(七七)以悅軍士，府庫虛竭。李愿繼之，性奢侈，賞勞(七八)既薄於弘靖時，又峻(七九)威刑，軍士不悅，愿以其妻弟竇瑗典宿直兵(八〇)，瑗驕貪，軍中惡之，牙將李臣則等作亂。秋，七月，壬辰夜，即(八一)帳中斬瑗頭，因大呼，府中響應，愿與一子踰城，奔鄭州(八二)，亂兵殺其妻，推都押牙李㝏為留後。【考異】實錄：「戊戌，汴州監軍使奏，六月四日夜，軍亂，節度使李愿踰城以遁。」新紀亦云：「六月癸亥，李㝏反，逐李愿。」按李愿若以六月四日夜被逐，不應至此月十日方奏到，疑實錄十字誤為六，舊記止用此奏到日，今從愿傳七月四日。

(廿四)丙申，宋王結(八三)薨。

(廿五)戊戌，宣武監軍奏軍亂，庚子，李㝏自奏，已權(八四)，知留後。

(廿六)乙巳，詔三省官(八五)與宰相議汴州事，皆以為宜如河北故事，授李齐節。李逢吉曰：「河北之事，蓋非獲已(八六)，今若幷(八七)汴州棄之，則是江淮以南，皆非國家有也。」杜元穎張平叔爭之曰：「柰何惜數尺之節(八八)，不愛一方之死乎(八九)？」議未決，會(九〇)宋、亳、潁(九一)三州各上奏，請別命帥(九二)，上大喜，以逢吉議為然，遣中使詣三州宣慰，逢吉因請：「以將軍(九三)徵齐入朝，以義成節度使韓充鎮宣武；充，弘之弟，素寬厚，得眾心(九四)，脫(九五)齐旅拒(九六)，則命徐許兩軍攻其左右，而滑軍蹙(九七)其北，充必得入矣。」上皆從之。丙午，貶李愿為隨州(九八)刺史，以韓充為宣武節度兼義成節度使，徵李齐為右金吾將軍。齐不奉詔，宋州刺史高承簡斬其使者，齐遣兵二千攻之，陷寧陵、襄邑(九九)，宋州有三城，賊已陷其南城，承簡保北二城，與賊十餘戰，癸丑，忠武節度使李光顏將兵二萬五千討李齐，屯尉氏(一〇〇)。兗海節度使曹華聞齐作亂，不俟(一〇一)詔，即發兵討之，齐遣兵三千人攻宋州，適至城下，丙辰，華逆擊破之，丁巳，李光顏敗宣武兵於尉氏，斬獲二千餘人。

(七)八月，辛酉，大理卿劉元鼎自吐蕃還。

(廿八)甲子，韓充入汴境，軍於千塔㉒，武寧節度使王智興與高承簡共破宣武兵，斬首千餘級，餘眾遁去。壬申，韓充敗宣武兵於郭橋㉓，斬首千餘級，進軍萬勝㉔。初李㝏既為留後，以都知兵馬使李質為腹心，及㝏除將軍，不奉詔，質屢諫不聽，會㝏疽發於首，遣李臣則等將兵，拒李光顏於尉氏，既而官軍四集㉕，兵屢敗，㝏疾甚，悉以軍事屬㉖李質，臥於家。丙子，質與監軍姚文壽擒㝏殺之，詐為㝏牒，追臣則等至，皆斬之，執㝏四子送京師。韓充未至，質權知軍務。時牙兵三千人，日給酒食，物力㉗不能支，質曰：「若韓公始至而罷之，則人情大去㉘矣，不可留此弊㉙，以遺吾帥㉚，即命罷給，而後迎充。」丁丑，充入汴，癸未，以韓充專為宣武節度使，以曹華為義成節度使，高承簡為兗、海、沂、密節度使，加李光顏兼侍中，以李質為右金吾將軍。韓充既視事，人心粗定㉛，乃密籍㉜軍中為惡者千餘人，一朝㉝并父母妻子悉逐之，曰：「敢少㉞留境內者，斬。」於是軍政大治。

(廿九)九月，戊子朔，浙西觀察使、京兆竇易直，奏大將王國清作亂伏誅。初易直聞汴州亂而懼，欲散(二五)金帛以賞軍士，或曰：「賞之無名(二六)，恐益(二七)生疑。」乃止。而外已有知之者，故國清作亂，易直討擒之，幷殺其黨三百餘人。【考異】舊易直傳曰：「時江淮旱水淺，轉運司錢帛委積，不能漕。國清指以為賞，激諷州兵謀亂。先事有告者，乃收國清下獄，其黨數千人，大呼入獄中，劫取國清而出之，因欲大剽。易直登樓謂將吏曰，能擒為亂者，每獲一人，賞千萬(二八)，眾喜，倒戈擊亂黨，擒國清等三百餘人，皆斬之。」今從實錄。

(卅)德州刺史王稷承父鍔餘貲，家(二九)富厚，橫海節度使李景略(三〇)利其財，丙申，密教軍士殺稷，屠其家，納其女為妾，以軍亂聞。

(卌一)朝廷之討李㝏也，遣司門郎中韋文恪宣慰魏博，史憲誠表請授㝏旌節，又於黎陽築馬頭(三一)，為度河之勢，見文恪，辭禮倨慢(三二)，及聞㝏死，辭禮頓恭，曰：「憲誠胡人，譬如狗，雖被捶擊，終不離主耳。」

(卌二)冬，十一月，庚午，皇太后幸華清宮，辛未，上自複道幸華清宮，返畋于驪山，即日(三三)還宮，太后數日乃返。

(卌三)丙子，集王緗(三四)薨。

(卌四)庚辰，上與宦者擊毬於禁中，有宦者墜馬，上驚，因得風疾(三五)，不能履地(三六)，自是人不聞上起居(三七)，宰相猶屢乞入見，不報，裴度三上疏請立太子，且請入見。十二月，辛卯，上見羣臣於紫宸殿㉘，御大繩牀㉙，悉去左右衞官㉚，獨宦者十餘人侍側，人情稍安。李逢吉進言：「景王已長，請立為太子。」裴度請速下詔，副㉛天下望。既而兩省官亦繼有請立太子者，癸巳，詔立景王湛為皇太子。

【考異】劉軻牛羊日曆曰：「穆宗不愈，宰臣議立敬宗為皇太子，時牛僧孺獨懷異圖，欲立諸子，僧孺乃昌言於朝曰，梁守謙王守澄將不利於上；又使楊虞卿漢公輩宣言於外曰，王守澄欲謀廢立；又令其從於街衢門墻上施牓，每於穆宗行幸處路傍，或苑內草間，削白而書之，冀謀大亂，其凶險如此。」此出於朋黨之言，不足信也。

(卅五)上疾浸瘳㉜。

(卅六)是歲，初行宣明曆㉝。

【今註】㊀不時：不立時。㊁事體：事之體制。㊂籍籍：猶紛紛。㊃決：決定。㊄單辭：一人之言。㊅直：只。㊆收天下心：謂收天下之人心。㊇半紙詔書：極言詔書之簡短。㊈集：集合。⑩效死：猶致死。⑪俛：同俯。⑫惜：愛惜。⑬縶：縛繫。⑭卿更思其次：謂卿可再思其他辦法。⑮必得出：言悟必釋承偕。⑯西走：謂欲歸許州。⑰橫海節：謂橫海節度使之旌節。⑱乞歸許州：李光顏本忠武節度使，許州忠武軍治所，故乞歸之。⑲河北三鎮：三鎮為魏、鎮、幽。⑳不逞：猶不法。㉑遜：遜順。㉒重：器重。㉓博野：據《新唐書・地理志》三，博野縣屬河北道深州。㉔糶：猶賣。㉕所由：胡三省曰：「所由、綰掌官物之吏也，事必經由其手，故謂之所由。」

㉖就村：謂至每一村中，核村為唐代之基本單位，言至村則是無處弗至矣。㉗殿最：謂劣優。㉘檢責：檢覈責求。㉙團保：謂團結戶口，使之互相擔保，核團乃係編組之意，為唐代之特殊用語。㉚輸價：輸納價款。㉛邀截：遮截。㉜喧訴：喧囂訴控。㉝連狀人：謂連名告狀者。㉞多用雜物貿易：謂多用雜物易鹽。㉟賒貸：鬻物而緩取直曰賒，貸謂借。㊱徐還：徐緩還錢。㊲濟：補救。㊳利便：利益方便。㊴坐舖：舖今謂店舖，古曰市肆，謂坐於屋中，將陳列之貨物出鬻之。㊵坐失常課：謂無故而失去經常之稅收。㊶家至而戶糶：謂至每家每戶，糶鹽與之。㊷必索百姓供應：謂必要求百姓供給其所需之物。㊸騷擾：騷動擾亂。㊹刺史縣令，職在分憂：胡三省曰：「人君憂民有不得其生者，故置守令以撫字之，是其職分在分憂也。」㊺為之升黜：謂為升黜之準繩。㊻理行：即治行。㊼淡食：即不食鹽。㊽依時徵價：謂按時徵收鹽錢。㊾威刑：威嚴刑罰。㊿宰相處論道之地：《書・周官》：「茲惟三公，論道經邦。」(51)鹾：謂鹽。(52)皆以錢穀：謂皆以錢穀吏。(53)難兼：謂難以兼具。(54)又欲以重法，禁人喧訴：謂為首告訴者杖殺，連名者杖脊。(55)大強人：甚強人。(56)立：成立。(57)寢：止。(58)逋欠：逋亦欠，音ㄅㄨ。(59)當州：刺史自以所守州為當州。(60)逋負：猶上之逋欠。(61)邕州人不樂屬容管：廢邕管入容管，見上卷元和十五年。(62)以吏人狀：謂以吏人所具之奏狀。(63)按：按問。(64)羅陽縣：胡三省曰：「羅陽當在西原，羈縻縣也。蓋裴行立攻黃洞時得之，而元宗擅以歸之也。」(65)和王：和王綺，順宗子。(66)干進：求進。(67)間說：猶私說。(68)仍賂兵吏部令史偽出告身二十通：文官告身賂吏部令史偽為之，武官告身賂兵部令史偽為之，通猶

今言套或件。(六九)結客：交結刺客。(七〇)隱：隱匿。(七一)先請其直：謂先請馬羊所值之錢。(七二)無驗：無證驗。(七三)寇靈州、渭北：先寇靈州，遂及渭北。(七四)長春宮使：長春宮使在同州，元稹以出刺兼使，今削之。(七五)靈武：據《新唐書・地理志》一，靈武縣屬關內道靈州。(七六)党項都督拔跋萬誠請降：胡三省曰：「拔跋當作托跋。」(七七)屢賞：屢行賞賜。(七八)賞勞：賞賜慰勞。(七九)峻：嚴峻。(八〇)宿直兵：宿衞當值之兵。(八一)即：就。(八二)奔鄭州：汴州西至鄭州，一百五十里。(八三)宋王結：結，順宗子。(八四)權：暫且。(八五)三省官：自遺補舍人丞郎以上。(八六)非獲已：猶不得已。(八七)拚：猶今言連。(八八)數尺之節：蓋旌節之長，不過數尺。(八九)不愛一方之死乎：謂不愛惜一方之民命，而忍令其死乎。(九〇)會：值。(九一)宋亳頴：三州皆宣武巡屬，穎當作頴。(九二)命帥：任命節帥。(九三)以將軍：謂以將軍之職。(九四)充，弘之弟，素寬厚得衆心：胡三省曰：「韓弘鎮宣武二十餘年，將士懷之，其弟又以寬厚得衆，故逢吉請以代齐。」(九五)脫：猶萬一。(九六)旅拒：恃衆抗拒。(九七)蹙：猶逼。(九八)隨州：《舊唐書・地理志》二：「山南東道、隨州，在京師東南一千三百八十八里。」(九九)寧陵、襄邑：據《新唐書・地理志》二，二縣皆屬河南道宋州。(一〇〇)尉氏：據《新唐書・地理志》二，尉氏縣屬河南道汴州。(一〇一)不俟詔：不待詔命。(一〇二)千塔：胡三省曰：「千塔當在汴州北。」(一〇三)郭橋：《九域志》：「汴州祥符縣有郭橋鎮。」(一〇四)萬勝：《九域志》：「汴州中牟縣有萬勝鎮。」(一〇五)四集：四合。(一〇六)屬：屬任。(一〇七)物力：謂物資人力。(一〇八)大去：謂大離去。(一〇九)弊：弊患。(一一〇)吾帥：吾節帥。(一一一)粗定：略定。(一一二)籍：籍錄。(一一三)一朝：謂一時。(一一四)少：少時。(一一五)散：分散。(一一六)無名：無有名義。(一一七)益：愈。(一一八)考異曰：「舊易直傳：『能擒為亂者，每獲一人賞千萬』」：按武英殿本《舊唐書・竇易直傳》，千萬作十萬，校合事理，當改從。㉙貲：通資。㉚李景略：胡三省曰：「李景略當作李全略。」㉛馬頭：胡三省曰：「附河岸築土，植木夾之，至水次，以便兵馬入船，謂之馬頭。」㉜倨慢：倨傲怠慢。㉝即日：猶當日。㉞集王緗：緗，順宗子。㉟風疾：謂中風之疾。㊱履地：謂在地上行走。㊲聞上起居：謂聞上之起居消息。㊳紫宸殿：《唐六典》卷七：「大明宮，正南曰丹鳳門，丹鳳北曰宣政門，宣政北曰紫宸門，其內曰紫宸殿，即內朝正殿也。」㊴繩牀：胡三省曰：「繩床以板為之，人坐其上，其廣前可容膝，後有靠背，左右有托手，可以閣臂，其下四足著地。」㊵衛官：宿衛之官。㊶副：稱。㊷浸瘳：漸愈。㊸宣明曆：《新唐書・歷志》六：「穆宗即位，司天徐昂上新歷，名曰觀眾，起元和二年用之，然無蔀章之數。至於察斂（據下文之發斂，知察乃發之訛）啓閉之候，循用舊法測驗不合。至穆宗立，以為累世纘緒，必更歷紀，乃詔日官改撰歷術，名曰宣明，其氣朔發斂，日躔月離，皆因大衍舊術，晷漏交會，則稍增損之。」

卷二百四十三　唐紀五十九

司馬光編集
曲守約註

起昭陽單閼，盡屠雍涒灘，凡六年。（癸卯至午申，西元八二三年至八二八年）

穆宗睿聖文惠孝皇帝下

長慶三年（西元八二三年）

㈠春，正月，癸未，賜兩軍中尉以下錢，二月，辛卯，賜統軍、軍使等綿綵銀器，各有差㊀。

㈡戶部侍郎牛僧孺素為上所厚，初韓弘之子右驍衛將軍公武為其父謀㊁，以財結中外，及公武卒，弘繼薨，穉孫紹宗嗣，主藏㊂奴與吏訟於御史府，上憐㊃之，盡取弘財簿，自閱視，凡中外主權㊄，多納弘㊅貨，獨朱句㊆細字㊇曰：「某年月日，送戶部牛侍郎錢千萬，不納。」上大喜，以示左右曰：「果然，吾不繆知人㊈。」三月，壬戌，以僧孺為中書侍郎同平章事。時僧孺與李德裕皆有入相之望㊉，德裕出為浙西觀察使，八年不遷，以為李逢吉排㊁己引僧孺為相，由是牛李之怨愈深。【考異】舊德裕傳曰：「初李逢吉自襄陽入朝，乃密賂細人，構成于方獄。六月，元稹裴度俱罷，逢吉代裴度為相。既得權，遂銳意報怨。時德裕與僧孺俱有相望，逢吉欲引僧孺，懼紳與德裕禁中沮之，九月，出德裕浙西，尋引僧孺同平章事，繇是，交怨愈深。」蓋德裕以此疑怨逢吉，未必皆出逢吉之意也。

㈢夏，四月，甲午，安南奏陸州㉒獠攻掠州縣。

㈣丙申，賜宣徽院㉓供奉官錢，紫衣㉔者百二十緡，下至承旨各有差。

㈤初翼城㉕人鄭注眇小㉖，目下視，而巧譎㉗傾諂，善揣㉘人意，以醫㉙遊四方，羇貧甚㉚，嘗以藥術㉛干㉜徐州牙將，牙將悅之，薦於節度使李愬，愬餌其藥㉝，頗驗㉞，遂有寵，署㉟為牙推㊱；浸預㊲軍政，妄作威福，軍府患之。監軍王守澄以眾情白愬，請去之，愬曰：「注雖如是，然奇才也，將軍㊳試與之語，苟無可取，去之未晚。」乃使注往謁守澄，守澄初有難色㊴，不得已見之，坐語未久，守澄大喜，延之中堂㊵，促膝㊶笑語，恨相見之晚；明日，謂愬曰：「鄭生㊷誠如公言。」自是又有寵於守澄，權勢益張㊸，愬署為巡官，列於賓席㊹。注既用事㊺，恐牙將薦己者，泄其本末，密以他罪，譖之於愬，愬殺之，及守澄入知樞密，挈㊱注以西，為立居宅，贍給之㊲，遂薦於上，上亦厚遇之。自上有疾，守澄專制國事，勢傾㊳中外，注日夜出入其家，與之謀議，語必通夕㊴，關通㊵賂遺㊶，人莫能窺其迹㊷。始則有微賤㊸巧宦之士㊹，或因㊺以求進，數年之後，達官車馬滿其門矣。工部尚書鄭權家多姬妾，祿薄㊻，不能贍㊼，因注通於守澄，以求節鎮，己酉，以權為嶺南節度使。

㈥五月，壬申，以尚書左丞柳公綽為山南東道節度使，公綽過鄧縣㊽，有二吏，一犯贓，一舞文㊾，眾謂公綽，必殺犯贓者，公綽判曰：「贓吏犯法，法在；姦吏亂法，法亡。」竟誅舞文者。

【考異】柳氏敍訓曰：「公為襄陽節度使，有名馬，人爭畫為圖，圉人潔其蹄尾，被蹴致斃，命斬於鞠場。賓吏請曰，圉人備之不至，良馬可惜。公曰，有良馬之貌，含駑馬之性，必殺之。有齊縗者哭且獻狀曰，遷三世十二喪于武昌，為津吏所遏，不得出。公覽狀，召軍候擒之，破其十二柩，皆實以稻米。時歲儉，鄰境尤甚，人以為神明之政。」按韓愈與公綽書曰：「殺所乘馬以祭踶死之士。」乃在鄂岳時事，敍訓舊傳，皆誤也。察齊衰者乃是閉糴，非美事，今不取。

㈦丙子，以晉慈二州為保義軍，以觀察使李寰為節度使。

㈧六月，己丑，以吏部侍郎韓愈為京兆尹，六軍不敢犯法，私相謂曰：「是(五〇)尚欲燒佛骨，何可犯也！」

(九)秋，七月，癸亥，嶺南奏，黃洞蠻寇邕州，破左江鎮(五一)，丙寅，邕州奏，黃洞蠻破欽州千金鎮(五二)，刺史楊嶼奔石南砦(五三)。

(十)南詔勸利卒，國人請立其弟豐祐。【考異】實錄：「九月辛酉，南詔王立佺進其國信。」歲末又云：「南詔請立蒙勸利之弟豐祐。」云立佺者，蓋誤也。今從新傳。豐祐勇敢，善用其眾，始慕中國，不與父連名(五四)。

(十一)八月，癸巳，邕管奏破黃洞蠻。

(十二)丙申，上自複道幸興慶宮，至通化門樓(五五)，投絹二百匹施山僧，上之濫賜，皆此類，不可悉紀(五六)。

(十三)癸卯，以左僕射裴度為司空、山南西道節度使，不兼平章事。李逢吉惡度，右補闕張又新等附逢吉，競流(五七)謗毀傷度，竟出之。又新，薦之子(五八)也。

(十四)九月，丙辰，加昭義節度使劉悟同平章事。

(十五)李逢吉為相，內結知樞密王守澄，勢傾朝野；【考異】李讓夷敬宗實錄曰：「逢吉用族子仲言之謀，因鄭注與守澄，潛結上於東宮，且言逢吉實立殿下，上深德之。」又曰：「張又新李續之皆逢吉藩僚，時又新為右補闕，續之為度支員外郎。」劉昫承之，為逢吉傳，亦言：「逢吉令仲言賂注，求結於守澄，仲言辯譎多端，守澄見之甚悅，自是逢吉有助，事無違者。」其李訓傳則云：「訓自流所還，丁母憂，居洛中，時逢吉為留守，思復為相，乃使訓因鄭注結王守澄。」然則逢吉結守澄，乃在文宗時，非穆宗時也。二傳自相違。逢吉結守澄，要為不誣，然未必因鄭注。李讓夷乃李德裕之黨，惡逢吉，欲重其罪，使與李訓鄭注皆有連結之迹，故云用訓謀，因注以交守澄耳。又張又新李續之為逢吉藩僚，乃在逢吉再鎮襄陽後，於此時未也，今不取。惟翰林學士李紳，每承(五九)顧問，常排抑之，擬狀至內庭(六〇)，紳多所臧否，逢吉患之，而上待遇方厚，不能遠也(六一)。會御史中丞缺(六二)，逢吉薦紳清直，宜居風憲(六三)之地，上以中丞亦次對官(六四)，不疑(六五)而可之。會紳與京兆尹、御史大夫韓愈爭臺參(六六)及他職事，文移往來，辭語不遜(六七)，逢吉奏二人不協(六八)。冬，十月，丙戌，以愈為兵部侍郎，紳為江西觀察使。

(十六)己丑，以中書侍郎同平章事杜元穎同平章事，充西川節度使。

(十七)辛卯，安南奏黃洞蠻為寇。

(十八)韓愈李紳入謝，上各令自敘其事，乃深寤(六九)，壬辰，復以愈為吏部侍郎，紳為戶部侍郎。【考異】穆宗實錄曰：「紳性險果，交結權倖，自以望輕，頗忌朝廷有名之士，及居近署，封植己類，以樹黨援，進修之士，懼為傷毒，疾之，常指鈞衡，欲逞其私志。時宰病之，因以人情上論，諫官歷獻疏，方有江西之命，行有日矣，因延英對辭，又泣請留侍，故有是拜。人情憂駭。」此蓋修穆宗實錄者惡紳，故毀之如是。今從敬宗實錄。

【今註】㊀各有差：各有等差。㊁謀：設計。㊂主藏奴：主守藏之奴僕。㊃憐：哀憐。㊄主權：謂掌有權柄者。㊅弘貨：弘之財貨。㊆朱句：句讀曰勾，謂以朱筆勾劃。㊇細字：小字。㊈不繆知人：謂知人不謬，繆謬通。⑩望：資望。⑪排：排擠。⑫陸州：《舊唐書・地理志》四：「嶺南道陸州，至京師七千二十六里。」⑬宣徽院：胡三省曰：「唐中世以後，置宣徽院，以宦者主之，其大朝賀及聖節上壽，則宣徽使宣答。」⑭紫衣者：指三品已上之官。⑮翼城：據《新唐書・地理志》三，翼城縣屬河東道絳州。⑯眇小：細小。⑰譎：譎詐。⑱揣：揣摩。⑲以醫：以醫術。⑳羈貧甚：謂以羈旅故甚貧。㉑藥術：猶醫術。㉒干：謁。㉓餌其藥：謂食其藥餌。㉔驗：效驗。㉕署：任。㉖牙推：胡三省曰：「牙推在節度推官之下。」㉗預：參預。㉘將軍：胡三省曰：「時中官多加諸衞將軍，謂之內將軍。」㉙難色：為難之神色。㉚中堂：大官治事之堂，以位在中，故曰中堂。㉛促膝：謂兩人膝蓋，相距甚近。㉜鄭生：乃係鄭先生之省。㉝張：張大。㉞賓席：賓客之位。㉟用事：任事。㊱挈：攜帶，音ㄑㄧㄝˋ。㊲贍給之：謂以錢物供給之。㊳傾：傾動。㊴通夕：謂通宵達旦。㊵闕通：闕亦通，此猶交通。㊶賂遺：賄賂餽遺。㊷跡：行跡。㊸微賤：低賤。㊹巧宦之士：謂善於鑽營奔競之士。㊺因：藉。㊻祿薄：俸祿薄少。㊼贍：贍給。㊽鄧縣：據《新唐書・地理志》四，鄧城縣屬山南東道襄州。㊾舞文：謂弄法，亦即舞弊之意。㊿是：是人。(51)左江鎮：胡三省曰：「邕州宣化縣，有左江右江二鎮，左江出七源州界，至合江鎮，與右江水合為一水，流入橫州，號鬱水。」(52)千金鎮：胡三省曰：「千金鎮當在欽州西南。」(53)砦：同寨。(54)不與父連名：連名謂取其父名之末一字，以為己名之首一字，據《新唐書・南詔傳》，其先細奴邏，生邏盛炎，邏盛炎生炎閣，炎閣死，而立其弟盛邏皮，盛邏皮生皮邏閣，皮邏閣生閣邏鳳，閣邏鳳生鳳迦異，鳳迦異生異牟尋，異牟尋生尋閣勸，尋閣勸生勸龍晟、勸利。其連名之式，豈非甚昭然，而其歷史，又豈非甚悠久乎！(五五)上自複道幸興慶宮，至通化門：《唐六典》卷七：「興慶宮在皇城之東南，自大明宮東夾羅城複道，經通化門，磴道潛通焉。」(五六)紀：記述。(五七)流：傳佈。(五八)又新、薦之子：張薦事德宗，屢使吐蕃回鶻。(五九)承：承受。(六〇)擬狀至內庭：胡三省曰：「擬狀謂進狀所擬除目也。翰林學士院在內庭，蓋李逢吉所進擬者，穆宗訪其可否於李紳，故得言之。」(六一)不能遠也：不能使與君上疏遠。(六二)缺：空缺。(六三)風憲：掌風紀法度。(六四)次對官：胡三省曰：「余按唐中世以後，宰相對延英，既退則待制官、巡對官，皆得引對，總可謂之次對官，所謂次對官者，謂次宰相之後，而得對也。據宋白所紀貞元七年十一月敕，則次對官者，以常參官依次對為稱焉。」(六五)疑：疑慮。(六六)爭臺參：胡三省曰：「故事，京尹新除，皆詣臺參，逢吉欲激二人使爭，以愈兼御史大夫，免臺參，而紳愈果爭。」臺參謂京尹於到任時，至御史臺向諸御史行參謁之禮。(六七)不遜：不遜讓。(六八)協：和協。(六九)深寤：猶大醒寤。

四年（西元八二四年）

㈠春，正月，辛亥朔，上始御含元殿㊀朝會。

㈡初柳泌等既誅，方士稍㊁復因左右以進，上餌其金石之藥，有處士張臯者上疏，以為：「神慮澹(三)，則血氣和(四)，嗜欲勝，則疾疹(五)作(六)。藥以攻(七)疾，無疾不可餌也。昔孫思邈(八)有言：『藥勢(九)有所偏助，令人藏氣(一〇)不平(一一)。』借使(一二)有疾用藥(一三)，猶須重慎(一四)，庶人尚爾，況於天子？先帝(一五)信方士妄言，餌藥致疾，此陛下所詳知也，豈得復循(一六)其覆轍乎！今朝野之人，紛紜(一七)竊議，但畏忤(一八)旨，莫敢進言。臣生長蓬艾(一九)，麋鹿與遊，無所邀求(二〇)，但粗(二一)知忠義，欲裨(二二)萬一耳。」上甚喜其言，使求之不獲。

㈢丁卯，嶺南奏，黃洞蠻寇欽州，殺將吏。

㈣庚午，上疾復作，壬申，大漸(二三)，命太子監國。宦官欲請郭太后臨朝稱制，太后曰：「昔武后稱制，幾危社稷，我家世守忠義，非武氏之比(二四)也，太子雖少，但得賢宰相輔之，卿輩勿預朝政，何患國家不安！自古豈有女子為天下主，而能致唐虞之理乎！」取制書手裂之(二五)。太后兄太常卿釗聞有是議，密上牋曰：「若果徇(二六)其請，臣請先帥諸子，納(二七)官爵，歸田里。」太后泣曰：「祖考之慶(二八)，鍾(二九)於吾兄。」是夕，上崩於寢殿(三〇)。癸酉，以李逢吉攝冢宰㉑。丙子，敬宗即位於太極東序。初穆宗之立，神策軍士，人賜錢五十千，宰相議以太厚㉒難繼㉓，乃下詔稱：「宿衛之勤，誠宜厚賞，屬㉔頻年旱歉㉕，御府空虛，邊兵尚未給衣，霑卹㉖期於均濟㉗，神策軍士，人賜絹十匹，錢十千，畿內諸鎮，又減五千。」仍出內庫綾二百萬匹付度支，充邊軍春衣，時人善之。

㈤自戊寅至庚辰，上賜宦官服色及錦綵金銀甚眾，或今日賜綠，明日賜緋。

㈥初穆宗既留李紳，李逢吉愈忌之，紳族子虞頗以文學知名，自言不樂仕進㉘，隱居華陽川㉙，及從父耆為左拾遺，虞與耆書求薦，誤達㉚於紳，紳以書誚㉛之，且以語於眾人，虞深怨之，乃詣逢吉，悉以紳平日密論逢吉之語告之，逢吉益怒，使虞與補闕張又新及從子前河陽掌書記仲言等，伺㉜求紳短，揚之於士大夫間，且言：「紳潛察士大夫有羣居議論者，輒指為朋黨，白之於上。」由是士大夫多忌㉝之。及敬宗即位，逢吉與其黨快紳失勢㉞，又恐上復用之，日夜謀議，思所以害紳者。楚州刺史蘇遇謂逢吉之黨曰：「主上初聽政，必開延英，有次對官(四五)，惟此可防(四六)。」其黨以為然，亟白逢吉曰：「事迫(四七)矣，若俟聽政(四八)，悔不可追。」逢吉乃令王守澄言於上曰：「陛下所以為儲貳(四九)，臣備知之，皆逢吉之力也。如杜元穎李紳輩，皆欲立深王(五〇)。」度支員外郎李續之等繼上章言之，上時年十六，疑未信(五一)，會逢吉亦有奏，言紳不利於上，請加貶謫，上猶再三覆問，然後從之。二月，癸未，貶紳為端州(五二)司馬。逢吉仍帥百官表賀，既退，百官復詣中書賀，逢吉方與張又新語，門者弗內(五三)，良久，又新揮汗而出，旅揖(五四)百官曰：「端溪(五五)之事，又新不敢多讓。」眾駭愕辟易(五六)，憚之。右拾遺內供奉吳思獨不賀，逢吉怒，以思為吐蕃告哀使。丙戌，貶翰林學士龐嚴為信州(五七)刺史，蔣防為汀州(五八)刺史。嚴，壽州人，與防皆紳所引(五九)也，給事中于敖素與嚴善，封還勅書，人為之懼，曰：「于給事為龐蔣直冤，犯宰相怒，誠所難也(六〇)。」及奏下，乃言貶之太輕，逢吉由是獎之。

㈦張又新等猶忌紳，日上書，言貶紳太輕，上許為殺之，朝臣莫敢言，獨翰林侍讀學士(六一)韋處厚上疏，指述(六二)：「紳為逢吉之黨所讒，人情歎駭(六三)，紳蒙先朝獎用(六四)，借使有罪，猶宜容假(六五)，以成三年無改之孝(六六)，況無罪乎！」於是上稍開寤(六七)。【考異】曰：「處厚傳曰：「敬宗即位，李逢吉用事，素惡李紳，乃構成其罪，禍將不測。處厚乃上疏云云，帝悟其事，紳得減死，貶端州司馬。」今從實錄，處厚上疏，在紳貶端州後。」會閱禁中文書，有穆宗所封(六八)文書一篋，發之，得裴度杜元穎李紳疏，請立上為太子，上乃嗟歎，悉焚人所上譖紳書，雖未即召還，後有言者，不復聽矣。

(八)己亥，尊郭太后為太皇太后。

(九)乙巳，尊上母王妃為皇太后。太后，越州人也。

(十)丁未，上幸中和殿擊毬，自是數遊宴，擊毬奏樂，賞賜宦官樂人，不可悉紀。

(十一)二月，壬子，赦天下，諸道常貢之外，毋得進奉。

(十二)甲寅，上始對(六九)宰相於延英殿。

(十三)初，牛元翼在襄陽(七〇)，數賂王庭湊，以請其家(七一)，庭湊不與，聞元翼薨，甲子，盡殺之。

（十四）上視朝每晏（七二），戊辰，日絕（七三）高，尚未坐（七四），百官班（七五）於紫宸門（七六）外，老病者幾至僵踣（七七），諫議大夫李渤白宰相曰：「昨日疏論坐晚（七八），今晨愈甚，請出閤待罪於金吾仗（七九）。」既坐，班退（八〇），左拾遺劉栖楚獨留，進言曰：「憲宗及先帝皆長（八一）君，四方猶多叛亂，陛下富於春秋（八二），嗣位之初，當宵衣（八三）求理，而嗜寢（八四）樂色（八五），日晏方起，梓宮（八六）在殯，鼓吹日喧（八七），令聞（八八）未彰（八九），惡聲（九〇）遐布，臣恐福祚（九一）之不長，請碎首玉階（九二），以謝諫職之曠（九三）。」遂以額叩龍墀（九四），見血（九五）不已，嚮（九六）聞閤外。**【考異】**實錄曰：「莊周云，為善無近名，為惡無近刑，意者既能為近名之善，即必忍為近刑之惡。栖楚本王承宗小吏，果敢有聞，逢吉擢而用之，蓋取其鷹犬之效耳。夫諫諍之道，是豈能知之乎，即如比干剖心，當文王與紂之事也，朱雲折檻，恐漢氏之為新室也。時危事迫，不得不然，則忠臣有死諫之義。至如上年少嗜寢，坐朝稍晚，蓋宰臣密勿章，諫臣封事而可止者也，豈在暴揚，面數激訐於羽儀之前，致使上疑死諫為不難，謂細事皆當碎首，從此遂不覽疏，卒有克明之難，實栖楚兆之。況諫辭皆羣黨所作，而使栖楚道之哉！賣前直而資後詐，殊可歎駭。」按李讓夷此論，豈非惡栖楚而彊毀之邪，今所不取。李逢吉宣曰（九七）：「劉栖楚休（九八）叩頭，俟進止（九九）。」栖楚捧首而起，更論宦官事，上連揮令出（一〇〇），栖楚曰：「不用臣言，請繼以死。」牛僧孺宣曰：「所奏知（一〇一），門外（一〇二）俟進止。」栖楚乃出，待罪於金吾仗，於是宰相贊成其言，上命中使就仗，幷李渤宣慰令歸，尋擢栖楚為起居舍人，仍賜緋（一〇三），栖楚辭疾不拜，歸東都。

（十五）庚午，賜內教坊[二四]錢萬緡，以備行幸。

（十六）夏，四月，甲午，淮南節度使王播罷鹽鐵轉運使。

（十七）乙未，以布衣姜洽為補闕，試大理評事陸洿、布衣李虞、劉堅為拾遺。時李逢吉用事，所親厚者張又新、李仲言、李續之、李虞、劉栖楚、姜洽及拾遺張權輿、程昔範，又有從而附麗[二五]之者，時人惡逢吉者，目之為八關[二六]十六子。【考異】按宰相之門，何嘗無特所親愛之士，數蒙引接，詢訪得失，否臧人物，其間忠邪渾殽，固亦多矣。其疏遠不得志者，則從而怨疾之，巧立品目，以相譏誚，此乃古今常態，非獨逢吉之門，有八關十六子也。舊逢吉傳以為：「有求於逢吉者，必先經此八人納賂，無不如意。」亦恐未必然。但逢吉之門，險詖者為多耳。此皆出於李讓夷敬宗實錄，按栖楚為吏，敢與王承宗爭事，此乃正直之士，何得為佞邪之黨哉！蓋讓夷德裕之黨，而栖楚為逢吉所善，故深詆之耳。

（十八）卜者蘇玄明與染坊供人[二七]張韶善，玄明謂韶曰：「我為子卜，當升殿坐[二八]，與我共食，今主上晝夜毬獵[二九]，多不在宮中，大事可圖也。」韶以為然，乃與玄明謀結染工無賴[三〇]者百餘人，丙申，匿兵[三一]於紫草[三二]車，載以入銀臺門[三三]，伺[三四]夜作亂。未達所詣[三五]，有疑其重載[三六]，而詰[三七]之者，韶急，即殺詰者，與其徒易服，揮兵[三八]，大呼，趣[三九]禁庭，上時在清思殿[四〇]擊毬，諸宦者見之，驚駭，急入閉門，走白上，盜尋斬關㉒而入。先是右神策中尉梁守謙有寵於上，每兩軍角㉓伎藝，上常佑㉔右軍，至是上狼狽㉕，欲幸右軍，左右曰：「右軍遠，恐遇盜，不若幸左軍近㉖。」上從之，左神策中尉、河中㉗馬存亮聞上至，走出迎，捧上足，涕泣，自負上入軍中，遣大將康藝全將騎卒，入宮討賊。上憂二太后㉘隔絕，存亮復以五百騎，迎二太后至軍。張韶升清思殿，坐御榻，與蘇玄明同食，曰：「果如子言。」玄明驚曰：「事止此邪！」韶懼而走，會康藝全與右軍兵馬使尚國忠引兵至，合擊之，殺韶、玄明及其黨，死者狼籍㉙，逮夜始定，餘黨猶散匿禁苑中明日悉擒獲之。時宮門皆閉，上宿於左軍，中外不知上所在，人情恇㉚駭，丁酉，上還宮，宰相帥百官詣延英門賀，來者不過數十人，盜所歷諸門，監門宦者三十五人，法當死，己亥，詔並杖㉛之，仍不改職任。壬寅，厚賞兩軍立功將士。

(九)五月，乙卯，以吏部侍郎李程、戶部侍郎判度支竇易直，並同平章事。上問相於李逢吉，逢吉列上當時大臣有資望者，程為之首，故用之。上好治宮室，欲營別殿，制度甚廣(三一)，李程諫，請以所具木石，回奉山陵(三二)，上即從之。

(廿)六月，己卯朔，以左神策大將軍康藝全為鄜坊節度使。

(廿一)上聞王庭湊屠牛元翼家，歎宰輔非才，使凶賊縱暴(三三)，翰林學士韋處厚因上疏言：「裴度勳高中夏，聲播外夷(三四)，若置之巖廊(三五)，委其參決(三六)，河北山東(三七)必稟朝筭(三八)。管仲曰：『人離(三九)而聽之則愚，合而聽之則聖。』理亂之本，非有他術，順人則理(四〇)，違人則亂。伏承(四一)陛下當食歎息，恨無蕭曹，今有裴度，尚不能留，此馮唐所以謂漢文得廉頗李牧，不能用也。夫御(四二)宰相，當委(四三)之，信之，親之，禮之(四四)，於事不效(四五)，於國無勞，則置之散(四六)寮，黜之遠郡，如此，則在位者，不敢不厲(四七)，將進者(四八)，不敢苟求。臣與逢吉，素無私嫌(四九)，嘗為裴度無辜貶官(五〇)，今之所陳，上荅聖明(五一)，下達羣議(五二)耳。」上見度奏狀無平章事(五三)，以問處厚，處厚具言李逢吉排沮(五四)之狀(五五)，上曰：「何至是邪！」李程亦勸上加禮於度，丙申，加度同平章事。

(廿二)張韶之亂，馬存亮功為多，存亮不自矜，委權(五六)求出。秋，七月，以存亮為淮南監軍使。

(廿三)夏綏節度使李祐入為左金吾大將軍，壬申，進馬百五十匹，上卻之，甲戌，侍御史溫造於閤內奏彈祐違勅(五七)進奉，請論如法(五八)，詔釋之。祐謂人曰：「吾夜半入蔡州城，取吳元濟(五九)，未嘗心動(六〇)，今日膽落(六一)於溫御史矣。」

(廿四)八月，丁卯朔，安南奏黃蠻(六二)入寇。

(廿五)龍州刺史尉遲銳上言：「牛心山素稱神異(六三)，有掘斷處，請加補塞(六四)。」從之。役數萬人於絕險(六五)之地，東川為之疲弊。

(廿六)九月，丁未，波斯李蘇沙獻沉香亭子材(六六)，左拾遺李漢上言，此何異瑤臺瓊室，上雖怒，亦優容(六七)之。漢，道明之六世孫(六八)也。

(廿七)冬，十月，戊戌，翰林學士韋處厚諫上宴遊，曰：「先帝以酒色致疾(六九)損壽，臣是時不死諫者，以陛下年已十五故也。今皇子纔一歲，臣安敢畏死而不諫乎？」上感其言，賜錦綵百匹，銀器四。

(廿八)十一月，戊午，安南奏(七〇)，黃蠻與環王合兵攻陷陸州，殺刺史葛維。

(廿九)庚申，葬睿聖文惠孝皇帝于光陵(七一)，廟號穆宗。

(卅)王播以錢十萬緡賂王守澄，求復領利權(七二)。十一月，癸未，諫議大夫獨孤朗、張仲方、起居郎柳公權、起居舍人宋申錫，拾遺李景讓、薛廷老，請開延英，論其奸邪。上問：「前廷爭者，不在中邪(七三)？」即日除劉栖楚諫議大夫。景讓，憕之曾孫(七四)；廷老，河中人也。

(卅一)十二月，庚寅，加天平節度使烏重胤同平章事。

(卅二)乙未，徐泗觀察使王智興以上生日，請於泗州置戒壇(七五)，度(七六)僧尼，以資福(七七)；許之。自元和以來，敕禁此弊，智興欲聚貨(七八)，首請置之，於是四方輻湊，江淮尤甚，智興家貲，由此累鉅萬(七九)。浙西觀察使李德裕上言：「若不鈐制(八〇)，至降誕日(八一)方停，計兩浙福建當失六十萬丁。」奏至，即日罷之。

(卅三)是歲，回鶻崇德可汗卒，弟曷薩特勒立。

【今註】㈠含元殿：《唐六典》卷七：「大明宮南面五門，正南曰丹鳳門，丹鳳門內正殿，曰含元殿今元正冬至，於此聽朝。」(二)稍：漸。(三)澹：清澹。(四)和：和平。(五)疹：通疢，疾也。(六)作：發作。(七)攻：治。(八)孫思邈：唐之名醫。(九)藥勢：猶藥力。(一〇)藏氣：藏通臟，謂五臟之氣。(一一)平：平均。(一二)借使：假使。(一三)用藥：服用藥餌。(一四)重慎：鄭重謹慎。(一五)先帝：謂憲宗。(一六)循：沿依。(一七)紛紜：雜亂貌。(一八)忤：違。(一九)蓬艾：與蓬蒿，草莽意同，皆係荒僻之意。(二〇)邀求：請求。(二一)粗：猶略。(二二)裨：裨益。(二三)大漸：病劇。(二四)比：猶類。(二五)手裂之：謂親碎裂之。(二六)徇：從。(二七)納：交出。(二八)慶：祚慶。(二九)鍾：集聚。(三〇)上崩於寢殿：年三十。(三一)冢宰：謂首相。(三二)太厚：太重，太多。(三三)難繼：難以繼續。(三四)屬：值。(三五)旱歉：謂旱而歉收。(三六)霑卹：霑受救卹。(三七)均濟：平均及有成效。(三八)仕進：進身而為仕宦。(三九)華陽川：胡三省曰：「華陽川在虢州華陽山南。」(四〇)達：抵。(四一)誚：譏誚。(四二)伺：候伺。(四三)忌：怨。(四四)怏紳失勢：謂以紳失勢為快愉。(四五)有次對官：謂恐紳因次對言事，而上復用之。(四六)可防：猶宜防。(四七)迫：迫促。(四八)若俟聽政：謂若俟主上正式聽政。(四九)儲貳：猶儲副，乃太子之異稱。(五〇)深王：深王察後改名悰，為憲宗之子，穆宗之弟。(五一)疑未信：謂疑而未信。(五二)端州：《舊唐書．地理志》四：「嶺南道端州，至京師四千九百三十五里。」(五三)內：通納。(五四)旅揖：謂頻頻向百官作揖。(五五)端溪：端州謂之端溪。(五六)辟易：謂避而更易其所立之地，乃係驚懼之意。(五七)信州：《舊唐書．地理志》三：「江南道信州，在京師東南五千八百里。」(五八)汀州：同志三：「江南道汀州，在京師東南六千一百七十三里。」(五九)引：引用。(六〇)誠所難也：謂誠難能可貴。(六一)翰林侍讀學士：胡三省曰：「太宗選耆儒侍讀，以質史籍疑義。開元中，集賢院置侍讀直學士，時翰林有侍讀學士，有侍書學士。」（六二）指述：標指陳述，此辭通多作指陳。（六三）歎駭：嗟歎驚駭。（六四）獎用：獎贊任用。（六五）容假：寬容假借。（六六）以成三年無改之孝：《論語》：「孔子曰：『三年無改於父之道，可謂孝矣。』」（六七）開寤：猶明寤。（六八）封：封緘。（六九）對：召見而與之問對。（七〇）初牛元翼在襄陽：牛元翼出深州，鎮襄陽，見上卷二年。（七一）以請其家：謂以請與其家人。（七二）晏：晚。（七三）絕高：甚高。（七四）未坐：未坐朝，亦即未上朝。（七五）班：班列。（七六）紫宸門：《唐六典》卷七：「大明宮、宣政殿北曰紫宸門，其內曰紫宸殿，即內朝正殿也。」（七七）踣：仆，音ㄅㄛˊ。（七八）疏論坐晚：謂上疏論上坐朝之晚。（七九）金吾仗：胡三省曰：「金吾左右仗，在宣政殿前。」（八〇）班退：謂在班列之朝臣皆退。（八一）長君：謂年長始為君主。（八二）富於春秋：謂年齡尚輕。（八三）宵衣：謂天未明而衣，亦即早起之意。（八四）嗜寢：謂嗜耽寢睡。（八五）樂色：謂好聲色。（八六）梓宮：天子之棺。（八七）鼓吹日喧：謂鼓吹作樂之聲，日日喧騰。（八八）令聞：善美之聲聞。（八九）彰：顯著。（九〇）惡聲：猶惡名。（九一）福祚：此謂君上之福祿。（九二）玉階：宮闕之階陛，率以玉為之，故曰玉階。唐人詩稱宮庭之階石，多曰玉階。（九三）曠：曠闕。（九四）龍墀：墀，階。東西兩階間之夾石，雕為龍形，故曰龍墀，音遲。（九五）見血：見有血出，亦即流血。（九六）響：謂以額叩墀之聲響。（九七）宣曰：宣旨曰。（九八）休：不要。（九九）進止：程大昌曰：「奏札言取進止，猶言此札之或留或却，合稟承可否也。唐中葉遂以處分為進止，而不曉文義者，習而不察，概謂有旨為進止，如玉堂宣底所載，凡宣旨皆云有進止者，相承之誤也。」（一〇〇）連揮令出：謂連連揮手令出。（一〇一）牛僧孺宣曰，所奏知：胡三省曰：「此宰相宣上旨也，言所奏知者，謂所奏之事，上已知之也。」㉒門外：據《唐六典》卷七，門外謂東上閤西上閤之門外，而此二閤乃在宣政殿之東西。㉓起居舍人，仍賜緋：據《舊唐書．職官志》二，起居舍人從六品上。又同書〈輿服志〉：「三品已上服紫，五品已下服緋，六品七品服綠。」按起居舍人為從六品，本不應服緋，特以獎擢之故，而賜令其超級服緋。㉔內教坊：胡三省曰：「武德後，置內教坊於禁中，武后如意元年，改曰雲韶府，以中官為使。開元二年，又置內教坊於蓬萊宮側，京都有左右教坊。」㉕附麗：附，依；麗，著。㉖八關：關，要。八人皆任要劇，故謂之八關。㉗染坊供人：謂供役於染坊者。㉘當升殿坐：謂為天子。㉙毬獵：打毬畋獵。㉚無賴：輕薄無聊賴者。㉛匿兵：藏匿兵器。㉜紫草：本草：「紫草苗似蘭香，節青，二月有花，紫白色，秋實白，三月採根陰乾。」㉝銀臺門：胡三省曰：「以下文清思殿徵之，所入者左銀臺門也，在大明宮東面，又北則玄化門。」（據《唐六典》，玄化當作玄武。）㉞伺：候。㉟未達所詣：謂未達銀臺門。㊱重載：謂所載之份量太重。㊲詰：詰問。㊳揮兵：揮動兵器。㊴趣：通趨。㊵清思殿：胡三省曰：「自左銀臺門西入，經太和殿至清思殿，清思殿之南則宣徽殿，北則珠鏡殿。」㊶斬關：斬斷門之管鑰。㊷角：角賽。㊸佑：偏袒。㊹狼狽：困窘不堪貌。㊺幸左軍近：胡三省曰：「唐左神策軍、左龍武軍、左羽林軍，皆列屯東內苑，直左銀臺門東北角。」㊻河中：即河中府，唐屬河東道。㊼二太后：太皇太后郭氏及上母太后王氏。㊽狼籍：謂紛亂橫陳。㊾恇：怯，音匡。㊿杖之：杖決之。(51)制度甚廣：謂規模甚宏。(52)回奉山陵：謂轉以奉供山陵營繕之用。(53)縱暴：縱恣暴虐。(54)外夷：猶四夷。(55)巖廊：謂崇偉之廊廟。㊱參決：參預決斷軍國大事。㊲稟：稟承。㊳朝筭：朝廷之策算，筭古算字。㊴離：離析。㊵順人則理：謂順人之情則治。㊶承：承問。㊷御：猶用。㊸委：任。㊹禮之：敬禮之。㊺不效：謂無功效。㊻散寮：閑散之官職。㊼厲：勉勵。㊽將進者：猶欲進者。㊾私嫌：私人嫌隙。㊿嘗為裴度無辜貶官：憲宗時韋處厚為考功郎，韋貫之罷相，處厚坐與之善，出刺開州。(五一)上荅聖明：謂上荅聖明求賢相之意。(五二)下達羣議：於下則藉以聞達羣臣所持之議論。(五三)奏狀無平章事：謂奏狀上不署平章事之職銜。(五四)排沮：排擠沮止。(五五)狀：情狀。(五六)委權：謂委棄兵權。(五七)於閤內奏彈祐違勅進奉：因入閤而奏彈之，違勅謂違三月壬子之勅。(五八)如法：謂如法令所定之懲罰。(五九)吾夜半入蔡州城取吳元濟：事見卷二百四十憲宗元和十二年。(六〇)心動：心中跳動，亦即心驚之意。(六一)膽落：猶喪膽。(六二)黃蠻：即黃洞蠻。(六三)牛心山素稱神異：胡三省曰：「牛心山在龍州江油縣西一里。道教靈驗記：『李虎葬龍州之牛心山。』又牛心山靈異記：『梁武陵王紀理益州，使李龍遷築城於牛心山，龍遷既沒，即葬於山側，鄉里為立祠。武德中，改為觀，武氏革命，鑿斷山脈。明皇幸蜀，有老人蘇坦奏曰，牛心山國之祖墓，今日蒙塵之禍，乃則天掘鑿所致。明皇即命修填如舊，明年，誅祿山，復宮闕。』以二記考之，則李虎與龍遷，即一人也，然虎仕西魏，未嘗仕梁。」(六四)補塞：補充填塞。(六五)絕險：謂甚為危險。(六六)沈香亭子材：謂沈香木其材料可以構亭子者。沈懷遠《南越志》：「交阯蜜香樹，彼人取之，先斷其積年老木根，經年，其外皮幹俱朽爛，木心與枝節不壞，堅黑沈水者，即沈香也。其幹為棧香，根為黃熟香。」(六七)優容：優予寬容。(六八)漢，道明之六世孫：道明，淮陽王道玄之弟。㊅致疾：得病。㊆十一月戊午，安南奏：按《舊唐書・敬宗紀》，戊午作戊申，以十一月朔為丙午推之，作戊申是。㊇光陵：《新唐書・地理志》一：「同州奉先縣，光陵在北十五里堯山。」㊈求復領利權：謂求復領鹽鐵轉運使。㊉前廷爭者，不在中邪：謂前廷爭時，王播事不在所爭之中耶。㊉景讓、憕之曾孫：李憕天寶末守東都，死於安祿山之難。㊉以上生日，請於泗州置戒壇：按《唐會要》，上以元和四年六月九日生，今王智興於十二月請置戒壇，乃係預請。㊉度：剃度。㊉以資福：以資祈福。㊉聚貨：聚財貨。㊉鉅萬：謂萬萬。㊉鈐制：猶禁制。㊉降誕日：即生日。

敬宗睿武昭愍孝皇帝

寶曆元年（西元八二五年）

㈠春，正月，辛亥，上祀南郊，還御丹鳳樓，赦天下，改元。

先是鄠令崔發聞外喧囂，問之曰：「五坊人㈠毆㈡百姓。」發怒，命擒以入，曳㈢之於庭，時已昏黑㈣，良久，詰之，乃中使也。上怒，收發㈤，繫御史臺，是日，發與諸囚立金雞下㈥，忽有品官㈦數十人，執挺㈧亂捶發，破面折齒㈨，絕氣乃去；數刻而蘇，復有繼來求擊之者，臺吏以席蔽之(10)，僅免(11)，上命復繫發於臺獄(12)，而釋諸囚。

㈡中書侍郎同平章事牛僧孺以上荒淫，嬖幸(13)用事，又畏罪，不敢言，但累表求出，乙卯，升鄂岳為武昌軍，以僧孺同平章事，充武昌節度使。**【考異】**皇甫松續牛羊日曆曰：「太牢既交惡黨，潛豫姦謀，太牢乃元和中青衫外郎耳，穆宗世因承和薦，不三二年，位兼將相。憲宗仙駕至灞上，以從官召知制誥，當時宰相未盡兼職，而獨綜集賢史館，兩司出鎮，未盡佩相印，而太牢同平章事，出夏口，夏口去節十五年，由太牢而加節焉。太牢早孤，母周氏，冶蕩無檢，鄉里云云，兄弟羞赧，乃令改醮，既與前夫義絕矣，及貴，請以出母追贈。禮云庶氏之母死，何為哭於孔氏之廟乎？又曰，不為伋也妻者，是不為白也母。而李青心妻，配牛幼簡，是夏侯銘所謂魂而有知，前夫不納於幽壤，歿而可作，後夫必訴於玄穹，使其母為失行，無適從之鬼，上罔聖朝，下欺先父，得曰忠孝智識者乎？作周秦行紀，呼德宗為沈婆兒，謂睿真皇太后為沈婆，此乃無君甚矣。」此朋黨之論，今不取。中旨，復以王播兼鹽鐵轉運使，諫官屢爭之，上皆不納。

㈢牛僧孺過襄陽，山南東道節度使柳公綽服(14)櫜鞬，候於館舍(15)，將佐諫曰：「襄陽地高於夏口(16)，此禮太過。」公綽曰：「奇章公甫離台席(17)，方鎮重(18)宰相，所以尊朝廷也。」竟行之。

㈣上遊幸無常(19)，昵比(20)羣小，視朝月不再三，大臣罕得進見。二月，壬午，浙西觀察使李德裕獻丹扆(21)六箴，一曰宵衣(22)，以諷視朝希晚(23)；二曰正服，以諷服御乖異(24)；三曰罷獻(25)，以諷徵求玩好（二六）；四曰納誨（二七），以諷侮棄讜言（二八）；五曰辯邪（二九），以諷信任羣小；六曰防微（三〇），以諷輕出遊幸。其納誨箴略曰：「漢驁（三一）流湎（三二），舉白浮鐘（三三），魏叡（三四）侈汰（三五），陵霄作宮（三六），忠雖不忤（三七），善亦不從。以規為瑱（三八），是謂塞聽。」防微箴曰：「亂臣猖獗，非可遽數（三九），玄服莫辯（四〇），觸瑟始仆（四一），柏谷微行，犲豕塞路，靦貌獻餐，斯可戒懼（四二）。」上優詔荅之。

㈤上既復繫崔發於獄，給事中李渤上言：「縣令不應曳中人，中人不應毆御囚（四三），其罪一也（四四）。然縣令所犯在赦前，中人所犯在赦後，中人橫暴（四五），一至（四六）於此，若不早正刑書（四七），臣恐四方藩鎮聞之，則慢易（四八）之心生矣。」諫議大夫張仲方上言，略曰：「鴻恩（四九）將布於天下，而不行御前，霈澤（五〇）偏被於昆蟲，而獨遺（五一）崔發。」自餘諫官，論奏甚眾，上皆不聽。戊子，李逢吉等從容言於上曰：「崔發輒（五二）曳中人，誠大不敬（五三），然其母、故相韋貫之之姊也，年垂八十，自發下獄，積憂成疾，陛下方以孝理（五四）天下，此所宜矜念（五五）。」上乃愍然（五六）曰：「比諫官但言發冤，未嘗言其不敬，亦不言有老母，如卿所言，朕何為[五七]不赦之？」即命中使釋其罪，送歸家，仍慰勞其母，母對中使，杖發四十。

(六)三月，辛酉，遣司門郎中于人文，冊回鶻曷薩特勒為愛登里囉汨沒密於合毗伽昭禮可汗[五八]。

(七)夏，四月，癸巳，羣臣上尊號曰文武大聖廣孝皇帝，赦天下，赦文但云：「左降官[五九]已經量移者，宜與量移，不言未量移者[六〇]。」翰林學士韋處厚上言：「逢吉恐李紳量移，故有此處置，如此，則應[六一]近年流貶官，因李紳一人，皆不得量移也。」上即追赦文改之[六二]，紳由是得移江州長史。

(八)秋，七月，甲辰，鹽鐵使王播進羨餘絹百萬匹，播領鹽鐵，誅求[六三]嚴急，正入[六四]不充[六五]，而羨餘相繼[六六]。

(九)己未，詔王播造競渡船[六七]二十艘，運材於京師造之，計用轉運[六八]半年之費，諫議大夫張仲方等力諫，乃減其半[六九]。

(十)諫官言：「京兆尹崔元略，以諸父[七〇]事內常侍崔潭峻。」丁卯，元略遷戶部侍郎。

(十)昭義節度使劉悟之去鄆州也，以鄆兵二千自隨，為親兵。八月，庚戌，悟暴疾薨(七一)，子將作監主簿從諫匿其喪，【考異】據李絳疏云，悟八月十五日得病，計是日便死，故置此。餘從杜牧書。與大將劉武德及親兵謀，以悟遺表，求知留後(七二)。司馬賈直言入責從諫曰：「爾父提十二州地，歸朝廷(七三)，其功非細(七四)，祇以張汶之故(七五)，自謂不潔淋頭(七六)，竟至羞死，爾孺子，何敢如此！父死不哭，何以為人？」從諫恐悚(七七)，不能對，乃發喪。

(十一)初陳留(七八)人武昭罷石州刺史，為袁王(七九)府長史，鬱鬱(八〇)怨執政，李逢吉與李程不相悅，水部郎中李仍叔、程之族人，激怒(八一)之云：「程欲與昭官，為逢吉所沮(八二)。」昭因酒酣(八三)，對左金吾兵曹茅彙言：「欲刺逢吉。」為人所告。九月，庚辰，詔三司(八四)鞫之，前河陽掌書記李仲言謂彙曰：「君言李程與昭謀，則生，不然，必死。」彙曰：「冤死甘心(八五)，誣人自全，彙不為也。」獄成。冬，十月，甲子，武昭杖死，李仍叔貶道州司馬，李仲言流象州(八六)，茅彙流崖州(八七)。

(十二)上欲幸驪山溫湯，左僕射李絳、諫議大夫張仲方等屢諫不聽，拾遺張權輿伏紫宸殿下叩頭諫曰：「昔周幽王幸驪山，為犬戎所殺，秦始皇葬驪山，國亡，玄宗宮驪山（八八），而祿山亂，先帝幸驪山，享年不長。」上曰：「驪山若此之凶邪！我宜一往，以驗（八九）彼言。」十一月，庚寅，幸溫湯，即日（九〇）還宮，謂左右曰：「彼叩頭者之言，安足信哉！」

（十四）丙申，立皇子普為晉王。

（十五）朝廷得劉悟遺表，議者多言：「上黨內鎮（九一），與河朔異，不可許。」左僕射李絳上疏，以為：「兵機尚速（九二），威斷貴定（九三），人情未一，乃可伐謀（九四）。劉悟死已數月，朝廷尚未處分（九五），中外人意，共惜事機（九六），今昭義兵眾，必不盡與從諫同謀，縱使其半叶同（九七），尚有其半效順（九八），從諫未嘗久典兵馬，威惠未加於人，又此道素貧（九九），非時（一〇〇）必無優賞（一〇一），今朝廷但速除近澤潞一將，充昭義節度使，令兼程（一〇二）赴鎮，從諫未及布置（一〇三），新使已至潞州，所謂先人奪人之心也（一〇四）。新使既至，軍心自有所繫（一〇五），從諫無位（一〇六），何名主張（一〇七），設使謀撓（一〇八）朝命，其將士必不肯從。今朝廷久無處分，彼軍（一〇九）不曉朝廷之意，欲效順，則恐忽⑳授從諫；欲同惡，則恐別更除人，猶豫之間，若有姦人為之畫策，虛張賞設錢數㉑，軍士覬望㉒，尤難指揮。伏望速賜裁斷㉓，仍先下明敕㉔，宣示軍眾，獎其從來忠節㉕，賜新使繒五十萬匹，使之賞設，續㉖除劉從諫一刺史，從諫既粗㉗有所得，必且㉘擇利而行，萬無違拒㉙；設不從命，臣亦以為不假攻討㉚，何則？臣聞從諫已禁山東三州㉛軍士，不許自畜兵刀㉜，足明羣心，殊未得一㉝，帳下之事，亦在不疑㉞，熟計利害，決無即授從諫之理。」時李逢吉、王守澄計議已定，竟不用絳等謀。【考異】實錄：「從諫以金幣，賂當權者。」舊從諫傳曰：「李逢吉王守澄受其賂，曲為奏請。」事有無難明，今不取。十二月，辛丑，以從諫為昭義留後，劉悟煩苛，從諫濟㉟以寬厚，眾頗附之。

⒃李絳好直言，李逢吉惡之，故事，僕射上日㊱，宰相送之，百官立班㊲，中丞列位於廷㊳，尚書以下㊴，每月當牙㊵。元和中，伊慎為僕射，太常博士韋謙上言舊儀太重㊶，削去之。御史中丞王播，恃逢吉之勢，與絳相遇於塗，不之避，絳引故事，上言：「僕射、國初為正宰相㊷，禮數㊸至重，儻人才忝位㊹，自宜別授賢良，

若朝命守官㉟，豈得有虧法制！乞下百官詳定。」議者多從絳議，上聽行舊儀，甲子，以絳有足疾，除太子少師分司㊱。

㈦言事者多稱裴度賢，不宜棄之藩鎮，上數遣使至興元，勞問㊲度，密示以還期㊳，度因求入朝，逢吉之黨大懼。

【今註】㈠五坊人：謂宦者。㈡敺：通常作毆，謂打。㈢曳：拖曳。㈣昏黑：夜色暗黑。㈤收發：收錄發。㈥立金雞下：胡三省曰：「唐制，凡國有赦宥，刑部先集囚徒於闕下，衛尉建金雞，置鼓宮城門之右，囚徒至，則擊之，宣制訖，乃釋其囚。」按《舊唐書・敬宗紀》，立金雞下作陳於金雞竿下，是金雞乃縛於木竿之頂，故獨言之，則曰金雞，而連竿言之，則云金雞竿也。㈦品官：胡三省曰：「玄宗天寶十三年，內侍省置高品一千六百九十六人，品官白身二千九百三十二人，皆羣閹也。」㈧挺：當作梃，白木棓。㈨折齒：斷齒。㈩以席蔽之：謂以席遮蔽之，使人認其已死。⑪僅免：僅而獲免。⑫臺獄：御史臺獄。⑬嬖幸用事：所嬖幸者任事。⑭服：著。⑮館舍：驛館之舍。⑯襄陽地高於夏口：鄂州謂之夏口，全句言襄陽之地位，高於夏口。⑰奇章公甫離台席：胡三省曰：「牛弘相隋，封奇章公，僧孺其裔孫也，故唐人以稱之。宰相之位取象三台，故曰台席。」⑱重：尊重。⑲無常：猶無定。⑳昵比：昵狎比周。㉑扆：戶牖間屏風，音ㄧˇ。㉒宵衣：天未明而起身著衣。㉓希晚：稀少及晏晚。㉔乖異：乖方奇異。㉕罷獻：罷停進獻。㉖玩好：服玩珍好之物。㉗納誨：納受教誨。㉘讜言：直言、善言，音黨。㉙辯邪：辯通辨，謂辨明姦邪。㉚防微：防範細微之事。㉛漢鶩：漢成帝諱鶩。㉜流湎：流連沈湎。㉝舉白浮鐘：白、杯，杯與鐘，皆係酒器，浮、罰。此謂或飲酒或罰酒也。㉞魏叡：叡、魏明帝諱。㉟侈汰：華侈奢汰。㊱陵霄作宮：謂作宮闕，高陵霄漢。㊲忤：違逆。㊳以規為瑱：《國語・楚語》上：「楚靈王虐，白公子張驟諫，王曰：『不穀雖不能用，吾憖寘之於耳。』對曰：『賴君用之也，故言，不然巴浦之犀犛兕象，其可盡乎！其又以規為瑱也。』」韋注：「規，諫也。瑱所以塞耳，言四獸之牙角可以為瑱，難盡，而又以規諫為之乎！」㊴非可遽數：謂非可立數而盡，言甚多也。㊵玄服莫辯：胡三省曰：「漢宣帝時，霍氏外孫任宣，坐謀反誅。宣子章亡在渭城界，夜玄服入廟，居廊間，執戟立廟門，待上至，欲為逆，發覺伏誅。」㊶觸瑟始仆：馬何羅事見卷二十二漢武帝征和四年。㊷柏谷微行，犲豕塞路，覘貌獻餐，斯可戒懼：事見卷十七漢武帝建元三年。㊸御囚：勅旨所囚繫者，謂之御囚。㊹其罪一也：謂二者皆有罪。㊺橫暴：蠻橫凶暴。㊻一至：竟至。㊼正刑書：謂以刑書所載之法律繩之。㊽慢易：慢藐輕易。㊾鴻恩：大恩。㊿霈澤：浩澤。(51)遺：謂遺漏。(52)輒：專輒。(53)誡大不敬：胡三省曰：「律以對捍制使，無人臣之禮，為大不敬。今崔發曳中使，故先以此罪坐之。」(54)理：治。(55)矜念：矜哀憐念。(56)愍：愍憐。(57)何為：猶為何。(58)冊回鶻曷薩特勒為愛登里囉汨沒密施合毗伽昭禮可汗：按《新唐書・回鶻傳》，沒密於作沒密施。核回鶻諸可汗之名，多嵌有沒密施三字，故於當改作施。(59)左降官：謂貶謫之官。(60)不言未量移者：按《舊唐書・敬宗紀》，未量移者下，有宜與量移四字，於意為足，當從添入。(60)應：即一應。(61)上即追赦文改之：按《舊唐書・敬宗紀》，改上有一添字，當從增入。(62)誅求：責求。(63)正入：謂歲入有正額者。(64)充：足。(65)而羨餘相繼：謂而進羨餘，則相繼不絕。(66)競渡船：胡三省曰：「荊楚歲時記：『屈原以五月五日，死於汨羅，人傷其死，並以舟楫拯之。』至今競渡，是其遺俗。自唐以來，治競渡船，務為輕駛，前建龍頭，後豎龍尾，船之兩旁，刻為龍鱗，而綵繪之，謂之龍舟。植標於中流，眾船鼓楫競進，以爭錦標，有破舟折楫，至於沈溺，而不悔者。」(67)轉運：謂鹽鐵轉運。(68)乃減其半：謂乃減進造競渡船材之半。(69)以諸父：謂以事伯叔父之禮。(70)八月庚戌，悟暴疾薨：按《舊唐書・敬宗紀》作：「九月壬午，昭義節度使劉悟卒。」二文月日有異。(71)求知留後：謂求知留後事。(72)爾父提十二州地，歸朝廷：謂殺李師道，以鄆青等州歸朝廷，事見卷二百四十一憲宗元和十四年。(73)細：小。(74)張汶之故：張汶事見上卷穆宗長慶二年。(75)不潔淋頭：胡三省曰：「今人謂屎為不潔。」(76)悚：懼。(77)陳留：今河南省陳留縣。(78)袁王：袁王紳、順宗子。(79)鬱鬱：不得意貌。(80)激怒：謂激動而使之忿怒。(81)沮：止。(82)酒酣：謂酒已足而呈有醉意。(83)三司：唐時以侍御史與刑部郎中員外郎、大理司直、評事訊案，謂之小三司使。(84)冤死甘心：謂雖蒙冤而死，亦所心甘。(85)象州：《舊唐書・地理志》四：「嶺南道、象州，至京師四千九百八十九里。」(86)崖州：同志四：「嶺南道、崖州，至京師七千四百六十里。」(87)宮驪山：謂營宮殿於驪山。(88)驗：驗證。(89)即日：謂當日。(90)上黨內鎮：謂上黨係屬內之鎮。(91)尚速：貴尚迅速。(92)定：決定不移。(93)乃可伐謀：謂乃可興討伐之謀。(九五)處分：猶處置。(九六)共惜事機：謂共同可惜未利用此事機。(九七)叶同：謂協合同心。(九八)效順：謂效順朝廷。(九九)此道素貧：謂召義一道，素來貧薄，不比他道豐富。(一〇〇)非時：謂非常之時。(一〇一)優賞：優厚之賞賜。(一〇二)兼程：晝夜兼行。(一〇三)布置：布列安置。(一〇四)所謂先人奪人之心也：《左傳》文七年：「趙宣子曰：『先人有奪人之心。』」注：「先人有奪敵之戰心。」(一〇五)所繫：所維繫。(一〇六)無位：猶無官。(一〇七)何名主張：謂藉何名義，以作主張。(一〇八)謀撓：圖謀沮撓。(一〇九)彼軍：謂昭義軍。(一一〇)忽：突。(一一一)虛張賞設錢數：謂虛妄張大賞賜之錢數。(一一二)覬望：覬亦望，音ㄐㄧˋ。(一一三)裁斷：猶決斷。(一一四)明勅：猶言明詔，明乃係恭維辭。(一一五)獎其從來忠節：言澤潞一軍，自李抱貞以來，盡忠竭節於朝廷，從來謂從昔以至今日。(一一六)續：繼續。(一一七)粗：略。(一一八)必且：必將。(一一九)萬無違拒：謂絕無違拒之理。(一二〇)不假攻討：不假手於攻討。(一二一)山東三州：昭義巡屬邢、洺、磁三州：皆在山東。(一二二)自畜兵刀：謂自藏兵器刀劍。(一二三)殊未得一：謂殊未能一致。(一二四)帳下之事，亦在不疑：胡三省曰：「言帳下必有圖從諫，以為功者。」(一二五)濟：猶補救。(一二六)上日：上任之日。(一二七)百官立班：百官站立而排成行列。(一二八)中丞列位於廷：御史中丞立於廷中。(一二九)尚書以下：各部尚書以下之官員。(一三〇)當牙：謂當牙參。(一三一)大重：此大應讀作太。(一三二)僕射國初為正宰相：胡三省曰：「唐初太宗為尚書令，羣臣不敢居其位，自是不除授，以左右僕射為尚書省長官，其任為正宰相，所謂參議朝政、參知機務、同平章事，雖皆宰相之職，然非正宰相也。」(一三三)禮數：猶禮秩。(一三四)人才忝位：忝，辱。謂所任之人，才不稱僕射之職。(一三五)守官：謂守僕射之官職。(一三六)分司：謂分司東都。(一三七)勞問：慰勞存問。(一三八)遷期：遷調之日期。

二年（西元八二六年）

㈠春，正月，壬辰，裴度自興元入朝，李逢吉之黨百計毀㊀之。先是民間謠云：「緋衣小兒坦其腹，天上有口被驅逐㊁。」又長安城中有橫亙六岡，如乾象，度宅偶居第五岡㊂，張權輿上言：「度名應圖讖，宅占岡原㊃，不召而來，其旨㊄可見。」【考異】舊逢吉傳曰：「寶曆初，度連上章，請入覲，逢吉之黨，坐不安席，如矢攢身，乃相與為謀，欲沮其來。張權輿撰非衣小兒之謠，傳於閭巷，言度相有天分，名應謠讖，而韋處厚於上前，解析權輿所撰之言。」按權輿若撰謠言，當更加以惡言，不止云天上有口被驅逐。觀此，蓋民間先有此謠，權輿因言度名應圖讖，非撰之也。上雖年少，悉察其誣謗，待度益厚。

度初至京師，朝士填門㊅，度留客飲，京兆尹劉栖楚附度耳語，侍御史崔咸舉觴罰度曰：「丞相不應許所由官㊆，呫囁㊇耳語。」度笑而飲之，栖楚不自安，趨出。二月，丁未，以度為司空同平章事。度在中書，左右忽白失印，聞者失色，度飲酒自如，頃之，左右白，復於故處得印，度不應㊈。或問其故，度曰：「此必吏人盜之，以印書券㊉耳，急之，則投諸水火，緩之，則復還故處。」人服其識量㈡。

(二)上自即位以來，欲幸東都，宰相及朝臣諫者甚眾，上皆不聽，決意必行，已令度支員外郎盧貞按視(一二)，修東都宮闕，及道中行宮(一三)，裴度從容言於上曰：「國家本(一四)設兩都，以備巡幸，自多難以來，茲事遂廢。今宮闕營壘，百司廨舍(一五)，率已荒阤(一六)，陛下儻欲行幸，宜命有司，歲月間(一七)徐加完葺(一八)，然後可往。」上曰：「從來言事者，皆云不當往，如卿所言，不往亦可。」會朱克融王庭湊皆請以兵匠助修東都。三月，丁亥，勅以修東都煩擾(一九)，罷之，召盧貞還。

(三)先是，朝廷遣中使賜朱克融時服(二〇)，克融以為疏惡(二一)，執留勅使，又奏：「當道今歲將士春衣不足，乞度支給三十萬端匹。」又奏：「欲將兵馬及丁匠五千，助修宮闕。」上患(二二)之，以問宰相，欲遣重臣宣慰，仍索勅使(二三)。裴度對曰：「克融無禮已甚，殆將斃矣，譬如猛獸，自於林中，咆哮(二四)跳踉(二五)，久當自困(二六)，必不敢輒(二七)離巢穴，願陛下勿遣宣慰，亦勿索勅使，旬日之後，徐賜詔書，云：『聞中官至彼，稍失去就(二八)，俟還，朕自有處分。時服、有司製造不謹㉙，朕甚欲知之，已令區處㉚，其將士春衣，從來非朝廷徵發㉛，皆本道自備，朕不愛數十萬匹物，但素㉜無此例，不可獨與范陽。』所稱助修宮闕，皆是虛語，若欲直挫㉝其姦，宜云：『丁匠宜速遣來，已令所在，排比㉞供擬。』彼得此詔，必蒼黃㉟失圖㊱；若且㊲示含容㊳，則云：『修宮闕，事在有司㊴，不假㊵丁匠遠來。』如是而已，不足勞聖慮也。」上悅，從之。

㈣立才人郭氏為貴妃。妃，晉王普之母也。

㈤橫海節度使李全略薨，其子副大使同捷擅領留後，重賂鄰道，以求承繼。

㈥夏，四月，戊申，以昭義留後劉從諫為節度使。

㈦五月，幽州軍亂，殺朱克融及其子延齡，軍中立其少子延嗣主㊶軍務。

㈧六月，甲子，上御三殿，令左右軍、教坊內園㊷為擊毬手搏雜戲，戲酣㊸有斷臂碎首者，夜漏數刻，乃罷。

㈨己卯，上幸興福寺㊹，觀沙門文漵俗講㊺。

(十)癸未，衡王絢(四六)薨。

(十一)壬辰，宣索(四七)左藏見在(四八)銀十萬兩，金七千兩，悉貯內藏，以便賜與。

(十二)道士趙歸真說上以神仙，僧惟貞、齊賢、正簡說上以禱祠(四九)求福，皆出入宮禁，上信用其言。山人杜景先請徧歷江嶺，求訪異人，有潤州人周息元，自言壽(五〇)數百歲，上遣中使迎之。八月，乙巳，息元至京師，上館之禁中山亭(五一)。

(十三)朱延嗣既得幽州，虐用其人，都知兵馬使李載義與弟牙內兵馬使載寧，共殺延嗣，幷屠其家三百餘人，載義權知留後，九月，數延嗣之罪以聞。載義，承乾之後(五二)也。

(十四)庚申，魏博節度使史憲誠妄奏李同捷為軍士所逐，走歸本道，請束身(五三)歸朝；尋奏，同捷復歸滄州。

(十五)壬申，以中書侍郎同平章事李程同平章事，充河東節度使。

(十六)冬，十月，己亥，以李載義為盧龍節度使。

(十七)十一月，甲申，以門下侍郎同平章事李逢吉同平章事，充山南東道節度使。

(八)上遊戲無度(五四)，狎暱(五五)羣小，善(五六)擊毬，好手搏(五七)，禁軍及諸道爭獻力士；又以錢萬緡，付內園，令召募力士，晝夜不離側(五八)，又好深夜，自捕狐狸，性復褊(五九)急，力士或恃恩不遜，輒配流籍沒(六〇)，宦官小過(六一)，動遭捶撻，皆怨且懼。十二月，辛丑，上夜獵還宮，與宦官劉克明、田務澄、許文端及擊毬軍將蘇佐明、王嘉憲、石從寬、閻惟直等二十八人飲酒，上酒酣，入室更衣(六二)，殿上燭忽滅，蘇佐明等弒上於室內(六三)，

(九)劉克明等矯稱上旨，命翰林學士路隋草遺制(六四)，以絳王悟(六五)權句當(六六)軍國事。壬寅，宣遺制，絳王見宰相百官於紫宸外廡(六七)，克明等欲易置內侍之執權者，於是樞密使王守澄、楊承和、中尉(六八)魏從簡、梁守謙定議，以衛兵(六九)迎江王涵入宮(七〇)，發左右神策飛龍兵進討賊黨，盡斬之，克明赴井，出而斬之，絳王為亂兵所害。時事起蒼猝(七一)，守澄等以翰林學士韋處厚博通古今，一夕處置(七二)，皆與之共議，守澄等欲號令中外，而疑所以為辭，處厚曰：「正名(七三)

討罪，於義何嫌(七四)？安可依違(七五)，有所諱避(七六)？」又問：「江王當如何踐阼？」處厚曰：「詰朝(七七)，當以王教(七八)布告中外，以已平內難，然後羣臣三表勸進，以太皇太后令，冊命(七九)即皇帝位。」當時皆從其言，時不暇(八〇)復問有司，凡百儀法(八一)，皆出於處厚，無不叶宜(八二)。癸卯，以裴度攝冢宰，百官謁見江王於紫宸外廡，王素服涕泣，甲辰，見諸軍使於少陽院(八三)，【考異】魏謩文宗實錄，見軍使事，承見百官下，不云別日，今從敬宗實錄。趙歸真等諸術士及敬宗時佞幸者，皆流嶺南或邊地。乙巳，文宗即位，更名昂。戊申，尊母蕭氏為皇太后，王太后為寶曆太后。是時郭太后居興慶宮，王太后居義安殿，蕭太后居太內(八四)，上性孝謹，事三宮如一，每得珍異之物，先薦(八五)郊廟，次奉三宮，然後進御(八六)。蕭太后，閩人也。

(廿)庚戌，以翰林學士韋處厚為中書侍郎、同平章事。

(廿一)上自為諸王，深知兩朝(八七)之弊，及即位，勵精求治，去奢從儉，詔宮女非有職掌者，皆出之，出三千餘人，五坊鷹犬，準元和故事，量(八八)留校獵外，悉放之。有司供宮禁年支物(八九)，並準貞元故事，省教坊、翰林、摠監(九〇)冗食(九一)千二百餘員，停諸司新加衣糧(九二)，御馬、坊場(九三)及近歲別貯錢穀所占陂(九四)田，悉歸之有司。先宣索組繡彫鏤之物，悉罷之。敬宗之世，每月視朝，不過一二(九五)，上始復舊制，每奇日(九六)，未嘗不視朝。對宰相羣臣，延訪(九七)政事，久之方罷。待制官舊雖設之，未嘗召對，至是屢蒙延問，其輟朝放朝(九八)，皆用偶日，中外翕然(九九)相賀，以為太平可冀(一〇〇)。

【今註】㈠毀：毀謗。㈡緋衣小兒坦其腹，天上有口被驅逐：胡三省曰：「緋衣、裴字，天上有口、吳字，謂度能擒吳元濟，其才為可用也。」㈢長安城中有構亘六岡，如乾象，度宅偶居第五岡：程大昌曰：「宇文愷之營隋都也，曰朱雀街，南北盡郭，有六條高坡，象乾卦六爻，故於九二置宮殿，以當帝王之居，九三立百司，以應君子之數，九五貴位，不欲常人居之，故置玄都觀及興善寺，以鎮其地，劉禹錫賦看花詩，即此也。裴度宅在朱雀街東，自北而南，則為第四坊，名永樂坊，略與玄都觀東西相對，而其第之北，觀基蓋退北，兩坊不正相當也。」㈣岡原：岡上之坡原。㈤旨：意。㈥塡門：謂門戶為之塡塞。㈦所由官：胡三省曰：「京尹任煩劇，故唐人謂府縣官為所由官。」㈧呫囁：呫囁細語，口動而聲不遠聞，音ㄔㄜˋ ㄓㄜˊ。㈨不應：猶不加詰問。㈩書券：文書契券。(一一)識量：見識器度。(一二)按視：按驗視察。(一三)及道中行宮：胡三省曰：「自長安歷華陝至洛，沿道皆有行宮，如華陰之瓊岳宮、金城宮，鄭縣之神臺宮，陝縣之繡嶺宮，澠池之芳桂宮，福昌之福昌宮，永寧之崎岫宮、蘭峰宮，壽安之連昌宮、興泰宮，是也。」⑭本：本來。⑮廨舍：公廨及房舍。⑯陁：廢，音ㄔˇ。⑰歲月間：謂較長時間。⑱葺：修葺。⑲煩擾：勞煩騷擾。⑳時服：即下所言之春衣。㉑疏惡：猶粗惡。㉒恚：病。㉓仍索勅使：謂因索還勅使。㉔咆哮：猛獸怒號，常用以稱人之暴怒。㉕跳踉：跳動貌，踉音郎。㉖困：困疲。㉗輒：便。㉘稍失去就：謂舉止稍有違失。㉙謹：謹密。㉚區處：猶處分。㉛徵發：徵收而發給之。㉜素：平常。㉝挫：挫折。㉞排比：猶安排。㉟蒼黃：怱促。㊱失圖：失計。㊲且：姑且。㊳含容：包含容忍。㊴事在有司：謂有司於此事已籌劃妥當。㊵不假：不假求，亦即不用。㊶主：主持。㊷教坊內園：由下文，「以錢萬緡付內園，令召募力士。」推之，知教坊內園乃一官署，所管者多為技藝之士。㊸戲酣：謂遊戲劇烈時。㊹興福寺：《唐會要》：「興福寺在脩德坊，本王君廓宅，貞觀八年，太宗為太穆皇后追福，立為弘福寺，神龍元年，改名元和，十二年，築夾城，自雲韶門過芳林門，西至脩德里，以通於興福佛寺。」㊺俗講：謂以散文而句末有韻之體，以敷宣佛義，使道俗聽眾，皆能領悟接收。㊻衡王絢：絢，順宗子。㊼宣索：宣旨索求。㊽現在：即現存，古在存意同，故常交互用之。㊾禱祠：猶禱祀。㊿壽：年。(51)山亭：山池間之亭。(52)載義，承乾之後：承乾，太宗長子，以罪廢。(53)束身：謂身上束帶刑具。(54)無度：無節度。(55)狎暱：狎習、親暱。(56)善：猶善。(57)手搏：即角抵。(58)晝夜不離側：謂令召募之力士，晝夜不離其身旁。

(五九)褊：狹隘，音扁。(六〇)籍沒：謂籍沒其妻子。(六一)小過：謂小有過失。(六二)更衣：更換衣服，以酒酣體熱，故欲改換輕薄之衣服，亦有解作如廁者。(六三)弒上於室內：年十八。(六四)遺制：猶遺詔。(六五)絳王悟：憲宗子。(六六)勾當：知掌。(六七)紫宸外廡：紫宸殿之外廊。(六八)樞密使、中尉：胡三省曰：「唐末謂兩樞密、兩中尉，為四貴。」(六九)衞兵：謂十二衞之兵。(七〇)迎江王涵入宮：自十六宅迎入宮中。(七一)蒼猝：突猝。(七二)一夕處置：謂一夕中所有之處置。(七三)正名：端正其名。(七四)嫌：疑。(七五)依違：謂欲依欲違而不決定。(七六)諱避：忌諱躲避。(七七)詰朝：明朝。(七八)王教：王之教令。(七九)冊命：謂賜冊書，命令其。(八〇)不暇：無閒暇。(八一)儀法：禮儀法度。(八二)叶宜：協合適宜。(八三)少陽院：胡三省曰：「少陽院以地望準之，當在宮城東北隅，太子居之，亦謂之東宮。今按閣本大明宮圖，少陽院在浴堂殿東，其北又有溫室、宣徽、清思、太和、珠鏡等殿，不正在宮城東北隅也。」(八四)太內：按《唐六典》卷七，太當作大，大內即宮城也。(八五)薦：進。(八六)進御：進於皇上。(八七)兩朝：指穆敬言。(八八)量：酌量。(八九)年支物：謂每年所支用之物。(九〇)總監：謂苑總監。(九一)冗食：猶今言之食閒飯。(九二)諸司新加衣糧：胡三省曰：「諸司、內諸司也，衣糧、敬宗濫恩所加也。」(九三)御馬坊場：按《舊唐書・文宗紀》作：「東頭御馬坊毬場。」是場上當添一毬字。(九四)陂：阪，音ㄆㄛ。(九五)一二：謂一二次。(九六)奇日：單日，唐制天子以單日視朝。(九七)延訪：延求訪問，亦即下之延問。(九八)放朝：謂放假而不上朝。(九九)翕然：盛也。(一〇〇)可冀：猶有望。

文宗元聖召獻孝皇帝上之上

太和元年（西元八二七年）

㈠春，二月，乙巳，赦天下，改元。

㈡李同捷擅據滄景，朝廷經歲㈠不問，同捷冀易世㈡之後，或加恩貸㈢。三月，壬戌朔，遣掌書記崔從長奉表，與其弟同志同巽俱入見，請遵朝旨㈣。

㈢上雖虛懷㈤聽納，而不能堅決，與宰相議事已定，尋㈥復中變。夏，四月，丙辰，韋處厚於延英極論之㈦，因請避位㈧，上再三慰勞之。

㈣忠武節度使王沛薨，庚申，以太僕卿高瑀為忠武節度使。自大曆以來，節度使多出禁軍，其禁軍大將資高者，皆以倍稱之息㈨，貸錢於富室，以賂中尉，動踰億萬，然後得之，未嘗由執政㈩，至鎮，則重斂，以償所負⑪。及沛薨，裴度、韋處厚始奏以瑀代之，中外相賀曰：「自今債帥⑫鮮⑬矣。」

㈤五月，丙子，以天平節度使烏重胤為橫海節度使，以前橫海節度副使李同捷為兗海節度使，朝廷猶慮河南北節度使，搆扇㈣同捷使拒命，乃加魏博史憲誠同平章事，丁丑，加盧龍李載義、平盧康志睦、成德王庭湊檢校官㈤。

㈥鹽錢使王播自淮南入朝，力圖大用㈥，所獻銀器以千計，綾絹以十萬計。六月，癸巳，以播為左僕射同平章事。

㈦秋，七月，癸酉，葬睿武昭愍孝皇帝於莊陵㈦，廟號敬宗。

㈧李同捷託㈧為將士所留，不受詔，乙酉，武寧節度使王智興奏，請將本軍三萬人，自備五月糧，以討同捷，許之。八月，庚子，削同捷官爵，命烏重胤、王智興、康志睦、史憲誠、李載義、與義成節度使李聽、義武節度使張璠，各帥本軍討之。同捷遣其子弟，以珍玩女妓賂河北諸鎮，戊午，李載義執其姪，并所賂，獻之。史憲誠與李全略為婚姻，及同捷叛，密以糧助之，裴度不知其所為，謂憲誠無貳心，憲誠遣親吏㈨至中書請事，韋處厚謂曰：「晉公㈩於上前，以百口保爾使主㈪，處厚則不然，但仰俟㈫

所為，自有朝典耳。」憲誠懼，不敢復與同捷通。

(九)王庭湊為同捷求節鉞，不獲，乃助之為亂，出兵境上，以撓㉓魏師，又遣使厚賂沙陀酋長朱邪執宜，欲與之連兵㉔，執宜拒不受。冬，十月，天平、橫海節度使烏重胤擊同捷，屢破之。十一月，丙寅，重胤薨，庚辰，以保義節度使㉕李寰為橫海節度使，從王智興之請也。

(十)十二月，庚戌，加王智興同平章事。

【今註】㊀經歲：經過一年或一年以上為經歲。㊁易世：易天子世代，亦即更換天子。㊂恩貸：猶恩宥。㊃遵朝旨：謂遵奉朝旨。㊄虛懷：虛心。㊅尋：繼，亦即不久之意。㊆極論之：極力議論之。㊇避位：讓位，亦即辭職之意。㊈倍稱之息：胡三省曰：「倍為、子錢倍於本錢，稱者、子本相侔也。」㊉未嘗由執政：謂未嘗由宰相之薦舉。⑪負：欠。⑫債帥：謂取債以得節帥者。⑬鮮：少。⑭搆扇：間搆扇誘。⑮檢校官：謂檢校三公或左右僕射之官。⑯大用：謂為宰執。⑰莊陵：《新唐書・地理志》一：「京兆府、三原縣，莊陵在西北五里。」⑱託：假託。⑲親吏：親信之吏。⑳晉公：裴度封晉國公。㉑使主：節度使為一道之主，故對其屬吏稱之為使主。㉒仰俟：仰為公事語，無多意，此猶聽俟。㉓撓：沮撓。㉔連兵：合兵。㉕保義節度使：穆宗長慶三年，以晉慈二州為保義軍。

二年（西元八二八年）

㈠春，三月，己卯，王智興攻棣州，焚其三門㊀。

㈡自元和之末，宦官益橫，建置天子，在其掌握㊁，威權㊂出人主之右㊃，人莫敢言。上親策制舉人賢良方正，昌平㊄劉蕡對策，極言其禍，其略曰：「陛下宜先憂者，宮闈㊅將變，社稷將危，天下將傾㊆，海內將亂。」又曰：「陛下將杜㊇簒弒之漸，則居正位，而近正人㊈，遠刀鋸之賤㊉，親骨鯁之直，輔相（十一）得以專其任，庶職（十二）得以守其官（十三），奈何以褻近（十四）五六人，摠天下大政？禍稔（十五）蕭牆（十六），姦生帷幄（十七），臣恐曹節侯覽（十八），復生於今日。」又曰：「忠賢無腹心之寄（十九），閽寺（二十）持廢立之權，陷先君，不得正其終（二十一），致陛下（二十二），不得正其始（二十三）。」又曰：「威柄陵夷（二十四），藩臣跋扈，或有不達（二十五）人臣之節（二十六），首亂者（二十七）以安君為名（二十八），不究春秋之微（二十九），稱兵（三十）者以逐惡為義（三十一），則政刑不由乎天子，征伐必自於諸侯（三十二）。」

又曰：「陛下何不塞(33)陰邪之路，屏褻狎(34)之臣，制(35)侵陵迫脅(36)之心，復(37)門戶掃除之役(38)，戒其所宜戒，憂其所宜憂，既不能治於前，當治於後(39)，既不能正其始，當正其終，則可以虔(40)奉典謨，克承丕構(41)矣。昔秦之亡也，失於(42)彊暴，漢之亡也(43)，失於微弱，彊暴，則賊臣畏死而害上，微弱，則姦臣竊權而震主。伏見敬宗皇帝，不虞(44)亡秦之禍，不翦(45)其萌(46)，伏惟陛下，深軫亡漢之憂(47)，以杜其漸，則祖宗之鴻業可紹(48)，三五之遐軌(49)可追矣。」又曰：「臣聞昔漢元帝即位之初，更制(50)七十餘事，其心甚誠，其稱(51)甚美，然而紀綱日紊(52)，國祚(53)日衰，姦宄(54)日彊，黎元(55)日困者，以其不能擇賢明(56)而任之，失其操柄(57)也。」又曰：「陛下誠能揭(58)國權以歸相(59)，持兵柄以歸將，則心無不達(60)，行無不孚(61)矣。」又曰：「法宜畫一，官宜正名，今分外官中官之員。立南司北司之局(62)，或犯禁於南(63)則亡命於北，或正刑於外(64)，則破律於中(65)，法出多門(66)，人無所措(67)，實由兵農勢異，而中外法殊(68)，也。」又曰：「今夏官不知兵籍，止於奉朝請(69)，六軍不主兵事(70)，止於養勳階(七一)，軍容合中官之政(七二)，戎律附內臣之職(七三)，首一載武弁(七四)，疾(七五)文吏如仇讎，足一蹈軍門(七六)，視農夫如草芥(七七)，謀(七八)不足以翦除兇逆，而詐(七九)足以抑揚威福(八〇)，勇不足以鎮衞(八一)社稷，而暴(八二)足以侵軼(八三)里閭，羈紲藩臣(八四)，干陵(八五)宰輔，隳裂王度(八六)，汩亂(八七)朝經(八八)，張武夫之威(八九)，上以制君父(九〇)，假天子之命(九一)，下以御(九二)英豪(九三)，有藏姦觀釁(九四)之心，無伏節(九五)死難之義，豈先王經文緯武(九六)之旨邪！」又曰：「臣非不知，言發而禍應(九七)，計行而身戮(九八)，蓋痛(九九)社稷之危，哀生人之困(一〇〇)，豈忍姑息(一〇一)時忌(一〇二)，竊陛下一命(一〇三)之寵哉。」

(三)閏月，丙戌朔，史憲誠奏遣其子副大使唐、都知兵馬使亓志紹，將兵二萬五千趣德州，討李同捷。【考異】實錄、或作于志沼，或作亓志沼，或作亓志紹，舊紀作亓志紹，新紀傳作亓志招，今從之。時憲誠欲助同捷，唐泣諫，且請發兵討之，憲誠不能違。

(四)甲午，賢良方正裴休、李郃、李甘、杜牧、馬植、崔璵、王式、崔慎由等，二十二人中第，皆除官(一〇四)，考官左散騎常侍馮宿等，見劉蕡策，皆歎服，而畏宦官不敢取(一〇五)，詔下，物論(一〇六)囂然(一〇七)

稱屈。諫官御史欲論奏，執政抑⑱之，李郃曰：「劉蕡下第⑲，我輩登科，能無厚顏⑳！」乃上疏，以為：「蕡所對策，漢魏以來，無與為比㉑，今有司以蕡指切㉒左右，不敢以聞，恐忠良道窮㉓，綱紀㉔遂絕，況臣所對，不及蕡遠甚，乞回㉕臣所授，以旌㉖蕡直㉗。」不報，蕡由是不得仕於朝，終於使府御史㉘。牧，佑之孫㉙；植，勛之子㉚；【考異】舊傳勛作曛，誤也。勛事見德宗實錄。式，起之孫㉛；慎由，融之玄孫㉜也。

㈤夏，六月，晉王普薨㉝，辛酉，謚悼懷太子。

㈥初蕭太后幼去鄉里，有弟一人，上即位，命福建觀察使求訪，莫知所在，有茶綱㉞役人㉟蕭洪，自言：「有姊流落。」商人趙縝引之見太后近親呂璋之妻，亦不能辯㊱，與之俱見太后，上以為得真舅，甲子，以為太子洗馬。

㈦峯州刺史王升朝叛，庚辰，安南都護、武陵㊲韓約討斬之。

㈧王庭湊陰㊳以兵及鹽粮助李同捷，上欲討之。秋，七月，甲辰，詔中書集百官議其事，宰相以下，莫敢違㊴，衞尉卿殷侑獨以為：「廷湊雖附凶徒，事未甚露，宜且含容㊵，專討同捷。」已巳，下詔罪狀廷湊，命鄰道各嚴兵[31]守備，聽其自新。

(九)九月，丁亥，王智興奏拔棣州。

(十)李寰自晉州引兵赴鎮，不戢[32]士卒，所過殘暴，至則擁兵[33]不進，但坐素供饋[34]，庚寅，以寰為夏綏節度使。

(十一)甲午，詔削奪王庭湊官爵，命諸軍四面進討。

(十二)加王智興守司徒，以前夏綏節度使傅良弼為橫海節度使。

(十三)岳王緄[35]薨。庚戌，容管奏，安南軍亂，逐都護韓約。

(十四)冬，十月，洋王忻[36]薨。魏博敗橫海兵於平原[37]，遂拔之。

(十五)十一月，癸未朔，易定節度使柳公濟奏，攻李同捷堅固寨[38]，拔之，又破其兵於寨東。時河南北諸軍討同捷，久未成功，每有小勝，則虛張首虜[39]，以邀[40]厚賞，朝廷竭力奉之，江淮為之耗弊[41]。

(十六)傅良弼至陝，而薨，乙酉，以左金吾大將軍李祐為橫海節度使。

(十七)甲辰，禁中昭德寺火[42]，延及宮人所居，燒死者數百人。

(十八)十二月，丁巳，王智興奏，兵馬使李君謀將兵濟河，破無棣[43]。

(十九)壬申，中書侍郎同平章事韋處厚薨。

(廿)李同捷軍勢日蹙㊹，王庭湊不能救，乃遣人說魏博大將亓志紹，使殺史憲誠父子，取魏博，志紹遂作亂，引所部兵二萬人，還逼魏州。丁丑，命諫議大夫柏耆宣慰魏博，且發義成河陽兵，以討志紹。

(廿一)戊寅，以翰林學士路隋為中書侍郎同平章事。

(廿二)辛巳，史憲誠奏亓志紹兵屯永濟㊺，告急求援，詔義成節度使李聽帥滄州行營諸軍，以討志紹。

【今註】①三門：以《新唐書．地理志》推之，三門當指棣州城之三城門。②建置天子，在其掌握：穆宗及上，皆宦官所立。掌握，謂手掌之中。③威權：威勢權柄。④右：上。⑤昌平：今河北省昌平縣。⑥宮闈：宮禁。⑦傾：傾覆。⑧杜：塞。⑨正人：正直之人。⑩刀鋸之賤：謂閹人。⑪輔相：宰相。⑫庶職：庶，眾，此謂百官。⑬守其官：掌守其官職。⑭褻近：亦指宦官言。⑮稔：成熟。⑯蕭牆：門屏之間。⑰帷幄：幃帳。⑱曹節侯覽：漢桓帝時宦官。⑲腹心之寄：謂寄任之如腹心，言甚親信。⑳閽寺：謂宦官。㉑正其終：謂壽終正寢。㉒致陛下：謂致陛下於位。㉓正其始：《春秋穀梁傳》：「定元年春王，不言正月，定無正也，定之無正，何也？昭公之終，非正終也，定之始，非正始也，昭無正終，故定無正始。」㉔陵夷：陵替夷壞。㉕不達：

不明通。㉖節：禮制。㉗首亂者：為首唱亂者。㉘為名：為名義。㉙春秋之微：謂春秋精微之旨。㉚稱兵：舉兵。㉛逐惡為義：惡，姦惡。義即上言之名，合而言之，則為名義。胡三省曰：「此二語，蕢蓋慮夫強藩首亂稱兵，以逐君側惡臣為名者。」㉜則政刑不由乎天子，征伐必自於諸侯：《論語・季氏》：「孔子曰：『天下有道，則禮樂征伐，自天子出；天下無道，則禮樂征伐，自諸侯出。』」㉝塞：杜塞。㉞褻狎：猶上之褻近。㉟制：抑制。㊱迫脅：逼迫威脅。㊲復：恢復。㊳役：勞役。㊴既不能治於前，當治於後：按《通鑑》於唐代行文，治率作理，《劉蕢集》亦同，此不應突改作治。㊵虔：敬。㊶丕構：偉大之營構。㊷失於：謂失之於。㊸姦臣：胡三省曰：「謂外戚宦官，蕢意專指宦官。」㊹虞：憂。㊺翦：翦除。㊻萌：萌兆。㊼深軫亡漢之憂：深軫謂深深傷痛。胡三省曰：「蕢蓋謂敬宗以荒暴喪身，又恐上以仁弱，不能制宦官也。」㊽紹：繼。㊾三五之遐軌：謂三皇五帝之遐蹤。㊿更制：更改舊制。(五一)稱：聲譽。(五二)紊：亂。(五三)祚：福祚。(五四)姦宄：宄亦姦，外為盜，內為宄，音軌。(五五)黎元：猶百姓。(五六)賢明：賢明之人。(五七)操柄：所操之權柄。(五八)揭：猶舉。(五九)以歸相：謂以歸於相。(六〇)則心無不達：謂心中無不曉達。(六一)孚：信，謂為人所信。(六二)分外官中官之員，立南司北司之局：胡三省曰：「百官赴南牙朝會者，謂之外官，亦謂之南司。宦官列局於玄武門內，兩軍中尉護諸營於苑中，謂之中官，亦謂之北司。」(六三)或犯禁於南：謂或犯法於南司。(六四)或正刑於外：謂或明正典刑於外官。(六五)則破律於中：謂於中官，則違律而包容之。(六六)多門：猶多途。(六七)人無所措：謂人無所措手足。(六八)而中外法殊：謂而於中外官員，所施行之法律不同。(六九)今夏官不知兵籍，止於奉朝請：《唐六典》卷五：「兵部尚書，周官夏官卿也。」案此謂貞元以來，方鎮之兵，統於節度，京師之兵，統於宦官，兵部不知掌其簿籍，但如散官奉朝請而已。(七〇)六軍不主兵事：胡三省曰：「六軍上將軍、大將軍、將軍、統軍。」謂六軍之將帥不主掌軍旅事務。(七一)止於養勳階：按《唐六典》卷五，武官自從一品驃騎大將軍，至從九品下陪戎副尉，凡階二十九等。又同書卷二，自十二轉上柱國比正二品，至一轉武騎尉比從七品，凡勳十二等。全句謂止於養資歷，以進升勳階而已。(七二)軍容合中官之政：胡三省曰：「軍容謂觀軍容使及諸監軍使。」全句謂軍容諸官併合而成中官之事務。(七三)戎律附內臣之職：治軍之事，附歸於中官之職司。(七四)武弁：弁，冠。武弁謂軍人所著之冠，音ㄅㄧㄢˋ。(七五)疾：恨。(七六)軍門：軍營之門。(七七)草芥：謂微賤之物。(七八)謀：計謀。(七九)詐：姦詐。(八〇)抑揚威福：謂將威福上下其手。(八一)鎮衛：鎮防保衛。(八二)暴：凶暴。(八三)軼：突。(八四)羈紲藩臣：謂使藩臣負羈紲，役之如僕隸也。(八五)干陵：干犯欺陵。(八六)王度：天子之法度。(八七)汩亂：汩亦亂，音ㄍㄨˇ。(八八)朝經：謂朝廷之綱紀。(八九)威：威勢。(九〇)君父：此謂君上。(九一)命：命令。(九二)御：制御。(九三)英豪：英雄豪傑。(九四)釁：隙。(九五)伏節：猶死節。(九六)經文緯武：謂以文武為經緯，亦即重視文武之意。(九七)禍應：猶禍隨。(九八)而身戮：謂而人被誅。(九九)痛：與下句之哀，意同。(一〇〇)困：困難。(一〇一)姑息：苟安。(一〇二)時忌：時人所畏忌者。(一〇三)一命：《周禮》：「一命受職。」後世以授初品官為一命。(一〇四)除官：除授官職。(一〇五)取：錄取。(一〇六)物論：人物之議論。(一〇七)囂然：猶譁然。(一〇八)抑：抑止。(一〇九)下第：落第。(一一〇)能無厚顏：謂豈能不覺顏厚，意乃甚慚愧也。㉑比：並列。㉒指切：猶指責。㉓道窮：道盡。㉔綱紀：謂法度。㉕回：轉。㉖旌：旌表。㉗直：正直敢言。㉘使府御史：胡三省曰：「使府，節度使幕府也；御史，幕僚所帶寄祿官，亦謂之憲官。」㉙牧，佑之孫：杜佑，歷德、順、憲三朝，位至公輔。㉚植，勛之子：馬勛見卷二百三十德宗貞元二年。㉛式，起之孫：王起見卷二百四十一穆宗長慶元年。㉜慎由，融之玄孫：崔融以文章顯於武后朝。㉝夏六月，晉王普薨：顯要人卒，當書其死亡月日，《舊唐書・文宗紀》：「六月乙卯朔，晉王普薨。」當從叅書乙卯朔三字。㉞茶綱：胡三省曰：「凡茶商販茶，各以若干為一綱，而輸稅于官。」核綱之全意，乃為轉運大宗貨物時，常分批啓行，每批計其車輛船隻，編立字號，而此即所謂綱也。㉟役人：夫役。㊱辯：分辨。㊲武陵：今湖南省武陵縣。㊳陰：暗。㊴莫敢違：謂莫敢違天子之意而言不討。㊵含容：包含寬容。㊶嚴兵：備兵。㊷戢：收斂。㊸擁兵：擄兵。㊹供饋：供給饋賜。㊺岳王緄：緄，順宗子。㊻洋王忻：忻，憲宗子。㊼平原：今山東省平原縣。㊽堅固寨：胡三省曰：「同捷築寨於滄州西，以抗官軍，以堅固為名。」㊾虛張首虜：謂虛詐張大所獲首虜之數。㊿邀：求。(51)耗弊：虛耗疲弊。(52)火：天火曰災，人火曰火。(53)無棣：今山東省無棣縣。(54)蹙：縮。(55)永濟：《新唐書・地理志》三：「河北道、魏州、永濟縣，本隸貝州，大歷七年，田承嗣析魏州之臨清置，天祐三年來屬。」

卷二百四十四　唐紀六十

司馬光編集
曲守約　註

起屠維作噩，盡昭陽赤奮若，凡五年。（己酉至癸丑，西元八二九年至八三三年）

文宗元聖昭獻孝皇帝上之下

太和三年（西元八二九年）

㈠春，正月，亓志紹與成德合兵掠貝州。

㈡義成行營兵三千人，先屯齊州，使之㊀禹城㊁，中道潰叛㊂，橫海節度使李祐討誅之。

㈢李聽、史唐合兵擊亓志紹，破之，志紹將其眾五千奔鎮州。

㈣李載義奏，攻滄州長蘆㊃，拔之。

㈤甲辰，昭義奏，亓志紹餘眾萬五千人，詣本道降，寘㊄之洺州。

㈥二月，橫海節度使李祐帥諸道行營兵，擊李同捷，破之，進攻德州。

㈦武寧捉生㊅兵馬使石雄，勇敢愛士卒，王智興殘虐，軍中欲逐智興而立雄，智興知之，因雄立功，奏請除刺史，丙辰，以雄為壁州刺史。

(八)史憲誠聞滄景將平，而懼，其子唐勸之入朝，丙寅，憲誠使唐奉表請入朝，且請以所管㈦聽命。

(九)石雄既去武寧，王智興悉殺軍中與雄善者百餘人。夏，四月，戊午，智興奏，雄搖動軍情㈧，請誅之，上知雄無罪，免死，長流白州㈨。

(十)戊辰，李載義奏，攻滄州，破其羅城㈩。李祐拔德州，城中將卒三千餘人，奔鎮州，李同捷與祐書請降，祐并奏其書。諫議大夫柏耆受詔宣慰行營，好張大聲勢，以威⑪制⑫諸將，諸將已惡之矣，及李同捷請降於祐，祐遣大將萬洪代守滄州，耆疑同捷之詐，自將數百騎馳入滄州，以事誅洪，取同捷及其家屬詣京師；乙亥，至將陵⑬，或言：「王庭湊欲以奇兵篡⑭同捷。」乃斬同捷，傳首，滄景悉平。五月，庚寅，加李載義同平章事，【考異】實錄作庚寅誤。諸道兵攻李同捷，三年僅能⑮下之，而柏耆徑⑯入城，取為己功，諸將疾(一七)之，爭上表論列(一八)，辛卯，貶耆為循州(一九)司戶。【考異】實錄：「四月，李祐收德州，同捷請降於祐，祐疑其詐。柏耆請以騎兵三百入滄州，祐從之，耆徑入滄，收同捷與其家屬，赴京師。」又詔曰：「假勢張皇，乘險縱恣，指揮彈壓，奏報蔑聞，擅入滄州，專殺大將，補署逆校，潛逆兇渠。」舊傳曰：「滄德平，諸將害耆邀功，爭上表論列，上不獲已，貶循州司戶。」新傳曰：「同捷請降，祐使萬洪代守滄州，同捷未出也，耆以三百騎馳入滄，以事誅洪，與同捷朝京師。既行，諜言，王庭湊欲以奇兵劫同捷，耆遂斬其首以獻。諸將疾其功，比奏攢詆，文宗不獲已，貶耆循州司戶參軍。」蓋耆張皇邀功則有之，然諸將疾之而論奏，文宗不得已而貶黜，亦其實也。至於賜死，則因馬國亮奏其受同捷奴婢綾絹故也。李祐尋薨。

(十一)壬寅，攝魏博副使史唐奏，改名孝章。

(十二)六月，丙辰，詔鎮州四面行營，各歸本道休息，但務保境，勿相往來，惟庭湊效順，為達(二〇)章表，餘皆勿受(二一)。

(十三)辛酉，以史憲誠為兼侍中、河中節度使，以李聽兼魏博節度使，分相、衛、澶三州，以史孝章為節度使。

(十四)初李祐聞柏耆殺萬洪，大驚，疾遂劇，上曰：「祐若死，是耆殺之也。」癸酉，賜耆自盡。

(十五)河東節度使李程奏，得王庭湊書，請納景州。【考異】按景州本隸橫海，蓋因李同捷之亂，庭湊據有之，同捷既平，庭湊懼而復進之也。又奏，亓志紹自縊。

(十六)上遣中使賜史憲誠旌節，癸酉，至魏州，時李聽自貝州還軍館陶㉒，遷延未進，憲誠竭府庫以治行㉓，甲戌，軍亂，殺憲誠，奉牙內都知兵馬使、靈武㉔何進滔知留後。李聽進至魏州，進滔拒之，不得入。秋，七月，進滔出兵擊李聽，聽不為備，大敗潰走，【考異】新進滔傳曰：「進滔下令曰，公等既迫我，當聽吾令，眾唯唯，孰殺前使及監軍者，疏出之，凡斬九十餘人，釋脅從者，素服臨哭，將吏皆入弔，詔拜留後。」按進滔結王庭湊以拒李聽，又襲擊聽，大破之，安能如是。新備蓋據柳公權德政碑，云公謂將士曰，既迫以為長，當謹而聽承，命都將摠事者諭之曰，害前使與監軍兇黨，籍其姓名，仍集之於庭，無使漏網，卒獲九十三人。白黑既分，善惡無誤，會眾顯戮共棄，咸悅，公於是素服而哭，將吏序弔。此恐涉溢美之辭耳，今從舊傳。晝夜兼行，趣淺口㉕，失亡過半，輜重兵械盡棄之，昭義兵救之，聽僅而得免，歸於滑臺㉖。河北久用兵，饋運不給，朝廷厭苦之。八月，壬子，以進滔為魏博節度使，復以相、衛、澶三州歸之。

㈦滄州承㉗喪亂之餘，骸骨蔽地，城空野曠㉘，戶口存者，什無三四，癸丑，以衛尉卿殷侑為齊、德、滄、景節度使。侑至鎮，與士卒同甘苦，招撫百姓，勸之耕桑，流散者稍稍㉙復業。先是本軍三萬人，皆仰給度支，侑至一年，租稅自能贍㉚其半，二年請悉罷度支給賜，三年之後，戶口滋殖㉛，倉廩充盈。

㈧王庭湊因㉜鄰道微露請服㉝之意，壬申，赦庭湊及將士，復其官爵。

(十九)徵浙西觀察使李德裕為兵部侍郎，裴度薦以為相，會吏部侍郎李宗閔有宦官之助，甲戌，以宗閔同平章事。

(廿)上性儉素㉞。九月，辛巳，命中尉以下，毋得衣紗縠㉟綾羅，聽朝之暇，惟以書史㊱自娛，聲樂㊲遊畋，未嘗留意。駙馬韋處仁嘗著夾羅巾㊳，上謂曰：「朕慕卿門地㊴清素㊵，故有選尚㊶，如此巾服，聽其他貴戚為之，卿不須爾㊷。」

(廿一)壬辰，以李德裕為義成節度使，李宗閔惡其逼己，故出之。

(廿二)冬，十月，丙辰，以李聽為太子少師。

(廿三)路隋言於上曰：「宰相任重，不宜兼金穀瑣碎㊸之務，如楊國忠、元載、皇甫鎛皆奸臣所為，不足法也。」上以為然，於是裴度辭度支，上許之。

(廿四)十一月，甲午，上祀圓丘，赦天下，四方毋得獻奇巧之物，其纖麗㊹布帛，皆禁之，焚其機杼。

(廿五)丙申，西川節度使杜元穎奏南詔入寇，元穎以舊相，文雅自高，不曉㊺軍事，專務蓄積，減削士卒衣糧，西南戍邊之卒，衣食不足，皆入蠻境鈔盜以自給，蠻人反以衣食資㊻之，由是蜀中虛實動靜，蠻皆知之。南詔自嵯顛㊼謀大舉入寇，邊州屢以告，元穎不之信，嵯顛兵至邊城，一無備禦，蠻以蜀卒為鄉㊽導，襲陷嶲戎二州；甲辰，元穎遣兵與戰於邛州南，蜀兵大敗，蠻遂陷邛州。

(廿六)武寧節度使王智興入朝。

(廿七)詔發東川、興元、荊南兵以救西川。十二月，丁未朔，又發鄂、岳、襄、鄧、陳、許等兵繼之。

(廿八)以王智興為忠武節度使。

(廿九)己酉，以東川節度使郭釗為西川節度使兼權東川節度事。嵯顛自邛州引兵，徑抵成都㊾，庚戌，陷其外郭，杜元穎帥眾保牙城，以拒之，【考異】實錄：「寇及子城，元穎方覺知。」按實錄：「十一月丙申，元穎奏南詔入寇，乙巳，奏圍清溪關，十二月丙辰，奏官軍失利，蠻陷邛州。」至此乃云寇及子城，元穎方覺知，以尤之大過，今不取。欲遁者數四，壬子，貶元穎為邵州㊿刺史。

(卅)己未，以右領軍大將軍董重質為神策諸道西川行營節度使，又發太原、鳳翔兵赴西川。南詔寇東川，入梓州西川(五一)，釗兵寡弱(五二)，不能戰，以書責嵯顛，嵯顛復書曰：「杜元穎侵擾我，故興兵報之耳。」與釗修好而退。蠻留成都西郭十日，其始慰撫蜀人，市肆安堵(五三)，將行，乃大掠子女百工數萬人，及珍貨而去，蜀人恐懼，往往赴江，流尸塞江而下。嵯顛自為軍殿，及大度水(五四)，嵯顛謂蜀人曰：「此南(五五)吾境也，聽汝哭別鄉國(五六)。」眾皆慟哭，赴水死者以千計，自是南詔工巧，埒(五七)於蜀中。嵯顛遣使上表稱：「蠻比修職貢(五八)，豈敢犯邊！正以杜元穎不恤(五九)軍士，怨苦元穎，競為鄉導，祈我此行，以誅虐帥，誅之不遂(六〇)，無以慰蜀士之心，願陛下誅之。」丁卯，再貶元穎循州(六一)司馬。詔董重質及諸道兵皆引還，郭釗至成都，與南詔立約，不相侵擾，詔遣中使，以國信(六二)賜嵯顛。

【今註】㈠使之：胡三省曰：「之，往也，一作屯。」㈡禹城：今山東省禹城縣。㈢潰叛：潰散叛變。㈣長蘆：據《新唐書・地理志》三，長蘆縣屬河北道滄州。㈤寘：置。㈥捉生：為軍隊之名，言其武藝高強，能活捉生擒也。㈦所管：所管之州。㈧軍情：猶軍心。㈨白州：《舊唐書・地理志》四：「嶺南道、白州，至京師六千一百七十五里。」㈩羅城：外城。(一一)以威：以威嚴。

⑫制：制御。⑬將陵：據《新唐書・地理志》三，將陵縣屬河北道德州。⑭篡：篡奪。⑮僅能：猶纔能。⑯徑：直。⑰疾：惡。⑱論列：論列其罪。⑲循州：《舊唐書・地理志》四：「嶺南道循州，至東都四千八百里。」⑳達：轉達。㉑受：接受。㉒館陶：今山東省館陶縣。㉓治行：謂治行裝。㉔靈武：據《新唐書・地理志》一，靈武屬關內道靈州。㉕淺口：據《九域志》，魏州館陶縣有淺口鎮。㉖滑臺：胡三省曰：「李聽本鎮滑州。」㉗承：繼。㉘曠：曠空。㉙稍稍：漸漸。㉚贍：供給。㉛滋殖：滋生繁殖。㉜因：憑藉。㉝請服：請順服。㉞儉素：節儉樸素。㉟紗縠：輕者為紗，縐者為縠，音ㄏㄨˊ。㊱書史：經史。㊲聲樂：按樂謂女樂，故此辭實為聲色之意。

㊳夾羅巾：《舊唐書・輿服志》：「武德已來，始有巾子，文官名流上平頭小樣者；則天朝貴臣，內賜高頭巾子，呼為武家諸王樣；中宗景龍四年三月，因內宴賜宰相已下內樣巾子；開元已來，文官士伍多以紫皂官絁為頭巾、平頭巾子，相效為雅製；玄宗開元十九年十月，賜供奉官及諸司長官羅頭巾及宮樣巾子，迄今服之也。」㊴門地：門閥地位。㊵清素：清雅儒素。㊶選尚：處仁尚穆宗女新豐公主。㊷爾：如此。㊸瑣碎：瑣屑細碎。㊹纖麗：纖細美麗。㊺曉：通曉。㊻資：資給。㊼南詔自嵯顛：嵯顛弒君立君，遂專南詔之政。㊽鄉：通嚮。㊾嵯顛自卭州引兵，徑抵成都：《九域志》：「自卭州東至成都，二百六十里。」㊿邵州：《舊唐書・地理志》三：「江南道、召州，在京師東南三千四百里。」邵召音同。(51)入梓州西川：按《舊唐書・文宗紀》，西川作西郭，為合，當改從。(52)釗兵寡弱：胡三省曰：「釗上當更有郭字，蜀本正如此。」(53)安堵：猶安居。(54)及大

度水：按《新唐書・南詔傳》，大度水作大度河，是乃水名也。㉕此南：謂自此以南。㉖鄉國：家鄉邦國。㉗埒：等，音ㄌㄜˋ。㉘職貢：職方貢獻。㉙恤：憂念。㉚遂：成。㉛循州：《舊唐書・地理志》四：「嶺南道、循州，至東都四千八百里。」㉜國信：謂國家珍寶而可以為信者。

四年（西元八三〇年）

㈠春，正月，辛巳，武昌節度使牛僧孺入朝。

㈡戊子，立子永為魯王。

㈢李宗閔引薦牛僧孺，辛卯，以僧孺為兵部尚書同平章事，於是二人相與排擯①李德裕之黨，稍稍逐之。

㈣南詔之寇成都也，詔山南西道發兵救之，興元②兵少，節度使李絳募兵千人，赴之，未至，蠻退而還。興元兵有常額，詔新募兵，悉罷之。二月，乙卯，絳悉召新軍，諭以詔旨而遣之，仍賜以廩麥③，皆怏怏④而退，往辭監軍，監軍楊叔元素惡絳不奉己⑤，以賜物薄激⑥之，眾怒大譟，掠庫兵⑦，趨使牙⑧，絳方與僚佐宴，不為備，走登北城，或勸縋⑨而出，絳曰：「吾為元帥，豈可逃去！」麾[一〇]推官趙存約令去，存約曰：「存約受明公知[一一]，何可苟免？」牙將王景延與賊力戰死，絳、存約及觀察判官薛齊，皆為亂兵所害，賊遂屠絳家。【考異】新傳曰：「楊叔元素疾絳，遣人迎說軍士曰，將收募直而還為民，士皆怒，乃譟而入，劫庫兵，絳方宴，不設備，遂握節登陴，或言縋城可以免，絳不從，遂遇害。」實錄：「絳召諸卒，以詔旨諭而遣之，發廩麥以賞，眾皆怏怏而退，出壘門，眾有請辭監軍者，而監軍楊叔元貪財怙寵，素怨絳之不奉己，與絳為隙久矣，至是，因以賞薄激之，散卒遂作亂。」今從之。

㈤戊午，叔元奏絳收[一二]新軍募直[一三]，以致亂，庚申，以尚書右丞溫造為山南西道節度使。是時，三省官上疏，共論李絳之冤，諫議大夫孔敏行，具呈叔元激怒亂兵，上始悟[一四]。

㈥三月，乙亥朔，以刑部尚書柳公綽為河東節度使。先是，回鶻入貢及互市，所過恐其為變，常嚴兵[一五]迎送防衞之，公綽至鎮，回鶻遣梅錄李暢以馬萬匹互市，公綽但遣牙將單騎，迎勞於境，至則大闢[一六]牙門，受其禮謁[一七]，暢感泣，戒其下，在路不敢馳獵，無所侵擾。陘北沙陀[一八]素[一九]驍勇，為九姓六州胡所畏伏，公綽奏，以其酋長朱邪執宜為陰山都督、代北行營招撫使，使居雲朔塞下，捍禦北邊。執宜與諸酋長入謁，公綽與之宴，執宜神彩嚴整[二〇]，進退有禮，公綽謂僚佐曰：「執宜外嚴而內寬，言徐㉑而理當㉒，福祿人㉓也。」執宜母妻入見，公綽使夫人與之飲酒，饋遺㉔之，執宜感恩，為之盡力。塞下舊有廢府十一㉕，執宜修之，使其部落三千人分守之，自是雜虜㉖不敢犯塞。

㈦溫造行至褒城㉗，遇興元都將衞志忠征蠻歸，造密與之謀誅亂者，以其兵八百人為牙隊㉘，五百人為前軍，入府，分守諸門，已卯，造視事，饗將士於牙門，造曰：「吾欲問新軍去留㉙之意，宜悉使來前。」既勞問，命坐行酒㉚，志忠密以牙兵圍之，既合，唱殺㉛，新軍八百餘人，皆死，楊叔元起擁㉜造靴，求生，造命囚之，其手殺㉝綘者，斬之百段，餘皆斬首，投尸漢水，以百首祭李綘，三十首祭死事者，具事㉞以聞。己丑，流楊叔元於康州㉟。

㈧癸卯，加淮南節度使段文昌同平章事，為荊南節度使。

㈨奚寇幽州。夏，四月，丁未，盧龍節度使李載義擊破之，辛酉，擒其王茹羯以獻。

㈩裴度以高年多疾，懇辭機政㊱。六月，丁未，以度為司徒、平章軍國重事[三七]，【考異】寶曆二年，度入相時，猶守司空，自後未嘗遷官，至此，實錄直言司徒裴度，按制辭云：「遷秩上公，式是殊寵。」又云：「宜其首贊機衡，弘敷教典。」蓋此時方遷司徒，實錄先云司徒裴度，誤也。俟疾損，三五日一入中書。上患宦者彊盛，憲宗敬宗弒逆之黨，猶有在左右者，中尉王守澄尤專横，招權[三八]納賄[三九]，上不能制[四〇]，嘗密與翰林學士宋申錫言之，申錫請漸除其偪[四一]；上以申錫沈厚[四二]忠謹，可倚以事，擢為尚書右丞。七月，癸未，以申錫同平章事。

(十)初裴度征淮西，奏李宗閔為觀察判官，由是漸獲進用，至是怨度薦李德裕，因其謝病[四三]。九月，壬午，以度兼侍中，充山南東道節度使。

(十一)西川節度使郭釗以疾求代[四四]。冬，十月，戊申，以義成節度使李德裕為西川節度使。蜀自南詔入寇，一方殘弊，郭釗多病，未暇完補[四五]，德裕至鎮，作籌邊樓[四六]，圖蜀地形，南入南詔，西達吐蕃，日召老於軍旅[四七]習邊事者，雖走卒蠻夷無所間[四八]，訪以山川城邑[四九]，道路險易，廣狹遠近，未踰月，皆若身嘗涉歷[五〇]。上命德裕修塞清溪關[五一]，以斷南詔入寇之路，或無土，則以石壘之。德裕上言：「通蠻細路(五二)至多，不可塞，惟重兵鎮守，可保無虞(五三)。但黎雅(五四)以來得萬人，成都二萬人，精加訓練，則蠻不敢動矣。邊兵又不宜多，須力可臨制(五五)，崔旰之殺郭英乂(五六)，張朏之逐張延賞(五七)，皆鎮兵(五八)也。」時北兵皆歸本道，惟河中陳許三千人在成都，有詔來年三月亦歸，蜀人忷懼(五九)，德裕奏乞鄭滑五百人、陳許千人，以鎮蜀，且言：「蜀兵脆(六〇)弱，新為蠻寇所困，皆破膽，不堪征戍(六一)，若北兵盡歸，則與杜元穎時無異，蜀不可保(六二)。恐議者云：『蜀經蠻寇以來，已自增兵。』曏者蠻寇已逼，元穎始募市人為兵，得三千餘人，徒有其數，實不可用，郭釗募北兵，僅得百餘人，臣復召募，得二百餘人，此外，皆元穎舊兵也。恐議者又聞一夫當關之說(六三)，以為清溪可塞。臣訪之蜀中老將，清溪之旁，大路有三，自餘小徑無數，皆東蠻(六四)臨時為之開道，若言可塞，則是欺罔(六五)朝廷。要須大度水北，更築一城，迤邏(六六)接黎州(六七)，以大兵(六八)守之，方可。況聞南詔以所掠蜀人二千及金帛，賂遺吐蕃，若使二虜知蜀虛實，連兵入寇，誠可深憂。其朝臣建言(六九)者，蓋由禍不在身，望人責一狀(七〇)，留入堂案(七一)，他日敗事(七二)，不可令臣獨當國憲(七三)。」朝廷皆從其請，德裕乃練士卒，葺(七四)堡鄣(七五)，積糧儲，以備邊，蜀人粗(七六)安。

(七七)是歲，勃海宣王仁秀卒，子新德早死，孫彝震立，改元咸和。

【今註】(一)排擯：排擠擯斥。(二)興元：山南西道節度治興元府。(三)廩麥：倉廩中所儲之麥。(四)怏怏：失意貌。(五)不奉己：不奉己命。(六)激：激動。(七)庫兵：庫中之兵器。(八)使牙：節度使治事之所為使牙。(九)縋：以繩緣之自上而下。(一〇)麾：通揮。(一一)知：知遇。(一二)收：收藏。(一三)募直：謂招募費。(一四)悟：曉悟。(一五)嚴兵：備兵。(一六)闢：開。(一七)禮謁：猶參禮。(一八)陘北沙陀：胡三省曰：「沙陀保神武川，在陘嶺之北。」音刑。(一九)素：雅，而雅即甚也。(二〇)嚴整：嚴肅整齊。(二一)言徐：謂言語從容。(二二)理當：說理恰當。(二三)福祿人：謂有福祿之人。(二四)饋遺：饋送贈遺。(二五)廢府十一：《舊唐書・柳公綽傳》，廢府作廢柵，當從之。蓋考之同書〈地理志〉，雲朔塞下無十一府也。(二六)雜虜：謂吐谷渾、回鶻、韃靼、奚、室韋之屬。(二七)褒城：今陝西省褒城縣。(二八)牙隊：猶親兵。(二九)去留：謂欲去或欲留。(三〇)行酒：謂行酒壺以酌酒。(三一)既合唱殺：謂圍既合，唱聲曰殺，眾應聲而進殺之。(三二)擁：抱。(三三)手殺：親殺。(三四)具事：具事狀。(三五)康州：《舊唐書・地理志》四：「嶺南道康州，至京師五千七百五十里。」(三六)機政：猶政事。(三七)平章軍國重事：胡三省曰：「平章軍國重事者，平章大事，不復煩以細務，與同平章事之官不同。」㊳招權：招攬權勢。㊴納賄：受納財貨。㊵制：制御。㊶漸除其偪：漸除其威偪，偪同逼。㊷沈厚：沈重篤厚。㊸謝病：辭病。㊹代：代替。㊺完補：完治修補。㊻籌邊樓：謂籌劃用以防邊之樓閣。㊼老於軍旅：謂在軍旅中年代久者。㊽無所間：無所間然，亦即皆採其長而用之。㊾山川城邑：謂山川城邑之形勢。㊿涉歷：跋涉經歷。(51)清溪關：蜀自清溪關，則南入南詔。(52)細路：小路。(53)無虞：無憂。(54)黎雅以來：以來二字無多意，此乃指黎雅二州言。(55)臨制：臨治制御。(56)崔旰之殺郭英乂：見卷二百二十四代宗永泰元年。(57)張朏之逐張延賞：見卷二百二十九德宗建中四年。(58)鎮兵：謂邊塞鎮守之兵。(59)恟懼：洶洶恐懼。(60)脆：不堅韌。(61)不堪征戍：謂不勝征戰及戍守。(62)保：保守。(63)一夫當關之說：一夫當關，萬夫莫前，前人所以言蜀之險也。(64)東蠻：胡三省曰：「勿鄧、丰琶、兩林，皆東蠻也。」(65)欺罔：欺誑誣罔。(66)迤邐：蜿蜒相連。(67)接黎州：《九域志》：「黎州南至大度河一百里。」(68)大兵：猶多兵。(69)建言：猶建議。(70)望人責一狀：謂凡建言者，皆令其書一文狀。(71)堂案：堂謂政事堂，案、文案。(72)敗事：謂敗壞邊事。(73)獨當國憲：謂獨受國法之懲處。(74)葺：修葺。(75)堡鄣：城堡亭鄣。(76)粗：略。

五年（西元八三一年）

㈠春，正月，丁巳，賜滄、齊、德節度名義昌軍。

㈡庚申，盧龍監軍奏：「李載義與勅使㊀宴於毬場，後院副兵馬使楊志誠與其徒呼譟作亂，載義與子正元奔易州，志誠又殺莫州刺史張慶初。」上召宰相謀之，牛僧孺曰：「范陽自安史以來，非國所有，劉總蹔獻其地㊁，朝廷費錢八十萬緡，而無絲毫所獲，今日志誠得之，猶前日載義得之也，因而撫之，使捍㊂北狄，不必計㊃其逆順。」上從之，載義自易州赴京師，上以載義有平滄景之功，且事朝廷恭順。二月，壬辰，以載義為太保、同平章事如故，以楊志誠為盧龍留後。

㈢臣光曰：「昔者聖人順天理，察人情，知齊民㊄之莫能相治也，故置師長以正之，知羣臣之莫能相使㊅也，故建諸侯以制之，知列國之莫能相服㊆也，故立天子以統之。天子之於萬國，能褒㊇善而黜惡，抑彊而扶㊈弱，撫服㊉而懲違，禁⑪暴而誅亂，然後發號施令，而四海之內，莫不率從⑫也。詩曰：『勉勉我王，綱紀四方。』載義藩屛⑬大臣，有功於國，無罪而志誠逐之，此天子所宜治(一四)也，若一無所問(一五)，因以其土田爵位授之，則是將帥之廢置(一六)殺生，皆出於士卒之手，天子雖在上，何為哉(一七)？國家之有方鎮，豈專利其財賦而已乎！如僧孺之言，姑息偷安之術耳，豈宰相佐天子御(一八)天下之道哉！」

㈣新羅王彥昇卒，子景徽立。

㈤上與宋申錫謀誅宦官，申錫引吏部侍郎王璠為京兆尹，以密旨諭之，璠泄其謀【考異】按舊璠傳，去年七月為京兆，十二月遷左丞，故申錫得罪，時京兆尹乃崔琯也。鄭注、王守澄知之，陰為之備。上弟漳王湊賢有人望，注令神策都虞候豆盧著，誣告申錫謀立漳王，戊戌，守澄奏之，上以為信然，甚怒，守澄欲即遣二百騎，屠申錫家，飛龍使(一九)馬存亮固爭，曰：「如此，則京城自亂矣，宜召他相，與議其事。」守澄乃止。

㈥是日，旬休(二〇)，遣中使悉召宰相，至中書東門，中使曰：「所召，無宋公名。」申錫知獲罪，望延英(二一)，以笏扣(二二)頭，而退，宰相至延英，上示以守澄所奏，相顧愕眙(二三)，上命守澄捕豆盧著所告十六宅宮市品官晏敬則及申錫親事(二四)王師文等於禁中，鞫之。師文亡命[二五]。三月，庚子，申錫罷為右庶子，自宰相大臣無敢顯言其冤者，獨京兆尹崔琯、大理卿王正雅，連上疏，請出內獄[二六]，付外廷[二七]覈實[二八]，由是獄稍緩。正雅，翃之子[二九]也。晏敬則等自誣服[三〇]，稱申錫遣王師文達意於王，結異日之知，獄成，壬寅，上悉召師保[三一]以下及臺省府寺大臣面詢之，午際[三二]，左常侍崔玄亮、給事中李固言、諫議大夫王質、補闕盧鈞、舒元褒、蔣係、裴休、韋溫等，復請對於延英，乞以獄事付外覆按[三三]。上曰：「吾已與大臣議之矣。」屢遣之出，不退，玄亮叩頭流涕曰：「殺一匹夫，猶不可不重慎[三四]，況宰相乎！」上意稍解，曰：「當更與宰相議之。」乃復召宰相入，牛僧孺曰：「人臣不過宰相[三五]，今申錫已為宰相，假使如所謀，復與何求[三六]！申錫殆不至此。」鄭注恐覆案詐覺，乃勸守澄請止[三七]行貶黜，癸卯，貶漳王湊為巢縣公，宋申錫為開州司馬，存亮即日請致仕[三八]。玄亮，磁州人；質，通五世孫[三九]；係，乂之子[四〇]；元褒，江州人也。晏敬則等坐死[四一]及流竄者，數十百人，申錫竟卒於貶所。

㈦夏，四月，己丑，以李載義為山南西道節度使，楊志誠為幽州節度使。

㈧五月，辛丑，上以太廟兩室破漏，踰年不葺，罰將作監、度支判官、宗正卿俸㊷，亟命中使帥工徒，輟㊸禁中營繕之材，以葺之。左補闕韋溫諫，以為：「國家置百官，各有所司，苟為墮㊹曠，宜黜其人，更擇能者㊺代之，今曠官者，止於罰俸，而憂軫㊻所切㊼，即委內臣㊽，是以宗廟為陛下所私，而百官皆為虛設也。」上善其言，即追止中使，命有司葺之。

㈨丙辰，西川節度使李德裕奏遣使詣南詔，索所掠百姓㊾，得四千人而還。【考異】德裕西南備邊錄曰：「南詔以所虜男女五千三百六十四人，歸於我。」舊傳曰：「又遣人入南詔，求其所俘工匠，得僧道工巧四千餘人，復歸成都。」按實錄云約四千人，今從之。

㈩秋，八月，戊寅，以陝虢觀察使崔鄲為鄂岳觀察使。鄂岳地囊山帶江㊿，處百越巴蜀荊漢之會(51)，土(52)多羣盜，剽行舟(53)，無老幼(54)，必盡殺乃已。鄲至，訓卒治兵，作蒙衝(55)追討，歲中(56)，悉誅之。鄲在陝以寬仁為治，或經月不笞(57)一人，及至鄂，嚴峻刑罰，或問其故，鄙曰：「陝土瘠(五八)民貧，吾撫(五九)之不暇，尚恐其驚(六〇)；鄂地險，民雜夷俗，慓狡(六一)為姦，非用威刑(六二)，不能致治，政貴知變(六三)，蓋謂此也。」

(十)西川節度使李德裕奏：「蜀兵羸(六四)疾老弱者，從來終身不簡(六五)，臣命立五尺五寸之度，簡去四千四百餘人，復簡募少壯者千人，以慰其心。所募北兵，已得千五百人，與土兵(六六)參(六七)居，轉相(六八)訓習，日益精練。又蜀工所作兵器，徒務華飾(六九)，不堪用，臣今取工於別道，以治之，無不堅利(七〇)。」

(十一)九月，吐蕃維州副使悉怛謀請降，盡帥其眾奔成都，德裕遣行維州刺史虞藏儉，將兵入據其城。庚申，具奏其狀，且言：「欲遣生羌三千，燒十三橋，擣(七一)西戎腹心，可洗久恥，是韋皋沒身恨不能致者也(七二)。」事下尚書省，集百官議，皆請如德裕策。牛僧孺曰：「吐蕃之境，四面各萬里，失一維州，未能損其勢(七三)。比來(七四)修好，約(七五)罷戍兵，【考異】舊僧孺傳載：「僧孺語曰，今吐蕃論董勃纔還(七六)，劉元鼎未至。」按穆宗實錄長慶二年八月，大理卿劉元鼎使吐蕃回，文宗實錄：「太和六年三月，吐蕃遣論董勃藏入見。」不言元鼎再奉使，杜牧僧孺墓誌亦無董勃等名，蓋舊傳誤也。中國禦(七七)戎，守信為上，彼若來責曰：

『何事失信（七八）？』養馬蔚茹川（七九），上平涼阪（八〇），萬騎綴回中（八一），怒氣直辭（八二），不三日至咸陽橋，此時西南數千里外，得百維州，何所用之！徒棄誠信，有害無利。此匹夫（八三）所不為，況天子乎！」上以為然，詔德裕以其城歸吐蕃，執悉怛謀及所與偕來者悉歸（八四）之，吐蕃盡誅之於境上，極其慘酷，德裕由是怨僧孺益深。

（十三）冬，十月，戊寅，李德裕奏：「南詔寇嶲州，陷三縣。」

【今註】（一）勑使：亦即中使。（二）劉總暨獻其地：事見卷二百四十一穆宗長慶元年。（三）捍：捍禦。（四）計：計較。（五）齊民：猶平民。（六）使：役使。（七）服：服從。（八）褒：褒獎。（九）扶：扶助。（一〇）撫服：安撫服從者。（一一）禁：禁止。（一二）率從：胡三省曰：「率，循也；從，順也。一曰相率而從上之令也。」（一三）藩屏：藩籬之用以充屏障者。（一四）治：懲治。（一五）問：責問。（一六）置：置立。（一七）何為哉：謂為何事乎。（一八）御：治。（一九）飛龍使：掌飛龍廄。（二〇）旬休：胡三省曰：「一月三旬，遇旬則下直而休，謂之旬休，今謂之旬假是也。」（二一）至中書東門望延英：胡三省曰：「按閣本大明宮圖，中書省與延英殿，其間僅隔殿中外院、殿中內院耳。」（二二）扣：擊。（二三）愕眙：駭愕驚視。（二四）親事：常在左右者。（二五）亡命：謂逃亡在外而無名籍。（二六）內獄：即上之鞫於禁中。（二七）外廷：百官上朝之廷。（二八）覈實：推覈其實情。（二九）正雅，翃之子：王翃見德宗紀。（三〇）自誣服：自己罔誣而服有罪。（三一）師保：太師、太保。(三二)午際：胡三省曰：「午際，方交午漏初刻，非正午時也。」(三三)覆按：謂再行按問。(三四)重慎：鄭重謹慎。(三五)人臣不過宰相：謂人臣祿位之極，不過為宰相而已。(三六)復與何求：謂復與此而有何求。(三七)止：猶只。(三八)存亮即日請致仕：胡三省曰：「存亮之上，更有一馬字，姓名較明白。」(三九)質，通五世孫：王通見卷一百七十九隋文帝仁壽三年。(四〇)係，乂之子：蔣乂見卷二百三十五德宗貞元十三年。(四一)坐死：坐罪而死。(四二)罰將作監、度支判官、宗正卿俸：將作監掌土木工匠，度支掌支調，宗正卿掌太廟齋郎，宗廟不修，故皆罰俸。(四三)輟：停止。(四四)墮：讀曰隳。(四五)能者：有才能者。(四六)憂軫：憂思痛念。(四七)切：殷切。(四八)內臣：宦官。(四九)索所掠百姓：前年南詔寇蜀所掠者。(五〇)囊山帶江：按古多謂襟山帶江，此則改襟為囊，全句意為山抱水環。(五一)會：會聚。(五二)土：地。(五三)行舟：往來之舟船。(五四)無老幼：無論老幼。(五五)蒙衝：戰船。(五六)歲中：謂一年間。(五七)笞：笞捶。(五八)土瘠：土地磽瘠。(五九)撫：安撫。(六〇)驚：驚擾。(六一)慓狡：慓悍狡詐。(六二)威刑：猶刑罰。(六三)變：變化。(六四)羸：瘦，音ㄌㄟ。(六五)簡：簡擇，此簡擇含有二種作用，一為藉以沙汰，一為藉以召募。(六六)土兵：本地兵。(六七)參：間廁。(六八)轉相：猶互相。(六九)華飾：謂裝飾華麗。(七〇)堅利：既堅且利。(七一)擣：擊。(七二)是韋皐沒身恨不能致者也：德宗之時，韋皐屢出兵，攻維州，不能取。沒身謂終身，而終身乃係一生之意。(七三)勢：勢力。(七四)比來：近來。(七五)約：相約誓。(七六)考異：「舊僧孺傳：『今吐蕃論董勃纔還』」：按武英殿本《舊唐書・牛僧孺傳》，董勃下多一義字，當從添。(七七)禦：防禦。(七八)何事失信：何事疑與六朝時之何物，命意相同，其著重者乃為何字，故全句意乃為為何失信。又事與故常相連文，故何事亦即何故，謂何故失信，釋亦通。㈨蔚茹川：胡三省曰：「原州蕭關縣有蔚茹水，水西即白草軍。」㈩阪：坡，音反。㈡綴回中：牽綴唐回中之軍。㈢直辭：有理則辭直。㈣匹夫：凡人。㈤歸：歸還。

六年（西元八三二年）

㈠春，正月，壬子，詔以水旱，降繫囚㈠，羣臣上尊號曰太和文武至德皇帝。右補闕韋溫上疏，以為：「今水旱為災，恐非崇飾徽稱㈡之時。」上善之，辭不受。

㈡二月，辛丑，以武寧節度使王智興兼侍中，充忠武節度使，以邠寧節度使李聽為武寧節度使。

㈢回鶻昭禮可汗為其下所殺，從子胡特勒立。【考異】舊傳云：「七年三月，回鶻李義節等將馳馬到，且報可汗二月二十七日薨，已冊親弟薩特勒，廢朝三日。」今從新傳。

㈣李聽之前鎮武寧也，有蒼頭為牙將㈢，至是聽先遣親吏至徐州，慰勞將士，蒼頭不欲聽復來，說軍士，殺其親吏，臠食之，聽懼，以疾固辭㈣，辛酉，以前忠武節度使高瑀為武寧節度使。

㈤夏，五月，甲辰，李德裕奏，修邛崍關㊄，及移巂州理臺登城㊅。

㈥秋，七月，原王逵㊆薨。

㈦冬，十月，甲子，立魯王永為太子。初上以晉王普、敬宗長子，性謹㊇愿，欲以為嗣，會薨，上痛惜㊈之，故久不議建儲，至是始行之。

㈧十一月，乙卯，以荊南節度使段文昌為西川節度使。西川監軍王踐言入知樞密，數為上言：「縛送悉怛謀，以快虜心，絕後來降者，非計也㊉。」上亦悔之，尤⑪中書侍郎同平章事牛僧孺失策，附李德裕者，因言僧孺與德裕有隙，害⑫其功，上益疏之。僧孺內不自安，會上御延英，謂宰相曰：「天下何時當⑬太平？卿等亦有意於此乎！」僧孺對曰：「太平無象⑭，今四夷不至交侵⑮，百姓不至流散，雖非至理⑯，亦謂小康⑰。陛下若別求太平，非臣等所及。」退謂同列⑱曰：「主上責望⑲如此，吾曹豈得久居此地乎！」因累表請罷。十二月，乙丑，以僧孺同平章事，充淮南節度使。

㈨臣光曰：「君明臣忠，上令下從，俊良在位，佞邪黜遠⑳，禮修樂舉，刑清政平，姦宄㉑消伏，兵革偃戢㉒，諸侯順附，四夷懷㉓服，家給人足，此太平之象也。於斯之時，閹寺㉔專權，脅君於內，弗能遠㉕也；藩鎮阻兵㉖，陵慢㉗於外，弗能致㉘也；士卒殺逐主帥，拒命自立，弗能詰㉙也；軍旅歲興，賦斂日急㉚，骨血㉛縱橫於原野，杼軸㉜空竭於里閭，而僧孺謂之太平，不亦誣㉝乎！當文宗求治之時，僧孺任居承弼㉞，進則偷安取容㉟以竊位，退則欺君誣世以盜名㊱，罪孰大焉！」

㈩珍王誠㊲薨。

(十一)乙亥，昭義節度使劉從諫入朝。

(十二)丁未，以前西川節度使李德裕為兵部尚書。初李宗閔與德裕有隙㊳，及德裕還自西川，上注意甚厚㊴，朝夕且為相，宗閔百方㊵沮㊶之，不能。京兆尹杜悰、宗閔黨也，嘗詣宗閔，見其有憂色，曰：「得非以大戎㊷乎？」宗閔曰：「然，何以相救？」悰曰：「悰有一策，可平宿㊸憾，恐公不能用。」宗閔曰：「何如？」

悰曰：「德裕有文學而不由科第(四四)，常用此為慊慊(四五)，若使之知舉(四六)，必喜矣。」宗閔默然有間(四七)曰：「更思其次(四八)。」悰曰：「不則用為御史大夫。」宗閔曰：「此則可矣。」悰再三與約，乃詣德裕，德裕迎揖曰：「公何為訪此寂寥(四九)？」悰曰：「靖安相公(五〇)令悰達意。」即以大夫之命告之。德裕驚喜泣下曰：「此大門官(五一)，小子何足以當之！」寄謝重沓(五二)。宗閔復與給事中楊虞卿謀之，事遂中止(五三)。虞卿，汝士之從弟(五四)也。

【今註】(一)降繫囚：謂減降繫囚之刑。(二)徽稱：美號。(三)李聽之前鎮武寧也，有蒼頭為牙將：胡三省曰：「考新舊書，李聽前此未嘗鎮武寧，竊意此蒼頭，蓋從聽兄愿素鎮武寧，遂得為牙將也。」(四)固辭：再辭。(五)卭崍關：胡三省曰：「卭崍關或作卭峽關，誤也。卭峽關在雅州榮經縣，所謂卭崍九折坂，王尊叱馭處也。祝穆曰：『卭崍關在嶲州北九十里。』」(六)移嶲州理臺登城：謂移嶲州治所於臺登城。(七)原王逵：逵，代宗子。(八)謹愿：愿亦謹。(九)痛惜：悲痛哀惜。(一〇)非計也：謂非善計。(一一)尤：歸咎。(一二)害：猶嫉。(一三)當：猶會。(一四)太平無象：象，跡象，謂太平本無特徵。(一五)不至交侵：謂不至於並來侵境。(一六)至理：即至治。(一七)康：安。(一八)同列：同等列之官。(一九)責望：責求冀望。(二〇)黜遠：貶黜疏遠。(二一)宄：姦也，外為盜，內為宄，音軌。(二二)偃戢：息斂。(二三)懷：安。

㉔闇寺：宦官。㉕遠：猶去。㉖阻兵：恃兵。㉗陵慢：陵轢傲慢。㉘致：謂使之恭順。㉙詰：責。㉚日急：猶益急。㉛骨血：謂骸骨及膏血。㉜杼軸：猶機杼。㉝誣：誣罔。㉞承弼：輔弼。㉟取容：求取苟容。㊱以盜名：以盜得美名。㊲珍王誡：新舊《唐書・德宗諸子傳》，誠皆作誡，當改從。㊳初李宗閔與德裕有隙：事見卷二百四十一穆宗長慶元年。㊴注意甚厚：猶甚注意之。㊵百方：猶百計。㊶沮：止。㊷大戎：胡三省曰：「兵部掌戎政，尚書其長也，故悰隱語謂之大戎。」㊸宿：舊。㊹由科第：謂由科舉登第。㊺慊慊：不快之意。㊻知舉：知掌貢舉。㊼有間：謂一短時間。㊽更思其次：謂更思其次策。㊾寂寥：謂無肯與往來之人。㊿靖安相公：胡三省曰：「李宗閔蓋居靖安坊，因以稱之，如後劉崇望居光德坊，呼為光德劉公之類。」(51)大門官：胡三省曰：「唐制，大朝會，御史大夫帥其屬，正百官之班序，遲明，列於兩觀，故以為大門官。」(52)寄謝重沓：謂屢屢寄語，以表感謝。(53)中止：中途而止。(54)虞卿，汝士之從弟：楊汝士見卷二百四十一穆宗長慶元年。

七年（西元八三三年）

㈠春，正月，甲午，加昭義節度使劉從諫同平章事，遣歸鎮。初從諫以忠義自任㊀，入朝，欲請他鎮，既至，見朝廷事柄不一㊁，又士大夫多請託，心輕朝廷，【考異】補國史曰：「文宗朝，劉從諫朝觀，渥澤甚厚，自謂河朔近無比倫，頗矜臣節，文武百辟，盡湊其門，從諫廣行金帛，賂諸權要，求登台席，人情多可。相國李公固言，獨無一言，從諫欲市其歡，玉不可染，欲諛其意，水不可穿，門館不敢導其誠懇，遇休假，謁於私第，投誠瀝懇，至於再三。相公正色謂曰，僕射先君以東平之功，鎮潞二十餘年，及即世之後，僕射擅領戎務，坐邀朝命，朝廷以先君勳績，不絕賞延，任居蕃閫，位據南宮，豈是恩澤降於等倫，欲以何事，效忠報國。僕射若請邊陲一鎮，大展籌謀，拓境復疆，乃為勳業，朝廷豈不以衮職之重，命賞封功，區區躁求，一何容易。某比謂僕射英雄忠義，首冠蕃臣，今求佩相印，擁節旄，榮歸舊藩，亦河朔尋常倔彊之臣所措履也，忠節安在，深為解體。從諫矍然，噤口無辭，再拜趨出。然從諫厚賂倖臣，旬日間果以本官加平章事，遽辭歸鎮，宰相餞於郵亭，李相公謂曰，相公少年昌盛，勉報國恩，幸望保家，勿殃後嗣。從諫以笏扣頭，灑淚而辭，及至本鎮，謂從事將校曰，昨者入覲闕庭，遍觀朝德，唯李公峻直貞明，凜然可懼，真社稷之重臣也。」按固言此年未為相，其說妄也，今從實錄。故歸而益驕。

㈡徐州承王智興之後，士卒驕悖㊂，節度使高瑀不能制㊃，【考異】杜牧上崔相公書曰：「高僕射寬厚聞名，不能治軍事，舉動汗流，拜於堂下。」此蓋文士筆快耳，未必然也。上以為憂，甲寅，以嶺南節度使崔珙為武寧節度使，珙至鎮，寬猛適宜㊄，徐人安之。珙，琯之弟㊅也。

㈢二月，癸亥，加盧龍節度使、檢校工部尚書楊志誠檢校吏部尚書，進奏官㊆徐迪詣宰相言：「軍中不識㊇朝廷之制，唯知尚書改僕射為遷，不知工部改吏部為美，勑使往，恐不得出㊈。」辭氣甚慢，宰相不以為意㊉。

㈣丙戌，以兵部尚書李德裕同平章事。德裕入謝，上與之論朋黨事，對曰：「方今朝士，三分之一為朋黨。」時給事中楊虞卿、與從兄中書舍人汝士、弟戶部郎中漢公、中書舍人張元夫、給事中蕭澣等善交結，依附權要㈡，上干執政，下撓㈢有司，為士人求官及科第，無不如志㈢，上聞而惡之，故與德裕言，首及之。德裕因得以排㈣其所不悅者。初左散騎常侍張仲方嘗駁李吉甫謚㈤，及德裕為相，仲方稱疾不出。三月，壬辰，以仲方為賓客分司。

㈤楊志誠怒不得僕射，留官告使魏寶義、并春衣使焦奉鸞、送奚契丹使尹士恭㈥，甲午，遣牙將王文穎來謝恩，并讓官㈦，丙申，復以告身并批荅㈧賜之，文穎不受而去。

㈥和王綺㈨薨。

㈦庚戌，以楊虞卿為常州㈩刺史，張元夫為汝州刺史。他日上復言及朋黨，李宗閔曰：「臣素知之，故虞卿輩臣皆不與美官。」李德裕曰：「給、舍㈡、非美官而何？」宗閔失色，丁巳，以蕭澣為鄭州刺史。

㈧夏，四月，丙戌，冊回鶻新可汗為愛登里囉汨沒密施合句祿毗伽彰信可汗。

㈨六月，乙巳，以山南西道節度使李載義為河東節度使。先是，回鶻每入貢，所過暴掠㉒，州縣不敢詰㉓，但嚴兵防衛而已，載義至鎮，回鶻使者李暢入貢，載義謂之曰：「可汗遣將軍入貢，以固舅甥之好㉔，非遣將軍，陵踐上國㉕也，將軍不戢㉖部曲，使為侵盜，載義亦得殺之，勿謂中國之法可忽㉗也。」於是悉罷防衛兵，但使二卒守其門，暢畏服，不敢犯令。

㈩壬申，以工部尚書鄭覃為御史大夫。初李宗閔惡覃在禁中數言事，奏罷其侍講㉘，上從容謂宰相曰：「殷侑經術頗似鄭覃。」宗閔對曰：「殷侑經術誠可尚㉙，然論議不足聽。」李德裕曰：「殷侑議論，他人不欲聞，惟陛下欲聞之。」後旬日，宣出㉚，除覃御史大夫。宗閔謂樞密使崔潭峻曰：「事一切㉛宣出，安用中書？」潭峻曰：「八年天子㉜，聽其自行，事亦可矣。」宗閔愀然㉝而止。

(十一)乙亥，以中書侍郎同平章事李宗閔同平章事，充山南西道節度使。

(十一)秋，七月，壬寅，以右僕射王涯同平章事、兼度支鹽鐵轉運使。

(十二)宣武節度使楊元卿有疾，朝廷議除代(三四)，李德裕請徙劉從諫於宣武，因拔出上黨，不使與山東連結，上以為未可，癸丑，以左僕射李程為宣武節度使。

(十四)上患近世文士不通經術，李德裕請依楊綰議，進士試論議，不試詩賦(三五)。德裕又言：「昔玄宗以臨淄王定內難(三六)，自是疑忌(三七)宗室，不令出閤(三八)，天下議皆以為幽閉骨肉，虧傷人倫，曏(三九)使天寶之末，建中之初，宗室散處方州(四〇)，雖未能安定王室，尚可各全其生(四一)，所以悉為安祿山朱泚所魚肉(四二)者，由聚於一宮故也。陛下誠因冊太子制書，聽宗室年高屬(四三)疏者出閤，且除諸州上佐(四四)，使攜其男女出外婚嫁，此則百年弊法(四五)，一旦(四六)因陛下去之，海內孰不欣悅！」上曰：「茲事，朕久知其不可，方今諸王豈無賢才，無所施(四七)耳！」八月，庚寅，冊命太子，因下制，諸王自今以次(四八)出閤，授緊望州(四九)刺史上佐，十六宅縣主(五〇)，以時出適(五一)，進士停試詩賦，諸王出閤，竟以議所除官不決(五二)，而罷。

(十五)壬寅，加幽州節度使楊志誠檢校右僕射，【考異】舊傳曰：「朝廷納裴度言，務以含垢，下詔諭之，因再遣使，加尚書右僕射。」按此時，度為襄陽節度使，舊傳恐誤，今從實錄。仍別遣使慰諭之。杜牧憤河朔三鎮之桀驁(五三)，而朝廷議者，專事姑息，乃作書，名曰罪言，大略以為：「國家自天寶盜起，河北百餘城不得尺寸(五四)，人望之若回鶻吐蕃，無敢窺者，齊梁蔡被其風流(五五)，因亦為寇，未嘗五年間不戰，焦焦然(五六)七十餘年矣。今上策莫如先自治，中策莫如取魏，最下策為浪戰(五七)，不計(五八)地勢，不審(五九)攻守(六〇)，是也。」又傷府兵廢壞，作原十六衛，以為：「國家始踵隋制，開十六衛(六一)，自今觀之，設官言無謂者(六二)，其十六衛乎！本原事迹，其實天下之大命也。貞觀中，內以十六衛蓄養武臣，外開折衝果毅府五百七十四(六三)，以儲兵伍(六四)，有事，則戎臣提兵(六五)居外，無事，則放(六六)兵居內，其居內也，富貴恩澤，以奉(六七)其身，所部之兵散舍(六八)諸府，上府不越(六九)千二百人，三時耕稼，一時治武(七〇)，籍(七一)藏將府(七二)，伍(七三)散田畝，力解勢破(七四)，人人自愛，雖有蚩尤(七五)為帥，亦不可使為亂耳。及其居外也，緣部(七六)之兵，被檄乃來，斧鉞(七七)在前，爵賞在後，飄暴交捽(七八)，豈暇異略(七九),雖有蚩尤為帥,亦無能為叛也。自貞觀至於開元,百三十年間,戎臣兵伍,未始(八〇)逆篡(八一),此大聖人所以能柄(八二)統輕重,制(八三)鄣(八四)表裏,聖筭(八五)神術也。至於開元末,愚儒奏章曰:『天下文勝(八六)矣,請罷府兵。』武夫奏章曰:『天下力彊矣,請搏(八七)四夷。』於是府兵內鏟(八八),邊兵外作(八九),戎臣兵伍,湍奔矢往(九〇),內無一人矣,尾大中乾(九一),成燕偏重(九二),而天下掀然,根(九三)萌燼然(九四),七聖旰食(九五),求欲除之,且不能也。由此觀之,戎臣兵伍,豈可一日使出落鈐鍵(九六)哉!然為國者,不能無兵,居外則叛,居內則篡,使外不叛,內不篡,古今以還(九七),法術最長(九八),其置府立衞乎!近代以來,於其將也(九九),弊復為甚,率皆市兒輩(一〇〇)多齎金玉,負倚幽陰(一〇一),折券(一〇二)交貨,所能致也,絕不識父兄禮義之教(一〇三),復無慷慨感槩(一〇四)之氣,百城千里,一朝得之,其彊傑愎勃(一〇五)者,則撓削(一〇六)法制,不使縛(一〇七)己,斬族(一〇八)忠良,不使違己,力一勢便(一〇九),罔(一一〇)不為寇。其陰泥(一一一)巧狡(一一二)者,亦能家筭口斂(一一三),委於(一一四)邪倖(一一五),由卿市(一一六)公,去郡得都(一一七),四履(一一八)所治,指為別館(一一九),或一夫不幸而壽,則戛割(二〇)生人(二一)，略帀天下(二二)，是以天下兵亂不息，齊人(二三)乾耗(二四)，靡不由是矣。嗚呼！文皇帝十六衛之旨，其誰原而復之乎(二五)！」

(十六)又作戰論，以為：「河北視天下，猶珠璣也(二六)，天下視河北，猶四支(二七)也，河北氣俗(二八)渾厚(二九)，果(三〇)於戰耕，加以土息(三一)健馬(三二)，便於馳敵(三三)，是以出則勝，處(三四)則饒(三五)，不窺(三六)天下之產，自可封殖(三七)，亦猶大農之家不待珠璣，然後以為富也。國家無河北，則精甲銳卒(三八)，利刀良弓健馬，無有也，是一支兵(三九)去矣，河東、盟津、滑臺、大梁、彭城、東平(四〇)，盡宿(四一)厚兵(四二)，以塞虜衝(四三)，不可他使，是二支兵去矣；六鎮之師，厥數三億(四四)，低首仰給(四五)，橫拱不為(四六)，則沿淮已北，循(四七)河之南，東盡海，西叩洛(四八)，赤地(四九)盡取，才能(五〇)應費(五一)，是三支財去矣；咸陽西北，戎夷大屯(五二)，盡鐽(五三)吳越荊楚之饒，以啖兵戍(五四)，是四支財去矣。天下四支盡解(五五)，頭腹兀然(五六)，其能以是久為安乎！今者誠能治其五敗(五七)，則一戰可定，四支可生。夫天下無事之時，殿寄大臣(五八)，偷安奉私(五九)，戰士離落(六〇)，兵甲鈍(六一)弊，是不蒐練(六二)之過，其敗一也；百人荷戈，仰食縣官[六三]，則挾千夫之名[六四]，大將小裨[六五]，操[六六]其餘贏[六七]，以虜壯為幸[六八]，以師老為娛[六九]，是執兵者常少，糜食[七〇]常多，此不責實料食[七一]之過，其敗二也；戰小勝則張皇[七二]其功，奔走[七三]獻狀[七四]，以邀上賞[七五]，或一日再賜，或一月累封[七六]，凱還未歌，書品已崇[七七]，爵命[七八]極矣，田宮[七九]廣矣，金繒溢[八〇]矣，子孫官矣[八一]，焉肯搜奇[八二]出死，勤於我矣[八三]，此厚賞之過，其敗三也；多喪兵士，顛翻大都[八四]，則跳身而來[八五]，刺邦而去[八六]，回視刀鋸，氣色甚安[八七]，一歲未更[八八]，旋[八九]已立於壇墀之上[九〇]矣，此輕罰之過，其敗四也；大將兵柄不得專，恩臣[九一]勅使，迭[九二]來揮[九三]之，堂然[九四]將陳[九五]，殷然[九六]將鼓，一則曰[九七]必為偃月，一則曰必為魚麗[九八]，三軍萬夫，環旋翔羊[九九]，慌駭[一〇〇]之間，虜騎乘之，遂取吾之鼓旗[一〇一]，此不專任責成[一〇二]之過，其敗五也。今者誠欲調持[一〇三]干戈，洒掃垢汙[一〇四]，而乃踵[一〇五]前非，是不可為也。」

又作守論，以為：「今之議皆曰：『夫倔彊之徒，吾以良將勁兵為銜策[一〇六]，高位[一〇七]美爵，充飽其腸安而不撓[一〇八]，外而不拘[一〇九]，亦猶豢擾[一一〇]虎狼，而不拂[一一一]其心，則忿氣不萌[一一二]，此大曆貞元所以守邦也；

亦何必疾戰〔二三〕，焚煎吾民，然後以為快也！』愚曰：『大曆貞元之間〔二四〕，適以此為禍也。當是之時，有城數十，千百卒夫〔二五〕，則朝廷別待之〔二六〕，貸以法度〔二七〕，於是闊視〔二八〕大言，自樹一家〔二九〕，破制削法〔三〇〕，角〔三一〕為尊奢〔三二〕，天子養威〔三三〕而不問，有司守恬而不呵〔三四〕，王侯通爵〔三五〕，越錄受之〔三六〕，覲聘不來，几杖扶之〔三七〕，逆息虜亂，皇子嬪之〔三八〕，裝緣〔三九〕采飾，無不備之，是以地益廣，兵益彊，僭擬益甚，侈心益昌〔四〇〕，於是土田〔四一〕名器〔四二〕，分劃殆盡〔四三〕，而賊夫貪心，未及畔岸〔四四〕。遂有淫名越號〔四五〕，或帝或王〔四六〕，盟詛自立〔四七〕，恬淡〔四八〕不畏，走兵〔四九〕四略，以飽〔五〇〕其志者也，是以趙、魏、燕、齊，卓起〔五一〕大唱〔五二〕，梁、蔡、吳、蜀，躡〔五三〕而和之，其餘混湏〔五四〕軒囂〔五五〕，欲相效〔五六〕者，往往而是。運遭孝武〔五七〕，宵旰〔五八〕不忘，前英後傑，夕思朝議，故能大者誅鋤〔五九〕，小者惠來〔六〇〕，不然，周秦之郊〔六一〕，幾為犯獵〔六二〕哉。大抵生人，油然〔六三〕多欲，欲而不得則怒，怒則爭亂隨之，是以教笞於家〔六四〕，刑罰於國，征伐於天下，此所以裁〔六五〕其欲而塞〔六六〕其爭也。大曆貞元之間，盡反此道，提〔六七〕區區之有〔六八〕，而塞無涯之爭，是以首尾指支〔六九〕，幾不能相運掉⑳也。今者不知非此，而反用以為經㉑，愚見為盜者，非止於河北而已，嗚呼，大曆貞元守邦之術，永戒之哉㉒！」

㈦又注孫子，為之序，以為：「兵者，刑也㉓；刑者，政事也。為夫子之徒，實仲由冉有之事也。不知自何代何人，分為二道曰文武，離㉔而俱行，因使縉紳之士，不敢言兵，或恥言之㉕，苟有言者，世以為麤㉖暴異人㉗，人不比數㉘。嗚呼！亡失根本，斯最為甚。禮曰：『四郊多壘，此卿大夫之辱也㉙。』歷觀自古樹立㉚其國，滅亡其國，未始㉛不由兵也。主兵者㉜，必聖賢材能，多聞博識之士，乃能有功。議於廊廟㉝之上，兵形㉞已成，然後付之於將㉟。漢祖言指蹤㊱者，人也，獲兎者，犬也，此其是也。彼為相㊲者曰：『兵非吾事，吾不當知。』君子曰：『叨居其位，可也㊳。』」

㈧前邠寧行軍司馬鄭注依倚王守澄，權勢爋灼㊴，上深惡之。九月，丙寅，侍御史李款閤內奏彈注：「內通勅使，外連朝士，兩地往來㊵，卜射㊶財賄，晝伏夜動，干竊化權㊷，人不敢言，道路以目㊸，請付法司㊹。」旬日之間，章數十上。守澄匿注於右軍㊺，左軍中尉韋元素、樞密使楊承和、王踐言皆惡注。左軍將李弘楚說元素曰：「鄭注姦猾無雙，卵㲉[二八六]不除，使成羽翼，必為國患。今因御史所劾，匿軍中，弘楚請以中尉意，詐為有疾，召使治[二八七]之，來則中尉延與坐，弘楚侍側，伺中尉舉目[二八八]，擒出杖殺之，中尉因見上，叩頭請罪，具言其姦，楊王[二八九]必助中尉進言，況中尉有翼戴之功[二九〇]，豈以除姦而獲罪乎！」元素以為然，召之，注至，蠖屈[二九一]鼠伏，佞辭泉涌[二九二]，元素不覺執手款曲，諦[二九三]聽忘倦，弘楚詗[二九四]伺再三，元素不顧，以金帛厚遺[二九五]注而遣之。弘楚怒曰：「中尉失今日之斷[二九六]，必不免他日之禍矣。」因解軍職去，頃之，疽發背卒。王涯之為相，注有力焉，且畏王守澄，遂寢[二九七]李款之奏，守澄言注於上，而釋之，尋奏為侍御史，充右神策判官，【考異】開成紀事曰：「五年，金吾將軍孟文亮出鎮邠郊，以與注姻懿之故，奏為軍司馬，路經奉天，防遏使御史大夫王從亮薄其為人，不為之禮，注毀從亮於守澄，竟為守澄誣構，決杖投荒。未幾文亮沒，罷職還城，守澄潛置為軍畫。時澤潞劉從諫本欲誅注，忌其權勢，因辟為節度副使。纔至潞州，涉旬之間，會上疾愈，太和七年十一月，驛徵之赴闕，偶遭其時，聖體獲愈，上悅之，自此恩寵漸隆，凡臺省府縣軍戎，莫不從風。七年九月十三日，侍御史李款彈注，內通勅使，外連朝臣，兩地往來，卜射財貨，晝伏夜動，干竊化權，人不敢言，道路以目，城社轉固，恐為禍胎，罪不容誅，理合顯戮，其鄭注請付有司。時王涯重處台司，注之所致，又慮守澄黨援，遂請不行，注潛遁軍司矣。」李德裕文武兩朝獻替記曰：「八年春暮，上對宰相歎天下無名醫，便及鄭注，精於服食，或欲寘於翰林伎術院，或欲令為左神策判官，注自稱衣冠，皆不願此職，守澄遂託從諫，奏為行軍司馬，及赴職，宗閔又自山南令判官楊儉至澤潞，與從諫要約，令却薦入。」今從實錄。朝野駭歎。

(十九)甲寅，以前忠武節度使王智興為河中節度使。

(廿)羣臣以上即位八年，未受尊號。冬，十二月，甲午，上尊號曰太和文武仁聖皇帝，會有五坊中使薛季稜自同華(二八)還，言閭閻彫弊(二九)，上歎曰：「關中小稔(三〇)，百姓尚爾(三一)，況江淮比年(三二)大水，其人如何？吾無術以救之，敢崇(三三)虛名乎！」因以通天帶(三四)賞季稜，羣臣凡(三五)四上表，竟不受。

(廿一)庚子，上始(三六)得風疾，不能言，於是王守澄薦昭義行軍司馬鄭注善醫，上徵(三七)注至京師，飲其藥，頗有驗(三八)，遂有寵。

【今註】㈠自任：猶自命。㈡事柄不一：政事權柄不劃一。㈢驕悖：驕傲凶悖。㈣制：制馭。㈤適宜：合宜。㈥珙，琯之弟：崔琯見上五年。㈦進奏官：宋白曰：「大曆十二年正月，勅諸道先置上都留後便宜，幷改充諸道都知進奏官。」㈧識：知。㈨不知工部改吏部為美，勅使往恐不得出：胡三省曰：「晉宋以來，以吏部尚書為大尚書，諸部尚書莫敢比焉。唐諸蕃進奏官，豈不知之，徐迪敢詣宰相，出是言者，直以下陵上替，無所忌憚耳。勅使不得出，言必將拘留之也。」一為美猶為好。㈩不以為意：謂全不在心。(十一)權要：權貴顯要。(十二)撓：撓折。(十三)如志：猶如意。(十四)排：排斥。⑮張仲方嘗駁李吉甫謚：李吉甫薨，有司謚曰敬憲，度支郎中張仲方駁其太優，憲宗以是貶仲方，賜謚曰忠懿。宋白曰：「唐制，諸職事官三品已上，散官二品已上身亡者，佐吏錄行狀申考功，責歷任勘校，下太常寺擬謚，訖復申考功，都堂集省官議定，然後奏聞。若蘊德丘園，聲實明著，雖無官爵，亦奏賜謚先生。」⑯官告使魏寶義、幷春衣使焦奉鸞、送奚契丹使尹士恭：胡三省曰：「唐中世已後，凡藩鎮加官，率遣中使奉命，謂之官告使，焦奉鸞以賜春衣，尹士恭以送兩蕃使者，同時至幽州，故皆為所留。」⑰讓官：辭官。⑱批答：自唐以來，凡讓官者，皆有批答，不允。⑲和王綺：綺，順宗子。⑳常州：《舊唐書・地理志》三：「江南道、常州，在京師東南二千八百四十三里。」㉑給舍：謂給事中、中書舍人。㉒暴掠：橫暴搶掠。㉓詰：問。㉔固舅甥之好：唐公主出嫁回鶻，與為甥舅之國，此謂以堅固舅甥之親好關係。㉕上國：指唐言。㉖戢：斂止。㉗忽：忽略。㉘罷其侍講：覃自工部侍郎進尚書，皆兼翰林侍講學士。㉙尚：貴尚。㉚宣出：宣命出。㉛一切：謂權時之事，非經常也。㉜八年天子：上即位，至是八年。㉝愀然：容色改變，音ㄑㄧㄠˇ。㉞除代：除授而可代替者。㉟依楊綰議，進士試論議，不試詩賦：楊綰議見卷二百二十二代宗廣德元年。㊱玄宗以臨淄王定內難：事見卷二百九睿宗景雲元年。㊲疑忌：猜疑忌嫉。㊳不令出閤：不令出閤赴任。㊴鄖：通鄉。㊵方州：四方之州郡。㊶生：生命。㊷魚肉：殘害。㊸屬：支屬。㊹上佐：重要僚佐。㊺弊法：有弊病之法令。㊻一旦：一時。㊼施：施用。㊽以次：猶陸續。㊾授緊望州：胡三省曰：「開元中，定天下州府，自京都及諸都督護府外，以近畿同、華、岐、蒲為四輔，鄭、陝、汴、懷、衞、絳為六雄，宗、亳、滑、許、汝、晉、洺、虢、魏、相為十望，又有十緊，其後入緊望者浸多，凡商、寧、青、汾、貝、趙、襄、常、宣，皆望州也，蔡、徐、鄆、楚、鄂、彭、蜀為緊州，不及十數，又以汝、虢、鄭、汴、魏、洋、蘇為雄，蓋升雄望者既多，所以緊不及十。」㊿縣主：唐時親王女封縣主。(五一)以時出適：謂以適當之時，出閣而適人，使有配偶。(五二)不決：不能決定。(五三)桀驁：皆不遜貌。(五四)不得尺寸：猶不餘尺寸。(五五)風流：流行之風氣。(五六)焦焦然：煩煩然。(五七)浪戰：猶濫戰。(五八)計：估計。(五九)審：審察。(六〇)攻守：謂攻守之宜。(六一)十六衞：胡三省曰：「唐承隋制，開十六衞，改左右翊衞曰左右衞府，左右驍騎衞曰左右驍衞府，左右屯衞曰左右威衞府，左右禦衞曰左右領軍衞府，左右備身曰領左右府，唯左右武衞府、左右監門府、左右候衞府，仍隋不改。唐初十六衞，置大將軍各一人，正三品，將軍各二人，從三品，貞元二年，十六衞各置上將軍一人，從二品。」(六二)設官言無謂者：雖設官而無兵可掌，故當時以為無謂。(六三)貞觀中，外開折衝果毅府五百七十四：按《新唐書・兵志》：「貞觀十年，諸府總曰折衝府，凡天下十道，置府六百三十四，皆有名號，而關內二百六十有一，皆以隸諸衞。」二文府數有異。(六四)以儲兵伍：以儲備兵卒。(六五)提兵：領兵。(六六)放：散。(六七)奉：供奉。(六八)散舍：分散而居舍。(六九)越：過。(七〇)治武：猶講武。(七一)籍：軍之籍簿。(七二)將府：將軍府署。(七三)伍：卒伍。(七四)勢破：勢分。(七五)蚩尤：以喻惡人。(七六)緣部：凡被分部之兵。(七七)斧鉞：鉞、大斧，皆刑具。(七八)交捽：交相抵觸。(七九)異略：異謀。(八〇)未始：未嘗。(八一)逆篡：叛逆篡奪。(八二)柄：權柄。(八三)制：制度。(八四)鄣：障隔。(八五)筭：猶策。(八六)文勝：謂文勝於武，亦即太平之意。(八七)搏：擊。(八八)剷：除去。(八九)外作：謂在四外興起。(九〇)湍奔矢往：如湍水之奔流，如飛矢之疾馳，皆以喻速。(九一)中乾：猶中空。(九二)成燕偏重：謂成安祿山偏重之勢。(九三)掀然：翻起貌。(九四)根萌燼然：然通燃，謂根生燼燃。(九五)七聖旰食：七聖謂肅、代、德、順、憲、穆、敬。旰食言晚食。(九六)鈐鍵：關鍵。(九七)以還：猶以來。(九八)長：猶高。(九九)於其將也：謂於其為軍也。(一〇〇)市兒輩：謂市井小人之輩。(一〇一)負倚幽陰：胡三省曰：「謂負倚宦官，行貨賂，以進取也。」(一〇二)折券：意謂與錢。(一〇三)教：教化。(一〇四)感槩：謂感激節義。(一〇五)愎勃：剛愎凶悖，勃通悖，愎音ㄅㄧˋ。(一〇六)撓削：沮撓減削。(一〇七)縛：束縛。(一〇八)斬族：斬殺族誅。(一〇九)力一勢便：武力歸一，形勢便利。(一一〇)罔：無。(一一一)陰泥：胡三省曰：「泥恐當作呢。」(一一二)巧狡：機巧狡黠。(一一三)家筭口斂：謂按家計口征斂，筭亦斂意。(一一四)委於：任之於。(一一五)邪倖：姦邪佞倖。(一一六)市：買。(一一七)去郡得都：郡謂列郡，都謂五都。(一一八)四履：猶四至，謂疆土四面之邊界。(一一九)指為別館：謂其所居享之別館。(一二〇)戞割：敲擊割削，音ㄐㄧㄚˊ。(一二一)生人：即生民。(一二二)略市天下：謂刦略徧及天下。(一二三)齊人：平民。(一二四)乾耗：乾枯耗竭。(一二五)原而復之：原究而恢復之。(一二六)河北視天下，猶珠璣也：胡三省曰：「言河北不資天下所產以為富。」(一二七)猶四支：謂猶手足，意言甚為重要。(一二八)氣俗：氣尚風俗。(一二九)渾厚：雄渾淳厚。(一三〇)果：果敢。(一三一)息：生。(一三二)健馬：猶駿馬。(一三三)馳敵：馳突敵陣。(一三四)處：居處。(一三五)饒：富饒。(一三六)窺：謂窺求。(一三七)封殖：謂厚而長之。(一三八)銳卒：精銳之士卒。(一三九)一支兵：謂如一支之兵。(一四〇)河東、盟津、滑臺、大梁、彭城、東平：胡三省曰：「河東，太原之全軍；盟津，河陽軍；

滑臺，義成軍；大梁，宣武軍；彭城，武寧軍；東平，天平軍。」㊶宿：長駐。㊷厚兵：重兵。㊸虜衝：虜出入之要衝。㊹廞數三億：謂供給之額，其數三億。㊺低首仰給：伏首仰給於度支。㊻橫拱不為：胡三省曰：「橫拱者，言橫其兩肱，拱立而事其帥，他無所為也。」㊼循：沿。㊽叩洛：謂叩洛之關門，亦即至也。㊾赤地：謂使地淨光。㊿才能：胡三省曰：「才能之才，即纔字，漢書作財，後人徑省便，又去貝作才。」(51)應費：敷應耗費。(52)咸陽西北，戎夷大屯：胡三省曰：「謂自咸陽西北，列大屯以防戎夷也。」(53)剷：移去。(54)兵戍：兵卒屯戍。(55)解：猶去。(56)兀然：獨存貌。(57)五敗：五種失敗之點。(58)殿寄大臣：胡三省曰：「殿寄大臣，謂受殿邦之寄者，牧蓋謂當時節度使也。」《詩・采菽》：「殿天子之邦。」傳：「殿、鎮也。」是胡說殿邦之依據。(59)奉私：猶營私。(60)離落：離散淪落。(61)鈍：不犀利。(62)蒐練：蒐求訓練。(63)縣官：此謂天子。(64)挾千夫之名：持千夫之名籍，謂兵卒百人則虛言千人。(65)小裨：偏將。(66)操：持有。(67)餘贏：下餘之贏利，指食兵空額而言。(68)以虜壯為幸：以敵虜強大為慶幸。(69)以師老為威：以師徒久在外道為快。(70)稟食：稟費食糧。(71)責實料食：謂責求兵卒實數，而料度其所需食糧。(72)張皇：張大。(73)奔走：競相奔走。(74)獻狀：獻其勝捷之情狀。(75)上賞：君上之賞賜。(76)累封：屢加封授。(77)凱還未歌，書品已崇：胡三省曰：「戰勝則奏凱歌而還，書品，謂書其官品也。」崇，高也。(78)命：秩命。(79)田宮：猶言田宅。(80)溢：滿。(81)子孫官矣：謂子孫皆得為官。(82)搜奇：搜索奇策。(83)勤於我矣：謂有勞於我乎。(84)顛翻大都：謂丟失大州鎮。(85)跳身而來：謂逃至京師。(86)刺邦而去：

謂貶為刺史而前往上任。(八七)回視刀鋸，氣色甚安：刀鋸指刑具言，謂顧望刑具，毫無恐懼之意，知朝廷決不處罰之。(八八)一歲未更：猶未滿一歲。(八九)旋：即。(九〇)立壇墀之上：謂復登大將之壇，及立於丹墀之上。(九一)恩臣：指宦官之估恩者。(九二)迭：更迭。(九三)揮：指揮。(九四)堂然：光明正大貌。(九五)陳：讀曰陣。(九六)殷然：鼓聲。(九七)一則曰：謂一方則曰。(九八)必為偃月，必為魚麗：胡三省曰：「偃月魚麗皆陳名，偃月陳、中軍偃居其中，張兩角向前。左傳：『為魚麗之陳，先偏後伍，伍承彌縫。』」(九九)翔羊：猶徜徉，徘徊也。(一〇〇)愰駭：恍忽駭疑。(一〇一)取鼓旗：謂全軍覆沒。(一〇二)專任責成：謂專任一人而求其成效。(一〇三)調持：換持。(一〇四)垢汙：謂恥辱。(一〇五)踵：繼。(一〇六)銜策：所以馭馬。(一〇七)高位：高官。(一〇八)安而不撓：謂彼居安而不攪撓之。(一〇九)外而不拘：彼在外鎮而不拘制之。(一一〇)豢擾：豢養馴擾。(一一一)拂：逆。(一一二)萌：生。(一一三)疾戰：力戰。(一一四)適：恰。(一一五)千百卒夫：謂及兵卒千百。(一一六)別待之：別加待遇。(一一七)貸以法度：貸，寬。謂於其犯法，不以法度制裁之。(一一八)闊視：含目中無人之意。(一一九)自樹一家：猶自建一國。(一二〇)破制削法：謂破壞制度，修改刑法。(一二一)角：競。(一二二)尊奢：尊貴奢侈。(一二三)養威：坐養威嚴。(一二四)守恬而不呵：臥守恬安，而不呵責。(一二五)通爵：通顯之爵位。(一二六)越錄受之：胡三省曰：「凡賞功者，錄其功而加之封爵，無功而超越授之以爵，是謂越錄。受讀曰授。」(一二七)覲聘不來，几杖扶之：胡三省曰：「言不朝者，賜之几杖，以安其心。」(一二八)逆息虜胤，皇子嬪之：胡三省曰：「息，子也；胤，繼嗣也；河北蕃將之子，率多尚主。」(一二九)裝緣：謂治之衣服，外復加緣，以求其美觀。(一三〇)昌：盛。(一三一)土田：土地田宅。(一三二)名器：猶奇器。(一三三)分劃：分割。(一三四)畔岸：邊涯。

（三五）淫名越號：過度超越其應有之名號。（三六）或帝或王：或自稱帝，或自稱王。（三七）盟詛自立：與部屬盟詛，而自立為君王。（三八）恬淡：猶安靜。（三九）走兵：猶驅兵。（四〇）飽：滿。（四一）卓起：卓然而起。（四二）唱：唱率。（四三）躡：繼踵。（四四）混澒：混亂洶涌。（四五）軒囂：高舉喧囂。（四六）效：仿效。（四七）孝武：謂憲宗。（四八）宵旰：宵，宵衣，謂未明求衣；旰，旰食，謂日晚而食。（四九）誅鋤：誅戮剷除。（五〇）惠來：惠然而來。（五一）周秦之郊：謂河南、關內。（五二）犯獵：犯上者之獵場。（五三）由然：含自然流暢之意。（五四）教笞所家：謂用教訓箠笞於家庭。（五五）裁：裁制。（五六）塞：塞絕。（五七）提：攜。（五八）區區之有：區區，小貌，謂朝廷爵命。（五九）首尾指支：此言藩將之首尾指臂四肢。（六〇）運掉：運，動；掉，搖。此謂指揮。（六一）經：常。（六二）永戒之哉：謂宜永遠戒之。（六三）兵者刑也：大刑用甲兵。（六四）離：分。（六五）或恥言之：謂或以言之為可恥。（六六）麤：同粗。（六七）異人：異乎常人。（六八）不比數：猶不齒。（六九）四郊多壘，此卿大夫之辱也：《禮．曲禮》之言。壘，壁壘；四郊多壘，即局勢不靖之意。（七〇）樹立：建立。（七一）始：嘗。（七二）主兵者：主持兵政者。（七三）廊廟：猶廟堂。（七四）兵形：謂兵勝敗之形勢。（七五）將：將帥。（七六）指蹤：胡三省曰：「指蹤，謂指示獸蹤，此與漢書因文取義，小不同。」（七七）相：宰相。（七八）叨居其位可也：謂若僅叨竊而居其位，斯則可也。正意乃為若不如此，則實不可也。音去幺。（七九）燻灼：燻炙於人。（八〇）兩地往來：胡三省曰：「兩地謂往來南牙北司間也。」（八一）卜射：擇求。（八二）化權：猶政權。（八三）道路以目：道路行人，以目相視，謂深恨之。（八四）法司：執法之有司。（八五）守澄匿注於右軍：守澄時為右軍中尉，故得匿注於右軍。（八六）轂：鳥子未出者。（八七）治：治療。（八八）舉目：抬眼。（八九）楊王：謂楊承和、王踐言。⑳況中尉有翼戴之功：元和末，穆宗立，韋元素亦以預有定策之功。㉑蠖屈：如蠖之屈，言態之恭敬，音ㄏㄨˋ。㉒泉湧：如泉之噴涌。㉓諦：審。㉔詗：刺探，音偵。㉕遺：贈遺。㉖斷：決斷。㉗寢：止。㉘同華：同州、華州。㉙彫弊：彫謝困弊。㉚稔：熟。㉛爾：如此。㉜比年：連年。㉝崇：崇尚。㉞通天帶：犀帶。㉟凡：共。㊱始：方。㊲徵：徵召。㊳驗：效驗。

卷二百四十五 唐紀六十一

起閼逢攝提格，盡彊圉大荒落，凡四年。（甲寅至丁巳，西元八三四年至八三七年）

司馬光編集
曲守約註

文宗元聖昭獻孝皇帝中

太和八年（西元八三四年）

㈠春，正月，上疾小瘳㈠，丁巳，御大和殿㈡，見近臣，然神識㈢耗減，不能復故㈣。

㈡二月，壬午朔，日有食之。

㈢夏，六月，丙戌，莒王紓㈤薨。

㈣上以久旱，詔求致雨之方，司門員外郎李中敏上表，以為：「仍歲㈥大旱，非聖德不至，直以宋申錫之冤濫㈦，鄭注之姦邪，今致雨之方，莫若斬注而雪㈧申錫。」表留中㈨，中敏謝病歸東都。【考異】新舊中敏傳皆云，六年夏上此疏。今據開成紀事，大和摧兇記皆云，八年六月。又中敏疏言申錫臨終。按申錫去年七月卒，若六年，則申錫尚在。今從開成紀事。

㈤郯王經㈩薨。

㈥初李仲言流象州，遇赦，還東都，會留守李逢吉思復入相，仲言自言與鄭注善，逢吉使仲言厚賂⑪之，注引仲言見王守澄，守澄薦於上，云：「仲言善易。」上召見之，時仲言有母服⑫，難入禁中，乃使衣民服，號王山人，仲言儀狀秀偉⑬，倜儻⑭尚氣⑮，頗工文辭，有口辯，多權數⑯，上見之大悅，以為奇士，待遇日隆。【考異】舊傳：「李訓初名仲言，居洛中，李逢吉為留守，思入相，訓揣知其意，即以奇計動之，自言與鄭注善，逢吉遺訓金帛珍寶數百萬，令持入長安，以賂注。」又曰：「初注構宋申錫事，帝深惡之，欲令京兆尹杖殺，至是，以藥稍效，始善遇之。」獻替記曰：「先是，上惡鄭注極甚，嘗謂樞密使曰，卿知有善和端公，無歎京兆尹懦弱，不能斃於枯木。」開成紀事曰：「訓除名流象州，會恩，歸於東洛，投謁諸處，因乏，逢吉叱之不顧。會鄭注賓副上黨，路經東都，於道投之，廣以古今義烈，披述衷款，注本兇邪，趨而附之，自此豁然相然諾，情契稠疊。及注徵赴闕，訓隨而到京，別第安置，注因陳奏言訓文學，優盛無比，上納之，大和八年三月，以布衣在翰林，注之援也。」甘露記曰：「訓為人長大美貌，口辯無前，常以英雄自任。會鄭訓介上黨，出洛陽，訓慨然大息曰，當世操權力者，握齪苛細，無足與言，吾聞鄭注為人好義，而求奇士，且通於內官，易為因緣。乃往說之，注見訓，大驚，如舊相識，遂結為死交，及注赴闕，請訓行京師，為卜居供給，日夕往來，乘間，奏於上。」按實錄去年九月，李款彈鄭注云，前邠州行軍司馬，今年九月庚申，王守澄宣召鄭注，對於浴堂門。獻替記：「八年春暮，上對宰臣，歎天下無名醫，便及鄭注，精於服食，或欲寘於伎術，或欲令為神策判官，注皆不願此職，守澄遂托從諫奏為行軍司馬。」又云：「去歲春夏，李仲言猶喪母，已潛入城，稱王山人，兩度對於含元殿，今年八月十三日，欲與諫官，至九月三日，鄭注自絳州至，便於宣徽對。」然則訓自去年，已因注謁守澄，得見上，注今年暮春，方從昭義辟。然則訓舊與注善，去春已入長安見上，非注赴昭義時，始定交，亦非去年十一月，徵注於潞州，又非訓隨注到京也。今從實錄、獻替記。仲言既除服。秋，八月，辛卯，上欲以仲言為諫官，寘之翰林，李德裕曰：「仲言嚮所為計，陛下必盡知之，豈宜寘之近侍⑰！」上曰：「然，豈不容⑱其改過！」對曰：「臣聞惟顏回能不貳過，彼聖賢之過，但思慮不至，或失中道⑲耳，至於仲言之惡，著於心本⑳，安能悛㉑改邪？」上曰：「李逢吉薦之，朕不欲食言㉒。」對曰：「逢吉身㉓為宰相，乃薦姦邪，以誤國，亦罪人也。」上曰：「然則，別除一官㉔。」對曰：「亦不可。」上顧王涯，涯對曰：「可。」德裕揮手止之，上回顧適見，色殊不懌㉕，而罷。始涯聞上欲用仲言，草諫疏極憤激㉖，既而見上意堅，且畏其黨㉗盛，遂中變，尋以仲為四門助教㉘，給事中鄭肅、韓佽封還勅書。德裕將出中書㉙，謂涯曰：「且喜給事中封㉚勅。」涯即召肅、佽謂曰：「李公適留語㉛，令二閣老㉜不用封勅。」二人即行下㉝，明日，以白德裕，德裕驚曰：「德裕不欲封還，當面聞㉞，何必使人傳言？且有司封駁，豈復禀㉟宰相意邪！」二人悵恨㊱而去。九月，辛亥，徵昭義節度副使鄭注至京師，王守澄、李仲言、鄭注皆惡李德裕，以山南西道節度使李宗閔與德裕不相悅，引宗閔以敵㊲之，壬戌，詔徵宗閔於興元。

㈦冬，十月，辛巳，幽州軍亂，逐節度使楊志誠、及監軍李懷件，推兵馬使史元忠主留務。

㈧庚寅，以李宗閔為中書侍郎同平章事，甲午，以中書侍郎同平章事李德裕同平章事，充山南西道節度使。是日，以李仲言為翰林侍講學士，給事中高銖、鄭肅、韓佽、諫議大夫郭承嘏、中書舍人權璩等，爭之不能得。承嘏，晞之孫㊳；璩，德輿之子㊴也。

㈨乙巳，貢院㊵奏，進士復試詩賦，從之。

㈩李德裕見上，自陳請留京師，丙午，以德裕為兵部尚書。

(十一)楊志誠過太原，李載義自毆㊶擊，欲殺之，幕僚諫救㊷得免，殺其妻子及從行將卒，朝廷以載義有功，不問㊸，載義母兄葬幽州，志誠發取其財，載義奏，乞取志誠心以祭母，不許。

(十二)十一月，成德節度使王廷湊薨，軍中奏其子都知兵馬使元逵知留後，元逵改父所為，事朝廷禮甚謹㊹。

(十三)史元忠獻楊志誠所造衮衣㊺及諸僭物，丁卯，流志誠於嶺南道，殺之。

(十四)李宗閔言：「李德裕制命已行，不宜自便㊻。」乙亥，復以德裕為鎮海節度使，不復兼平章事。時德裕、宗閔各有朋黨，互相擠援㊼，上患之，每歎曰：「去河北賊易，去朝廷朋黨難。」

(十五)臣光曰：「夫君子小人之不相容㊽，猶冰炭之不可同器而處也。故君子得位，則斥小人，小人得勢，則排㊾君子，此自然之理也。然君子進賢退不肖，其處心㊿也公，其指事也實(51)，小人譽其所好，毀其所惡，其處心也私，其指事也誣(52)。公且實者，謂之正直，私且誣者，謂之朋黨，在人主所以辯(53)之耳。是以明主在上，度德而敘位(54)，量能而授官，有功者賞，有罪者刑(55)，奸不能惑(56)，佞不能移(57)，夫如是，則朋黨何自而生哉？彼昏主則不然，明不能燭(58)，彊不能斷(59)，邪正並進，毀譽交至，取捨不在於己，威福潛移於人(60)，於是讒慝(61)得志，而朋黨之議(62)興矣，夫木腐而蠹(63)生，醯(64)酸而蜹(65)集，故朝廷有朋黨，則人主當自咎(66)，而不當以咎羣臣也。文宗苟患羣臣之朋黨，何不察其所毀譽者，為實為誣，所進退者，為賢為不肖，其心為公為私，其人為君子為小人，苟實也、賢也、公也、君子也，匪徒用其言，又當進之；誣也、不肖也、私也，小人也，匪徒棄其言，又當刑之。如是雖驅之使為朋黨，孰敢哉(六七)！釋(六八)是不為，乃怨羣臣之難治，是猶不種不芸(六九)，而怨田之蕪也，朝中之黨，且不能去，況河北賊乎？」

(十六)丙子，李仲言請改名訓。

(十七)幽州奏，莫州軍亂，刺史張元汎不知所在。

(十八)十二月，己卯，以昭義節度副使鄭注為太僕卿，郭承嘏累上疏，言其不可，上不聽，於是注詐上表固辭，上遣中使，再以告身賜之，不受。

(十九)癸未，以史元忠為盧龍留後。【考異】實錄：「十一月，鎮州奏，幽州留後史元忠為瀛莫三軍逐出，不知所在。」後不言元忠復歸幽州，而至此有新命，蓋因莫州軍亂，鎮州承傳聞誤之，而奏之耳。

(廿)初宋申錫與御史中丞宇文鼎受密詔，誅鄭注，使京兆尹王璠掩捕(七〇)之，璠密以堂帖(七一)示王守澄，注由是得免，深德璠，璠又與李訓善，於是訓注共薦之，自浙西觀察使徵為尚書左丞。

【今註】(一)瘳：愈。(二)大和殿：胡三省曰：「按閣本大明宮圖，入左銀臺門稍北，即太和殿，又西，即清思殿。」(三)神識：精神意識。(四)復故：復舊。(五)莒王紓：紓，順宗子。(六)仍歲：猶頻歲。(七)冤濫：冤枉淫濫。(八)雪：雪洗。(九)留中：留於禁中。(一〇)郯王經：經亦順宗子。(一一)賂：賄賂。(一二)母服：母喪之服。(一三)秀偉：俊秀雄偉。(一四)倜儻：不羈。(一五)尚氣：崇尚氣節。(一六)權數：權變術數。(一七)近侍：兩省官、皆近侍。(一八)容：容許。(一九)中道：中正之道。(二〇)心本：猶心體。(二一)悛：亦改，音ㄑㄩㄢ。(二二)食言：謂出言而復吞食之。(二三)身：自己。(二四)別除一官：謂另除他官。(二五)懌：悅。(二六)憤激：憤慨激昂。(二七)其黨盛：其黨勢盛。(二八)四門助教：《舊唐書．職官志》：「四門助教，從八品上。」(二九)將出中書：將出中書省。(三〇)封勑：即上之封還勑書。(三一)留語：留下言語。(三二)閣老：《唐國史補》：「兩省官相呼為閣老。」(三三)行下：書讀而行下之。(三四)當面聞：謂當親自告聞。(三五)稟：稟承。(三六)悵恨：悵惘恨恨。(三七)敵：猶抗。(三八)承嘏，晞之孫：晞，郭子儀子。(三九)璩，德輿之子：權德輿元和初為相。(四〇)貢院：胡三省曰：「唐尚書省在朱雀門北正街之東，自占一坊，六部附麗其旁，省前一坊，別有禮部，南院即貢院也。」(四一)敺：同毆。(四二)諫救：諫諍及救護。(四三)以載義有功，不問：李載義有平滄景之功，不問，謂不按問其擅殺之罪。(四四)甚謹：甚恭謹。(四五)衮衣：衮龍衣，乃天子所服。(四六)不宜自便：以德裕自請留京師。(四七)擠援：非其黨則相擠，同黨則相援。(四八)容：容納。(四九)排：排斥。(五〇)處心：居心。(五一)實：確。(五二)誣：誣罔。(五三)辯：通辨。(五四)度德而敘位：謂度量一人之德行，而銓敘其官位。(五五)刑：罰。(五六)奸不能惑：謂奸者不能罔惑。(五七)移：移易。(五八)明不能燭：謂其聰明，則不能燭照事理。(五九)彊不能斷：謂其彊毅，則不能決斷。(六〇)威福潛移於人：謂作威福之柄，暗移於他人。(六一)慝：姦慝。(六二)議：議論。(六三)蠹：在木中食木之蟲，今名曰蛀。ㄉㄨˋ。

㈣醯：醋，音ㄒㄧ。㈤蜹：蚊類，亦作蚋。㈥咎：咎責。㈦孰敢哉：謂孰敢為哉，為字乃承上而省。㈧釋：捨。㈨芸：除草。㈩掩捕：掩襲而捕之。㈪堂帖：帖由政事堂出，故曰堂帖。

九年（西元八三五年）

㈠春，正月，乙卯，以王元逵為成德節度使。巢公湊薨㈠，追贈齊王。

㈡鄭注上言：「秦地有災，宜興役以禳㈡之。」辛卯，發左右神策千五百人浚曲江及昆明池㈢。

㈢三月，冀王絿㈣薨。

㈣丙辰，以史元忠為盧龍節度使㈤。

㈤初李德裕為浙西觀察使，漳王傅母㈥杜仲陽坐宋申錫事，放歸金陵，詔德裕存處㈦之，會德裕已離浙西㈧，牒留後李蟾，使如詔旨，至是左丞王璠、戶部侍郎李漢奏：「德裕厚賂仲陽，陰結漳王，圖為不軌㈨。」上怒甚，召宰相及璠、漢、鄭注等面質㈩之，璠漢等極口誣之，路隋曰：「德裕不至有此，果如所言，臣亦應得罪。」言者稍息。夏，四月，以德裕為賓客分司(一一)。

㈥癸巳，以鄭注守太僕卿、兼御史大夫，注始受之，仍舉倉部員外郎李款自代，曰：「加臣之罪，雖於理而無辜(一二)，在款(一三)之誠，乃事君而盡(一四)節。」【考異】時論或云：「款外沽直名，而陰事注。」按款彈注之文，皆訐其隱慝，豈有於人如此，而能陰與之言乎？此皆當時庸人，見注舉款自代，遂有此疑耳。今不取。時人皆哂之。

㈦丙申，以門下侍郎同平章事路隋充鎮海節度使，趣(一五)之赴鎮，不得面辭，坐救李德裕故也。【考異】舊隋傳曰：「德裕貶袁州長史，隋不署奏狀，始為鄭注所忌，出鎮浙西。」按實錄，隋出鎮在德裕貶前四日，今不取。

㈧初京兆尹河南賈餗，性褊(一六)躁輕率，與李德裕有隙，而善於李宗閔、鄭注，上巳(一七)，賜百官宴於曲江，故事，尹於外門下馬，揖御史，餗恃其貴勢，乘馬直入，殿中侍御史楊儉、蘇特與之爭，餗罵曰：「黃面兒(一八)，敢爾！」坐罰俸(一九)，餗恥之，求出，詔以為浙西觀察使，尚未行，戊戌，以餗為中書侍郎同平章事。

㈨庚子，制以曏日(二〇)上初得疾(二一)，王涯呼李德裕奔問起居，德裕竟不至，又在西蜀，徵逋懸(二二)錢三十萬緡，百姓愁困，貶德裕袁州㉓長史。

(十)初宋申錫獲罪，宦官益横，上外雖包容，內不能堪㉔，李訓鄭注既得幸，揣知上意，訓因進講㉕，數以微言㉖動上，上見其才辯，意㉗訓可與謀大事，且以訓注皆因王守澄以進，冀宦官不之疑，遂密以誠㉘告之，訓注遂以誅宦官為己任，【考異】舊傳以為上出易義，以示羣臣之時，已與訓有誅宦官之謀。按補國史云：「許康佐進新注春秋列國經傳六十卷，上問閽弑吳子餘祭事，康佐託以春秋義奧，臣窮究未精，不敢容易解陳。後上以問李仲言，仲言乃精為上言之。上曰，朕左右刑臣多矣，餘祭之禍，安得不慮？仲言曰，陛下留意於未萌，臣願遵聖謀。」實錄：「今年四月癸亥，許康佐進纂集左氏傳三十卷，五月乙巳朔，以御集左氏列國經傳三十卷，宣付史館。」然則上與訓謀誅宦官，必在此際矣。然文宗與訓語時，宦官必盈左右，恐亦未敢班班顯言，如補國史所云也。一二人相挾㉙，朝夕計議，所言於上，無不從，聲勢炟赫㉚，注多在禁中，或時休沐，賓客填門，賂遺㉛山積，外人但知訓注倚宦官，擅作威福，不知其與上有密謀也。上之立也，右領軍將軍、興寧㉜仇士良有功，王守澄抑㉝之，由是有隙，訓注為上謀，進擢士良，以分守澄之權。五月，乙丑，以士良為左神策中尉，守澄不悅。

(十一)戊辰，以左丞王璠為戶部尚書、判度支。

(十二)京城訛言鄭注為上合金丹，須㉞小兒心肝，民間驚懼，上聞而惡之。鄭注素惡京兆尹楊虞卿，與李訓共構(三五)之，云：「此語出於虞卿家人。」上怒，六月，下虞卿御史獄(三六)，注求為兩省官，中書侍郎同平章事李宗閔不許，注毀之於上，會宗閔救楊虞卿，上怒，叱出之，壬寅，貶明州(三七)刺史。

(十三)左神策中尉韋元素、樞密使楊承和、王踐言，居中用事，與王守澄爭權不叶(三八)，李訓鄭注因之，出承和於西川，元素於淮南，踐言於河東，皆為監軍。

(十四)秋，七月，甲辰朔，貶楊虞卿虔州(三九)司馬。

(十五)庚戌，作紫雲樓於曲江。

(十六)辛亥，以御史大夫李固言為門下侍郎、同平章事，李訓鄭注為上畫太平之策，以為當先除宦官，次復河湟，次清河北，開陳方略，如指諸掌(四〇)，上以為信然，寵任日隆。初李宗閔為吏部侍郎，因駙馬都尉沈𥫔結女學士宋若憲(四一)、知樞密楊承和，得為相，及貶明州，鄭注發其事，壬子，再貶處州(四二)長史。

(十七)著作郎分司(四三)舒元輿與李訓善，訓用事，召為右司郎中、兼侍御史知雜(44)，鞫楊虞卿獄，癸丑，擢為御史中丞。元輿，元褒之兄(45)也。貶吏部侍郎李漢為汾州刺史，刑部侍郎蕭澣(46)為遂州(47)刺史，皆坐李宗閔之黨。是時李訓鄭注連逐三相(48)，威(49)震天下，於是平生絲恩髮怨(50)，無不報者。

(十八)李訓奏，僧尼猥多(51)，耗蠹(52)公私，丁巳，詔所在試(53)僧尼誦經，不中格(54)者，皆勒(55)歸俗，禁置寺(56)及私度人(57)。

(十九)時人皆言鄭注朝夕(58)且為相，侍御史李甘揚言於朝曰：「白麻(59)出，我必壞之於庭。」癸亥，貶甘封州(60)司馬。【考異】舊傳曰：「鄭注入翰林侍講，舒元輿既作相，注亦求入中書，甘昌言於朝云云，貶封州。」按是時，元輿未作相，舊傳誤也。然李訓亦忌注，不欲使為相，事竟寢。

(廿)甲子，以國子博士李訓為兵部郎中，知制誥，依前侍講學士。

(廿一)貶左金吾大將軍沈議為邵州(61)刺史。八月，丙子，又貶李宗閔潮州司戶，賜宋若憲死。

(廿二)丁丑，以太僕卿鄭注為工部尚書，充翰林侍講學士。注好服鹿裘(62)，以隱淪(63)自處(64)，上以師友待之(65)。注之初得幸，上嘗問翰林學士、戶部侍郎李珏曰：「卿知有鄭注乎？亦嘗與之言乎？」對曰：「臣豈特知其姓名，兼深知其為人。其人姦邪，陛下寵之，恐無益聖德(六六)。臣忝(六七)在近密，安敢與此人交通！」戊寅，貶珏江州(六八)刺史，再貶沈羲柳州(六九)司戶。

(廿三)丙申，詔以楊承和庇護宋申錫、韋元素、王踐言，與李宗閔、李德裕中外連結，受其賂遺，承和可驩州(七〇)安置，元素可象州(七一)安置，踐言可恩州(七二)安置，令所在錮送(七三)。楊虞卿、李漢、蕭澣為朋黨之首，貶虞卿虔州司戶，漢，汾州司馬，澣，遂州司馬，尋遣使追賜承和、元素、踐言死。時崔潭峻已卒，亦剖棺鞭尸。己亥，以前廬州刺史羅立言為司農少卿，立言贓吏，以賂結鄭注而得之。鄭注之入翰林也，中書舍人高元裕草制，言以醫藥奉(七四)君親，注銜(七五)之，奏元裕嘗出郊送李宗閔，壬寅，貶元裕閬州(七六)刺史。元裕，士廉之六世孫(七七)也。時注與李訓所惡朝士，皆指目(七八)為二李之黨(七九)，貶逐無虛日(八〇)，班列殆空，庭中恟恟，上亦知之，訓注恐為人所搖(八一)。九月，癸卯朔，勸上下詔，應(八二)與德裕宗閔親舊(八三)及門生(八四)故吏，今日以前，貶黜之外，餘皆不問，人情稍安。

(七四)鹽鐵使王涯奏改江淮嶺南茶法，增其稅(八五)。

(七五)庚申，以鳳翔節度使李聽為忠武節度使，代杜悰。

(七六)憲宗之崩也，人皆言宦官陳弘志所為，時弘志為山南東道監軍，李訓為上謀，召之，至青泥驛(八六)，癸亥，封杖(八七)殺之。【考異】舊傳曰：「李訓既秉權衡，即謀誅內豎，陳弘慶自元和末，負弒逆之名，遣人封杖決殺。」按此時李訓未為相，今從實錄。

(七七)鄭注求為鳳翔節度使，門下侍郎同平章事李固言不可，丁卯，以固言為山南西道節度使，【考異】宋敏求宣宗實錄曰：「固言性狷急，無重望，時訓注用事，雖相之，中實惡與宗閔為黨，乃出為興元節度。」按固言鍛鍊楊虞卿獄，宗閔由是罷相，而固言代之，豈得為宗閔黨也。今從開成紀事。注為鳳翔節度使。【考異】開成紀事：「注引舒元輿李訓，俱擢相庭，注自詣宰臣李固言，求鳳翔節度使，固言剛勁，不許，惟王涯賈餗贊從其事。」九月二十五日，紀事誤，今從實錄。李訓雖因注得進，及勢位俱盛，心頗忌注，謀欲中外協勢(八八)，以誅宦官，故出注於鳳翔，其實俟既誅宦官，并(八九)圖注也。注欲取名家才望(九〇)之士為參佐(九一)，請禮部員外郎韋溫為副使(九二)，溫不可，或曰：「拒之，必為患(九三)。」溫曰：「擇禍莫若輕(九四)，拒之，止於遠貶，從之，有不測(九五)之禍。」卒辭之。

(廿八)戊辰，以右神策中尉、行右衛上將軍、知內侍省事王守澄為左右神策觀軍容使、兼十二衞統軍(九六)。李訓鄭注為上謀，以虛名尊守澄，實奪之權(九七)也。

(廿九)己巳，以御史中丞兼刑部侍郎舒元輿為刑部侍郎，兵部郎中知制誥、充翰林侍講學士李訓為禮部侍郎，並同平章事，仍命訓三二日一入翰林講易，元輿為中丞，凡訓注所惡者，則為之彈擊(九八)，由是得為相。又上懲(九九)李宗閔李德裕多朋黨，以賈餗及元輿皆孤寒新進(一〇〇)，故擢為相，庶(一〇一)其無黨耳。訓起流人，期年致位宰相，天子傾意(一〇二)任之，訓或在中書，或在翰林，天下事皆決於訓，王涯輩承順其風指(一〇三)，惟恐不逮，自中尉、樞密、禁衞諸將見訓，皆震慴(一〇四)，迎拜叩首。壬申，以刑部郎中兼御史知雜李孝本(一〇五)權知御史中丞，孝本宗室之子，依訓注得進。

(卅)李聽自恃勳舊，不禮(一〇六)於鄭注，注代聽鎮鳳翔，先遣牙將丹駿至軍中慰勞，誣奏聽在鎮貪虐。冬，十月，乙亥，以聽為太子太保分司，復以杜悰為忠武節度使。鄭注每自負經濟之略(一〇七)，上問以富人之術，注無以對，乃請榷茶㊇，於是以王涯兼榷茶使，涯知不可，而不敢違，人甚苦之。鄭注欲收僧尼之譽㊈，固請罷沙汰㊉，從之。

㊀李訓鄭注密言於上，請除王守澄，辛巳，遣中使李好古就第，賜酖殺之，贈揚州大都督。訓注本因守澄進，卒謀而殺之，人皆快守澄之受佞㊁，而疾㊂訓注之陰狡，於是元和之逆黨略盡矣。乙酉，鄭注赴鎮。

㊃庚子，以東都留守、司徒、兼侍中裴度兼中書令，餘如故。李訓所獎拔，率皆狂險㊄之士，然亦時取天下重望，以順人心，如裴度、令狐楚、鄭覃皆累朝耆俊㊅，久為當路㊆所軋㊇，置之散地㊈，訓皆引居崇秩㊉，由是士大夫亦有望其真能致太平者，不惟天子惑㊀之也，然識者見其橫甚㊁，知將敗矣。

㊂十一月，丙午，以大理卿郭行餘為邠寧節度使，癸丑，以河東節度使同平章事李載義兼侍中，丁巳，以戶部尚書判度支王璠為河東節度使，戊午，以京兆尹李石為戶部侍郎判度支，以京兆

少尹羅立言權知府事。石，神符之五世孫㉑也。己未，以太府卿韓約為左金吾衛大將軍。始鄭注與李訓謀至鎮，選壯士數百，皆持白棓㉒，懷其斧，以為親兵。是月，戊辰，王守澄葬於滻水㉓，注奏，請入護葬事㉔，因以親兵自隨，仍奏，令內臣中尉以下，盡集滻水送葬，注因闔門，令親兵斧㉕之，使無遺類。約既定，訓與其黨謀，如此事成，則注專有其功，不若使行餘、璠，以赴鎮為名，多募壯士為部曲，并用金吾臺府㉖吏卒，先期誅宦者，已而㉗并注去之。行餘、璠、立言、約及中丞李孝本，皆訓素㉘所厚也，故列置要地，獨與是數人及舒元輿謀之，它人皆莫之知也。壬戌，上御紫宸殿，百官班定㉙，韓約不報平安㉚，奏稱：「左金吾聽事㉛後石榴夜有甘露，臣遞門奏訖㉜。」因蹈舞再拜，宰相亦帥百官稱賀，訓、元輿勸上親往觀之，以承天貺㉝，上許之，百官退班於含元殿㉞，日加辰㉟，上乘軟輿㊱出紫宸門，升含元殿，先命宰相及兩省官詣左仗視之，良久而還，訓奏：「臣與眾人驗之，殆非真甘露，未可遽宣布，」【考異】按訓與韓約共謀，詐為甘露，而自言非真瑞者，蓋欲使宦官盡往，金吾覆視，因伏兵誅之耳。故二十二日，令狐楚所草制書，亦云兕渠仍請其覆視，今從實錄。恐天下稱賀。」上曰：「豈有是邪！」顧左右中尉仇士良、魚志弘帥諸宦者往視之，宦者既去，訓遽召郭行餘、王璠曰：「來受敕旨。」璠股栗㊲，不敢前，獨行餘拜殿下，時二人部曲數百，皆執兵立丹鳳門㊳外，訓已先使人召之，令入受敕，獨東兵入㊴邠寧兵竟不至，仇士良等至左仗，視甘露，韓約變色流汗，士良怪之曰：「將軍何為如是？」俄風吹幕起，見執兵者甚眾，又聞兵仗聲，士良等驚駭走出，門者欲閉之，士良叱之，關㊵不得上，士良等奔詣上告變，訓見之，遽呼金吾衛士曰：「來，上殿衛乘輿者，人賞錢百緡。」宦者曰：「事急矣，請陛下還宮。」即舉軟輿迎㊶上，扶升輿，決殿後罘罳㊷，疾趨北出。訓攀輿呼曰：「臣奏事未竟，陛下不可入宮。」金吾兵已登殿，羅立言帥京兆邏卒㊸三百餘，自東來，李孝本帥御史臺從人二百餘，自西來，皆登殿，縱擊㊹宦官，流血呼冤，死傷者十餘人，乘輿迤邐㊺入宣政門㊻，訓攀輿呼益急，上叱之，宦者郗志榮奮拳㊼毆其胸，偃㊽於地，乘輿既入，門隨闔，宦者皆呼萬歲，百官駭愕，散出(四九)，訓知事不濟，脫從吏綠衫衣之，走馬(五〇)而出，揚言於道曰：「我何罪而竄謫(五一)。」人不之疑。

(四四)王涯、賈餗、舒元輿還中書，相謂曰：「上且開延英，召吾屬議之。」兩省官詣宰相，請其故(五二)，皆曰：「不知何事，諸公各自便。」士良等知上豫其謀，怨憤，出不遜語，上慙懼，不復言。士良等命左右神策副使劉泰倫、魏仲卿等，各帥禁兵五百人，露刃，出閤門討賊，王涯等將會食(五三)，吏白有兵自內出，逢人輒(五四)殺，涯等狼狽步走，兩省及金吾吏卒千餘人，填門(五五)爭出，門尋闔，其不得出者，六百餘人皆死，士良等分兵閉宮門，索(五六)諸司，捕賊黨，諸司吏卒及民酤販(五七)在中者，皆死，死者又千餘人，橫尸(五八)流血，狼藉塗地(五九)，諸司印及圖籍、帷幕、器皿俱盡，又遣騎各千餘，出城追亡者，又遣兵大索城中，舒元輿易服，單騎出安化門(六〇)，禁兵追擒之。

(四五)王涯徒步至永昌里茶肆，禁兵擒入左軍，涯時年七十餘，被以桎梏(六一)，掠治(六二)不勝苦，自誣服(六三)，稱與李訓謀行大逆，尊立鄭注。

(卌六)王播歸長興里私第，閉門以其兵自防(六四)，神策將至門，呼曰：「王涯等謀反，欲起尚書(六五)為相，魚護軍(六六)令致意(六七)。」播喜，出見之，將趨賀再三，播知見紿，涕(六八)泣而行，至左軍(六九)，見王涯曰：「二十兄(七〇)自反，胡為見引(七一)！」涯曰：「五弟(七二)昔為京兆尹，不漏言(七三)於王守澄，豈有今日邪！」播俛首不言。又收羅立言於太平里，及涯等親屬奴婢，皆入兩軍繫之。

(卌七)戶部員外郎李元皋，訓之再從弟(七四)也，訓實與之無恩，亦執而殺之。故嶺南節度使胡證家鉅富，禁兵利其財，託以搜賈餗，入其家，執其子溵殺之。又入左常侍(七五)羅讓、詹事渾鐬、翰林學士黎埴等家，掠其貲財，掃地(七六)無遺。鐬，瑊之子也。坊市惡少年因之報私仇，殺人，剽掠百貨(七七)，互相攻劫，塵埃蔽天(七八)。

(卌八)癸亥，百官入朝，日出始開建福門(七九)，惟聽以從者一人自隨，禁兵露刃夾道，至宣政門，尚未開，時無宰相御史知班，百官無復班列(八〇)，上御紫宸殿，問宰相何為不來，仇士良曰：「王涯等謀反繫獄。」因以涯手狀呈上，召左僕射令狐楚，右僕射鄭覃等升殿，示之，上悲憤不自勝，謂楚等曰：「是涯手書（八一）乎？」對曰：「是也。」「誠如此，罪不容誅。」因命楚覃留宿中書，參決機務，使楚草制，宣告中外，楚敍王涯賈餗反事浮汎（八二）仇士良等不悅，由是不得為相。時坊市剽掠者猶未止，命左右神策將楊鎮、靳遂良等各將五百人，分屯通衢，擊鼓以警之，斬十餘人，然後定。賈餗變服潛民間，經宿自知無所逃，素服（八三）乘驢詣興安門（八四），自言：「我宰相賈餗也，為奸人所汙，可送我詣兩軍。」門者執送西軍（八五）。李孝本改衣綠，猶服金帶，以帽幛（八六）面，單騎奔鳳翔，至咸陽西，追擒之。甲子，以右僕射鄭覃同平章事。李訓素與終南僧宗密善，往投之，宗密欲剃其髮而匿之，其徒不可，訓出山（八七），將奔鳳翔，為盩厔（八八）鎮遏使宋楚所擒，械送京師，至昆明池，訓恐至軍中，更受酷辱，謂送者曰：「得我，則富貴矣，聞禁兵所在搜捕，汝必為所奪，不若取我首送之。」送者從之，斬其首以來。

（八九）乙丑，以戶部侍郎判度支李石同平章事，仍判度支，前河東節度使李載義復舊任。左神策出兵三百人，以李訓首，引王涯、王璠、羅立言、郭行餘，右神策出兵三百人，擁(八九)賈餗、舒元輿、李孝本，獻於廟社(九〇)，徇於兩市(九一)，命百官臨視，腰斬於獨柳之下，梟其首於興安門外，親屬無問親疏，皆死，孩穉無遺，妻女不死者，沒為官婢。百姓觀者，怨王涯榷茶，或詬詈，或投瓦礫(九二)擊之。

(四〇)臣光曰：「論者皆謂涯餗有文學名聲，初不知訓注之謀，橫羅(九三)覆族(九四)之禍。臣獨以為不然。夫顛危不扶，焉用彼相(九五)，涯餗安高位，飽重祿，訓注小人，窮奸究險(九六)，力取將相，涯餗與之比肩(九七)，不以為恥，國家危殆，不以為憂，偷合苟容(九八)，日復一日，自謂得保身之良策，莫我如(九九)也，若使人人如此而無禍，則奸臣孰不願之哉？一旦禍生不虞(一〇〇)，足折刑剭(一〇一)，蓋天誅之也，士良安能族之哉！」

(四一)王涯有再從弟沐，家於江南，老且貧，聞涯為相，跨驢(一〇二)詣之，欲求一簿尉，留長安二歲餘，始得一見，涯待之殊落莫(一〇三)，久之，沐因嬖奴，以道(一〇四)所欲，涯許以微官，自是旦夕造涯之門以俟命，及涯家被收㉟，沐適在其第，與涯俱腰斬。

㊷舒元輿有族子守謙，愿㊱而敏，元輿愛之，從元輿者十年，一旦，忽以非罪怒之，日加譴責，奴婢輩亦薄之，守謙不自安，求歸江南，元輿亦不留，守謙悲歎而去，夕至昭應㊲，聞元輿收族㊳，守謙獨免。是日，以令狐楚為鹽鐵轉運使，左散騎常侍張仲方權知京兆尹。【考異】實錄：「乙丑，閤門使馬元贄已宣授仲方京兆尹。」至此，又言者，蓋當時止是口宣，至此乃降勅耳。時數日之間，殺生除拜，皆決於兩中尉㊴，【考異】皮光業見聞錄曰：「崔慎由以元和元年、登第，至開成已入翰林，因寓直之夕，二更以來，有中使宣召，引入數重門，至一處，堂宇華煥，簾幕俱垂，見左右二廣，燃蠟而坐，謂慎由曰，上不豫來已數日，兼自登極後，聖政多虧，今奉太后中旨，命學士草廢立令。慎由大驚，曰，某有中外親族數千口，列在搢紳長行，兄弟甥姪僅三百人，一旦聞此覆族之言，寧死，不敢承命，況聖上高明之德，覆於八荒，豈可輕議！二廣默然，無以為對。良久啟後戶，引慎由至一小殿，見文宗坐於殿上，二廣徑登階而疏文宗過惡，上唯俛首，又曰，不為此拗木枕，措大不合更在此坐矣，街談以好拗為拗木枕，仍戒慎由曰，事泄即是此措大也。於是二廣自執炬送慎由出遼殿門，復令中使送至本院，慎由尋以疾出翰林，遂金縢其事付胤，故胤切於剿絕北司者，由此也。誅北司後，胤方彰其事。」新傳曰：「慎由記其事，藏箱枕間，將沒，以授其子胤，故胤惡中官，終討除之。」按舊傳，崔慎由大中初始入朝，為右拾遺員外郎知制誥，文宗時，未為翰林學士，蓋崔胤欲重宦官之罪而誣之，新傳承皮錄之誤也。上不豫知。

㊸初王守澄惡宦者田全操、劉行深、周元稹、薛士幹、似先義逸、劉英誗等，李訓鄭注因之，遣分詣鹽州、靈武、涇原、夏州、振武、鳳翔巡邊㊵，命翰林學士顧師邕為詔書，賜六道，使殺之，會㊶訓敗，六道得詔，皆廢不行。丙寅，以師邕為矯詔，下御史

獄，先是，鄭注將親兵五百，已發鳳翔，至扶風，扶風令韓遼知其謀，不供具㉒，攜印及吏卒奔武功，注知訓已敗，復還鳳翔，仇士良等使人齎密勅，授鳳翔監軍張仲清，令取注，仲清惶惑㉓，不知所為，押牙李叔和說仲清曰：「叔和為公以好召注㉔，屏㉕其從兵，於坐取之，事立定矣。」仲清從之，伏甲以待注，注恃其兵衛，遂詣仲清，叔和稍引其從兵，享之於外，注獨與數人入，既啜茶㉖，叔和抽刀斬注，因閉外門，悉誅其親兵，乃出密勅，宣示將士，遂滅注家，幷殺副使錢可復、節度判官盧簡能、觀察判官蕭傑、掌書記盧弘茂等，及其枝黨㉗，死者千餘人。可復，徽之子㉘；簡能，綸之子㉙；傑，俛之弟㉚也。朝廷未知注死，丁卯，詔削奪注官爵，令鄰道按兵觀變㉛，以左神策大將軍陳君奕為鳳翔節度使，戊辰夜，張仲清遣李叔和等，以注首入獻，【考異】據實錄，甲子已傳注首，而開成紀事，二十六日方下詔削官爵，云鄭注初誅，京師尚未知。李潛用乙卯記亦云：「丁卯，張仲清誘注而殺之。」與開成紀事同。但開成紀事注傳云：「二十六日，奏朝觀。」恐誤。乙卯記：「注庚申入覲，十九日也，至扶風，聞訓敗乃還。」似近之。實錄恐太在前，新本紀云：「庚辰張仲清殺注。」今不書日，以傳疑。梟於興安門，人情稍安，京師諸軍，始各還營。詔將士討賊有功，及娖㉜隊者，官爵賜賚各有差㉓。右神策軍獲韓約於崇義坊，己巳，斬之。仇士良等各進階遷官有差，自是天下事皆決於北司，宰相行文書而已。宦官氣㉔益盛，迫脇㉕天子，下視㉖宰相，陵暴朝士如草芥，每延英㉗議事，士良等動引訓注折㉘宰相，鄭覃李石曰：「訓注誠為亂首，但不知訓注始因㉙何人得進。」宦者稍屈，搢紳賴之。時中書惟有空垣破屋，百物皆闕，江西湖南獻衣糧百二十分㉚，充宰相召募從人㉛。辛未，李石上言：「宰相若忠正無邪，神靈所祐㉜，縱遇盜賊，亦不能傷；若內懷姦罔㉝，雖兵衞甚設，鬼得而誅之，臣願竭赤心㉞以報國，止循故事，以金吾卒導從㉟足矣。其兩道㊱所獻衣糧，竝乞停寢㊲。」從之。十二月，壬申朔，顧師邕流儋州㊳，至商山㊴賜死。

(四四)榷茶使令狐楚奏罷榷茶，從之。

(四五)度支奏籍鄭注家貲，得絹百餘萬匹，它物稱是㊵。庚辰，上問宰相：「坊市安未？」李石對曰：「漸安。然比日寒洌㊶特甚，蓋刑殺大過所致。」鄭覃曰：「罪人周親㊷，前已皆死，其餘殆不足問。」時宦官深怨李訓等，凡與之有瓜葛親㉓，或蹔蒙獎引㉔者，誅貶不已，故二相言之。李訓鄭注既誅，召六道巡邊使，田全操追忿訓注之謀，在道揚言：「我入城，凡儒服者，無貴賤，當盡殺之。」癸未，全操等乘驛疾驅，入金光門㉕，京城訛言有寇至，士民驚譟㉖，縱橫走㉗，塵埃四起，兩省諸司官聞之，皆奔散，有不及束帶韈㉘而乘馬者，鄭覃李石在中書，顧吏卒稍稍逃去，覃謂石曰：「耳目㉙頗異，宜且出避之。」石曰：「宰相位尊望重，人心所屬㉚，不可輕也。今事虛實未可知，堅坐㉛鎮之，庶幾可定；若宰相亦走，則中外亂矣。且果有禍亂，避亦不免。」覃然之，石坐視文案㉜，沛然㉝自若，敕使相繼傳呼，閉皇城㉞諸司門，左金吾大將軍陳君賞，帥其眾立望仙門㉟下，謂敕使曰：「賊至，閉門未晚，請徐觀其變，不宜示弱。」至晡㊱後乃定。是日坊市惡少年，皆衣排皁㊲，持弓刀北望，見皇城門閉，即欲剽掠，非石與君賞鎮之，京城幾再亂矣。時兩省官應入直者，皆與其家人辭訣㊳。

(四六)甲申，敕罷修曲江亭館。

(四七)丁亥，詔：「逆人親黨，自非前已就戮，及指名(二九)收捕者，餘一切不問。諸司官雖為所脅從，涉於詿誤(三〇)，皆赦之，他人無得相告言，及相恐愒。見(三一)亡匿者，勿復追捕。三日內，各聽自歸本司。」時禁軍暴橫，京兆尹張仲方不敢詰(三二)，宰相以其不勝任，出為華州刺史，以司農卿薛元賞代之，元賞常詣李石第，聞石方坐聽事，與一人爭辯甚喧，元賞使覘之，云：「有神策軍將訴事。」元賞趨入，責石曰：「相公輔佐天子，紀綱四海(三三)，今近(三四)不能制一軍將，使無禮如此，何以鎮服四夷！」即趨出上馬，命左右擒軍將俟於下馬橋(三五)，元賞至，則已解衣跽之(三六)矣。其黨訴於仇士良，士良遣宦者召之，曰：「中尉屈大尹(三七)。」元賞曰：「屬(三八)有公事，行當繼至(三九)。」遂杖殺之，【考異】開成紀事，以秘書少監王會為京兆尹。按薛元賞已為京兆尹，紀事誤。乃白服(四〇)見士良，士良曰：「癡書生，何敢杖殺禁軍大將。」元賞曰：「中尉、大臣也，宰相、亦大臣也，宰相之人(四一)，若無禮於中尉，如之何？中尉之人，無禮於宰相，庸(四二)可恕乎！中尉與國同體(四三)，當為國惜法(四四)。元賞已囚服而來，惟中尉死(四五)生之。」士良知軍將已死，無可如何，乃呼酒與元賞歡飲，而罷。初武元衡之死，詔出內庫弓矢陌刀㊱給金吾仗，使衛從宰相，至建福門㊲而退，至是悉罷之。

【今註】㊀正月，巢公湊薨：漳王湊貶巢公，事見上卷五年。按《舊唐書．文宗紀》，正月下有癸亥二字，當从添。㊁禳：禳除。㊂浚曲江及昆明池：胡三省曰：「雍錄：『唐曲江本秦隑州，至漢為樂遊苑，基地最高，四望寬敞，隋營京城，宇文愷以其地在京城東南隅，地高不便，故闕此地，不為居人坊巷，而鑿為池，以厭勝之。又會黃渠水自城外南來，故隋世遂從城外包之入城，為芙蓉池，且為芙蓉園也。漢武帝時，池周回六里餘，唐周七里，占地三十頃，又加展拓矣。其地在城東南昇道坊，龍華寺之南。昆明池，漢武帝所鑿，在長安西南，周回四十里。』三輔故事曰：『池周三百二十頃。』長安志曰：『今為民田。』夫既可以為民田，則非有水之地矣。然則漢於何取水也？長安志引水經曰：『交水西至石碣，武帝穿昆明池所造，有石闥堰在縣西南三十二里。』則昆明之周三百餘頃者，用此堰之水也。昆明基高，故其下流，尚可壅激，以為都城之用，於是並城疏別三派，城內外皆賴之，此池仍在。括地志曰：『豐鎬二水，皆已堰入昆明池，無復流派。』括地志作於太宗之世，則唐初仍自壅堰不廢，至文宗而猶嘗加濬也。」㊃冀王紱：紱，順宗子。㊄丙辰，以史元忠為盧龍節度使：按《舊唐書．文宗紀》，丙辰作甲辰，以上之癸卯推之，作甲辰是。㊅傅母：女師。㊆存處：猶今言照顧。㈧會德裕已離浙西：胡三省曰：「德裕自浙西徵，見上卷三年，鎮蜀，見四年，宋申錫事，見五年。繫年差殊，當考。」㈨不軌：猶不道。㈩質：質問。⑪夏四月，以德裕為賓客分司：按《舊唐書・文宗紀》，四月下有丙戌二字，當從添。⑫雖於理而無辜：謂雖於道理，實係無罪。⑬款：指李款。⑭盡節：盡其節操。⑮趣：讀曰促。⑯褊：褊狹。⑰上巳：胡三省曰：「古者，上巳正用三月之上巳日，自魏以後，但用三月三日，不復用巳。唐貞元間，置三令節，使百官選勝行樂，三月三日其一也。」⑱黃面兒：謂面黃肌瘦之窮人。⑲坐罰俸：謂坐罪罰薪。⑳曏日：昔日。㉑上初得疾：謂七年冬。㉒逋懸：逋欠。㉓袁州：《舊唐書・地理志》三：「江南西道袁州，在京師東南三千五百八十里。」㉔堪：堪任。㉕因進講：謂藉進講之際。㉖微言：隱微不顯之言。㉗意：猶以為。㉘誠：實。㉙相挾：相挾持。㉚烜赫：聲威盛大，音萱。㉛賂遺：賄賂餽遺。㉜興寧：據《新唐書・地理志》七，興寧縣屬嶺南道循州。㉝抑：抑壓。㉞須：需要。㉟構：陷構。㊱六月，下虞卿御史獄：按《舊唐書・文宗紀》，作六月丁酉，當從添丁酉二字，御史獄即御史臺獄。㊲明州：《舊唐書・地理志》三：「江南東道、明州，在京師東南四千一百里。」㊳叶：古協字。㊴虔州：《舊唐書・地理志》三：「江南西道、虔州，在京師東南四千一十七里。」㊵如指諸掌：喻甚易為。㊶女學士宋若憲：胡三省曰：「宋若憲姊妹皆善屬文，德宗召入宮，不以妾侍命之，呼學士。」㊷處州：《舊唐書・地理志》三：「江南東道處州，在京師東南四千二百七十八里。」㊸分司：按所云分司，皆係分司東都。㊹侍御史知雜：胡三省曰：「唐制，侍御史六人，以久次者一人知雜事，謂之知雜。」㊺元輿，元褒之兄：舒元褒見上卷五年。㊻蕭瀚：按《舊唐書・文宗紀》，作蕭澣，《通鑑》下文亦作澣，當以作澣為是。㊼遂州：《舊唐書・地理志》四：「劍南道遂州，至京師二千三百二十九里。」㊽連逐三相：三相為李德裕、路隋、李宗閔。㊾威：威勢。㊿絲恩髮怨：謂絲髮恩怨。(五一)猥多：濫多。(五二)耗蠹：耗費損害。(五三)試：考試。(五四)格：格式。(五五)勒：令。(五六)置寺：置立寺院。(五七)私度人：私自度人為僧尼。(五八)朝夕：謂不久。(五九)白麻：《唐會要》：「唐時詔書用麻紙謄寫，有黃白麻之分，凡赦書、德音、立后、建儲、大誅討及拜免將相冊書，並用白麻，制、勅用黃麻。」此指拜相而言。(六〇)封州：《舊唐書・地理志》四：「嶺南道封州，至京師水陸四千五百一十里。」(六一)邵州：《舊唐書・地理志》三：「江南西道召州，在京師東南三千四百里。」(六二)鹿裘：野人之服。(六三)隱淪：謂隱士。(六四)自處：自居。(六五)上以師友待之：謂上以師友之禮待之。(六六)聖德：君之德行。(六七)忝：辱。(六八)江州：《舊唐書・地理志》三：「江南西道江州，在京師東南二千九百四十八里。」(六九)柳州：同志四：「嶺南道柳州，至京師水陸相乘五千四百七十里。」(七〇)驩州：同志四：「嶺南道驩州，至京師陸路一萬二千四百五十二里。」(七一)象州：同志四：「嶺南道象州，至京師四千九百八十九里。」(七二)恩州：同志四：「嶺南道恩州，在京師東南六千五百里。」(七三)錮送：枷錮而防送之。(七四)奉：奉事。(七五)衘：同銜，《通鑑》皆作銜，謂銜恨。(七六)閬州：《舊唐書・地理志》四：「劍南道閬州，至京師一千九百一十五里。」(七七)元裕，士廉之六世孫：高士廉，長孫無忌之舅，事高祖、太宗。(七八)指目：謂指而名之。(七九)二李之黨：謂德裕、宗閔。(八〇)貶逐無虛日：謂每日必有貶逐。(八一)搖：搖動。(八二)應：一應。(八三)親舊：親故。(八四)門生，此名稱有二義，一指其受教之弟子，一指家中之僕吏，此則指僕吏言。(八五)奏改江淮嶺南茶法，增其稅：胡三省曰：「德宗貞元九年，初稅茶於出茶州縣及茶山外，商人要路委所由，定三等時估，每十稅一。長慶元年，鹽鐵使王播奏，茶稅一百，增之五十，今又改法而增其稅，愈重矣。」(八六)青泥驛：胡三省曰：「青泥驛在嶢關南。」(八七)封杖：以詔賜杖，持以捶殺，是為封杖。(八八)協勢：合勢。(八九)并：兼。(九〇)才望：謂有才能德望之士。(九一)參佐：參預謀議之僚佐。(九二)副使：節度副使。(九三)患：禍患。(九四)擇禍莫若輕：謂於有禍之事，選擇時，宜取其為禍之輕者。(九五)不測：謂深不可測。(九六)十二衛統軍：胡三省曰：「唐因隋制，置十六衛，以十二衛統諸府之兵，曰左右衛，曰左右驍騎衛，曰左右武衛，曰左右威衛，曰左右領軍衛，曰左右侯衛。至開元間，府兵之法寖壞，乃募彍騎十二萬，分隸十二衛，每衛萬人。其後洊更喪亂，十二衛之軍，無復承平之舊。」(九七)之權：其權。(九八)彈擊：彈劾攻擊。(九九)懲：謂見懲於。(一〇〇)以賈餗及元輿，皆孤寒新進：餗少孤，客江淮間，元輿地寒，不與士齒。(一〇一)庶：謂庶幾，亦即冀意。(一〇二)傾意：傾心。(一〇三)風指：猶旨趣。(一〇四)慴：懼，音習。(一〇五)以刑部郎中兼御史知雜李孝本：按知雜率指侍御史言，故御史上，當如《舊唐書．文宗紀》，添一侍字。(一〇六)不禮：謂不為禮。(一〇七)經濟之略：謂經濟之才略。(一〇八)榷茶：謂國家專獨賣茶，以取其利。(一〇九)欲收僧尼之譽：謂欲使僧尼譽己。(一一〇)沙汰：六朝言沙汰，今則曰淘汰。(一一一)人皆快守澄之受佞：謂人皆以守澄之受佞被殺為快。(一一二)疾：恨。(一一三)狂險：狂妄陰險。(一一四)耆俊：耆宿俊彥。(一一五)當路：猶當塗，謂執政。(一一六)軋：

傾軋。⑰散地：冗散之地。⑱崇秩：高位。⑲惑：迷惑。⑳橫：專橫。㉑石，神符之五世孫：襄邑王神符，淮安王神通之弟。㉒白棓：白梃。㉓滻水：《雍錄》：「滻水源出藍田縣境之西，稍北行，至白鹿原西，即趨京城。」㉔護葬事：謂監護喪事。㉕斧之：砍之。㉖金吾臺府：謂左右金吾衛、御史臺及諸府。㉗已而：猶既而。㉘素：平日。㉙班定：謂各依班次，站立已定。㉚不報平安：胡三省曰：「唐制，凡朝，皇帝既升御坐，金吾將軍奏左右廂內外平安。」㉛聽事：通多作廳事。㉜遞門奏訖：胡三省曰：「言夜中聞奏，禁門已扃，於隔門遞入以奏也。」㉝貺：賜，音況。㉞百官退班於含元殿：胡三省曰：「紫宸內殿也，含元前殿也，上欲往觀甘露，故百官自紫宸退而出，立班於含元殿，以左右金吾仗在含元殿前左右也。」㉟日加辰：殆謂日出多時。㊱軟輿：蓋以裀褥積而為之。㊲栗：通慄，戰慄。㊳丹鳳門：《唐六典》卷七：「大明宮南面五門，正南曰丹鳳門。」㊴獨東兵入：胡三省曰：「河東兵也，東上逸河字。」㊵闢：門牡。㊶迎：迎接。㊷罘罳：胡三省曰：「唐宮殿中罘罳，以絲為之，狀如網，以捍燕雀，非如漢宮闕之罘罳也。今諸宦者能決之而出，則可知矣。」罘音ㄈㄡˊ。㊸邏卒：巡邏之卒。㊹縱擊：謂恣意放手而擊。㊺迤邐：旁行連延。㊻宣政門：《唐六典》卷七：「大明宮南面五門，正南曰丹鳳門，丹鳳門內正殿曰含元殿，其北曰宣政門，門內曰宣政殿。」㊼奮拳：舉拳。㊽偃：仰而仆。㊾散出：分散而出。㊿走馬：馳馬。(51)竄謫：竄逐貶謫。(52)故：原故。(53)會食：諸宰相每日會食於政事堂。(54)輒：便。(55)填門：塞門。(56)索：搜索。(57)酤販：酤通沽，謂商販。(58)橫尸：謂尸骸縱橫。(59)塗地：塗抹於地。

(六〇)安化門：《唐六典》卷七：「京城南面三門：中曰明德，左曰啓夏，右曰安化。」(六一)被以桎梏：謂帶以刑具。(六二)掠治：以拷掠治問之。(六三)自誣服：謂自罔誣而服其罪。(六四)以其兵自防：河東節度之兵。(六五)尚書：王璠為戶部尚書，故以此呼之。(六六)魚護軍：魚弘志時為右神策護軍中尉。(六七)致意：致達其意。(六八)紿：欺，音ㄉㄞˋ。(六九)左軍：左神策軍。(七〇)二十兄：以王涯之排行稱之，故曰二十兄。排行之稱法，在唐代甚為流行。(七一)見引：相牽引。(七二)五弟：王璠第五。(七三)漏言：洩漏言語。(七四)再從弟：謂同曾祖父。(七五)左常侍：左散騎常侍。(七六)掃地：謂淨盡。(七七)百貨：百姓之財貨。(七八)蔽天：遮蔽天日。(七九)建福門：《唐六典》卷七：「大明宮南面五門，正南曰丹鳳門，西曰建福門。」(八〇)時無宰相御史知班，百官無復班列：按唐代之上朝情形，具載《新唐書・儀衛志》上，文云：「朝日，殿上設黼扆躡席，重爐香案。御史大夫領屬官至殿西廡，從官朱衣傳呼，促百官就班，文武列於兩觀，監察御史二人，立于東西朝堂甎道以涖之。平明傳點畢，內門開，監察御史領百官入夾階，監門校尉二人執門籍曰唱籍，既視籍曰在，入畢而止，次門亦如之。序班于通乾觀象門南，武班居文班羨。入宣政門，文班自東門而入，武班自西門而入，至閤門亦如之。夾階校尉十人，同唱入畢而止。宰相兩省官對班於香案前，百官班於殿庭，左右巡使二人，分涖於鐘鼓樓下。先一品班，次二品班，次三品班，次四品班，次五品班，每班尚書省官為首。武班供奉者立于橫街之北，次千牛中郎將，次千牛將軍，次過狀中郎將一人，次接狀中郎將一人，次押柱中郎將一人，次排階中郎將一人，次押散手仗中郎將一人，次左右金吾衛大將軍，凡殿中省監、少監、尚衣、尚舍、尚輦、奉御，分左右，隨繖扇而立。東宮官居上臺官之次，王府官又次之，唯三太、三少、賓客、庶子、王傅，隨本品侍中奏外辦，皇帝步出西序門，索扇，扇合，皇帝升御坐，扇開，左右留扇各三，左右金吾將軍一人，奏左右廂內外平安，通事舍人贊宰相兩省官再拜升殿。朝罷，皇帝步入東序門。」〔八一〕手書：親手所書。〔八二〕反事浮泛：胡三省曰：「其敍事浮汎，蓋以王涯等非實反也。」〔八三〕素服：白色之服，乃喪者所著。〔八四〕興安門：大明宮南面西來第一門。〔八五〕西軍：胡三省曰：「西軍，右神策軍也，在大明宮西西內苑中。」〔八六〕幰：遮。〔八七〕出山：謂出終南山。〔八八〕盩厔：音舟窒。〔八九〕擁：猶上之引。〔九〇〕廟社：胡三省曰：「唐太廟在朱雀街東第一街之東，北來第三坊，太社在街西第一街之西，北來第二坊。」〔九一〕兩市：長安城中有東市西市。〔九二〕礫：小石，音ㄌㄧˋ。〔九三〕橫罹：無辜而罹曰橫罹。〔九四〕覆族：覆滅宗族。〔九五〕顛危不扶，焉用彼相：見《論語·季氏》，相，瞽者之相。〔九六〕究險：極險。〔九七〕比肩：並列。〔九八〕苟容：苟且取容。〔九九〕如：及。〔一〇〇〕不虞：不料。〔一〇一〕足折刑剭：《易》曰：「鼎折足，覆公餗，其刑剭。」胡三省曰：「剭者誅殺不於市，周制，誅大臣適甸師，謂之剭。」〔一〇二〕跨驢：騎驢。〔一〇三〕落莫：落，冷落、莫，薄，落莫唐人常語。〔一〇四〕道：言。〔一〇五〕被收：被收錄。〔一〇六〕愿：謹。〔一〇七〕昭應：據《新唐書·地理志》，昭應縣屬京兆府。〔一〇八〕收族：謂被收及滅族。〔一〇九〕兩中尉：左右神策中尉。〔一一〇〕巡邊：巡視邊境。〔一一一〕會：值。〔一一二〕供具：供給。〔一一三〕惶惑：惶懼困惑。〔一一四〕以好召注：言示之以無惡意。〔一一五〕屏：屏去。〔一一六〕啜茶：飲茶。〔一一七〕枝黨：餘黨。〔一一八〕可復，徽之子：錢徽見卷二百四十一穆宗長慶元年。〔一一九〕簡能，綸之子：盧綸，大曆十才子之一。〔一二〇〕傑，俛之弟：蕭俛事憲穆，位至宰相。〔一二一〕按兵觀變：謂按兵境上，以觀其變。(三二)婠：持整。(三三)有差：有等差。(三四)氣：氣焰。(三五)迫脅：逼迫威脅。(三六)下視：猶賤視。(三七)延英：延英殿。(三八)折：折辱。(三九)因：藉。(四〇)百二十分：謂可供百二十人者。(四一)充宰相召募從人：謂充作宰相召募從人之用。(四二)祐：保祐。(四三)姦罔：姦邪欺罔。(四四)赤心：忠心。(四五)導從：前導及後從。(四六)兩道：指江西、湖南二道言。(四七)停寢：停止。(四八)儋州：《舊唐書・地理志》四：「嶺南道儋州，至京師七千四百四十二里。」(四九)商山：胡三省曰：「商山即商嶺也，所謂繞霤七盤是也。貞元七年，刺史李西華患此路之險，自藍田至內鄉，開新道七百餘里，迴山取塗，人不病涉，謂之病路，行旅便之。」(五〇)稱是：謂與此相稱。(五一)冽：寒，音列。(五二)周親：至親。(五三)瓜葛親：胡三省曰：「瓜葛有所附麗，言非至親，或羣從中表，相附麗以敍親好，若瓜葛然。」(五四)奬引：奬擢延引。(五五)金光門：長安城西面北來第二門。(五六)驚譟：驚駭喧譟。(五七)縱橫走：猶雜亂走。(五八)束帶韈：束衣帶及韈。(五九)耳目：謂聞見。(六〇)所屬：所託。(六一)堅坐：固坐。(六二)文案：文書之存案者，謂之文案。(六三)沛然：猶浩然。(六四)皇城：據《唐六典》卷七，唐都城三重：外一重名京城，內一重名皇城，又內一重名宮城，亦名子城。(六五)望仙門：大門宮南面五門，望仙門在丹鳳門之左。(六六)晡：申時。(六七)皁：黑色。(六八)辭訣：辭別訣絕。(六九)指名：標指其名。(七〇)詿誤：已無罪而被他人所牽累，音卦。(七一)近：謂於身旁。(七二)恐愒：恐脅，音渴。(七三)見：讀曰現。(七四)詰：詰問。(七五)紀綱四海：謂知天下之政刑。(七六)下馬橋：胡三省曰：「閣本大明宮圖，下馬橋在建福門北。」(七七)跽之：罰其下跪。(七八)屈大尹：以薛元賞為京兆尹，故尊稱之曰大尹，屈大尹謂屈大尹前來一談。(七九)屬：值。(八〇)行當繼至：謂且當續至。[卅一]白服：即待罪之素服。[卅二]宰相之人：謂宰相之從人。[卅三]庸：豈。[卅四]同體：同一肢體。[卅五]惜法：愛惜法律。[卅六]死生之：謂或死或生之。[卅七]陌刀：長刀。[卅八]建福門：《唐六典》卷七：「大明宮南面五門，正南曰丹鳳門，西曰建福門。」

開成元年（西元八三六年）

㈠春，正月，辛丑朔，上御宣政殿，赦天下，改元。仇士良請以神策仗衛殿門㊀，諫議大夫馮定言其不可，乃止。定，宿之弟㊁也。

㈡二月，癸未，上與宰相語，患四方表奏華而不典㊂，李石對曰：「古人因事為文，今人以文害事㊃。」

㈢昭義節度使劉從諫上表，請王涯等罪名㊄，且言涯等儒生，荷國榮寵㊅，咸欲保身全族，安肯構㊆逆？訓等實欲討除內臣，兩中尉自為救死之謀，遂致相殺，誣以反逆，誠恐非辜，設若宰相實有異圖㊇，當委㊈之有司，正㊉其刑典，豈有內臣擅領甲兵，恣行剽劫，延及士庶，橫被[十一]殺傷，流血千門[十二]，僵尸萬計，搜羅枝蔓[十三]，中外恫⑭疑，臣欲身詣闕庭，面陳臧否⑮，恐并陷孥戮⑯，事亦無成。謹當脩飾⑰封疆，訓練士卒，內為陛下心腹，外為陛下藩垣⑱，如奸臣難制，誓以死⑲清君側⑳」丙申，加從諫檢校司徒。

㈣天德軍奏，吐谷渾三千帳㉑，詣豐州降。

㈤三月，壬寅，以袁州長史李德裕為滁州刺史。

㈥左僕射令狐楚從容奏：「王涯等既伏辜，其家夷滅㉒，遺骸棄捐，請官為收瘞，以順陽和之氣㉓。」上慘然久之，命京兆收葬涯等十一人於城西，各賜衣一襲㉔。【考異】開成紀事云：「京兆尹薛元賞於城西張村，葬涯等七人。」今從新傳。仇士良潛使人發之，棄骨於渭水。

㈦丁未，皇城留守㉕郭旼奏：「諸司儀仗有鋒刃㉖者，請皆輸軍器使㉗，遇立仗，別給儀刀㉘。」從之。

㈧劉從諫復遣牙將焦楚長上表讓官㉙，稱：「臣之所陳，繫國大體㉚，可聽，則涯等宜蒙湔洗㉛，不可聽，則賞典不宜妄加。安有死冤㉜不申，而生者荷祿㉝？」因暴揚㉞仇士良等罪惡。辛酉，上召見楚長，慰諭遣之。時士良等恣橫㉟，朝臣日憂破家，及從諫表至，士良等憚之，由是鄭覃李石粗能秉政㊱，天子倚之，亦差㊲以自彊㊳。

(九)夏，四月，乙卯，以潮州司戶李宗閔㊴為衡州司馬，凡李訓指為李德裕宗閔黨者，稍收復㊵之。

(十)淄王協薨㊶。

(十一)甲午，以山南西道節度使李固言為門下侍郎同平章事，以左僕射令狐楚代之㊷。

(十二)戊戌，上與宰相從容論詩之工拙，鄭覃曰：「詩之工者，無若三百篇，皆國人作之，以刺美㊸時政，王者采之，以觀風俗耳，不聞王者為詩也。後代辭人之詩，華而不實，無補於事㊹，陳後主、隋煬帝皆工於詩，不免亡國，陛下何取焉㊺！」覃篤㊻於經術，上甚重之。

(十三)己酉，上御紫宸殿，宰相因奏事拜謝，外間因訛言：「天子欲令宰相掌禁兵，已拜恩㊼矣。」由是中外復有猜阻㊽，人情恟恟，士民不敢解衣寢者數日。乙丑，李石奏請召仇士良等，面釋㊾其疑，上為召士良等出，上及石等共諭(五〇)釋之，使毋疑懼，然後事解。

(十四)閏月(五一)，乙酉，以太子太保分司李聽為河中節度使，上嘗歎曰：「付之兵不疑(五二)，置之散地不怨(五三)，惟聽為可以然。」

(十五)乙未，李固言薦崔球為起居舍人，鄭覃再三以為不可，上曰：「公事勿相違。」覃曰：「若宰相盡同(五四)，則事(五五)必有欺陛下者矣。」

(十六)李孝本二女配沒右軍(五六)，上取之入宮。秋，七月，右拾遺魏謩上疏，以為：「陛下不邇聲色，屢出宮女，以配鰥夫。竊聞數月以來，教坊選試以百數，莊宅收市猶未已(五七)，又召李孝本女入宮，不避宗姓(五八)，大興物論(五九)，臣竊惜之。昔漢光武一顧列女屏風，宋弘猶正色抗言，光武即撤之(六〇)，陛下豈可不思宋弘之言，欲居光武之下乎？」上即出孝本女，【考異】實錄：「上云，取孝本女二人入內。」下魏謩疏云：「取孝本次女一人入內。」所以如此不同者，蓋孝本二女，皆籍沒在右軍，先取長女入內，謩不之知，又取次女，謩乃知之，上疏故也。擢謩為補闕，曰：「朕選市女子，以賜諸王耳，憐孝本女髫齔(六一)孤露(六二)，故收養宮中，謩於疑似之間(六三)，皆能盡言，可謂愛我，不忝(六四)厥祖矣。」命中書優為制辭以賞之。謩，徵之五世孫(六五)也。

㈦鄜坊節度使蕭洪詐稱太后弟，事覺(六六)。八月，甲辰，流驩州(六七)，於道賜死，趙縝、呂璋等皆流嶺南。初李訓知洪之詐，洪懼，辟(六八)訓兄仲京置幕府。先是自神策軍出為節度使者，軍中皆資其行裝(六九)，至鎮三倍償之，有自左軍(七〇)出鎮鄜坊，未償而死者，軍中徵之於洪，洪恃訓之勢不與，又徵於死者之子，洪教其子遮(七一)宰相自言，訓判絕之(七二)，仇士良由是恨洪。太后有異母弟在閩中，孱(七三)弱不能自達(七四)，有閩人蕭本，從之得其內外族諱(七五)，因士良進達於上，且發洪之詐，洪由是得罪，上以本為真太后弟，戊申，擢為右贊善大夫。

㈧九月，丁丑，李石為上言：「宋申錫忠直，為讒人所誣，竄死遐荒(七六)，未蒙昭雪(七七)。」上俛首久之，既而流涕，泫然(七八)曰：「茲事，朕久知其誤。奸人逼我以社稷大計，兄弟幾不能保(七九)，況申錫僅全腰領耳(八〇)！非獨內臣，外廷(八一)亦有助之者，皆由朕之不明，曏使遇漢昭帝，必無此冤矣(八二)。」鄭覃李固言亦共言其冤，上深痛恨，有慙色，庚辰，詔悉復申錫官爵，以其子慎微為成固(八三)尉。

(十九)李石用金部員外郎韓益判度支按(八四)，益坐贓三千餘緡，繫獄，石曰：「臣始以益頗曉錢穀，故用之，不知其貪乃如是！」上曰：「宰相但知人則用，有過則懲，如此，則人易得，卿所用人，不掩(八五)其惡，可謂至公。從前宰相用人，好曲蔽其過，不欲人彈劾，此大病(八六)也。」冬，十一月，丁巳，貶益梧州(八七)司戶。

(廿)上自甘露之變，意忽忽(八八)不樂，兩軍毬鞠(八九)之會，什減六七，雖宴享，音伎雜遝(九〇)盈庭，未嘗解顏(九一)，閑居或徘徊眺望，或獨語歎息。壬午，上於延英謂宰相曰：「朕每與卿等論天下事，則不免愁。」對曰：「為理者不可以速成。」上曰：「朕每讀書，恥為凡主(九二)。」李石曰：「方今內外之臣，其間小人尚多疑阻(九三)，願陛下更以寬御(九四)之，彼有公清奉法，如劉弘逸、薛季稜者，陛下亦宜褒賞，以勸為善(九五)。」甲申，上復謂宰相曰：「我與卿等論天下事，有勢未得行者(九六)，退但飲醇酒求醉耳(九七)。」對曰：「此皆臣等之罪也。」

(廿一)有司以左藏(九八)積幣日久，請行檢勘(九九)，且言：「官典，罪在赦前者，請宥之。」上許之，既而果得繒帛，妄稱漬⑳汙者，勅赦之。給事中狄兼謩封還勅書，曰：「官典、犯贓理不可赦。」上諭之曰：「有司請檢之初，朕既㉑許之矣，與其失信，寧失罪人㉒，卿能奉職，朕甚嘉之。」

(廿二)十二月，庚戌，以華州刺史盧鈞為嶺南節度使。李石言於上曰：「盧鈞除嶺南，朝士皆相賀，以為嶺南富饒之地，近歲皆厚賂北司㉓而得之，今北司不撓㉔朝權，陛下亦宜有以褒之，庶幾內外奉法，此致理之本也。」上從之，鈞至鎮，以清惠㉕著名。

(廿三)己未，淑王縱㉖薨。

【今註】㈠請以神策仗衞殿門：胡三省曰：「南牙十六衞之兵，至此雖名存實亡。然以北軍衞南牙，則外朝亦將聽命於北司，既紊太宗之紀綱，又增宦官之勢焰，故馮定言其不可。」㈡定，宿之弟：馮宿，穆宗長慶初知制誥。㈢華而不典：猶華而不實。㈣以文害事：謂因文之華而不實，而常妨害事理。㈤請王涯等罪名：謂請問王涯等罪名。㈥榮寵：恩榮寵幸。㈦構逆：構造叛逆。㈧異圖：異謀。㈨委：任。㈩正：明正。⑪橫被：不依理而被，謂之橫被。⑫流血千門：胡三省曰：「漢武帝起建章宮，度為千門萬戶，後世遂謂宮門為千門。」⑬枝蔓：謂細小而關係疏遠者。⑭惘：

痛，音ㄊㄨㄥˋ。⑮臧否：善否。⑯孥戮：謂戮及妻子。⑰飭：讀曰飭，謂整飭。⑱藩垣：猶藩屏。⑲以死：謂以死力。⑳清君側：謂清君側之姦臣。㉑三千帳：猶華之三千戶。㉒夷滅：夷平覆滅。㉓請官為收瘞，以順陽和之氣：瘞，埋，音ㄧˋ。《呂氏春秋‧月令》：「孟春掩骼埋胔。」蓋如此，則可順應陽和生長之氣。㉔衣一襲：今言衣一套。㉕皇城留守：胡三省曰：「按舊制，車駕行幸，則京城置留守，今天子在上京，而皇城置留守，當考。觀下奏，則知置皇城留守，宦官之意也。」㉖鋒刃：鋒、指兵器之尖言，刃、指刀劍之刃言。㉗軍器使：即軍器庫使，內諸司使之一。㉘儀刀：胡三省曰：「儀刀以木為之，以銀裝之，具刀之儀而已。」㉙讓官：謂讓檢校司徒。㉚大體：大要。㉛湔洗：猶滌洗。㉜死冤：死者之冤枉。㉝祿：祚祿。㉞暴揚：露揚。㉟恣橫：縱恣橫暴。㊱秉政：執政。㊲差：猶略。㊳自彊：謂自己能有作為。㊴乙卯，以潮州司戶李宗閔：按《舊唐書‧文宗紀》，乙卯作己卯，以本月朔為庚午推之，作己卯是。㊵收復：謂收攬而復其官職。㊶淄王協薨：按《舊唐書‧文宗紀》，作辛卯，淄王協薨，當從添辛卯二字。㊷代之：謂代李固言山南西道節度使之闕。㊸刺美：諷刺褒美。㊹無補於事：此謂無裨補於政事。㊺何取焉：意謂不應重詩及為詩。㊻篤：猶深。㊼已拜恩：謂已拜命謝恩。㊽猜阻：猜疑間阻。㊾面釋：親自解釋。㊿諭：曉諭。(51)閏月：按《舊唐書‧文宗紀》，是年有閏五月，而《通鑑》前無五月之文，則此閏下當添一五字為是。(52)付之兵不疑：謂付之兵卒，而上不疑其違命。(53)置之散地不怨：置之閑散之地而不怨忿。(54)若宰相盡同：謂若宰相凡事盡皆相同。(55)則事：謂則有些許事。(56)右軍：

右神策軍。(五七)教坊選試以百數，莊宅收市猶未已：唐內諸司有教坊使、莊宅使，皆宦者為之。收市，謂收買。(五八)宗姓：同宗同姓。(五九)物論：人物之議論。(六〇)漢光武一顧列女屏風，宋弘猶正色抗言，光武即撤之：胡三省曰：「光武時，宋弘為大司空，嘗讌見，御座新屏風圖畫列女，帝數顧視之，弘正容言曰：『未見好德如好色者。』帝即為撤之，笑謂弘曰：『聞義則服，可乎？』對曰：『陛下進德，臣不勝其喜。』」(六一)髫齓：髫，小兒垂髮，音ㄊㄧㄠˊ；齓，小兒毀齒，音ㄔㄣˋ。(六二)孤露：孤單無庇。(六三)疑似之間：謂事在有疑有似之間。(六四)忝：辱。(六五)暮，徵之五世孫：魏徵以直事太宗。(六六)覺：發覺。(六七)驩州：《舊唐書・地理志》四：「嶺南道驩州，至京師陸路一萬二千四百五十二里。」(六八)辟：辟請。(六九)軍中皆資其行裝：謂軍中皆資給其行裝。(七〇)左軍：左神策軍。(七一)遮：攔。(七二)判絕之：謂判不許償。(七三)孱：懦弱，音ㄔㄢˊ。(七四)自達：謂自達於太后。(七五)內外族諱：內外親戚之名諱。(七六)遐荒：遐遠之荒裔。(七七)昭雪：昭明洗雪。(七八)泫然：垂滴。(七九)兄弟幾不能保：謂漳王湊。(八〇)僅全腰領：謂未受腰斬之刑。(八一)外廷：外廷之臣。(八二)繇使遇漢昭帝，必無此冤矣：繇使為假設辭，謂漢昭帝知燕蓋上官之詐。(八三)成固：據《新唐書・地理志》四，成固縣屬山南西道、興元府。(八四)度支按：胡三省曰：「按與案同，文案也。」(八五)掩：掩藏。(八六)病：患。(八七)梧州：《舊唐書・地理志》四：「嶺南道梧州，至京師五千五百里。」(八八)忽忽：失意貌。(八九)毬鞫：鞫當作鞠，亦毬。(九〇)雜遝：繁多貌，音ㄊㄚˋ。(九一)解顏：開顏，亦即笑也。(九二)凡主：平凡之君主。(九三)疑阻：猜疑間阻。(九四)御：臨御。(九五)以勸為善：以勸勉為善之臣。(九六)有勢未得行者：謂有在形勢上，不得行者。(九七)退但飲醇酒求醉耳：期藉以消除煩愁。㊇左藏：左藏庫。㊈檢勘：檢察勘驗。㊉漬：水溼者。㊀既：已。㊁與其失信，寧失罪人：按與其與寧，為成雙連接辭，此寧乃係勿寧之意。㊂北司：左右神策中尉，護諸營於苑中，謂之中官，亦謂之北司。㊃撓：撓挫。㊄清惠：清廉寬惠。㊅淑王縱：按《舊唐書．順宗諸子傳》，淑當作漵。

二年（西元八三七年）

㈠春，二月，己未，上謂宰相：「薦人勿問親疏，朕聞竇易直為相㈠，未嘗用親故，若親故果才，避嫌㈡而棄之，是亦不為至公也。」

㈡鈞王緯㈢薨。

㈢三月，有彗星出於張，長八丈餘，壬申，詔撤樂減膳，以一日之膳，分充十日㈣。

㈣夏，四月，甲辰，上對中書舍人、翰林學士兼侍書柳公權於便殿，上舉衫袖示之曰：「此衣已三澣㈤矣。」眾皆美上之儉德㈥，公權獨無言，上問其故，對曰：「陛下貴為天子，富有四海，當進賢退不肖，納諫諍，明賞罰，乃可致雍熙㈦，服澣濯之衣，乃末節㈧耳。」上曰：「朕知舍人㈨不應復為諫議，以卿有諍臣風采⑩，須屈卿為之。」乙巳，以公權為諫議大夫，餘如故。

㈤戊戌，以翰林學士、工部侍郎陳夷行同平章事。

㈥六月，河陽軍亂，節度使李泳奔懷州，軍士焚府署，殺泳二子，大掠數日，方止。泳，長安市人，寓籍⑪禁軍，以賂得方鎮，所至，恃所交結，貪殘不法，其下不堪命⑫，故作亂，丁未，貶泳澧州⑬長史。戊申，以左金吾將軍李執方為河陽節度使。

㈦秋，七月，癸亥，振武奏，党項三百餘帳，剽掠逃去。

㈧給事中韋溫為太子侍讀，晨詣東宮，日中乃得見，溫諫曰：「太子當雞鳴而起，問安視膳⑭，不宜專事宴安。」太子不能用其言，溫乃辭侍讀，辛未，罷守本官。【考異】舊傳曰：「兼太子侍讀，每晨至少陽院，午見太子，溫云云，太子不能行其言，溫稱疾，上不悅，改太常少卿，未幾，拜給事中。」按溫已為給事中，乃兼太子侍讀，舊傳誤，今從新傳。

㈨振武⑮突厥百五十帳叛，剽掠營田，戊寅，節度使劉沔擊破之。

㈩八月，庚戌，以昭儀王氏為德妃，昭容楊氏為賢妃⑯。立敬宗之子休復為梁王，執中為襄王，言楊為杞王，成美為陳王。癸丑，立皇子宗儉為蔣王。河陽軍士既逐李泳，日相扇⑰，欲為亂。九月，李執方索得首亂者⑱七十餘人，悉斬之，餘黨分隸外鎮⑲，然後定。

(十一)冬，十月，國子監石經成⑳。

(十二)福建奏，晉江㉑百姓蕭弘，稱太后族人，詔御史臺按㉒之。

(十三)戊申，以門下侍郎同平章事李固言同平章事、充西川節度使。

(十四)甲寅，御史臺奏蕭弘詐妄，詔遞㉓歸鄉里，不之罪，冀得其真。

【今註】①竇易直為相：竇易直為相於長慶寶曆時。②避嫌：避免嫌疑。③鈞王緯：緯，順宗子。④分充十日：分為十日之用。⑤澣：洗，ㄏㄨㄢˇ。⑥儉德：謂儉樸之德行。⑦雍熙：雍和清明。⑧末節：謂德行之小者。⑨舍人：杜佑曰：「中書舍人，文士之極任，朝廷之盛選，諸官莫得比。」⑩風采：猶風度。⑪寓籍：寄籍。⑫不堪命：不勝其命令。⑬澧州：《舊唐書・地理志》三：「江南西道澧州，在京師東南一千八百九十三里。」⑭太子當雞鳴而起，問安視膳：《禮・文王世子》：「文王之為世子，朝於王季日三，雞初鳴而衣服，至於寢門外，問內豎之御者曰：『今日安否？何如？』內豎曰：『安。』文王乃喜；其有不安節，則內豎以告文王，文王色憂，行不能正履，王季復膳，然後亦復初。食上，必在視寒煖之節。」⑮振武：謂振武軍所駐地。⑯以昭儀王氏為德妃，昭容楊氏為賢妃：《舊唐書・后妃傳序》：「唐因隋制，皇后之下，有貴妃、淑妃、德妃、賢妃、各一人，為夫人，正一品。」㈦扇：扇誘。㈧首亂者：為首作亂者。㈨外鎮：謂河陽軍治所以外之州郡。㈩國子監石經成：《舊唐書・文宗紀》：「時上好文，鄭覃以經義啓導，稍折文章之士，遂依後漢蔡伯喈刊碑，列于太學，創立石壁九經，諸儒校正訛謬，上又令翰林勒字官復校字體，又乖師法，故石經立後數十年，名儒皆不窺之，以為蕪累甚矣。」㈪晉江：今福建省晉江縣。㈫按：按驗。㈬遞歸：胡三省曰：「令所過給食而遞歸也。」

卷二百四十六 唐紀六十二

司馬光 編集
曲守約 註

起著雍敦牂，盡玄黓閹茂，凡五年。（戊午至壬戌，西元八三八年至八四二年）

文宗元聖昭獻孝皇帝下

開成三年（西元八三八年）

㈠春，正月，甲子，李石入朝，中塗有盜射之，微傷，左右奔散，石馬驚馳歸第，又有盜邀擊㊀於坊門㊁，斷其馬尾，僅而得免。上聞之，大驚，命神策六軍遣兵防衛，勑中外㊂捕盜甚急，竟無所獲，乙丑，百官入朝者九人而已，京城數日方安。

㈡丁卯，追贈故齊王湊為懷懿太子㊃。

㈢戊申，以鹽鐵轉運使戶部尚書楊嗣復、戶部侍郎判戶部李珏，並同平章事，【考異】舊傳：「三年楊嗣復輔政，薦珏以本官同平章事。」按珏與嗣復並命，今從實錄。判使如故㊄。嗣復，於陵之子㊅也。

㈣中書侍郎同平章事李石承甘露之亂，人情危懼㊆，宦官恣橫，忘身狥國，故紀綱(八)粗立，仇士良深惡之，潛遣盜殺之，不果(九)，石懼，累表稱疾辭位，上深知其故，而無如之何，丙子，以石同平章事，充荊南節度使。

(五)陳夷行性介直(一〇)，惡楊嗣復為人，每議政事，多相詆斥(一一)，壬辰，夷行以足疾辭位，不許。

(六)上命起居舍人魏謩獻其祖文貞公(一二)笏，鄭覃曰：「在人不在笏。」上曰：「亦甘棠之比也(一三)。」

(七)楊嗣復欲援進(一四)李宗閔，恐為鄭覃所沮，乃先令宦官諷上，上臨朝謂宰相曰：「宗閔積年在外(一五)，宜與一官。」鄭覃曰：「陛下若憐宗閔之遠，止可移近北數百里(一六)，不宜再用，用之，臣請先避位(一七)。」陳夷行曰：「宗閔曏以朋黨亂政，陛下何愛此纖人(一八)。」楊嗣復曰：「事貴得中(一九)，不可但狥(二〇)愛憎。」上曰：「可與一州。」覃曰：「與州太優，止可洪州(二一)司馬耳。」因與嗣復互相詆訐(二二)，以為黨。上曰：「與一州，無傷(二三)。」覃等退，上謂起居郎周敬復、舍人魏謩曰(二四)：「宰相諠爭如此，可乎？」對曰：「誠為不可，然覃等盡忠憤激㉕，不自覺耳㉖。」丁酉，以衡州司馬李宗閔為杭州刺史。李固言與楊嗣復、李珏善，故引居大政㉗，以排鄭覃、陳夷行，每議政之際，是非鋒起㉘，上不能決㉙也。

㈧三月，牂柯㉚寇涪州清溪鎮，鎮兵擊卻之。

㈨初大和㉛之末，杜悰為鳳翔節度使，有詔沙汰僧尼，時有五色雲見於岐山，近法門寺，民間訛言：「佛骨降祥㉜。」以僧尼不安之故，監軍欲奏之㉝，悰曰：「雲物變色，何常之有㉞！佛若果愛僧尼，當見於京師。」未幾獲白兔，監軍又欲奏之，曰：「此西方之瑞也。」悰曰：「野獸未馴，且宜畜之。」旬日而斃，監軍不悅，以為掩蔽聖德㉟，獨畫圖獻之。及鄭注代悰鎮鳳翔㊱，奏紫雲見，又獻白雉。是歲八月，有甘露降於紫宸殿前櫻桃之上，上親采而嘗之，百官稱賀。其十一月，遂有金吾甘露之變，及悰為工部尚書判度支，河中奏騶虞㊲見，百官稱賀，上謂悰曰：「李訓鄭注皆因瑞以售其亂㊳，乃知瑞物非國之慶。卿前在鳳翔不奏白兔，真先覺㊴也。」對曰：「昔河出圖，伏羲以畫八卦，洛出書，大禹以敘九疇㊵，皆有益於人，故足尚也。至於禽獸草木之瑞，何時無之，劉聰桀逆，黃龍三見，石季龍暴虐，得蒼麟十六、白鹿七，以駕芝蓋㊶，以是觀之，瑞豈在德㊷！玄宗嘗為潞州別駕，及即位，潞州奏十九瑞，玄宗曰：『朕在潞州，惟知勤職業㊸，此等瑞物，皆不知也。』願陛下專以百姓富安㊹為國慶，自餘㊺不足取也。」上善之。它日謂宰相曰：「時和年豐，是為上瑞，嘉禾靈芝，誠何益於事。」宰相因言：「春秋記災異，以儆㊻人君，而不書祥瑞，用此㊼故也。」夏，五月，乙亥，詔諸道有瑞，皆無得以聞，亦勿申牒㊽所司，其臘饗太廟㊾，及饗太清宮㊿，元日受朝，奏祥瑞(五一)，皆停。【考異】實錄：「初上謂宰臣曰，歲豐人安，豈非上瑞！宰臣因言，春秋不書祥瑞，上深然之，遂有此詔。」補國史以為因杜悰進言，今兼取之。

(十)初靈武節度使王晏平自盜贓(五二)七千餘緡，上以其父智興有功(五三)，免死，長流康州(五四)，晏平密請於魏鎮幽三節度使(五五)，使上表雪己，上不得已。六月，壬寅，改永州(五六)司戶。

(十一)八月，己亥，嘉王運(五七)薨。

(十二)太子永之母王德妃無寵，為楊賢妃所譖而死，太子頗好遊宴(五八)，昵近(五九)小人，賢妃日夜毀(六〇)之。九月，壬戌，上開延英，召宰相及兩省，御史郎官疏(六一)太子過惡，議廢之，曰：「是宜為天子乎！」羣臣皆言：「太子年少，容有改過(六二)，國本(六三)至重，豈可輕動(六四)。」御史中丞狄兼謩論之尤切(六五)，至於涕泣，給事中韋溫曰：「陛下惟一子，不教，陷之(六六)至是，豈獨太子之過乎！」癸亥，翰林學士六人，神策六軍軍使十六人，復上表論之，上意稍解(六七)。是夕、太子始得歸少陽院，如京使(六八)王少華等及宦官宮人，坐(六九)流死者數十人。

(十三)義武節度使張璠在鎮十五年(七〇)，為幽鎮所憚，及有疾，請入朝，朝廷未及制置(七一)，疾甚，戒(七二)其子元益舉族(七三)歸朝，毋得效(七四)河北故事，及薨，軍中欲立元益，觀察留後李士季不可，眾殺之，又殺大將十餘人。壬申，以易州刺史李仲遷為義武節度使，義武馬軍都虞候何清朝自拔(七五)歸朝，癸酉，以為儀州刺史。

(十四)朝廷以義昌節度使李彥佐(七六)在鎮久，甲戌，以德州刺史劉約為節度副使，欲以代之。

(十五)開成以來，神策將吏遷官，多不聞奏(七七)，直牒(七八)中書令，覆奏施行(七九)，遷改殆(八〇)無虛日，癸未，始詔神策將吏改官，皆先奏聞，狀至中書，然後檢勘施行(八一)。

(十六)冬，十月，易定監軍奏，軍中不納李仲遷，請以張元益為留後。

(十七)太子永猶不悛(八二)，庚子，暴薨，【考異】按文宗後見緣撞者而泣曰，朕為天子，不能全一子，遂殺劉楚材等。然則太子非良死也，但宮省事祕，外人莫知其詳。故實錄但云：「終不悛過，是日暴薨。」諡曰莊恪。

(十八)乙巳，以左金吾大將軍郭旼為邠寧節度使。【考異】舊柳公權傳作皎，按子儀子姪名皆連日旁，今從實錄。

(十九)宰相議發兵討易定，上曰：「易定地狹人貧，軍資(八三)半仰(八四)度支，急之，則靡(八五)所不為，緩之，則自生變，但謹備(八六)四境以俟之。」乃除張元益代州刺史，頃之，軍中果有異議，乃上表，以不便(八七)李仲遷為辭(八八)，朝廷為之罷仲遷。十一月，詔俟元益出定州，其義武將士始謀立元益者，皆赦不問。

(廿)以義昌節度使李彥佐為天平節度使，以劉約為義昌節度使。

(廿一)丁卯，張元益出定州(八九)。【考異】補國史曰：「易定張公璠卒，三軍議公璠子元益繼務軍統。公璠，乃孝忠孫也。公璠彌留之際，誡元益歸闕，三軍復效幽鎮魏三道，自立連帥，坐邀制命，廟謀未決，丞相衞公欲伐而克之，貞穆公議，未可興師，且行弔贈禮，追元益赴闕，若拒命跋扈，討之不遲。上前互陳短長，未行朝典，貞穆公有密疏，進追元益詔，意云，勅張元益，卿太祖孝忠，功列鼎彝，垂於不朽，卿乃祖茂昭，克荷遺訓，不墜義風。文宗覽詔意，深叶睿謀，詔下定州。元益拜詔慟哭，焚墨衰，請死於眾，三軍將士南向稽首，蹈舞流涕，扶元益就苫廬，請監軍使幕府進諸道例，各知留後。公璠遂全家赴闕，詔以神策軍使陳君賞為帥，所謂貞穆公者，李珏也。」按實錄，璠定州牙將，非孝忠孫，又李德裕此年不為相，補國史蓋傳聞之說，不可據，今從實錄。

(七二)庚午，上問翰林學士柳公權以外議(九〇)，對曰：「郭旼除邠寧，外間頗以為疑(九一)。」上曰：「旼，尚父(九二)之姪，太后(九三)叔父，在官無過，自金吾作小鎮(九四)，外間何尤(九五)焉！」對曰：「非謂旼不應為節度使也，聞陛下近取旼二女入宮，有之乎？」上曰：「然，入參(九六)太皇太后耳。」公權曰：「外間不知，皆云旼納女後宮，故得方鎮。」上俛首良久曰：「然則奈何？」對曰：「獨有自南內(九七)遣歸其家，則外議自息矣。」是日、太皇太后遣中使，送二女還旼家。

(七三)上好詩，嘗欲置(九八)詩學士，李珏曰：「今之詩人，浮薄無益於理(九九)。」乃止。

(七四)甲戌，以蔡州刺史韓威為義武節度使。

(七五)河東節度使、司徒、中書令裴度以疾求歸東都(一〇〇)。十二月，辛丑，詔度入知政事，遣中使敦諭(一〇一)上道。

(七六)鄭覃累表辭位，丙午，詔三五日一入中書。

(廿七)是歲，吐蕃彝泰贊普卒，弟達磨立。彝泰多病，委政大臣，由是，僅能自守，久不為邊患。達磨荒淫殘虐，國人不附，災㉜異相繼，吐蕃益衰。【考異】彝泰卒，及達磨立。實錄不書，舊傳續會要皆無之，今據補國史。

【今註】㊀邀擊：截擊。㊁坊門：胡三省曰：「唐諸坊之南皆有門，以時啓閉。」㊂中外：謂京城中外。㊃追贈齊王湊為懷懿太子：湊被枉事，見卷二百二十四太和五年。㊄判使如故：判謂判戶部，使謂鹽鐵轉運使。㊅嗣復，於陵之子：楊於陵見卷二百三十七憲宗元和三年。㊆危懼：危疑恐懼。㊇紀綱：法度。㊈不果：未成。㊉介直：耿介正直。⑪詆斥：訶詆斥責。⑫文貞公：魏徵諡曰文貞。⑬亦甘棠之比也：胡三省曰：「言周人思召公，愛其甘棠而不敢翦伐，今思魏徵之正直，則亦當愛其故笏。」⑭援進：援助引進。⑮宗閔積年在外：李宗閔貶，見上卷太和九年。積年猶累年。⑯移近北數百里：謂移於邇近向北數百里之處。⑰不宜再用，用之，臣請先避位：用之乃謂若欲用之，係假設語。⑱纖人：意為細人，亦即小人。⑲得中：猶得當。⑳狗：猶事。㉑洪州：《舊唐書．地理志》三：「江南西道洪州，在京師東南三千九十里。」㉒訐：攻發人之陰私，音ㄐㄧㄝˊ。㉓無傷：謂無所妨害。㉔上謂起居郎周敬復、舍人魏謩曰：胡三省曰：「唐制，起居郎、起居舍人，掌錄天子起居法度，天子御正殿，則郎居左，舍人居右，有命俯陛以聽，每仗下，天子與宰相議政事，郎舍人亦令侍左右，若仗在紫宸內閣，則夾香案，分立殿下。覃等喧爭既退，故上因問之。」㉕盡忠憤激：謂因盡忠之故，而憤慨激昂。㉖不自覺耳：謂實不自覺竟如此作態。㉗居大政：猶執政。㉘鋒起：按鋒起諸書亦多作蜂起，謂多而雜亂。㉙決：決斷。㉚牂柯：胡三省曰：「牂柯蠻在涪州東九百里，東距辰州二千四百里。」㉛大和：大當作太。㉜佛骨降祥：祥，祥瑞。佛骨在法門寺，故云然。㉝以僧尼不安之故，監軍欲奏之：蓋僧尼以有詔欲加沙汰，故大起恐慌，監軍見狀，遂欲奏而止之。㉞何常之有：謂乃係突變。㉟掩蔽聖德：謂掩蔽聖德之所感應。㊱鄭注代悰鎮鳳翔：胡三省曰：「按通鑑上卷：『太和八年九月庚申，以鳳翔節度使李聽為忠武節度使，代杜悰；丁卯，以鄭注為鳳翔節度使，注誣奏聽在鳳翔貪虐，冬十月乙亥，以聽為太子太保分司，復以杜悰為忠武節度使。』若如上卷所書，則杜悰鎮忠武，不在鳳翔。」㊲騶虞：《詩．召南．騶虞》毛傳：「騶虞，義獸也；白虎黑文，不食生物，有至信之德。」㊳以售其亂：謂得售其欺詐。㊴先覺：謂先知先覺。㊵九疇：猶九州。㊶芝蓋：芝蓋車。㊷瑞豈在德：謂瑞豈在德之有無。㊸職業：所職之事。㊹富安：富足安樂。㊺自餘：猶其餘。㊻儆：同警。㊼用此：以此。㊽牒：文書之一種，通多用於平行及上申。㊾其臘饗太廟：胡三省曰：「唐制，四孟及臘享於太廟，唐臘用寅。」㊿太清宮：玄宗天寶二年，以西京玄元皇帝廟為太清宮。(51)元日受朝，奏祥瑞：《唐六典》卷五：「凡大祥瑞，隨即表奏，文武百僚詣闕奉賀，其它並年終，員外郎具表以聞，有司告廟，百僚詣闕奉賀。」(52)自盜贓：謂自盜公物而所得之贓款。(53)以其父智興有功：王智興有討橫海之功。(54)康州：《舊唐書．地理志》四：「嶺南道康州，至京師五千七百五十里。」(55)密請於魏、鎮、幽三節度使：魏帥何進滔，鎮帥王元逵，幽帥史元忠。（五六）永州：《舊唐書・地理志》三：「江南西道永州，在京師南三千二百七十四里。」（五七）嘉王運：運，代宗子。（五八）遊宴：遊樂宴飲。（五九）昵近：親近。（六〇）毀：謗毀。（六一）疏：上疏言。（六二）容有改過：謂也許有改過之可能。（六三）國本：此指太子言。（六四）輕動：謂輕易更動。（六五）尤切：謂尤為操切。（六六）陷之：沈陷之。（六七）稍解：稍寬解。（六八）如京使：胡三省曰：「唐置如京使，以武臣為之，內職也，未知所職何事。」（六九）坐：謂坐罪。（七〇）義武節度使張璠在鎮十五年：穆宗長慶三年，璠代陳楚鎮義武。（七一）未及制置：謂未及安排繼任人選。（七二）戒：告。（七三）舉族：攜宗族。（七四）效：效仿。（七五）自拔：謂於眾人之中，自己拔出。（七六）義昌節度使李彥佐：太和六年，李彥佐代殷侑鎮義昌。（七七）聞奏：謂奏而使天子聞之。（七八）直牒：直接通牒。（七九）覆奏施行：謂覆奏而施行之。（八〇）殆：幾。（八一）檢勘施行：胡三省曰：「先奏聞於上，禁中以其狀付中書，方與檢勘由歷，而施行之。」（八二）悛：改，音ㄑㄩㄢ。（八三）軍資：猶軍實。（八四）仰：仰賴。（八五）靡：無。（八六）謹備：謂謹慎守備。（八七）不便：不便習。（八八）為辭：為藉口辭。（八九）出定州：謂離開定州。（九〇）外議：外間之議論。（九一）以為疑：以為疑惑，謂未知其以何資績而為此職。（九二）尚父：德宗以郭子儀為尚父。（九三）太后：謂太皇郭太后。（九四）小鎮：以邠寧地狹民貧，故曰小鎮。（九五）尤：咎責。（九六）參：參謁。（九七）南內：太皇太后居興慶宮，興慶宮謂之南內。（九八）置：置立。（九九）理：謂治，唐文以避諱，率改治為理。（一〇〇）裴度以疾求歸東都：胡三省曰：「裴度治第東都集賢里，號綠野堂。」（一〇一）敦諭：謂再三告諭。（一〇二）不附：不附從。

四年（西元八三九年）

㈠春，閏正月，己亥，裴度至京師，以疾歸第㈠，不能入見，上勞問賜賚㈡，使者旁午㈢。三月，丙戌，薨，謚曰文忠。上怪度無遺表，問其家，得半藁，以儲嗣未定為憂，言不及私。度身貌不踰中人㈣，而威望㈤遠達四夷，四夷見唐使，輒問度老少用捨㈥，以身繫㈦國家輕重如郭子儀者，二十餘年。

㈡夏，四月，戊辰，上稱判度支杜悰之才，楊嗣復、李玨因請除悰戶部尚書，陳夷行曰：「恩旨㈧當由上出，自古失其國，未始不由權在臣下也。」玨曰：「陛下嘗語臣云：『人主當擇宰相，不當疑宰相㈨。』」五月，丁亥，上與宰相論政事，陳夷行復言不宜使威福在下㈩。李玨曰：「夷行意疑宰相中有弄(一一)陛下威權者耳，臣屢求退，苟得王傅(一二)，臣之幸(一三)也。」鄭覃曰：「陛下開成元年二年，政事殊美，三年四年漸不如前。」楊嗣復曰：「元年二年，鄭覃、夷行用事，三年四年，臣與李玨同之(一四)，罪皆在臣。」

因叩頭曰：「臣不敢更入中書[一五]。」遂趨出，上遣使召還，勞之曰：「鄭覃失言，卿何遽爾[一六]！」覃起謝[一七]曰：「臣愚拙，意亦不屬嗣復[一八]，而遽如是，乃嗣復不容[一九]臣耳。」嗣復曰：「覃言政事，一年不如一年，非獨臣應得罪，亦上累聖德[二〇]。」退三上表辭位，上遣中使召出之[二一]，癸巳，始入朝。丙申，門下侍郎同平章事鄭覃罷為右僕射，陳夷行罷為吏部侍郎。覃性清儉，夷行亦耿介，故嗣復等深疾[二二]之。

(三)上以鹽鐵推官、檢校禮部員外郎姚勗能鞫疑獄[二三]，命權知職方員外郎，右丞韋溫不聽，上奏稱：「郎官、朝廷清選[二四]，不宜以賞能吏。」上乃以勗檢校禮部郎中[二五]，依前鹽鐵推官。六月，丁丑，上以其事問宰相，楊嗣復對曰：「溫志在澄清流品[二六]，若有吏能者，皆不得清流，則天下之事，孰為陛下理之？恐似衰晉之風。」然上素重溫，終不奪其所守[二七]。

(四)秋，七月，癸未，以張元益為左驍衞將軍，以其母侯莫陳氏為趙國太夫人，賜絹二百匹。易定之亂，侯莫陳氏說諭將士，且戒元益以順朝命，故賞之。甲辰，以太常卿崔鄲同中書門下平章事。鄲，郾之弟㉘也。

㈤八月，辛亥，鄜王憬㉙薨。

㈥癸酉，昭義節度使劉從諫上言：「蕭本詐稱太后弟，上下皆稱蕭弘是真，以本來自左軍㉚，故弘為臺司㉛所抑，今弘詣臣，求臣上聞，乞追弘赴闕，與本對推㉜，以正真偽。」詔三司鞫之。

㈦冬，十月，乙卯，上就起居舍人魏謩，取記注㉝觀之。謩不可，曰：「記注兼書善惡，所以儆戒人君，陛下但力為善，不必觀史。」上曰：「朕曩㉞嘗觀之。」對曰：「此曩日史官之罪也，若陛下自觀史，則史官必有所諱避，何以取信於後？」上乃止。

㈧楊妃請立皇弟安王溶為嗣，上謀於宰相，李珏非之，丙寅，立敬宗少子陳王成美為皇太子。丁卯，上幸會寧殿作樂，有童子緣橦㉟，一夫來往走其下，如狂㊱，上怪之，左右曰：「其父也。」上泫然㊲流涕曰：「朕貴為天子，不能全一子㊳。」召教坊劉楚材等四人、宮人張十十等十人責之，曰：「構會㊴太子，皆爾曹也，今更立太子，復欲爾邪！」執以付吏，己巳，皆殺之，上因是感傷，舊疾遂增。

㈨十一月，三司按蕭本、蕭弘，皆非真太后弟，本除名，流愛州㊵，弘流儋州㊶，而太后真弟在閩中，終不能自達㊷。

㈩乙亥，上疾少閒㊸，坐思政殿，召當直學士周墀，賜之酒，因問曰：「朕可方㊹前代何主？」對曰：「陛下堯舜之主也。」上曰：「朕豈敢比堯舜，所以問卿者，何如周赧漢獻耳！」墀驚曰：「彼亡國之主，豈可比聖德？」上曰：「赧獻受制於彊諸侯，今朕受制於家奴㊺，以此言之，朕殆不如。」因泣下霑襟，墀伏地流涕，自是不復視朝。【考異】高彥休唐闕史曰：「文宗開成後，常鬱鬱不樂，五年春，風痺稍間，坐思政殿問周墀云云，既而龍姿掩抑，淚落衣襟，汝南公俯伏嗚咽，再拜而退，自是不復視朝，以至厭代。」按實錄，明年正月朔，上不康，不受朝賀，四日，帝崩，恐非五年春。今從新傳，仍置於此。

(十一)是歲，天下戶口四百九十九萬六千七百五十二。

(十二)回鶻相安允合特勒柴革謀作亂，彰信可汗殺之，相掘羅勿將兵在外，以馬三百賂沙陀朱邪赤心，借其兵，共攻可汗，可汗兵敗，自殺，國人立㕎馺特勒為可汗。【考異】後唐獻祖紀年錄曰：「開成四年，回鶻大飢，族帳離，復為黠戛斯所逼，漸過磧口，至於榆林，天德軍使溫德彝請帝為援，遂帥騎赴之。時胡特勒可汗牙帳在近，帝遣使說回鶻相嗢沒斯然之，決有歸國之約。俄而回鶻宰相勿篤公叛，可汗將圖歸義，遣人獻良馬三百，以求應接，帝自天德引軍至磧口，援之，至回鶻所薄，帝一戰敗之，進擊可汗牙帳，胡特勒可汗勢窮自殺，國昌因奏勿篤公為署颯可汗，是歲開成五年也。文宗崩，武宗即位，遣嗣澤王溶告哀於回鶻，使還，始知特勒可汗易代。」按朱邪赤心若奏勿篤公為可汗，安得因溶告哀，始知易代乎？此則自相違矣。舊傳開成初，其相有安允合者，與特勒柴革，欲篡薩特勒可汗，可汗覺，殺柴革及安允合。又有回鶻相掘羅勿者，擁兵在外，怨誅柴革安允合，又殺薩特勒可汗，以盧綴特勒為可汗。新傳云：「開成四年，其相掘羅勿作難，引沙陀共攻可汗，可汗自殺，國人立盍馺特勒為可汗。」今從之。

會㊻歲疫㊼，大雪，羊馬多死，回鶻遂衰。赤心，執宜之子也。

【今註】㈠裴度至京師，以疾歸第：胡三省曰：「此長安平樂里第也。」㈡賚：賜，ㄌㄞˋ。㈢旁午：紛錯。㈣身貌不踰中人：謂身材不高於通常之人。㈤威望：威嚴名望。㈥問度老少用捨：謂問度之年齡，及得用與否。㈦繫：維繫。㈧恩旨：行恩之意旨。㈨疑宰相：謂懷疑宰相。㈩威福在下：謂施威福之權，操之於下。⑪弄：舞弄。⑫王傅：王傅散地，自宰執以下貶官者居之。⑬幸：榮幸。⑭同之：謂共同任事。⑮不敢更入中書：政事堂在中書省。⑯遽爾：急遽如此。⑰起謝：起身謝罪。⑱意亦不屬嗣復：謂非屬意於嗣復，亦即非意在嗣復。⑲容：包容。⑳累聖德：謂有累於聖德之美善。㉑召出之：謂自其家中召出之。㉒疾：恨。㉓疑獄：疑難之獄。㉔清選：清要之選。㉕檢校禮部郎中：胡三省曰：「姚勗權知職方員外郎，而韋溫爭之，檢校禮部郎中，而溫不復言者，蓋唐制，藩鎮及諸使僚屬，率帶檢校官，而權知則為職事官故也。」㉖流品：謂流品之官。㉗其所守：謂其所守之見。㉘鄲，郾之弟：崔郾見卷二百四十四太和五年。㉙鄆王憬：憬，憲宗子。(三〇)左軍：神策左軍中尉。(三一)臺司：謂御史臺官吏主案驗蕭弘者。(三二)對推：對質及推問。(三三)記注：即起居注。胡三省曰：「貞觀初，以給事中、諫議大夫兼知起居注，或知起居事，每仗下，議事，起居郎一人，執筆記錄于前，史官隨之，其後復置起居舍人，分侍左右，秉筆隨宰相入殿；若仗在紫宸內閣，則夾香案，分立殿下，直第二螭首，和墨濡筆，皆即坳處，時號螭頭。高宗臨朝，不決事，有所奏，惟辭見而已，許敬宗、李義府為相，奏請多畏人之知也，命起居郎、舍人，對仗承旨，仗下，與百官皆出，不敢聞機務矣。長壽中，宰相姚璹建議，仗下後，宰相一人錄軍國政要，為時政紀，月送史館，然率推美讓善，事非其實，未幾亦罷；而起居郎因制敕，稍稍筆削，以廣國史之闕。起居舍人本記言之職，惟編詔書，不及他事。開元初，復詔修史官，非供奉者，皆隨仗而入，位於起居郎、舍人之次，及李林甫專權，又廢。太和九年，詔起居郎、舍人，凡入閤日，具紙筆，立螭頭下，復貞觀故事。」(三四)鄉：同嚮，昔也。(三五)緣橦：胡三省曰：「字樣曰：『本音同，今借為木橦字。』漢有都盧緣橦，即此伎也。」緣橦謂攀木橦也。(三六)如狂：謂如瘋狂然。(三七)泫然：涕垂貌。(三八)不能全一子：全，保全，以太子永死於非命。(三九)構會：構合。(四〇)愛州：《舊唐書・地理志》四：「嶺南道愛州，至京師八千八百里。」(四一)儋州：同志四：「嶺南道儋州，至京師七千四百四十二里。」(四二)自達：謂自達於上。(四三)少間：少差。(四四)方：比。(四五)家奴：謂宦官。(四六)會：值。(四七)歲疫：謂是歲疫癘流行。

五年（西元八四〇年）

㈠春，正月，己卯，詔立潁王瀍為皇太弟，應軍國事㊀，權令句當㊁。且言太子成美，年尚沖幼㊂，未漸師資㊃，可復封陳王。時上疾甚，命知樞密劉弘逸、薛季稜引楊嗣復、李珏至禁中，欲奉太子監國。中尉仇士良、魚弘志以太子之立，功不在己，乃言太子幼，且有疾，更議所立。李珏曰：「太子位已定，豈得中變㊄！」士良弘志遂矯詔立瀍為太弟。【考異】唐闕史曰：「武宗皇帝王夫人者，燕趙倡女也，武宗為潁王，獲愛幸，文宗於十六宅西，別建安王溶、潁王瀍院，上數幸其中，縱酒如家人禮，及文宗宴駕，後宮無子，所立敬宗男陳王，年幼且病，未任軍國事，中貴主禁掖者，以安王大行親弟，既賢且長，遂起左右神策軍及飛龍羽林驍騎數千眾，即藩邸奉迎安王。中貴遙呼曰，迎大者，迎大者，如是者數四，意以安王為兄，即大者也。及兵仗至二王宅首，兵士相語曰，奉命迎大者，不知安潁孰為大者。王夫人竊聞之，擁髻褰裙走出，矯言曰，大者潁王也，大家左右，以王魁梧頎長，皆呼為大王，且與中尉有死生之契，汝曹或誤，必赤族矣。時安王心云其次第合立，志少疑懦，懼未敢出，潁王神氣抑揚，隱於屏間，夫人自後聳出之，眾惑其語，遂扶上馬，戈甲霜擁前，至少陽院，諸中貴知已誤，無敢出言者，遂羅拜馬前，連呼萬歲。尋下詔以潁王瀍，立為皇太弟，權句當軍國事。」新后妃傳曰：「武宗賢妃王氏，開成末，王嗣帝位，妃陰為助畫，故進號才人。」蓋亦取於闕史也。按立嗣大事，豈容繆誤，闕史難信，今不取，從文宗武宗實錄。是日，士良弘志將兵詣十六宅，迎潁王至少陽院㊅，百官謁見於思賢殿，瀍沈毅㊆有斷，喜慍不形於色㊇，與安王溶㊈皆素為上所厚，異於諸王。辛巳，上崩於太和殿㊉，以楊嗣復攝冢宰。癸未，仇士良說大弟賜楊貴妃、安王溶、陳王成美死⑪，【考異】舊傳曰：「安王溶、穆宗第八子，母楊賢妃，武宗即位，李德裕秉政，或告文宗崩時，楊嗣復以與賢妃宗家，欲立安王為嗣，故王受禍，復貶官⑫。」按是時德裕未入相，今從武宗實錄。勅大行以十四日殯，成服。【考異】武宗實錄：「裴夷直上言，伏見三日，勅令有司以今月十四日攢斂成服。」按文宗以二日崩，豈得二日遽有此勅，必誤也。諫議大夫裴夷直上言：「期日太遠。」不聽。時仇士良等追怨文宗，凡樂工及內侍得幸於文宗者，誅貶相繼，夷直復上言：「陛下自藩維⑬繼統，是宜儼然⑭在疚⑮，以哀慕⑯為心，速行喪禮，早議大政，以慰天下，而未及數日，屢誅戮先帝近臣，驚率土⑰之視聽，傷先帝之神靈，人情何瞻⑱？國體至重，若使此輩無罪，固不可刑，若其有罪，彼已在天網之內⑲，無不逃伏⑳，旬日之外，行之㉑何晚？」不聽。辛卯，文宗始大斂㉒，武宗即位，甲午，追導上母韋妃為皇太后。

㈡二月，乙卯，赦天下。

㈢丙寅，謚韋太后曰宣懿。

㈣夏，五月，己卯，門下侍郎同平章事楊嗣復罷為吏部尚書，以刑部尚書崔珙同平章事、兼鹽鐵轉運使。

(五)秋，八月，壬戌，葬元聖昭獻孝皇帝於章陵(二三)，廟號文宗。

(六)庚午，門下侍郎同平章事李珏坐為山陵使，龍輴(二四)陷，罷為太常卿，貶京兆尹敬昕為郴州(二五)司馬。

(七)義武軍亂，逐節度使陳君賞，君賞募勇士數百人，復入軍城，誅亂者。

(八)初上之立，非宰相意，故楊嗣復李珏相繼罷去，召淮南節度使李德裕入朝。九月，甲戌朔，至京師，丁丑，以德裕為門下侍郎同平章事。庚辰，德裕入謝，言於上曰：「致理(二六)之要，在於辯(二七)羣臣之邪正。夫邪正二者，勢不相容(二八)，正人指邪人為邪，邪人亦指正人為邪，人主辯之甚難。臣以為正人如松柏，特立(二九)不倚，邪人如藤蘿，非附他物，不能自起。故正人一心事君，而邪人競為朋黨。先帝深知朋黨之患，然所用卒皆朋黨之人，良由執心(三〇)不定，故奸人得乘間(三一)而入也。夫宰相不能人人忠良，或為欺罔(三二)，主心始疑，於是旁詢小臣，以察(三三)執政，德宗末年，所聽任(三四)者惟裴延齡輩，宰相署勅(三五)而已，此政事所以日亂也。陛下誠能慎擇賢才，以為宰相，有奸罔者，立黜去，常令政事，皆出中書，推心委任，堅定不移㊱，則天下何憂不理哉？」又曰：「先帝於大臣，好為形迹㊲，小過皆含容不言，日累月積，以至禍敗，玆事大誤，願陛下以為戒。臣等有罪，陛下當面詰㊳之，事苟無實，得以辯明，若其有實，辭理自窮，小過則容其悛㊴改，大罪則加之誅譴㊵，如此，君臣之際，無疑間㊶矣。」上嘉納之。初德裕在淮南，敕召監軍楊欽義，人皆言必知樞密，德裕待之無加禮，欽義心御㊷之，一旦獨延欽義，置酒中堂，情禮極厚，陳珍玩數牀，罷酒，皆以贈之，欽義大喜過望㊸，行至汴州，敕復還淮南，欽義盡以所餉㊹歸之，德裕曰：「此何直㊺！」卒以與之。其後欽義竟知樞密，德裕柄用㊻，欽義頗有力焉。

(九)初伊吾之西，焉耆之北，有黠戛斯部落，即古之堅昆，唐初結骨㊼也，後更號黠戛斯。【考異】李德裕會昌一品集安撫回鶻制，作紇吃斯，今從會昌伐叛記、杜牧集、斯舊傳實錄。乾元中，為回鶻所破，自是隔閡㊽，不通中國，其君長曰阿熱，建牙青山㊾，去回鶻牙，橐馳行四十日，其人悍勇，吐蕃回鶻常賂遺之，假(五〇)以官號。回鶻既衰，阿熱始自稱可汗，回鶻遣相國將兵擊之，連兵(五一)二十餘年，數為黠戛斯所敗，詈回鶻曰：「汝運(五二)盡矣，我必取汝金帳。」金帳者，回鶻可汗所居帳也。及掘羅勿殺彰信立廅馺，回鶻別將句錄莫賀引黠戛斯十萬騎攻回鶻，大破之，殺廅馺及掘羅勿，【考異】舊傳作句錄末賀，今從新傳。焚其牙帳蕩盡(五三)，回鶻諸部逃散，其相馺職特勒厖等十五部(五四)，西奔葛邏祿，一支奔吐蕃，一支奔安西，可汗兄弟嗢沒斯等，及其相赤心僕固特勒那頡啜，各帥其眾抵天德塞下(五五)，就雜虜貿易穀食(五六)，且求內附。冬，十月，丙辰，天德軍使溫德彝奏：「回鶻潰兵，侵逼西城(五七)，亘(五八)六十里，不見其後(五九)。」邊人以回鶻猥至(六〇)，恐懼不安，詔振武節度使劉沔屯雲迦闕(六一)，以備之。【考異】新傳、實錄，作雲伽關，今從一品集。

(十)魏博節度使何進滔薨，軍中推其子都知兵馬使重順知留後。

(十一)蕭太后(六二)徙居興慶宮積慶殿，號積慶太后。

(十二)十一月，癸酉朔，上幸雲陽校獵。故事，新天子即位，兩省官同署名，上之即位也，諫議大夫裴夷直漏名(六三)，由是出為杭州刺史。【考異】新傳曰：「武宗立，夷直視冊牒，不肯署。」今從武宗實錄。

(十三)開府儀同三司、左衛上將軍兼內謁者監仇士良，請以開府蔭其子為千牛(六四)，給事中李中敏判曰：「開府階誠宜蔭子(六五)，謁者監(六六)何由有兒？」士良慚恚(六七)。李德裕亦以中敏為楊嗣復之黨，惡之，出為婺州(六八)刺史。

(十四)十二月，庚申，以何重順知魏博留後事。立皇子峻為杞王。

【今註】(一)應軍國事：謂一應軍國之事。(二)句當：句通勾，勾當謂處置。(三)沖幼：沖亦幼。(四)未漸師資：謂未漸染於師長。(五)中變：謂中途變易。(六)少陽院：太子宮。(七)沈毅：沈著果毅。(八)喜慍不形於色：謂喜怒不顯露於神色。(九)安王溶：溶，穆宗子。(一〇)上崩於太和殿：太和殿在大明宮，享年三十三。(一一)賜楊貴妃、安王溶死：據《舊唐書‧穆宗五子安王溶傳》，貴妃當係賢妃之訛。(一二)考異曰：「舊傳曰：『安王溶……故王受禍，復貶官』」：按《舊唐書》同傳，復作嗣復，當從添嗣字。(一三)藩維：謂藩翰之王。(一四)儼然：肅然。(一五)在疚：在憂病之中。(一六)哀慕：悲哀思念。(一七)率土：謂天下。(一八)瞻：仰望。(一九)天網之內：國家法網之內。(二〇)無不逃伏：當作無所逃伏，謂無處逃避伏匿。(二一)行之：謂行刑。(二二)辛卯，文宗始大斂：胡三省曰：「大行十一日而始大斂，非禮也。」(二三)章陵：《新唐書‧地理志》一：「京兆府富平縣，章陵在西北二十里。」(二四)龍輴：《禮‧檀弓》：「天子之殯也，菆塗龍輴以椁。」注：「天子殯以輴車，畫轅為龍。」音椿。㉕郴州：《舊唐書・地理志》三：「江南西道郴州，在京師東南三千三百里。」㉖致理：即致治。㉗辯：通辨。㉘勢不相容：謂於形勢上，必不能互相含容。㉙特立：獨立。㉚執心：持意。㉛乘間：乘逐間隙。㉜欺罔：欺詐罔誣。㉝察：考察。㉞聽任：謂聽信任用。㉟署勅：謂簽字於詔勅。㊱不移：猶不動搖。㊲形跡：猶形式。㊳詰：責問。㊴悛：亦改。㊵誅譴：誅戮譴謫。㊶疑間：猜疑間隙。㊷御：同銜，謂銜恨。㊸過望：過於所冀望者。㊹餉：餉遺。㊺此何直：胡三省曰：「言此物所直，能幾何也。」㊻柄用：謂得用以執權。㊼結骨：結骨入貢，見卷二百九十八太宗貞觀二年。㊽隔閡：間隔阻閡，閡與礙之意近，音劾。㊾青山：胡三省曰：「青山在劍河西。」㊿假：猶與。(五一)連兵：謂兵火相連。(五二)運：命運。(五三)蕩盡：謂淨盡。(五四)其相駁職特勒龐等十五部：按《新唐書・回鶻傳》下作：「其相駁職與龐特勒十五部。」核特勒為回鶻之官號，既若此，則自以作龐特勒為是。(五五)天德塞下：謂天德軍塞下。(五六)穀食：即糧食。(五七)西城：朔方西受降城。(五八)亘：綿亘。(五九)不見其後：猶不絕。(六〇)猥至：猶大至。(六一)雲迦關：胡三省曰：「新志，單于府有雲伽關，振武節度治單于府。」(六二)蕭太后：文宗母。(六三)漏名：謂漏署其名。(六四)請以開府蔭其子為千牛：宋白曰：「唐制，千牛進馬，並係資蔭。」(六五)開府階誠宜蔭子：胡三省曰：「唐制，從五品以上，皆得蔭子，開府從一品，宜得蔭子。」(六六)謁者監：為者皆係宦官。(六七)恚：恨，音ㄨㄟˋ。(六八)婺州：《舊唐書・地理志》三：「江南東道婺州，在京師東南四千七十三里。」

武宗至道昭肅孝皇帝

會昌元年（西元八四一年）

㈠春，正月，辛巳，上祀圜丘㊀，赦天下，改元。

㈡劉沔奏回鶻已退，詔沔還鎮㊁。

㈢二月，回鶻十三部近牙帳者，立烏希特勒為烏介可汗，南保錯子山㊂。【考異】據伐叛記，烏介立在二月，今從之。後唐獻祖紀年錄曰：「王子烏希特勒者、曷薩之弟，胡特勒之叔，為黠戛斯所迫，帥眾來歸，至錯子山，乃自立為可汗，二年七月，冊為烏介可汗。」

㈣三月，甲戌，以御史大夫陳夷行為門下侍郎同平章事。

㈤初知樞密劉弘逸、薛季稜有寵於文宗，仇士良惡之，上之立，非二人及宰相意，故楊嗣復出為湖南觀察使㊃，李珏出為桂管觀察使㊄，士良屢譖弘逸等於上，勸上除之，乙未，賜弘逸季稜死，遣中使就潭、桂州，誅嗣復及珏。戶部尚書杜悰奔馬㊅見李德裕曰：「天子年少，新即位，茲事不宜手滑㊆。」丙申，德裕與崔珙、崔鄲、陳夷行三上奏，又邀樞密使至中書，使入奏，以為：「德宗疑劉晏動搖東宮，而殺之，中外咸以為冤，兩河不臣(八)者，由茲恐懼，得以為辭(九)，德宗後悔，錄其子孫(一〇)。文宗疑宋申錫交通藩邸，竄謫至死，既而追悔，為之出涕。嗣復、珏等若有罪惡，乞更加重貶，必不可容(一一)，亦當先行訊鞫(一二)，俟罪狀著白(一三)，誅之未晚。今不謀於臣等，遽遣使誅之，人情莫不震駭。願開延英，賜對(一四)。」至晡時(一五)，開延英，召德裕等入，德裕等泣涕極言：「陛下宜重慎此舉，毋致後悔。」上曰：「朕不悔。」三命之坐，德裕等曰：「臣等願陛下免二人於死，勿使既死，而眾以為冤。今未奉聖旨，臣等不敢坐。」久之，上乃曰：「特為卿等釋之。」德裕等躍下階舞蹈，上召升坐，歎曰：「朕嗣位之際，宰相何嘗比數(一六)，李珏季稜志在陳王(一七)，嗣復弘逸志在安王(一八)，陳王猶是文宗遺意，安王則專附楊妃(一九)，嗣復仍(二〇)與妃書云：『姑何不效則天臨朝？』嚮使安王得志，朕那(二一)復有今日？」德裕等曰：「茲事曖昧(二二)，虛實(二三)難知。」上曰：「楊妃嘗有疾，文宗聽其弟玄思入侍月餘，以此得通指意，朕細詢內人，情狀皎(二四)然，非虛也。」遂追還二使㉕，更貶嗣復為潮州刺史，李玨為昭州㉖刺史，裴夷直為驩州㉗司戶。【考異】舊紀：「開成五年八月十七日，葬文宗于章陵，知樞密劉弘逸、薛季稜，率禁軍護靈駕，二人素為文宗獎遇，仇士良惡之，心不自安，因是，欲倒戈誅士良弘志，鹵簿使王起、山陵使崔鄲覺其謀，先諭鹵簿諸軍，是日弘逸季稜伏誅，以楊嗣復為湖南觀察使，李玨為桂管觀察使，中丞裴夷直為杭州刺史，皆坐弘逸季稜也。」賈緯唐年補錄曰：「五年八月云，是月誅樞密使劉弘逸、薛季稜。帝即位尤忌宦官，季稜弘逸深懼之，及將葬文宗於章陵，聚禁兵，欲議廢立，賴山陵使崔鄲、鹵簿使王起拒而獲濟，遂擒弘逸季稜殺之。」舊王起傳：「八月，充山陵鹵簿使樞密使劉弘逸薛季稜懼誅，欲因山陵兵士，謀廢立，起與山陵使知其謀，密奏，皆伏誅。」舊嗣復傳：「五年九月，貶湖南，明年誅季稜弘逸，中人言，二人頃附嗣復李玨，不利於陛下，武宗性急，立命中使往湖南桂管，殺嗣復與玨。」按去年八月，若已誅弘逸季稜，不當至此月，始再貶嗣復等。舊紀王起傳與嗣復傳，自相違，今從實錄。實錄又曰：「時有再以其事動帝意者，帝赫怒，欲殺之。中使既發，雖宰相亦不知之。戶部尚書判度支杜悰奔馬見德裕云云。」舊嗣復傳曰：「宰相崔鄲崔珙等，亟請開延英，極言云云。」獻替記曰：「會昌元年三月二十四日，遇假在宅，向晚聞有中使一人向東，一人向南，處置二故相及裴夷直，余遣人問鹽鐵崔相、度支杜尚書、京兆盧尹，皆云聞有使去，不知其故。余遂草約奏狀，二十五日，早入中書，崔相珙續至，崔鄲次至，陳相最後至，已巳時矣。余令三相會食，自歸廳寫狀，請開延英賜對，進狀後，更無報答。至午，又自寫第二狀，封進，兼請得樞密使至中書，問有此事無。樞密使對曰，向者不敢言，相既知只是二人，嗣復、李玨，德裕言，此事至重，陛下都不訪問，便遣使去，物情無不驚懼，請附德裕奏聖旨，若疑德裕情故，請先自遠貶，惟此一事，不可更行，德裕等至夜不敢離中書，請早開延英賜對，至申時報開延英，余邀得丞相兩省官謂曰，上性剛，若有一人進狀，伏問必不捨矣，容德裕極力救解，繼以扣頭流血，德裕救不得它人，固不可矣。及召入延英，德裕率三相公立當御榻奏事，嗚咽流涕云云。上既捨之，又令德裕召丞郎兩省官，宣示。」今從實錄，亦采獻替記。

㈥夏，六月，乙巳，詔：「自今臣下論人罪惡，幷應請付御史臺按問，毋得乞留中㉘，以杜㉙讒邪。」

㈦以魏博留後何重順為節度使。

㈧上命道士趙歸真等於三殿建九天道場，親授㉚法籙，右拾遺王哲上疏切諫，坐貶河南府士曹。【考異】實錄：「道士趙歸真等八十一人、於三殿建九天道場，帝親傳法籙，右拾遺王哲上疏請不度進士明經為道士，不從。又上書諫求仙事，詞甚切直，貶河南府士曹參軍。」舊紀以：「衡山道士劉玄靜為崇玄館學士，令與道士趙歸真於禁中修法籙，左補闕劉彥謨切諫，貶彥謨河南府戶曹。」實錄：「去年九月已命歸真建道場，親受法籙，哲疏言王業之始，不宜崇信過篤，至此又有此事。」與舊紀劉彥謨事相類，今從實錄。

(九)秋，八月，加仇士良觀軍容使。

(十)天德軍使田牟、監軍韋仲平，欲擊回鶻以求功，奏稱：「回鶻叛將嗢沒斯等侵逼塞下，吐谷渾、沙陀、党項，皆世與為仇，請自出兵驅逐。」上命朝臣議之，議者皆以為：「嗢沒斯叛可汗而來，不可受，宜如牟等所請，擊之便(二一)。」上以問宰相，李德裕以為：「窮鳥入懷，猶當活之，況回鶻屢建大功，今為鄰國所破，部落離散(二二)，窮無所歸，遠依天子，無秋毫犯塞，奈何乘其困而擊之？宜遣使者鎮撫(二三)，運糧食以賜之，此漢宣帝所以服呼韓邪(二四)也。」陳夷行曰：「此所謂借寇兵資盜糧(二五)也，不如擊之。」德裕曰：「彼吐谷渾等各有部落，見利則銳敏(二六)爭進，不利則鳥驚魚散，各走巢穴(二七)，安肯守死(二八)為國家用？今天德城兵纔千餘，若戰不利，城陷必矣，不若以恩義，撫而安之，必不為患，縱使侵暴邊境，亦須徵諸道大兵討之，豈可獨使天德擊之乎！」時詔以鴻臚卿張賈為巡邊使，使察回鶻情偽㊴，【考異】一品集賜嗢沒斯等詔曰：「天德軍遞至覽所奉表。」又曰：「方圖鎮撫，已命使臣。又知堅昆等五族深入，陵虐可汗，被害公主及新可汗，播越它所，特勒等相率遁逃，萬里歸命。」又曰：「豈非欲討除外寇，匡復本蕃。」又曰：「但緣未知指的，難便聽從。」又曰：「又慮邊境守臣，或懷疑沮。」又曰：「故遣張賈往安撫。」又曰：「秋熱。」然則詔下必在此際也。未還，上問德裕曰：「嗢沒斯等請降，可保信㊵乎？」對曰：「朝中之人，臣不敢保㊶況敢保數千里外戎狄之心乎！然謂之叛將，則恐不可，若可汗在國，嗢沒斯等帥眾而來，則於體㊷固不可受，今聞其國敗亂無主，將相逃散，或奔吐蕃，或奔葛邏祿，惟此一支，遠依大國，觀其表辭，危迫㊸懇切，豈可謂之叛將㊹乎！況嗢沒斯等，自去年九月至天德，今年二月，始立烏介，自無君臣之分㊺，願且詔河東振武，嚴兵保境以備之，俟其攻犯城鎮，然後以武力驅除。或於吐谷渾等部中，少有抄掠，聽自讎報㊻，亦未可助以官軍，仍詔田牟、仲平毋得邀功㊼生事，常令不失大信，懷柔㊽得宜，彼雖戎狄，必知感恩。」辛酉，詔田牟約勒㊾將士及雜虜，毋得先犯回鶻。【考異】舊紀：「八月，烏介遣使告故可汗死，部人推為可汗，今奉公主南投大國。時烏介至塞上，嗢沒斯與赤心相攻，殺赤心，率數千帳，近西城，田牟以聞。烏介又令其相頡干迦斯表借天德城，仍乞糧儲牛羊。詔王會李師偃往宣慰，令放公主入朝，賑粟二萬石。」舊德裕傳曰：「開成末，回鶻為黠戛斯所破，部族離散，烏介奉太和公主南來，會昌二年二月，牙於塞上，遣使求助兵糧，收復本國，權借天德軍。田牟請以沙陀退渾諸部擊之，下百寮議，議者多云如牟之奏。德裕云云，帝以為然，許借米三萬石。」伐叛記曰：「會昌元年二月，回鶻遠涉沙漠，饑餓尤甚，將金寶於塞上部落博糴糧食，邊人貪其財寶，生攘奪之心，至其年秋，城使田牟、監軍韋仲平上表，稱退渾党項，與回鶻宿有嫌怨，願出本部兵馬驅逐。其時天德城內，只有將士一千人，職事又居其半，上令宰臣商量。德裕面奏云云。八月二十四日，請賜田牟仲平詔，漢兵及蕃渾不得先犯回鶻，語在會要集奏狀中。」按舊紀、實錄，皆采集眾書為之，事前後多差互，今從伐叛記、一品集。

九月，戊辰朔，詔河東振武嚴兵以備之。牟，布之弟(五〇)也。

(十一)癸巳，盧龍軍亂，殺節度使史元忠，推陳行泰主留務。

(十二)李德裕請遣使慰撫回鶻，且運糧三萬斛以賜之，上以為疑，閏月、己亥，開延英，召宰相議之。陳夷行於候對之所(五一)，屢言資盜糧不可，德裕曰：「今徵兵未集，天德孤危，儻不以此糧噉(五二)飢虜，且(五三)使安靜，萬一天德陷沒，咎(五四)將誰歸？」夷行至上前，遂不敢言，上乃許以穀二萬斛，賑之。【考異】伐叛記云：「降使賜米二萬石，尋又烏介至天德。」按實錄：「十一月初，猶未知公主所在，遣苗縝至嗢沒斯處訪問，月末，始云，公主遣使言烏介可汗乞冊命及降使宣慰，十二月庚辰制曰，公主遣使入朝，已知新立可汗，寓居塞下，宜令王會慰問，仍賑米二萬斛。」然則閏九月中，烏介未至天德，德裕但欲賑嗢沒斯等耳。上雖許賜米，而未遣使，會聞烏介在塞下，因遣王會併賜之二萬斛耳，非再賜也。伐叛記終言其事，非以閏九月中，即降使賜米也。

(十三)以前山南東道節度使同平章事牛僧孺為太子太師。先是，漢水溢，壞襄州民居，故李德裕以僧孺罪，而廢之(五五)。

(十四)盧龍軍復亂，殺陳行泰，立牙將張絳。【考異】舊紀：「十月，幽州雄武軍使張絳，遣軍吏吳仲舒入朝，言行泰慘虐，請以鎮軍加討，許之。是月誅行泰，遂以絳知兵馬事。二年正月，以絳知留後，仍賜名仲武。」一以兩人為一人，誤也，今從舊仲武傳、伐叛傳、實錄。

初陳行泰逐史元忠，遣監軍傔（五六），以軍中大將表，來求節鉞，李德裕曰：「河朔事勢，臣所熟諳（五七），比來朝廷遣使賜詔，常太速，故軍情遂固（五八）。若置之數月不問，必自生變。今請留監軍傔，勿遣使，以觀之（五九）。既而軍中果殺行泰，立張絳，復求節鉞，朝廷亦不問（六〇）。會雄武軍（六一）使張仲武起兵擊絳，且遣軍吏吳仲舒奉表，詣京師，稱絳慘虐，請以本軍討之。冬，十月，仲舒至京師，詔宰相問狀（六二），仲舒言：「行泰、絳皆遊客，故人心不附，仲武幽州舊將（六三），性忠義，通書（六四），習戎事，人心嚮之。曏者張絳初殺行泰，召仲武，欲以留務讓之，牙中一二百人不可，仲武行至昌平，絳復却之，今計仲武纔發雄武，軍已逐絳矣。」李德裕問雄武士卒幾何，對曰：「軍士八百外，有土團（六五）五百人。」德裕曰：「兵少，何以立功？」對曰：「在得人心，苟人心不從，兵三萬，何益（六六）！」德裕又問：「萬一不克，如何？」對曰：「幽州糧食，皆在嬀州，及北邊七鎮（六七），萬一未能入，則據居庸關（六八），絕其糧道，幽州自困矣。」德裕奏：「行泰、絳皆使大將㊈上表，脅朝廷，邀節鉞，故不可與，今仲武先自發兵，為朝廷討亂，與之，則似有名。」乃以仲武知盧龍留後，仲武尋克幽州。

㊄上校獵咸陽。

㊅十一月，李德裕上言：「今回鶻破亡，大和公主未知所在，若不遣使訪問，則戎狄必謂國家降主虜庭，本非愛惜㊆，既負㊆公主，又傷虜情㊆。請遣通事舍人苗縝，齎詔詣嗢沒斯，令轉達公主，兼㊆可卜㊆嗢沒斯逆順之情。」從之。

㊆上頗好田獵及武戲㊆，五坊小兒，得出入禁中，賞賜甚厚。嘗謁郭太后㊆，從容問為天子之道，太后勸以納諫，上退，悉取諫疏閱之，多諫遊獵，自是，上出畋稍稀，五坊無復橫賜㊆。

㊇癸亥，以中書侍郎同平章事崔鄲同平章事，充西川節度使。

㊈初黠戛斯既破回鶻，得大和公主，自謂李陵之後，與唐同姓，遣達干十人，奉公主歸之於唐，回鶻烏介可汗引兵邀擊達干，盡殺之，質公主㊆南度磧，屯天德軍境㊆上，公主遣使上表，言：

「可汗已立，求冊命(八〇)。」烏介又使其相頡干伽斯等上表，借振武一城，以居公主可汗。【考異】新傳曰：「達干奉主來歸，烏介怒擊達干，殺之，南度磧，進攻天德城。劉沔屯雲伽關，拒卻之。」按烏介方倚唐為援，豈敢攻天德，今從舊紀、傳、實錄。十二月，庚辰，制遣右金吾大將軍王會等慰問回鶻，仍賑米二萬斛，又賜烏介可汗敕書，諭以宜帥部眾，漸復舊疆，漂寓(八一)塞垣，殊非良計。又云：「欲借振武一城，前代未有此比(八二)，或欲別遷善地，求大國聲援(八三)，亦須於漠南駐止，朕當許公主入覲，親問事宜(八四)，儻須應接，必無所吝(八五)。」

【今註】(一)正月辛巳，上祀圓丘：按《舊唐書・武宗紀》，辛巳作庚戌，以朔為壬寅推之，作庚戌是。(二)詔沔還鎮：自雲迦關還鎮。(三)錯子山：胡三省曰：「新志：『鸊鵜泉北十里入磧，經麚鹿山、鹿耳山，至錯甲山。』李德裕言：『錯子山東距釋迦泊三百里。』」(四)湖南觀察使：湖南觀察使治潭州，《舊唐書・地理志》三：「江南西道潭州，在京師南二千四百四十五里。」(五)桂管觀察使：桂管觀察使治桂州，同志四：「嶺南道桂州，至京師水陸四千七百六十里。」(六)奔馬：猶馳馬。(七)手滑：謂手已滑溜，而為之不已。(八)不臣：不遵從天子命令，是為不臣。(九)得以為辭：謂得有辭以事指斥。(一〇)德宗後悔，錄其子孫：德宗貞元五年，擢晏子執經太常博士，宗經秘書郎。(一一)必不可容：謂如必不可容。(一二)訊鞫：訊問。(一三)著白：顯著明白。(一四)賜對：謂賜予大臣以問對之機。(一五)晡時：申時。(16)何嘗比數：謂何嘗比予於天子之數。(17)陳王：陳王成美。(18)安王：安王溶。(19)楊妃：楊賢妃。(20)仍：因。(21)那：猶豈，六朝時常有用此字者。(22)曖昧：不明貌。(23)虛實：猶真假。(24)皎：昭明。(25)二使：一往潭，一往桂。(26)昭州：《舊唐書・地理志》四：「嶺南道昭州，至京師四千四百三十六里。」(27)驩州：同志四：「嶺南道驩州，至京師陸路一萬二千四百五十二里。」(28)留中：留於禁中。(29)杜：塞絕。(30)親授：授當作受。(31)擊之便：謂擊之為便。(32)離散：分離潰散。(33)鎮撫：鎮壓安撫。(34)此漢宣帝所以服呼韓邪：呼韓邪事見卷二十七漢宣帝甘露三年。(35)銳敏：銳利敏捷。(36)鳥驚魚散：謂如鳥之驚飛，魚之游散。(37)各走巢穴：謂各走歸巢穴。(38)守死：猶盡死。(39)情偽：真偽。(40)保信：保證而信任。(41)朝中之人，臣不敢保：謂朝中之人，臣尚不敢保。(42)於體：謂於事體。(43)危迫：危懼逼迫。(44)叛將：叛逆之將帥。(45)分：分屬。(46)讎報：猶報復。(47)邀功：求功。(48)懷柔：懷來柔安。(49)約勒：約束部勒。(50)牟，布之弟：田布，弘正之子，死於史憲誠之亂。(51)於候對之所：《會要》：「元和十五年，詔於西上閤門西廊內開便門，以通宰臣自閤中赴延英路，宋申錫之得罪也，召諸宰相自中書入對延英。」(52)噉：同啖。(53)且：暫且。(54)咎：罪咎。(55)以為僧孺罪，而廢之：胡三省曰：「廢之者，使居散地也。」(56)監軍傔：謂監軍之傔從。(57)熟諳：熟悉。(58)遂固：遂告穩固。(59)以觀之：謂以觀其便。(60)亦不問：謂亦置之不問。(61)雄武軍：在薊州廣漢州。(62)問狀：謂問其情狀。(63)仲武，幽州舊將：仲武，范陽舊將張光朝之子。(64)通書：謂識字。(65)土團：團結土人為兵，故謂之土團。(66)何益：謂有何裨益。(67)北邊七鎮：《新唐書・地理志》三：「河北道檀州，有大王、北來、保要、鹿固、赤城、邀虜、石子甗七鎮。」(六八)居庸關：同志三：「河北道幽州昌平縣，西北三十五里有納款關，即居庸故關，亦謂之軍都關。」(六九)大將：謂都知兵馬使。(七〇)愛惜：愛憐痛惜。(七一)負：辜負，今言對不起。(七二)虜情：虜向內之情。(七三)轉達：謂轉送公主達於朝廷。(七四)卜：推斷。(七五)武戲：謂毬鞠、騎射、手搏等。(七六)郭太后：於上為祖母，時居興慶宮。(七七)橫賜：謂不應賜之賜。(七八)質公主：以公主為質。(七九)天德軍境：天德軍境，北至磧口三百里。(八〇)冊命：以詔冊而任命之。(八一)漂寓：漂泊寄寓。(八二)此比：此例。(八三)聲援：聲勢之援助。(八四)事宜：事之機宜。(八五)吝：吝惜。

二年（西元八四二年）

㈠春，正月，以張仲武為盧龍節度使。

㈡朝廷以回鶻屯天德、振武北境，以兵部郎中李拭為巡邊使，察將帥能否。拭，鄘之子㈠也。

㈢二月，淮南節度使李紳入朝，丁丑，以紳為中書侍郎同平章事、判度支。

㈣河東節度使苻澈修杷頭烽㈡舊戍，以備回鶻，李德裕奏，請增兵鎮守，及修東中二受降城，以壯天德形勢，從之。

㈤右散騎常侍柳公權素與李德裕善，崔珙奏為集賢學士、判院事，德裕以恩非己出，因事左遷公權為太子詹事。

㈥回鶻復奏求糧，及尋勘㊂吐谷渾党項所掠，又借振武城。詔遣內使㊃楊觀賜可汗書，諭以城不可借，餘當應接處置。三月，李拭巡邊還，稱振武節度使劉沔有威略㊄，可任大事。時河東節度使苻澈疾病，庚申，以沔代之。以金吾上將軍李忠順為振武節度使，遣將作少監苗縝冊命烏介可汗，使徐行，駐於河東，俟可汗位定，然後進，既而可汗屢侵擾邊境，縝竟不行。

㈦回鶻嗢沒斯以赤心桀黠㊅難知，先告田牟云：「赤心謀犯塞。」乃誘赤心并僕固，殺之，那頡啜收赤心之眾七千帳，東走。【考異】伐叛記曰：「赤心宰相欲謀犯塞，嗢沒斯先布誠於田牟，然後誘赤心同謁可汗，戮於可汗帳下，赤心所領兵馬遂潰散東去，歸投幽州。」一品集：「幽州紀聖功碑，赤心怙力負氣，潛圖厲階，為嗢沒斯所紿，誘以俱謁可汗，戮於帳下，其眾大潰，東逼漁陽。」舊傳曰：「回鶻相赤心者，與連位相姓僕固者，與特那頡啜擁部眾不賓烏介，赤心欲犯塞，烏介遣其屬嗢沒斯先布誠於田牟，然後誘赤心同謁，烏介戮赤心於可汗帳下，並僕固二人，那頡戰勝，全占赤心下七千帳，東瞰振武大同，據室韋黑沙榆林，東南入幽州雄武軍西北界。」新傳曰：「嗢沒斯以赤心姦桀，難得要領，即密約田牟誘赤心斬帳下。」按一品集賜可汗勅書，雖云去歲嗢沒斯已至近界，今可汗既立，彼又降附，然賜可汗書意，又云，嗢沒斯自本國破之初，奔迸，先至塞上，不隨可汗公主，已是二年。是則嗢沒斯自有部眾，雖遙降烏介，身未嘗往也，安得斬赤心僕固於帳下乎？且赤心若不賓烏介，又安肯隨嗢沒斯同謁烏介乎？蓋嗢沒斯自惡赤心桀黠，誘至己之帳下，而殺之耳，今從新傳。又伐叛記，嗢沒斯殺赤心，於烏介至天德下連言之，舊傳亦然，新傳在召諸道兵討烏介下。按一品集，據回鶻到橫水柵，未知是那頡特下，為復是可汗遣來，蓋那頡特下脫勒字，即那頡啜也，然則虜犯橫水，在赤心死後，故置於此。河東奏：「回鶻兵至橫水，【考異】實錄苻澈奏回鶻掠橫水事，在正月李拭巡邊前。按一品集，此狀云：「宜密詔劉沔忠順。」則狀必在李忠順鎮振武之後也。蓋澈在太原時奏之，沔除河東後，德裕方有此奏，故置於此。殺掠兵民，今退屯釋迦泊東。」李德裕上言：「釋迦泊西距可汗帳三百里[七]，未知此兵為那頡所部，為可汗遣來？宜且指此兵云：『不受可汗指揮，擅掠邊鄙[八]。』密詔劉沔、仲武[九]，先經略此兵，如可以討逐，事亦有名，摧此一支，可汗必自知懼。」

㈧夏，四月，庚辰，天德都防禦使田牟奏，回鶻侵擾[一〇]不已，不俟朝旨，已出兵三千拒之。

㈨壬午，李德裕奏：「田牟殊不知兵，戎狄長於野戰，短於攻城，牟但應堅守，以待諸道兵集，今全軍出戰，萬一失利，城中空虛，何以自固[一一]？望亟遣中使止之，如已交鋒，即詔雲朔天德以來[一二]羌渾[一三]，各出兵奮擊[一四]回鶻，凡所虜獲，並令自取。回鶻羇旅[一五]二年，糧食乏絕，人心易動[一六]，宜詔田牟招誘，降者給糧，轉致[一七]太原，不可留於天德。嗢沒斯情偽雖未可知，然要[一八]早加官賞。

【考異】一品集，異域歸忠傳序云：「一年四月甲申，回鶻大特勒嗢沒斯率其國特勒宰相等內附。」而此四月十八日，狀已言嗢沒斯送款者，蓋嗢沒斯自欲誅赤心之時，已送款於田牟，至二十日，乃帥眾至天德耳，故其授左金吾大將軍制云：「層獻款誠，布於邊將，尋執反虜，不遺君親，戢其餓殍之徒，曾靡秋毫之犯，旋觀所履，大節甚明。」蓋回鶻亂亡，嗢沒斯本與赤心等來歸唐，而邊吏疑阻，故赤心等怒欲犯塞，而嗢沒斯先告邊吏，誘赤心之眾東走，而嗢沒斯帥其眾降唐也。縱使不誠，亦足為反間。且欲獎⑲其忠義，為討伐之名。今遠近諸蕃，知但責可汗犯順⑳，非欲盡滅回鶻，石雄善戰無敵，請以為天德都團練副使，佐田牟用兵。」上皆從其言。

初太和中，河西党項擾邊，文宗召石雄於白州，隸振武軍為裨將㉑，屢立戰功，以王智興故，未甚進擢，至是、德裕舉用之。甲申嗢沒斯帥其國特勒宰相等二千二百餘人來降。【考異】一品集：「嗢沒斯特勒等狀，五月四日上。」實錄在五月丙申，蓋據奏到之日也。今從歸忠傳序。

(十)上信任李德裕，觀軍容使仇士良惡之，會上將受尊號，御丹鳳樓，宣赦，或告士良：「宰相與度支議草制，減禁軍衣糧及馬芻㉒粟。」士良揚言於眾曰：「如此，至日㉓軍士必於樓前諠譁。」德裕聞之，乙酉，乞開延英自訴，上怒遽遣中使宣慰兩軍㉔，赦書初無此事㉕，且赦書皆出朕意，非由宰相，爾安得此言？」士良乃惶愧，稱謝㉖。丁亥，羣臣上尊號曰仁聖文武至神大孝皇帝，赦天下。

(十一)五月，戊申，遣鴻臚卿張賈安撫嗢沒斯等，以嗢沒斯為左金吾大將軍，懷化郡王，其次酋長(二七)，官賞有差，賜其部眾米五千斛、絹三千匹，那頡啜帥其眾，自振武大同東，因室韋黑沙，南趣雄武軍，窺幽州。盧龍節度使張仲武遣其弟仲至，將兵三萬，迎擊大破之，斬首捕虜，不可勝計，悉收降其七千帳，分配諸道，那頡啜走，烏介可汗獲而殺之。【考異】伐叛記曰：「仲武招降赤心下潰兵、及可汗下部落，前後三萬餘人，分配諸道，回鶻種族遂至寡弱。」新舊紀皆無仲武破回鶻事。舊回紇傳曰：「仲武大破那頡之眾，全收七千帳，殺戮收擒老小共九萬人，那頡中箭，透駝羣潛脫，烏介獲而殺之。」一品集幽州紀聖功碑曰：「公前後受降三萬人，特勒二人，可汗姊一人，大都督外宰相四人，其他裨王騎將，不可備載。」諸書皆不言仲武破那頡啜月日，故附於此。時烏介眾雖衰減，尚號(二八)十萬，駐牙於大同軍北閭門山，楊觀自回鶻還，可汗表求(二九)糧食牛羊，且請執送嗢沒斯等，詔報以：「糧食聽自以馬價(三〇)，於振武糴三千石，牛稼穡之資(三一)，中國禁人屠宰，羊中國所鮮，出於北邊雜虜，國家未嘗科調(三二)，嗢沒斯自本國初破，先投塞下，不隨可汗，已及二年，慮彼(三三)猜嫌，窮迫歸命(三四)，前可汗正以猜虐(三五)無親，致內離外叛，今可失地遠客(三六)，尤宜深矯(三七)前非，若復骨肉相殘，則可汗左右信臣㊳，誰敢自保？朕務在兼愛，已受其降㊴，於可汗不失恩慈，於朝廷免虧信義，豈不兩全事體，深叶㊵良圖！」

(十二)嗢沒斯入朝。六月，甲申，以嗢沒斯所部為歸義軍，以嗢沒斯為左金吾大將軍，充軍使。

(十三)門下侍郎同平章事陳夷行罷為左僕射。秋，七月，以尚書右丞李讓夷為中書侍郎、同平章事。

(十四)嵐州人田滿川據州城作亂，劉沔討誅之。

(十五)嗢沒斯請置家太原㊶，與諸弟竭力扞邊㊷，詔劉沔存撫㊸其家。烏介可汗復遣其相上表，借兵助復國，又借天德城，詔不許。初可汗往來天德振武之間，剽掠羌渾㊹，又屯杷頭烽㊺北，朝廷屢遣使諭之，使還漠南，可汗不奉詔，李德裕以為：「那頡啜屯於山北，烏介恐其與奚契丹連謀邀遮㊻，故不敢遠離塞下，望敕張仲武諭奚契丹，與回鶻共滅那頡啜，使得北還。」及那頡啜死，可汗猶不去，議者又以為回鶻待馬價，詔盡以馬價給之，又不去。八月，可汗帥眾過杷頭烽南，突入大同川，驅掠河東雜虜牛馬數萬，轉鬭至雲州城門，刺史張獻節閉城自守，吐谷渾党項，皆挈家入山避之。庚午，詔發陳、許、徐、汝、襄陽等兵，屯太原及振武、天德，俟來春㊼驅逐回鶻。【考異】實錄：「六月，回鶻寇雲州，劉沔出太原兵禦之。」又云：「劉沔救雲州，為回鶻所敗。」七月又云：「烏介過天德，至杷頭烽，突入大同川，驅太原部落牛馬數萬，轉戰至雲州。」新紀：「正月，回鶻寇橫水柵，略天德、振武軍，三月，回鶻寇雲朔，六月，劉沔及回鶻戰於雲州，敗績。」按一品集奏回鶻事宜狀：「臣等見楊觀，說緣回鶻赤心下兵馬多散在山北，恐與奚、契丹、室韋同邀截可汗，所以未敢遠去，今因賜仲武詔令，諭以朝旨，緣回鶻曾有忠效，又因殘破，歸附國家，朝庭事體，須有存恤，今奚契丹等，與其同力，討除赤心下散卒，遣可汗漸出漢界，免有滯留。」此狀雖無月日，約須在楊觀目回鶻還，赤心死，那頡啜未敗前也。又賜可汗書云：「一昨數使却回，皆言可汗只待馬價，及令交付之次，又聞所止屢遷。」則是可汗邀求馬價，而朝庭於此盡以給之也。又七月十九日狀云：「望賜可汗書，得嗢沒斯表，稱在本國之時，各有本分馬，其馬價絹，並合落下，請充進奉，以可汗本國殘破，久在邊陲，此已量與嗢沒斯優當，其嗢沒斯以下本分馬價絹，便賜可汗。」然則給其馬價，必在七月十九日前，當是時，回鶻必未寇雲州，敗劉沔，突入大同川，掠太原牛馬，故朝庭曲狥所求，欲其早離塞下北去，尚未有攻討之意也。又實錄：「八月壬戌朔，李德裕奏，請遣石雄斫營取公主，擒可汗，戊辰，又奏斫營事、令且住。辛未，詔發陳許徐汝襄陽兵，屯太原、振武、天德救援。」按一品集德裕論討襲回紇狀云：「臣頻奉聖旨，緣回鶻漸逼杷頭烽，早須討襲，臣比知戎虜不解攻城，只知馬上馳突，臣料必無遊奕伏道，又不會斫營，儻令石雄以義武馬軍，兼退渾馬騎，精選步卒，以為羽翼，銜枚夜襲，必易成功。」狀無月日。實錄據七日狀云：「今月一日，所商量石雄斫營事，望且令住。」故置之朔日耳，此時猶云漸逼杷頭烽，則是尚未知過杷頭烽南也。又八月七日論回鶻事宜狀云：「回鶻自至杷頭烽北，已是數旬，奏報寂然，更無侵軼，察其情狀，只與在天德振武界首不殊，臣等今月一日，所商量石雄斫營事，望且令住，更審候事勢。」據此狀意，則是殊未知可汗深入犯雲州也。又八月十日請發陳許等兵狀云：「臣等昨日，已於延英面奏，請太原振武天德各加兵備，請更徵發陳許徐汝襄陽等兵，至河冰合時，深慮可汗突出過河，兼與吐蕃連結，則為患不細，深要防虞，其所徵諸道兵，恐不可停，須令及冰未合，各到所在。」然則回鶻突入大同川，犯雲州，必在八月之初一日，七日猶未知，九日始奏到，故議發兵，守備驅逐。實錄新紀皆誤，今從舊紀。丁丑，賜嗢沒斯與其弟阿歷支、習勿啜、烏羅思，皆姓李氏，名思忠、思貞、思義、思禮㊽，【考異】舊紀：「六月，嗢沒斯等至京師，制以嗢沒斯充歸義軍使，賜姓名李思忠，以回鶻宰相受邪勿、為歸義軍副使，賜姓名李弘順。」舊回鶻傳曰：「二年冬，三年春，回鶻七部共三萬眾，相次降于幽州，詔配諸道。有嗢沒斯、受邪勿等諸部，降振武，皆賜姓李氏，及名思忠、思貞、思義。」今從實錄。國相愛邪勿，姓愛名弘順㊾，仍以弘順為歸義軍副使。

(十六)上遣回鶻石戒直還其國，賜可汗書，【考異】舊紀此詔，在劉沔張仲武為招討使下。按一品集八月十八日狀：「兩日來，臣等竊聞外議云，石誡直久在京城，事無巨細，靡不諳悉。昨緣收入鴻臚，懼朝廷處置，因求奉使，意在脫身。」又云：「石誡直先有兩男逃走，必是已入回鶻，料其此去，豈肯盡心。伏望速詔劉沔，所在勒迴。」然則遣石誡直賜可汗書，必在此狀之前，未知後來果曾勒回否也。諭以：「自彼國為紇吃斯所㊿破，來投(51)邊境，撫納無所不至。今可汗尚此近塞，未議還蕃，或侵掠雲朔等州，或鈔擊羌渾諸部，遙揣深意，似恃姻好之情(52)，每觀蹤由(53)，實懷馳突(54)之計，中外將相咸請誅翦，朕情深屈己(55)，未忍幸災(56)，可汗宜速擇良圖(57)，無貽(58)後悔。」

(十七)上又命李德裕代劉沔荅回鶻相頡干迦斯書，以為：「回鶻遠來依投，當效呼韓邪(59)遣子入侍，身自入朝，及令大和公主入謁太皇太后，求哀乞憐，則我之救恤，無所愧懷(60)。而乃睥睨(61)邊城，桀驁自若，邀求(62)過望，如在本蕃。又深入邊境，侵暴不已，求援繼好(63)，豈宜如是！來書又云：「胡人易動難安(64)，若令忿怒，不可復制(65)。」回鶻為紇吃斯所破，舉國(66)將相遺骸，棄於草莽，累代可汗墳墓，隔在天涯（六七），回鶻忿怒之心，不施於彼（六八），而蔑棄仁義，逞志（六九）中華，天地神祇，豈容（七〇）如此！昔郅支不事大漢，竟自夷滅（七一），往事之戒，得不在懷（七二）！」

㈥戊子，李德裕等上言：「若如前詔，河東等三道（七三），嚴兵守備，俟來春驅逐，乘回鶻人困馬羸（七四）之時，又官軍免盛寒之苦，則幽州兵宜令止屯本道，以俟詔命，若慮河冰既合，回鶻復有馳突，須早驅逐，則當及天時未寒，決策於數月之間，以河朔兵，益河東兵（七五），必令收功於兩月之間。今聞外議紛紜（七六），互有異同，儻不一詢羣情（七七），終為浮辭（七八）所撓（七九），望令公卿集議。」詔從之。時議者多以為：「宜俟來春。」九月，以劉沔兼招撫回鶻使，如須驅逐，其諸道行營兵，權（八〇）令指揮，以張仲武為東面招撫回鶻使，其當道（八一）行營兵，及奚契丹室韋等，並自指揮，以李思忠為河西（八二）党項都將、回鶻西南面招討使，皆會（八三）軍於太原，令沔屯鴈門關（八四）。

㈨初奚、契丹羈屬回鶻，各有監使，歲督（八五）其貢賦，且詗（八六）唐事，張仲武遣牙將石公緒統二部，盡殺回鶻監使等八百餘人，仲武破那頡啜，得室韋酋長妻子，室韋以金帛羊馬贖之，仲武不受，曰：「但殺監使則歸之。」癸卯，李德裕等奏：「河東奏事官孫儔適至，云：『回鶻移營近南四十里，劉沔以為此必契丹不與之同，恐為其掩襲故也。據此事勢，正堪驅除。』臣等問孫儔：『若與幽州合勢，迫逐回鶻，更須益幾兵(八七)？』儔言：『不須多益兵，唯大同兵少，得易定千人助之，足矣。』」上皆從之，詔河東、幽州、振武、天德各出大兵(八八)，移營稍前，以迫回鶻。

(廿)上聞太子少傅白居易名，欲相之，以問李德裕，德裕素惡居易，乃言：「居易衰病，不任(八九)朝謁，其從父弟左司員外郎敏中，辭學(九〇)不減居易，且有器識。」甲辰，以敏中為翰林學士。

(廿一)李思忠請與契苾、沙陀、吐谷渾六千騎，合勢擊回鶻。乙巳，以銀州刺史何清朝、蔚州刺史召契苾通，分將河東蕃兵詣振武，受李思忠指揮。通，何力之五世孫(九一)。

(廿二)冬，十月，丁卯，立皇子峴為益王，岐為兗王。

(廿三)黠戛斯遣將軍踏布合祖等至天德軍，言：「先遣都呂施合等奉公主，歸之大唐，至今無聲問(九二)，不知得達(九三)？或為奸人所隔，今出兵求索(九四)，上天入地，期於必得。」又言：「將徙就合羅川，居回鶻故國(九五)，兼已得安西、北庭、達靼等五部落。」

(廿四)十一月，辛卯朔，昭義節度使劉從諫上言：「請出部兵五千，討回鶻。」詔不許。

(廿五)上遣使賜大和公主冬衣，命李德裕為書賜公主，略曰：「先朝割愛降婚(九六)，義寧家國(九七)，謂回鶻必能禦侮，安靜垣垣(九八)；今回鶻所為，甚不循理(九九)，每馬首南向，姑得不(〇〇)畏高祖太宗之威靈，欲侵擾邊疆，豈不思太皇太后之慈愛，為其國母(〇一)，足得(〇二)指揮。若回鶻不能稟命，則是棄絕姻好，今日已後，不得以姑為詞(〇三)。」

(廿六)上幸涇陽，校獵，乙卯，諫議大夫高少逸、鄭朗於閤中諫曰：「陛下比來(〇四)，遊獵稍頻，出城太遠，侵星(〇五)夜歸，萬機曠廢(〇六)。」上改容謝之。少逸等出，上謂宰相曰：「本(〇七)置諫官，使之論事，朕欲時時聞之。」宰相皆賀。己未，以少逸為給事中，朗為左諫議大夫。

(二七)劉沔張仲武固稱(二八)盛寒，未可進兵，請待歲首(二九)；李忠順獨請與李思忠俱進。十二月，丙寅，李德裕奏，請遣思忠進屯保大柵，從之。

(二八)丁卯，吐蕃遣其臣論普熱(三〇)來告達磨贊普之喪，【考異】實錄：「丁卯，吐蕃贊普卒，遣使告喪，廢朝三日。贊普立僅三十餘年，有心疾，不知國事，委政大臣焉。命將作少監李景為弔祭使。」據補國史，彝泰卒後又有達磨贊普。此年卒者，達磨也。文宗實錄不書彝泰贊普卒，舊傳及續會要，亦皆無達磨，新書據補國史，疑文宗實錄闕略，故它書皆因而誤。彝泰以元和十一年立，至此二十七年，然開成三年已卒，達磨立至此五年，而實錄云僅三十年，亦是誤以達磨為彝泰也。命將作少監李璟為弔祭使。

(二九)劉沔奏移軍雲州。李忠順奏，擊回鶻，破之。

(三〇)丙戌，立皇子嶧為德王，嵯為昌王。

(三一)初吐蕃達磨贊普有佞幸之臣，以為相，達磨卒，無子，佞相立其妃綝氏兄尚延力之子乞離胡為贊普，纔三歲，佞相與妃共制(三一)國事，吐蕃老臣數十人，皆不得預(三二)政事。首相結都那見乞離胡不拜，曰：「贊普宗族甚多，而立綝氏子，國人誰服其令(三三)；鬼神誰饗其祀(三四)，國必亡矣。比年災異之多，乃為此也。老夫無權，不得正其亂，以報先贊普之德(三五)，有死而已(三六)。」拔刀剺面，慟哭而出，佞相殺之，滅其族，國人憤怒，又不遣使詣唐，求冊立。洛門川㉗討擊使論恐熱，【考異】補國史曰：「恐熱姓末，名農力，吐蕃國法，不呼本姓，但王族則曰論，官族則曰尚，其中字，即蕃號也，熱者，例皆言之，如中華呼郎。」性悍忍㉘，多詐謀，乃屬其徒㉙告之曰：「賊捨國族，立綝氏，專害忠良，以脅眾臣，且無大唐冊命，何名贊普㉚？吾當與汝屬舉兵，入誅綝妃及用事者，以正國家㉛，天道助順，功無不成。」遂說三部落㉜，得萬騎，是歲，與青海節度使同盟舉兵，自稱國相，至渭州，遇國相尚思羅，屯薄寒山，恐熱擊之，思羅棄輜重，西奔松州㉝，恐熱遂屠渭州。

（卅）思羅發蘇毗、吐谷渾、羊同等兵，合八萬，保洮水，焚橋拒之，恐熱至，隔水語蘇毗等曰：「賊臣亂國，天遣我來誅之，汝曹奈何助逆！我今已為宰相，國內兵我皆得制之，汝不從，將滅汝部落。」蘇毗等疑㉞不戰，恐熱引驍騎涉水，蘇毗等皆降，思羅西走，追獲殺之，恐熱盡併其眾，合十餘萬，自渭川至松州，所過殘滅，尸相枕藉。

【今註】㈠拭，鄘之子：李鄘見卷二百四十元和十二年。㈡杷頭烽：胡三省曰：「杷頭峯北臨大磧，東望雲朔，西望振武。」㊂尋勘：尋索勘察。㊃內使：中使。㊄威略：威武謀略。㊅桀黠：桀驁狡黠。㊆釋迦泊西距可汗帳三百里：烏介時移帳保錯子山。㊇邊鄙：邊境鄙邑。㊈仲武：即張仲武。㊉侵擾：侵略騷擾。⑪自固：自己固守。⑫天德以來：謂自天德以至此處。⑬羌渾：党項羌及吐谷渾。⑭奮擊：奮力攻擊。⑮羇旅：羇留而旅居於外。⑯易動：易於搖動。⑰轉致：謂轉而致送。⑱然要：謂然應。⑲獎：獎勵。⑳犯順：違順。㉑裨將：偏將。㉒芻：馬食之草。㉓至日：謂至宣赦之日。㉔兩軍：謂左右神策軍。㉕赦書初無此事：按初乃始終之省，而始終乃係全意，謂赦書全無此意。六朝時常將初字，如此用之。㉖稱謝：謂連言有罪。㉗其次酋長：謂其以下酋長。㉘號：號稱。㉙可汗表求：因楊觀之還而上表。㉚以馬價：回鶻自肅宗以來，以馬與中國互市，隨其直而償其價。㉛牛稼穡之資：謂牛乃稼穡之所使用。㉜科調：征調。㉝虜彼：彼謂烏介。㉞窮迫歸命：窮困窘迫，始來歸於王命。㉟猜虐：猜疑暴虐。㊱遠客：在遠方客居。㊲矯：正。㊳信臣：親信之臣。㊴已受其降：謂受嗢沒斯之降。㊵叶：合。㊶置家太原：謂安置家族於太原。㊷扞邊：扞衞邊境。㊸存撫：存問撫恤。㊹羌渾：見前註⑬。㊺杷頭烽：宋白曰：「杷頭烽在朔川。」㊻邀遮：攔截。㊼來春：明年春季。㊽賜嗢沒斯與其弟阿歷支、習勿啜、烏羅思，皆姓李氏，名思忠、思貞、思義、思禮：嗢沒斯曰思忠，阿歷支曰思貞，習勿啜曰思義，烏羅思曰思禮。㊾國相愛邪勿姓愛名弘順：按《舊唐書・武宗紀》作：「以嗢沒斯充歸義軍使，仍賜姓名曰李思忠；以迴紇宰相受耶勿為歸義軍副使，賜姓名曰李弘順。」是於國相愛邪勿，亦必姓名兼賜，而為李弘順，姓愛名弘順，當改作賜姓名李弘順。又《通鑑》作愛邪吾，乃從新舊唐書回鶻傳之文，而《舊唐書．武宗紀》，則作受耶勿，互不相同。(五〇)為紇吃斯所破：胡三省曰：「黠戛斯一名紇吃斯，蓋語意相近。」(五一)來投：謂來投依。(五二)恃姻好之情：謂質大和公主，以邀中國。(五三)蹤由：蹤跡事由。(五四)馳突：馳騁侵突。(五五)屈己：抑屈己意，而不肯發。(五六)幸災：以兵災為幸。(五七)良圖：良謀。(五八)貽：遺留。(五九)呼韓邪：呼韓邪事見漢宣帝紀。(六〇)無所愧懷：謂無所愧於胸懷。(六一)睥睨：斜視，音ㄅㄧˋㄋㄧˋ。(六二)邀求：猶要求。(六三)求援繼好：請求援助，繼續友好。(六四)易動難安：謂易於動蕩，而難於安定。(六五)制：制御。(六六)舉國：全國。(六七)天涯：天邊。(六八)彼：謂紇吃斯。(六九)逞志：快意。(七〇)容：容許。(七一)昔郅支不事大漢，意自夷滅：事見漢宣帝、元帝紀。(七二)懷：心懷。(七三)河東等三道：謂河東、盧龍、振武。(七四)羸：瘦弱。(七五)益河東兵：謂添益以河東兵。(七六)紛紜：紛歧。(七七)羣情：謂眾人之情。(七八)浮辭：浮而無實之辭。(七九)撓：撓折。(八〇)權：謂權宜暫且。(八一)當道：本道。(八二)河西：此謂北河之西。(八三)會：合。(八四)鴈門關：鴈門關在代州鴈門縣，即陘嶺關。(八五)督：督責。(八六)詗：偵刺。(八七)益幾兵：謂益兵幾何。(八八)大兵：猶盛兵。(八九)不任：不勝任。(九〇)辭學：辭章學問。(九一)通，何力之五世孫：胡三省曰：「契苾種帳，大和中附於振武，契苾何力太宗時來朝，遂留宿衛。」(九二)聲問：音問。(九三)不知得達：謂不知得達否。(九四)求索：猶搜索。(九五)居回鶻故國：《新唐書．回鶻傳》：「舊居薛延陀北娑陵水上，距京師七千里。開元中徒牙烏德鞬山昆河之間，南距漢高闕塞千七百里。」(九六)割愛降婚：謂割親子之愛，而降嫁回鶻。(九七)義寧家國：謂在義理，乃欲安寧家國。(九八)塞垣：塞上之長城。(九九)循理：遵循道理。(一〇〇)姑得不：太和公主、憲宗女，於上為姑，謂姑豈能不。(一〇一)國母：謂君上之母。(一〇二)足得：足能。(一〇三)不得以姑為辭：謂不得以姑之關係為藉口辭。(一〇四)比來：近來。(一〇五)侵星：猶帶星。(一〇六)曠廢：曠闕廢替。(一〇七)本：謂本來。(一〇八)稱：言。(一〇九)歲首：唐以建寅之月為歲首，欲待來春進兵。(一一〇)吐蕃遣其臣論普熱：按《新唐書・吐蕃傳》下，論普熱作論贊熱。(一一一)制：制決。(一一二)預：參預。(一一三)其令：其命令。(一一四)饗其祀：歆饗其祭祀。(一一五)德：恩德。(一一六)有死而已：謂惟有死之一法而已。(一一七)洛門川：胡三省曰：「洛門川在渭州隴西縣東南，漢來歙破隗純於落門，即此。」(一一八)悍忍：勇悍殘忍。(一一九)屬其徒：聚會其兵徒。(一二〇)何名贊普：謂何得稱曰贊普。(一二一)以正國家：謂以正君位。(一二二)三部落：胡三省曰：「三部落、吐蕃種落之分居河隴者。或云：『吐渾、党項、嗢末。』」(一二三)松州：王涯曰：「從龍州青川鎮入吐蕃界，直抵故松州之城，是吐蕃舊置節度之所。」(一二四)疑：猶疑。

卷二百四十七　唐紀六十三

起昭陽大淵獻，盡閼逢困敦七月，凡一年有奇。（癸亥至甲子，西元八四三年至八四四年）

司馬光編集
曲守約註

武宗至道昭肅孝皇帝中

會昌三年（西元八四三年）

㈠春，正月，回鶻烏介可汗帥眾侵逼振武，劉沔遣麟州刺史石雄、都知兵馬使王逢帥沙陀朱邪赤心三部及契苾拓跋㈠三千騎，襲其牙帳，【考異】舊回鶻傳云，豐州刺史石雄，後唐獻祖紀年錄云，石州刺史石雄。按是時，田牟為豐州刺史，今從實錄。沔自以大軍繼之。雄至振武，登城望回鶻之眾寡見氈車㈡數十乘，從者皆衣朱碧類華人，使諜問之，曰：「公主帳也。」雄使諜告之曰：「公主至此，家也㈢，當求歸路㈣。今將出兵擊可汗，請公主潛與侍從相保㈤，駐車勿動。」雄乃鑿城為十餘穴，引兵夜出，直攻可汗牙帳，至其帳下，虜乃覺之，可汗大驚，不知所為，棄輜重走，雄追擊之，庚子，大破回鶻於殺胡山㈥，可汗被瘡㈦，與數百騎遁去，雄迎大和公主以歸，【考異】舊石雄傳曰：「三年，回鶻大略雲朔，劉沔以太原之師、屯於雲州。沔謂雄曰，國家以公主之故，不欲急攻，我輩捍邊，但能除患，專之可也。雄受教，自選勁騎，得沙陁部落，兼契苾拓跋雜虜，夜發馬邑，徑趨烏介之牙，時虜帳逼振武，雄既入城登堞，視其眾寡，見氊車數十云云，遂迎公主還太原。」回鶻傳：「烏介去幽州八十里下營，是夜河東劉沔帥兵奄至，烏介驚走，東北依和解室韋下營，不及將大和公主同走。石雄兵遇公主帳，因迎歸國。」後唐獻祖紀年錄曰：「沔表帝為前鋒，回鶻可汗樹牙於殺胡山，帝與石雄銜枚夜進，圍其牙帳，烏介可汗輕騎而遁。帝於牙帳謁見太和公主，奉而歸國。」按一品集：「會昌二年十月十七日狀，訪聞劉沔，頗練邊事，唯臨機決策，不免遲疑，深恐過為慎重，漸失事機。」望賜劉沔詔，比緣回鶻未為侵擾，且務綏懷，今既殺戮邊人，驅劫牛馬，頻已有詔，速令驅除，自度便宜臨機應變，不得過懷疑慮，皆待朝廷指揮，既假以使名，令為諸軍節制，邊境之事，皆以責成，向後或要移營進軍，一切自取機便，不必皆候進止。」實錄：「戊寅詔劉沔云云如前。」據德裕此狀，則沔豈敢不俟詔旨，擅遣石雄襲擊可汗牙帳，況已有不須聞奏之詔也。舊德裕傳：「德裕曰杷頭烽北，便是沙磧，彼中野戰，須用騎兵，若以步卒敵之，理難必勝。今烏介所恃者公主，如令勇將出騎，奪得公主，虜自敗矣。上然之，即令德裕草制處分。」伐叛記曰：「上問討襲之計。德裕奏，若以步兵與回鶻野戰，必無勝理。回鶻常質公主同行，臣思得一計，料回鶻必未知有斫營，石雄驍勇無敵，若令揀蕃渾及漢兵銳卒，銜枚夜進，必取得公主，兼可汗可擒。上從之，遂令石雄領蕃渾及漢兵夜進，回鶻果無遊奕伏道，直至帳幕方覺，遂取得公主，惟可汗輕騎而遁。」按德裕尋自請駐斫營事，而石雄於城上見公主牙帳，迎得之，非因德裕之策，今不取。斬首萬級，降其部落二萬餘人。丙午，劉沔捷奏至。

㈡李思忠入朝，自以回鶻降將，懼邊將猜忌㈧，乞幷弟思貞等及愛弘順，皆歸闕庭。

㈢庚戌，以石雄為豐州都防禦使。

㈣烏介可汗走保黑車子族㈨，【考異】舊回鶻傳云：「烏介驚走東北約四百里外，依和解室韋下營，嫁妹與室韋，依附之。」今從伐叛記。實錄新傳舊張仲武傳又云：「烏介既敗，乃依康居求活，盡徙餘種，寄託黑車子。」蓋以李德裕紀聖功碑云，烏介并丁令以圖安，依康居而求活，盡徙餘種，屈意黑車，彼所謂康居，用郅支故事耳，致此誤也。其潰兵多詣幽州降。

(五)二月，庚申朔，日有食之。

(六)詔停歸義軍(一〇)，以其士卒，分隸(一一)諸道為騎兵，優給糧賜(一二)。

(七)辛未，黠戛斯遣使者注吾合索獻名馬二(一三)，詔太僕卿趙蕃飲勞(一四)之。甲戌，上引對，班(一五)在勃海使之上，上欲令趙蕃就頡戛斯求安西、北庭，李德裕等上言：「安西去京師七千餘里，北庭五千餘里，借使(一六)得之，當復置都護，以唐兵萬人戍之，不知此兵於何處追發(一七)？饋運從何道得通？此乃用實費(一八)，以易虛名，非計也。」【考異】德裕傳曰：「三年二月，趙蕃奏，黠戛斯攻安西北庭都護府，宜出師影援。」德裕奏辭與此同。獻替記曰：「三年二月十一日，延英德裕奏，九日奉宣，令臣等向趙蕃說，於黠戛斯處，邀求安西北庭，深恐不可。」其下辭亦與此同。按實錄：「辛未，注吾合索始至，命趙蕃飲勞之。丙子，中書門下奏，九日，奉宣。」其辭亦與獻替記同。不知宋據向書，得此辛未及丙子日也。今且沒其日，繫於注吾合索入對之下，以傳疑。上乃止。

(八)中書侍郎同平章事崔珙罷為右僕射。

(九)黠戛斯求冊命，李德裕奏，宜與之結歡(一九)，今自將兵，求殺使者罪人(二〇)，及討黑車子(二一)。上恐加可汗之名，即(二二)不修臣禮，踵(二三)回鶻故事，求歲遺(二四)及賣馬，猶豫未決。德裕奏：「黠戛斯已自稱可汗，今欲藉其力，恐不可吝(二五)此名。回鶻有平安史之功，故歲賜絹二萬匹，且與之和市，黠戛斯未嘗有功於中國，豈敢遽求賂遺乎！若慮其不臣，當與之約，必如回鶻稱臣，乃行冊命，又當敍同姓㉖以親之，使執子孫之禮。」上從之。

(十)庚寅，大和公主至京師，改封安定大長公主㉗，詔宰相帥百官迎謁於章敬寺前。公主詣光順門㉘，去盛服，脫簪珥，謝回鶻負恩，和蕃無狀之罪㉙，上遣中使慰諭，然後入宮，陽安等六公主㉚不來慰問安定公主，各罰俸物及封絹㉛。

(十一)賜魏博節度使何重順名弘敬。

(十二)三月，以太僕卿趙蕃為安撫黠戛斯使，上命李德裕草賜黠戛斯可汗書，諭以：「貞觀二十一年，黠戛斯先君身自入朝，授左屯衞將軍堅昆都督，迄於天寶，朝貢不絕，比為回鶻所隔㉜，回鶻凌虐諸蕃，可汗能復讎雪怨㉝，茂功㉞壯節㉟，近古無儔㊱，今回鶻殘兵㊲不滿千人，散投㊳山谷，可汗既與為怨，須盡殲夷㊴，儻留餘燼㊵，必生後患。又聞可汗受氏㊶之源，與我同族，國家承北平太守之後㊷，可汗乃都尉苗裔㊸，以此合族㊹，尊卑可知，今欲冊命可汗，特加美號，緣未知可汗之意，且遣諭懷(45)，待趙蕃回日，別命使展禮(46)。」自回鶻至塞上，及黠戛斯入貢，每有詔勑，上多命德裕草之，德裕請委翰林學士，上曰：「學士不能盡人意(47)，須卿自為之。」

(13)劉沔奏：「歸義軍回鶻三千餘人，及酋長四十三人，準詔(48)分隸諸道，皆大呼，連營據滹沱河(49)，不肯從命，已盡誅之。」回鶻降幽州者，前後三萬餘人，皆散隸諸道。

(14)李德裕追論維州悉怛謀事(50)，云：「維州據高山絕頂，三面臨江，在戎虜平川之衝(51)，是漢地入兵(52)之路。初河隴並沒(53)，唯此獨存，吐蕃潛以婦人，嫁此州門者(54)，二十年後，兩男長成，竊開壘門(55)，引兵夜入，遂為所陷，號曰無憂城，從此得併力(56)於西邊，更無虞(57)於南路，憑陵(58)近甸(59)，旰食(60)累朝。貞元中，韋皋欲經略河湟，須此城為始，萬旅(61)盡銳，急攻數年，雖擒論莽熱而還，城堅卒不可克。臣初到西蜀，外揚國威，中緝(62)邊備，其維州熟臣信令(63)，空壁(64)來歸，臣始(65)受其降，南蠻震懾(66)，山西八國，皆願內屬，其吐蕃合水(六七)、棲雞等城，既失險阸(六八)，自須抽歸(六九)，可減八處鎮兵，坐收千餘里舊地。且維州未降前一年，吐蕃猶圍魯州(七〇)，豈顧盟約！臣受降之初，指天為誓，面許(七一)奏聞，各加酬賞，當時不與臣者(七二)，望風疾(七三)臣，詔臣執送悉怛謀等，令彼自戮，臣寧忍(七四)以三百餘人命(七五)，棄信偷安，累表陳論，乞垂矜捨(七六)，答詔嚴切(七七)，竟令執還、體備三木(七八)，輿於竹畚(七九)，及將就路(八〇)，冤叫嗚嗚(八一)，將吏對臣，無不隕涕，其部送者(八二)，更為蕃帥(八三)譏誚云：『既已降彼(八四)，何用送來。』復以此降人，戮(八五)於漢境之上，恣行殘忍，用固攜離(八六)，至乃擲其嬰孩，承以槍槊，絕忠款(八七)之路，快兇虐之情(八八)，從古以來，未有此事。雖時更一紀(八九)，而運屬千年(九〇)，乞追獎忠魂，各加褒贈。」詔贈悉怛謀右衞將軍。

(去)臣光曰：「論者多疑維州之取捨，不能決牛李之是非。臣(九一)以為昔荀吳圍鼓，鼓人或請以城叛(九二)，吳弗許曰：『或以(九三)吾城叛，吾所甚惡也，人以城來(九四)，吾獨(九五)何好焉？吾不可以欲城而邇姦(九六)，使鼓人殺叛者，而繕守備。』是時唐新與吐蕃修好，而納其維州，以利言之，則維州小而信大(九七)，以害言之，則維州緩而關中急(九八)，然則為唐計者，宜何先乎？悉怛謀在唐，則為向化(九九)，在吐蕃不免為叛臣，其受誅也，又何矜(一〇〇)焉！且德裕所言者利也，僧孺所言者義也，匹夫狥利而忘義，猶恥之，況天子乎！譬如鄰人有牛，逸而入於家，或勸其兄歸之，或勸其弟攘(一〇一)之，勸歸者曰：『攘之不義也，且致訟(一〇二)。』勸攘者曰：『彼嘗攘吾羊矣，何義之拘(一〇三)？牛、大畜也，鬻之可以富家。』以是觀之，牛李之是非，端可見矣(一〇四)。」

(十六)夏，四月，辛未，李德裕乞退就閑局(一〇五)，上曰：「卿每辭位，使我旬日不得所(一〇六)，今大事皆未就(一〇七)，卿豈得求去！」

(十七)初昭義節度使劉從諫累表言仇士良罪惡，士良亦言從諫窺伺朝廷(一〇八)，及上即位，從諫有馬高九尺，獻之，上不受，從諫以為士良所為，怒殺其馬，由是與朝廷相猜恨(一〇九)。遂招納亡命(一一〇)，繕完(一一一)兵械，鄰境皆潛(一一二)為之備。從諫榷(一一三)馬牧及商旅，歲入錢五萬緡，又賣鐵煑鹽亦數萬緡，大商皆假以牙職(一一四)，使通好諸道，因為販易㉕，商人倚從諫勢，所至多陵轢㉖將吏，諸道皆惡之。從諫疾病，謂妻裴氏曰：「吾以忠直事朝廷，而朝廷不明我志，諸道皆不我與㉗，我死，他人主此軍，則吾家無炊火矣㉘。」乃與幕客張谷、陳揚庭謀效㉙河北諸鎮，以弟右驍衛將軍從素之子稹為牙內都知馬使，從子匡周為中軍兵馬使，【考異】實錄作莊周，今從一品集。孔目官王協為押牙親事兵馬使，以奴李士貴為使宅㉚十將兵馬使，劉守義、劉守忠、董可武、崔玄度，分將牙兵。谷，鄆州人；揚庭，洪州人也。從諫尋薨，稹秘不發喪，王協為稹謀曰：「正當如寶曆年樣為之㉛，不出百日，旌節自至，但嚴奉㉜監軍，厚遺㉝敕使，四境勿出兵，城中暗為備而已。」使押牙姜崟奏求國醫，上遣中使解朝政以醫問疾㉞，稹又逼監軍崔士康奏稱：「從諫疾病，請命其子稹為留後。」上遣供奉官薛士幹往諭指㉟云：「恐從諫疾未平㊱，宜且就東都療之，俟稍瘳㊲，別㊳有任使，仍遣稹入朝，必厚加㊴官爵。」上以澤潞事謀於宰相，宰相多以為：「回鶻餘燼㊵未滅，邊境猶須警備，復討澤潞，國力不支㊶，請以劉稹權知軍事。」諫官及羣臣上言者亦然，李德裕獨曰：「澤潞事體，與河朔三鎮不同，河朔習亂[32]已久，人心難化[33]，是故累朝以來，置之度外[34]，澤潞近處心腹，一軍素稱[35]忠義，嘗破走朱滔，擒盧從史，頃時[36]、多用儒臣為帥，如李抱真成立此軍[37]，德宗猶不許承襲，使李緘護喪[38]，歸東都，敬宗不恤[39]國務，宰相又無遠略，劉悟之死，因循以授從諫，從諫跋扈難制，累上表迫脅朝廷，今垂死之際[40]，復以兵權擅付豎子，朝廷若又因而授之，則四方諸鎮，誰不思效其所為，天子威令[41]不復行矣。」上曰：「卿以何術制[42]之？果可克[43]否？」對曰：「稹所恃者，河朔三鎮，但得鎮魏[44]不與之同，則稹無能為也。若遣重臣，往諭王元逵、何弘敬[45]，以河朔自艱難以來，列聖[46]許其傳襲，已成故事，與澤潞不同。今朝廷將加兵澤潞，不欲更出禁軍至山東，其山東三州[47]隸昭義者，委兩鎮攻之，兼令徧諭將士，以賊平之日，厚加官賞[48]，苟兩鎮聽命，不從旁沮橈[49]官軍，則稹必成擒矣。」上喜曰：「吾與德裕同之[50]，保[51]無後悔。」遂決意討稹，【考異】按舊紀武宗實錄所載德裕之語，皆出於伐叛記，伐叛記繫於劉從諫始亡之時，至此，君相誅討之意已決，下百官議，及宰臣再議，皆備禮耳。德裕之言，當在事初。實錄置此，誤也。羣臣言者，不復入(五三)矣。

【今註】㈠契苾拓跋：拓跋即党項部落。㈡氈車：以氈為車屋。㈢公主至此，家也：言公主至此，可謂已抵家門。㈣歸路：猶歸家之辦法。㈤相保：互相保持。㈥殺胡山：胡三省曰：「殺胡山即黑山。」㈦瘡：通創，謂創傷。㈧猜忌：猜疑忌嫉。㈨黑車子族：胡三省曰：「胡嶠云：『韃靼之北，單于突厥，又北，黑車子，善作車帳，其人知孝義，地貧無所產。』詳考新舊書，黑車子即室韋之一種。按是時賜黠戛斯詔云：『黑車子去漢界一千餘里。』」㈩詔停歸義軍：置歸義軍，見上卷上年。⑪隸：隸屬。⑫糧賜：此乃指衣糧言。⑬黠戛斯遣使者注吾合索獻名馬二：《新唐書・回鶻附黠戛斯傳》：「復遣注吾合素上書言狀；注吾，虜姓也，合言猛，素者左也，謂武猛善左射者。」⑭飲勞：飲之酒而慰勞之。⑮班：班列。⑯借使：假使。⑰追發：謂追回而遣發之。⑱實費：實在之費用。⑲結歡：結好。⑳求殺使者罪人：黠戛斯遣使者送太和公主，為回鶻所殺，事見上卷上年。㉑及討黑車子：以烏介可汗走保黑車子故。㉒即：猶則。㉓踵：繼。㉔歲遺：歲之贈遺。㉕吝：吝惜。㉖敍同姓：謂賜以李姓。㉗安定大長公主：《新唐書・諸帝公主憲宗十八女傳》，作定安公主。㉘光順門：《唐六典》卷七：「大明宮南面五門，正南曰丹鳳門，丹鳳門北曰宣政門，宣政門北曰紫宸門，紫宸門左曰崇明門，右曰光順門。」㉙和蕃無狀之罪：胡三省曰：「唐公主入蕃者，謂之和蕃公主，今太和公主以回鶻犯邊，故自謝和蕃無狀。」㉚陽安等六公主：檢《新唐書・諸帝公主順宗十一女傳》，無陽安公主之名，惟東陽公主傳云：「東陽公主始封信安郡主，下嫁崔杞。」豈此而誤併作陽安公主歟！宋白曰：「不至者，陽安、宣城、真寧、義寧、臨真、真源、義昌六公主。」㉛俸物及封絹：謂俸祿及封賜之絹帛。㉜隔：間隔。㉝怨：怨恨。㉞茂功：猶丰功。㉟壯節：壯烈之節行。㊱儔：匹，音ㄔㄡˊ。㊲殘兵：殘餘之兵。㊳投：投依。㊴殲夷：猶殲滅。㊵餘燼：殘餘之火炭。㊶受氏：孔穎達曰：「天子賜姓賜氏，諸侯但得賜氏，不得賜姓，降於天子也。故隱八年左傳云：『無駭卒，公問族於眾仲。眾仲對曰，天子建德，因生以賜姓，胙之土而命之氏，諸侯以字為謚，因以為族，官有世功，則有官族，邑亦如之。』以此言之，天子因諸侯先祖所生，賜之曰姓。氏族對之為別，散則通也。故左傳問族於眾仲，下雲公命以字為展氏，是也。其姓與氏，散亦得通，故春秋有姜氏、子氏，姜子皆姓而云氏，是也。」㊷國家承北平太守之後：北平太守謂李廣。㊸都尉苗裔：都尉謂李陵，苗裔指後代言。㊹合族：謂合為一族，而計其行輩。㊺諭懷：猶諭意。㊻展禮：陳禮。㊼盡人意：盡人之意，此則謂盡我意。㊽準詔：依詔。㊾滹沱河：《九域志》，忻代二州注，皆有滹沱水。㊿追論維州悉怛謀事：事見卷二百四十四文宗太和五年。(51)衝：衝要。(52)入兵：進兵。(53)並沒：皆告陷沒。(54)此州門者：謂此州之守門者。(55)壘門：營門。(56)併力：合力。(57)無虞：無憂。胡三省曰：「幷力於西邊，謂吐蕃幷力，以攻岐、隴、邠、涇、靈夏也。無虞於南路，謂西川在吐蕃之南也。自長安言之，西川亦在劍關之南，若吐蕃寇蜀，則南路自維茂入，北路自嶲州入。」(58)憑陵：陵轢。(59)近甸：畿甸附近。(60)旰食：晚食。(61)萬旅：

萬眾。(六二)中緝：謂內中繕緝。(六三)熟臣信令：謂熟知臣之信用。(六四)空壁：空營。(六五)始：方。(六六)震懾：震動懾怖。(六七)合水：《新唐書・地理志》六：「劍南道、翼州，有合江、穀塠、三谷三守捉城。」合水即此合江。(六八)險阨：猶險阻。(六九)抽歸：謂抽兵而歸。(七〇)魯州：胡三省曰：「魯州、河曲六胡州之一也，在宥州西界。」(七一)面許：親許。(七二)不與臣者：謂不贊成臣者。(七三)疾：嫉妒。(七四)寧忍：豈忍。(七五)人命：人之性命。(七六)矜捨：矜憫宥捨。(七七)嚴切：嚴厲急切。(七八)三木：加於頸及手足之刑具。(七九)輿於竹畚：謂以竹畚輿之而行。(八〇)就路：上路。(八一)嗚嗚：冤叫之聲。(八二)部送者：領兵而押送者。(八三)譏誚：譏諷嘲誚。(八四)降彼：此彼乃吐蕃指中國言。按此彼應改作汝，方與上下文意相合。(八五)戮：殺戮。(八六)用固攜離：胡三省曰：「謂戎蠻有攜離內向之心者，畏吐蕃屠戮之慘，不敢復懷反側，以威虐固制之。」(八七)忠款：忠誠。(八八)情：猶意。(八九)時更一紀：太和五年，悉怛謀死，至是歲，適十二年。更，歷也。(九〇)運屬千年：謂千載一遇之運。(九一)論者多疑維州之取捨，不能決牛李之是非：謂論者於維州之應取應捨，多疑而不知，於是對牛李主張之孰是孰非，遂不能加以明斷。(九二)鼓人或請以城叛：謂鼓人有欲以城叛而請降者。(九三)或以：謂若有人以。(九四)人以城來：謂他人以城來降。(九五)獨：豈。(九六)邇姦：親近叛城之姦人。(九七)則維州小而信大：謂則得維州之利小，而失信於人之害大。(九八)則維州緩而關中急：謂則維州與國家之關係緩，而關中之關係急。(九九)向化：歸向王化。(一〇〇)矜：矜憫。(一〇一)攘：奪取。(一〇二)且致訟：謂且將致訴訟。(一〇三)何義之拘：謂有何理束吾，使吾不能攘其牛。(一〇四)牛李之是非，端可知矣：端，正。胡三省曰：「元祐之初，棄米脂等四寨以與西夏，蓋當時國論，大指如此。」⑮閑局：謂清閑之省寺官職。⑯不得所：胡三省曰：「猶不安其所也。」⑰就：成。⑱窺伺朝廷：謂窺伺而欲干涉朝廷政事。⑲猜恨：猜疑怨恨。⑳亡命：謂無名籍者。㉑繕完：繕修完治。㉒潛：陰。㉓榷：榷收其稅。㉔牙職：牙前將校之職。㉕販易：猶貿易。㉖陵轢：欺陵，音ㄌㄧˋ。㉗不我與：謂不與我相與，亦即不相友好。㉘吾家無炊火矣：即無人煙之意。㉙效：效法。㉚使宅：節度使宅。㉛正當如寶曆年樣為之：敬宗寶曆元年，劉悟死，從諫得襲，事見卷二百四十三。㉜嚴奉：謂嚴密奉事。㉝厚遺：厚重餽遺。㉞以醫問疾：謂攜帶醫師，前來問疾。㉟諭指：曉諭意旨。㊱平：平復，亦即痊愈。㊲瘳：愈。㊳別：另。㊴厚加：重加。㉚餘燼：謂殘餘之火炭。㉛不支：不克支持。㉜習亂：慣習變亂。㉝化：感化。㉞度外：法度之外。㉟素稱：猶夙稱。㊱頃時：近來。㊲李抱真成立此軍：見卷二百二十三代宗永泰元年。㊳護喪：監護喪事。㊴恤：憂。㊵際：間。㊶威令：威嚴及命令。㊷制：制馭。㊸克：勝。㊹鎮魏：謂鎮州魏州。㊺王元逵、何弘敬：王元逵鎮帥，何弘敬魏帥。㊻列聖：謂歷代諸天子。㊼山東三州：謂邢、洺、磁。㊽官賞：官爵及賞賜。㊾沮橈：橈通撓，《通鑑》自此下，多改撓作橈，撓謂沮止撓折。㊿同之：謂意見相同。(51)保：謂保證，亦即決定之意。(52)入：猶納。

㈠上命德裕草詔，賜成德節度使王元逵、魏博節度使何弘敬，其略曰：「澤潞一鎮，與卿事體不同，勿為子孫之謀，欲存輔車㈠之勢，但能顯立㊁攻效，自然福及後昆㊂。」丁丑，上臨朝，稱其語要切㊃，曰：「當如此，直告之㊄，是也。」又賜張仲武詔，以回鶻餘燼未滅㊅，塞上多虞，專委卿禦侮。元逵弘敬得詔，悚㊆息㊇聽命。解朝政至上黨，【考異】實錄云：「時從諫死二十日矣。」按姜崟等云，自四月六日後，不見本使，而辛巳為從諫輟朝，自六日至辛巳，纔十八日耳，實錄自相違，今不取。劉稹見朝政曰：「相公危困㊈，不任㊉拜詔。」朝政欲突入，兵馬使劉武德、董可武躡簾(一一)而立，朝政恐有他變，遽(一二)走出，稹贈賚(一三)直數千緡，復遣牙將梁叔文入謝。

㈡薛士幹入境，俱(一四)不問從諫之疾，直為已知其死之意，都押牙郭誼等乃大出軍，至龍泉驛，迎候敕使，請用河朔事體(一五)，又見監軍言之，崔士康懦怯不敢違，於是將吏扶稹出見士眾(一六)，發喪，士幹竟不得入牙門，稹亦不受敕命。誼，兗州人也。解朝政復命，上怒杖之，配恭陵(一七)，囚姜崟、梁叔文。辛巳，始為從諫輟朝(一八)，贈太傅，詔劉稹護喪歸東都，又召見劉從素，令以書諭稹(一九)，稹不從。丁亥，以忠武節度使王茂元為河陽節度使，邠寧節度使王宰為忠武節度使。茂元，栖曜之子(二〇)；宰，智興之子也。

(三)黃州刺史杜牧上李德裕書，自言：「嘗問淮西將董重質以三州之眾，四歲不破之由，重質以為：『由朝廷徵兵太雜(二一)，客軍數少，既不能自成一軍，事須帖付(二二)地主，勢羸(二三)力弱，心志不一(二四)，多致敗亡。故初戰二年，戰則必勝，是多殺客軍(二五)，及二年已後，客軍殫少(二六)，止與陳許河陽全軍相搏(二七)，縱使唐州兵(二八)不能因虛取城，蔡州事力(二九)，亦不支矣。其時朝廷若使鄂州、壽州、唐州只保境，不用進戰，但用陳許鄭滑兩道全軍，帖以宣潤弩手，令其守隘(三〇)，即(三一)不出一歲，無蔡州矣(三二)。』今者上黨之叛，復與淮西不同，淮西為寇，僅五十歲(三三)，其人味為寇之腴，見為寇之利，風俗益固(三四)，氣燄(三五)已成，自以為天下之兵莫與我敵(三六)，根深源闊(三七)，取之固難。夫上黨則不然，自安史南下，不甚附隸(三八)，建中之後，每奮忠義，是以鄖公抱真(三九)，能窘田悅，走朱滔，以孤窮寒苦之軍，橫折(四〇)河朔彊梁之眾，以此證驗(四一)，人心忠赤(四二)，習尚專一(四三)，可以盡見。劉悟卒，從諫求繼，與扶同(四四)者，只鄆州隨來中軍二千(四五)耳。值寶曆多故，因以授之，今纔二十餘歲(四六)，風俗未改，故老尚存，雖欲劫(47)之，必不用命。今成德魏博，雖盡節效順(48)，亦不過圍一城，攻一堡，係纍稺老(49)而已。若使河陽，萬人為壘，窒天井之口(50)，高壁深塹(51)，勿與之戰，只以忠武、武寧兩軍(52)，帖以青州五千精甲，宣潤二千弩手，徑(53)擣上黨，不過數月，必覆其巢穴矣。」時德裕制置澤潞(54)，亦頗采牧言。

㈣上雖外尊寵仇士良，內實忌惡(55)之，士良頗覺之，遂以老病求散秩(56)，詔以左衛上將軍兼內侍監，知省事(57)。李德裕言於上曰：「議者皆云：『劉悟有功，稹未可亟(58)誅，宜全恩禮。』請下百官議，以盡人情(59)。」上曰：「悟亦何功，當時迫於救死耳！非素心(60)狥國也。藉使(61)有功，父子為將相二十餘年，國家報之足矣(62)，稹何得復自立？朕以為凡有功當顯賞(63)，有罪亦不可苟免(64)也。」德裕曰：「陛下之言，誠得理國(65)之要。」

㈤五月，李德裕言：「太子賓客分司李宗閔與劉從諫交通，不宜寘之東都。」戊戌，以宗閔為湖州(66)刺史。【考異】獻替記曰：「四月十九日，上言，東都李宗閔，我聞比與從諫交通，今澤潞事如何，可別與一官，不要令在東都。德裕曰，臣等續商量。上又云，不可與方鎮，只與一遠郡。德裕又奏云，須與一郡。」此蓋德裕自以宿憾，因劉稹事害宗閔，畏人譏議，故於獻替記載此語、以隱其跡耳。今從實錄。

㈥河陽節度使王茂元以步騎三千守萬善(六七)，河東節度使劉沔步騎二千守芒車關(六八)，步兵一千五百軍榆社(六九)，成德節度使王元逵以步騎三千守臨洺(七〇)，掠堯山(七一)，河中節度使陳夷行以步騎一千守翼城(七二)，步兵五百益冀氏(七三)。辛丑，制削奪劉從諫及子稹官爵，以元逵為澤潞北面招討使，何弘敬為南面招討使，與夷行、劉沔、茂元合力攻討。

㈦先是、河朔諸鎮有自立者(七四)，朝廷必先有弔祭使，次冊贈使、宣慰使，繼往商度(七五)軍情，必不可與節(七六)，則別除一官，俟軍中不聽出，然後始用兵。故常及半歲，軍中得繕完(七七)為備。至是宰相亦欲且遣使開諭(七八)，上即命下詔討之，【考異】獻替記曰：「五月十一日，德裕疾病，先請假在宅，李相紳其日亦請假，李相讓夷獨對上，便決攻討之意。李相歸中書後，錄聖意四紙，令德裕草制，至薄晚，封進，明日遂降麻處分。」舊本紀，下制討稹，今從實錄。王元逵受詔之日，出師屯趙州。

㈧壬寅，以翰林學士承旨(七九)崔鉉為中書侍郎同平章事，鉉、元略之子(八〇)也。上夜召學士韋琮，以鉉名授之，令草制，宰相樞密皆不之知，時樞密使劉行深、楊欽義皆愿慤(八一)，不敢預事，老宦者尤(八二)之曰：「此由劉楊懦怯，墮(八三)敗舊風(八四)故也。」琮，乾度之子(八五)也。

(九)以武寧節度使李彥佐為晉絳行營諸軍節度招討使。

(十)劉沔自代州還太原(八六)。

(十一)築望仙觀(八七)於禁中。

(十二)六月，王茂元遣兵馬使馬繼等，將步騎二千，軍於天井關南科斗店，劉稹遣衙內十將薛茂卿將親軍二千，拒之。

(十三)黠戛斯可汗遣將軍溫仵合入貢，上賜之書，諭以速平回鶻黑車子，乃遣使行冊命(八八)。

(十四)癸酉，仇士良以左衞上將軍內侍監致仕，其黨送歸私第，士良教以固權寵(八九)之術曰：「天子不可令閑，常宜以奢靡娛其耳目，使日新月盛(九〇)，無暇更及他事，然後吾輩可以得志。慎勿使之讀書，親近儒生，彼見前代興亡，心知憂懼，則吾輩疏斥(九一)矣。」其黨拜謝而去。

(十五)丙子，詔王元逵、李彥佐、劉沔、王茂元、何弘敬，以七月中旬，五道齊進，劉稹求降，皆不得受。又詔劉沔自將兵取仰車關[九二]路，以臨賊境。

(十六)吐蕃鄯州節度使尚婢婢，世為吐蕃相，婢婢好讀書，不樂仕進[九三]，國人敬之，年四十餘，彝泰贊普彊起之，使鎮鄯州，婢婢寬厚沉勇[九四]，有謀略，訓練士卒多精勇，論恐熱雖名義兵，實謀簒國，忌婢婢，恐襲其後，欲先滅之。是月，大舉兵擊婢婢，旌旗雜畜，千里不絕，至鎮西[九五]，大風震電[九六]，天火燒殺裨將[九七]十餘人，雜畜以百數[九八]，恐熱惡之，盤桓[九九]不進。婢婢謂其下曰：「恐熱之來，視我如螻蟻，以為不足屠[一〇〇]也。今遇天災，猶豫[一〇一]不進，吾不如迎伏以却之[一〇二]，使其志益驕，而不為備，然後可圖也。」乃遣使以金帛牛酒犒[一〇三]師，且致書言：「相公舉義兵，以匡[一〇四]國難，闔境之內，孰不向風[一〇五]？苟遣一介[一〇六]，賜之折簡[一〇七]，敢[一〇八]不承命！何必遠辱士眾[一〇九]，親臨下藩[一一〇]。婢婢資性[一一一]愚僻[一一二]，惟嗜讀書，先贊普授以藩維[一一三]，誠為非據[一一四]，夙夜[一一五]慙惕[一一六]，惟求退居[一一七]，相公若賜以骸骨，聽歸田里，乃愜[一一八]平生之素願也。」恐熱得書喜，徧示諸將曰：「婢婢惟把書卷㉙，安知用兵？待吾得國當位，以宰相坐之於家㉚，亦無所用也。」乃復為書勤厚㉛荅之，引兵歸，婢婢聞之，撫髀㉜笑曰：「我國無主㉝，則歸大唐，豈能事此犬鼠㉞乎！」

㈦秋，七月，以山南東道節度使盧鈞為昭義節度招撫使，朝廷以鈞在襄陽，寬厚有惠政，得眾心，故使領昭義，以招懷之。

㈧上遣刑部侍郎兼御史中丞李回宣慰河北三鎮，令幽州乘秋，早平回鶻，鎮魏早平澤潞。回，太祖之八世孫㉟也。

㈨甲辰，李德裕言於上曰：「臣見曏日㊱河朔用兵，諸道利於出境，仰給度支㊲，或陰與賊通，借一縣一柵據之，自以為功，坐食轉輸㊳，延引㊴歲時。今請賜諸軍詔旨，令王元逵取邢州，何弘敬取洺州，王茂元取澤州，李彥佐、劉沔取潞州，毋得取縣㊵。」上從之。晉絳行營節度使李彥佐自發徐州，行甚緩，又請休兵㊶於絳州，兼請益兵㊷。李德裕言於上曰：「彥佐逗遛顧望，殊㊸無討賊之意，所請皆不可許，宜賜詔切責㊹，令進軍翼城。」上從之。德裕因請以天德防禦使石雄為彥佐之副，俟至軍中，令代之。乙巳，以雄為晉絳行營節度副使，仍詔彥佐進屯翼城。劉稹上表自陳：「亡父從諫為李訓雪冤，言仇士良罪惡，由此為權倖所疾㉟，謂臣父潛懷㊱異志，臣所以不敢舉族歸朝，乞陛下稍垂寬察㊲，活臣一方㊳。」何弘敬亦為之奏雪㊴，皆不報。李回至河朔，何弘敬、王元逵、張仲武皆具櫜鞬㊵郊迎㊶，立於道左，不敢令人控馬㊷，讓制使㊸先行，自兵興以來㊹，未之有也。回明辯有膽氣，三鎮無不奉詔。

(廿)王元逵奏拔宣務柵㊺，擊堯山，劉稹遣兵救堯山，元逵擊敗之。詔切責李彥佐、劉沔、王茂元，使速進兵逼㊻賊境，且稱元逵之功，以激厲之。加元逵同平章事。八月，乙丑，昭義大將李丕來降，議者或謂：「賊故㊼遣丕降，欲以疑誤㊽官軍。」李德裕言於上曰：「自用兵半年㊾，未有降者，今安㊿問誠之與詐，且須厚賞，以勸將來(51)，但不要置之要地耳。」

(廿一)上從容言文宗好聽外議，諫官言事，多不著名(52)，有如匿名(53)書。李德裕曰：「臣頃在中書，文宗猶不爾(54)，此乃李訓鄭注教文宗以術御下㊄㊄，遂成此風〔五六〕。人主但當推誠任人，有欺罔〔五七〕者，威〔五八〕以明刑，孰敢哉〔五九〕！」上善之。

(廿一)王元逵前鋒入邢州境，已踰月，何弘敬猶未出師，元逵屢有密表，稱弘敬懷兩端，丁卯，李德裕上言：「忠武累戰有功，軍聲〔六〇〕頗振，王宰年力方壯〔六一〕，謀略可稱，請賜弘敬詔以：『河陽河東，皆閡山險〔六二〕，未能進軍，賊屢出兵，焚掠晉絳，今遣王宰將忠武全軍，徑〔六三〕魏博，直抵磁州，以分賊勢。』弘敬必懼。此攻心伐謀〔六四〕之術也。」從之。詔宰悉〔六五〕選步騎精兵，自相魏趣磁州。

(廿二)甲戌，薛茂卿破科斗寨，擒河陽大將馬繼等，焚掠小寨一十七，距懷州纔十餘里，茂卿以無劉稹之命，故不敢入〔六六〕。時議者鼎沸〔六七〕，以為：「劉悟有功，不可絕其嗣。」又：「從諫養精兵十萬，糧支十年，如何可取？」上亦疑之，以問李德裕，對曰：「小小進退，兵家之常，願陛下勿聽外議，則成功必矣。」上乃謂宰相曰：「為我語朝士〔六八〕有上疏沮〔六九〕議者，我必於賊境上斬之。」議者乃止。何弘敬聞王宰將至，恐忠武兵入魏境，軍中有變，蒼黃

(七〇)出師，丙子，弘敬奏，已自將全軍，度漳水，趣磁州。庚辰，李德裕上言：「河陽兵力寡弱，自科斗店(七一)之敗，賊勢愈熾(七二)，王茂元復有疾，人情危怯(七三)，欲退保懷州。臣竊見元和以來，諸賊常視官軍寡弱之處，併力攻之，一軍不支，然後更攻他處。今魏博未與賊戰，西軍(七四)閿險不進，故賊得併兵南下(七五)，若河陽退縮，不惟虧沮軍聲，兼恐震驚洛師(七六)，望詔王宰，更不之(七七)磁州，亟以忠武軍應援(七八)河陽，不惟扞蔽(七九)東都，兼可臨制魏博。若令全軍供餉難給，且令發先鋒五千人赴河陽，亦足張(八〇)聲勢。」甲申，又奏：「請敕王宰，以全軍繼進，仍急以器械繒(八一)帛助河陽窘乏(八二)。」上皆從之。王茂元軍萬善，劉稹遣牙將張巨、劉公直等會薛茂卿共攻之，期以九月朔圍萬善，乙酉，公直等潛師先過萬善南五里，焚雍店，巨引兵繼之，過萬善，覘知城中守備(八三)單弱，欲專有功，遂攻之，日昃(八四)，城且拔，乃使人告公直等。時義成軍適至(八五)，茂元困急，欲帥眾棄城走，都虞候孟章諫曰：「賊眾自有前却(八六)，半在雍店，半在此，乃亂兵耳，今義成軍纔至，尚未食，聞僕射走，則自潰矣，願且強留(八七)。」茂元乃止。會日暮，公直等不至，巨引兵退，始登山(八八)，微雨晦黑(八九)，自相驚曰：「追兵近矣。」皆走，人馬相踐，墜崖谷死者甚眾。

(七四)上以王茂元、王宰兩節度使，共處河陽非宜(九〇)，庚寅，李德裕等奏，茂元習(九一)吏事，而非將才，請以宰為河陽行營攻討使，茂元病愈，止令鎮河陽，病困亦免他虞(九二)。九月，辛卯，以宰兼河陽行營攻討使。

(七五)何弘敬奏，拔肥鄉、平恩(九三)，殺傷甚眾，得劉稹牓帖(九四)，皆謂官軍為賊云：「遇之即須痛殺(九五)。」癸巳，上謂宰相：「何弘敬已克兩縣，可釋前疑(九六)，既有殺傷，雖欲持兩端，不可得已。」乃加弘敬檢校左僕射。

(七六)丙午，河陽奏王茂元薨，李德裕奏：「王宰止可令以忠武節度使，將萬善營兵，不可使兼領河陽，恐其不愛河陽州縣，恣(九七)為侵擾，又河陽節度先領懷州刺史，常以判官攝(九八)事，割河南五縣租賦隸河陽(九九)，不若遂置孟州，其懷州別置刺史，俟昭義平日，仍割澤州隸河陽節度，則太行之險，不在昭義，而河陽遂為重鎮，東都無復憂矣。」上采㉚其言，戊申，以河南尹敬昕為河陽節度、懷孟觀察使，王宰將行營以扞敵，昕供饋餉㉛而已。

(七七)庚戌，以石雄代李彥佐為晉絳行營節度使，【考異】實錄：「召彥佐入奉朝請，俟罷兵日，赴鎮。」按彥佐前已罷武寧，今又罷晉絳，復赴何鎮，實錄誤也。令自冀氏取潞州，仍分兵屯翼城，以備侵軼㉜。

(七八)是月，吐蕃論恐熱屯大夏川㉝，尚婢婢遣其將厖結心及莽羅薛呂，將精兵五萬擊之，至河州南，莽羅薛呂伏兵四萬於險阻，厖結心伏萬人於柳林中，以千騎登山，飛矢繫書罵之㉞，恐熱怒，將兵數萬追之，厖結心陽㉟敗走，時為馬乏不進㊱之狀，恐熱追之益急，不覺行數十里，伏兵發，斷其歸路，夾擊之；會大風飛沙，溪谷皆溢㊲，恐熱大敗，伏尸㊳五十里，溺死者不可勝數，恐熱單騎遁歸。

(七九)石雄代李彥佐之明日，即引兵踰烏嶺㊴，破五寨，殺獲千計。時王宰軍萬善，劉沔軍石會，皆顧望未進，上得雄捷書，喜甚。

冬，十月，庚申，臨朝，謂宰相曰：「雄真良將。」【考異】獻替、伐叛記，皆云十月五日，上言石雄破賊，而實錄己巳奏到，庚午對宰臣言，乃是十五日，恐誤。李德裕因言：「比年前⑳潞州市有男子磬折㉑唱曰：『石雄七千人至矣。』劉從諫以為妖言，斬之，破潞州者，必雄也。」詔賜雄帛為優賞㉒，雄悉置軍門，自依士卒例，先取一匹，餘悉分將士，故士卒樂為之致死㉓。

（卅）初劉沔破回鶻，得大和公主，張仲武㉔疾之，由是有隙，上使李回至幽州和解之，仲武意終不平㉕。朝廷恐其以私憾㉖敗事，辛未，徙沔為義成節度使，以前荊南節度使李石為河東節度使。

（卅一）党項寇鹽州，以前武寧節度使李彥佐為朔方靈鹽節度使。十一月，邠寧奏党項入寇，李德裕奏：「党項愈熾，不可不為區處㉗，聞党項分隸諸㉘鎮，剽掠於此，則亡逃歸彼，節度使各利其駝馬，不為擒送，以此無由禁戢㉙。臣屢奏，不若使一鎮統之，陛下以為一鎮專領党項，權大㉚重，臣今請以皇子兼統諸道，擇中朝廉幹㉛之臣為之副，居於夏州，理其辭訟㉜，庶㉝為得宜。」乃以兗王岐㉞為靈夏等六道元帥，兼安撫党項大使；又以御史中丞李回為安撫党項副使，史館修撰鄭亞為元帥判官，令齎詔往安撫党項及六鎮㉕百姓。

(卌一)安南經略使武渾役將士治城，將士作亂，燒城樓，劫府庫，渾奔廣州，監軍段士則撫安㉖亂眾。

(卌二)忠武軍素號精勇㉗，王宰治軍嚴整㉘，昭義人甚憚之。薛茂卿以科斗寨之功，意望超遷㉙，或謂劉稹曰：「留後所求者節耳，茂卿太深入，多殺官軍，激怒朝廷，此節所以來益遲也。」由是無賞，茂卿慍懟㉚，密與王宰通謀。十二月，丁巳，宰引兵攻天井關，茂卿小戰，遽引兵走，宰遂克天井關，守之，關東西寨聞茂卿不守，皆退走，宰遂焚大小箕村，茂卿入澤州，密使諜召宰，進攻澤州，當為內應，宰疑㉛不敢進，失期不至，茂卿拊膺頓足㉜而已，稹知之，誘茂卿至潞州，殺之，并其族㉝，以兵馬使劉公直代茂卿。安全慶守烏嶺，李佐堯守彫黃嶺㉞，郭僚守石會，康良佺守武鄉㉟。僚，誼之姪也。戊辰，王宰進攻澤州，【考異】一品集十月二十三日狀：「緣王宰兵已深入，須取澤州。」按此月三日，宰始得天井關，於十月之末，豈能深入取澤州，蓋十二月十三日狀二字，誤在月下耳。與劉公直戰不利，公直乘勝復天井關，甲戌，宰進擊公直，大破之，遂圍陵川㊱，克之。河東奏克石會關，洺州刺史李恬，石之從兄也，石至太原，劉稹遣軍將賈羣詣石，以恬書與石云：「稹願舉族歸命相公㊲，奉從諫喪歸葬東都。」石囚羣，以其書聞。李德裕上言：「今官軍四合，捷書日至，賊勢窮蹙㊳，故偽輸㊴誠款，冀以緩師㊵，稍得自完，復來侵軼，望詔石荅恬書云：『前書未敢聞奏㊶，若郎君誠能悔過，舉族面縛㊷，待罪境上，則石當親往受降，護送歸闕㊸；若虛為誠款，先求解兵㊹，次望洗雪，則石必不敢以百口保人㊺。』【考異】一品集正月四日狀曰：「臣等得李石狀，報劉稹潛有款誠云云。」又曰：「今饋運之費，計至春未並足，如二月已來，尚未殄滅，然議納降亦未為晚。」又草詔賜石曰：「必不得因此遷延，令其得計，仍不得先受章表，便與奏聞。」實錄：「上貶崔碣，仍詔敢言罷兵者，送賊境戮之。」德裕狀正月四日上，然石發奏，必在楊弁未亂前，故置於此。仍望詔諸道乘其上下離心，速進兵攻討，不過旬朔㊻，必內自生變。」上從之。右拾遺崔碣上疏請受其降，上怒，貶碣鄧城令。

(卌)初劉沔破回鶻，留兵三千，戍橫水柵，河東行營都知兵馬使王逢奏，乞益榆社兵，詔河東以兵二千赴之。時河東無兵，守倉庫者及工匠，皆出從軍，李石召橫水戍卒千五百人，使都將楊弁將之，詣逢㊲，壬午，戍卒至太原。先是軍士出征，人給絹二匹，劉沔之去，竭府庫自隨㊳，石初至，軍用乏㊴，以己絹益之，人纔得一匹，時已歲盡，軍士求過正旦而行，監軍呂義忠累牒趣㊵之，楊弁因眾心之怒，又知城中空虛，遂作亂。

【今註】㈠輔車：《左傳》僖五年：「諺所謂：『輔車相依，脣亡齒寒者。』其虞虢之謂也！」注：「輔，頰輔；車，牙車。」㈡顯立：明立。㈢後昆：謂子孫。㈣要切：簡要懇切。㈤直告之：直接告之。㈥回鶻餘燼未滅：指烏介可汗尚在黑車子言。㈦悚：懼，音ㄙㄨㄥˇ。㈧息：屏息。㈨危困：危殆困弊。㈩不任：不勝任，亦即不克。⑪躡簾：謂足靠簾下。⑫遽：急。⑬賷：送行者贈賄之禮，音燼。⑭俱：全。⑮事體：此謂故事。⑯士眾：士卒。⑰配恭陵：謂安置於恭陵。⑱輟朝：唐代天子於重要大臣卒，常為之輟朝，以示哀悼。其日數自一日至三五日不等。⑲又召見劉從素，令以書諭稹：令父以書諭其子，從素時在朝為右驍衛將軍。⑳茂元，栖曜之子：王栖曜見卷二百三十德宗興元元年。㉑太雜：太雜亂。㉒帖付：加付。㉓羸：瘦弱。㉔不一：不統一。㉕是多殺客軍：謂如此，故客軍多死。㉖殫少：殫盡寡少。㉗陳許河陽全軍相搏：陳許謂李光顏之兵，河陽謂烏重胤之兵，全軍對上雜軍言，乃係完全純粹之軍隊。㉘唐州兵：謂李愬之兵。㉙事力：猶軍力。㉚隘：險隘。㉛即：猶則。㉜無蔡州矣：謂蔡必亡矣。㉝僅：共，乃唐代之特別用語。

㉞固：牢固。㉟氣燄：氣勢凶燄。㊱莫與我敵：謂莫能與我為敵。㊲源闊：謂源流廣闊。㊳自安史南下，不甚附隸：肅宗時、蔡希德攻上黨，不能克。㊴鄖公抱真：李抱真封鄖公。㊵橫折：猶大敗。㊶證驗：例證效驗。㊷忠赤：赤亦忠。㊸專一：猶貞一。㊹扶同：胡三省曰：「猶今俗言扶合也。」㊺中軍二千：謂中軍之卒二千，唐末則謂元從。㊻今纔二十餘歲：按寶曆元年，以昭義節授劉從諫，至是歲纔十九年。㊼劫：劫持。㊽盡節效順：謂盡節操，效順款。㊾係纍稺老：俘虜而繫纍其老弱。㊿窒天井之口：胡三省曰：「天井關在澤州晉城縣南，亦名太行關，關南有天井泉三所，故名。杜牧此說，欲杜潞人之南窺懷洛也。」(51)深塹：深濬之溝塹。(52)忠武武寧兩軍：忠武，陳許兵；武寧，徐州兵。(53)徑：直。(54)制置澤潞：謂制置攻澤潞之策。(55)忌惡：畏惡。(56)散秩：冗散之位。(57)知省事：知內侍省事。(58)亟：速。(59)以盡人情：以盡每人之意。(60)素心：夙心。(61)藉使：猶借使。(62)足矣：謂已足矣，或可謂足矣。(63)顯賞：明加封賞。(64)苟免：苟且赦免。(65)理國：即治國。(66)湖州：《舊唐書．地理志》三：「江南東道湖州，在京師東南三千四百四十一里。」(67)萬善：據《九域志》，懷州河內縣有萬善鎮。(68)芒車關：胡三省曰：「芒車關即昂車關。」據《新唐書．地理志》三，河東道潞州、武鄉縣，北有昂車關。(69)榆社：宋白曰：「榆社縣今潞州襄垣縣理是也，因今縣西北榆社故城為名。」(70)臨洺：據《新唐書．地理志》三，臨洺縣屬河北道洺州，音名。(71)堯山：據同志三，堯山縣屬河北道邢州。(72)翼城：據同志三，翼城縣屬河東道絳州。(73)冀氏：據同志三，冀氏縣屬河東道晉州。(74)自立者：謂自立為節度使或留後者。(75)商

度：商量。(七六)節：旌節。(七七)繕完：繕修完治。(七八)開諭：開譬曉諭。(七九)翰林學士承旨：胡三省曰：「翰林學士第一廳為承旨廳，以翰林學士久次者為之。」(八〇)鉉，元略之子：崔元略見卷二百二十三敬宗寶曆元年。(八一)愿愨：謹重。(八二)尤：咎。(八三)墮：讀曰隳。(八四)舊風：往日風習。(八五)琮，乾度之子：韋乾度，憲宗朝為吏部郎中。(八六)劉蘊自代州還太原：以回鶻已被破走。(八七)望仙觀：《會要》：「是年修望仙樓及廊舍，共五百三十九間。」(八八)冊命：謂賜冊書而封拜之。(八九)權寵：權位寵幸。(九〇)使日新月盛：謂使奢靡之事，日新月盛。(九一)疏斥：疏遠斥逐。(九二)仰車關：即上之昂車關。(九三)仕進：猶為宦。(九四)沈勇：深沈勇敢。(九五)鎮西：鎮西軍在河州西一百八十里。(九六)震電：謂雷電。(九七)裨將：偏將。(九八)以百數：謂以一百為單位，而計數之。(九九)盤桓：猶盤旋。(一〇〇)屠：滅。(一〇一)猶豫：猶遲疑。(一〇二)迎伏以却之：謂迎接伏順而示之以謙退。(一〇三)犒：犒賞。(一〇四)匡：救。(一〇五)向風：猶隨同。(一〇六)一介：一個。(一〇七)折簡：謂裁書。(一〇八)敢：謂豈敢。(一〇九)士眾：士卒。(一一〇)下藩：猶小鎮。(一一一)資性：天資稟性。(一一二)愚僻：愚陋固僻。(一一三)藩維：藩翰。(一一四)非據：謂未有根據，亦即無有道理。(一一五)夙夜：朝夕。(一一六)慙惕：慚愧惕懼。(一一七)退居：謂告退家居。(一一八)愜：滿足，音ㄑㄧㄝˋ。(一一九)把書卷：謂執書卷閱讀。(一二〇)以宰相坐之於家：謂以宰相位之，而令其家居。(一二一)勤厚：慇懃優厚。(一二二)撫髀：髀，股外，音俾，此謂拍髀。(一二三)我國無主：謂若我國無適當之君主。(一二四)犬鼠：乃詈人語。(一二五)回，太祖之八世孫：太祖第六子禕生德良，八世至回。(一二六)曏日：昔日。(一二七)諸道利於出境，仰給度支：謂諸道利於出境，則可仰賴供給於度支。(一二八)坐食轉輸：謂安坐而食饋運。(一二九)延引：延長拖引。(一三〇)取縣：取州所轄之縣邑。㉛休兵：休息士卒。㉜益兵：增兵。㉝殊：猶頗。㉞切責：嚴切責斥。㉟疾：恨。㊱潛懷：暗藏。㊲寬察：寬宥省察。㊳活臣一方：謂活臣一方民命。㊴奏雪：謂奏章滌雪。㊵櫜鞬：櫜、盛箭之囊，鞬、弓袋。㊶郊迎：迎於郊外。㊷控馬：猶牽馬。㊸制使：胡三省曰：「曰制使，以別宦官之勅使。」㊹自兵興以來：兵興以來，謂天寶之後。㊺宣務柵：當在堯山縣東北。㊻逼：逼薄。㊼故：故意。㊽疑誤：遲疑延誤。㊾自用兵半年：謂自用兵半年以來。㊿安：何。(51)以勸將來：謂以勸將來之欲降者。(52)著名：謂著寫姓名。(53)匿名：隱藏姓名。(54)臣頃在中書，文宗猶不爾：德裕謂太和間已為相時，文宗猶不如此。(55)御下：制御臣下。(56)風：風尚。(57)罔：罔誣。(58)威：猶懼。(59)孰敢哉：謂誰敢復欺罔哉。(60)軍聲：軍之聲威。(61)方壯：正壯。(62)河陽河東，皆閡山險：河陽閡太行之險，河東閡石會昂車之險，閡、阻隔。(63)徑：取道。(64)伐謀：謂攻伐其計謀。(65)悉：盡。(66)不敢入：不敢入懷州。(67)鼎沸：如鼎水之沸。(68)朝士：朝廷之眾臣。(69)沮：止。(70)蒼黃：倉卒。(71)科斗店：按上作科斗寨。蓋其地原名科斗店，置寨則曰科斗寨，二者實指一地而言。(72)熾：盛。(73)危怯：危懼怯退。(74)西軍：謂河東晉絳兵。(75)南下：自太行南趨懷州，謂之下。(76)洛師：東都謂之洛師。(77)之：往。(78)應援：接應援助。(79)扞蔽：扞衛遮蔽。(80)張：張大。(81)繒：帛之總名，音增。(82)窘乏：困窘缺乏。(83)守備：防守之設備。(84)日昃：日過午。(85)時義成軍適至：時以河陽兵寡，令王宰以忠武軍合義成兵援之、義成軍、滑州兵。(86)前却：按却當作却，謂早有釁隙。(87)強留：勉強留此。(88)登山：登太行阪。(89)晦黑：天色暗黑。(90)非宜：不適宜。(九一)習：熟習。(九二)他虞：謂喪師失城。(九三)肥鄉平恩：據《新唐書・地理志》三，二縣皆屬河北道洺州。(九四)牓帖：貼於通衢牆上之文書。(九五)痛殺：謂猛烈擊殺。(九六)可釋前疑：前疑謂王元逵密奏弘敬懷持兩端。(九七)恣：縱恣。(九八)攝：代理。(九九)割河南五縣租賦隸河陽：見卷二百二十七宗建中元年。(一〇〇)采：採納。(一〇一)饋餉：饋運軍糧，餉音向。(一〇二)侵軼：侵犯軼突。(一〇三)大夏川：胡三省曰：「大夏川在河州大夏縣西，有大夏水，漢古縣也。」(一〇四)飛矢繫書罵之：謂繫書於矢而射至其營，書中則全係罵詈之辭。(一〇五)陽：猶佯。(一〇六)不進：謂不能進。(一〇七)會大風飛沙，溪谷皆溢：按《新唐書・吐蕃傳》，大風飛沙作大風雨，以溪谷皆溢核之，當以作大風雨為是。(一〇八)伏尸：臥尸。(一〇九)烏嶺：胡三省曰：「五代志，翼城縣有烏嶺山。」(一一〇)比年前：謂數年前。(一一一)磬折：謂屈折其身，如磬之形。(一一二)優賞：優厚之賞賜。(一一三)致死：致死力。(一一四)疾：嫉妬。(一一五)不平：猶不悅。(一一六)私憾：私恨。(一一七)區處：猶處置。(一一八)党項分隸諸鎮：綏、銀、靈、鹽、夏、邠、寧、延、麟、勝、慶等州，皆有党項，諸鎮分領之。(一一九)禁戢：禁止戢斂。(一二〇)大：音太。(一二一)廉幹：清廉能幹。(一二二)辭訟：猶訴訟，獄訟。(一二三)庶：庶幾。(一二四)兗王岐：岐，皇子。(一二五)六鎮：謂鹽州、夏州、靈武、涇原、及鎮武、邠寧。(一二六)撫安：宣撫安綏。(一二七)精勇：精良驍勇。(一二八)嚴整：嚴厲整飭。(一二九)超遷：不次之陞遷。(一三〇)慍懟：慍怒怨懟，懟音隊。(一三一)疑：懷疑。(一三二)拊膺頓足：皆悔恨之態。(一三三)并其族：謂並殺其宗族。(一三四)彫黃嶺：胡三省曰：「彫黃嶺在潞州長子縣西。」(一三五)武鄉：據《新唐書・地理志》三，武鄉縣屬河東道潞州。(一三六)陵川：據同志三，陵川縣屬河東道澤州。(一三七)歸命：歸性命。(一三八)窮蹙：窮困蹙縮。(一三九)輸：輸納。

㉙綏師：舒緩師之進行。㉚未敢聞奏：謂未敢奏而使天子聞之。㉛面縛：將雙臂反縛於背後。㉜歸闕：歸闕庭。㉝解兵：謂釋兵而不攻擊。㉞以百口保人：中古稱全家之人數，率云百口，此謂以全家人性命為君擔保。㉟旬朔：猶旬月。㊱詣逢：至逢處。㊲竭府庫自隨：謂竭盡府庫所有以自隨。㊳軍用乏：軍之資用缺乏。㊴趣：讀曰促。

四年（西元八四四年）

㈠春，正月，乙酉朔，楊弁帥其眾剽剠㈠城市，殺都頭㈡梁季叶，李石奔汾州，弁據軍府，釋賈羣之囚，使其姪與之俱詣劉稹，約㈢為兄弟，稹大喜。石會關守將楊珍聞太原亂，復以關降於稹。戊子，呂義忠遣使言狀，朝議喧然㈣，或言兩地㈤皆應罷兵，王宰又上言：「遊奕將得劉稹表，臣近遣人至澤潞，賊有意歸附，若許招納，乞降詔命㈥。」李德裕上言：「宰擅受稹表，遣人入賊中，曾不聞奏，觀宰意，似欲擅招撫之功。昔韓信破田榮㈦，李靖擒頡利㈧，皆因其請降，潛兵掩襲，止可令王宰失信，豈得損朝廷威命，建立奇功，實在今日，必不可以太原小擾㈨，失此事機。望即遣供奉官至行營，督其進兵，掩[一〇]其無備，必須劉稹與諸將皆舉族面縛，方可受納。」【考異】一品集奏狀云：「如劉稹自來，卻令送入，輒不得受。」按稹若自來，豈有卻送入之理，恐是稹下脫不字。兼遣供奉官至晉絳行營，密諭石雄以：「王宰若納劉稹，則雄無功可紀，雄於垂成之際，須自取奇功，勿失此便[一一]。」又為相府與宰書，言：「昔王承宗雖逆命，猶遣弟承恭奉表詣張相祈哀[一二]，又遣其子知感、知信入朝，憲宗猶未之許，今劉稹不詣尚書面縛，又不遣血屬[一三]祈哀，置章表於衢路之間，遊奕將不即毀除，實恐非是[一四]。況稹與楊弁通姦，逆狀如此，而將帥大臣，容受[一五]其詐，是私惠[一六]歸於臣下，不赦在於朝廷，事體之間，交恐[一七]不可。自今更[一八]有章表，宜即所在焚之，惟面縛而來，始可容受。」

㈡德裕又上言：「太原人心，從來[一九]忠順，止是貧虛[二〇]，賞犒不足，況千五百人，何能為事[二一]？必不可姑息寬縱[二二]，且用兵未罷，深慮所在動心[二三]，頃張延賞為張朏所逐，逃奔漢州，還入成都，望詔李石義忠還赴太原行營，召旁近[二四]之兵，討除亂者。」上皆從之。是時李石已至晉州，詔復還太原。辛卯，詔王逢悉留太原兵守榆社，以易定千騎、宣武兗海步兵三千討楊弁，又詔王元逵以步騎三千，自土門入，應接逢軍。【考異】實錄：「詔側近行營，量抽兵翦撲。」又詔：「王元逵以兵五千扼土門，張仲武把鴈門，以為聲援。」今從伐叛記。忻州刺史李丕奏：「楊弁遣人來為遊說，臣已斬之，兼斷其北出之路㉕，發兵討之。」辛丑，上與宰相議太原事，李德裕曰：「今太原兵皆在外，為亂者止千餘人，諸州鎮必無應者，計㉖不日㉗誅翦，惟應速詔王逢進軍至城下，必自有變。」上曰：「仲武見鎮魏討澤潞有功，必有慕羨之心，使之討太原，何如？」德裕對曰：「鎮州趣太原，路最便近㉘，仲武去年討回鶻，與太原爭功，恐其不戢㉙士卒，平人㉚受害。」乃止。上遣中使馬元實至太原，曉諭亂兵，且覘㉛其彊弱，楊弁與之酣飲三日，且賂㉜之。戊申，元實自太原還，上遣詣宰相議之，元實於眾中大言：「相公須早與之節。」李德裕曰：「何故？」元實曰：「自牙門至柳子列㉝，十五里曳地光明甲㉞，若之何取之？」德裕曰：「李相㉟正以太原無兵，故發橫水兵赴榆社，庫中之甲，盡在行營，弁何能遽致㊱如此之眾乎？」元實曰：「太原人勁悍，皆可為兵，弁召募所致耳。」德裕曰：「召募須有貨財，李相止以欠軍士絹一匹，無從可得，故致此亂，弁何從得之？」元實辭屈，德裕曰：「從其有十五里光明甲，必須殺此賊。因奏稱楊弁微賊，決不可恕，如國力不及㊲，寧捨劉稹。」河東兵戍榆社者，聞朝廷令客軍取太原，恐妻孥㊳為所屠滅，乃擁㊴監軍呂義忠，自取太原，壬子，克之，生擒楊弁，盡誅亂卒。

㈢三月，甲寅朔，日有食之。

㈣乙卯，呂義忠奏克太原。丙辰，李德裕言於上曰：「王宰久應取澤州，今已遷延㊵兩月，蓋宰與石雄，素不相叶㊶，今得澤州，距上黨猶二百里，而石雄所屯，距上黨纔百五十里，宰恐攻澤州，綴㊷昭義大軍，而雄得乘虛入上黨，獨有其功耳。又宰生子晏實，其父智興愛而子之㊸，晏實今為磁州刺史，為稹所質，宰之顧望不敢進，或為此也。」上命德裕草詔賜宰，督㊹其進兵，且曰：「朕顧茲小寇，終不貸刑㊺，亦知晏實是卿愛弟，將申大義，在抑私懷㊻。」

㈤丁巳，以李石為太子少傅分司，以河中節度使崔元式為河東節度使，石雄為河中節度使。元式，元略之弟㊼也。

㈥己未，石雄拔良馬㊽等三寨一堡。

㈦辛酉，太原獻楊弁及其黨五十四人，皆斬於狗脊嶺㊾。

㈧壬申，李德裕言於上曰：「事固有激發而成功者㊿，陛下命王宰趣磁州，而何弘敬出師，遣客軍討太原，而戍兵先取楊弁，今王宰久不進軍，請徙劉沔鎮河陽，仍令以義成精兵二千，直抵萬善，處宰肘腋之下(五一)，若宰識(五二)朝廷此意，必不敢淹留(五三)，若宰進軍，沔以重兵在南，聲勢亦壯。」上曰：「善。」戊寅，以義成節度使劉沔為河陽節度使。

㈨王逢擊昭義將康良佺，敗之，良佺棄石會關，退屯鼓腰嶺(五四)。

【考異】實錄：「王宰奏賊將康良佺敗，棄石會關，移軍入三十里，守鼓腰嶺。」按石會關在潞州北，與河東接，宰時在澤州南，何以得敗良佺？蓋逢字誤為宰耳。

㈩黠戛斯遣將軍諦德伊斯難珠等入貢，言欲徙居回鶻牙帳，請發兵之期，集會(五五)之地。上賜詔，諭以：「今秋可汗擊回鶻黑車子之時，當令幽州、太原、振武、天德四鎮，出兵要路(五六)，邀(五七)其亡逸(五八)，便申(五九)冊命，並依回鶻故事。」朝廷以回鶻衰微，吐蕃內亂，議復河湟四鎮十八州(六〇)，乃以給事中劉濛為巡邊使，【考異】實錄，以濛為巡邊使，在明年二月壬寅，壬寅二十五日也。按一品集會昌四年二月二十二日奏狀曰：「緣李回等稱黠戛斯使云，今冬必欲就黑車子，收回鶻可汗餘燼，切望國家兵馬應接。黠戛斯使回日，已賜勅書，許令幽州、太原、振武、天德，各於要路出兵邀截。」又曰：「仍令代北諸軍，擬擬排比。」又曰：「其幽州兵馬至多，不必先令排比，待至冬初，續降中使賜詔。」黠戛斯使來，在四年二月，德裕奏狀，所謂今冬防秋冬初者，皆四年事也，不容至五年二月，始以濛為巡邊使。濛之奉使要在今年春夏，不知的何月日，且附於此。使之先備器械糗(六一)糧，及詗(六二)吐蕃守兵眾寡。又令天德、振武、河東訓卒礪兵(六三)，以俟今秋黠戛斯擊回鶻，邀其潰敗(六四)之眾南來者，皆委濛與節度團練使詳議以聞。濛，晏之孫也。

(十)以道士趙歸真為右街道門(六五)教授先生。

(十一)吐蕃論恐熱之將岌藏豐贊，惡恐熱殘忍，降於尚婢婢，恐熱發兵擊婢婢於鄯州，婢婢分兵為五道拒之，恐熱退保東谷(六六)，婢婢為木柵圍之，絕其水原，恐熱將百餘騎，突圍走保薄寒山，餘眾皆降於婢婢。

(十二)夏，四月，王宰進攻澤州。

(十三)上好神仙，道士趙歸真得幸，諫官屢以為言。丙子，李德裕亦諫曰：「歸真、敬宗朝罪人(六七)，不宜親近。」上曰：「朕宮中無事，時與之談道滌煩(六八)耳，至於政事，朕必問卿等與次對官(六九)，雖百歸真，不能惑也(七〇)。」德裕曰：「小人見勢利所在，則奔趣之，如夜蛾之投燭，聞旬日以來，歸真之門，車馬輻(七一)湊，願陛下深戒之。」

(十五)戊寅，以左僕射王起同平章事，充山南西道節度使，起以文臣，未嘗執政，直(七二)除使相(七三)，前無此比(七四)，固辭，上曰：「宰相無內外之異(七五)，朕有闕失，卿飛表(七六)以聞。」

(十六)李德裕以州縣佐官太冗(七七)，奏令吏部郎中柳仲郢裁減。六月，仲郢奏減一千二百一十四員。【考異】獻替記曰：「減得二千二員。」新傳曰：「罷二千餘員。」舊柳仲郢傳曰：「減一千二百員。」今從之。仲郢，公綽之子(七八)也。

(十七)宦官有發仇士良宿惡(七九)，於其家得兵仗(八〇)數千，詔削其官爵，籍沒家貲(八一)。

(十八)秋，七月，辛卯，上與李德裕議以王逢將兵屯翼城。上曰：「聞逢用兵太嚴，有諸？」對曰：「臣亦嘗以此詰(八二)之，逢言：『前有白刃，法不嚴，其誰肯進！』」上曰：「言亦有理，卿更召而戒之。」德裕因言：「劉稹不可赦。」上曰：「固然(八三)。」德裕曰：「昔李懷光未平，京師蝗旱，米斗千錢，太倉米供天子及六宮，無數旬之儲，德宗集百官，遣中使馬欽緒詢之，左散騎常侍李泌取桐葉搏(八四)破，以授欽緒獻之，德宗召問其故，對曰：『陛下與懷光君臣之分(八五)，如此葉(八六)不可復合矣。』由是德宗意定，既破懷光，遂用為相，獨任(八七)數年。」上曰：「亦大是(八八)奇士。」

(九)上聞揚州倡女善為酒令(八九)，敕淮南監軍選十七人獻之，監軍請節度使杜悰同選，且欲更擇良家美女，教而獻之，悰曰：「監軍自受敕，悰不敢預聞(九〇)。」監軍再三請之，不從，監軍怒，具表(九一)其狀，上覽表，默然。左右請并敕節度使同選，上曰：「敕藩方(九二)選倡女入宮，豈聖天子所為！杜悰不徇(九三)監軍意，得大臣體，真宰相才也。朕甚愧之。」遽(九四)敕監軍勿復選。甲辰，以悰同平章事、【考異】新表，悰入相在閏月壬戌，今從實錄。兼度支鹽鐵轉運使。及悰中謝(九五)，上勞之曰：「卿不從監軍之言，朕知卿有致君之心(九六)，今相卿，如得一魏徵矣。」

【今註】(一)剠：同掠。(二)都頭：軍中稱都將曰都頭。(三)約：結約。(四)喧然：猶諠然。(五)兩地：

謂并潞。[六]詔命：猶詔書。[七]昔韓信破田榮：事見卷十漢高祖三年四年。[八]李靖擒頡利：見卷一百九十三太宗貞觀四年。[九]小擾：小小擾亂。[一〇]掩：掩襲。[一一]此便：謂此便利之機。[一二]祈哀：謂乞憐。[一三]血屬：胡三省曰：「謂父子兄弟至親，同出於一氣者。」[一四]非是：不是。[一五]容受：容納接受。[一六]私惠：猶私恩。[一七]交恐：皆恐。[一八]更：再。[一九]從來：謂自昔以來。[二〇]貧虛：貧乏空虛。[二一]何能為事：猶何能辦事。[二二]寬縱：寬宥縱容。[二三]動心：謂心有搖動。[二四]旁近：四旁附近。[二五]兼斷其北出之路：胡三省曰：「恐楊弁之軍北出，扇動雜虜，與回鶻餘眾合，故斷其路。」[二六]計：計算。[二七]不日：無幾日，亦即最短時間。[二八]鎮州趣太原，路最便近：據《九域志》，鎮州西至太原府，四百三十里。[二九]戢：斂止。[三〇]平人：猶平民。[三一]覘：窺伺。[三二]賂：賄賂。[三三]柳子列：因其地列植柳樹而名。[三四]曳地光明甲：謂著金光明亮長可曳地之鎧甲之士。[三五]李相：李石昔曾為相，故呼為李相。[三六]遽致：突得。[三七]不及：猶不足。[三八]妻孥：妻子。[三九]擁：奉戴。[四〇]遷延：遷徙遲延。[四一]蓋宰與石雄，素不相叶：王宰父智興奏石雄罪，流白州，故不相合。[四二]綴：牽綴。[四三]又宰生子晏實，其父智興愛而子之：驟讀斯文，所云愛而子之，認為不過愛而以子視之而已，及繼往下覽，則又有：「上命德裕草詔賜宰曰：『亦知晏實是卿愛弟，將申大義，在抑私懷。』」之語。夫晏實明為宰之生子，而宰父智興以喜愛故，竟認之為子，而成為宰之弟，亦事理之頗殊異者。[四四]督：督促。[四五]貸刑：謂寬貸其處刑。[四六]私懷：猶私情。[四七]元式，元略之弟：元略，時宰崔鉉之父。[四八]良馬寨：胡三省曰：「初退渾，李萬江歸李抱玉，於潞州牧，津梁寺地美水草，馬如鴨而健，世謂之津梁種，良馬寨蓋置於其地。」(49)狗脊嶺：宋白曰：「狗脊嶺在京城東市。」(50)事固有激發而成功者：謂事固有由激發而成功者。(51)處宰肘腋之下：謂處宰身之近旁。(52)識：知。(53)淹留：淹滯停留。(54)鼓腰嶺：胡三省曰：「鼓腰嶺當在潞州武鄉縣北。」(55)集會：集合。(56)要路：重要之路。(57)邀：截。(58)亡逸：逃逸。(59)申：宣。(60)河湟四鎮十八州：胡三省曰：「開元之盛，隴右河西分為兩鎮而已，蓋淪陷之後，吐蕃分為四鎮也。十八州為秦、源、河、渭、蘭、鄯、階、成、洮、岷、臨、廓、疊、宕、甘、涼、瓜、沙。」(61)糗：《書・費誓》鄭注：「糗謂熬米麥使熟，又擣之以為粉也。」(62)詗：偵伺，音ㄒㄩㄥˋ。(63)礪兵：磨礪兵器。(64)潰敗：潰散亡敗。(65)道門：猶道宗。(66)東谷：《九域志》：「河州東南一十五里有東谷。」(67)歸真、敬宗朝罪人：見卷二百四十三寶曆二年。(68)滌煩：蕩滌煩悶。(69)次對官：謂兩省大臣按次在君前相問答者。(70)不能惑也：謂不能惑予也。(71)輻湊：謂填盈。(72)直：直接。(73)使相：唐中世以後，節度使同平章事者，則謂之使相。(74)比：例。(75)宰相無內外之異：以起同平章事，充山南西道節度使，非在朝內，故云外也。異，別。(76)飛表：急表。(77)宂：繁宂。(78)仲郢，公綽之子：柳公綽事憲穆，歷方鎮京尹，有聲績。(79)宿惡：舊惡。(80)兵仗：兵器。(81)貲：貲財。(82)詰：問。(83)固然：謂實然。(84)搏：擊。(85)君臣之分：君臣之緣分。(86)如此葉：謂如此破葉。(87)獨任：猶專任。(88)大是：甚是。(89)酒令：胡三省曰：「酒令者、行令而行酒也，唐人多好為之。却掃編曰：『皇甫松著醉鄉日月，載骰子令，又有旗旙令、閃擊令、拋打令。』今人不復曉其法，惟優伶家猶用手打令，以為戲云。」(90)監軍自受勅，悰不敢預聞：謂監軍已自受敕，可依而行之，悰不敢預聞敕中所言之事，竟謂自亦不能行之。㊈具表：詳表。㊉藩方：猶藩鎮。㊋狥：猶隨。㊍遽：即。㊎中謝：既受命入謝，謂之中謝。㊏致君之心：謂致身於君之心。

卷二百四十八　唐紀六十四

司馬光編集
曲守約註

起閼逢困敦閏月，盡屠維大荒落，凡五年有奇。（甲子至己巳，西元八四四年至八四九年）

武宗至道昭肅孝皇帝下

會昌四年（西元八四四年）

㈠閏月，壬戌，以中書侍郎同平章事李紳同平章事，充淮南節度使。

㈡李德裕奏：「鎮州奏事官㊀高迪密陳意見二事：『其一，以為賊中好為偷兵㊁術，潛㊂抽諸處兵聚於一處，官軍多就迫逐㊃，以致失利，經一兩月，又偷兵詣它處，官軍須知㊄此情，自非來攻城柵，慎勿與戰，彼淹留不過三日，須散歸舊屯㊅，如此數四空歸㊆，自然喪氣㊇，官軍密遣諜者，詷其抽兵之處，乘虛襲之，無不捷矣。其二，鎮魏屯兵雖多，終不能分賊勢，何則？下營㊈不離故處，每三兩月，一深入，燒掠而去，賊但固守城柵，城外百姓，賊亦不惜[一〇]，宜令進營[一一]，據其要害，以漸[一二]逼之，若止如今日，賊中殊不以為懼。』望詔諸將，各使知之。」劉稹腹心將高文端降，言：「賊中乏食，令婦人挼[一三]穗，舂[一四]之以給軍。」德裕訪文端破賊之策，文端以為：「官軍今直攻澤州，恐多殺士卒，城未易得，澤州兵約萬五千人，賊常分兵太半[一五]，潛伏山谷，伺官軍攻城疲弊，則四集救之，官軍必失利。今請令陳許軍，過乾河立寨，自寨城連延，築為夾城，環繞澤州，日遣大軍布陳於外，以扞[一六]救兵，賊見圍城將合，必出大戰，待其敗北，然後乘勢可取。」德裕奏，請詔示王宰。文端又言：「固鎮[一七]寨四崖懸絕[一八]，勢不可攻，然寨中無水，皆飲澗水，在寨東約一里許[一九]，宜令王逢進兵逼之，絕其水道，不過三日，賊必棄寨遁去，官軍即可追躡[二〇]。前十五里至青龍寨，亦四崖懸絕，水在寨外，可以前法取也。其東十五里，則沁州城。」德裕奏，請詔示王逢。

[三]文端又言：「都頭王釗將萬兵戍洺州，劉稹既族薛茂卿，又誅邢洺救援兵馬使談朝義兄弟三人，釗自是疑懼，稹遣使召之，釗

不肯入，士卒皆譁譟㉑，釗必不為稹用，但釗及士卒家屬，皆在潞州，又士卒恐已降，為官軍所殺，招之必不肯來，惟有諭意㉒於釗，使引兵入潞州取稹，事成之日，許除別道節度使，仍厚有賜與，庶幾肯從。」德裕奏，請詔何弘敬潛遣人，諭以此意。劉稹年少懦弱，押牙王協、宅內㉓兵馬使李士貴用事，專聚貨財，府庫充溢，而將士有功無賞，由是人心離怨㉔。劉從諫妻裴氏，冕之支孫㉕也，憂稹將敗，其弟問典兵㉖在山東，欲召之，使掌軍政，士貴恐問至奪己權，且泄㉗其奸狀，乃曰：「山東之事仰成㉘於五舅㉙，若召之，是無三州㉚也。」乃止。王協薦王釗為洺州都知兵馬使，釗得眾心，而多不遵使府約束㉛，同列高元武、安玉言其有貳心，稹召之，釗辭以到洺州未立少功㉜，實所慙恨，乞留數月，然後詣府，許之。王協請稅商人，每州遣軍將一人主之，名為稅商，實籍㉝編戶㉞家資，至於什器無所遺㉟，皆估為絹匹㊱，十分取其二，率高其估，民竭浮財㊲及糗糧，輸之不能充㊳，皆忷忷㊴不安。軍將劉溪尤貪殘，劉從諫棄㊵不用，溪厚賂王協，協以邢州富商最多，命溪主之。裴問所將兵，號夜飛，多富商子弟，溪至悉拘其父兄，軍士訢㊶於問，問為之請㊷，溪不許，以不遜㊸語荅之，問怒，密與麾下謀殺溪歸國，幷告刺史崔嘏，嘏從之。丙子，嘏問閉城，斬城中大將四人，請降於王元逵。時高元武在黨山㊹，聞之亦降。先是、使府賜洺州軍士布，人一端㊺，尋有帖㊻以折冬賜㊼，會稅商軍將至洺州，王釗因人不安㊽，謂軍士曰：「留後年少，政非己出，今倉庫充實，足支十年，豈可不少散之㊾，以慰勞苦之士，使帖㊿不可用也。」乃擅開倉庫，給士卒，人絹一匹、穀十二石，士卒大喜，釗遂閉城，請降於何弘敬。安玉在磁州，聞二州降，亦降於弘敬。堯山都知兵馬使魏元談等降於王元逵，元逵以其久不下，皆殺之。八月，辛卯，鎮魏奏，邢、洺、磁三州降。宰相入賀，李德裕曰：「昭義根本，盡在山東，三州降，則上黨不日有變矣。」上曰：「郭誼必梟劉稹以自贖。」德裕曰：「誠如聖料。」上曰：「於今所宜先處(五一)者，何事？」德裕請以盧弘止為三州留後，【考異】舊紀傳皆作弘正，實錄新紀傳皆作弘止，今從之。曰：「萬一鎮魏請占(五二)三州，朝廷難於可否。」上從之，詔山南東道兼昭義節度使盧鈞乘驛赴鎮。潞人聞三州降，大懼，郭誼、王協謀殺劉稹以自贖〔五三〕，稹再從兄〔五四〕中軍使匡周兼押牙，誼患之，言於稹曰：「十三郎〔五五〕在牙院〔五六〕，諸將皆莫敢言事，恐為十三郎所疑而獲罪，以此失山東。今誠得十三郎不入〔五七〕，則諸將始敢〔五八〕盡言，采於眾人，必獲長策〔五九〕。」稹召匡周諭之，使稱疾不入，匡周怒曰：「我在院中，故諸將不敢有異圖，我出院，家必滅矣。」稹固請之，匡周不得已，彈指〔六〇〕而出。誼令稹所親董可武說稹曰：「山東之叛，事由五舅〔六一〕，城中人人，誰敢相保〔六二〕，留後今欲何如？」稹曰：「今城中尚有五萬人，且當閉門堅守耳。」可武曰：「非良策也，留後不若束身歸朝，如張元益〔六三〕，不失作刺史，且以郭誼為留後，俟得節之日，徐奉大夫人〔六四〕及室家〔六五〕金帛歸之東都，不亦善乎！」稹曰：「誼安肯如是？」可武曰：「可武已與之重誓〔六六〕，必不負也〔六七〕。」乃引誼入，稹與之密約〔六八〕，既定，乃白其母，母曰：「歸朝誠為佳事，但恨已晚，吾有弟不能保〔六九〕，安能保郭誼？汝自圖之。」稹乃素服〔七〇〕出門，以母命，署誼都知兵馬使，王協已戒諸將，列於外廳，誼拜謝積已(七一)，出見諸將，積治裝(七二)於內廳，李士貴聞之，帥後院兵數千攻誼，誼叱之曰：「何不自取賞物，乃欲與李士貴同死乎！」軍士乃退，共殺士貴。誼易置(七三)將吏，部署(七四)軍士，一夕俱定，明日使董可武入謁積曰：「請議公事。」積曰：「何不言之(七五)？」可武曰：「恐驚太夫人。」乃引積步出牙門，至北宅(七六)，置酒作樂，酒酣，乃言：「今日之事，欲全太尉(七七)一家，須留後自圖去就，則朝廷必垂矜閔(七八)。」積曰：「如所言，積之心(七九)也。」可武遂前執其手，崔玄度自後斬之，因收積宗族匡周以下，至襁褓中子(八〇)，皆殺之，又殺劉從諫父子所厚善者(八一)，張谷、陳揚庭、李仲京、郭台、王羽、韓茂章、茂實、王渥、賈庠等，凡十二家，并其子姪甥婿無遺。仲京，訓之兄；台，行餘之子；羽，涯之從孫；茂章、茂實，約之子；渥，璠之子；庠，餗之子也。甘露之亂，仲京等亡歸從諫，從諫撫養之。凡軍中有小嫌者(八二)，誼日有所誅，流血成泥，乃函積首，遣使奉表及書降於王宰，首過澤川(八三)，劉公直舉營慟哭，亦降於宰。

㈣乙未，宰以狀聞。丙申，宰相入賀，李德裕奏：「今不須復置邢、洺、磁留後，但遣盧弘止宣慰三州，及成德魏博兩道。」上曰：「郭誼宜如何處之？」德裕曰：「劉稹騃(八四)孺子耳，阻兵(八五)拒命(八六)，皆誼為之謀主，及勢孤力屈，又賣稹以求賞，此而不誅，何以懲惡(八七)！宜及諸軍在境，并誼等誅之。」上曰：「朕意亦以為然。」乃詔石雄將七千人入潞州，以應謠言。杜悰以饋運不給(八八)，謂誼等可赦，上熟視(八九)不應。德裕曰：「今春澤潞未平，太原復擾，自非聖斷堅定，二寇何由可平？外議(九〇)以為若在先朝，赦之久矣。」上曰：「卿不知文宗心地(九一)，不與卿合(九二)，安能議乎！」罷盧鈞山南東道，專為昭義節度使。戊戌，劉稹傳首至京師，詔：「昭義五州給復(九三)一年，軍行所過州縣，免今年秋稅(九四)，昭義自劉從諫以來，橫增(九五)賦斂，悉從蠲免(九六)，所籍土團(九七)，並縱遣(九八)歸農。諸道將士有功者，等級加賞(九九)。」郭誼既殺劉稹，日望旌節，既久不聞問，乃曰：「必移他鎮。」於是閱鞍馬(一〇〇)，治行裝。及聞石雄將至，懼失色，雄至，誼等參賀⑪畢，勅使張仲清曰：「郭都知⑫告身，來日當至，諸高班⑬告身在此，晚牙⑭來受之。」乃以河中兵⑮環⑯毬場，晚牙，誼等至，唱名⑰引入，凡諸將桀黠⑱拒官軍者，悉執送京師。加何弘敬同平章事。丁未，詔發劉從諫尸，暴於潞州市三日，石雄取其尸，置毬場，斬挫之。戊申，加李德裕太尉、趙國公，德裕固辭，上曰：「恨無官⑲賞卿耳，卿若不應得，朕必不與卿。」初李德裕以韓全義以來⑳，將帥出征屢敗，其弊有三：一者、詔令下軍前㉑，日有三四，宰相多不預聞；二者、監軍各以意見指揮軍事，將帥不得專進退㉒；三者、每軍各有宦者為監使，悉選軍中驍勇數百為牙隊，其在陣戰鬬者，皆怯弱之士，每戰監使自有信旗㉓，乘高㉔立馬，以牙隊自衞，視軍勢小却，輒引旗先走，陳㉕從而潰。」德裕乃與樞密使楊欽義、劉行深議，約勅㉖監軍不得預㉗軍政，每兵千人，聽監使取十人自衞，有功隨例霑賞㉘，二樞密皆以為然，白上行之。自禦回鶻至澤潞罷兵，皆守此制，自非中書進詔意㉙，更無它詔自中㉚出者，號令既簡㉛，將帥得以施㉒其謀略，故所向㉓有功。自用兵以來，河北三鎮，每遣使者至京師，李德裕常面諭㉔之曰：「河朔兵力雖彊，不能自立，須藉朝廷官爵威命㉕，以安軍情。歸語汝使㉖，與其使大將邀㉗宣慰敕使，以求官爵，何如自奮忠義，立功立事，結知明主㉘，使恩出朝廷，不亦榮㉙乎！且以耳目所及者言之，李載義在幽州，為國家盡忠乎㉚滄景，及為軍中所逐，不失作節度使，後鎮太原，位至宰相。楊志誠遣大將遮㉛敕使馬求官，及為軍中所逐，朝廷竟不赦其罪。此二人禍福，足以觀㉜矣。」德裕復以其言白上。上曰：「要當㉝如此明告之。」由是三鎮不敢有異志。

㈤九月，詔以澤州隸河陽節度。

㈥丁巳，盧鈞入潞州，鈞素寬厚愛人，劉稹未平，鈞已領昭義節度，襄州士卒在行營者，與潞人戰，常對陳揚㉞鈞之美，及赴鎮，入天井關，昭義散卒㉟歸之者，鈞皆厚撫之，人情大洽㊱，昭義遂安。劉稹將郭誼、王協、劉公直、安全慶、李道德、李佐堯、劉武德、董可武等至京師，皆斬之。

㈦臣光曰：「董重質之在淮西，郭誼之在昭義，吳元濟、劉稹如木偶人在伎兒㊲之手耳，彼二人，始則勸人為亂，終則賣主規利㊳，其死固有餘罪㊴。然憲宗用之於前，武宗誅之於後，臣愚以為皆失之。何則？賞姦、非義㊵也，殺降、非信也，失義與信，何以為國㊶！昔漢光武待王郎劉盆子，止於不死，知其非力竭，則不降故也，樊崇、徐宣、王元、牛邯之徒，豈非助亂之人乎？而光武不殺，蓋以既受其降，則不可復誅故也。若既赦而復逃亡叛亂，則其死固無辭矣㊷。如誼等免死，流之遠方，沒齒㊸不還，可矣，殺之非也。」

㈧王羽、賈庠等已為誼所殺，李德裕復下詔稱：「逆賊王涯賈餗等，已就昭義誅其子孫，宣告中外，」識者非之。劉從諫妻裴氏亦賜死，又令昭義降將李丕、高文端、王釗等，疏㊹昭義將士與劉稹同惡者，悉誅之，死者甚眾。盧鈞疑其枉濫，奏請寬之，不從。昭義屬城，有嘗無禮於王元逵者，元逵推求，得二十餘人，斬之，餘眾懼，復閉城自守。戊辰，李德裕等奏：「寇孽既平，盡為國家城鎮，豈可令元逵窮兵攻討，望遣中使賜城內將士勅，招安之，仍詔元逵引兵歸鎮，幷詔盧鈞自遣使安撫。」從之。乙亥，李德裕等請上尊號，且言：「自古帝王成大功，必告天地，又宣懿太后㊺祔廟，陛下未嘗親謁。」上瞿然㊻曰：「郊廟之禮，誠宜亟行，至於徽稱㊼，非所敢當。」凡五上表，乃許之。

㈨李德裕奏：「據幽州奏事官言：『詗知回鶻上下離心，可汗欲之安西，其部落言，親戚皆在唐，不如歸唐。又與室韋已相失㊽，計其不日來降，或自相殘滅。』望遣識事中使㊾，賜仲武詔，諭以鎮魏已平昭義，惟回鶻未滅，仲武猶帶㊿北面招討使，宜早思立功。」

㈩李德裕怨太子太傅東都留守牛僧孺、湖州刺史李宗閔，言於上曰：「劉從諫據上黨十年，大和中入朝，僧孺宗閔執政不留之，加宰相，縱去，以成今日之患，竭天下力，乃能取之，皆二人之罪也。」德裕又使人於潞州，求僧孺宗閔與從諫交通書疏，無所得，乃令孔目官鄭慶言：「從諫每得僧孺宗閔書疏，皆自焚毀。」詔追[51]慶下御史臺按問。中丞李回、知雜[52]鄭亞，以為信然。

(十一)河南少尹呂述與德裕書，言：「稹破報(五三)至，僧孺出聲歎恨。」德裕奏述書，上大怒，以僧孺為太子少保分司，宗閔為漳州(五四)刺史，戊子，再貶僧孺汀州(五五)刺史，宗閔漳州長史。

(十二)上幸鄠校獵。

(十三)十一月，復貶牛僧孺循州(五六)長史，宗閔長流(五七)封州(五八)。

(十四)十二月，以忠武節度使王宰為河東節度使，河中節度使石雄為河陽節度使。【考異】實錄：「九月，盧鈞奏，十七日，石雄回軍赴孟州。」按雄於時未為河陽節度使，實錄誤也。

【今註】㊀奏事官：方鎮遣牙職入奏事，因謂之奏事官。㊁偷兵：謂偷自轉移兵卒。㊂潛：暗。㊃官軍多就追逐：謂官軍多就其聚於一處，時加以逼迫追逐。㊄須知：應知。㊅舊屯：舊之營屯。㊆空歸：謂無所獲而歸。㊇喪氣：氣勢沮喪。㊈下營：猶安營。㊉惜：可惜。(十一)進營：進入境內深處為營。(十二)以漸：以逐漸。(十三)挼：兩手相切摩，音ㄋㄨㄛˊ。(十四)舂：謂搗去其糠。(十五)太半：其正確數目，為三分之二。(十六)扞：扞禦。(十七)固鎮：《九域志》：「磁州武安縣有固鎮。」(十八)懸絕：謂甚為陡峭。(十九)許：左右，為約略辭。(二十)追躡：謂躡蹤追逐。(二十一)士卒皆譁譟：謂士卒亦不同意，而大聲譁譟。(二十二)諭意：猶示意。(二十三)宅內：謂節度使宅內。(二十四)離怨：攜離怨恨。(二十五)晃之支孫：支孫謂庶孫，裴晃相肅代兩朝。(二十六)典兵：掌兵。(二十七)泄：泄漏。(二十八)仰成：猶仰賴。(二十九)五舅：裴問第五。

㉚三州：謂邢、洺、磁。㉛約束：管制。㉜少功：微功。㉝籍：謂登入簿籍。㉞編戶：編有戶口。㉟遺：遺脫。㊱估為絹匹：謂估價而折為絹匹。㊲浮財：民財非地著，轉易以致利者為浮財。㊳不能充：不能足。㊴恟恟：喧擾貌。㊵棄：廢棄。㊶訢：當作訴。㊷問為之請：當改書作問為之請。㊸不遜：不謙遜。㊹黨山：胡三省曰：「黨山恐當作堯山。」㊺人一端：謂每人布一端。㊻帖：公文之名。㊼以折冬賜：謂以前所賜布，用折充冬賜。㊽因人不安：謂因人心不安。㊾不少散之：不少加散放。㊿使帖：謂使府之帖。(五一)先處：謂先行處置者。(五二)占：占領。(五三)以自贖：以自贖罪。(五四)再從兄：同曾祖。(五五)十三郎：劉匡周第十三。(五六)牙院：押牙治事之所。(五七)不入：謂不入牙院。(五八)始敢：方敢。(五九)長策：高策。(六〇)彈指：猶悻悻。(六一)五舅：謂裴問。(六二)相保：謂相保信。(六三)束身歸朝如張元益：元益事見卷二百四十六文宗開成三年。(六四)大夫人：大讀作太，謂從諫妻裴氏。(六五)室家：謂妻妾。(六六)重誓：謂鄭重明誓。(六七)負：違負。(六八)約：盟約。(六九)吾有弟不能保：謂裴問以邢州降。(七〇)素服：著白色喪者之服。(七一)已：畢。(七二)治裝：治行裝。(七三)易置：更立。(七四)部署：部分署置。(七五)何不言之：謂何不直接言之。(七六)北宅：北宅、昭義節度使別宅，在使宅之北，故曰北宅。(七七)太尉：劉悟贈太尉。(七八)閔：通憫，憐也。(七九)心：猶意。(八〇)襁褓中子：謂在襁褓中之幼子。(八一)所厚善者：謂所相厚相善者。(八二)小嫌者：小嫌隙者。(八三)澤川：據上文，澤川當作澤州。(八四)騃：癡，音ㄞˊ。(八五)阻兵：猶恃兵。(八六)拒命：抗拒王命。(八七)懲惡：懲處姦惡。(八八)不給：謂不足供給。(八九)熟視：猶直視。(九〇)外議：外廷之議，或外間之議，俱通。(九一)心地：心田，亦即心也。(九二)不與卿

合：謂若不與卿合。(九三)給復：除其賦役。(九四)秋稅：秋季之租稅。(九五)橫增：謂無理而增。(九六)蠲免：除免。(九七)所籍土團：謂所籍土人團結而為兵者。(九八)縱遣：放遣。(九九)等級加賞：謂依立功之等級而加封賞。(一〇〇)閱鞍馬：檢閱馬匹。(一〇一)參賀：參謁慶賀。(一〇二)郭都知：郭誼為昭義都知兵馬使，故如此稱之。(一〇三)諸高班：高班，謂高等班列，亦即諸將。(一〇四)晚牙：胡三省曰：「凡方鎮及州縣，率早晚兩牙，將校吏卒皆集。」(一〇五)河中兵：石雄所統入潞州者。(一〇六)環：環圍。(一〇七)唱名：猶呼名。(一〇八)桀黠：桀驁狡黠。(一〇九)恨無官：謂恨無適宜之官。(一一〇)以韓全義以來：德宗遣韓全義討吳少誠，敗於溵水。(一一一)軍前：軍之前方。(一一二)專進退：謂專作戰之進退。(一一三)信旗：信旗者，別為一旗，軍中視之，以為進退。(一一四)乘高：猶登高。(一一五)陳：讀曰陣。(一一六)約勅：約束命令。(一一七)預：干預。(一一八)霑賞：猶蒙賞。(一一九)進詔意：謂草詔時進所書之詔意。(一二〇)自中：自省中。(一二一)簡：簡單。(一二二)施：施行。(一二三)所向：所向之處。(一二四)諭：告諭。(一二五)威命：威嚴命令。(一二六)汝使：汝節度使。(一二七)邀：猶要脅。(一二八)結知明主：結明主之知遇。(一二九)榮：光榮。(一三〇)盡忠乎：猶盡忠於。(一三一)遮：攔。(一三二)觀：猶知。(一三三)要當：謂應當。(一三四)揚：稱揚。(一三五)散卒：亡散之卒。(一三六)洽：和洽。(一三七)伎兒：即伎人。(一三八)規利：求利。(一三九)固有餘罪：謂固罪尚有餘。(一四〇)非義：非合於道義。(一四一)為國：治國。(一四二)固無辭矣：謂固無說辭矣。(一四三)沒齒：至死。(一四四)疏：疏列。(一四五)宣懿太后：上初即位，追謚母韋妃曰宣懿太后。(一四六)瞿然：失其常度之貌。(一四七)徽稱：美號。(一四八)相失：相違失，亦即不和。(一四九)遣識事中使：謂遣識事宜之宦官為使。(一五〇)帶：帶領。(一五一)追：追令。(一五二)知雜：胡三省曰：「唐制，御史臺侍御史六人，以久次者一人知雜事，謂之知雜。」(一五三)破報：破亡之奏報。(五四)漳州：《舊唐書・地理志》三：「江南東道漳州，在京師東南七千三百里。」(五五)江州：同志三：「江南東道汀州，在京師東南六千一百七十三里。」(五六)循州：同志四：「嶺南道循州，至東都四千八百里。」(五七)長流：謂永遠放流。(五八)封州：《舊唐書・地理志》四：「嶺南道封州，至京師水陸四千五百一十里。」

五年（西元八四五年）

㈠春，正月，己酉朔，羣臣上尊號曰仁聖文武章天成功神德明道大孝皇帝，尊號始無道字，中旨令加之㈠。庚戌，上謁太廟，辛亥，祀昊天上帝，赦天下。

㈡築望仙臺於南郊。

㈢庚申，義安太后㈡王氏崩。

㈣以祕書監盧弘宣為義武節度使，弘宣性寬厚而難犯㈢，為政簡易，其下便之。河北之法，軍中偶語者斬，弘宣至，除其法，詔賜粟三十萬斛，在飛狐西，計運致㈣之費，踰於粟價，弘宣遣吏守之，會春旱，弘宣命軍民隨意自往取之，粟皆入境，約㈤秋稔㈥償之，時成德魏博皆饑，獨易定之境無害㈦。

㈤淮南節度使李紳按江都令吳湘盜用程糧錢㈧，強取所部百姓顏悅女，估其資裝㈨為贓，罪當死。湘，武陵之兄子㈩也。李德裕素惡武陵，議者多言其冤，諫官請覆按⑪，詔遣監察御史崔元藻、李稠覆之，還言：「湘盜程糧錢有實，顏悅本衢州人，嘗為青州牙推，妻亦士族⑫，與前獄異。」德裕以為無與奪⑬。二月，貶元藻端州⑭司戶，稠汀州⑮司戶，不復更推⑯，亦不付法司詳斷，即如紳奏，處湘死，諫議大夫柳仲郢、敬晦，皆上疏爭之，不納。稠，晉江⑰人；晦，昕之弟⑱也。

㈥李德裕以柳仲郢為京兆尹，素與牛僧孺善⑲，謝德裕曰：「不意太尉恩獎⑳及此！仰報厚德，敢不如奇章公門館㉑？」德裕不以為嫌㉒。夏，四月，壬寅，以陝虢觀察使李拭為冊黠戛斯可汗使。

㈦五月，壬戌，葬恭僖皇后於光陵柏城之外㉓。

㈧門下侍郎同平章事杜悰罷為右僕射，中書侍郎同平章事崔鉉罷為戶部尚書，乙丑，以戶部侍郎李回為中書侍郎同平章事，判戶部如故。

㈨祠部㉔奏括天下寺四千六百，蘭若㉕四萬，僧尼二十六萬五百。

㈩冊黠戛斯可汗為宗英雄武誠明可汗。

(十一)秋，七月，丙午朔，日有食之。

(十二)上惡僧尼耗蠹㉖天下，欲去之，道士趙歸真等復勸之，乃先毀山野招提㉗蘭若，勅上都東都兩街各留二寺㉘，每寺留僧三十人，天下節度觀察使治所㉙、及同華商汝州，各留一寺，分為三等，上等留僧二十人，中等留十人，下等五人㉚。【考異】實錄：「中書門下奏，請上都東都兩街，各留寺十所，每寺留僧十人，大藩鎮各一所。僧亦依前詔勅，上都東都每街各留寺兩所，每寺僧各留三十人。中書門下奏，奉勅諸道所留僧尼數，宜令更商量，分為三等，上至二十人，中至十人，下至五人。今據天下諸道，共五十處，四十六道，合配三等，鎮州、魏博、淮南、西川、山南東道、荊南、嶺南、汴宋、幽州、東川、鄂岳、浙西、浙東、宣歙、湖南、江西、河南府，望每道許留僧二十人；山南西道、河東、鄭滑、陳許、潞磁、鄆曹、徐泗、鳳翔、兗海、淄青、滄景、易定、福建、同華州，望令每道許留十人；夏桂、邕管、黔中、安南、汝金、商州、容管，望每道許留五人；一道河中，已勅下留十三人。」按鎮州，凡五十六州，四十一道，今云五十處，四十六道，誤也。杜牧杭州南亭記曰：「武宗即位，始去其山臺野邑四萬所，冠其徒幾至十萬人，後至會昌五年，始命西京留佛寺四，僧惟十人，東都二寺，天下所謂節度觀察同華汝二十四治所，得留一寺，僧準西京數，其他刺史州，不得有寺，凡除寺四千六百，僧尼笄冠二十六萬五百。」實錄注又云：「按唐時石刻云，兩都留寺僧各十人，郡國留寺二，僧各三人。」數皆不同，今從實錄前文。餘僧及尼，幷大秦穆護祆僧㉛，皆勒歸㉜俗。寺非應留者，立期，令所在毀撤，仍遣御史分道督之，財貨田產並沒官，寺材以葺㉝公廨驛舍，銅像鍾磬以鑄錢。

㈢以山南東道節度使鄭肅檢校右僕射同平章事。

㈣詔發昭義騎兵五百、步兵千五百，戍振武，節度使盧鈞出至裴村，餞之，潞卒素㉔驕，憚於遠戍，乘醉，回旗入城，閉門大譟，鈞奔潞城㉕以避之。監軍王惟直自出曉諭，亂兵擊之，傷，旬日而卒。李德裕奏：「請詔河東節度使王宰，以步騎一千守石會關，三千自儀州路，據武安，以斷邢洺之路。又令河陽節度使石雄引兵守澤州，河中節度使韋恭甫發步騎千人戍晉州，如此，賊必無能為。」皆從之。

㈤八月，李德裕等奏，東都九廟神主二十六，今貯於太微宮㉖小屋，請以廢寺材，復修太廟。

㈥壬午，詔陳釋教之弊，宣告中外，凡天下所毀寺四千六百餘區，歸俗僧尼二十六萬五百人，大秦穆護祆僧二千餘人，毀招提蘭若四萬餘區，【考異】會要：「元和二年，薛平奏，請賜中條山蘭若額為太和寺。」蓋官賜額者為寺，私造者為招提蘭若。杜牧所謂山臺野邑是也。收良田數千萬頃，奴婢十五萬人，所留僧皆隸主客，不隸祠部，百官奉表稱賀。尋又詔東都，止留僧二十人，諸道留二十人者減其半，留十人者減三人，留五人者更不留。五臺[37]僧多亡奔幽州。㈦李德裕召進奏官，謂曰：「汝趣白本使，五臺僧為將[38]，必不如幽州將，為卒，必不如幽州卒，何為虛取容納[39]之名，染[40]於人口，獨[41]不見近日劉從諫招聚無筭[42]閑人，竟有何益？」張仲武乃封二刀[43]付居庸關曰：「有游僧[44]入境，則斬之。」主客郎中韋博以為事不宜太過，李德裕惡之，出為靈武節度副使。昭義亂兵奉都將李文矩為帥，文矩不從，亂兵亦不敢害，文矩稍以禍福諭[45]之，亂兵漸聽命，乃遣人謝盧鈞於潞城，鈞還入上黨，復遣之戍振武，行一驛，乃潛選兵追之，明日及於太平驛[46]，盡殺之，【考異】

獻替記：「上信任宰臣，無不先訪問，無獨斷之事，唯誅討澤潞，不肯捨赴振武官健，及誅翦党項，此二事，並禁中發詔處分，更不顧問。振武官健回旗，不肯進發，先害監軍傔一人，監軍王惟直自出曉諭，又被傷痍，旬日而卒。禁中兩軍樞密已下，恨其不殺節將，唯害中人，所以激上之怒，盡須勦戮，上問宰臣曰，我送石雄領兵至澤潞，令盧鈞不誅討罪人，如何？德裕曰，盧鈞已失律，性又寬慄，必恐自誅不得，若便替卻盧鈞，亂卒罪惡轉大，須興兵討伐，恐不如先除替，令新帥誅翦。上謂德裕曰，勿惜盧鈞，本非材，將救澤潞，叛兵疑李丕報嫌，往劉稹平後，處置澤潞與劉稹同惡，僅五千餘人，皆是取得高文端王釗狀，通姓名勘李丕狀同，然後處分，其間有三兩人，或王釗狀無名，並不更問，足明是李丕不能逞其憾。又云，惟務苟安，因循為政，凡方鎮發兵，只合不出軍城，嚴兵自衞，於城門閱過部伍，更令軍將慰安，豈有自出送兵馬，又令家口縱觀，事同兒戲，實不足措。緣大兵之後，須有防虞，臣不敢隱默。由是中詔處分，不復顧問。」按盧鈞還入潞州，諭戍兵使赴振武，尋遣兵追擊，盡殺之，非上不肯捨也。既云不可便替，又云不如先除替，語自相違，上云勿惜盧鈞，是上語下，云臣不敢隱默，乃是德裕語，獻替記至此，差舛尤甚，不可復據。又處置澤潞五人，餘人太多，必是五十字誤耳。

具以狀聞，且請罷河東河陽兵在境上者。

從之。

㈥九月，詔修東都太廟。

㈦李德裕請置備邊庫，令戶部歲入錢帛十二萬緡匹，度支鹽鐵歲入錢帛十三萬緡匹，明年減其三之一，凡諸道所進助軍財貨皆入焉，以度支郎中判之㊼。

㈧王才人寵冠後庭，上欲立以為后，李德裕以才人寒族㊽，且無子，恐不厭㊾天下之望，乃止。

㈨上餌方士金丹，性加躁急，喜怒不常㊿。冬，十月，上問李德裕以外事，對曰：「陛下威斷不測(51)，外人頗驚懼。嚮者寇逆暴橫，固宜以威制(52)之，今天下既平，願陛下以寬理之，但使得罪者無怨，為善者不驚，則為寬矣。」

㈩以衡山道士劉玄靜為銀青光祿大夫、崇玄館學士，賜號廣成先生，為之治崇玄館，置吏鑄印(53)，玄靜固辭，乞還山，許之。

(十一)李德裕秉政日久，好狥(54)愛憎，人多怨之。自杜悰崔鉉罷相，宦官左右，言其太專，上亦不悅。給事中韋弘質上疏，言：「宰相權重，不應更領三司錢穀。」德裕奏稱：「制置職業〔五五〕，人主之柄〔五六〕，弘質受人教導，所謂賤人圖柄臣〔五七〕，非所宜言。」十二月，弘質坐貶官，由是眾怒愈甚。

(七四)上自秋冬以來，覺〔五八〕有疾，而道士以為換骨，上祕其事，外人但怪上希復遊獵，宰相奏事者，亦不敢久留，詔罷來年正旦朝會。

(七五)吐蕃論恐熱復糾〔五九〕合諸部擊尚婢婢，婢婢遣厖結藏將兵五千拒之，恐熱大敗，與數十騎遁去，婢婢傳檄河湟，數恐熱殘虐之罪，曰：「汝輩本唐人，吐蕃無主，則相與歸唐，毋為恐熱所獵，如狐兔也〔六〇〕。」於是諸部從恐熱者，稍稍引去。

(七六)是歲，天下戶四百九十五萬五千一百五十一。

(七七)朝廷雖為党項置使〔六一〕，党項侵盜不已，攻陷邠寧鹽州界城堡，屯叱利寨，宰相請遣使宣慰，上決意討之。

【今註】㊀尊號始無道字，中旨令加之：胡三省曰：「是時帝崇信道士趙歸真等，至親受道籙，故旨令羣臣於尊號中加道字，而不知其所謂道者，非吾之所謂道也。」㊁義安太后：太和五年，宰相建白：「以太皇太后與寶曆太后稱號未辨，前代詔令不敢斥言，皆以宮為稱，今寶曆太后居義安殿，宜曰義安太后。」詔可。㊂犯：干犯。㊃運致：謂運輸而達致。㊄約：約定。㊅秋稔：秋熟。㊆無害：謂無饑餒之患。㊇程糧錢：胡三省曰：「新書百官志：『主客郎中主蕃客，東南蕃使還者，給入海程糧，西北蕃使還者，給度磧程糧。』至於官吏以公事有遠行，則須計程以給糧，而糧重不可遠致，則以錢準估，故有程糧錢。」㊈資裝：謂衣糧。㊉湘、武陵之兄子：吳武陵見卷二百三十九憲宗元和十年。㊁覆按：重行按驗。㊂士族：士宦之族。㊃無與奪：謂未表示意見。㊄端州：《舊唐書・地理志》四：「嶺南道端州，至京師四千九百三十五里。」㊄汀州：同志三：「江南東道汀州，在京師東南六千一百七十三里。」㊅更推：再行推問。㊆晉江：今福建省晉江縣。㊇晦，昕之弟：敬昕見上卷，三年。㊈李德裕以柳仲郢為京兆尹，素與牛僧孺善：據文意素與上當添仲郢二字。㊀恩獎：恩遇獎擢。㊁敢不如奇章公門館：奇章公為牛僧孺封號，此謂豈敢不如在奇章公門館時之所為。㊂嫌：惡。㊂葬恭僖皇后於光陵柏城之外：胡三省曰：「義安太后謚曰恭僖，后於穆宗非伉儷，故陪葬光陵而不合。」《新唐書・地理志》一：「關內道同州奉先縣，光陵在北十五里堯山。」㊃祠部：《舊唐書・職官志》二：「禮部祠部郎中一員，掌祠祀、享祭、醫藥、僧尼之事。」㊄蘭若：釋氏要覽：「蘭若者、梵言阿蘭若，唐言無諍也。四方律云：『空靜處。』智度經云：『遠離處。』大悲經云：『離諸忿。』」㊅耗蠹：損耗蠹害。㊆招提：增輝記：「招提者，梵言拓鬪提奢，唐言四方僧物，後人傳寫之誤，以拓為招，又省去鬪奢二字，只稱招提，即今十方寺院是也。」㊆上都東都兩街，各留二寺：唐謂長安曰上都。據《舊唐書・武宗紀》：「上都左街留慈恩、薦福，右街留西明、莊嚴。」㉙天下節度觀察使治所：按《通鑑・唐紀》文例，治通作理，此作治，實軼出於義例之外。㉚上等留僧二十人，中等留十人，下等五人：按每句留係言留僧，特以為求簡省，下二句遂皆有省略，第二句省僧字，第三句則略留僧二字，此種字句變化，最宜注意，惟第二句之留字，付之刪去，亦無不可。㉛大秦穆護祆僧：胡三省曰：「大秦穆護、又釋氏之外教，如回鶻摩尼之類。祆，胡神也。唐制，祠部歲再祀磧西諸州火妖，而禁民祈祭，官品令有妖正，蓋主祆僧也。」祆音ㄒㄧㄢ。㉜勒：令。㉝葺：修葺，音ㄑㄧˋ。㉞素：久。㉟潞城：據《新唐書・地理志》三，潞城縣屬河東道潞州。㊱太微宮：胡三省曰：「玄宗天寶二年，改東都玄元皇帝廟曰太微宮。」《舊唐書・宣宗紀》：「東都太廟者，本武后家廟，神龍初，中宗反正，廢武氏廟主，立太祖已下神主祔之，安祿山陷洛陽，以廟為馬廐，棄其神主，協律郎嚴郢收而藏之，史思明再陷洛陽，尋又散失，賊平，東都留守盧正已又募得之，廟已焚毀，乃寄主於太微宮。」㊲五臺：山名，在山西省五臺縣東北，繁峙縣西北，佛家又稱清涼山，道家又稱紫府山。五峯聳立，高出雲表，頂無林木，有如壘土之臺，故名五臺。環臺約四五百里，東南西北四臺，皆自中臺發脈，尤以北臺為最高，叢林大刹，多在中臺之下。㊳五臺僧為將：謂以五臺僧為將。㊴容納：容受接納。㊵染：沾染。㊶獨：豈。㊷無筭：無數。㊸封二刀：謂予二刀而賦以處置之權。㊹游僧：游蕩之僧人。㊺諭：曉諭。㊻太平驛：宋白曰：「太平驛東南距潞州八十里。」㊼判之：謂判斷其事。㊽寒族：寒微之族。㊾厭：滿，合。㊿喜怒不常：猶喜怒無定。(五一)威斷不測：謂威斷不可測度，蓋乃因喜怒不常之故。㉝制：制御。㉞治崇玄館，置吏鑄印：胡三省曰：「唐有崇玄署令，掌僧道，屬宗正寺。又有崇玄學博士，掌教玄學生。玄宗天寶二年，改崇玄學曰崇玄館，改博士曰學士。」㉞狗：狗從。㉟制置職業：謂官史之制置及所任之職務。㊱柄：權柄。㊲賤人圖柄臣：卑賤之人圖謀執權柄之臣。㊳覺：感覺。㊴糾：合。㊵毋為恐熱所獵，如狐兔也：謂毋如狐兔，為恐熱所獵也。㊶雖為党項置使：胡三省曰：「帝以侍御史為使，分三部招定党項，以邠、寧、延、屬崔彥曾；鹽、夏、長、澤屬李鄠，靈武、麟、勝屬鄭賀。」

六年（西元八四六年）

㈠春，二月，庚辰，以夏州節度使米暨為東北道招討党項使。

㈡上疾久未平，以為漢火德，改洛為雒，唐土德，不可以王氣勝君名。三月，下詔改名炎㈠。上自正月乙卯不視朝，【考異】實錄作十五日。按獻替記，自正月十三日後，至三月二十日，更不開延英，時見中詔處分，莫得預焉。今從之。宰相請見，不許，中外憂懼。

㈢初憲宗納李錡妾鄭氏，生光王怡，怡幼時，宮中皆以為不慧㈡，大和以後，益自韜匿㈢，羣居遊處㈣，未嘗發言。文宗幸十六宅宴集㈤，好誘其言，以為戲笑，上性豪邁，尤所不禮，【考異】韋昭度續皇王寶運錄曰：「宣宗即憲皇第四子，自憲皇崩，便合紹位，乃與姪文宗，文宗崩，武皇慮有他謀，乃密令中常侍四人，擒宣宗於永巷，幽之數日，沉於宮廁，宦者仇公武愍之，乃奏武宗曰，前者王子，不宜久於宮廁，誅之。武宗曰，唯唯，仇公武取出於車中，以糞土雜物覆之，將別路歸家，密養之，三年，後武皇宮車晏駕，百官奉迎於玉宸殿，立之，尋擢仇公武為軍容使。」尉遲偓中朝故事曰：「敬宗、文宗、武宗相次即位，宣皇皆叔父也。武宗初登極，深忌焉，一日，會鞠於禁苑間，武宗召上遙覩，瞬目於中官仇士良，士良躍馬向前曰，適有旨，王可下馬，士良命中官輿出軍中，奏云落馬，已不救矣。尋請為僧，遊行江表間，會昌末，中人請還京，遂即位。」令狐澄貞陵遺事曰：「上在藩時，嘗從駕迴，而上誤墮馬，人不之覺，比二更，方能興，時天大雪，四顧悄無人聲，上寒甚，會巡警者至，大驚，上曰我光王也，不悟至此，方困且渴，若為我求水，警者即於旁近得水以進，遂委而去。上良久起，舉甌將飲，顧甌中水，盡為芳醪矣。上獨喜自負，一舉盡甌，已而體微煖有力，遂步歸藩邸。」此三事皆鄙妄無稽，今不取。及上疾篤㊅，旬日不能言，諸宦官密於禁中定策，辛酉，下詔稱：「皇子沖幼㊆，須選賢德，光王怡可立為皇太叔，**【考異】**舊紀，三月一日立為皇太叔，武宗實錄云壬戌，宣宗實錄云辛酉。按獻替記云：「自正月十三日後，至三月二十日，更不開延英。」蓋二十一日，則宣宗見百寮也。今從宣宗實錄。更名忱，應㊇軍國政事，令權句當。」太叔見百官，哀戚滿容㊈，裁決庶務[一〇]，咸當[一一]於理，人始知有隱德焉[一二]。甲子，上崩[一三]，以李德裕攝冢宰。丁卯，宣宗即位。宣宗素惡李德裕之專，即位之日，德裕奉冊既罷，謂左右曰：「適近我者，非太尉邪？每顧我，使我毛髮洒淅[一四]。」夏，四月，辛未朔，上始聽政。

㈣尊母鄭氏為皇太后。

㈤壬申，以門下侍郎同平章事李德裕同平章事、充荊南節度使。**【考異】**實錄新表傳，皆云：「德裕自守太尉檢校司徒。」今從舊紀。又貞陵遺事曰：「上初即位於太極殿，時宰相李德裕與行冊禮，及退，上謂宮侍云云，聽政之二日，遂出為荊門。」舊德裕傳曰：「五年，武宗上尊號，累表乞骸，不許，德裕病月餘，堅請解機務，乃以本官平章事兼江陵尹荊南節度使，數月追復知政事。宣宗即位，罷相，出為東都留守。」按舊紀新表及諸書，武宗朝，德裕未嘗罷免，此年九月，方自江陵除東都留守。舊傳謬誤，今從實錄。德裕秉權日久，位重有功，眾不謂(一五)其遽罷，聞之，莫不驚駭。甲戌，貶工部尚書判鹽鐵轉運使薛元賞為忠州(一六)刺史，弟京兆少尹權知府事元龜為崖州(一七)司戶，皆德裕之黨也。

㈥杖殺道士趙歸真等數人，流羅浮山人軒轅集於嶺南。五月，乙巳，赦天下，上京兩街先聽留兩寺外，更各增置八寺(一八)，【考異】杭州南亭記曰：「今天子即位，天下州率與二寺，用齒衰男女為其徒，各止三十人，兩京數倍其四五焉。」實錄準五日勅，兩街先留寺兩所外，又添八所。注唐石刻云：「京師兩街各置十寺，寺僧五十人。」蓋謂二年正月赦後，非今赦也。僧尼依前隸功德使，不隸主客(一九)，所度(二〇)僧尼，仍令祠部給牒(二一)。

㈦以翰林學士、兵部侍郎白敏中同平章事。

㈧辛酉，立皇子溫為鄆王，渼為雍王，涇為雅王，滋為夔王，沂為慶王。

㈨六月，禮儀使奏請復代宗神主於太廟(二二)，以敬宗、文宗、武宗同為一代，於廟東增置兩室，為九代十一室，從之。

㈩秋，七月，壬寅，淮南節度使李紳薨。

(十一)回鶻烏界可汗之眾，稍稍降散，及凍餒死，所餘不及三千人，國相逸隱啜殺烏介於金山，立其弟特勒遏捻為可汗。

(十二)八月，壬申，葬至道昭肅孝皇帝於端陵㉓，廟號武宗。初武宗疾困，顧王才人曰：「我死，汝當如何？」對曰：「願從陛下於九泉。」武宗以巾授之，武宗崩，才人即縊，上聞而矜之，贈貴妃，葬於端陵柏城之內。**【考異】**蔡京王貴妃傳曰：「帝疾亟，才人久視帝而歸燕息處，濃妝潔服，如常日，乃取所翫用物，散與內家，淨盡，持帝所授巾，至帝前，已見升遐，容易目縊，而仆於御座下，以縊為名，而得卒。」舊紀：「武宗葬端陵，德妃王氏祔焉。」李德裕獻替記：「自上臨御，王妃有專房之寵，至是，以嬌妬忤旨，一夕而殞，羣情無不驚懼，以謂上功成之後，喜怒不測。德裕因以進諫。」在五年十月，與王貴妃傳不同，恐獻替記誤。康軿劇談錄曰：「孟才人善歌，有寵於武宗，屬一旦聖體不豫，召而問之，曰，我或不諱，汝將何之？對曰，若陛下萬歲之後，無復生為，是日，令於御前歌河滿子一曲，聲調悽咽，聞者涕零，及宮車晏駕，哀慟數日而殞，窆於端陵之側。」此事恐正是王才人傳聞不同。

(十三)以循州司馬牛僧孺為衡州㉔長史，封州流人李宗閔為郴州㉕司馬，恩州司馬崔珙為安州㉖長史，潮州刺史楊嗣復為江州㉗刺史，昭州刺史李玨為彬州刺史，僧孺等五相，皆武宗所貶逐，至是，同日北遷，宗閔未離封州而卒。

(十四)九月，以荊南節度使李德裕為東都留守，解㉘平章事，以中書侍郎同平章事鄭肅同平章事，充荊南節度使。

(十五)以兵部侍郎、判度支盧商中書侍郎同平章事。商，翰之族孫(二九)也。

(十六)冊黠戛斯可汗，使者以國喪未行，或以為僻遠小國，不足與之抗衡，回鶻未平，不應遽有建置(三〇)，詔百官集議，事遂寢(三一)。

(十七)蠻寇安南，經略使裴元裕帥鄰道兵討之。

(十八)以右常侍(三二)李景讓為浙西觀察使。初景讓母鄭氏，性嚴明，早寡，家貧，居於東都，諸子皆幼，母自教之，宅後古牆，因雨隤(三三)陷，得錢盈船(三四)，奴婢喜，走告母，母往，焚香祝(三五)之曰：「吾聞無勞而獲，身之災也，天必以先君餘慶，矜(三六)其貧而賜之，則願諸孤他日學問有成，乃其志也。」此不敢取，遽命掩而築之(三七)。三子：景讓、景溫、景莊，皆舉進士及第，景讓官達(三八)，髮已斑白(三九)，小有過，不免捶楚。景讓在浙西，有左都押牙迕(四〇)景讓意，景讓杖之而斃，軍中憤怒，將為變，母聞之，景讓方(四一)視事，母出坐聽事(四二)，立景讓於庭而責之曰：「天子付汝以方面(四三)，國家刑法，豈得以為汝喜怒之資(四四)，妄殺無罪之人乎！萬一致一方不寧，豈惟上負朝廷㊺，使垂年㊻之母，銜羞㊼入地，何以見汝之先人乎？」命左右褫㊽其衣坐之，將撻其背，將佐皆為之請，拜且泣，久乃釋之，軍中由是遂安。景莊老於場屋㊾，每被黜，母輒撻景讓，然景讓終不肯屬主司㊿，曰：「朝廷取士，自有公道(五一)，豈敢效人求關節(五二)乎？」久之宰相謂主司曰：「李景莊今歲不可不收(五三)，可憐彼翁，每歲受撻。」由是始及第。

(十九)冬，十月，禮院(五四)奏禘祭(五五)祝文於穆敬文武四室，但稱嗣皇帝臣某昭告(五六)。從之。

(廿)甲申，上受三洞(五七)法籙於衡山道士劉玄靜。

(廿一)十二月，戊辰朔，日有食之。

【今註】㊀唐土德，不可以王氣勝君名，下詔改名炎：胡三省曰：「唐以土德王，而帝名瀍，瀍旁從水，土勝水，故言以王氣勝君名。今改名炎，炎從火，火能生土，取以君名，生王氣也。帝未幾而晏駕，厭勝果何益哉！」㊁不慧：不敏慧。㊂韜匿：藏匿。㊃遊處：謂與人相遊居。㊄宴集：猶宴會。㊅疾篤：疾重。㊆沖幼：沖亦幼。㊇應：一應。㊈滿容：謂滿面。㊉庶務：眾務。⑪當：合。⑫人始知有隱德焉：謂人方知其昔日所為，乃係韜匿。⑬上崩：年三十三。⑭洒浙：胡三省曰：「洒浙，肅然之意，言可畏憚也。」按《素問調經論》及《刺瘧論》，皆作洒淅，是浙當改作淅。㉕不謂：猶不料。㉖忠州：《舊唐書・地理志》二：「山南西道忠州，在京師南二千二百二十二里。」㉗崖州：同志四：「嶺南道崖州，至京師七千四百六十里。」㉘上京兩街先聽留兩寺外，更各增置八寺：胡三省曰：「左街先留慈恩、薦福，今增置興唐、保壽二寺，寶應寺改為資聖寺，青龍寺改為護國寺，菩提寺改為保唐寺，清禪寺，改為安國寺，尼寺二所，法雲寺改為唐安寺，崇敬寺改為唐昌寺。右街先留西明寺改為福壽寺，莊嚴寺改為聖壽寺，添置僧寺一所千福寺，尼寺一所興聖寺，依舊名化度寺改為崇福寺，永泰寺改為萬壽寺，清國寺改為崇聖寺，經行寺改為龍興寺，奉恩寺改為興福寺，尼寺二所，萬善寺改為延唐寺。」㉙僧尼依前隸功德使，不隸主客：胡三省曰：「唐初，天下僧尼道士女官，皆隸鴻臚寺，武后延載元年，以僧尼隸祠部，開元二十四年，道士女官隸宗正寺，天寶三年，以道士隸司封，貞元四年，崇玄館罷大學士後，復置左右街大功德使、東都功德使、修功德使，總僧尼之籍及功役，元和二年，以道士女官隸左右街功德使，會昌二年，以僧尼隸主客，太清宮置玄元館，亦有學士，至六年廢，而僧尼復隸兩街功德使。」㉚所度：所剃度。㉛祠部給牒：牒通稱曰度牒。㉜請復代宗神主於太廟：開成五年，文宗升祔代宗神主，以親盡祧遷，今請復之。㉝端陵：《新唐書・地理志》一：「京兆府，三原縣，端陵在東十里。」㉞衡州：《舊唐書・地理志》三：「江南西道衡州，在京師東南三千四百三里。」㉟郴州：同志三：「江南西道郴州，在京師東南三千三百里。」㊱安州：同志三：「淮南道安州，在京師東南二千五十一里。」㊲江州：同志三：「江南道江州，在京師東南二千九百四十八里。」㉘解：解去。㉙商，翰之族孫：盧翰相德宗於興元貞元之間。㉚建置：建立。㉛寢：止。㉜右常侍：即右散騎常侍。㉝隤：傾頹。㉞盈船：盈滿一船。㉟祝：禱祝。㊱矜：矜憐。㊲掩而築之：謂用土掩埋，復以杵擣而堅之。㊳官達：官位顯達。㊴斑白：髮半白黑。㊵迕：逆。㊶方：正。㊷聽事：通作廳事。㊸天子付汝以方面：謂天子付汝以方面之任。㊹為汝喜怒之資：為汝發洩喜怒之憑藉。㊺朝廷：即上之天子。㊻垂年：垂老之年。㊼衘羞：衘同銜，謂含羞愧。㊽褫：解。㊾場屋：胡三省曰：「唐人謂貢院為場屋，至今猶然。」㊿主司：謂校文主司，禮部侍郎知貢舉者是。(51)公道：公平之道。(52)求關節：指考試官與應試者，潛通消息，出賣題目，妄加分數以獲錄取等事而言。(53)收：錄。(54)禮院：胡三省曰：「太常有禮院。」(55)禘祭：《說文・言部》段注：「禘，諦祭也，諦者，審也，自來說者皆云審諦昭穆也。禘有三，有時禘，有殷禘，有大禘。公羊傳文二年：『五年而再殷祭。』殷者盛也，合羣廟之主，祭於太廟也。」當為此所言之禘祭。(56)穆敬文武四室，但稱嗣皇帝臣某昭告：帝於穆宗，弟也，於敬、文、武，叔也。故但稱嗣皇帝臣某以概括之，而不析言其於每帝之昭穆也。(57)三洞：謂三仙洞。

宣宗元聖至明成武獻文睿智章仁神聰懿道大孝皇帝上

大中元年（西元八四七年）

㈠春，正月，甲寅，上祀圓丘，赦天下，改元。

㈡二月，加盧龍節度使張仲武同平章事，賞其破回鶻也。

㈢癸未，上以旱故，減膳徹樂①，出宮女，縱②鷹隼，止營繕③，命中書侍郎同平章事盧商與御史中丞封敖，疎理④京城繫囚。大理卿馬植奏稱：「盧商等務行寬宥⑤，凡抵極法⑥，一切免死，彼官典犯贓⑦及故殺人，平日大赦所不免⑧，今因疎理而原⑨之，使貪吏無所懲畏⑩，死者銜冤無告⑪，恐非所以消⑫旱災，致⑬和氣⑭也。昔周饑，克殷而年豐⑮，衞旱，討邢而雨降，是則誅罪戮姦，式合⑯天意，雪冤決滯⑰，乃副⑱聖心也。乞再加裁定⑲。」詔兩省五品以上⑳議之。

㈣初李德裕執政，引白敏中為翰林學士，及武宗崩，德裕失勢，敏中乘上下之怒，竭力排㉑之，使其黨李咸訟德裕罪，【考異】實錄：「白敏中、令狐綯在會昌中，德裕不以朋黨疑之，置之臺閣。及德裕失勢，抵掌戟手，同謀斥逐。而崔鉉亦以會昌末罷相，怨德裕。大中初，敏中復薦鉉在中書，乃令其黨人李咸者，訟德裕輔政時陰事，罷德裕留守，以太子少保分司東都。」按舊傳，綯以大中二年，自湖州刺史入知制誥，鉉以三年，自河中節度使入為相，此時未也，實錄誤。德裕由是自東都留守，以太子少保分司㉒。左諫議大夫張鷺等上言：「陛下以旱理繫囚，慮有冤滯，今所原死罪，無冤可雪，恐凶險㉓僥倖之徒，常思㉔水旱為災，宜如馬植所奏。」詔從之，皆論㉕如法。以植為刑部侍郎，充鹽鐵轉運使。植素以文學政事，有名於時，李德裕不之重，及白敏中秉政，凡德裕所薄者，皆不次㉖用之，以盧商為武昌節度使，以刑部尚書判度支崔元式為門下侍郎，翰林學士戶部侍郎韋琮為中書侍郎，並同平章事。

㈤閏月，勅應㉗會昌五年所廢寺，有僧能營葺者，聽自居之，有司毋得禁止。是時君相務反㉘會昌之政，故僧尼之弊，皆復其舊。

㈥己酉，積慶太后蕭氏㉙崩。

㈦五月㉚，幽州節度使張仲武大破諸奚。

㈧吐蕃論恐熱乘武宗之喪，誘党項及回鶻餘眾寇河西，詔河東節度使王宰將代北諸軍㉛擊之，宰以沙陀朱邪赤心為前鋒，自麟州濟河，與恐熱戰於鹽州，破走之。

㈨六月，以鴻臚卿李業為冊黠戛斯英武誠明可汗使。

㈩上謂白敏中曰：「朕昔從憲宗之喪，道遇風雨，百官六宮，四散避去，惟山陵使長㉒而多髯，攀㉓靈駕不去，誰也？」對曰：「令狐楚。」上曰：「有子乎？」對曰：「長子緒，今為隨州刺史。」上曰：「堪為相乎？」對曰：「緒少病風痺㉔，次子綯，前湖州刺史，有才器。」上即擢為考功郎中、知制誥，綯入謝，上問以元和故事，綯條對㉕甚悉㉖，上悅，遂有大用㉗之意。

(十)秋，八月，丙申，以門下侍郎同平章事李回同平章事，充西川節度使。

(十一)葬貞獻皇后㉘於光陵㉙之側。

(十二)上敦睦兄弟，作雍和殿於十六宅㊵，數臨幸，置酒作樂，擊毬盡歡，諸王有疾，常親至臥內存問，憂形於色㊶。

(十四)突厥掠漕米及行商㊷，振武節度使史憲忠擊破之。【考異】按突厥亡已久，蓋猶有餘種在振武之北者。

(十五)九月，丁卯，以金吾大將軍鄭光為平盧節度使。光，潤州人，太后之弟也。

(十六)乙酉，前永寧尉吳汝納訟：「其弟湘，罪不至死，李紳與李德裕相表裏㊸，欺罔㊹武宗，枉㊺殺臣弟，乞召江州司戶崔元藻等對辨㊻。」丁亥，勅御史臺鞫實㊼以聞。冬，十二月，庚戌，御史臺奏：「據崔元藻所列㊽，吳湘冤狀，如吳汝納之言。」戊午，貶太子少保分司李德裕為潮州司馬。

㈦吏部奏會昌四年所減州縣官內㊾，復增三百八十三員。

【今註】㈠徹樂：徹去音樂。㈡縱：放。㈢營繕：營造繕修。㈣疎理：疎減審理。㈤寬宥：寬大原宥。㈥極法：謂死刑。㈦官典犯贓：謂官守而自偷盜。㈧不免：不免放。㈨原：原宥。㈩懲畏：懲罰畏懼。⑪無告：無可訴告。⑫消：消除。⑬致：獲致。⑭和氣：和祥之氣。⑮昔周饑，克殷而年丰：《左傳》甯莊子之言，為討邢發也。⑯式合：用合。⑰決滯：決斷淹滯。⑱副：稱、合。⑲裁定：猶斷定。⑳兩省五品以上：兩省五品以上官，乃自給事中、中書舍人以上之官。㉑排：排擯。㉒分司：分司東都。㉓凶險：凶惡險佞。㉔常思：猶常冀。㉕論：論處。㉖不次：不依階次。㉗應：一應。㉘反：反改。㉙積慶太后蕭氏：蕭后，文宗之母，武宗時徙居積慶殿，故以稱之。㉚五月：按《舊唐書・宣宗紀》，閏月乃係閏三月，則此五月上，自當添一夏字。㉛代北諸軍：謂陘嶺以北諸軍。㉜長：謂身材高大。㉝攀：攀援。㉞風痺：風濕，音ㄅㄧˋ。㉟條對：分條應對。㊱悉：詳。㊲大用：謂欲用為宰相。㊳貞獻皇后：積慶蕭后謚貞獻。㊴光陵：穆宗陵名，據《新唐書・地理志》一，在關內道同州奉先縣北十五里。㊵作雍和殿於十六宅：《會要》：「是年勅親親樓號雍和殿，別造屋宇廊舍七百間。」㊶憂形於色：謂憂愁現於容色。㊷突厥掠漕米及行商：胡三省曰：「余謂此突厥餘種，保塞內屬者也。」㊸相表裏：謂內外相合。㊹欺罔：猶欺騙。㊺枉：冤。㊻對辨：相對辨白其事。㊼鞫實：窮治其實。㊽列：列陳。㊾所滅州縣官內：謂於所滅州縣官數目之內。

二年（西元八四八年）

㈠正月，甲子，羣臣上尊號曰聖敬文思和武光孝皇帝，赦天下。

㈡初李德裕執政，有蔗丁柔立清直，可任諫官者，德裕不能用，上即位，柔立為右補闕，德裕貶潮州，柔立上疏訟其冤，丙寅，坐阿附㊀，貶南陽㊁尉。

㈢西川節度使李回、桂管觀察使鄭亞，坐前㊂不能直吳湘冤㊃，乙酉，回左遷湖南觀察使，亞貶循州㊄刺史，李紳追奪三任㊅告身，中書舍人崔嘏坐草李德裕制，不盡言其罪，己丑，貶端州㊆刺史。

㈣回鶻遏捻可汗仰給[八]於奚王石舍朗，及張仲武大破奚眾，回鶻無所得食，日益耗散[九]，至是所存貴人以下，不滿五百人，依於室韋，使者入賀正[一〇]，過幽州，張仲武使歸取遏捻等，遏捻聞之，夜與妻葛祿、子特勒毒斯等，九騎西走，餘眾追之不及，相與大哭。室韋分回鶻餘眾為七，七姓共分之[一一]，居三日，黠戛斯遣其相阿播帥諸胡兵，號七萬，來取回鶻，大破室韋，悉收回鶻餘眾歸磧北[一二]，猶有數帳潛竄[一三]山林，鈔盜諸胡，其別部厖勒[一四]先在安西，亦自稱可汗，居甘州，總磧西諸城，種落微弱，時入獻見。

㈤二月，庚子，以知制誥令狐綯為翰林學士。上嘗以太宗所撰金鏡授綯，使讀之，至亂未嘗不任不肖[一五]，至治未嘗不任忠賢，上止之曰：「凡求致太平，當以此言為首[一六]。」又書貞觀政要於屏風，每正色[一七]拱手而讀之。上欲知百官名數[一八]，令狐綯曰：「六品已下，官卑數多，皆吏部注擬[一九]，五品以上，則政府[二〇]制授[二一]，各有籍[二二]命，曰具員[二三]。」上命宰相作具員御覽五卷，上之，常寘於案[二四]上。

㈥立皇子澤為濮王。上欲作五王院於大明宮，以處皇子之幼者，召術士柴嶽明使相㉕其地，嶽明對曰：「臣庶㉖之家，遷徙不常㉗，故有自陽宅入陰宅，陰宅入陽宅，刑克禍福㉘，師有其說。今陛下深拱法宮㉙，萬神擁衛，陰陽書本㉚，不言帝王家。」上善其言，賜束帛㉛遣之。

㈦夏，五月，己未朔，日有食之。

㈧門下侍郎同平章事崔元式罷為戶部尚書，以兵部侍郎判度支戶部周墀、刑部侍郎鹽鐵轉運使馬植并同平章事。初墀為義成節度使，辟㉜韋澳為判官，及為相，謂澳曰：「力少任重，何以相助？」澳曰：「願相公無權。」墀愕然，不知所謂。澳曰：「官賞㉝刑罰，與天下共其可否，勿以己之愛憎喜怒移㉞之，天下自理，何權之有㉟！」墀深然之。澳，貫之之子㊱也。

㈨己卯，太皇太后郭氏崩於興慶宮。六月，禮院檢討官㊲王皥貶句容㊳令。初憲宗之崩，上疑郭太后預其謀，又鄭太后本郭太后侍兒，有宿怨，故上即位，待郭太后禮殊薄，郭太后意怏怏㊴，一日登勤政樓㊵，欲自隕㊶，上聞之，大怒，是夕崩，外人頗有異論。上以鄭太后故，不欲以郭后祔憲宗，有司請葬景陵㊷外園，皡奏，宜合葬景陵，神主配憲宗室，奏入，上大怒，白敏中召皡詰之，皡曰：「太皇太后、汾陽王㊸之孫，憲宗在東宮為正妃，逮事順宗為婦，憲宗厭代㊹之夕，事出曖昧，太皇太后母天下㊺，歷五朝㊻，豈得以曖昧之事，遽㊼廢正嫡之禮乎！」敏中怒甚，皡辭氣愈厲㊽，諸相會食，周墀立於敏中之門，以俟之，敏中使謝曰：「方為一書生所苦㊾，公弟㊿先行。」墀入至敏中廳，問其事，見皡爭辨方急，墀舉手加顙(51)，歎皡孤直(52)，明日，皡坐貶官。【考異】實錄：「五月戊寅，以太皇太后寢疾，權不聽政，宰臣帥百寮問太后起居，己卯，復問起居，下遺令。是日，太后崩。初上纂位，以憲宗遇弒，頗疑后在黨中，至是暴得疾崩，帝之志也。甲申，白敏中帥百寮上表，請聽政，不許，乙酉，又上表，不許，丙戌，三上表，乃依。六月，貶禮院檢討官王皡為潤州句容令。」舊傳曰：「宣宗繼統，即后之諸子也，恩禮愈異於前朝。大中年崩，祔景陵。后歷位七朝，五居太母之尊，人君行子孫之禮，福壽隆貴，四十餘年，雖漢之馬鄧，無以加焉。識者以為汾陽社稷之功未泯，復鍾慶於懿安焉。」裴延裕東觀奏記曰：「憲宗皇帝晏駕之夕，上雖幼，頗記其事，追恨光陵商臣之酷，即位後，誅鉏惡黨，無漏網者。郭太后以上英察孝果，且懷慙懼，時居興慶宮，一日與一二侍兒，同升勤政樓，倚衡而望，便欲殞於樓下，欲成上過，左右急持之，即聞於上，上大怒，其夕，太后暴崩，上志也。」又曰：「懿安郭太后既崩，喪服許如故事，禮院檢討官王皡抗疏，請后合葬景陵，配饗憲宗廟室，既入，上大怒。宰臣白敏中召皡詰其事，皡對云云，翌日，皡貶潤州句容縣令，周墀亦免相。」按實錄所言暴崩事，皆出於東觀奏記，若實有此事，則既云是夕暴崩，何得前一日先下詔云，以太后寢疾，權不聽政，若無此事，則廷裕豈敢輒誣宣宗？或若郭后實以病終，而宣宗以平日疑忿之心，欲黜其禮，故皡爭之，疑以傳疑，今參取之。東觀奏記又曰：「杜悰通貴日久，門下有術士姓李悰，任西川節度使，馬植罷黔中，赴闕，至西川，李術士一見植，謂悰曰，馬中丞非常人也，相公厚遇之，悰未之信，街士一日密言於悰曰，相公將有甚禍，非馬中丞，不能救，乞厚結之。悰始驚信，發日，厚幣贈之，仍令邸吏為植買宅，生生之費無闕焉。植至門，方知感悰，不知其旨，尋除光祿卿，報狀至蜀，悰謂術士曰，貴人到闕，作光祿勳矣。術士曰，姑待之。稍進大理卿，又遷刑部侍郎，充諸道鹽鐵使，悰始驚憂，俄而作相。懿安皇太后崩後，悰、懿安子壻也，忽一日內榜子索檢責宰相元載故事，植諭旨，翌日延英，上前萬端營救，植素辯，能回上旨，事遂中寢。」按植會昌中，已自黔中入為大理卿，悰今年二月始為西川節度，今不取。

(十)秋，九月，甲子，再貶潮州司馬李德裕為崖州(五三)司戶，湖南觀察使李回為賀州(五四)刺史。

(十一)前鳳翔節度使石雄詣政府(五五)，自陳黑山烏嶺之功(五六)，【考異】此出范攄雲谿友議，彼以烏嶺為天井，誤也。求一鎮(五七)，以終老。執政以雄、李德裕所薦，曰：「曏日之功，朝廷以蒲孟岐(五八)三鎮酬之，足矣。」除左龍武統軍，雄怏怏而薨。

(十二)十一月，庚午，萬壽公主適起居郎鄭顥。顥，絪之孫(五九)，登進士第，為校書郎、右拾遺、內供奉，以文雅著稱。公主，上之愛女，故選顥尚之。有司循舊制，請用銀裝車(六〇)，上曰：「吾欲以儉約化天下(六一)，當自親者(六二)始。」令依外命婦(六三)，以銅裝車。詔公主執婦禮，皆如臣庶(六四)之法，戒以毋得輕夫族(六五)，毋得預(六六)時事。又申以手詔曰：「苟違吾戒，必有太平安樂之禍。」顥弟顗嘗得危疾，上遣使視之，還問公主何在，曰：「在慈恩寺觀戲場(六七)。」上怒，歎曰：「我怪(六八)士大夫家，不欲與我家為昏(六九)，良有以(七〇)也。」亟命召公主入宮，立之階下，不之視，公主懼，涕泣謝罪，上責之曰：「豈有小郎(七一)病，不往省視(七二)，乃觀戲乎！」遣歸鄭氏，由是，終上之世，貴戚皆兢兢(七三)守禮法，如山東衣冠之族。

(一三)壬午，葬懿安皇后於景陵之側。

(一四)以中書侍郎同平章事韋琮為太子賓客分司。

(一五)十二月，鳳翔節度使崔珙奏，破吐蕃，克清水。清水先隸秦州，詔以本州未復(七四)，權隸鳳翔。

(一六)上見憲宗朝公卿子孫，多擢用之，刑部員外郎杜勝次對(七五)，上問其家世，對曰：「臣父黃裳，首請憲宗監國(七六)。」即除給事中。翰林學士裴諗，度之子也。上幸翰林，面除承旨(七七)。

(一七)吐蕃論恐熱遣其將莽羅急藏將兵二萬，略地西鄙(七八)，尚婢婢遣其將拓拔懷光擊之於南谷，大破之，急藏降。

【今註】(一)阿附：阿黨比附。(二)南陽：今河南省南陽縣。(三)坐前：坐以前。(四)直吳湘冤：謂申直吳湘之冤枉。㊄循州：《舊唐書・地理志》四：「嶺南道循州，至東都四千八百里。」㊅三任：三次為官。㊆端州：《舊唐書・地理志》四：「嶺南道端州，至京師四千九百三十五里。」㊇仰給：仰賴供給。㊈耗散：耗損分散。㊉使者入賀正：此乃回鶻使者。⑪室韋七姓共分之：《新唐書・室韋傳》：「分部凡二十餘，曰嶺西部、山北部黃頭部、大小如者部、婆萵部、訥北部、駱丹部，悉處柳城東北，近者三千，遠六千里而贏。」按此即所謂七姓也。⑫磧北：沙漠之北，音ㄑㄧˋ。⑬潛竄：暗中竄匿。⑭其別部厖勒：按《新唐書・回鶻傳》下，厖勒作厖特勒，核特勒乃回鶻之達官，當添特字。⑮不肖：不賢。⑯此言為首：謂此言為最重要。⑰正色：正容色。⑱名數：姓名秩數。⑲注擬：謂擬注而授之。⑳政府：猶朝廷。㉑制授：以制詔宣授。㉒籍命：簿籍及冊命。㉓具員：謂資歷優備之官員。㉔案：几案。㉕相：視。㉖臣庶：臣子平民。㉗遷徙不常：遷移不定。㉘刑克禍福：胡三省曰：「陰陽家所謂三刑，謂寅刑巳，巳刑申，申刑寅，丑刑戌，戌刑未，未刑丑，子刑卯，卯刑子，辰刑午，午刑午，酉刑酉，亥刑亥。克謂金克木，木克土，土克水，水克火，火克金。」㉙法宮：如淳曰：「法宮，路寢正殿也。」㉚書本：即書籍。㉛束帛：五匹帛。㉜辟：辟召。㉝官賞：封官頒賞。㉞移：移易。㉟何權之有：謂何必有權勢哉。㊱澳，貫之之子：韋貫之元和中為相。㊲禮院檢討官：宋白曰：「貞元九年四月，勅太常寺宜署禮院修撰檢討官各一員，使為定額。」㊳句容：今江蘇省句容縣。㊴怏怏：不平貌。㊵勤政樓：即玄宗所起勤政務本之樓，在興慶宮。㊶欲自隕：謂欲自墜樓而殞。㊷景陵：憲宗陵。㊸汾陽王：郭子儀封汾陽王。㊹厭代：猶謝世，謂崩也。㊺母天下：為天下之母。㊻歷五朝：五朝為穆、敬、文、武、宣。㊼遽：突。㊽厲：嚴厲。㊾所苦：所指責。㊿弟：通第，但也。(51)舉手加額：為示敬之禮。(52)歎暐孤直：謂歎息暐之孤介正直。(53)崖州：《舊唐書・地理志》四：「嶺南道崖州，至京師七千四百六十里。」(54)賀州：同志四：「嶺南道賀州，在京師東南四千一百三十里。」(55)政府：即政事堂。(56)黑山烏嶺之功：黑山烏嶺功並見上卷武宗會昌三年。(57)一鎮：一軍所鎮之州道。(58)蒲孟岐：蒲，河中；孟，河陽；岐，鳳翔。(59)顥，絪之孫：鄭絪為相於元和之初。(60)銀裝車：以銀為裝飾之車。(61)化天下：謂治天下，蓋避治諱，而改作化。(62)親者：親近者。(63)外命婦：胡三省曰：「唐制，公主乘厭翟車，外命婦一品，乘白銅厭犢車。」(64)臣庶：此謂平民。(65)夫族：夫婿之宗族。(66)預：干預。(67)戲場：於廣場中演戲，故謂戲場，此則指觀戲而言。(68)怪：怪異。(69)昏：同婚。(70)以：原因。(71)小郎：胡三省曰：「自晉以來，嫂謂叔為小郎。」(72)省視：察視。(73)兢兢：戒慎。(74)未復：未收復。(75)次對：唐代自宰執以下大臣，皆為次對官，以備天子召見問對。(76)臣父黃裳，首請憲宗監國：事見卷二百三十六永貞元年。(77)面除承旨：其全稱乃為翰林學士承旨。面除謂親除。(78)西鄙：猶西陲。

三年（西元八四九年）

㈠春，正月，上與宰相論元和循吏㊀，孰為第一。周墀曰：「臣嘗守土江西㊁，聞觀察使韋丹，功德被於八州㊂，沒四十年，老稚歌思㊃，如丹尚存。」乙亥，詔史館修撰杜牧撰丹遺愛碑，以紀之，仍擢其子河陽觀察判官宙為御史。

㈡二月，吐蕃論恐熱軍於河州，尚婢婢軍於河源軍㊄，婢婢諸將欲擊恐熱，婢婢曰：「不可，我軍驟勝㊅而輕敵，彼窮困而致死戰，必不利。」諸將不從，婢婢知其必敗，據河橋以待之，諸將果敗，婢婢收餘眾焚橋，歸鄯州。

㈢吐蕃秦、原、安樂三州，及石門等七關㊆來降，【考異】實錄：「涇原節度使康季榮奏，吐蕃宰相論恐熱，殺東道節度使。奉表以三州七關來降。」獻祖紀年錄亦云：「殺東道節度使，奉表。」國史敘論恐熱事甚詳，至五年五月，始來降，此際未降也。又不云殺東道節度使，且恐熱若以三州七關來降，朝廷必官賞之，何故但賞邊將，而不及恐熱？蓋三州七關以吐蕃國亂，自來降唐，朝廷遣諸道應接之，非恐熱帥以來，實錄誤耳。以太僕卿陸耽為宣諭使，詔涇原、靈武、鳳翔、邠寧、振武皆出兵應接。

㈣河東節度使王宰入朝，以貨結權倖㊇，求以使相㊈領宣武，刑部尚書同平章事周墀上疏論之，宰遂還鎮。駙馬都尉韋讓求為京兆尹，墀言：「京兆尹，非才望不可為㊉。」讓議竟寢。墀又諫上開邊(一一)，由是忤旨。夏，四月，以墀為東川節度使，以御史大夫崔鉉為中書侍郎同平章事，兵部侍郎判戶部魏扶同平章事。

(五)癸巳，盧龍奏節度使張仲武薨，軍中立其子節度押牙直方。

(六)翰林學士鄭顥言於上曰：「周墀以直言入相，亦以直言罷相。」上深感悟，甲午，墀入謝，加檢校右僕射。

(七)戊戌，以張直方為盧龍留後。

(八)五月，徐州軍亂，逐節度使李廓。廓，程之子(一二)也。在鎮不治，右補闕鄭魯上言(一三)其狀，且曰：「臣恐新麥未登(一四)，徐師必亂，速命良帥，救此一方(一五)。」上未之省，徐州果亂，上思魯言，擢為起居舍人。以義成節度使盧弘止為武寧節度使，武寧士卒素驕，有銀刀都尤甚，屢逐主帥(一六)，弘止至鎮，都虞候胡慶方復謀作亂，弘止誅之，撫循(一七)其餘，訓以忠義，軍府由是獲安。

(九)六月，戊申，以張直方為盧龍節度使。

(十)涇原節度使康季榮取原州，及石門、驛藏、木峽、制勝、六磐、石峽六關。秋，七月，丁巳，靈武節度使朱叔明取長樂州(一八)。

甲子，邠寧節度使張君緒取蕭關⑲。甲戌，鳳翔節度使李玭取秦州。詔邠寧節度權移軍於寧州，以應接河西。

(十一)八月，乙酉，改長樂州為威州。河隴老幼千餘人詣闕。【考異】實錄云數千人，今從實錄。己丑，上御延喜門⑳樓，見之，歡呼舞躍，解㉑胡服，襲㉒冠帶，觀者皆呼萬歲。詔募百姓墾闢㉓三州七關土田，五年不租稅，自今京城罪人應配流者，皆配十處㉔，四道㉕將吏，能於鎮戍之地營田者，官給牛及種糧㉖。溫池㉗鹽利，可贍㉘邊陲，委度支制置㉙。其三州七關鎮戍之卒，皆倍給衣糧㉚，仍㉛二年一代，道路建置堡柵，有商旅往來販易㉜，及戍卒子弟通傳家信，關鎮毋得留難㉝。其山南、劍南邊境，有沒蕃州縣㉞，亦令量力收復。

(十二)冬，十月，改備邊庫㉟為延資庫。

(十三)西川節度使杜悰奏取維州。

(十四)閏十一月，丁酉，宰相以克復河湟，請上尊號，上曰：「憲宗常有志復河湟，以中原方用兵㊱，未遂而崩，今乃克成先志耳，其議加順憲二廟尊謚，以昭功烈。」

(十五)盧龍節度使張直方暴忍[三七]，喜遊獵，軍中將作亂，直方知之，託言出獵，遂舉族逃歸京師，軍中推牙將周綝為留後，【考異】舊紀：「十一月，幽州軍亂，逐張直方，軍人推周綝為留後。四年九月，周綝卒，軍人立張允伸為留後。」直方傳曰：「直方多不法，慮為將卒所圖，三年冬，託以遊獵，奔赴闕廷。」張允伸傳曰：「四年，戎帥周綝寢疾，表允伸為留後。」新紀：「四年八月，幽州軍亂，逐張直方，張允伸自稱留後。」傳亦言直方出奔，即以允伸為留後，實錄直方赴闕，亦在去年八月至九月，又云張允伸知留後，皆無周綝姓名，今從舊書。直方至京師，拜金吾大將軍。

(十六)甲戌，追上順宗謚曰至德弘道大聖大安孝皇帝，憲宗謚曰昭文章武大聖至神孝皇帝，仍改題神主[三八]。

(十七)己未，崖州司戶李德裕卒。

(十八)山南西道節度使鄭涯奏取扶州。

【今註】㊀循吏：循良之吏。㊁守土江西：謂為江西節度使。㊂八州：為洪、江、鄂、岳、虔、吉、袁、撫。㊃歌思：謳歌思念。㊄河源軍：在鄯州東。㊅驟勝：屢勝。㊆吐蕃秦、原、安樂三州，及石門等七關：胡三省曰：「咸亨三年，吐谷渾以靈州故鳴沙縣地置安樂州，以居之，安史之亂，吐蕃取安樂州。」《新唐書・地理志》一：「關內道原州平高，州境又有石門、驛藏、制勝、石峽、木靖等關，并木峽、六盤為七關。」㊇權倖：權貴寵倖。㊈使相：謂節度使及宰相。㊉京兆尹，非才望不可為：謂京兆尹非有才幹資望者，不能為之。⑪開邊：謂經略河西。⑫廓，程之子：

李程見卷二百四十三長慶四年。⑬上言：上表言。⑭登：成熟。⑮救此一方：謂救此一方之民。⑯主帥：亦即節帥，謂節度使。⑰撫循：謂安撫親接。⑱取長樂州：胡三省曰：「長樂當作安樂。」⑲蕭關：據《舊唐書．地理志》一，蕭關縣屬原州。⑳延喜門：《唐六典》卷七：「皇城東面二門，北曰延喜，南曰景風。延喜門則承天門外橫街，東直通化門。」㉑解：解去。㉒襲：猶著。㉓懇闢：按懇當作墾。㉔十處：謂三州七關。㉕四道：為涇源、邠寧、靈武，及鳳翔。㉖種糧：種子及糧食。㉗溫池：胡三省曰：「神龍元年置溫池縣，屬靈州，是年度屬威州，縣有鹽池。」㉘贍：給。㉙制置：謂制定辦法，以施行之。㉚皆倍給衣糧：言給之衣糧，倍於其地戍卒。㉛仍：仍舊。㉜販易：猶貿易。㉝留難：謂扣留及加以刁難。㉞其山南劍南邊境，有沒蕃州縣：廣德以來，西羌內侵，山南巡內階成陷沒，文州移治，劍南西山諸州，亦多有沒於吐蕃者。㉟備邊庫：備邊庫初置，見上武宗會昌五年。㊱以中原方用兵：謂方用兵於兩河。㊲暴忍：暴橫殘忍。㊳仍改題神主：胡三省曰：「自天寶以來，加上諸帝謚號，陵中玉冊及神主，未嘗改題。」

卷二百四十九　唐紀六十五

司馬光編集
曲守約註

起上章敦牂，盡屠維單閼，凡十年。（庚午至己卯，西元八五〇年至八五九年）

宣宗元聖至明成武獻文睿智章仁神聰懿道大孝皇帝下

大中四年（西元八五〇年）

㈠春，正月，庚辰朔，赦天下。

㈡二月，以秦州隸鳳翔㊀。

㈢夏，四月，庚戌，以中書侍郎同平章事馬植為天平節度使。上之立也，左軍中尉㊁馬元贄有力焉，由是恩遇冠諸宦者，植與之敍宗姓，上賜元贄寶帶㊂，元贄以遺植，植服之以朝，上見而識之，植變色不敢隱，明日，罷相，收植親吏董侔下御史臺鞫㊃之，盡得植與元贄交通之狀，再貶常州㊄刺史。

㈣六月，戊申，兵部侍郎同平章事魏扶薨，以戶部尚書判度支崔龜從同平章事。

(五)秋，八月，以白敏中判延資庫(六)。

(六)盧龍節度使周綝薨，軍中表請以押牙兼馬步都知兵馬使張允伸為留後。九月，丁酉，從之。【考異】四年七月，周綝薨，張允伸為留後。注曰：「舊紀亦無朝廷命綝為節度使年月。」至此，但云幽州節度使周綝卒，軍人立張允伸為留後。實錄：「九月，幽州大將表請押衙張允伸知留後事。」舊允伸傳曰：「大中四年，戎帥周綝寢疾，表允伸為留後，朝廷可其奏。」今從之。

(七)党項為邊患，發諸道兵討之，連年無功，戍饋(七)不已，右補闕孔溫裕上疏切諫，上怒，貶柳州(八)司馬。溫裕，戣之兄子(九)也。

(八)吐蕃論恐熱遣僧莽羅藺真，將兵於雞項關(一〇)南造橋，以擊尚婢婢，軍於白土嶺(一一)，婢婢遣其將尚鐸羅榻藏將兵據臨蕃軍，以拒之，不利，復遣磨離羆子、燭盧鞏力將兵據氂牛峽，以拒之，鞏力請：「按兵拒險，勿與戰，以奇兵絕其糧道，使進不得戰，退不得還，不過旬月，其眾必潰(一二)。」羆子不從，鞏力曰：「吾寧為不用之人，不為敗軍之將。」稱疾(一三)歸鄯州，羆子逆戰，敗死，婢婢糧乏，留拓跋懷光守鄯州，帥部落三千餘人就水草於甘州西。恐熱聞婢婢棄鄯州，自將輕騎五千，追之，至瓜州，聞懷光守鄯州，遂大掠河西、鄯、廓、等八州，殺其丁壯，劓刖(一四)其羸老及婦人，以槊貫嬰兒為戲，焚其室廬，五千里間，赤地殆盡⑮。

(九)冬，十月，辛未，以翰林學士承旨兵部侍郎令狐綯同平章事。

【考異】舊紀在十一月，今從實錄新紀。

(十)十一月，壬寅，以翰林學士劉瑑為京西招討党項行營宣慰使。

(十一)以盧龍留後張允伸為節度使。

(十二)十二月，以鳳翔節度使李業、河東節度使李拭，並兼招討党項使。

(十三)吏部侍郎孔溫業白執政，求外官，白敏中謂同列曰：「我輩須自點檢⑯，孔吏部不肯居朝廷矣。」溫業，戣之弟子也。

【今註】㊀以秦州隸鳳翔：秦州本屬隴右節度，是時新復，以屬鳳翔。㊁左軍中尉：其全稱為左神策護軍中尉。㊂寶帶：以珠寶所裝飾之帶。㊃鞠：通鞫。㊄常州：《舊唐書・地理志》三：「江南道常州，在京師東南二千八百四十三里。」㊅延資庫：去年改備邊庫為延資庫。㊆戍饋：戍防饋運。㊇柳州：《舊唐書・地理志》四：「嶺南道柳州，至京師水陸相乘五千四百七十里。」㊈溫裕，戣之兄子：孔戣見卷二百四十憲宗元和十一年。㊉雞項關：《新唐書・吐蕃傳》，雞項關作雞頂嶺關。⑪白土嶺：胡三省曰：「水經注：『左南津西六十里有白土城，城西北有白土川水。』其地在唐河州鳳林縣西，以此推之，雞項關亦在河州界。」㊂潰：潰散。㊂稱疾：謂託言有疾。
㊃劓刖：劓，割鼻；刖，斷足。音一丶 ㄩせ丶。㊄赤地殆盡：謂殆盡為赤地。㊅點檢：謂考核行為。

五年（西元八五一年）

㈠春，正月，壬戌，天德軍奏，攝沙州刺史張義潮遣使來降。義潮，沙州人也。時吐蕃大亂，義潮陰結豪傑，謀自拔㊀歸唐，一旦帥眾被甲，譟於州門，唐人皆應之，吐蕃守將驚走，義潮遂攝㊁州事，奏表來降，【考異】補國史作議潮，今從實錄、新舊紀傳。以義潮為沙州防禦使。

㈡以兵部侍郎裴休為鹽鐵轉運使。休，肅之子㊂也。自大和以來，歲運江淮米，不過四十萬斛，吏卒侵盜㊃沈沒，舟達渭倉者，什不三四，大墮劉晏之法㊄。休窮究㊅其弊，立漕法十條，歲運米至渭倉者，百二十萬斛。

㈢上頗知党項之反，由邊帥利其羊馬，數欺奪之，或妄誅殺，党項不勝㊆憤怨，故反，乃以右諫議大夫李福為夏綏節度使，自是繼選儒臣，以代邊帥之貪暴者，行日，復面加戒勵，党項由是遂安。福，石之弟也。

㈣上以南山、平夏⑧，党項久未平，【考異】唐年補錄⑨曰：「松州南山雪山，故曰南山。」平夏川名也。頗厭⑩用兵，崔鉉建議宜遣大臣鎮撫，三月，以白敏中為司空同平章事、充招討党項行營都統、制置等使⑪、南北兩路供軍使，兼邠寧節度使，敏中請用裴度故事，擇廷臣為將佐⑫，許之。夏，四月，以左諫議大夫孫景商為左庶子，充邠寧行軍司馬，知制誥蔣伸為右庶子，充節度副使。伸，係之弟⑬也。

㈤初上令白敏中為萬壽公主選佳壻，敏中薦鄭顥，時顥已昏盧氏，行至鄭州，堂帖⑭追還，顥甚銜⑮之，由是數毀敏中於上，敏中將赴鎮，言於上曰：「鄭顥不樂尚主，怨臣入骨髓，臣在政府⑯，無如臣何，今臣出外，顥必中傷，臣死無日⑰矣。」上曰：「朕知之久矣，卿何言之晚邪！」命左右於禁中取小檉函⑱，以授敏中，曰：「此皆鄭郎譖卿之書也，朕若信之，豈任卿以至今日。」敏中歸，置檉函於佛前，焚香事之。敏中軍於寧州，壬子，定遠城使史元破党項九千餘帳於三交谷⑲，敏中奏党項平，辛未，詔：

「平夏党項已就安帖⑳，南山党項，聞出山㉑者，迫於饑寒，猶行鈔掠，平夏不容㉒，窮無所歸，宜委李福存諭㉓，於銀夏境內，授以閑田，如能革心㉔向化㉕，則撫如赤子㉖，從前為惡，一切不問，或有抑屈，聽於本鎮，投牒自訴，若再犯疆埸，或復入山林，不受教令㉗，則誅討無赦。將吏有功者甄㉘獎，死傷者優恤㉙，靈、夏，邠、鄜四道百姓，給復㉚三年，鄰道量㉛免租稅，曏由邊將貪鄙，致㉜其怨叛，自今當更擇廉良撫之，若復致侵叛，當先罪邊將，後討寇虜。」

㈥吐蕃論恐熱殘虐，所部多叛，拓跋懷光使人說誘㉝之，其眾或散居部落，或降於懷光，恐熱勢孤，乃揚言於眾曰：「吾今入朝於唐，借兵五十萬，來誅不服者，然後以渭州為國城㉞，請唐冊我為贊普，誰敢不從？」五月，恐熱入朝，上遣左丞李景讓就禮賓院問所欲，恐熱氣色㉟驕倨㊱，語言荒誕㊲，求為河渭節度使，上不許。召對三殿，如常日胡客，勞賜遣還，恐熱怏怏而去，復歸落門川㊳，聚其舊眾，欲為邊患，會久雨乏食，眾稍散，纔有三百餘人，奔於廓州。

(七)六月，立皇子潤為鄂王。

(八)進士孫樵上言：「百姓男耕女織，不自溫飽㊴，而羣僧安坐華屋，美衣精饌，率以十戶不能養一僧，武宗憤其然㊵，髮十七萬僧㊶，是天下一百七十萬戶，始得蘇息㊷也。陛下即位以來，修復廢寺，天下斧斤之聲㊸，至今不絕，度僧㊹幾復其舊㊺矣，陛下縱不能如武宗除積弊，奈何興之於已廢㊻乎？日者㊼、陛下欲修國東門㊽，諫官上言，遽為罷役，今所復之寺，豈若東門之急乎！所役之功，豈若東門之勞乎㊾！願早降明詔，僧未復者㊿勿復，寺未修者勿修，庶幾百姓猶得以息肩(51)也。」秋，七月，中書門下奏：「陛下崇奉釋氏，羣下莫不奔走，恐財力有所不逮，因之生事(52)擾人，望委所在長吏(53)，量加撙(54)節，所度僧，亦委選擇有行業(55)者，若容(56)凶麤之人，則更非敬道(57)也。鄉村佛舍，請罷兵日修(58)。」從之。

(九)八月，白敏中奏南山党項亦請降，時用兵歲久，國用(59)頗乏，詔并赦南山党項，使之安業(六〇)。

(十)冬，十月，乙卯，中書門下奏：「今邊事已息，而州府諸寺，尚未畢功，望且令成之，其大縣遠於州府者(六一)，聽置(六二)一寺，其鄉村毋得更置佛舍。」從之。

(十一)戊辰，以戶部侍郎魏謩同平章事，仍判戶部。時上春秋已高，未立太子，羣臣莫敢言，謩入謝，囙(六三)言：「今海內無事，惟未建儲副(六四)，使正人輔導，臣竊以為憂。」且泣(六五)，時人重之。蓬果羣盜，依阻雞山(六六)，寇掠三川(六七)，以果州刺史王贄弘充三川行營都知兵馬使，以討之。

(十二)制以党項既平，罷白敏中都統，但以司空平章事充邠寧節度使。

(十三)張義潮發兵，畧定(六八)其旁瓜、伊、西、甘、肅、蘭、鄯、河、岷、廓十州，遣其兄義澤，奉十一州(六九)圖籍(七〇)入見，於是河湟之地，盡入於唐。十二月，置歸義軍於沙州，以義潮為節度使，【考異】唐年補錄舊紀，義潮降在五年八月。獻祖紀年錄及新紀，在十月。按實錄：「五年二月壬戌，天德軍奏沙州刺史張義潮、安景旻及部落使閻英達等，差使上表，請以沙州降。十月，義潮遣弟義澤，以本道瓜沙伊肅等十一州地圖戶籍來獻。河隴陷沒百餘年，至是悉復故地。十一月，建沙州為歸義軍，以張義潮為節度使，河沙等十一州觀察、營田、處置等使。」新紀：「五年十月，沙州人張義潮，以瓜沙伊肅鄯甘河西蘭岷廓十一州，歸於有司。」新傳：

「三州七關降之，明年，沙州首領張義潮奉十一州地圖以獻，擢義潮沙州防禦使，俄號歸義軍，遂為節度使。」參考諸書，蓋二月義潮使者，始以得沙州來告，除防禦使，十月，又遣義澤以十一州圖籍來上，除節度使也。今從實錄。新傳云：「三州降之，明年。」誤也。十一州觀察使，又以義潮判官曹義金為歸義軍長史[七一]。

(十四)以中書侍郎同平章事崔龜從同平章事，充宣武節度使。右羽林統軍張直方坐出獵累日，不還宿衛[七二]，貶左驍衛將軍。

【今註】[一]自拔：自己於敵人中拔出。[二]攝：代理。[三]休，肅之子：裴肅見卷二百三十五德宗貞元十五年。[四]侵盜：侵占盜竊。[五]大墮劉晏之法：墮讀曰隳，劉晏事見卷二百三十六德宗建中元年。[六]究：盡。[七]不勝：不堪任。[八]南山、平夏：胡三省曰：「党項居慶州者，號東山部，居夏州者號平夏部，其竄居南山者為南山党項。趙珣聚米圖經：『党項部落在銀夏以北，居川澤者謂之平夏，党項在安鹽以南居山谷者，謂之南山党項。』」[九]考異曰，唐年補錄：胡三省曰：「余按唐年補錄，乃末學膚見者之為耳，今不欲復言地理，姑以通鑑義例言之，考異者考羣書之同異，而審其是，訓釋其義，付之後學。南山之說，既無同異之可考，今而引之，疑非考異本指也。」[十]厭：厭倦。[十一]制置使：職源：「制置使始此。」[十二]用裴度故事，擇廷臣為將佐：裴度故事見卷二百四十憲宗元和十二年，將佐謂將帥之僚佐。[十三]伸、係之弟：蔣係見卷二百四十四文宗太和五年。[十四]堂帖：政事堂之帖。[十五]銜：同銜。[十六]政府：謂在政事堂。[十七]無日：無幾日，亦即不久。[十八]小樘函：謂以樘柳木所製之小盒。[十九]三交谷：胡三省曰：「三交谷在夏州界。」[二十]安帖：安定帖伏。[二一]出山：

離出南山。㉒不容：不容受。㉓存諭：存問曉諭。㉔革心：改心。㉕向化：歸向王化。㉖赤子：孺子。㉗教令：謂命令。㉘甄：選擇。㉙優恤：優予撫恤。㉚給復：謂免除賦役。㉛量：酌量。㉜致：猶使。㉝誘：誘引。㉞國城：謂京城。㉟氣色：謂神氣容色。㊱驕倨：驕傲倨慢。㊲荒誕：荒悖誇大。㊳落門川：恐熱本吐蕃落門討擊使。㊴不自溫飽：謂不能自得溫飽。㊵憤其然：謂憤其如是。㊶髮十七萬僧：言使僧長髮，復為平民。㊷蘇息：謂困而得息。㊸斧斤之聲：謂營造之聲。㊹度僧：剃度僧尼。㊺其舊：謂其舊額。㊻廢：廢止。㊼日者：昔者。㊽國東門：謂京師之東門。㊾豈若東門之勞乎：按此勞乃係急或重要之意。㊿僧未復者：謂僧未復為僧者。(51)息肩：停歇負擔。(52)生事：滋生事端。(53)長吏：謂州牧縣令。(54)撙：撙省。(55)行業：德行學業。(56)容：容受。(57)敬道：謂尊敬佛道。(58)請罷兵日修：謂請俟罷兵日，再行修建，時用兵以復河湟。(59)國用：國家資用。(60)安業：安於所業。(61)其大縣遠於州府者：謂其大縣距州府較遠者。(62)置：置立。(63)曰：因俗字。(64)儲副：謂太子。(65)且泣：並泣。(66)依阻雞山：謂依雞山以為險阻，雞山在蓬果二州之界。(67)三川：謂東西川及山南西道。(68)略定：攻略平定。(69)奉十一州：上十州、並沙州為十一州。(70)圖籍：地圖及簿籍。(71)為歸義軍長史：胡三省曰：「按《新唐書．百官志》，節度使有行軍司馬、節度副使、判官、支使等，其兼都督都護，則有長史。」(72)不還宿衞：不還歸宿衞天子。

六年（西元八五二年）

㈠春，二月，王贄弘討雞山賊，平之，是時山南西道節度使封敖奏，巴南妖賊言辭悖慢[一]，上怒甚，崔鉉曰：「皆陛下赤子，迫於饑寒，盜弄[二]陛下兵於谿谷間，不足辱大軍，但遣一使者，可平矣。」乃遣京兆少尹劉潼，詣果州招諭之。潼上言：「請不發兵攻討。」且曰：「今以日月之明[三]，燭[四]愚迷之眾，使之稽顙[五]歸命[六]，其勢甚易，所慮者，武臣恥不戰之功[七]，議者責[八]欲速之效耳。」潼至山中，盜彎弓[九]待之，潼屏左右直前[一〇]，曰：「我面[一一]受詔，赦汝罪，使汝復為平人[一二]。聞汝木弓[一三]射二百步，今我去汝十步，汝真欲反者，可射我。」賊皆投弓[一四]，列拜[一五]請降，潼歸館，而王贄弘與中使似先義逸引兵已至山下，竟擊滅之。

㈡三月，勑先賜右衛大將軍鄭光鄠縣及雲陽莊，並免稅役[一六]。中書門下奏，以為：「稅役之法，天下皆同，陛下屢發德音，欲使中外畫一[一七]，今獨免鄭光，似稍乖[一八]前意，事雖至細[一九]，繫體[二〇]則多。」勅曰：「朕以鄭光元舅㉑之尊貴，欲優異㉒，令免征稅，初不細思，況親戚之間，人所難議㉓，卿等苟非愛我，豈進嘉言㉔，庶事㉕能盡如斯，天下何憂不理，有始有卒，當共守㉖之。並依所奏。」

㈢夏，四月，甲辰，以邠寧節度使白敏中為西川節度使。

㈣湖南奏、團練副使馮少端討衡州賊帥鄧裴，平之。

㈤党項復擾邊，上欲擇可為邠寧帥㉗者，而難其人㉘，從容與翰林學士、中書舍人、須昌畢諴論邊事，諴援古據今，具陳方畧，上悅曰：「吾方擇帥，不意㉙頗牧㉚近在禁廷，卿其為朕行乎！」諴欣然奉命，上欲重其資履㉛。六月，壬申，先以諴為刑部侍郎，癸酉，乃除邠寧節度使。【考異】舊傳，懿宗召問邊事，今從實錄。雍王渼薨，追謚靖懷太子。

㈥河東節度使李業縱㉜吏民侵掠雜虜，又妄殺降者，由是北邊擾動㉝。閏月，庚子，以太子少師盧鈞為河東節度使，業內有所恃，人莫敢言，魏謩獨請貶黜，上不許，但徙義成節度使。盧鈞奏度支郎中韋宙為副使，宙徧詣塞下，悉召酋長，諭以禍福，禁唐民毋得入虜境侵掠，犯者必死，雜虜由是遂安。掌書記李璋杖一牙職，明日，牙將百餘人，訴於鈞，鈞杖其為首者，謫戍外鎮㉔，餘皆罰之，曰：「邊鎮百餘人，無故橫訴㉕，不可不抑。」璋，絳之子㉖也。

(七)八月，甲子，以禮部尚書裴休同平章事。獠寇昌資二州。

(八)冬，十月，邠寧節度使畢諴奏，招諭党項，皆降。

(九)驍衛將軍張直方坐以小過，屢殺奴婢，貶恩州㉗司戶。

(十)十一月，立憲宗子惴為棣王。

(十一)十二月，中書門下奏：「度僧不精㉘，則戒法㉙墮壞㉚，造寺無節㉛，則損費過多，請自今，諸州準元勅㉜許置寺外，有勝地靈跡㉝，許修復，繫會㉞之縣，許置一院㉟，嚴禁私度僧尼。若官度僧尼，有闕㊱，則擇人補之，仍申祠部給牒㊲，其欲遠遊尋師者，須有本州公驗㊳。」從之。

【今註】㊀悖慢：荒悖倨慢。㊁弄：玩弄。㊂日月之明：乃係恭維當時天子，謂天子如日月之明。

㊃燭：照。㊄稽顙：猶稽首。㊅歸命：歸從王命。㊆恥不戰之功：謂以不戰有功為羞恥。㊇責：求。㊈彎弓：謂弦注矢欲發。㊉直前：一直向前，意為毫不畏懼。⑪面：親。⑫平人：即平民。⑬木弓：以柘木為弓。⑭投弓：投下弓箭。⑮列拜：羅列而拜。⑯稅役：租稅徭役。⑰畫一：整齊。⑱乖：違。⑲細：小。⑳繫體：謂關係體制。㉑元舅：大舅。㉒優異：優厚殊異。㉓難議：猶不肯議論。㉔豈進嘉言：謂豈肯進嘉言。㉕庶事：猶凡事。㉖守：遵守。㉗邠寧帥：即邠寧節度使。㉘而難其人：謂而難其人選。㉙不意：不料。㉚頗牧：廉頗、李牧，皆趙之名將。㉛資履：資以序進，履所歷之官。㉜縱：縱恣。㉝擾動：騷擾動蕩。㉞謫戍外鎮：貶謫而戍守河東道邊境之鎮。㉟橫訴：謂無理而申訴。㊱璋，絳之子：李絳相憲宗，以直諒聞。㊲恩州：《舊唐書・地理志》四：「嶺南道恩州，至京師東南六千五百里。」㊳精：精良。㊴戒法：即戒律。戒，防非止惡之義；律，法律之意，如五戒，十善戒乃至二百五十戒，皆佛徒之戒律也。㊵墮：讀曰隳。㊶節：節制。㊷準元勅：謂準依前勅。㊸靈跡：謂有神靈蹤跡之地。㊹繁會：胡三省曰：「謂人物浩繁，舟車所會之地。」㊺一院：猶一寺，蓋合言之則曰寺院。㊻有闕：有空闕。㊼給牒：給度牒。㊽公驗：謂官家發給之公文，所至以為照驗。

七年（西元八五三年）

㈠春，正月，戊申，上祀圓丘，赦天下。

㈡夏，四月，丙寅，勑：「自今法司處罪㈠，用常行杖，杖脊一，折法杖㈡十，杖臀㈢一，折笞五，使吏用法有常準㈣。」

㈢冬，十二月，左補闕趙璘請罷來年元會，止御宣政㈤，上以問宰相，對曰：「元會大禮，不可罷，況天下無事。」上曰：「近華州奏，有賊光火劫下邽㈥，關中少雪，皆朕之憂，何謂無事？雖宣政亦不可御也。」

㈣上事鄭太后甚謹，不居別宮，朝夕奉養，舅鄭光歷平盧、河中節度使，上與之論為政，光應對鄙淺㈦，上不悅，留為右羽林統軍，使奉朝請，太后數言其貧，上輒厚賜金帛，終不復任以民官㈧。

㈤度支奏自湟河平，每歲天下所納錢九百二十五萬餘緡，內五百五十萬餘緡租稅㈨，八十二萬餘緡榷酤，二百七十八萬餘緡鹽利。

【考異】續皇王寶運錄，具載是歲度支支收之數，舛錯不可曉，今特存其可曉者。

【今註】㈠處罪：猶懲罪。㈡折法杖：折、折合，法杖謂常行醫杖。㈢臀：同臀，兩股上端與腰相連之部位，音ㄊㄨㄣˊ。㈣常準：謂一定準繩。㈤宣政：謂宣政殿。㈥有賊光火劫下邽：胡三省曰：「明火行劫，言盜無所憚。」㈦鄙淺：鄙陋膚淺。㈧民官：謂治民之官。㈨內五百五十萬餘緡租稅：謂內五百五十萬餘緡為租稅所納。

八年（西元八五四年）

㈠春，正月，丙戌朔，日有食之，罷元會㈠。上自即位以來，治弒憲宗之黨，宦官外戚，乃至東宮官屬，誅竄甚眾，慮人情不安，丙申，詔：「長慶之初，亂臣賊子，頃搜擿㈡餘黨，流竄㈢已盡，其餘族從㈣疏遠者，一切不問。」

㈡二月，中書門下奏，拾遺補闕缺員，請更增補。上曰：「諫官要在舉職㈤，不必人多，如張道符、牛叢、趙璘輩數人，使朕日聞所不聞，足矣。」叢，僧孺之子也。久之，叢自司勳員外郎，出為睦州刺史，入謝，上賜之紫，叢既謝，前言曰㈥：「臣所服緋，刺史所借也。」上遽㈦曰：「且㈧賜緋。」上重惜服章㈨，有司常具緋紫衣數襲㈩，從行，以備賞賜，或半歲不用其一，故當時以緋紫為榮。上重翰林學士，至於遷官，必校㈡歲月，以為不可以官爵私近臣也。

㈢秋，九月，丙戌，以右散騎常侍高少逸為陝虢觀察使，有勑使過硤石(一二)，怒餅黑，鞭驛吏見血，少逸封其餅以進，勑使還，上責之曰：「深山中，如此食，豈易得！」謫配(一三)恭陵。

㈣立皇子洽為懷王，汭為昭王，汶為康王。【考異】唐年補錄，五年正月甲戌朔，封三王。今從實錄、新紀。

㈤上獵於苑北(一四)，遇樵夫，問其縣，曰：「涇陽(一五)人也。」「令為誰？」曰：「李行言。」「為政何如？」曰：「性執(一六)，有強盜數人，軍家(一七)索之，竟不與，盡殺之。」上歸，帖其名(一八)於寢殿之柱。冬，十月，行言除海州刺史，入謝，上賜之金紫，問曰：「卿知所以衣紫乎？」對曰：「不知。」上命取殿柱之帖示之。

㈥上以甘露之變(一九)，惟李訓鄭注當死，自餘王涯賈餗等無罪，詔皆雪其冤(二〇)。上召翰林學士韋澳，託以論詩，屏左右與之語曰：「近日外閒，謂內侍(二一)權勢何如。」對曰：「陛下威斷(二二)，非前朝之比。」上閉目搖首曰：「全未(二三)全未，尚畏之在(二四)，卿謂策將安出?」對曰:「若與外廷議之,恐有大和之變,不若就其中擇有才識者,與之謀。」上曰:「此乃末策,自衣黃衣綠至衣緋,皆感恩,纔衣紫,則相與為一矣㉕。」上又嘗與令狐綯謀盡誅宦官,綯恐濫及無辜,密奏曰:「但有罪勿捨,有闕勿補,自然漸耗㉖,至於盡矣㉗。」宦者竊見其奏,由是益與朝士相惡㉘,南北司如水火㉙矣。

【今註】㈠元會:元旦之朝會。㈡搜擿:搜挑,音剔。㈢流竄:流放竄逐。㈣族從:從,一從、再從、三從兄之親;族,袒免以外之親。㈤舉職:猶勝任。㈥既謝,前言曰:謝恩之後,前進而言。㈦遽:即。㈧且:權且。㈨服章:衣服徽章。㈩襲:猶今之套。⑪校:校計。⑫硤石:據《新唐書・地理志》二,硤石縣屬河南道陝州。⑬謫配:謂譴謫安置。⑭苑北:此乃出苑城而北獵。⑮涇陽:據《新唐書・地理志》一,涇陽縣屬京兆府。⑯性執:性情固執。⑰軍家:胡三省曰:「軍家謂北司諸軍也。唐人謂諸道節度、度支、觀察為使家,諸州為州家,諸縣為縣家。」⑱帖其名:謂書其名於帖而黏之於柱。⑲甘露之變:見卷二百四十五文宗太和八年。⑳雪其冤:謂昭雪其冤。㉑內侍:謂宦官。㉒威斷:威嚴決斷。㉓全未:謂完全不是。㉔尚畏之在:謂對宦官尚有畏懼存在。㉕自衣黃衣綠至衣緋,皆感恩,纔衣紫,則相與為一矣:《舊唐書・輿服志》:「上元元年八月制：『文武三品已上服紫，四品服深緋，五品服淺緋，六品服深綠，七品服淺綠，八品服深青，九品服淺青。』」胡三省曰：「流外官及庶人服黃。太宗定制，內侍省不置三品官，內侍是長官，階四品，其職但在閤門守禦，黃衣廩食而已。至玄宗，宦官至三品將軍，門施棨戟，得衣紫矣。」㉖漸耗：漸為耗減。㉗至於盡矣：謂而終至於完盡矣。㉘相惡：相交惡。㉙如水火：謂如水火之不相容。

九年（西元八五五年）

㈠春，正月，甲戌，成德軍奏，節度使王元逵薨，軍中立其子節度副使紹鼎，癸卯，以紹鼎為成德留後。

㈡二月，以醴泉令李君奭為懷州刺史。初上校獵渭上，有父老以十數聚於佛祠，上問之，對曰：「醴泉百姓也，縣令李君奭有異政㊀，考滿當罷㊁，詣府乞留，故此祈佛，冀諧㊂所願耳。」及懷州刺史闕，上手筆㊃除君奭，宰相莫之測㊄，君奭入謝，上以此獎厲㊅，眾始知之。

㈢三月，詔邠寧節度使畢諴還邠州。先是，以河湟初附，党項未平，移邠寧軍於寧州[七]，至是南山平夏皆安，咸、鹽、武[八]三州軍食足，故令還理所[九]。

(四)夏，閏四月，詔以：「州縣差役[一〇]不均，自今每縣據[一一]人貧富及役輕重，作差科簿[一二]，送刺史檢署[一三]訖，鏁於令廳[一四]，每有役事，委令據簿定差[一五]。」

(五)五月，丙寅，以王紹鼎為成德節度使。

(六)上聰察[一六]彊記，宮中厮役給[一七]灑掃者，皆能識[一八]其姓名，才性所任[一九]，呼召使令[二〇]，無差誤者。天下奏獄吏卒姓名，一覽皆記之。度支奏漬[二一]汙帛，誤書漬為清，樞密承旨[二二]孫隱中謂上不之見，輒足成之，及中書覆入[二三]，上怒，推按[二四]擅改章奏者，罰謫之。上密令翰林學士韋澳纂次[二五]諸州境土[二六]風物[二七]、及諸利害為一書，自寫而上[二八]之，雖子弟不知也，號曰處分語[二九]。它日、鄧州刺史薛弘宗入謝，出謂澳曰：「上處分本州[三〇]事，驚人[三一]。」澳詢之，皆處分語中事也[三二]。」澳在翰林，上或遣中使宣旨草詔，事有不可者，澳輒曰：「茲事須降御札，方敢施行，淹留[三三]至旦，上疏論之。」上多從之。

㈦秋，七月，浙東軍亂，逐觀察使李訥。訥，遜之弟子㉞也，性卞㉟急，遇㊱將士不以禮，故亂作。

㈧淮南饑民多流亡，節度使杜悰荒㊲於遊宴，政事不治，上聞之，甲午，以門下侍郎同平章事崔鉉同平章事，充淮南節度使，丁酉，以悰為太子太傅分司。

㈨九月，乙亥，貶李訥為朗州㊳刺史，監軍王宗景杖四十，配恭陵㊴。仍詔自今戎臣㊵失律㊶，并坐㊷監軍。以禮部侍郎沈詢為浙東觀察使。詢，傳師之子㊸也。

㈩冬，十一月，以吏部侍郎柳仲郢為兵部侍郎，充鹽鐵轉運使。有閭閻醫工㊹劉集，因緣交通禁中，上勅鹽鐵補場官㊺，仲郢上言：「醫工術精㊻，宜補醫官，若委務㊼銅鹽，何以課㊽其殿最！且場官賤品㊾，非特勅所宜親㊿，臣未敢奉詔。」上遽批：「劉集宜賜絹百匹，遣之(五一)。」它日見仲郢，勞(五二)之曰，「卿論劉集事，甚佳。」上嘗苦不能食，召醫工梁新診脉(五三)，治之數日，良已(五四)，新因自陳求官，上不許，但勅鹽鐵使月給錢三十緡而已。

(十一)右威衛大將軍康季榮前為涇原節度使，擅用官錢二百萬緡，事覺㉕，季榮請以家財償之，上以季榮有開河湟功，許之，給事中封還勅書㉖，諫官亦上言。十二月，庚辰，貶季榮夔州㉗長史。

(十二)江南觀察使鄭祗德以其子顥尚主通顯㉘，固求散地㉙，甲午，以祗德為賓客分司㉚。

【今註】㈠異政：優異之政績。㈡當罷：謂當去。㈢諧：合。㈣手筆：親筆。㈤測：測知。㈥上以此獎厲：謂以聽父老言，故而行此獎勵。㈦移邠寧軍於寧州：事見上卷三年。㈧武州：胡三省曰：「五年，以元州之蕭關置武州。」㈨理所：即治所。㈩差役：差使徭役。⑪據：根據。⑫差科簿：謂差役科目之簿籍。⑬檢署：檢點簽字。⑭令廳：縣令之廳事。⑮定差：定縣民之差役。⑯聰察：聰明精察。⑰給：供。⑱識：知及記。⑲所任：謂所勝任者。⑳使令：指使吩咐。㉑漬：謂水濕。㉒樞密承旨：胡三省曰：「唐末樞密承旨，以院吏充，五代以諸衞將軍充，宋朝以士人充，遂為清選。」㉓中書覆入：胡三省曰：「內出度支奏付中書，中書宣署申覆，還而奏之，謂之覆入。」㉔推按：推求按問。㉕纂次：編纂撰次。㉖境土：猶疆土。㉗風物：風俗物產。㉘上：奏上。㉙處分語：謂用以處置之資料。㉚本州：此指鄧州。㉛驚人：謂其清楚程度，令人驚異。

㉜皆處分語中事也：謂皆處分語中之所言者。㉝淹留：淹滯停留。㉞訥，遜之弟子：李遜見卷二百三十九憲宗元和十年。㉟卞：躁疾，音ㄅㄧㄢˋ。㊱遇：待遇。㊲荒：荒淫。㊳朗州：《舊唐書・地理志》三：「江南道朗州，在京師東南二千一百五十九里。」㊴配恭陵：謂配役於恭陵。㊵戎臣：猶武臣。㊶失律：違失軍律。㊷幷坐：謂連坐。㊸詢，傳師之子：傳師，沈既濟子。㊹閭閻醫工：胡三省曰：「醫工無職於尚藥局，不待詔於翰林院，但以醫術自售於閭閻之間，故謂之閭閻醫工。」按閭閻，即閭里也。意乃為鄉村醫生。㊺上敕鹽鐵補場官：凡銅鐵鹽場，皆有官主之，此謂上敕鹽鐵轉運使補之為鹽鐵場官。㊻醫工術精：謂醫工之術精者。㊼委務：謂任職務於。㊽課：考課。㊾賤品：賤階。㊿特敕所宜親：謂非特敕所宜親委。(五一)遺之：謂遺之歸里。(五二)勞：慰勞。(五三)診脈：謂切脈以候驗受疾病之源。(五四)良已：謂病甚見佳。(五五)事覺：事情發覺。(五六)給事中封還敕書：胡三省曰：「唐制，凡詔敕有不便者，給事中塗竄而奏還之，謂之塗歸。」(五七)夔州：《舊唐書・地理志》二：「山南西道夔州，在京師南二千四百四十三里。」(五八)通顯：通達貴顯。(五九)散地：閑散之地。(六〇)賓客分司：其全稱為太子賓客分司東都。

十年（西元八五六年）

㈠春，正月，丁巳，以御史大夫鄭朗為工部尚書同平章事。

㈡上命裴休極言㊀時事，休請早建太子，上曰：「若建太子，則朕遂為閑人。」休不敢復言。二月，丙戌，休以疾辭位，不許。

㈢三月，辛亥，詔以：「回鶻有功於國，世為昏姻㊁，稱臣奉貢，北邊無警㊂，會昌中、虜廷喪亂，可汗奔亡，屬姦臣當軸㊃，遽㊄加殄㊅滅，近有降者云：『已庬歷㊆今為可汗，尚寓㊇安西。』俟其歸復牙帳，當加冊命。」

㈣上以京兆久不理。夏，五月，丁卯，以翰林學士、工部侍郎韋澳為京兆尹，【考異】貞陵遺事、東觀記皆曰：「帝以崔罕崔郢併敗官，面除澳京兆尹。」按大中制集，澳代罕，郢代澳，云罕郢併敗官，誤也。今從實錄、新紀、舊紀、新傳。澳為人公直㊈，既視事，豪貴斂手㊉，鄭光莊吏(一一)恣橫(一二)，積年租稅不入，澳執而械之(一三)，上於延英問澳，澳具奏其狀。上曰：「卿何以處(一四)之？」澳曰：「欲寘於法。」上曰：「鄭光甚愛之，何如？」對曰：「陛下自內庭(一五)，用臣為京兆，欲以清畿甸之積弊，若鄭光莊吏，積年為蠹(一六)，得寬重辟(一七)，是陛下之法，獨行於貧戶，臣未敢奉詔(一八)。」上曰：「誠如此(一九)，但鄭光嬲(二〇)我不置(二一)，卿與痛杖(二二)，貸(二三)其死，可乎！」對曰：「臣不敢不奉詔，願聽臣，且㉔繫之，俟徵足㉕，乃釋之。」上曰：「灼然可㉖，朕為鄭光故，橈㉗卿法，殊以為愧。」澳歸府㉘，即杖之，督租數百斛足㉙，乃以吏歸光。【考異】東觀奏記曰：「太后為上言之，上於延英問澳，澳具奏本末。上曰，今日納租足放否。澳曰，尚在限內，明日則不得矣。上入奏太后曰，韋澳不可犯也，與送錢納却，頃刻而租入。」今從柳玭續貞陵遺事。

㈤六月，戊寅，以中書侍郎同平章事裴休同平章事、充宣武節度使。

㈥司農卿韋廑欲求夏州節度使，有術士知之，詣廑門曰：「吾善醮㉚星辰，求官無不如意。」廑信之，夜設醮具㉛於庭，術士曰：「請公自書官階一通㉜。」既得之，仰天大呼曰：「韋廑有異志，令我祭天。」廑舉家拜泣，曰：「願山人㉝賜百口之命㉞，家之貨財珍玩，盡與之。」邏㉟者怪術士服鮮衣㊱，執以為盜，術士急㊲，乃曰：「韋廑令我祭天，我欲告之，彼以家財求我耳。」事上聞。秋，九月，上召廑，面詰之，具知㊳其冤，謂宰相曰：「韋廑，城南甲族㊴，為姦人所誣㊵，勿使獄吏辱之。」立以術士付京兆㊶，杖死，貶廑永州㊷司馬。【考異】東觀奏記、實錄：「貶司農卿韋廑為永州司馬，廑夜令術士為厭勝之術，御史臺劾奏故也。」范攄雲谿友議曰：

「太僕卿韋厪欲求夏州節度使云云，貶藩州司馬。」今官名從東觀奏記及實錄，事取雲谿友議。

(七)戶部侍郎判戶部㊸、駙馬都尉鄭顥，營求㊹作相甚切㊺，其父祇德與書曰：「聞汝已判戶部，是吾必死之年㊻，又聞欲求宰相，是吾必死之日也。」【考異】劉崇遠金華子雜編：「顥既判戶部，馳逐台司甚切，時家君猶鎮山東，聞之遺書謂顥云云。」按實錄，九年十二月，顥父祇德以賓客分司，金華子云，鎮山東，誤也。顥懼，累表辭劇務㊼。冬，十月，乙酉，以顥為祕書監。

(八)上遣使詣安西，鎮撫回鶻，使者至靈武，會回鶻可汗遣使入貢。十一月，辛亥，冊拜為嗢祿登里羅日沒密施合俱錄毗伽懷建可汗，以衛尉少卿王端章充使。

(九)吏部尚書李景讓上言：「穆宗乃陛下兄，敬宗文宗武宗乃兄之子，陛下拜兄尚可，拜姪可乎？是使陛下不得親事七廟也。宜遷四主㊽出太廟，還代宗以下入廟。」詔百官議其事，不決而止。時人以是薄景讓。

(十)勅：「於靈感、會善二寺置兩壇，僧尼應填闕者，委長老僧㊾選擇，給公憑㊿赴兩壇受戒。兩京各選大德(五一)十人，主其事，有不堪者，罷之，堪者給牒，遣歸本州，不見戒壇公牒，毋得私容(五二)，仍先選舊僧尼，舊僧尼無堪者，乃選外人㉓。」

㈩壬辰，以戶部侍郎判戶部崔慎由為工部尚書同平章事，上每命相，左右無知者，前此一日，令樞密宣旨於學士院㉔，以兵部侍郎判度支蕭鄴同平章事，樞密使王歸長馬公儒覆奏：「鄴所判度支應罷否？」上以為歸長等佑㉕之，即手書慎由名及新命，付學士院，仍云：「落㉖判戶部事。」鄴，明之八世孫㉗也。

⑿內園使㉘李敬寔遇鄭朗，不避馬㉙，朗奏之，上責敬寔，對曰：「供奉官㉚，例不避。」上曰：「汝銜敕命，橫絕㉛可也，豈得私出，而不避宰相乎？」命剝色，配南牙㉜。

【今註】㈠極言：謂極力言講。㈡以回鶻有功於國，世為昏姻：有功於國、謂討安史，世為昏姻，謂世尚公主。㈢無警：謂無風塵之警。㈣姦臣當軸：胡三省曰：「姦臣謂李德裕，此大中君臣愛憎之論也。」㈤遽：突。㈥殄：滅。㈦已彫歷：即上之彫勒，以譯音不同，而致此異。㈧寓：寄居。㈨公直：公平正直。㈩斂手：猶斂迹，核斂迹謂斂足，而手與足同為行動之肢體，故此遂改作斂手焉。⑾莊吏：掌主家田莊收租之吏。⑿恣橫：恣縱凶橫。⒀械之：謂上以刑具。⒁處：處置，處理。⒂內庭：翰林學士院在內庭。⒃蠹：害。⒄得寬重辟：謂得免重刑。⒅奉詔：謂遵奉詔旨。⑲誠如此：謂韋澳所奏，誠合於理。⑳殢：苦纏，音第。㉑不置：不止。㉒卿與痛杖：謂卿令吏痛與之杖，亦即力擊之。㉓貸：寬假。㉔且：暫且。㉕徵足：徵收完足。㉖灼然可：謂韋澳之言，灼然可行。㉗橈：通撓，屈也。㉘歸府：府謂京兆府。㉙足：謂至所欠者繳足。㉚醮：謂僧設壇祈禱，音ㄐㄧㄠˋ。㉛醮具：祈禱所用之道具。㉜一通：一套。㉝山人：唐代習道而未剃度者，自稱及人稱，多曰山人。㉞賜百口之命：猶全家人之命。㉟邏：巡邏之吏卒。㊱鮮衣：鮮美之衣服。㊲急：窘急。㊳具知：猶審知。㊴城南甲族：京城之南，韋杜二族居之。甲族，謂門地最高之族。㊵誣：誣陷。㊶京兆：京兆獄。㊷永州：《舊唐書‧地理志》三：「江南西道永州，在京師南三千二百七十四里。」㊸戶部侍郎判戶部：胡三省曰：「唐自中世以後，天下財賦皆屬戶部，度支鹽鐵率以它官分判，戶部侍郎判戶部，乃得知戶部一司錢貨穀帛出入之事。」㊹營求：謂經營謀求。㊺切：殷切。㊻必死之年：按此年與下句之日，皆係時意。㊼劇務：戶部之務繁劇，故此指戶部言。㊽四主：謂穆、敬、文、武四宗神主。㊾長老僧：年長而有戒行者。㊿公憑：謂正式文書而堪充憑證者。(51)大德：胡三省曰：「僧之能持戒行者，謂之大德。」宋白曰：「唐制，諸寺有綱維，有大德，大德主教授。」(52)私容：私自容受。(53)外人：謂新受兩壇戒而領有公牒者。(54)學士院：即翰林學士院。(55)佑：助。(56)落：解落。(57)鄴，明之八世孫：明，梁貞陽侯蕭淵明，唐諱淵，故止曰明。(58)內園使：乃內諸司之一。(59)不避馬：謂不避朗之馬。(60)供奉官：謂對供奉官。(61)橫絕：橫度曰絕。(62)令剝色，配南牙：胡三省曰：「褫其本色，使配役南牙。」

十一年（西元八五七年）

㈠春，正月，丙午，以御史中丞兼尚書右丞夏侯孜為戶部侍郎，判戶部事。先是，判戶部有缺，京兆尹韋澳奏事，上欲以澳補之，辭曰：「臣比年㊀心力衰耗㊁，難以處繁劇㊂，屢就陛下乞小鎮，聖恩未許。」上不悅，及歸，其甥柳玭尤之㊃，澳曰：「主上不與宰輔僉議㊄，私欲用我，人必謂我以他岐㊅得之，何以自明？且爾知時事浸㊆不佳乎！由吾曹貪名位㊇所致耳。」丙辰，以澳為河陽節度使。【考異】舊傳云十二年，誤也。今從實錄。玭，仲郢之子㊈也。

㈡上欲幸華清宮，諫官論之甚切，上為之止。上樂聞規諫，凡諫官論事，門下封駮㊉，苟合於理，多屈意從之。得大臣章疏，必焚香盥手而讀之㊁。

㈢二月，辛巳，以門下侍郎同平章事魏謩同平章事，充西川節度使，謩為相議事於上前，它相或委曲規諷，謩獨正言無所避㊂，上每歎曰：「謩綽有祖風㊂，我心重之。」然竟以剛直，為令狐綯所忌(一四)而出之。

(四)嶺南溪洞蠻屢為侵盜。夏，四月，壬申，以右千牛大將軍宋涯為安南邕管宣慰使。五月，乙巳，以涯為安南經略使，容州軍亂，逐經略使王球。六月，癸巳，以涯為容管經略使。

(五)甲午，立皇子灌為衛王，灄為廣王。

(六)秋，七月，庚子，以兵部侍郎判度支蕭鄴同平章事，仍判度支。

(七)教坊祝漢貞滑稽(一五)敏給，上或指物，使之口占(一六)摹詠(一七)，有如宿構(一八)，由是寵冠諸優。一日在上前抵掌(一九)詼諧，頗及外事(二〇)，上正色謂曰：「我畜養爾曹，正供(二一)戲笑耳，豈得輒(二二)預朝政邪！」自是疎之。會其子坐贓杖死，流漢貞於天德軍。【考異】實錄：「大中十一年七月，貶嗣韓王乾裕於嶺外。初伶人祝漢貞寵冠諸優，復出入宮邸，乾裕以金帛結之求刺史，雖已納賂，而未敢言，至是為御史臺劾奏，故貶，杖漢貞，流天德軍。」今從貞陵遺事。樂工羅程善琵琶，自武宗朝已得幸，上素曉音律，尤有寵，程恃恩暴橫，以睚眦(二三)殺人，繫京兆獄，諸樂工欲為之請，因上幸後苑奏樂，乃設虛坐(二四)，置琵琶而羅拜於庭，且泣，上問其故，對曰：「羅程負陛下，萬死(二五)，然臣等惜其天下絕藝(二六)，不復得奉(二七)宴遊矣。」上曰：

「汝曹所惜者羅程藝，朕所惜者高祖太宗法。」竟杖殺之。

㈧八月，成德節度使王紹鼎薨，紹鼎沈湎無度㉘，多登樓彈射人㉙，以為樂，眾欲逐之，會㉚病薨，軍中立其弟節度副使紹懿，戊寅，以紹懿為成德留後。

㈨九月，辛酉，以太子太師盧鈞同平章事，充山南西道節度使。

㈩冬，十月，己巳，以秦成防禦使李承勛為涇原節度使。承勛，光弼之孫也。先是，吐蕃酋長尚延心，以河渭二州部落來降，拜武衞將軍，承勛利其羊馬之富㉛，誘之入鳳林關㉜，居秦州之西，承勛與諸將謀執延心，誣云：「謀叛，」盡掠其財，徙其眾於荒遠㉝。延心知之，因承勛軍宴㉞，坐中謂承勛曰：「河渭二州，土曠㉟人稀，因㊱以饑疫，唐人多內徙三川㊲，吐蕃皆遠遁於疊宕㊳之西，二千里間，寂㊴無人煙，延心欲入見天子，請盡帥部眾，分徙㊵內地，為唐百姓，使西邊永無揚塵之警㊶，其功亦不愧㊷於張義潮矣。」承勛欲自有其功，猶豫未許，延心復曰：「延心既入朝，部落內徙，但惜秦州無所復恃㊸耳。」承勛與諸將相顧默然，明日，諸將言於承勛曰：「明公首開營田，置使㊹府，擁萬兵，仰給度支㊺，將士無戰守之勞，有耕市之利㊻，若從延心之謀，則西陲無事，朝廷必罷使府，省㊼戍兵，還㊽以秦州隸鳳翔，吾屬無所復望㊾矣。」承勛以為然，即奏延心為河渭都遊奕使，使統其眾居之。【考異】此事出補國史。按張義潮以十一州降，河渭已在其間，今延心復以河渭降者，義潮所帥者漢民，延心所帥者蕃族也。又補國史不云延心以何年月降，新傳但云：「張義潮降。其後河渭州虜將尚延心以國破亡，亦獻款，秦州刺史高駢誘降延心及渾末部萬帳，遂收二州，拜延心武衛將軍，駢收鳳林關，以延心為河渭等州都遊奕使。」按舊傳，高駢懿宗時始為秦州刺史，新傳誤也。今從補國史，因承勛移鎮涇原，並延心事置於此。

(十一)中書侍郎同平章事鄭朗以疾辭位(五〇)，壬申，以朗為太子太師。

(十二)上晚節(五一)頗好神仙，遣中使迎道士軒轅集於羅浮山(五二)。

(十三)王端章冊立回鶻可汗，道為黑車子所塞(五三)，不至而還。辛卯，貶端章賀州(五四)司馬。

(十四)十一月，壬寅，以成德軍留後王紹懿為節度使。

(十五)十二月，蕭鄴罷判度支。

【今註】㊀比年：近年。㊁衰耗：衰退耗損。㊂繁劇：指戶部繁劇之務言。㊃尤之：責之。㊄僉議：共議。㊅歧：歧路。㊆浸：漸。㊇貪名位：謂貪戀官位。㊈玭，仲郢之子：柳仲郢見上卷武宗會昌五年。⑩門下封駁：門下指門下省給事中言，以其專司封駁也。⑪焚香盥手而讀之：盥手謂洗手，二式乃以示虔敬。⑫無所避：謂無所避諱。⑬謩綽有祖風：謂謩饒有其祖先魏徵之風度。⑭忌：忌嫉。⑮滑稽：俳諧，以言諧語滑利，其智計捷出，故云滑稽。⑯口占：《漢書・陳遵傳》注：「占，隱度也，口隱其辭以授吏也。」⑰摹詠：摹仿歌詠。⑱宿構：早先所成。⑲抵掌：拊掌。⑳外事：外廷之事。㉑供：充供。㉒輒：便。㉓睚眦：眦當作眦。顏師古曰：「睚，舉眼也；眦，即眥字，謂目匡。睚眦，言舉目相斥也。」㉔虛坐：空坐。㉕萬死：謂罪當萬死。㉖絕藝：謂其藝無人可及。㉗奉：奉侍。㉘沈湎無度：謂沈湎酒色，而無節度。㉙彈射人：謂以彈丸彈射人。㉚會：適。㉛富：富饒。㉜鳳林關：胡三省曰：「河州鳳林縣北有鳳林關。」㉝荒遠：邊荒僻遠之地。㉞軍宴：謂於軍中設宴。㉟土曠：土地空曠。㊱因：仍。㊲三川：謂平涼川、蔚茹川、落門川。㊳疊宕：二州名。㊴寂：空寂。㊵分徙：分散而徙居。㊶揚塵之警：謂無揚起風塵之兵警。㊷不愧：猶不減。㊸無所復恃：謂無所依恃之人。㊹使府：謂秦成防禦使府。㊺仰給度支：謂仰賴度支供給。㊻耕市之利：耕謂營田之利，市謂互市之利。㊼省：省去。㊽還：復。㊾望：冀望。㊿辭位：猶辭職。(51)晚節：節、時節，此猶言晚年。(52)羅浮山：胡三省曰：「羅浮山在嶺南道循州博羅縣西北三十里。漢志曰：『浮山自會稽浮來，博於羅山，故曰博羅山，亦曰羅浮山。』」(53)塞：阻塞。(54)賀州：《舊唐書・地理志》四：「嶺南道賀州，在京師東南四千一百三十里。」

十二年（西元八五八年）

（一）春，正月，以康王[一]傅分司王式為安南都護經略使，【考異】舊紀，式為安南在二月，今從實錄。式有才略，至交趾，樹芀[二]木為柵，可支數十年，深塹其外，泄城中水，塹外植竹[三]，寇不能冒，選教士卒甚銳[四]，頃之南蠻[五]大至，去交趾半日程[六]，式意思安閑[七]，遣譯諭之，中其要害[八]，蠻一夕引去，遣人謝[九]曰：「我自執叛獠耳，非為寇也。」安南都校[一〇]羅行恭，久專府[一一]政，麾下精兵[一二]二千，都護中軍，纔羸[一三]兵數百，式至，杖其背，黜於邊徼[一四]。

（二）初戶部侍郎判度支劉瑑為翰林學士，上器重之，時為河東節度使，手詔徵入朝，瑑奏發河東[一五]，外人始知之，戊午，以瑑同平章事。【考異】東觀奏記曰：「十一年，上手詔追之，既至，拜戶部侍郎，判度支。十二月十七日，次對，上以御按曆日付瑑，令於下旬擇一吉日，瑑不諭上旨，上曰，但擇一拜官日，即得。瑑跪奏二十五日甚佳，上笑曰，此日命卿為相。秘，世無知者。高湜為鳳翔從事，湜，即瑑舊僚也，二十四日，辭瑑於宣平里私第，湜曰，竊度旬時，必副具瞻之望。瑑笑曰，來日具瞻，何旬時也。湜不敢發，詰旦，果爰立矣，始以此事洩於湜。」實錄：「瑑傳曰，明年正月十七日，次對，帝以曆日付瑑，令擇吉日，瑑跪奏二十五日。」今從之。瑑，仁軌之五世孫[一六]也。瑑與崔慎由議政於上前，慎由曰：「惟當甄別品流[一七]，上酬萬一〔一八〕。」瑑曰：「昔王夷甫〔一九〕祖尚〔二〇〕浮華，妄分流品，至中原丘墟〔二一〕，今盛明〔二二〕之朝，當循名責實〔二三〕，使百官各稱其職，而遽以品流為先〔二四〕，臣未知致理〔二五〕之日。」慎由無以對。

㈢軒轅集至長安，上召入禁中，問曰：「長生可學乎？」對曰：「王者屏欲〔二六〕而崇德，則自然受大遐福〔二七〕，何處更求長生？」留數月，堅求〔二八〕還山，乃遣之。

㈣二月，甲子朔，罷公卿朝拜光陵及忌日行香〔二九〕，悉移宮人於諸陵〔三〇〕。

㈤戊辰，以中書侍郎同平章事崔慎由為東川節度使。【考異】唐闕史曰：「丞相太保崔公，一日備顧問於便殿，上欲御樓肆赦，太保奏云云。後旬日，罷知政事。」舊傳：「初慎由與蕭鄴同在翰林，情不相洽，及慎由作相，罷鄴學士，俄而鄴自度支平章事，恩顧甚降，鄴引瑑同知政事，遂出慎由東州。」東觀奏記：「劉瑑既既入相，與慎由議政於上前，慎由曰，唯當甄別品流，瑑云云，慎由不能對，因此，恩澤浸衰，尋罷相為東川節度使，削平章事。」今從唐闕史。上欲御樓肆赦〔三一〕，令狐綯曰：「御樓所費甚廣〔三二〕，事須有名，且赦不可數〔三三〕。」上不悅，曰：「遣朕於何得名〔三四〕？」慎由曰：「陛下未建儲宮〔三五〕，四海屬望〔三六〕，若舉此禮〔三七〕，雖郊祀〔三八〕亦可，況於御樓？」時上餌方士藥，已覺躁渴，而外人未知，疑忌〔三九〕方深，聞之，俛首〔四〇〕

不復言。旬日慎由罷相。

㈥勃海王彝震卒，癸未，立其弟虔晃為勃海王。夏，四月，以右街使㊶駙馬都尉劉異為邠寧節度使，異尚安平公主，上妹也。庚子，嶺南都將王令寰作亂，囚節度使楊發。發，蘇州人也。

㈦戊申，以兵部侍郎鹽鐵轉運使夏侯孜同平章事。

㈧五月，丙寅，工部尚書同平章事劉瑑薨，瑑病篤，猶手疏論事，上甚惜㊷之。

㈨以右金吾大將軍李燧為嶺南節度使，已命中使賜之節，給事中蕭倣封還制書，上方奏樂，不暇別召中使㊸，使優人追之，節及燧門而返。【考異】此出東觀奏記，而燧不知以何時除嶺南。按實錄：「大中九年，韋曙除嶺南節度使，今年正月薨，楊發代之。三月，蕭倣言柳珪，四月，燧自司農卿為右金吾大將軍，五月，聞嶺南亂。」蓋於此除燧嶺南，而倣封還，以燧為非定亂之才故也。今置於此。倣，俛之從父弟㊹也。辛巳，以涇原節度使李承勛為嶺南節度使，發鄰道兵討亂者，平之。是日，湖南軍亂，都將石載順等逐觀察使韓悰，殺都押牙王桂直，悰待將士不以禮，故及於難。

㈩六月，丙申，江西軍亂，都將毛鶴逐觀察使鄭憲。

(十)初安南都護李涿，【考異】實錄或作琢，或作涿，樊綽蠻書亦作涿。實錄及新書，皆有李涿傳：「聽之子也，大中三年自洺州刺史，除義昌節度使，九年九月，自金吾將軍除平盧節度使。」不云曾為安南都護。按都護位卑，琢既為義昌節度使，不應為都護，疑作都護者，別一李涿，非聽子也。為政貪暴，強市蠻中馬牛，一頭止與鹽一斗，又殺蠻酋杜存誠，羣蠻怨怒，導南詔侵盜邊境。【考異】舊紀琢侵刻獠民，羣獠引林邑蠻攻安南府。按蠻書，寇安南者南詔，非林邑也。峯州有林西原，舊有防冬兵(四五)六千，其旁七綰洞蠻，其酋長曰李由獨，常助中國戍守，輸租賦，知峯州者言於涿，請罷戍兵，專委由獨防遏(四六)，於是由獨勢孤，不能自立(四七)，南詔拓東(四八)節度使以書誘之，以甥妻其子，補拓東押牙，由獨遂帥其眾，臣於南詔，自是安南始有蠻患，是月蠻寇安南。【考異】實錄無涿除安南年月，蠻書云：「大中八年，安南都護擅罷林西原防冬戍卒，洞主李由獨等七綰首領，被蠻誘引，復為親情，日往月來，漸遭侵軼。」又曰：「桃花蠻本屬由獨管轄，亦為界上戍卒，自大中八年，被峯州知州官申文狀與李涿，請罷防冬將健六千人，不要味真登等州，界上防遏，其由獨兄弟力不禁，被蠻拓東節度使與書信，將外甥嫁與由獨小男，補拓東押衙，自此後，七綰洞悉為蠻收管。」舊紀：「咸通四年十一月，劉蛻等言，令狐綯受李涿賄除安南，生蠻寇。」實錄：「咸通二年六月，詔如聞李涿在安南日，殺害杜存誠，貪殘頗甚，致令溪洞懷怨。」據此，則本因李涿貪暴無謀，以致蠻寇明矣。然則大中八年至十一年，舊紀實錄不言蠻為邊患，蓋但時於邊境小有鈔盜，未敢犯州縣，至此寇安南，而舊紀實錄始載之，又不知此寇安南，即鄭言平剡錄所謂至錦田步時非也。

(十一)秋，七月，丙寅，宣州都將康全泰作亂，逐觀察使鄭薰，薰奔揚州。丁卯，右補闕、內供奉張潛上疏，以為：「藩府代移(四九)之際，皆奏倉庫蓄積之數，以羨餘(五〇)多為課績(五一)，朝廷亦因而甄獎(五二)。

竊惟(五三)藩府財賦，所出(五四)有常，苟非賦斂過差(五五)，及停廢將士，減削衣糧，則羨餘何從而致(五六)？比來南方諸鎮，數(五七)有不寧，皆此故也。一朝有變(五八)，所蓄之財，悉遭剽掠，又發兵致討(五九)，費用百倍，然則朝廷竟(六〇)有何利？乞自今(六一)藩府長吏(六二)，不增賦斂，不減糧賜(六三)，獨(六四)節遊宴(六五)，省浮費(六六)，能致羨餘者，然後賞之。」上嘉納之。

(十三)容管奏都虞候來正謀叛，經略使宋涯捕斬之。初忠武軍精兵，皆以黃冒首(六七)，號黃頭軍，李承勛以百人定嶺南，宋涯使麾下效其服裝，亦定容州，安南有惡民(六八)，屢為亂，聞之，驚曰：「黃頭軍度海，求(六九)襲我矣。」相與夜圍交趾城，鼓譟(七〇)，願送都護北歸，我須此城禦黃頭軍。王式方食，或勸出避之，式曰：「吾足一動，則城潰(七一)矣。」徐食畢，擐甲(七二)，率左右登城建(七三)大將旗，坐而責之，亂者反走(七四)，明日悉捕誅之。」有杜守澄者，自齊梁以來，擁眾據溪洞，不可制(七五)，式離間其親黨，守澄走死。安南饑亂相繼，六年無上供(七六)，軍中無犒賞，式始修貢賦，饗將士，占城(七七)、真臘(七八)，皆復通使。

(十四)淮南節度使崔鉉奏，已出兵討宣州賊。八月，甲午，以鉉兼宣歙觀察使，己亥，以宋州刺史溫璋為宣州團練使。璋，造之子(七九)也。

(十五)河南北、淮南大水，徐泗水深五丈，漂沒數萬家。

(十六)冬，十月，建州刺史于延陵入辭，上曰：「建州去京師幾何？」對曰：「八千里(八〇)。」上曰：「卿到彼，為政善惡，朕皆知之，勿謂其遠，此階前則萬里也(八一)，卿知之乎！」延陵悸懾失緒(八二)，上撫(八三)而遣之，到官竟以不職(八四)，貶復州(八五)司馬。令狐綯擬李遠杭州刺史，上曰：「吾聞遠詩云：『長日惟消一局棋。』安能理人？」綯曰：「詩人託此為高興(八六)耳，未必實然。」上曰：「且令往(八七)，試觀之(八八)。」上詔刺史毋得外徙(八九)，必令至京師，面察(九〇)其能否，然後除之，令狐綯嘗徙其故人為鄰州刺史，便道(九一)之官，上見其謝上表(九二)，以問綯，對曰：「以其道近，省送迎(九三)耳。」上曰：「朕以刺史多非其人，為百姓害，故欲一一見之，訪問其所施設，知其優劣，以行(九四)黜陟，而詔命既行，直(九五)廢格(九六)不用，宰相可畏有權(九七)。」時方寒，綯汗透重裘(九八)。上臨朝接對羣臣，如賓客(九九)，雖左右近習(一〇〇)，未嘗見其有惰容。每宰相奏事，旁無一人立者，威嚴不可仰視，奏事畢，忽怡然曰：「可以閑語矣。」因問閭閻細事，或談宮中遊宴(一〇一)，無所不至，一刻許，復整容(一〇二)曰：「卿輩善為之，朕常恐卿輩負朕，後日不復得相見。」乃起入宮。令狐綯謂人曰：「吾十年秉政(一〇三)，最承(一〇四)恩遇，然每延英奏事，未嘗不汗霑(一〇五)衣也。」

㈦初山南東道節度使徐商，以封疆險闊(一〇六)，素多盜賊，選精兵數百人，別置營訓練，號捕盜將(一〇七)，及湖南逐帥，詔商討之，商遣捕盜將二百人，討平之。

㈧崔鉉奏，克宣州，斬康全泰及其黨四百餘人。

㈨上以光祿卿韋宙父丹有惠政於江西(一〇八)，以宙為江西觀察使，發鄰道兵以討毛鶴。

㈩崔鉉以宣州已平，辭宣歙觀察使。十一月，戊寅，以溫璋為宣歙觀察使。

(廿一)兵部侍郎判戶部蔣伸從容言於上曰：「近日官頗易得，人思徼幸。」上驚曰：「如此，則亂矣。」對曰：「亂則未亂，但徼幸者多，亂亦非難㉙。」上稱歎再三，伸三起，上三留之，曰：「異日不復得獨對卿矣㉚。」伸不諭㉛。十二月，甲寅，以伸同平章事。

(廿二)韋宙奏克洪州，斬毛鶴及其黨五百餘人，宙過襄州，徐商遣都將韓季友帥捕盜將從行，宙至江州，季友請夜帥其眾自陸道間行㉜，比明至洪州㉝，州人不知，即日討平之，宙奏留捕盜將二百人於江西，以季友為都虞候。

【今註】㊀康王：康王汶，上子。㊁芀：《廣韻》：「葦華也，音調。」胡三省曰：「昔嘗見一書，從艸從力者，讀與棘同，棘、羊矢棗也，此木可以支久。」㊂塹外植竹：范成大《桂海虞衡志》：「芀竹，刺竹也，芒刺森然，廣東新州素無城，桂林人黃齊守郡，始以此竹植之，羔豚不能徑，號竹城，至今以為利。傳聞交趾外城，亦是此竹，正王式所植者也。」㊃銳：精銳。㊄南蠻：謂南詔蠻。㊅去交趾半日程：《唐六典》卷三：「凡陸行之程，馬日七十里，步及驢五十里，車三十里。水行之程，舟之重者，泝河日三十里，江四十里，餘水四十五里；空舟泝河四十里，江五十里，餘水六十里；沿流之舟，則輕重同制，河日一百五十里，江百里，餘水七十里。」㊆安閑：安靜閑逸。㊇中其要害：此謂中其利害之重要處。㊈謝：謝罪。㊉都校：猶言都將。⑪府：謂都護經略使府。⑫積兵：謂多年積聚之兵。⑬羸：瘦弱。⑭徼：塞也，立木柵為蠻夷界，音ㄐㄧㄠˇ。⑮奏發河東：謂上章言某日發於河東。⑯瑑，仁軌之五世孫：劉仁軌事高宗武后，出入將相。⑰甄別品流：甄選區別人物之品流。⑱上酬萬一：謂上酬天子之恩於萬一。⑲王夷甫：名王衍。⑳祖尚：猶奉尚。㉑丘墟：謂丘壟廢墟，亦即寂無人煙之意。㉒盛明：隆盛清明。㉓循名責實：謂依其名義，而求其事實。㉔為先：猶為重。㉕致理：即致治。㉖屏欲：屏除嗜欲。㉗遐福：謂久遠之福。㉘堅求：堅決請求。㉙罷公卿朝拜光陵，及忌日行香：胡三省曰：「以陳弘志弒逆之罪，歸穆宗也。唐初、皇帝有謁陵之禮，天子不躬謁，則以太常卿行陵。高宗顯慶五年，詔歲春秋季一巡，宜以三公行陵，太常少卿貳之，太常給鹵簿，仍著於令。始貞觀禮，歲以春季仲月巡陵，至武后時，乃以四季月、生日、忌日，遣使詣陵起居。貞元四年，國子祭酒包佶言：『歲二月八月，公卿朝拜諸陵，陵臺所由，導至陵下，禮略，無以盡恭。』於是太常約舊禮，草定其儀，公卿眾官，以次奉行，朝拜而還。忌日行香，即詣陵起居之禮也。又有忌日詣寺僧行香之禮，宋白曰：『唐制，國忌行香，初只行於京城寺觀，貞元五年八月，勅天下諸上州，並宜國忌日准式行香之禮。』」㉚悉移宮人於諸陵：宋白曰：「凡諸帝升遐，宮人無子者，悉遣詣山陵，供奉朝夕，具盥櫛，治衾枕，事死如事生。」㉛御樓肆赦：胡三省曰：「唐初天子居西內，肆赦，率御承天門樓，自高宗以後，天子居東內，肆赦，率御丹鳳門樓。」肆赦猶大赦。㉜御樓所費甚廣：胡三省曰：「唐制，凡御樓肆赦，六軍十二衛，皆有恩賚。」劉溫叟曰：「故事，非有大眚，不御樓，軍庶皆有恩給。」廣猶多也。㉝數：頻數。㉞遣朕於何得名：遣，使，謂使朕於何事可得美名。㉟儲宮：謂太子。㊱屬望：屬目而翹望。㊲舉此禮：謂舉行立太子之禮。㊳郊祀：謂行郊祀之禮。㊴疑忌：猜疑忌諱。㊵俛首：俯首。㊶右街使：左右街使與左右金吾將軍，掌分察六街徼巡。㊷惜：痛惜。㊸別召中使：謂別遣宦官召中使。㊹倣，俛之從父弟：蕭倣，穆宗長慶初為相。㊺防冬兵：胡三省曰：「南方炎瘴，至冬瘴輕，蠻乘此時為寇，故置防冬官。」㊻防遏：防禦遏止。㊼自立：猶自存。㊽拓東：胡三省曰：「南詔於東境置拓東節度，言將開拓東境也。又新志：『自戎州開邊縣七十里，至曲州，又一千九百七十五里，至拓東城，柘從木。』又曰：『柘東城有諸葛亮石刻，文曰，碑即仆，蠻為漢奴。夷畏誓，常以石搘梧。』」㊾代移：交代移接。㊿羨餘：盈餘。(51)課績：謂徵課之成績。(52)甄獎：猶擢獎。(53)惟：思。(54)所出：猶所產生。(55)過差：訛誤。(56)致：獲得。(57)數：屢。(58)有變：有變故。(59)致討：謂加以討伐。(60)竟：究竟。(61)自今：謂自今以後。(62)長吏：指州牧縣令言。(63)糧賜：謂衣糧及賜物。(64)獨：謂但係。(65)節遊宴：節省遊宴之資。(66)浮費：謂過多之化費。(67)以黃冒首：以黃巾包首。(68)惡民：姦人。(69)求：胡三省曰：「求當作來。」(70)鼓躁：按躁當作譟，謂擊鼓及譁譟。(71)潰：崩潰。(72)擐甲：貫甲。(73)建：建立。(74)反走：回走。(75)制：制御。(76)上供：謂輸錢帛於京師，以供上用。(77)占城：《新唐書・環王傳》：「環王本林邑也，一曰占不勞，亦曰占婆，直交州南，海行三千里，西距真臘霧溫山，南抵奔浪陀州，其南大浦有五銅柱山，漢馬援所植也。」按即本文所云之占城。(七八)真臘：《新唐書．真臘傳》：「真臘一曰吉蔑，去京師二萬七百里，東距車渠，西屬驃，南瀕海，北與道明接，東北抵驩州。」(七九)璋，造之子：溫造見卷二百四十四文宗太和四年。(八〇)建州去京師幾何，對曰八千里：《舊唐書．地理志》三：「江南東道建州，在京師東南四千九百三十五里。」(八一)此階前則萬里也：謂此階前，可通萬里之外，而知其一切情形。(八二)悸懾失緒：謂因畏懼之故，而應對錯亂，失其端緒。(八三)撫：安撫。(八四)不職：不稱職。(八五)復州：《舊唐書．地理志》二：「山南東道復州，在京師東南一千八百里。」(八六)高興：猶高雅。(八七)且令往：謂且令往赴任。(八八)試觀之：謂試觀其能否。(八九)上詔刺史毋得外徙：謂上詔刺史不得直接在外徙職。(九〇)面察：親自考察。(九一)便道：猶順道，意謂不繞路至京師也。(九二)謝上表：即宋代之謝到任表。(九三)省送迎：謂省送迎之煩。(九四)行：猶出。(九五)直：竟。(九六)廢格：廢止格拒。(九七)宰相可畏有權：謂宰相有權，實可畏也。(九八)時方寒，綯汗透重裘：以言綯悸懾之甚。(九九)如賓客：謂如見賓客，言甚禮敬之。(一〇〇)近習：親近狎習之人。(一〇一)或談宮中遊宴：謂或談宮中遊宴之情。(一〇二)整容：謂嚴肅其容色。(一〇三)吾十年秉政：大中四年，令狐綯為相，至懿宗即位方罷。十年乃言其成數。(一〇四)承：承受。(一〇五)霑：霑濕。(一〇六)險闊：險阻廣闊。(一〇七)捕盜將：謂捕盜將士。(一〇八)上以光祿卿韋宙父丹有惠政於江西：事見上卷三年。(一〇九)亂亦非難：猶亦甚易亂。(一一〇)異日不復得獨對卿矣：胡三省曰：「次對官、獨坐宰相，皆同入對。」(一一一)不諭：謂不解上旨之欲以為相。(一一二)間行：由小路行。(一一三)比明至洪州：胡三省曰：「江州西南至洪州，一百九十五里。」

十三年（西元八五九年）

㈠春，正月，戊午朔，赦天下。

㈡三月，割河東㊀雲、蔚、朔三州，隸大同軍。

㈢夏，四月，辛卯，以校書郎于琮為左拾遺、內供奉。初上欲以琮尚永福公主，既而中寢㊁，宰相請其故，上曰：「朕近與此女子會食，對朕輒折匕㊂筯，性情如是，豈可為士大夫妻！」乃更命琮尚廣德公主，二公主，皆上女。琮，敖之子也。

㈣武寧節度使康季榮不恤㊃士卒，士卒譟而逐之，上以左金吾大將軍田牟嘗鎮徐州，有能名㊄，復以為武寧節度使，一方遂安，貶季榮於嶺南。

㈤六月，癸巳，封憲宗子惕為彭王。

㈥初上長子鄆王溫無寵，居十六宅㊅，餘子皆居禁中，夔王滋、第三子也，上愛之，欲以為嗣，為其非次㊆，故久不建東宮。上餌醫官李玄伯、道士虞紫芝、山人王樂藥，疽發於背。八月，疽甚，宰相及朝士皆不得見。上密以夔王屬樞密使王歸長、馬公儒、宣徽南院使王居方，使立之。三人及右軍中尉王茂玄，皆上平日所厚也。獨左軍中尉王宗實素不同心，三人相與謀出宗實為淮南監軍，宗實已受勅於宣化門外，將自銀臺門出(八)，左軍副使亓元實【考異】或作邢元實，今從東觀奏記，懿宗實錄。謂宗實曰：「聖人(九)不豫(一〇)踰月，中尉(一一)止隔門起居(一二)，今日除改，未可辨也(一三)，何不見聖人而出？」宗實感寤(一四)，復入，諸門已踵(一五)故事，增人守捉(一六)矣。亓元實翼導(一七)宗實，直至寢殿，上已崩(一八)，東首環泣矣(一九)，宗實叱歸長等，責以矯詔，皆奉足(二〇)乞命，乃遣宣徽北院使齊元簡迎鄆王，壬辰，下詔立鄆王為皇太子，權句當軍國政事，仍更名漼，收歸長、公儒、居方皆殺之。癸巳，宣遺制，以令狐綯攝冢宰。

(七)宣宗性明察沈斷(二一)，【考異】續貞陵遺事曰：「越守嘗進女樂，有絕色者，上初悅之，數月，錫賚盈積，一旦晨興，忽不樂曰，玄宗只一楊妃，天下至今未平，我豈敢忘！乃召美人曰，應留汝不得。左右或奏可以放還。上曰，放還，我必思之，可命賜酒一盃。」此太不近人情，恐譽之大過，今不取。用法無私，從諫如流，重惜官賞(二二)，恭謹節儉，惠愛民物，故大中之政，訖於唐亡，人思詠之，謂之小太宗。

(八)丙申，懿宗即位，癸卯，尊皇太后為太皇太后，以王宗實為驃騎上將軍，李玄伯、虞紫芝、王樂皆伏誅。【考異】東觀奏記：「畢諴在翰林，上恩顧特異，許用為相，深為丞相令狐綯緩其入相之謀，諴思有以結綯，在北門，求得絕色，非人世所有，盛飾珠翠，專使獻綯，綯一見之心動，謂其子曰，畢太原於吾無分，今以是餌吾，將傾吾家族也。諴又瀝血輸啟事於綯，綯終不納，乃命邸貨之，東頭醫官李玄伯，上所狎昵者，以錢七十萬致於家，乃舍正堂，坐之，玄伯夫妻執賤役以事焉，踰月盡得其歡心矣，乃進於上。上一見惑之，寵冠六宮，玄伯燒伏火丹砂、連進，以市恩澤，致上瘡疾，皆玄伯之罪也。懿宗即位，玄伯與山人王岳、道士虞紫芝，俱棄市。」今從實錄。

(九)九月，追尊上母晁昭容為元昭皇太后。

(十)加魏博節度使何弘敬兼中書令，【考異】東觀奏記：「大中十三年，魏博何弘敬就加中書令。」據實錄，二月弘敬加太傅，此月乃加中書令，在懿宗即位後，東觀奏記誤也。幽州節度使張允伸同平章事。

(十一)冬，十月，辛卯，赦天下。

(十二)十一月，戊午，以門下侍郎同平章事蕭鄴同平章事，充荊南節度使。

(十三)十二月，甲申，以翰林學士承旨、兵部侍郎杜審權同平章事。審權，元穎之弟子(二三)也。

(十四)浙東賊帥裘甫攻陷象山(二四)，【考異】實錄作仇甫，按平剡錄作裘甫，今從之。官軍屢敗，明州城門晝閉，進逼剡縣(二五)，有眾百人，浙東騷動，觀察使鄭祗德遣討擊副使劉勍、副將范居植將兵三百，合台州軍，共討之。

(十五)司空、門下侍郎同平章事令狐綯執政歲久，忌勝己者㉖，中外側目㉗，其子滈頗招權受賄㉘，宣宗既崩，言事者競攻其短，丁酉，以綯同平章事、充河中節度使，以前荊南節度使同平章事白敏中守司徒、兼門下侍郎同平章事。

(十六)初韋皐在西川，開清溪道㉙，以通羣蠻，使由蜀入貢，又選羣蠻子弟，聚之成都，教以書數㉚，欲以慰悅羈縻㉛之，業㉜成則去，復以它子弟繼之，如是五十年，羣蠻子弟學於成都者，殆以千數，軍府頗厭於稟㉝給，又蠻使入貢，利於賜與，所從傔人㉞浸㉟多、杜悰為西川節度使，奏請節減㊱其數，詔從之。南詔豐祐怒，其賀冬使者留表付嶲州而還，又索習學㊲子弟，移牒㊳不遜㊴，自是入貢不時㊵，頗擾邊境。會宣宗崩，遣中使告哀，時南詔豐祐適卒，子酋龍立，怒曰：「我國亦有喪，朝廷不弔祭㊶，又詔書乃賜故王。」遂置使者於外館，禮遇甚薄。使者還，具以狀聞，上以酋龍不遣使來告喪，又名近玄宗諱，遂不行冊禮㊷，酋龍乃自稱皇帝，國號大禮，改元建極，遣兵陷播州。【考異】舊紀實錄，今年皆無陷播州事，惟新紀有之。實錄：「咸通六年三月，盧潘奏云，大中十三年，南蠻陷播州。」補國史曰：「雲南自大中初朝貢使，及西川質子人數漸多，節度使奏請釐革減省，有詔許之。錄詔報雲南，雲南回牒不遜。」新南詔傳曰：「朝貢歲至，從者多，杜悰自西川入朝，表無多內蠻傔，豐祐怒，即慢言索質子。蓋謂蠻子弟學成都者也。」按杜悰以咸通二年十月入朝，而豐祐大中十三年已死，則建議減蠻傔者，必非悰入朝後事，新傳誤也。

【今註】㊀河東：謂河道。㊁中寢：中途寢止。㊂七：當作匕，飯匙。㊃恤：存恤。㊄田牟嘗鎮徐州，有能名：胡三省曰：「新書曰：『牟三為武寧帥，皆有能名。』按武宗會昌四年，田牟方為天德軍使，則其初除武寧，必在會昌之間，而史不記其歲月。」㊅十六宅：其全稱乃為十六王宅。㊆非次：謂非其次第，而不當立。㊇宗實已受勅於宣化門外，將自銀臺門出：《唐六典》卷七：「大明宮南面五門，正南曰丹鳳門，其北曰宣政門，內曰宣政殿，宣政北曰紫宸門，其內曰紫宸殿，殿之東曰左銀臺門，西曰右銀臺門。」以其地位推之，宣化疑係宣政之訛。㊈聖人：謂天子，唐人率如此稱之。㊉不豫：猶不適。(十一)中尉：謂王宗實。(十二)止隔門起居：謂只隔門而問起居，亦即只在門外問安。(十三)未可辨也：謂未可辨別其為誰所為。(十四)感寤：被感動而醒寤。(十五)踵：繼承。(十六)守捉：謂把守，為隋唐之特殊用法。(十七)翼導：護引。(十八)上已崩：年五十。(十九)東首環泣矣：尸首東向，而宮人環繞哭泣矣。(二十)奉足：捧足，乃回鶻諸國謝罪之式，今唐宮臣竟亦施用之。(二一)沈斷：深沈果斷。(二二)官賞：官爵及賞賜。(二三)審權、元穎之弟子：杜元穎穆宗長慶初為相。(二四)象山：今浙江省象山縣。(二五)剡縣：據《新唐書．地理志》五，剡縣屬江南東道越州。(二六)忌勝己者：謂忌嫉才位勝於己者。㉗側目：側目以視，亦即怒目之意。㉘受賄：納受財貨。㉙清溪道：即青溪關道。㉚書數：謂識字及算數。㉛羈縻：繫聯之意。㉜業：學業。㉝稟：通廩。㉞傔人：從人。㉟浸：漸。㊱節減：節制減少。㊲習學：謂習書數。㊳移牒：送致之文牒。㊴不遜：謂言辭不遜。㊵不時：謂不遵定時。㊶不弔祭：謂不遣使弔祭。㊷冊禮：冊命之禮。

卷二百五十　唐紀六十六

起上章執徐，盡彊圉大淵獻，凡八年。（庚辰至丁亥，西元八六〇年至八六七年）

司馬光編集
曲守約註

懿宗昭聖恭惠孝皇帝上

咸通元年㊀（西元八六〇年）

㈠春，正月，乙卯，浙東軍與裘甫戰於桐柏觀㊁前，范居植死，劉勍僅以身免。乙丑，甫帥其徒千餘人陷剡縣，開府庫，募壯士，眾至數千人，越州大恐㊂。時二浙㊃久安，人不習戰㊄，由兵朽鈍㊅，見㊆卒不滿三百。鄭祇德更募新卒以盜之，軍吏受賂，率皆得孱弱者㊇，祇德遣子將㊈沈君縱、副將張公署、望海鎮㊉將李珪，將新卒五百擊裘甫。二月，辛卯，與甫戰於剡西，賊設伏於三溪之南，而陳於三溪㊁之北，壅溪上流，使可涉，既戰陽㊂敗走，官軍追之，半涉，決壅㊂，水大至，官軍大敗，三將皆死，官軍幾盡。於是山海諸盜及它道無賴㊃亡命之徒，四面雲集㊄，眾至三萬，分為三十二隊，其小帥有謀略者推劉晊，勇力推劉慶、劉從簡，羣盜皆遙通書幣(一六)，求屬麾下(一七)，甫自稱天下都知兵馬使，改元曰羅平，鑄印曰天平，大聚資糧，購良工(一八)，治器械，聲震中原。

(二)丙申，葬聖武獻文孝皇帝於貞陵(一九)，廟號宣宗。

(三)丙午，白敏中入朝，墜陛(二〇)傷腰，肩輿以歸。

(四)鄭祇德累表告急，且求救於鄰道，浙西遣牙將凌茂貞將四百人，宣歙遣牙將白琮將三百人，赴之。祇德始令屯郭門(二一)及東小江(二二)，尋復召還府中以自衞，祇德饋之，比度支常饋(二三)多十三倍，而宣潤將士，猶以為不足，宣潤將士請土軍為導(二四)，以與賊戰，諸將或稱病(二五)，或陽墜馬，其肯行者，必先邀職級(二六)，竟不果遣。賊遊騎至平水東小江(二七)，城中士民儲舟(二八)裹糧(二九)，夜坐待旦，各謀逃潰(三〇)，朝廷知祇德懦怯，議選武將代之，夏侯孜曰：「浙東山海幽阻(三一)，可以計取，難以力攻。西班(三二)中無可語者，前安南都護王式雖儒家子(三三)，在安南威服(三四)華夷，名聞遠近，可任也。」諸相皆以為然，遂以式為觀察使，徵祇德為賓客(三五)。三月，辛亥朔，式入對，上問以討賊方略，對曰：「但得兵，賊必可破。」有宦官侍側曰：「發兵所費甚大。」式曰：「臣為國家(36)，惜費則不然(37)，兵多，賊速破，其費省矣，若兵少，不能勝賊，延引(38)歲月，賊勢益張(39)，則江淮羣盜將蜂(40)起應之，國家用度，盡仰(41)江淮，若阻絕不通，則上自九廟，下及十軍(42)，皆無以供給，其費豈可勝計哉！」上顧宦官曰：「當與之兵。」乃詔發忠武、義成、淮南等諸道兵授之。

㈤裘甫分兵掠衢婺州，婺州押牙房郅、散將(43)樓曾，衢州十將方景深，將兵拒險(44)，賊不得入，又分掠明州，明州之民相與謀曰：「賊若入城，妻子皆為葅醢，況貨財能保之乎(45)！」乃自相帥(46)出財，募勇士，治器械，樹柵(47)浚(48)溝斷橋，為固守之備(49)。賊又遣兵掠台州，破唐興。己巳，甫自將萬餘人，掠上虞(50)，焚之。癸酉，入餘姚(51)，殺丞尉(52)，東破慈溪，入奉化，抵寧海，殺其令而據之，分兵圍象山(53)，所過存(54)其少壯！餘老弱者(55)，蹂踐殺之。及王式除書(56)下，浙東人心稍安。裘甫方與其徒飲酒，聞之不樂。

劉晅歎曰：「有如此之眾(五七)，而策畫未定(五八)，良可惜也。今朝廷遣王中丞(五九)將兵來，聞其人智勇無敵，不四十日必至，兵馬使(六〇)宜急引兵(六一)取越州，憑城郭，據府庫，遣兵五千守西陵(六二)，循(六三)浙江築壘以拒之，大集舟艦，得間(六四)則長驅，進取浙西，過大江，掠揚州貨財(六五)以自實(六六)，還修石頭城而守之，宣、歙、江西，必有響應者。遣劉從簡以萬人循海而南，襲取福建，如此則國家貢賦之地，盡入於我(六七)矣。但恐子孫不能守耳，終吾身保(六八)無憂也。」甫曰：「醉矣(六九)，明日議之。」晅以甫不用其言，怒，陽醉而出。有進士王輅在賊中，賊客之，輅說甫曰：「如劉副使之謀，乃孫權所為也。彼乘天下大亂，故能據有江東，今中國無事，此功未易成也。不如擁眾，據險自守，陸耕海漁(七〇)，急則逃入海島，此萬全策也。」甫畏式，猶豫未決。夏，四月，式行至柿口，義成軍不整，式欲斬其將，久乃釋之，自是軍所過，若無人(七一)。至西陵，裘甫遣使請降，式曰：「是必無降心，直(七二)欲窺吾所為，且欲使吾驕怠耳(七三)。」乃謂使者曰：「甫面縛(七四)以來，當免而(七五)死。」乙未，式入越州，既交政(七六)，為鄭祗德置酒(七七)，曰：「式主軍政，不可以飲，監軍但與眾賓盡醉。」迨(七八)夜，繼以燭曰：「式在此，賊安能妨(七九)人樂飲。」丙申，餞(八〇)祗德於遠郊(八一)，復樂飲而歸。於是始修(八二)軍令，告饋餉(八三)不足者，息(八四)矣，稱疾臥家者(八五)，起矣，先求遷職者，默矣(八六)。賊別帥(八七)洪師簡、許會能帥所部降，式曰：「汝降是也，當立效(八八)以自異。」使帥其徒為前鋒，與賊戰有功，乃奏以官(八九)。

(六)先是，賊諜入越州，軍吏匿而飲食之(九〇)，文武將吏，往往潛與賊通，求城破之日，免死及全妻子，或詐引(九一)賊將來降，實窺虛實，城中密謀屏語(九二)，賊皆知之。式陰察知，悉捕索(九三)斬之。刑將吏尤橫猾者(九四)，嚴門禁(九五)，無驗(九六)者不得出入，警夜周密，賊始(九七)不知我所為矣。式命諸縣開倉廩以賑(九八)貧乏，或曰：「賊未滅，軍食方急，不可散(九九)也。」式曰：「非汝所知。」官軍少騎卒，式曰：「吐蕃回鶻比配(一〇〇)江淮者，其人習險阻(一〇一)，便(一〇二)鞍馬，可用也。」舉籍府中(一〇三)，得驍健者百餘人，虜久羈旅，所部(一〇四)遇之無狀(一〇五)，困餒(一〇六)甚，式既犒飲(一〇七)，又賙(一〇八)其父母妻子，皆泣拜讙(一〇九)呼，願效死(一一〇)，悉以為騎卒，使騎將石宗本將之，凡在管內[二一]者，皆視此[二二]籍之，又奏得龍陂監[二三]馬二百匹，於是騎兵足矣。或請為烽燧，以詗[二四]賊遠近眾寡，式笑而不應，選懦卒使乘健馬，少與之兵，以為候騎，眾怪之，不敢問。於是閱[二五]諸營見卒，及土團子弟[二六]，得四千人，使導軍分路討賊，府下[二七]無守兵，更籍土團千人以補之。乃命宣歙將白琮、浙西將凌茂貞帥本軍，北來將[二八]韓宗政等帥土團合千人[二九]，石宗本帥騎兵為前鋒，自上虞趨奉化，解象山之圍，號東路軍；又以義成將白宗、建忠將游君楚[三〇]、淮南將萬璘，帥本軍，與台州唐興軍合，號南路軍。令之曰：「毋爭險易[三一]，毋焚廬舍，毋殺平民，以增首級[三二]，平民脅從者[三三]，募降之[三四]。」得賊金帛，官無所問[三五]，俘獲者，皆越人也，釋之[三六]。癸卯，南路軍拔賊沃洲寨[三七]，甲辰，拔新昌寨[三八]，破賊將毛應天，進拔唐興。

㈦白敏中三表辭位，上不許，右補闕王譜上疏，以為：「陛下致理之初，乃宰相盡心之日，不可暫闕。敏中自正月臥疾，今四月矣，陛下雖與它相坐語，未嘗三刻，天下之事，陛下嘗暇[三九]與之講論乎！願聽敏中罷去，延訪碩德㉚，以資聰明㉛。」己酉，貶譜為陽翟令。譜，珪之六世孫㉜也。五月，庚戌朔，給事中鄭公輿封還貶譜勅書，上令宰相議之，宰相以為譜侵㉝敏中，竟貶之。

(八)辛亥，浙東東路軍破賊賊將孫馬騎於寧海，戊午，南路軍大破賊將劉暀毛應天於唐興南谷，斬應天。先是王式以兵少，奏更發忠武、義成軍，及請昭義軍，詔從之，三道兵至越州，式命忠武將張茵將三百人，屯唐興，斷賊南出之道；義成將高羅銳將三百人，益以台州土軍，徑趨㉞寧海，攻賊巢穴；昭義將跌跌戣將四百人，益東路軍，斷賊入明州之道。庚申，南路軍大破賊於海遊鎮㉟，賊入甬溪洞㊱，戊辰，官軍屯於洞口，賊出洞戰，又破之。己巳，高羅銳襲賊別帥劉平天寨，破之，自是諸軍與賊十九戰，賊連敗。劉暀謂裘甫曰：「曏從吾謀入越州，寧有此困㊲邪！」王輅等進士數人，在賊中皆衣綠，暀悉斬之，曰：「亂我謀者，此青蟲也。」高羅銳克寧海，收其逃散之民，得七千餘人，王式曰：「賊窘且饑，必逃入海，入海，則歲月間㊳未可擒也。」命羅銳軍海口㊴以拒之，又命望海鎮將雲思益、浙西將王克容將水軍巡海澨㊵，思益等遇賊將劉簡於寧海東，賊不虞㊶水軍遽至，皆棄船，走山谷，得其船十七，盡焚之。式曰：「賊無所逃矣，惟黃罕嶺可入剡㊷，恨無兵以守之，雖然，亦成擒矣㊸。」裘甫既失寧海，乃帥其徒屯南陳館下㊹，眾尚萬餘人。辛未，東路軍破賊將孫馬騎於上[illegible]村㊺，賊將王皐懼請降。

㈨壬申，右拾遺、內供奉薛調上言，以為：「兵興以來，賦斂無度㊻，所在羣盜，半是逃戶，固須翦滅，亦可閔傷㊼。望勅州縣，稅外無得科率㊽，仍勅長吏，嚴加糾察。」從之。袁王紳㊾薨。

㈩戊寅，浙東東路軍大破裘甫於南陳館，斬首數千級，賊委弃㊿繒帛盈路，以緩追者，[illegible]跌戣令士卒敢顧者(五一)斬，毋敢犯者。賊果自黃罕嶺遁去。六月，甲申，復入剡，諸軍失甫，不知所在，義成將張茵在唐興，獲俘，將苦之，俘曰：「賊入剡矣，苟捨我，我請為軍導。」從之，茵後甫一日至剡壁，其東南府中聞甫入剡，復大恐。王式曰：「賊來就擒耳。」命趣(五二)東南兩路軍會於剡，辛卯，圍之，賊城守甚堅，攻之不能拔，諸將議絕溪水以渴之[五三]，賊知之，乃出戰，三日，凡八十三戰，賊雖敗，官軍亦疲。賊請降，諸將以白式，式曰：「賊欲少休耳，益[五四]謹備之，功垂成[五五]矣。」賊果復出，又三戰，庚子夜，裘甫、劉晊、劉慶從百餘人出降，遙與諸將語，離城數十步，官軍疾趨斷其後，遂擒之。壬寅，甫等至越州，式腰斬晊慶等二十餘人，械甫送京師。【考異】平剡錄曰：「諸軍圍賊於剡，賊悍其所謂女軍者，亦乘城擲礫以中人，三日，凡八十三戰，賊雖衂，官軍亦疲。裘甫佯言乞降，諸將使騎來白，公曰，賊憊暫休耳，謹備之，仍遣押牙薛敬義謂諸將曰，功成矣，勉之，勿怠也。果復三戰，二十一日夜，甫與劉晊，劉慶十餘輩，又從百餘人出，遙與諸將語，伺我軍之懈，將使勇者潰圍焉。諸將得公誡，夜皆設伏於營前，甫輩離城數十步，伏兵疾走以間之，銳師數百復繼之，城中賊不出，甫遽甚，不知所為，遂成擒焉。至是用兵六十六日矣。二十三日，縛致府城，公於衙門，陳兵以見，執其徒劉晊劉慶二十餘輩，三斬之，械裘甫獻闕下。」玉泉子見聞錄曰：「王式討裘甫，甫始起於剡，既為官軍所敗，復入於剡，城堅卒銳，不可遽拔。式乃約降，許奏以金吾將軍，甫許焉，其將劉晊獨以為不可，北及越城左右，則械手以木，曳頸以組，甫曰，吾既已降，何用是為？左右曰，法也，到越，則釋去。公且行有命矣，既至，式登南樓俟之，曰，裘甫何罪，罪皆劉晊輩，命三斬之。晊顧謂甫曰，君竟拜金吾乎，斬甫于長安東市。初甫之入剡也，雖已屢敗，向使城守，朞歲未可平也。玉泉子曰，古人有言，殺降不祥，李廣所以不侯，良有以也。王公亦不聞大貴，鄭公述平剡錄，一何曲筆哉！雖驟歷清顯，而卒以喪明，不復起，可不慎哉！」按二書所言，莫知孰是，然裘甫在剡城，窮困已極，勢不能久，式不必更以詐誘之，或者諸將為之，不可知也。甫之出降也，或欲突走，或被誘而來，皆不可知，要之為出城乞降，官軍因邀斷其後，擒之耳。剡城猶未下，諸將已擒甫，不復設備，劉從簡帥壯士五百，突圍走，諸將追至大蘭山[五六]，從簡據險自守。秋，七月，丁巳，諸將共攻克之，台州刺史李師望募賊相捕斬之，以自贖，所降數百人，得從簡首，獻之。諸將還越，式大置酒，諸將乃請曰：「某等(五七)生長軍中，久更(五八)行陳，今年得從公破賊，然私有所不諭(五九)者，敢問。公之始至，軍食方急，而遽散以賑貧乏，何也？」式曰：「此易知耳，賊聚穀以誘饑人，吾給之食，則彼不為盜矣。且諸縣無守兵，賊至，則倉穀適足資之耳(六〇)。」又問：「不置烽燧，何也？」式曰：「烽燧所以趣(六一)救兵也，兵盡行，城中無兵以繼之，徒(六二)驚士民，使自潰亂耳！」又問：「使懦卒為候騎，而少給兵(六三)，何也？」式曰：「彼勇卒操利兵(六四)，遇敵且(六五)不量力而鬬，鬬死，則賊至不知矣。」皆曰：「非所及(六六)也。」

(十)封憲宗子惼為信王。

(十一)八月，裘甫至京師，斬於東市，加王式校檢右散騎常侍，諸將官賞各有差(六七)。先是，上每以越盜為憂，夏侯孜曰：「王式才有餘，不日告捷矣。」孜與式書曰：「公專以執裘甫為事，軍須細大(六八)，此期悉力(六九)。」故式所奏求，無不從，由是能成其功。

(十二)衛王灌(七〇)薨。

(十四)九月，白敏中五上表辭位，辛亥，以敏中為司徒中書令。

(十五)右拾遺、句容〈七一〉劉鄴上言：「李德裕父子為相〈七二〉，有聲跡功效〈七三〉，竄逐以來，血屬〈七四〉將盡，生涯〈七五〉已空，宜賜哀閔，贈以一官。」冬，十月，丁亥，勅復李德裕太子少保、衛國公，贈左僕射。【考異】

裴旦李太尉南行錄載，咸通二年九月二十六日，右拾遺內供奉劉鄴表，略云：「子曄貶立山尉，去年獲遇陛下惟新之命，覃作解之恩，移授郴縣尉，今已沒於貶所。」又曰：「血屬已盡，生涯悉空。」又曰：「枯骨未歸於塋域，一男又殞於江湘。」又曰：「其李德裕請特賜贈官，勅依奏。」實錄注引東觀奏記云：「令狐相綯夢德裕曰，某已謝明時，幸相公哀之，許歸葬故里。綯具為其子滈言之，滈曰，李衛公犯眾怒，又崔相鉉、魏相皆敵人也，見持政，必將上前異同，未可言也。後數日，上將坐延英，綯又夢德裕曰，某委骨海上，思還故里，與相公有舊，幸憫而許之。既寤，復謂滈曰，向見衛公精爽尚可畏，吾不言，必掇禍。明日，人中書，且為同列言之，既而於帝前論奏，許其子蒙州立山尉曄護喪歸葬。又是時，柳仲郢鎮東蜀，設奠於荊南，命從事李商隱為文曰，恭承新渥，言還舊止。又云，身留蜀郡，路隔伊川。鄴奏乃云孤骨未歸塋域，曄、懿宗初纔徙郴縣尉，未詳，或者後人偽作之，非鄴本奏也。」實錄注又云：「白敏中為中書令時，與右庶子段全緯書云，故衛公太尉，灾興鵩鳥，怨結江魚，親交甫散於西園，子弟蓬飄於南土，嘗蒙一顧，繼履三台，保持獲盡於天年，論請援加於寵贈。全緯嘗為德裕西川從事，故敏中語及云。按此似繇敏中開發，而數本追復贈官，多連鄴奏，德裕素有恩於敏中，敏中前作相，既遠貶之，至此，又掠其美，鄙哉。」按劉鄴表云：「去年獲遇陛下惟新之命，覃作解之恩。」則上此表，在咸通元年，非二年也。舊傳：「鄴為翰林學士承旨，以李德裕貶死朱崖，大中朝，令狐綯當權，累有赦宥，不蒙恩列，懿宗即位，綯在方鎮，屬郊天大赦，鄴奏論之。」李大尉南行錄，鄴此時未為翰林學士，因上此表，勅批便令內養宣喚入翰林充學士，餘依奏。金華子雜編曰：「宣宗嘗私行，經延資庫，見廣廈連綿，錢布山積，問左右曰，誰為此庫。侍？臣對曰，宰相李德裕執政日，以天下每歲備用之餘，自是以來，邊庭有急，支備無乏者，茲實有賴。上曰，今何在曰，頃以坐吳湘獄，貶於崖州。上曰，如有此功，於國微罪，豈合深譴，由是劉公鄴得以進表，乞追雪之。上一覽表，遂許其加贈歸葬焉。」按宣宗素惡德裕，故始即位，即逐之，豈有不知其在崖州，而云豈合深譴。又劉鄴追雪，在懿宗時，此說殊為淺陋，今不取。

(十六)己亥，以門下侍郎同平章事夏侯孜同平章事，充西川節度使，以戶部尚書判度支畢諴為禮部尚書同平章事。

（七）安南都護李鄠㉖復取播州。

（八）十一月，丁丑，上祀圓丘，赦，改元。

（九）十二月，戊申，安南土蠻引南詔兵合三萬餘人，乘虛攻交趾，陷之，【考異】新南詔傳：「大中時，李琢為安南經略使，苛暴自私，以斗鹽易一牛，夷人不堪，結南詔將段酋遷陷安南都護府，號白衣沒命軍。懿宗絕其朝貢，乃陷播州。安南都護李鄠屯武州，咸通元年，為蠻所攻，棄州走，天子斥鄠，以王寬代之。」按宣宗時，南詔未嘗陷安南，據新傳，則似大中時已陷安南，咸通元年，又陷武州也。且李鄠安南失守，然後奔武州，非在武州而棄之，新傳誤也，今從實錄。都護李鄠與監軍奔武州㉗。

【今註】①是年十一月，始改元咸通。②桐柏觀：胡三省曰：「桐柏觀在台州唐興縣天台山。」③恐：恐懼。④二浙：謂浙東、浙西。⑤習戰：練習戰鬪。⑥朽鈍：腐朽遲鈍。⑦見：讀曰現。⑧率皆得孱弱者：以改作所得率皆孱弱者為較佳。孱、小貌，音ㄔㄢˊ。⑨子將：猶小將。⑩望海鎮：胡三省曰：「望海鎮在明州界，今定海縣即其地。元和十四年，浙東觀察使薛戎奏：『望海鎮去明州七十餘里，俯臨大海，與新羅日本諸蕃接界。』」⑪三溪：胡三省曰：「三溪在今嵊縣西南，一溪自新昌縣東來，一溪自磕下山南來，與新昌溪會於湖塍，曲而西北流，溪流若三派然，故謂之三溪。」⑫陽：猶佯。⑬壅：塞。⑭無賴：謂輕薄而無聊賴。⑮雲集：雲合。⑯書幣：書信幣帛。⑰麾下：旗下。⑱購良工：謂懸賞格以求良工。⑲貞陵：《新唐書・地理志》一：「京兆府雲陽縣，貞陵在西北四十里。」⑳墜陛：謂跌倒於陛階。㉑郭門：外城之門，名曰郭門。㉒東小江：胡三省曰：「越州有東小江、西小江，東小江出剡溪，至曹娥百官渡而東入海，西小江出諸暨，至錢清渡而東入於海，皆曰小江者，以浙江為大江也。」㉓饋：饋給。㉔導：鄉導。㉕稱病：言有病。㉖職級：職者，軍職；級者，勳級。㉗平水東小江：胡三省曰：「越州會稽縣東南有平水鎮，又東踰山，即小江也。此又一小江，源出大木山，南流，合于剡江，故係平水東，以別東小江。」㉘儲舟：備舟。㉙裹糧：捆包糧食。㉚逃潰：逃亡。㉛幽阻：幽僻阻塞。㉜西班：胡三省曰：「唐凡朝會，文官班於東，武官班於西，故謂武臣為西班。」㉝王式雖儒家子：式，王播子。㉞威：威嚴。㉟賓客：即太子賓客。㊱臣為國家：謂臣為國家大計著眼。㊲惜費則不然：謂若吝惜費用，則與所計者恰正相反。㊳延引：延長。㊴張：張大。㊵蜂：當作蜂。㊶仰：仰賴。㊷十軍：胡三省曰：「肅宗以後，羽林、龍武、神武、神威、神策，皆分左右，號北門十軍。元和二年省神武軍，明年又省神威軍，以其兵騎分隸左右神策，而猶存十軍之名。」㊸散將：牙將之散員。㊹拒險：謂守險要以相抗拒。㊺況貨財能保之乎：按能保之三字可刪，蓋況貨財乎，即貨財不能擁有之意，無煩更辭費也。㊻帥：讀曰率。㊼樹柵：立寨柵。㊽浚：深治。㊾備：防備。㊿上虞：今浙江省上虞縣。(51)餘姚：今浙江省餘姚縣。(52)丞尉：縣丞及縣尉。(53)慈溪、奉化、寧海、象山：皆今浙江省縣名。(54)存：存留。(55)餘老弱者：謂餘剩之老弱者。(56)除書：除拜之文書。(57)有如此之眾：謂有如此盛多之士卒。(58)未定：不決。(59)王中丞：王式蓋檢校御史中丞。(60)兵馬使：謂裘甫，以甫自稱天下都知兵馬使。（六一）引兵：領兵。（六二）西陵：胡三省曰：「西陵渡在越州西一百二十二里，今西興渡是也。」（六三）循：沿。（六四）間：間隙。（六五）揚州貨財：揚州為唐江淮都會，轉運鹽鐵使及度支之貨財，皆聚於此。（六六）以自實：謂以自充實軍用。（六七）則國家貢賦之地，盡入於我矣：唐能中世以後，貢賦皆仰東南，故云然。（六八）保：保證。（六九）醉矣：謂余醉矣，蓋乃以此為藉辭也。（七〇）陸耕海漁：謂令陸上之民耕作，海畔之民漁捕。（七一）若無人：極喻軍行之嚴肅而不諠譁。（七二）直：只。（七三）驕怠：驕傲怠惰。（七四）面縛：謂雙手倒縛於背後。（七五）而：汝。（七六）交政：謂將政務交代。（七七）置酒：今謂設宴。（七八）迨：至。（七九）妨：妨害。（八〇）餞：祖餞。（八一）遠郊：此謂郊外之遠處。（八二）修：猶立。（八三）饋餉：饋運之軍糧。（八四）息：止息不言。（八五）臥家：臥於家中者。（八六）默矣：默而不言矣。（八七）別帥：別率一軍者，謂之別帥。（八八）立效：立功效。（八九）奏以官：謂奏請封之以官。（九〇）飲食之：猶款待之。（九一）詐引：詐領。（九二）屏語：屏人之語，亦即密語。（九三）捕索：搜捕求索。（九四）橫猾：凶橫狡猾。（九五）嚴門禁：嚴厲城門之科禁。（九六）無驗：無證件以資考驗者。（九七）始：方。（九八）賑：救濟。（九九）散：謂放糧。（〇〇）配：配置。（〇一）習險阻：習慣於險阻。（〇二）便：便習。（〇三）舉籍府中：凡吐蕃回鶻之配隸浙東觀察府者，舉其籍而取之。（〇四）所部：所隸之部。（〇五）無狀：無善狀。（〇六）餧：同餒。（〇七）犒飲：謂犒勞而飲之酒。（〇八）賙：通作周，贍也。（〇九）讙：同歡。（一〇）效死：謂致死力。（一一）管內：浙東觀察使之管內。（一二）視此：比此。（一三）龍陂監：宋白曰：「元和十三年十一月，賜蔡州郡牧號龍陂牧。」（一四）詗：偵伺。（一五）閱：閱視。（一六）土團子弟：本土團結之子弟，亦即土兵。（一七）府下：府中。（一八）北來將：自北方來此之將軍。

〔29〕合千人：謂合共千人。〔30〕以義成將白宗，建忠將游君楚：胡三省曰：「唐無建忠軍。按此時，發忠武軍從王式，史逸武字也。白宗建、人姓名。」〔31〕毋爭險易：謂毋爭險易之地。〔32〕以增首級：謂以增殺敵首級之數。〔33〕平民脇從者：謂平民被脅迫而隨從者。〔34〕募降之：召降之。〔35〕官無所問：謂官長不加理問，聽其自由處置。〔36〕俘獲者，皆越人也，釋之：按此可改為俘獲者皆越人，盡釋之。〔37〕沃州寨：胡三省曰：「沃州在今越州新昌縣東南。」〔38〕新昌寨：胡三省曰：「新昌時屬剡縣界，在越州東南二百二十里。」〔39〕嘗暇：謂嘗有暇。〔40〕碩德：大德。〔41〕以資聰明：謂以使聰明智識，得所資取。〔42〕譜，珪之六世孫：王珪事太宗，以直聞。〔43〕侵：侵犯。〔44〕徑趨：直趨。〔45〕海遊鎮：胡三省曰：「海遊鎮在寧海南九十里。」〔46〕甬溪洞：胡三省曰：「甬溪洞在南海西南百餘里，屬唐興縣界。」〔47〕困：困窘。〔48〕歲月間：謂短時間。〔49〕海口：胡三省曰：「海口在寧海東北四十餘里。」〔50〕澨：水際曰澨，音ㄕˋ。〔51〕虞：度。〔52〕惟黃罕嶺可入剡：胡三省曰：「黃罕嶺在奉化縣西北，剡縣之東，其路深險，度黃罕嶺，則平川四十里至剡。」〔53〕雖然亦成擒矣：據文意，當改作，否則，必成擒矣。〔54〕南陳館下：胡三省曰：「南陳館在寧海西南六十餘里。」〔55〕上嘐村：胡三省曰：「上嘐村在寧海西北四十餘里。」〔56〕賦斂無度：賦稅徵斂，無有節度。〔57〕閔傷：閔通憫，憫憐哀傷。〔58〕科率：謂取其大率，而加科徵。〔59〕袁王紳：紳，順宗子。〔60〕委弃：謂棄置，弃同棄。〔61〕敢顧者：敢顧視者。〔62〕趣：讀曰促。〔63〕諸將議絕溪水以渴之：胡三省曰：「剡城東南臨溪，西北負山，城中多鑿井以引山泉，非絕溪水所能渴。作史者乃北人臆說耳。今浙東諸縣皆無城，獨剡縣有

城，猶為完壯。」(五四)益：愈。(五五)垂成：將成。(五六)大蘭山：胡三省曰：「今明州奉化縣西北，有大蘭山，山在越州分界。」(五七)某等：我等，唐中葉後，喜自稱曰某。(五八)更：歷。(五九)諭：曉。(六〇)適足資之耳：謂適足資給之耳，亦即適足以為之資。(六一)趣：讀曰促。(六二)徒：但。(六三)少給兵：少給之兵器。(六四)利兵：銳利之兵器。(六五)且：將。(六六)皆曰，非所及也：胡三省曰：「自至德以來，浙東盜起者再，袁晁裘甫是也。裘甫之禍，不烈於袁晁，袁晁之難，張伯儀平之，通鑑所書，數語而已，今王式之平裘甫，通鑑書之，視張伯儀平袁晁事為詳，蓋唐中世之後，家有私史，王式儒家子也，成功之後，紀事者不無張大，通鑑因其文而序之，弗覺其煩耳。考異二十卷，辯訂唐事者居大半焉，亦以唐私史之多也。」(六七)各有差：各有等差。(六八)軍須細大：軍須，謂行軍所須糧仗衣物；細大，謂大小。(六九)此期悉力：此期，謂在朝廷企冀，悉力，謂盡力應辦。(七〇)衢王灌：灌，上弟。(七一)句容：今江蘇省句容縣。(七二)李德裕父子為相：李德裕父吉甫相憲宗，德裕相武宗，皆有勳勞，在於王室，備著前紀。(七三)功效：功勞績效。(七四)血屬：最親近之支屬。(七五)生涯：生業。(七六)鄠：音戶。(七七)武州：胡三省曰：「新志：『邕管所領，又有顯州、武州、沈州，後皆廢省。』據此，則武州當在宜州界。」

二年（西元八六一年）

㈠春，正月，詔發邕管及鄰道兵救安南，擊南蠻。

(二)二月，以中書令白敏中兼中書令，充鳳翔節度使，以左僕射判度支杜悰兼門下侍郎同平章事，一日，兩樞密使詣中書，宣徽使楊公慶繼至，獨揖悰受宣[一]，三相[二]起避之西軒，公慶出斜封文書[三]以授悰，發之，乃宣宗大漸[四]時，請鄆王監國奏也，且曰：「當時宰相無名者[五]，當以反法[六]處之。」悰反復讀，良久曰：「聖主登極，萬方欣戴[七]，今日此文書，非臣下所宜窺。」復封以授公慶曰：「主上欲罪宰相，當於延英，面示聖旨，明行誅譴[八]。」公慶去，悰復與兩樞密坐，謂曰：「內外之臣，事猶一體[九]，宰相樞密，共參國政，今主上新踐阼[一〇]，未熟[一一]萬機，資[一二]內外[一三]裨補[一四]，固當以仁愛為先[一五]，刑殺為後[一六]，豈得遽贊我殺宰相事！若主上習以性成，則中尉樞密[一七]，權重禁闈[一八]，豈得不自憂乎[一九]！悰受恩六朝[二〇]，所望致君堯舜，不欲朝廷以愛憎行法[二一]。」兩樞密相顧默然，徐曰：「當具以公言白至尊，非公重德，無人及此[二二]。」慙悚[二三]而退。三相復來見悰，微請宣意[二四]，悰無言，三相惶怖，乞存[二五]家族，悰曰：「勿為它慮。」既而寂然，無復宣命，及延英開，上色甚悅。【考異】新傳云：「宣宗大漸，樞密使王歸長等，矯詔迎鄆王立之，懿宗即位，欲罪大臣，悰解之。」按立鄆王者，王宗實，新傳云歸長，誤也，今從補國史。

是時士大大深疾㉖宦官，事有小相涉㉗，則眾共棄之。建州進士葉京嘗預宣武軍宴，識監軍之面，既而及第，在長安，與同年出遊，遇之於塗，馬上相揖㉘，因之謗議諠然㉙，遂沈廢㉚終身，其不相悅如此㉛。

㈢福王綰㉜薨。

㈣夏，六月，癸丑，以鹽州防禦使王寬為安南經略使。時李鄠自武州，收集土軍，攻羣蠻，復取安南，朝廷責其失守㉝，貶儋州㉞司戶。鄠初至安南，殺蠻酋杜守澄，其宗黨遂誘道㉟羣蠻，陷交趾，朝廷以杜氏彊盛，務在姑息㊱，冀收其力用㊲，乃贈守澄父存誠金吾將軍，再舉㊳鄠殺守澄之罪，長流崖州㊴。【考異】實錄：「又賜寬手詔云云，如聞李琢在安南日，殺害杜存誠，李鄠入處置其子守澄，使誘導羣蠻，陷沒城邑，卿到鎮日，於李鄠處，索取前後敕詔，一一參詳。初李琢在鎮，蠻首領愛州刺史兼土軍兵馬使杜存誠，密誘溪洞夷獠，為之鄉導，涿察其不忠，戮死焉，及李鄠至鎮，蠻陷安南，鄠走武州，召土軍收復城邑，而存誠家兵甚眾，朝廷務姑息，乃贈存誠金吾將軍，鄠以失備，貶儋州。」補國史：「蠻陷安南，李鄠投武州，召土軍收復，頗有功績，殺首領杜存誠，以捍禦盤桓，不戮力盡敵，兼洞夷獠為鄉導之罪也，鄠貶儋州，後以存誠豁洞強獷，家兵數多，子弟繼總軍旅，皆輸忠勇，軍府倚賴方甚，朝庭亦加姑息，乃再舉憲章，長流鄠崖州，贈存誠金吾將軍，以誘其竭力。命前鹽州刺史王宙為都護。」按所殺存誠之子守誠，已為王式所逐，鄠至旬日殺之，非因扞禦不戮力也。代鄠者，乃王寬，非王宙，補國史誤也。今獨取鄠克復安南一事，餘皆從平剡錄實錄。

㈤秋，七月，南詔攻邕州，陷之。先是，廣、桂、容三道共發兵三千人戍邕州，三年一代㊵，經略使段文楚請以三道衣糧，自募土軍，以代之。朝廷許之。所募纔得五百許㊶人，文楚入為金吾將軍，經略使李蒙利其闕額㊷衣糧以自入，悉罷遣㊸三道戍卒，止以所募兵守左右江，比舊什減七八，故蠻人乘虛入寇。時蒙已卒，經略使李弘源至鎮，纔十日，無兵以禦之，城陷，弘源與監軍，脫身奔蠻州㊹，二十餘日，蠻去乃還，弘源坐貶建州㊺司戶。文楚時為殿中監，復以為邕管經略使，至鎮，城邑居人，什不存一。文楚，秀實之孫也。

㈥杜悰上言：「南詔向化七十年㊻，蜀中寢兵㊼無事，羣蠻率服㊽，今四川兵食單寡㊾，未可輕與之絕，且應遣使弔祭，曉諭清平官㊿等，以新王名犯廟諱，故未行冊命，待其更名(51)謝恩，然後遣使冊命，庶(52)全大體(53)。」上從之，命左司郎中孟穆為弔祭使，未發，會南詔寇巂州，攻邛崍關，穆遂不行。【考異】實錄，在此年十二月。按補國史：「杜邠公再入輔，建議，遣使弔祭，令其改名，纔命使臣，已破越巂城池，攻邛崍關鎮，使臣逗留，數月不發。」然則命穆充使，當在寇巂州前，實錄書於十二月，誤也。按南詔已稱帝，陷安南，豈可彌縫，悰但欲姑息，故陽不知其僭號，及以陷安南者為土蠻耳。

㈦冬，十月，以御史大夫鄭涯為山南東道節度使。十一月，加同平章事。

【今註】㈠受宣：受宣命。㈡三相：謂畢諴、杜審權、蔣伸。㈢斜封文書：謂未經過正當步驟處理之文書。㈣大漸：謂病大進於篤重。㈤無名者：謂未署名者。㈥反法：反叛之法條。㈦欣戴：欣喜仰戴。㈧誅譴：誅戮譴責。㈨一體：謂一身之肢體。㈩踐阼：猶登極。⑪熟：熟悉。⑫資：藉賴。⑬內外：謂內外之臣。⑭裨補：裨益補正。⑮為先：猶為重。⑯為後：猶為輕。⑰中尉樞密：時以兩中尉、兩樞密為四貴。⑱禁闈：即禁闥，亦即禁中。⑲豈得不自憂乎：胡三省曰：「言殺宰相，則上手滑矣，中尉樞密，亦將及禍，豈得不自以為憂。」⑳悰受恩六朝：六朝謂憲、穆、敬、文、武、宣。㉑以愛憎行法：謂以愛憎為行使法令之依據。㉒無人及此：謂無人能思及此。㉓慙悚：慙愧悚懼，音ㄙㄨㄥˇ。㉔微請宣意：謂稍詢問宣命中之意旨。㉕存：存活。㉖疾：惡。㉗小相涉：稍相牽涉。㉘馬上相揖：謂於馬上互相揖拱。㉙諠然：猶譁然。㉚沈廢：沈滯廢棄。㉛其不相悅如此：謂士大夫之不悅宦官如此。㉜福王綰：綰，順宗子。㉝失守：此謂有失職守。㉞儋州：《舊唐書・地理志》四：「嶺南道儋州，至京師七千四百四十二里。」㉟誘道：道通導。㊱姑息：苟且安息。㊲力用：謂可利用之實力。㊳再舉：復發。㊴崖州：《舊唐書・地理志》四：「嶺南道崖州，至京師七千四百六十里。」(40)代：替代。(41)許：餘。(42)闕額：空闕之名額。(43)罷遣：罷停遣歸。(44)蠻州：按《舊唐書・地理志》四、《新唐書・地理志》七，蠻州俱作巒州，當改從。又舊志云：「巒州至京師五千三百里。」(45)建州：舊志三：「江南東道建州，在京師東南四千九百三十五里。」(46)南詔向化七十年：貞元間，南詔復向化。(47)寢兵：猶偃兵。(48)率服：謂相率而服從。(49)單寡：單薄寡少。(50)清平官：《新唐書・南詔傳》：「官曰坦綽，曰布燮，曰久贊，謂之清平官，所以決國事，輕重猶唐宰相也。」(51)更名：改名。(52)庶：庶幾。(53)大體：謂重大之體制。

三年（西元八六二年）

(一)春，正月，庚寅朔，羣臣上尊號曰睿文明聖孝德皇帝，赦天下。

(二)以中書侍郎同平章事蔣伸同平章事，充河中節度使。

(三)二月，棣王惴(1)薨。

(四)南詔復寇安南，經略使王寬數來告急，朝廷以前湖南觀察使蔡襲代之，【考異】補國史：「王宙有緝理撫眾才，遠人懷惠，纔未周歲，南蠻復侵封部，請兵設備，累以危急上聞，乃命桂管都防禦使蔡襲代之。」實錄：「以前湖南觀察使為安南經略等使王寬，亦制置失宜，諸郡蠻相帥內寇，故命襲往代焉。」今從之。仍(2)發許、滑、徐、汴、荊、襄、潭、鄂等道兵，各三萬人㊂，授襲以禦之，兵勢既盛，蠻遂引去。【考異】實錄：「咸通三年二月，以蔡襲為安南經略招討處置等使，三月，以蔡京充荊襄以南宣慰安撫使，五月，以京為嶺南西道節度使。」舊紀：「三年十一月，遣蔡襲帥禁軍三千赴援安南。」按補國史云：「咸通三年，使左庶子蔡京制置嶺南事。」又云：「命桂管都防禦使蔡襲，代王宙。」然則襲除安南似在咸通二年也。又按樊綽蠻書云：「臣咸通三年三月四日，奉本使尚書蔡襲手示，密委臣深入賊帥朱道古營寨，三月八日，入賊重圍之中，臣却回，一一白於都護王寬，領得臣書牒，全無指揮，擅放軍回，苟求朝奬，致襲枉傷矢石，陷失城池，徵之其由，莫非蔡襲王寬之過。」綽既謂襲為本使，為之入蠻，則是襲已到官。又云：「回白都護王寬。」則是寬猶未去任也。不知綽不白襲而白寬，何故也？又襲將兵代寬，寬為已替之人，安能擅放軍回，令襲陷沒，疑蠻書擅放軍回字上，少蔡襲二字，襲除安南，不知的在何年月，今從實錄。邕管經略使段文楚坐變更舊制㊃，左遷威衛將軍分司㊄。【考異】補國史：「文楚到後，城邑牢落，人戶彫殘，纔得數月，朝廷責其更改舊制，降授威衛分司。」蓋文楚既之官，而朝議責邕州陷沒，由文楚請罷三道戍兵，自募土軍，故云更改舊制。而實錄云：「及文楚再至，城池圮廢，人戶殘耗，由是頗更舊制，未數月，朝廷慮致煩擾，復改命懷玉云。」新傳：「文楚數更條約，眾不悅，以胡懷玉代之。」蓋因補國史改更舊制之語，相承致誤也。

㈤左庶子蔡京性貪虐多詐，時相㊅以為有吏才，奏遣制置㊆嶺南事。三月，京還，奏事稱旨，復以京權知太僕卿，充荊襄以南宣慰安撫使。

㈥夏，四月，己亥朔，敕於兩街四寺㊇各置戒壇，度人三七日。上奉佛太過，怠於政事，嘗於咸泰殿築壇，為內寺尼㊈受戒，兩街僧尼皆入預，又於禁中設講席，自唱經，手錄梵夾㊉，又數幸諸寺，施與無度。吏部侍郎蕭倣上疏，以為：「玄祖㊁之道，慈儉為先，素王(一二)之風，仁義為首，垂範百代，必不可(一三)加。佛者，棄位出家，割愛中之至難，取滅後之殊勝(一四)，非帝王所宜慕也。願陛下時開延英，接對四輔(一五)力求人瘼(一六)，虔奉宗祧，思繆(一七)賞與濫刑，其殃(一八)必至，知勝殘(一九)而去殺，得福甚多，罷去講筵(二〇)，躬勤政事。」上雖嘉獎，竟不能從。

(七)嶺南舊分五管，廣、桂、邕、容、安南皆隸嶺南節度使，蔡京奏，請分嶺南為兩道節度，從之。五月，勅以廣州為東道，邕州為西道，又割桂管龔象二州、容管藤巖二州，隸邕管(二一)，尋以嶺南節度使韋宙為東道節度使，以蔡京為西道節度使。蔡襲將諸道兵在安南，蔡京忌之，恐其立功，奏稱：「南蠻遠遁，邊徼(二二)無虞，武夫邀(二三)功，妄占戍兵，虛費饋運，蓋以荒陬(二四)路遠，難於覆驗(二五)，故得肆(二六)其姦詐，請罷戍兵，各還本道。」朝廷從之。襲累奏：「羣蠻伺隙日久，不可無備，乞留戍兵五千人。」不聽。襲以蠻寇必至，交趾兵食(二七)皆闕，謀力(二八)兩窮，作十必死狀，申中書，時相信京之言，終不之省(二九)。

(八)秋，七月，徐州軍亂，逐節度使溫璋。【考異】舊傳曰：「璋，咸通末為徐泗節度使，徐州牙卒曰銀刀軍，頗驕橫，璋至，誅其凶惡者五百人，自是軍中畏法。」按誅銀刀軍者王式也，舊傳誤。初王智興既得徐州，募勇悍之士二千人，號銀刀、彫旗。門槍、挾馬等七軍，常以三百餘人自衛，露刃坐於兩廡㉚夾幕之下，每月一更㉛，其後節度使多儒臣，其兵浸㉜驕，小㉝不如意，一夫大呼，其眾皆和㉞之，節度使輒自後門逃去。前節度使田牟至，與之雜㉟坐飲酒，把臂㊱拊背㊲，或為之執㊳板唱歌，犒賜之費，日以萬計，風雨寒暑，復加勞來㊴，猶時喧譁，邀求㊵不已。牟薨，璋代之，驕兵素聞璋性嚴，憚之，璋開懷㊶慰撫，而驕兵終懷猜忌㊷，賜酒食，皆不歷口㊸，一旦竟聚譟而逐之。朝廷知璋無辜，乙亥，以璋為邠寧節度使，以浙東觀察使王式為武寧節度使。

(九)以前西川節度使同平章事夏侯孜為左僕射、同平章事。

(十)忠武、義成兩軍，從王式討裘甫者猶在浙東，詔式帥以赴徐州，驕兵聞之，甚懼。八月，式至大彭館㊹，始㊺出迎謁㊻，式視事三日，饗兩鎮㊼將士，遣還鎮，擐甲㊽執兵，命圍驕兵，盡殺之，銀刀都將邵澤等數千人皆死。【考異】舊傳曰：「式至鎮，盡誅銀刀等七軍，徐方平定。」金華子雜編曰：「溫璋失律於徐州，自河陽移式往鎮之，式領河陽全軍赴任，徐州將士，聞式到近境，遣衙隊三百人遠接，式衩衣坐胡床，受參既畢，乃問其追師之罪，命皆斬於帳前，不留一人。既而相次繼來，莫知前死者音耗，至則又斬之，亦無脫者。如是數日，銀刀都數千人垂盡，虎狼之眾，居常咸謂能吞噬於人，及於斯際，式衣襖子半臂，曳屐危坐。遂人皆拱手就戮，無一敢旅拒者，其後親戚相訝，不能自會焉。」按若頓殺數千人，豈有人不知者，又式自浙東除武寧，非河陽也，今從實錄。甲子，勑以徐州先隸淄青道，李洧自歸，始置徐海使額㊾，及張建封以威名寵任㊿，特帖(五一)濠泗二州，當時本以控扼(五二)淄、青、光、蔡，自寇孽消弭(五三)，而武寧一道，職為亂階(五四)，今改為徐州團練使，隸兗海節度，復以濠州歸淮南道，更於宿州，置宿泗都團練觀察使，留將士三千人，守徐州，餘皆分隸兗宿，且以王式為武寧節度使、兼徐、泗、濠、宿制置使，委式與監軍楊玄質，分配(五五)將士，赴諸道訖，然後將忠武義成兩道兵，至汴滑，各遣歸本道，身(五六)詣京師，其銀刀等軍逃匿將士，聽一月內自首，一切勿問。

㈩嶺南西道節度使蔡京為政苛慘，設炮烙之刑，闔境(五七)怨之，遂為邕州軍士所逐，奔藤州，詐為勑書及攻討使印，募鄉丁(五八)，及旁側土軍，以攻邕州，眾既烏合，動輒潰敗(五九)，往依桂州，桂州人怨其分裂(六〇)，不納，京無所自容(六一)，勑貶崖州(六二)司戶，不肯之官，還至零陵，勑賜自盡；以桂管觀察使鄭愚為嶺南西道節度使。

(十二)冬，十月，丙申朔，立皇子佾為魏王，侹為涼王，佶為蜀王。

(十三)十一月，立順宗子緝為蘄王，憲宗子憒為榮王(六三)。

(十四)南詔帥羣蠻五萬寇安南，【考異】補國史云：「四年春，南蠻帥眾五萬攻安南。」按蠻書：「咸通三年十二月二十一日，桃花人安南城西南角下營，茫蠻於蘇歷江岸屯聚，裸形蠻亦當陳面，二十七日，蠻賊逼交州城。」則是今年冬末，蠻已圍交州也。今從實錄。都護蔡襲告急，勑發荊南、湖南兩道兵二千，桂管義征子弟(六四)三千詣邕州，受鄭愚節度。

(十五)嶺南東道節度使韋宙奏：「蠻寇必向邕州，若不先保護，遽欲遠征(六五)，恐蠻於後乘虛，扼絕(六六)餉道。」乃勑蔡襲屯海門，【考異】實錄：「詔襲且往海門。是令棄交趾，退屯海門也。」按襲死時猶在交趾，蓋詔書到時，襲已被圍，不得通也。鄭愚分兵備禦。十二月，襲又求益兵，勑山南東道發弩手千人赴之。時南詔已圍交趾，襲嬰城(六七)固守，救兵不得至。

(十六)翼王綽(六八)薨。

(十七)是歲，嗢末始入貢。嗢末者、吐蕃之奴號(六九)也，吐蕃每發兵，其富室多以奴從，往往一家至十數人(七〇)，由是吐蕃之眾多(七一)。及論恐熱作亂，奴多無主，遂相糾合(七二)為部落，散在(七三)甘、肅、瓜、沙、河、渭、岷、廓、疊、宕之間，吐蕃微弱者，反依附之。

【今註】㊀棣王惴：惴，憲宗子。㊁仍：因。㊂各三萬人：胡三省曰：「蜀本作合三萬人，良是。」㊃坐變更舊制：謂募土軍以代廣桂容戍軍。㊄威衞將軍分司：謂分司東都。㊅時相：當時之宰相。㊆制置：謂制御及設置。㊇兩街四寺：兩街、謂京城左右街，四寺、謂慈恩、薦福、西明，莊嚴。㊈內寺尼：蓋宮人捨遺者，就禁中為寺以處之，非教也。㊉手錄梵夾：夾梵者，貝葉經也，以板夾之，謂之梵夾。段成式曰：「貝多葉出摩伽陀西國，上用以寫經，其樹長六七丈，經冬不凋。」⑪玄祖：唐祖老子，尊為玄元皇帝。⑫素王：謂孔子。⑬必不可加：謂必不能再加其上。⑭佛者，棄位出家，割愛中之至難，取滅後之殊勝：胡三省曰：「人情莫不愛其親，莫不愛富貴，佛者棄父母之親，捨王子之貴，而出家，是割愛中之至難。又釋氏為宏闊勝大之言，以為佛滅度後，諸王供養莊嚴，皆人世所希有，後人又奉其法，而尊事之，是取滅後之殊勝也。」⑮四輔：《禮・文王世子》：「虞夏商周有師保、有疑丞，設四輔及三公。」⑯瘼：病，音莫。⑰繆：通謬。⑱殃：咎殃。⑲勝殘：謂克服殘暴。⑳講筵：即上之講席，為與僧尼講經之位。㉑又割桂管襲象二州隸邕管：按新、舊《唐書・地理志》，襲當改作龔。㉒徼：塞也，立木柵為蠻夷界，音ㄐㄧㄠˋ。㉓邀：要。㉔陬：隅，音ㄗㄡ。㉕覆驗：重行按驗。㉖肆：縱。㉗兵食：兵及糧食。㉘謀力：謀略及力量。㉙不之省：亦即不採納之。㉚廡：廊下周屋，音舞。㉛更：更換。㉜浸：漸。㉝小：猶稍。㉞和：應和。㉟雜：同。㊱把臂：謂握手。㊲拊背：示親昵之動作。㊳執板：即唐女妓歌唱所執之檀板。㊴復加勞來：復加慰勞其懷來之費。㊵邀求：請求。㊶開懷：猶開誠。㊷猜忌：猜疑畏忌。㊸歷口：經口。㊹大彭館：大彭館在徐州城外。大彭，即彭城。㊺始：方。㊻迎謁：迎接參謁。㊼兩鎮：即忠武、義成。㊽擐甲：擐貫鎧甲。㊾李洧自歸，始置徐海使額：見卷二百二十七德宗建中三年。㊿以威名寵任：謂以威名寵任之故。(51)帖：謂附加。(52)控扼：控制扼守。(53)消弭：消止。(54)職為亂階：職，主，謂為亂源之主。(55)分配：分別配合。(56)身：自。(57)闔境：全境。(58)鄉丁：鄉閭之壯丁，而未經訓練者。(59)動輒潰敗：謂每一作戰，便即潰敗。(60)怨其分裂：分裂指其割桂管巡屬隸西道節度言。(61)容：容身。(62)崖州：《舊唐書・地理志》四：「嶺南道崖州，至京師七千四百六十里。」(63)憲宗子憒為榮王：按《新唐書・懿宗紀》及《舊唐書・憲宗諸子傳》，憤皆作憒，當改從之。(64)義征子弟：因其應募從軍名之。(65)若不先保護，遽欲遠征：按遽上添一而字，則意義明晰，且富轉折，實較為佳勝。(66)扼絕：扼住斷絕。(67)嬰城：猶據城。(68)翼王綽：綽，順宗子。(69)奴號：奴僕之稱。(70)十數人：十餘人。(71)吐蕃之眾多：吐蕃之兵卒多。(72)糾合：聚合。(73)散在：散居在。

四年（西元八六三年）

㈠春，正月，庚午，上祀圓丘，赦天下。

㈡是日，南詔陷交趾，蔡襲左右皆盡，徒步力戰，身集十矢，欲趣監軍船，船已離岸，遂溺海死。幕僚㊀樊綽攜其印浮度江㊁。荊南、江西、鄂岳、襄州將士四百餘人，走至城東水際㊂，荊南虞候元惟德等謂眾曰：「吾輩無船，入水則死，不若還向城，與蠻鬭，人以一身易二蠻㊃，亦為有利。」遂還向城，入東羅門㊄，蠻不為備，惟德等縱兵，殺蠻二千餘人，【考異】實錄：「二月，安南經略使蔡襲奏，蠻賊楊思僭、羅伏州扶耶縣令麻光高，部領其眾，於城西角下營。嶺南東道節度使韋宙奏，蠻賊去十二月二十七日，逼安南城池，經略使檢校工部尚書蔡襲出兵格鬭，殺傷相當。正月三日，賊眾圍城，進攻甚急，襲城上以車弩射之，至七日，城陷，襲左膊中弩箭死，家口幷元從七千餘人，悉隕於賊。從事樊綽攜印渡江，其荊南江西鄂岳襄州兵，突到城東，水際無船，却回，相率入東羅門，殺蠻僅一二千人，至夜，賊救兵至遂屠其城。」按此二奏，似後人采集蠻書為之，其中又多差舛。如楊思僭、蠻書中兩處有之，皆作楊思縉，蓋草書誤為僭耳，彼雖蠻夷，豈肯名思僭也。張彰錦里耆舊傳載高駢與雲南牒，亦云：「楊思縉、善蘭節度。」新書亦承此誤為僭。又蠻書所云思縉光高部領者桃花蠻五六千人耳，非謂盡將羣蠻也。補國史云，蠻眾五萬攻安南，非止五六千人也。又十二月二十一日，裸形蠻、茫蠻、桃花人已在城下，豈至二十七日，始逼安南也？蠻書言，二十七日逼城者，但記見河蠻、尋傳蠻之日耳。又言正月二日三日者，但記以車弩射得苴子之日耳，非其日始圍城也。且城陷奔迸之際，非樊綽身在其間，豈知其詳。然四道兵所殺人數，猶因僧無曰於說，始知之，韋宙身在廣州，何得所奏，一如樊綽之書，其偽明矣。新傳曰：「是夜蠻遂屠城。」亦因實錄而誤。逮夜，蠻將楊思縉始自子城㊅出救之，惟德等皆死。南詔兩陷交趾，所殺虜且十五萬人，留兵二萬，使思縉據交趾城，谿洞夷獠無遠近皆降之。詔諸道兵赴安南者，悉召還，分保嶺南西道。

㈢上遊宴無節㈦，左拾遺劉蛻上疏曰：「今西涼築城應接，未決於與奪㈧，南蠻侵軼㈨，干戈㈩悉在於道塗，旬月以來，不為無事，陛下不形憂閔⑪，以示遠近，則何以責其死力⑫，望節娛遊，以待遠人乂安，未晚⑬。」弗聽。

㈣二月，甲午朔，上歷拜十六陵⑭。【考異】拜十六陵，非一日可了，而舊史無還宮之日，唐年補錄云：「二月庚子，一日拜十六陵。」猶難信也。

㈤置天雄軍於秦州⑮，以成、河、渭三州隸焉，以前左金吾將軍王晏實為天雄觀察使。

㈥三月，歸義節度使張義潮奏，自將蕃漢兵七千，克復涼州。

㈦南蠻寇左右江，浸逼邕州，鄭愚懼，自言：「儒臣，無將畧，請任武臣。」朝廷召義武節度使康承訓詣闕，欲使之代愚，仍詔選軍校⑯數人，士卒數百人自隨。

㈧中書侍郎同平章事誠以同列多狥私不法⑰，稱疾⑱辭位。夏，四月，罷為兵部尚書。

㈨庚戌，羣盜入徐州，殺官吏，刺史曹慶討平之。

(十)康承訓至京師，以為嶺南西道節度使，發荊、襄、洪、鄂四道兵萬人，與之俱(一九)。

(十一)五月，戊辰，翰林學士承旨、兵部侍郎楊收同平章事。收，發之弟也。與左軍中尉楊玄价敘同宗(二〇)，相結，故得為相。

(十二)乙亥，廢容管隸嶺南西道，復以龔、象二州，隸桂管。

(十三)戊子以門下侍郎同平章事杜審權同平章事，充鎮海節度使。

(十四)六月，廢安南都護府，置行交州於海門鎮，以右監門將軍宋戎為行(二一)交州刺史，以康承訓兼領安南及諸軍行營。

(十五)閏月，以門下侍郎同平章事杜悰同平章事，充鳳翔節度使，以兵部侍郎判度支、河南(二二)曹確同平章事。

(十六)秋，七月，辛卯朔，日有食之。

(十七)復置安南都護府於行交州，【考異】實錄以郡州為交州，補國史亦同，又云：「夏侯貞孝公請用高駢為郡州進討使。」按地理志，無郡州，補國史又云：「海門今晏州。」地理志，晏州乃屬瀘州都督府，嶺南亦無之。以宋戎為經略使，發山東兵萬人鎮之，時諸道兵援安南者，屯聚嶺南。江西、湖南饋運者，皆泝湘江，入澪渠灕水(二三)，勞費艱澁(二四)，諸軍乏食。潤州人陳磻石上言：

「請造千斛大舟，自福建運米泛海，不一月至廣州。」從之，軍食以足。然有司以和雇為名㉕，奪商人舟，委其貨於岸側㉖，舟入海或遇風濤沒溺，有司囚繫綱吏㉗舟人，使償其米，人頗苦之。

（十八）八月，嶺南東道節度使韋宙奏，蠻必向邕州，請分兵屯容、藤州。

（十九）夔王滋㉘薨。勅以閤門使吳德應等為館驛使㉙，臺諫㉚上言：「故事，御史巡驛，不應忽以內人代之。」上諭以勅命已行，不可復改，左拾遺劉蛻上言：「昔楚子縣陳，得申叔一言，而復封之㉛，太宗發卒修乾元殿，聞張玄素諫，即日罷之㉜，自古明君所尚㉝者，從諫如流，豈有已行而不改㉞？且勅自陛下出之，自陛下改之，何為不可？」弗聽。

（廿）黠戛斯遣其臣合伊難支表求經籍，及每年遣使走馬㉟請曆㊱，又欲討回鶻，使安西以來悉歸唐㊲，不許。

（廿一）冬，十月，甲戌，以長安尉、集賢校理令狐滈為左拾遺。乙亥，左拾遺劉蛻上言：「滈專家㊳無子弟之法，布衣行公相之權。」

起居郎張雲言：滈父綯用李涿為安南，致南蠻至今為梗㊴，由滈納賄，陷父於惡。」十一月，丁酉，雲復上言：「滈父綯執政之時，人號白衣宰相。」滈亦上表引避㊵，乃改詹事府司直。

(廿二)辛巳，廢宿泗觀察使，復以徐州為觀察府㊶，以濠泗隸焉。

(廿三)十二月，南詔寇西川。

(廿四)昭義節度使沈詢奴歸秦與詢侍婢通，詢欲殺之，未果，乙酉，歸秦結牙將作亂，攻府第㊷，殺詢。

【今註】㈠幕僚：幕府之僚佐。㈡攜其印，浮度江：胡三省曰：「自白州博白縣西南百里，下北戍灘，出馬門江，度海抵安南界，樊綽攜印度處，即此江。」㈢水際：水畔。㈣人以一身易二蠻：謂人以一身易二蠻之命。㈤東羅門：安南羅城東門。㈥子城：城內小城。㈦無節：無節度。㈧今西涼築城應接，未決於與奪：西涼即涼州，蓋此時謀進築而尚未決定。㈨軼：突。㈩干戈：此謂兵卒。⑪不形憂閔：謂憂憫不形於色。⑫責其死力：謂責求其盡死力。⑬以待遠人乂安，未晚：胡三省曰：「言待遠人乂安之後，然後娛遊，尚未為晚。」⑭十六陵：謂獻陵、昭陵、乾陵、定陵、橋陵、泰陵、建陵、元陵、崇陵、丰陵、景陵、光陵、莊陵、章陵、端陵、貞陵。⑮置天雄軍於秦州：胡三省曰：「代宗姑息田承嗣，以天雄軍號寵魏博，尋以其悖傲削之，今復於秦州置天雄軍，至於唐末，魏博復天雄軍號，秦州不復號天雄矣。」⑯軍校：義武軍中之將校。⑰不法：不守法。⑱稱疾：稱言有疾。⑲與之俱：謂與之俱行。⑳敍同宗：敍同宗之行輩親疏。㉑行：謂權設。㉒河南：謂河南府。㉓皆泝湘江，入澪渠灕水：范成大《桂海虞衡志》：「湘灕二水，皆出靈川之海陽，行百里，分南北下，北下曰湘，稠灘急瀧，又二十里至長沙，水始緩。南下曰灕，名灘三百六十，又千二百里至番禺，以入海。」又曰：「靈渠在桂之興安縣，秦始皇戍嶺時，史祿鑿此以運之遺跡。湘水源於雲泉之陽海山，在此下灕江牂牁，下流本南下廣西興安，水行其間，地勢最高，二水遠不相謀，祿始作此渠，派湘之流而注之灕，使北水南合，北舟踰嶺。其作渠之法，於湘流沙磧中，壘石作鏵，觜銳，其前逆分湘流為兩，激之，六十里行渠中，以入灕江，與俱南。渠繞興安界，深不數尺，廣丈餘，六十里間，置斗門三十六，土人但謂之斗舟，入一斗，則復閘斗，伺水積漸進，故能循崖而上，建瓴而下，千斛之舟，亦可往來。治水巧妙，無如靈渠者。」㉔艱澀：艱難滯澀。㉕為名：為名義。㉖委其貨於岸側：謂棄其貨物，而置於岸側。㉗綱吏：轉運大宗貨物，分批啓行，每批計其船隻，編立字號，名為一綱，而主此綱者，則稱綱吏。㉘夔王滋：滋，上弟。㉙以閤門使吳德應等為館驛使：胡三省曰：「唐中世置閤門使，以宦者為之，掌供奉，朝會贊引親王宰相，百官蕃客朝見辭，唐初中書通事舍人之職也。玄宗開元中，以監察御史兼巡傳驛，至二十五年，以監察御史檢校兩京館驛，大曆十四年，兩京以御史一人知館驛，號館驛使。」㉚臺諫：謂御史臺有司及諫議大夫。

㉛昔楚子縣陳，得申叔一言，而復封之：《左傳》：「楚子為陳夏氏亂，故伐陳，遂入陳，殺夏徵

舒，因縣陳。申叔時不賀，楚子問其故，對曰：『夏徵舒弒其君，其罪大矣，討而戮之，君之義也，今縣陳，貪其富也，無乃不可乎！』王曰：『善哉！』乃復封陳。」(三二)太宗發卒修乾元殿，閻張玄素諫，即日罷之：見卷一百九十三貞觀四年。(三三)尚：崇尚。(三四)豈有已行而不改：謂豈有已行而不可改。(三五)走馬：馳馬，意為求其迅速。(三六)請曆：即請正朔。(三七)使安西以來悉歸唐：來通多作東，然唐代則喜用來，謂自安西以來至唐，故此以來，亦即以東之意。(三八)專家：當作傳家。(三九)為梗：為梗阻。(四〇)引避：謂引事由而避居其職。(四一)為觀察府：謂為觀察使府。(四二)攻府第：謂攻節度使府。

五年（西元八六四年）

(一)春，正月，以京兆尹李蠙為昭義節度使，取歸秦心肝以祭沈詢。

(二)淮南節度使令狐綯為其子滈訟冤，貶張雲興元少尹，劉蛻華陰令，勅曰：「雖嘉蹇諤(一)之忠，難逃疎易(二)之責(三)。」

(三)丙午，西川奏：「南詔寇巂州，刺史喻士珍破之，獲千餘人。」詔發右神策兵五千及諸道兵戍之，忠武大將(四)顏慶復請築新安、遏戍二城(五)，從之。

(四)以容管經略使張茵兼句當(六)交州事，益海門鎮兵滿(七)二萬五千人，令茵進取安南。

㈤二月，己巳，以刑部尚書、鹽鐵轉運使李福同平章事，充西川節度使。

㈥甲申，前西川節度使蕭鄴左遷山南西道觀察使。

㈦三月，丁酉，彗星出於婁，長三尺。己亥，司天監奏㈧：「按星經，是名含譽，瑞星也。」上大喜。請宣示中外，編諸史策，從之。

㈧康承訓至邕州，蠻寇益熾㈨，詔發許、滑、青、汴、兗、鄆、宣、潤八道兵以授之，承訓不設斥候（一〇），南詔帥羣蠻近六萬，寇邕州，將入境，承訓乃遣六道兵凡萬人拒之，以獠為導，紿（一一）之，敵至不設備，五道兵八千人皆沒（一二），惟天平軍（一三）後一日至，得免。承訓聞之惶怖，不知所為。節度副使李行素帥眾治壕（一四）柵，甫畢，蠻軍已合圍，留（一五）四日，治攻具將就，諸將請夜分道斫蠻營，承訓不許。有天平小校再三力爭，乃許之，小校將勇士三百，夜縋（一六）而出，散（一七）燒蠻營，斬首五百餘級，蠻大驚，間（一八）一日解圍去。承訓乃遣諸軍數千追之，所殺虜不滿(一九)三百級，皆溪獠脅從者，承訓騰奏(二〇)告捷云：「大破蠻賊。」中外皆賀。

(九)夏，四月，以兵部侍郎判戶部蕭寘同平章事。寘，復之孫(二一)也。

(十)加康承訓檢校右僕射，賞破蠻之功也，自餘奏功(二二)受賞者，皆承訓子弟親昵(二三)，燒營將校，不遷一級(二四)，由是軍中怨怒，聲流(二五)道路。

(十一)五月，勑徐州土風(二六)雄勁(二七)、甲士精彊，比因罷節(二八)，頗多逃匿(二九)，宜令徐泗團練使，選募軍士三千人，赴邕州防戍，待嶺外事寧，即與代歸(三〇)。

(十二)秋，七月，西川奏：「兩林鬼主(三一)邀(三二)南詔蠻，敗之，殺獲甚眾。」保塞城使杜守連不從，南詔帥眾詣黎州降。

(十三)嶺南東道節度使韋宙具知康承訓所為，以書白宰相，承訓亦自疑懼(三三)，累表辭疾，乃以承訓為右武衛大將軍分司，【考異】補國史：「嶺南東道節度使韋宙兼領供軍使，將吏在邕州者，潛令申報，事無巨細，莫不知之。復究尋克捷，事多虛妄，具所聞，啟於丞相。承訓已自懷疑懼，辭疾免，責受右武衛大將軍，分司東都。」僖宗實錄承訓傳曰：「南蠻陷交趾，以承訓為嶺南西道節度使，踰歲，討平之，加檢校右僕射，與鄰帥不叶，以右武衛大將軍罷歸。」蓋其家行狀云爾，今從補國史、懿宗實錄、新傳。以容管經略使張茵為嶺南西道節度使，復以容管四州，別為經略使㉔。時南詔知邕州空竭，不復入寇，茵久之不敢進軍取安南，夏侯孜薦驍衛將軍高駢代之，【考異】補國史：「茵驍將，無遠略，經年不敢進軍，丞相夏侯貞孝公，獨獻密疏，請用驍衛將軍高駢，有制，以本官充郡州進討使，旋拜安南節度使，其茵所領兵，並付高公指揮。」按今年正月，詔茵進軍，收復安南，若經年，則孜已罷相，今從實錄，附於此。實錄：「駢官為右領軍將軍。」太高，今從補國史。舊紀：「五年四月，南蠻寇邕管，以秦州經略使高駢，率禁軍五千，會諸道之師，禦之。」今不取。乃以駢為安南都護本管經略招討使，茵所將兵，悉以授之。駢，崇文之孫㉕也，世在禁軍，駢頗讀書，好談今古，兩軍㉖宦官多譽之，累遷右神策都虞候；党項叛，將禁兵萬人，戍長武，屢有功，遷秦州防禦使，復有功，故委以安南。

⒁冬，十一月，以門下侍郎同平章事夏侯孜同平章事，充河東節度使。

⒂壬寅，以翰林學士承旨、兵部侍郎路巖同平章事，時年三十六。

【今註】㊀謇諤：正直之貌。㊁疎易：粗疎率易。㊂責：咎。㊃大將：謂都將。㊄築新安遏戍二城：胡三省曰：「二城蓋築於巂州界。」㊅勾當：猶處置。㊆滿：猶共。㊇三月丁酉，彗星出於婁，長三尺，己亥，司天監奏：按《新唐書・懿宗紀》及〈天文志〉二，皆作五月己亥，是三當改作五，至於己亥，乃司天監所奏之日，與《通鑑》所言出現日之丁酉，固絕無衝突也。㊈熾：盛。

⑳斥候：軍中稱伺望敵兵之人曰斥候。㉑紿：欺，詐，音殆。㉒沒：覆沒。㉓天平軍：鄆州兵。㉔壕：壕溝。㉕留：猶住。㉖縋：以繩繫之，自城墻高處而下。㉗散：兵士散開。㉘間：隔。㉙不滿：不足。㉚騰奏：上奏。㉛寘、復之孫：蕭復相德宗。㉜奏功：謂奏其有功。㉝親昵：親戚狎昵之人。㉞級：指勳級言。㉟流：流佈。㊱土風：本地風俗。㊲雄勁：雄邁剛勁。㊳比因罷節：四年，罷徐州武寧節度。㊴逃匿：逃亡匿藏。㊵代歸：謂代替而遣之歸還。㊶兩林鬼主：史炤曰：「兩林部落、東蠻國也，去勿鄧國七十里，地雖狹，而諸部推為長，號大鬼主。」㊷邀：截擊。㊸疑懼：畏疑恐懼。㊹復以容管四州，別為經略使：《新唐書．方鎮表》六，咸通元年，廢容管觀察使，以所管十一州隸邕管經略使，至此又以四州別置經略使。㊺駢，崇文之孫：憲宗朝，高崇文有定蜀之功。㊻兩軍：謂左右神策。

六年（西元八六五年）

㈠春，正月，丁巳，始以懿安皇后配饗憲宗廟。時王皞復為禮院檢討官，更申前議㈠，朝廷竟從之。

㈡諸道進私白㈡者，閩中為多，故宦官多閩人。福建觀察使杜宣猷，每寒食遣吏分祭其先壟㈢，宦者德之㈣，庚申，以宣猷為宣歙觀察使，時人謂之勅使墓戶㊄。

㈢三月，中書侍郎同平章事蕭寘薨。

㈣夏，四月，以前東川節度使高璩為兵部侍郎同平章事。璩，元裕之子㊅也。

㈤楊收建議，以：「蠻寇積年㊆未平，兩河兵戍嶺南，冒㊇瘴霧物故㊈者，什六七，請於江西積粟，募彊弩三萬人，以應接嶺南道，近便㊉，仍建節㊁，以重其權。」從之。五月，辛丑，置鎮南軍於洪州。

㈥嶲州刺史喻士珍貪獪㊂，掠兩林蠻以易金㊂，南詔復寇嶲州，兩林蠻開門納之，南詔盡殺戍卒，士珍降之。

㈦壬寅，以桂管觀察使嚴譔為鎮南節度使。譔，震之從孫㊃也。

㈧六月，高璩薨。

㈨以御史大夫徐商為兵部侍郎同平章事。

㈩秋，七月，立皇子侃為郢王，儼為普王。

㈩一高駢治兵於海門，未進，監軍李維周惡駢，欲去之，屢趣㊄駢使進軍，駢以五千人先濟⑯，約維周發兵應援，駢既行，維周擁餘眾，不發一卒以繼之。九月，駢至南定⑰，峯州蠻眾近五萬，方穫田⑱，駢擁擊⑲，大破之，【考異】舊紀實錄皆云：「五月，駢奏於邕管大敗林邑蠻。」按林邑在海南，自至德後，號環王，與中國久絕，劉昫但見南蠻，則謂之林邑，誤也。新南詔傳亦云：「駢以選士五千，度江，敗林邑兵於邕州。」亦承此而誤也。舊紀又云：「是歲秋，高駢自海門進軍破蠻軍，收復安南府。」蓋因駢今秋發海門，遂云復安南耳，復安南，實在明年也。補國史云：「五年九月，高公力戰，破峯州蠻於南定縣。」按張茵以五年正月，句當交州，受詔收復安南，補國史云：「經年，不進軍，乃以駢代之。」則駢豈得以其年九月，已破峯州蠻乎！補國史又云：「駢破峯州蠻後，近四月餘日，表報不至，朝廷以王晏權代之。六月，高公進軍，收復安南。」亦不云幾年六月，蓋駢以六年六月，破峯州蠻，七年六月，破安南耳。實錄又云：「九月，駢奏破蠻龍州營寨，幷燒食糧等事，詔駢令於當界守備，緣近有赦文，已許恩宥，伺其悛改，亦未要更深加討逐。」按赦在明年十一月，此詔必在駢已平安南後，實錄誤也。新傳又云：「駢擊南詔龍州屯蠻酋，燒貲畜走。」龍州即安南所管龍編縣也。收其所穫以食軍⑳。

⑿冬，十二月，壬子，太皇太后鄭氏崩。【考異】舊傳，大中未崩，誤也，今從實錄。

【今註】㊀時王皥復為禮院檢討官，更申前議：王皥議見卷二百四十八宣宗大中二年。㊁私白：《新唐書．宦者傳》：「宣宗時，諸道歲進閹兒，號私白。」㊂先壟：謂宦者祖先之墳壟。㊃德之：感其恩德。㊄勑使墓戶：謂勑遣為宦官祭墓之人戶。㊅壉，元裕之子：高元裕見卷二百四十五文宗太和八年。㊆積年：猶累年。㊇冒：冒犯。㊈物故：謂死亡。㊉近便：謂實為近便。⑪仍建節：謂因建立節帥。⑫貪獪：貪冒狡獪。⑬掠兩林蠻以易金：謂掠兩林蠻人以易黃金。⑭譔，震之從孫：嚴震鎮興元，德宗播遷，震有迎奉之功。⑮趣：讀曰促。⑯濟：濟江。⑰南定：《新唐書・地理志》七：「安南中都護府、南定，武德四年析宋平置，五年隸交州。」(十八)方穫田：謂方收穫田穀。(十九)擁眾：猶率眾。(二十)以食軍：謂以供軍食。

七年（西元八六六年）

㈠春，二月，歸義節度使張義潮奏，北庭回鶻固俊克西州㈠北庭輪臺清鎮㈡等城。【考異】實錄：「義潮奏俊收西河，及部落胡漢，皆歸伏，幷表賀收西州等城事。」新吐蕃傳曰：「七年，俊擊取西州，收諸部。」按大中五年，義潮以十一州圖籍來上，西州已在其中，今始云收西州者，蓋當雖得其圖籍，其地猶為吐蕃所據耳。論恐熱寓居廓州，糾合㈢旁側諸部，欲為邊患，皆不從，所向盡為仇敵，無所容㈣，仇人以告拓拔懷光於鄯州㈤，懷光引兵擊破之。【考異】實錄：「義潮又奏，鄯州城使張季顒、押領拓跋懷光，下使到尚恐熱，將幷隨身器甲等，並以進奉。」新吐蕃傳曰：「鄯州城使張季顒與尚恐熱戰，破之，收器鎧以獻。」今從補國史、實錄。

㈡三月，戊寅，以河東節度使劉潼為西川節度使。初南詔圍巂州，東蠻浪稽部竭力助之，遂屠其城，卑籠部怨南詔殺其父兄，導忠武戍兵襲浪稽，滅之，南詔由是怨唐。南詔遣清平官㈥董成等詣成都，節度使李福盛儀衞㈦以見之，故事、南詔使見節度使，拜伏於庭，成等曰：「驃信已應天順人㈧，我見節度使，當抗禮㈨。」

傳言（一〇）往返，自旦至日中，不決，將士皆憤怒、福乃命捽（一一）而毆之，因械繫於獄。劉潼至鎮，釋之，奏遣還國。詔召成等至京師，見於別殿，厚賜勞（一二）而遣之。

㈢成德節度使王紹懿在鎮十年（一三），為政寬簡，軍民便之，疾病，召兄紹鼎之子都知兵馬使景崇而告之曰：「吾兄以汝之幼，以軍政授我，汝今長矣，我復以軍政歸汝，努力為之，上忠朝廷，下和鄰藩（一四），勿墜吾兄之業，汝之功也。」言竟而薨。

㈣閏月，吐蕃寇邠寧，節度使薛弘宗拒却之。

㈤夏，四月，貶前西川節度使李福為蘄王傅（一五）。

㈥五月，葬孝明皇后於景陵之側，主祔別廟（一六）。

㈦六月，魏博節度使何弘敬薨，軍中立其子左司馬全皞為留後。

㈧以王景崇為成德留後。

㈨南詔酋龍遣善闡節度使楊緝（一七），助安南節度使段酋遷守交趾，以范昵些為安南都統，趙諸眉為扶邪（一八）都統，監陳（一九）勅使韋仲宰將七千人至峯州，高駢得以益其軍，進擊南詔，屢破之，捷奏至海門，李維周皆匿之，數月，無聲問⑳。上怪之，以問維周，維周奏：「駢駐軍峯州，玩寇㉑不進。」上怒，以右武衛將軍王晏權代駢鎮安南，【考異】補國史謂駢及晏權，皆云安南節度使。按時安南止有都護經略招討使耳，無節度使也。舊王智興傳，九子無晏權名，實錄亦云，命晏權代駢為節度，而無月日，蓋闕漏也。召駢詣闕，欲重貶之，晏權，智興之從子㉒也。是月，駢大破南詔蠻於交趾，殺獲甚眾，遂圍交趾城。

(十)秋，七月，以何全皞為魏博留後。

(十一)冬，十月，甲申，以門下侍郎同平章事楊收為宣歙觀察使，收性侈靡，門吏僮奴，多倚為姦利㉓，楊玄价兄弟受方鎮之賂，屢有請託，收不能盡從，玄价怒，以為叛己，故出之。

(十二)拓跋懷光以五百騎入廓州，生擒論恐熱，先刖其足，數㉔而斬之，傳首京師，其部眾東奔秦州，尚延心邀擊破之，悉奏遷於嶺南㉕，吐蕃自是衰絕，乞離胡君臣不知所終。

(十三)高駢圍交趾十餘日，蠻困蹙㉖甚，城且下，會得王晏權牒，已與李維周將大軍發海門，駢即以軍事授韋仲宰，與麾下㉗百餘人北歸。先是仲宰遣小使王惠贊，阱遣小校魯袞，入告交趾之捷，至海中，望見旌旗東來，問遊船〔二八〕，云：「新經略使與監軍也。」二人謀曰〔二九〕：「維周必奪表留我。」乃匿於島間，維周過，即馳詣京師，上得奏，大喜，即加駢檢校工部尚書，復鎮安南，駢至海門而還。王晏權闇懦〔三〇〕，動稟〔三一〕李維周之命，維周凶貪，諸將不為之用，遂解重圍，蠻遁去者太半。駢至，復督勵將士攻城，遂克之，殺段酋遷及土蠻為南詔鄉導者朱道古，斬首三萬餘級，【考異】舊紀：「十月，蠻寇悉平。」實錄：「九月，駢奏殺戮都蠻統皈首遷、朱道古，及斬首三千餘級。」十月丙申日下云：「又駢奏收復安南，蠻寇遁散。」又云：「敗楊緝思、段酋遷、朱道古，殺戮三萬餘級。」新紀：「十月，高駢克安南。」按皈首遷即段酋遷，字之誤也。補國史，收城與敗緝思等，共是一事，實錄分在兩月，不知其何所據也。新南詔傳曰：「七年六月，駢次交州，戰數勝，士酣鬥，斬其將張銓，李溠龍舉眾萬人降，拔波風三壁，緝思出戰，敗還走城，士乘之，超堞入，斬酋遷、昵些諸眉土首三萬級，安南平。」蓋因駢以六月至安南，終言之耳，安南實不以六月平也，今從新舊紀。南詔遁去，駢又破土蠻附南詔者二洞，誅其酋長，土蠻帥眾歸附者萬七千人。

（十四）十一月，壬子，赦天下。詔安南、邕州、西川諸軍，各保疆域，勿復進攻，南詔、委劉潼曉諭，如能更修舊好，一切不問。

（十五）置靜海軍於安南〔三二〕，以高駢為節度使。自李涿侵擾安南，為安南患殆將十年，至是始平。駢築安南城，周三千步，造屋四十餘萬間。

(十六)十二月，黠戛斯遣將軍乙支連幾入貢，奏遣鞍馬迎冊立使，及請亥年曆日㉝。

(十七)以成德留後王景崇為節度使。

(十八)上好音樂宴遊，殿前供奉樂工，常近五百人，每月宴設㉞，不減十餘㉟，水陸皆備㊱，聽樂觀優，不知厭倦，賜與動及千緡，曲江、昆明、灞滻、南宮、北苑㊲、昭應㊳、咸陽㊴，所欲遊幸，即行，不待供置，有司常具音樂、飲食、幄帟㊵，諸王立馬㊶以備陪從。每行幸，內外諸司扈從者十餘萬人，所費不可勝紀。

【今註】㊀北庭回鶻固俊克西州：《新唐書．回鶻傳》，固俊作僕固俊，核僕固仍回鶻之大姓，當從添僕字。㊁北庭輪臺清鎮：《新唐書．地理志》四：「北庭大都護府本庭州，貞觀十四年，平高昌置。長安二年，為北庭都護府。西七百里有清海鎮，又西延城西行三百二十里，至輪臺縣。」㊂糾合：集合。㊃無所容：謂無所容身。㊄鄯州：宋白曰：「鄯州南至廓州，一百八十里。」㊅清平官：南詔自尚書至宰相，皆名清平官。㊆儀衞：儀仗衞從。㊇驃信已應天順人：南詔自尋湊以來，自稱驃信，夷語君也。因僭號，自謂應天順人。㊈抗禮：謂行平等之禮。㊉傳言：《新唐書．南詔傳》，作導譯，二者所言相同。⑪捽：持頭髮，音ㄗㄨㄛˊ。⑫賜勞：賞賜慰勞。⑬王紹懿在鎮十年：

大中十一年，紹懿襄鎮。㊃鄰藩：四鄰之藩鎮。㊄蘄王傅：蘄王緝、順宗子。㊅葬孝明皇后於景陵之側，主祔別廟：胡三省曰：「孝明皇后，宣宗母鄭太后也，懿安郭后、憲宗之元妃也，配食於太廟。鄭后，側室也，祔別廟，禮也。」主，神主。㊆遣善闡節度使楊緝：按《新唐書・南詔傳》，楊緝皆作楊緝思，當從添。胡三省曰：「善闡府、南詔別都也，在交趾西北。」㊇扶邪：胡三省曰：「按實錄，扶邪縣屬羅伏州，蓋南詔所置也。」㊈監陳：陳讀曰陣，按唐所遣宦官至軍中者，通曰監軍，而此則稱監陣，蓋係官號之新改換者。㊉聲問：音信。㊀玩寇：玩弄敵寇。㊁晏權、智興之從子：王智興歷德、順、憲、穆四朝，後為武寧帥。㊂多倚為姦利：謂多倚之以為姦利。㊃數：責。㊄悉奏還於嶺南：謂悉表奏而還於嶺南。㊅困蹙：困窘窮蹙。㊆麾下：猶部下。㊇遊船：遊奕之船。㊈二人謀曰：謂二人相計議曰。㊉闒懦：闒昧怯懦。㊀動稟：謂一舉一動皆稟承。㊁置靜海軍於安南：胡三省曰：「自此迄宋朝，安南遂為靜海軍節鎮。」㊂亥年曆日：是年丙戌，亥乃明年。㊃宴設：謂宮中置宴。㊄不減十餘：謂不減十餘次。㊅水陸皆備：言殽膳備水陸之品。㊆南宮北苑：南宮即興慶宮，禁苑在皇城之北，故名北苑。㊇昭應：昭應有華清宮。㊈咸陽：咸陽有望賢樓。㊉幄帟：幄，四合象類宮室，音ㄨㄛˋ；帟，謂小幕，張在人上，音奕。㊀立馬：謂被馬而倚其旁。

八年（西元八六七年）

㈠春，正月，以魏博留後何全皞為節度使。

㈡二月，歸義節度使張義潮入朝㈠，以為右神武統軍，命其族子惟深守歸義。

㈢自安南至邕廣，海路多潛石覆舟㈡，靜海節度使高駢募工鑿之，漕運無滯㈢。

㈣西川近邊六姓蠻㈣，常持兩端，無寇則稱效順㈤，有寇必為前鋒，卑籠部獨盡心㈥於唐，與羣蠻為讎，朝廷賜姓李，除為刺史，節度使劉潼遣將將兵助之，討六姓蠻，焚其部落，斬首五千餘級。

㈤樂工李可及善為新聲，三月，上以可及為左威衞將軍。曹確諫曰：「太宗定文武官六百餘員，謂房玄齡曰：『朕以待㈦天下賢士，工商雜流㈧，不可處也。』大和中，文宗欲以樂工尉遲璋為王府率，拾遺竇洵直諫，即改光州長史。乞以兩朝故事，別處㈨可及官。」不從。

㈥夏，四月，上不豫㈩，羣臣希進見。五月，丙辰，疎理㈡天下繫囚，非巨蠹不可赦者，皆遞降㈢一等。

㈦秋，七月，壬寅，蘄王緝㉓薨。

㈧懷州民訴旱，刺史劉仁規揭牓㉔禁之，民怒，相與作亂，逐仁規，仁規逃匿村舍，民入州宅，掠其家貲㉕，登樓擊鼓，久之乃定。

㈨甲子，以兵部侍郎、充諸道鹽鐵轉運等使、駙馬都尉于琮同平章事。

㈩宣歙觀察使楊收過華嶽廟㉖，施㉗衣物，使巫祈禱，縣令誣以為收罪，右拾遺韋保衡復言：「收前為相，除嚴譔江西節度使，受錢百萬，又置造船務㉘，人訟其侵隱㉙。」八月，庚寅，貶收端州㉚司馬。【考異】舊傳曰：「韋保衡作相，又發救陰事，言前用嚴譔為江西節度，納賂百萬。明年，貶為端州司馬。」按是時保衡未作相，舊傳誤，今從實錄。

(十一)九月，上疾瘳㉛。

(十二)冬，十二月，信王憪㉜薨。

(十三)加嶺南東道節度使韋宙同平章事。

【今註】㈠歸義節度使張義潮入朝：宣宗大中五年，張義潮以沙州降，尋授以歸義節度，至是入朝。㈡覆舟：覆沒舟船。㈢無滯：無礙滯。㈣西川近邊六姓蠻：六姓蠻：一曰蒙蠻，二曰夷蠻，三曰訛蠻，四曰狼蠻，五曰勿鄧蠻，六曰白蠻。㈤效順：歸順效力。㈥盡心：盡忠心。㈦待：接待。㈧雜流：雜品。㊈別處：猶別封。㊉不豫：不安適。㊀疎理：疎減審理。㊁遞降：依次而降。㊂蘄王緝：緝，順宗子。㊃揭牓：揭貼牓文。㊄家貲：家財。㊅華嶽廟：在今陝西省華陰縣。㊆施：施捨。㊇造船務：謂掌造船事務。㊈侵隱：謂侵占隱匿公家財物。㊉端州：《舊唐書・地理志》四：「嶺南道端州，至京師四千九百三十五里。」㊀瘳：愈。㊁信王怲：怲，憲宗子。

卷二百五十一　唐紀六十七

司馬光編集
曲守約註

起著雍困敦，盡屠維赤奮若，凡二年。（戊子至己丑，西元八六八年至八六九年）

懿宗昭聖恭惠孝皇帝中

咸通九年（西元八六八年）

㈠夏，六月，鳳翔少尹李師望上言：「嶲州控扼㊀南詔，為其要衝㊁，成都道遠，難以節制，請建定邊軍，屯重兵於嶲州，以邛州為理所㊂。」朝廷以為信然，以師望為嶲州刺史，充定邊軍節度，眉、蜀、邛、雅、嘉、黎等州觀察，統押諸蠻、幷統領諸道行營制置等使。師望利於專制方面㊃，故建此策，其實邛距成都，纔百六十里，嶲距邛千里，其欺罔㊄如此。

㈡初，南詔陷安南，勅徐泗募兵二千赴援，分八百人別戍桂州，初約㊅三年一代，徐泗觀察使崔彥曾，愼由之從子㊆也，性嚴刻，朝廷以徐兵驕，命鎮之，都押牙尹戡、教練使㊇杜璋，兵馬使徐行儉用事，軍中怨之。戍桂州者已六年，屢求代還，戡言於彥曾：「以軍帑⑨空虛，發兵所費頗多，請更留戍卒一年。」彥曾從之。戍卒聞之，怒，都虞候許佶、軍校趙可立、姚周、張行實皆故徐州羣盜，州縣不能討，招出之，補牙職，會桂管觀察使李叢移湖南，新使未至。秋，七月，佶等作亂，殺都將王仲甫，推糧料判官⑩龐勛為主，劫庫兵⑪北還⑫，所過剽掠，州縣莫能禦；朝廷聞之。八月，遣高品⑬張敬思赦其罪，部送歸徐州，戍卒乃止剽掠。

㈢以前靜海節度使高駢為右金吾大將軍，駢請以從孫潯代鎮交趾，從之。**【考異】**補國史曰：「高公姪孫潯將先鋒軍，每遇陳敵，身當矢石。及高公內舉交代，朝廷命潯，節制交趾。」實錄但云：「高潯以下，勒姓名於碑陰。」不云潯為節度使。新傳曰：「駢之戰，其從孫潯，常為先鋒，冒矢石，以勸士，駢徙天平，薦潯自代，詔拜交州節度使。」按駢為金吾半歲，始除天平，今從補國史。

㈣九月，戊戌，以山南東道節度使盧耽為西川節度使，以有定邊軍之故，不領統押諸蠻安撫等使。

㈤龐勛等至湖南，監軍以計誘之，使悉輸其甲兵⑭，山南東道節度使崔鉉嚴兵⑮守要害，徐卒不敢入境，泛舟沿江東下，許佶等相與謀曰：「吾輩罪大於銀刀⑯，朝廷所以赦之者，慮緣道攻劫，或潰散為患(一七)耳。若至徐州，必葅醢矣。」乃各以私財，造甲兵旗幟，過浙西，入淮南。淮南節度使令狐綯遣使慰勞，給芻米(一八)，都押牙李湘言於綯曰：「徐卒擅歸，勢(一九)必為亂，雖無敕令誅討，藩鎮大臣當臨事制宜，高郵岸峽(二〇)，而水深狹，請將奇兵伏於其側，焚荻舟(二一)以塞其前，以勁兵蹙(二二)其後，可盡擒也，不然，縱之，使得度淮，至徐州，與怨憤之眾合，為患必大。」綯素懦怯，且以無敕書，乃曰：「彼在淮南不為暴，聽其自過，餘(二三)非吾事也。」勛招集銀刀等都竄匿及諸亡命(二四)，匿於舟中，眾至千人。丁巳，至泗州，刺史杜慆饗之於毬場(二五)，優人致辭(二六)，徐卒以為玩(二七)己，擒優人，欲斬之，坐者驚散，慆素(二八)為之備，徐卒不敢為亂而止。慆，宗之弟(二九)也。

㈥先是朝廷屢敕崔彥曾慰撫戍卒擅歸者，勿使憂疑，彥曾遣使以敕意諭之，道路相望(三〇)，勛亦申狀相繼，辭禮甚恭。戊午，行及徐城，勛與許佶等乃言於眾曰：「吾輩擅歸，思見妻子耳，今聞已有密敕下本軍，至則支分(三一)滅族矣。丈夫與其自投網羅，為天下笑(三二)，曷若相與戮力(三三)同心，赴蹈湯火，豈徒脫禍(三四)，兼富貴可求；況城中將士，皆吾輩父兄子弟，吾輩一唱於外，彼必響應於內矣，然後遵王侍中故事(三五)，五千萬賞錢，可翹足(三六)待也。」衆皆呼躍稱善。將士趙武等十二人獨憂懼，欲逃去，悉斬之，遣使致其首於彥曾，且為申狀(三七)稱：「勛等遠戍六年，實懷鄉里，而武等因衆心不安，輒萌姦計，將士誠知詿誤(三八)，敢遣誅夷(三九)！今既蒙恩全宥(四〇)，輒共誅首惡，以補衍尤(四一)。」冬，十月，甲子，使者至彭城，彥曾執而訊之，具得其情，乃囚之。丁卯，勛復於遞中(四二)申狀，稱：「將士自負罪戾(四三)，各懷憂疑，今已及符離(四四)，尚未釋甲(四五)，蓋以軍將尹戡、杜璋、徐行儉等，狡詐多疑，必生釁隙，乞且停此三人職任(四六)，以安衆心，仍乞戍還將士(四七)，別置二營，共為一將。」時戍卒拒彭城止四驛(四八)，闔城(四九)恟懼(五〇)，彥曾召諸將謀之，皆泣曰：「比以銀刀兇悍，使一軍皆蒙惡名，殲夷流竄(五一)，不無枉濫，今冤痛之聲未已，而桂州戍卒，復爾(五二)猖狂(五三)，若縱使入城，必為逆亂，如此則闔境塗地(五四)矣。不若乘其遠來疲弊，發兵擊之，我逸彼勞，往無不捷。」彥曾猶豫未決。

㈦團練判官溫廷皓復言於彥曾曰：「安危之兆(55)，已在目前，得失之機，決於今日。今擊之有三難，而捨之有五害：詔釋其罪，而擅誅之，一難也；帥其父兄，討其子弟，二難也；枝黨鉤連，刑戮必多，三難也。然當道(56)戍卒，擅歸不誅，則諸道戍邊者皆效(57)之，無以制禦(58)，一害也；將者，一軍之首，而輒敢害之(59)，則凡為將者，何以號令士卒，二害也；所過剽掠，自為甲兵(60)，招納亡命，此而不討，何以懲惡(61)？三害也；軍中將士，皆其親屬，銀刀餘黨，潛匿山澤，一旦內外俱發，何以支(62)梧？四害也；逼脇軍府，誅所忌(63)三將(64)，又欲自為一營，從之，則銀刀之患復起，違之，則託此為作亂之端(65)，五害也。惟明公去其三難，絕其五害，早定大計，以副(66)眾望。」時城中有兵四千三百，彥曾乃命都虞候元密等將兵三千人討勛，數勛之罪，以令(67)士眾，且曰：「非惟塗炭平人(68)，實亦汙染(69)將士，儻國家發兵誅討，則玉石俱焚矣。」又曰：「凡彼親屬，無用憂疑(70)，罪止一身，必無連坐。」仍命宿州出兵符離，泗州出兵於虹(七一)以邀(七二)之，且奏其狀。彥曾戒元密無傷勅使(七三)。戊辰，元密發彭城，軍容甚盛，諸將至任山(七四)北數里，頓兵(七五)不進，共思所以奪勅使之計，欲候賊入館，乃縱兵擊之。遣人變服(七六)負薪以詗(七七)賊。日暮，賊至任山，館中空無人，又無供給，疑之，見負薪者，執而榜(七八)之，果得其情，乃為偶人(七九)列於山下，而潛遁，比(八〇)夜官軍始覺之，恐賊潛伏山谷及間道來襲，復引兵退宿於城南，明旦乃進追之，時賊已至符離，宿州戍卒五百人出戰於濉水(八一)上，望風奔潰，賊遂抵宿州。時宿州闕(八二)刺史，觀察副使焦璐攝州事，城中無復餘兵，庚午，賊攻陷之，璐走免。【考異】舊紀：「九月甲午，勛陷宿州。」今從鄭樵彭門紀亂及新紀。賊悉聚城中貨財，令百姓來取之，一日之中，四遠(八三)雲集，然後選募為兵，有不願者，立斬之，自旦至暮，得數千人，於是勒兵(八四)乘城(八五)，龐勛自稱兵馬留後。再宿(八六)，官軍始至，賊守備已嚴(八七)，不可復攻。先是焦璐聞符離敗，決汴水以斷北路，賊至水尚淺可涉，比官軍至，已深矣。壬申，元密引兵度水，將圍城，會大風，賊以火箭射城外茅屋(八八)，延及(八九)官軍營，士卒進則冒[九〇]矢石，退則限[九一]水火，賊急擊之，死者近三百人。元密等以為賊必固守，但為攻取之計，賊夜使婦人持更[九二]，掠城中大船三百艘，備載[九三]資糧，順流而下，欲入江湖為盜[九四]，以千縑贈張敬思，遣騎送至汴之東境[九五]，縱使西歸[九六]。明旦，官軍知賊已去，狼狽追之，士卒皆未食，比追及，已饑乏，賊艤舟[九七]堤下，而陳[九八]於堤外，伏千人於舟中；官軍將至，陳者皆走入陂[九九]中，密以為畏己，縱兵追之，賊自舟中出，夾攻之，自午及申，官軍大敗，密引兵走，陷於荷涫[一〇〇]，賊追及之，密等諸將及監陳勅使皆死，士卒死者殆千人，其餘皆降於賊，無一人還徐者。賊問降卒以彭城人情計謀，知其無備，始有攻彭城之志[一〇一]。乙亥，龐勛引兵北度濉水，踰山，趣彭城。

(八)其夕，崔彥曾始知元密敗，移牒鄰道求救，明日塞[一〇二]門，選城中丁壯為守備，內外震恐，無復固志[一〇三]。或勸彥曾奔兗州[一〇四]，彥曾怒曰：「吾為元帥，城陷而死，職也[一〇五]。」立斬言者。丁丑，賊至城下，眾六七千人，鼓譟動地[一〇六]，民居在城外者，賊皆慰撫，無所侵擾[一七]，由是人爭歸之，不移時，克羅城[一八]，彥曾退保子城[一九]，民助賊攻之，推草車塞門而焚之，城陷，【考異】舊紀：「九月乙未，龐勛陷除州，殺節度使崔彥曾、判官焦璐等，賊令別將梁丕守宿州，又遣劉行及丁景琮、吳迥攻圍泗州。」今從彭門紀亂及新紀。舊彥曾傳曰：「九年九月十四日，賊逼徐州，十五日後，每旦大霧，十六日，彥曾並誅逆卒家口，十七日，昏霧尤甚，賊四面斬關而入。」實錄，自勛知徐州出兵，退至符離已後，皆置於十一月，今從彭門紀亂。賊囚彥曾於大彭館，執尹戡、杜璋、徐行儉，刳而剉之，盡滅其族。勛坐聽事[二〇]，盛陳兵衛，文武將吏伏謁[二一]，莫敢仰視，即日城中願附從者，萬餘人。戊寅，勛召溫庭皓使草表[二二]，求節鉞，庭皓曰：「此事甚大[二三]，非頃刻可成，請還家徐草之。」勛許之。明旦，勛使趣[二四]之，庭皓來見勛曰：「昨日所以不即拒[二五]者，欲一見妻子耳，今已與妻子別，謹來就死。」勛熟視[二六]笑曰：「書生敢爾[二七]，不畏死邪！龐勛能取徐州，何患無人草表？」遂釋之。有周重者，每以才略自負[二八]，勛迎為上客[二九]，重為勛草表，稱：「臣之一軍，乃漢室興王之地[三〇]，頃因節度使刻削軍府[三一]，刑賞失中，遂致迫逐[三二]，陛下奪其節制，翦滅一軍[三三]，或死或流[三四]，冤橫[三五]無數，今聞本道復欲誅夷，將士不勝痛憤[三六]，推臣權[三七]兵馬留後，彈壓[三八]十萬之師，撫有四州[三九]之地。臣聞：『見利乘時㉚，帝王之資㉛也。』臣見利不失，遇時不疑，伏乞聖慈㉜，復賜旌節，不然，揮戈曳㉝戟！詣闕非遲㉞。」庚辰，遣押牙張琯奉表詣京師。

【今註】㈠控扼：控制束扼。㈡要衝：要害險衝。㈢理所：即治所。㈣專制方面：謂得專自制置一方面之軍政。㈤欺罔：欺騙誣罔。㈥初約：謂最初規定。㈦崔彥曾，慎由之從子：崔慎由始見上卷宣宗大中十一年。㈧教練使：胡三省曰：「大中六年五月，勑天下軍府有兵馬處，宜選會兵法能弓馬等人，充教練使，每年合教習時，常令教習。」㈨帑：金幣所藏之府。㈩糧料判官：胡三省曰：「唐制，凡行軍置隨軍糧料使，兵少者置糧料判官。」⑪庫兵：府庫之兵械。⑫北還：謂北歸徐州。⑬高品：《新唐書・百官志》二：「內侍省置內侍，有高品一千六百九十六人。」⑭甲兵：甲胄兵械。⑮嚴兵：備兵。⑯銀刀：見上卷三年。⑰為患：為禍患。⑱芻米：芻以飼馬，米以給軍。⑲勢：衡之情勢。⑳高郵岸峽：謂高郵縣淮水岸有峽谷。㉑荻舟：以葦荻所造之舟。㉒蹙：蹙踐。㉓餘：謂其餘。㉔勛招集銀刀等都竄匿及諸亡命：由行文知都猶諸也。㉕毬場：打毬之場。㉖優人致辭：胡三省曰：「致辭者，今諸藩府有大宴，則樂部頭當筵致辭，稱頌賓主之美，所謂致語者是也。」㉗玩：玩弄，亦即今言之開玩笑。㉘素：早。㉙慆，宗之弟：宗當作悰，杜悰歷事穆、文、武、宣，屢入相位。㉚道路相望：猶絡繹不絕。㉛支分：支解。㉜笑：嗤笑。㉝戮功：合力。(三四)脫禍：免禍。(三五)遵王侍中故事：王侍中，謂王智興也，事見卷二百四十二穆宗長慶二年。(三六)翹足：以喻其速。(三七)申狀：猶上狀。(三八)詿誤：欺蒙牽累他人犯罪，音卦。(三九)敢避誅夷：謂豈敢逃避誅滅。(四〇)全宥：保全原宥。(四一)愆尤：愆過。(四二)遞中：胡三省曰：「謂入郵筒，遞送使府。」(四三)罪戾：猶罪愆。(四四)符離：據《新唐書・地理志》二，符離屬河南道宿州。(四五)釋甲：猶解甲。(四六)職任：猶職務。(四七)仍乞戍還將士：謂仍乞將戍還將士。(四八)拒彭城止四驛：拒當作距，唐制三十里一驛，四驛百二十里。(四九)闔城：全城。(五〇)恟懼：大懼。(五一)流竄：流放竄逐。(五二)復爾：復如此。(五三)猖狂：恣縱無檢制。(五四)塗地：謂肝腦塗地。(五五)兆：朕兆。(五六)當道：謂本道。(五七)效：效法。(五八)制禦：制止禁禦。(五九)輒敢害之：指戍卒殺都將王仲甫言。(六〇)自為甲兵：自造甲冑兵械。(六一)懲惡：懲罰凶惡。(六二)支梧：猶支扞。(六三)忌：畏。(六四)三將：謂尹戡、杜璋、徐行儉。(六五)端：源本。(六六)副：稱。(六七)令：號令。(六八)平人：即平民。(六九)汙染：汙穢沾染。(七〇)憂疑：憂懼疑惑。(七一)虹：據《新唐書・地理志》二，虹縣屬河南道宿州。(七二)邀：截擊。(七三)戒元密無傷勅使：時張敬思尚在勛等軍中。(七四)任山：胡三省曰：「任山在彭城西南三十里。」(七五)頓兵：停兵。(七六)變服：改換衣服。(七七)詗：偵伺。(七八)榜：擊。(七九)偶人：以草或木為之，其狀似人，故曰偶人。(八〇)比：及。(八一)濉水：胡三省曰：「濉水在虹縣靈壁東。」(八二)闕：空缺。(八三)四遠：謂四方遠處之人。(八四)勒兵：猶引兵。(八五)乘城：登城。(八六)再宿：住二日。(八七)嚴：嚴密。(八八)茅屋：以茅草所結之屋。(八九)延及：延燒及。(九〇)冒：冒犯。(九一)限：限制。(九二)持更：夜有五更，使人各直一更，擊鼓以警眾，謂之持更。(九三)備載：皆載。(九四)欲入江湖為盜：胡三省曰：「宿州居汴河之會，漕運及商旅所經，故城中有大船，沿汴而下入淮，則可以入江湖矣。」(九五)汴之東境：此謂汴州之東境。(九六)縱使西歸：放使西歸長安。(九七)艤舟：整舟向岸曰艤，音議，通作艤。(九八)陳：讀曰陣。(九九)陂：澤障，音碑。(一〇〇)涫：塘，音管。(一〇一)志：猶意。(一〇二)塞門：屯塞城門。(一〇三)無復固志：謂無復固守之意。(一〇四)兗州：《九域志》：「徐州北至兗州，三百六十里。」(一〇五)城陷而死，職也：謂城陷而死，乃其天職。(一〇六)動地：謂震動天地。(一〇七)侵擾：侵犯騷擾。(一〇八)羅城：外大城。(一〇九)子城：內小城。(一一〇)勛坐聽事：徐州觀察廳事。(一一一)伏謁：俯伏謁見。(一一二)草表：謂撰表章之草稿。(一一三)甚大：謂甚為重大。(一一四)趣：讀曰促。(一一五)即拒：當即拒絕。(一一六)熟視：詳視。(一一七)敢爾：竟敢如此。(一一八)自負：猶自傲。(一一九)上客：高上賓客。(一二〇)稱臣之一軍，乃漢室興王之地：漢高帝起於沛，唐沛縣屬徐州，故稱之以自夸大。(一二一)刻削軍府：謂刻削軍府兵員之糧餉。(一二二)遂致迫逐：謂遂致士卒迫逐主帥。(一二三)陛下奪其節制，翦滅一軍：見上卷三年。(一二四)流：流放。(一二五)冤橫：謂冤枉及橫死者。(一二六)痛憤：悲痛憤恨。(一二七)權：權攝。(一二八)彈壓：鎮壓。(一二九)四州：謂徐、宿、濠、泗。(一三〇)乘時：乘趁時機。(一三一)資：資藉。(一三二)聖慈：中古稱天子之恩，皆曰慈恩，故聖慈即聖恩也。(一三三)曳：拖曳。(一三四)詣闕非遲：謂即將詣闕。

(一)勛以許佶為都虞候，趙可立為都遊奕使，黨與各補牙職，分將諸軍。又遣舊將劉行及將千五百人屯濠州，李圓將二千人屯泗州，梁丕將千人屯宿州，自餘要害縣鎮，悉繕完㈠戍守。徐人謂旌節之至，不過旬月，願效力獻策者，遠近輻湊，乃至㈡光、蔡、淮、浙、兗、鄆、沂、密羣盜，皆倍道㈢歸之，闐溢㈣郛郭㈤，旬日間，米斗直錢二百㈥。勛詐為崔彥曾請翦滅徐州表，其畧曰：「一軍暴卒，盡可翦除，五縣㈦愚民，各宜配隸。」又作詔書，依其所請，傳布境內，徐人信之，皆歸怨朝廷㈧，曰：「微㈨桂州將士回戈，吾徒悉為魚肉矣。」劉行及引兵至渦口㈩，道路附從者增倍，濠州兵纔數百，刺史盧望回素(一一)不設備，不知所為，乃開門，具牛酒迎之，行及入城，囚望回，自行刺史事。【考異】舊紀、實錄、新紀，濠州陷在十一月。按濠本徐之屬郡，勛始得徐州，則遣行及取之，望回猶未及為備，豈得至十二月？今從彭門紀亂。泗州刺史杜慆聞勛作亂，完守備以待之，且求救於江淮。李圓遣精卒百人先入泗州，封府庫(一二)，慆遣人迎勞，誘之入城，悉誅之。明日勛至，即引兵圍城，城上矢石雨下，賊死者數百，乃斂兵(一三)屯城西。勛以泗州當江淮之衝(一四)，益(一五)發兵助圓攻之，眾至萬餘，終不能克。

㈡初，朝廷聞龐勛自任山還趣宿州，遣高品(一六)康道偉齎勅書撫慰之。十一月，道偉至彭城，勛出郊迎，自任山至子城三十里，大陳甲兵，號令金鼓，響震山谷，城中丁壯，悉驅使乘城[17]。宴道偉於毬場，使人詐為羣盜降者數千人，諸寨告捷者數十輩，復作求節鉞表，附[18]道偉以聞。

㈢初，辛雲京之孫讜[19]，寓居廣陵，喜任俠[20]，年五十不仕，與杜慆有舊[21]，聞龐勛作亂，詣泗州，勸慆挈家[22]避之，慆曰：「安平[23]、享其祿位，危難、棄其城池，吾不為也。且人各有家，誰不愛之？我獨求生，何以安眾[24]？誓與將士共死此城耳。」讜曰：「公能如是，僕與公同死。」乃還廣陵，與其家訣[25]，壬辰，復如[26]泗州。時中避亂[27]，扶老攜幼，塞塗而來，見讜，皆止之曰：「人皆南走，子獨北行，取死何為？」讜不應，至泗州，賊已至城下，讜急棹小舟，得入，慆即署[28]團練判官。城中危懼，都押牙李雅有勇略，為慆設守備，帥眾鼓譟，四出擊賊，賊退屯徐城，眾心稍安。龐勛募人為兵，人利於剽掠，爭赴之，至父遣其子，妻勉其夫，皆斷鉏[29]首而銳[30]之，執以應募。鄰道聞勛據徐州，各遣兵據要害，而官軍尚少，賊眾日滋㉑，官軍數不利，賊遂破魚臺㉒近十縣㉓。宋州東有磨山，民逃匿其上，勛遣其將張玄稔圍之，會旱㉔，山泉竭，數萬口皆渴死。或說勛曰：「留後止欲求節鉞，當恭順盡禮，以事天子，外戢㉕士卒，內撫百姓，庶幾可得。」勛雖不能用，然國忌猶行香㉖，饗士卒，必先西向拜謝㉗。癸卯，勛聞敕使入境，以為必賜旌節，眾皆賀，明日，敕使至，但責崔彥曾及監軍張道謹，貶其官，勛大失望，遂囚敕使，不聽歸。

㊃詔以右金吾大將軍康承訓為義成節度使、徐州行營都招討使，神武大將軍王晏權為徐州北面行營招討使，羽林將軍戴可師為徐州南面行營招討使，【考異】舊紀：「十年正月，以神武大將軍王晏權為武寧節度使，晏權、智興之從子也，以右神策大將軍康承訓充徐泗行營都招討使，凡十八將，分董諸道之兵七萬三千一十五人，正月一日，進軍攻徐州。」又曰：「承訓大軍攻宿州，賊將梁丕出戰，屢敗，乃授承訓義成節度使。」實錄：「九年十二月，以右金吾大將軍康承訓為義成節度使，充徐泗行營兵馬都招討使，承訓不赴鎮，以節度副使陳觔勾當留後，以王晏權為徐泗濠宿等州觀察使，充徐州北面行營招討等使，羽林將軍戴可師為徐州南面行營招討等使。」彭門紀亂、新紀，承訓等除招討使，皆在十一月。唐年補錄：「十一月庚申，以太原節度使康承訓為都統，討徐州。」按庚申，乃十二月一日，承訓舊官，亦非太原節度使，補錄誤也，今從彭門紀亂、新紀。大發諸道兵，以隸㉘三帥。承訓奏乞沙陀三部落㉙使朱邪赤心及吐谷渾、達靼、契苾酋長，各帥其眾以自隨，詔許之。

㈤龐勛以李圓攻泗州，久不克，遣其將吳迥代之，丙午，復進攻泗州，晝夜不息。時勅使郭厚本【考異】舊紀、實錄，作郗厚本，今從彭門紀亂及舊傳。將淮南兵千五百人，救泗州，至洪澤㊵，畏賊彊不敢進，辛讜請往求救，杜慆許之，丁未夜，乘小舟潛度淮，至洪澤說厚本，厚本不聽，比明㊶復還。己酉，賊攻城益急，欲焚水門，城中幾不能禦，讜請復往求救，慆曰：「前往徒還㊷，今往何益。」讜曰：「此行得兵，則生返，不得，則死之。」慆與之泣別，讜復乘小舟，負戶㊸突圍，出見厚本，為陳利害，厚本將從之，淮南都將袁公弁曰：「賊勢如此，自保恐不足，何暇救人？」讜拔劍瞋目㊹，謂公弁曰：「賊百道㊺攻城，陷在朝夕，公受詔救援，而逗留不進，豈惟上負㊻國恩，若泗州不守，則淮南遂為寇場，公詎㊼能獨存邪！我當殺公而後止耳㊽。」起欲擊之，厚本起抱止之㊾，公弁僅免。讜乃回望泗州，慟哭㊿終日，士卒皆為之流涕。厚本乃許分五百人與之，仍問將士，將士皆願行，讜舉身叩頭(五一)，以謝將士，遂帥之抵淮南岸，望賊方攻城，有軍吏言曰：「賊勢已似入城，還去則便(五二)。」

讜逐之，攬得其髻，舉劍擊之，士卒共救之曰：「千五百人判官(五三)，不可殺也。」讜曰：「臨陳妄言惑眾，必不可捨(五四)。」眾請不能得，乃共奪之，讜素(五五)多力，眾不能奪，讜曰：「將士但登舟，我則捨此人。」眾競登舟，乃捨之。士卒有回顧者則斫之，驅至淮北，勒兵(五六)擊賊，慆於城上布兵(五七)，與之相應，賊遂敗走，鼓譟逐之，至晡(五八)而還。

(六)龐勛遣其將劉佶將精兵數千，助吳迥攻泗州，劉行及自濠州遣其將王弘立，引兵(五九)會之，戊午，鎮海節度使(六〇)杜審權遣都頭(六一)翟行約，將四千人救泗州，己未，行約引兵至泗州，賊逆擊(六二)於淮南，圍之，城中兵少不能救，行約及士卒盡死。先是令狐綯遣李湘將兵數千救泗州，與郭厚本，袁公弁合兵屯都梁城(六三)，與泗州隔淮相望，賊既破翟行約，乘勝圍之。十二月，甲子，李湘等引兵出戰，大敗，賊遂陷都梁城，執湘及郭厚本送徐州。【考異】

舊紀：「十月，賊攻泗州，勢急，令狐綯慮失淮口，乃令大將李湘赴援，舉軍皆沒，湘與都監郭厚本俱為賊所執，送徐州。」令狐綯傳曰：「賊聞湘來援，遣人致書於綯，辭情遜順，言朝廷累有詔赦宥，但抗拒者三兩人耳，旦夕圖去之，即束身請命，願相公保任之。綯即奏聞，請賜勛節鉞，乃誡李湘但戍淮口，賊已招降，不得立異，繇是湘軍解甲安寢，去警徹備，日與賊相對，歡笑交言。一日賊軍乘間，步騎徑入湘壘，淮卒五千人皆被生縶送徐州，為賊蒸而食之。湘與監軍郭厚本為龐勛斷手足，以狗於康承訓軍。時浙西杜審權發軍千人，與李湘約會兵，大將翟行約勇敢知名，浙軍未至，而湘軍敗，賊乃分兵立淮南旗幟，為交鬬之狀，行約軍望見，急趣之，千人並為賊所縛，送徐州。綯既喪師，朝廷以馬舉代綯為淮南節度使。」彭門紀亂曰：「勛以泗州堅守，遣劉佶共謀攻取，時淮南宣潤三道，發兵戍都梁山舊城，與泗州隔淮而已。賊眾乃夜潛師屯淮，及明而逼城，濠州賊帥劉行及亦遣王弘立，侵掠淮南，於是合眾急攻官軍，遂棄城出戰，十一月三十日，賊乃大敗官軍，殺害二千人，生降七八百人，幷虜其將李湘等，咸送于徐州，賊遂據有淮口，斷絕驛路。」又曰：「賊既破戴可師，令狐綯懼，乃遣使誘諭，約為奏請節旄。」續皇王寶運錄曰：「十一月二十九日，浙西節度使杜審權差都頭翟行約，將兵二千來救，三十日，行約領兵方欲入泗州，又被賊奔來，行約占山，尋被圍，合城中兵士無可出救，賊又開圍，行約不知是計，便走欲去，而被著山下伏兵，須臾被殺，匹馬不餘，賊遂圍淮口鎮。有淮南都押衙李湘、鎮將袁公弁，領馬步三千人被圍，從十一月三十日至十二月五日，李湘束甲出軍，被襲，逐殺盡却，入鎮者使監降旗，縣內兵士老小一萬餘人被劫，驅送濠州，郭厚本北時遇害。」今從續寶運錄。據淮口(六四)，漕驛路絕(六五)，康承訓軍於新興(六六)，賊將姚周屯柳子(六七)，出兵拒之，時諸道兵集者纔萬人，承訓以眾寡不敵，退屯宋州。龐勛以為官軍不足畏，乃分遣其將丁從實等，各將數千人，南寇舒廬，北侵沂海，破沭陽、下蔡、烏江、巢縣(六八)，攻陷滁州，殺刺史高錫望，又寇和州，刺史崔雍遣人以牛酒(六九)犒(七〇)之，引賊登樓共飲，命軍士皆釋甲(七一)，指所愛二人為子弟(七二)，乞全(七三)之，其餘惟賊所處(七四)，賊遂大掠城中，殺士卒八百餘人。【考異】彭門紀亂：「光蔡山中草賊數攻破滁州，殺刺史高錫望，歸附龐勛。」舊紀：「十一月，吳迥既執李湘，乃令小將張行簡、吳約攻滁州，執刺史高錫望，手刃之，屠其城而去。行簡又進攻和州，刺史崔雍登城樓，謂吳約云云，遂剽城中居民，殺判官張涿，以涿浚城濠故也。勛又令劉贇攻濠州，陷之，囚刺史盧望回於迴革館，望回鬱憤而死。」實錄：「閏月，賊陷和州濠州。」明年二月又云：「勛遣張行簡攻滁州，入城害刺史高錫望。」新紀：「十二月，賊陷滁和。」今陷濠州從彭門紀亂，陷滁和置執李湘下。泗州援兵既絕，糧且盡，人食薄粥(七五)。閏月，己亥，辛讜言於杜慆，請出求救於淮浙，夜帥敢死士十人，執長柯斧(七六)，乘小舟潛往，斫賊水寨而出，明旦，賊乃覺(七七)之，以五舟遮(七八)其前，以五千人夾岸追之，賊舟重行遲，讜舟輕行疾，力鬬三十餘里，乃得免(七九)。癸卯，至揚州，見令狐綯，甲辰，至潤州(八〇)，見杜審權。時泗州久無聲問，或傳(八一)已陷，讜既至，審權乃遣押牙趙翼將甲士二千人，與淮南共輸米五千斛、鹽五百斛，以救泗州，戴可師將兵三萬渡淮，轉戰而前，賊盡棄淮南之守。可師欲先奪淮口，後救泗州，壬申，圍都梁城，城中賊少，拜於城上曰：「方與都頭議出降。」可師為之退五里，賊夜遁，明旦，惟空城。可師恃勝不設備，是日大霧，賊將王弘立引兵數萬，疾徑(八二)奄至(八三)，縱擊(八四)官軍，官軍不及成列(八五)，遂大敗，將士觸兵及溺淮死，得免者纔數百人(八六)，亡器械資糧車馬以萬計，賊傳可師及監軍將校首於彭城。【考異】續寶運錄曰：「正月十八日，載可師陷失，賊遂凶狂。」彭門紀亂曰：「可師引兵三萬，欲先奪淮口，遂救泗州。十二月十三日，遲明，圍賊於都梁山下，賊已就降，而可師自恃兵強，不為備，賊將王弘立者，將兵數萬人，捷徑赴救，奔突而前，官軍潰亂，遂為所敗，可師幷監使將校已下咸沒於陣，於是龐勛自謂前無彊敵矣。」舊紀：「十二月，可師與賊轉戰，賊黨屢敗，盡棄淮南之守。十年正月，以可師充曹州行營招討使。時賊將劉行及、吳迥攻圍泗州，可師乘勝救之，屯於石梁驛，賊退去，可師追擊生擒行及，賊保都梁城，登城拜曰，見與都頭謀歸降。可師既知其窘，乃退軍五里，其城西面有水，三面大軍，賊乃夜中涉水而遁，明早開城門，惟病嫗數人而已。王師入壘，未整，翌日詰旦，重霧，賊軍大至，可師方大醉，單馬奔出，為虹縣人郭真所殺，一軍盡沒，賊將吳迥進軍，復圍泗州。」又曰：「龐勛奏當道先發戍嶺南兵士三千人春冬衣，今欲差人送赴邕管，鄂岳觀察使劉允章上書，言龐勛聚徒十萬，今若遣人達嶺表，如戍卒與勛合勢，則禍難非細。尋詔龐勛止絕，兼令江淮諸道紀綱捕之。」實錄，可師敗繫於閏月下，亦云：「十二月十三日。」新紀，十二月壬申，亦用紀亂之日也。按紀亂，上有臘月，又云十二月十三日，其下無閏月，疑謂閏月十三日也。然據續寶運錄：閏月十一日，辛讜離泗州，十四日至揚州，乞兵糧，若於時可師在都梁，則讜必不舍可師而詣楊潤也，若讜出在可師敗後，則令狐綯方自救不暇，何暇救泗州？若可師敗在正月，則新紀，十二月已除馬舉南面招討使，要之，必在辛讜適楊潤之後，故置於此。

龐勛自謂無敵於天下，作露布(八七)散示(八八)諸寨及鄉村，於是淮南士民震恐，往往(八九)避地江左(九〇)。令狐綯畏其侵軼(九一)，遣使詣勛說諭(九二)，許為奏請節鉞(九三)，勛乃息兵俟命。由是淮南稍得收散卒，修守備。時汴路既絕，江淮往來者皆出壽州(九四)，賊既破戴可師，乘勝圍壽州，掠諸道貢獻及商人貨，其路復絕。勛益自驕，日事遊宴(九五)，周重諫曰：「自古驕滿奢逸(九六)，得而復失，成而復敗，多矣！況未得未成，而為之者乎？」諸道兵大集於宋州，徐州始懼，應募者益少，而諸寨求益兵(九七)者相繼，勛乃使其黨散入(九八)鄉村，驅(九九)人為兵，又見兵已及數萬人，資糧匱竭，乃斂(一〇〇)富室及商旅財，什取其七八，坐匿財夷宗(一〇一)者數百家。又與勛同舉兵於桂州者尤驕暴，奪人資財，掠人婦女，勛不能制(一〇二)，由是境內之民皆厭(一〇三)苦之，不聊生(一〇四)

矣。王晏權兵數退衄㉕，朝廷命泰寧節度使曹翔代晏權為徐州北面招討使，【考異】正文曰：「曹翔、馬舉為徐南北招討使。」注曰：「彭門紀亂作馬士舉，今從新紀。」紀亂曰：「王晏權數為賊所攻，雖不敗傷，亦時退縮，朝廷復除隴州牧曹翔領兗海節度使，充北面都統招討等使。又魏博元帥何公遣行軍薛尤將兵三萬人，掎角破賊，曹翔軍於滕沛，魏博軍於豐蕭，其眾都六七萬。」又言：「賊寇海州壽州，皆敗。」又言：「辛讜救泗州。」雖繫正月之下，蓋追敘以前之事。實錄：「二月，以馬舉為淮南節度使，充南面招討使。初康承訓率諸將，正月一日，進軍攻徐州，不克，賊圍壽州，王晏權數為賊所攻，退縮不敢出戰，乃以曹翔為兗海等州節度使，充北面招討使。魏博遣薛尤將兵三千，掎角討賊，賊眾攻海州，戍兵擊之大敗，康承訓率眾屯於柳子之西。」皆承此而誤也。新紀，翔舉除南北招討在十二月，而無閏，今因翔與魏博同討徐州而見之，置於歲末。前天雄節度使何全皡㉖遣其將薛尤將兵萬三千人討龐勛，【考異】彭門紀亂曰：「尤將三萬人，并曹翔軍都六七萬人。」實錄：「魏博奏請出兵三千人，助討除泗。」舊紀：「魏博何弘敬奏，當道點檢兵馬一萬三千赴行營。」姓名雖誤，今取其人數。翔軍於滕、沛，尤軍於豐、蕭㉗。

㈦是歲，江淮旱蝗。

【今註】㊀繕完：繕修完治。㊁乃至：竟至。㊂倍道：謂晝夜兼程。㊃闐溢：闐滿充溢。㊄郛郭：郛亦郭。㊅旬日間，米斗直錢二百：人來從亂者多，故米踊貴。㊆五縣：謂彭城、蕭、丰、沛、下邳。㊇歸怨朝廷：謂將怨恨歸之於朝廷。㊈微：無。㊉渦口：渦口至濠州，僅隔淮水，音戈。⑪素：平素。⑫封府庫：封閉府庫，使他人不得取之。⑬斂兵：收兵。⑭衝：要衝。⑮益：增。⑯高品：《新唐書・百官志》二：「內侍省有高品一千六百九十六人。」⑰乘城：登城。⑱附：附託。⑲辛雲京之孫讜：辛雲京見卷二百二十二肅宗寶應二年。⑳任俠：如淳曰：「相與信為任，同是非為俠，所謂權行州里，力折公侯者也。」㉑有舊：謂有故舊之誼。㉒挈家：攜家。㉓安平：

謂於平安之時。㉔安眾：安定民眾。㉕訣：訣別。㉖如：至。㉗塞塗：充塞道途。㉘即署：謂即署為。㉙鉏：通作鋤。㉚銳：銳利。㉛滋：多。㉜魚臺：據《新唐書・地理志》二，魚臺縣屬河南道兗州。㉝近十縣：謂近有十縣之多。㉞會旱：值旱。㉟戢：斂止。㊱國忌猶行香：胡三省曰：「唐自中世以後，每國忌日，令天下州府，率於寺觀設齋焚香。」㊲饗士卒，必先西向拜謝：胡三省曰：「凡方鎮大饗將士，必朝服，率將佐，西向望闕謝恩，言皆出於君賜也。」㊳隸：隸屬。㊴沙陀三部落：為沙陀、薩葛、安慶。㊵洪澤：據《九域志》，楚州淮陰縣有洪澤鎮。㊶比明：及明。㊷徒還：空還。㊸負戶：謂負門板，以禦矢箭。㊹瞋目：怒目，音ㄔㄣ。㊺百道：猶百處，極言其攻點之多。㊻負：孤負。㊼詎：豈。㊽我當殺公而後止耳：謂我當先殺公，然後再定行止。㊾抱止之：謂抱辛讜而勸止之。㊿慟哭：大哭。(51)舉身叩頭：謂離位起身，向眾叩頭。(52)還去則便：胡三省曰：「還軍而去，則於事為便也。」(53)千五百人判官：謂彼之職位，乃千五百卒之判官。(54)捨：宥捨。(55)素：猶平生。(56)勒兵：引兵。(57)布兵：分布兵卒。(58)晡：申時。(59)引兵：猶率兵。(60)鎮海節度使：鎮海軍治潤州。(61)都頭：都將之異稱。(62)逆擊：迎擊。(63)都梁城：胡三省曰：「都梁城在泗州盱眙縣北都梁山。」項安世曰：「都梁縣有小山，山上水極清淺，其山中悉產蘭草，綠葉紫莖，俗呼蘭為都梁，因以名縣。」(64)據淮口：胡三省曰：「泗水入淮之口。」按《舊唐書・懿宗紀》咸通九年文作：「令狐綯慮失泗口。」謂泗水入淮之口。核淮水頗長，其口岸甚多，故此以專用其特定地帶，而作泗口為是。(65)漕驛路絕：謂東南漕驛入上都之路絕。(66)新興：《九域志》：「宋州寧陵縣有新興鎮。」（六七）柳子：《九域志》：「宿州臨渙縣有柳子鎮，在今宿州北九十里。」（六八）沭陽、下蔡、烏江、巢縣：據《新唐書‧地理志》二，沭陽縣屬河南道海州，下蔡縣屬潁州。同志五，烏江縣屬淮南道和州，巢縣屬廬州。（六九）以牛酒：謂以牛及酒。（七〇）犒：犒賞。（七一）釋甲：解甲胄。（七二）指所愛二人為子弟：謂指所喜愛之二人，以為子弟。（七三）全：保全。（七四）所處：所處置。（七五）薄粥：猶稀粥。（七六）長柯斧：即長柄斧。（七七）覺：發覺。（七八）遮：攔截。（七九）免：猶脫。（八〇）至潤州：揚州南至潤州，五十餘里。（八一）傳：猶說。（八二）疾徑：胡三省曰：「疾徑猶言捷徑也，不由正路直徑而行，取其便疾。」（八三）奄至：奄忽而至。（八四）縱擊：謂縱肆而擊，亦即竭力攻擊。（八五）列：行列。（八六）將士觸兵及溺淮死，得免者纔數百人：詳文氣，觸兵上當添一多字，方與下句得免者纔數百人相連貫。觸兵謂攖兵器。（八七）露布：報捷文書。（八八）散示：猶分示。（八九）往往：猶多。（九〇）江左：江東。（九一）侵軼：侵突。（九二）說諭：勸說曉諭。（九三）節鉞：旌節斧鉞，皆節度使之所執者。（九四）江淮往來者，皆出壽州：胡三省曰：「自壽州泝淮即入潁。」（九五）遊宴：遊樂宴會。（九六）奢逸：奢汰逸豫。（九七）益兵：增兵。（九八）散入：分入。（九九）驅：驅迫。（一〇〇）歛：征歛。（一〇一）夷宗：夷滅宗族。（一〇二）制：制止。（一〇三）厭：惡。（一〇四）不聊生：謂無可賴以生活者。（一〇五）退衄：敗北，音ㄋㄩˋ。（一〇六）前天雄節度使何全皥：胡三省曰：「按何全皥為魏博節度使，魏博本號天雄軍，未嘗徙他鎮，疑史衍前字。或曰：『是時秦州號天雄軍，罷魏博軍號，故加前字。』」（一〇七）翔軍於滕沛，尤軍於丰蕭：上四縣皆屬徐州。

十年（西元八六九年）

㈠春，正月，康承訓將諸道軍七萬餘人，屯柳子之西，自新興至鹿塘三十里，壁壘㈠相屬㈡。徐兵分戍四境，城中不及數千人，龐勛始懼，民多穴地㈢匿其中，勛遣人搜㈣掘為兵，日不過得三二十人。勛將孟敬文守豐縣，狡悍而兵多，謀貳㈤於勛，自為符讖㈥，勛聞之，會㈦魏博攻豐，勛遣腹心將將三千㈧助敬文守豐，敬文與之約，共擊魏博軍，且譽㈨其勇，使為前鋒，新軍既與魏博戰，敬文引兵退走，新軍㈩盡沒，勛乃遣使紿㈡之曰：「王弘立已克淮南，留後欲自往鎮之，悉召諸將，欲選一人可守徐州者。」敬文喜，即馳詣彭城，未至城數里，勛伏兵擒之，辛酉，殺之。

㈡丁卯，同昌公主適右拾遺韋保衡，以保衡為起居郎、駙馬都尉。公主，郭淑妃之女，上特愛之，傾宮中珍玩以為資㈢送，賜第㈢於廣化里，窻戶皆飾以雜寶㈣，井欄藥臼槽匱㈤，亦以金銀為之，編金縷以為箕筐㈥，賜錢五百萬緡，他物稱是㈦。徐賊寇海州，時諸道兵戍海州者已數千人，斷賊所過橋柱而弗殊（一八），乃伏兵要害以待之，賊過橋崩（一九），蒼黃（二〇）散亂，伏兵發，盡殪（二一）之。其攻壽州者，復為南道軍（二二）所破，斬獲數千人。辛讜以浙西之軍至楚州，敕使張存誠以舟助之，徐賊水陸布兵（二三），鎖斷淮流（二四），浙西軍憚其彊，不敢進，讜曰：「我請為前鋒，勝則繼之（二五），敗則汝走。」猶不可。讜乃募選軍中敢死士（二六）數十人，牒補職（二七）名，先以米舟三艘、鹽舟一艘，乘風逆流（二八）直進，賊夾攻之，矢著舟板如急雨（二九），及鎖（三〇），讜帥眾死戰，斧斷其鎖，乃得過，城上人喧呼動地（三一），杜慆及將佐皆泣迎之。乙酉，城上望見舟師張帆（三二）自東來，識（三三）其旗，浙西軍也，去城十餘里，賊列火船拒之，帆止（三四）不進，慆令讜帥死士（三五）出迎之，乘戰艦衝賊陳而過，見張存誠帥米舟九艘，曰：「將士在道前却（三六），存誠屢欲自殺，僅（三七）得至此，今又不進。」讜揚（三八）言：「賊不多，甚易與（三九）耳。」帥眾揚旗鼓譟而前，賊見其勢猛銳（四〇），避之，遂得入城。

（三）二月，端州司馬楊收長流驩州，尋賜死，其僚屬黨友（四一）、坐長流嶺表(四二)者十餘人。初，尚書右丞裴坦子娶收女，資送甚盛，器用(四三)飾以犀玉，坦見之，怒曰：「破我家矣(四四)。」立命壞之。已而收竟以賄(四五)敗。康承訓使朱邪赤心將沙陀三千騎為前鋒，陷陳却敵，十鎮(四六)之兵伏(四七)其驍勇，承訓嘗引麾下千人渡渙水(四八)，賊伏兵圍之，赤心帥五百騎，奮檛(四九)衝圍，拔出(五〇)承訓，賊勢披靡(五一)，因合擊敗之，承訓數與賊戰，賊軍屢敗。王弘立自矜(五二)淮口之捷(五三)，請獨將所部三萬人破承訓，龐勛許之，己亥，弘立引兵渡濉水，夜襲鹿塘寨，黎明圍之，弘立與諸將臨望(五四)，自謂功在漏刻(五五)，沙陀左右突圍，出入如飛，賊紛擾(五六)移避，沙陀縱騎蹂(五七)之，寨中諸軍爭出奮擊(五八)，賊大敗，官軍蹙(五九)之於濉水，溺死者不可勝紀，自鹿塘至襄城(六〇)，伏尸(六一)五十里，斬首二萬餘級，弘立單騎走免，所驅掠平民，皆散走山谷，不復還營，委(六二)棄資糧，器械山積。時有勅諸軍破賊，得農民皆釋之，自是賊每與官軍遇，其驅掠之民先自潰(六三)。龐勛許佶以弘立驕惰(六四)致敗，欲斬之，周重為之說勛曰：「弘立再勝(六五)未賞，一敗而誅之，棄功錄(六六)過，為敵報讎，諸將咸懼矣。不若赦之，責其後效(六七)。」勛乃釋之，弘立收散卒纔數百人，請取泗州以補過，勛益其兵而遣之。

(四)三月，辛未，以起居郎韋保衡為左諫議大夫，充翰林學士。

(五)徙郢王侃(六八)為威王。

(六)康承訓既破王弘立，進逼柳子，與姚周一月之間，數十戰，丁亥，周引兵渡水(六九)，官軍急擊之，周退走，官軍逐之，遂圍柳子。會大風，四面縱火(七〇)，賊棄寨走，沙陀以精騎(七一)邀之，屠殺殆盡，自柳子至芳城，死者相枕(七二)，斬其將劉豐，周將麾下數十人奔宿州，宿州守將梁丕素與之有隙，開城聽入，執而斬之。龐勛聞之，大懼，與許佶議，自將出戰。周重泣言於勛曰：「柳子地要兵精，姚周勇敢有謀，今一旦覆沒，危如累卵(七三)，不若遂建大號，悉兵(七四)四出，決力(七五)死戰。」又勸殺崔彥曾，以絕人望。術士曹君長亦言：「徐州山川，不容兩帥，今觀察使(七六)尚在，故留後未興。」賊黨皆以為然。夏，四月，壬辰，勛殺彥曾及監軍張道謹、宣慰使仇大夫、僚佐焦璐、溫庭皓，幷其親屬賓客僕妾皆死，斷淮南監軍郭厚本、都押衙李湘手足，以示康承訓軍。勛乃集眾揚言(七七)曰：「勛始望國恩(七八)，庶全臣節(七九)，今日之事，前志已乖(八〇)，自此勛與諸君真反者也，當掃(八一)境內之兵，戮力(八二)同心，轉敗為功耳。」眾皆稱善。於是命城中男子悉集毬場，仍分遣諸將，比屋(八三)大索，敢匿一男子者，族其家，選丁壯得三萬人，更造旗幟，給以精兵。許佶等共推勛為天冊將軍(八四)、大會明王，勛辭王爵。先是，辛讜復自泗州引驍勇四百人迎糧於楊潤，賊夾岸攻之，轉戰(八五)百里，乃得出(八六)，至廣陵，止於公館，不敢歸家，舟載鹽米二萬石、錢萬三千緡，乙未，還至斗山(八七)，賊將王弘芝帥眾萬餘拒之於盱眙，密布戰艦百五十艘，以塞(八八)淮流，又縱火船逆之，讜命以長叉托(八九)過，自卯戰及未，眾寡不敵，官軍不利，賊縛木於戰艦，旁出四五尺(九〇)為戰棚，讜命勇士乘小舟入其下，矢刃所不能及，以槍揭火牛焚之(九一)，戰艦既然(九二)，賊皆潰走，官軍乃得過，入城。【考異】續寶運錄曰：「二月七日，辛讜揀點驍勇，領空船十二隻般糧，二十日，卻到楚州，四月六日，離楚，八日至斗山下，是日二更後，入泗州。」按正月二十七日，讜迎米船三隻入泗州，二月六日，未應食盡復出。又二十日卻到楚州，不應住四十五日，然後離彼。又上有二月十日授讜御史，不應下云二月七日，讜出般運，疑是三月字也。龐勛以父舉直為大司馬，與許佶等留守徐州。或曰：「將軍方耀兵威，不可以父子之親，失上下之節㊈㊂。」乃令舉直趨拜於庭，勛據按㊈㊃而授㊈㊄之。時魏博屢圍豐縣，龐勛欲先擊之，丙申，引兵發徐州。

(七)戊戌，以前淮南節度使同平章事令狐綯為太保分司㊈㊅。

(八)龐勛夜至豐縣，潛入城，魏博軍皆不之知，魏博分為五寨，其近城者，屯數千人，勛縱兵圍之，諸寨救之，勛伏兵要路，殺官軍二千人，餘皆返走，賊攻寨，不克，至夜，解圍去，官軍畏其眾，且聞勛自來，諸寨皆宵潰。曹翔方圍滕縣，聞魏博敗，引兵退保兗州㊈㊆，賊悉毀其城柵，運其資糧，傳檄徐州，盛自誇大，謂官軍為國賊云。

(九)馬舉將精兵三萬救泗州，乙巳，分軍三道度淮，至中流，大譟，聲聞數里，賊大驚，不測㊈㊇眾寡，斂兵屯城西寨，舉就圍之，縱火焚柵，賊眾大敗，斬首數千級，王弘立死，吳迥退保徐城，泗州之圍始解。泗州被圍凡七月，守城者不得寐，面目皆生瘡。

(十)龐勛留豐縣數日，欲引兵西擊康承訓，或曰：「天時向暑，蠶麥方急(九九)，不若且休兵聚食(一〇〇)，然後圖之。」或曰：「將軍出師數日，摧七萬之眾，西軍(一〇一)震恐，乘此聲勢(一〇二)，彼破走必矣，時不可失。」龐舉直以書勸勛乘勝進軍，勛意遂決。丁未，發豐縣，庚戌，至蕭，約襄城、留武、小睢諸寨兵合五六萬人，以二十九日遲明(一〇三)攻柳子。淮南敗卒在賊中者，逃詣康承訓，告以其期，承訓得先為之備，秣馬整眾(一〇四)，設伏以待之。丙辰，襄城等兵先至柳子，遇伏敗走，龐勛既自失期，遽(一〇五)引兵自三十里外赴之，比至(一〇六)，諸寨已敗，勛所將皆市井白徒(一〇七)，覩官軍勢盛，皆不戰而潰，承訓命諸將急追之，以騎兵邀其前，步卒躡(一〇八)其後，賊狼狽不知所之，自相蹈(一〇九)藉，僵尸數十里，死者數萬人，勛解甲(一一〇)服布襦(一一一)而遁，收散卒纔及三千人，歸彭城，【考異】實錄，勛敗於柳子在五月，蓋約奏到書之，其他皆如此，雖有月日不可用，今從彭門紀亂。使其將張實分諸寨兵，屯第城驛(一一二)。勛初起下邳(一一三)，土豪鄭鎰聚眾三千，自備資糧器械以應之，勛以為將，謂之義軍。五月，沂州遣軍圍下邳，勛命鎰救之，鎰帥所部來降。

(十)六月，陝民作亂，逐觀察使崔蕘，蕘以器韻(一一四)自矜，不親政事，民訴旱，蕘指庭樹曰：「此尚有葉，何旱之有？」杖之，民怒，故逐之，蕘逃於民舍，渴求飲，民以溺㉕飲之，坐貶昭州㉖司馬。

(十一)以中書侍郎同平章事徐商同平章事，充荊南節度使。癸卯，以翰林學士承旨、戶部侍郎劉瞻同平章事。【考異】玉泉子聞見錄曰：「徐公商判鹺，以瞻為從事，商拜相命官，曾不及瞻，瞻出於羈旅，以楊玄翼樞密權重，可倚以圖事，為密啗閽者謁焉。瞻有儀表，加之詞辯俊利，元翼一見悅之，每玄翼歸第，瞻輒候之，由是日加親熟，遂許以內庭之拜，既有日矣。瞻即復謁徐公曰，相公過聽，以某辱在門館，幸遇相公登庸，四海之人孰不受相公之惠，某故相公從事，窮飢日加，且環歲矣。相公曾不以下位處之，某雖不佞，亦相公之恩不終也。今已別有計矣，請從此辭，即下拜焉。商初聞瞻言，徒唯唯而已，迨聞別有計，不覺愕焉。方欲遜謝，瞻已疾趨出矣。明日內牓子出，以瞻為翰林學士。」舊瞻傳：「劉瑑作相，以宗人遇之，薦為翰林學士。」按瞻素有清節，必不至如玉泉子所云，恐出於愛憎之說。聞見錄又云：「為玄翼為鳳翔監軍，瞻即出為太原亞尹，鄭從讜為節度使，殊不禮焉。洎復入翰林而作相也，常謂人曰，吾在北門，鄭尚書冷將息，不復病熱矣。從讜南海之命，瞻所致也。」按舊傳：「瞻自戶部侍郎承旨，出為太原尹、河東節度使。」瞻為學士，若非罪謫，恐不為少尹。又舊紀，咸通十二年十二月，鄭從讜自宣武節度使為廣州，在瞻驩州後。故知玉泉子所記皆虛，今不從。瞻，桂州人也。

(十二)馬舉自泗州引兵攻濠州，拔招義、鍾離、定遠，劉行及設寨於城外以拒守。舉先遣輕騎挑戰，賊見其眾少，爭出寨西擊之，舉引大軍數萬自它道擊其東南，遂焚其寨，賊入固守，舉塹其三面㉗而圍之，北面臨淮㉘，賊猶得與徐州通，龐勛遣吳迥助行及守濠州，屯兵北津㉙以相應，舉遣別將度淮擊之，斬獲數千，平其寨。

(十四)曹翔之退屯兗州也，留滄州卒⑳四千人戍魯橋㉑，卒擅還㉒，翔曰：「以龐勛作亂，故討之，今滄卒不從約束㉓，是自亂也㉔。」勒兵迎之，圍於兗州城外，擇違命者二千人，悉誅之。朝廷聞魏博軍敗，以將軍宋威為徐州西北面招討使，將兵三萬屯於豐、蕭之間，翔復引兵會之。秋，七月，康承訓克臨渙，殺獲萬人，遂拔襄城、留武、小睢等寨，曹翔拔滕縣，進擊豐、沛，賊諸寨戍兵，多相帥逃匿，保據㉕山林，賊抄掠者過之，輒為所殺，而五八村㉖尤甚。有陳全裕者，為之帥，凡叛勛者皆歸之，眾至數千人，戰守之具皆備，環地數千里㉗，賊莫敢近。康承訓遣人招之，遂舉眾㉘來降，賊黨益離㉙。蘄縣㉚土豪李袞殺賊守將，舉城降於承訓。沛縣守將李直詣彭城計事㉛，裨將朱玫舉城降於曹翔，直自彭城還，玫逆擊走之，翔發兵戍沛。玫，邠州人也。勛遣其將孫章、許佶各將數千人攻陳全裕、朱玫，皆不克而還。康承訓乘勝長驅，拔第城，進抵宿州之西，築城而守之。龐勛憂懣㉜，不知所為，但禱神飯僧㉝而已。

(十五)初，龐勛怒梁丕專殺(三四)姚周，黜之，使徐州舊將張玄稔代之治州事，以其黨張儒、張實等，將城中兵數萬拒官軍，儒等列寨數重(三五)於城外，環水(三六)自固，康承訓圍之，張實夜遣人潛出，以書白勛曰：「今國兵(三七)盡在城下，西方必虛，將軍宜引兵出其不意，掠宋亳之郊，彼必解圍而西，將軍設伏要害，迎擊其前，實等出城中兵躡其後，破之必矣。」時曹翔使朱攻擊豐，破之，乘勝攻徐城(三八)、下邳，皆拔之，斬獲萬計。勛方憂懼欲走，得實書，即從其策，使龐舉直、許佶守徐州，引兵而西(三九)。

(十六)八月，壬子，康承訓焚外寨，張儒等入保羅城(四〇)，官軍攻之，死者數千人，不能克。【考異】舊紀實錄皆云：「八月，康承訓攻柳子寨(43)，垂克，而賊將王弘立救至，王師大敗，承訓退保宋州，龐勛乘勝，自帥徐州勁卒，併攻泗州，留其都將許佶守徐州。詔馬舉援泗州。」按弘立拔柳子，為承訓所敗，兼於時弘立已死於泗州，勛亦未嘗親攻泗州，舊紀實錄誤也。承訓患(四二)之，遣辯士於城下招諭之，張玄稔嘗戍邊有功，雖脅從(四三)於賊，心嘗(四四)憂憤，時將所部兵守子城，夜召所親數十人，謀歸國，因稍令布諭(四五)協同(四六)者，眾乃遣腹心張皐夜出，以狀白承訓，約期殺賊，將舉城降，至日，請立青旌(四七)為應，使眾心無疑。承訓大喜，從之。九月，丁巳，張儒等飲酒於柳溪亭，玄稔使部將董厚等，勒兵於亭西，玄稔先躍馬而前，大呼曰：「龐勛已梟首於僕射寨中[48]，此輩何得尚存！」士卒競進，遂斬張儒等數十人，城中大擾[49]，玄稔諭以歸國之計，及暮而定。戊午，開門出降，玄稔見承訓，肉袒[50]膝行[51]，涕泣謝罪，承訓慰勞，即宣敕，拜御史丞，賜遺[52]甚厚。玄稔復進言：「今舉城歸國，四遠[53]未知，請詐為城陷，引眾趨符離及徐州，賊黨不疑，可盡擒也。」承訓許之。宿州舊兵三萬，承訓益以數百騎，皆賞勞而遣[54]之，玄稔復入城，暮發平安火[55]如常日，己未，向晨，玄稔積薪數千束，縱火焚之，如城陷軍潰[56]之狀，直趨符離，符離納之，既入，斬其守將，號令城中，皆聽命。收其兵復得萬人，北趨徐州，龐舉直許佶聞之，嬰城[57]拒守，辛酉，玄稔至彭城，引兵圍之，按兵[58]未攻，先諭城上人曰：「朝廷唯誅逆黨，不傷良人，汝曹奈何為賊城守[59]！若尚狐疑，須臾之間，同為[60]魚肉矣。」於是守城者稍稍棄甲投兵[61]而下，崔彥曾故吏路審中開門納官軍，龐舉直許佶帥其黨保子城，日昃[62]，賊黨自北門出，玄稔遣兵追之，斬舉直佶首，餘黨多赴水死，悉捕戍桂州者親族斬之，死者數千人，徐州遂平。龐勛將兵二萬自石山西出，所過焚掠無遺(六三)。庚申，承訓始知，引步騎八萬西擊之，使朱邪赤心將數千騎為前鋒。【考異】彭門紀亂云：「沙陀都頭朱邪赤衷。」獻祖紀年錄，當作赤心，紀亂誤也。勛襲宋州，陷其南城，刺史鄭處冲守其北城，賊知有備，捨去，度汴南掠亳州(六四)，沙陀追及之，勛引兵循渙水而東，將歸彭城，為沙陀所逼，不暇(六五)飲食，至蘄(六六)，將濟水，李袞發橋(六七)，勒兵拒之，賊惶惑，不知所之，至縣西，官軍大集，縱擊，殺賊近萬人，餘皆溺死，降者纔及十人，勛亦死，而人莫之識(六八)，數日乃獲其尸。【考異】彭門紀亂曰：「初龐勛之求節也，必希歲內得之，於是閭里小兒競歌之曰，得節不得節，不過十二月，即龐勛九年十月十七日作亂，十年九月十九日就戮，通其閏月計之，正一歲而滅。」按六日承訓知勛掠亳宋，即追之，至蘄縣得之，恐未至十九日，疑是九日也。新紀：「九月癸酉，龐勛伏誅，用彭門紀亂也。」賊宿遷(六九)等諸寨皆殺其守將而降，宋威亦取蕭縣，吳迥獨守濠州不下。冬，十月，以張玄稔為右驍衛大將軍、御史大夫。馬舉攻濠州，自夏及冬不克，城中糧盡，殺人而食之，官軍深塹重圍以守之，辛丑夜，吳迥突圍走，舉勒兵追之，殺獲殆盡，迥死於招義(七〇)。以康承訓為河東節度使同平章事，以杜慆為義成節度使，上嘉朱邪赤心之功，置大同軍於雲州(七一)，以赤心為節度使，召見，留為左金吾上將軍，賜姓名李國昌，賞賚(七二)甚厚。以辛讜為亳州刺史，讜在泗州，犯圍(七三)出迎兵糧，往返凡十二，及除亳州，上表言，「臣之功，非杜慆不能成也。」賜和州刺史崔雍自盡，【考異】舊紀：「八月，和州防禦行官石侔等訟雍罪，其月賜自盡。」實錄訟在八月，賜自盡在十月，今從之。家屬流康州，兄弟五人皆遠貶。

(七)上荒宴(七四)，不親庶政(七五)，委任路巖，巖奢靡，頗通(七六)賂遺，左右用事，至德(七七)令陳蟠叟因上書召對，言，「請破邊咸一家，可贍(七八)軍二年。」上問咸為誰，對曰：「路巖親吏。」上怒，流蟠叟於愛州(七九)，自是無敢言者。

(八)初南詔遣使者楊酋慶來謝釋董成之囚，定邊節度使李師望欲激怒南詔以求功，遂殺酋慶，西川大將恨師望分裂巡屬(八〇)，陰遣人致意南詔，使入寇，師望貪殘，聚私貨以百萬計，戍卒怨怒，欲生食之，師望以計免，朝廷徵還，以太府少卿竇滂代之，滂貪殘，又甚於師望，故蠻寇未至，而定邊固已困矣。是月，南詔驃信酋龍傾國(八一)入寇，引數萬眾擊董舂烏部(八二)，破之。十一月，蠻進寇巂州，定邊都頭安再榮(八三)守清溪關，蠻攻之，再榮退屯大渡河北，與之隔水相射，九日八夜，蠻密(八四)分軍開道逾雪坡(八五)，奄至沐源川(八六)，滂遣兗海將黃卓帥五百人拒之，舉軍(八七)覆沒。十二月，丁酉，蠻衣兗海之衣，詐為敗卒，至江岸(八八)呼船，已濟，眾乃覺之，遂陷犍為(八九)，縱兵焚掠陵榮二州之境。後數日，蠻軍大集於陵雲寺(九〇)，與嘉州對岸，刺史楊忞與定邊監軍張允瓊勒兵拒之，蠻潛遣奇兵自東津濟，夾擊官軍，殺忠武都將顏慶師，餘眾皆潰，忞、允瓊脫身走。壬子，陷嘉州。慶師，慶復之弟也。竇滂自將兵拒蠻於大渡河，驃信詐遣清平官數人詣滂結和，滂與語未畢，蠻乘船栰(九一)爭渡，忠武徐宿兩軍結陳抗之，滂懼自經(九二)於帳中，徐州將苗全緒解(九三)之，曰：「都統何至於是！」全緒與安再榮及忠武將勒兵出戰，滂遂單騎宵遁，三將謀曰：「今眾寡不敵，明旦復戰，吾屬盡(九四)矣。不若乘夜攻之，使之驚亂，然後解去。」於是夜入蠻軍，弓弩亂發，蠻大驚，三將乃全軍引去。蠻進陷黎雅，民竄匿山谷，敗軍所在焚掠，滂奔導江(九五)，邛州軍資儲偫(九六)，皆散(九七)於亂兵之手，蠻至，城已空，通行無礙矣。【考異】張雲咸通解圍錄曰：「十年十月，南蠻眾擊董春烏部落，傾其巢窟，春烏以其眾保北柵，俄而蠻掩至沈源川，遂逼嘉州，南自清黎關寇黎雅。」張彭錦里耆舊傳曰：「十一年庚寅，節度使盧僕射耽，冬雲南蠻數萬寇邊，突破清溪關，犯大渡河，遂進陷沈黎，突邛崍直雅邛。」按解圍錄、新舊紀，皆在十年冬，而彭獨以為十一年冬，誤也。新傳曰：「十年，乃入寇，以兵綴清溪關，察引眾，伐木開道，徑雪坡，盛夏，卒凍死者二千人，出沈源，窺嘉州。」按蠻以十一月至沈源川，非盛夏，新傳誤也。實錄又曰：「驃信以十月三日離善闡，每人止將米炒一斗隨身，乃詔高駢乘其國內無兵備，進攻善闡，以解衝突。」按駢時為鄆州節度使，不在安南，恐實錄誤也。

㈨詔左神武將軍顏慶復將兵赴援。

【今註】㊀壁壘：猶營寨。㊁屬：連接。㊂穴地：掘地為穴。㊃搜掘：搜索發掘。㊄貳：攜貳。㊅符讖：符瑞籙讖。㊆會：借。㊇遣腹心將將三千：胡三省曰：「三千之下，當有人字。」㊈譽：稱譽。㊉新軍：謂寵勛新附之軍。(十一)紿：欺詐。(十二)資送：謂陪送之資。(十三)第：第宅。(十四)雜寶：謂各種珍寶。(十五)匱：通櫃。(十六)箕筐：畚箕及筐篋。(十七)稱是：謂與此相副稱。(十八)斷賊所過橋柱而弗殊：胡三省曰：「殊，絕也，斷橋柱而不使絕，待賊過踐踏，而自陷斷。」(十九)崩：猶壞。(二十)蒼黃：謂急遽之間。(二一)殪：殺。(二二)南道軍：謂淮浙之兵。(二三)布兵：布置兵卒。(二四)鎖斷淮流：以鐵鎖橫置淮水中，以截斷舟船往來。(二五)繼之：謂繼之向前。(二六)敢死士：謂不怕死之士卒。(二七)牒補職名：謂以牒任補其官職。(二八)逆流：泝流。(二九)矢著舟板如急雨：謂矢射舟板，如急雨降落之聲，以喻中矢之多。(三十)及鎖：謂及置攔江鎖之處。(三一)動地：謂震動天地。(三二)張帆：猶揚帆。(三三)識：認識。(三四)帆止：亦即船止。㉟死士：即上之敢死士。㊱前却：胡三省曰：「憚敵而不敢進，故為之一前一却。」㊲僅：猶纔。㊳揚言：謂高其聲音，以使眾皆聞知。㊴易與：謂甚易對付。㊵猛銳：凶猛銳厲。㊶黨友：朋黨親友。㊷嶺表：嶺外，亦即嶺南。㊸器用：謂所用之器物。㊹破我家矣：謂如此奢汰，必破我家。㊺賄：賄賂。㊻十鎮：謂義成、魏博、鄜延、義武、鳳翔、橫海、泰寧、宣武、忠武、天平。㊼伏：猶佩服。㊽渙水：胡三省曰：「宿州臨渙縣，以臨渙水得名。南北對境圖：『渙水出亳州，南流入淮，正直五河口。』」㊾檛：同樋，箠也。㊿拔出：猶援出。(51)披靡：如草之臨風，披散偃靡。(52)矜：矜伐。(53)淮口之捷：謂破戴可師。(54)臨望：謂蒞臨而觀望之。(55)漏刻：頃刻。(56)紛擾：紛亂。(57)蹂：蹂踐。(58)奮擊：奮猛攻擊。(59)蹙：蹙迫。(60)襄城：此襄城非汝州之襄城，蓋徐宿間所別有之同名城邑。(61)伏尸：謂尸伏於地。(62)委：亦棄意。(63)潰：潰散。(64)驕惰：驕倨懈惰。(65)再勝：謂兩次勝捷。(66)錄：收錄。(67)後效：以後之效績。(68)郢王侃：侃、皇子。(69)引兵渡水：謂渡渙水。(70)縱火：放火。(71)精騎：精銳之騎兵。(72)相枕：相枕藉。(73)危如累卵：以喻危險之嚴重。(74)悉兵：猶傾兵。(75)決力：猶竭力。(76)觀察使：指崔彥曾。(77)揚言：謂大聲言曰。(78)望國恩：謂望旌節。(79)臣節：臣子之節操。(80)乖：乖違。(81)掃：盡。(82)戮力：合力。(83)比屋：猶挨屋。(84)天冊將軍：謂上天所冊命之將軍。(85)轉戰：輾轉戰鬭。(86)得出：謂得出危險之境。(87)斗山：胡三省曰：「斗山在今盱眙縣，臨淮流。斗山之東，則古盱眙。」(88)塞：杜塞。(89)托過：謂托擊之而過。(90)旁出四五尺：謂伸出艦身外四五尺。(91)以槍揭火牛焚之：揭、挑。

胡三省曰：「火牛縛草為之，爇以燒敵。今沿邊州郡，防城庫積草，謂之火牛草。」(九二)然：通燃。(九三)節：禮節。(九四)按：同案。(九五)授：當作受，謂受其父之拜。(九六)以令狐綯為太保分司：以綯在淮南喪師，命馬舉代之。(九七)引兵退保兗州：曹翔泰寧帥，本治兗州，故退保之。(九八)不測：謂不能推測而知。(九九)蠶麥方急：謂蠶麥之事正急。(〇〇)聚食：謂聚糧。(〇一)西軍：謂康承訓之軍，時屯柳子，其地在豐縣西。(〇二)聲勢：聲威形勢。(〇三)遲明：待明。(〇四)整眾：整齊士卒。(〇五)遽：急。(〇六)比至：及至。(〇七)白徒：謂白衣，亦即平民。(〇八)蹙：蹙迫。(〇九)蹈：蹈踏。(一〇)解甲：解去鎧甲。(一一)襦：短衣。(一二)第城驛：驛在宿州西。(一三)下邳：縣屬徐州。(一四)器韻：才器韻調。(一五)溺：同尿。(一六)昭州：《舊唐書・地理志》四：「嶺南道昭州，至京師四千四百三十六里。」(一七)塹其三面：謂三面掘塹。(一八)臨淮：濱臨淮水。(一九)北津：謂淮水之北岸，具臨水濟渡之處謂之津。(二〇)滄州卒：即橫海軍卒。(二一)魯橋：《九域志》：「濟州任城縣有魯橋。」(二二)擅還：擅自歸還。(二三)不從約束：猶不聽命令。(二四)是自亂也：謂是自為亂。(二五)保據：保守占據。(二六)五八村：乃係村名。(二七)環地數千里：謂五八村周圍數千里。(二八)舉眾：猶將眾。(二九)離：攜離。(三〇)蘄縣：唐屬宿州。(三一)計事：計議事情。(三二)憂懣：憂愁煩悶，音悶。(三三)飯僧：亦即齋僧。(三四)專殺：猶擅殺。(三五)數重：數層。(三六)環水：以水環繞之。(三七)國兵：謂官軍。(三八)徐城：據《新唐書・地理志》二，徐城屬河南道泗州。(三九)引兵而西：宜作自引兵而西。(四〇)羅城：外城。(四一)考異曰：「舊紀實錄皆云：『八月，康承訓攻柳子寨。』」：按《舊唐書・懿宗紀》，八月作七月，當改從之。(四二)恚：病。(四三)脅從：謂被脅迫而始服從。(四四)嘗：嘗通常。(四五)布諭：謂分諭。(四六)協同：合同。(四七)青旌：胡三省曰：「木行色青，木主生，使立青旌，以示不殺。」(四八)僕射寨中：僕射謂康承訓。(四九)大擾：大擾亂。(五〇)肉袒：謂袒其左背。(五一)膝行：謂跪伏而行。(五二)賜遺：遺當作遺，謂賞賜遺贈。(五三)四遠：謂四方之遠處。(五四)遣：發遣。(五五)平安火：謂諸城暮燃烽燧，以相告示，言境中平靜，而無寇警，此火謂之平安火。(五六)軍潰：軍隊潰敗。(五七)嬰城：猶據城。(五八)按兵：猶止兵。(五九)城守：即守城。(六〇)同為：謂皆為。(六一)投兵：投下兵器。(六二)日昃：謂日過午。(六三)無遺：無遺餘。(六四)南掠亳州：《九域志》：「宋州南至亳州，一百二十里。」(六五)不暇：即無暇。(六六)蘄：時屬宿州。(六七)發橋：謂將橋起發，而吊至高處，使敵不得用之。(六八)識：認識。(六九)宿遷：屬徐州。(七〇)招義：據《新唐書・地理志》二，招義縣屬河南道濠州。(七一)置大同軍於雲州：胡三省曰：「會昌中已置大同軍團練使於雲州，尋為防禦，今陞為節鎮。」(七二)賞賚：謂賞賜。(七三)犯圍：猶突圍。(七四)荒宴：謂荒淫於宴樂。(七五)不親庶政：謂不親理庶政。(七六)頗通：猶頗行。(七七)至德：胡三省曰：「肅宗至德元載，分鄱陽、秋浦置至德縣，屬饒州。」(七八)贍：贍給。(七九)愛州：《舊唐書・地理志》四：「嶺南道愛州，至京師八千八百里。」(八〇)恨師望分裂巡屬：謂分西川巡屬卭嶲等州，別立定邊軍，事見上卷九年六月。(八一)傾國：謂傾全國之兵。(八二)董春烏部：為西川附塞蠻。(八三)安再榮：《新唐書・南詔傳》，皆作杜再榮。(八四)密：秘密。(八五)雪坡：雪嶺之坡。(八六)沭源川：胡三省曰：「沭源川在嘉州羅目縣界。」(八七)舉軍：全軍。(八八)至江岸：此江為青衣江。(八九)犍為：據《新唐書・地理志》六，犍為屬嘉州。(九〇)陵雲寺：胡三省曰：「陵雲寺在嘉州南山，開元中，僧海通於瀆江沫水濛水三江之會，悍流怒浪之濱，鑿山為彌勒大像，高踰三百六十尺，建七層閣以覆之。」㊈船栰：栰亦船，體形較小。㊉自經：自縊。㊂解：解救。㊃盡：謂無遺存。㊄導江：據《新唐書・地理志》六，導江縣屬彭州。㊅偫：儲物待用，音峙。㊆散：分散。

卷二百五十二 唐紀六十八

司馬光編集
曲守約註

起上章攝提格，盡柔兆涒灘，凡七年。（庚寅至丙申，西元八七〇年至八七六年）

懿宗昭聖恭惠孝皇帝下

咸通十一年（西元八七〇年）

㈠春，正月，甲寅朔，羣臣上尊號曰睿文英武明德至仁大聖廣孝皇帝，赦天下。

㈡西川之民聞蠻寇將至，爭走入成都，時成都但有子城，亦無壕㊀，人所占地，各不過一席許㊁，雨則戴箕盎㊂以自庇㊃，又乏水，取摩訶池㊄泥汁㊅，澄㊆而飲之。將士不習武備，節度使盧耽召彭州刺史吳行魯使攝參謀，與前瀘州刺史楊慶復【考異】新傳云瀘州刺史楊慶，錦里耆舊傳云嘉州，誤也，今從解圍錄。共修守備，選將校，分職㊇事，立戰棚，具礮㊈檑，造器備，嚴警邏㊉。先是西川將士多虛職名⑪，亦無稟給⑫，至是揭牓⑬募驍勇之士，補以實職，厚給糧賜，應募者雲集。慶復乃諭之曰：「汝曹皆軍中子弟，年少材勇[14]，平居無由自進，今蠻寇憑陵[15]，乃汝曹取富貴之秋[16]也，可不[17]勉乎？」皆歡呼踊躍，於是列兵械於庭，使之各試所能，兩兩角[18]勝，察[19]其勇怯而進退[20]之，得選兵三千人，號曰突將[21]。行魯，彭州人也。戊午，蠻至眉州，耽遣同節度副使王偃等齎書見其用事[22]之臣杜元忠，與之約和，蠻報曰：「我輩行止，只繫雅懷[23]。」

㈢路巖、韋保衡上言：「康承訓討龐勛時，逗橈[24]不進，又不能盡其餘黨[25]，又貪虜獲，不時上功[26]。」辛酉，貶蜀王傅[27]分司，【考異】新傳曰：「宰相路巖、韋保衡劾承訓討賊逗橈，貪虜獲，不時上功，貶蜀王傅，分司東都。」按此時保衡未為相，蓋以尚主之故，上用其言，故得擠承訓也。尋再貶恩州[28]司馬。

㈣南詔進軍新津[29]，定邊之北境也，盧耽遣同節度副使譚奉祀致書於杜元忠，問其所以來之意，蠻留之不還。耽遣使告急於朝，且請遣使與和，以紓[30]一時之患[31]。朝廷命知四方館事[32]大僕卿支詳為宣諭通和使，蠻以耽待之恭，亦為之盤桓[33]，而成都守備，由是粗[34]完。甲子，蠻長驅而北，陷雙流[35]，庚午，耽遣節度副使柳槃往見之，杜元忠授槃書一通㊱，曰：「此通和之後，驃信與軍府相見之儀也。」其儀㊲以王者自處㊳，語極驕慢，又遣人負綵幕㊴至城南，云：「欲張陳㊵蜀王廳㊶，以居驃信。」癸酉，廢定邊軍，復以七州㊷歸西川。是日，蠻軍抵成都城下，前一日，盧耽遣先鋒遊奕使王晝至漢州詗㊸援軍，且趣㊹之，時興元六千人、鳳翔四千人，已至漢州，會竇滂以忠武、義成、徐宿四千人自導江奔漢州，就援軍以自存㊺。丁丑，王晝以興元、資、簡兵三千餘人，軍於毗橋㊻，遇蠻前鋒，與戰不利，退保漢州。時成都日望援軍之至，而竇滂自以失地㊼，欲西川相繼陷沒，以分其責㊽，每援軍自北至，輒說之曰：「蠻眾多於官軍數十倍，官軍遠來疲弊，未易㊾遽前㊿。」諸將信之，皆狐疑不進。成都十將李自孝陰與蠻通，欲焚城東倉為內應，城中執而殺之，後數日，蠻果攻城，久之，城中無應而止。二月，癸未朔，蠻合梯衝(五一)，四面攻成都，城上以鉤繯(五二)挽之使近，投火沃(五三)油焚之，攻者皆死。盧耽以楊慶復攝左都押牙，李驤各帥突將出戰，殺傷蠻二千餘人，會暮(五四)，焚其攻具三千餘物(五五)而還，蜀人素怯，其突將新為慶復所獎拔，且利於厚賞，勇氣自倍，其不得出者，皆憤鬱求奮(五六)，後數日賊取民籬，重沓濕而屈之以為蓬(五七)，置人其下，舉以抵城而斸(五八)之，矢石不能入，火不能然，慶復鎔鐵汁以灌(五九)之，攻者又死。乙酉，支詳遣使與蠻約和，丁亥，蠻斂兵(六〇)請和，戊子，遣使迎支詳。時顏慶復以援軍將至，詳謂蠻使曰：「受詔詣(六一)定邊約和(六二)，今雲南乃圍成都，則與曏日詔旨異矣。且朝廷所以和者，冀其不犯(六三)成都也，今矢石晝夜相交(六四)，何謂和乎(六五)？」蠻見和使不至，庚寅，復進攻城，辛卯，城中出兵擊之，乃退。初韋皋招南詔以破吐蕃，既而蠻訴以無甲弩，皋使匠教之，數歲，蠻中甲弩皆精利(六六)。又東蠻苴那時、勿鄧、夢衝三部，助皋破吐蕃有功(六七)，其後邊吏遇之無狀(六八)，東蠻怨唐深，自附於南詔，每從南詔入寇，為之盡力，得唐人皆虐殺之。

(五)朝廷貶竇滂為康州司戶，以顏慶復為東川節度使，凡援蜀諸軍，皆受慶復節制(六九)。癸巳，慶復至新都(七〇)，蠻分兵往拒之，甲午，與慶復遇，慶復大破蠻軍，殺二千餘人，蜀民數千人，爭操芟刀(七一)白棓(七二)以助官軍，呼聲震野(七三)，乙未，蠻步騎數萬復至，會右武衛上將軍宋威以忠武二千人至，即與諸軍會戰(七四)，蠻軍大敗，死者五千餘人，退保星宿山。威進軍沱江驛(七五)，距成都三十里，蠻遣其臣楊定保詣支詳請和，詳曰：「宜先解圍退軍。」定保還，蠻圍城如故，城中不知援軍之至，但見其數來請和，知援軍必勝矣(七六)。戊戌，蠻復請和，使者十返(七七)，城中亦依違(七八)答之，蠻以援軍在近，攻城尤急，驃信以下，親立矢石之間(七九)，庚子，官軍至城下，與蠻戰，奪其升遷橋(八〇)，是夕，蠻自燒攻具遁去，比(八一)明，官軍乃覺之。初朝廷使顏慶復救成都，命宋威屯綿漢為後繼，威乘勝先至城下，破蠻，軍功(八二)居多，慶復疾(八三)之。威飯士欲追蠻軍，城中戰士亦欲與北軍合勢俱進，慶復牒威奪其軍(八四)，勒(八五)歸漢州蠻至雙流，阻新穿水(八六)，造橋未成，狼狽失度(八七)，三日橋成，乃得過，斷橋而去，甲兵服物(八八)，遺棄於路，蜀人甚恨之。黎州刺史嚴師本收散卒數千，保邛州，蠻圍之，二日不克，亦捨去。顏慶復始教蜀人築壅門城(八九)，穿塹引水滿(九〇)之，植鹿角，分營鋪(九一)，蠻知有備，自是不復犯成都矣。先是西川牙將有職無官(九二)，及拒卻南詔，四人以功授監察御史，堂帖(九三)人輸堂例錢(九四)三百緡，貧者(九五)苦之。

(六)三月，左僕射同平章事曹確同平章事，充鎮海節度使。

(七)夏，四月，丙午，以翰林學士承旨兵部侍郎韋保衡同平章事。

(八)徐賊餘黨，猶相聚閭里為羣盜，散居兗鄆青齊之間，詔徐州觀察使夏侯曈招諭(九六)之。

(九)五月，丁丑，以邛州刺史吳行魯為西川留後。

(十)光州民逐刺史李弱翁，弱翁奔新息(九七)，左補闕楊堪等上言：「刺史不道(九八)，百姓負冤，當訴於朝廷，寘諸典刑，豈得羣黨相聚，擅自斥逐(九九)，亂上下(一〇〇)之分(一〇一)，此風(一〇二)殆不可長(一〇三)，宜加嚴誅，以懲來者(一〇四)。」

(十一)上令百官議處置徐州之宜。六月，丙午，太子少傅李膠等狀，以為：「徐州雖屢構禍亂(一〇五)，未必比屋(一〇六)頑凶(一〇七)，蓋由統御失人，是致(一〇八)姦回(一〇九)乘釁。今使名雖降(一一〇)，兵額(一一一)尚存，以為支郡(一一二)，則糧餉不給(一一三)，分隸別藩(一一四)，則人心未服，或舊惡相濟(一一五)，更成披猖(一一六)。

惟泗州向因攻守，結釁已深，宜有更張(二七)，庶為兩便。」詔從之，徐州依舊為觀察使，統徐、濠、宿三州，泗州為團練使，割隸淮南。

(十二)加幽州節度使張允伸兼侍中。

(十三)秋，八月，乙未，同昌公主薨，上痛悼(二八)不已，殺翰林醫官韓宗劭等二十餘人，悉收捕其親族(二九)三百餘人，繫京兆獄。中書侍郎同平章事劉瞻召諫官使言之，諫官莫敢言者，乃自上言，以為：「脩短(三〇)之期，人之定分(三一)，昨公主有疾，深軫(三二)聖慈(三三)，宗劭等診療(三四)之時，惟求疾愈，備施方術(三五)，非不盡心，而禍福(三六)難移(三七)，竟成差跌(三八)。原(三九)其情狀，亦可哀矜(四〇)。而械繫老幼三百餘人，物議(四一)沸騰，道路嗟歎，奈何以達理(四二)知命(四三)之君，涉(四四)肆暴(四五)不明之謗！蓋由安不慮危，忿不思難(四六)之故也。伏願少回(四七)聖慮(四八)，寬釋(四九)繫者。」上覽疏不悅，瞻又與京兆尹溫璋力諫於上前，上大怒，叱出之。

(十四)魏博節度使何全皞年少，驕暴好殺，又減將士衣糧，將士作亂，全皞單騎走，追殺之，推大將韓君雄為留後，成德節度使王景崇為之請旌節。九月，庚戌，以君雄為魏博留後。

(十五)丙辰，以劉瞻同平章事，充荊南節度使，貶溫璋振州㊵司馬，璋歎曰：「生不逢時㊶，死何足惜。」是夕仰藥㊷卒。勅曰：「苟無蠹害，何至於斯！惡實貫盈㊸，死有餘責，宜令三日內，且於城外權瘞㊹，俟經恩宥，方許歸葬，使中外快心，姦邪知懼。」己巳，貶右諫議大夫高湘、比部郎中知制誥楊知至、禮部郎中魏簹等於嶺南，皆坐與劉瞻親善，為韋保衡所逐也。知至，汝士之子㊺；簹，扶之子㊻也。保衡又與路巖共奏劉瞻云：「與醫官通謀，誤投毒藥。」丙子，貶瞻康州㊼刺史。翰林學士承旨鄭畋草瞻罷相制辭，曰：「安數畝之居㊽，仍非己有，卻四方之賂，惟畏人知。」巖謂畋曰：「侍郎乃表薦劉相也㊾。」坐貶梧州㊿刺史。御史中丞孫瑝坐為瞻所引用，亦貶汀州(五一)刺史。路巖素與劉瞻論議多不叶(五二)，瞻既貶康州，巖猶不快，閱十道圖，以驩州去長安萬里，再貶驩州(五三)司戶。【考異】實錄新傳皆云：「巖志欲殺之，賴幽州節度使張公素表論瞻冤，乃止。」按是時張允伸鎮幽州，云公素，恐誤也。

(十六)冬，十月，癸卯，以西川留後吳行魯為節度使。

(十七)十一月，辛亥，以兵部尚書鹽鐵轉運使王鐸為禮部尚書同平章事。鐸，起之兄子(五四)也。(十八)丁丑，復以徐州為感化軍節度(五五)。(十九)十二月，加成德節度使王景崇同平章事，以左金吾上將軍李國昌為振武節度使。

【今註】㊀壕：城壕。㊁各不過一席許：按席之面積，《禮．文王世子》：「凡侍坐於大司成者，遠近間三席，可以問。」注：「席之制，廣三尺三寸三分，則是所謂函丈也。」而此尺寸，與日本所云之席，實約略相近，特此僅言廣度，而未言寬度，今日本之席，則為半坪，即廣三尺，寬六尺，唐代之席，其面積諒必亦如此也。㊂箕畚：謂箕笠盆畚。㊃庇：庇蔽。㊄摩訶池：胡三省曰：「成都記：『摩訶池在張儀子城內，隋蜀王秀取土築廣子城，因為池，有胡僧見之曰，摩訶宮毗羅，蓋胡僧謂摩訶為大，宮毗羅為龍，謂此池廣大有龍耳，因名摩訶池。』今在成都縣東南十二里。」㊅泥汁：謂水中含泥甚多。㊆澄：謂加礬等物，使之澄清。㊇分職事：部分職事。㊈檑：檑木，自城上下之以壓敵。㊉警邏：警戒巡邏。(十一)虛職名：謂徒有職名，而不理事。(十二)稟給：稟通廩，謂糧給。(十三)榜：榜帖。(十四)材勇：材能勇敢。(十五)憑陵：謂恃勢陵轢。(十六)秋：猶時。(十七)可不：謂豈可不。(十八)角：比賽。(十九)察：省察。(二十)進退：謂取用或罷免。(二十一)突將：謂突鋒陷陣之將士。(二十二)用事：任事。㉓我輩行止，只繫雅懷：謂我輩之進退，全遵隨尊意。㉔逗橈：逗留沮橈。㉕盡其餘黨：謂盡除其餘黨。㉖不時上功：謂不立即呈報戰爭之俘獲數目。㉗蜀王傅：蜀王名佶，上子。㉘恩州：《舊唐書・地理志》四：「嶺南道、恩州，至京師東南六千五百里。」㉙新津：據《新唐書・地理志》六，新津縣屬蜀州。㉚紓：解。㉛患：患難。㉜知四方館事：《晏公類要》：「舊儀於通事舍人中，以宿長一人，總知館事，謂之館主，凡四方貢納及章表，皆受而進之。唐自中世以後，始以他官判四方館事。」㉝盤桓：徘徊不進。㉞粗：猶略。㉟雙流：據《新唐書・地理志》六，雙流屬成都府。㊱書一通：謂書信一套，通乃中古計書之單位名辭。㊲儀：禮儀。㊳自處：自居。㊴綵幕：雜采所製之帳幕。㊵張陳：猶張設。㊶蜀王廳：隋蜀王秀鎮蜀，起廳事，極為宏壯。㊷七州：邛、眉、蜀、雅、嘉、黎、巂。㊸詗：偵探。㊹趣：讀曰促。㊺自存：自存立。㊻毗橋：毗橋在漢州南界。㊼自以失地：失地謂失定邊軍。㊽責：猶罪。㊾未易：應作未宜。㊿遽前：立即向前。(51)梯衝：謂雲梯衝車。(52)鈎繯：屈轉其索如環，鈎施於其端。(53)沃：灌。(54)會暮：遇暮。(55)餘物：此可作餘件。(56)求奮：求出奮擊。(57)取民籬，重沓濕而屈之以為蓬：胡三省曰：「蓬當作篷，編竹以覆舟曰篷。言濕籬而屈之，狀如舟之眠篷也。」重沓猶反覆。(58)斸：斫。(59)灌：猶澆。(60)斂兵：收兵。(61)詣：至，音一。(62)約和：相約議和。(63)犯：侵犯。(64)相交：謂相交擊。(65)何謂和乎：言如何為欲和乎。(66)精利：精銳鋒利。(67)東蠻苴那時、勿鄧、夢衝助皋破吐蕃有功：事見卷二百三十三德宗興元五年。(68)無狀：謂無善狀。(69)節制：節度控制。(70)新都：《九域志》：「新都縣在成都府北四十五里。」(七二)芟刀：農家所持以芟草之刀，音ㄕㄢ。(七三)棓：大杖，同棒。(七三)震野：震動山野。(七四)會戰：合戰。(七五)沱江驛：胡三省曰：「沱江驛在成都府新繁縣。」(七六)知援軍必勝矣：據上文不知援軍之至，則此必勝當作必至為是。(七七)十返：謂十次往返。(七八)依違：謂不作明確決定。(七九)親立矢石之間：謂親立於敵人放射矢石所及之處。(八〇)升遷橋：胡三省曰：「即升僊橋，秦時李冰所起，舊名七星橋。」(八一)比：及。(八二)軍功：戰功。(八三)疾：嫉妬。(八四)奪其軍：謂奪威之軍。(八五)勒：勒令。(八六)新穿水：《九域志》：「蜀州新津縣有新穿鎮。」(八七)失度：失其常度。(八八)服物：謂衣服器物。(八九)壅門城：胡三省曰：「城門之外，別築垣墻，以遮城門，謂之壅門。今人謂之八卦墻者是也。」(九〇)滿：注滿。(九一)植鹿角，分營鋪：胡三省曰：「斬木為鹿角，植之城外，以限衝突，今人謂之排杈者是。分立寨屋，謂之營，以居士卒，城上分立小屋，使守卒居之，以候望，謂之鋪。」(九二)有職無官：謂有職事而不能遷官。(九三)堂帖：政事堂之帖。(九四)輸堂例錢：謂輸納給政事堂例行之錢。(九五)貧者：指無錢之官員言。(九六)招諭之：招安曉諭之。(九七)新息：據《新唐書・地理志》二，新息縣屬河南道蔡州。(九八)不道：謂無為官之道。(九九)斥逐：斥責驅逐。(一〇〇)上下：此指官民言。(一〇一)分：定分。(一〇二)風：風氣。(一〇三)長：猶滋蔓。(一〇四)來者：謂未來欲為此舉者。(一〇五)徐州雖屢構禍亂：謂銀刀及桂州戍卒。構猶生。(一〇六)比屋：謂每家。(一〇七)頑凶：頑冥凶惡。(一〇八)是致：謂是以致使。(一〇九)姦回：姦惡回邪。(一一〇)今使名雖降：謂降節度使為觀察使。(一一一)兵額：兵士之名額。(一一二)支郡：謂支屬之郡。(一一三)不給：不足供給。(一一四)別藩：謂他處藩鎮。(一一五)相濟：謂相輔相成。(一一六)披猖：猶猖獗。(一一七)更張：謂另有設置。㉖痛悼：痛惜哀悼。㉙親族：親戚宗族。㉚脩短：長短。㉛分：分限。㉜軫：痛。㉝聖慈：指天子言，唐人稱天子，率用此二字。㉞診療：診，候脈；療，治病。㉟方術：方法技術。㊱禍福：猶死生。㊲難移：難以移轉。㊳差跌：謂意外之失誤。㊴原：推原。㊵哀矜：悲哀矜憫。㉛物議：謂人物之議論。㉜達理：通達道理。㉝知命：知曉天命。㉞涉：涉歷。㉟肆暴：恣肆凶暴。㊱思難：思慮患難。㊲回：回轉。㊳慮：思。㊴寬釋：寬原釋放。㊵振州：《舊唐書・地理志》四：「嶺南道振州，至京師八千六百六里。」㊶逢時：謂逢明時。㊷仰藥：謂仰首而飲藥。㊸貫盈：謂滿盈。㊹責：辜。㊺瘞：埋，音一。㊻知至，汝士之子：楊汝士，虞卿從兄，見卷二百四十一穆宗長慶元年。㊼簹，扶之子：魏扶見卷二百四十八宣宗大中三年。㊽康州：《舊唐書・地理志》四：「嶺南道康州，至京師五千七百五十里。」㊾數畝之居：謂數畝之宅。㊿表薦：謂上表薦舉。㊿梧州：《舊唐書・地理志》四：「嶺南道梧州，至京師五千五百里。」㊿汀州：同志三：「江南東道汀州，在京師東南六千一百七十三里。」㊿叶：合。㊿驩州：《舊唐書・地理志》四：「嶺南道驩州，至京師陸路一萬二千四百五十二里。」㊿鐸，起之兄子：王起見卷二百四十一長慶元年。㊿以徐州為感化軍節度：徐州本武寧軍，中有銀刀之亂，罷節鎮為觀察，今復為感化軍。

十二年（西元八七一年）

㈠春，正月，辛酉，葬文懿公主㊀，韋氏之人，爭取庭祭㊁之灰，汰㊂其金銀，凡服玩每物皆百二十輿，以錦繡珠玉為儀衞，明器㊃輝煥㊄三十餘里㊅，賜酒百斛，餅餤㊆四十橐駝，以飼體夫㊇。上與郭淑妃思公主不已，樂工李可及作歎百年曲，其聲悽惋㊈，舞者數百人，發內庫雜寶為其首飾，以絁㊉八百匹為地衣，舞罷，珠璣覆地(一一)。

㈡以魏博留後韓君雄為節度使。

㈢門下侍郎同平章事路巖與韋保衡素相表裏(一二)，勢傾(一三)天下，既而爭權，浸(一四)有隙，保衡遂短巖於上。夏，四月，癸卯，以巖同平章事，充西川節度使，巖出城，路人以瓦礫擲之。權(一五)京兆尹薛能、巖所擢(一六)也，巖謂能曰：「臨行煩(一七)以瓦礫相餞(一八)。」能徐舉笏對曰：「曏來宰相出，府司(一九)無例發人防衞(二〇)。」巖甚慙。能，汾州人也。

㈣五月，上幸安國寺，賜僧重謙、僧澈，沈檀講座(二一)二，各高二丈，設萬人齋。

㈤秋，七月，以兵部尚書盧耽同平章事，充山南東道節度使。

㈥冬，十月，以兵部侍郎鹽鐵轉運使劉鄴為禮部尚書同平章事。

【今註】㊀文懿公主：同昌公主諡文懿。㊁庭祭：勅祭之於韋氏之庭，故曰庭祭。㊂汰：淘。㊃明器：明，神明，此謂死人所用之器。㊄輝煥：猶輝煌。㊅三十餘里：謂綿亘三十餘里。㊆餅餤：餤亦餅，音淡。㊇體夫：舉柩之人。㊈歎百年曲，其聲悽惋：胡三省曰：「歎百年曲歷敍人自少而壯，自壯而老，少時娟好，壯時追歡極樂，老時衰颯之狀，其聲悽切，感動人心。」㊉絁：粗紬似布，音施。⑪覆地：蓋地。⑫表裏：謂裏外應合。⑬勢傾：權勢傾壓。⑭浸：漸。⑮權：暫攝。⑯擢：拔擢。⑰煩：勞煩。⑱餞：祖餞。⑲府司：謂京兆府所司。⑳無例發人防衞：謂無有遣人防衞之例。㉑沈檀講座：謂以沈香檀香為講座。㉒設萬人齋：謂飯僧萬人。

十三年（西元八七二年）

㈠春，正月，幽州節度使張允伸得風疾㊀，請委㊁軍政就醫，許之；以其子簡會知留後，疾甚，遣使上表納旌節，丙申，薨。允伸鎮幽州二十三年㊂，勤儉恭謹，邊鄙㊃無警㊄，上下安之。

㈡二月，丁巳，以兵部侍郎同平章事于琮為山南東道節度使，以刑部侍郎判戶部奉天㊅趙隱為戶部侍郎同平章事。

㈢平州刺史張公素素㊆有威望，為幽人所服，張允伸薨，公素帥州兵來奔喪，張簡會懼。三月，奔京師，以為諸衛將軍㊇。

㈣夏，四月，立皇子保為吉王，傑為壽王，倚為睦王。

㈤以張公素為平盧㊈留後。

㈥五月，國子司業韋殷裕詣閤門，告郭淑妃弟內作坊使⑩敬述陰事，上大怒，杖殺殷裕，籍沒其家。【考異】續寶運錄曰：「內作使郭敬述與宰臣韋保衡、張能順，頻於內宅飲酒，潛通郭妃，荒穢頗甚，每封進文書，於金合內詐稱果子，內連郭妃、郭敬述，外結張能順、國子司業韋殷裕，擬傾皇祚，別立太子，事泄，遽加貶降。五月十四日，內牓子貶工部尚書嚴祁郴州刺史，給事中李晛勤州刺史，給事中張鐸滕州刺史，左金吾大將軍李敬仲儋州司戶，國子司業韋殷裕勅京兆府決痛杖一頓，處死，家資妻女沒官；又貶敘州刺史韋君卿愛州崇平縣尉，右僕射右羽林統軍張直方康州司馬；續又貶駙馬于琮，並扶會與韋保衡同謀不軌事，其月十七日，又貶尚書左丞李當道州刺史，吏部侍郎王渢建州刺史，左常侍李都賀州刺史，翰林承旨張裼封州司馬，中書舍人封彥卿朝州司戶，諫議大夫楊塾新州司戶，駙馬韋保衡雷州刺史；又貶儋州澄邁縣尉，又貶驩州常流百姓，又賜自盡，家貲沒官，仍三族不許朝廷錄用。」其語雜亂無稽，今從實錄。乙亥，閤門使田獻銛奪紫⑪，改橋陵使，以其受殷裕狀故也。殷裕妻父太府少卿崔元應、妻從兄中書舍人崔沆、季父⑫君卿，皆貶嶺南官⑬。給事中杜裔休坐與殷裕善，亦貶端州⑭司戶。沆，鉉之子⑮也；裔休，悰之子也。

㈦丙子，貶山南東道節度使于琮為普王傅分司⑯，韋保衡譖之也。辛巳，貶尚書左丞李當、吏部侍郎王渢、左散常侍李都[17]、翰林學士承旨兵部侍郎張裼、前中書舍人封彥卿、左諫議大夫楊塾。癸未，貶工部尚書嚴祁、給事中李貺、給事中張鐸[18]、左金吾大將軍李敬仲、起居舍人蕭遘、李瀆、鄭彥特、李藻，皆處之湖嶺之南[19]，坐與琮厚善故也。貺，漢之子[20]；遘，寘之子[21]也。甲申，貶前平盧節度使于琄為涼王[22]府長史分司，前湖南觀察使于瓌為袁州刺史，瓌琄皆琮之兄也，尋再貶琮韶州[23]刺史。琮妻廣德公主，上之妹也，與琮偕之韶州，行則肩輿門[24]相對，坐則執琮之帶，琮由是獲全。時諸公主多驕縱，惟廣德動遵法度[25]，事于氏宗親[26]尊卑，無不如禮，內外稱之。

(八)六月，以盧龍留後張公素為節度使。

(九)韋保衡欲以其黨裴條為郎官，憚左丞李璋方嚴，恐其不放上[27]，先遣人達意[28]，璋曰：「朝廷遷除，不應見問[29]。」

(十)秋，七月，乙未，以璋為宣歙觀察使。

(十一)八月，歸義節度使張義潮薨，沙州長史曹義金代領[30]軍府，制以義金為歸義節度使，是後中原多故，朝命不及，回鶻陷甘州，自餘諸州隸歸義者，多為羌胡所據。

(十二)冬，十二月，追上宣宗謚曰元聖至明成武獻文睿智章仁神聰懿道大孝皇帝。

(十三)振武節度使李國昌恃功恣橫㉛，專殺㉜長吏，朝廷不能平㉝，徙國昌為大同軍防禦使，國昌稱疾不赴。

【今註】㈠風疾：謂中風之疾。㈡委：猶卸除。㈢允伸鎮幽州二十三年：宣宗大中四年，始鎮幽州。㈣邊鄙：邊陲鄙邑。㈤無警：謂無風塵之警。㈥奉天：據《新唐書・地理志》一，奉天縣屬京兆府。㈦素：猶久。㈧以為諸衞將軍：胡三省曰：「凡言諸衞將軍，不言何謂，史略之也。」㈨平盧：當作盧龍。㈩內作坊使：胡三省曰：「內作坊使、內諸司使之一，掌造內庫軍器。」⑪奪紫：謂奪去紫衣，亦即不許著紫，而紫衣乃三品已上之法服也。⑫季父：叔父。⑬皆貶嶺南官：謂皆貶為嶺南之官。⑭端州：《舊唐書・地理志》四：「嶺南道端州，至京師四千九百三十五里。」⑮沆，鉉之子：崔鉉見卷二百四十七武宗會昌三年。⑯普王傅分司：普王儼，皇子，後踐阼，是為僖宗。分司據《舊唐書・懿宗紀》，乃係指分司東都而言。⑰吏部侍郎王渢，左散騎常侍李都：按《舊唐書・懿宗紀》，渢作堨，都作郁。⑱給事中李貺、給事中張鐸：按二人既係同職，則下之給事中三字可省。⑲湖嶺之南：湖謂湖南，嶺則嶺南。⑳昵，漢之子：李漢見卷二百四十五文宗太和九年。㉑遘，寘之子：蕭遘見卷二百五十，五年。㉒涼王：涼王侹，皇子。㉓韶州：《舊唐書・地理志》四：「嶺南道韶州，至京師四千九百三十二里。」㉔肩輿門：謂肩輿之門。㉕動遵法度：謂一舉一動，皆遵法度。㉖宗親：宗屬親戚。㉗憚左丞李璋方嚴，恐其不放上：胡三省曰：「尚書左右丞分總六曹二十四司郎官，凡除授非其人，左右丞得以糾劾之，不令赴省供職。」方嚴、方正嚴厲，不放上、謂不放聽其上任赴職。㉘達意：通意。㉙見問：謂相問，相乃語辭，無義。㉚領：理治。㉛恣橫：恣肆驕橫。㉜專殺：擅殺。㉝朝廷不能平：謂天子心氣難以平定，亦即忿怒之意。

十四年（西元八七三年）

㈠春，三月，癸巳，上遣敕使詣法門寺迎佛骨㈠，羣臣諫者甚眾，至有言憲宗迎佛骨，尋晏駕㈡者，上曰：「朕生得見之㈢，死亦無恨。」廣造浮圖㈣、寶帳、香轝、幡花、幢蓋㈤以迎之，皆飾以金玉錦繡珠翠㈥，自京城至寺，三百里間，道路車馬晝夜不絕。夏，四月，壬寅，佛骨至京師，導以禁軍兵仗，公私音樂，沸天燭地㈦，綿亘數十里，儀衞之盛，過於郊祀㈧，元和之時，不及遠矣。富室夾道為綵樓(一九)，及無遮會(二〇)，競為侈靡，上御安福門(二一)，降樓膜拜(二二)，流涕霑臆(二三)，賜僧及京城耆老嘗見元和事者(二四)金帛，迎佛骨入禁中，三日出置安國、崇化寺，宰相已下，競施(二五)金帛，不可勝紀。因下德音(二六)，降中外繫囚(二七)。

(二)五月，丁亥，以西川節度使路巖兼中書令。【考異】錦里耆舊傳：「十二年八月，路公用邊咸郭籌策，奏於邛州置定邊軍節度使，復制扼大渡河，修邛崍關，南路米點檀丁子弟，教之斫刺刀，補義軍將主管，教練兵士。」新傳：「巖至西川，承蠻盜邊後，巖力附循，置定邊軍於邛州，扼大渡，治故關，取檀丁子弟教擊刺，補屯籍，由是西山八國來朝，以勞遷兼中書令。」按置定邊軍，乃李師望，耆舊傳、新傳，皆誤也。

(三)南詔寇西川，又寇黔南，黔中經略使秦匡謀兵少，不敵，棄城奔荊南，荊南節度使杜悰，囚而奏之。六月，乙未，勅斬匡謀，籍沒其家貲(二八)，親族應緣坐者，令有司搜捕以聞(二九)。匡謀，鳳翔人也。

(四)以中書侍郎同平章事王鐸同平章事，充宣武節度使。時韋保衡挾恩(三〇)弄權，以劉瞻于琮先在相位，不禮(三一)於己，譖(三二)而逐之，王鐸、保衡及第時主文(三三)也，蕭遘，同年進士也，二人素薄保衡之為人，保衡皆擯斥(三四)之。【考異】舊傳曰：「保衡以揚收、路巖在中書，不加禮接，媒孽逐之。」按收獲罪時，保衡未為相，蓋保衡雖為學士，懿宗寵任之，故能譖收也。又曰：「公主薨，自後恩禮漸薄。」按路巖、于琮、王鐸、蕭遘被擯，皆在公主薨後，今從實錄。

㈤秋，七月，戊寅，上疾大漸㉕，左軍中尉劉行深、右軍中尉韓文約，立少子普王儼。【考異】范質五代通錄：「梁李振謂陝州護軍韓彝範曰，懿皇初升遐，韓中尉殺長立少，以利其權，遂亂天下，今將軍復欲爾邪。彝範，即文約孫也。」按懿宗八子，僖宗第五，餘子新舊書不載長幼，又不言所終，不言所殺者，果何王也。

㈥庚辰，制立儼為皇太子，【考異】續寶運錄曰：「其日宰臣蕭鄴等直至寢幄問疾，上微道朕三字而止，羣臣不覺號哭失聲，中外悉皆垂泣。」按是時宰相韋保衡最在上，蕭鄴不為相，今不取。權句當㉖軍國政事。辛巳，上崩咸於寧殿㉗，遺詔以韋保衡攝冢宰。僖宗即位。八月，丁未，追尊母王貴妃為皇太后，劉行深、韓文約皆封國公。

㈦關東、河南大水。

㈧九月，有司上先太后㉘謚曰惠安。

㈨司徒門下侍郎同平章事韋保衡，怨家告其陰事，貶保衡賀州㉙刺史。樂工李可及流嶺南，可及有寵於懿宗，嘗為子娶婦，懿宗賜之酒二銀壺，啓之㉚無酒而中實㉛，右軍中尉西門季玄屢以為言㉜，懿宗不聽，可及嘗大受賜物，載以官車，季玄謂曰：「汝它日破家，此物復應以官車載還，非為受賜，徒煩牛足耳㉝。」及流嶺南，籍沒其家，果如季玄言。

㈩以西川節度使路巖兼侍中，加成德節度使王景崇中書令，魏博節度使韓君雄、盧龍節度使張公素、天平節度使高駢，並同平章事，君雄仍賜名允中。【考異】舊傳作允忠，實錄新傳皆作允中，今從之。

(十一)冬，十月，乙未，以左僕射蕭倣為門下侍郎同平章事。

(十二)韋保衡再貶崖州澄邁令，尋賜自盡，又貶其弟翰林學士兵部侍郎保乂為賓州㉞司戶，所親翰林學士戶部侍郎劉承雍為涪㉟州司馬。承雍，禹錫之子也。

(十三)癸卯，赦天下。

(十四)西川節度使路巖喜聲色遊宴，委軍府政事於親吏邊咸、郭籌，皆先行後申㊱，上下畏之，嘗大閱㊲，二人議事，默書紙相示而焚之，軍中以為有異圖，驚懼不安，朝廷聞之。十一月，戊辰，徙巖荊南節度使，咸籌潛知其故，遂亡命㊳。

(十五)以右僕射蕭鄴同平章事，充河東節度使。

(十六)十二月，己亥，詔送佛骨還法門寺。

㈦再貶路巖為新州刺史。

【今註】㊀詣法門寺迎佛骨：據新、舊《唐書・懿宗紀》，法門寺在鳳翔。㊁晏駕：謂天子崩。㊂見之：謂見佛骨。㊃浮圖：寺廟。㊄幢蓋：旌幢，其上有蓋如傘，音撞。㊅珠翠：珍珠翡翠。㊆燭地：照地，此指兵仗言。㊇郊祀：祀天，為國家祭祀中之最重大者。㊈綵樓：以采帛所結之樓。㊉無遮會：無遮會、印度國俗常舉行之，無遮者、寬容無阻之意，即聖賢道俗貴賤上下，一律參預，平等行財法二施之大法會也。⑪安福門：《唐六典》卷七：「皇城在京城之中，西面二門，北曰安福，南曰順義，安福門西直開遠門。」⑫膜拜：胡人之禮拜。⑬臆：胸。⑭嘗見元和事者：謂嘗見元和時迎佛骨事者。⑮施：施捨。⑯德音：唐宋時詔勅之外，別有德音一體，凡加惠宇內則用之，猶言恩詔也。⑰降中外繫囚：謂中外繫囚，各減降其刑。⑱家貲：猶家產。⑲以聞：以聞於上。⑳挾恩：挾持恩寵。㉑不禮：謂無禮貌。㉒譖：讒，音ㄓㄣˋ。㉓及第時主文：胡三省曰：「唐禮部校文主司，謂之主文。」㉔擯斥：擯棄排斥。㉕大漸：謂危篤。㉖句當：謂治理。㉗上崩於咸寧殿：年四十一。㉘先太后：謂上母王貴妃。㉙賀州：《舊唐書・地理志》四：「嶺南道賀州，在京師東南四千一百三十里。」㉚啓之：謂啓開酒壺。㉛無酒而中實：謂酒壺中全實以銀，而無空盛酒。㉜屢以為言：謂屢言不可賜賚甚多。㉝徒煩牛足耳：中古多以牛駕車，故云車之往返為煩牛足。㉞賓州：《舊唐書・地理志》四：「嶺南道賓州，至京師四千三百里。」㉟涪：音ㄈㄨˊ。

[三六]先行後申：謂先施行然後申報。[三七]大閱：謂大校閱師旅。[三八]亡命：猶逃匿。

僖宗惠聖恭定孝皇帝上之上

乾符元年[一]（西元八七四年）

㈠春，正月，丁亥，翰林學士盧攜上言，以為：「陛下初臨大寶，宜深念黎元，國家之有百姓，如草木之有根柢，若秋冬培溉，則春夏滋榮[二]。臣竊見關東去年旱災，自虢至海[三]，麥纔半收，秋稼幾無，冬菜至少，貧者磑[四]蓬實為麵，蓄槐葉為齏[五]，或更[六]衰羸，亦難收拾[七]。當年不稔[八]，則散之[九]鄰境。今所在皆饑，無所依投，坐守鄉閭[一〇]，待盡溝壑[一一]，其蠲免餘稅[一二]，實無可徵，而州縣以有上供及三司[一三]錢，督趣[一四]甚急，動加捶撻，雖撤屋[一五]伐木，雇妻鬻子，止可供所由[一六]洒食之費，未得至於府庫也。或租稅之外，更有他徭[一七]，朝廷儻不撫存[一八]，百姓實無生計[一九]。乞勅州縣應[二〇]所欠殘稅[二一]，並一切停徵，以俟蠶麥[二二]，仍發所在義倉[二三]，亟加賑給。至深春之後，有菜葉木牙[二四]，繼以桑椹[二五]，漸有可食，在今數月之間，尤為窘急，行之不可稽緩㉖。」勅從其言，而有司竟不能行，徒為空文而已。

㈡路巖行至江陵，勅削官爵，長流儋州㉗，巖美姿儀，囚於江陵獄，再宿須㉘髮皆白，尋賜自盡，籍沒其家。巖之為相也，密奏三品以上賜死，皆令使者剔取結喉㉙三寸以進，驗其必死，至是自罹㉚其禍，所死之處，乃楊收賜死之榻也。邊咸郭籌，捕得皆伏誅。初巖佐崔鉉於淮南為支使㉛，鉉知其必貴，曰：「路十㉜終須作彼一官㉝。」既而入為監察御史，不出長安城，十年至宰相，其自監察入翰林也，鉉猶在淮南，聞之曰：「路十今已入翰林，如何得老㉞！」皆如鉉言。

㈢以太子少傅于琮同平章事，充山南東道節度使。

㈣二月，甲午，葬昭聖恭惠孝皇帝於簡陵㉟，廟號懿宗。

㈤以中書侍郎同平章事趙隱同平章事，充鎮海節度使，以華州刺史裴坦為中書侍郎同平章事。

㈥以虢州刺史劉瞻為刑部尚書，瞻之貶也，人無賢愚，莫不痛惜，及其還也，長安兩市㊱人，率錢㊲雇百戲迎之，瞻聞之，改期由它道而入。【考異】玉泉子見聞錄曰：「初瞻南遷，無問賢不肖，一市皆為之痛惜，殆將至京，東西市豪俠，共率泉帛，募集百戲，將迎於城外，瞻知之，差期而易路焉。瞻為相，亦無它才能，徒以路嚴遭時嫉怒，瞻為所排，而人心歸向耳，其實未足譚也。」按瞻以清慎著聞，及懿宗暴怒，瞻獨能不顧其身，救數百人之死，而玉泉子以為未足談，不亦誣乎！

㈦夏，五月，乙未，裴坦薨，以劉瞻為中書侍郎同平章事。初瞻南遷，劉鄴附於韋路㊳，共短㊴之，及瞻還為相，鄴內懼。秋，八月，丁巳朔，鄴延㊵瞻置酒於鹽鐵院㊶，瞻歸而遇疾，辛未，薨，時人皆以為鄴鴆之也。

㈧以兵部侍郎判度支崔彥昭為中書侍郎同平章事。彥昭，羣之從子㊷也。兵部侍郎王凝，正雅之從孫㊸也，其母彥昭之從母㊹，凝彥昭同舉進士，凝先及第，嘗衩衣㊺見彥昭，且戲之曰：「君不若舉明經。」彥昭怒，遂為深仇㊻，及彥昭為相，其母謂侍婢曰：「為我多作韈履，王侍郎母子必將竄逐，吾當與妹偕行。」彥昭拜且泣，謝曰：「必不敢。」凝由是獲免。【考異】此出中朝故事，曰：「彥昭代凝判鹽鐵，半載而入相。」按實錄，彥昭不代凝為鹽鐵，其餘則取之。冬，十月，以門下侍郎同平章事劉鄴同平章事，充淮南節度使，以吏部侍郎鄭畋為兵部侍郎，翰林學士承旨戶部侍郎盧携守本官，並同平章事。【考異】舊畋傳曰：「乾符四年，遷吏部侍郎，尋降至，可本官同平章事。」今從實錄，此年為相。

(九)十一月，庚寅，日南至(四七)，羣臣上尊號曰聖神聰睿仁哲孝皇帝(四八)，改元(四九)。

(十)魏博節度使韓允中薨，軍中立其子節度副使簡為留後。

(十一)南詔寇西川，作浮梁，濟大度河，防河都知兵馬使黎州刺史黃景復，俟其半濟，擊之，蠻敗走，斷其浮梁。蠻以中軍多張旗幟，當其前，而分兵潛出上下流，各二十里，夜作浮梁(五〇)，詰朝(五一)俱濟(五二)，襲破諸城柵，夾攻景復，力戰三日，景復陽(五三)敗走，蠻盡銳追之，景復設三伏以待之，蠻過三分之二，乃發伏擊之，蠻兵大敗，殺二千餘人，追至大度河南而還，復修完城柵，而守之。蠻歸至之羅谷，遇國中發兵繼至，新舊(五四)相合，鉦(五五)鼓聲聞數十里，復寇大度河，與唐夾水而軍，詐云：「求和。」又自上下流潛濟，與景復戰連日，西川援軍不至，而蠻眾日益，景復不能支(五六)，軍遂潰。

(十二)十二月，党項回鶻寇天德軍。

(十三)感化軍(五七)奏，羣盜寇掠，州縣不能禁(五八)，勅兗鄆等道出兵討之。

(十四)南詔乘勝陷黎州，入邛崍關，攻雅州，大度河潰兵奔入邛州，成都驚擾(五九)，民爭入城，或北奔它州，城中大為(六〇)守備，而塹壘比曏時嚴固，驃信使其坦綽(六一)遺節度使牛叢書云：「非敢為寇也，欲入見天子，而訴數十年為讒人離間冤抑之事，儻蒙聖恩矜恤，當還與尚書永敦(六二)鄰好。今假道貴府(六三)，欲借蜀王廳，留止數日，即東上(六四)。」叢素懦怯，欲許之，楊慶復以為不可，斬其使者，留二人(六五)，授以書，遣還，書辭極數(六六)其罪，詈辱之(六七)，蠻兵及新津(六八)而還。叢恐蠻至，豫焚城外民居(六九)，蕩盡(七〇)，【考異】錦里耆舊傳，「咸通十四年十一月五日，雲南蠻寇，再犯大渡河，黃景復擊敗之。十二月二十五日，復攻大渡河，三十日，蠻乘勝進攻黎州，十二月二十八日，蠻來，只到新津前後，蜀州界左右，便退，竟不到城下。」按咸通十四年，南詔寇西川事，舊紀南詔傳、唐年補錄、唐錄備闕、續寶運錄，皆無之，獨耆舊傳載之甚詳，新書取之，作南詔傳，而實錄但云：「十二月，西川奏，南蠻入寇黎州，刺史黃景復擊退之。」新紀但云：「十二月，雲南蠻寇黎州。」蓋亦出於耆舊傳耳。舊紀：「乾符元年，冬，南詔蠻寇西蜀，詔河西、河東、山南西道、東川，徵兵赴援。」實錄：「乾符元年十月，西川奏，雲南蠻入寇，十二月，雲南蠻寇西川，坦綽致書於牛叢，欲求入覲，河東山南西道、及東川兵援之。」月末又云：「南蠻侵犯黎州，而成都守禦無備，殊不拒敵，踰河越嶺，洞無籬障，賴積雪丈餘，遂阻隔奔衝之勢。又邛雅二州刺史，望風奔遁，蠻燒劫一空，牛叢不曉兵，失於探候，而奏報差戾，詔切責之。蠻劫略黎雅間，破黎州，入邛崍關，成都閉三日，蠻乃去。」新紀：「乾符元年十二月，雲南蠻寇黎雅二州，河西、河東、山南東道東川兵，伐雲南。」按實錄，咸通十四年十一月七日，路巖始移荊南，八月，牛叢始除西川，而耆舊傳蠻入寇皆叢任內事，恐誤先一年也。實錄新紀，因此於十四年十二月，添雲南寇黎州事，實皆在乾符元年冬也。蜀人尤(七一)之，詔發河東、山南西道、東川兵援之，仍命天平節度使高駢詣西川，制置蠻事。

（十五）以韓簡為魏博留後。

（十六）商州刺史王樞以軍州空窘（七二），減折糴錢（七三），民相帥以白梃（七四）毆（七五）之，又毆殺官吏二人，朝廷更除刺史李誥到官，收捕民李叔汶等三十餘人，斬之。

（十七）初，回鶻屢求冊命，詔遣冊立使郗宗莒詣其國，會回鶻為吐谷渾嗢末（七六）所破，逃遁不知所之，詔宗莒以玉冊國信，授靈鹽節度使唐弘夫掌之（七七），還京師。

（十八）上年少，政在臣下，南牙北司互相矛楯（七八），自懿宗以來，奢侈日甚，用兵不息，賦斂（七九）愈急，關東連年水旱，州縣不以實聞，上下相蒙（八〇），百姓流殍（八一），無所控訴（八二），相聚為盜，所在蜂起，州縣兵少，加以承平（八三）日久，人不習戰，每與盜遇，官軍多敗。是歲，濮州人王仙芝始聚眾數十，起於長垣（八四）。

【今註】 ㊀乾符元年：是年十一月方改元。㊁滋榮：滋長繁榮。㊂自虢至海：謂自虢州東至於海。㊃磑：䃺，音ㄨㄟˋ。㊄韲：謂切為細末，音躋。㊅或更：或再。㊆亦難收拾：謂更難整理。㊇稔：

熟。⑨之：往。⑩鄉閭：猶鄉里。⑪待盡溝壑：謂待死於溝壑。⑫其蠲免餘稅：謂其蠲免後之餘稅。⑬三司：戶部、轉運，鹽鐵為三司。⑭趣：讀曰促。⑮撤屋：謂拆取房屋之材料。⑯所由：胡三省曰：「謂催督租稅之吏卒。」⑰徭：徭役。⑱撫存：安撫存恤。⑲生計：謂為生之法。⑳應：一應。㉑殘稅：餘稅。㉒以俟蠶麥：謂以俟蠶麥登收之時。㉓義倉：胡三省曰：「太宗置義倉及常平倉，以備凶荒，高宗以後，稍假義倉以給他費，至神龍中略盡，玄宗即位，復置之，安史之亂復廢。至文宗太和九年，以天下回殘錢置常平義倉本錢，歲增市之，以備賑給。」㉔牙：通芽。㉕桑椹：桑木所結之實。㉖稽緩：延緩。㉗儋州：《舊唐書・地理志》四：「嶺南道儋州，至京師七千四百四十二里。」㉘須：通鬚。㉙結喉：謂喉嚨上下相接之處。㉚罹：遭受。㉛支使：胡三省曰：「唐制，節度使幕屬有掌書記，觀察有支使，以掌表牋書翰，亦書記之任也。」㉜路十：巖第十。㉝彼一官：謂作相。㉞如何得老：謂惟不知其如何得死。㉟簡陵：《新唐書・地理志》一：「京兆府富平縣，簡陵在西北四十里。」㊱長安兩市：長安城中分東西兩市。㊲率錢：謂以貧富比率收錢。㊳韋路：謂韋保衡、路巖。㊴短：短毀。㊵延：延請。㊶置酒於鹽鐵院：劉鄴以鹽鐵轉運使為相，故延劉瞻於鹽鐵院。㊷彥昭，羣之從子：崔羣相憲穆。㊸王凝，正雅之從孫：王正雅見卷二百四十四文宗太和五年。㊹從母：母之姊妹謂之從母，亦即姨母。㊺衩衣：衩衣便服，不具禮儀，其制為於衣之下端開衩。㊻君不若舉明經，彥昭怒，遂為深仇：胡三省曰：「唐世重進士而輕明經，故當時有：『焚香禮進士，設幕試明經。』之語，崔彥昭之仇怒王凝，蓋以此也。」㊼日南至：冬至，日南至；夏至，日北至。(48)群臣上尊號曰聖神聰睿仁哲孝皇帝：按《新唐書・僖宗紀》，尊號孝上有明字。(49)改元：改元乾符。(50)浮梁：以舟編連，浮於水上，以充橋梁之用，是謂浮梁。(51)詰朝：明旦。(52)濟：渡。(53)陽：猶佯。(54)新舊：新者繼至之兵，舊者敗歸之兵。(55)鉦：鐸，音ㄓㄥ。(56)支：支拒。(57)感化軍：感化軍治徐州。(58)禁：禁止。(59)驚擾：驚恐擾亂。(60)大為：猶盛為。(61)坦綽：胡三省曰：「坦綽、南詔清平官之首也。」(62)敦：厚。(63)貴府：謂貴節度使府。(64)即東上：詐言將自成都東上長安。(65)留二人：謂留存使者之隨從二人。(66)極數：謂窮責。(67)詈辱之：罵詈汚辱之。(68)新津：《九域志》：「縣在蜀州東南七十里。」(69)民居：民之居宅。(70)蕩盡：謂蕩然無存。(71)尤：歸咎。(72)空窘：空乏困窘。(73)折糴錢：胡三省曰：「德宗時，度支以稅物頒諸司，皆增本價為虛估給之，而繆以濫惡，督州縣剝價，謂之折納，其後又以稅物折錢，使輸米粟，謂之折糴。」(74)白梃：白棓。(75)敺：同毆。(76)嗢末：胡三省曰：「嗢末者、吐蕃奴部也。虜法，出師必發豪室，皆以奴從，平居散處田牧，及論恐熱亂，無所歸，共相嘯合數千人，以嗢末自號，居甘、肅、河、沙、瓜、渭、岷、廓、疊，宕間，其近蕃牙者最勇，而馬尤良。」(77)掌之：掌管之。(78)矛楯：衝突。(79)賦斂：征收賦稅。(80)蒙：蒙蔽。(81)流殍：流散餓殍，殍音ㄆㄧㄠˇ。(82)控訴：控告訴訟。(83)承平：謂諸代相繼太平。(84)長垣：胡三省曰：「濮州匡城縣，本後齊之長垣縣，開皇十六年，改為匡城，是年，又分韋城縣置長垣縣。」

二年（西元八七五年）

㈠春，正月，丙戌，以高駢為西川節度使。

㈡辛巳，上祀圓丘，赦天下。

㈢高駢至劍州，先遣使走馬開成都門㊀，【考異】錦里耆舊傳：「鄆州節度使高相公駢，乘急詔除劍南西川節度副大使，乾符元年正月二十一日，行李到劍州，先遣使走馬開城門，並令放出百姓。二月十六日、至府，豁開城門，並放人出。」今從實錄，置今年。又劍州至成都止十二程，駢正月二十一日，自劍州遣使走馬開城門，二月十六日始至府下，又云：「駢三十日到上。」按長歷二月小無三十日，蓋二十六日，誤為二月十六日也。或曰：「蠻寇逼近成都，相公尚遠，萬一豨突㊁，奈何？」駢曰：「吾在交趾，破蠻二十萬眾㊂，蠻聞我來，逃竄不暇，何敢輒犯㊃成都！今春氣向暖㊄，數十萬人蘊積㊅城中，生死共處㊆，汙穢鬱蒸㊇，將成癘疫，不可緩也㊈。」使者至成都，開城，縱㊉民出，各復常業，乘城者⑪皆下城解甲⑫，民大悅。蠻方攻雅州，聞之，遣使請和引兵去。駢又奏：「南蠻小醜，易以枝梧⑬，今西川新舊兵已多，所發⑭長武、鄜坊、河東兵，徒有勞費，並乞勒還⑮。」勅止河東兵而已⑯。【考異】舊紀，此奏在元年十二月，今因駢開成都門，言之。

(四)上之為普王也，小馬坊使田令孜有寵，及即位，使知樞密，遂擢為中尉。【考異】舊本紀，此年正月令孜為右軍中尉，新傳云：「帝即位，擢為左神策中尉。」舊傳但云神策中尉，今從之。上時年十四⑰，專事遊戲，【考異】續寶運錄曰：「上是年十五歲。」中朝故事曰：「僖宗皇帝以咸通三年降誕，十四年七月十九日、即位，年十二。」按舊紀亦云：「咸通三年五月八日，生於東內，即位，年十二。」今從之。政事一委⑱令孜，呼為阿父，令孜頗讀書，多巧數⑲，招權⑳納賄，除官及賜緋紫㉑，皆不關白㉒於上，每見，常自備果食兩盤，與上相對飲啗㉓，從容良久而退。上與內園小兒狎昵㉔，賞賜樂工伎兒，所費動以萬計，府藏空竭。令孜說上籍㉕兩市㉖商旅寶貨，悉輸內庫，有陳訴者，付京兆杖殺之，宰相以下，鉗口㉗莫敢言。

(五)高駢至成都，明日，發步騎五千追南詔，至大渡河，殺獲甚眾，擒其酋長數十人，至成都，斬之。修復邛崍關、大渡河諸城柵，又築城於戎州馬湖鎮㉘，號平夷軍，又築城於沐源川，皆蠻入蜀之要路也，各置兵數千戍之，自是蠻不復入寇。駢召黃景復，責以大渡河失守，腰斬之。【考異】耆舊傳曰：「乾符元年三月十五日，處置前黎州刺史、充大渡河把截制置土軍都知兵馬使黃景復。」實錄：「乾符二年三月，駢奏斬景復。」今事從耆舊傳，年從實錄。駢又奏，請自將本管㉙，及天平、昭義、義成等軍共六萬人，擊南詔，詔不許。先是南詔督爽㉚屢牒中書，辭語怨望㉛，中書不荅，盧攜奏稱：「如此，則蠻益驕，謂唐無以荅，宜數其十代受恩，以責之㉜，然自中書發牒，則嫌於體㉝敵，請賜高駢及嶺南節度使辛讜詔，使錄詔白㉞牒與之。」從之。

㈥三月，以魏博留後韓簡為節度使。

㈦去歲，感化軍發兵，詣靈武防秋，會南詔寇西川，勑往救援，蠻退，遣還，至鳳翔，不肯詣靈武，欲擅歸徐州，內養㉟王裕本、都將劉逢，搜擒唱帥㊱者胡雄等八人，斬之，眾然後定。

㈧初南詔圍成都，楊慶復以右職優給㊲，募突將以禦之，成都由是獲全。及高駢至，悉令納牒㊳，又託以蜀中屢遭蠻寇，人未復業，停其稟㊴給，突將皆忿怨。駢好妖術，每發兵追蠻，皆夜張旗立隊㊵，對將士焚紙畫人馬㊶，散小豆，曰：「蜀兵懦怯，今遣玄女㊷神兵前行。」軍中壯士皆恥之。又索闤境㊸官，有出於㊹胥吏者，皆停之。令民間皆用足陌㊺錢，陌不足者，皆執之，劾以行賂，取與㊻皆死。刑罰嚴酷，由是蜀人皆不悅。夏，四月，突將作亂，大譟，突入府廷，駢走匿於廁㊼間，突將索之不獲，天平都將張傑㊽帥所部數百人，被甲入府，擊突將，突將撤牙前儀注兵仗㊾，無者奮挺㊿揮拳，乘怒氣力鬥，天平軍不能敵，走歸營，突將追之，營門閉，不得入，監軍使人招諭，許以復職名稟給，久之，乃肯還營。天平軍復開門出，為追逐之勢，至城北，時方脩毬場，役者數百人，天平軍悉取其首，還詣府云：「已誅亂者。」駢出見之，厚以金帛賞之。明日，牓謝突將(51)，悉還其職名衣糧，自是，日令諸道將士從己來者(52)，更直(53)府中，嚴兵(54)自衞。

(九)加成德節度使王景崇兼侍中。

(十)浙西狼山(55)鎮遏使王郢等六十九人，有戰功，節度使趙隱賞以職名，而不給衣糧，郢等論訴不獲，遂劫庫兵作亂，行收(56)黨眾，近萬人，攻陷蘇常，乘舟往來，泛江入海，轉掠二浙，南及福建，大為(57)人患。【考異】新紀：「浙西突陳將王郢反，五月，遣右龍武大將軍宋皓討之。」按四年，郢執魯寔，始命皓討之，置此誤也。程匡柔唐補記曰：「浙西突將王郢反，聚黨萬眾，燒掠蘇常，三年正月，貶蘇州刺史李繪，以郢亂棄城故也。」舊紀：「二年，海賊王郢攻剽浙西郡邑。」實錄：「乾符三年二月，浙西奏，突陳將王郢等六十九人，劫庫兵為亂。三月，浙西奏，王郢聚眾萬人，攻陷州縣。」續寶運錄：「元年，王郢於兩浙叛，勅差山北兵士討之，不逾月而尅，乃組頸于闕下。」今從舊紀。

(十一)五月，以太傅分司令狐綯同平章事，充鳳翔節度使。

(十二)司空同平章事蕭倣薨。【考異】舊傳曰：「俄而盜起河南，內官握兵，王室濁亂，倣氣勁論直，同列忌之，罷知政事，出為廣州刺史嶺南節度使，遇亂，不至京師，而卒。」舊紀：「三年春正月己卯朔，倣以病免，罷為太子太傅。」新紀，此月蕭倣薨，新傳亦云卒於位，為嶺南節度在前，舊紀傳皆誤，今從實錄。

(十三)六月，以御史大夫李蔚為中書侍郎同平章事。

(十四)辛未，高駢陰籍(五八)突將之名，使人夜掩捕(五九)之，圍其家，挑墻(六〇)壞戶而入，老幼孕病，悉驅去殺之，嬰兒或撲(六一)於階，或擊於柱，流血成渠，號哭震天(六二)，死者數千人，夜以車載尸，投之於江，有一婦人，臨刑戟手(六三)大罵曰：「高駢，汝無故奪有功將士職名衣糧，激(六四)成眾怒，幸而得免，不省己(六五)自咎，乃更以詐(六六)殺無辜近萬人，天地鬼神，豈容(六七)汝如此！我必訴汝於上帝，使汝它日舉家屠滅，如我今日，冤抑汙辱，如我今日，驚憂惴恐，如我今日。」言畢，拜天(六八)，怫然(六九)就戮。久之，突將有自戍役歸者，駢復欲盡族之，有元從(七〇)親吏王殷諫曰：「相公奉道(七一)，宜好生惡殺，此屬在外，初(七二)不同謀，若復誅之，則自危者多矣。」駢乃止。

(十五)王仙芝及其黨尚君長攻陷濮州、曹州，眾至數萬，天平節度使薛崇出兵擊之，為仙芝所敗。冤句(七三)人黃巢亦聚眾數千人應仙芝，巢少與仙芝皆以販私鹽為事，巢善騎射，喜任俠，粗涉(七四)書傳，屢舉進士不第，遂為盜，與仙芝攻剽(七五)州縣，橫行山東，民之困於重斂(七六)者，爭歸之，數月之間，眾至數萬。

(十六)盧龍節度使張公素性暴戾，不為軍士所附(七七)，大將李茂勳本回鶻阿布思之族，回鶻敗，降於張仲武(七八)，仲武使戍邊，屢有功，賜姓名，納降軍使(七九)陳貢言者，幽之宿將(八〇)，為軍士所信服，茂勳潛殺貢言，聲云：「貢言舉兵向薊。」公素出戰而敗，奔京師，茂勳入城，眾乃知非貢言也，不得已，推(八一)而立之，朝廷因以為留後。

(十七)秋，七月，蝗自東而西，蔽日(八二)，所過赤地(八三)，京兆尹楊知至奏：「蝗入京畿，不食稼，皆抱(八四)荊棘而死。」宰相皆賀。

(十八)八月，李茂勳為盧龍節度使(八五)。

(十九)九月，右補闕董禹諫上遊畋，乘驢擊毬，上賜金帛以褒(八六)之。邠寧節度使李侃奏，為假父(八七)，華清宮使道雅求贈官，禹上疏論之，語頗侵(八八)宦官，樞密使楊復恭等列訴(八九)於上。冬，十月，禹坐貶郴州(九〇)司馬。復恭，欽義之養孫(九一)也。

(廿)昭義軍亂，大將劉廣逐節度使高湜，自為留後，以左金吾大將軍曹翔為昭義節度使。

(廿一)回鶻還至羅川(九二)。十一月，遣使者同羅榆祿入貢，賜拯接(九三)絹萬匹。

(廿二)羣盜侵淫(九四)，剽掠十餘州，至於淮南，多者千餘人，少者數百人，詔淮南、忠武、宣武、義成、天平五軍節度使監軍，亟加討捕及招懷(九五)。十二月，王仙芝寇沂州，平盧節度使宋威表請以步騎五千別為一使，兼帥本道兵所在討賊，仍以威為諸道行營招討草賊使，仍給(九六)禁兵三千，甲騎五百，因詔河南方鎮所遣討賊都頭，並取(九七)威處分。

【今註】(一)開城都門：乃開成都城諸門。(二)豨突：豨與豕極相類，此即所謂狼奔豕突，胡衝亂撞。(三)吾在交趾，破蠻二十萬眾：事見卷二百五十懿宗咸通七年。(四)輒犯：便犯。(五)向暖：猶方暖。(六)蘊積：藏積。(七)處：居。(八)鬱蒸：鬱積蒸發。(九)不可緩也：謂開城門之事，不可遲緩。(一〇)縱：放。(一一)乘城者：據守城頭者。(一二)解甲：解去甲胄。(一三)枝梧：謂支拒，此為唐代新用之辭彙。(一四)發：

發遣。⑮勒還：令還。⑯勅止河東兵而已：謂勅止令河東兵引還而已。⑰上時年十四：據考異，四當作二。⑱一委：全任。⑲巧數：機巧術數。⑳招權：招攬權勢。㉑緋紫：謂緋紫衣服。㉒闕白：謂通告。㉓啗：同啖。㉔狎昵：狎習親昵。㉕籍：謂依籍簿而搜括之。㉖兩市：長安有東西兩市。㉗鉗口：猶緘口。㉘馬湖鎮：當馬湖江之要。㉙本管：此謂西川兵。㉚督爽：《新唐書・南詔傳》：「官曰坦綽，曰布燮，曰久贊，謂之清平官。幕爽主兵，琮爽主戶籍，慈爽主禮，罰爽主刑，勸爽主官人，厥爽主工館，萬爽主財用，引爽主客，禾爽主商賈，皆清平官，爽猶言省也，督爽總三省也。」㉛怨望：望亦怨。㉜宜數其十代受恩以責之：據《新唐書・南詔傳》，南詔之先曰細奴邏，高宗朝遣使入朝，生邏盛炎，邏盛炎生炎閣，炎閣死，弟盛邏皮立，盛邏皮生皮邏閣，玄宗賜名歸義，於開元間合六詔為一，而國始強。歸義子曰閣羅鳳，閣羅鳳子曰鳳迦異，鳳迦異子曰異牟尋，異牟尋子曰尋閣勸，尋閣勸子曰勸龍晟，勸龍晟弟曰勸利，勸利弟曰丰祐，丰祐死，而酋龍立。自細奴邏至酋龍，共十三代，中間鳳迦異未立而死，而丰祐酋龍與唐為敵，是受恩者為十代也。㉝體敵：謂匹敵之位。㉞錄詔白：胡三省曰：「錄詔白今謂之錄白是也。」核錄詔白，謂錄詔書之正文，其與詔書不同者，乃不用寫詔書之黃紙及天子之璽印。㉟內養：亦宦官。㊱唱帥：謂首唱及帥領者。㊲右職優給：謂高等職位，優厚供給。㊳納牒：納還職牒。㊴稟：通廩。㊵立隊：立隊伍。㊶紙畫人馬：謂畫人馬於紙。㊷玄女：亦稱九天玄女，俗稱九天娘娘，為黃帝師，聖母元君弟子。黃帝戰蚩尤於涿鹿，玄女下降，授帝以兵符印劍等物，並為帝製夔牛鼓八十面，遂破蚩尤。見雲笈七籙九天玄女傳及黃帝內傳。㊸闔境：全境。㊹有出於：謂有出身於。㊺足陌：謂每貫錢，足壹千也。㊻取與：謂取者及與者。㊼廁：廁所。㊽天平都將張傑：高駢自天平徙西川，張傑蓋元從部曲將。㊾牙前儀注兵仗：節度使牙前列兵仗，以壯威容。㊿奮挺：挺當作梃。(五一)牓謝突將：謂張牓向突將道歉。(五二)從已來者：已當作己，謂從己自前處來者。(五三)直：通值。(五四)嚴兵：備兵。(五五)浙西狼山：胡三省曰：「今通州靜海縣南有狼山，五山相連，上接大江，下達巨海，絕江南渡，抵蘇州常熟縣福山鎮，順江東至崇明沙，揚帆乘順，南抵明州定海縣。陶隱居所謂：『狼五山對句章岸。』者也。」(五六)行收：謂且行且收。(五七)大為：甚為。(五八)陰籍：謂暗中籍錄。(五九)掩捕：謂乘其不備而捕之。(六〇)挑墻：猶開墻。(六一)撲：擊。(六二)震天：謂震動天地。(六三)戟手：謂以手指仰指。(六四)激：激動。(六五)省已：已當作己。(六六)詐：欺詐。(六七)容：容許。(六八)拜天：向天作拜。(六九)怫然：嗔貌。(七〇)元從：猶初從。(七一)奉道：信奉道教。(七二)初：猶原。(七三)冤句：據《舊唐書・地理志》一，冤句縣屬曹州。(七四)粗涉：粗略涉獵。(七五)剽：剽掠。(七六)重斂：重賦斂者。(七七)附：附從。(七八)回鶻敗，降於張仲武：胡三省曰：「李茂勳之降，蓋在會昌間也。」(七九)納降軍使：謂招納投降之軍使。(八〇)宿將：舊將。(八一)推：推戴。(八二)蔽日：謂遮蔽天日。(八三)赤地：謂蝗所過，食草木葉及五穀皆盡。(八四)抱：抱持。(八五)八月、李茂勳為盧龍節度使：胡三省曰：「八月之下，當有以字。」(八六)褒：褒獎。(八七)假父：假子稱其父則曰假父，假父通稱義父。(八八)侵：侵犯。(八九)列訴：謂列名訴訟。(九〇)郴州：《舊唐書・地理志》三：「江南西道郴州，在京師東南三千三百里。」(九一)復恭、欽義之養孫：楊欽義見卷二百四十六文宗開成五年。㈨㈢回鶻還至羅川：胡三省曰：「唐寧州真寧縣，隋羅川縣也，宣宗大中二年，回鶻西奔，至是方還。」㈨㈢拯接：謂拯救接濟。㈨㈣侵淫：侵當作浸，謂逐漸滋多。㈨㈤招懷：招撫。㈨㈥仍給：因給。㈨㈦取：聽取。

三年（西元八七六年）

㈠春，正月，天平軍奏：「遣將士張晏等救沂州，還至義橋，聞北境復有盜起，留使扞禦，晏等不從，喧譟趣鄆州，都將張思泰、李承祐走馬出城，裂袖與盟，以俸錢備酒殽慰諭，然後定。」詔本軍宣慰，一切無得窮詰㈠。

㈡勅福建、江西、湖南諸道觀察刺史，皆訓練士卒，又令天下鄉村，各置弓刀鼓板，以備羣盜。

㈢賜兗海節度號泰寧軍。

㈣三月，盧龍節度使李茂勳請以其子幽州左司馬可舉知留後，自求致仕，詔茂勳以左僕射致仕，以可舉為盧龍留後。

㈤門下侍郎同平章事崔彥昭罷為太子太傅，以左僕射王鐸兼門下侍郎同平章事。

㈥南詔遣使者詣高駢求和，而盜邊㈡不息，駢斬其使者。蠻之陷交趾也，虜安南經略判官杜驤妻李瑤，瑤宗室之疎屬也，蠻遣瑤還，遞木夾㈢以遺駢，稱督爽牒西川節度使，辭極驕慢，駢送瑤京師。甲辰，復牒南詔，數其負㈣累聖恩德，暴犯邊境，殘賊欺詐之罪，安南大度覆敗之狀㈤，折辱之。

㈦原州刺史史懷操貪暴。夏，四月，軍亂，逐之。

㈧賜宣武感化節度、泗州防禦使密詔，選精兵數百人，於巡內遊奕，防衛綱船㈥，五日一具上供錢米平安狀㈦，聞奏。

㈨五月，昭王汭㈧薨。

㈩以盧龍留後李可舉為節度使。

⑾六月，撫王紘㈨薨。

⑿雄州地震裂，水涌，壞州城及公私廬舍，俱盡。

⒀秋，七月，以前巖州刺史高傑為左驍衛將軍，充沿海水軍都知兵馬使，以討王郢。

(十四)鄂王潤[一〇]薨。

(十五)加魏博節度使韓簡同平章事。

(十六)宋威擊王仙芝於沂州城下，大破之，【考異】實錄：「去年十二月，宋威自青州與副使曹全晸，進軍擊王仙芝，仙芝敗走。」按仙芝若以去年十二月敗走，中間半年，豈能靜處，蓋實因威除招討使，連言之，其實仙芝在此月，不在十二月也。仙芝亡去，威奏仙芝已死，縱遣[一一]諸道兵，身[一二]還青州。百官皆入賀。居三日，州縣奏仙芝尚在[一三]，攻剽如故。時兵始休[一四]，詔復發之，士皆忿怨思亂。八月，仙芝陷陽翟、郟城[一五]，詔忠武節度使崔安潛發兵擊之。安潛，慎由之弟[一六]也。又昭義節度使曹翔將步騎五千及義成兵，衞東都宮，以左散騎常侍曾元裕為招討副使，守東都，又詔山南東道節度使李福，選步騎二千守汝鄧要路。仙芝進逼汝州，詔邠寧節度使李侃、鳳翔節度使令狐綯，選步兵一千、騎兵五百，守陝州潼關。

(十七)加成德節度使王景崇兼中書令。

(十八)九月，乙亥朔，日有食之。

(十九)丙子，王仙芝陷汝州，執刺史王鐐。鐐，鐸之從父兄弟也。

東都大震(一七)，士民挈家(一八)逃出城。乙酉，勅赦王仙芝、尚君長罪，除官，以招諭之。仙芝陷陽武(一九)，攻鄭州，昭義監軍判官雷殷符屯中牟(二〇)，擊仙芝，破走之。冬，十月，仙芝南攻唐鄧。

(廿)西川節度使高駢築成都羅城，使僧景仙規度(二一)，周二十五里，悉召縣令(二二)，庀(二三)徒賦役(二四)，吏受百錢以上皆死，蜀土疏惡(二五)，以甓甃(二六)之，環城十里內取土，皆剗(二七)丘垤(二八)平之，無得為坎埳(二九)，以害耕種，役者不過十日而代，眾樂其均(三〇)，不費扑撻而功辦(三一)。自八月癸丑築之，至十一月戊子畢功(三二)。役之始作也，駢恐南詔楊聲(三三)入寇，雖不敢決來，役者必驚擾，乃奏遣景仙(三四)，託(三五)遊行入南詔，說諭驃信，使歸附中國，仍許妻以公主，因與議二國禮儀，久之不決(三六)。駢又聲言(三七)欲巡邊，朝夕通(三八)烽火，至大度河，而實不行。蠻中惴恐，由是訖於城成，邊候無風塵之警(三九)。先是，西川將吏入南詔，驃信皆坐受其拜，駢以其俗尚浮屠，故遣景仙往，驃信果帥其大臣迎拜，信用(四〇)其言。

(廿一)王仙芝攻郢、復二州，陷之。

(廿二)王郢因溫州刺史魯寔請降，寔屢為之論奏，敕郢詣闕，郢擁兵遷延㊶，半年不至，固求望海鎮使，朝廷不許，以郢為右率府率，仍令左神策軍補以重職㊷，其先所掠之財，並令給與。

(廿三)十二月，王仙芝攻申、光、廬、壽、舒、通等州㊸，淮南節度使劉鄴奏求益兵，敕感化節度使薛能選精兵數千，助之。

(廿四)鄭畋以言計不行，稱疾遜位㊹，不許，乃上言：「自沂州奏捷之後，仙芝愈肆猖狂，屠陷五六州，瘡痍㊺數千里，宋威衰老多病，自妄奏㊻以來，諸道尤所不服，今淹留㊼亳州，殊無進討之意。曾元裕擁兵蘄黃，專欲望風㊽退縮，若使賊陷揚州，則江南亦非國有。崔安潛威望過人，張自勉驍雄良將，宮苑使李瑑、西平王晟之孫，嚴而有勇，請以安潛為行營都統，瑑為招討使，代威，自勉為副使，代元裕。」【考異】實錄雖於此月，載畋所上書，亦不言行與不行。新紀遂於此言：「安潛為諸道行營都統，李瑑為招討草賊使，張自勉副之。」按明年，威元裕使副猶如故，實錄誤也。上頗采㊾其言。

(廿五)青滄軍士㊿戍安南，還至桂州，逐觀察使李瓚。【考異】新紀在四年十二月，今從實錄。瓚，宗閔之子(五一)也。以右諫議大夫張禹謨為桂州觀察使，桂管監軍李維周驕橫，瓚曲奉之，浸不能制，桂管有兵八百人，防禦使纔得百人，餘皆屬監軍，又預(五二)於逐帥之謀，強取兩使印(五三)，擅補知州官，奪昭州送使錢(五四)，詔禹謨幷按(五五)之。禹謨，徹之子(五六)也。

（五六）招討副使都監楊復光奏，尚君長弟讓據查牙山，官軍退保鄧州。復光，玄价之養子(五七)也。

（五七）王仙芝攻蘄州，蘄州刺史裴偓，王鐸知舉時所擢進士也，王鐐在賊中，為仙芝以書說偓，偓與仙芝約，斂兵(五八)不戰，許為之奏官，鐐亦說仙芝，許以如約(五九)，偓乃開城，延(六〇)仙芝及黃巢輩三十餘人入城，置酒，大陳貨賄以贈之，表陳其狀。諸宰相多言：「先帝不赦龐勛，朞年(六一)，卒誅之，今仙芝小賊，非龐勛之比(六二)，赦罪除官，益長姦宄(六三)。」王鐸固請許之，乃以仙芝為左神策軍押牙兼監察御史，遣中使以告身即(六四)蘄州授之。仙芝得之，甚喜，鐐偓皆賀，未退，黃巢以官不及已，大怒曰：「始者共立大誓，橫行天下，今獨取官赴左軍(六五)，使此五千餘眾，安所歸乎？」【考異】仙芝巢初起時，云數月間，眾至數萬，至此纔有五千者，蓋烏合之眾，聚散無常耳。因毆仙芝，傷其首，其眾諠譟不已，仙芝畏眾怒，遂不受命(六六)，大掠蘄州，城中之人，半驅(六七)半殺，焚其廬舍，偓奔鄂州，勅使(六八)奔襄州，鐐為賊所拘。賊乃分其軍三千餘人從仙芝及尚君長，二千餘人從巢，各分道而去。【考異】王坤驚聽錄曰：「乾符四年丁酉仲夏，天示彗星，草寇黃巢、尚君長奔突，即五年戊戌之歲，狂寇王仙芝起自鄆封，而侵汝鄭，即大寇黃巢尚君長、並賊帥之徒黨，僅一千餘人，攻陷汝州云云。」又曰：「黃巢望閩廣而去，仙芝指鄆州南行，尚君長劫陳蔡間，取羣凶之願，三千餘寇，屬仙芝君長二千餘人、屬黃巢所管。明年二月，仙芝陷鄂州，巢陷鄆州。」則非巢趣閩廣，仙芝趣鄆也。王坤此書，年月事迹、差舛尤多，但擇其可信者取之。

【今註】(一)窮詰：窮盡詰問。(二)盜邊：寇邊。(三)木夾：胡三省曰：「遞牒以木夾之，故云木夾。范成大桂海虞衡志：『紹興元年，安南與廣西帥司及邕通信問，用兩漆板夾繫文書，刻字其上，謂之木夾。』按宋白續通典：『諸道州府巡院，傳遞勅書，皆有木夾。』是中國亦用木夾也。」(四)負：孤負。(五)安南大度覆敗之狀：懿宗咸通七年，高駢破蠻於安南，乾符二年，駢破南詔於大度河。(六)於巡內遊奕，防備綱船：胡三省曰：「汴徐泗三鎮，汴水所經，東南綱運輸上都者，皆由此道，羣盜縱橫，恐為所掠，故密詔選兵，遊奕防衞。」(七)上供錢米平安狀：謂上供錢米平安情形之狀表。(八)昭王汭：汭，宣宗子。(九)撫王紘：紘，順宗子。(十)鄂王潤：潤，宣宗子。(十一)縱遣：謂放遣使還。(十二)身：自己。(十三)尚在：尚存。(十四)始休：方休。(十五)陽翟、郟城：據《新唐書・地理志》二，陽翟屬河南道許州，郟城屬河南道汝州。(十六)安潛，慎由之弟：崔慎由相宣宗。(十七)東都大震：《九域志》：「汝州北至東都一百六十里。」(十八)挈：攜帶，音ㄑㄧㄝ、。(十九)陽武：據《新唐書・地理志》二，陽武縣屬鄭州。(二〇)中牟：亦屬鄭州。(二一)規度：謂規畫計度。(二二)悉召縣令：成都府領成都、華陽、新都、犀浦、新繁、雙流、廣都、郫、溫江、靈池十縣。(二三)庀：具，音ㄆㄧˇ。(二四)賦役：謂征工役。(二五)疏惡：粗疏惡劣。(二六)甃：聚塼修墻。(二七)剗：削。(二八)丘垤：丘，丘壟；垤，蟻土之墳起者，音ㄉㄧㄝˊ。(二九)埳：坎旁入也。(三〇)均：均平。(三一)功辦：功成。(三二)畢功：完功。(三三)揚聲：揚當作揚，猶揚言。(三四)景仙：《新唐書・南詔傳》：「駢以其俗尚浮屠法，故遣浮屠景仙攝使往。」(三五)託：假託。(三六)不決：不定。(三七)聲言：猶揚言。(三八)通：通傳。(三九)風塵之警：謂無兵革之警。(四〇)信用：聽信採用。(四一)遷延：謂不即行。(四二)重職：猶要職。(四三)王仙芝攻申光廬壽舒通等州：胡三省曰：「按唐書地理志，通州屬山南東道，宋之達州是也。周世宗以南唐靜海軍置通州，今淮東之通州是也。其地在唐則為揚州海陵縣之東境，唐世淮南道未有通州，此必誤。參考下文。通當作蘄。」(四四)遜位：讓位。(四五)瘡痍：猶殘毀。(四六)妄奏：謂奏仙芝已死。(四七)淹留：滯留。(四八)望風：謂望風塵之警。(四九)采：通採。(五〇)青滄軍士：青州，平盧軍；滄州，義昌軍。(五一)瓚，宗閔之子：李宗閔，太和中為相。(五二)預：參預。(五三)兩使印：謂觀察使及防禦使印。(五四)送使錢：胡三省曰：「唐制，諸州之稅，分為三：一曰上供，以輸京師；二曰送使，以輸本道；三曰留州，留充本州經費。」(五五)按：按問。(五六)禹謨，徹之子：張徹見卷二百四十二穆宗長慶元年。(五七)復光，玄价之養子：楊玄价見卷二百五十懿宗咸通四年。(五八)斂兵：收兵。(五九)如約：如誓約。(六〇)延：請。(六一)朞年：滿一年。(六二)比：倫。(六三)宄：姦，音軌。(六四)即：就。(六五)赴左軍：謂赴左神策軍。(六六)命：冊命。(六七)半驅：謂半被驅掠。(六八)敕使：授告身之中使。

卷二百五十三　唐紀六十九

起強圉作噩，盡上章困敦十月，凡三年有奇。（丁酉至庚子，西元八七七年至八八〇年）

司馬光編集
曲守約　註

僖宗惠聖恭定孝皇帝上之下

乾符四年（西元八七七年）

㈠春，正月，王郢誘魯寔入舟中，執之，將士從寔者，皆奔潰。朝廷聞之，以右龍武大將軍宋皓為江南諸道招討使，先徵諸道兵外，更發忠武、宣武、感化三道㊀，宣泗二州兵，新舊合萬五千餘人，並受皓節度。二月，郢攻陷望海鎮，掠明州，又攻台州，陷之，刺史王葆退守唐興㊁，詔二浙福建各出舟師以討之。

㈡王仙芝陷鄂州。

㈢黃巢陷鄆州，殺節度使薛崇。

㈣南詔酋龍嗣立以來㊂，為邊患殆二十年，中國為之虛耗㊃，而其國中亦疲弊。酋龍卒，謚曰景莊皇帝，子法立，改元貞明承智大同，國號鶴拓，亦號大封人㊄。【考異】徐雲虔南詔錄曰：「南詔別名鶴拓，其後亦自稱大封人。」是以封為國號也。閏月，嶺南西道節度使辛讜奏南詔遣陀西㊅段瑳寶等來請和，且言諸道兵戍邕州歲久，餽餉之費，疲弊中國，請許其和，使羸瘵㊆息肩㊇。詔許之。讜遣大將杜弘等齎書幣，送瑳寶還南詔，但留荊南宣歙數軍戍邕州，自餘㊈諸道兵，什減其七。

㈤王郢橫行浙西，鎮海節度使裴璩嚴兵設備，不與之戰，密招其黨朱實降之，散其徒六七千人，輸器械二十餘萬，舟航㊉粟帛稱是，敕以實為金吾將軍，於是郢黨離散；郢收餘眾，東至明州，甬橋㊁鎮遏使劉巨容以筒箭㊂射殺之，餘黨皆平。璩，諝之從曾孫㊂也。

㈥三月，黃巢陷沂州。

㈦夏，四月，壬申朔，日有食之。

㈧賊帥柳彥璋剽掠江西。陝州軍亂，逐觀察使崔碣，貶碣懷州司馬。

(九)黃巢與尚讓合兵保查牙山。【考異】舊紀：「四年三月，巢陷鄆州，七月，入查牙山，與王仙芝合，五年二月，君長、仙芝皆死，尚讓以兄遇害，大掠淮南。」舊傳：「五年八月，王鐸斬王仙芝。先是尚君長弟讓，以兄奉使見誅，帥部眾入查牙山。黃巢、黃揆昆仲八人，率盜數千，依讓。」按實錄：「乾符二年，仙芝陷曹濮，巢已起兵應之，三年十二月，招討副都監楊復光奏，草賊尚讓據查牙山，官軍退保鄧州，四年四月，黃巢引其眾保查牙山，其年冬，君長乃死。」驚聽錄：「巢與仙芝俱入蘄州，以仙芝獨受官而怒，毆仙芝傷面，由是分去。時君長亦在座。」非仙芝死後，巢方依讓也。又按舊紀，仙芝死後，王鐸始為都統討賊，而舊傳云：「王鐸斬仙芝。」又先云：「殺張璘，乃陷廣州。」先云：「陷華州，方攻潼關。」敘事顛錯不倫，今從實錄。

(十)五月，甲子，以給事中楊損為陝虢觀察使，損至官，誅首亂者。損，嗣復之子[一四]也。

(十一)初桂管觀察使李瓚失政，支使[一五]薛堅石屢規正[一六]之，瓚不能從，及瓚被逐，堅石攝留務[一七]，移牒鄰道，禁遏[一八]亂兵，一方以安，詔擢堅石為國子博士。

(十二)六月，柳彥璋襲陷江州，執刺史陶祥，使祥上表，彥璋亦自附降狀，敕以彥璋為右監門將軍，令散眾[一九]赴京師，以左武衛將軍劉秉仁為江州刺史，彥璋不從，以戰艦百餘，固湓江[二〇]為水寨，剽掠如故。

(十三)忠武都將李可封戍邊，還至邠州，迫脅主帥，索舊欠糧鹽，留止四日，闔境[二一]震驚。秋，七月，還至許州，節度使崔安潛悉按誅㉒之。

(十四)庚申，王仙芝黃巢攻宋州，三道兵㉓與戰不利，賊遂圍宋威於宋州。甲寅，左威衛上將軍張自勉將忠武兵七千救宋州，殺賊二千餘人，賊解圍遁去。王鐸盧攜欲使張自勉以所將兵受宋威節度，鄭畋以為威與自勉已有疑忿㉔，若在麾下，必為所殺，不肯署奏㉕。八月，辛未，鐸攜訴於上，求罷免，庚辰，畋請歸滻川㉖養疾，上皆不許。

(十五)王仙芝陷安州。

(十六)鹽州軍亂，逐刺史王承顏，詔高品㉗牛從珪往慰諭之，貶承顏象州㉘司戶。承顏及崔碣素有政聲㉙，以嚴肅為驕卒所逐，朝廷與貪暴致亂者同貶，時人惜㉚之。從珪自鹽州還軍中，請以大將王宗誠為刺史，詔宗誠詣闕，將士皆釋罪，仍加優給㉛。

(十七)乙卯，王仙芝陷隨州，執刺史崔休徵，山南東道節度使李福遣其子將兵救隨州，戰死，福奏求援兵，遣左武衛大將軍李昌言將鳳翔五百騎赴之，仙芝遂轉掠復郢，忠武大將張貫等四千人與宣武兵援襄州，自申蔡間道逃歸，詔忠武節度使崔安潛、宣武節度使穆仁裕遣人約還㉜。

(十八)冬，十月，邠寧節度使李侃奏遣兵討王宗誠，斬之，餘黨悉平。

(十九)鄭畋與王鐸盧攜爭論用兵於上前，畋不勝，退復上奏，以為：「自王仙芝俶擾㉝，崔安潛首請會兵㉞討之，繼發士卒，罄竭資糧㉟，賊往來千里，塗炭㊱諸州，獨不敢犯其境㊲。又以本道兵授張自勉，解宋州圍，使江淮漕運流通，不輸㊳寇手。今蒙盡以自勉所將七千兵，令張貫將之，隸宋威，自勉獨歸許州，威復奏加誣毀㊴，因功受辱，臣竊痛㊵之。安潛出師，前後克捷非一，一旦疆兵盡付他人，良將空還，若剋敵忽至，何以枝梧㊶？臣請以忠武四千人授威，餘三千人使自勉將之，守衛其境，既不侵宋威之功，又免使安潛愧恥㊷。」時盧攜不以為然，上不能決㊸。畋復上言：「宋威欺罔朝廷，敗衄㊹狼籍㊺，又聞王仙芝七狀㊻請降，威不為聞奏，朝野切齒㊼，以為宜正軍法㊽，迹狀㊾如此，不應復典兵權。願與內大臣㊿參酌，早行罷黜。」不從。

(廿)河中軍亂，逐節度使劉侔，縱兵焚掠，以京兆尹竇璟為河中宣慰制置使。

(廿一)黃巢寇掠蘄黃(五二)，曾元裕擊破之，斬首四千級，巢遁去。

(廿二)十一月，己酉，以竇璟為河中節度使。

(廿三)招討副都監楊復光遣人說諭王仙芝，仙芝遣尚君長等請降於復光(五三)，宋威遣兵於道中劫取君長等。十二月，威奏，與君長等戰於潁州西南，生擒以獻。復光奏，君長等實降，非威所擒。詔侍御史歸仁紹等鞫之，竟不能明，斬君長等於狗脊嶺。

(廿四)黃巢陷匡城(五三)，遂陷濮州，詔潁州刺史張自勉將諸道兵擊之。

(廿五)江州刺史劉秉仁乘驛之官，單舟入柳彥璋水寨，賊出不意，即迎拜，秉仁斬彥璋，散其眾。

(廿六)王仙芝寇荊南，節度使楊知溫，知至之兄(五四)也，以文學進，不知兵，或告賊至，知溫以為妄，不設備，時漢水淺狹，賊自賈塹(五五)度。

【今註】㈠忠武、宣武、感化三道：陳許，忠武軍，汴宋，宣武軍，徐州，感化軍。㈡唐興：胡三省曰：「即今天台縣，在台州西一百一十里。」㈢南詔酋龍嗣立以來：宣宗大中十三年，酋龍立。

㊃虛耗：空虛耗損。㊄亦號大封人：按《新唐書・南詔傳》作：「自號大封人。」考異引《南詔錄》則作：「亦自稱大封人。」是亦下當據而添一自字。㊅陀西：《新唐書・南詔傳》：「南詔官有陀西，若判官。」㊆羸瘵：弱病。㊇息肩：謂得息負擔。㊈自餘：猶其餘。㊉舟航：即舟船。⑪甬橋：乃宿州甬橋。⑫筒箭：胡三省曰：「筒箭長纔尺餘，內之竹筒，注之弦上，繫竹筒於手腕，彀弓既發，豁筒向後，激矢射敵皆洞貫。」⑬璩，謂之從曾孫：裴謂見卷二百六代宗大曆十四年。⑭損，嗣復之子：楊嗣復事文宗。⑮支使：節度使屬下有支使。⑯規正：規諫矯正。⑰留務：留後之職務。⑱禁遏：禁止。⑲散眾：謂遣散其部卒。⑳湓江：胡三省曰：「湓江在江州城外，接於大江，故謂之湓江。」㉑闔境：全境。㉒按誅：按訊而誅戮之。㉓三道兵：謂平盧、宣武、忠武。㉔疑忿：猜疑忿恨。㉕署奏：謂於奏表署名。㉖滻川：滻川在長安東。㉗高品：《新唐書・百官志》二：「內侍省有高品一千六百九十六人。」㉘象州：《舊唐書・地理志》四：「嶺南道象州，至京師四千九百八十九里。」㉙政聲：猶治聲。㉚惜：惋惜。㉛優給：優予供給。㉜約還：胡三省曰：「約還者，戒約將士，使還赴援也。」㉝俶擾：俶，始；擾，亂。㉞會兵：合兵。㉟罄竭資糧：謂竭本道所有，以供征行士卒資糧。㊱塗炭：謂若陷泥墜火。㊲不敢犯其境：指陳許二州言。㊳輸：謂輸入。㊴誣毀：誣陷謗毀。㊵痛：痛惜。㊶枝梧：謂支持抗拒。㊷愧恥：愧慚恥恨。㊸決：斷。㊹衄：敗北。㊺狼籍：此謂龐雜難計。㊻七狀：謂七次上狀。㊼切齒：痛恨。㊽宜正軍法：謂以軍法繩之。㊾迹狀：謂形迹情狀。㊿內大臣：謂兩中尉、兩樞密。(51)蔪黃：蔪黃相

去二百六十五里。㊁降於復光：楊復光時屯鄧州。㊂匡城：據《新唐書・地理志》二，匡城縣屬河南道滑州。㊃楊知溫，知至之兄：楊知至見上卷、懿宗咸通十一年。㊄賈塹：《九域志》：「鄧州長壽縣有賈塹鎮。」

五年（西元八七八年）

㈠春，正月，丁酉朔，大雪，知溫方受賀㊀，賊已至城下；遂陷羅城㊁，將佐共治子城而守之，及暮，知溫猶不出，將佐請知溫出撫士卒，知溫紗帽皁裘㊂而行㊃，將佐請知溫擐甲㊄，以備流矢㊅，知溫見士卒拒戰，猶賦詩示幕僚，遣使告急於山南東道節度使李福，福悉其眾，自將救之。時有沙陀五百在襄陽，福與之俱，至荊門㊆遇賊，沙陀縱騎奮擊，破之，仙芝聞之，焚掠江陵而去，江陵城下㊇舊三十萬戶，至是死者什三四。

㈡壬寅，招討副使曾元裕大破王仙芝於申州東，所殺萬人，招降散遣者亦萬人，勅以宋威久病，罷招討使，還青州㊈，以曾元裕為招討使，潁州刺史張自勉為副使。

㈢庚戌，以西川節度使高駢為荊南節度使、兼鹽鐵轉運使。

㈣振武節度使李國昌之子克用為沙陀副兵馬使，戍蔚州，時河南盜賊蠭起⑩，雲州沙陀兵馬使李盡忠與牙將康君立、薛志勤、程懷信、李存璋等謀曰：「今天下大亂，朝廷號令，不復行於四方，此乃英雄立功名富貴之秋⑪也。吾屬雖各擁兵眾，然李振武功大官高⑫，名聞天下，其子勇冠諸軍，若輔⑬以舉事，代北不足平也。」眾以為然。君立，興唐⑭人；存璋，雲州人；志勤，奉誠人⑮也。會大同防禦使⑯段文楚兼水陸發運使，代北荐饑⑰，漕運不繼，文楚頗減軍士衣米，又用法稍峻，軍士怨怒，盡忠遣君立潛詣蔚州，說克用起兵除文楚而代之，克用曰：「吾父在振武，俟我稟之。」君立曰：「今機事⑱已泄⑲，緩則生變，何暇千里稟命乎！」於是盡忠夜帥牙兵攻牙城⑳，執文楚及判官柳漢璋，繫獄，自知軍州事，遣召克用，克用帥其眾趣雲州，行收兵㉑。二月，庚戌，至城下，眾且萬人，屯於鬬雞臺下。壬申，盡忠遣使送符印，請克用為防禦留後。癸酉，盡忠械文楚等五人送鬬雞臺下，克用令軍士冎而食之，以騎踐其骸。甲戌，克用入府舍視事，【考異】趙鳳後唐太祖紀年錄曰：「乾符三年，河南水災，盜寇蜂起，朝廷以段文楚為代北水陸發運、雲州防禦使，以代支謨。時歲荐饑，文楚削軍人衣米，諸軍咸怨。太祖為雲中防邊督將，部下爭訴以軍食不克，請具聞奏。邊校程懷信康君立等十餘帳，日譁於太祖之門，請共除虐帥，以謝邊人，眾因大譟，擁太祖上馬，比及雲中，眾且萬人，城中械文楚出，以應太祖。」後唐閔帝時史官張昭遠撰莊宗功臣列傳曰：「康君立為雲中牙校，事防禦使段文楚，時天下將亂，代北仍歲阻饑，諸部豪傑，咸有嘯聚邀功之志，文楚法令稍峻，軍食轉餉不給，戍兵咨怨，雲州沙陀兵馬使李盡忠、私謂君立等曰，段公儒者，難以共事，方今四方雲擾，皇威不振，丈夫不能於此時立功立事，非人豪也，吾等雖擁部眾，然以雄勁聞於時者，莫若李振武父子，官高功大，勇冠諸軍，吾等合勢推之，則代北之地，旬月可定，功名富貴，事無不濟也。時武皇為沙陀三部落副兵馬使，在蔚州，盡忠令君立私往圖之，曰，方今天下大亂，天子付將臣以邊事，歲偶飢荒，便削儲給，我等邊人，焉能守死！公家父子，素以威惠及五部，當共除虐帥，以謝邊人。武皇曰，予家尊在振武，萬一相逼，俟予稟命。君立曰，事機已泄，遲則變生。咸通十三年、十二月，盡忠夜帥牙兵、攻牙城，執文楚、及判官柳漢璋、陳韜等，繫之於獄，遂自知軍州事，遣君立告太祖於蔚州。是月，太祖與退渾突厥三部落眾萬人，趨雲中。十四年正月六日，至鬬雞臺，盡忠遣監軍判官符印，請太祖知留後事，七日，盡忠械文楚漢璋等五人送鬬雞臺，軍人亂食其肉，九日，太祖權知留後，府牙受上三軍表，請授太祖大同防禦使。懿宗不悅，時已除盧簡方代文楚，未至，而文楚被害。」實錄：「乾符元年，十二月，李克用殺大同軍防禦使段文楚，自稱防禦留後，塞下之亂，自茲始矣。」薛居正五代史君立傳，皆與莊宗列傳同，惟削去李盡忠名，但云君立與薛鐵山、程懷信、王行審、李存璋等謀，悉以盡忠語為君立之語，云，君立等、乃夜謁武皇言曰，方今天下大亂云云，眾因聚譟，擁武皇，比及雲州，眾且萬人，師營鬬雞臺，城中械文楚、以應武皇之軍，既收城，推武皇為大同防禦留後，眾狀以聞。」舊紀：「咸通十三年十二月，李國昌小男李克用、殺雲州防禦使段文楚，據雲州，自稱防禦留後。乾符五年正月，沙陀首領李盡忠陷遮虜軍，竇瀚遣康傳圭率土團二千屯代州，將發，求賞呼譟，殺馬步軍使鄧虔。」有唐末三朝見聞錄者，不著撰人姓名，專記晉陽事，其書云：「乾符五年戊戌，竇瀚自前守京兆尹拜河東節度使，在任便值大同軍變，殺防禦使段文楚。正月二十六日，軍於石窯，二十七日到白泊，二十九日、至靜邊軍，三十日築却四面城門，二月一日，在城將士三人，共賞絹一匹，監軍使差仇判官聞奏，李盡忠等准詔各賞馬一匹，銀鞍轡一副，銀三鋌，銀椀一枚，絹一束，錦二匹，紫羅三匹，諸軍將銀椀絹等。三日，李盡忠却入，四日，兩面馬步五萬餘人城四面下營，五日，又賞土團牛酒，六日監軍使送牌印與李九郎，七日，城南門樓上繫縛下段尚書，柳漢璋雍侍御陳韜等四人，尋分付軍兵，於鬬雞臺西剮卻，又令馬軍踐踏卻骸骨。八日，李九郎被土團馬步軍約一千人，持弓刀送上。」與舊紀五年事微合。實錄亦頗采之云：「五年正月壬戌，竇瀚奏沙陀首領李盡忠寇石窯白泊，至靜邊軍，二月，奏李盡忠求賞，詔賞馬一匹，銀鞍勒錦絹等。」按莊宗列傳舊紀，克用殺文楚在咸通十三年十二月，歐陽修五代史記取之，太祖紀年錄在乾符三年，薛居正五代史新沙陀傳取之，見聞錄在乾符五年二月，新紀取之，惟實錄在乾符元年不知其所據何書也。克用既殺文楚，豈有晏然安處，必更侵擾邊陲，朝廷亦須發兵征討，而自乾符四年以前，皆不見其事，唐末見聞錄敘月日，今從之。令將士表求勑命㉒，朝廷不許。李國昌上言，乞朝廷速除大同防禦使，若克用違命，臣請帥本道兵討之，終㉓不愛一子以負國家。朝廷方欲使國昌諭克用，會得其奏，乃以司農卿支詳為大同軍宣慰使，詔國昌語克用，令迎候如常儀，除克用官，必令稱愜㉔，又以太僕卿盧簡方為大同防禦使。【考異】舊記：「咸通十三年六月，以前義昌節度使盧簡方為大僕卿，十二月，以振武節度使李國昌、為雲州刺史，大同軍防禦等使，國昌稱病，辭軍務，乃以太僕卿盧簡方為雲州刺史，充大同軍防禦等使。上召簡方於思政殿，謂之曰，卿以滄州節制，屈居大同，然朕以沙陀退渾，撓亂邊鄙，以卿曾在雲中，惠及部落，且忍屈為朕此行，具達朕旨，安慰國昌，勿令有所猜嫌也。十四年，正月，辛未，以雲朔暴亂，代北騷動，賜盧簡方詔曰，近知大同軍不安，殺害段文楚，李國昌小男克用，主領兵權；又曰，若克用暫勿主兵務，束手待朝廷除人，則事出權宜，不足猜慮，若使圖軍柄，欲奄大同，則患繫久長，故難依允，料國昌輸忠效節，必當已有指揮。簡方準詔諭之，國昌不奉詔，乃詔太原節度使崔彥昭、幽州節度使張公素，出師討之。三月，以簡方為振武節度使，至嵐州卒。」實錄：「乾符元年十二月，簡方除大同。」二年正月，賜詔亦不云使彥昭公素討之，蓋舊紀實錄，各隨段文楚死之後，載除簡方及詔書，使事相接續耳，恐皆未足據也。舊紀所云，太原幽州討之，蓋因敘後來事，實錄所以不取者，方知招諭，未必攻討也。唐末見聞錄又云：「五年四月，勑除簡方振武節度使，五月，卒。」實錄亦在五年，而云六月卒，蓋約奏到之月耳。今從三朝聞見錄。

㈤貶楊知溫為郴州㉕司馬。

㈥曾元裕奏大破王仙芝於黃梅㉖，殺五萬餘人，追斬仙芝，傳首，餘黨散去。黃巢方攻亳州，未下，尚讓帥仙芝餘眾歸之。【考異】實錄：「元裕奏大破仙芝於黃梅縣，殺戮五萬餘人，追至曹州南華縣，斬仙芝，傳首京師。」舊紀：「二月，王仙芝餘黨攻江西，招討使宋威出軍屢敗之，仍宣詔書，諭仙芝，仙芝致書於威求節鉞，威偽許之，仙芝令其大將尚君長蔡溫玉奉表入朝，威乃斬君長、溫玉以狗，仙芝怒，急攻洪州，陷其郛，宋威赴援，與賊戰大敗之，殺仙芝，傳首京師，君長弟讓與黃巢，大掠淮南。」舊傳曰：「齊克讓為兗州節度使，以本軍討仙芝，仙芝懼，引眾歷陳許襄鄧，無少長皆虜之，眾號三十萬。三年七月，陷江陵，又遣將徐唐莒陷洪州。時仙芝表請符節不允，以宋威為荊南節度招討使，楊復光為監軍，復光遣判官吳彥宏諭以朝旨釋罪，別加官爵，仙芝乃令尚君長、蔡溫玉、楚彥威相次詣闕請罪，且求恩命。時宋威害復光之功，並擒送闕，勑於狗脊嶺斬之。賊怒，悉精銳擊官軍，威軍大敗，復光收其餘眾以統之。朝廷以王鐸代為招討，五年八月，收復荊州，斬仙芝首，獻於闕下。」新傳：「黃巢自蘄州與仙芝分其眾，尚君長入陳蔡，巢掠齊魯，眾萬人，入鄆州殺節度使薛崇，進陷沂州，由潁蔡保查岈山，引兵復與仙芝合圍宋州，會自勉救兵至，仙芝解而南渡漢，攻荊南，陷之，賊不能守，巢攻和州，未克，仙芝自圍洪州，取之，使徐唐莒守，進破朗岳，遂圍潭州，觀察崔瑾拒却之，乃向浙西擾宣潤，不能得所欲，身留江西，趣別部還入河南。帝詔崔安潛歸忠武，復起宋威、曾元裕以招討使還之，而楊復光監軍，復光以詔諭賊，仙芝遣尚君長等詣闕請罪，又遺威書求節度，威陽許之，上言與君長戰擒之，復光固言其降，命侍御史與中人即訊，不能明，卒斬之。仙芝怒，還攻洪州，入其郛，威自將往救，敗仙芝於黃梅，斬五萬級，獲仙芝，傳首京師。當此時巢方圍亳州未下，君長弟讓帥仙芝潰黨歸巢。」新舊傳敘賊所經歷，皆不同，又云宋威殺仙芝，今皆從實錄。

推巢為王，號衝天大將軍，改元王霸，【考異】續寶運錄：「乾符元年，黃巢聚眾於會稽反，建元曰王霸元年。」舊傳：「先是尚君長弟讓以兄見誅，率眾入查牙山，黃巢黃揆昆仲八人，率盜數千依讓，月餘，眾至數萬，陷汝州，虜刺史王鐐，大掠關東，官軍加討，屢為所敗，其眾十餘萬，尚讓乃與羣盜推巢為王，曰衝天大將軍，仍署官屬，藩鎮不能制。」新傳曰：「尚君長弟讓率仙芝潰黨歸巢，推巢為王，號衝天大將軍，署拜官屬，驅河南山南之民十餘萬，掠淮南，建元王霸。」今從之。署㉗官屬。巢襲陷沂州濮州，既而屢為官軍所敗，乃遺天平節度使張裼書，請奏之，詔以巢為右衛將軍，令就鄆州解甲，巢竟不至。【考異】舊傳：「及王仙芝敗，巢東攻亳州不下，乃襲破沂州據之，仙芝餘黨悉附焉。」實錄：「巢自稱黃王，建元王霸，連為王師所敗，詣天平乞降，除右衛將軍，復叛去，自是兵不能制。」新傳曰：「曾元裕敗賊於黃梅，死者萬人，帝以宋威殺尚君長非是，且討賊無功，詔還青州，以元裕為招討使，張自勉為副，巢破考城，取濮州，元裕軍荊襄，援兵阻，更拜自勉東北面行營招討使，督諸軍急捕巢，巢方掠襄邑、雍丘，詔滑州節度使李嶧壁原武，巢寇葉陽，翟欲窺東都，會左神武大將軍劉景仁以兵五千援東都，河陽節度使鄭延休兵三千壁河陰，巢兵在江西者，為鎮海節平使高駢所破，寇鄭郊襄城陽翟者，為崔安潛逐走，在浙西者為節度使裴璩斬二長，死者甚眾，巢大沮畏，乃詣天度軍，乞降詔授巢右衛將軍，巢度藩鎮不一未足制已，即叛去，轉寇浙東，執觀察使崔璆。」與實錄先後不同，今從實錄。

(七)加山南東道節度使李福同平章事，賞救荊南之功也。

(八)三月，羣盜陷朗州、岳州，曾元裕屯荊襄㉘，黃巢自滑州略宋汴，乃以副使張自勉充東南面行營招討使。黃巢攻衛南㉙，遂攻葉、陽翟㉚，詔發河陽兵千人赴東都，與宣武昭義兵二千人共衛宮闕㉛，以左神武大將軍劉景仁充東都應援防遏使，并將三鎮㉜兵，仍聽於東都募兵二千人。景仁，昌之孫㉝也。又詔曾元裕將兵徑㉞還東都，發義成兵三千守轘轅、伊闕、河陰、武牢㉟。

(九)王仙芝餘黨王重隱陷洪州，江西觀察使高湘奔湖口㊱。賊轉掠湖南，別將曹師雄掠宣潤，詔曾元裕楊復光引兵救宣潤。

(十)湖南軍亂，都將高傑逐觀察使崔瑾。瑾，鄲之子㊲也。

(十一)黃巢引兵度江，攻陷虔、吉、饒、信等州。

(十二)朝廷以李克用據雲中。夏，四月，以前大同軍防禦使盧簡方為振武節度使，以振武節度使李國昌為大同節度使，以為克用必無以拒也。【考異】唐末聞見錄：「遮虜軍及代州告急，竇尚書差回鶻五百騎，邊界巡檢，至四月三日進發，至五里堠北，副將康叔譚恃酒叛逆，射損都將趙歸義，斫損將判官，閤建弘擒縛入府，尚書令下，於衙南門全家處斬，使司差兵馬使趙元掠領馬軍進發，閤建弘遞送海西，當月內，有勑送節到，除前大同軍防禦使盧簡方充振武節度使，除振武節度使李尚書充大同軍節度使。」實錄云：「戊辰，以簡方為振武，國昌為大同。」蓋誤以康叔謨作亂之日，為簡方等建節之日也。新沙陀傳曰：「李克用既殺段文楚，諸校共丐克用為大同防禦留後，不許發諸道兵進捕，諸道不甚力，而黃巢方引兵度江，朝廷度未能制，乃赦之，以國昌為大同軍防禦使，國昌不受命，詔河東節度使崔彥昭、幽州張公素，共擊之，無功。」據此，則是大同防禦使非節度使也。薛居正五代史紀曰：「武皇殺段文楚，諸將列狀以聞，請授武皇旄鉞，朝廷不允，徵諸道兵以討之。乾符五年，黃巢度江，其勢滋蔓，天子乃悟其事，以武皇為大同軍節度使、檢校工部尚書。」是克用為大同軍節度使，非國昌，實錄國昌傳及獻祖紀年錄、舊唐本紀，俱不言國昌為大同節度使，獨實錄於此言之，下五月又云：「國昌殺監軍，不肯代。」必有所據。蓋國昌父子俱不肯受代朝廷以為用國昌代克用，必無違命，故徙國昌為大同軍節度使，而以盧簡方鎮振武，二人竟不受命，故簡方不得赴鎮，而死於嵐州，國昌亦未嘗赴大同也。

(十三)詔以東都軍儲不足，貸商旅富人錢穀，以供數月之費，仍賜空名㊳殿中侍御史告身五通，監察御史告身十通，有能出家財助國稍多者，賜之，時連歲旱蝗，寇盜充斥㊴，耕桑半廢，租賦不足，內藏虛竭。無所佽㊵助，兵部侍郎判度支楊嚴三表㊶，自陳才短㊷，不能濟辦㊸，辭極哀切㊹，詔不許。

(十四)曹師雄寇湖州，鎮海節度使裴璩遣兵擊破之，王重隱死，其將徐唐莒據洪州。

(十五)饒州將彭幼璋㊺合義營兵㊻克復饒州。

(十六)南詔遣其酋望㊼趙宗政來請和親，無表，但令督爽牒中書，請為弟而不稱臣。詔百僚議之，禮部侍郎崔澹等以為：「南詔驕僭無禮，高駢不識大體，反因一僧咕囁卑辭㊽，誘致其使，若從其請，恐垂笑㊾後代。」【考異】實錄置澹議於二月至四月，又云：「南詔遣酋望趙宗政來朝，且議和好。」今因盧鄭爭蠻事，置此。高駢聞之，上表與澹爭辯，詔諭解之。澹，璵之子㊿也。五月，丙申朔，鄭畋盧攜議蠻事，攜欲與之和親，畋固爭，以為不可，攜怒，拂衣起，袂罥[51]硯，墮地破之。上聞之，曰：「大臣相詬[52]，何以儀刑[53]四海！」丁酉，畋攜皆罷為太子賓客分司。【考異】舊紀：「六年五月，賊圍廣州，與李岧、崔璆書，求天平節鉞[54]，畋攜爭論於中書，辭語不遜，俱罷分司。」畋傳曰：「五年，黃巢東渡江淮，眾百萬，所經屢陷郡邑，六年，陷安南府，據之，致書與浙東觀察使崔璆，求鄆州節鉞；璆言賊勢難圖，宜因授之，以絕北顧之患。天子下百僚議。初黃巢之起也，宰相盧攜以浙西觀察使高駢，素有軍功，奏為淮南節度使，令扼賊衝，尋以駢為諸道行營都統，及崔璆之奏，朝臣議之，有請假節以紓患者，畋採眾議，欲以南海節制縻之，攜以始用高駢，欲其立功以圖勝，曰，高駢將略無雙，淮士甲兵甚銳，今諸道之師方集，蕞爾纖寇，不足平殄，何事捨之示怯而令諸軍解體邪！畋曰，巢賊之亂，本因饑歲，人以利合，乃至寔繁，江淮以南，荐食殆半，國家久不用兵，皆忘戰[55]，所在節將，閉門自守，尚不能枝，不如釋咎包容，權降恩澤，彼木以饑年利合，一遇豐歲，孰不懷思鄉土，其眾一離，則巢賊几上肉耳，若此際不以計攻，全恃兵力，恐天下之憂未艾也。羣議然之。而左僕射于琮曰，南海有市舶之利，歲貢珠璣，如今為妖賊所有，國藏漸當廢竭。上亦望駢成功，乃依攜議。及中書商量制敕，畋曰，妖賊百萬，橫行天下，高公遷延玩寇，無意翦除，又從而保之，彼得計矣，國祚安危在我輩三四人畫度，公倚淮南用兵，吾不知稅駕之所矣。攜怒，拂衣而起，染袂於硯，因投之，僖宗聞之，怒曰，大臣相詬，何以表儀四海，二人俱罷政事。」攜傳曰：「五年黃巢陷荊南江西外郛，及饒吉虔信等州，自浙東陷福建，遂至嶺南，陷廣州，殺節度使李岧遂抗表求節鉞。初王仙芝起河南，攜舉宋威、齊克讓、曾袞等有將略用為招討使，及宋威殺尚君長，致賊充斥，朝廷遂以宰臣王鐸為都統，攜深不悅，浙帥崔等上表，請假黃巢廣州節旄，上令宰臣議，攜以王鐸為統帥，欲激忍黃巢，堅言不可假賊節制，止授率府率而已，與同列鄭畋爭論，投硯於地，由是兩罷之。」實錄：「五年五月丙申朔是日，宰臣鄭畋盧攜議南蠻事，攜請降公主通和，畋固爭以為不可，抗論是非，攜怒，拂衣而起，袂染於硯，因投碎之。丁酉，以畋攜並為太子賓客分司。」注云：「舊史泊雜說皆云，畋攜議黃巢節制，忿爭，賜罷，而鄭延昌撰畋行狀，乃云，議蠻事，無可證之，然當時所述，恐不謬。」又畋傳曰：「時黃巢攻陷江浙，上表乞節鉞，畋與同列盧攜謀議攻討，及拔用將帥事，多異同。」又南詔蠻請降公主和好，畋固爭以為不可，遂抗論之，乃與攜俱罷相。」又攜傳曰：「攜人質甚陋，語亦不正，與鄭畋俱李翺之外孫，及同輔政，議論不協。初王仙芝起河南，攜舉宋威、齊克讓、曾袞等有將略，用為招討使，討賊皆無功，致賊充斥。又主高駢之請，欲以公主和南詔蠻，鄭畋執之，以為不可，帝前忿爭，由是兩罷之。」舊紀：「六年五月，賊圍廣州，仍與廣南節度使李岧、浙東觀察使崔璆書，求保薦，乞天平節，璆岧上表論之。宰相鄭畋盧攜爭論於中書，詞語不遜，俱罷為太子賓客，分司東都。」按新舊傳、舊紀，皆以畋攜罷相在六年，實錄新紀表在此年五月，實錄新書，皆自相矛楯，然宋氏多書，知二人罷在五月，必有所據，今從之。以翰林學士承旨戶部侍郎豆盧瑑為兵部侍郎，吏部侍郎崔沆為戶部侍郎，並同平章事。時宰相有好施(五六)者，常使人以布囊貯錢自隨，行施匄(五七)者，每出襤褸(五八)盈路，有朝士以書規(五九)之曰：「今百姓疲弊，寇盜充斥，相公宜舉賢任能，紀綱(六〇)庶務，捐(六一)不急之費，杜(六二)私謁之門，使萬物各得其所，則家給(六三)人足，自無貧者，何必如此行小惠乎？」宰相大怒。

(七)邕州大將杜弘送段瑳寶至南詔，踰年而還，甲辰，辛讜復遣攝巡官賈宏、大將左瑜、曹朗使於南詔。

(八)李國昌欲父子幷據兩鎮，得大同制書，毀之，殺監軍，不受代，與李克用合兵陷遮虜軍(六四)，進擊寧武及岢嵐軍(六五)，盧簡方赴振武，至嵐州而薨。丁巳，河東節度使竇澣發民塹晉陽，己未，以都押牙康傳圭為代州刺史，又發土團(六六)千人赴代州，土團至城北，娖隊不發(六七)，求優賞(六八)，時府庫空竭，澣遣馬步都虞候鄧虔往慰諭之，土團冎虔，牀舁（六九）其尸入府，澣與監軍自出慰諭，人給錢三百、布一端（七〇），眾乃定。押牙田公鍔給亂軍錢布，眾遂劫之，以為都將，赴代州。澣借商人錢五萬緡以助軍（七一），【考異】唐末聞見錄：「五月，振武損卻別勑，不受除替，李尚書收却遮虜軍，進打寧武及岢嵐軍，代州告急，二十二日，指揮在府三城排門差夫一人，齊掘四面壕塹，盧尚書發赴振武，至嵐州身薨，二十四日，拜都押牙康傳圭充代州刺史，又發太原晉陽兩縣點到土團子弟一千人往代州屯駐，至城北卓隊不發，索出軍優賞，差馬步都虞候鄧虔安慰，尋被冎却，牀舁尸柩入府，尚書監軍自出安慰，定每人各給錢三百文，布一端，差押牙田公鍔給散，不放却回，便被請將充都將發赴軍前，使司有榜，借商人助軍錢五萬貫文。」實錄：「五月，李國昌殺監軍使，不肯受代，起兵進打寧武及岢嵐軍，代州出兵禦之，始國昌遣克用，以兵襲大同，三軍表克用為留後，朝廷不允，乃以國昌命之，欲以其子無能拒也。時國昌貪其土地，欲父子分統，故拒命焉。」實錄：「六月乙丑朔，嵐州奏，新除振武節度使盧簡方，卒以大原府都押衙康傳圭為代州刺史，發太原晉陽土團千人戍代州，至城北，卓隊不發，索優賞，馬步都虞候鄧虔安慰，為其眾殺之，節度使竇澣自出撫慰，乃定。初太原府帑空竭，每有賞賚，必科民家，至是尤窘迫，乃牓借商人助軍錢五萬。」此皆約唐末見聞錄為之，而後其月日，以象奏到之時。唐末見聞錄：「又云，六月十一日，左散騎常侍支謨奉勑到府，克大同軍制置使，兼攝河東節度副使軍前同指揮使。」此謂到府之日，而實錄云甲戌，以謨為制置使，甲戌乃六月十日，亦誤也。朝廷以澣為不才。六月，以前昭義節度使曹翔為河東節度使。

（十九）王仙芝餘黨剽掠浙西，朝廷以荊南節度使高駢先在天平，有威名，仙芝黨多鄆人，乃徙駢為鎮海節度使。

（廿）沙陀焚唐林、崞縣（七二），入忻州境。

（廿一）秋，七月，曹翔至晉陽，己亥，捕土團殺鄧虔者十三人殺之，義武兵至晉陽，不解甲，讙（七三）譟求優賞，翔斬十將（七四）一人，乃定。

發義成、忠武、昭義、河陽兵，會於晉陽，以禦沙陀。八月，戊寅，曹翔引兵救忻州，沙陀攻岢嵐軍，陷其羅城，敗官軍於洪谷(七五)，晉陽閉門城守。

(廿二)黃巢寇宣州，宣歙觀察使王凝拒之，敗於南陵(七六)，巢攻宣州不克，乃引兵攻浙東，開山路七百里(七七)，攻剽福建諸州。

(廿三)九月，平盧軍奏節度使宋威薨。

(廿四)辛丑，以諸道行營招討使曾元裕領平盧節度使。

(廿五)壬寅，曹翔暴薨。丙午，昭義兵大掠晉陽，坊市民自共擊之，殺千餘人，乃潰。

(廿六)中書侍郎同平章事李蔚罷為東都留守，以吏部尚書鄭從讜為中書侍郎同平章事。從讜，餘慶之孫(七八)也。

(廿七)以戶部尚書判戶部事李都同平章事、兼河中節度使。

(廿八)冬，十月，詔昭義節度使李鈞、幽州節度使李可舉，與吐谷渾酋長赫連鐸、白義誠、沙陀酋長安慶、薩葛酋長米海萬(七九)，合兵討李國昌父子於蔚州。十一月，岢嵐軍翻城(八〇)應沙陀。丁未，以河東宣慰使崔季康為河東節度代北行營招討使，沙陀攻石州，庚戌，崔季康救之。

(廿九)十二月，甲戌，黃巢陷福州，觀察使韋岫棄城走。

(卅)南詔使者趙宗政還其國，中書不荅督爽牒，但作西川節度使崔安潛書意，使安潛荅之。

(卅一)崔季康及昭義節度使李鈞與李克用戰於洪谷，兩鎮兵敗，鈞戰死，昭義兵還至代州，士卒剽掠，代州民殺之殆盡，餘眾自鵶鳴谷(八一)走歸上黨。【考異】舊紀：「河東節度使崔季康與北面行營招討使李鈞與沙陀李克用，戰於岢嵐軍之洪谷，王師大敗，鈞中流矢而卒。戊戌，至代州(八二)，昭義軍亂，為代州百姓所殺殆盡。」此年實錄略同，廣明元年八月實錄：「河東奏昭義節度使李鈞為猛虎軍所殺。」又曰：「詔統本道兵，由鴈門出討雲州，與賊戰，敗歸，為其下殺之。」新紀：「庚辰，崔季康，李鈞及李克用戰於洪谷，敗績。」薛居正五代史紀曰：「乾符六年春，朝廷以昭義節度使李鈞克北面招討使，將上黨太原之師過石嶺關，屯于代州，與幽州李可舉會赫連鐸，同攻蔚州，獻祖以一軍禦之，武皇以一軍南抵遮虜城以拒李鈞，是冬大雪，弓弩弦絕，南軍苦寒，臨陣大敗，奔歸代州，李鈞中流矢而卒。」唐末見聞錄曰：「十九日，崔尚書發往岢嵐軍，請別敕賈敬嗣大夫權兵馬留後，觀察判官李劭權觀察留後，昭義節度使李鈞領本道兵馬到代州，軍變被代州殺戮並盡，捉到李鈞，殘軍潰散，取鵶鳴谷，各歸本道。」按昭義軍變，必非李鈞所為，代州百姓捉到李鈞，不知如何處之，今從舊紀。

(卅二)王郢之亂，臨安人董昌以土團討賊有功，補石鏡鎮(八三)將。是歲，曹師雄寇二浙，杭州募諸縣鄉兵(八四)各千人以討之，昌與錢塘劉孟安、阮結、富陽聞人宇、鹽官徐及、新城杜稜、餘杭(八五)凌文舉、臨平曹信，各為之都將，號杭州八都(八六)，昌為之長，其後宇卒，錢塘人成及代之，臨安人錢鏐以驍勇事昌，以功為石鏡都知兵馬使。

【今註】(一)正月丁酉朔，知溫方受賀：胡三省曰：「凡元旦冬至，諸州鎮皆受將吏牙賀，下至縣邑亦然。」(二)羅城：外城。(三)紗帽皁裘：乃文官之便服。(四)而行：猶而出。(五)擐甲：謂擐貫鎧甲。(六)流矢：猶亂箭。(七)荊門：據《新唐書・地理志》四，荊門，屬山南東道江陵府。(八)城下：此謂城外。(九)以宋威久病，罷招討使，還青州：宋威本平盧師，罷招討使還鎮。(一〇)蠭起：同蜂起。(一一)秋：猶時。(一二)李振武功大官高：謂李國昌討平龐勛，於當時功為大，帥振武，於諸將官為高。(一三)輔：輔佐。(一四)興唐：胡三省曰：「隋分靈丘縣置安邊縣，中廢，唐開元十二年，復置，治橫野軍，至德三載更名興唐縣，屬蔚州。」(一五)志勤，奉誠人：胡三省曰：「貞觀二十二年，以內屬奚可度者部落，置饒樂都督府，開元二十三年，更名奉誠都督府。」(一六)大同防禦使：宋白曰：「朔州馬邑縣，貞觀已來已為大同軍城，開元五年，分鄯陽縣之東三十里，置大同軍，以戍邊。」(一七)荐饑：謂再歲五穀不熟。(一八)機事：謂機密之事。(一九)泄：泄露。(二〇)攻牙城：謂攻雲州牙城。(二一)行收兵：謂且行且收兵。(二二)敕命：此謂冊命。(二三)終：乃係始終之省，而始終則謂全也，絕也。(二四)稱愜：謂滿足其意。(二五)郴州：《舊唐書・地理志》三：「江南西道郴州，在京師東南三千三百里。」(二六)黃梅：據《新唐書・地理志》五，黃梅縣屬淮南道蘄州。(二七)署：委署。(二八)荊襄：荊襄相去三百四十里。(二九)衢南：

據《新唐書・地理志》二，衞南屬河南道滑州。㉚葉、陽翟：據同志二，葉縣屬汝州，陽翟屬許州。㉛共衞宮闕：謂衞東都宮闕。㉜三鎮：河陽、宣武、昭義。㉝景仁、昌之孫：劉昌見德宗紀。㉞徑：直。㉟轘轅、伊闕、武牢：據《新唐書・地理志》二，河南府緱氏縣東南有轘轅故關，伊闕縣北有伊闕故關。又同志三，河北道孟州汜水縣，有虎牢關。㊱湖口：胡三省曰：「江州東北六十里有湖口鎮，當彭蠡湖入江之口。」㊲瑾，鄲之子：崔鄲見卷二百四十四文宗太和五年。㊳空名：謂未填寫為宮者之姓名。㊴充斥：充闐。㊵佽：亦助，音次。㊶三表：謂三上表。㊷才短：猶才劣。㊸濟辦：謂完成。㊹哀切：哀惻懇切。㊺饒州將彭幼璋：按《新唐書・僖宗紀》，幼璋作令璋。㊻義營兵：謂饒州之起義者。㊼酋望：《新唐書・南詔傳》：「曰酋望，曰正酋望，酋望曰大軍將。」（按大軍將疑大將軍之誤倒。）胡三省注：「南詔官有酋望，在大將之下，久贊之上，亦清平官也。」㊽呫囁：附耳小語。㊾垂笑：遺笑。㊿澹、璵之子：崔璵、珙之弟，珙相武宗。(51)罥：掛。(52)詬：怒罵，音ㄍㄡˋ。(53)儀刑：謂儀法。(54)考異曰：「舊紀：『六年五月，賊圍廣州，與李苕崔璆書，求天平節鉞。』」：按武英殿板《舊唐書・僖宗紀》，李苕皆作李巖，當改從。(55)考異曰：「畋傳：『國家久不用兵，皆忘戰。』」：按《舊唐書・鄭畋傳》，兵下有士字，於意為足，當從添。(56)施：施捨。(57)匄：或作丐，乞也。(58)襤褸：襤、衣無緣，褸、衣醜敝。(59)規：規諫。(60)紀綱：領攬。(61)捐：除。(62)杜：塞絕。(63)家給：謂家家皆得供給。(64)遮虜軍：胡三省曰：「遮虜軍在洪谷東北，亦曰遮虜平。」(65)寧武及岢嵐軍：胡三省曰：「嬀州懷戎縣西有寧武軍，非此，此當在遮虜平南；嵐州嵐谷縣有岢嵐軍。」㊅土團：亦即土軍。㊆娖隊不發：謂娖整其隊，而不進發。㊇優賞：優厚之賞賜。㊈舁：共舉，音余。㊉端：《集韻》：「布帛六丈曰端。」㊀以助軍：謂以助軍用。㊁唐林、崞縣：據《新唐書・地理志》三，唐林、崞縣屬河東道代州，崞音郭。㊂讙：與諠同。㊃十將：乃唐將士官職之稱。㊄洪谷：在岢嵐軍南。㊅南陵：《九域志》：「南陵縣在宣州西一百五里。」㊆開山路七百里：胡三省曰：「按九域志，自婺州至衢州界首，一百九十里，衢州治所至建州，七百五里，此路豈黃巢始開之邪？」㊇從讜，餘慶之孫：鄭餘慶始見卷二百三十五德宗貞元十四年。㊈沙陀酋長安慶，薩葛酋長米海萬：胡三省曰：「參考新舊書，安慶、薩葛皆部落之名，更以後廣明元年安慶都督史敬存證之，可見。」㊀翻城：謂將城翻轉。㊁鷃鳴谷：胡三省曰：「鷃鳴谷在忻州秀容縣東北。」㊂考異曰：「舊紀：『河東節度使……戊戌至代州』」：按《舊唐書・僖宗紀》，戊戌下無至字，當從刪。㊃石鏡鎮：《臨安志》：「石鏡山在臨安縣南一里，錢鏐改為衣錦山。」㊄鄉兵：鄉邑人而充本地之兵者。㊅錢塘、富陽、鹽官、新城、餘杭：據《新唐書・地理志》五，上五縣皆屬杭州。胡三省曰：「臨平鎮在錢塘北。」㊆八都：乃八都將之省。

六年（西元八七九年）

㈠春，正月，魏王佾㈠薨。

㈡鎮海節度使高駢遣其將張璘梁纘，【考異】舊紀張璘作張麟；新紀、傳、實錄，作潾，今從舊高駢、黃巢傳及唐年補錄、妖亂志、唐補紀、續寶運錄。舊紀、梁纘作梁績，今從眾書。分道擊黃巢，屢破之，降其將秦彥、畢師鐸、李罕之、許勍等數十人，【考異】郭廷誨妖亂志曰：「初黃巢將蹂踐淮甸，委師鐸為先鋒，攻脇天長，累日不克，師鐸之志沮焉。及巢北向，師鐸遂降北海。」按舊師鐸傳，駢敗巢於浙西，皆師鐸之效，故置於此。巢遂趣廣南。彥，徐州人；師鐸，冤句㈡人；罕之，項城人也。

㈢賈宏等未至南詔，相繼卒於道中，從者死亦大半。時辛讜已病風痺㈢，召攝巡官徐雲虔執其手曰：「讜已奏朝廷，發使入南詔，而使者相繼物故㈣，奈何？吾子既仕，則思狥國㈤，能為此行乎？讜恨風痺不能拜耳。」因嗚咽流涕，雲虔曰：「士為知己死，明公見㈥辟，恨無以報德，敢不㈦承命！」讜喜，厚具資裝㈧而遣之。二月，丙寅，雲虔至善闡城，驃信見大使抗禮㈨，受副使已下拜，己巳，驃信使慈雙羽楊宗就館謂雲虔曰：「貴府牒欲使驃信稱臣，奉表貢方物，驃信已遣人自西川入唐，與唐約為兄弟，不則舅甥⑩，夫兄弟舅甥，書幣⑪而已，何表貢之有！」雲虔曰：「驃信既欲為弟為甥，驃信景莊㈢之子，景莊豈無兄弟，於驃信為諸父，驃信為君，則諸父皆稱臣，況弟與甥乎？且驃信之先，由大唐之命，得合六詔為一㈢，恩德深厚，中間小忿，罪在邊鄙㈣，今驃信欲修舊好，豈可違祖宗之故事乎！順祖考，孝也，事大國，義㈤也，息戰爭，仁也，審名分㈥，禮也，四者，皆令德㈦也，可不㈧勉乎！」驃信待雲虔甚厚，雲虔留善闡十七日而還，驃信以木夾㈨二授雲虔，其一上中書門下，其一牒嶺南西道，然猶未肯奉表稱貢。

㈣辛未，河東軍至靜樂㈩，士卒作亂，殺孔目官石裕等。壬申，崔季康逃歸晉陽。甲戌，都頭張鍇、郭昢帥行營兵攻東陽門，入府，殺季康。辛巳，以陝虢觀察使高潯為昭義節度使，以邠寧節度使李侃為河東節度使。【考異】唐末見聞錄：「二十日，宣慰使到府，李侃除河東節度使。」實錄因云：「庚寅，除侃。」誤也。

㈤三月，天平軍節度使張裼薨，牙將崔君裕自知州事，淄州刺史曹全晸討誅之。

㈥夏，四月，庚申朔，日有食之。

㈦西川節度使崔安潛到官，不詰㉒盜，蜀人怪之，安潛曰：「盜非所由㉓通容㉓，則不能為，今窮覈㉔，則應坐者眾，搜捕，則徒為煩擾。」甲子，出庫錢千五百緡，分置三市㉕，置牓其上曰：「有能告捕一盜，賞錢五百緡，盜不能獨為，必有侶㉖，侶者告捕，釋其罪，賞同平人㉗。」未幾，有捕盜而至者，盜不服曰：「汝與我同為盜十七年，贓皆平分，汝安能捕我，我與汝同死耳！」安潛曰：「汝既知吾有牓，何不捕彼以來，則彼應死，汝受賞矣，汝既為所先㉘，死復何辭㉙。」立命給捕者錢，使盜視之，然後冎盜於市，并滅其家。於是諸盜與其侶互相疑，無地容足，夜不及旦，散逃出境，境內遂無一人之盜㉚。安潛以蜀兵怯弱，奏遣大將齎牒詣陳許募壯士，與蜀人相雜㉛，訓練用之，得三千人，分為三軍，亦戴黃帽，號黃頭軍㉜；又奏乞洪州弩手教蜀人用弩，走丸而射之，選得千人，號神機弩㉝營，蜀兵由是浸㉞彊。

㈧涼王侹㉟薨。

㈨上以羣盜為憂，王鐸曰：「臣為宰相之長㊱，在朝不足分陛下之憂，請自督諸將討之。」乃以鐸守司徒兼侍中，充荊南節度使、南面行營招討都統。【考異】舊紀：「五年二月，鐸自請督眾討賊，天子以宋威失策，殺尚君長，乃以鐸檢校司徒兼侍中門下侍郎、江陵尹、荊南節度使，充諸道兵馬都統。」舊傳：「四年，賊陷江陵，楊知溫失守，宋威破賊失策，朝議統帥，盧攜稱高駢累立戰功，宜付軍柄，物議未允。鐸廷奏，臣願自率諸軍，盪滌羣盜。朝議然之，五年，以鐸守司徒門下侍郎同平章事、兼江陵尹荊南節度使，充諸道行營兵馬統都。」今從實錄及新紀表。

(十)五月，辛卯，勅賜河東軍士，銀牙將賀公雅所部士卒作亂，焚掠三城(三七)，執孔目官王敬送馬步司，節度使李侃與監軍自出慰諭，為之斬敬於牙門，乃定。

(十一)泰寧節度使李係，晟之曾孫也，有口才，而實無勇略，王鐸以其家世良將，奏為行營副都統兼湖南觀察使，使將精兵五萬，幷土團屯潭州，以塞嶺北(三八)之路，拒黃巢。

(十二)河東都虞候每夜密捕賀公雅部卒，族滅之，丁巳，餘黨近百人，稱報冤將(三九)，大掠三城，焚馬步都虞候張鍇、府城都虞候郭昢家，節度使李侃下令，以軍府不安，曲順軍情，收鍇昢斬於牙門，幷逐(四〇)其家，以賀公雅為馬步都虞候。鍇昢臨刑，泣言於眾曰：「所殺皆捕盜司密申(四一)，今日冤死，獨無烈士相救乎！」於是軍士復大課，篡㊷取鍇昢歸都虞候司，尋下令復其舊職，并召還其家，收捕盜司元義宗等三十餘家，誅滅之。己未，以馬步都教練使朱玫等為三城斬斫使，將兵分捕報冤將，悉斬之，軍城始定。

(十三)黃巢與浙東觀察使崔璆、嶺南東道節度使李迢書，求天平節度使，二人為之奏聞，朝廷不許，巢復上表求廣州節度使，【考異】續寶運錄曰：「黃巢先求廣府兼使相，朝廷不與，黃巢夏初兵屯廣南，屢候勑旨，不下，遂恣行攻劫。黃巢夏六月上表，稱義軍百萬，都統兼韶廣等州觀察處置等使，末云，六月十五日表，秋遣內侍仇公度幷廣南、邕府、安南、安東等道節度使指揮觀察使開國公食邑五百戶官告六通，又賜節度將吏空名尚書僕射官告五十通，九月二十日，仇公度到廣州，至十月一日，巢與公度雜匹段藥物等五馱，表函並所賜官告並却付公度，表末云，廣明元年十月一日，上表，公度等其年十月二十九日至京，」一如寶運錄所言，則是廣明元年十月一日，巢猶在廣州也。按其月巢已入長安，今從舊紀。上命大臣議之，左僕射于琮以為：「廣州市舶㊸，寶貨㊹所聚，豈可令賊得之。」亦不許，乃議別除官。六月，宰相請除巢府率，從之。【考異】賊圍廣州，仍與廣南節度使李迢、浙東觀察使崔璆書，求保薦，乞天平節鉞。迢璆上表論之。」實錄：「迢璆上表論請，詞甚懇激，乃詔公卿集議。巢又自表，乞廣州節度安南都護，巢自春夏，其眾大疫，死者什三四，欲據有嶺表，永為巢冗，乃繼有是請。右僕射于琮議云云。時朝廷倚高駢成功，不允其奏，乃議除官，或云，以正員將軍縻之，宰相亦沮其議，乃除率府率。」舊巢傳曰：「時高駢鎮淮南，表請招討賊，許之，議加都統。巢乃渡淮，偽降於駢，駢遣將張潾帥兵，受降於天長鎮，巢擒潾殺之，因虜其眾。尋南陷湖湘，遂據交廣，託崔璆奏，乞天平節度，朝議不允，又乞除官。時宰臣鄭畋與樞密使楊復恭，欲請授同正員將軍，盧攜駁其議，請授率府率，如其不受，請以高駢討之。」新巢傳曰：「有詔高駢為諸道行營都統，巢進寇廣州，詒李迢書，求表為天平節度使，又脅崔璆言於朝，宰相鄭畋欲許之，盧攜田令孜執不可。巢又乞安南都護廣州節度使，書聞，右僕射于琮議云云，乃拜巢率府率。」舊盧攜傳，亦皆以為攜議授巢率府率，按此時攜已罷相，今從實錄。

(十四)河東節度使李侃以軍府數有亂，稱疾請尋醫，敕以代州刺史康傳圭為河東行軍司馬，徵侃詣京師。秋，八月，甲子，侃發晉陽，尋以東都留守李蔚同平章事，充河東節度使。

(十五)鎮海節度使高駢奏：「請以權舒州刺史郎幼復充留後，守浙西，遣都知兵馬使張璘將兵五千於郴州守險，兵馬留後王重任將兵八千於循潮二州邀遮㊺，臣將萬人，自大庾嶺趣廣州，擊黃巢。巢聞臣往，必當遁逃，乞敕王鐸以所部兵三萬於梧桂昭永四州守險。」詔不許。

(十六)九月，黃巢得率府率告身，大怒，詬㊻執政，急攻廣州，即日㊼陷之，執節度使李迢，轉掠嶺南州縣，巢使迢草表，述其所懷，迢曰：「予代受國恩，親戚滿朝，腕可斷，表不可草。」巢殺之。【考異】驚聽錄曰：「擁李迢在，寇復併爇海隅，又陷桂州，次攻湖南，屯衡州，方知王仙芝已山東沒陣，又尚君長生還咸京，遂召李迢，怒而躓害。」新紀：「十一月辛酉，黃巢陷江陵，殺李迢。」新傳曰：「其十月，巢據荊南，脅李迢草表報天子，迢不可，巢怒殺之。」北夢瑣言曰：「黃巢入廣州，執李侶隨軍，至荊州，令侶草表，述其所懷。侶曰，某骨肉滿朝，世受國恩，腕即可斷，表終不為，領於江津害之。」今從實錄。

(十七)冬，十月，以鎮海節度使高駢為淮南節度使，充鹽鐵轉運使，以涇原節度使周寶為鎮海節度使，以山南東道行軍司馬劉巨容為節度使。寶，平州人也。

㈥黃巢在嶺南，士卒罹瘴疫㊽，死者什三四，其徒勸之北還，以圖大事，巢從之。自桂州編大栰數十，乘暴水㊾，沿湘江而下，歷衡永州，癸未，抵潭州城下，李係嬰城㊿不敢出戰，巢急攻，一日陷之，係奔朗州(51)，巢盡殺戍兵，流尸蔽江而下。尚讓乘勝，進逼江陵，眾號五十萬，時諸道兵未集，江陵兵不滿萬人，王鐸留其將劉漢宏守江陵，自帥眾趣襄陽(52)，云：「欲會劉巨容之師。」鐸既去，漢宏大掠江陵，【考異】舊紀：「廣明元年二月，巢陷潭州，王鐸棄江陵，奔襄陽，漢宏大掠。」實錄：「閏月，湖南奏黃巢賊眾自衡永州下，十月二十七日，攻陷潭州。」新巢傳曰：「廣明初，賊自嶺南寇湖南諸郡，攻潭州，陷之。」舊巢傳：「巢欲據南海之地，坐邀朝命，是歲自春及夏，其眾大疫，死者十三四，眾勸請北歸，以圖大利，巢不得已，廣明元年，北踰五嶺犯湖湘江浙。」按舊紀傳皆云：「廣明元年，敗王鐸。」今月日從實錄，事從舊紀。又據舊紀傳，則劉漢宏本王鐸將，鐸去而漢宏留江陵大掠，遂為盜也，實錄用之，而於鐸奔襄陽下，添先是字。若鐸在江陵，漢宏時為羣盜，安能入其城大掠，借使漢宏先曾寇掠江陵，與黃巢事，了不相干，何必言後半月，餘賊眾乃據其城也。吳越備史云：「漢宏本兗州小吏，領本州兵禦巢寇，遂殺將首，劫輜重而叛，後命前濠州刺史崔鍇招降之。」據此，則漢宏本羣盜也，新傳用之，而云鐸招降之，或者，漢宏本羣盜，中間降鐸，為部將，鐸去江陵，漢宏復大掠為盜，其後又降於崔鍇，遂為唐臣也。焚蕩(53)殆盡，士民逃竄(54)山谷，會大雪，僵尸滿野，後旬餘，賊乃至。漢宏，兗州人也，帥其眾，北歸為羣盜。

㈦閏月，丁亥朔，河東節度使李蔚有疾，以供軍副使李邵權觀察留後，監軍李奉皋權兵馬留後，己丑，蔚薨，都虞候張鍇郭昢署狀紲(五五)邵，以少尹丁球知觀察留後。

(廿)十一月，戊午，以定州已來(五六)制置使、萬年王處存為義武節度使，河東行軍司馬鴈門關已來(五七)制置使康傳圭為河東節度使。

(廿一)黃巢北趣襄陽，劉巨容與江西招討使淄州刺史曹全晸合兵屯荊門(五八)，以拒之，賊至，巨容伏兵林中，全晸以輕騎逆戰(五九)，陽(六〇)不勝而走，賊追之，伏發，大破賊眾，乘勝逐北，比至江陵(六一)，俘斬其什七八，巢與尚讓收餘眾渡江東走。或勸巨容窮追，賊可盡也，巨容曰：「國家喜負人(六二)，有急，則撫存(六三)將士，不愛官賞，(六四)事寧，則棄之，或更得罪，不若留賊，以為富貴之資(六五)。」眾乃止。全晸度江追賊，會朝廷以泰寧都將段彥謨代為招討使，全晸亦止。由是賊勢復振，攻鄂州，陷其外郭，轉掠饒、信、池、宣、歙、杭十五州，眾至二十萬。

(廿二)康傳圭自代州赴晉陽，庚辰，至烏城驛，張鍇郭昢出迎，亂刀斫殺之，至府，又族其家。

(廿三)十二月，以王鐸為太子賓客分司。

(廿四)初兵部尚書盧攜嘗薦高駢可為都統，至是駢將張璘等屢破黃巢，乃復以攜為門下侍郎平章事[六六]，凡關東節度使、王鐸鄭畋所除者，多易置[六七]之。

(廿五)是歲，桂陽賊陳彥謙陷柳州，殺刺史董岳。

【今註】㊀魏王佾：佾，懿宗子。㊁冤句：《舊唐書・地理志》一，冤句縣屬河南道曹州。㊂風痺：今謂半身不遂。㊃物故：死亡。㊄狥國：謂以身為國。㊅辟：辟用。㊆敢不：豈敢不。㊇資裝：行資衣裝。㊈抗禮：謂行同等禮。㊉不則舅甥：謂否則為舅甥。[一一]書幣：謂呈報進幣帛之數目。[一二]景莊：酋龍諡景莊皇帝。[一三]由大唐之命，得合六詔為一：事見卷二百一十四玄宗開元二十六年。[一四]中間小忿，罪在邊鄙：謂南詔與西川爭恨細故，以致興戎。[一五]義：謂宜。[一六]審名分：謂詳知名義職分。[一七]令德：善德。[一八]可不：豈可不。[一九]木夾：文書。[二〇]靜樂：據《新唐書・地理志》三，靜樂縣屬河東道嵐州。[二一]詰：問。[二二]所由：謂捕盜官吏。[二三]通容：謂關通容納。[二四]覈：考覈。[二五]三市：胡三省曰：「成都城中鬻花果蠶器於一所，號蠶市，鬻香藥於一所，號藥市，鬻器用者，號七寶市。」[二六]侶：伴侶。[二七]平人：平民。[二八]汝既為所先：謂汝既為彼所先捕。[二九]死復何辭：謂死復有何言可云。[三〇]境內遂無一人之盜：按此省作境內遂無一盜，已自明足，不煩復加人之二字。(三一)相雜：相混雜。(三二)黃頭軍：襲忠武黃頭軍之名。(三三)神機弩：謂機弩發射之準確如神。(三四)浸：漸。(三五)涼王侹：侹，懿宗子。(三六)宰相之長：即正宰相。(三七)三城：《新唐書・地理志》三：「河東道北都，晉陽宮在都之西北，宮城周二千五百二十步，崇四丈八尺。都城左汾，右晉，潛丘在中，長四千三百二十一步，廣三千一百二十二步，周萬五千一百五十三步，其崇四丈。汾東曰東城，貞觀十一年，長史李勣築，兩城之間有中城，武后時築，以合東城，宮南有大明城，故宮城也。」(三八)嶺北：嶺謂五嶺。(三九)報冤將：乃報冤將士之省稱。(四〇)逐：放逐。(四一)密申：謂秘密申報者。(四二)篡：奪。(四三)廣州市舶：胡三省曰：「唐置市舶司於廣州，以招來海中蕃舶。」舶，大船。(四四)寶貨：謂珍寶貨物。(四五)邀遮：攔遮。(四六)訴：怒罵。(四七)即日：猶當日。(四八)瘴疫：瘴癘時疫。(四九)暴水：暴漲之水。(五〇)嬰城：猶據城。(五一)朗州：《九域志》：「自潭州至朗州，三百八十餘里。」(五二)襄陽：《九域志》：「自江陵至襄陽，四百四十里。」(五三)焚蕩：焚燒滌蕩。(五四)竄：竄匿。(五五)絀：當作黜。(五六)定州已來：此謂定州已東。(五七)鴈門關已來：此謂鴈門關已南。(五八)荊門：《九域志》：「襄陽南至荊門，二百七十餘里。」(五九)逆戰：迎戰。(六〇)陽：猶佯。(六一)比至江陵：比，及。《九域志》：「荊門南至江陵，一百六十五里。」(六二)負人：孤負人。(六三)撫存：撫慰存問。(六四)官賞：官爵及賞賜。(六五)資：資藉。(六六)乃復以攜為門下侍郎平章事：按平章事上當添同字，蓋其意乃為同中書門下平章事也。(六七)易置：更易署置。

廣明元年（西元八八〇年）

㈠春，正月，乙卯朔，改元。

㈡沙陀入鴈門關，寇忻州。二月，庚戌，沙陀二萬餘人逼晉陽，辛亥，陷太谷㈠，遣汝州防禦使、博昌㈡諸葛爽帥東都防禦兵救河東。

㈢河東節度使康傳圭專事威刑㈢，多復仇怨，強取富人財，遣前遮虜軍使蘇弘軫擊沙陀於太谷，至秦城，遇沙陀，戰不利而還，傳圭怒斬弘軫。時沙陀已還代北，傳圭遣都教練使張彥球將兵三千追之，壬戌，至百井㈣，軍變，還趣晉陽，傳圭閉城拒之，亂兵自西明門入，殺傳圭，監軍周從寓自出慰諭，乃定，以彥球為府城都虞候。朝廷聞之，遣使宣慰曰：「所殺節度使，事出一時㈤，各宜自安，勿復憂懼。」

㈣左拾遺侯昌業以盜賊滿關東，而上不親政事，專務遊戲，賞賜無度，田令孜專權無上，天文變異㈥，社稷將危，上疏極諫，上大怒，召昌業至內侍省，賜死。【考異】續寶運錄云：「司天少監侯昌業上疏，其略曰，陛下不納李蔚，杜希教之諫。又曰，臣乃明祈五道，賠祝冥官，悚息於班列之中，願早過於閻浮之世。又曰，受爵不逢於有德之君，立戟每佐於無道之主。又曰，不望堯舜之年，得同先帝之日。又曰，明取尹希復指揮，暗策王士成進狀，強奪波斯之寶貝，抑取茶店之珠珍，渾取匱坊，全城般運。又曰，莫是唐家合盡之歲，為復是陛下壽足之年。又曰，伏惟陛下暫停戲賞，救接蒼生，於殿內立揭諦道場，以無私財帛供養諸佛，用資世祿，共力攘災。表奏，聖上龍威震怒，侍臣驚悸，宣徽使宣云，侯昌業付內侍省侯進止，翌日午時，又內養劉季遠宣口勅云，侯昌業出自寒門，擢居清近，不能修慎，妄奏閑詞，訕謗萬乘君王，毀斥百辟卿士，在我彝典，是不能容，其侯昌業宜賜自盡。」北夢瑣言曰：「唐自廣明後，閹人擅權，置南北廢置使，軍容田令孜有回天之力，中外側目，而王仙芝黃巢剽掠江淮，朝廷憂之，左拾遺侯昌業上疏極言時病，留中不出，命於俠內戮之。後有傳侯昌業疏詞，不合事體，其末云，請開揭諦道場，以銷兵厲，似為庸僧偽作也。必若侯昌業以此識見犯上，宜其死也。」今從之。

㈤上好騎射劍槊法筭㈦，至於音律蒱博㈧，無不精妙，好蹴鞠鬬雞，與諸王賭鵞，鵞一頭至五十緡，【考異】新田令孜傳：「帝冲騃，喜鬬鵞，一鵞至直五十萬錢。」按鵞非可鬬之物，至直五十萬錢，亦恐失實，新傳誤也，今從續寶運錄。尤善擊毬，嘗謂優人石野豬曰：「朕若應擊毬進士舉，須為狀元。」對曰：「若遇堯舜作禮部侍郎，恐陛下不免駁放㈨。」上笑而已。

㈥度支以用度不足，奏借富戶及胡商貨財，勅借其半，鹽鐵轉運使高駢上言：「天下盜賊蜂起，皆出於饑寒，獨富戶胡商未耳㈩。」乃止。

㈦高駢奏改楊子院為發運使㈡。

⑻三月，庚午，以左金吾大將軍陳敬瑄為西川節度使。敬瑄，許州人，田令孜之兄⑫也。初崔安潛鎮許昌⑬，令孜為敬瑄求兵馬使，安潛不許，敬瑄因令孜得隸左神策軍，數歲累遷至大將軍，令孜見關東羣盜日熾，陰為幸蜀之計，奏以敬瑄及其腹心左神策大將軍楊師立、牛勗、羅元杲鎮三川。上令四人擊毬，賭三川，敬瑄得第一籌⑭，即以為西川節度使，代安潛。

⑼辛未，以門下侍郎同平章事鄭從讜同平章事，充河東節度使。康傳圭既死，河東兵益驕，故以宰相鎮之，使自擇參佐⑮，從讜奏以長安令王調為節度副使，前兵部員外郎史館修撰劉崇龜為節度判官，前司勳員外郎史館修撰趙崇為觀察判官，前進士⑯劉崇魯為推官，時人謂之小朝廷，言名士之多也，崇龜、崇魯，政會之七世孫⑰也。時承晉陽新亂之後，日有殺掠，從讜貌溫而氣勁，多謀而善斷，將士欲為惡者，從讜輒先覺誅之，奸軌⑱惕息⑲，為善者撫待無疑，如張彥球有方略，百井之變，非其本心，獨推⑳首亂者殺之，召彥球慰諭，悉以兵柄㉑委之，軍中尤是遂安，彥球為從讜

盡死力，卒獲其用。

(十)淮南節度使高駢遣其將張璘等擊黃巢，屢捷，盧攜奏以駢為諸道行營都統，【考異】續寶運錄：「載駢上表及答詔云，今以卿為諸道行營都統，應行營將士兵馬，悉受指揮。詔旨未到之間，朝廷猜貳，續勑却不許行軍，只令固守封疆，不得擅行征討。」於是高駢乃引淮水繞江都城三里，坐甲不討，黃巢自此轉盛。」舊紀傳：「王鐸出鎮荊南，亦為諸道行營都統。」而實錄及新紀表，皆云：「為南面行營都統。」舊紀：「乾符四年六月，以駢為鎮海節度使江西招討使，六年十月，以駢為淮南節度使、江南行營招討使。廣明元年三月，朝廷以鐸統眾無功，乃授駢諸道行營兵馬都統。」駢傳：「四年，為鎮海節度使，尋授諸道兵馬都統，六年冬，徙淮南節度使，兵馬都統如故。」盧攜傳曰：「及王鐸失守，罷都統，以高駢代之。」實錄：「五年六月，駢移鎮海，六年正月，以駢為諸道行營兵馬都統，仍賜詔。」如寶運錄所載者，八月駢上表，亦如之，十月駢徙淮南，依前充都統。按駢表請追郎幼復備守浙西，則是在鎮海時也。詔云，周旋六鎮，則是駢已移淮南後也。六鎮謂：安南、天平、西川、荊南、鎮海、淮南也。又詔云，今以卿為諸道都統，則似移淮南後，方為都統也。疑駢在浙西方為招討使，既數破巢軍，乃以滅巢為己任，上表請布置諸軍，自攻巢於廣州，及王鐸敗，盧攜遂以駢代之，攜欲重其權，故為諸道都統。若駢先為諸道都統，鐸但為南面都統，則鐸已在駢統下，可以指揮，不須云乞降勑指揮鐸也。且鐸自宰相都統諸將討賊，故立都統之名，不應同時有兩都統也。其在浙西領江西招討使者，時黃巢方掠虔吉饒信故也，今從舊紀及盧攜傳。駢乃傳檄，徵天下兵，且廣召募，得土客之兵㉜共七萬，威望大振，朝廷深倚之。

(十一)安南軍亂，節度使曾袞出城避之，諸道兵戍邕管者，往往㉝自歸。

(十二)夏，四月，丁酉，以太僕卿李琢為蔚朔等州招討都統行營節度使。琢，聽之子㉞也。

(十三)張璘度江擊賊帥王重霸，降之，屢破黃巢軍，巢退保饒州，別將常宏以其衆數萬降，璘攻饒州，克之，巢走。時江淮諸軍屢奏破巢，率皆不實，宰相已下表賀，朝廷差㉕以自安。

㈣以李琢為蔚朔節度使，仍充都統。

㈤以楊師立為東川節度使，牛勗為山南西道節度使。

㈥以諸葛爽為北面行營副招討。

㈦初劉巨容既還襄陽，荊南監軍楊復光以忠武都將宋浩權知府事，泰寧都將段彥謩以兵守其城，詔以浩為荊南安撫使，彥謩耻居其下，浩禁軍士翦伐街中槐柳，彥謩部卒犯令，浩杖其背，彥謩怒，挾刃馳入，幷其二子殺之㉖。復光奏浩殘酷，為衆所誅，詔以彥謩為朗州刺史，以工部侍郎鄭紹業為荊南節度使。

㈧五月，丁巳，以汝州防禦使諸葛爽為振武節度使。

㈨劉漢宏之黨浸盛，侵掠宋兗，甲子，徵東方諸道㉗兵討之。

㈩黃巢屯信州，遇疾疫，卒徒多死，張璘急擊之，巢以金啗㉘璘，且致書請降於高駢，求保奏㉙，駢欲誘致之，許為之求節鉞。時昭義、感化、義武等軍皆至淮南，駢恐分其功，乃奏：「賊不日當平，不煩諸道兵，請悉遣歸。」朝廷許之，賊詗㉚知諸道兵已北度淮，乃告絕於駢，且請戰，駢怒，令璘擊之，兵敗，璘死，巢勢復振。【考異】舊紀：「是歲春末，賊在信州，疫癘，其徒多喪，淮南將張璘急擊之，賊懼，以金啗璘，仍致書高駢，乞保明歸國㉛，駢信之，許求節鉞。時昭義、武寧、義武等軍兵馬數萬，赴淮南，駢欲收功於己，乃奏賊已將殄滅，不假諸道之師，並遣還淮北。賊知諸軍已退，以求節鉞不獲，暴怒，與駢絕，請戰，駢怒，令張璘整軍擊之，為賊所敗，臨陣殺璘，賊遂乘勝度江攻天長六合等縣，駢不能拒，但自固而已。朝廷聞賊復振，大恐。」高駢傳曰：「廣明元年夏，黃巢自嶺表北趨江淮，由採石渡江，璘勒兵天長，欲擊之。」黃巢傳曰：「巢乃渡淮，偽降於駢，駢遣將張璘率兵受降於天長鎮，巢擒璘，殺之。」實錄五月，璘已為巢所殺，七月，巢乃過江其言璘所以死，與舊紀同，新紀傳皆與實錄同，據舊傳，則璘死在江北也。舊紀及實錄、新紀傳，璘死在江南也。按璘已死，巢又陷睦州、婺州、宣州，然後度江，璘死在江南是也。

(廿)乙亥，以樞密使西門思恭為鳳翔監軍。丙子，以宣徽使李順融為樞密使，皆降白麻，於閤門出案，與將相同㉜。

(廿一)西川節度使陳敬瑄素微賤，報至蜀，蜀人皆驚，莫知為誰，有青城㉝妖人乘其聲勢，帥其黨，詐稱陳僕射㉞，馬步㉟使瞿大夫覺其妄，執之，沃㊱以狗血，即引服，悉誅之。六月，庚寅，敬瑄至成都。【考異】錦里耆舊傳云：「敬瑄九月二十五日上任。」按實錄，敬瑄除西川在三月庚申。又雲南事狀：「敬瑄與布燮以下牒云，某謬膺朝寄，獲授藩條，以六月八日到鎮上訖。」今從之。

(廿二)黃巢別將陷睦州、婺州。

(廿三)盧攜病風，不能行謁告㊲，己亥，始入對，勅勿拜，遣二黃門掖㊳之，攜內挾田令孜，外倚高駢，上寵遇甚厚，由是專制朝政，高下㊴在心。既病，精神不完㊵，事之可否，決於親吏楊溫、李修，貨賂公行，豆盧瑑無他材，專附會㊶攜，崔沆時有啓陳，常為所沮㊷。

(七五)庚子，李琢奏沙陀二千來降，琢時將兵萬人屯代州，與盧龍節度使李可舉、吐谷渾都督赫連鐸，共討沙陀，李克用遣大將高文集守朔州，自將其眾拒可舉於雄武軍，鐸遣人說文集歸國，文集執克用將傅文達與沙陀酋長李友金、薩葛都督米海萬、安慶都督史敬存，皆降於琢，開門迎官軍。【考異】實錄：「六月云，國昌遣文達守蔚州，七月云，李琢赫連鐸奏破沙陀於蔚州，蔚州降傅文達等。」薛居正五代史記：「武皇令軍使傅文達起兵於蔚州，高文集縛送李瑑。」按國昌時在蔚州，何必令文達守之，今從薛史。友金，克用之族父也。

(七六)庚戌，黃巢攻宣州，陷之。

(七七)劉漢宏南掠申光。

(七八)趙宗政之還南詔也，西川節度使崔安潛表，以崔澹之說為是㊸，且曰：「南詔小蠻，本雲南一郡㊹之地，今遣使與和，彼謂中國為怯，復求尚主，何以拒之？」上命宰相議之，盧攜、豆盧瑑上言：「大中之末，府庫充實，自咸通以來，蠻兩陷安南邕管，一入黔中，四犯西川，徵兵運糧，天下疲弊，踰十五年，租賦太半，不入京師，三使[45]內庫，由茲空竭，戰士死於瘴癘[46]，百姓困為盜賊，致中原榛杞[47]，皆蠻故也。前歲冬蠻不為寇，由趙宗政未歸，去歲冬蠻不為寇，由徐雲虔復命，蠻尚有覬望[48]。今安南子城為叛卒所據，節度使攻之未下，自餘戍卒，多已自歸，邕管客軍，又減其半，冬期且至，儻蠻寇侵軼[49]，何以枝梧[50]？不若且遣使臣報復[51]，縱未得其稱臣奉貢，且不使之懷怨益深，堅決犯邊，則可矣。乃作詔賜陳敬瑄，許和親不稱臣，【考異】實錄：「六月丙申，陳敬瑄奏，請遣使和蠻，丁酉，中書奏，請令百官集議，甲辰，百官議定，壬子中書奏遣使。」按敬瑄此月八日上，丙申、乃十四日也，奏報豈能遽至，今不取。新傳：「先是南詔知蜀強，故襲安南，陷之。會西川節度使陳敬瑄、申和親議，時盧攜復輔政，與豆盧瑑、皆厚高駢，乃議通和。」今從雲南事狀。雲南事狀又曰：「中書奏，玄宗冊蒙歸義為雲南王，其子閤羅鳳，和於吐蕃，其孫異牟尋却歸朝廷，自請改雲南王，賜號南詔，德宗從之。至曾孫蒙豐祐，杜悰奏，以入朝人多減之，後索質子，漸為侮慢。」卷末載陳敬瑄與雲南書牒，或以鶴拓，或稱大封人，雲南事狀不著撰人姓名，似盧攜奏草也。令敬瑄錄詔白[52]，幷移書與之，仍增賜金帛，以嗣曹王龜年為宗正少卿，充使，以徐雲虔為副使，別遣內使，共賚[53]，詔南詔。

(廿九)秋，七月，黃巢自采石(五四)度江，圍天長、六合(五五)，兵勢甚盛，淮南將畢師鐸言於高駢曰：「朝廷倚公為安危，今賊數十萬眾，乘勝長驅，若涉(五六)無人之境，不據險要之地以擊之，使踰長淮，不可復制(五七)，必為中原大患(五八)。」駢以諸道兵已散，張璘復死，自度(五九)力不能制，畏怯不敢出兵，但命諸將嚴備(六〇)，自保(六一)而已；且上表告急，稱：「賊六十餘萬，屯天長，去臣城無五十里。」先是盧攜謂駢有文武長才(六二)，若悉委以兵柄，黃巢不足平，朝野雖有謂駢不足恃者，然猶庶幾望之，及駢表至，上下失望，人情大駭。詔書責駢散遣諸道兵，致賊乘無備度江，駢上表言：「臣奏聞遣歸，亦非自專，今臣竭力，保衛一方，必能濟辦，但恐賊迤邐(六三)過淮，宜急勑東道(六四)將士，善為禦備。」遂稱風痺(六五)，不復出戰。

【考異】舊駢傳：「駢怨朝議有不附己者，欲賊縱橫河洛，令朝廷聳振，則從而誅之。大將畢師鐸說駢云云，駢駭然曰，君言是也，即令出軍。有愛將呂用之，以左道媚駢，駢頗用其言，用之懼師鐸等立功，即奪己權，從容謂駢曰，相公勳業高矣，妖賊未殄，朝廷已有間言，賊若盪平，則威望震主，功居不賞，公安稅駕邪？為公良畫，莫若觀釁，自求多福。駢深然之，乃止諸將，但握兵保境而已。」驚聽錄：「朝廷議駢，以文以武，國之名將，今此黃巢必無裘於淮海也，尋淮南表至云，今大寇忽至，入臣封巡，未肯綿伏狼弧，必能晦沉大眾；但以山東兵士，屯駐揚州，各思故鄉，臣遂放去，亦具聞奏，非臣自專，今奉詔書，責臣無備，不合放回武勇，又告城危致勞徵兵，勞於往返，臣今以寡擊眾，然自武經與賊交鋒，已當數陣，粗成勝捷，不落姦謀，固護一方，臣必能了，但慮寇設深計，支梧官軍，迤邐過淮，彼岸無敵，即東道將士以至藩臣，繫朝廷速下明詔。上委中書門下，速以商量。表至中書，咸有異議，遂京國士庶，浮謗日興，云淮南與巢衷私通連，自固城池，放賊過淮也。」妖亂志曰：「廣明元年七月，黃巢自采石北度，直抵天長，時城內主客諸軍，尚十餘萬，皆良將勁兵，議者有狂寇奔犯關防之患，悉願盡力死戰，用之，慮其立功之後，侵奪己權，謂勃海曰，黃巢起於羣盜，遂至橫行，所在雄藩，望風瓦解，天時人事，斷然可知，令公既統強兵，又居重地，只得坐觀成敗，不可更與爭鋒，若稍損威名，則大事去矣。勃海深以為然，竟不議出軍，巢遂至北焉。初巢寇廣陵也，江東諸侯，以勃海屯數道勁卒，居將相重任，巢江海一逋逃耳，固可掉折箠而擒之，及聞安然度淮，由是方鎮莫不解體。」按駢宿將，豈不知賊過淮之後，不可復制，若怨朝議不附己者，則尤欲破賊立功，以閒執讒慝之口，若縱賊過淮，乃適足實議者之言，非所以消謗也。借使駢實有意使賊震驚朝廷，從而誅之，則賊入汝洛之後，當晨夜追擊，以爭功名，豈得返坐守淮南，數年逗留不出兵乎。又舊傳呂用之云：「恐成功不賞。」妖亂志云：「恐敗衄稍損威名。」夫大功既成，則有不賞之懼，豈有未戰，不知勝負，豫憂威望震主乎！駢為都統，控扼江淮，而擁兵縱賊，使安然北度，其於威名，獨無損乎！雖用之淺謀，無所不至，駢自無參酌，一至此邪！蓋駢好驕矜大言，自恃累有戰功，謂巢烏合疲弊之眾，可以節鉞誘致淮南，坐而取之，不意巢初無降心，反為所欺，張潾驍將，一戰敗死，巢奄濟采石，諸軍北去，見兵不多，狼狽惴恐，自保不暇，故斂兵退縮，任賊過淮，非故欲縱之，實不能制也。盧攜闇於知人，致中原覆沒，駢先銳後怯，致京邑丘墟，呂用之妖妄姦皿，致廣陵塗炭，皆人所深疾，故眾惡歸焉，未必實然也。又唐末見聞錄：「廣明二年十二月五日，黃巢領陷京國，轉牒諸軍，據牒云，屯軍淮甸，牧馬潁陂。」則似在淮南時，非入長安後。又續寶運錄云：「王仙芝既叛，自稱天補均平大將軍，兼海內諸豪帥都統，傳檄諸道。」其文與此略同，末云：「願垂聽知，謹告，乾符二年正月三日。」此蓋當時不逞之士，偽作此文，託於仙芝及巢，以譏斥時病，未必二人實有此檄牒也。

(卅)詔河南諸道發兵屯溵水，泰寧節度使齊克讓屯汝州，以備黃巢。

(卅一)辛酉，以淄州刺史曹全晸為天平節度使兼東面副都統。

(卅二)劉漢宏請降，戊辰，以為宿州刺史。【考異】實錄：「漢宏寇擾荊襄，王鐸遣前濠州刺史崔鍇招之，至是始歸降，辛未，漢宏奏請於濠州倒戈歸降，優詔褒之。」按鐸奔襄陽，漢宏始掠江陵叛去，鐸尋分司，蓋未分司時，遣鍇招之。又戊辰漢宏除宿州，云至是始降，是已降也，辛未又云：「請於濠州歸降者。」朝廷聞其降，戊辰，已除官，而辛未，漢宏表方至也。

(卅三)李克用自雄武軍引兵還擊高文集於朔州，李可舉遣行軍司馬韓玄紹邀之於藥兒嶺(六六)，大破之，殺七千餘人，李盡忠、程懷信皆死(六七)，又敗之於雄武軍之境，殺萬人。李琢赫連鐸進攻蔚州，李國昌戰敗，部眾皆潰，獨與克用及宗族北入達靼(六八)。詔以鐸為雲州刺史、大同軍防禦使，吐谷渾白義成為蔚州刺史，薩葛米海萬為朔州刺史，加李可舉兼侍中。達靼，本靺鞨之別部也，居於陰山。後數月，赫連鐸陰賂達靼，使取李國昌父子，李克用知之，時與其豪帥遊獵，置馬鞭木葉(六九)，或懸針射之，無不中，豪帥心服，又置酒與飲，酒酣，克用言曰：「吾得罪天子，願效忠而不得，今聞黃巢北來，必為中原患，一旦天子若赦吾罪，得與公輩南向，共立大功，不亦快乎！人生幾何(七〇)，誰能老死沙磧(七一)邪。」達靼知無留意，乃止。

(四四)八月，甲午，以前西川節度使崔安潛為太子賓客分司。

(四五)九月，東都奏：「汝州所募軍李光庭等五百人，自代州還，過東都，燒安喜門，焚掠市肆，由長夏門去(七二)。」

(四六)黃巢眾號十五萬，曹全晸以其眾六千與之戰，頗有殺獲，以眾寡不敵，退屯泗上[七三]，以俟諸軍至，併力擊之，而高駢竟不之救，賊遂擊全晸，破之。

(卅七)徐州遣兵三千赴溵水，過許昌，徐卒素[七四]名凶悖[七五]，節度使薛能自謂前鎮彭城[七六]，有恩信於徐人，館之[七七]毬場，及暮，徐卒大譟，能登子城樓問之，對以供備[七八]疏闕[七九]，慰勞久之，方定。許人大懼。時忠武亦遣大將周岌詣溵水，行未遠，聞之，夜引兵還，比明入城，襲擊徐卒，盡殺之，且怨能之厚徐卒也，遂逐之，能將奔襄陽，亂兵追殺之，并其家。岌自稱留後，汝鄭把截[八〇]制置使齊克讓恐為岌所襲，引兵還兗州[八一]，諸道屯溵水者皆散，黃巢遂悉眾度淮，所過不虜掠，惟取丁壯以益兵。

(卅八)先是徵振武節度使吳師泰為左金吾大將軍，以諸葛爽代之，師泰見朝廷多故，使軍民上表留己。冬，十月，復以師泰為振武節度使，以爽為夏綏節度使。

(卅九)黃巢陷申州，遂入潁、宋、徐、兗之境，所至吏民逃潰[八二]。

(卌)羣盜陷澧州，殺刺史李詢、判官皇甫鎮，鎮舉進士，二十三[八三]

上，不中第，詢辟㈣之，賊至城陷，鎮走，問人曰：「使君免乎？」曰：「賊執之矣。」鎮曰：「吾受知若此，去將何之！」遂還詣賊，竟與同死。

【今註】㈠太谷：據《新唐書・地理志》三，太谷與晉陽，同屬河東道太原府。㈡博昌：據同志二，博昌屬河南道青州。㈢威刑：威勢刑罰。㈣百井：胡三省曰：「百井鎮在太原府陽曲縣。」㈤事出一時：謂事出一時之不得已，蓋設此辭以期慰安亂兵。㈥天文變異：謂天象之變易時呈。㈦法算：胡三省曰：「唐國子監有算學博士，掌教九章、海島、孫子、五曹、張丘陽周髀五經，算綴術，緝古為專業，皆法算也。」㈧蒱博：蒱，樗蒲，亦作摴蒱，古博戲。博，博弈。㈨駮放：駮，糾駮；放，黜。㈩獨富戶胡商未耳：謂獨富戶胡商未饑寒耳。⑪改楊子院為發運使：楊子院舊置留後，今改為發運使。⑫敬瑄、田令孜之兄：田令孜本姓陳，咸通中隨義父入內侍省為宦者，遂冒田姓。⑬許昌：許昌乃許州，為忠武節度治所。⑭敬瑄得第一籌：胡三省曰：「凡擊毬，立毬門於毬場，設賞格，天子按轡入毬場，諸將迎拜，天子入講武榭，升御座，諸將羅拜於下，各立馬於毬場之兩偏，以俟命。神策軍吏讀賞格訖，都教練使放毬於場中，諸將皆駷馬趨之，以先得毬而擊過毬門者為勝，先勝者得第一籌，其餘諸將再入場擊毬，其勝者得第二籌焉。」⑮參佐：參隨之僚佐。⑯前進士：胡三省曰：「進士及第而於時無官，謂之前進士。」⑰崇龜崇魯、政會之七世孫：劉政會唐初功臣。⑱奸軌：軌通宄，亦奸。⑲愓息：愓懼屏息。⑳推：推問。㉑兵柄：兵權。㉒土客之兵：土兵謂淮南之兵，客兵謂諸道之兵。㉓往往：常常。㉔琢，聽之子：聽，李晟之子。㉕差：猶稍。㉖幷其二子殺之：按可作殺浩及其二子，較為平顯。㉗東方諸道：謂宣武、忠武、義成、天平、泰寧、平盧、感化。㉘啗：同啖，猶今言餵。㉙求保奏：謂求為之保薦呈奏。㉚詗：偵探。㉛考異曰：「舊紀：『是歲……乞保明歸國』」：按《舊唐書．僖宗紀》，保明作保命，為合，當改從。㉜皆降白麻，於閤門出案，與將相同：胡三省曰：「唐制凡拜將相，先一日中書納案，遲明降麻，於閤門出案。會要：『凡將相，翰林學士草制，謂之白麻。』韋執誼翰林故事：『故事，中書省用黃白二麻，為綸命重輕之辯，近者所出，獨得黃麻，其白麻皆在翰林院，自非國之重事，拜將授相、德音、赦宥，則不得由於斯。』程大昌曰：『凡欲降白麻，若商量於中書門下省，皆前一日進文書，然後付翰林草麻制。』」由注知案乃係文書。㉝青城：據《新唐書．地理志》六，青城屬蜀州。㉞陳僕射：以陳敬瑄為檢校僕射，故稱曰陳僕射。㉟馬步使：胡三省曰：「馬步使掌馬步軍，蓋唐末節度牙前職也。」㊱沃：灌。㊲謁告：謁告謂請假居私第養疾。㊳掖：掖持而扶之。㊴高下：猶升降。㊵不完：不全。㊶附會：謂附隨應合。㊷沮：沮止。㊸以崔澹之說為是：崔澹議見上五年。㊹雲南一郡：劉蜀分建寧、永昌置雲南郡。㊺三使：謂度支、戶部、鹽鐵。㊻瘴癘：瘴氣癘疫。㊼榛杞：二木名，乃言兵革興起，人烟寂寥之狀。㊽覬望：覬亦望，音ㄐㄧˋ。㊾侵軼：侵突。㊿枝梧：謂支持抗拒。(51)報復：報答覆命。(52)錄詔白：謂錄詔書之正文。(53)共齎：謂共齎詔書及金帛。齎，攜帶。(五四)采石：胡三省曰：「采石戍在宣州當塗縣西北，渡江即和州界。」(五五)天長、六合：據《新唐書・地理志》五，二縣皆屬揚州。(五六)涉：涉歷。(五七)制：制馭。(五八)大患：大禍患。(五九)度：量。(六〇)嚴備：嚴密戒備。(六一)自保：謂自己保全。(六二)長才：猶高才。(六三)迤邐：旁行連延。(六四)東道：謂關東諸道。(六五)風痺：半身不遂之症。(六六)藥兒嶺：在雄武軍西。(六七)李盡忠、程懷信皆死：盡忠、懷信與克用同起兵於蔚朔者。(六八)達靼：宋白曰：「達靼者，本東北方之夷，蓋靺鞨之部也。貞元元和之後，奚契丹漸盛，多為攻劫，部眾分散，或投屬契丹，或依於勃海，漸流徙於陰山，其俗語訛，因謂之達靼。唐咸通末，有首領每相溫、于越相溫部，帳於幙南，隨草畜牧，李克用為吐渾所困，嘗往依焉，達靼善待之，及授鴈門節度使，二相溫帥族帳，以從克用，收復長安，逐黃巢於河南，皆從戰有功，由是、俾牙于雲代之間，恣其畜牧。」(六九)置馬鞭木葉：謂置馬鞭於木葉之間。(七〇)人生幾何：謂人生能有多少歲月。(七一)磧：磧，沙堆，音ㄑㄧˋ。(七二)過東都，燒安喜門，由長夏門去：《唐六典》卷七：「東都南面三門：中曰定鼎，左曰長夏，右曰厚載。北面二門：東曰安喜，西曰徽安。」(七三)泗上：即泗州。(七四)素：平常。(七五)凶悖：兇悍悖理。(七六)薛能自謂前鎮彭城：乾符初、能鎮徐州，今鎮許。(七七)館之：猶居之。(七八)供備：供給準備。(七九)疏闕：疏略闕之。(八〇)把截：把守攔截。(八一)齊克讓引兵還兗州：齊克讓本泰寧節度使，引兵還鎮。(八二)潰：潰散。(八三)二十三上：謂上禮部者二十三次。(八四)辟：辟用。

卷二百五十四 唐紀七十

司馬光編集
曲守約註

起上章困敦十一月，盡玄黓攝提格四月，凡一年有奇。（庚子至壬寅，西元八八〇年至八八二年）

僖宗惠聖恭定孝皇帝中之上

廣明元年（西元八八〇年）

㈠十一月，河中都虞候王重榮作亂，剽掠坊市㊀俱空。

㈡宿州刺史劉漢宏怨朝廷賞薄，甲寅，以漢宏為浙東觀察使。

㈢詔河東節度使鄭從讜以本道兵授諸葛爽及代州刺史朱玫，使南討黃巢。乙卯，以代北都統李琢為河陽節度使。

㈣初黃巢將度淮，豆盧瑑請以天平節鉞授巢，俟其到鎮，討之，盧攜曰：「盜賊無厭㊁，雖與之節，不能止其剽掠，不若急發諸道兵，扼泗州，汴州節度使為都統，賊既前不能入關，必還掠淮浙，偷生海渚㊂耳。」從之。既而淮北相繼告急，攜稱疾不出，【考異】驚聽錄曰：「宰臣豆盧瑑奏，緣淮南九驛使至泗州，恐高駢固守城壘，不遮截大寇黃巢，必若過淮落寇之計，又徵兵不及，須且誘之請降，節旄授鄆州節度使，候其至止，討亦不難。宰臣盧攜言之不可，奏以黃巢為國之患久矣，昨與江西節制擁節而行，攻劫荊南，却奪其節，但徵諸道驍勇，把截泗州。因此，不發內使，罷建雙旌，乃發使臣諸道而去，尋汴州徐州兩道告急到京，報黃巢過淮，盧攜託疾不出。」按朝廷未嘗以江西節與巢，借使與之，安可復奪，此驚聽錄不足信也。京師大恐。庚申，東都奏黃巢入汝州境。

㈤辛酉，以王重榮權知河中留後，以河中節度使同平章事李都為太子少傅。

㈥汝鄭把截制置都指揮使齊克讓奏：「黃巢自稱天補大將軍，轉牒諸軍云：『各宜守壘㈣，勿犯㈤吾鋒，吾將入東都，即至京邑㈥，自欲問罪，無預㈦眾人。』」上召宰相議之，豆盧瑑崔沆請發關內諸鎮及兩神策軍守潼關。壬戌，日南至㈧，上開延英，對宰相泣下，觀軍容使田令孜奏請選左右神策軍弓弩手守潼關，臣自為都指揮制置把截使，上曰：「侍衞將士，不習㈨征戰，恐未足用。」令孜曰：「昔安祿山搆逆(一〇)，玄宗幸蜀以避之。」崔沆曰：「祿山眾纔五萬，比之黃巢，不足言矣。」豆盧瑑曰：「哥舒翰以十五萬眾，不能守潼關(一一)，今黃巢眾六十萬，而潼關又無哥舒之兵，若令孜為社稷計，三川帥臣，皆令孜腹心(一二)，比於玄宗，則有備矣。」上不懌(一三)，謂令孜曰：「卿且為朕發兵守潼關。」是日，上幸左神策軍，親閱將士，令孜薦左軍馬軍將軍張承範、右軍步軍將軍王師會、左軍兵馬使趙珂，上召見三人，以承範為兵馬先鋒使兼把截潼關制置使，師會為制置關塞糧料使，珂為句當(一四)寨柵使，令孜為左右神策軍內外八鎮及諸道兵馬都指揮制置招討等使，飛龍使楊復恭為副使。癸亥，齊克讓奏：「黃巢已入東都境，臣收軍退保潼關，於關外置寨，將士屢經戰鬭，久乏資儲，州縣殘破，人煙殆絕，東西南北，不見王人(一五)，凍餒交逼(一六)，兵械刓弊(一七)，各思鄉閭(一八)，恐一旦潰去，乞早遣(一九)資糧及援軍。」上命選兩神策弩手得二千八百人，令張承範等將以赴之。丁卯，黃巢陷東都，留守劉允章帥百官迎謁，巢入城勞問而已，閭里晏然(二〇)。允章，迺之曾孫(二一)也。田令孜奏募坊市人數千，以補兩軍。

(七)辛未，陝州奏東都已陷。壬申，以田令孜為汝、洛、晉、絳、同、華都統，將左右軍(二二)東討。是日，賊陷虢州。

(八)以神策將羅元杲為河陽節度使。

(九)以周岌為忠武節度使。初薛能遣牙將上蔡(二三)秦宗權調發至蔡州

㉔，聞許州亂，託云㉕赴難，選募蔡兵，遂逐刺史據其城，及周岌為節度使，即以宗權為蔡州刺史。

（十）乙亥，張承範等將神策弩手發京師。神策軍士皆長安富家子，賂宦官，竄名軍籍㉖，厚得稟㉗賜，但華衣怒馬㉘，憑勢使氣㉙，未嘗更㉚戰陳，聞當出征，父子聚泣，多以金帛雇病坊㉛貧人代行，往往不能操兵㉜。是日，上御章信門樓臨遣之，【考異】新傳曰：「帝餞令孜章信門，賚遣豐優。」按令孜雖為招討都統，賜節賚物，其實不離禁闥，是日所遣者承範等耳，新傳云：「餞令孜。」誤也。承範進言：「聞黃巢擁數十萬之眾，鼓行而西，齊克讓以饑卒萬人，依託㉝關外，復遣臣以二千餘人，屯於關上，又未聞為饋餉㉞之計，以此拒賊，臣竊寒心。願陛下趣㉟諸道精兵，早為繼援。」上曰：「卿輩第行㊱，兵尋至矣。」丁丑，承範等至華州，會刺史裴虔餘徙宣歙觀察使，軍民皆逃入華山，城中索然㊲，州庫唯塵埃鼠迹，賴倉中猶有米千餘斛，軍士裹㊳三日糧而行。

（十一）十二月，庚辰朔，承範等至潼關，搜菁中㊴，得村民百許㊵，使運石汲水，為守禦之備㊶，與齊克讓軍皆絕糧，士卒莫有鬭志。是日，黃巢前鋒軍抵關下，白旗滿野，不見其際㊷，克讓與戰，賊小却，俄而巢至，舉軍大呼，聲振河華㊸，克讓力戰，自午至酉，始解㊹，士卒飢甚，遂諠譟燒營而潰，克讓走入關，關左有谷，平日禁人往來，以榷征稅㊺，謂之禁阬㊻，賊至倉猝，官軍忘守之，潰兵自谷而入，谷中灌木壽藤㊼，茂密如織，一夕，踐為坦塗。承範盡散其輜囊㊽，以給士卒，遣使上表告急，稱：「臣離京六日，甲卒未增一人，餽餉未聞影響㊾，到關之日，巨寇已來，以二千餘人，拒六十萬眾，外軍㊿飢潰，蹋(51)開禁阬，臣之失守，鼎鑊甘心，朝廷謀臣，愧顏何寄(52)。或聞陛下已議西巡(53)，苟鑾輿一動，則上下(54)土崩，臣敢以猶生(55)之軀，奮冒死之語(56)，願與近密(57)及宰臣熟議，急徵兵以救關防(58)，則高祖太宗之業，庶幾猶可扶持。使黃巢繼安祿山之亡，微臣勝哥舒翰之死。」辛巳，賊急攻潼關，承範悉力拒之，自寅及申，關上矢盡，投石以擊之，關外有天塹(59)，賊驅民千餘人入其中，掘土填之，須臾即平，引兵而度，夜縱火，焚關樓，俱盡。承範分兵八百人，使王師會守禁阬，比至

〔六〇〕，賊已入矣。壬午旦，賊夾攻潼關，關上兵皆潰，師會自殺，承範變服，帥餘眾脫走，至野狐泉，遇奉天援兵二千繼至，承範曰：「汝來晚矣。」博野鳳翔軍〔六一〕還至渭橋，見所募新軍〔六二〕，衣裘溫鮮〔六三〕，怒曰：「此輩何功而然？我曹反凍餒。」遂掠之，更為賊鄉導，以趣長安。賊之攻潼關也，朝廷以前京兆尹蕭廩為東道轉運糧料使，廩稱疾請休官〔六四〕，貶賀州〔六五〕司戶。黃巢入華州，留其將喬鈐守之，河中留後王重榮請降於賊。癸未，制以巢為天平節度使。甲申，以翰林學士承旨尚書左丞王徽為戶部侍郎，翰林學士戶部侍郎裴澈為工部侍郎，並同平章事，以盧攜為太子賓客分司。田令孜聞黃巢已入關，恐天子責己，乃歸罪於攜而貶之，薦徽澈為相，是夕，攜飲藥死。澈，休之從子〔六六〕也。

〔十一〕百官退朝，聞亂兵入城，布路〔六七〕竄匿，令孜帥神策兵五百，奉帝自金光門〔六八〕出，惟福、穆、澤、壽四王，及妃嬪數人從行，百官皆莫知之。上奔馳，晝夜不息，從官多不能及，車駕既去，軍士及坊市民，競入府庫盜金帛。晡時，黃巢前鋒將柴存入長安，金吾大將軍張直方帥文武數十人迎巢於霸上，巢乘金裝肩輿(六九)，其徒皆被髮，約以紅繒(七〇)，衣錦繡，執兵以從，甲騎如流(七一)，輜重塞塗，千里絡繹不絕，民夾道聚觀，尚讓歷諭之(七二)曰：「黃王起兵，本為百姓，非如李氏，不愛汝曹，汝曹但安居無恐(七三)。」巢館於田令孜第，其徒為盜久，不勝富(七四)，見貧者，往往施與之。居數日，各出大掠，焚市肆，殺人滿街，巢不能禁，尤憎官吏，得者皆殺之。

(十三)上趣駱谷，鳳翔節度使鄭畋謁上於道次(七五)，【考異】續寶運錄：「戊子，帝至駱谷壻水驛，乃下詔與牛勗、楊師立、陳敬瑄云，今月七日，已次駱谷壻水驛。」按此月庚辰朔，戊子九日，而詔云七日，九誤為七也。實錄：「辛卯，車駕次鳳翔，鄭畋候謁於路。」舊畋傳云：「候駕於斜谷。」新紀：「辛卯，次鳳翔，丁酉至興元。」按甲申，上離長安，辛卯始次鳳翔，太緩，丁酉已至興元，大速，又路出駱谷，則不過鳳翔及斜谷，蓋車駕涉鳳翔之境，而畋往見耳，非鳳翔與斜谷也。實錄：「賊以數萬眾，西追車駕。」而不言追不及，又不言為誰所拒而還，諸書皆無之，今不取。請車駕留鳳翔，上曰：「朕不欲密邇巨寇，且幸興元，徵兵以圖收復。卿東扞(七六)賊鋒，西撫諸蕃，糾合(七七)鄰道，勉(七八)建大勳。」畋曰：「道路梗澁(七九)，奏報難通(八〇)，請得便宜從事(八一)。」許之。戊子，上至壻水(八二)，詔牛勗、楊師立、陳敬瑄，諭以京城不守，且幸興元，若賊勢猶盛，將幸成都，宜豫為備擬。庚寅，黃巢殺唐宗室在長安者無遺類(八三)。辛卯，巢始入宮。壬辰，巢即皇帝位於含元殿，畫皁(八四)繒為衮衣，擊戰鼓數百，以代金石之樂，登丹鳳樓，下赦書，國號大齊，改元金統，謂廣明之號，去唐下體，而著黃家日月(八五)，以為己符瑞，唐官三品以上悉停任，四品以下位如故，以妻曹氏為皇后，【考異】實錄巢傳：「立妻曲氏為皇后。」今從新傳。以尚讓為太尉兼中書令，趙璋兼侍中，崔璆楊希古並同平章事，孟楷蓋洪為左右僕射，知左右軍事，費傳古為樞密使，以太常博士皮日休為翰林學士(八六)。璆，邠之子(八七)也，時罷浙東觀察使，在長安，巢得而相之。

(七四)諸葛爽以代北行營兵屯櫟陽，黃巢將碭山(八八)朱溫屯東渭橋，巢使溫誘說之，爽遂降於巢。溫少孤貧，與兄昱存隨母王氏依蕭縣劉崇家，崇數笞辱之，崇母獨憐之，戒家人曰：「朱三(八九)非常人也，汝曹善遇(九〇)之。」巢以諸葛爽為河陽節度使，爽赴鎮，羅元杲發兵拒之，士卒皆棄甲迎爽，元杲逃奔行在。

(七五)鄭畋還鳳翔，召將佐議拒賊，皆曰：「賊勢方熾，宜且從容，以俟兵集，乃圖收復。」畋曰：「諸君勸畋臣賊乎！」因悶絕仆地，甃(九一)傷其面，自午至明旦，尚未能言，會巢使者以赦書至，監軍袁敬柔與將佐序立(九二)宣示，代畋草表署名以謝巢，監軍與巢使者宴，樂奏，將佐以下皆哭，使者怪之，幕客孫儲曰：「以相公風痺(九三)不能來，故悲耳。」民間聞者無不泣，畋聞之曰：「吾固知人心尚未厭(九四)唐，賊授首(九五)無日(九六)矣。」乃刺指血為表，遣所親間道詣行在，召將佐諭以逆順，皆聽命，復刺血與盟，然後完(九七)城塹，繕器械，訓士卒，密約鄰道，合兵討賊，鄰道皆許諾，發兵會於鳳翔。時禁兵分鎮關中者(九八)尚數萬，聞天子幸蜀，無所歸，聞使人招之，皆往從畋，畋分財以結其心，軍勢大振。

(十六)丁酉，車駕至興元，詔諸道各出全軍(九九)，收復京師。

(十七)己亥，黃巢下令，百官詣趙璋第投名銜(一〇〇)者，復其官，豆盧瑑、崔沆及左僕射于琮、右僕射劉鄴、太子少師裴諗、御史中丞趙濛、刑部侍郎李溥、京兆尹李湯，扈從(一〇一)不及，匿民間，巢搜獲，皆殺之。廣德公主曰：「我唐室之女，誓與于僕射俱死。」執賊刃不置(一〇二)，賊幷殺之。發盧攜尸，戮之於市。將作監鄭綦、庫部郎中鄭係，義不臣賊，舉家自殺。左金吾大將軍張直方雖臣於巢，多納亡命，匿公卿於複壁㉓，巢殺之。

(十八)初樞密使楊復恭薦處士、河間㉔張濬，拜太常博士，遷度支員外郎，黃巢逼潼關，濬避亂商山，上幸興元，道中無供頓㉕，漢陰令㉖李康以騾負糗糧數百馱㉗獻之，從行軍士始得食。上問康：「卿為縣令，何能如是？」對曰：「臣不及此㉘，乃張濬員外教臣。」上召濬詣行在，拜兵部郎中㉙。

(十九)義武節度使王處存聞長安失守，號哭累日，不俟詔命，舉軍入援，遣二千人，間道詣興元衞車駕。

(廿)黃巢遣使調發㉚河中，前後數百人，吏民不勝其苦，王重榮謂眾曰：「始吾屈節，以紓㉛軍府之患，今調財不已，又將徵兵，吾亡無日矣，不如發兵拒之。」眾皆以為然，乃悉驅巢使者殺之。巢使遣其將朱溫自同州，弟黃鄴自華州，合兵擊河中，重榮與戰，大破之，獲糧仗㉜四十餘船，遣使與王處存結盟，引兵營於渭北。【考異】舊王處存傳曰：「時李都守河中降賊，會王重榮斬偽使，通使於處存，乃同盟誓，營於渭北㉝時巢賊僭號，天下藩鎮，多受其偽命，惟鄭畋守鳳翔，鄭從讜守太原，處存王重榮首倡義舉，俄而鄭畋破賊前鋒，王鐸自行在至，故諸鎮翻然改圖，以出勤王之師。」按鐸中和二年始至，於時未也。王重榮傳曰：「初重榮為河中馬步都虞候，巢賊據長安，蒲帥李都不能拒，稱臣於賊，賊偽授重榮節度副使，重榮以賊徵求無已，欲拒之，都曰，吾兵微力寡，絕之立見其患，願以節鉞假公，翌日，都歸行在，重榮知留後事，乃斬賊使，求援鄰藩。」北夢瑣言曰：「重榮始為牙將，黃巢犯闕，元戎李都奉偽，畏重榮附者多，因薦為副使，一日忽謂都曰，令公助賊，陷一邦於不忠，而又日加箕斂，眾口紛紜，倏忽變生，何以遏也！遽命斬其偽使，都無以對，因以軍印授重榮而去。及都至行在，朝廷又以前京兆尹竇潏間道至河中代都，重榮迎之，潏前為京兆尹，有慘酷之名，時謂之埰疊，及至，翌日，進軍校於庭，謂曰，天子命重臣作鎮，將遏賊衝，安可輕議斥逐，令北門出去，且為惡者，必一兩人而已，爾等可言之。潏不知軍眾，皆重榮之親黨也，眾皆不對，重榮乃屏肅佩劍，歷階而上，謂潏曰，為惡者非我而誰，遂召潏之僕吏，控馬及堦，請依李都前例，乃雲速去，潏不敢仰視，躍馬，復由北門而出。」新傳取之。按十一月辛亥朔，重榮已作亂，掠坊市，辛酉，以重榮為留後，都為太子少傅，則都已去河中矣，及黃巢犯闕，都何嘗奉偽，亦未嘗聞以潏代都，今不取。

(廿)陳敬瑄聞車駕出幸，遣步騎三千奉迎，表請幸成都，時從兵浸多，興元儲偫㉔不豐，田令孜亦勸上，上從之。

【今註】㊀坊市：謂住宅及市肆。㊁厭：足。㊂海渚：渚，水中可居者，音責。㊃壘：營壘。㊄犯：觸犯。㊅京邑：即京師長安。㊆無預：無干涉。㊇日南至：即冬至。㊈習：熟習。㊉搆逆：謂造反。⑪哥舒翰以十五萬眾，不能守潼關：事見玄宗肅宗紀。⑫三川帥臣，皆令孜腹心：謂陳敬瑄、楊師立、牛勗。⑬懌：悅。⑭句當：猶管理。⑮王人：謂天子之官吏。⑯交逼：交相逼迫。⑰刓弊：刓鈍破弊。⑱鄉閭：猶家鄉。⑲遣：遣送。⑳晏然：安然。㉑允章，迺之曾孫：劉迺見卷二百三十德宗興元元年。㉒左右軍：左右神策軍。㉓上蔡：據《新唐書・地理志》二，上蔡縣屬河南道蔡州。㉔調發至蔡州：胡三省曰：「自元和末廢彰義軍，以蔡州屬忠武軍，故得而調發之。」㉕託云：謂託辭云。㉖竄名軍籍：謂竄改姓名，而著於軍籍。㉗禀：通廩。㉘怒馬：猶駿馬。㉙使氣：任使氣焰。㉚更：經歷。㉛病坊：《會要》：「開元五年，宋璟等奏：『悲田病坊，從長安已來，置使專知，乞罷之。』至二十二年，京城乞兒，有疾病，分置諸寺病坊，至德二年，兩京市各置普救病坊。」㉜操兵：執兵器。㉝依託：猶依居。㉞饋餉：謂饋輸資糧。㉟趣：讀曰促。㊱第行：但行，意謂不須顧慮其他。㊲索然：蕭條。㊳裹：裹帶。㊴菁中：草茂密處。㊵百許：百餘。㊶備：設備。㊷際：邊際。㊸河華：華山臨河，言呼聲撼振河山。㊹始解：猶始罷。㊺平日禁人往來，以榷征稅：謂因榷征稅之故，而禁人於關左之谷往來，以免避稅及走私也。㊻禁阬：阬與谷意相類，以谷禁人行，故呼曰禁阬。㊼壽藤：即今之萬歲藤。㊽輜囊：謂輜重囊橐，輜重隨軍之物，囊橐私裝。㊾影響：謂未聞見餽餉之蹤影聲響。㊿外軍：指關外齊克讓之軍。(51)蹋：猶踐。(52)愧顏何寄：謂愧恥之顏，何所寄託。(53)已議西巡：謂議幸蜀。(54)上下：指官民言。(55)猶生：尚存。(56)奮冒死之語：謂發出犯殺身之言。(57)近密：謂兩中尉、兩樞密。(58)關防：此指潼關言。(59)天塹：天然之塹壕。(60)比至：及至。(61)博野軍：即穆宗長慶二年，李寰帥以歸京師之兵，見卷二百四十二。(62)所募新軍：即田令孜所募坊市人以補兩軍者。(63)溫鮮：溫煖鮮麗。(64)休官：猶罷官。(65)賀州：《舊唐書·地理志》四：「嶺南道賀州，在京師東南四千一百三十里。」(66)澈，休之從子：裴休見卷二百四十九宣宗大中六年。(67)布路：分路。(68)金光門：《唐六典》卷七：「京城西面三門，中曰金光。」(69)金裝肩輿：以黃金為裝飾之肩輿。(70)約以紅繒：謂束以紅繒之巾。

(七一)如流：謂如流水，以言其多。(七二)歷諭之：謂所經過處，皆曉諭之。(七三)無恐：謂不要恐懼。(七四)不勝富：謂甚富有。(七五)道次：道間。(七六)扞：扞禦。(七七)糾合：聚合。(七八)勉：勉勵。(七九)梗澀：梗阻滯澀。(八〇)難通：難以通達。(八一)從事：猶行事。(八二)壻水：《九域志》：「洋州興道縣有壻水鎮，相傳云：『仙人唐公昉盡室升天，其壻不得偕升，遂以名水。』誕矣。」(八三)無遺類：謂無遺留之噍類。(八四)皁：青。(八五)謂廣明之號，去唐下體，而著黃家日月：胡三省曰：「言唐字去丑口，而著黃字為廣字，合日月為明字也。」(八六)以太常博士皮日休為翰林學士：胡三省曰：「陸游老學菴筆記曰：『該聞錄，言皮日休陷黃巢為翰林學士，巢敗被誅。今唐書取其事。按尹師魯作大理寺丞皮子良墓誌，稱曾祖日休，避廣明之難，徙籍會稽，依錢氏，官太常博士，贈禮部尚書；祖光業為吳越丞相；父璨，為元帥府判官，三世皆以文雄江東。據此則日休未嘗陷黃巢，為其翰林學士被誅也。小說謬妄，無所不有，師魯文章傳世，且剛正有守，非欺後世者。』」(八七)璆，邠之子：崔邠，郾之兄，德宗朝為右補闕。子恐當作孫。(八八)碭山：據《新唐書・地理志》二，碭山屬河南道宋州，音ㄉㄤˋ。(八九)朱三：朱溫第三。(九〇)遇：待遇。(九一)甃：甓，音ㄓㄡˋ。(九二)序立：依次序而排立。(九三)風痺：半身不遂。(九四)厭：厭惡。(九五)授首：謂交出其首級。(九六)無日：謂無幾日。(九七)完：完治。(九八)禁兵分鎮關中者：即神策八鎮兵。(九九)各出全軍：謂悉所統之軍皆行。(一〇〇)名銜：顯官位姓名。(一〇一)扈從：隨從天子車駕。(一〇二)不置：不放。(一〇三)複壁：壁為兩層，內可實人及物。(一〇四)河間：據《新唐書・地理志》三，河間屬河北道瀛州。(一〇五)供頓：謂無供給之鋪頓。(一〇六)漢陰：據《新唐書・地理志》四，漢陰縣屬山南東道金州。

㉗以騾負糗糧數言馱：胡三省曰：「以驢馬負物為馱，唐遞馱每馱一百斤。」㉘臣不及此：謂臣見不及此。㉙郎中：《舊唐書・職官志》一，諸司郎中，從五品上，諸司員外郎，從六品上。㉚調發：謂調發資財。㉛紓：救。㉜糧仗：糧草器仗。㉝考異曰：「舊王處存傳：『乃同盟誓，營於渭北』」：按《舊唐書・王處存傳》，盟誓下有師字，當從添。㉞偫：儲物以待用，音峙。

中和元年㊀（西元八八一年）

㈠春，正月，車駕發興元，加牛勗同平章事。陳敬瑄以扈從之人，驕縱㊁難制，有內園小兒㊂，先至成都，遊於行宮，笑曰：「人言西川是蠻，今日觀之，亦不惡。」敬瑄執而杖殺之，【考異】新傳曰：「敬瑄殺五十人，尸諸衢。」錦里耆舊傳曰：「有內園小兒三個，連手行，遶行宮，數內一人笑云云，巡者亂打執之，敬瑄咄曰，今日且欲棒殺汝三五十輩，必不令錯。」按三五十輩者，敬瑄語也，非實殺五十人也，新傳誤。由是眾皆肅然。敬瑄迎謁於鹿頭關。辛未，上至綿州，東川節度使㊃楊師立謁見。壬申，以工部侍郎判度支蕭遘同平章事。

㈡鄭畋約前朔方節度使唐弘夫、涇原節度使程宗楚，同討黃巢，巢遣其將王暉齎詔召畋，畋斬之，遣其子凝績詣行在，凝績追及上於漢州。

㈢丁丑，車駕至成都，館於府舍㊄。

㈣上遣使趣㊅高駢討黃巢，道路相望㊆，駢終不出兵，上至蜀，猶冀駢立功，詔駢巡內刺史及諸將有功者，自監察至常侍，聽以墨敕㊇，除訖㊈奏聞。

㈤裴澈自賊中奔詣行在，時百官未集，乏人草制，右拾遺樂朋龜謁田令孜，而拜之，由是擢為翰林學士，張濬先亦拜令孜，令孜嘗召宰相及朝貴飲酒，濬恥於眾中拜令孜，乃先謁令孜謝酒⑩，及賓客畢集，令孜言曰：「令孜與張郎中，清濁異流，嘗蒙中外⑪，既處玷⑫辱，何憚改更？今日於隱處⑬謝酒，則又不可。」濬慙懼，無所容⑭。

㈥二月，乙卯朔，以太子少師王鐸守司徒兼門下侍郎同平章事。

㈦丙申，加鄭畋同平章事。

㈧加淮南節度使高駢東面都統，加河東節度使鄭從讜兼侍中，依前行營招討使。代北監軍陳景思【考異】實錄作景斯，今從薛居正五代史。帥沙陀酋長李友金及薩葛安慶、吐谷渾諸部入援京師，至絳州，將濟河，絳州刺史瞿稹，亦沙陀也，謂景思曰：「賊勢方盛，未可輕進，不若且還代北募兵。」遂與景思俱還鴈門。

㈨以樞密使楊復光為京西南面行營都監。

㈩黃巢以朱溫為東南面行營都虞候，將兵攻鄧州。三月，辛亥，陷之，執刺史趙戒，因戍鄧州，以扼荊襄㈤。

(十一)壬子，加陳敬瑄同平章事，甲寅，敬瑄奏遣左黃頭軍㈥使李鋋將兵擊黃巢。

(十二)辛酉，以鄭畋為京城四面諸軍行營都統，賜畋詔：「凡蕃漢將士赴難有功者，並聽以墨勅除官。」畋奏，以涇原節度使程宗楚為副都統，前朔方節度使唐弘夫為行軍司馬。黃巢遣其將尚讓王播帥眾五萬寇鳳翔，畋使弘夫伏兵要害，自以兵數千，多張旗幟，疏陳㈦於高岡。賊以畋書生輕之，鼓行而前，無復行伍，伏發，賊大敗於龍尾陂㈧，斬首二萬餘級，伏尸數十里。

(十三)有書尚書省門，為詩以嘲賊者，尚讓怒，應㈨在省官及門卒，悉抉目倒懸之，大索城中能詩為者，盡殺之，識字者給㈩賤役，凡殺三千餘人。

(十四)瞿稹李友金至代州募兵，踰旬，得三萬人，皆北方雜胡，屯於崞㉑西，獷㉒悍暴橫，稹與友金不能制，友金乃說陳景思曰：「今雖有眾數萬，苟無威信之將以統之，終無成功，吾兄司徒㉓父子，勇略過人，為眾所服，驃騎㉔誠奏天子，赦其罪，召以為帥，則代北之人，一麾響應㉕，狂賊不足平也。」景思以為然，遣使詣行在言之，詔如所請，友金以五百騎齎詔詣達靼迎之，李克用帥達靼諸部萬人赴之。【考異】實錄：「陳景斯齎詔入達靼，召李克用軍屯蔚州，克用因大掠鴈門以北軍鎮。」薛居正五代史：「先是景思與李友金，發沙陀諸部五千騎，南赴京師，友金、即武皇之族父也。中和元年二月，友金軍至絳州，將度河，刺史瞿稹謂景思曰，巢賊方盛，不如且還代州，徐圖利害。四月，友金旋軍鴈門，瞿稹至代州，半月之間，募兵三萬，營於崞縣之西，其軍皆北邊五部之眾，不閑軍法，瞿稹、李友金不能制，友金謂景思云云，景思然之，促奏行在，天子乃以武皇為鴈門節度使，仍令以本軍討賊，李友金發五百騎，齎詔召武皇於達靼，武皇即帥達靼諸部萬人趨鴈門。」按景思請赦國昌父子，而克用至者，蓋國昌已老，獨使國用來耳。是歲，克用但攻掠太原，又陷忻代二州，明年十二月，始自忻代留後，除鴈門節度使。蓋此際止赦其罪，復為大同防禦使，及陷忻代，自稱留後，朝廷再召之，始除鴈門，薛史誤也。新表：「中和二年，以河東忻代二州隸鴈門節度，更大同節度為鴈門節度，治代州。」此其證也。

(十五)羣臣追從車駕者，稍㉖集成都，南北司朝者近二百人，諸道及四夷貢獻不絕，蜀中府庫充實，與京師無異，賞賜不乏，士卒欣悅。

(十六)黃巢得王徽，逼以官，徽陽瘖㉗，不從，月餘逃奔河中，遣人間道奉絹表㉘，詣行在，詔以徽為兵部尚書。

(十七)前夏綏節度使諸葛爽復自河陽奉表自歸，即以為河陽節度使。

(十八)宥州刺史拓跋思恭，【考異】歐陽修五代史作拓拔思敬，意謂薛史避國諱耳，按傳，唐書、實錄、皆作思恭。實錄：「天復二年九月，武定軍節度使李思敬，以城降王建。思敬，本姓拓跋，鄜夏節度使思恭、保大節度使思孝之弟也，思孝致仕，以思敬為保大留後，遂升節度，又徙武定軍。」新唐書党項傳曰：「思恭為定難節度使，卒，弟思諫代為節度，思孝為保大節度，以老，薦弟思敬為保大留後，俄為節度。」然則思恭、思敬乃是兩人，思敬後附李茂貞，或賜國姓，故更姓李，脩合以為一人，誤也。本党項羌也，糺合夷夏兵，會鄜延節度使李孝昌於鄜州，同盟討賊，奉天鎮使齊克儉遣使詣鄭畋，求自效㉙。甲子，畋傳檄天下藩鎮，合兵討賊。時天子在蜀，詔令不通，天下謂朝廷不能復振㉚，及得畋檄，爭發兵應之，賊懼，不敢復窺京西。

(十九)夏，四月，戊寅朔，加王鐸兼侍中。

(廿)以拔跋思恭權知夏綏節度使。

(廿一)黃巢以其將王玫為邠寧節度使，邠州通塞鎮將朱玫起兵誅之，讓別將李重古為節度使，自將兵討巢。是時，唐弘夫屯渭北，王重榮屯沙苑，王處存屯渭橋，拓跋思恭屯武功，鄭畋屯盩厔，弘夫乘龍尾之捷，進薄長安。壬午，黃巢帥眾東走，程宗楚先自延秋門㉑入，弘夫繼至，處存帥銳卒五千夜入城，坊市民喜，爭譟㉒呼出迎官軍，或以瓦礫㉓擊賊，或拾箭以供官軍。宗楚等恐諸將分其功，不報鳳翔鄜夏，軍士釋兵入第舍，掠金帛妓妾，處存令軍士繫白繻㉔為號，坊市少年或竊其號以掠人。賊露宿㉕霸上，詗知官軍不整，且諸軍不相繼，引兵還襲之，自諸門分入，大戰長安中，宗楚弘夫死，【考異】舊紀傳、新傳皆云，弘夫敗在二年六月，驚聽錄、唐年補錄、新紀、實錄，皆在此年四月，新紀日尤詳，今從之。軍士重負㉖不能走，是以甚敗㉗死者什八九，處存收餘眾還營。丁亥，巢復入長安，怒民之助官軍，縱兵屠殺，流血成川，謂之洗㉘城。於是諸軍皆退，賊勢愈熾，賊所署同州刺史王溥、華州刺史喬謙、商州刺史宋巖，聞巢棄長安，皆率眾奔鄧州，朱溫斬溥、謙，釋巖，使還商州。

(廿二)庚寅，拓跋思恭、李孝昌與賊戰於王橋，不利。

(廿三)詔以河中留後王重榮為節度使。

(廿四)賊眾上黃巢尊號曰承天應運啓聖睿文宣武皇帝。

(廿五)有雙雉集廣陵府舍，占者以為：「野鳥來集，城邑將空之兆㉙。」

高駢惡之，乃移檄四方，云將入討黃巢，悉發巡內兵八萬，舟二千艘，旌旗甲兵甚盛。五月，乙未，出屯東塘㊵。【考異】妖亂志曰：「自五月十二日，出東塘，至九月六日歸府，九十餘日，禳雉雊之變也。」按五月十二日至九月六日，乃是一百六十三日，非九十餘日，今從舊傳。諸將數請行期，駢託風濤為阻㊶，或云時日不利，竟不發。

(二六)李克用牒河東，稱奉詔將兵五萬討黃巢，令具頓遞㊷，鄭從讜閉城以備之，克用屯於汾東，從讜犒勞，給其資糧，累日不發，克用自至城下大呼，求與從讜相見，從讜登城謝之，癸亥，復求發軍賞給，從讜以錢千緡、米千斛遺之。甲子，克用縱沙陀剽掠居民，城中大駭，從讜求救於振武節度使契苾璋，璋引突厥吐谷渾救之，破沙陀兩寨，克用追戰至晉陽城南，璋引兵入城，沙陀掠陽曲、榆次㊸而歸。

(二七)黃巢之克長安也，忠武節度使周岌降之，岌嘗夜宴，急召監軍楊復光，左右曰：「周公臣賊，將不利於內侍㊹，不可往。」復光曰：「事已如此，義㊺不圖全㊻。」即詣之，酒酣，岌言及本朝，復光泣下，良久曰：「丈夫所感者恩義耳，公自匹夫為公侯，奈何捨十八葉(四七)天子，而臣賊乎？」岌亦流涕，曰：「吾不能獨拒賊，故貌(四八)奉而心圖之，今日召公，正為此耳。」因瀝酒(四九)為盟，是夕復光遣其養子守亮殺賊使者於驛。時秦宗權據蔡州，不從岌命，復光將忠武兵三千詣蔡州，說宗權，同舉兵討巢，宗權遣其將王淑將兵三千，從復光擊鄧州，逗留不進，復光斬之，併(五〇)其軍，分忠武八千人為八都，遣牙將鹿晏弘、晉暉、王建、韓建、張造、李師泰、龐從等八人將之。【考異】劉恕十國紀年上云，八都，而下止有王建等八人姓名，諸書不可考故也。王建，舞陽人；韓建，長社(五一)人；晏弘、暉、造、師泰，皆許州人也。復光帥八都與朱溫戰，敗之，遂克鄧州，逐北至藍橋(五二)而還。

(廿八)昭義節度使高潯會王重榮攻華州，克之。

(廿九)六月，戊戌，以鄭畋為司空兼門下侍郎、同平章事、都統如故。

(卅)李克用遇大雨，引兵北還，陷忻代二州，因留居代州。【考異】太祖紀年錄：「遇大雨，六月二十三日，班師鴈門。」唐末見聞錄：「六月二十日，沙陀軍却回，收却忻代州。」薛居正五代史與紀年錄同，按忻代先屬河東，中和二年始割隸鴈門，今從見聞錄、實錄。鄭從讜遣教練使論安等軍百井，以備之。邠寧節度副使朱玫屯興平(五三)，黃巢將王播圍興平，玫退屯奉天及龍尾陂。

〔卌一〕西川黃頭軍使李鋋將萬人，鞏咸將五千人，屯興平，為二寨，與黃巢戰，屢捷，陳敬瑄遣神機營(五四)使高仁厚將二千人益之。

〔卌二〕秋，七月，丁巳，改元(五五)，赦天下。

〔卌三〕庚申，以翰林學士承旨兵部侍郎韋昭度同平章事。

〔卌四〕論安自百井擅還，鄭從讜不解鞾(五六)衫，斬之，滅其族，【考異】唐末見聞錄：「六月三十日，沙陀收却忻代州，使司差教練使論安軍使王蟾、高弁，回鶻吐蕃等軍，於百井下寨守禦，當月內論安等拔寨却迴到府。」按當月內即三十日也，一日之中，不容有爾許事，必非也。又曰：「至七月十四日，相公排飯，大將等於坐上把起，論安不脫靴，於毬場內處置族滅其家，又差都頭溫漢臣將兵，依前於百井下寨，當月契苾尚書領兵馬，却歸振武。」今從之。更遣都頭溫漢臣將兵屯百井，契苾璋引兵還振武。

〔卌五〕初車駕至成都，蜀軍賞錢，人三緡，田令孜為行在都指揮處置使，每四方貢金帛，輒頒賜從駕諸軍，無虛月，不復及蜀軍，蜀軍頗有怨言。丙寅，令孜宴土客都頭(五七)，以金杯行酒，因賜之，諸都頭皆拜而受，西川黃頭軍使郭琪獨不受，起言曰：「諸將月受俸料(五八)，豐贍(五九)有餘，常思難報(六〇)，豈敢無厭(六一)。顧蜀軍與諸軍同宿衛，而賞賚(六二)懸殊，頗有觖望(六三)，恐萬一致變，願軍容減諸將之賜，以均蜀軍(六四)，使土客如一，則上下幸甚。」令孜默然有間(六五)，曰：「琪生長山東，征戍邊鄙，嘗與党項十七戰，契丹十餘戰，金創（六六）滿身，又嘗征吐谷渾，傷脇腸出，線縫復戰。」令孜乃自酌酒於別樽，以賜琪，琪知其毒，不得已，再拜飲之，歸殺一婢，吮其血以解毒，吐黑汁數升，遂帥所部作亂，丁卯，焚掠坊市，令孜奉天子保東城，閉門登樓，命諸軍擊之，琪引兵還營。陳敬瑄命都押牙安金山將兵攻之，琪夜突圍出，奔廣都（六七），從兵皆潰，獨廳吏一人從，息於江岸，琪謂廳吏曰：「陳公知吾無罪，然軍府驚擾，不可以莫之安也，汝事吾能始終，今有以報汝，汝齎吾印劍詣陳公曰：『郭琪走度江，我以劍擊之，墜水，尸隨湍流下矣，得其印劍以獻。』陳公必據汝所言，牓懸印劍於市（六八）以安眾，汝當獲厚賞，吾家亦保（六九）無恙，吾自此適廣陵，歸高公（七〇），後數日，汝可密以語吾家也。」遂解印劍授之而逸（七一），廳吏以獻，敬瑄果免琪家。上日夕（七二）專與宦者同處議（七三）天下事，待外臣（七四）殊疏薄。庚午，左拾遺孟昭圖上疏，以為：「治安之代（七五），遐邇（七六）猶應同心，多難之時，中外尤當一體（七七），去冬車駕西幸，不告南司，遂使宰相僕射以下，悉為賊所屠(七八)，獨北司平善(七九)，況今朝臣至者，皆冒死崎嶇(八〇)，遠奉君親，所宜自茲同休等戚(八一)。伏見前夕，黃頭軍作亂，陛下獨與令孜敬瑄及諸內臣閉城登樓，並不召王鐸已下及收(八二)朝臣入城，翌日(八三)又不對宰相，又不宣慰朝臣，臣備位諫官，至今未知聖躬安否，況疏冗(八四)乎！儻羣臣不顧君上，罪固當誅，若陛下不恤(八五)羣臣，於義(八六)安在？夫天下者，高祖太宗之天下，非北司之天下；天子者，四海九州之天子，非北司之天子，北司未必盡可信，南司未必盡無用，豈天子與宰相，了(八七)無關涉(八八)，朝臣皆若路人，如此，恐收復之期，尚勞聖慮，尸祿(八九)之士，得以宴安。臣躬被寵榮(九〇)，職在裨益(九一)，雖遂事(九二)不諫，而來者可追。」疏入，令孜屏(九三)不奏。辛未，矯詔貶昭圖嘉州司戶，遣人沉於蟇頤津(九四)，聞者氣塞(九五)，而莫敢言。

(卌六)鄜延節度使李孝昌、權夏州節度使拓跋思恭屯東渭橋(九六)，黃巢遣朱溫拒之，以義武節度使王處存為東南面行營招討使，以邠寧節度副使朱玫為節度使。

(四七)八月，己丑夜，星交流如織，或大如杯椀，至丁酉乃止。

(四八)武寧節度使(九七)支詳遣牙將時溥、陳璠，將兵五千，入關討黃巢，二人皆詳所獎拔也，溥至東都，矯稱(九八)詳命，召師還，與璠合兵屠河陰，掠鄭州而東，及彭城，詳迎勞犒賞甚厚，溥遣所親說詳曰：「眾心見迫(九九)，請公解印以相授。」詳不能制，出居大彭館，溥自知留務。璠謂溥曰：「支僕射有惠於徐人，不殺必成後悔。」溥不許，送詳歸朝，璠伏甲於七里亭(一〇〇)，幷其家屬殺之。詔以溥為武寧留後，溥表璠為宿州刺史，璠到官貪虐，溥以都將張友代還(一〇一)，殺之。

(四九)楊復光奏，升蔡州為奉國軍，以秦宗權為防禦使。壽州屠者王緒與妹夫劉行全，聚眾五百，盜據本州，月餘，復陷光州，自稱將軍，有眾萬餘人，秦宗權表(一〇二)為光州刺史。固始縣佐(一〇三)王潮及弟審邽、審知，皆以材氣知名，緒以潮為軍正，使典資糧，閱(一〇四)士卒，信用之。

(五〇)高潯與黃巢將李詳戰於石橋(一〇五)，潯敗，奔河中，詳乘勝復取華州，巢以詳為華州刺史。

(四一)以權知夏綏節度使拓跋思恭為節度使。

(四二)宗正少卿嗣曹王龜年，自南詔還，驃信上表款附(二六)，請悉遵詔旨。

(四三)李孝昌、拓跋思恭與尚讓朱溫戰于東渭橋，不利(二七)，引去。

(四四)初高駢與鎮海節度使周寶俱出神策軍，駢以兄事寶，及駢先貴有功，浸輕之，既而封壤(二八)相鄰，數爭細故(二九)，遂有隙。駢檄寶入援京師，寶治舟師以俟之，怪其久不行，訪諸幕客，或曰：「高公幸朝廷多故，有并吞江東之志，聲云(三〇)入援，其實未必非圖我也，宜為備。」寶未之信，使人覘駢，殊無(三一)北上(三二)意，會駢使人約寶面會瓜洲，議軍事，寶遂以言者為然，辭疾不往，且謂使者曰：「吾非李康，高公復欲作家門功勳(三三)，以欺朝廷邪！」駢怒，復遣使責寶，何敢輕侮大臣，寶詬之曰：「彼此夾江為節度使，汝為大臣，我豈坊門卒(三四)！」由是遂為深仇。駢留東塘百餘日，詔屢趣之，駢上表，託以寶及浙東觀察使劉漢宏將為後患，辛亥，復罷兵還府，其實無赴難心，但欲禳(二五)雉集之異(二六)耳。

(四五)高駢召石鏡鎮將董昌至廣陵，欲與之俱擊黃巢，昌將錢鏐說昌曰：「觀高公無討賊心，不若以扞禦鄉里為辭，而去之。」昌從之，駢聽昌還。會杭州刺史路審中將之官，行至嘉興(二七)，昌自石鏡引兵入杭州，審中懼而還，昌自稱杭州都押牙，知州事，遣將吏請於周寶，寶不能制，表為杭州刺史。

(四六)臨海賊杜雄陷台州。

(四七)辛酉，立皇子震為建王。

(四八)昭義十將成麟殺高潯，引兵還據潞州，天井關戍將孟方立起兵攻麟，殺之。【考異】實錄：「澤潞牙將劉廣據潞州叛，天井關戍將孟方立帥戍卒攻廣，殺之，自稱留後，仍移軍額於邢州。初高潯援京師，廣帥師至陽平，謀為亂，不行，還據潞州，自稱留後，用法嚴酷，三軍畏之，方立乘虛襲殺焉。」又曰：「貶昭義節度使高潯為端州刺史。」中和三年實錄又曰：「初孟方立殺高潯自立。」薛居正五代史方立傳曰：「中和二年，為澤州天井關戍將，時黃巢犯關輔，州郡易帥，有同博奕。先是沈詢、高湜相繼為昭義節度，怠於軍政，及有歸秦劉廣之亂，方立見潞帥交代之際，乘其無備，率戍兵徑入潞州，自稱留後。」新紀：「八月，昭義軍節度使高潯及黃巢戰於石橋，敗績，十將成麟殺潯入於潞州，九月己巳，昭義軍戍將孟方立殺成麟，自稱留後。」方立傳惟以成麟為成鄰，餘如新紀。按乾符二年實錄：「十月，昭義軍亂，逐節度使高湜，貶湜象州司戶。」柳玭傳云：「貶高要尉，三年十一月，詔魏博韓簡云：劉廣逐帥擅權，云云。」是廣逐湜擅據潞州也。薛史孟方立傳亦云：「沈詢、高湜怠於軍政，致有歸秦劉廣之亂。」是廣亂在前也。舊紀：「九月，高潯牙將劉廣擅還潞州，是月潯天井關戍將孟方立攻廣，殺之，自稱留後，貶潯端州刺史。」此蓋舊紀誤，實錄因之。薛史方立傳曰：「見潞帥交代之際，帥兵入潞州，不言何帥交代，若不逐帥，何能據州，」事無所因，殊為疏略。」舊紀恐是誤以高湜事為高潯事，實錄此云殺廣，明年又云殺潯，自相違。新紀傳皆云，成麟殺濤，方立斬麟，月日事實頗詳，必有所出，今從之。方立，汧州人也。

㊾忠武監軍楊復光屯武功。

㊿永嘉㉘賊朱褒陷溫州。鳳翔行軍司馬李昌言將本軍屯興平，時鳳翔倉庫虛竭，犒賞稍薄，糧饋㉙不繼，昌言知府中兵少，因激怒其眾。冬，十月，引軍還襲府城，鄭畋登城與士卒言，其眾皆下馬羅拜㉚曰：「相公誠無負我曹。」畋曰：「行軍苟能戢兵㉛愛人，為國滅賊，亦可以順守㉜矣。」乃以留務㉝委之，即日西赴行在。

(51)天平節度使南面招討使曹全晸與賊戰死，軍中立其兄子存實為留後。

(52)十一月，乙巳，孟楷、朱溫襲鄜夏二軍㉞於富平，二軍敗，奔歸本道。

(53)鄭畋至鳳州，累表辭位㉟，詔以畋為太子少傅分司，以李昌言為鳳翔節度行營招討使。

(54)以門下侍郎同平章事裴澈為鄂岳觀察使。

(55)加鎮海節度使周寶同平章事。

㈤遂昌㊅賊盧約陷處州。

㈦十二月，江西將閔勖戍湖南，還過潭州，逐觀察使李裕，自為留後。【考異】實錄新傳，作閔頊，今從程匡衮唐補紀。

㈧以感化留後時溥為節度使。

㈨賜夏州號定難軍。

㈩初高駢鎮荊南，補武陵蠻雷滿為牙將，領蠻軍，從駢至淮南，逃歸，聚眾千人，襲朗州，殺刺史崔翥，詔以滿為朗州留後，歲中㊆，率三四㊇引兵寇荊南，入其郛，焚掠而去，大為荊人之患。阪溪㊈人周岳嘗與滿獵，爭肉㊉而鬪，欲殺滿，不果，聞滿據朗州，亦聚眾襲衡州，逐刺史徐顥，詔以岳為衡州刺史。石門蠻向瓌亦集夷獠數千，攻陷澧州，殺刺史呂自牧，自稱刺史。

㈥王鐸以高駢為諸道都統，無心討賊，自以身㊂為首相，發憤請行，懇款㊂流涕，至於再三，上許之。

【今註】㈠中和元年：是年七月方改元。㈡驕縱：驕倨縱恣。㈢內園小兒：唐時給役於坊廐及內園者，皆謂之小兒。㈣東川節度使：東川治梓州，北至綿州一百六十八里。㈤館於府舍：就西川節度使府為行宮。㊅趣：讀曰促。㊆道路相望：謂使者絡繹不絕。㊇墨勅：謂不經由中書門下而下之勅。㊈除訖：除授訖。㊉謝酒：謝其延請飲酒。⑪中外：謂與之相表裏。⑫玷：亦辱，音點。⑬隱處：隱僻之處。⑭無所容：謂無地自容。⑮因戍鄧州，以扼荊襄：《九域志》：「鄧州南至襄州一百八十里，襄州南至荊州四百五十七里。」⑯左黃頭軍：西川黃頭軍，崔安潛所置，事始見上卷乾符六年。⑰疏陳：稀疏陳列。⑱龍尾陂：《舊唐書‧地理志》一：「鳳翔府岐山縣，武德元年移治張堡，七年移治龍尾城。」⑲應：一應，亦即大凡。⑳給：給事，亦即充為。㉑崞：音郭。㉒獷：粗獷。㉓吾兄司徒：李國昌以平龐勛功，檢校司徒。㉔驃騎：唐制，武散階極品，唐自高力士以來，宦官多官至驃騎，故以稱景思。㉕一麾響應：謂旌旗一招，立皆響應。㉖稍：漸。㉗瘖：啞。㉘絹表：謂書表章於絹。㉙自效：自效力。㉚復振：復起。㉛延秋門：長安苑城有門西出，謂之延秋門。㉜讙：通諠。㉝礫：較沙粗大之石塊。㉞纚：縚頭，以約髮，謂之頭纚。㉟露宿：謂宿無室廬。㊱重負：謂負荷所劫掠之金帛等物甚沉重。㊲甚敗：大敗。㊳洗城：謂以血洗城。㊴兆：朕兆。㊵東塘：胡三省曰：「東塘在今揚州城東，即今灣頭至宜陵一帶塘岸。」㊶為阻：謂為阻擋。㊷頓遞：緣道設酒食以供軍為頓，置郵驛為遞。㊸陽曲、榆次：據《新唐書‧地理志》三，二縣皆屬太原府。㊹內侍：唐內侍省，以內侍監為之長，內侍為貳，故左右以稱復光。㊺義：謂道義。㊻不圖全：謂不能計圖己身之安全。㊼十八葉：自高祖至僖宗十八世。㊽貌：謂外表。㊾瀝酒：史炤曰：「以酒滴瀝也。」㊿併：併合。(51)舞陽、長社：據《新唐書‧地理志》二，二縣皆屬河南道許州。(五二)藍橋：在藍田關南。(五三)興平：興平縣在長安西八十五里。(五四)神機營：亦崔安潛置，事見上卷乾符六年。(五五)改元：改元中和。(五六)鞾：同靴。(五七)土客都頭：土軍、蜀軍，客軍、從駕諸軍。胡三省曰：「唐之中世，以諸軍總帥為都頭，至其後也，一部之軍，謂之一都，其部帥呼為都頭。」(五八)俸料：俸指錢，料指飲食用之雜物。(五九)豐贍：豐足贍給。(六〇)常思難報：謂常思難以報恩。(六一)無厭：謂不知足。(六二)賞賚：賞賜，音ㄌㄞˋ。(六三)觖望：怨望。(六四)以均蜀軍：謂以賜蜀軍，而求其均平。(六五)有間：停歇片刻。(六六)金創：兵器之創傷。(六七)廣都：《九域志》：「廣都縣在成都府西四十五里。」(六八)牓懸印劍於市：謂張牓且懸印劍於市。(六九)保：保全。(七〇)歸高公：歸高駢。(七一)逸：逃。(七二)日夕：謂日夜。(七三)同處議：謂共同處置討論。(七四)外臣：謂外廷之臣，宰相以下百執事皆是。(七五)治安之代：猶治平之世。(七六)遐邇：遠近。(七七)一體：猶一心。(七八)為賊所屠：謂豆盧瑑、崔沆、及于悰等。(七九)平善：謂平安。(八〇)崎嶇：謂經行於崎嶇之境。(八一)同休等戚：謂同度休慶憂戚。(八二)收：招集。(八三)翌日：明日。(八四)疏冗：疏遠冗散之臣。(八五)恤：憐恤。(八六)義：理。(八七)了：毫。(八八)關涉：猶關係。(八九)尸祿：謂尸位素餐。(九〇)寵榮：恩寵榮祿。(九一)裨益：裨補進益。(九二)遂事：已成之事。(九三)屏：屏置。(九四)蟇頤津：胡三省曰：「蟇頤山在眉州眉山東七里，山狀如蟇頤因名。山臨江津，今有孟拾遺祠。」(九五)氣塞：猶屏息。(九六)東渭橋：《清一統志》：「東渭橋在長安縣東北，接臨潼縣界，漢景帝造。」(九七)武寧節度使：胡三省曰：按《新唐書・方鎮表》，懿宗咸通十一年，復徐州節鎮，賜號感化軍，自此迄於天復，未嘗復武寧舊額，以下文以感化留後時溥節度使證之，武寧誤也，當作感化。」（九八）矯稱：假託稱言。（九九）見迫：相迫。（一〇〇）七里亭：亭去彭城七里，因名。（一〇一）代還：代之使還。（一〇二）表：表奏。（一〇三）固始縣佐：固始今河南省固始縣。胡三省曰：「世率以縣丞為縣佐，唐制，諸縣丞簿尉之下，有司功佐、司倉佐、司戶佐、司兵佐、司法佐、司士佐，皆縣佐也。路振九國志：『王潮少為縣佐史。』或者傳寫逸史字歟！」（一〇四）閱：校閱。（一〇五）石橋：即晉將王鎮惡破秦兵處。（一〇六）款附：誠附。（一〇七）不利：猶不勝。（一〇八）封壤：謂封疆壤域，淮南與鎮海軍，止一江為界。（一〇九）細故：細小事故。（一一〇）聲云：揚聲云。（一一一）殊無：猶毫無。（一一二）北上：自淮南而北向勤王，為北上。（一一三）吾非李康，高公復欲作家門功勳：高崇文斬李康，事見卷二百三十七憲宗元和元年。（一一四）坊門卒：長安城中百坊，坊皆有垣有門，門皆有守卒。（一一五）禳：厭除。（一一六）異：怪異。（一一七）嘉興：據《新唐書．地理志》五，嘉興縣屬江南道蘇州。（一一八）永喜：今浙江省永嘉縣。（一一九）糧饋：謂資糧饋運。（一二〇）羅拜：圍繞而拜。（一二一）戢兵：謂止兵不為刦掠。（一二二）順守：胡三省曰：「逐帥為逆取，討賊以取旌節為順守。」（一二三）留務：留後之務。（一二四）鄜夏二軍：謂孝昌、拓跋思恭之軍。（一二五）辭位：猶辭職。（一二六）遂昌：據《新唐書．地理志》五，遂昌縣屬江南東道處州。（一二七）歲中：謂一年之中。（一二八）率三四：謂大率三四次。（一二九）陬溪：胡三省曰：「陬溪，當在武陵界。」（一三〇）爭肉：猶爭獸。（一三一）身：己。（一三二）懇款：懇誠。

二年（西元八八二年）

㈠春，正月，辛亥，以王鐸兼中書令，充諸道行營都都統，【考異】舊紀：「中和元年七月，鐸為都統，十二月，帥師三萬至京畿，屯於盩厔。」舊鐸傳亦在元年，唐年補錄：「元年十一月乙巳，制以鐸為都統，十二月乙亥，鐸屯盩厔。」續寶運錄：「元年八月，鐸為天下都統。」唐補紀：「中和元年四月，高駢帥師駐泊東塘，自五月出府，九月却歸，朝廷即以鐸統謀道兵馬，收復長安。」鐸為都統，謀書年月不同如此。新紀：「二年正月辛亥，王鐸為諸道行營都都統，高駢罷都統，」據實錄四月答高駢詔，罷都都統當在此年，今從實錄、新紀。舊駢傳云：「僖宗知駢無赴難意，乃以鐸為京城四面諸道行營兵馬都統，韋昭度領江淮鹽鐵轉運使。駢既失兵柄，又落利權，攘袂大詬，累上章自訴，語詞不遜。」按駢罷都統，依前為諸道鹽鐵轉運使，五月方罷。北夢瑣言曰：「王鐸初鎮荊南，黃巢入寇，望風而遁，他日將兵潼關，黃巢令人傳語云，相公儒生，且非我敵，無汙我鋒刃，自取敗亡也。後到成都行朝，拜諸道都統，所以高駢上表目之為敗軍之將也。」按鐸自荊南喪師貶官，未嘗將兵潼關。皮光業見聞錄，為都都統在此年二月，亦誤。又舊紀傳、新傳，鐸正為都都統，新紀作都統，實錄初除及罷時皆為都統，中間多云都都統，又西門思恭為都都監，按此時諸將為都統者甚多，疑鐸為都都統是也。權知義成節度使，俟罷兵，復還政府。高駢但領鹽鐵轉運使，罷其都統及諸使，聽王鐸自辟㈠將佐，以太子少師崔安潛為副都統。辛未，以周岌、王重榮為都都統左右司馬，諸葛爽及宣武節度使康實為左右先鋒使，時溥為催遣綱運租賦防遏使㈡，以右神策觀軍容使西門思恭為諸道行營都都監，又以王處存、李孝昌、拓跋思恭為京城東北西面都統，以楊復光為南面行營都監使，又以中書舍人鄭昌圖為義成節度行軍司馬，給事中鄭畯為判官，直弘文館王摶為推官，司勳員外郎裴贄為掌書記。昌圖，從讜之從祖兄弟；畯，畋之弟；摶，璵之曾孫㈢；贄，坦之子㈣也。又以陝號觀察使王重盈為東面都供軍使。重盈，重榮之兄也。

㈡黃巢以朱溫為同州刺史，令溫自取之。二月，同州刺史米誠奔河中，溫遂據之。

㈢己卯，以太子少傅分司鄭畋為司空兼門下侍郎同平章事，召詣行在，軍務一以咨之，以王鐸判戶部事。

㈣朱溫寇河中，王重榮擊敗之。

㈤以李昌言為京城西面都統，朱玫為河南都統㊄。

㈥涇原節度使胡公素薨，軍中請命於都統，王鐸承制以大將張鈞為留後。

㈦李克用寇蔚州。三月，振武節度使契苾璋奏與天德大同共討克用，詔鄭從讜與相知㊅應接。

㈧陳敬瑄多遣人歷縣鎮詗事，謂之尋事人，所至所求取，有二人過資陽鎮㊆，獨無所求，鎮將謝弘讓邀㊇之不至，自疑有罪，夜亡入羣盜中，明旦二人去，弘讓實無罪也，捕盜使楊遷誘弘讓出首㊈，而執以送使㊉，云：「討擊擒獲。」以求功，敬瑄不之問，杖弘讓脊二十，釘於西城二七日，煎油潑之，又以膠麻掣其瘡，備極慘酷，見者冤之。又有邛州牙官阡能，【考異】張彭錦里耆舊傳作干能，句延慶錦里耆舊傳作忏能，續寶運錄作玗能，實錄新傳作阡能。按北夢瑣言，安仁土豪阡能，注云：「姓纂無此。」蓋西南夷之種，今從之。因公事違期(一二)，避杖亡命為盜，楊遷復誘之，能方(一三)出首，聞弘讓之冤，大罵楊遷，發憤為盜，驅掠良民，不從者舉家(一三)殺之，踰月眾至萬人，立部伍，署職級(一四)，橫行邛雅二州間，攻陷城邑，所過塗地(一五)。先是蜀中少盜賊，自是紛紛競起，州縣不能制。敬瑄遣牙將楊行遷將三千人，胡洪略、莫匡時各將二千人，以討之。

(九)以右神策將軍齊克儉為左右神策內外八鎮、兼博野奉天節度使。

(十)賜鄜坊軍號保大。

(十一)夏，四月，甲午，加陳敬瑄兼侍中。赫連鐸、李可舉與李克用戰，不利。

(十二)初高駢好神仙，有方士呂用之坐妖黨，亡命歸駢，駢厚待之，補以軍職。用之，鄱陽(一六)茶商之子也，久客廣陵，熟其人情，爐鼎(一七)之暇，頗言公私(一八)利病，故駢愈奇之，稍(一九)加信任。駢舊將梁纘、陳珙、馮綬、董瑾、俞公楚、姚歸禮，素為駢所厚⑳，用之欲專權，浸㉑以計去之，駢遂奪纘兵，族珙家，綬、瑾、公楚、歸禮，咸見疏㉒。用之又引其黨張守一、諸葛殷，共蠱惑㉓駢，守一本滄景村民㉔，以術干㉕駢，無所遇，窮困甚，用之謂曰：「但與吾同心，勿憂不富貴。」遂薦於駢，駢寵待埒㉖於用之。殷始自鄱陽來，用之先言於駢曰：「玉皇以公職事繁重，輟左右尊神㉗一人，佐公為理㉘，公善遇之，欲其久留，亦可縻㉙以人間重職。」明日殷謁見，詭辯風生㉚，駢以為神，補鹽鐵劇職。駢嚴潔㉛，甥姪輩未嘗得接坐㉜，殷病風疽㉝，搔捫不替㉞手，膿血滿爪，駢獨與之同席促膝㉟，傳杯器而食㊱，左右以為言，駢曰：「神仙以此試人耳。」駢有畜犬，聞其腥穢，多來近之，駢怪之，殷笑曰：「殷嘗於玉皇㊲前見之，別來㊳數百年，猶相識。」駢與鄭畋有隙，用之謂駢曰：「宰相有遺劍客來刺公者，今夕至矣。」駢大懼，問計安出，用之曰：「張先生嘗學斯術，可以禦之。」駢請於守一，守一許諾，乃使駢衣婦人之服，潛㊴於他室，而守一代居駢寢榻，中夜，擲銅器於階，令鏗然有聲，又密以囊盛彘[40]血，時灑於庭宇，如格鬭[41]之狀，及旦，笑謂駢曰：「幾落奴手[42]。」駢泣謝曰：「先生於駢，乃更生[43]之惠也。」厚酬以金寶[44]。有蕭勝者，賂用之求鹽城監[45]，駢有難色，用之曰：「用之非為勝也，近得上仙書，云：『有寶劍在鹽城井中，須一靈官[46]往取之。』以勝上仙左右之人，欲使取劍耳。」駢乃許之。勝至監數月，函一銅匕首以獻，用之見，稽首曰：「此北帝[47]所佩，得之，則百里之內，五兵[48]不能犯。」駢乃飾以珠玉，常置坐隅。用之自謂磻溪真君，謂守一乃赤松子，殷乃葛將軍，勝乃秦穆公之壻也，用之又刻青石為奇字，云：「玉皇授白雲先生高駢。」密令左右置道院香按[49]，駢得之，驚喜，用之曰：「玉皇以公焚修[50]功著，將補真官，計[51]鸞鶴不日當降此際[52]，用之等謫限[53]亦滿，必得陪幢節[54]同歸上清[55]耳。」是後駢於道院庭中，刻木鶴，時著羽服[56]跨之，日夕齋醮[57]，鍊金燒丹，費以巨萬計。用之微時，依止江陽后土廟[58]，舉動祈禱[59]，及得志，白駢崇大[60]其廟，極江南工材之選[61]，每軍旅大事，以少牢(六二)禱之。用之又言神仙好樓居，說駢作迎仙樓，費十五萬緡，又作延和閣，高八丈。用之每對駢呵叱風雨(六三)，仰揖空際，云：「有神仙過雲表(六四)。」駢輒隨而拜之，然常厚賂駢左右，使伺(六五)駢動靜，共為欺罔(六六)，駢不之寤(六七)，左右小有異議者，輒為用之陷(六八)，死不旋踵(六九)，但潛撫膺鳴指(七〇)，口不敢言，駢倚用之如左右手，公私大小之事，皆決(七一)於用之，退賢進不肖，淫刑濫賞，駢之政事，於是大壞矣。用之知上下怨憤，恐有竊發(七二)，請置巡察使，駢即以用之領之，募險獪(七三)者百餘人，縱橫閭巷(七四)間，謂之察子(七五)，民間呵妻詈子，靡不知之。用之欲奪人貨財，掠人婦女，輒誣以叛逆，搒掠取服(七六)，殺其人而取之，所破滅者數百家，道路以目(七七)。將吏士民雖家居，皆重足(七八)屏氣(七九)。用之又欲以兵威(八〇)脅制諸將，請選募諸軍驍勇之士二萬人，號左右莫邪都，駢即以張守一及用之為左右莫邪(八一)軍使，署置將吏如帥府(八二)，器械精利，衣裝(八三)華潔(八四)，每出入，導從近千人。用之侍妾百餘人，自奉奢靡，用度不足，輒留三司綱(八五)輸其家。用之猶慮人泄其姦謀，乃言於駢曰：

「神仙不難致，但恨學者不能絕俗累(八六)，故不肯降臨耳。」駢乃悉去姬妾，謝絕(八七)人事，賓客將吏皆不得見，有不得已見之者，皆先令沐浴齋祓(八八)，然後見，拜起纔畢，已復引出，由是用之得專行威福，無所忌憚(八九)，境內不復知有駢矣。

(三)王鐸將兩川興元之軍屯靈感寺，涇原屯京西，易定河中屯渭北，邠寧鳳翔屯興平，保大定難屯渭橋，忠武屯武功，官軍四集。黃巢勢已蹙(九〇)，號令所行，不出同華，民避亂，皆入深山，築柵自保，農事俱廢，長安城中，斗米直三十緡，賊賣人於官軍以為糧，官軍或執山寨之民鬻之，人直數百緡，以肥瘠論價(九一)。

【今註】(一)辟：辟用。(二)時溥為催遣綱運租賦防遏使：綱運自江淮來者，皆由徐州巡內，故以溥任此職。(三)摶，璵之曾孫：王璵以祠禱，歷事玄肅，見前紀。(四)贄，坦之子：裴坦見卷二百五十一懿宗咸通十年。(五)朱玫為河南都統：胡三省曰：「朱玫時鎮邠寧，安得出關東都河南諸鎮？此河南蓋自龍門河東至蒲津一帶，大河南岸也。」(六)相知：謂相關知。(七)資陽鎮：時蓋置鎮於資州資陽縣。(八)邀：邀請。(九)出首：出而自首。(一〇)送使：送之節度使府。(一一)違期：猶誤期。(一二)方：正。(一三)舉家：全家。(一四)署職級：職級謂牙前將吏，自押牙孔目官而下，分職各有等級。(一五)塗地：血流塗地。

〔一六〕鄱陽：據《新唐書·地理志》五，鄱陽縣屬江南道饒州。〔一七〕爐鼎：爐鼎所以鍊金石，化丹砂為金銀之類。〔一八〕公私：猶官民。〔一九〕稍：漸。〔二〇〕所厚：所重。〔二一〕浸：逐漸。〔二二〕疏：疏遠。〔二三〕蠱惑：如毒蠱之迷人。〔二四〕守一本滄景村民：守一蓋居滄景二州間。〔二五〕干：干謁。〔二六〕埒：均等。〔二七〕尊神：尊貴之神仙。〔二八〕理：即治。〔二九〕縻：羈縻。〔三〇〕風生：謂如風之疾利。〔三一〕嚴潔：嚴厲潔淨。〔三二〕接坐：連接而坐。〔三三〕風疽：癢病。〔三四〕替：停。〔三五〕促膝：膝相密接。〔三六〕傳杯器而食：謂杯器傳而食之，亦即多人共用一杯一器。〔三七〕玉皇：道家謂天帝為玉皇大帝。〔三八〕別來：謂自分別以來。〔三九〕潛：藏。〔四〇〕彘：豕。〔四一〕格鬭：相格拒爭鬭。〔四二〕幾落奴手：奴謂刺客，謂幾落入刺客之手。〔四三〕更生：再生。〔四四〕金寶：謂金銀珠寶。〔四五〕鹽城監：胡三省曰：「鹽城，漢鹽瀆縣地，久無城邑，唐武德七年，置鹽城縣，有監亭一百二十三，有監，屬楚州。」〔四六〕靈官：猶仙官。〔四七〕北帝：此道家所云五方大帝之一。〔四八〕五兵：《周禮·夏官·司兵》鄭司農注：「五兵者：戈、殳、戟、酋矛、夷矛。」〔四九〕按：同案。〔五〇〕焚修：謂焚香修行。〔五一〕計：料算。〔五二〕此際：此間。〔五三〕謫限：謫降之期限。〔五四〕幢節：猶旌節，指節度使言。〔五五〕上清：道家以玉清、上清，太清為三清。〔五六〕羽服：以鶴羽所為之服，蓋此乃神仙之所著者。〔五七〕齋醮：謂齋戒醮祭。〔五八〕江陽后土廟：江陽縣屬揚州，胡三省曰：「后土廟今揚州城東南隅蕃釐觀是也，然揚州古城在蜀岡之上，北連雷塘，今城周世宗所徙，則此時后土廟，在揚州城外也。」

〔五九〕舉動祈禱：謂一舉一動，皆向之祈禱。〔六〇〕崇大：謂高大。〔六一〕工材之選：謂工技材料之精選。〔六二〕少牢：羊豕二牲。〔六三〕呵叱風雨：即後之所謂呼風喚雨。〔六四〕雲表：雲空之上。〔六五〕伺：伺候。〔六六〕欺罔：

欺騙罔誣。㈥㈦寤：省悟。㈥㈧陷：陷害。㈥㈨不旋踵：謂不轉身，以喻為時之速。㈦⓪鳴指：胡三省曰：「鳴指即彈指。」㈦㈠決：決斷。㈦㈡竊發：謂竊發而為變亂者。㈦㈢險獪：陰險狡獪。㈦㈣閭巷：猶閭里。㈦㈤察子：意謂巡察之人。㈦㈥服：服罪。㈦㈦道路以目：謂道路之人，側目相視，喻怨之深。㈦㈧重足：猶累足，謂行走時不敢放大腳步，以示恐懼之意。㈦㈨屏氣：猶屏息。㈧⓪兵威：即兵勢。㈧㈠莫邪：古名劍名，此以言其鋒利，使眾望而畏悸。㈧㈡帥府：謂節帥府。㈧㈢衣裝：衣服裝束。㈧㈣華潔：華麗明潔。㈧㈤三司綱：謂戶部、度支、鹽鐵，所發綱運輸朝廷者。㈧㈥俗累：世俗之累贅。㈧㈦謝絕：謝卻斷絕。㈧㈧祓：祓除穢惡。㈧㈨忌憚：顧忌畏憚。㈨⓪蹙：窮蹙。㈨㈠以肥瘠論價：謂以人肥瘠之情形，而論定其所值之價錢。

卷二百五十五　唐紀七十一

司馬光編集
曲守約註

起玄黓攝提格五月，盡閼逢執徐五月，凡二年有奇。（壬寅至甲辰，八八二年至八八四年）

僖宗惠聖恭定孝皇帝中之下

中和二年（西元八八二年）

㈠五月，以湖南觀察使閔勗權充鎮南節度使，勗屢求於湖南建節㊀，朝廷恐諸道觀察使效之，不許。先是王仙芝寇掠江西，高安㊁人鍾傳聚蠻獠依山為堡，眾至萬人，仙芝陷撫州，而不能守，傳入據之，詔即以為刺史，至是又逐江西觀察使高茂卿，據洪州，朝廷以勗本江西牙將，故復置鎮南軍㊂，使勗領之，若傳不受代，令勗因而討之，勗知朝廷意，欲鬭兩盜使相斃，辭不行。

㈡加淮南節度使高駢兼侍中，罷其鹽鐵轉運使，駢既失兵柄，又解利權㊃，攘袂㊄大詬，遣其幕僚顧雲草表自訴，言辭不遜㊅，其略曰：「是陛下不用微臣㊆，固非微臣有負陛下。」又曰：「姦臣未悟(八)，陛下猶迷，不思宗廟之焚燒，不痛園陵之開毀(九)。」又曰：「王鐸僨(一〇)軍之將，崔安潛在蜀貪黷，豈二儒士，能戢(一一)彊兵！」又曰：「今之所用，上至帥臣，下及裨將(一二)，以臣所料，悉可坐擒(一三)。」又曰：「無使百代有抱恨之臣，千古留刮席之恥(一四)，臣但恐寇生東土，劉氏復興(一五)，即軹道之災(一六)，豈獨往日。」又曰：「今賢才在野，憸人(一七)滿朝，致陛下為亡國之君，此子等計將安出。」上命鄭畋草詔切責(一八)之，其略曰：「絹利(一九)、則牢盆在手(二〇)，主兵、則都統當權(二一)，直至京北京西神策諸鎮，悉在指揮之下，可知董制(二二)之權，而又貴作(二三)司徒，榮為太尉(二四)，以為不用(二五)，如何為用乎！」又曰：「朕緣久付卿兵柄，不能翦蕩(二六)元凶，自天長漏網過淮(二七)，不出一兵襲逐(二八)，奄殘京國，首尾(二九)三年，廣陵之師，未離封部(三〇)，忠臣積望(三一)，勇士興譏(三二)，所以擢用元臣，誅夷(三三)巨寇。」又曰：「從來倚仗(三四)之意，一旦控告(三五)無門(三六)，凝睇(三七)東南，惟增悽惻(三八)。」又曰：「謝玄破符堅於淝水(三九)，裴度平元濟於淮西，未必儒臣，不如武將。」又曰：「宗廟焚燒，園陵開毀，龜玉毀櫝，誰之過歟[40]？」又曰：「姦臣未悟之言，何人肯認[41]？陛下猶迷之語，朕不敢當。」又曰：「卿尚不能縛黃巢於天長，安能坐擒諸將？」又曰：「卿云劉氏復興，不知誰為魁首？比朕於劉玄子嬰[42]，何太誣罔！」又曰：「況天步[43]未傾[44]，皇綱[45]尚整，三靈[46]不昧[47]，百度[48]俱存，君臣之禮儀[49]，上下之名分[50]，所宜遵守，未可墮[51]陵[52]。朕雖沖人[53]，安得輕侮[54]。」駢臣節[55]既虧，自是貢賦遂絕。

(三)以天平留後曹存寶為節度使。

(四)黃巢攻興平，興平諸軍[56]退屯奉天。

(五)加河陽節度使諸葛爽同平章事。

(六)六月，以涇原留後張鈞為節度使。

(七)荊南節度使段彥謨與監軍朱敬玫相惡，敬玫別選壯士三千人，號忠勇軍，自將之，彥謨謀殺敬玫，己亥，敬玫先帥眾攻彥謨，殺之，以少尹李燧為留後。

(八)蜀人羅渾擎、句胡僧、羅夫子，各聚眾數十人，以應阡能，

【考異】張彭耆舊傳曰：「三年六月，補楊行遷為軍前四面都指揮使，阡能亦散於諸處下寨，官軍頻不利，八月，羅渾擎反，十月，句胡僧反。」又曰：「九月，阡能渾擎胡僧與官軍大戰於乾谿，官軍不利。十二月，羅夫子反，眾二三千。」句延慶耆舊傳曰：「二年五月，羅渾擎反，六月，句胡僧反有四千餘人，官軍與阡能戰於乾溪，官軍大敗。是月，羅夫子反，聚眾三千人。」實錄：「六月，句胡僧反，有眾二千餘，官軍與能戰乾溪大敗。」按張傳，上云十月胡僧反，下云九月胡僧與官軍戰，自相違。又阡能敗差一年，今從實錄，並附之六月。楊行遷等與之戰，數不利，求益兵，府中兵盡，陳敬瑄悉搜倉庫門庭之卒(七七)以給之，是月，大戰於乾谿(七八)，官軍大敗，行遷等恐無功獲罪，多執村民為俘，送府，日數十百人，敬瑄不問，悉斬之。其中亦有老弱及婦女，觀者或問之，皆曰：「我方治田績麻(七九)，官軍忽入村，係(八〇)虜以來，竟不知何罪。」

(九)秋，七月，己巳，以鍾傳為江西觀察使，從高駢之請也。傳既去撫州，南城(八一)人危全諷復據之，又遣其弟仔倡據信州。

(十)尚讓攻宜君寨(八二)，會大雪盈尺，賊凍死者什二三。

(十一)蜀人韓求聚眾數千人，應阡能。【考異】張彭耆舊傳：「三年六月，韓求反，其卭州界內賊首阡能，邐迤漸侵入蜀州界。」今從句延慶傳及實錄。

(十二)鎮海節度使周寶奏：「高駢承制，以賊帥孫端為宣歙觀察使。」詔寶與宣歙觀察使裴虔餘發兵拒之。

(十三)南詔上書，請早降公主，詔報以方議禮儀。【考異】張彭耆舊傳：「中和元年九月三日，雲南驃信差布燮楊奇肱等，齎國信，來通和，迎公主。太師借副使儀注郊迎，布燮始相見，揖副使云，請不拜，太師聞，極怒。朝廷告以俟更議車服，制數定續有旨命，竟空還。」今從雲南事狀及實錄。

(十四)以保大留後東方逵為節度使，充京城東面行營招討使。

(十五)閏月，加魏博節度使韓簡兼侍中。

(十六)八月，以兵部侍郎判度支鄭紹業同平章事，兼荊南節度使。

(十七)浙東觀察使劉漢宏遣弟漢宥及馬步都虞候辛約，將兵二萬，營於西陵，謀兼幷浙西。杭州刺史董昌遣都知兵馬使錢鏐拒之，壬子，鏐乘霧夜濟江，襲〔六三〕其營，大破之，所殺殆盡，漢宥辛約皆走。

(十八)魏博節度使韓簡亦有兼幷之志，自將兵三萬攻河陽，敗諸葛爽於脩武，爽棄城走，簡留兵戍之，因掠邢洺而還。

(十九)李國昌自達靼帥其族遷於代州。

(廿)黃巢所署同州防禦使朱溫屢請益兵，以扞〔六四〕河中，知右軍事孟楷抑之，不報，溫見巢兵勢日蹙，知其將亡，親將胡真謝瞳勸溫歸國。九月，丙戌，溫殺其監軍嚴實，舉州降王重榮，溫以舅事重榮，王鐸承制，以溫為同華節度使，使瞳奉表詣行在。瞳，福州人也。李祥以重榮待溫厚，亦欲歸之，為監軍所告，黃巢殺之，以其弟思鄴為華州刺史。

(廿一)桂州軍亂，逐節度使張從訓，以前容管經略使崔焯為嶺南西道節度使。

(廿二)平盧大將王敬武逐節度使安師儒，自為留後。

(廿三)初朝廷以龐勛降將湯羣為嵐州刺史，羣潛通沙陀，朝廷疑之，徙羣懷州刺史，鄭從讜遣使齎告身授之。冬，十月，庚子朔，羣殺使者，據城叛，附於沙陀。壬寅，從讜遣馬步都虞候張彥球將兵討之。

(廿四)賊帥韓秀昇、屈行從起兵，斷峽江路，癸丑，陳敬瑄遣押牙莊夢蝶將二千人討之，【考異】張彭耆舊傳：「三年九月，峽路賊韓秀昇，十月峽路賊屈行從反，陳太師差押牙莊二夢，將兵二千人，十月二十日，發往峽路。」句延慶耆舊傳，於中和二年七月，韓求反下，又云：「峽路韓秀昇、屈行從反，川主選點兵士三千人，差押牙莊夢蝶押領，十月癸丑，發峽路，收討韓秀昇。」蓋因十月討之而言耳，實錄取句傳，而誤於七月下云：「韓秀昇屈行從為亂，敬瑄遣大將莊夢蝶以兵三千討之。」新傳曰：「涪州刺史韓秀昇等亂峽中。」今從句傳。又遣押牙胡弘略將千人繼之。

(廿五)韓簡復引兵擊鄆州，節度使曹存實逆戰，敗死，天平都將、下邑(六五)朱瑄收餘眾，嬰城(六六)拒守，簡攻之，不下，詔以瑄權知天平留後。【考異】實錄：「曹存實繼其叔父全晸為天平節度使，未周歲而遇害。」舊傳：「瑄為青州王敬武牙卒，中和初，黃巢據長安，詔徵天下兵，王敬武遣牙將曹全晸，率兵三千赴難關西，瑄已為軍候，會青州警急，敬武召全晸還，路由鄆州，時鄆將薛崇為草賊王仙芝所殺，崔君裕權知州事，全晸知其兵寡，襲殺君裕，據有鄆州，自稱留後，以瑄有功，置為濮州刺史，留將牙軍。光啓初，魏博韓簡欲兼幷曹鄆，以兵濟河，收鄆，全晸出兵逆戰，為魏軍所敗，全晸死之。瑄收合殘卒保州城，韓簡攻圍半年，不能拔，會魏軍亂，退去，朝廷嘉之，授以節鉞。」新傳與之同。薛居正五代史瑄傳：「中和二年，張濬徵兵於青州，敬武遣將曹全晸率軍赴之，以瑄隸焉，賊敗出關，全晸以本軍還鎮，會鄆帥薛崇卒，部將崔君預據城叛，全晸攻之，殺君預，因為留後，瑄以功，授濮州刺史，鄆州馬步軍都將。光啓初，魏博韓允中攻鄆，全晸為其所害，瑄據城自固，三軍推為留後，允中敗，朝廷以瑄為天平節度使。」按王仙芝死已久，曹全晸久為節度，去歲餐，王敬武今歲始得青州，新舊傳、薛史皆誤，今從實錄。又新傳，瑄作宣，歐陽修五代史記注云：「今流俗以宣弟瑾，於名加王者，非也。」今從舊傳、薛史、實錄。

(六六)以朱溫為右金吾大將軍、河中行營招討副使，賜名全忠。

(六七)李克用雖累表請降，而據忻代州，數侵掠幷汾，爭樓煩監〔六七〕，義武節度使王處存與克用世為昏姻，詔處存諭克用，若誠心款附〔六八〕，宜且歸朔州，俟朝命；若暴橫如故，當與河東大同軍〔六九〕共討之。

(六八)以平盧大將王敬武為留後，時諸道兵皆會〔七〇〕關中，討黃巢，獨平盧不至，王鐸遣都統判官諫議大夫張濬往說之，敬武已受黃巢官爵，不出迎，濬見敬武責之曰：「公為天子藩臣，侮慢詔使，不能事上，何以使下！」敬武愕〔七一〕然，謝之〔七二〕。既宣詔，將士皆不應，濬徐諭之曰：「人生當先曉〔七三〕逆順，次知利害，黃巢前日販鹽虜耳，公等捨累葉天子而臣之，果何利哉？今天下勤王之師，皆集京畿，而淄青獨不至，一旦賊平，天子返正(七四)，公等何面目見天下之人乎！不亟往分功名(七五)，取富貴，後悔無及矣。」將士皆改容引咎(七六)，顧謂敬武曰：「諫議之言是也。」敬武即發兵，從濬而西。

(廿九)劉漢宏又遣登高鎮將王鎮將兵七萬屯西陵，錢鏐復濟江襲擊，大破之，斬獲萬計，得漢宏補諸將官偽勑二百餘通(七七)，鎮奔諸暨(七八)。

(卅)黃巢兵勢尚彊，王重榮患之，謂行營都監楊復光曰：「臣賊，則負國(七九)，討賊，則力不足，奈何？」復光曰：「鴈門李僕射(八〇)，驍勇有彊兵，其家尊與吾先人，嘗共事相善(八一)，彼亦有狥國(八二)之志，所以不至者，以與河東結隙耳。誠以朝旨諭鄭公(八三)而召之，必來，來則賊不足平矣。」東面宣慰使王徽亦以為然，時王鐸在河中，乃以墨勑召李克用(八四)，諭鄭從讜。十一月，克用將沙陀萬七千自嵐石路(八五)趣河中，不敢入太原境，獨與數百騎過晉陽城下，與從讜別，從讜以名馬器幣(八六)贈之。

(卅一)李詳舊卒共逐黃思鄴，【考異】實錄：「李詳下牙隊兵斬首，刺史黃思鄴推華陰鎮使王遇為首，降河中，王鐸承制除遇為刺史。」按黃鄴與黃巢俱死於虎狼谷，實錄誤也，今從新黃巢傳。推華陰鎮使王遇為主，以華州降於王重榮，王鐸承制以遇為刺史。

(卅二)阡能黨愈熾，侵淫(八七)入蜀州境，陳敬瑄以楊行遷等久無功，以押牙高仁厚為都招討指揮使，將兵五百人往代之，未發前一日，有鬻麵者，自旦至午，出入營中數四，邏者(八八)疑之，執而訊之，果阡能之諜也。仁厚命釋縛，溫言(八九)問之，對曰：「某(九〇)村民，阡能囚其父母妻子於獄，云：『汝詗事歸，得實則免汝家，不然盡死。』某非願爾(九一)也。」仁厚曰：「誠知汝如是，我何忍殺汝，今縱(九二)汝歸救汝父母妻子，但語阡能云：『高尚書(九三)來日發(九四)，所將止五百人，無多兵也。』然我活汝一家，汝當為我潛語寨中人云：『僕射愍(九五)汝曹皆良人(九六)，為賊所制，情(九七)非得已，尚書欲拯救，湔洗(九八)汝曹，尚書來，汝曹各投兵(九九)迎降，尚書當使人書汝背為歸順字，遣汝復舊業，所欲誅者，阡能、羅渾擎、句胡僧、羅夫子、韓求五人耳，必不使橫及(一〇〇)百姓也。』」諜曰：「此皆百姓心上事(一〇一)，尚書盡知而赦之，其誰不舞躍(一〇二)聽命。一口(一〇三)傳百，百傳千，川騰海沸(二四)，不可遏(二五)也。比(二六)尚書之至，百姓必盡奔赴，如嬰兒之見慈母。阡能孤居，立成擒(二七)矣。」明日仁厚引兵發至雙流，把截使白文現出迎，仁厚周視塹柵，怒曰：「阡能役夫(二八)，其眾皆耕民耳，竭一府之兵，歲餘不能擒，今觀塹柵重複(二九)牢密(三〇)如此，宜其可以安眠飽食，養寇邀功(三一)也。」命引出斬之，監軍力救，久之乃得免，命悉平塹柵，纔留五百兵守之，餘兵悉以自隨。又招諸寨兵，相繼皆集，阡能聞仁厚將至，遣羅渾擎立五寨於雙流之西，伏兵千人於野橋箐(三二)，以邀(三三)官軍。仁厚詗知，引兵圍之，下令勿殺，遣人釋戎服，入賊中告諭，如昨日所以語諜者，賊大喜呼譟，爭棄其甲兵請降，拜如摧山(三四)，仁厚悉撫諭，書其背(三五)，使歸語寨中未降者，寨中餘眾爭出降，渾擎狼狽棄寨走，其眾執以詣仁厚，仁厚曰：「此愚夫，不足與語，縛以送府。」悉命焚五寨及其甲兵，惟留旗幟，所降凡四千人。

(卌)明旦，仁厚謂降者曰：「始欲即遣汝歸，而前塗諸寨百姓，未知吾心，或有憂疑，藉汝曹為我前行，過穿口新津(三六)寨下，示以背字告諭之，比至延貢[二七]，可歸矣。」乃取渾擎旗倒繫之[二八]，每五十人為隊，揚旗疾呼[二九]曰：「羅渾擎已生擒送使府，大軍行至[三〇]，汝曹居寨中者，速如我出降，立得為良人無事[三一]矣。」至穿口，句胡僧置十一寨，寨中人爭出降，胡僧大驚，拔劍遏之，眾投瓦石擊之，共擒以獻仁厚，其眾五千餘人皆降。又明旦，焚寨，使降者執旗先驅，一如雙流，至新津，韓求置十三寨皆迎降，求自投深塹，其眾鉤出[三二]之，已死，斬首以獻。將士欲焚寨，仁厚止之曰：「降人猶未食。」使先運出資糧，然後焚之，新降者競炊爨，與先降來告者共食之，語笑歌吹[三三]，終夜不絕。明日，仁厚縱雙流穿口降者先歸，使新津降者執旗先驅，且曰：「入邛州境，亦可散歸矣。」羅夫子置九寨於延貢，其眾前夕望新津火光，已不眠矣。及新津人至，羅夫子脫身棄寨奔阡能，其眾皆降。明日，羅夫子至阡能寨，與之謀，悉眾決戰，計未定[三四]，日向暮，延貢降者至，阡能羅夫子走馬巡寨，欲出兵，眾皆不應，仁厚引兵連夜[三五]逼之，明旦，諸寨知大軍已近，呼譟爭出，執阡能，阡能窘急赴井，為眾所擒，不死，又執羅夫子，羅夫子自剄，眾挈羅夫子首，縛阡能，驅之，前迎官軍，見仁厚，擁㉖馬首大呼，泣拜曰：「百姓負冤㉗日久，無所控訴，自諜者還㉘，百姓引領㉙，度頃刻如朞年㉚，今遇尚書，如出九泉㉛睹白日㉜，已死而復生矣。」讙㉝呼不可止。賊寨在他所者，分遣諸將佐降之，仁厚出軍凡六日，五賊皆平㉞。

【考異】張彭耆舊傳：「中和三年冬，阡能轉盛，官軍戰，即不利；陳敬瑄乃遣仁厚討之，十一月五日，仁厚進發，六日，擒羅渾擎，七日，擒句胡僧，得韓求龍級，九日，擒阡能，得羅夫子首級，十一月二十二日，回戈，自城北門入，三日大設，五日議功，高公自檢校兵部尚書檢校左僕射，授眉州刺史。」張彭書語雖俚淺，或有牴牾，然敘事甚詳，茍無此書，則仁厚功業，悉沉沒矣。句延慶傳：「中和二年，仁厚梟五賊之首，凱旋歸府。冬十二月戊寅，皇帝御大玄樓，高仁厚與將校等於清遠橋朝見，至後三日，大設，高仁厚除授眉州刺史。」延慶不知據何書，知阡能敗在二年冬，然要之，仁厚擒韓秀昇在三年十月前，則擒阡能必更在前矣。十二月己亥朔無戊寅，日必誤也。實錄：「二年十月，草賊阡能於蜀州敗官軍，陳敬瑄遣高仁厚討之。」實錄見句傳敘討阡能事，承十月癸丑，發峽路，收討韓秀昇下，因附之，十月，亦誤也。實錄又曰：「十二月，仁厚以阡能首來獻，帝御太玄樓，宣慰回戈將士，以仁厚為檢校工部尚書、眉州防禦使。」亦因句傳而去其日。又此年十月戊辰，昇眉漢彭錦等州並為防禦使，故改刺史為防禦耳。今高仁厚擒阡能，既不知決在何年月，故因實錄附於此。

每下縣鎮，輒補㉟鎮遏使，使安集戶口，於是陳敬瑄梟韓求羅夫子首於市，釘阡能羅渾擎於城西，七日而冎之。阡能孔目官張榮，本安仁㊱進士，屢舉不中第，歸於阡能，為之謀主，為草書檄，阡能敗，以詩啓㊲求哀於仁厚，仁厚送府，釘於馬市，自餘不戮一人。十二月，以仁厚為眉州防禦使。陳敬瑄牓邛州，凡阡能等親黨皆不問，未幾，卭州刺史申㊳捕獲阡能叔父行全家三十五人繫獄，請準法㊴，敬瑄以問孔目官唐溪，對曰：「公已有牓令勿問，而刺史復捕之，此必有故，今若殺之，豈惟使明公失大信，竊恐阡能之黨，紛紛復起矣。」敬瑄從之，遣押牙牛暈往集眾於州門，破械㊵而釋之，因詢其所以然，果行全有良田，刺史欲買之，不與，故恨之。敬瑄召刺史，將按㊶其罪，刺史以憂死。他日，行全聞其家由溪以免，密餉㊷溪蝕箔金㊸百兩，溪怒曰：「此乃太師㊹仁明㊺，何預㊻吾事，汝乃懷禍㊼相餉乎！」還其金，斥逐使去。

(四四)河東節度使鄭從讜奏克嵐州，執湯羣斬之。

(四五)以忻代等州留後李克用為鴈門節度使。

(四六)初朝廷以鄭紹業為荊南節度使，時段彥謨方據荊南，紹業憚之，逾半歲乃至鎮，上幸蜀，召紹業還，以彥謨為節度使，彥謨為朱敬玫所殺，復以紹業為節度使，紹業畏敬玫，逗遛不進，軍中久無帥，至是敬玫署押牙陳儒知府事。儒，江陵人也。

(四七)加奉天節度使齊克儉、河中節度使王重榮，並同平章事。

(卌八)李克用將兵四萬至河中，【考異】實錄在明年正月，今從新太祖紀年錄、薛居正五代史。遣從父弟克脩，先將兵五百，濟河嘗(四八)賊。初克用弟克讓為南山寺僧所殺，其僕渾進通歸於黃巢，自高潯之敗，諸軍皆畏賊，莫敢進，及克用軍至，賊憚之，曰：「鴉軍至矣，當避其鋒(四九)。」克用軍皆衣黑，故謂之鴉軍，巢乃捕南山寺僧十餘人，遣使齎詔書及重賂(五〇)，因渾進通詣克用，以求和，克用殺僧，哭克讓，受其賂以分諸將，焚其詔書，歸其使者，【考異】太祖紀年錄：「初克讓於潼關戰敗，避賊南山，隱於佛寺，夜為山僧所害，紀綱渾進通冒刃獲免，歸黃巢。賊素憚太祖，聞其至也，將託情脩好，捕害克讓之僧十餘人，殺之，巢令其將米重威齎重賂偽詔以狥。」薛史克讓傳曰：「乾符中，以功授金吾將軍，留宿衛。初懿祖歸朝，憲宗賜宅於親仁坊，武皇之起雲中，殺段文楚也，天子詔巡使王處存，夜圍親仁坊，捕克讓，詰旦兵合，克讓與十餘騎，彎弧躍馬，突圍而出，官軍數千人追之，比至渭橋，死者數百，克讓自夏陽掠船而濟，歸於鴈門。」按克讓於時猶在雲州，此克讓恐當作克用，云鴈門誤也。後唐懿祖紀年錄曰：「其兄恭克儉皆伏誅。」按是時國昌猶自請討克用，朝廷必未誅其子，蓋國昌振武不受代，後克恭克儉始被誅。薛史又曰：「明年，武皇昭雪，克讓復入宿衛。黃巢犯闕，僖宗幸蜀，克讓時守潼關，為賊所敗。」按國昌以乾符五年不受代，朝廷發兵討之，六年克用未嘗昭雪，克讓何從得入宿衛？廣明元年，國昌父子兵敗，逃入達靼，其年冬，黃巢陷長安，克讓何嘗守潼關，戰敗而死於佛寺？或者為朝廷所圍捕時，逃入南山佛寺，為僧所殺，則不可知也。今事既難明，故但云為寺僧所殺而已。引兵自夏陽(五一)度河，軍於同州。

(卌九)孟方立既殺成麟，引兵歸邢州，潞人請監軍吳全勗知留後。是歲王鐸墨制，以方知邢州事，方立不受，因全勗與鐸書，願得儒臣鎮潞州，鐸以鄭昌圖知昭義軍事，既而朝廷以右僕射租庸使王徽同平章事，充昭義節度使，徽以車駕播遷，中原方擾〔五二〕，方立專據山東邢、洺、磁三州〔五三〕，度朝廷力不能制，辭不行，請且委昌圖，詔以徽為大明宮留守、京畿安撫制置修奉園陵使，昌圖至潞州，不三月而去，方立遂遷昭義軍於邢州，自稱留後，表其將李殷銳為潞州刺史。【考異】實錄：「中和四年正月，以義成行軍司馬鄭昌圖為中書舍人，三月，邢州軍亂，殺其帥成麟，以中書舍人鄭昌圖權為昭義留後。」按成麟前已為孟方立所殺，況不在邢州，邢州乃方立所治也。又於時，潞州已為李克脩所據，昌圖安得更往彼為留後？又其年五月，以右僕射王徽同平章事，充昭義節度使，徽上表懇辭非便，乃復以本官充大明宮留守。舊王徽傳：「初潞州軍亂，殺成麟，以兵部侍郎鄭昌圖權知昭義軍事，時孟方立割據山東二州，別為一鎮，上黨支郡惟澤州耳，而軍中之人，多附方立，昌圖不能制，宰相奏，請以重臣鎮之，乃授徽檢校尚書左僕射同平章事、澤潞邢洺磁觀察等使，時鑾輅未還，關東聚盜，而河東李克用與孟方立爭澤潞，以朝廷兵力必不能加，上表訴之，曰，鄭昌圖主留累月，將結深根，孟方立專據三州，轉成積疊，招其外，則潞人胥怨，撫其內，則邢將益疑，竭力殲於既焚，計奈何於已失，須觀勝負，乃決安危，伏乞聖慈，博求廷議，擇其可付，理在從長。天子乃以昌圖鎮之，以徽為諸道租庸供軍等使。」新孟方立傳曰：「方立攻成麟，斬之，擅裂邢洺磁為鎮，治邢為府，號昭義軍，潞人請監軍使吳全勗知兵馬留後，時王鐸領諸道行營都統，以潞未定，墨制假方立知邢州事，方立不受，囚全勗，以書請鐸，願得儒臣守潞，鐸使參謀中書舍人鄭昌圖知昭義留事，欲遂為師，僖宗自用舊相王徽，領節度，時天子在西河，關中雲擾，方立擅地，而李克用窺潞州，徽度朝廷未能制，乃固讓昌圖，昌圖治不三月，輒去，方立更表李殷銳為刺史，乃徙治龍岡。會克用為河東節度使，昭義監軍祁審誨乞師，求復昭義軍，克用殺殷銳，遂拔潞州，表克脩為留後。」按王鐸以三年正月，罷都統，則昌圖知昭義留後，必在二年也。昌圖在潞，不三月引去，今徽以潞讓昌圖。則徽除昭義，必不在四年五月，實錄年月，皆誤也。方立若已自稱昭義留後，遷軍額於邢州，則不止割據三州，若欲別為一鎮，則應別立軍名，必不與潞州並稱昭義，若但以潞為支郡，當自除刺史，不以書與王鐸，更求儒臣。就使求之，鐸亦當以昌圖為潞州刺史，不云知昭義軍事，又不得以潞州為支郡也。蓋方立既殺成麟，以邢州鄉里，欲徙鎮之，故身往邢州，而潞人不從，故請全勗為留後，方立以眾情未洽，未敢自立，故囚全勗，外示恭順，託以中不可為帥，而請于王鐸，乞除儒臣，其意以儒臣易制，欲外奉為帥，而自專軍府之政，漸謀代之也。既而昌圖至潞，欲行帥職，而山東三州，已為方立所制，不受帥命，獨澤州在南，尚可號令耳，故王徽表云，昌圖主留累月，已深結根，言在澤潞已久，人心稍附，已所不如也。又云，方立專據三州，轉成積疊。謂昌圖欲行帥權，而方立不率將職，互相窺覦，故積疊也。又云，招其外，則潞人胥怨，撫其內，則邢將益疑。謂今邢潞已成，釁隙已至，彼欲加惠於邢，則潞人怨其寵賊，加惠於潞，則邢將疑其圖己也。又云，須觀勝負，乃決安危。謂昌圖能勝方立，則昭義乃安也。昌圖在潞，終不自安，故以軍府授方立而去，方立然後自稱留後，徙軍額于邢州，以潞為支郡，表殷銳為刺史，故新傳徙治龍岡在殷銳為刺史下，此其證也。於是潞人怨而召沙陀，當徽除節制之時，克用猶未敢爭澤潞也。吳全勗疑是方立初入潞府時監軍，故王鐸使知留後，方立既囚之，疑其遂斥去，祁審誨恐是鄭昌圖時監軍。太祖紀年錄云：「方立虜審誨，自稱留後。」薛居正五代史方立傳云：「方立以邢為府，以審誨知潞州事。」互說不同。且既虜審誨，必不以知潞州，方立表殷銳為刺史，而審誨猶依舊，必是後來監軍，方立以其未嘗異己，故不疑之，若嘗被囚虜，必不復留，此之不實，昭然可知疑唐末昭義數逐帥，劉廣、成麟作亂被殺，人皆知之，記事者，不詳考正，或以先者為後，後者為先，差互不同，故諸書多抵牾不合耳。又薛史安崇阮傳云：「安文佑初為潞州牙門將，光啓中，軍校劉廣逐節度使高潯，據其城，僖宗詔文佑平之，既殺劉廣，召赴行在，授卬州刺史，其後孟方立據邢洺，攻上黨，朝廷以文祐本潞人也，授昭義節度使，令討方立，自蜀至澤州，與方立戰敗，歿於陣。」按諸書皆無文祐為節度使事，況光啓中，澤潞為李克脩所據，文祐來當與克脩戰，不得與方立戰也，其事恐虛，今不取。

㊼和州刺史秦彥使其子將兵數千，襲宣州，逐觀察使竇潏而代之。

【今註】㊀建節：建立旌節，亦即攝節度使。㊁高安：據《新唐書‧地理志》五，高安縣屬江南道洪州。㊂故復置鎮南軍：咸通六年，置鎮南軍於洪州，中廢，今復置。㊃利權：鹽鐵轉運使乃有收入利益之職，故謂之利權，而此權與上之柄乃係互文。㊄攘袂：謂挽其袖而抬舉其臂。㊅不遜：不遜順。㊆微臣：小臣。㊇悟：省悟。㊈開毀：謂開掘殘毀。㊉僨：覆敗，音ㄈㄣˋ。⑪戢：止。⑫裨將：偏將。⑬坐擒：謂可坐而擒之，極喻擒之之易。⑭刮席之恥：刮席，漢淮陽王事，見漢紀。⑮劉氏復興：胡三省曰：「言山東寇盜縱橫，將有如劉季者，復興於其間。」⑯即軹道之災：又以秦子嬰之事，指斥乘輿。⑰憸人：小人。⑱切責：嚴切責斥。⑲綰利：謂總綰江淮鹽利。⑳牢盆在手：牢盆二語，見漢武帝紀。㉑都統當權：謂執都統之權。㉒董制：謂董督制轄。㉓責作：

猶貴為。㉔榮為太尉：按《新唐書・高駢傳》，駢帥西川，兩京陷後，天子猶冀駢立功，進檢校太尉。㉕不用：謂不重用。㉖翦蕩：翦除掃蕩。㉗自天長漏網過淮：事見卷二百五十三廣明元年。㉘襲逐：掩襲追逐。㉙首尾：前後。㉚封部：謂所封之境。㉛積望：藏積怨望。㉜興譏：發出譏議。㉝誅夷：誅平。㉞倚仗：依倚仗賴。㉟控告：控訴告申。㊱無門：謂無門路。㊲凝睇：睇，目小視，此謂凝目而望。㊳悽惻：悲悽悱惻。㊴謝玄破苻堅於淝水：見晉孝武帝紀。㊵龜玉毀櫝，誰之過歟：用論語孔子之言。寶龜寶玉，皆櫝藏之，在櫝而毀，典守者不得辭其過也。㊶何人肯認：何人肯予承認。㊷子嬰：秦三世子嬰。㊸天步：謂天之運命。㊹傾：傾覆。㊺皇綱：謂重大之綱常。㊻三靈：日月星。㊼昧：暗昧。㊽百度：各種法度。㊾禮儀：禮節儀式。㊿名分：名義及本分。(51)墮：讀曰隳。(52)陵：侵陵。(53)沖人：幼沖之人。(54)輕侮：謂輕予侮辱。(55)臣節：臣之節操。(56)興平諸軍：時鳳翔邠寧軍屯興平。(57)倉庫門庭之卒：謂守倉庫門庭之卒。(58)乾谿：胡三省曰：「據下文，則此時諸盜至雙流，與官軍對壘，乾谿當在雙流界。」(59)績麻：緝麻。(60)係：通繫。(61)南城：據《新唐書・地理志》五，南城縣屬江南道撫州。(62)宜君寨：胡三省曰：「隋宜君縣，唐併之入京兆華原縣，是時勤王之師，蓋於宜君故縣立寨也。」(63)襲：掩襲。(64)扞：扞禦。(65)下邑：據《新唐書・地理志》二，下邑屬河南道宋州。(66)嬰城：據城。(67)樓煩監：胡三省曰：「樓煩監本屬隴右節度，以嵐州刺史兼領之，至德後屬內飛龍使，貞元十五年，始別置監牧使。」(68)款附：誠附。(69)河東大同軍：是時鄭從讜帥河東，赫連鐸帥大同。(70)會：集合。

(七一)愕：驚愕。(七二)謝之：謂向之謝罪。(七三)曉：明。(七四)返正：返歸正位。(七五)分功名：分立功名。(七六)引咎：自引有罪。(七七)通：猶件。(七八)諸暨：今浙江省諸暨縣。(七九)負國：孤負國家。(八〇)鴈門李僕射：胡三省曰：「時李克用據代州，代州鴈門郡也，諸家多以為克用時為鴈門節度使。」(八一)其家尊與吾先人，嘗共事相善：胡三省曰：「楊復光養父玄价嘗監鹽州軍，沙陀之歸國也，先由鹽州，後玄价為中尉，執宜父子蓋與之善。」(八二)狗國：謂狥國難。(八三)鄭公：謂從讜。(八四)乃以墨勅召李克用：王鐸為都都統，便宜從事，凡徵調除授，皆得用墨勅。(八五)嵐石路：嵐州南至石州，一百八十里。(八六)器幣：兵器幣帛。(八七)侵淫：以癰疽侵蝕寖淫為喻。(八八)邏者：巡邏者。(八九)溫言：溫和言語。(九〇)某：謂我，唐人常稱我曰某。(九一)爾：如此。(九二)縱：放。(九三)高尚書：時仁厚雖為押牙，已授檢校尚書。(九四)發：出發。(九五)愍：愍憐。(九六)良人：良民。(九七)情：實。(九八)湔洗：謂滌洗。(九九)投兵：投下兵器。(一〇〇)橫及：猶濫及。(一〇一)心上事：猶心中事。(一〇二)舞躍：舞蹈跳躍。(一〇三)一口：猶一人。(一〇四)川騰海沸：謂如川騰海沸。(一〇五)遏：止。(一〇六)比：及。(一〇七)成擒：謂就擒。(一〇八)役夫：乃詈人語，謂執賤役之奴僕。(一〇九)重複：猶重疊。(一一〇)牢密：牢固嚴密。(一一一)邀功：求功。(一一二)箐：蜀人謂篁竹之間為箐。(一一三)邀：攔截。(一一四)拜如摧山：謂下拜如山倒然。(一一五)書其背：書其背為歸順字。(一一六)穿口新津：穿口即新津新穿口。(一一七)延貢：《九域志》：「邛州安仁縣有延貢寨。」(一一八)乃取渾擎旗倒繫之：取其旗而倒繫之，示已得其渠帥。(一一九)疾呼：大呼。(一二〇)行至：將至。(一二一)無事：謂平安無事。(一二二)鈎出：謂以鈎鈎出。(一二三)歌吹：歌、嘔唱，吹、笙簫之類。(一二四)定：決定。(一二五)連夜：謂連夜兼行。(一二六)擁：抱。(一二七)負冤：背負冤枉。

㉖自諜者還：即仁厚所縱鬻麵者。㉗引領：引長領頸。㉘朞年：謂一整年。㉛如出九泉：謂如出於墳墓之中。㉜白日：明亮之日光。㉝讙：與諠同。㉞仁厚出軍凡六日，五賊皆平：胡三省曰：「按九域志，雙流縣在成都南四十里，自此而南，至新穿口，又南至新津，又南至延貢，又南至阡能寨，度其道里相去，各不過四五十里。高仁厚知蜀民之心，非樂於從亂，而脅於五賊之威，因其心而誘導之，故脅從者皆服風降服，師不留行，而五賊平矣。」㉟補：補命。㊱安仁：據《新唐書・地理志》六，安仁縣屬劍南道邛州。㊲詩啓：謂以詩及書啓。㊳申：申言。㊴準法：謂依法，反逆親屬當從坐誅。㊵破械：破除其刑具。㊶按：按治。㊷餉：餉遺。㊸蝕箔金：《博聞錄》：「有蝕箔金法：金及分數者，打成大箔片，以黃礬一兩，雞屎礬一兩，膽礬半兩，硇砂一分，信土一兩，赤土一兩，衮研，以鹽膽水調金片上，炙乾，更搽更炙，如此三度已來，用牛糞灰一重重，高下大火煆，一日取出，溫湯洗淨，其存者金也，其蝕出者銀也。」㊹太師：陳敬瑄檢校太師，故稱之。㊺仁明：仁慈明睿。㊻預：干。㊼懷禍：謂懷持致禍之物。㊽嘗：試。㊾避其鋒：避其兵鋒。㊿重賂：重貨。㊿夏陽：胡三省曰：「乾元三年，更河西曰夏陽，屬河中府，後屬同州。」㊿攖：攖攘。

㊿山東邢、洺、磁三州：邢、洺、磁於潞州為山東。

三年（西元八八三年）

㈠春，正月，李克用將李存貞敗黃揆於沙苑，己巳，克用進屯沙苑。揆，巢之弟也。王鐸承制，以克用為東北面行營都統，以楊復光為東面都統監軍使，陳景思為北面都統監軍使。乙亥，制以中書令充諸道行營都統王鐸為義成節度使，令赴鎮，田令孜欲歸重北司㈠，稱鐸討黃巢久無功，卒用楊復光策，召沙陀而破之，故罷鐸兵柄，以悅復光。又以副都統崔安潛為東都留守，以都都監西門思恭為右神策中尉，充諸道租庸兼催促諸道進軍等使，令孜自以進議幸蜀，收㈡傳國寶、列聖真容㈢，散家財犒軍為己功，令宰相藩鎮共請加賞，上以令孜為十軍兼十二衞觀軍容使㈣。

㈡成德節度使常山忠穆王王景崇薨，軍中立其子節度副使鎔知留後事，時鎔生十年矣㈤。

㈢以天平留後朱瑄為節度使。

㈣二月，壬子，李克用進軍乾阬㈥，與河中、易定、忠武軍合，尚讓等將十五萬眾，屯於梁田陂㈦，明日，大戰，自午至晡㈧，賊眾大敗，俘斬數萬，伏尸三十里，巢將王璠黃揆襲華州，據之，王遇亡去。

㈤初光州刺史李罕之為秦宗權所攻，棄州奔項城，帥餘眾歸諸葛爽，爽以為懷州刺史，韓簡攻鄆州，半年不能下，爽復襲取河陽，朱瑄請和，簡乃捨之，引兵擊河陽，爽遣罕之逆戰於武陟⑨，魏軍大敗而還，大將澶州刺史樂行達先歸據魏州，軍中共立行達為留後，簡為部下所殺。【考異】舊傳：「簡攻河陽，行及新郡⑩，為諸葛爽所敗，單騎奔迴，憂憤，疽發背而卒，時中和元年十一月也。」新傳亦同，今從實錄。己未，以行達為魏博留後。

㈥甲子，李克用進圍華州，黃思鄴黃揆嬰城⑪固守，克用分騎屯渭北。

㈦以王鎔為成德留後。

㈧以鄭紹業為太子賓客分司，以陳儒為荊南留後。

㈨峽路招討指揮使莊夢蝶為韓秀昇、屈行從所敗，退保忠州，應援使胡弘略戰亦不利，江淮貢賦，皆為賊所阻，百官無俸。雲安⑫淯井⑬路不通，民間乏鹽，陳敬瑄奏以眉州防禦使高仁厚為西川行軍司馬，將三千兵討之。【考異】張彭耆舊傳曰：「中和四年甲辰春三月，峽路招討指揮使莊夢蝶尚書為韓秀昇所敗，退至忠州，川主太師，召眉州刺史高仁厚，使討秀昇等，許以成功，除梓帥，即日聞奏，拜行軍司馬，將步卒千人，三月五日進發。」句延慶耆舊傳：「中和三年二月，莊夢蝶為賊所敗，川主喚仁厚，奏授峽路招討都指揮使，將兵三千人，三月辛丑進發。」實錄：「三年二月，夢蝶為賊所敗，陳敬瑄奏以仁厚代夢蝶，將兵三千進討，詔拜行軍司馬。」是月丁卯朔，無辛丑，辛丑乃四月五日，延慶誤也，實錄三年二月，敬瑄奏仁厚代夢蝶，蓋亦用句傳年月，今從之。

(十)加鳳翔節度使李昌言同平章事。

(十一)黃巢兵數敗，食復盡，陰為遁計，發兵三萬搤藍田道(一四)。三月，壬申，遣尚讓將兵救華州，李克用、王重榮引兵，逆戰於零口(一五)，破之，克用進軍渭橋，騎軍在渭北，克用每夜令其將薛志勤、康君立潛入長安，燔積聚，斬虜(一六)而還，賊中大驚。

(十二)以淮南押牙合肥(一七)楊行愍為廬州刺史。【考異】十國紀年云：「楊行密六合人。」今從薛居正五代史、徐鉉吳錄。行愍，本廬州牙將，勇敢屢有戰功，都將忌(一八)之，白刺史郎幼復，連使出戍於外，行愍過辭(一九)，都將以甘言悅之，問其所須(二〇)，行愍曰：「正須汝頭耳。」遂起斬之，幷將諸營，自稱八營都知兵馬使，幼復不能制，薦於高駢，請以自代，駢以行愍為淮南押牙，知廬州事，朝廷因而命之。行愍聞州人王勗賢，召欲用之，固辭，問其子弟，曰：「子潛好學慎密，可任以事，弟子稔有氣節(二一)，可為將。」行愍召潛置門下，以稔及定遠(二二)人季章為騎將。

初呂用之因左驍雄軍使俞公楚得見高駢，用之橫甚，或以咎公楚，公楚數戒用之，少自斂，毋相累㉓，用之銜㉔之；右驍雄軍使姚歸禮氣直㉕敢言，尤疾㉖用之所為，時而數其罪，常欲手刃之㉗。癸未夜，用之與其黨會倡家㉘，歸禮潛遣人爇㉙其室，殺貌類者數人，用之易服㉚得免，明旦，窮治其事，獲縱火者，皆驍雄之卒㉛，用之於是日夜譖二將於駢，未幾，駢使二將將驍雄卒三千，襲賊於慎縣㉜，用之密以語楊行愍云：「公楚歸禮欲襲廬州。」行愍發兵掩之，二將不為備，舉軍盡殪㉝，以二將謀亂告駢，駢不知用之謀，厚賞行愍。

(十三)己丑，以河中行營招討副使朱全忠為宣武節度使，俟克復長安，令赴鎮。

(十四)癸巳，李克用等拔華州，黃揆棄城走。

(十五)劉漢宏分兵屯黃嶺、巖下、貞女三鎮㉞，錢鏐將八都兵自富春㉟擊之，破黃嶺，擒巖下鎮將史弁，貞女鎮將楊元宗，漢宏以精兵屯諸暨，鏐又擊破之，漢宏走。

(十六)莊夢蝶與韓秀昇屈行從戰，又敗，其敗兵紛紜(三六)還走，所在慰諭，不可遏(三七)，遇高仁厚於路，叱之即止，仁厚斬都虞候一人，更令修娖(三八)部伍。乃召耆老，詢以山川蹊(三九)徑，入賊寨所據，喜曰：「賊精兵盡在舟中，使老弱守寨，資糧皆在寨中，此所謂重戰輕防(四〇)，其敗必矣。」乃揚兵(四一)江上，為欲涉之狀，賊晝夜禦備，遣兵挑戰(四二)，仁厚不與交兵，潛發勇士千人，執兵負藁(四三)，夜由間道攻其寨，且焚之，賊望見，分兵往救之，不及，資糧蕩盡(四四)，眾心已搖。仁厚復募善游者鑿其舟，相繼皆沈，賊往來惶惑，不能相救，仁厚遣兵於要路邀擊(四五)，且招之，賊眾皆降。秀昇行從見眾潰，揮劍(四六)亂砍，欲止之，眾愈怒，共執二人詣仁厚，仁厚詰之曰：「何故反！」秀昇曰：「自太中皇帝(四七)晏駕，天下無復公道(四八)，紐解綱絕(四九)，今日反者，豈惟秀昇，成是敗非，機上之肉，惟所烹醢耳。」仁厚愀然(五〇)，命善食(五一)而械之。夏，四月，庚子，獻於行在，斬之。【考異】張彰耆舊傳：「中和四年，高僕射將步卒千人，三月五日進發，莊尚書三月二十日齊進，四月十四日峽路中，四月一日，大破峽賊。」句延慶耆舊傳：「三年四月庚午，擒韓秀昇，捷書到府。」按是月丁酉朔，無庚午。實錄：「中和三年四月庚子，仁厚擒韓秀昇，獻於行在。初仁厚至峽，與賊戰，其眾大敗，賊中小校縛秀昇出降。」據鄭畋集，有覆黔南觀察使陳侁奏，涪州韓秀昇謀亂，已收管在州，候勅旨，狀云：「秀昇劫害黔府，俘掠帥臣，占據涪陵，扼截江路，遽戲僭妄，求作察廉。陳侁爰命毛玭部領甲士，直趨巢穴，便破城池，迫逐渠魁，勦除逆黨。」而諸家之說，皆云，仁厚所獲。新傳：「衆怒執秀昇，已降仁原，檻車送行在，斬於市。」張彭耆舊傳：「中和二年三月，阡能反，八月，羅渾擎反，十月，句胡僧反，十二月，羅夫子反，三年北路奏黃巢正月十日敗走，收復長安，正月，阡能遣羅渾擎於新穿壩，下二十七寨，把斷水陸官路，六月，韓求反，其邛州賊首阡能邐迤漸侵人蜀州界，九月，峽路賊韓秀申反，十月，峽路賊屈行從反，川主陳太師差押衙莊二夢將兵二千，十月二十日，發往峽路，討韓秀昇屈行從等，十一月五日，高仁厚進發討阡能，九日，收邛州境內諸寨，十日，州縣豁平，二十二日，回戈，朝見三日，大設五日，議功授眉州刺史。四年三月，莊夢蝶退至忠州，川主差高仁厚將兵，三月五日進發，莊尚書三月二十日齊進，四月十四日申四月一日，大破峽賊，擒秀昇等。十五日，東川楊師立反。」句延慶耆舊傳止於鈔改張傳為之，別無外事，但移渾擎反於中和二年五月，胡僧羅夫子反於六月，韓求反於其年七月，莊夢蝶討韓秀昇屈行從，以其年十月癸丑進發，高仁厚破阡能等五賊，回朝見，在其年十二月戊寅，三年二月，莊夢蝶為賊所敗，川主遣高仁厚將兵，三月辛丑進發，四月庚午擒韓秀昇，捷書到府，是月楊師立反，四年，北路奏黃巢正月十日敗走，收復長安。不知延慶改移年月，州有所據邪？將率意為之也。至於三年楊師立反，四年收復長安，其為乖謬，尤甚於彭。實錄，阡能韓秀昇等事，率依句傳，而誤以韓秀昇反置七月，高仁厚討阡能置十月，削戊寅辛丑兩日，改庚午為庚子，此其異於句傳也。新紀：「三年十一月壬申，西川行軍司馬高仁厚及阡能戰於邛州，敗之。」續寶運錄：「中和三年，涪州韓秀昇反，冬阡能反，高仁厚討平之。」按賈緯唐年補錄及實錄所載鐵券文，維中和三年歲吹癸卯，十月甲午朔，十六日己酉，皇帝賜功臣陳敬瑄鐵券，其文有戮阡能如翦草，除秀昇若焚巢，然則秀昇之敗，必在此日前也。張傳破秀昇在四年四月，其四年十月十日，亦載賜川主太師鐵券，乃云維中和三年歲次癸卯，十月甲子朔，五日戊辰，文與補錄實錄同，其昏耄如此，句傳取張事而改其年，實錄用句年而改其日，其阡能韓秀昇等起滅，不知的在何時，今從實錄。

(七)李克用與忠武將龐從、河中將白志遷等，引兵先進，與黃巢軍戰於渭南，一日三戰，皆捷，義成、義武等諸軍繼之，賊衆大奔，甲辰，克用等自光泰門入京師，黃巢力戰不勝，焚宮室遁去，

【考異】舊紀：「四月庚子，沙陀等軍趨長安，賊拒之於渭橋，大敗而還，李克用乘勝追之，己卯，黃巢收殘衆，由藍田關而遁，庚辰，收京城，楊復光告捷。」按是月丁酉朔，無己卯、庚辰，敬翔梁太祖編遺錄：「四月乙巳，巢焚宮闈省寺居第，略盡，擁殘黨越藍田而逃，明日，上與諸軍收復長安。」實錄：「甲辰，李克用與忠武將龐從、河中將白志遷、橫野將滿存、朝邑將康思貞，三敗賊於渭橋，大破之，義成義武等軍繼進，乙巳，巢賊

燔長安宮堂，收餘眾自光泰門東走，由藍田關以遁，諸軍進取京師。」新紀：「三月壬申，李克用及黃巢戰于零口，敗之，四月甲辰，又敗之于渭橋，丙午，復京師。」舊傳曰：「四月八日，克用合忠武騎將龐從，遇賊於渭南，決戰，三捷，大敗賊軍，十日夜，賊巢散走，詰旦，克用由光泰門入，收京師，巢賊出藍田七盤路，東走關東。」新傳曰：「克用遣部將楊守宗率河中將白志遷、忠武將龐從等，最先進擊賊，渭橋三戰三北，於是諸節度兵皆奮，無敢後，入自光泰門，賊崩潰，逐北至望春，入昇陽殿闥，巢夜奔眾猶十五萬，聲趨徐州，出藍田，入商山。」程匡柔唐補紀曰：「楊復光帥十道行營節度使王重榮、李克用等兵士二萬餘人，自光泰門入襲，逐至昇陽殿下，殺賊盈萬，黃巢軍敗，陣上奔逃，取藍田關出。」後唐太祖紀年錄：「乙巳，巢敗，焚宮室東走，太祖進收京師。」唐年補錄：「八日，克用等戰渭南，三敗賊軍，九日，巢走。」按楊復光露布云：「今有八日，梅守宗等隨克用自光泰門先入京師。」又云：「賊尚為堅陣，來抗官軍，自卯至申，羣凶大潰，即時奔遁，南山商山。」然則官軍以八日入城，賊戰不勝而走，此最可據，今從之。渭南之戰，必在八日以前，諸書皆誤也。」賊死及降者甚眾，官軍暴掠（五二），無異於賊，長安室屋及民，所存無幾。巢自藍田入商山，多遺珍寶於路，官軍爭取之，不急追，賊遂逸去（五三）。楊復光遣使告捷，【考異】張彭耆舊傳：「中和三年，北路奏，黃巢正月十日敗走，收復長安城訖，三月，北路行營收城將士，並回戈。」句延慶耆舊傳曰：「四年，北路奏，黃巢正月十日敗走，收復長安。三月，北路行營破黃巢，將士並回。」延慶悉移彭四年事於三年，三年事於四年，而不移其月日，其為差謬，甚於彭，今但云告捷，更不著月日。百官入賀，詔留忠武等軍二萬人，委大明宮留守王徽及京畿制置使田從異部分（五四），守衛長安。五月，加朱玫、克用、東方逵，同平章事，升陝州為節度，以王重盈為節度使，又建延州為保塞軍，以保大行軍司馬延州刺史李孝恭為節度使。克用時年二十八，於諸將最少，而破黃巢，復長安，功第一，兵勢最彊，諸將皆畏之，克用一目微眇（五五），時人謂之獨眼龍，詔以崔璆家貴身顯，為黃巢相，首尾三載，不逃不隱，於所在斬之。

(十八)黃巢使其驍將孟楷將萬人為前鋒，擊蔡州，節度使秦宗權逆戰而敗，賊進攻其城，宗權遂稱臣於巢，與之連兵(五六)，初巢在長安，陳州刺史、宛丘(五七)趙犨謂將佐曰：「巢不死長安，必東走，陳其衝(五八)也。且巢素與忠武為仇，不可不為之備。」乃完(五九)城塹，繕甲兵，積芻粟，六十里之內，民有資糧者，悉徙之入城，多募勇士，使其弟昶珝、子麓林分將之。孟楷既下蔡州，移兵擊陳軍(六〇)於項城，犨先示之弱，伺(六一)其無備，襲擊之，殺獲殆盡，生擒楷，斬之。巢聞楷死，驚恐，悉眾屯溵水(六二)。六月，與秦宗權合兵圍陳州，掘塹五里，百道攻之，陳人大恐，犨諭之曰：「忠武素著義勇(六三)，陳州號為勁兵(六四)，況吾家久食陳祿，誓與此州存亡，男子當求生於死中，且狥國而死，不愈於臣賊而生乎！有異議者斬。」數引銳兵開門出擊賊，破之，巢益怒，營於州北，立宮室百司(六五)，為持久之計。時民間無積聚，賊掠人為糧，生投於碓磑(六六)，併(六七)骨食之，號給糧之處曰舂磨寨(六八)，縱兵四掠，自河南(六九)許、汝、唐、鄧、孟、鄭、汴、曹、濮、徐、兗等數十州，咸被其毒〔七〇〕。

(十九)初上蔡人劉謙為嶺南小校，節度使韋宙奇其器〔七一〕，以兄女妻之，【考異】新傳：「宙弟岫亦有名，宙在嶺南，以從女妻小校劉謙，或諫止之，宙曰，吾子孫或當依之。」薛居正五代史：「韋宙出鎮南海，謙時為牙校，宙以猶女妻之。」北夢瑣言曰：「丞相韋公宙出鎮南海，有小將劉謙者，職級甚卑，氣宇殊異，乃以從女妻之，其內以非我族類，慮招物議，諷諸幕僚諫止之，丞相曰，此人非常流也，他日吾子孫或可依之。謙以軍功拜封州刺史，韋夫人生子曰隱，曰巖。」上國紀年曰：「劉謙望字德光，亦名知謙，後止名謙，唐咸通中為廣州牙將，韋宙以兄女妻之。」新傳云：「岫知謙。」恐誤，今從瑣言紀年。謙擊羣盜屢有功，辛丑，以謙為封州刺史。

(廿)加東川節度使楊師立同平章事。

(廿一)宣武節度使朱全忠帥所部數百人赴鎮。秋，七月，丁卯，至汴州。時汴宋荐饑〔七二〕，公私窮竭〔七三〕，內外驕軍難制，外為大敵所攻，無日不戰，眾心危懼，而全忠勇氣益振〔七四〕，詔以黃巢未平，加全忠東北面都招討使。

(廿二)南詔遣布燮楊奇肱來迎公主，詔陳敬瑄與書，辭以鑾輿巡幸，儀物〔七五〕未備，俟還京邑〔七六〕，然後出降，奇肱不從，直前至成都。

(廿三)李克用自長安引兵還鴈門，尋有詔以克用為河東節度使，召鄭從讜詣行在，克用乃自東道過榆次〔七七〕，詣鴈門，省其父，克用尋牓河東，安慰軍民曰：「勿為舊念，各安家業（七八）。」【考異】舊紀：「五月，李克用充河東節度使，七月，詔鄭從讜赴行在。」新紀：「五月，從讜為司空同平章事。」賈緯唐年補錄：「五月，制李諱可同平章事，充河東節度使。」注云：「按薛史，晉天福六年二月，賈緯撰唐年補錄，上之。又曰，賈緯真定獲鹿人，以唐諸帝實錄，自武宗以下，缺而不紀，乃採掇近代傳聞之事，及諸家小說，第其年月，編為唐年補錄，凡六十五卷，歷事唐晉漢周，故不敢稱克用名。」舊從讜傳：「三年，克用授河東節度，代從讜，五月十五，從讜離太原，道途多寇，行次絳州，留駐數月，冬，詔使追赴行在，復輔政。」唐末見聞錄曰：「五月，勅除李尚書鴈門節度使，六月二十五日，鴈門節度使李僕射，般次於府東路過，六月，內有除目到，相公除替赴闕，鴈門節度李相公除河東節度使，十五日，相公取西明門進發。當月內，新使李公相有牓示安撫在城軍人百姓，曰，無懷舊念，各仰安家。」又曰：「晉王諱克用，中和三年五月一日，自鴈門節度使拜平章事，充河東節度使。」按克用除河東，及從讜復輔政，諸書日月不同。舊紀五月，除克用，七月，從讜赴行在。不言入相。新紀，五月，已為相，尤誤。舊從讜傳：「五月十五日，離太原。」又與紀相違。唐年補錄：「五月制，止褒賞克用、朱玫、東方逵三人。」制詞鄙俚，疑其非實。唐末見聞錄初云：「六月，除河東。」後復云：「五月一日。」據實錄。後唐太祖紀年錄、薛居正五代史，皆在七月，今從之。從讜此年九月為東都內守，光啓二年二月方再入相。

（七四）左驍衛上將軍楊復光卒於河中，復光慨慷（七九）喜忠義，善撫（八〇）士卒，軍中慟哭累日。八都將鹿晏弘等各以其眾散去。田令孜素畏忌（八一）之，聞其卒，甚喜，因擯斥其兄樞密使復恭為飛龍使，令孜專權，人莫與之抗，惟復恭數與之爭得失（八二），故令孜惡之，復恭因稱疾歸藍田。

（七五）以成德留後王鎔、魏博留後樂行達、天平留後朱瑄，為本道節度使。

（七六）司徒門下侍郎同平章事鄭畋雖當播越（八三），猶謹法度（八四），田令孜為判官吳圓求郎官，畋不許，陳敬瑄欲立於宰相之上，畋以故事，使相(八五)品秩雖高，皆居真相(八六)之下，固爭之。二人乃令鳳翔節度使李昌言上言：「軍情猜忌，不可令畋扈從過北(八七)。」畋亦累表(八八)辭位，乃罷為太子太保，又以其子兵部侍郎凝績為彭州刺史，使之就養(八九)。以兵部尚書判度支裴澈為中書侍郎同平章事。

(廿七)八月，甲辰，李克用至晉陽，詔以前振武節度使李國昌為代北節度使，鎮代州。

(廿八)升湖南為欽化軍，以觀察使閔勗為節度使。

(廿九)九月，加陳敬瑄兼中書令，進爵潁川郡王。

(卅)感化節度使時溥營於溵水(九〇)，加溥東面兵馬都統。

(卅一)以荊南留後陳儒為節度使。

(卅二)昭義節度使孟方立以潞州地險人勁(九一)，屢篡主帥(九二)，欲漸弱之，乃遷治所於邢州，大將家及富室皆徙山東，潞人不悅。監軍祁審誨因人心不安，使武鄉鎮使(九三)安居受潛以蠟丸(九四)乞師於李克用，請復軍府於潞州。冬，十月，克用遣其將賀公雅等赴之，為方立所敗，又遣李克修擊之，辛亥，取潞州，【考異】實錄：「克用表李克修為節度使，於是分昭義軍五州為二鎮。」薛居正五代史孟方立傳曰：「潞人陰乞師於武皇，中和三年十月，武皇遣李克修將兵赴之，方立拒戰，大敗之，由是連收澤潞二郡，乃以克修為節度使。」按薛史張全義傳：「諸葛爽表全義為澤州刺史，爽卒，李罕之據澤州。」蓋克修止得潞州，澤為河陽所取也。殺其刺史李殷銳。是後克用每歲出兵爭山東，三州之人，半為俘馘(九五)野無稼穡矣。

(七三)以宗女為安化長公主，妻南詔。

(七四)劉漢宏將十餘萬眾出西陵，將擊董昌，戊午，錢鏐濟江迎戰，大破之，漢宏易服，持鱠刀而遁(九六)。己未，漢宏收餘眾四萬又戰，鏐又破之，斬其弟漢容及將辛約。

(七五)十一月，甲子朔，秦宗權圍許州。

(七六)忠武大將鹿晏弘帥所部，自河中南掠襄、鄧、金、洋，所過屠滅，聲云(九七)：「西赴行在。」十二月，至興元，逐節度使牛勗，勗奔龍州西山(九八)，晏弘據興元，自稱留後。

(七七)武寧節度使時溥(九九)因食中毒，疑判官李凝古而殺之(一〇〇)，凝古父損為右散騎常侍，在成都，溥奏凝古與父同謀，田令孜受溥賂，令御史臺鞫之，侍御史王華為損論冤，令孜矯詔(一〇一)移損下神策獄，華拒而不遣。蕭遘奏：「李凝古行毒，事出曖昧㉒，已為溥所殺，父損相別數年，聲問㉓不通，安得誣㉔以同謀？溥恃功亂法，陵蔑㉕朝廷，欲殺天子侍臣，若徇其欲，行㉖及臣輩，朝廷何以自立㉗！」由是損得免死，歸田里，時令孜專權，羣臣莫敢迕㉘視，惟遘屢與爭辯，朝廷倚之。

(卅八)升浙東為義勝軍，以劉漢宏為節度使。

(卅九)趙犨遣人間道求救於鄰道，於是周岌、時溥、朱全忠皆引兵救之，全忠與黃巢之黨戰於鹿邑㉙，敗之，斬首二千餘級，遂引兵入亳州而據之。

【今註】㊀欲歸重北司：謂欲復歸加重北司之權。㊁收：收護。㊂真容：猶肖像。㊃為十軍兼十二衞觀軍容使：胡三省曰：「令孜從幸蜀，募神策新軍為五十四都，離為十軍，號神策十軍。左右衞、左右驍衞、左右武衞、左右威衞、左右領軍衞、左右金吾衞，謂之南牙十二衞。」㊄時鎔生十年矣：即時鎔方十歲。㊅乾阬：在沙苑西南。㊆梁田陂：胡三省曰：「在城店西三十里。」㊇晡：申時。㊈武陟：據《新唐書・地理志》三，武陟縣屬河北道懷州。㊉考異曰：「舊傳：『簡攻河陽，行及新郡』」：按新郡當作新鄉。⑪嬰城：猶據城。⑫雲安：《新唐書・地理志》四：「山南東道夔州領雲安縣，有鹽官。」〔一三〕清井：史炤曰：「清井、漢犍為郡之漢陽縣地，唐置長寧州。」〔一四〕搤藍田道：胡三省曰：「搤藍田道，所以通自武關南走之路。」〔一五〕零口：胡三省曰：「零口在京兆府昭應縣。」〔一六〕斬虜：斬殺俘擄。〔一七〕合肥：據《新唐書・地理志》五，合肥屬淮南道廬州。〔一八〕忌：忌嫉。〔一九〕過辭：謂過都將辭行。〔二〇〕所須：所要。〔二一〕氣節：氣概節操。〔二二〕定遠：據《新唐書・地理志》二，定遠屬河南道濠州。〔二三〕累：連累。〔二四〕銜：同銜，謂銜恨。〔二五〕氣直：謂脾氣直率。〔二六〕疾：疾恨。〔二七〕手刃之：親自以刃殺之。〔二八〕倡家：倡妓家。〔二九〕爇：燒，音ㄖㄨㄛˋ。〔三〇〕易服：換服。〔三一〕皆驍雄之卒：謂皆驍雄軍之部卒。〔三二〕慎縣：據《新唐書・地理志》五，慎縣屬淮南道廬州。〔三三〕殪：斃。〔三四〕屯黃嶺、巖下、貞女三鎮：胡三省曰：「三鎮皆當在婺越間。」〔三五〕富春：胡三省曰：「自富春渡江擊三鎮，富春即富陽縣。」〔三六〕紛紜：猶紛紛。〔三七〕遏：止。〔三八〕娖：整隊伍。〔三九〕蹊：亦徑。〔四〇〕重戰輕防：謂重視戰爭而輕於防守。〔四一〕揚兵：猶張兵。〔四二〕挑戰：謂挑起戰爭。〔四三〕藁：藁草。〔四四〕蕩盡：猶淨盡。〔四五〕邀擊：截擊。〔四六〕揮劍：揮動刀劍。〔四七〕太中皇帝：謂宣宗。〔四八〕公道：公正之道。〔四九〕紐解綱絕：束紐解弛，綱紀斷絕。〔五〇〕愀然：容色改變，音ㄑㄧㄠˇ。〔五一〕善食：謂善以酒食食之。〔五二〕暴掠：為暴及刦掠。〔五三〕逸去：逃去。〔五四〕部分：謂分派守衛。〔五五〕一目微眇：一目較小。〔五六〕連兵：合兵。〔五七〕宛丘：據《新唐書・地理志》二，宛丘屬河南陳州。〔五八〕衝：要衝。〔五九〕完：完治。〔六〇〕陳軍：謂陳州軍。〔六一〕伺：伺候。〔六二〕溵水：胡三省曰：「項城在陳州東南，溵水在其西南。」〔六三〕素著義勇：謂夙著義勇之名。〔六四〕勁兵：勁銳之卒。〔六五〕百司：百官。〔六六〕磑：合兩石，琢其中為齒，相切以磨物曰磑，音ㄨㄟˋ。(六七)併：合。(六八)舂磨寨：即設碓磑處，碓以舂，磑以磨。(六九)河南：此河南謂洛州河南府。(七〇)毒：酷毒。(七一)器：材器。(七二)荐饑：連歲饑饉。(七三)窮竭：窮困罄竭。(七四)振：振作。(七五)儀物：謂禮儀之物。(七六)京邑：京師。(七七)榆次：據《新唐書・地理志》三，榆次縣屬太原府。(七八)勿為舊念，各安家業：以河東之人，前此數與克用戰，恐其不自安，故牓諭之。(七九)慨慊：以作慊慨為佳。(八〇)撫：安撫。(八一)畏忌：忌亦畏。(八二)得失：猶是非。(八三)播越：播，遷；越，逸。言失所居。(八四)猶謹法度：謂猶謹守法度。(八五)使相：唐末，凡節度使帶平章事及檢校三省長官三公三司者，皆謂之使相。(八六)真相：正式宰相。(八七)二人乃令鳳翔節度使李昌言上言：「軍情猜忌，不可令畋扈從過北」：元年，昌言逐畋，以攘鳳翔，故二人嗾之上言，云軍情猜忌之。(八八)累表：屢次上表。(八九)就養：謂就近奉養。(九〇)溵水：據《新唐書・地理志》二，溵水屬河南道陳州。(九一)勁：勁悍。(九二)屢篡主帥：謂屢奪主帥之位。(九三)武鄉鎮使：據《新唐書・地理志》三，武鄉縣屬河東道潞州。唐末方鎮率分置鎮將於諸縣，而縣令不得舉其職矣。(九四)蠟丸：古代秘密通書，率將書札置於蠟丸之中，而遣人暗送之。(九五)馘：謂被殺而割其左耳，音ㄍㄨㄛˊ。(九六)持鱠刀而遁：使敵人見之，以為庖丁，而不疑其為主帥。(九七)聲云：揚聲云。(九八)龍州西山：胡三省曰：「龍州西山，松茂二州界，時已沒於蠻中。」(九九)武寧節度使時溥：按上作感化節度使，此亦當從之，以期一律。(一〇〇)疑判官李凝古而殺之：謂疑判官李凝古所為而殺之。(一〇一)矯詔：假託詔書。(一〇二)曖昧：謂不明。(一〇三)聲問：猶音問。(一〇四)誣：誣陷。(一〇五)陵蔑：欺陵輕蔑。(一〇六)行：將。(一〇七)自立：自己存立。(一〇八)迕：逆。(一〇九)鹿邑：據《新唐書・地理志》

二，鹿邑屬河南道亳州。

四年（西元八八四年）

㈠春，正月，以鹿晏弘為興元留後。

㈡賜魏博節度使樂行達名彥禎。

㈢東川節度使楊師立以陳敬瑄兄弟㈠權寵之盛㈡，心不能平，敬瑄之遣高仁厚討韓秀昇也，語之曰：「成功而還，當奏天子，以東川相賞。」師立聞之，怒曰：「彼此列藩㈢，而遽以我疆土許人，是無天地㈣也。」田令孜恐其為亂，因其不發兵防遏，徵師立為右僕射。

㈣黃巢兵尚彊，周岌、時溥、朱全忠不能支，共求救於河東節度使李克用。二月，克用將蕃漢兵五萬，出天井關，河陽節度使諸葛爽辭以河橋不完㈤，屯兵萬善以拒之，克用乃還兵，自陝、河中度河而東。【考異】唐末見聞錄：「晉王三月十三日，發大軍，討黃巢。」太祖紀年錄：「正月，太祖帥師五萬，自澤潞將下天井關河陽；屯萬善，乃改轅蒲陝度河。」薛居正五代史，但云四年春，按四月已與巢戰，三月十三日，發晉陽，似太晚，又克用表云：「昨三月內，頻得陳許徐汴書牒。」今從舊紀，又克用自訴上表云：「遂從陝服，徑達許田。」是於蒲陝兩道度兵也。

㈤楊師立得詔書，怒不受代，殺官告使㈥及監軍使，舉兵以討陳敬瑄為名，大將有諫者，輒殺之，進屯涪城㈦，遣其將郝蠲襲綿州，不克。丙午，以陳敬瑄為西川、東川、山南西道都指揮招討安撫處置等使。三月，甲子，楊師立移檄行在百官及諸道將吏士庶，數陳敬瑄十罪，【考異】張彭耆舊傳：「中和四年四月十五日，東川楊師立反。」下載師立檄文，則云三月三日，自相違，今從實錄。自言集本道將士、八州壇丁㈧共十五萬人，長驅問罪。詔削師立官爵，以眉州防禦使高仁厚為東川留後，將兵五千討之，以西川押牙楊茂言為行軍副使。

㈥朱全忠擊黃巢瓦子寨，拔㈨之，巢將陝人㈩李唐賓、楚丘王虔裕，降於全忠。

㈦婺州人王鎮執刺史黃碣，降於錢鏐，劉漢宏遣其將婁賚殺鎮而代之，浦陽⑪鎮將蔣瓌召錢鏐兵共攻婺州，擒賚而還。碣，閩⑫人也。

㈧高駢從子左驍衛大將軍澞疏⑬呂用之罪狀二十餘幅⑭，密以呈駢，且泣曰：「用之內則假神仙之說，蠱惑尊聽⑮，外則盜節制之權，殘賊百姓，將佐懼死，莫之敢言，歲月浸深⑯，羽翼將成，苟不除之，恐高氏奕代⑰勳庸，一⑱朝掃地⑲矣。」因嗚咽不自勝。駢曰：「汝醉邪！」命扶出，明日以濵狀示用之，用之曰：「四十郎⑳嘗以空乏見告，未獲遵命，故有此憾。」因出濵手書數幅呈之，駢甚慙，遂禁濵出入，後月餘以濵知舒州事，羣盜陳儒攻舒州，濵求救於廬州楊行愍，力不能救，謀於其將李神福，神福請不用寸刃㉑而逐之，乃多賚旗幟，間道入舒州，夜之，引舒州兵建廬州旗幟而出，指畫㉒地形，若布大陳狀，賊懼宵遁，神福，洺州人也。久之，羣盜吳迥、李本復攻舒州，濵不能守，棄城走，駢使人就殺之。楊行愍遣其將合肥陶雅、清流㉓張訓等，將兵擊吳迥李本，擒斬之，以雅攝舒州刺史。秦宗權遣其弟將兵寇廬州，據舒城㉔，楊行愍遣其將合肥田頵擊走之。

(九)前杭州刺史路審中客居黃州，聞鄂州刺史崔紹卒，募兵三千人，入據之，武昌牙將杜洪亦逐岳州刺史而代之。

(十)黃巢圍陳州，幾三百日，趙犨兄弟與之大小數百戰，雖兵食將盡，而眾心益固，李克用會許、汴、徐、兗之軍於陳州，時尚讓屯太康㉕。夏，四月，癸巳，諸軍進拔太康，黃思鄴屯西華㉖，諸軍復攻之，思鄴走，黃巢聞之懼，退軍故陽里㉗，陳州圍始解。朱全忠聞黃巢將至，引軍還大梁。五月，癸亥，大雨平地三尺，黃巢營為水所漂㉘，且聞李克用將至，遂引兵東北趣汴州，屠尉氏㉙。尚讓以驍騎五千，進逼大梁，至於繁臺㉚，宣武將豐㉛人朱珍、南華龐師古，擊却之。全忠復告急於李克用，丙寅，克用與忠武都監使田從異發許州，戊辰，追及黃巢於中牟北王滿渡㉜，乘其半濟，奮擊，大破之，殺萬餘人，賊遂潰，尚讓帥其眾降時溥，別將臨晉㉝李讜、曲周㉞霍存、甄城㉟葛從周、冤句㊱張歸霸及弟歸厚，帥其眾降朱全忠。【考異】崇文院有梁功臣列傳，不著撰人名氏，云：「張歸厚祖興、父處讓，歸厚中和末，與伯季自冤句相率來投。」薛居正五代史：「張歸霸祖進言，父實。」歸厚傳無父祖，但云與兄歸霸皆來降，據梁功臣傳父祖與歸霸不同，當是從弟。巢踰汴而北，己巳，克用追擊之於封丘㊲，又破之。庚午，夜復大雨，賊驚懼，東走，克用追之，過胙城、匡城㊳，巢收餘眾近千人，東奔兗州。辛未，克用追至冤句，騎能屬㊴者纔數百人，晝夜行二百餘里，人馬疲乏，糧盡，乃還汴州，欲裹糧復追之(40)，獲巢幼子及乘輿器服符印，得所掠男女萬人，悉縱遣(41)之。

(十)癸酉，高仁厚屯德陽(42)，楊師立遣其將鄭君雄、張士安據鹿頭關(43)，以拒之。

(十一)甲戌，李克用至汴州，營於城外，朱全忠固請(44)入城，館於上源驛，全忠就置酒，聲樂(45)饌具皆精豐(46)，禮貌甚恭，克用乘酒使氣(47)，語頗侵(48)之，全忠不平，薄暮(49)罷酒，從者皆霑醉(50)。宣武將楊彥洪密與全忠謀，連車樹柵(51)，以塞衢路，發兵圍驛而攻之，呼聲動地，克用醉，不之聞，親兵(52)薛志勤史敬思等十餘人格鬬(53)，侍者郭景銖滅燭，扶克用匿床下，以水沃(54)其面，徐告以難(55)，克用始張目援弓(56)而起，志勤射汴人，死者數十，須臾煙火四合，會大雨震電，天地晦冥(57)，志勤扶克用帥左右數人，踰垣突圍，乘電光而行，汴人扼橋(58)，力戰得度，史敬思為後拒，戰死，克用登尉氏門(59)，縋城(60)得出，監軍陳景思等三百餘人，皆為汴人所殺。楊彥洪謂全忠曰(61)：「胡人急則乘馬，見乘馬則射之。」是夕彥洪乘馬適在全忠前，全忠射之殪(六二)。【考異】梁太祖編遺錄：「甲戌，幷師自曹南旋師，上出封丘門迎勞之，克用堅請入州內，上初止之，乃於門外陳設次舍，將安泊之，克用不諾，因縱蕃騎突入，馳至上源驛，既不可遏，上乃與之並轡，送至驛亭。是日晚，備宴，宴罷，復張樂，繼燭而飲，克用酒酣使氣，廣須樂妓，頗恣無厭之欲，又以醜言，陵侮於上。時蕃將皆被甲冑，以衛克用，上既甚不懽，遽起圖之，遂令都將楊彥洪潛率甲士，入驛戮之，時夜將半，克用沈醉，忽大雷雨暴至，克用不覺，侍人乃滅燭，推於床下藏之，蕃戎與我師鬭戰移時，方敗，楊彥洪中流矢而斃。是時陰黑，克用遇一卒，背負登尉氏門，因得懸縋而出，乘牛行數里，以投其眾，餘親衛數百人，皆剿之。其後克用至太原以是事表訴於唐帝，蒲帥亦繼馳書，請上與克用和解，上終不釋憾。」此乃敬翔飾非，今不取。實錄：「甲戌，李克用次汴州，駐軍近郊，朱全忠請館於上源澤，乃以腹心三百餘自衛，全忠以克用兵從簡少，大軍在遠，謀害之，是夜置酒，宴罷，以兵圍驛，縱火焚之。」薛居正五代史梁太祖紀曰：「五月甲戌，帝與晉軍振旅歸，汴館克用於上源驛，既而備犒宴之禮，克用乘醉任氣，帝不平之，是夜命甲士圍而攻之。」後唐武皇紀曰：「班師過汴，汴帥迎勞於封禪寺，請武皇休於府第，乃館於上源驛，是夜張樂陳宴席，武皇酒酣，戲諸侍妓，與汴帥握手敘破賊以為樂，汴帥素忌武皇，乃與其將楊彥洪密謀，竊發攻傳舍。」按全忠是時兵力尚微，天下所與為敵者，非特患克用一人，而借使殺之，不能併其軍，奪其地也。蓋克用恃功，語或輕慢全忠，出於一時之忿，今從薛史梁紀。

克用妻劉氏多智略(六三)，左右先脫歸者，以汴人為變告，劉氏神色不動，立斬之，陰召大將約束(六四)，謀保軍以還，比明克用至，欲勒(六五)兵攻全忠，劉氏曰：「公比(六六)為國討賊，救東諸侯(六七)之急，今汴人不道(六八)，乃謀害公，自當訴之朝廷，若擅(六九)舉兵相攻，則天下孰能辯(七〇)其曲直！且彼得以有辭矣(七一)。」克用從之，引兵去，但移書責全忠，全忠復書曰：「前夕之變，僕不之知。」朝廷自遣使者與楊彥洪為謀，彥洪既伏其辜(七二)，惟公亮(七三)察。」克用養子嗣源年十七，從克用自上源出矢石之間(七四)，獨無所傷，嗣源本胡人，名邈佶烈，無姓，克用擇軍中驍勇者，多養為子，名回鶻張政之子曰存信，振武(七五)孫重進曰存進，許州王賢曰存賢，安敬思曰存孝，皆冒姓李氏(七六)。丙子，克用至許州故寨，求糧於周岌，岌辭以糧乏，乃自陝濟河還晉陽。

(三)鄭君雄、張士安堅壁(七七)不出，高仁厚曰：「攻之則彼利我傷，圍之則彼困我逸(七八)。」遂列十二寨圍之，丁丑夜二鼓(七九)，君雄等出勁兵掩擊城北副使寨，楊茂言不能禦，帥眾棄寨走，其旁數寨，見副使走亦走，東川人併兵南攻中軍，仁厚聞之，大開寨門，設炬火(八〇)照之，自帥士卒為兩翼，伏道左右，賊至見門開不敢入，還去，仁厚發伏擊之，東川兵大奔，追至城下，蹙之壕(八一)中，斬獲甚眾而還。仁厚念諸棄寨走者，明旦所當誅殺甚多，乃密召孔目官張韶諭之曰：「爾速遣步探子(八二)將數十人，分道追走者。」自以爾意諭之曰：「僕射(八三)幸不出寨，皆不知(八四)，汝曹速歸，來旦牙參(八五)，勿憂也。」韶素名長者(八六)，眾信之，至四鼓皆還寨，惟楊茂言走至張把(八七)，乃追及之。仁厚聞諸寨漏鼓(八八)如故，喜曰：「悉歸矣。」

詰旦諸將牙集，以為仁厚誠(八九)不知也，坐良久，仁厚謂茂言曰：「昨夜聞副使身先士卒(九〇)，走至張把，有諸？」對曰：「昨夜聞賊攻中軍，左右言僕射已去，遂策馬參隨(九一)，既而審其虛(九二)，復還寨中。」仁厚曰：「仁厚與副使俱受命天子，將兵討賊，若仁厚先走，副使當叱下馬(九三)，行軍法(九四)，代總軍事(九五)，然後奏聞。今副使既先走，又為欺罔，理當何(九六)如？」茂言拱手曰：「當死。」仁厚曰：「然。」命左右扶下斬之，諸將股栗(九七)，仁厚乃召昨夜所俘虜數十人，釋縛縱歸(九八)，君雄等聞之，懼曰：「彼軍法嚴整如是，自今兵不可復出矣。」

(四四)庚辰，時溥遣其將李師悅將兵萬人追黃巢。

(四五)癸未，高仁厚陳於鹿頭關城下，鄭君雄等悉眾(九九)出戰，仁厚設伏於後陳，陽(一〇〇)敗走，君雄等追之，伏發，君雄等大敗，是夕，遁歸梓州。陳敬瑄發兵三千，以益仁厚軍，進圍梓州。

【今註】(一)陳敬瑄兄弟：田令孜與陳敬瑄為兄弟，說見上。(二)權寵之盛：按之盛作日盛為佳。(三)列藩：謂同列皆為藩鎮。(四)是無天地：謂無天地神祇，亦即蔑視天地之神祇。(五)辭以河橋不完：以河橋不完為辭，河橋謂河陽橋。㈥官告使：謂奉右僕射告身，以徵師立者。㈦涪城：據《新唐書・地理志》六，涪城屬梓州。㈧壇丁：《新唐書・路巖傳》：「巖帥西川，置定邊軍於邛州，扼大度，治故關，取壇丁子弟教擊刺，使補屯籍。」是壇丁乃蜀中邊郡民兵也。流風所及，蜀中諸郡之土團，亦曰壇丁。㈨瓦子寨：胡三省曰：「黃巢撤民居以為寨屋，謂之瓦子寨。」㈩陝人：謂陝州人，陝州屬河南道。⑪浦陽：據《新唐書・地理志》五，浦陽屬江南東道婺州。⑫閩：同志：「福州本泉州建安郡治，武德六年別置，景雲二年曰閩州。」⑬疏：疏列。⑭二十餘幅：謂二十餘紙。⑮尊聽：謂叔父之聽。⑯浸：漸。⑰奕代：累代。⑱勳庸：勳功。⑲掃地：謂掃地淨盡。⑳四十郎：澞第四十。㉑寸刃：喻刃之短小而不足道。㉒指畫：猶量畫。㉓清流：據《新唐書・地理志》五，清流屬淮南道滁州。㉔舒城：據同志五，舒城屬淮南道廬州。㉕太康：據同志二，太康屬河南道陳州。㉖西華：亦屬陳州。㉗故陽里：在陳州城北。㉘漂：漂沒。㉙尉氏：屬汴州。㉚繁臺：胡三省曰：「繁臺本師曠吹臺，梁孝王增築。水經注：『吹臺在浚儀城南牧澤之右。』」㉛豐：據《新唐書・地理志》二，豐縣屬徐州。㉜王滿渡：胡三省曰：「按舊書帝紀，王滿渡乃汴河所經津濟之地。」㉝臨晉：據《新唐書・地理志》三，臨晉屬河東道河中府。㉞曲周：據同志三，曲周屬河北道洺州。㉟甄城：甄當作鄄，據同志二，鄄城屬河南道濮州。㊱冤句：據《舊唐書・地理志》一，冤句屬河南道曹州。㊲封丘：屬汴州。㊳胙城、匡城：二縣皆屬滑州。㊴能屬：謂能連屬。㊵欲裹糧、復追之：裹糧猶攜糧，詳上下文，欲字應刪。㊶縱遣：放遣。㊷德陽：據《新唐書・地理志》六，德陽屬劍南道漢州。㊸鹿頭關：據同志六，在德陽縣。㊹固請：謂再三請求。㊺聲樂：音聲女樂。㊻精豐：精美豐滿。㊼使氣：使用其意氣。㊽侵：侵犯。㊾薄暮：猶日夕。㊿霑醉：謂皆帶醉意。(51)連車樹柵：謂將車輛連接一起，並樹立木柵。(52)親兵：親信兵士。(53)格鬭：拒鬭。(54)沃：澆。(55)徐告以難：謂徐告以難作。(56)援弓：持弓。(57)晦冥：晦暗冥昧。(58)扼橋：扼守橋梁。(59)尉氏門：胡三省曰：「尉氏門、汴城南門也。」(60)縋城：謂以繩將人，自城上而垂於城下。(61)楊彥洪謂全忠曰：按此言乃昔前所云，而非斯時，故楊上當添一初字，以示其時間之異殊。(62)殪：斃。(63)智略：智慧謀略。(64)約束：部勒。(65)勒：引。(66)比為：近為。(67)東諸侯：謂東方諸鎮。(68)不道：無道。(69)擅：擅輒。(70)辯：通辨，分辨。(71)有辭矣：謂有言辭，亦即有理由矣。(72)辜：罪。(73)亮察：明察。(74)出矢石之間：謂出入於矢石之間。(75)振武：振武軍。(76)皆冒姓李氏：冒，假稱。《新五代史》：「唐自沙陀起代北，其所與俱，皆一時雄傑虓武之士，往往養為兒，號義兒軍。」即指此而言。(77)堅壁：謂固守營壁。(78)逸：安逸。(79)夜二鼓：夜二更，持更者每一更則鼓一聲，二更則鼓二聲，故謂二更為二鼓，亦謂之乙夜。(80)炬火：火把。(81)壕：壕塹。(82)步探子：遣之間步以刺探敵人，因名之。(83)僕射：仁厚以平阡能等之功，進檢校僕射。(84)皆不知：謂全不知汝曹之事。(85)來旦牙參：凡行營諸將，每旦赴大將營牙參。(86)長者：謂忠厚長者。(87)張把：《九域志》：「梓州郪縣有張杷鎮。」把當作杷。(88)漏鼓：更漏時所擊之鼓聲。(89)誠：實。(90)身先士卒：謂本人在士卒之前。(91)參隨：參預隨從。(92)虛：虛偽。(93)當叱下馬：謂當叱之下馬。(94)行軍法：執行軍法。㉕代總軍事：謂代之總領軍事。㉖理當何如：謂當如何處理。㉗栗：同慄，戰慄。㉘縱歸：放歸。㉙悉眾：全軍。㉚陽：猶佯。

卷二百五十六 唐紀七十二

司馬光 編集
曲守約 註

起閼逢執徐六月，盡彊圉協洽三月，凡二年有奇。（甲辰至丁未，西元八八四年至八八七）

僖宗惠聖恭定孝皇帝下之上

中和四年（西元八八四年）

㈠六月，壬辰，東川留後高仁厚奏，鄭君雄斬楊師立，出降。仁厚圍梓州久不下，乃為書射城中，道㈠其將士曰：「仁厚不忍城中玉石俱焚，為諸君緩師十日，使諸君自成其功，若十日不送師立首，當分見兵為五番㈡，番分晝夜以攻之㈢，於此甚逸㈣，於彼必困㈤矣。五日不下，四面俱進，克之必矣，諸君圖之！」數日，君雄大呼於眾曰：「天子所誅者元惡㈥耳，他人無預㈦也。」眾呼萬歲，大譟，突入府中，師立自殺，君雄挈㈧其首出降。【考異】張彰耆舊傳：「四年七月一日，高僕射羽檄入城，云云，師立自殺，七月三日，張鄭二將持師立首級出降，七月七日，高僕射上東川。」句延慶傳曰：「三年五月，高公進軍東川城下，飛檄入城，師立自刎，七月辛酉，師立首級至成都。」實錄：「六月丙申，高仁厚奏東川都將鄭君雄梟斬楊師立，傳首於行在，是日，詔以仁厚為東川節度使。」續寶運錄：「二月，梓州觀察使楊師立反，勅差蜀將高仁厚等討平，六月三日，收得梓州，并楊師立首至駕前。」新紀：「七月辛酉，楊師立伏誅。」今日從續寶運錄，事從實錄。仁厚獻其首及妻子於行在，陳敬瑄釘其子於城北，敬瑄三子出觀之，釘者呼曰：「茲事行及㊈汝曹，汝曹於後努力領取。」三子走馬㊉而返，以高仁厚為東川節度使。

㈡甲辰，武寧將李師悅與尚讓追黃巢至瑕丘⑪，敗之，巢眾殆盡，走至狼虎谷⑫，丙午，巢甥林言斬巢兄弟妻子首，將詣時溥，遇沙陀博野軍奪之，并斬言首，以獻於溥。【考異】續寶運錄曰：「尚讓降徐州，黃巢走至碣山路，被諸軍趁逼甚，乃謂外甥朱彥之云云，外甥再三不忍下手，黃巢乃自刎，過與外甥，外甥將至路，被沙陀博野奪卻，兼外甥首級，一時送都統軍中。」舊紀：「七月癸酉，賊將林言斬黃巢、黃揆、黃秉三人首級降。」舊傳：「巢入長安，徐帥時溥遣將張友與尚讓之眾掩捕之，至狼虎谷，巢將林言斬巢及二弟鄴揆等七人首，并妻子，函送徐州。」新紀：「七月壬午，黃巢伏誅。」新傳：「巢計蹙，謂林言曰，汝取吾首獻天子，可得富貴，毋為他人利。言，巢甥也。不忍，巢乃自刎不殊，言因斬之，函首將詣時溥，而太原博野軍殺言，與巢首俱上。」今從新傳。

㈢蔡州節度使秦宗權縱兵⑬四出，侵噬⑭鄰道，天平節度使朱瑄有眾三萬，從父弟瑾勇冠軍中⑮，宣武節度使朱全忠為宗權所攻，勢甚窘⑯，求救於瑄，瑄遣瑾將兵救之，敗宗權於合鄉，全忠德之，與瑄約⑰為兄弟。

㈣秋，七月，壬午，時溥遣使獻黃巢及家人首并姬妾，上御大玄樓⑱受之，宣問姬妾：「汝曹皆勳貴子女，世受國恩，何為從賊？」其居首者對曰：「狂賊凶逆，國家以百萬之眾，失守宗祧⑲，播遷巴蜀，今陛下以不能拒賊責一女子，置公卿將帥於何地乎⑳！」上不復問，皆戮之於市，人爭與之酒，其餘皆悲怖昏醉，居首者獨不飲不泣，至於就刑，神色肅然㉑。【考異】張彭耆舊傳：「中和三年五月二十日，北路軍前進到黃巢首級妻男。」今不取其年月，而取其事。

㈤朱全忠擊秦宗權，敗宗權於溵水㉒。

㈥李克用至晉陽，大治甲兵㉓，遣榆次鎮將鴈門李承嗣奉表詣行在，自陳：「有破黃巢大功，為朱全忠所圖，僅能自免，將佐已下從行者三百餘人幷牌印㉔，皆沒不返，全忠仍牓東都陝孟云，『臣已死，行營兵潰。』令所在邀遮屠翦，勿令漏失。將士皆號泣冤訴㉕，請復仇讎，臣以朝廷至公，當俟詔命，拊㉖循抑止，復歸本道。乞遣使按問，發兵誅討，臣遣弟克勤將萬騎在河中俟命。」時朝廷以大寇初平，方務姑息㉗，得克用表大恐，但遣中使賜優詔㉘和解之。克用前後凡八表，稱：「全忠妬功疾㉙能，陰狡禍賊，異日，必為國患，惟乞下詔，削其官爵，臣自帥本道兵討之，不用度支糧餉㉚。」上累遣楊復恭等諭指㉛，稱吾深知卿冤，方事之殷，姑存大體。克用終鬱鬱㉜不平，時藩鎮相攻者，朝廷不復為之辯曲直，由是互相吞噬，惟力是視㉝，皆無所稟畏矣。

(七)八月，李克用奏請割麟州隸河東㉞，【考異】新方鎮表：「中和二年，河東節度增領麟州。」誤也。今從唐末見聞錄。又請以弟克修為昭義節度使，皆許之，由是昭義分為二鎮㉟。進克用爵隴西郡王，克用奏罷雲蔚防禦使㊱，依舊隸河東，從之。

(八)九月，己未，加朱全忠同平章事。

(九)以右僕射大明宮留守王徽知京兆尹事，上以長安宮室焚毀，故久留蜀未歸，徽招撫流散，戶口稍歸，復繕治宮室百司，粗有緒。冬，十月，關東藩鎮表請車駕還京師。

(十)朱全忠之降也，義成節度使王鐸為都統，承制除官，全忠初鎮大梁，事鐸禮甚恭，鐸依以為援，而全忠兵浸彊，益驕倨，鐸知不足恃，表請還朝，徙鐸為義昌節度使。鹿晏弘之去河中，王建、韓建、張造、晉暉、李師泰，各帥其眾與之俱，及據興元，以建等為巡內刺史，不遣之官。晏弘猜忌，眾心不附，王建韓建素相親善，晏弘尤忌之，數引入臥內，待之加厚，二建相謂曰：「僕射甘言厚意，疑我也，禍將至矣。」田令孜密遣人以厚利誘之。十一月，二建與張造、晉暉、李師泰帥眾數千，逃奔行在。

【考異】實錄：「九月，山南西道節度使鹿晏弘為禁軍所討，棄城奔許州，晏弘大將韓建、王建、張造、晉暉、李師泰，各帥本軍降田令孜，以建等楊復光故將，薄其賞，皆除諸衛將軍。十一月戊午朔，建等以軍三千至行在，田令孜錄為假子，統以舊軍，號隨駕五都。」按建等既降，始遣禁軍討晏弘，實錄云：「九月，晏弘棄城去。」太早，十一月又云：「建等降。」重複，上云賞薄，下云為假子，自相違。新傳：「帝還，晏弘懼見討，引兵走許州，王建帥義勇四軍迎帝西縣。」按帝尚在成都，云迎帝西縣，亦誤也。今月從實錄，事從薛居正五代史王建、韓建傳。

令孜皆養為假子，賜與巨萬，拜諸衛將軍，使各將其眾，號隨駕五都。又遣禁兵討晏弘，晏弘棄興元走。初宦者曹知愨本華原㊲富家子，有膽略㊳，黃巢陷長安，知愨歸鄉里，集壯士，據嵯峨山㊴南，為堡自固，巢黨㊵不敢近，知愨數遣壯士，變衣服語言，效巢黨夜入長安，攻賊營，賊驚，以為鬼神，又疑其下有叛者，由是心不自安。朝廷聞而嘉之，就除㊶內常侍，賜金紫㊷，知愨聞車駕將還，謂人曰：「吾施小術，使諸軍得成大功，從駕羣臣但平步㊸往來，俟至大散關，當閱其可歸者，納之。」行在聞之，恐其為變，田令孜尤惡之，密以敕旨諭邠寧節度使王行瑜，使誅之，行瑜潛師自嵯峨山北乘高攻之，知愨不為備，舉營盡殪。令孜益驕橫，禁制㊹天子，不得有所主斷㊺，上患其專，時語左右而流涕。

⑪鹿晏弘引兵東出襄州，秦宗權遣其將秦誥、趙德諲將兵會之，共攻襄州，陷之，山南東道節度使劉巨容奔成都。【考異】實錄：「光啟元年四月，蔡賊攻陷襄州，劉巨容死焉。」新傳：「晏弘引麾下東出襄鄧，宗權遣趙德諲合晏弘兵攻襄州，巨容不能守，奔成都，龍紀元年，田令孜殺之。」按晏弘中和四年十一月已據許州，又巨容所以奔成都，以天子在蜀故也，今從新傳。德諲，蔡州人也。晏弘引兵轉掠襄、鄧、均、房、廬、壽，復還許州。忠武節度使周岌聞其至，棄鎮走，晏弘遂據許州，【考異】實錄：「鹿晏弘陷許州，殺節度使周岌，據其鎮。」又曰：「初晏弘據有興元，部將王建等帥眾歸行在，乃詔禁兵討之，晏弘懼，棄城歸鄉里，周岌聞其至，遁去，晏弘自稱留後，朝廷因以節旄命之。」始云殺，後云遁去，自相違，今從其後。自稱留後，朝廷不能討，因以為忠武節度使。

⑫十二月，己丑，陳敬瑄表辭三川都指揮招討制置安撫等使，從之。

⑬初黃巢轉掠福建，建州人陳巖聚眾數千保鄉里，號九龍軍，福建觀察使鄭鎰奏為團練副使，泉州刺史左廂都虞候李連有罪，亡入溪洞，巖擊敗之，鎰畏巖之逼，表巖自代，壬寅，以巖為福建觀察使，巖為治有威惠㊻，閩人安之。【考異】實錄：「七月，泉州刺史陳巖逐福建觀察使鄭鎰，自知使

務。」又曰：「十二月壬寅，以巖為福建觀察使，巖既逐鎰，逼鎰薦己為代，朝廷因命之。」按巖既逐鎰，則鎰不在福州，巖安能逼之薦己？新王潮傳亦曰：「黃巢將竊有福州，王師不能下，建州人陳巖帥眾拔之，又逐觀察使鄭鎰，自領州，詔即按刺史。」按劉恕閩錄：「黃巢陷閩越，巖聚眾千餘人，號九龍軍，福建觀察使鄭鎰奏為團練副使，左廂都虞候李連驕慢不法，縱其徒為郡人患，巖將按誅之，連奔谿洞中，合眾攻福州，巖擊破之，鎰表巖自代，拜觀察使。」今從之。

(十四)義昌節度使兼中書令王鐸厚於奉養(四七)，過魏州，侍妾成列，服御(四八)鮮華(四九)，如承平之態(五〇)。魏博節度使樂彥禎之子從訓，伏卒數百於漳南高雞泊，圍而殺之，及賓僚(五一)從者三百餘人皆死，掠其資裝(五二)侍妾而還，彥禎奏云：「為盜所殺。」朝廷不能詰(五三)。

(十五)賜邠寧軍號曰靜難。

(十六)是歲，餘杭(五四)鎮使陳晟逐睦州刺史柳超，潁州都知兵馬使汝陰(五五)王敬蕘逐其刺史，各領州事，朝廷因命為刺史。

(十七)均州賊帥孫喜聚眾數千人，謀攻州城，刺史呂燁不知所為，都將武當(五六)馮行襲伏兵江南(五七)，自乘小舟迎喜，謂曰：「州人得良牧(五八)，無不歸心，然公所從之卒太多，州人懼於剽掠，尚以為疑，不若置軍江北(五九)，獨與腹心輕騎俱進，行襲請為前道(六〇)，告諭州人，無不服者矣。」喜以為然，從之。既渡江，軍吏迎謁(六一)，伏兵發，行襲手擊（六二）喜，斬之，從喜者皆死，江北軍望之俱潰，山南東道節度使上其功，【考異】薛居正五代史行襲傳曰：「洋州節度使葛佐，奏辟為行軍司馬，請將兵鎮谷口，通秦蜀道，由是益知名。」新傳曰：「行襲乘勝逐呂燁，據均州，劉巨容因表為刺史，武定節度使楊守忠表為行軍司馬，使領兵隘谷口，以通秦蜀。」新紀：「光啓元年四月，武當賊馮行襲陷均州，逐刺史呂燁在劉巨容奔成都，」後行襲傳云：「巨容以功上。」誤也，今從薛史。詔以行襲為均州刺史。州西有長山，當襄鄧入蜀之道，羣盜據之，抄掠貢賦（六三），行襲討誅之，蜀道以通。

（十八）鳳翔節度使李昌言病，表弟昌符知留後（六四），昌言薨，制以昌符為鳳翔節度使。【考異】諸書皆無昌言卒年月，惟實錄於李昌符傳中云：「李昌言病，請昌符權留後，昌言死，詔除節度使。」按實錄：「中和三年五月，昌言加檢校司徒，光啓元年二月，昌符始見。」故以昌言薨，附於中和四年之末。

（十九）時黃巢雖平，秦宗權復熾（六五），命將出兵，寇掠鄰道，陳彥侵淮南，秦賢侵江南，秦誥陷襄、唐、鄧，孫儒陷東都、孟、陝、虢，張晊陷汝、鄭，盧瑭攻汴宋，所至屠翦焚蕩（六六），殆無孑遺（六七），其殘暴又甚於巢，軍行未始（六八），轉糧車（六九）載鹽尸以從，北至衞滑，西及關輔（七〇），東盡青齊，南出江淮，州鎮存者僅保一城，極目千里，無復煙火（七一）。上將還長安，畏宗權為患。

【今註】（一）道：告。（二）五番：猶五批。（三）番分晝夜以攻之：謂每批分派晝夜間之各一時間以攻擊之。㈣逸：閒逸。㈤困：困疲。㈥元惡：首惡。㈦他人無預：謂與他人無干。㈧挈：攜。㈨行及：將及。㈩走馬：馳馬。⑪瑕丘：宋白曰：「高平郡南平陽縣西北有瑕丘城，漢為瑕丘縣。」⑫狼虎谷：胡三省曰：「狼虎谷在泰山東南萊蕪界。」⑬縱兵：縱肆兵士。⑭侵噬：猶侵吞。⑮勇冠軍中：謂勇武為軍中之首。⑯窘：窘迫。⑰約：結約。⑱太玄樓：胡三省曰：「太玄樓，成都羅城正南門樓。高駢之築成都羅城，既訖功，以周易筮之，得大畜，駢曰：『畜者，養也，濟以剛健篤實，輝光日新，吉孰大焉！文宜去下存上，因名太玄城。』」⑲宗祧：猶宗廟。⑳置公卿將帥於何地乎：謂為何不責公卿將帥乎。㉑肅然：謂嚴肅不亂。㉒溵水：據《新唐書．地理志》二，溵水屬河南道陳州。㉓甲兵：鎧甲兵械。㉔牌印：胡三省曰：「古者授官賜印綬，常佩之於身，至解官則解印綬。至唐始置職印，任其職者，傳而用之，其印盛之以匣，當名者寘之臥內，別為一牌，使吏掌之，以謹出入，印出而牌入，牌出則印入，故謂之牌印。」㉕冤訴：當作訴冤。㉖拊：通撫，謂安撫。㉗姑息：苟且安息。㉘優詔：詔書之一種，於獎贊大臣時用之。㉙疾：通嫉。㉚不用度支糧餉：唐舊制，諸鎮兵出境征討，皆仰給度支。㉛諭指：曉諭意旨。㉜鬱鬱：不平貌。㉝惟力是視：謂惟看力之大小。㉞割麟州隸河東：麟州本屬振武節度。㉟由是昭義分為二鎮：澤潞為一鎮，邢洺磁為一鎮。㊱罷雲蔚防禦使：武宗會昌三年，分河東雲蔚朔三州，置大同軍都團練使，次年，升為都防禦使。㊲華原：據《新唐書．地理志》一，華原屬京兆府。㊳膽略：膽氣謀略。㊴嵯峨山：胡三省曰：「嵯峨山在京兆雲陽縣北十五里。」㊵效巢黨：效巢之徒黨。㊶就除：謂就其所在之地而除授之。㊷賜金紫：賜金紫之服，而金紫服乃為三品以上官員所著者。㊸平步：常步。㊹禁制：禁止管制。㊺主斷：謂作主及判斷。㊻威惠：威嚴恩惠。㊼厚於奉養：謂本人奉養甚厚。㊽服御：謂服飾器用。㊾鮮華：鮮艷華美。㊿承平之態：謂如承平時之狀態。(51)賓僚：賓客僚佐。(52)資裝：資財行裝。(53)詰：問。(54)餘杭：據《新唐書・地理志》五，餘杭縣屬杭州。(55)汝陰：據同志二，汝陰縣屬河南道潁州。(56)武當：據同志四，武當縣屬山南東道均州。(57)江南：謂漢江之南。(58)良牧：漢稱州之官長曰牧。(59)置軍江北：謂將軍旅安置於江之北面。(60)前道：道通導，謂在前引導。(61)迎謁：迎接謁見。(62)手擊：親擊。(63)貢賦：貢物賦稅。(64)表弟昌符知留後：謂上表請以弟昌符知留後。(65)熾：盛。(66)焚蕩：焚燒洗蕩。(67)孑遺：孑、單，遺、餘，言無孤單之遺餘。(68)未始：未開始。(69)轉糧車：即運糧車。(70)關輔：謂潼關。(71)煙火：通常作人煙，蓋煙火乃為炊爨所生，而炊爨則係人之所為，故常人烟連文，以示其有人家。

光啓元年（西元八八五年）

㈠春，正月，戊午，下詔招撫之。己卯，車駕發成都，陳敬瑄送至漢州而還。荊南監軍朱敬玫所募忠勇軍暴橫，陳儒患之，鄭紹業之鎮荊南也，遣大將申屠琮將兵五千擊黃巢於長安，軍還，儒告琮使除之，忠勇將程君從聞之，帥其眾奔朗州㈠，琮追擊之，殺百餘人，自是琮復專軍政。雷滿屢攻掠荊南，儒重賂以却之。淮南將張瓌、韓師德叛高駢，據復、岳二州，自稱刺史，儒請瓌攝行軍司馬，師德攝節度副使，將兵擊雷滿，師德引兵上峽㈡大掠，歸於岳州，瓌還兵逐儒而代之，儒將奔行在，瓌刼還，囚之。瓌，渭州人，性貪暴，荊南舊將，夷滅㈢殆盡。先是，朱敬玫屢殺大將及富商以致富，朝廷遣中使楊玄晦代之，敬玫留居荊南，嘗曝衣㈣，瓌見而欲之，遣卒夜攻之，殺敬玫，盡取其財。瓌惡牙將郭禹慓悍㈤，欲殺之，禹結黨千人亡去，庚申，襲歸州，據之，自稱刺史。禹，青州人成汭也㈥，因殺人亡命，更其姓名。

㈡南康㈦賊帥盧光稠陷虔州，自稱刺史，以其里人譚全播為謀主。【考異】歐陽修五代史曰：「盧光稠、譚全播皆南康人，光稠狀貌雄偉，無他材能，而全播勇敢有識略，然全播常奇光稠為人。唐末羣盜起，全播聚眾，立光稠為帥。是時王潮攻陷嶺南，全播攻潮，取其虔韶二州。」十國紀年：「全播推光稠為之謀主，所向克捷，光啟初，據虔州，光稠自稱刺史。天復中，陷韶州，使其子延昌守之。」按新紀：「光啟元年正月，光稠陷虔州，天復二年，陷韶州。」歐陽修以為同時取虔韶二州誤也，今從新紀。

㈢秦宗權責㈧租賦於光州刺史王緒，緒不能給，宗權怒，發兵擊之，緒懼，悉舉(九)光壽兵五千人，驅吏民渡江，以劉行全為前鋒，轉掠江、洪、虔州，是月陷汀漳二州，然皆不能守也。

(四)秦宗權寇潁亳，朱全忠敗之於焦夷(一〇)。

(五)二月，丙申，車駕至鳳翔。三月，丁卯，至京師，荊棘滿城，狐兔縱橫，上淒然不樂。己巳，赦天下，改元(一一)。時朝廷號令所行，惟河西、山南、劍南、嶺南數十州而已。

(六)秦宗權稱帝，置百官，【考異】舊宗權傳，但云：「巢賊既誅，僭稱帝號。」實錄：「明年，襄王即位，宗權已稱帝，不從。」新舊紀皆無之，不知宗權以何年月稱帝，今因時溥為都統書之。詔以武寧節度使時溥為蔡州四面行營兵馬都統，以討之。

(七)盧龍節度使李可舉、成德節度使王鎔惡李克用之彊，【考異】太祖紀年錄、薛居正五代史，作王景崇，誤也，今從舊紀。而義武節度使王處存與克用親善，為姪鄴娶克用女；又河北諸鎮惟義武尚屬朝廷，可舉等恐其窺伺山東(一二)，終為己患，乃相與謀曰：「易定，燕趙之餘(一三)也。」約共滅處存，而分其地。又說雲中節度使赫連鐸使攻克用之背，可舉遣其將李全忠將兵六萬攻易州，鎔遣將將兵攻無極(一四)，處存告急於克用，克用遣其將唐君立等將兵救之。

(八)閏月，秦宗權遣其弟宗言寇荊南。

(九)初田令孜在蜀募新軍五十四都，每都千人，分隸兩神策，為十軍以統之，又南牙北司官共萬餘員，是時藩鎮各專租稅，河南北、江淮無復上供，三司轉運無調發之所，度支惟收京畿、同、華、鳳翔等數州租稅，不能贍(一五)，賞賚不時(一六)，士卒有怨言，令孜患之，不知所出(一七)。先是安邑解縣兩池鹽皆隸鹽鐵，置官榷之(一八)，中和以來，河中節度使王重榮專之(一九)，歲獻三千車，以供國用，令孜奏復如舊制，隸鹽鐵。夏，四月，令孜自兼兩池榷鹽使(二〇)，收其利，以贍軍(二一)，重榮上章，論訴(二二)不已，遣中使往諭之，重榮不可。時令孜多遣親信覘(二三)藩鎮，有不附己者，輒圖之，令孜養子匡祐使河中，重榮待之甚厚，而匡祐傲甚，舉軍(二四)皆憤怒，重榮乃數令孜罪惡，責其無禮，監軍為講解(二五)，僅得脫去，匡祐歸，以告令孜，勸圖之。五月，令孜徙重榮為泰寧節度使，以泰寧節度使齊克讓為義武節度使，以義武節度使王處存為河中節度使，仍詔李克用以河東兵援㉖處存赴鎮。

(十)盧龍兵攻易州，裨將劉仁恭穴地入城，遂克之。仁恭，深州人也。李克用自將救無極，敗成德兵，成德兵退保新城㉗，克用復進擊，大破之，拔新城，成德兵走，追至九門，斬首萬餘級。盧龍兵既得易州，驕怠，王處存夜遣卒三千，蒙羊皮造㉘城下，盧龍兵以為羊也，爭出掠之，處存奮擊㉙，大破之，復取易州，李全忠走。

(十一)加陝虢節度使王重盈同平章事。

(十二)李全忠既喪師，恐獲罪，收餘眾，還襲幽州。六月，李可舉窘急，舉族登樓，自焚死。全忠自為留後。

(十三)東都留守李罕之要秦宗權將孫儒相拒數月，罕之兵少食盡，棄城，西保澠池，宗權陷東都。

(十四)秋，十月，以李全忠為盧龍留後。

(十五)乙巳，右補闕常濬上疏，以為：「陛下姑息藩鎮太甚，是非功過，駢首並足㉚，致天下紛紛若此，猶未之寤㉛，豈可不念駱谷之艱危，復懷㉜西顧㉝之計乎！宜稍振典刑㉞，以威㉟四方。」田令孜之黨言於上曰：「此疏傳於藩鎮，豈不致其猜忿。」庚戌，貶濬萬州司戶，尋賜死。【考異】實錄不言令孜黨為誰，按蕭遘等請誅令孜表，云：「韋昭度無致君許國之心，多醜正比頑之迹。」令孜黨，蓋謂昭度也。續寶運錄曰：「七月三日，表入，上覽之，不悅，顧謂侍臣曰，藩鎮若見此表，深為忿恨，自此猜間，其何可堪，至二十八日，勅貶濬為萬州司戶。」疑三日脫誤，當為二十三日，今從實錄。

㈥滄州軍亂，逐節度使楊全玫，立牙將盧彥威為留後，全玫奔幽州，以保鑾㊱都將曹誠為義昌節度使，以彥威為德州刺史。

㈦孫儒據東都月餘，燒宮室官寺㊲民居㊳，大掠席卷㊴而去，城中寂無雞犬，李罕之復引其眾入東都，築壘於市西㊵而居之。

㈧王重榮自以有復京城功，為田令孜所擯㊶，不肯之兗州，累表論令孜離間君臣，數㊷令孜十罪，令孜結邠寧節度使朱玫、鳳翔節度使李昌符，以抗之。王處存亦上言：「幽鎮兵㊸新退，臣未敢離易定，且王重榮無罪，有大功於國，不宜輕有改易。」詔趣其上道。八月，處存引軍至晉州，刺史冀君武閉城不內㊹，而還。

㈨洺州刺史馬爽與昭義行軍司馬奚忠信不叶㊺，起兵，屯邢州南，脅孟方立，請誅忠信，既而眾潰，爽奔魏州，忠信使人賂樂彥禎而殺之。

(廿)秦宗權攻鄰道二十餘州，陷之，唯陳州距蔡百餘里，兵力甚弱，刺史趙犨日與宗權戰，宗權不能屈㊻，詔以犨為蔡州節度使，犨德朱全忠之援，與全忠結昏㊼，凡全忠所調發，無不立至。

(廿一)王緒至漳州，以道險糧少，令軍中無得以老弱自隨，犯者斬，唯王潮兄弟扶其母董氏，崎嶇㊽從軍，緒召潮等責之曰：「軍皆有法，未有無法之軍，汝違吾令而不誅，是無法也。」三子㊾曰：「人皆有母，未有無母之人，將軍奈何使人棄其母。」緒怒，命斬其母，三子曰：「潮等事母如事將軍，既殺其母，安用其子，請先母死㊿。」將士皆為之請，乃捨之。有望氣者謂緒曰：「軍中有王者氣。」於是緒見將卒有勇略踰己，及氣質魁岸(五一)者，皆殺之，劉行全亦死，眾皆自危，曰：「行全，親也(五二)，且軍鋒之冠(五三)猶不免，況吾屬乎？」行至南安(五四)，王潮說其前鋒將曰：「吾屬違(五五)墳墓，捐(五六)妻子，羈旅外鄉為羣盜，豈所欲哉！乃為緒所迫脅故也。今緒猜刻(五七)不仁，妄殺無辜，軍中孑孑(五八)者，受誅且(五九)盡，子須眉(六〇)若神(六一)，騎射絕倫(六二)又為前鋒，吾竊(六三)為子危之。」前鋒將執潮手，泣問計安出(六四)，潮為之謀，伏壯士數十人於篁竹中，伺緒至，挺劍(六五)大呼躍出，就馬上擒之，反縛以狥(六六)，軍中皆呼萬歲。潮推前鋒將為主，前鋒將曰：「吾屬今日不為魚肉，皆王君力也，天以王君為主，誰敢先之(六七)！」相推讓數四，卒奉潮為將軍，緒歎曰：「此子在吾網中，不能殺，豈非天哉(六八)！」潮引兵將還光州，約(六九)其屬所過秋豪無犯，行及沙縣(七〇)，泉州人張延魯等，以刺史廖彥若貪暴，帥耆老奉牛酒，遮道(七一)請潮留為州將(七二)，潮乃引兵圍泉州。

(廿一)九月，戊申，以陳敬瑄為三川及峽內(七三)諸州都指揮制置等使。

(廿二)蔡軍圍荊南(七四)，馬步使趙匡謀奉前節度使陳儒以出，留後張瓌覺之，殺匡及儒。

(廿三)冬，十月，癸丑，秦宗權敗朱全忠於八角(七五)。

(廿四)王重榮求救於李克用，【考異】太祖紀年錄曰：「朱玫李昌符每連衡入覲於天子，指陳利害，規畫方略，不祐太祖，黨庇逆濫，太祖抝怒滋甚。時田令孜惡太祖與河中膠固，奏云，王重榮北引太原，其心可見，不可處之近輔；定州王處存忠孝盡心，請授以蒲帥，移重榮於定州。天子從之。重榮憤憤不悅，告於太祖曰，主上新返正，大臣播棄，此際無辜，遽被斥逐，明公當鑑其深心，今日使僕安歸。會太祖憤怒朱玫輩，即報曰，當與公提鼓出汜水關，誅逆賊之後，則去此鼠輩，如疾風之去鴻毛耳。重榮曰，吾地迫邠岐，公若東出關，二兇必傳吾城下，不若先滅一兇，去其君側。」歐陽修五代史：「重榮使人紿克用曰，天子詔重榮，俟克用至，與處存共誅之，因偽為詔書示克用曰，此是朱全忠之謀也，克用信之。」按時朝廷疏忌重榮，克用亦知之，恐無是事，從紀年錄。克用方怨朝廷，不罪朱全忠，還兵市馬[76]，聚結諸胡，議攻汴州，報曰：「待吾先滅全忠，還掃鼠輩，如秋葉[77]耳！」重榮曰：「待公自關東還，吾為虜[78]矣，不若先除君側之惡[79]，退擒全忠，易矣。」時朱玫李昌符亦陰附朱全忠，克用乃上言：「玫昌符與全忠相表裏[80]，欲共滅臣，臣不得不自救，已集蕃漢兵十五萬，決以來年濟河，自渭北討二鎮，不近京城，保[81]無驚擾，既誅二鎮，乃旋師滅全忠，以雪讎恥。」上遣使者諭釋[82]，冠蓋相望[83]。朱玫欲朝廷討克用，數遣人潛入京城燒積聚，或刺殺近侍，聲云[84]：「克用所為。」於是京師震恐[85]，日有訛言[86]，令孜遣玫昌符將本軍及神策、鄜、延、靈、夏等軍各三萬人，屯沙苑，以討王重榮，【考異】新令孜傳云：「令孜自將討重榮，帥玫等兵三萬，壁沙苑。」今從實錄。重榮發兵拒之，告急於李克用，克用引兵[87]赴之。十一月，重榮遣兵攻同州，刺史郭璋出戰，敗死，重榮與玫等相守[88]月餘，克用兵至，與重榮俱壁沙苑，表請誅令孜及玫昌符，詔和解之，克用不聽。十二月，癸酉，合戰，玫昌符大敗，【考異】新傳曰：「克用上書請誅令孜玫，帝和之，不從，大戰沙苑，王師敗，玫走還邠州，與昌符皆恥為令孜用，還與重榮合，神策兵潰，克用逼京師，令孜計窮，乃刦帝夜啓開遠門，出奔，自賊破長安，火宮室廬舍什七，後京兆王徽葺復粗完，至是，令孜唱曰，王重榮反，命火宮城，唯昭陽蓬萊三宮僅存。」按令孜奉車駕幸近藩避亂，其志亦俟兵退復還，何為火宮城，殆必不然。實錄：「六月，令孜遣邠岐討重榮，九月，邠岐始屯沙苑，重榮求援於克用，十一月，克用重榮對壘於沙苑，表請誅令孜朱玫，十二月，重榮合戰，朱玫敗走。」太祖紀年錄：「十一月，重榮遣使乞師，且言二鎮欲加兵於己，太祖欲先討朱溫，重榮請先滅二鎮，太祖表言二鎮黨庇朱溫，請自渭北討之。」亦不言其附令孜，攻河中也。又言：「重榮與邠鳳兵，對壘月餘，十二月，太祖度河與朱玫戰，朱玫敗走。」若自九月至十二月，非止月餘矣。疑實錄遣邠岐討河中，及邠岐屯沙苑，太近前，今並因十二月戰沙苑，而見之。各走還本鎮（八九），潰軍所過焚掠，克用進逼京城。乙亥夜，令孜奉天子自開遠門（九〇）出幸鳳翔。初黃巢焚長安宮室而去，諸道兵入城縱掠（九一），焚府寺（九二）民居什六七，王徽累年補葺（九三），僅完（九四）一二，至是復為亂兵焚掠，無孑遺（九五）矣。

（九六）是歲，賜河中軍號護國。

【今註】（一）奔朗州：即奔雷滿。（二）上峽：峽，巫峽。（三）夷滅：猶殺滅。（四）曝衣：曬衣。（五）慓悍：慓，疾；悍，勇。（六）禹，青州人成汭也：《舊五代史．成汭傳》：「汭少年任俠，乘醉殺人，為讎家所捕，因落髮為僧，冒姓郭氏。」（七）南康：據《新唐書．地理志》五，南康屬江南道虔州。（八）責：責求。（九）舉：起。（一〇）焦夷：《舊五代史．末帝紀》：「龍德元年，改亳州焦夷縣為夷父縣。」是焦夷在唐，已立為縣。（一一）改元：改元光啓。（一二）山東：此山東謂恒山以東。（一三）易定、燕趙之餘：易州之地，本燕南界，中山本屬趙國，故曰燕趙之餘。⑭無極：據《新唐書・地理志》三：無極屬河北道定州。⑮贍：贍給。⑯不時：謂不依定時。⑰不知所出：謂不知計之所出。⑱安邑解縣兩池鹽，皆隸鹽鐵，置官榷之：宋白曰：「兩池鹽務，舊隸度支，其職是諸道巡院，貞元十六年，史牟以金部郎中主池務，遂奏置榷鹽使。」⑲專之：謂專其利。⑳兩池榷鹽使：據《唐會要》：「元和十五年，改河北稅鹽使為榷鹽使，其後復失河北，止於安邑解縣兩池置榷鹽使。」㉑以贍軍：謂以給軍用。㉒論訴：辯論訴訟。㉓覘：覘視。㉔舉軍：全軍。㉕講解：講勸解釋。㉖援：援送。㉗新城：據《新唐書・地理志》三，新城屬河北道涿州。㉘造：至。㉙奮擊：奮力猛擊。㉚是非功過，駢首並足：胡三省曰：「言齊是非，一功過，無所壹別也。」按駢首並足乃謂齊等同一。㉛窘：省窘。㉜懷：抱。㉝西顧：猶西幸。㉞典刑：常刑。㉟威：威肅。㊱保鑾：乃神策五十四都之一。㊲官寺：官廨。㊳民居：民宅。㊴席卷：如席之捲，言無遺餘。㊵築壘於市西：以城大難守，且無居人，故築壘以自保聚。㊶擯：擯排。㊷數：責。㊸幽鎮兵：謂李可舉王鎔之兵。㊹內：通納。㊺叶：和。㊻屈：屈服。㊼昏：通婚。㊽崎嶇：謂經行崎嶇不平之道路。㊾三子：王潮兄弟三人從緒。㊿請先母死：謂請先於母而死。(51)魁岸：猶魁梧。(52)行全，親也：行全，緒妹夫，故云然。(53)軍鋒之冠：謂軍中勇猛之首。(54)南安：據《新唐書・地理志》五，南安屬泉州。(55)違：猶背。(56)捐：捐棄。(57)猜刻：猜忌苛刻。(58)孑孑：特立之貌。(59)且：將。(60)須眉：須通鬚。(61)若神：謂若神仙之鬚眉。(62)絕倫：謂儕類無及之者。(63)竊：私。(64)計安出：猶如何為計。(65)挺劍：

拔劍。(六六)反縛以狥：狥謂以狥示眾。胡三省曰：「按新書王潮傳，縛王緒者即劉行全也，與此小異，通鑑所書，本之路振九國志。」(六七)誰敢先之：猶誰敢居其前。(六八)豈非天哉：謂豈非天意哉。(六九)約：約束。(七〇)沙縣：據《新唐書・地理志》五，沙縣屬汀州。(七一)遮道：攔道。(七二)州將：即州刺史之別號。(七三)峽內：峽內諸州，歸峽屬荊南節度，今敬瑄皆指揮制置之。(七四)蔡軍圍荊南：蔡軍乃秦宗權所遣秦宗言之軍。(七五)八角：《九域志》：「汴州浚儀縣有八角鎮。」(七六)市馬：買馬。(七七)如秋葉耳：謂如秋風掃落葉耳。(七八)虜：俘虜。(七九)惡：謂惡人。(八〇)表裏：謂在一起。(八一)保：保證。(八二)釋：解，謂解其爭鬬。(八三)冠蓋相望：謂重要使者相望於路。(八四)聲云：揚聲言。(八五)震恐：震動惶恐。(八六)訛言：猶謠言。(八七)引兵：率兵。(八八)相守：謂相持守。(八九)各走還本鎮：玫還邠州，昌符還鳳翔。(九〇)開遠門：《唐六典》卷七：「京城西面三門：中曰金光，北曰開遠，南曰延平。」(九一)縱掠：大肆刦掠。(九二)府寺：府廨。(九三)葺：覆葺。(九四)僅完：謂僅完成。(九五)孑遺：無孤單此微之遺餘。

二年（西元八八六年）

(一)春，正月，鎮海牙將張郁作亂，攻陷常州。【考異】皮光業見聞錄曰：「郁，潤州小將也，周寶差郁押兵士三百人，戍於海次，因正旦酗酒，殺使府安慰軍將，度不免禍，遂作亂，潤州差拓拔從領兵討之，郁自常熟縣取江陰，而入常州，刺史劉革到任方一月，親執牌印，於戟門而降。」新紀曰：「正月辛巳，郁陷常州。」按皮錄，但言郁以正旦殺安慰軍將耳，非當日即陷常州，新紀誤也。

㈡李克用還軍河中，與王重榮同表，請大駕還宮，因罪狀田令孜，請誅之。上復以飛龍使楊復恭為樞密使。戊子，令孜請上幸興元，上不從，是夜，令孜引兵入宮㊀，劫上幸寶雞㊁，黃門衛士從者纔數百人，宰相朝臣皆不知，翰林學士承旨杜讓能宿直禁中㊂，聞之，步追乘輿，出城十餘里，得人所遺馬㊃，無羈勒㊄，解帶繫頸而乘之，獨追及上於寶雞，明日，乃有太子少保孔緯等數人繼至。讓能，審權之子㊅；緯，戣之孫㊆也。宗正奉太廟神主至鄠㊇，遇盜皆失之，朝士追乘輿者至盩厔，為亂兵所掠，衣裝㊈殆盡。庚寅，上以孔緯為御史大夫，使還召百官，上留寶雞以待之。時田令孜弄權，再致播遷，天下共忿疾[一〇]之。朱玫李昌符亦恥為之用，且憚李克用、王重榮之彊，更與之合，蕭遘因邠寧奏事判官[一一]李松年至鳳翔，遣召朱玫亟迎車駕，癸巳，玫引步騎五千至鳳翔，孔緯詣宰相，欲宣詔召之，蕭遘裴澈以令孜在上側，不欲往，辭疾[一二]，不見。

㈢緯令臺吏[一三]趣[一四]百官詣行在，皆辭以無袍笏，緯召三院御史[一五]，泣謂：「布衣(一六)親舊(一七)有急(一八)，猶當赴之，豈有天子蒙塵(一九)，為人臣子(二〇)，累召而不往者！」御史請辦裝(二一)，數日而行，緯拂衣起曰：「吾妻病垂死(二二)，且(二三)不顧，諸君善自為謀，請從此辭(二四)。」乃詣李昌符，請騎衞送至行在，昌符義之，贈裝錢(二五)，遣騎送之。邠寧鳳翔兵追逼乘輿，敗神策指揮使楊晟於潘氏，鉦(二六)鼓之聲，聞於行宮。田令孜奉上發寶雞，留禁兵守石鼻(二七)，為後拒，置感義軍於興鳳二州，以楊晟為節度使，守散關。時軍民雜糅(二八)，鋒鏑(二九)縱橫(三〇)，以神策軍使王建、晉暉為清道斬斫使，建以長劍五百，前驅奮擊(三一)，乘輿乃得前。【考異】毛文錫王建紀事云：「光啟二年正月辛巳，早駕次陳倉，二月辛亥，朱玫遣兵攻逼行在，庚申，陷虢縣，二月甲午，將移幸梁洋，以上為清道斬斫使，戊戌，邠師至石鼻，己亥，石鼻不守，庚子，寇逼寶雞，辛丑，車駕南引。」今但取其事，不取其月日。上以傳國寶授建，負之以從，登大散嶺(三二)，李昌符焚閣道(三三)，丈餘將摧折，王建扶掖(三四)上，自煙焰中躍過，夜宿板下，上枕建膝而寢，既覺(三五)始進食，解御袍賜建曰：「以其有淚痕故也。」車駕纔入散關，朱玫已圍寶雞，石鼻軍潰，玫長驅，攻散關，不克。嗣襄王熅，肅宗之玄孫(三六)也，有疾，從上不及，留遵塗驛(三七)，為玫所得，與俱還鳳翔。庚戌，李克用還太原。

㈣二月，王重榮、朱玫、李昌符復上表，請誅田令孜。

㈤以前東都留守鄭從讜為守太傅㊳兼侍中【考異】新宰相表：「從讜入三公門，不為真相。」按新傳：「拜司空，復秉政，進太傅，兼侍中，從至興元，以太子太保還第。」新表誤也。朱玫李昌符使山南西道節度使石君涉柵絕㊴險要，燒郵驛㊵，上由他道以進，山谷崎嶇㊶，邠軍迫其後，危殆者數四，僅得達山南。三月，壬午，石君涉棄鎮㊷，逃歸朱玫。癸未，鳳翔百官蕭遘等罪狀田令孜及其黨韋昭度，請誅之。初昭度因供奉僧澈結宦官得為相，澈師知玄鄙㊸澈所為，昭度每與同列㊹詣知玄，皆拜之，知玄揖使詣澈啜茶㊺。山南西道監軍馮翊嚴遵美迎上於西縣㊻，丙申，車駕至興元。【考異】皮光業見聞錄：「正月乙酉，車駕次寶雞。」王建紀事：「正月辛巳，次陳倉，二月辛亥，朱玫將跍跌師瑀逼行在，破揚晟於潘氏，庚申，陷虢縣，三月甲午，僖宗將移幸梁洋，戊戌，邠師至石鼻，己亥，石鼻不守，庚子，寇逼寶雞，辛丑，車駕南引，四月庚申，達褒中。」舊紀：「正月戊子，田令孜迫乘輿幸興元，庚寅，次寶雞，癸巳，朱玫至鳳翔，令孜聞邠軍至，奉帝入散關，三月丙申，車駕至興元。」唐年補錄：「三月十七日，車駕至興元。」即丙申也。實錄：「正月乙酉，車駕次寶雞，戊子癸巳，三月丙申，與舊紀同。」新紀：「正月戊子如興元，癸巳朱玫叛寇鳳翔，三月丙申，次興元。」諸書月日不同如此。若依新舊紀、實錄，則離寶雞六十四日，乃至興元，似太緩，若依紀事，則寶雞危逼之地，車駕留彼八十日，似太久。要之，僖宗以棧道燒絕，自他道崎嶇至山南，容有六十日之久，至於留寶雞八十日，必無此理，今從新舊紀。戊戌，以御史大夫孔緯、翰林學士承旨兵部尚書杜讓能，並為兵部侍郎同平章事，保鑾㊼都將李鋋等敗邠軍於鳳州。詔加王重榮應接糧料使，調本道穀十五萬斛以濟國用，重榮表稱令孜未誅，不奉詔。以尚書左丞盧渥為戶部尚書，充山南西道留後，以嚴遵美為內樞密使，遣王建帥部兵戍三泉(四八)，晉暉及神策軍使張造帥四都兵屯黑水(四九)，修棧道，以通往來，以建遙領壁州刺史，將帥遙領州鎮自此始。

㈥陳敬瑄疑(五〇)東川節度使高仁厚，欲去之，遂州刺史鄭君立起兵攻陷漢州，進向成都，敬瑄遣其將李順之逆戰，君立敗死，敬瑄又發維茂羌軍擊仁厚，殺之。【考異】張彭耆舊傳，不言仁厚所終，惟數敬瑄六錯云：「太師殺高仁厚一錯。」又云：「高僕射權謀智勇，累有大功於太師，又極忠孝，若在王司徒，不傳梓潼。」昭宗實錄：「文德元年八月，仁厚、楊師立、羅元杲、王師本，俱贈官，云皆先朝以疑似獲罪。」今從新紀、新傳，參以二書，自他仁厚事，更無所見。

㈦朱玫以田令孜在天子左右，終不可去，言於蕭遘曰：「主上播遷六年，中原將士冒(五一)矢石，百姓供饋餉(五二)，戰死餓死，什減七八，僅得復京城。天下方喜車駕還宮，主上更以勤王之功，為勅使之榮(五三)，委以大權，使隳(五四)綱紀，騷擾藩鎮，召亂生禍(五五)。玫昨奉尊命，來迎大駕(五六)，不蒙信察(五七)，反類脅君，吾輩報國之心極矣，戰賊之力殫(五八)矣，安能垂頭弭耳(五九)，受制於閹寺(六〇)之乎哉！李氏孫尚多，相公盍(六一)改圖以利社稷乎！」遘曰：「主上踐阼十餘年，無大過惡，正(六二)以令孜專權肘腋(六三)，致坐不安席，上每言之，流涕不已。近日上初無行意，令孜陳兵帳前，迫脅以行，不容(六四)俟旦，罪皆在令孜，人誰不知？足下盡心王室，正有引兵還鎮，拜表迎鑾(六五)，廢立重事，伊霍所難，遘不敢聞命。」玫出，宣言曰：「我立李氏一王，敢異議者斬。」夏，四月，壬子，玫逼鳳翔百官奉襄王熅權監軍國事，承制封拜指揮，仍遣大臣入蜀迎駕，盟(六六)百官於石鼻驛。玫使蕭遘為冊文，遘辭以文思荒落(六七)，乃使兵部侍郎判戶部鄭昌圖為之。乙卯，熅受冊，玫自兼左右神策十軍使，【考異】實錄：「玫自補大丞相。」按唐無此官，又下：「五月，玫自加侍中。」蓋唐末著小說者，謂平章事或侍中為大丞相耳，實錄因其文而誤也。帥百官奉熅還京師，以鄭昌圖同平章事，判度支鹽鐵戶部各置副使，三司之事，一以委焉，河中百官(六八)崔安潛等上襄王牋，賀受冊。

(八)田令孜自知不為天下所容(六九)，乃薦樞密使楊復恭為左神策中尉觀軍容使，自除西川監軍使，【考異】舊紀、實錄皆云：「二月，以令孜為西川監軍。」舊傳云：「令孜懼，引楊復恭代己，從幸梁州，求為西川監軍。」新傳云：「令孜留不去，及帝病，乃赴成都，表解官求醫。」蓋取張彰之說耳。按王建紀事：「四月庚申，達褒中，令孜以罪疊貫盈，且慮禍及，於是自授西川監軍使，以避指斥，復規與敬瑄為巢窟。」今從之。往依陳敬瑄。復恭斥(七〇)令孜之黨，出王建為利州刺史，晉暉為集州刺史，張造為萬州刺史，李師泰為忠州刺史。

㈨五月，朱玫以中書侍郎同平章事蕭遘為太子太保，自加侍中諸道鹽鐵轉運等使，加裴澈判度支，鄭昌圖判戶部，以淮南節度使高駢兼中書令，充江淮鹽鐵轉運等使、諸道行營兵馬都統，淮南右都押牙、和州刺史呂用之為嶺南東道節度使，大行封拜(七一)，以悅藩鎮。遣吏部侍郎夏侯譚宣諭河北，戶部侍郎楊陟宣諭江淮，諸藩鎮受其命者什六七，高駢仍奉牋勸進(七二)。呂用之建牙開幕，一與駢同，凡駢之腹心及將校能任事者，皆逼以從己，諸所施為，不復咨稟(七三)，駢頗疑之，陰欲奪其權，而根蔕(七四)已固，無如之何。用之知之甚懼，訪於其黨前度支巡官鄭杞、前知廬州事董瑾，杞曰：「此固為晚矣。」用之問策安出，杞曰：「曹孟德有言：『寧我負人，無人負我。』」明日與瑾共為書一緘(七五)，授用之，其語祕，人莫有知者。蕭遘稱疾歸永樂(七六)。初鳳翔節度使李昌符與朱玫同謀立襄王，既而玫自為宰相專權，昌符怒，不受其官，更通表(七七)

興元，詔加昌符檢校司徒。朱玫遣其將王行瑜將邠寧河西兵(七八)五萬，追乘輿，感義節度使楊晟戰數却，棄散關走，行瑜進屯鳳州。

(十)是時諸道貢賦多之(七九)長安，不之興元，從官衞士皆乏食，上涕泣不知為計。杜讓能言於上曰：「楊復光與王重榮同破黃巢，復京城，相親善，復恭，其兄也，若遣重臣往諭以大義，且致復恭之意，宜有回慮(八〇)歸國之理。」上從之，遣右諫議大夫劉崇望使於河中，齎詔諭重榮，重榮即聽命，遣使表獻絹十萬匹，且請討朱玫以自贖(八一)。

(十一)戊戌，襄王熅遣使者至晉陽，賜李克用詔，言：「上至半塗，六軍變擾(八二)，蒼黃晏駕(八三)，吾為藩鎮所推，今已受冊。」朱玫亦與克用書，克用聞其謀皆出於玫，大怒，大將蓋寓說克用曰：「鑾輿播遷，天下皆歸咎於我，今不誅玫，黜李熅，無以自湔(八四)洗。」

【考異】實錄：「楊復恭兄弟於李克用王重榮，有破賊連衡之舊，乃奏遣劉崇望齎詔宣諭，兼達復恭之意，重榮克用皆聽命。」按後唐太祖紀年錄：「偽使至太原，太祖詰其事狀曰，皆朱玫所為，將斬之以徇，大將蓋寓等言云云，太祖燔偽詔，械其使，馳檄喻諸鎮曰，今月二十日，得襄王偽詔，及朱玫文字，云，田令孜脅遷鑾駕，播越梁洋，行至半塗，六軍變擾，遂至蒼黃而晏駕，不知弒逆者何人，永念丕基，不可無主，昨四鎮藩后，推朕纂承，已於正殿受冊畢，改元大赦者，李熅出自贅疣，名汙藩邸，智昏菽麥，識昧機權，李符虜之以塞辭，朱玫賣之以為利，呂不韋之奇貨，可見姦邪，蕭世誠之土囊，期於匪夕，近者當道徑差健武，奉表起居行朝，見駐巴梁宿衞，比無騷動，而朱玫脅其孤騃，自號台衡，敢首亂階，明言晏駕，熒惑藩鎮，凌弱廟朝，云云。」按舊復恭、崇望傳，及諸家五代史，亦不言克用因復恭崇望而推戴僖宗，今不取。又於時，熅未即位改元，偽詔亦恐非也。編遺錄：「二年春正月壬午，唐室有襄王之亂，僖宗駐蹕梁洋，襄王遂下偽命，以檢校太傅，令邸吏左環賚所授偽官告一通，左環至，具事以聞，上怒，切責環，將加其罪，久乃赦之，遂令焚毀於庭。」按正月朱玫未立襄王，編遺錄亦誤也。今從薛居正五代史梁紀。克用從之，燔詔書，囚使者，移檄鄰道，稱：「玫敢欺藩方（八五），明言晏駕，當道（八六）已發蕃漢三萬兵，進討凶逆，當共立大功。」寓，蔚州人也。

（十二）秦賢寇宋汴，朱全忠敗之於尉氏（八七）南，癸巳，遣都將郭言將步騎三萬擊蔡州。

（十三）六月，以扈蹕都（八八）將楊守亮為金商節度京畿制置使，將兵二萬出金州，與王重榮李克用共討朱玫。守亮本姓訾名亮，曹州人，與弟信皆為楊復光假子，更名守亮守信。李克用遣使奉表稱：「方發兵濟河，除逆黨，迎車駕，願詔諸道與臣協力（八九）。」先是山南之人，皆言克用與朱玫合，人情恟懼（九〇），表至，上出示從官，幷諭山南諸鎮，由是帖然（九一）。然克用表猶以朱全忠為言，上使楊復恭以書諭之，云：「俟三輔（九二）事寧，別有進止（九三）。」

（十四）衡州刺史周岳發兵攻潭州，欽化節度使閔勗招淮西將（九四）黃皓入城共守，皓遂殺昂，岳攻拔州城，擒皓殺之。鎮海節度使周寶遣牙將丁從實襲常州，【考異】新紀：「武寧軍將丁從實陷常州。」今從皮氏見聞錄。逐張郁，郁奔海陵[九五]，依鎮遏使南昌高霸。霸，高駢將也，鎮海陵，有民五萬戶，兵三萬人。

(十五)秋，七月，秦宗權陷許州，殺節度使鹿晏弘，王行瑜進攻興州，感義節度使楊晟棄鎮走，據文州，詔保鑾都將李鋋、扈蹕都將李茂貞、陳佩屯大唐峯，以拒之。茂貞，博野[九六]人，本姓宋，名文通，以功賜姓名。

(十六)更命欽化軍曰武安[九七]，以衡州刺史周岳為節度使。

(十七)八月，盧龍節度使李全忠薨，以其子匡威為留後。

(十八)王潮拔泉州，殺廖彥若，【考異】新紀：「八月，王潮陷泉州，刺史劉彥若死之。」按諸書皆云廖彥若，新紀作劉，恐誤。潮聞福建觀察陳巖威名，不敢犯福州境，遣使降之，巖表潮為泉州刺史。潮沈勇[九八]有智略，既得泉州，招懷[九九]離散，均賦[一〇〇]繕兵[一〇一]，吏民悅服，幽王緒於別館，緒慚自殺。

(十九)九月，朱玫將張行實攻大唐峯，李鋋等擊却之，金吾將軍滿存與邠軍戰，破之，復取興州，進守萬仞寨。

(廿)李克修攻孟方立，甲午，擒其將呂臻於焦岡，拔故鎮㉜、武安㉝、臨洺、邯鄲、沙河㉞，以大將安金俊為邢州刺史。

(廿一)長安百官、太子太師裴璩等勸進於襄王熅。冬，十月，熅即皇帝位，改元建貞，遙尊上為太上元皇聖帝。

(廿二)董昌謂錢鏐曰：「汝能取越州，吾以杭州授汝。」【考異】實錄：「辛未，以杭州刺史董昌為浙東觀察使。」按此年十一月，鏐始拔越州，十二月擒漢宏，昌始自稱知浙東軍府事，實錄誤也。鏐曰：「然，不取，終為後患。」遂將兵自諸暨趨平水，鑿山開道五百里，出曹娥埭㉟，浙東將鮑君福帥眾降之，鏐與浙東軍戰，屢破之，進屯豐山。

(廿三)感化㊱牙將張雄、馮弘鐸得罪於節度使時溥，聚眾三百走渡江，襲蘇州，據之，雄自稱刺史，稍聚兵至五萬，戰艦千餘，自號天成軍。

(廿四)河陽節度使諸葛爽薨，大將劉經、張全義立爽子仲方為留後。全義，臨濮㊲人也。

(廿五)李克修攻邢州，不克而還。【考異】太祖紀年錄：「邢人出戰，又敗之，孟方立求救於鎮州，王鎔出兵三萬赴援，我軍乃退。」

舊鎔傳：「是時，天子蒙塵，九有羹沸，河東李克用虎視山東，方謀吞據，鎔以重賂結納，以脩和好，晉軍討孟方立於邢州，鎔常奉以芻糧。」據此則鎔助克用攻邢州也，未知孰是，今皆不取。

(二六)十一月，丙戌，錢鏐克越州，劉漢宏奔台州。【考異】實錄漢宏被殺，在董昌除浙東前，據范坰吳越備史，漢宏敗走至十二月死，皆有日，今從之。

(二七)義成節度使安師儒委政㉘於兩廂都虞候夏侯晏、杜標，二人驕恣，軍中忿之，小校張驍潛出聚眾二千，攻州城，師儒斬晏標首諭㉙之，軍中稍息。天平節度使朱瑄謀取滑州，遣濮州刺史朱裕將兵誘張驍，殺之。朱全忠先遣其將朱珍李唐賓襲滑州，入境，遇大雪，珍等一夕馳至壁下，百梯㉚並升，遂克之，虜師儒以歸，【考異】實錄：「告於行在，命全忠兼領義成節度使。」按大順元年，始以全忠兼宣義節度使，全忠猶辭，以授胡真，此際未也，實錄誤。全忠以牙將、江陵胡真知義成留後。

(二八)田令孜至成都請尋醫，許之。

(二九)十二月，戊寅，諸軍拔鳳州，以滿存為鳳州防禦使。

(三〇)楊復恭傳檄關中，稱：「得朱玫首者，以靜難節度使㉛賞之。」王行瑜戰數敗，恐獲罪於玫，與其下謀曰：「今無功，歸亦死，曷若與汝曹斬玫首，迎大駕，取邠寧節鉞乎？」眾從之，甲寅，行瑜自鳳州擅引兵歸京師，玫方視事，聞之怒，召行瑜責之曰：「汝擅歸，欲反邪？」行瑜曰：「吾不反，欲誅反者朱玫耳。」遂擒斬之，幷殺其黨數百人，諸軍大亂，焚掠京城，士民無衣凍死者蔽地，裴澈鄭昌圖帥百官二百餘人，奉襄王奔河中，王重榮詐為迎奉，執熅殺之，囚澈昌圖，百官死者殆半。

(卅一)台州刺史杜雄誘劉漢宏，執送董昌，斬之。【考異】十國紀年：「十二月丙午，杜雄執漢宏。」按十二月丙子朔，無丙午，紀年誤。昌徙鎮越州，自稱知浙東軍府事，以錢鏐知杭州事。

(卅二)王重榮函襄王熅首至行在，刑部請御興元城南樓獻馘，百官畢賀㉒，太常博士殷盈孫議，以為：「熅以賊臣所逼，正以不能死節為罪耳，禮公族罪在大辟㉓，君為之素服不舉，今熅已就誅，宜廢為庶人，令所在葬其首，其獻馘稱賀之禮，請俟朱玫首至而行之。」從之。盈孫，侑之孫㉔也。

(卅三)河陽大將劉經畏李罕之難制，自引兵鎮洛陽，襲罕之於澠池，為罕之所敗，經棄洛陽走，罕之追殺殆盡，罕之軍於鞏㉕，將度河，經遣張全義將兵拒之。時諸葛仲方幼弱，政在劉經，諸將多不附，全義遂與罕之合兵攻河陽，為經所敗，罕之全義走保懷州。

(四四)初忠武決勝指揮使孫儒與龍驤指揮使朗山劉建鋒戍蔡州，拒黃巢，扶溝(二六)馬殷隸軍中，以材勇(二七)聞，及秦宗權叛，儒等皆屬焉，宗權遣儒攻陷鄭州，刺史李璠奔大梁，儒進陷河陽，留後諸葛仲方奔大梁，儒自稱節度使，張全義據懷州，李罕之據澤州，以拒之。初長安人張佶為宣州幕僚，惡觀察使秦彥之為人，棄官去，過蔡州，宗權留以為行軍司馬，佶謂劉建鋒曰：「秦公剛鷙而猜忌(二八)，亡無日矣(二九)，吾屬(三〇)何以自免？」建鋒方自危(三一)，遂與佶善。

(四五)壽州刺史張翺【考異】妖亂志作張敖，吳錄作張澈，今從十國紀年。遣其將魏虔將萬人寇廬州，廬州刺史楊行愍遣其將田頵、李神福、張訓拒之，敗虔於褚城，滁州刺史許勍襲舒州，刺史陶雅奔廬州，高駢命行愍更名行密。

(四六)是歲，天平牙將朱瑾逐泰寧節度使齊克讓，【考異】薛居正五代史云：「虜克讓。」今從舊傳。自稱留後，瑾將襲兖州，求昏於克讓，乃自鄆盛飾車服，私藏兵甲以赴之，親迎之夕，甲士竊發，逐克讓而代之，朝廷因以瑾為泰寧節度使。

(卅七)安陸㉜賊帥周通攻鄂州，路審中亡去，岳州刺史杜洪乘虛入鄂，自稱武昌留後，朝廷因以授之。湘陰㉝賊帥鄧進思復乘虛陷岳州。

(卅八)秦宗言圍荊南二年，張瓌嬰城自守，城中米斗直錢四十緡，食甲鼓㉞皆盡，擊門扉以警夜㉟，死者相枕㊱，宗言竟不能克而去。

【今註】㈠入宮：此宮謂行宮。㈡寶雞：據《新唐書・地理志》一，寶雞縣屬鳳翔府。㈢禁中：胡三省曰：「天子行幸，所至宿次之地，宿衞將士外設環衞，近臣宿直，各有其次，與宮禁無異，故行宮內亦謂之禁中。」㈣遺馬：棄而不及收之馬。㈤無羈勒：謂無韁索。㈥讓能、審權之子：杜審權見卷二百四十九宣宗大中十三年。㈦緯，戣之孫：孔戣見憲宗紀。㈧鄠：《九域志》：「鄠縣在長安南六十里。」音戶。㈨衣裝：衣服行裝。㈩忿疾：忿恨。⑪奏事判官：胡三省曰：「唐末藩鎮遣其屬奏事，皆謂之奏事官，判官、幕府右職也，朱玫遣之奏事行在所，故曰奏事判官，以別於尋常事官。」⑫辭疾：辭以有疾。⑬臺吏：御史臺之官吏。⑭趣：讀曰促。⑮三院御史：《新唐書・百官志》三：「御史臺其屬有三院：一曰臺院，侍御史隸焉；二曰殿院，殿中侍御史隸焉；三曰察院，監察御史隸焉。」⑯布衣：平民。⑰親舊：親戚故舊。⑱急：急難。⑲蒙塵：蒙受風塵。⑳為人臣子：此人指君上言。㉑辨裝：治辦行裝。㉒垂死：將死。㉓且：尚。㉔從此辭：謂從此相訣別。㉕裝錢：治行裝錢。㉖鉦：鐃，音征。㉗石鼻：胡三省曰：「石鼻在寶雞西南，亦曰靈壁。蘇軾曰：『鳳翔府寶雞縣武城鎮，即俗所謂石鼻寨也。』」㉘雜糅：雜合。㉙鋒鏑：戈鋒箭鏃。㉚縱橫：謂縱橫亂發。㉛奮擊：奮臂猛擊。㉜大散嶺：胡三省曰：「大散嶺在鳳州梁泉縣松陵堡南。」㉝閣道：又名棧道。㉞扶掖：攙扶。㉟覺：醒。㊱襄王熅，肅宗之玄孫：熅，肅宗子襄王僙之曾孫。㊲遵塗驛：據《新唐書・襄王僙附熅傳》，遵塗驛在石鼻，亦謂之石鼻驛。㊳守太傅：唐代官制，以小銜攝大官，曰守某官；以大兼小，則曰行某官事。㊴柵絕：以木為柵，而使道路斷絕。㊵郵驛：郵亦驛。㊶崎嶇：不平貌。㊷石君涉棄鎮：以君涉為山南西道節度使，故知所棄之鎮，乃為興元府。㊸鄙：鄙夷。㊹同列：猶同僚。㊺啜茶：喝茶。㊻山南西道監軍嚴遵美，迎上於西縣：節度使既逃，故監軍自迎車駕。《九域志》：「西縣在興元府西一百里。」㊼保鑾：乃保鑾駕之省。㊽三泉：據《新唐書・地理志》四，三泉縣時屬興元府。㊾黑水：胡三省曰：「黑水在興元成固縣西北大白山，南流入漢。」㊿疑：猜疑。(51)冒：冒犯。(52)供饋餉：供給饋運糧餉。(53)榮：光榮。(54)墮：讀曰隳。(55)騷擾藩鎮，召亂生禍：謂田令孜易置王重榮以召亂。(56)孜昨奉尊命，來迎大駕：言遣召孜，使迎車駕。(57)信察：信諒明察。(58)殫：盡。(59)弭耳：猶帖耳。(60)閹寺：宦官。(61)盍：何不。(62)正：只。(63)肘腋：喻最邇近之處。(64)容：容許。(65)迎鑾：迎鑾駕。(66)盟：盟誓。(67)荒落：荒廢低落。(68)河中百官：上之出長安，百官不扈從而奔河中者，謂之河中百官。(69)所容：所容納。(70)斥：斥出。(71)封拜：謂封官拜爵。(72)勸進：謂勸襄王進為皇帝。(73)咨稟：咨問稟告。(七四)蔕：指花果之蒂，蔕同蒂。(七五)一緘：猶一封。(七六)蕭遘稱疾歸永樂：胡三省曰：「新書：『遘弟蘧為永樂令，遘往從之。』永樂縣屬河中府。」(七七)通表：猶上表。(七八)河西兵：自代宗時，河西沒于吐蕃，宣宗復河湟，張義潮收涼州，河西復羈屬於唐。(七九)之：往。(八〇)回慮：改轉思慮。(八一)以自贖：謂以自贖罪。(八二)變擾：變亂騷擾。(八三)晏駕：崩薨。(八四)湔：洗，音煎。(八五)藩方：猶藩鎮。(八六)當道：即本道。(八七)尉氏：屬汴州。(八八)扈蹕都：扈蹕謂隨從天子車駕。扈蹕都亦神策五十四都之一。(八九)協力：合力。(九〇)恟懼：恟恟恐懼。(九一)帖然：安然。(九二)三輔：漢以京兆、馮翊、扶風為三輔，即唐京畿之地。(九三)進止：猶處置。(九四)淮西將：為秦宗權之部將。(九五)海陵：據《新唐書・地理志》五，海陵屬淮南道揚州。(九六)博野：據同志三，博野屬河北道深州。(九七)更名欽化軍曰武安：湖南觀察升欽化軍，見上卷中和三年。(九八)沈勇：沈著勇敢。(九九)招懷：招集懷來。(一〇〇)均賦：均平賦役。(一〇一)繕兵：繕治兵甲。(一〇二)故鎮：《九域志》：「洺州武安縣有固鎮鎮。」(一〇三)武安：《新唐書・地理志》三：「洺州臨洺，武德元年，以臨洺，武安、肥鄉、邯鄲置紫州。」是武安原屬洺州。(一〇四)邯鄲、沙河：據同志三，邯鄲屬惠州，沙河屬邢州。(一〇五)自諸暨趨平水，鑿山開道五百里，出曹娥埭：《九域志》：「越州會稽縣有平水鎮、曹娥鎮。平水今在越州東南四十餘里，自此南踰山，出小江，沿剡溪而東二十里，至曹娥埭。」(一〇六)感化：胡三省曰：「徐州本號武寧軍，自咸通罷節鎮之後，尋復節鎮，改為感化軍，中間有書武寧者，誤也。是後、時溥既死，朱梁始復徐州為武寧軍。」(一〇七)臨濮：據《新唐書・地理志》二，臨濮屬河南道濮州。(一〇八)委政：任政。(一〇九)諭：曉諭。(一一〇)百梯：以言梯數之多，其實與眾梯之意相類。㉑靜難節度使：統邠寧二州。㉒畢賀：全參預慶賀。㉓禮公族罪在大辟，君為之素服不舉：《禮・文王世子》：「公族其有死罪者，有司讞於公曰：『某之罪在大辟。』公三宥之，有司不對，走出致刑于甸人，公又使人追之，曰：『雖然，必赦之。』有司對曰：『無及也。』反命於公，公素服不舉，為之變，如其倫之喪無服，親哭之。」㉔盈孫，侑之孫：殷侑見卷二百四十二文宗太和二年。㉕鞏：《九域志》：「鞏縣在河南府東一百十里。」㉖扶溝：據《新唐書・地理志》二，扶溝屬河南道許州。㉗材勇：材能勇敢。㉘猜忌：猜疑忌嫉。㉙無日矣：謂無幾日矣。㉚吾屬：吾輩。㉛方自危：方自感危險。㉜安陸：據《新唐書・地理志》五，安陸縣屬淮南道安州。㉝湘陰：據同志五，湘陰屬岳州。㉞食甲鼓：謂食鎧甲及鼓所具之皮。㉟擊門扉以警夜：以鼓皮已被食訖，故以門扉代鼓，而擊之以警夜也。㊱相枕：相枕藉。

三年（西元八八七年）

㈠春，正月，以邠州都將王行瑜為靜難軍節度使，扈蹕都頭李茂貞領武定節度使㈠，扈蹕都頭楊守宗為金商節度使，右衛大將軍顧彥朗為東川節度使，金商節度使楊守亮為山南西道節度使。彥朗，豐縣㈡人也。

㈡辛巳，以董昌為浙東觀察使，錢鏐為杭州刺史。

㈢秦宗權自以兵力十倍於朱全忠，而數為所敗，恥之，欲悉力以攻汴州，全忠患㊂兵少。二月，以諸軍都指揮使朱珍為淄州刺史，募兵於東道，期以初夏而還㊃。

㈣戊辰，削奪三州都監田令孜官爵，長流端州㊄，然令孜依陳敬瑄，竟不行。【考異】實錄載勑曰：「令孜雖已削奪在身官爵，宜剝服色，配端州，長流百姓。」新傳曰：「削官爵，流儋州，然猶依敬瑄不行。」張彭耆舊傳曰：「大駕廣明二年春，孟到蜀，叟嘗接識北司諸官子弟，有光啓承旨，似先大夫，為叟言，去年黃巢凌犯，聖上蒼忙就路，諸王多是徒行，壽王至斜谷，行不得，襪一足，跣一足，偃臥磻石上，田軍容在後收拾，驅壽王起告軍容，行不得，與箇馬騎，軍容云，山谷間何處得馬！以鞭一，抶之令行，雖迴首無言，哀心深銜此恨，爾後經今八年，僖宗皇帝在行宮，寢疾月餘，彌留臣下皆知不起，於疾內外屬望在於壽王，壽王仁孝大度，弘寬有斷，眾所歸心，軍容聞大恐，就御寢問識臣否，帝目瞪不語，軍容大驚，尋時矯制除西川監軍使，仍馳驛赴任，遂將拱宸奉鑾兩都自衞，星夜倍程，軍容才到西川，僖宗已崩，國朝果冊壽王登極皇帝位，於是積年怨恨，今日逞其志矣。」新令孜傳取之。據實錄，令孜光啓二年為西川監軍，此月流端州，在昭宗即位前，自為楊復恭所擯耳。十國紀耳。十國紀年曰：「三月，僖宗東遷，詔流令孜儋州，敬瑄端州，皆拒朝命。」此據張彭耆舊傳致誤耳，今從實錄。

㈤代北節度使李國昌薨。【考異】薛居正五代史武皇紀：「國昌中和三年薨。」唐末見聞錄：「中和三年十月，老司徒薨。」舊書：「中和三年十月，國昌卒。」後唐獻祖紀年錄：「光啟中薨於位。」新沙陀傳：「光啟三年，國昌卒。」太祖紀年錄，光啟三年正月云：「是歲獻祖文皇帝之喪，太祖哀毀行服，不獲專征。」實錄置此年二月，今從之。

㈥三月，癸未，詔偽宰相蕭遘、鄭昌圖、裴澈於所在集眾斬之，皆死於岐山㊅。時朝士受熅官者甚眾，法司㊆皆處以極法㊇，杜讓能力爭之，免者什七八。

㈦壬辰，車駕至鳳翔，節度使李昌符恐車駕還京，雖不治前過，恩賞必疏，乃以宮室未完⑨，固請駐蹕⑩府舍⑪，從之。

㈧太傅兼侍中鄭從讜罷為太子太保。

㈨鎮海節度使周寶募親軍千人，號後樓兵，稟⑫給倍於鎮海軍，鎮海軍皆怨，而後樓兵浸驕，不可制⑬。寶溺於聲色⑭，不親政事⑮，築羅城二十餘里，建東第，人苦其役。寶與僚屬宴後樓，有言鎮海軍怨望者，寶曰：「亂則殺之。」度支催勘⑯使薛朗以其言告所善鎮海軍將劉浩，戒之使戢⑰士卒，浩曰：「惟反可以免死耳。」是夕寶醉方寢，浩帥其黨作亂，攻府舍而焚之，寶驚起，徒跣⑱叩芙蓉門⑲，呼後樓兵，後樓兵亦反矣，寶帥家人步走出青陽門，遂奔常州，【考異】實錄，寶被逐在四月，恐四月奏到耳，吳越二史，三月壬辰，新紀癸巳，今從之。依刺史丁從實，浩殺諸僚佐，癸巳，迎薛朗入府，推為留後。寶先兼租庸副使，城中貨財⑳山積，是日盡於亂兵之手。高駢聞寶敗，列牙受賀，遣使饋以齏粉㉑，寶怒，擲之地曰：「汝有呂用之在，他日未可知也。」揚州連歲饑，城中餒死者日數千人，坊市為之寥落㉒，災異數見，駢悉以為周寶當之。

㈩山南西道節度使楊守亮忌㉓利州㉔刺史王建驍勇，屢召之，建懼不往，前龍州司倉周庠說建曰：「唐祚將終，藩鎮互相吞噬，皆無雄才遠略，不能戡濟㉕多難，公勇而有謀，得士卒心，立大功者，非公而誰？然葭萌㉖四戰之地㉗，難以久安，閬州地僻人富，楊茂實、陳田之腹心，不修職貢，若表㉘其罪，興兵討之，可不戰而擒也。」建從之，召募溪洞酋豪㉙，有眾八千，沿嘉陵江而下，襲閬州，逐其刺史楊茂實而據之，自稱防禦使，招納亡命，軍勢益盛，守亮不能制。部將張虔裕說建曰：「公乘天子微弱，專據方州㉚，若唐室復興，公無種㉛矣。宜遣使奉表天子，杖大義以行師，蔑㉜不濟矣。」部將綦毋諫復說建養士㉝愛民，以觀㉞天下之變，建從之。庠、虔裕、諫，皆許州人也。初建與東川節度使顧彥朗俱在神策軍，同討賊，建既據閬州，彥朗畏其侵暴㉟，數遣使問遺㊱，饋以軍食㊲，建由是不犯東川。

(十一)初周寶聞淮南六合鎮遏使徐約兵精，誘之使擊蘇州。

【今註】㊀武定節度使：據《舊唐書・僖宗紀》，以洋州為武定節鎮。㊁豐縣：據《新唐書・地理志》二，豐縣屬徐州。㊂患：憂。㊃期以初夏而還：《舊五代史・梁太祖紀》：「承制以朱珍為淄州刺史，俾募兵於東道，且慮蔡人暴其麥苗，期以夏首回歸。」即期以初夏而還之原因也。㊄端州：《舊唐書・地理志》四：「嶺南道端州，至京師四千九百三十五里。」㊅岐山：據《新唐書・地理志》一，岐山屬鳳翔府。㊆法司：謂刑部。㊇極法：即死刑。㊈乃以宮室未完：謂乃以宮室未完為辭。㊉蹕：謂止行者清道。⑪府舍：鳳翔府之廨舍。⑫稟：通廩。⑬制：制馭。⑭聲色：聲音女色。⑮不親政事：謂不親理政事。⑯催勘：謂催促勘驗。⑰戢：斂止。⑱徒跣：赤足步行。⑲芙蓉門：當係子城城門之名。⑳貨財：貨物錢財。㉑齏粉：細切為齏，碎磨為粉。㉒寥落：猶稀疏。㉓忌：畏。㉔利州：為山南西道巡屬。㉕戡濟：戡定平濟。㉖葭萌：利州古葭萌之地。㉗四戰之地：謂四境皆為作戰之地。㉘表：表佈。㉙酋豪：酋長豪右。㉚方州：謂一方之州府。㉛種：宗族。㉜蔑：無。㉝養士：養賢士。㉞觀：伺。㉟侵暴：侵略暴橫。㊱問遺：問候餽遺。㊲軍食：軍糧。

卷二百五十七 唐紀七十三

起彊圉協洽四月，盡著雍涒灘，凡一年有奇。（丁未至戊申，西元八八七年至八八八年）

司馬光 編集
曲守約 註

僖宗惠聖恭定孝皇帝下之下

光啓三年（西元八八七年）

㈠夏，四月，甲辰朔，約逐蘇州刺史張雄，【考異】吳越備史：「四月，六合鎮將徐約攻陷蘇州，約曹州人也，初從黃巢攻天長，遂歸高駢，駢用為六合鎮將，浙西周寶子婿楊茂實為蘇州刺史，約攻破之，遂有其地。」據實錄，寶以其壻為蘇州刺史，朝廷已除趙載代之，張雄據蘇州，必在載後，備史恐誤，今從新紀傳。帥其眾逃入海㊀。

㈡高駢聞秦宗權將寇淮南，遣左廂都知兵馬使畢師鐸將百騎屯高郵㊁，時呂用之用事，宿將㊂多為所誅，師鐸自以黃巢降將，常自危㊃，師鐸有美妾，用之欲見之，師鐸不許，用之因師鐸出，竊往見之，師鐸慚怒，出㊄其妾，由是有隙。師鐸將如高郵，用之待之加厚，師鐸益疑懼，謂禍在旦夕，師鐸子娶高郵鎮遏使張神劍女，師鐸密與之謀，神劍以為無是事。神劍名雄，人以其善用劍，故謂之神劍。【考異】十國紀年：「張雄淮南人，善劍，號張神劍。今欲別于前蘇州刺史張雄故從妖亂志，但稱神劍。」時府中籍籍[六]，亦以為師鐸且受誅，其母使人語之曰：「設[七]有是事，汝自努力前去，勿以老母弱子為累[八]。」師鐸疑未決，會駢子四十三郎者素惡用之，欲使師鐸帥外鎮將吏，疏用之罪惡，聞於其父；密使人紿[九]之曰：「用之比[一〇]來，頻啓令[一一]公，欲因此相圖，已有委曲[一二]在張尚書[一三]所，宜備之。」師鐸問神劍曰：「昨夜使司[一四]有文書，翁[一五]胡不言？」神劍不寤[一六]曰：「無之。」師鐸不自安，歸營，謀於腹心，皆勸師鐸起兵誅用之，師鐸曰：「用之數年以來，人怨鬼怒[一七]，安知天不假手[一八]於我誅之邪？淮寧軍使鄭漢章、我鄉人[一九]，昔歸順時副將[二〇]也，素切齒[二一]於用之，聞吾謀，必喜。」乃夜與百騎潛詣漢章，漢章大喜，悉發鎮兵及驅居民合千餘人，從師鐸至高郵，師鐸詰張神劍以所得委曲，神劍驚曰：「無有」。師鐸聲色浸[二二]厲，神劍奮曰[二三]：「公何見事之暗[二四]，用之姦惡，天地所不容[二五]，況近者重賂權貴，得嶺南節度，復不行，或云謀竊據此土，使其得志，吾輩豈能握刀頭[二六]，事此妖物邪！要冎此數賊，以謝淮海㉗，何必多言。」漢章喜，遂命取酒，割臂血瀝酒㉘，共飲之。乙巳，眾推師鐸為行營使，為文告天地，移書㉙淮南境內，言誅用之及張守一、諸葛殷之意，以漢章為行營副使，神劍為都指揮使。神劍以師鐸成敗未可知，請以所部留高郵，曰：「一則為公聲援㉚，二則供給糧餉。」師鐸不悅，漢章曰：「張尚書謀亦善，苟終始同心，事捷之日，子女㉛玉帛，相與共之，今日豈可復相違㉜。」師鐸乃許之。戊申，師鐸漢章發高郵，庚戌，詗騎㉝以白高駢，呂用之匿之。

㈢朱珍至淄青，旬日應募者萬餘人，又襲青州，獲馬千匹，辛亥，還至大梁，朱全忠喜曰：「吾事濟㉞矣。」時蔡人方寇汴州，其將張晊屯北郊，秦賢屯板橋㉟，各有眾數萬，列三十六寨，連延㊱二十餘里。全忠諸將曰：「彼蓄銳休兵㊲，方來擊我，未知朱珍之至，謂吾兵少畏怯，自守而已，宜出其不意，先擊之。」乃自引兵攻秦賢寨，士卒踊躍爭先，賢不為備，連拔四寨，斬萬餘級，蔡人大驚，以為神。全忠又使牙將新野郭言募兵於河南、陝、號，得萬餘人而還。

(四)畢師鐸兵奄[38]至廣陵城下，城中驚擾，壬子，呂用之引麾下勁兵[39]，誘以重賞，出城力戰，師鐸兵少却，用之始得斷橋[40]塞門為守備。是日駢登延和閣[41]，聞諠譟聲，左右以師鐸之變告，駢驚，急召用之詰[42]之，用之徐對曰：「師鐸之眾思歸，為門衞所遏[43]，適已隨宜[44]區處[45]，計[46]尋退散，儻或不已，正煩玄女一力士耳[47]，願令公勿憂。」駢曰：「近者覺君之妄多矣，君善為之，勿使吾為周侍中[48]。」言畢，慘沮[49]久之，用之慙懅[50]而退。師鐸退屯山光寺[51]，以廣陵城堅兵多，甚有悔色。癸丑，遣其屬孫約與其子詣宣州，乞師於觀察使秦彥，且許以克城之日，迎彥為帥。會師鐸館客[52]畢慕顏自城中逃出，言：「眾心離散，用之憂窘[53]，若堅守之，不日當潰。」師鐸乃悅。是日未明，駢召用之問以事本末，用之始以實對，駢曰：「吾不欲復出兵相攻，君可選一溫信[54]大將，以我手札諭之，若其未從，當別處分[55]。」用之退，念諸將皆仇敵，必不利於己，甲寅，遣所部討擊副使許戡齎駢委曲，及用之誓狀，幷酒殽，出勞師鐸，師鐸始亦望駢舊將勞問，得以具陳用之姦惡，披泄㊺積憤，見戡至，大罵曰：「梁纘韓問何在？乃使此穢物㊼來。」戡未及發言，已牽出斬之。乙卯，師鐸射書入城，用之不發，即焚之。丁巳，用之以甲士百人入見駢於延和閣下，駢大驚，匿於寢室，久而後出，曰：「節度使所居，無故以兵入，欲反邪？」命左右驅出，用之大懼，出子城南門，舉策㊽指之曰：「吾不可復入此。」自是高呂始判㊾矣。是夜駢召其從子前左金吾衛將軍傑密議軍事，戊午，署傑都牢城㊿使，泣而勉之，以親信五百人給之。用之命諸將大索城中丁壯，無問朝士書生，悉以白刃(六一)驅縛登城，令分立城上，自日至暮，不得休息，又恐其與外寇通(六二)，數易其地(六三)，家人餉之(六四)，莫知所在，由是城中人亦恨師鐸入城之晚也。

(五)駢遣大將石鍔以師鐸幼子及其母書幷駢委曲，至楊子(六五)諭師鐸，師鐸遽遣其子還曰：「令公但斬呂張，以示師鐸，師鐸不敢負恩，願以妻子為質。」駢恐用之屠其家，收師鐸母妻子置使院[六六]。辛酉，秦彥遣其將秦稠將兵三千至楊子，助師鐸。壬戌，宣州軍攻南門，不克，癸亥，又攻羅城東南隅，城幾陷者數四，甲子，羅城西南隅守者，焚戰格[六七]以應師鐸，師鐸毀其城，以內其眾。用之帥其眾千人，力戰於三橋北，師鐸垂敗，會高傑以牢城兵自子城出，欲擒用之以授師鐸，用之乃開參佐門北走。駢召梁纘以昭義軍百餘人保子城，乙丑，師鐸縱兵大掠，駢不得已，命徹備[六八]與師鐸相見於延和閣下，交拜[六九]如賓主之儀，置師鐸節度副使行軍司馬，仍承制加左僕射，鄭漢章等各遷官有差[七〇]。左莫邪都[七一]虞候申及本徐州健將入見駢，說之曰：「師鐸逆黨不多，請令公及此[七二]選元從[七三]三十人，夜自教場門出，比師鐸覺之，追不及矣，然後發諸鎮兵，還取府城，此轉禍為福也。若一二日事定，浸[七四]恐艱難，及亦不得在左右矣[七五]。」言之且泣，駢猶豫不聽，及恐語泄，遂竄匿，會張雄至東塘[七六]，及往歸之。丙寅，師鐸果分兵守諸門，搜捕用之親黨，悉誅之，師鐸入居使院，秦稠以宣軍千人分守使宅及諸倉庫。丁卯，駢牒請解[七七]所任，以師鐸兼判府事。

師鐸遣孫約至宣城，趣(七八)秦彥過江。或說師鐸曰：「僕射曏者舉兵，蓋以用之輩姦邪暴橫，高令公坐自聾瞽，不能區理(七九)，故順眾心，為一方去害，今用之既敗，軍府廓然(八〇)，僕射宜復奉高公而佐之，但摠其兵權以號令，誰敢不服？用之乃淮南一叛將耳，移書所在，立可梟擒(八一)。如此外有推奉之名，內得兼并(八二)之實，雖朝廷聞之，亦無虧臣節(八三)。使高公聰明，必知內愧，如其不悛(八四)，乃机上肉耳。奈何以此功業付之它人？豈惟受制於人，終恐自相魚肉(八五)。前日秦稠先守倉庫，其相疑已可見，且秦司空為節度使，廬州壽州(八六)其肯為之下乎！僕見戰攻之端，未有窮已(八七)，豈惟淮南之人，肝腦塗地，竊恐僕射功名成敗，未可知也。不若及今亟(八八)止秦司空，勿使過江，彼若粗識(八九)安危，必不敢輕進，就使(九〇)它日責我以負約，猶不失為高氏忠臣也。」師鐸大以為(九一)不然，明日以告鄭漢章，漢章曰：「此智士也。」散求之(九二)，其人畏禍，竟不復出。戊辰，駢遷家出居南第，師鐸以甲士百人為衞，其實囚之也。是日，宣軍以所求未獲，焚進奉兩樓(九三)數十間，寶貨(九四)悉為煨燼(九五)。

己巳，師鐸於府廳視事，凡官吏非有兵權者皆如故，復遷駢於東第。自城陷，諸軍大掠不已，至是師鐸始以先鋒使唐宏為靜街使，禁止之。駢先為鹽鐵使(九六)，積年不貢奉，貨財在揚州者，填委(九七)如山，駢作郊天、御樓，六軍立仗(九八)儀服，及大殿元會(九九)、內署行幸供張器用，皆刻鏤金玉，蟠龍蹙鳳(一〇〇)，數十萬事(一〇一)，悉為亂兵所掠，歸於閭閻張陳(一〇二)，寢處(一〇三)其中。庚午，獲諸葛殷，杖殺之，棄尸道旁，怨家抉其目，斷其舌，眾以瓦石投之，須臾成冢。呂用之之敗也，其黨鄭杞首歸(一〇四)師鐸，師鐸署杞知海陵鹽事(一〇五)，杞至海陵，陰記高霸得失，聞於師鐸，霸獲其書，杖杞背，斷手足，刳目截舌，然後斬之。

(六)蔡將盧瑭屯於萬勝(一〇六)，夾汴水而軍，以絕汴州運路，朱全忠乘霧襲之，掩殺殆盡，【考異】薛居正五代史云：「四月庚午。」按長曆，四月甲辰朔，無庚午，薛史誤。於是蔡兵皆徙就張晊，屯於赤岡(一〇七)，全忠復就擊之，殺二萬餘人，蔡人大懼，或軍中自相驚，全忠乃還大梁，養兵休士。

(七)辛未，高駢密以金遺(一〇八)守者，畢師鐸聞之，壬午，復迎駢入道院⑲，收高氏子甥姪十餘人，同幽之。

(八)前蘇州刺史張雄帥其眾自海泝江，屯於東塘，遣其將趙暉入據上元⑳。

(九)畢師鐸之攻廣陵也，呂用之詐為高駢牒，署廬州刺史楊行密行軍司馬㉑，追兵入援，廬江人袁襲說行密曰：「高公昏惑，用之姦邪，師鐸悖逆，凶德參會㉒，而求兵於我，此天以淮南授㉓明公也，趣㉔赴之。」行密乃悉發廬州兵，復借兵於和州刺史孫端，

【考異】妖亂志：「中和三年，高駢差梁纘知和州，纘以孫端窺伺和州已久，不如因而與之，以責其效，駢強之，既行，果為端所敗，及歸，和州尋陷於端。」蓋端自是遂據和州也。

合數千人赴之。五月，至天長㉕。鄭漢章之從師鐸也，留其妻守淮口，用之帥眾攻之，旬日不克，漢章引兵救之，用之聞行密至天長，引兵歸之。

(十)丙子，朱全忠出擊張晊，大破之，秦宗權聞之，自鄭州引精兵會之。

(十一)張神劍求貨於畢師鐸，師鐸報以俟秦司空㉖之命，神劍怒，亦以其眾歸楊行密，及海陵鎮遏使高霸，曲溪㉗人劉金、盱眙㉘人賈

令威，悉以其眾屬焉，行密眾至萬七千人，張神劍運高郵糧以給之。

(十二)朱全忠求救於兗鄆朱瑄、朱瑾，皆引兵赴之，義成軍亦至。辛巳，全忠以四鎮兵攻秦宗權於邊孝村，大破之[二九]，斬首二萬餘級，宗權宵遁，全忠追之，至陽武橋[三〇]而還。全忠深德朱瑄，兄事之。蔡人之守東都、河陽、許、汝、懷、鄭、陝、虢者，聞宗權敗，皆棄去，宗權發鄭州[三一]，孫儒發河陽，皆屠滅其人，焚其廬舍而去，宗權之勢，自是稍衰。朝廷以扈駕都頭楊守宗知許州事，朱全忠以其將孫從益知鄭州事。

(十三)錢鏐遣東安都將[三二]杜稜、浙江都將阮結、靜江都將[三三]成及，將兵討薛朗。

(十四)甲午，秦彥將宣歙兵三萬餘人，乘竹筏，沿江而下，趙暉邀擊於上元，殺溺殆半。丙申，彥入廣陵，自稱權知淮南節度使，乃以畢師鐸為行軍司馬，補池州刺史趙鍠為宣歙觀察使。戊戌，楊行密帥諸軍抵廣陵城下，為八寨以守之[三四]，秦彥閉城自守。【考異】妖亂志：「六月癸卯朔，秦彥命鄭漢璋等守諸門。」按寇至城下，即應城守，豈有戊戌行密至，癸卯始守城乎？今不取。

⒂六月，戊申，天威都頭㉕楊守立與鳳翔節度使李昌符爭道，麾下相歐㉖，帝命中使諭之，不止，是夕宿衛皆嚴兵為備。己酉，昌符擁兵㉗燒行宮，庚戌，復攻大安門，守立與昌符戰於通衢，昌符兵敗，帥麾下走保隴州㉘。杜讓能聞難，挺身㉙步入侍，韋昭度質其家㉚於軍中，誓誅反賊，故軍士力戰而勝之。守立，復恭之假子也。壬子，以扈駕都將武定節度使李茂貞為隴州招討使，以討昌符。

⒃甲寅，河中牙將常行儒殺節度使王重榮，重榮用法嚴，末年尤甚，行儒嘗被罰，恥之，遂作亂，夜攻府，會重榮逃於別墅，明旦行儒得而殺之，制以陝虢節度使王重盈為護國節度使，又以重盈子珙權知陝虢留後，重盈至河中，執行儒殺之㉛。

⒄戊午，秦彥遣畢師鐸秦稠將兵八千，出城西擊楊行密，稠敗死，士卒死者什七八，城中乏食，樵採路絕，宣州軍㉜始食人。

⒅壬戌，亳州將謝殷逐其刺史宋袞。

⒆孫儒既去河陽，李罕之召張全義於澤州，與之收合餘眾，罕之據河陽，全義據東都，共求援於河東，李克用以其將安金俊為

澤州刺史，將騎助之，【考異】太祖紀年錄：「七月癸巳，澤州刺史張全義棄城而遁，太祖以安金俊為澤州刺史。」薛居正五代史亦云：「十月，武皇以金俊為澤州刺史。」按實錄，六月，全義已除河南尹，薛史罕之傳：「罕之求援，克用遣澤州刺史安金俊助之。」蓋二人先以澤州賂克用，非七月也。表罕之為河陽節度使，義為河南尹。【考異】薛居正五代史：「克用表張言為河南尹、東都留守。」實錄，以澤州刺史李罕之為河陽節度使，懷州刺史張全義為河南尹。按諸葛爽表全義為澤州刺史，及仲方敗，罕之據澤州，全義據懷州耳，非刺史也。初東都經黃巢之亂，遺民聚為三城，以相保，繼以秦宗權、孫儒殘暴，僅存壞垣〔三三〕而已。全義初至，白骨蔽地，荊棘彌望〔三四〕，居民不滿百戶，全義麾下纔百餘人，相與保中州城〔三五〕，四野俱無耕者，全義乃於麾下選十八人，材器可任者，人給一旗一牓，謂之屯將，使詣十八縣故墟落〔三六〕中，植旗張牓，招懷〔三七〕流散，勸之樹〔三八〕藝，惟殺人者死，餘但笞杖〔三九〕而已，無嚴刑，無租稅，民歸之者如市〔四〇〕；又選壯者教之戰陳，以禦〔四一〕寇盜，數年之後，都城坊曲漸復舊制〔四二〕，諸縣戶口率皆歸復，桑麻蔚然〔四三〕，野無曠土〔四四〕。其勝〔四五〕兵者，大縣至七千人，小縣不減〔四六〕二千人，乃奏置令佐〔四七〕以治之。全義明察，人不能欺，而為政寬簡〔四八〕，出見田疇美者，輒下馬與僚佐共觀之，召田主勞〔四九〕以酒食，有蠶麥善收者〔五〇〕，或親至其家，悉呼出老幼，賜以茶綵〔五一〕衣物，民間言：「張公不喜聲伎(五二)，見之未嘗笑，獨見佳麥良繭則笑耳。」有田荒穢者，則集眾杖之，或訴以乏人牛，乃召其鄰里責之曰：「彼誠乏人牛，何不助之？」眾皆謝(五三)，乃釋之。由是鄰里有無相助，故比屋(五四)皆有蓄積，凶年不饑，遂成富庶(五五)焉。

(廿)杜稜等敗薛朗將李君暀於陽羨(五六)。

【今註】㊀帥其眾逃入海：胡三省曰：「此句上更有一雄字，文意乃足。」㊁高郵：據《新唐書・地理志》五，高郵屬揚州。㊂宿將：舊將。㊃常自危：謂常自憂危。㊄出：放出。㊅籍籍：猶紛紛。㊆設：假設。㊇累：累贅。㊈紿：詐。㊉比：近。⑪令公：襄王熅加駢中書令，故稱令公。⑫委曲：胡三省曰：「當時機密文書，謂之委曲。」⑬張尚書：謂神劍。⑭使司：謂淮南節度使司。⑮翁：以婚姻呼之為翁。⑯寤：覺寤。⑰鬼怒：謂神鬼忿怒。⑱假手：借手。⑲淮寧軍使鄭漢章，我鄉人：按《新唐書・高駢傳》，駢置淮南軍於淮口。師鐸與鄭漢章皆冤句人，鄉人謂同鄉里之人。⑳昔歸順時副將：謂去黃巢歸高駢時。㉑切齒：痛恨。㉒浸：益。㉓奮曰：謂厲聲言曰。㉔暗：昏暗，亦即糊塗。㉕容：容受。㉖握刀頭：簡言之，即握刀或捉刀。㉗淮海：指揚州言。㉘瀝酒：謂滴酒於血中。㉙移書：猶佈書。㉚聲援：聲勢上之支援。㉛子女：男女。㉜違：違戾。㉝詗騎：偵騎。㉞濟：成。㉟北郊板橋：胡三省曰：「北郊謂汴州城北郊原之地，即赤岡也。據舊史，板橋在汴州城西。」(三六)連延：連接綿延。(三七)休兵：休養兵士。(三八)奄：奄忽。(三九)勁兵：強勁之兵。(四〇)斷橋：斷壕塹之橋。(四一)延和閣：駢所起，見二百五十四卷、中和二年。(四二)詰：問。(四三)遏：止。(四四)隨宜：隨事之機宜。(四五)區處：猶處分。(四六)計：算計。(四七)正煩玄女一力士耳：謂只煩九天玄女遣一力士，以平之耳。(四八)周侍中：謂周寶。(四九)慘沮：悽慘沮喪。(五〇)懅：亦慙，音遽。(五一)山光寺：在廣陵城北。(五二)館客：猶門客。(五三)憂窘：憂愁窘困。(五四)溫信：溫和誠信。(五五)處分：處置。(五六)披泄：披露宣洩。(五七)穢物：乃詈人語，謂穢惡之人。(五八)舉策：謂舉鞭。(五九)判：分裂。(六〇)牢城：城名，取其堅固之意。(六一)白刃：明亮之刀。(六二)通：交通。(六三)地：地位。(六四)餉之：謂送飯食之。(六五)楊子：揚州屬縣。(六六)使院：節度使司官屬治事之所。(六七)戰格：胡三省曰：「戰格列木為之，漢人謂之笓格，今謂之排杈。」(六八)徹備：徹去兵備。(六九)交拜：猶對拜。(七〇)有差：有等差。(七一)左莫邪都：高駢置左右莫邪都，見卷二百五十四中和二年。(七二)及此：及此時。(七三)元從：起初即跟從之人，凡如此類，必係最親信者。(七四)浸：漸。(七五)及亦不得在左右矣：按及上可添一而字，以使上下句銜接，較為緊湊。(七六)東塘：揚州東塘。(七七)解：解去。(七八)趣：讀曰促。(七九)區理：區分處理，亦即區處之意。(八〇)廓然：清肅。(八一)梟擒：梟首擒俘。(八二)兼幷：合幷。(八三)臣節：為臣之節操。(八四)悛：改。(八五)自相魚肉：謂自被吞食。(八六)廬州壽州：廬州楊行密，壽州張翱。(八七)窮已：盡止。(八八)亟：急。(八九)粗識：略知。(九〇)就使：即使，為假設語。(九一)大以為：猶甚以為。(九二)散求之：謂四方分散求之。(九三)進奉兩樓：樓乃用以儲進奉天子之物，兩樓謂樓兩座。(九四)寶貨：珍寶財貨。(九五)煨燼：猶灰燼。(九六)積年：猶累年。(九七)填委：充填委積。(九八)騈作郊天、御樓，六軍立仗：胡三省曰：「郊天及御樓肆赦，六軍皆立仗。」(九九)元會：元日大會。(一〇〇)鹥鳳：謂鳳凰斂翼。(一〇一)事：猶件。(一〇二)張陳：謂陳設。(一〇三)寢處：寢居。(一〇四)首歸：首先歸投。(一〇五)海陵鹽事：海陵監筦榷鬻鹽。(一〇六)萬勝：胡三省曰：「萬勝鎮在中牟縣。」(一〇七)赤岡：在汴城北。(一〇八)遺：餽遺。(一〇九)道院：道院高騈所起，以迎神仙。(一一〇)上元：《新唐書・地理志》五：「昇州屬上元縣，本江寧縣。」(一一一)署廬州刺史楊行密行軍司馬：按行軍司馬上當書有為字。(一一二)參會：謂三者合集。(一一三)授：授與。(一一四)趣：讀曰促。(一一五)天長：據《新唐書・地理志》五，天長屬揚州。(一一六)秦司空：謂秦彥。(一一七)曲溪：胡三省曰：「盱眙縣西南十里有曲溪。」(一一八)盱眙：據《新唐書・地理志》二，盱眙屬河南道泗州。(一一九)邊孝村：胡三省曰：「邊孝村在汴州北郊。」(一二〇)陽武橋：胡三省曰：「陽武橋在鄭州陽武縣，縣在汴州西北九十里。」(一二一)發鄭州：謂發於鄭州。(一二二)東安都將：《九域志》：「杭州新城縣有東安鎮。」(一二三)浙江都將、靜江都將：胡三省曰：「浙江靜江二都，蓋分屯杭州城外沿江一帶，自定山下至海門。」(一二四)為八寨以守之：謂為八寨以圍守之。(一二五)天威都頭：天威亦神策五十四都之一。(一二六)歐：通毆，擊也。(一二七)擁兵：猶率兵。(一二八)隴州：《九域志》：「鳳翔西至隴州，一百五十里。」(一二九)挺身：謂毫無畏懼之態。(一三〇)質其家：謂質其妻子。(一三一)重盈至河中，執行儒殺之：按《舊唐書・僖宗紀》作：「常行儒殺王重榮，推重榮兄重盈為兵馬留後。」(一三二)宣州軍：秦彥兵。(一三三)垣：墻垣。(一三四)彌望：盈望。(一三五)中州城：城在二城之中間，故謂之中州城。(一三六)故墟落：猶故村落。(一三七)拒懷：招集懷來。(一三八)樹藝：樹植五穀。(一三九)笞杖：以竹板或木板擊之。㊵歸之者如市：謂歸之者如赴市廛，以喻其眾多。㊶禦：防禦。㊷舊制：謂舊日規模。㊸蔚然：蔥蔚。㊹曠土：空閒之地。㊺勝兵：謂勝任為兵卒者。㊻不減：猶不下。㊼令佐：縣令及丞尉諸佐吏。㊽寬簡：寬弘簡易。㊾勞：犒勞。㊿蠶麥善收者：胡三省曰：「蠶四伏無病而成繭，麥就實黃熟而豐厚，為善收。」(五一)綵：五色之帛。(五二)聲伎：聲音女伎。(五三)謝：謝罪。(五四)比屋：謂相連接之每戶人家。(五五)富庶：謂財物富饒，人戶眾多。(五六)陽羨：《新唐書・地理志》五：「江南東道常州義興縣，武德七年，析置臨津陽羨二縣，八年，省陽羨臨津，以義興來屬。」

㈠秋，七月，癸未，淮南將吳苗帥其徒八千人，踰城降楊行密。

㈡八月，壬寅朔，李茂貞奏隴州刺史薛知籌以城降，斬李昌符，滅其族。

㈢朱全忠引兵過亳州，遣其將霍存襲㊀謝殷，斬之。

㈣丙子，以李茂貞同平章事，充鳳翔節度使。以韋昭度守太保兼侍中。

㈤朱全忠欲兼兗鄆，而以朱瑄兄弟有功於己，攻之無名，乃誣瑄招誘宣武軍士，移書㊁誚讓㊂，瑄復書不遜㊃。【考異】編遺錄：「八月丙午，都指揮使朱珍以諸都將士，日有逃逸者，初未曉其端，今乃知為鄆師朱瑄，因前年與我師會合，討伐蔡寇，睹將士驍勇，潛有窺覦之心，密於境上，懸金帛招誘，如至者皆厚而納焉。積亡既多，上察之，且不平是事，因移文追索亡者，朱瑄來言不遜，上益怒其欺罔，乃議舉兵伐之。」新傳：「全忠與朱瑄情好篤密，而內忌其雄，且所據皆勁兵地，欲造怨乃圖之，即聲言瑄納汴亡命，移書讓瑄以新有恩於全忠，故荅檄恚望，全忠由是顯結其隙。」高若拙後史補曰：「梁太皇帝到梁園，深有大志，然兵力不足，常欲外掠，又慮四境之難，每有鬱然之狀。時有薦敬秀才于門下，乃白梁祖曰，明公方欲圖大事，輕重必為四境所侵，但令麾下將士，詐為叛者而逃，即明公奏於主上，及告四鄰，以自襲叛徒為名。梁祖曰，天降奇人，以佐於吾。初從其謀，一出而致眾十倍。」蓋翔為溫畫策，詐令軍士叛歸瑄，以為釁端也。

全忠遣其將朱珍、葛從周襲曹州，壬子，拔之，殺刺史丘弘禮，又攻濮㊄州，與兗鄆兵戰於劉橋㊅，殺數萬人，朱瑄朱瑾僅以身免，全忠與兗鄆始有隙㊆。

㈥秦彥以張雄兵彊，冀得其用，以僕射告身授雄，以尚書告身三通㊇授裨將㊈馮弘鐸等，廣陵人競以珠玉金繒，詣雄軍貿食㊉，通犀帶⑪一得米五升，錦衾一得糠五升，雄軍既富，不復肯戰，未幾復助楊行密。丁卯，彥悉出城中兵萬二千人，遣畢師鐸、鄭漢章將之，陳於城西，延袤⑫數里，軍勢甚盛，行密安臥帳中，曰：「賊近，告我。」牙將李宗禮曰：「眾寡不敵，宜堅壁⑬自守，徐圖還師。」李濤怒曰：「吾以順討逆，何論⑭眾寡！大軍至此，去將安歸？濤願將所部為前鋒，保⑮為公破之。」濤，趙州人也。行密乃積金帛麰⑯米於一寨，使羸⑰弱守之，多伏精兵於其旁，自將千餘人衝其陳，兵始交⑱，行密陽不勝而走，廣陵兵追之，入空寨，爭取金帛麴米，伏兵四起，廣陵眾亂，行密縱〔一九〕兵擊之，俘斬殆盡，積尸十里，溝瀆皆滿，師鐸、漢章，單騎僅免，自是秦彥不復言出師矣。

㈦九月，以戶部侍郎判度支張濬為兵部侍郎同平章事。

㈧高駢在道院，秦彥供給甚薄，左右無食，至然〔二〇〕木像煮革帶食之，有相啗〔二一〕者，彥與畢師鐸出師屢敗，疑駢為厭勝〔二二〕，外圍益急，恐駢黨有為內應者，有妖尼王奉仙言於彥曰：「揚州分野〔二三〕極災〔二四〕，必有一大人死，自此喜矣〔二五〕。」甲戌，命其將劉匡時殺駢并其子弟甥姪，無少長〔二六〕皆死，同坎瘞〔二七〕之。乙亥，楊行密聞之，帥士卒縞素〔二八〕，向城大哭三日。

㈨朱珍攻濮州，朱瑄遣弟罕將步騎萬人救之，辛卯，朱全忠逆擊罕於范〔二九〕，擒斬之。

㈩冬，十月，秦彥遣鄭漢章將步騎五千出擊張神劍高霸寨，破之，神劍奔高郵，霸奔海陵。

(十一)丁未，朱珍拔濮州，刺史朱裕奔鄆〔三〇〕，珍進兵攻鄆，瑄使裕詐遺珍書，約為內應，珍夜引兵赴之，瑄開門納汴軍，閉而殺之，死者數千人，汴軍乃退，瑄乘勝復取曹州，以其屬郭詞為刺史。

(十二)甲寅，立皇子陞為益王。

(十三)杜稜等拔常州，丁從實奔海陵。【考異】實錄：「五月，鏐攻常州，丁從實投高霸。」吳越備史，在十月，新紀，十月甲寅陷常州，今從之。錢鏐奉周寶歸杭州，屬櫜鞬㉛具部將禮㉜，郊迎之。

(十四)楊行密圍廣陵且㉝半年，秦彥、畢師鐸大小數十戰，多不利，城中無食，米斗直錢五十緡，草根木實皆盡，以堇泥㉞為餅食之，餓死者太半。宣軍掠人詣肆㉟賣之，驅縛屠割如羊豕，訖無一聲㊱，積骸流血，滿於坊市，彥師鐸無如之何，嚬蹙㊲而已。外圍益急，彥師鐸憂懣㊳，殆無生意㊴，相對抱膝，終日悄㊵然。行密亦以城久不下，欲引還，己巳夜，大風雨，呂用之部將張審威帥麾下士三百，晨伏於西壕，俟守者易代，潛登城啓關㊶，納其眾，守者皆不鬭而潰。先是彥師鐸信重尼奉仙，雖戰陳日時㊷、賞罰輕重，皆取決㊸焉，至是復咨於奉仙曰：「何以取濟？」奉仙曰：「走為上策。」乃自開化門出奔東塘，行密帥諸軍合萬五千人入城，以梁纘不盡節於高氏，為秦畢用，斬於戟門[44]之外，韓問聞之，赴井死。以高駢從孫愈攝副使，使改殯駢及其族，城中遺民[45]纔數百家，飢羸非復人狀[46]，行密輦西寨米[47]以賑之，行密自稱淮南留後。

(十五)秦宗權遣其弟宗衡將兵萬人度淮，與楊行密爭揚州，以孫儒為副，張佶、劉建鋒、馬殷及宗權族弟彥暉皆從。十一月，辛未，抵廣陵城西，據行密故寨，行密輜重之未入城者，為蔡人所得。秦彥畢師鐸至東塘，張雄不納，將度江趣宣州，宗衡召之，乃引兵還，與宗衡合，未幾，宗權召宗衡還蔡拒朱全忠，孫儒知宗權勢不能久，稱疾[48]不行，宗衡屢促[49]之，儒怒，甲戌，與宗衡飲酒，坐中手刃之[50]，傳首於全忠，宗衡將安仁義降於行密，仁義，本沙陀將[51]也，行密悉以騎兵委[52]之，列於田頵之上；儒分兵掠鄰州，未幾，眾至數萬，以城下乏食，與彥師鐸襲高郵。

(十六)初宣武都指揮使朱珍與排陳斬斫使李唐賓，勇略功名略相當[53]，全忠每戰，使二人偕往，無不捷，然二人素不相下[54]，珍使人迎其妻於大梁，不白全忠，全忠怒，追還其妻，殺守門者，使親吏蔣玄暉召珍，以漢賓(五五)代總(五六)其眾，館驛巡官(五七)馮翊敬翔諫曰：「朱珍未易輕取，恐其猜懼(五八)生變(五九)。」全忠悔，使人追止之，珍果自疑，丙子夜，珍置酒召諸將，唐賓疑其有異圖，斬關(六〇)奔大梁，珍亦棄軍，單騎繼至，全忠兩惜其才，皆不罪，遣還濮州，因引兵歸。全忠多權數，將佐莫測其所為，惟敬翔能逆(六一)知之，往往助其所不及，全忠大悅，自恨得翔晚，凡軍機(六二)民政，悉以咨(六三)之。【考異】薛居正五代史翔傳曰：「翔每有所裨贊，亦未嘗顯諫上，俛仰顧步間，微示持疑爾，而太祖已察，必改行之，故裨佐之跡，人莫得知。」按張昭遠莊宗列傳曰：「溫狡譎多謀，人不測其際，唯翔視彼舉措，即揣知其心，或有所不備，因為之助，溫大悅，自以為得翔之晚，故軍謀政術，一切諮之。」薛史誤。

㈦辛巳，高郵鎮遏使張神劍帥麾下二百人逃歸揚州。丙戌，孫儒屠高郵，戊子，高郵殘兵七百人潰圍(六四)而至，楊行密慮其為變，分隸(六五)諸將，一夕盡阬之，明日殺神劍於其第。楊行密恐孫儒乘勝取海陵，壬寅，命鎮遏使高霸帥其兵民，悉歸府城(六六)，曰：「有違命者，族之。」於是數萬戶棄資產，焚廬舍，挈老幼(六七)，遷於廣陵。戊戌，霸與弟晊，部將余繞山、前常州刺史丁從實至廣陵，行密出郭迎之，與霸晊約(六八)為兄弟，置其將卒於法雲寺。

(十八)己亥，秦宗權陷鄭州。

(十九)朝廷以淮南久亂，閏月，以朱全忠兼淮南節度使、東南面招討使。【考異】舊紀：「十一月，秦彥引孫儒之兵攻廣陵，行密遣使求援於朱全忠，制授全忠兼淮南節度使、行營兵馬都統。」薛居正五代史梁太祖紀，朝廷就加帝兼領淮南節度，在八月。十國紀年曰：「初僖宗聞淮南亂，以朱全忠兼淮南節度使，至是，行密遣使以破賊告。」朱全忠在十月初入揚州，時今從實錄。

(廿)陳敬瑄惡顧彥朗與王建相親，恐其合兵圖己，謀於田令孜，令孜曰：「建，吾子也，不為楊興元(六九)所容，故作賊耳，今折簡(七〇)召之，可致麾下。」乃遣使以書召之，建大喜，詣梓州見彥朗曰：「十軍阿父(七一)見召，當往省之，因見陳太師(七二)，求一大州，若得之，私願足矣。」乃留其家於梓州，帥麾下精兵二千，與從子宗鐬、假子宗瑤、宗弼、宗侃、宗弁俱西。宗瑤，燕人；姜郅、宗弼，許人；魏弘夫、宗侃，許人；田師侃、宗弁，鹿弁也。

(廿一)建至鹿頭關，西川參謀李乂謂敬瑄曰：「王建，虎也，奈何延之入室，彼安肯為公下(七三)乎？」敬瑄悔，亟遣人止之，且增修守備，建怒，破關而進，敗漢州刺史張頊於綿竹(七四)，遂拔漢州，進軍學射山，又敗西川將句惟立於蠶此(七五)，又拔德陽。敬瑄遣使讓(七六)

之，對曰：「十軍阿父召我來，及門(七七)而拒之，重(七八)為顧公所疑，進退無歸(七九)矣。」田令孜登樓慰諭之，建與諸將於清遠橋上(八〇)，髡髮(八一)羅拜(八二)，曰：「今既無歸，且辭阿父作賊矣。」顧彥朗以其弟彥暉為漢州刺史，發兵助建，急攻成都，【考異】始建宿衛之時，嘗領壁州刺史，光啓三年四月，已出為利州刺史，而舊紀、薛居正五代史、實錄、新紀，皆云，以壁州刺史攻城都，誤也。張彰耆舊傳曰：「光啓四年戊申，十月十日，田軍容除西川監軍使，此月到十一月一日，僖宗皇帝晏駕，昭宗即位，改文德元年，文德二年己酉，太師有除未下，聞朝廷降使三軍，百姓僧道詣驛就使車，訴論二十年鐵卷，有一人驛亭截耳，時有微雨，臥躧於泥，天使視之，無言，良久曰，不必，不必，索馬揮鞭便發，太師軍容專差親信，於人眾中，探使有何言，既聞，二人神色俱喪，乃理兵講武，更創置三都黃頭都，以親密者管之，諸軍頻閱隊。十月，探知朝廷除韋相公授西川節度使，已宣麻，軍容甚有懼色，乃以書召閬州王司徒，計其過綿州，即出兵拒之，令其怒，怒必攻諸州，所在出兵交戰，此是軍容計，恐韋相公來交代，以兵隔之，言王司徒來侵我，我所舉兵，蓋與王氏相敵，欲遮其反名。十二月二十日，驅人上城，一更出兵數千人，排於城外北面堤上，二十一日，王司徒大軍已至城下，於城北街去來鬬數合，已時，川軍被一時築過橋堤上，排者大走，並收入城，至暮王司徒收軍，宿七里亭，二十二日早，又進軍逼城，至午又退，止七里亭，二十三日早，引軍入新繁濛陽諸縣界，城內出軍，日有相持。此年十一月，改元龍紀，元年己酉二月二十五日，大戰三郊，郊當作交，乃各下數寨相守，所至縣邑，大遭焚燒，戶口逃竄。」十國紀年曰：「王建起兵攻成都，諸書歲月不同，蓋建事成之後，其徒以擅舉兵為恥，為之隱惡，襲據閬州，多言除移，尤諱光啓末寇西川攻陳敬瑄事，或移在文德年，韋昭度鎮蜀，敬瑄不受代後，或云朝廷削奪敬瑄官爵，建始會昭度討伐，皆若受命勤王之師，故李昊蜀書、毛文錫紀事、張彰錦里耆舊傳、楊堪平蜀德政碑、吳融生祠堂碑、馮涓大廳壁記、收復邛州壁記，皆當時撰錄，而自相抵牾。吳融云，歲在作噩之年，相國韋公奉命伐蜀，又云，聖上即位之明年，詔大丞相韋公鎮蜀，起兵屬丞相，以討不庭，尋拜公永平節度兼都指揮使。」今按舊僖宗紀：「光啓三年十二月，東川顧彥朗、壁州刺史王建，連兵五萬攻成都，陳敬瑄告難於朝，詔中使諭之。」唐年補錄：「光啓三年十二月，以西川陳敬瑄、東川顧彥朗相持，詔李茂貞移書和解。」與唐莊宗功臣列傳、唐烈祖實錄、五代史王建傳、莊宗實錄、范質五代通錄、王衍傳所載略同。韋昭度以文德元年六月，始除西川節度使，十月，至成都，陳敬瑄不受代，昭度表敬瑄叛，十二月丁亥，除昭度拒討使，王建永平節度使，據長歷，是年十二月甲子朔，丁亥二十四日也，龍紀元年丁酉歲，正月詔命始至成都，吳融據昭度受招討使歲月，故云作噩之年伐蜀，是歲乃昭宗即位之明年，韋公鎮蜀，在前一年，蓋融誤以伐蜀為鎮蜀耳。舊紀云：「文德元年六月，以韋昭度為西川節度、兩川招撫制置使。」新書昭宗本紀：「文德元年十月，陳敬瑄反，十二月丁亥，韋昭度為招討使。」皆是也。而舊紀誤云：「龍紀元年正月，除昭度東都留守，五月，王建陷成都，自稱留後。」新書陳敬瑄，全用張彰耆舊傳，云先除昭度節度使，然後田令孜召建，以限朝廷，與本紀及韋昭度傳，自相違戾，最為差繆。張彰自言年僅八十，追記為兒童以來平生見聞為耆舊傳，故其敘事鄙俚倒錯，與舊史年月不相符合，今從五代史王建傳。又新紀，文德元年六月，王建陷漢州，執刺史張頊，實錄：「龍紀元年正月，建破鹿頭關，張頊來拒戰，敗之。」按光啓三年十二月，韋昭度討陳敬瑄，以三漢州刺史顧彥暉為軍前指揮使，蓋其年冬，建破漢州顏彥朗，即以彥朗為刺史，新紀實錄皆誤，今從十國紀年。

日，不克而退，還屯漢州。敬瑄告難(八三)於朝，詔遣中使和解之，又令李茂貞以書諭之，皆不從。

(廿一)楊行密欲遣高霸屯天長，以拒孫儒，袁襲曰：「霸，高氏舊將，常挾(八四)兩端，我勝則來，不勝則叛，今處之天長(八五)，是自絕其歸路也，不如殺之。」己酉，行密伏甲執霸及丁從實、余繞山，皆殺之，又遣千騎掩(八六)殺其黨於法雲寺，死者數千人，是日、大雪寺外數坊，地皆赤，高晔出走，明日獲而殺之。呂用之之在天長也，紿楊行密曰：「用之有銀五萬鋌，埋於所居，克城之日，願備麾下(八七)一醉之資(八八)。」庚戌，行密閱(八九)士卒，顧用之曰：「僕射許此曹銀，何食言(九〇)邪！」因牽下械繫，命田頵鞫之，云：「與鄭杞、董瑾謀，因中元(九一)夜邀高駢至其第，建黃籙齋(九二)，乘其人靜(九三)，縊殺之，聲言上升(九四)，因令莫邪都帥諸軍推用之為節度使。」是日，胥斬用之，怨家刳割立盡，幷誅其族黨(九五)，軍士發其中堂，得桐人書駢姓名於胷，桎梏而釘之。袁襲言於行密曰：「廣陵飢弊已甚，蔡賊復來，民必重困(九六)，不如避之。」甲寅，行密遣和州將延陵宗以其眾二千人歸和州，乙卯，又命指揮使蔡儔將兵千人、輜重數千兩(九七)，歸於廬州。

(廿三)趙暉據上元，會周寶敗，浙西潰卒多歸之，眾至數萬，暉遂自驕大(九八)，治南朝臺城(九九)而居之，服用奢僭(一〇〇)。張雄在東塘，暉不與通問(一〇一)，雄泝江而上，暉以兵塞(一〇二)其中流，雄怒，戊午，攻上元，拔之，暉奔當塗(一〇三)，未至，為其下所殺，餘眾降雄，悉阬之。

(廿四)朱全忠遣內客將張廷範致朝命(一〇四)於楊行密，以行密為淮南節度副使，又以宣武行軍司馬李璠為淮南留後，遣牙將郭言將兵千人送之。感化節度使時溥自以於全忠為先進(一〇五)，官為都統，顧(一〇六)不得領淮南，而全忠得之，意甚恨望，全忠以書假道於溥，溥不許，璠至泗州，溥以兵襲之，郭言力戰，得免而還，徐汴始構怨(一〇七)。

(廿五)十一月，【考異】長歷，閏十一月庚子朔，十二月己巳朔，新舊紀，閏月無事不見，新紀十二月癸巳在此月，是亦以十一月為閏，妖亂志有後十一月，十國紀年亦閏十一月，惟薛居正五代史梁紀，十二月後有閏月，實錄閏十二月庚子朔，今不取。癸巳，秦宗權所署山南東道留後趙德諲陷荊南，節度使張瓌留其將王建肇守城，而去，遺民纔數百家。

(十六)饒州刺史陳儒陷衢州。

(十七)上蔡賊帥馮敬章陷蘄州。

(十八)乙未，周寶卒於杭州。【考異】吳越備史，寶病卒，實錄，鏐迎至郡，氣卒於樟亭驛，新紀，十月丁卯，鏐殺周寶，十國紀年，此月乙未，寶卒，或曰鏐殺之，新傳云，鏐迎寶舍樟亭未幾殺之。今從吳越備史。

(十九)錢鏐以杜稜為常州制置使，命阮結等進攻潤州，丙申，克之，劉浩走，擒薛朗以歸。【考異】吳越備史：「明年正月丙寅，克潤州，斬薛朗。」按朗斬於杭州，必不同在一日，今從十國紀年。

【今註】㈠襲：掩襲。㈡移書：通書。㈢誚讓：責斥。㈣遜：謙遜。㈤僕：當作濮。㈥劉橋：胡三省曰：「劉橋在曹州乘氏縣東北，濮州范縣西南。」㈦隙：釁隙。㈧通：猶件。㈨裨將：偏將。㈩貿食：交易糧食。(十一)通犀帶：通天犀帶。胡三省曰：「舊說，犀之通天者惡影，常飲濁水，重霧厚露之夜，不濡其裏，白星徹端，世云犀望星而徹角，即此也。可以破水駭雞，又犀之美者有光，故雞見影而驚。」(十二)袤：長，音茂。(十三)堅壁：固守營壁。(十四)何論：猶何管。(十五)保：保證。(十六)麰：小麥，音牟。(十七)羸：瘦弱。(十八)兵始交：謂始交鋒。(十九)縱：恣。(二十)然：通然。(二一)啗：同啖。(二二)厭勝：以妖術或咒詛厭伏其人。(二三)分野：謂列宿所當之區域。(二四)極災：大災。(二五)自此喜矣：謂自此安樂矣。㉖無少長：謂無論少長。㉗瘞：埋。㉘縞素：白色喪服。㉙范：《九域志》：「范縣在濮州東六十里。」㉚鄆：《九域志》：「濮州東至鄆州，一百八十里。」㉛屬櫜鞬：屬，著；櫜，盛箭之囊；鞬，弓袋。櫜音羔。㉜具部將禮：杭州本鎮海巡屬，故鏐以部將禮迎賓。㉝且：將。㉞菫泥：黏土。㉟肆：市肆。㊱訖無一聲：謂始終無一言以禁止之。㊲嚬蹙：攢眉為嚬，皺頞為蹙。㊳懣：憤鬱，音悶。㊴殆無生意：謂殆無生氣。㊵悄：憂。㊶啓關：啓開橫持門戶之木棍，亦即啓開城門。㊷戰陳日時：謂作戰之日及時。㊸決：決斷。㊹戟門：胡三省曰：「唐設戟之制，廟社宮殿之門二十有四，東宮之門一十有八，一品之門十六，二品及京兆、河南、太原尹、大都督、大都護之門十四，三品及上都督、中都督、上都護、上州之門，十二，下都督、下都護、中州、下州之門，各十，設戟於門，故謂之戟門。」㊺遺民：遺剩之民。㊻非復人狀：謂無有人狀。㊼輂西寨米：輂，謂以車運，楊行密寨在廣陵城西，故曰西寨。㊽稱疾：託言有疾。㊾促：催促。㊿手刃之：謂親刃之。(51)仁義，本沙陀將：路振《九國志》：「安仁義初事李國昌於塞上，以過奔河陽，因入秦宗權軍中。」(52)委：任。(53)略相當：謂不分上下。(54)相下：肯居對方之下。(55)漢賓：當作唐賓。(56)總：總領。(57)館驛巡官：《新唐書・百官志》四：「節度使屬官有行軍司馬、副使、判官、支使、掌書記、推官、巡官、衙推各一人，同節度副使十人，館驛巡官四人。」(58)猜懼：猜疑畏懼。(59)生變：發生變故。(60)斬關：謂砍斷橫持門戶之木。(61)逆：預先。(62)軍機：軍中之機務。(63)咨：詢問。(64)潰圍：潰散衝圍。(65)隸：屬。(66)府城：揚州府城。(67)挈老幼：扶老攜幼。

(六八)約：約誓。(六九)楊興元：謂楊守亮，事見上卷三年。(七〇)折簡：猶裁書。(七一)十軍阿父：令孜先為神策十軍觀軍容使，以建為假子，故建如此稱之。(七二)陳太師：帝自成都東還，進陳敬瑄為檢校太師。(七三)為公下乎：謂為公之下乎。(七四)綿竹：《九域志》：「綿竹在漢州東北九十三里。」(七五)蠶此：《九域志》：「成都府成都縣有蠶此鎮。」(七六)讓：微責。(七七)及門：至門。(七八)重：復。(七九)無歸：謂無所歸。(八〇)田令孜登樓慰諭之，建與諸將於清遠橋上：胡三省曰：「成都南門樓，即太玄樓也，樓前有清遠橋。」(八一)髡髮：謂剪去其髮，以示有罪之狀。(八二)羅拜：羅列而拜。(八三)告難：猶告急。(八四)挾：挾持。(八五)天長：據《新唐書．地理志》五，天長屬揚州。(八六)掩：掩襲。(八七)麾下：部下。(八八)資：資財。(八九)閱：校閱。(九〇)食言：謂吞食其言，而不實踐。(九一)中元：道家以正月十五為上元，七月十五為中元，十月十五為下元。(九二)黃籙齋：胡三省曰：「黃籙大齋者，普召天神地祇人鬼，而設醮焉，追懺罪根，冀升仙界，以為功德不可思議。」(九三)入靜：胡三省曰：「道家所謂入靜，即禪家入定而稍異，入靜者靜處一室，屏去左右，澄神靜慮，無思無營，冀以接天神。」(九四)上升：謂升仙。(九五)族黨：宗族黨徒。(九六)重困：謂愈困。(九七)兩：通輛。(九八)驕大：謂自驕自大。(九九)臺城：胡三省曰：「隋之平陳也，悉毀建康臺城，平蕩耕墾，更於石頭城置蔣州；唐廢蔣州，以其地隸潤州，光啓二年，復置昇州，治上元縣，蓋臺城之堙廢久矣。」(一〇〇)奢僭：奢侈僭妄。(一〇一)問：音問。(一〇二)塞：杜塞。(一〇三)當塗：今安徽省當塗縣，在蕪湖縣東北。(一〇四)朝命：朝廷之命令。(一〇五)先進：猶先輩。(一〇六)顧：猶反。(一〇七)構怨：結怨。

文德元年（西元八八八年）

㈠春，正月，甲寅，孫儒殺秦彥、畢師鐸、鄭漢章，彥等之歸宗衡也，其眾猶二千餘人，其後稍稍㈠為儒所奪，裨將唐宏知其必及禍，恐并死㈡，乃誣告彥等潛召汴軍，儒殺彥等，以宏為馬軍使。

㈡張守一與呂用之同歸楊行密，復為諸將合仙丹㈢，又欲干㈣軍府之政，行密怒而殺之。

㈢蔡將石璠將萬餘人寇陳亳，朱全忠遣朱珍、葛從周將數千騎擊擒之。癸亥，以全忠為蔡州四面行營都統，代時溥，【考異】新紀：「正月癸亥，全忠為蔡州都統。」編遺錄：「二月癸未，上以時溥阻我兼鎮，且事奏聞，丙戌，上奏唐帝正月二十五日制命，授蔡州四面行營都統。」則丙戌乃全忠受詔之日。實錄，薛居正五代史，皆云三日丙戌，因此而誤也。舊紀：「五月丁酉朔，制以全忠為蔡州都統。」日月九誤，今從編遺錄，新紀。諸鎮兵皆受全忠節度。

㈣張廷範至廣陵，楊行密厚禮之，及聞李璠來為留後，怒有不受之色㈤，廷範密使人白全忠，宜自以大軍赴鎮，全忠從之，至宋州，廷範自廣陵逃來曰：「行密未可圖也。」甲子，李璠至，言徐軍遮道㈥，全忠乃止。

㈤丙寅，錢鏐斬薛朗，【考異】新紀：「丙寅，薛朗伏誅，鏐陷潤州。」十國紀年：「丁巳，斬朗。」今從吳越備史。剖其心以祭周寶，以阮結為潤州制置使。

㈥二月，朱全忠奏以楊行密為淮南留後。

㈦乙亥，上不豫[七]，壬午，發鳳翔，己丑，至長安，庚寅，赦天下，改元，以韋昭度兼中書令。

㈧魏博節度使樂彥禎驕泰[八]不法[九]，發六州[一〇]民，築羅城方八十里[一一]，人苦其役，其子從訓尤凶險，既殺王鐸，魏人皆惡之，從訓聚亡命[一二]五百餘人為親兵，謂之子將[一三]，牙兵疑之，籍籍[一四]不安，從訓懼，易服逃出，止於近縣，彥禎因以為相州刺史，從訓遣人至魏運甲兵金帛，交錯[一五]於路，牙兵益疑，彥禎懼請避位，居龍興寺為僧，【考異】舊傳，彥禎危懼而卒，實錄：「彥禎懼，自求避位，退居龍興寺，軍眾迫令為僧。」舊紀：「魏博兵亂，逐彥禎。」若卒，不應云逐，今從實錄。眾推都將趙文玠知留後事。從訓引兵三萬至城下，文玠不出戰，眾復殺之，推牙將貴鄉羅弘信知留後事。先是人有言見白須[一六]翁言：「弘信當為地主[一七]者。」文玠既死，眾聚呼曰：「誰欲為節度使者？」弘信出應曰：「白須翁已命我矣。」眾環視[一八]曰：「可也。」

遂立之。弘信引兵出與從訓戰，敗之，從訓收餘眾保內黃(一九)，魏人圍之。先是朱全忠將討蔡州，遣押牙雷鄴以銀萬兩請糴於魏，牙兵既逐彥禎，殺鄴於館(二〇)，從訓既敗，乃求救於全忠。

(九)初河陽節度使李罕之與張全義刻臂為盟(二一)，相得(二二)歡甚，罕之勇而無謀，性復貪暴，意輕全義，聞其勤儉力穡(二三)，笑曰：「此田舍一夫耳(二四)。」全義聞之，不以為忤(二五)。罕之屢求穀帛，全義皆與之，而罕之徵求無厭(二六)，河南不能給，小不如所欲，輒械河南主吏(二七)至河陽(二八)杖之，河南將佐(二九)皆憤怒，全義曰：「李太尉(三〇)所求，奈何不與？」竭力奉之，狀若畏之者，罕之益驕。罕之所部不耕稼，專以剽掠為資(三一)，啗(三二)人為糧，至是，悉其眾攻絳州，絳州刺史王友遇降之，進攻晉州，護國節度使王重盈密結全義以圖之，全義潛發屯兵(三三)，夜乘虛襲(三四)河陽，黎明入三城(三五)，罕之踰垣步走，全義悉俘其家，遂兼領河陽節度使，罕之奔澤州(三六)，求救於李克用。

(十)三月，戊戌朔，日有食之，既(三七)。【考異】舊紀：「僖宗、百僚上徽號曰聖文睿德光武弘孝皇帝，三月戊戌朔，御正殿受冊。」昭宗紀：「大順元年正月戊子朔，百僚上徽號曰聖文睿德光武弘孝皇帝。」豈有二帝徽號正同！今從新紀，止是昭宗尊號。

(十一)己亥，上疾復作㊳，壬寅，大漸㊴，皇弟吉王保長而賢，羣臣屬望㊵，十軍觀軍容使楊復恭請立其弟壽王傑，是日，下詔立傑為皇太弟，監軍國事，【考異】唐年補錄：「僖宗御樓後，疾復，暴崩，楊復恭等秘喪不發，時十六宅諸王從行，乃於六宅中推帝為監國，帝之上有盛王、儀王，皆懿宗之子，帝居六宅之第三人，舊紀，羣臣以吉王最賢，又在壽王之上，將立之，唯楊復恭請以壽王監國。」按昭宗、懿宗第七子，吉王保第六，新舊傳懿宗八子無盛王、儀王，今從舊紀。右軍中尉劉季述遣兵迎傑於六王宅㊶，入居少陽院㊷，宰相以下就見之㊸。癸卯，上崩於靈符殿㊹，遺制太弟傑更名敏，以韋昭度攝冢宰，昭宗即位，體貌明粹㊺，有英氣㊻，喜文學，以僖宗威令不振㊼，朝廷日卑，有恢復前烈㊽之志，尊禮大臣，夢想賢豪㊾，踐阼之始，中外忻忻焉㊿。

(十二)朱全忠裹糧〔五一〕於宋州，將攻秦宗權，會樂從訓來告急，乃移軍屯滑州，遣都押牙李唐賓等將步騎三萬攻蔡州，遣都指揮使朱珍等分兵救樂從訓，【考異】薛居正五代史珍傳曰：「珍軍於內黃，敗樂從訓萬餘人。」按珍往救從訓，而云敗從訓，誤也。葛從周傳曰：「從太祖度河，拔黎陽，李固臨河等鎮，至內黃，破魏軍萬餘眾。」據薛史紀傳皆云，太祖遣朱珍等救從訓，獨從周傳云從太祖，恐誤也。自白馬〔五二〕濟河，下黎陽〔五三〕、臨河〔五四〕、李固三鎮，進至內黃〔五五〕，敗魏軍萬餘人，獲其將周儒等十人。

(十三)李克用以其將康君立為南面招討使，督李存孝、薛阿檀、史儼、安金俊、安休休五將、騎七千，助李罕之改河陽，張全義嬰城(五六)自守，城中食盡，求救於朱全忠，以妻子為質。

(十四)王建改彭州，陳敬瑄救之，乃去，建大掠，西川十二州(五七)皆被其患。

(十五)夏，四月，庚午，追尊上母王氏曰恭憲皇后。

(十六)壬午，孫儒襲揚州，克之，【考異】實錄，儒陷揚州在五月，恐是約奏到日，今據舊紀云，四月壬午朔，新紀云戊辰，妖亂志云四月癸未朔，甲申儒陷揚州，吳錄十國紀年無日，但云四月，今從舊紀、紀年。陽行密出走，儒自稱淮南節度使，行密將奔海陵，袁襲勸歸廬州，再為進取之計，從之。

(十七)朱全忠遣其將丁會、葛從周、牛存節將兵數萬救河陽，李存孝令李罕之以步兵攻城，自帥騎兵逆戰於溫(五八)，河東軍敗，安休休懼罪奔蔡州，汴人分兵欲斷太行路(五九)，康君立等懼，引兵還，全忠表丁會為河陽留後，復以張全義為河南尹。會，壽春(六〇)人；存節，博昌人也。全義德全忠出己(六一)，由是盡心附(六二)之，全忠每出戰，全義主(六三)給其糧仗，無乏。李罕之為澤州刺史，領河陽節度使，罕之留其子頎事克用，身(六四)還澤州，專以寇鈔(六五)為事，自懷、孟、晉、絳數百里間，州無刺史，縣無令長(六六)，田無麥禾，邑無煙火(六七)者，殆將十年。河中絳州之間有摩雲山(六八)，絕高，民保聚(六九)其上，寇盜莫能近，罕之攻拔之，時人謂之李摩雲。

(十八)樂從訓移軍洹水，羅弘信遣其將程公信擊從訓，斬之，與父彥禎皆梟首軍門，癸巳，遣使以厚幣犒(七〇)全忠軍，請修好，全忠乃召軍還，詔以羅弘信權知魏博留後。

(十九)歸州刺史郭禹擊荊南，逐王建肇，建肇奔黔州，詔以禹為荊南留後。荊南兵荒(七一)之餘(七二)，止有一十七家，禹勵精為治，撫集彫殘(七三)，通商務農，晚年(七四)殆及萬戶。時藩鎮各務兵力相殘(七五)，莫以養民為事，獨華州刺史韓建招撫流散，勸課(七六)農桑，數年之間，民富軍贍(七七)，時人謂之北韓南郭。秦宗權別將常厚據夔州，禹與其將汝陽(七八)許存攻奪之，久之，朝廷以禹為荊南節度使，建肇為武泰節度使(七九)，禹奏復姓名為成汭。

(廿)加李克用兼侍中。

(廿一)五月，己亥，加朱全忠兼侍中。

（廿二）趙德諲既失荊南，且度（八〇）秦宗權必敗，壬寅，舉山南東道（八一）來降，且自託於朱全忠，全忠表請以德諲自副（八二），制以山南東道為忠義軍，以德諲為節度使，充蔡州四面行營副都統。

（廿三）朱全忠既得洛孟，無西顧之憂，乃大發兵擊秦宗權，大破宗權於蔡州之南，克北關門（八三），宗權屯守中州（八四），全忠分諸將為二十八寨以環（八五）之。

（廿四）加鳳翔節度使李茂貞檢校侍中。

（廿五）陳敬瑄方與王建相攻，貢賦中絕，建以成都尚彊，退無所掠，欲罷兵，周庠、綦毋諫以為不可，庠曰：「卭州城塹完固，食支（八六）數年，可據之以為根本。」建曰：「吾在軍中久，觀用兵者，不倚天子之重，則眾心易離，不若疏敬瑄之罪，表請朝廷，命大臣為帥，而佐之，則功庶（八七）可成。」乃使庠草表，請討敬瑄以贖罪，因求卭州，顧彥朗亦表請赦建罪，移敬瑄它鎮，以靖兩川。初黃巢之亂，上為壽王，從僖宗幸蜀，時事出倉猝，諸王多徒行（八八），至山谷中，壽王疲乏，不能前，臥磻石（八九）上，田令孜自後至，趣（九〇）之行，王曰：「足痛，幸軍容給一馬。」令孜曰：「此深山，安得馬？以鞭抶(九一)王使前。」王顧而不言，心銜(九二)之，及即位，遣人監西川軍，令孜不奉詔，上方憤(九三)藩鎮跋扈(九四)，欲以威(九五)制之，會(九六)得彥朗建表，以令孜所恃者，敬瑄耳。六月，以韋昭度兼中書令，充西川節度使、兼兩川招撫制置等使，徵敬瑄為龍武統軍。王建軍新都，時綿竹(九七)土豪何義陽、安仁(九八)、費師懃等，所在擁兵自保(九九)，眾或萬人，少者千人，建遣王宗瑤說之，皆帥眾附於建，給其資糧，建軍復振。

(廿六)置佑國軍於河南府，以張全義為節度使。

(廿七)秋，七月，李罕之引河東兵寇河陽，丁會擊却之。

(廿八)升鳳州為節度府，割興、利州隸之，以鳳州防禦使滿存為節度使同平章事。

(廿九)以權知魏博留後羅弘信為節度使。

(卅)八月，戊辰，朱全忠拔蔡州南城。

(卅一)楊行密畏孫儒之逼，欲輕兵襲洪州，袁襲曰：「鍾傳定江西已久，兵強食足，未易圖㊂也。趙鍠新得宣州，怙㊁亂殘暴，眾心不附，公宜卑辭㊂厚幣，說和州孫端、上元張雄，使自采石濟江，侵其境，彼必來逆戰，公自銅官㊂濟江會之，破鍠必矣。」行密從之，使蔡儔守廬州，帥諸將濟自糝潭㊃，孫瑞張雄為趙鍠所敗，鍠將蘇塘、漆朗將兵二萬屯曷山㊄，袁襲曰：「公引兵急趣曷山，堅壁自守，彼求戰不得，謂我畏怯，因其怠㊅，可破也。」行密從之，塘等大敗，遂圍宣州，鍠兄乾之自池州㊆帥眾救宣州，行密使其將陶雅擊乾之於九華㊇，破之，乾之奔江西，以雅為池州制置使。

㊈九月，朱全忠以饋運不繼，且秦宗權殘破，不足憂，引兵還，丙申，遣朱珍將兵五千，送楚州刺史劉瓚之官。

㊉錢鏐遣其從弟銶將兵攻徐約於蘇州。

㊊冬，十月，徐兵㊋邀朱珍劉瓚，不聽前，珍等擊之，取沛滕二縣，斬獲萬計。

㊌孟方立遣其將奚忠信將兵三萬襲遼州，李克修邀擊，大破之，擒忠信，送晉陽。

㈥辛卯，葬惠聖恭定孝皇帝於靖陵㈩，廟號僖宗。
㈦陳敬瑄田令孜聞韋昭度將至，治兵完城㈡以拒之。
㈧十一月，時溥自將步騎七萬屯吳康鎮㈢，朱珍與戰，大破之，朱全忠又遣別將攻宿州，刺史張友降之。
㈨丙申，秦宗權別將攻陷許州，執忠武留後王蘊，復取許州。
㈩十二月，蔡將申叢執宗權，折其足而囚之，降於全忠，全忠表叢為蔡州留後。
㈠初感義節度使楊晟既失興鳳，走據文龍成茂四州，王建攻西川，田令孜以晟己之故將㈢，假威戎軍節度使，使守彭州，王建攻彭州，陳敬瑄眉州刺史山行章將兵五萬壁新繁㈣，以救之。
㈡丁亥，以韋昭度為行營招討使，山南西道節度使楊守亮副之，東川節度使顧彥朗為行軍司馬，割邛、蜀、黎、雅，置永平軍，以王建為節度使，治邛州，充行營諸軍都指揮使。
㈢戊子，削陳敬瑄官爵。
㈣山南西道節度使楊守厚陷夔州。

【今註】 (一)稍稍：漸漸。(二)并死：皆死。(三)仙丹：神仙之藥，以內中主要者為丹砂，故曰仙丹。(四)干：干預。(五)不受之色：謂不受之神色。(六)徐軍遮道：徐軍謂時溥軍。遮，攔。(七)不豫：不安豫。(八)驕泰：驕倨侈泰。(九)不法：不守法度。(十)六州：謂魏、博、貝、相、澶、衛。(十一)羅城方八十里：羅城，魏州羅城，此方八十里，當係指周匝八十里而言，否則方八十里，為八十里之自乘，豈不甚大乎！(十二)亡命：謂無真姓名籍貫者。(十三)子將：謂兒子將士。(十四)籍籍：紛紛。(十五)交錯：交互以喻車輛之多。(十六)須：通鬚。(十七)地主：本地之主人，亦即知本地之官長。(十八)環視：環圍而視之。(十九)內黃：《九域志》：「內黃在魏州西南一百二十四里。」(二十)館：客館。(二十一)刻臂為盟：刻臂猶割臂，其方式當與光啓三年文所載：「命取酒，割臂血，瀝酒共飲之。」大致相同。(二十二)相得：謂意氣相投。(二十三)力穡：努力稼穡。(二十四)田舍一夫耳：謂田舍間一匹夫耳，乃係中古輕蔑人語。(二十五)忤：忤逆。(二十六)無厭：謂無有厭足。(二十七)主吏：主管之吏。(二十八)河陽：《九域志》：「河南東北至河陽八十五里。」(二十九)將佐：將士僚佐。(三十)李太尉：罕之曾拜為檢校太尉，故以此稱之。(三十一)資：猶本。(三十二)啗：同啖。(三十三)全義潛發屯兵：張全義尹河南，十八縣各置屯將，及領屯兵，屯兵、即民兵也。(三十四)襲：掩襲。(三十五)三城：河陽有南城、北城、中潭城。(三十六)澤州：《九域志》：「河陽北至澤州九十里。」(三十七)既：盡。(三十八)作：發作。(三十九)大漸：彌篤。(四十)屬望：謂冀望所寄。(四十一)六王宅：帝兄弟八人，侹早薨，見王六人，居六王宅。(四十二)少陽院：太子所居之處。(四十三)就見之：謂就少陽院而見之。(四十四)上崩於靈符殿：享年二十七。按新、舊《唐書‧僖宗紀》，靈符殿皆作武德殿。(四十五)明粹：睿明醇粹。(四十六)英氣：英俊之氣。

(47)不振：猶不舉。(48)前烈：先人功烈。(49)夢想賢豪：以言其求賢之殷渴。(50)忻忻：喜悅。(51)裹糧：猶運糧。(52)白馬：據《新唐書・地理志》二，白馬縣屬河南道滑州。(53)黎陽：據同志三，黎陽屬河北道衞州。(54)臨河、李固：《九域志》：「澶州有臨河縣，在州西六十里。魏州魏縣有李固鎮。」(55)內黃：據《新唐書・地理志》三，內黃屬河北道魏州。(56)嬰城：猶據城。(57)西川十二州：十二州謂益、彭、蜀、漢、嘉、眉、邛、簡、資、雅、黎、茂。(58)溫：據《新唐書・地理志》三，溫縣屬河北道孟州。(59)太行路：胡三省曰：「太行路在河陽北，河東兵之歸路也。」(60)壽春：據《新唐書・地理志》五，壽春屬淮南道壽州。(61)出己：謂出己於難。(62)附：歸附。(63)主：謂主管。(64)身：本人。(65)鈔：通抄，抄掠。(66)縣無令長：大縣曰令，小縣曰長。(67)煙火：亦即人煙。(68)摩雲山：亦即摩天山，以喻山之峻極。(69)保聚：保守聚集。(70)犒：犒勞。(71)兵荒：兵馬荒亂。(72)餘：猶後。(73)彫殘：彫弊殘傷。(74)晚年：胡三省曰：「昭宗天復三年，成汭為淮南將李神福所敗而死，所謂晚年，殆此時也。」(75)兵力相殘：謂以兵力互相殘殺。(76)勸課：勸勵考課。(77)軍贍：謂軍之給養充足。(78)汝陽：據《新唐書・地理志》二，汝陽屬河南道蔡州。(79)武泰節度使：黔州、武泰軍。(80)度：量。(81)舉山南東道：山南東道治所在襄陽。(82)自副：謂為己之副。(83)北關門：謂北城之門。(84)中州：蔡州中城。(85)環：環繞，亦即圍也。(86)支：支持。(87)庶：庶幾。(88)徒行：步行。(89)磻石：磻通盤。謂大石。(90)趣：讀曰促。(91)抶：擊，音ㄔˋ。(92)衙：同衙。(93)憤：忿恨。(94)跋扈：強梁。(95)威：威勢。(96)會：適。(97)綿竹：據《新唐書・地理志》六，綿竹屬劍南道漢州。(98)安仁：據同志六，安仁屬卭州。㊈保：保守。㊉圖：圖謀。㊀怙：恃，音ㄏㄨˋ。㊁卑辭：謂言辭卑遜。㊂銅官：胡三省曰：「今池州東北一百四十里銅陵縣，有銅官渚。」㊃樛潭：《九域志》：「無為軍無為縣有樛澤鎮。」㊄碣山：胡三省曰：「宣州當塗縣西南有碣山，其東則東梁山。」㊅怠：懈怠。㊆池州：《九域志》：「池州東至宣州，三百二十五里。」㊇九華：胡三省曰：「九華山在池州青陽縣界，舊名九子山，李白以峯有如蓮華，改曰九華。」㊈徐兵：時溥之兵。㊉靖陵：《新唐書・地理志》一：「京兆府奉天，靖陵在東北十里。」㊀完城：完治城郭。㊁吳康鎮：《舊五代史・朱珍傳》：「珍乃攻豐下之，時溥乃以全師會戰於豐南吳康里。」㊂田令孜以晟己之故將：楊晟故神策指揮使。㊃新繁：《九域志》：「新繁在成都府西北二十五里。」

卷二百五十八　唐紀七十四

司馬光　編集
曲守約　註

起屠維作噩，盡重光大淵獻，凡三年。（己酉至辛亥，西元八八九年至八九一年）

昭宗聖穆景文孝皇帝上之上

龍紀元年（西元八八九年）

㈠春，正月，癸巳朔，赦天下，改元。【考異】唐年補錄曰：「正月癸巳改文德二年為龍紀元年，百寮上帝徽號曰聖文睿德光武弘孝皇帝。」新舊紀，實錄明年正月乃上尊號補錄誤也。舊紀又云：「以劍南西川節度兩川招撫制置使韋昭度為東都留守。」按昭度大順二年乃為留守，舊紀誤也，今皆從實錄。

㈡以翰林學士承旨兵部侍郎劉崇望同平章事。

㈢汴將龐師古拔宿遷㊀，軍於呂梁㊁，時溥逆戰，大敗，還保彭城。

㈣壬子，蔡將郭璠殺申叢，送秦宗權於汴。【考異】實錄：「申叢裴涉欲復立宗權為帥汴將李璠知之斬叢涉，以宗權送汴州。」薛居正五代史：「初申叢縛宗權，折足而囚之，雖納款於大祖，欲自獻於長安以邀旄鉞，及姦謀不就乃欲復奉宗權以接取出柄，為其將郭璠所殺，繫宗權送于太祖，即以璠為留後。太祖遣統判官韋震奏事，且疏時溥之罪，願委討伐，仍請滄兗二帥之命。」按全忠若自求兼領滄兗二鎮，則明年朝廷命兼領滑州，全忠猶辭不受，今豈敢遽求滄兗邪？若為滄兗二帥求之，則兗帥朱瑾乃其仇讎也，當時不知全忠欲以何人為滄帥，諸書皆無其名，薛史實錄皆云，申叢欲復立宗權。按叢折宗權足而囚之，豈有復奉為帥之理！蓋郭璠欲奪其功，誣之云爾。新舊紀、五代紀傳皆云，郭璠殺申叢，而實錄云李璠，誤也，李璠乃檻送宗權者。告朱全忠云：「叢謀復立宗權。」全忠以璠為淮西留後。

㈤戊申，王建大破山行章於新繁，殺獲近萬人，行章僅以身免，楊晟懼，徙屯三交，行章屯濛陽㊂，與建相持。

㈥二月，朱全忠送秦宗權至京師，斬於獨柳，【考異】舊紀：「汴州行軍司馬李璠監送秦宗權並妻趙氏以獻，斬於獨柳。」實錄：「二月，全忠獻宗權，斬於獨柳。」新紀：「二月戊辰，朱忠俘宗權以獻，己丑，宗權伏誅。」按宗權正月離汴，不應二月始至長安，戊辰獻俘，不應至己丑始伏誅，故但云二月。京兆尹孫揆監刑，宗權於檻車中引首㊃謂揆曰：「尚書察宗權，豈反者邪！但輸忠不效㊄耳。」觀者皆笑。揆，逖之族孫㊅也。

㈦三月，加朱全忠兼中書令，進爵東平郡王。【考異】舊紀在四月封東平郡王，薛居正五代史在三月，亦云封東平，今從實錄上加中書令。全忠既克蔡州，軍勢益盛。加奉國節度使趙德諲中書令㊆，加蔡州節度使趙犨同平章事，充忠武節度使，以陳州為理所㊇，會犨有疾，悉以軍府事授其弟昶，表乞骸骨，詔以昶代為忠武節度使，未幾犨薨。【考異】薛居正五代史趙犨傳曰：「文德元年，蔡州平，朝廷議勳，犨檢校司徒充泰寧軍節度使，又改授浙西節度使，不離宛丘，兼領二鎮。龍紀元年三月，又以平勸蔡功，就加平章事，充忠武節度使㊈，仍以陳州為理所。犨一日念弟昶共立軍功，乃下令盡以軍州事付於昶，遂上表乞骸，後數月，寢疾卒。」昶傳曰：「犨遙領泰寧軍節度使，以昶為本州刺史，俄而犨有疾，遂以軍州盡付於昶，詔授兵馬留後，旋遷忠武軍節度使，亦以陳州為理所。時宗權未滅，陳蔡封疆相接，昶每選精銳，深入蔡境，蔡賊雖眾，終不能抗，以至宗權敗焉。」上云：「蔡州平，以犨為忠武節度使。」下云：「昶為節度使，時宗權未滅。」自相違，今從犨傳。

㈧丙申，錢鏐拔蘇州，徐約亡入海而死，錢鏐以海昌都將沈粲權知蘇州。

㈨夏，四月，賜陝虢軍號保義。

㈩五月，甲辰，潤州制置使阮結卒，錢鏐以靜江都將成及代之。

(十一)李克用大發兵，遣李罕之、李存孝攻孟方立。六月，拔磁洺二州，方立遣大將馬溉、袁奉韜將兵數萬拒之，戰於琉璃陂，方立兵大敗，二將皆為所擒，克用乘勝進攻邢州，方立性猜忌⑩，諸將多怨，至是皆不為方立用，方立慙懼，飲藥死，弟攝洺州刺史遷，素⑪得士心，眾奉之為留後，【考異】實錄：「克用以弟克修守潞遣澤州刺史安金俊討方立，方立因結諸鎮救援，其將奚忠信攻遼州，克用復遣李罕之等急攻，方立將馬溉出戰，為罕之所擒，溉謂曰，欲圖邢州，當先取磁州，及幷師圍磁州，方立與奚忠信、帥兵大戰，軍敗，陷磁州，而方立單騎還邢州，忠信死焉，方立愧之，乃自圖死，三軍立其弟遷，求援汴州，朱全忠遣王虔裕走之，鎮州王鎔遣克用書而退。」唐年補錄：「方立有謀將石元佐為金俊於獲，金俊問之，元佐請攻磁州，破奚忠信，金俊乃殺之，方立果與忠信引兵入磁，金俊與之戰，大敗，忠信死，方立單騎入邢州，愧見父老，遂自裁。」薛居正五代史方立傳：「六月李存孝下洺磁兩郡，方立遣馬溉、袁奉韜盡率其眾，逆戰於琉璃陂，存孝擊之，盡殪，生獲馬溉、奉韜。初方立性苛急，恩不逮下，攻圍累旬，夜自巡城慰諭，守陴者皆倨，方立知其不可，乃飲酖而卒，其從弟洺州刺史遷，素得士心，眾乃推為留後，求援於汴。時梁祖方攻時溥，援兵不出。」按李罕之攻下磁州，進攻洺州，乃擒馬溉，實錄云，溉為罕之謀取磁州，蓋誤以石元佐為溉也。又奚忠信去年已為李克修所擒，乃云，與方立率兵大戰，亦誤也。舊紀：「六月，邢洺節度使孟方立卒，三軍推其弟洺州刺史遷為留後，李克用出軍攻之。」新紀：「六月，李克用寇邢州，昭義軍節度使孟方立卒其弟遷自稱留後。」按唐年補錄載王鎔奏：「得邢洺十八將等狀，以孟方立奄辭，昭代三軍百姓，同以親弟攝洺州刺史遷權知兵馬留後事。」及新舊紀、實錄、薛史方立傳，皆云，立其弟遷，唯太祖紀年錄及薛史武皇紀云，立其姪遷，恐誤，今從諸書。求援於朱全忠，全忠假道於魏博，羅弘信不許，全忠乃遣大將王虔裕將精甲數百，間道入邢州共守。

(十二)楊行密圍宣州，城中食盡，人相啗，指進使周進思據城，逐趙鍠，鍠將奔廣陵，田頵追擒之，未幾城中執進思以降，行密入宣州，諸將爭取金帛，徐溫獨據米囷㊁，為粥以食餓者。溫，朐山人也。鍠將宿松㊂周本，勇冠軍中，行密獲而釋之，以為裨將。鍠既敗，左右皆散，惟李德誠從鍠不去，行密以宗女妻之。德誠，西華人也。行密表言於朝，詔以行密為宣歙觀察使。朱全忠與趙鍠有舊，遣使求之，行密謀於袁襲，襲曰：「不若斬首以遺之。」行密從之，未幾襲卒，行密哭之曰：「天不欲成吾大功邪！何為折吾股肱㊃也！吾好寬而襲每勸我以殺，此其所以不壽與。」孫儒遣兵攻廬州，蔡儔以州降之。朱珍拔蕭縣據之，與時溥相拒，朱全忠欲自往臨之，珍命諸軍皆葺㊄馬廄，李唐賓部將嚴郊獨惰慢，軍吏責之，唐賓怒，見珍訴之，珍亦怒，以唐賓為無禮，拔劍斬之，遣騎白全忠云：「唐賓謀叛。」淮南左司馬敬翔恐全忠乘怒，倉猝處置違宜㊅，故留使者，逮夜㊆然後從容白之，全忠果大驚，翔因為畫策，詐收唐賓妻子繫獄，遣騎往慰撫，全忠從之，軍中始安。秋，七月，全忠如蕭縣，未至，珍出迎，命武士執之，責以專殺⑱而誅之，諸將霍存等數十人，叩頭為之請⑲，全忠怒，以床擲之⑳，乃退。丁未，至蕭縣，以龐師古代珍為都指揮使。八月，丙子，全忠進攻時溥壁，會㉑大雨，引兵還。

(十三)冬，十月，平盧節度使王敬武薨，子師範年十六，軍中推為留後，棣州刺史張蟾不從，詔以太子少師崔安潛兼侍中，充平盧節度使，蟾迎安潛至州，與之共討師範。

(十四)以給事中杜孺休為蘇州刺史，錢鏐不悅，以知州事沈粲為制置指揮使。

(十五)楊行密遣馬步都虞候田頵等攻常州㉒。

(十六)十一月，上改名曄。

(十七)上將祀圓丘，故事，中尉樞密皆褛衫侍從，僖宗之世，已具欄笏㉓，至是又令有司制法服㉔，孔緯及諫官禮官，皆以為不可，上出手札諭之，曰：「卿等所論至當，事有從權㉕，勿以小瑕㉖，遂妨大禮。」於是宦官始服劍佩，侍祠。【考異】按田令孜楊復恭雖威權震主，官不過金吾衞上將軍，則其餘宦官，必卑矣。但諸書不見當時宦官所欲衣者，何品秩之法服也。己酉，祀圓丘，赦天下。上在藩邸，素疾㉗宦官，及既位，楊復恭恃援立功，所為多不法，上意不平㉘，政事多謀於宰相孔緯、張濬，勸上舉大中故事，抑宦者權，復恭常兼肩輿至太極殿㉙，他日，上與宰相言及四方反者，孔緯曰：「陛下左右有將反者，況四方乎？」上矍然㉚問之，緯指復恭曰：「復恭陛下家奴，乃肩輿造前殿㉛，多養壯士為假子㉜，使典禁兵，或為方鎮，非反而何？」復恭曰：「子壯士㉝，欲以收士心，衞國家，豈反邪！」上曰：「卿欲衞國家，何不使姓李，而姓楊乎？」復恭無以對。復恭假子天威軍使楊守立本姓胡，名弘立，勇冠六軍，人皆畏之，上欲討復恭，恐守立作亂，謂復恭朕欲得卿胡子㉞在左右，復恭見㉟守立於上，上賜姓名李順節，使掌六軍管鑰㊱，不期年，擢至天武都頭㊲，領鎮海節度使，俄加同平章事；及謝日㊳，臺吏申請班見百僚，孔緯判不集㊴，順節至中書，色㊵不悅，他日語微及之㊶，緯曰：「宰相師長百僚㊷，故有班見㊸，相公職為都頭，而於政事堂班見百僚，於意安乎！」順節不敢復言。朱全忠求領鹽鐵，孔緯獨執以為不可，謂進奏吏曰：「朱公須㊹此職，非興兵不可㊺。」全忠乃止。

(十八)田頵攻常州，為地道入城，中宵㊻，旌旗甲兵出於制置使杜稜之寢室，遂虜之，以兵三萬戍常州。

(十九)朱全忠遣龐師古將兵自潁上㊼趨淮南，擊孫儒。

(廿)十二月，甲子，王建敗山行章及西川騎將宋行能於廣都㊽，行能奔還成都，行章退守眉州，壬申，行章請降於建。

(廿一)戊寅，孫儒自廣陵引兵度江，壬午，逐田頵，取常州，以劉建鋒守之，儒還廣陵，建鋒又逐成及，取潤州。

(廿二)前山南東道節度使劉巨容之在襄陽也，有申屠生教之燒藥為黃金，田令孜之弟過襄陽，巨容出金示之，及寓居㊾成都，令孜求其方，不與，恨之，是歲令孜殺巨容，滅其族。

【今註】 ㊀宿遷：據《新唐書・地理志》二，宿遷屬徐州。㊁呂梁：《九域志》：「徐州彭城縣，有呂梁洪鎮。」㊂濛陽：據《新唐書・地理志》六，濛陽屬劍南道彭州。㊃引首：猶抬頭。㊄不效：無效果。㊅揆，逖之族孫：孫逖仕至刑部侍郎，揆乃其五世從孫。㊆加奉國節度使趙德諲中書令：胡三省曰：「僖宗中和二年，以蔡州為奉國軍，命秦宗權為節度使，文德元年，以襄州為忠義軍，命趙德諲為節度使，宗權既亡，未嘗以奉國節授人，趙德諲亦未嘗兼奉國節，當改奉國為忠義。」㊇以陳州為理所：忠武本治許州，趙犨陳人，又守陳有功，因徙治所於陳。㊈考異曰：「薛居正五代史趙犨傳曰：『朝廷議動，犨檢校司徒……充忠武節度使。』」：按武英殿板舊五代史，議動下有以字，忠武節之節作軍，為合，當從添改。㊉猜忌：猜疑忌嫉。⑪素：平常。⑫囷：倉圓曰囷。⑬宿松：據《新唐書・地理志》五，宿松屬淮南道舒州。⑭股肱：腿臂。⑮葺：修葺。⑯違宜：失宜。⑰逮夜：及夜。⑱專殺：擅殺。⑲為之請：謂之請免其死。⑳以牀擲之：謂以胡牀擲擊之。㉑會：值。㉒攻常州：時錢鏐將杜稜守常州。㉓皆襆衫侍從：僖宗之世，已具襴笏：胡三省曰：「襆、衣裾分也，襴，即今之袍也，下施横幅，因謂之襴。」《新唐書・車服志》：「是時士人，以棠苧襴衫為上服。」㉔法服：謂冕服劍佩。㉕權：權宜。㉖瑕：疵。㉗疾：恨。㉘不平：謂怨忿。㉙太極殿：《唐六典》卷七：「宮城南面三門，中曰承天，其北曰太極門，其內曰太極殿，朔望則坐而視朝焉。」㉚矍然：驚視貌。㉛前殿：即太極殿。㉜多養壯士為假子：胡三省曰：「楊復恭以假子守立為天威軍使，守信為玉山軍使，守貞為隴劍節度，守忠為武定節度，守厚為綿州刺史，其餘假子為州刺史者甚眾，號外宅郎君，又養子六百人，監諸道軍。」㉝子壯士：謂以壯士為子。㉞胡子：以本姓胡，故呼曰胡子。㉟見：引見。㊱六軍管鑰：胡三省曰：「北軍六軍皆分屯苑中，屯營各有門，晨夕啓閉。」管謂管鍵。㊲天武都頭：天武亦神策五十四都之一。㊳謝日：謝恩日。㊴判不集：判臺中不使集百官。㊵色：神色。㊶微及之：謂稍涉及之。㊷師長百僚：謂為百僚之師長。㊸班見：列班相見。㊹須：要求。㊺非興兵不可：謂非興兵強索不可。㊻中宵：中夜。㊼潁上：據《新唐書・地理志》二，潁上屬河南道潁州。㊽廣都：據《新唐書・地理志》六，廣都屬成都府。㊾寓居：寄居。

大順元年（西元八九〇年）

㈠春，正月，戊子朔，羣臣上尊號曰聖文睿德光武弘孝皇帝，改元。

㈡李克用急攻邢州，孟遷食竭力盡，執王虔裕及汴兵以降，【考異】唐末見聞錄：「龍紀元年，大軍守破邢州城，孟遷投來，拜李存孝邢州刺史十一月四日，孟遷補充教練使。」太祖紀年錄及薛居正五代史，皆曰：「大順元年，李存孝攻邢州急，邢帥孟遷以邢、洺、磁三州歸于我，執朱溫之將王虔裕等三百人以獻。」而無月。太祖紀年錄又曰：「太祖徙孟遷於太原，以大將安金俊為邢洺團練使。」薛史孟遷傳曰：「大順元年二月，遷執王虔裕等乞降，武皇令安金俊代之。」今從實錄。薛史虔裕傳曰：「時太祖大軍方討兗鄆，未及救援，邢人困而携貳，遷乃縶虔裕送于太原，尋為所殺。」按是時全忠方攻時溥未討兗鄆也，王虔裕傳誤。克用以安金俊為邢洺團練使。

㈢壬寅，王建攻邛州，陳敬瑄遣其大將彭城楊儒將兵三千，助刺史毛湘守之，湘出戰屢敗，楊儒登城見建兵盛，嘆曰：「唐祚盡矣，王公治眾嚴而不殘㈠，殆可以庇㈡民乎！」遂帥所部出降，建養以為子，更其姓名曰王宗儒。乙巳，建留永平節度判官張琳為邛南招安使，引兵還成都。琳，許州人也。陳敬瑄分兵布寨於犀浦、郫㈢、導江㈣等縣，發城中民，戶一丁，晝則穿重壕㈤，採竹木，運磚石，夜則登城擊柝㈥，巡警㈦無休息，韋昭度營於唐橋，王建營於東閶門外，建事昭度甚謹㈧，辛亥，簡州將杜有遷執刺史員虔嵩降於建，建以有遷知州事。

㈣汴將龐師古等眾號十萬㈨，度淮，聲言㈩救楊行密，攻下天長，壬子，下㈡高郵。二月，己未，資州將侯元綽執刺史楊戡降於王建，建以元綽知州事。

㈤乙丑，加朱全忠守中書令。

㈥龐師古引兵深入淮南，己巳，與孫儒戰於陵亭㈢，師古兵敗，而還。

㈦楊行密遣其將馬敬言將兵五千，乘虛襲據潤州，李友將兵二萬屯青城(一三)，將攻常州，安仁義、劉威、田頵，敗劉建鋒於武進，敬言、仁義、威屯潤州。友，合肥(一四)人；威，慎縣人也。

(八)李克用將兵攻雲州防禦使赫連鐸，克其東城(一五)，鐸求救於盧龍節度使李匡威，匡威將兵三萬赴之，丙子，邢洺團練使安金俊中流矢，死。【考異】實錄：「四月丙辰朔，李克用遣安金俊率師攻雲州，赫連鐸求援於幽州李匡威，匡威出師赴之，戰於蔚州，太原府軍大敗，燕師執金俊獻于朝。」據太祖紀年錄，攻雲州在三月，舊紀實錄皆在四月，恐是約奏到，然紀年錄不言克用敗，蓋諱之地，今從唐末見聞錄。又紀年錄、唐末見聞錄皆云，金俊戰死，實錄云，執獻之，亦誤。河東萬勝軍使申信叛降於鐸，會幽州軍至，克用引還。

(九)時溥求救於河東，李克用遣其將石君和將五百騎赴之。

(十)李克用巡潞州，以供具不厚(一六)，怒昭義節度使李克修，詬(一七)而笞之，克修慙憤成疾。三月，薨。【考異】太祖紀年錄：「太祖遣李罕之、李存孝攻邢州，十月，且命班師，由上黨而歸，克修性吝嗇，太祖左右徵賂於克修，旬月間，費數十萬，尚以為供張不豐，掎其事，笞克修而歸太原，俄而克修憤恥寢疾。」薛史克修傳曰：「龍紀元年，武皇大舉，以伐邢洺，及班師因撫封於上黨。」按太祖紀，但遣罕之存孝攻邢州，不云親行，蓋罕之存孝圍邢州，克用但以大軍屯境上為之聲援，去十月先還，罕之存孝猶圍邢州，故正月孟遷降也。克用表其弟決勝軍使克恭為昭義留後。

(十一)賜宣歙軍號寧國，以楊行密為節度使。

(十二)夏，四月，宿州將張筠逐刺史張紹光，附於時溥，朱全忠帥諸軍討之，溥出兵掠碭山(一八)，全忠遣牙內都指揮使朱友裕擊之，殺三千餘人，擒石君和。【考異】鄴象梁太祖實錄，前云，四月丙辰，後云，乙卯溥出兵。按長歷，乙卯四月晦日，實錄誤也。友裕，全忠之子也。

(十三)乙丑，陳敬瑄遣蜀州刺史任從海將兵二萬救邛州，戰敗，欲以蜀州降王建，敬瑄殺之，以徐公鉥代為蜀州刺史。丙寅，嘉州刺史朱實舉州降於建，丙子，僰道(一九)土豪(二〇)文武堅執戎州刺史謝承恩，降於建。

(十四)赫連鐸、李匡威表請討李克用，朱全忠亦上言：「克用終為國患，今因其敗，臣請帥汴滑孟三軍，與河北三鎮(二一)，共除之，乞朝廷命大臣為統帥。」初張濬因楊復恭以進，復恭中廢，更附田令孜而薄復恭，及復恭再用事，深恨之，上知濬與復恭有隙，特親倚之，【考異】舊傳：「再幸山南，復恭代令孜為中尉，罷濬知政事。昭宗初在藩邸，深疾宦官，復恭有援立大勳，恃恩任事，上心不平之，當時趨向者，多言濬有方略，能畫大計，復用為宰相制度支。」據舊紀、實錄、新紀表，濬自光啟三年九月拜平章事至大順二年兵敗，坐貶，未嘗罷免。舊傳誤也，從新傳。濬亦以功名為己任(二二)，每自比謝安、裴度，克用之討黃巢屯河中也，濬為都統判官，克用薄其為人，聞其作相，私謂詔使曰：「張公好虛談而無實用，傾覆㉓之士也。主上采㉔其名而用之，他日交㉕亂天下，必是人也。」濬聞而銜㉖之。上從容與濬論古今治亂，濬曰：「陛下英睿㉗如此，而中外制於彊臣㉘，此臣日夜所痛心疾首㉙也。」上問以當今所急，對曰：「莫若彊兵以服天下。」上於是廣募兵於京師，至十萬人。及全忠等請討克用，上命三省、御史臺、四品以上㉚議之，以為不可者什六七，杜讓能、劉崇望亦以為不可，濬欲倚外勢以擠楊復恭，乃曰：「先帝再幸山南，沙陀所為也㉛，臣常慮其與河朔相表裏㉜，致朝廷不能制，今兩河藩鎮共請討之，此千載一時，但乞陛下付臣兵柄，旬月可平，失今㉝不取，後悔無及。」

【考異】舊濬傳曰：「會朱全忠誅秦宗權，安居受殺李克恭以潞州降全忠，幽州李匡威、雲州赫連鐸等奏請出軍討太原。」按時安居受未殺李克恭，舊傳誤也。太祖紀年錄曰：「太祖中和破賊，時濬為諫議大夫，出軍判官，常以虛誕誘太祖，太祖薄其為人，及聞濬入中書，太祖常私於詔使曰，張公傾覆之士，先帝知其為人，不至大任，主上付之重位，必亂天下。濬知之，陰御太祖。」按濬自僖宗時為宰相，紀誤。

孔緯曰：「濬言是也。」復恭曰：「先朝播遷，雖藩鎮跋扈，亦由居中之臣，措置㉞未得其宜㉟，今宗廟甫㊱安，不宜更造㊲兵端。」上曰：「克用有興復大功㊳，今乘其危而攻之，天下其謂我何㊴？」緯曰：「陛下所言，一時之體㊵也，張濬所言，萬世之利也。」昨計（四一）用兵餽運犒賞之費，一二年間未至匱乏（四二），在陛下斷志（四三）行之耳。」上以二相言叶（四四），僶俛（四五）從之，曰：「茲事今付卿二人，無貽（四六）朕羞。」五月，詔削奪克用官爵屬籍（四七），以濬為河東行管都招討（四八）制置宣慰使，京兆尹孫揆副之，以鎮國節度使韓建為都虞候兼供軍糧料使，以朱全忠為南面招討使，李匡威為北面招討使，赫連鐸副之。濬奏給事中牛徽為行營判官，徽曰：「國家以喪亂之餘（四九），欲為英武之舉，橫挑彊寇（五十），離（五一）諸侯心，吾見其顛沛（五二）也。」遂以衰疾（五三）固辭。徽，僧孺之孫（五四）也。

（十五）李克恭驕恣（五五），不曉軍事，潞人素（五六）樂李克修之簡儉，且死非其罪，潞人憐之，由是將士離心。初潞人叛，孟氏牙將安居受等召河東兵，以取潞州，及孟遷以邢洺磁州歸李克用，克用寵任（五七）之，以遷為軍城都虞候，羣從（五八）皆補右職（五九），居受等咸怨且懼，昭義有精兵號後院將（六十），克用既得三州，將圖河朔，令李克恭選後院將尤驍勇者五百人，送晉陽，潞人惜之，克恭遣牙將李元審及小校馮霸部送晉陽，至銅鞮（六一），霸劫其眾以叛，循山而南至於沁水（六二），眾已三千人，李元審擊之，為霸所傷，歸於潞。【考異】元審與霸同部送後院將，霸所以能獨叛而元審所以得不死者，蓋後院將有叛有不叛者，叛者從霸，不叛者從元審，故克用益元審兵，使討霸也。庚子，克恭就元審所館視之(六三)，安居受帥其黨作亂，攻而焚之，克恭元審皆死，眾推居受為留後，附於朱全忠，居受使召馮霸不至，居受懼出走，為野人(六四)所殺，霸引兵入潞，自為留後。【考異】編遺錄：「八月甲寅，馮霸殺李克恭來降，上請河陽帥朱崇節領兵入潞，兼充留後。戊辰，李克用圍之，上遣葛從周率驍勇，夜銜枚斫營，突入上黨，以壯潞人之心。」薛居正五代史梁太祖紀亦同。按克用未嘗自圍潞也，克恭傳：「李元審戰傷，收軍於潞，五月十五日，克恭視元審於孔目吏劉崇之第，是日州縣將安居受，引兵攻克恭，克恭、元審並遇害，州民推居受為留後，居受遣人召馮霸於沁水，霸不受命，居受懼，將奔歸朝廷，至長子，為野人所殺，傳首馮霸軍，霸乃引眾據潞州，自稱留後，求援於汴，武皇令康君立討之，汴將葛從周來援霸。」唐末見聞錄曰：「五月十七日，昭義狀申軍變，殺節使當日點汾州五縣土團將士赴昭義，二十三日，昭義僕射家累入府。」新紀：「五月壬寅，安居受殺李克恭。」按壬寅十七日，乃報到太原日也，今從太祖紀年錄薛史克恭傳。舊紀：「五月丙午，潞州軍亂，殺李克恭、監軍使薛績本函克恭首獻之於朝，濬方起兵，朝廷稱賀。」此蓋克恭首到日也。舊紀又曰：「七月，全忠遣從周帥千騎入潞州。」唐太祖紀年錄、薛史唐紀，五月葛從周入潞，大旱，蓋因克恭死，終言之。編遺錄、薛史梁紀：「八月，克恭死。」太晚，蓋因從周入潞，推本之，又從周入潞，全忠始請孫揆赴鎮，當在揆被執前也。今克恭死，從紀年錄，從周入潞，從舊紀。時朝廷方討克用，聞克恭死，朝臣皆賀。全忠遣河陽留後朱崇節將兵入潞州，權知留後，克用遣康君立、李存孝將兵圍之。壬子，張濬帥諸軍五十二都及邠、寧、鄜、夏雜虜合五萬人，發京師，上御安喜樓(六五)餞之，濬屏(六六)左右言於上曰：「俟臣先除外憂，然後為陛下除內患。」楊復恭竊聽聞之，兩軍中尉餞濬於長樂坂(六七)，復恭屬濬酒(六八)，濬辭以醉，復恭戲之曰：「相公杖鉞(六九)專征，作態邪(七〇)！」濬曰，「俟平賊還，方見作態耳。」復恭益忌(七一)之。癸丑，削奪李罕之官爵。六月，以孫揆為昭義節度使，充招討副使。

(十六)丁巳，茂州刺史李繼昌帥眾救成都，己未，王建擊斬之，辛酉，資簡都制置應援使謝從本殺雅州刺史張承簡，舉城降建。

(十七)孫儒求好(七二)於朱全忠，全忠表為淮南節度使，未幾，全忠殺其使者，遂復為仇敵。

(十八)光啓末，德州刺史盧彥威逐義昌節度使楊全玫，自稱留後，求旌節，朝廷未許，至是，王鎔羅弘信因張濬用兵，為之請，乃以彥威為義昌節度使。

(十九)張濬會宣武、鎮國、靜難、鳳翔、保大、定難諸軍於晉州。

(二十)更命義成軍曰宣義(七三)，辛未，以朱全忠為宣武、宣義節度使。全忠以方有事徐楊，徵兵遣戍(七四)，殊為遼闊，乃辭宣義，請以胡真為節度使，從之，然兵賦出入，皆制(七五)於全忠，一如巡屬，及胡真入為統軍，竟以全忠為兩鎮節度使，罷淮南，不領焉。秋，七月，官軍至陰地關[七六]，【考異】舊紀：「七月乙酉朔，王師屯於陰地，太原大將康君立以兵拒戰。」按君立時圍潞州，何暇至陰地關？又不言勝負，今不取。朱全忠遣驍將葛從周將千騎，潛[七七]自壺關[七八]夜抵潞州，犯圍入城，【考異】舊紀實錄皆云，從周權知留後。又：「汴人圍澤州呼李罕之云，葛司空已入潞州。」李存孝圍潞州，呼城上人云葛僕射，可歸大梁，似從周實為留後也。然薛居正五代史梁太祖紀云：「帝請以河陽節度使朱崇節為潞州留後。」實錄：「明年五月，以前昭義節度使朱崇節為河陽節度使。」按河陽自解張全義圍以來，常附屬於汴，朱全忠以部將丁會張宗厚等為之留後，非一人，崇節蓋亦汴將為河陽留後，全忠使權昭義留後，既不能守，復歸河陽耳。諸書因謂之節度使，蓋誤也。從周但與崇節共守潞州，以其名著，故外人但稱從周，不數崇節也。又遣別將李讜、李重胤、鄧季筠，將兵攻李罕之於澤州，又遣張全義、朱友裕軍於澤州之北，為從周應援。【考異】編遺錄：「八月，遣從周入上黨，九月壬寅，上佳河陽，令李讜救應朱崇節，又命朱友裕張全義簡精銳過山，於澤州北應接，取崇節從周以歸。」薛居正五代史梁太祖紀：「九月壬寅，上至河陽，遣李讜引軍趨澤潞，為晉人所敗。帝又遣朱友裕、張全義率精兵至澤州北，以為應援既而崇節從周棄潞來歸，戊申，帝斬李重胤，遂班師。」按讜等初圍澤州時語城上人云：「張相公圍太原，葛司空已入潞府。」是當時南方盛，非孫揆就擒，從周棄潞州之後也，故置於此。季筠，下邑人也。

全忠奏臣已遣兵守潞州，請孫揆赴鎮，張濬亦恐昭義遂為汴人所據，分兵二千使揆將之，趣潞州。八月，乙丑，揆發晉州[七九]，李存孝聞之，以三百人伏於長子[八〇]西谷中，揆建牙[八一]杖節，褒衣[八二]大蓋[八三]，擁眾[八四]而行，存孝追之，擒揆及賜旌節中使韓歸範，牙兵五百餘人追擊餘眾於刁黃嶺，盡殺之，存孝械揆及歸範，紖[八五]以素練，徇[八六]於潞州城下，曰：「朝廷以孫尚書為潞帥[八七]，命韓天使[八八]

賜旌節，葛僕射可速歸大梁，令尚書視事。」遂紲以獻於克用，克用囚之，既而使人誘之，欲以為河東副使，揆曰：「吾天子大臣，兵敗而死，分（八九）也，豈能復事鎮使（九〇）耶！」克用怒，命以鋸鋸之，鋸不能入，揆罵曰，「死狗奴，鋸人當用板夾，汝豈知邪！」乃以板夾之，至死，罵不絕聲。

(廿一)丙寅，孫儒攻潤州。

(廿二)蘇州刺史杜孺休到官（九一），錢鏐密使沈粲害之，會楊行密將李友拔蘇州，粲歸杭州，鏐欲歸罪於粲而殺之，粲奔孫儒。

(廿三)王建退屯漢州。

(廿四)陳敬瑄括富民財以供軍，置徵督（九二）院，逼以桎梏箠楚，使各自占（九三），凡有財者如匿贓，虐占（九四）急徵，咸不聊生（九五）。李罕之告急於李克用，克用遣李孝存將五千騎救之。

(廿五)九月，壬寅，朱全忠軍于河陽，汴軍之初圍澤州也，呼李罕之曰：「相公每恃河東，輕絕當道（九六），今張相公（九七）圍太原，葛僕射（九八）入潞府，旬月之間，沙陀無穴（九九）自藏，相公何路求生邪？」及李存孝至，引精騎五百繞汴寨呼曰：「我沙陀之求穴者也，欲得爾肉，以飽士卒，可令肥者出鬭。」汴將鄧季筠亦驍將也，引兵出戰，存孝生擒之，是夕，李讜、李重胤收眾遁去，存孝罕之隨而擊之，至馬牢山，大破之，斬獲萬計，追至懷州而還，存孝復引兵攻潞州，葛從周、朱崇節棄潞州而歸。戊申，全忠庭責諸將橈敗[100]之罪，斬李讜、李重胤而還。【考異】唐太祖紀年錄：「六月，朱崇節葛從周據潞州，李重胤鄧季筠張全義將兵七萬攻澤州，李存孝將三千騎赴援。初汴軍攻城門，呼李罕之云云，李存孝憤其言，引鐵騎五百追擊，入孫筠營門，生獲其都將十數。是夜汴將李讜收軍而遁，存孝罕之追擊，至馬牢山，斬首萬級，追襲掩擊，至於懷州而還。存孝復引軍攻潞州，九月二日，葛從周帥眾棄城而遁。」唐末見聞錄：「閏九月，昭義軍前狀申，昭義軍人拔滅逃遁，收下城池，擒獲到餘黨五十人，巾縛送上，至二十日，行營都指揮使李存孝迴戈歸府。」薛居正五代史梁太祖紀：「九月壬寅，帝至河陽，遣李讜引軍趨澤潞，行至馬牢川，為晉人所敗。帝又遣朱友裕張全義率精兵至澤州北，以為應援，既而崇節從周棄潞來歸，戊申，帝廷責諸將敗軍之罪，斬李重胤以徇，遂班師焉。」實錄：「九月甲申朔，康君立急攻潞州，朱全忠駐河陽遣李讜引軍趨澤潞，至馬牢山川，與並師大戰，不利，鄧孫筠被執，復遣朱友裕張全義至澤州北應援，葛從周朱崇節率眾棄潞州歸。」按六月，李存孝若已破李讜，追至懷州，懷州去河陽止一程，豈得九月方到河陽？讜之敗，必在九月戊申前一兩日也。蓋紀年錄，因從周據潞州事，終言之，九月甲申朔，十九日壬寅，二十五日戊申，若全忠至河陽，始遣讜等趣澤潞，既敗而從周等棄潞來歸，七日之間，豈容許事！蓋薛史因讜敗，追本前事耳，若九月二日，從周已棄潞州，何得十九日後，攻澤州者，猶云葛司空入潞府乎！蓋實錄承紀年錄而誤也。今全忠往來月日從薛史，事則兼采諸書。李克用以康君立為昭義留後，李存孝為汾州刺史，存孝自謂擒孫揆功大，當鎮昭義，而君立得之，憤恚[101]不食者數日，縱意[102]刑殺，始有叛克用之志[103]。

李匡威攻蔚州，虜其刺史邢善益，赫連鐸引吐蕃黠戛斯眾數萬攻遮虜軍，殺其軍使劉胡子，克用遣其將李存信擊之，不勝，更命李嗣源為存信之副，遂破之，克用以大軍繼其後，匡威、鐸皆散走，【考異】太祖紀年錄：「是月，幽帥李匡威會赫連鐸，引吐蕃黠戛斯之眾十萬，寇我北鄙，攻遮虜軍，太祖御親軍出塞，管於渾河川之田村，李存孝引前鋒與賊戰於樂安鎮，賊軍大敗，遁走。」舊紀：「九月，幽州雲州蕃漢兵三萬攻鴈門太原，府將李存信、薛阿檀擊敗之。」實錄：「閏月甲寅朔，幽州李匡威下蔚州，克用援兵，至匡威大敗，赫連鐸引吐蕃黠戛斯之眾攻遮虜軍，克用營渾河川，戰於樂安鎮，破之，鐸乃退軍。」此蓋約奏到日。唐末見聞錄：「十一月十五日，發徑向北打鹿，有使報稱幽州李匡威收却蔚州，十六日至十八日，旋發諸州兵士，至軍前，二十九日，大捷，有版曉告，殺燕軍三萬餘人，十九日，知客押衙苗仲周齎榜到，殺得退渾一千帳。」二十九日下，復云十九日，亦誤，今但繫此月，不書日。獲匡威之子武州刺史仁宗，及鐸之壻，俘斬萬計。李嗣源性謹重（二四）廉儉，諸將相會，各自詫（二五）勇略，嗣源獨默然，徐曰：「諸君喜以口擊賊，嗣源但以手擊賊耳。」眾慙而止。

（十六）楊行密以其將張行周為常州制置使，閏月，孫儒遣劉建鋒攻拔常州，殺行周，遂圍蘇州。【考異】吳錄：「十一月，孫儒攻破望亭無錫諸屯，遂至蘇州。」今從吳越備史在閏月。

（十七）邛州刺史毛湘本田令孜親吏，王建攻之急，食盡，救兵不至，壬戌，湘謂都知兵馬使任可知曰：「吾不忍負田軍容（二六），吏民何罪，爾可持吾頭歸王建。」乃沐浴以俟刃，可知斬湘及二子，降於建，士民皆泣。甲戌，建持永平旌節（二七）入邛州，以節度判官張琳知留後，繕完成隍（二八），撫安夷獠，經營蜀雅（二九）。冬，十月，癸未朔，建引兵還成都，蜀州將李行周逐徐公鉥，舉城降建。

(廿八)乙酉，朱全忠自河陽如滑州視事，遣使者請糧馬，及假道于魏，以伐河東，羅弘信不許，又請於鎮，鎮人亦不許，全忠乃自黎陽濟河擊魏。

(廿九)加邠寧節度使王行瑜侍中，佑國節度使張全義同平章事。

(卅)官軍出陰地關，游兵至於汾州，李克用遣薛志勤、李承嗣將騎三千，營於洪洞⑳，李存孝將兵五千，營於趙城㉑，鎮國節度使韓建以壯士三百，夜襲存孝營，存孝知之，設伏以待之，建兵不利，靜難鳳翔之兵，不戰而走，河東兵乘勝逐北㉒，抵晉州西門，張濬出戰，又敗，官軍死者近三千人，靜難、鳳翔、保大、定難之軍先度河西歸，濬獨有禁軍及宣武軍合萬人，與韓建閉城拒守，自是不敢復出。存孝引兵攻絳州㉓。十一月，刺史張行恭棄城走，存孝進攻晉州，三日與其眾謀曰：「張濬宰相，俘之無益，天子禁兵，不宜加害。」乃退五十里而軍。濬建自含口㉔遁去，存孝取晉絳二州，大掠慈隰之境。先是克用遣韓歸範歸朝，附表㉕訟冤，

【考異】實錄：「十一月，王師入陰地關，至汾隰，李克用遣將薛阿檀李承嗣拒之，李存信以兵五千圍趙城，韓建以華州兵戰，存信設伏擊破之，邠鳳之師未戰而走，禁軍自潰，由是大敗，存信直壓晉州西門，引軍攻絳州。十二月壬午朔，晉州刺史張行恭棄城而遁，韓建以諸軍保晉州，李存信追擊，戰敗，退保絳州，張濬以汴卒禁軍屯晉州，存信攻之，三日，濬建拔晉絳遁還，存信收二州。」舊紀：「克用遣李存信薛阿檀拒王師于陰地，三戰三捷，由是河西、鄜、夏、邠、岐之軍，渡河西歸韓建，以諸軍保平陽，存信追之，建軍又敗，建退保絳州，張濬在晉州，存信攻之，三日相與謀云云，遂退舍五十里，十二月壬午朔，濬建拔晉絳遁去，存信收晉絳，大掠河中四郡。」張濬傳曰：「十月，濬軍至陰地，邠岐華三鎮之師營平陽，李存孝擊之，一戰而敗，進攻晉州。」薛居正五代史武皇紀曰：「十月，張濬之師入晉州，遊軍至汾隰，武皇遣薛鐵山李承嗣將騎三千出陰地關，營於洪洞，遣李存孝將兵五千，營于趙城，華州韓建以壯士三百人冒犯存孝之營，存孝追擊，直壓晉州西門，張濬之師出戰，為存孝所敗，自是閉壁不出，存孝引軍攻絳州。」李存孝傳曰：「十月，存孝引收潞之師，圍張濬於平陽云云，存孝引軍攻絳州，十一月，刺史張行恭棄城而去，張濬韓建亦由含口而遁，存孝收晉絳。」太祖紀年錄：「十月，張濬之師入陰地關，犯汾隰，令薛鐵山李承嗣將騎三千出陰地，繼發李存孝將兵五千進擊，營於趙城，敗韓建，直壓晉州西門，自是閉壁不出，存孝攻絳州，十二月，晉州刺史張行恭棄城遁，建濬由含山路逃遁，遂收晉絳。初濬部禁軍至晉州邠鳳之師，望風遁歸蓋楊復恭陰沮之也。」唐末見聞錄曰：「八月五日，相公差晉州捉到天使閣大夫入京奏事，兼貢表曰，臣某乙言，今月二十六日，臣所部南界晉州長寧關使張承暉等，投臣當道，齎到宰臣張濬牓一道，內稱招討處置使兼錄到詔曰，云陛下削臣屬籍，奪臣本官，仍欲會兵討問云云。」唐補紀曰：「朱全忠自攻破除州，頻貢章表，克用與朱玫同立襄王，以為大逆，其朱玫以下，並已誅鋤，克用時最為魁首，據其罪狀，請舉天兵，臣率師關東，犄角相應，朝廷遂以宰臣張濬為都統，授崔胤為河中節度應授使，大軍行到同州，克用領蕃漢馬步稱三十萬，入河北界，其張濬使人探朱全忠兵馬，並不來相應，乃於昭義西與太原交戰，不利而回，朝廷知為全忠所賣，便差使至克用所，與賞給令回，貶都統張濬於雲夢，除崔胤於嶺外。」薛史李承嗣傳：「初大軍入陰地，薛志勤與承嗣率騎三千抗之，敗韓建之軍於蒙坑，進收晉絳，以功授忻州刺史。時鳳翔軍營霍邑，承嗣帥一軍收之，岐人夜遁，追擊至越城，合大軍攻平陽，旬有三日，而拔。」按李存信傳，無攻晉絳事，蓋舊紀十月存孝已背太原，故此戰皆云存信，實錄因之，而誤。據五代紀傳太祖紀年錄，當是存孝。又隰州隸河中節度，所云入陰地關，犯汾隰者，蓋謂汾水之旁，下濕曰隰耳。又紀年錄、實錄，以張行恭為晉州刺史，亦誤也。今從薛史，晉州刺史若已走，則濬建安能保城？實錄誤也。今從李存孝傳。唐補紀云：「崔胤為河中節度。」尤為疏繆，自餘諸書參取之。

言：「臣父子三代，受恩四朝㉖，破龐勛，翦黃巢，黜襄王，存易定，致陛下今日冠通天之冠㉗，佩白玉之璽，未必非臣之力也。若以攻雲州為臣罪，則拓跋思恭之取鄜延，朱全忠之侵徐鄆，何獨不討？賞彼誅此，臣豈無辭㉘！且朝廷當阽危㉙之時，則譽臣為韓彭伊呂，及既安之後，則罵臣為戎羯胡夷，今天下握兵立功之人，獨㉚不懼陛下他日之罵乎！況臣果有大罪，六師征之，自有典刑㉛，何必幸臣之弱㉜，而後取之邪！今張濬既出師，則固難束手㉝，已集蕃漢兵五十萬，欲直抵蒲潼㉞，與濬格鬬㉟，若其不勝，甘從削奪㊱；不然，方且輕騎叩閽㊲，頓首丹陛㊳，訴姦回㊴於陛下之扆㊵坐，納㊶制勅於先帝之廟庭，然後自拘司敗㊷，恭俟鈇質㊸。」表至，濬已敗，朝廷震恐，濬與韓建踰王屋㊹至河陽，撤民屋為柹㊺以濟河，【考異】實錄明年二月云：「時張濬韓建久敗，後為克用騎將李存信所追，至是，方自含山踰王屋出河清，達於河陽，河溢無舟檝，建壞民廬舍為木罌數百，度河，人多覆溺。」似太晚，今因濬建走終言之。師徒失亡殆盡，是役也，朝廷倚朱全忠及河朔三鎮，及濬至晉州，全忠方連兵徐鄆，雖遣將攻澤州，而身不至，行營乃求兵糧於鎮魏，鎮魏倚河東為扞蔽，皆不出兵，惟華、邠、鳳翔、鄜㊻、夏之兵會之，兵未交，而孫揆被擒，幽雲㊼俱敗，楊復恭復從中沮㊽之，故濬軍望風㊾自潰。

（卌）十二月，孫儒拔蘇州，殺李友，【考異】莊宗列傳：「楊行密壽州壽春人，初據本州，秦宗權遣孫儒及行密同攻陷揚州，儒專據之，龍紀元年，儒出軍攻宣州，行密襲據揚州，稱留後，北通時溥，儒引軍攻之，大順元年，行密禦備力竭，率眾夜遁，出據宣州。」此說最為差誤。國朝開寶中，薛居正修五代史，江南未平，不見本國舊史，據昭遠所記及唐年補錄作行密傳，但知行密非壽春人，改為廬州，又知行密非受宗權命，與孫儒同陷揚州，餘皆無次序。今按吳錄太祖紀及高遠唐烈祖實錄行密傳云：「光啓三年十月，秦彥畢師鐸出走，行密入揚州，十一月，孫儒圍揚州，文德元年四月，儒陷揚州，行密奔廬州，八月，自廬州帥兵攻宣州，龍紀元年六月，陷宣州，殺趙鍠。大順二年七月，孫儒再渡江攻宣州，景福元年六月，執斬儒，復歸揚州。」且龍紀元年，孫儒方彊，行密新得宣州，安能襲據揚州踰年哉！近修唐書行密傳，全用吳錄事迹，乃云：「儒進攻行密，行密復入揚州，北通時溥扞儒，朱全忠遣龐師古助行密，敗於高郵，行密懼，退還宣州。」蓋承莊宗列傳五代史之誤，而不考正也。安仁義等聞之，焚潤州廬舍，夜遁，儒使沈粲守蘇州，又遣其將歸傳道守潤州。辛丑，汴將丁會、葛從周擊魏，度河取黎陽㊵、臨河㊶，龐師古霍存下淇門、衛縣㊷，朱全忠自以大軍繼之。是歲，置昇州於上元縣，以張雄為刺史。【考異】新地理志，光啟三年，以上元等四縣置昇州。張雄傳：「大順初，以上元為昇州，授雄刺史。」吳錄，馮弘鐸傳：「大順元年，復以上元為昇州，命弘鐸為刺史。」按是時雄尚存，今從雄傳。

【今註】㊀殘：殘暴。㊁庇：庇護。㊂犀浦、郫：據《新唐書・地理志》六，二縣俱屬成都府。㊃導江：據同志六，導江屬彭州。㊄重壕：謂一層層之壕溝。㊅柝：行夜所擊木。㊆巡警：巡察警戒。㊇甚謹：謂甚恭。㊈眾號十萬：兵眾號稱十萬，凡言號稱，皆超越其實際人數之上。㊉聲言：揚聲言。⑪下：降下。⑫陵亭：《九域志》：「泰州興化縣有陵亭鎮。」⑬青城：《九域志》：「常州武進縣有青城鎮。」⑭合肥：今安徽省合肥縣。⑮東城：按唐中葉後，一城中率分為數城，故東城即在東部之城。⑯不厚：不豐厚。⑰詬：詈，音ㄍㄡˋ。⑱碭山：據《新唐書・地理志》二，碭山屬河南道宋州。音ㄉㄤˋ。(一九)僰道：據同志六，僰道屬劍南道戎州。(二〇)土豪：本地之豪右。(二一)河北三鎮：謂盧龍李匡威、成德王鎔、魏博羅弘信。(二二)為己任：謂為己之責任。(二三)傾覆：謂危亂社稷。(二四)采：聽采。(二五)交：相，此為語辭，無義。(二六)銜：同銜，銜恨。(二七)英睿：英知。(二八)中外制於彊臣：謂中則制於宦官，外則制於方鎮。(二九)疾首：謂痛首。(三〇)上命三省、御史臺、四品以上：胡三省曰：「三省，尚書省、門下省、中書省也。四品以上，尚書左右丞、及六部侍郎，門下中書省自左右諫議以上，御史臺自中丞以上，皆四品也。」(三一)先帝再幸山南，沙陀所為也：謂光啓二年事，見卷二百五十六。(三二)相表裏：謂相表裏呼應。(三三)失今：謂失今之機。(三四)措置：安置。(三五)宜：猶當。(三六)甫：纔。(三七)造：猶起。(三八)克用有興復大功：謂破黃巢復京城。(三九)其謂我何：謂其謂我為何如人。(四〇)體：體制。(四一)：計算。(四二)匱乏：缺乏。(四三)斷志：謂意志決斷。(四四)叶：合。(四五)僶俛：謂勉強而不得已。(四六)貽：貽給。(四七)屬籍：宗屬之籍貫。(四八)河東行管都招討：按管當作營。(四九)餘：猶後。(五〇)橫挑彊寇：謂無原無故而挑怒彊寇。(五一)離：離貳。(五二)顛沛：猶狼狽。(五三)衰疾：衰老疾病。(五四)徽、僧孺之孫：牛僧孺文宗太和中為相。(五五)驕恣：驕傲恣肆。(五六)素：猶慣。(五七)寵任：寵幸信任。(五八)羣從：謂羣從兄弟及子姪。(五九)右職：高職。(六〇)後院將：即後院將士，核斯時所組成之親兵，率曰某某將，而下無士字，其實此將乃兼括士而言。(六一)銅鞮：據《新唐書・地理志》三，銅鞮屬河東道潞州。(六二)沁水：據同志三，沁水屬河東道澤州。(六三)就元審所館視之：謂至元審所舍居之處，而視其傷。(六四)野人：田野之人，史書於此，多指農夫而言。(六五)安喜樓：胡三省曰：「安喜樓，安喜門樓也，按楊復恭之亂，上御安喜門，劉崇望謂禁軍曰：『天子親在街東督戰。』」竊意安喜門即朱雀街東之安上門也。」〔六六〕屏：屏除。〔六七〕長樂坂：在長安城東，即滻坡。〔六八〕屬濬酒：持酒請濬飲，亦即所謂勸酒。〔六九〕杖鉞：鉞，大斧。執斧鉞則有先斬後奏之權。〔七〇〕作態邪：謂妞妮作態耶。然與下之作態，字雖相同，而含意則頗有殊。〔七一〕忌：忌嫉。〔七二〕求好：求和好。〔七三〕更命義成軍曰宣義：按《新唐書・方鎮表》，朱全忠以父名誠，請改義成曰宣義。此改軍名之原因也。〔七四〕遣戍：遣往戍守。〔七五〕皆制：謂皆受制。〔七六〕陰地關：《新唐書・地理志》三：「汾州靈石縣西南有陰地關。」〔七七〕潛：猶暗。〔七八〕壺關：《九域志》：「壺關西至潞州二十五里。」宋白曰：「壺關縣以山形似壺，古於此置關，故名。」〔七九〕發晉州：《九域志》：「自晉州東至潞州，三百八十五里。」〔八〇〕長子：《九域志》：「長子在潞州西南四十五里。」〔八一〕建牙：建樹牙旗。〔八二〕褒衣：博裾之衣。〔八三〕大蓋：高大之傘蓋。〔八四〕擁眾：猶率眾。〔八五〕紲：維縶。〔八六〕狥：謂遊行示眾。〔八七〕潞帥：即潞州節度使。〔八八〕天使：中使而為天子所遣，故又曰天使。〔八九〕分：本分。〔九〇〕鎮使：節度使任居方鎮，孫揆鄙薄之，呼為鎮使。〔九一〕到官：猶赴任。〔九二〕徵督：徵調督催。〔九三〕自占：自己隱度，而報告之。〔九四〕虛占：謂無其財而自占為有。〔九五〕不聊生：謂生無聊賴。〔九六〕當道：猶云本道，汴軍自謂。〔九七〕張相公：謂張濬。〔九八〕葛僕射：謂葛從周。〔九九〕穴：窟穴。〔一〇〇〕橈敗：折敗。〔一〇一〕恚：恨，怒，音ㄏㄨㄟˋ。〔一〇二〕縱意：肆意。〔一〇三〕志：猶意。〔一〇四〕謹重：謹慎沈重。〔一〇五〕詫：誇。〔一〇六〕田軍容：即田軍容使之省稱。〔一〇七〕建持永平旌節：時朝命以邛州建永平軍，王建為節度使。〔一〇八〕城隍：城池。〔一〇九〕蜀雅：《九域志》：「邛州北至蜀州七十里，西南至雅州一百六十里。」⑳營於洪洞：營謂安營。據《新唐書・地理志》三，洪洞屬河東道晉州。㉑趙城：《九域志》：「趙城在晉州北八十五里。」㉒逐北：追逐敗北。㉓絳州：《九域志》：「晉州南至絳州，一百二十五里。」㉔含口：《水經注》：「洮水源出河東聞喜縣清襄山，其水東逕大嶺下，西流出，謂之含口，又西合於涑水，即含山之口也。」㉕附表：附帶表章。㉖父子三代，受恩四朝：三代，謂執宜、國昌、克用。四朝指武、宣、懿、僖言。㉗冠通天之冠：通天冠乃皇帝所冠。㉘臣豈無辭：謂臣豈無話可言。㉙阽危：欲墜之意。㉚獨：猶豈。㉛典刑：常刑。㉜幸臣之弱：謂以臣之弱為幸。㉝束手：縛束雙手。㉞蒲潼：蒲坂、潼關。㉟格鬬：擊鬬。㊱削奪：謂削奪官爵。㊲閽：宮門，音昏。㊳丹陛：丹墀階陛。㊴姦回：姦佞回邪。㊵扆：畫斧之屏風，設於戶牖間。㊶納：謂納還。㊷然後自拘司敗：謂然後自拘於司敗，司敗即司寇。㊸鈇質：鈇，斫刀；質，椹。為腰斬之具。㊹王屋：《九域志》：「王屋縣在孟州西北一百三十里。」㊺枤：疑當作栰，栰乃編竹木以渡水之具。㊻郖：胡三省曰：「郖當作鄜，詳見辯誤。」㊼幽雲：幽，李匡威；雲，赫連鐸。㊽沮：沮撓。㊾望風：謂望風塵。㊿黎陽：《九域志》：「黎陽在衞州東北一百二十里。」(51)臨河：《舊唐書・地理志》二：「河北道相州臨河，隋分黎陽縣置，貞觀十七年，改屬相州，廢澶水縣併入。」(52)淇門衞縣：《九域志》：「衞州汲縣有淇門鎮。」衞縣屬衞州。

二年（西元八九一年）

㈠春，正月，羅弘信軍於內黃㊀，丙辰，朱全忠擊之，五戰皆捷，至永定橋，斬首萬餘級，弘信懼，遣使厚幣㊁請和，全忠命止焚掠，歸其俘，還軍河上，魏博自是服於汴。

㈡庚申，制以太保門下侍郎同平章事孔緯為荊南節度使，中書侍郎同平章事張濬為鄂岳觀察使，以翰林學士承旨兵部侍郎崔昭緯同平章事，御史中丞徐彥若為戶部侍郎同平章事。昭緯，慎由從子㊂；彥若，商之子㊃也。楊復恭使人劫孔緯於長樂坡㊄，斬㊅其旌節，資裝㊆俱盡，緯僅能㊇自免，李克用復遣使上表曰：「張濬以陛下萬代之業，邀㊈自己一時之功，知臣與朱溫深仇，私相連結，臣今身無官爵，名是罪人，不敢歸陛下藩方㊉，且欲於河中寄寓，進退行止，伏俟指麾㊁。」詔再貶孔緯均州㊂刺史，張濬連州㊂刺史，賜克用詔，卒復其官爵，使歸晉陽。【考異】舊紀：「大原軍屯晉州，克用遣中使韓歸範還朝，因上表訴冤，言賊臣張濬依倚全忠，離間功臣，朝廷欲令釋憾，下羣臣議其可否，左僕射韋昭度等議云云。」在十二月，按是年，昭度討陳敬瑄，舊紀誤，今從實錄。

㈢孫儒盡舉淮蔡之兵濟江，癸酉，自潤州轉戰㊃而南，田頵、安仁義屢敗退，楊行密城戍皆望風奔潰，儒將李從立奄㊄至宣州東溪㉖，行密守備尚未固，眾心危懼，夜使其將合肥臺濛將五百人，屯溪西㉗，濛使士卒傳呼，往返數四，從立以為大眾繼至，遽㉘引去，儒前軍至溧水㉙，行密使都指揮使李神福拒之，神福陽㉚退，以示怯，儒軍不設備，神福夜帥精兵襲㉛之，俘斬千人。

㈣二月，加李克用守中書令，復李罕之官爵，再貶張濬繡州㉜司戶。

㈤韋昭度將諸道兵十餘萬討陳敬瑄，三年不能克，饋運不繼，朝議欲息兵㉝。三月，乙亥，制復敬瑄官爵，【考異】新紀：「二月乙巳，赦陳敬瑄，己未，詔王建罷兵，不受命。」十國紀年亦曰：「二月乙巳，復敬瑄官爵。」按二月辛巳朔，無己未，新紀誤也，今從實錄。令顧彥朗、王建各帥眾歸鎮㉞。

㈥王師範遣都指揮使盧弘擊棣州刺史張蟾，弘引兵還攻師範，師範使人以重賂㉟迎之，曰：「師範童騃㊱，不堪㊲重任，願得避位，使保首領㊳，公之仁也。」弘以師範年少，信之，不設備，師範密謂小校安丘㊴劉鄩曰：「汝能殺弘，吾以汝為大將。」弘入城，師範伏甲而享之，鄩殺弘於座及其黨數人，師範慰諭士卒，厚賞重誓㊵，自將以攻棣州，執張蟾斬之，崔安潛逃歸京師，師範以鄩為馬步副都指揮使，詔以師範為平盧節度使。師範和謹（三一）好學，每本縣令到官，師範輒備儀衛往謁之，令不敢當（三二），師範命客將（三三）挾持令坐於聽事，——自稱百姓王師範，拜之於庭，僚佐或諫，師範曰：「吾敬桑梓（三四），所以教子孫不忘本（三五）也。」

(七)張濬至藍田，逃奔華州依韓建，與孔緯密求救於朱全忠，全忠上表，為緯濬訟冤，朝廷不得已，並聽自便，緯至商州而還，亦寓居華州。

(八)邢洺節度使安知建潛通朱全忠，李克用表以李存孝代之，知建懼，奔青州，朝廷以知建為神武統軍，知建帥麾下三千人將詣京師，過鄆州，朱瑄與克用方睦，伏兵河上（三六），斬之，傳首晉陽。

(九)夏，四月，有彗星見於三台（三七），東行入太微，長十丈餘。甲申，赦天下。

(十)成都城中乏食，棄兒滿路，民有潛入行營，販米入城者，邏（三八）者得之，以白韋昭度，昭度曰：「滿城（三九）飢甚，忍不（四〇）救之？」釋勿問。亦有白（四一）陳敬瑄者，敬瑄曰：「吾恨無術以救餓者，彼能如是，勿禁也。」由是販者浸多，然所致不過斗升，截筒徑㊷寸半，深五分，量米而鬻之，每筒百餘錢，餓殍㊸狼籍㊹，軍民彊弱相陵，將吏斬之，不能禁，乃更為酷法，或斷腰，或斜劈，死者相繼，而為者不止，人耳目既熟㊺，不以為懼，吏民日窘㊻，多謀出降，敬瑄悉捕其族黨殺之，慘毒備至。內外都指揮使眉州刺史成都徐耕性仁恕，所全活數千人，田令孜曰：「公掌生殺而不刑一人，有異志邪！」耕懼，夜取俘囚戮於市。王建見罷兵制書，曰：「大功垂成㊼，奈何棄之！」謀於周庠，庠勸建請韋公還朝，獨攻成都，克而有之。建表請㊽：「陳敬瑄田令孜，罪不可赦，【考異】十國紀年：「朝議以建不奉詔，而不能制，更授西川行營招討制置使。」按此命蓋在昭度還朝之後也。願畢命㊾以圖成功。」昭度無如之何，由是未能東還。建說昭度曰：「今關東藩鎮，迭相㊿吞噬，此腹心之疾也，相公宜早歸廟堂，與天子謀之，敬瑄疥㾦(51)耳，當以日月(52)制之，責(53)建可辦也。」昭度猶豫未決，庚子，建因令東川將唐友通等擒昭度親吏駱保於行府(54)門，臠食之，云其盜軍糧，昭度大懼，遽(55)稱疾，以印節授建，牒建知三使(56)留後，兼行營招討使，即日東還；建送至新都(七七)，跪觴(七八)馬前，泣拜而別，昭度甫出劍門(七九)，即以兵守之，不復內(八〇)東軍，昭度至京師，除東都留守。【考異】舊紀：「龍紀元年正月，昭度為東都留守。」實錄：「大順二年三月乙亥，復陳敬瑄官爵，丙子，以昭度為東都留守。」按昭度已除留守，不領西川節度及招討使，則便應釋兵東歸，不應更留在彼，縱使彊留，諸軍亦安肯稟服？王建亦何必更說之，云，相公宜早歸廟堂，與天子籌之。舊傳：「建脅說昭度奏，請還都，建以重兵守劍門，急攻成都，昭度還，以檢校司空充東都留守。」新傳亦同。蓋今年三月，既復敬瑄官爵，但召昭度還朝，王建不肯罷兵，昭度為所牽率，亦同執奏，以為敬瑄不可赦，既而為建所脅，授兵東歸，朝廷責其進退失據，故左遷留守。如新舊傳所云者是也，今從之。又昭度初圍成都，楊守亮為招討副使，顧彥朗為行軍司馬，王建為都指揮使，同在成都城下，及昭度東歸時，獨建在彼，以兵授之，不見二人者，按三月乙亥，詔書但云：「今彥朗各歸本鎮。」則是守亮先已歸也，彥朗得此詔，必亦歸，獨昭度與建留在彼耳。然建令東川將唐友通食駱保，是彥朗身歸，而留兵攻成都也。建急攻成都，環城烽塹(八一)，亘(八二)五十里，有狗屠王鷂，請詐(八三)得罪，亡(八四)入城，說之，使上下離心，建遣之，鷂入見陳敬瑄田令孜，則言：「建兵疲食盡，將遁矣。」出則鬻茶於市，陰為吏民稱(八五)：「建英武，兵勢彊盛。」由是敬瑄等懈於守備，而眾心危懼。建又遣其將京兆鄭渥詐降以覘之，敬瑄以為將，使乘城(八六)，既而復以詐得歸。建由是悉知城中虛實，以渥為親從都指揮使，更姓名曰王宗渥。

(十一)以武安節度使(八七)周岳為嶺南西道節度使。

(十二)李克用大舉擊赫連鐸，敗其兵於河上，進圍雲州。

(十三)楊行密遣其將劉威、朱延壽將兵三萬，擊孫儒於黃池(六八)，威等大敗。延壽，舒城(六九)人也。孫儒軍於黃池。五月，大水，諸營皆沒(七〇)，乃還揚州，使其將康暀據和州，安景思據滁州(七一)。

(十四)丙午，立皇子祐為德王。

(十五)楊行密遣其將李神福攻和滁，康暀降，安景思走。

(十六)秋，七月，李克用急攻雲州，赫連鐸食盡，奔吐谷渾部(七二)，

【考異】舊紀實錄皆云(七三)克用率兵出井陘，屯常山，大掠深趙盧龍，李匡威自率步騎萬餘援王鎔。按唐太祖紀年錄，是時克用方攻赫連鐸，既平雲州，乃討王鎔，實錄蓋因舊紀之誤。又紀年錄曰：「七月，太祖進軍至於柳城，會赫連鐸力屈食盡，奔入吐渾云云。」實錄云：「克用遣將，急攻雲州。」蓋以前云克用親討王鎔故也。按紀年錄討王鎔在後，實錄誤。

既而歸於幽州，克用表大將石善友為大同防禦使。

(十七)朱全忠遣使與楊行密約，共攻孫儒，儒恃其兵彊，欲先滅行密，後敵全忠，移牒藩鎮，數行密全忠之罪，且曰：「俟平宣汴，當引兵入朝，除君側之惡。」於是悉焚揚州廬舍，盡驅丁壯及婦女度江，殺老弱以充食，行密將張訓李德誠潛入揚州，滅餘火，得穀數十萬斛，以賑飢民。泗州刺史張諫貸數萬斛以給軍，訓以行密之命饋(七四)之，諫由是德行密(七五)。

(十八)邢洺節度使李存孝勸李克用攻鎮州，克用從之。八月，克用南巡澤潞，遂涉懷孟之境。

(十九)朱全忠遣其將丁會攻宿州，克其外城。

(廿)乙未，孫儒自蘇州出屯廣德(七六)，楊行密引兵拒之，儒圍其寨，行密將上蔡(七七)李簡帥百餘人力戰，破寨，拔(七八)行密出之。

(廿一)王建攻陳敬瑄益急，敬瑄出戰，輒敗，巡內州縣率為建所取，威戎(七九)節度使楊晟時饋之食，建以兵據新都，彭州道絕，敬瑄出慰勉士卒，皆不應。辛丑，田令孜登城謂建曰：「老夫曩於公甚厚，何見困(八〇)如是！」建曰：「父子之恩(八一)豈敢忘，但朝廷命建討不受代者，不得不然，儻太師(八二)改圖，建復何求！」是夕，令孜自攜西川印節(八三)詣建營授之，將士皆呼萬歲，建泣謝，請復為父子如初。先是建常誘其將士曰：「成都城中，繁盛如花錦(八四)，一朝得之，金帛子女，恣汝曹所取，節度使與汝曹，迭日為之(八五)耳。」壬寅，敬瑄開門迎建，建署其將張勍為馬步斬斫使，使先入城，乃謂將士曰：「吾與汝曹三年百戰，今始得城，汝曹不憂不富貴，慎勿焚掠坊市，吾已委張勍護(八六)之矣。彼幸執而白我，我猶得赦之，若先斬而後白，吾亦不能救也。」既而士卒有犯令(八七)者，勍執百餘人，皆捶其胸而殺之，積尸於市，眾莫敢犯，故時人謂勍為張打胸。癸卯，建入城，自稱西川留後，小校韓武數於使廳(八八)上馬，牙司(八九)止之，武怒曰：「司徒許我迭日為節度使，上馬何為(九〇)？」建密遣人刺殺之。初陳敬瑄之拒朝命也，田令孜欲盜其軍政(九一)，謂敬瑄曰：「三兄尊重(九二)，軍務(九三)煩勞，不若盡以相付(九四)，日具記事咨呈(九五)，兄但高居自逸而已(九六)。」敬瑄素無智能，忻然許之，自是軍事皆不由己，以至於亡。建表敬瑄子陶為雅州刺史，使隨陶之官，明年罷歸，寓居新津，以一縣租賦贍(九七)之。癸丑，建分遣士卒就食諸州，更文武堅姓名曰王宗阮，謝從本曰王從本，陳敬瑄將佐有器幹者，建皆禮而用之。

(廿一)六軍十二衛觀軍容使左神策軍中尉楊復恭摠宿衛兵，將制朝政，諸假子皆為節度使刺史，又養宦官子六百人，皆為監軍，假子龍劍節度使(九八)守貞、武定節度使(九九)守忠，不輸貢賦，上表訕薄(一〇〇)

朝廷，上舅王瓌求節度使，上訪於復恭，復恭以為不可，瓌怒詬之，瓌出入禁中，頗用事㉑，復恭惡之，奏以為黔南節度使㉒，至吉柏津㉓，令山南西道節度使楊守亮覆諸江中，宗族賓客皆死，以舟敗㉔聞，上知復恭所為，深恨之。李順節既寵貴，與復恭爭權，盡以復恭陰事告上，上乃出復恭為鳳翔監軍，復恭慍懟㉕，不肯行，稱疾，求致仕。九月，乙卯，以復恭為上將軍，致仕，賜以几杖，使者致㉖詔命還，復恭潛遣腹心張綰刺殺之。

（廿三）加護國節度使王重盈兼中書令。

（廿四）東川節度使顧彥朗薨，軍中推其弟彥暉知留後。

（廿五）冬，十月，壬午，宿州刺史張筠降於丁會。

（廿六）癸未，以永平節度使王建為西川節度使，甲申，廢永平軍㉗。建既得西川，留心政事，容納㉘直言，好施樂士㉙，用人各盡其才，謙恭儉素㉚，然多忌㉛好殺，諸將有功名者，多因事誅之。

（廿七）楊復恭居第近玉山營㉜，假子守信為玉山軍使，數往省之，或告復恭與守信謀反，乙酉，上御安喜樓，陳兵自衛，命天威都將李順節、神策軍使李守節將兵攻其第，張綰帥家眾㉓拒戰，守信引兵助之，順節等不能克，丙戌，禁兵守含光門㉔，俟其開，欲出掠兩市，遇劉崇望，立馬諭之曰：「天子親在街東督戰，汝曹皆宿衞之士，當於樓前殺賊立功，勿貪小利，自取惡名。」眾皆曰：「諾」。遂從崇望而東，守信之眾，望見兵來，遂潰走，守信與復恭，挈其族，自通化門㉕出，趣興元，永安都頭㉖權安追之，擒張綰，斬之。復恭至興元，楊守亮、楊守忠、楊守貞及綿州刺史楊守厚，同舉兵拒朝廷，以討李順節為名，守厚亦復恭假子也。

(廿八)李克用攻王鎔，大破鎮兵於龍尾崗㉗，斬獲萬計，遂拔臨城，攻元氏、柏鄉㉘，【考異】唐太祖紀年錄曰：「攻元氏，斬首千級，進拔雹水，攻柏鄉。」按雹水屬易州，克用方攻鎮州，以救易定，必不取其地，恐誤。李匡威引幽州兵救之，克用大掠而還，軍於邢州。

(廿九)十一月，曹州都將㉙郭銖殺刺史郭詞，降於朱全忠。

(卅)泰寧節度使朱瑾將萬餘人攻單州㉚。

(卅一)乙丑，時溥將劉知俊帥眾二千降於朱全忠。知俊，沛人，徐之驍將也，溥軍自是不振，全忠以知俊為左右開道指揮使。辛未，壽州將劉弘鄂惡孫儒殘暴，舉州㉛降朱全忠。

(卌二)十二月，乙酉，汴將丁會張歸霸與朱瑾戰於金鄉㉜，大破之，殺獲殆盡，瑾單騎走免。

(卌三)天威都將李順節恃恩驕橫，出入常以兵自隨，兩軍中尉劉景宣、西門君遂惡之，白上，恐其作亂，戊子，二人以詔召順節，順節入至銀臺門㉝，二人邀順節於仗舍㉞坐語，供奉官似先知自後斬其首，【考異】唐補紀：「景福二年四月十七日夜，見掃星，長十丈餘，承旨陳匡用奏，當有亂臣將入宮內。昭宗乳母名曰芥子，自即位，加夫人，眾呼白婆，左神策軍天威都軍使胡弘立，先是軍中馬騎官，巧佞取取容，朝廷達官多重之，楊復恭為軍主，與改姓名為楊守節，主上每出畋遊，經天威軍內，其楊守節以憸巧趨附，乞與主人為兒，既而允從，頗生驕縱，於是引聖人入堂室，令妻妾對於庭簷，或入內中經旬不出，致主有撫楹之咎，為臣懷通室之非，承醉奏云，王印金箱，兒未曾識，望阿郎略將宣示，以慰平生。其白婆在側曰，此實非凡人得見，不用發言，於是奏曰，除此老嫗，方應太平。從此白婆得罪，不見蹤由。兩神策軍以其事漸乖，必為大禍，與諸王商議須，急去除，於重陽節，向樞密院中排宴，喚入謝恩，却出宣化門，供奉官似先知，袖劍揮之，諸王相次剸刃以為葅醢。」按胡引立即順節也，新舊紀及諸書，景福二年，皆無此事，蓋程匡柔傳聞之誤，今日從實錄，事則參取諸書。從者大譟而出，於是天威、捧日、登封三都㉟，大掠永寧坊，至暮乃定，百官表賀㊱。

(卌四)孫儒焚掠蘇常，引兵逼宣州，錢鏐復遣兵據蘇州，儒屢破楊行密之兵，旌旗輜重亘百餘里，行密求救於錢鏐，鏐以兵食助之。

(卌五)以顧彥暉為東川節度使，遣中使宋道弼賜旌節，楊守亮使楊守厚因道弼，奪旌節，發兵攻梓州，癸卯，彥暉求救於王建，甲辰，建遣其將華洪、李簡、王宗侃、王宗弼救東川，建密謂諸將曰：「爾等破賊，彥暉必犒師，汝曹於行營報宴，因而執之，無煩再舉㉗。」宗侃破守厚七砦㉘，守厚走歸綿州，彥暉具犒禮㉙，諸將報宴，宗弼以建謀告之，彥暉乃以疾辭。初李茂貞養子繼臻據金州，均州刺史馮行襲攻下之，詔以襲為昭信防禦使，治金州，【考異】薛居正五代史：「行襲破楊守亮兵，詔升金州節鎮，以戎昭為軍額，即以行襲為節度使。」按實錄，光化元年正月，始以昭信防禦使馮行襲為昭信節度使。新方鎮表，光啟元年，升金商都防禦使為節度使，是年，罷節度，置昭信軍防禦使，治金州，光化元年，始升昭信軍防禦使為節度使，天祐二年賜號戎昭軍。薛史誤也。楊守亮欲自金商襲京師，行襲逆擊，大破之。

㊻是歲，賜涇原軍號曰彰義，【考異】新表在乾寧元年，今從實錄。增領渭武二州。

㊼福建觀察使陳巖疾病，遣使以書召泉州刺史王潮，欲授以軍政，未至，而巖卒，巖妻弟都將范暉諷㉚將士推己為留後。【考異】蔣文懌閩中實錄云：「大順中，巖薨。」十國紀年在大順二年，昭宗實錄在明年三月，恐約奏到，今從閩中錄、十國紀年。又薛史、閩中錄、閩書，皆云范暉巖壻，餘書皆云妻弟，林仁志王氏啟運圖載監軍程克諭表，云妻弟，此最得實，今從之。

【今註】㊀內黃：據《新唐書・地理志》三，內黃屬河北道魏州。㊁厚幣：重幣。㊂昭緯，慎由從子：崔慎由相宣宗。（四）彥若，商之子：徐商見卷二百四十九宣宗大中十二年。（五）長樂坡：即長樂坂。（六）斬：斷。（七）資裝：資財行裝。（八）僅能：猶僅得，古常能得互用。（九）邀：猶求。（一〇）藩方：謂藩州。（一一）指麾：指揮。（一二）均州：《舊唐書・地理志》二：「山南東道均州，在京師東南九百三十里。」（一三）連州：同志三：「江南道連州，在京師南三千六百六十五里。」（一四）轉戰：輾轉戰鬬。（一五）奄：奄忽。（一六）宣州東溪：胡三省曰：「東溪在宣城東，今謂之宛溪。」（一七）溪西：即宛溪之西。（一八）遽：急。（一九）溧水：《九域志》：「溧水縣在昇州東八十五里。」（二〇）陽：猶佯。（二一）襲：掩襲。（二二）繡州：《舊唐書・地理志》四：「嶺南道繡州，至京師六千九十里。」（二三）息兵：猶休兵。（二四）今顧彥朗王建各帥眾歸鎮：使顧彥朗歸梓州，王建歸申州。（二五）賂：貨財。（二六）騃：癡愚，音ㄞˊ。（二七）堪：勝任。（二八）保首領：謂保全首領。（二九）安丘：《新唐書・地理志》二：「河南道密州，輔唐，本安丘，乾元二年更名。」（三〇）重誓：謂誓辭所言之處罰甚重。（三一）和謹：溫和謹慎。（三二）不敢當：不敢受其禮儀。（三三）客將：胡三省曰：「客將主唱導儐贊賓客，漢晉鈴下威儀之職。」（三四）吾敬桑梓：《詩・小雅・小弁》：「維桑與梓，必恭敬止。」乃係故里之意。（三五）本：根本。（三六）河上：黃河岸。（三七）三台：斗魁下六星，兩兩而比，曰三台。（三八）邏：巡邏。（三九）滿城：謂全城。（四〇）忍不：謂豈忍不。（四一）白：告。（四二）徑：直徑。（四三）殍：餓死者，音ㄆㄧㄠˇ。（四四）狼籍：謂雜亂相橫。（四五）熟：熟習。（四六）窘：困窘。（四七）垂成：將成。（四八）建表請：按請當作謂。（四九）畢命：猶盡死。（五〇）迭相：互相。（五一）瘵：與癖同。（五二）日月：猶時日。（五三）責：責任。（五四）行府：韋昭度攻成都，置行府以治事。（五五）遽：立即。（五六）三使：謂節度使、招撫使、制置使。(五七)新都：據《新唐書・地理志》六，新都屬成都府。(五八)跪觴：謂跪而奉觴。(五九)劍門：《九域志》：「劍門在劍州東北五十五里。」(六〇)內：通納。(六一)烽塹：穿溝塹而兩旁間置烽燧，以報告敵人之出入，故謂之烽塹。(六二)亘：綿亘。(六三)詐：謂假裝。(六四)亡：逃。(六五)稱：亦言。(六六)乘城：謂登城禦敵。(六七)武安節度使：《新唐書・方鎮表》六：「中和三年，升湖南觀察使為欽化軍節度，光啓元年改為武安軍。」(六八)黃池：《九域志》：「宣州當塗縣有黃池縣。」(六九)舒城：據《新唐書・地理志》五，舒城屬淮南道廬州。(七〇)沒：淹沒。(七一)滁州：胡三省曰：「和滁相去，一百五十里。」(七二)赫連鐸食盡，奔吐谷渾部：胡三省曰：「赫連鐸本吐谷渾酋長，開成中，其父帥種人三千帳自歸，守雲州十五年，至是而亡。」(七三)考異曰：「舊紀實錄皆云」：按下所引，與《舊唐書・昭宗紀》間有不同，蓋因所撰之文，乃參稽《舊唐書》與《實錄》而成，係折衷於二書，故文字遂與二書，俱有出入。(七四)饋：贈。(七五)德行密：謂感行密之恩德。(七六)廣德：《九域志》：「廣德在宣州東一百二十里。」(七七)上蔡：據《新唐書・地理志》二，上蔡屬河南道蔡州。(七八)拔：謂自包圍中拔而出之。(七九)威戎：田令孜以彭州為威戎軍。(八〇)見困：相困。(八一)父子之恩：謂令孜養建為假子。(八二)太師：謂陳敬瑄。(八三)印節：印章旌節。(八四)如花錦：即所謂如花似錦。(八五)節度使與汝曹迭日為之：謂節度使之職，則與池曹更日互相為之，蓋此乃誘之致死作戰之語，而非意實如此。(八六)護：保護。(八七)犯令：謂焚掠。(八八)使廳：節度使廳事。(八九)牙司：牙司、吏，掌使牙之事。(九〇)上馬何為：謂於使廳上馬，何為不可。(九一)盜其軍政：謂盜取其軍政之權。(九二)尊重：謂既尊且貴。(九三)軍務：軍事。(九四)付：

付寄。(九五)日具記事咨呈：謂每日撰記事以咨呈之。(九六)高居自逸而已：謂深居以自求安逸而已。(九七)贍：贍養。(九八)龍劍節度使：龍劍節度領龍、劍、利、閬四州。(九九)武定節度使：武定節度領洋、果、階、扶四州。(一〇〇)訕薄：謗訕非薄。(一〇一)用事：任事。(一〇二)黔南節度使：胡三省曰：「是時以黔中節度為永泰軍，黔中以南，則羈縻諸蠻州矣。未知黔南節度置於何所，豈楊復恭欲殺王瓌，特創置此鎮以授之邪！」(一〇三)吉柏津：胡三省曰：「利州益昌縣有吉柏津，益昌驛有古柏，土人謂之桔柏，因以名津。據楊復恭傳，王瓌取道興元，至桔柏津。」(一〇四)舟敗：謂舟壞。(一〇五)慍懟：慍，怒；懟，怨。懟音ㄉㄨㄟˋ。(一〇六)致：送。(一〇七)廢永平軍：去年置永平節鎮於邛州，以授王建，建既得西川，授以西川節而廢永平軍，故此實依建之意。(一〇八)容納：容忍採納。(一〇九)樂士：謂樂引賢士。(一一〇)儉素：節儉樸素。(一一一)多忌：多猜忌。(一一二)楊復恭居第近玉山營：據《舊唐書・楊復恭傳》，復恭居第在昭化里。(一一三)家眾：復恭私所蓄養之人。(一一四)含光門：《唐六典》卷七：「皇城南面三門：中曰朱雀，左曰安上，右曰含光。」(一一五)通化門：同書卷七：「京城東面三門：中曰春明，北曰通化，南曰延興。」(一一六)永安都頭：永安都亦神策五十四都之一。(一一七)龍尾崗：按《舊五代史・唐武皇紀》上作：「鎮人五萬，營於臨城西北龍尾崗。」核《新唐書・地理志》三，臨城屬趙州。(一一八)元氏、柏鄉：據同志，皆屬趙州。(一一九)曹州都將：曹州、天平節度使朱瑄巡屬。(一二〇)單州：胡三省曰：「唐末以宋州之單父、碭山，曹州之成武，兗州之魚臺，置單州。」(一二一)舉州：猶以州。(一二二)金鄉：據《新唐書・地理志》二，金鄉屬兗州。(一二三)銀臺門：據《唐六典》卷七，銀臺門在大明宮，分左右二門，紫宸殿恰居其中。(一二四)仗舍：儀仗所居之舍。㉟天威、捧日、登封三都：三都皆神策五十四都之數。㊱表賀：上表慶賀。㊲再舉：謂再舉兵攻之。㊳呰：與寨同。㊴犒禮：犒勞之禮物。㊵諷：諷示。

卷二百五十九 唐紀七十五

起玄黓困敦，盡閼逢攝提格，凡三年。（壬子至甲寅，西元八九二年至八九四年）

司馬光編集
曲守約註

昭宗聖穆景文孝皇帝上之中

景福元年（西元八九二年）

㈠春，正月，丙寅，赦天下，改元。

㈡鳳翔李茂貞、靜難王行瑜、鎮國韓建、同州王行約、秦州李茂莊五節度使，上言：「楊守亮容匿㊀叛臣楊復恭，請出軍討之，乞加茂貞山南西道招討使。」朝議以茂貞得山南，不可復制，下詔和解之，皆不聽。

㈢王鎔李匡威合兵十餘萬攻堯山，李克用遣其將李嗣勳擊之，大破幽鎮兵，斬獲三萬。【考異】實錄在二月，恐約奏到，今從唐太祖紀年錄。

㈣楊行密謂諸將曰：「孫儒之眾十倍於我，吾戰數不利，欲退保銅官，何如？」劉威李神福曰：「儒掃地㊁遠來，利在速戰，宜屯據險要，堅壁清野，以老㊂其師，時出輕騎，抄其饋餉㊃，奪其俘掠，彼前不得戰，退無資糧，可坐擒也。」戴友規曰：「儒與我相持數年㊄，勝負略相當㊅，今悉眾致死㊆於我，我若望風㊇棄城，正墮其計，淮南士民，從公度江，及自儒軍來降者甚眾，公宜遣將，先護送歸淮南，使復生業㊈，儒軍聞淮南安堵㊉，皆有思歸之心，人心既搖⑪，安得不敗！」行密悅，從之。友規，廬州人也。

㈤威戎節度使⑫楊晟與楊守亮等，約攻王建。二月，丁丑，晟出兵掠新繁⑬漢州之境，使其將呂蕘將兵二千，會楊守厚，攻梓州⑭，建遣行營都指揮使李簡擊蕘，斬之。

㈥戊寅，朱全忠出兵擊朱瑄，遣其子友裕將兵前行，軍於斗門⑮。

㈦李茂貞王行瑜擅⑯舉兵擊興元，茂貞表求招討使不已，遣杜讓能西門君遂書，陵蔑⑰朝廷。上意不能容⑱，御延英，召宰相諫官議之，時宦官有陰與二鎮相表裏⑲者，宰相相顧不敢言，上不悅，給事中牛徽曰：「先朝多難，茂貞誠有翼衞之功⑳，諸楊阻兵，亟出㉑攻討，其志亦在疾惡，但不當不俟詔命耳。比聞兵過山南，殺傷甚多，陛下儻不以招討使授之，使用國法約束，則山南之民盡矣。」上曰：「此言是也。」乃以茂貞為山南西道招討使。

(八)甲申，朱全忠至衛南，朱瑄將步騎萬人襲斗門，朱友裕棄營走，瑄據其營，全忠不知，乙酉，引兵趣斗門，至者皆為鄆人所殺，全忠退軍瓠河㉒，丁亥，瑄擊全忠，大破之，全忠走，張歸厚於後力戰，全忠僅免㉓，【考異】歸厚傳云十一月，誤也，今從梁紀。副使李璠等皆死。

(九)朱全忠奏貶河陽節度使趙克裕，【考異】實錄在正月末云：「全忠欲全義得河陽，乃奏克裕有誣謗之言，而貶。」新紀云：「己未，朱全忠陷孟州，逐河陽節度使趙克裕。」今從編遺錄。以佑國節度使張全義兼河陽節度使。

(十)孫儒圍宣州，初劉建鋒為孫儒守常州，將兵從儒擊楊行密，甘露鎮使㉔陳可言帥部兵千人據常州，行密將張訓引兵奄至城下，可言倉猝出迎，訓手刃殺之，遂取常州。【考異】新紀：「景福二年二月，楊行密陷常州。」按行密自宣歸楊過常州，已歎張訓之功，新紀誤也。今從十國紀年。行密別將又取潤州。

(十一)朱全忠連年攻時溥㉕，徐泗濠三州民不得耕穫，兗鄆河東兵救之，皆無功，復值水災，人死者什六七，溥困甚，請和於全忠，全忠曰：「必移鎮，乃可。」溥許之，全忠乃奏請移溥他鎮，仍命㉖大臣鎮徐州，詔以門下侍郎同平章事劉崇望同平章事，充感化節度使，以溥為太子太師。溥恐全忠詐而殺之，據城不奉詔，崇望及華陰而還。

(十二)忠義節度使趙德諲薨，子匡凝代之。【考異】實錄，此月，以前忠義軍節度使趙匡疑起復某官。不言德諲卒在何時。新傳、薛史，但云：「匡凝為唐州刺史兼七州馬步軍都尉，及德諲卒，自為襄州留後，朝廷即以旄鉞授之。」亦不言年月，今附於此。

(十三)范暉驕侈失眾心，王潮以從弟彥復為都統，弟審知為都監，將兵攻福州，民自請輸米餉軍㉗，平湖洞㉘及濱海蠻夷，皆以兵船助之。

(十四)辛丑，王建遣族子嘉州刺史宗裕、雅州刺史王宗侃、威信都指揮使華洪、茂州刺史王宗瑤，將兵五萬攻彭州，楊晟逆戰而敗，宗裕等圍之，楊守亮遣其將符昭救之，徑㉙趨成都，營三學山㉚，建亟召華洪還，洪疾驅而至，後軍尚未集，以數百人夜去㉛昭營數里，多擊更鼓㉜，昭以為蜀軍大至，引兵宵遁。

(十五)三月，以戶部尚書鄭延昌為中書侍郎同平章事。延昌，從讜之從兄弟㉝也。

子也，自渠州引兵救楊晟，知守亮必敗，壬子，帥其眾二萬，降於王建。

㈥左神策勇勝三都㉔都指揮使楊子實、子遷、子釗，皆守亮之假

㈦李克用王處存合兵攻王鎔，癸丑，拔天長鎮㉕，戊午，鎔與戰於新市㉖，大破之，殺獲三萬餘人。辛酉，克用退屯欒城㉗，詔和解河東及鎮定幽四鎮。

㈧楊晟遣楊守貞、楊守忠、楊守厚書，使攻東川，以解彭州之圍，守貞等從之，神策督將竇行實戍梓州，守厚密誘之為內應，守厚至涪城㉘，行實事泄，顧彥暉斬之【考異】實錄：「明年正月，楊守厚攻東川，以竇行實為內應，事泄，行實死守厚遁去。」因李茂貞與王建爭東川，追敘今年事耳，今從十國紀年。守厚遁去，守貞守忠軍至無所歸，盤桓綿劍間，王建遣其將吉諫襲守厚，破之，癸亥，西川將李簡邀擊守忠於鍾陽㉙，斬獲三千餘人。夏，四月，簡又破守厚於銅鉾，斬獲三千餘人，降萬五千人，守忠守厚皆走。

㈨乙酉，置武勝軍於杭州，以錢鏐為防禦使。

㈩天威軍使賈德晟以李順節之死，頗怨憤，西門君遂惡之，奏

而殺之，德晟麾下千餘騎奔鳳翔，李茂貞由是益彊。

(廿一)李匡威出兵侵雲代，壬寅，李克用始引兵還

(廿二)時溥遣兵南侵，至楚州，楊行密將張訓李德誠敗之於壽河，遂取楚州，執其刺史劉瓚。【考異】新紀：「三月乙巳，楊行密陷楚州，執刺史劉瓚。」十國紀年：「二月，時溥遣兵三萬，南侵，至楚州，四月，楊行密將張訓、李德誠敗徐兵于壽河，俘斬三千級，取楚州，執瓚。」今從之。加邠寧節度使王行瑜兼中書令。

(廿三)楊行密屢敗孫儒兵，破其廣德營㉔，張訓屯安吉㉕，斷其糧道，儒食盡，士卒大疫，遣其將劉建鋒馬殷分兵掠諸縣。六月，行密聞儒疾瘧㉖，戊寅，縱兵擊之，會大雨晦冥，儒軍大敗，安仁義破儒五十餘寨，田頵擒儒於陳，斬之，傳首京師，儒眾多降於行密，劉建鋒馬殷收餘眾七千，南走洪州，推建鋒為帥㉗，殷為先鋒指揮使，張佶為謀主，比至江西，眾十餘萬。丁酉，楊行密帥眾歸揚州。【考異】十國紀年：「行密過常州，謂左右曰：常州大城也，張訓以一劍下之，不亦壯哉！」舊紀：「大順二年三月，淮南節度使孫儒為宣州觀察使楊行密所殺。初行密揚州失守，據宣州，孫儒以兵攻圍三年，是春，淮南大饑，軍中疫癘，是月孫儒亦病，為帳下所執降行密，行密乃併孫儒之眾，復據廣陵。」薛居正五代史行密傳曰：「大順元年，行密危蹙，出據宣州，儒復入揚州，二年，儒攻行密，屬江淮疾疫，師人多死，儒亦臥病，為部下所執，送於行密，殺之。行密自宣城長驅，入於廣陵。」唐補紀：「大順二年六月，孫儒兵敗於宛陵城下，楊行密進首級於西京。」吳錄云：「景福元年六月六日，太祖盡率諸將晨出擊儒，田頵臨陣擒儒以獻，斬儒於市，傳首京師。」新紀、實錄、十國紀年，皆據此，舊紀、薛史、唐補紀皆誤。秋，七月，丙辰，至廣陵，表田頵守宣

州，安仁義守潤州。先是揚州富庶甲天下，時人稱揚一益二(四四)，及經秦畢孫楊兵火之餘(四五)，江淮之間，東西千里，掃地盡矣(四六)。

(卌)王建圍彭州，久不下，民皆竄匿山谷，諸寨日出俘掠，謂之淘虜，都將先擇其善者，餘則士卒分之，以是為常。有軍士王先成者，新津人，本書生也，世亂為兵，度諸將惟北寨王宗侃最賢，乃往說之曰：「彭州本西川之巡屬也，陳田召楊晟割四州以授之，偽署觀察使，與之共拒朝命，今陳田已平，而晟猶據之，州民皆知西川乃其大府(四七)，而司徒(四八)乃其主也，故大軍始至，民不入城，而入山谷避之，以俟招安(四九)，今軍至累月，未聞招安之命，軍士復從而掠之，與盜賊無異，奪其貲財，驅其畜產(五〇)，分其老弱婦女以為奴婢，使父子兄弟流離愁怨，其在山中者，暴露於暑雨(五一)，殘傷於蛇虎，孤危飢渴，無所歸訴(五二)，彼始以楊晟非其主而不從，今司徒不加存恤(五三)，彼更思楊氏。」王宗侃惻然，不覺屢移其牀，前問之(五四)，先成曰：「又有甚於是者，今諸寨每旦出六七百人，入山淘虜，薄暮乃返，曾無守備之意，賴城中無人耳(五五)，萬一有智者為之晝策，使乘虛奔突(五六)，先伏精兵千人於門內，登城望淘虜者稍遠，出弓弩手礮手各百人，攻寨之一面，隨以役(五七)卒五百負薪土，填壕為道，然後出精兵奮擊，且焚其寨，又於三面城下，各出耀兵(五八)，諸寨咸自備禦，無暇相救，城中得以益兵繼出，如此能無(五九)敗乎！」宗侃矍然(六〇)曰：「此誠有之，將若之何？」先成請條列為狀(六一)，以白王建，宗侃即命先成草之，大指(六二)言：「今所白之事，須四面通共(六三)，宗侃所司，止於北面，或所白可從，乞以牙舉(六四)施行。」一事凡七條：其一、乞招安山中百姓；其二、乞禁諸寨軍士及子弟，無得一人輒出(六五)淘虜，仍表諸寨之旁，七里內聽樵牧，敢越(六六)表者斬；其三、乞置招安寨，中容(六七)數千人，以處所招百姓，宗侃請選所部將校謹幹者為招安將(六八)，使將三十人，晝夜執兵巡衞(六九)；其四、招安之事，須委一人總領，今牓帖既下(七〇)，諸寨必各遣軍士入山招安，百姓見之，無不驚疑，如鼠見狸(七一)，誰肯來者，欲招之，必有其術，願降帖付宗侃，專掌其事；其五、乞嚴勒(七二)四寨指揮使，悉索前日所虜彭州男女老幼，集於營場，有父子兄弟夫婦自相認者，即使相從，牒具人數，部送（七三）招安寨，有敢私匿一人者斬，仍乞勒府中（七四）諸營，亦令嚴索，有自軍前（七五）先寄歸者，量給資糧，悉部送歸招安寨；其六、乞置九隴行縣（七六）於招安寨中，以前南鄭令王丕攝縣令，設置曹局（七七），撫安百姓，擇其子弟之壯者，給帖使自入山招其親戚，彼知司徒嚴禁侵掠，前日為軍士所虜者，皆獲安堵（七八），必歡呼踊躍，相帥下山，如子歸母，不日（七九）盡出；其七、彭州土地宜麻，百姓未入山時，多漚（八〇）藏者，宜令縣令曉諭，各歸田里，出所漚麻鬻之，以為資糧，必漸復業（八一）。建得之，大喜，即行之，悉如所申（八二），【考異】張彭耆舊傳曰：「五月二十日，諸軍馬步兵士到彭州城下，至七月初，已經五十餘日，諸軍兵士始到，刈麥充糧，至七月初，麥盡，並無顆粒，兵士但託求食，乃每日遠去入山，虜劫逃避百姓，有一軍士本是儒生，乃往北面寨，說於統帥云云。」十國紀年：「王先成謂王宗侃云云，先成上昭携七事，建皆納之，先成蜀州新津人。」按十國紀年：「王建自二月辛丑，遣王宗裕等擊楊晟，遂圍彭州。」又晟遺楊守忠書云：「弊邑雖小，圍守三年矣。」而張彭云：「五月二十日，方圍彭州。」或者先圍之不克，而再往歟！彭但云：「有一軍士。」而十國紀年：「姓王名先成。」不知其本出何書也。明日牓帖至，威令赫然（八三），無敢犯者，三日，山中民競出，赴招安寨如歸市，寨不能容，斥（八四）而廣之，浸有市井，又出麻鬻之，民見村落無抄暴（八五）之患，稍稍辭縣令，復故業，月餘招安寨皆空。

(廿五)己巳，李茂貞克鳳州，感義節度使滿存奔興元，茂貞又取興洋二州，皆表其子弟鎮之。【考異】薛居正五代史茂貞傳曰：「大順二年，楊復恭得罪奔山南，與楊守亮據興元叛，茂貞與王行瑜討平之，詔以徐彥若鎮興元，茂貞違詔，表其假子繼徽為留後，堅請旄鉞，昭宗不得已而授之。自是茂貞始萌問鼎之志，既而逐涇原節度使張球洋州節度使楊守忠鳳州刺史滿存，皆奪據其地。」云大順二年，誤也，今從新紀。

(廿六)八月，以楊行密為淮南節度使同平章事，以田頵知宣州留後，安仁義為潤州刺史。孫儒降兵多蔡人，行密選其尤勇健者五千人，厚其稟(八六)賜，以早衣蒙甲，號黑雲都，每戰使之先登陷陳，四鄰畏之。行密以用度不足，欲以茶鹽易民布帛，掌書記舒城(八七)高勗曰：「兵火之餘，十室九空，又漁(八八)利以困之，將復離叛。不若悉我所有，易鄰道所無，足以給軍(八九)，選賢守令(九〇)，勸課(九一)農桑，數年之間，倉庫自實。」行密從之。田頵聞之，曰：「賢者之言，其利遠哉(九二)。」行密馳射武伎，皆非所長，而寬簡有智略，善撫御(九三)將士，與同甘苦，推心待物(九四)，無所猜忌(九五)。嘗早出，從者斷馬鞦(九六)取其金(九七)，行密知而不問，他日復早出如故，人服其度量。淮南被兵(九八)六年，士民轉徙(九九)幾盡，行密初至，賜與將吏，帛不過數尺，錢不過數百，而能以勤儉足用，非公宴未嘗舉樂，招撫流散，輕徭薄斂(一〇〇)，未及數年，公私富庶(一〇一)，幾復承平之舊。

(廿七)李克用北巡至天寧軍(一〇二)，聞李匡威赫連鐸將兵八萬寇雲州，遣其將李君慶發兵於晉陽，克用潛入新城，伏兵於神堆(一〇三)，擒吐谷渾邏騎三百，匡威等大驚，丙申，君慶以大軍至，克用遷入雲州，丁酉，出擊匡威等，大破之，己亥，匡威等燒營而遁，追至天成軍(一〇四)，斬獲不可勝計。

(廿八)辛丑，李茂貞攻拔興元，楊復恭、楊守亮、楊守信、楊守貞、楊守忠、滿存奔閬州，【考異】舊紀：「景福元年十一月辛丑，鳳翔邠寧之眾攻興元，陷之，節度使楊守亮前中尉楊復恭、判官李巨川，突圍而遁。十二月辛未，華州刺史韓建，奏(一〇五)於乾元縣遇興元散兵，擊敗之，斬楊守亮、楊復恭，傳首。」實錄：「乾寧元年七月，鳳翔邠寧之兵攻興元，陷之，楊守亮、楊復恭突圍而遁。」新紀：「景福元年八月，茂貞寇興元，守亮滿存奔閬州，乾寧元年七月，茂貞陷閬州，八月守亮伏誅。」新復恭傳：「景福元年，茂貞攻興元，破其城；復恭、守亮、守信奔閬州。」十國紀年蜀史：「景福元年十月，行瑜茂貞表守亮招納叛臣，請討之，感義節度使滿存救守亮，為茂貞所敗，奔興元。十一月，邠岐陷興元，楊復恭帥守亮、守貞、守忠、滿存，同奔閬州。十二月壬午，華洪敗守亮等於州。」按實錄，景福二年正月，移茂貞山南，於時守亮不應猶在山南，今年月從新紀，事則參取諸書。茂貞表其子繼密權知興元府事。

(廿九)九月，加荊南節度使成汭同平章事。

(卅)時溥迫監軍奏稱將士留己(一〇六)。冬，十月，復以溥為侍中感化節度。朱全忠奏請追(一〇七)溥新命，詔諭解之。

(卌)初，邢洺磁州留後李存孝與李存信，俱為李克用假子，不相睦，存信有寵於克用，存孝在邢州，欲立大功以勝之，乃建議取鎮冀，存信從中沮(二八)之，不時聽許(二九)。及王鎔圍堯山，存孝救之不克，克用以存信為蕃漢馬步都指揮使，與存孝共擊之，二人互相猜忌，逗留不進，克用更遣李嗣勳等擊破之，存信還，譖存孝無心(三一)擊賊，疑與之有私約(三〇)，存孝聞之，自以有功於克用，而信任顧(三二)不及存信，憤怨，且懼及禍，乃潛結王鎔及朱全忠，上表以三州自歸於朝廷，【考異】實錄：「大順元年十月，太原將邢州刺史李存孝，自晉州帥行營兵據邢州。」舊紀：「十一月癸丑朔，太原將邢州刺史李存孝，自恃擒孫揆功，合為昭義帥，怨克用授康君立，存孝自晉州，帥行營兵歸邢州，據城，上表歸明(三三)，仍致書與張濬王鎔求援。」唐末見聞錄：「十月二十四日，李存孝領兵打晉州，遁歸邢州，背叛，與宰臣張濬狀曰，某自主三郡，已近二年。又曰，常思安知建在此之日，歸順朝廷之時，四鄰不有保持，一家俄受塗炭，以此猶豫，莫敢申明，遂至去年，遽絕變好，豈是某之情願，蓋因李某之指揮。又曰，自今春戰爭之後；實願休罷戈鋋，自九月十五日以來，有李某之人，使促令某南至進軍，面趙州牽脅，李某即土門路入，直屆鎮州，今月十四日，昭義軍人百姓等眾，請某權知兵馬留後，歸順朝廷。大王聞存孝致逆，大震雄威，令下先差大將進軍，速至邢州，仍候指揮，不得輒有鬬敵，但圍小壘，專俟大軍。」據唐太祖紀年、錄薛居正五代史紀傳，實錄、新紀皆云：「景福元年十月，存孝叛太原，歸朝廷。」而舊紀、唐末見聞錄，在大順元年十月，舊紀恐是連言以後事。按二年三月，安知建方叛太原，而此書中已說知建，又云，自主三郡，已近二年。存孝大順二年方為邢洺磁節度，至景福元年，乃二年也。然則實錄：「邢州刺史據邢州。」亦因舊紀之誤，見聞錄所載存孝書，蓋與王鎔，誤雲與張濬也。乞賜旌節，及會諸道兵討李克用，詔以存孝為邢洺磁節度使，不許會兵(三四)。

(卌一)十一月，時溥濠州刺史張璲、泗州刺史張諫，以州附於朱全忠。

㊸乙未，朱全忠遣其子友裕將兵十萬攻濮州㉕，拔之，執其刺史邵倫，遂令友裕移兵擊時溥。

㊹孫儒將王壇陷婺州，刺史蔣瓌奔越州。

㊺廬州刺史蔡儔發楊行密祖父墓，與舒州刺史倪章連兵，遣使送印於朱全忠，以求救，全忠惡其反覆，納其印，不救，且牒報行密，行密謝之，行密遣行營都指揮使李神福將兵討儔。

㊻宣明曆浸差㉖，太子少詹事邊岡造新曆成。十二月，上之，命曰景福崇玄曆㉗。

㊼壬午，王建遣其將華洪擊楊守亮於閬州，破之。建遣節度押牙延陵㉘鄭頊使於朱全忠，全忠問劍閣，頊極言其險，全忠不信，頊曰：「苟不以聞，恐誤公軍機㉙。」全忠大笑。

㊽是歲，明州刺史鍾文季卒，其將黃晟自稱刺史。

【今註】㊀容匿：容藏。㊁掃地：此謂全軍及所有資械。㊂老：疲老。㊃饋餉：饋運之糧餉。㊄儒與我相持數年：僖宗光啓三年，楊行密孫儒爭揚州，至是已有五年。㊅相當：猶相等。㊆致死：致死命。㊇望風：望風塵。㊈生業：謂依以為生之產業。㊉安堵：猶安居。⑪搖：搖動。

⑫威戎節度使：僖宗文德元年，置威戎軍於彭州。⑬新繁：據《新唐書・地理志》六，新繁屬成都府。⑭攻梓州：梓州，時東川節度使顧彥暉治所。⑮斗門：據《舊唐書・李師道傳》，斗門城在濮陽縣。⑯擅：不以天子之命舉兵，曰擅。⑰陵蔑：陵轢輕蔑。⑱容：容忍。⑲相表裏：謂相呼應。⑳誠有翼衞之功：翼衞謂翼輔保衞此指僖宗再幸山南之時。㉑亟出：屢出。㉒瓠河：《九域志》：「濮州雷澤縣有瓠河鎮。」㉓僅免：謂僅以身免。㉔甘露鎮使：胡三省曰：「潤州城東角土山上，有甘露寺，前對北固山，後枕大江，寶曆中，李德裕建寺，適有甘露降，因以名之。孫儒蓋因此寺而置甘露鎮也。」㉕朱全忠連年攻時溥：光啓元年，徐汴始交兵。㉖仍命：因命。㉗餉軍：謂供軍食。㉘平湖洞：胡三省曰：「平湖洞在泉州莆田縣界外。」㉙徑：直。㉚三學山：胡三省曰：「漢州金堂縣東北十里，有三學山。」㉛夜去：謂夜距。㉜更鼓：更鼓、報更之鼓，官府及行軍，每更擊之以為節。㉝延昌，從讜之從兄弟：僖宗乾符間，鄭從讜鎮河東，有聲績。此本當言從兄或從弟，特以兩人年齡大小不明，遂囫圇言之，而曰從兄弟焉。㉞左神策勇勝三都：勇勝三都亦神策五十四都之一。㉟天長鎮：胡三省曰：「天長鎮在滹沱河東北。」㊱新市：胡三省曰：「新市、漢古縣，唐併入鎮州九門縣。」㊲欒城：據《新唐書・地理志》三，欒城屬鎮州。㊳涪城：據同志六，涪城屬劍南道梓州。㊴鍾陽：《九域志》：「綿州巴西縣有鍾陽鎮。」㊵廣德營：乃孫儒之兵營於廣德者。㊶安吉：《九域志》：「安吉在湖州西南百七十一里。」㊷瘧：寒熱迭作之疾。㊸推建鋒為帥：按推上當添一眾字。㊹揚一益二：胡三省曰：「言揚州居一，益州為次也。」㊺餘：

猶後。(46)掃地盡矣：謂掃地無遺。(47)大府：巡屬諸州，以節度使府為大府，亦謂之會府。(48)司徒：時朝命以王建檢校司徒，故稱之。(49)招安：謂招懷安撫。(50)畜產：以牲畜為產業，故曰畜產，其實亦即牲畜。(51)暑雨：暑謂陽光炙晒，熱氣蒸重。(52)歸訴：歸從告訴。(53)存恤：存問救恤。(54)前問之：謂至其跟前問之。(55)賴城中無人耳：謂幸賴城中無人耳。(56)奔突：謂奔而衝撞。(57)役：役夫。(58)耀兵：謂以兵力向敵誇耀，使其望而畏懼。(59)能無：謂豈能無。(60)矍然：驚視貌。(61)狀：疏狀，文書之名。(62)指：通旨。(63)四面通共：時西川兵圍彭州，四面下寨，宗裕、宗侃、華洪、宗瑤各當一面。(64)牙舉：胡三省曰：「牙舉，謂從使牙檢舉而見之施行。」(65)輒出：專輒而出。(66)越：謂逾，此則猶違。(67)中容：謂其中可容納。(68)謹幹：謹慎幹練。(69)巡衞：巡行保衞。(70)下：猶出。(71)狸：謂貓。(72)嚴勒：猶嚴令。(73)部送：謂以兵部送之。(74)府中：謂成都府中。(75)軍前：猶軍中。(76)九隴行縣：彭州治九隴縣，彭州未下，故乞置行縣。(77)曹局：縣府所屬之部門。(78)安堵：安居。(79)不日：不幾日。(80)漚：久漬。(81)復業：復其故業。(82)所申：所申言者。(83)赫然：昭章。(84)斥：拓。(85)抄暴：抄掠橫暴。(86)稟：通廩。(87)舒城：據《新唐書・地理志》五，舒城屬淮南道廬州。(88)漁：謂取而無擇。(89)給軍：供軍。(90)守令：太守縣令。(91)勸課：勸勵考課。(92)其利遠哉：謂其利久遠哉。(93)撫御：安撫駕御。(94)待物：謂待人。(95)猜忌：猜疑忌嫉。(96)馬鞦：馬紂。(97)取其金：謂取其所飾之黃金。(98)被兵：謂遭兵患。(99)轉徙：轉移遷徙。(100)薄斂：薄賦斂。(101)富庶：富饒庶眾。(102)天寧軍：代州西有天寧軍，天寶十二載置。(103)潛入新城，伏兵於神堆：胡三省曰：「神堆在雲州城南，新城又在神堆東南，神堆即神武川之黃花堆，新城在其側，蓋克用祖執宜保黃花堆時所築也。」㉔天成軍：蔚州東北有天成軍。㉕考異曰：「舊紀：『景福元年……華州刺史韓建奏』」：據《舊唐書・昭宗紀》，華州刺史當作華州節度使。㉖時溥迫監軍奏稱將士留己：是年二月，召時溥為太子太師。㉗請追：謂請追回。㉘沮：沮止。㉙不時聽許：謂不立時聽許。㉚無心：謂無意。㉛私約：私自盟約。㉜顧：反。㉝考異曰：「舊紀：『十一月癸丑，……據城，上表歸明』」：據《舊唐書・昭宗紀》大順元年十一月文，歸明當作歸朝。㉞會兵：合兵。㉟濮州：時朱瑄巡屬。㊱宣明曆浸差：《新唐書・曆志》六上：「穆宗立，以為累世纘緒，必更曆紀，乃詔日官，改撰曆術，名曰宣明。」㊲命曰景福崇玄曆：同志六下：「昭宗時，宣明曆施行已久，數亦漸差，詔太子少詹事邊岡與司天少監胡秀林，均州司馬王墀，改治新曆，然術一出於岡。岡用算巧，能馳騁反覆於乘除間，由是簡捷超徑等接之術興，而經制遠大衰序之法廢矣，雖籌策便宜，然皆冥於本原。」㊳延陵：據《新唐書・地理志》五，延陵屬江南道潤州。㊴軍機：謂軍事之機宜。

二年（西元八九三年）

㈠春，正月，時溥遣兵攻宿州，刺史郭言戰死。

㈡東川留後顧彥暉既與王建有隙，李茂貞欲撫㊀之使從己，奏請更賜彥暉節，詔以彥暉為東川節度使。茂貞又奏遣知興元府事李繼密救梓州，未幾，建遣兵敗東川鳳翔之兵於利州，彥暉求和，請與茂貞絕，乃許之。鳳翔節度使李茂貞自請鎮興元，詔以茂貞為山南西道兼武定節度使，以中書侍郎同平章事徐彥若同平章事，充鳳翔節度使，【考異】舊紀在七月癸未，今從實錄、新紀。又割果閬二州隸武定軍，茂貞欲兼得鳳翔，不奉詔。

㈢二月，甲戌，加西川節度使王建同平章事。

㈣李克用引兵圍邢州，王鎔遣牙將王藏海致書解㈡之，克用怒，斬藏海，進兵擊鎔，敗鎮兵於平山㈢，辛巳，攻天長鎮，旬日不下，鎔出兵三萬救之，克用逆戰於叱日嶺下，大破之，斬首萬餘級，餘眾潰去，河東軍無食，脯其尸㈣而啗之。

㈤時溥求救於朱瑾，朱全忠遣其將霍存將騎兵三千軍曹州㈤，以備之，瑾將兵二萬救徐州，存引兵赴之，與朱友裕合擊徐兗兵於石佛山㈥下，大破之，瑾遁歸兗州，辛卯，徐兵復出，存戰死。

㈥李克用進下井陘，李存孝將兵救王鎔，遂入鎮州，與鎔計事，鎔又乞師於朱全忠，全忠方與時溥相攻，不能救，但遺克用書，言：「鄴下[七]有十萬精兵，抑[八]而未進。」克用復書：「儻實屯軍鄴下，顒[九]望降臨，必欲真決雌雄，願角逐[一〇]於常山之尾。」甲午，李匡威引兵救鎔，敗河東兵於元氏[一一]，克用引還邢州，鎔犒匡威於藁城[一二]，輦[一三]金帛二十萬以酬之。

(七)朱友裕圍彭城，時溥數出兵，友裕閉壁[一四]不戰，朱瑾宵遁，友裕不追，都虞候朱友恭以書譖友裕於全忠，全忠怒，驛書下都指揮使龐師古，使代之將，且按[一五]其事，書誤達於友裕，友裕大懼，以二千騎逃入山中，潛詣碭山[一六]，匿於伯父全昱之所，全忠夫人張氏聞之，使友裕單騎詣汴州見全忠，泣涕拜伏於庭，全忠命左右捽抑[一七]，將斬之，夫人趨就抱之，泣曰：「汝捨兵眾[一八]，束身[一九]歸罪，無異志明矣。」全忠悟而捨之，使權知許州。友恭壽春人李彥威也，幼為全忠家僮，【考異】薛居正五代史高季興舊傳，以友恭為汴之賈人李七郎，十國紀年，以為壽春賈人，友恭傳云：「彥威丱角事太祖。」從之。全忠養以為子；張夫人，碭山人，多智略，全忠敬憚之，雖軍府事，時與之謀議，或將兵出中塗，夫人以為不可，遣一介[二〇]召之，全忠立為之返。龐師古攻佛山寨㉑，拔之，自是徐兵不敢出。

㈧李匡威之救王鎔也，將發幽州，家人會別㉒，弟匡籌之妻美，匡威醉而淫之。二月，匡威自鎮州還，至博野㉓，匡籌據軍府，自稱留後，以符㉔追行營兵，匡威眾潰歸，但與親近留深州，進退無所之，遣判官李抱真入奏，請歸京師。京師屢更㉕大亂，聞匡威來，坊市大恐曰：「金頭王來圖社稷。」士民或竄匿山谷。王鎔德其以己故，致失地㉖，迎歸鎮州，為築第，父事之。

㈨以渝州刺史柳玭為瀘州刺史，【考異】新傳云：「玭坐事貶瀘州刺史，卒。」北夢瑣言亦云：「謫授瀘州。」新舊書，玭貶官無年月，今據實錄，此月，玭自渝為瀘州刺史，當是初貶渝州，後移瀘州，新傳北夢瑣言誤也。柳氏自公綽以來，世以孝悌禮法為士大夫所宗㉗，玭為御史大夫，上欲以為相，宦官惡之，故久謫於外。玭嘗戒其子弟曰：「凡門地高，可畏不可恃也㉘，立身行己㉙，一事有失，則得罪重於他人，死無以見先人於地下，此其所以可畏也。門高㉚則驕心易生，族盛則為人所嫉，懿行㉛實才，人未之信，小有玼纇㉜，眾皆指之，此其所以不可恃也。故膏粱子弟㉝，學宜加勤㉞，行宜加勵，僅得比他人耳㉟。」

㈩王建屢請殺陳敬瑄田令孜，朝廷不許。夏，四月，乙亥，建使人告敬瑄謀作亂，殺之新津，又告令孜通鳳翔書㊱，下獄死。建使節度判官馮涓草表奏之，曰：「開匣出虎，孔宣父不責他人㊲，當路斬蛇，孫叔敖蓋非利己㊳，專殺不行於閫外㊴，先機恐失於轂中㊵。」涓，宿之孫㊶也。

(十一)汴軍攻徐州，累月不克，通事官張濤以書白朱全忠云：「進軍時日非良，故無功。」全忠以為然，敬翔曰：「今攻城累月，所費甚多，徐人已困，旦夕㊷且下，使將士聞此言，則懈於攻取矣。」全忠乃焚其書。癸未，全忠自將如徐州，戊子，龐師古拔彭城，時溥舉族登燕子樓㊸，自焚死。【考異】實錄：「五月，汴州奏拔徐州。」舊紀：「四月，汴將王重師、牛存節陷徐州。」舊傳：「溥求援於兗州朱瑾，出兵救之，值大雪，糧盡而還。汴將王重師、牛存節夜乘梯而入，溥與妻子，登樓自焚而卒，景福二年也。」新紀：「四月戊子，朱全忠陷徐州，時溥死之。」薛居正五代史梁紀：「丁亥，師古下彭門，梟溥首，以獻。」唐太祖紀年錄：「四月，澤州李罕之上言，懷孟降人，報汴將龐師古於今月八日，攻陷徐州，徐帥時溥舉族皆沒，溫既下徐方，詐請朝廷命帥，昭宗乃以兵部尚書孫儲為徐帥，既而溫以他詞斥去，自以其將鎮之。」四月八日，蓋河東傳聞之誤，今從編遺錄、新紀。己丑，全忠入彭城，以宋州刺史張廷範知感化留後，奏乞朝廷除文臣為節度使。

(十二)李匡威在鎮州，為王鎔完城塹㊹，繕甲兵，視之如子，匡威以鎔年少，且樂真定㊺土風㊻，潛謀奪之，李抱真自京師還，為之畫策，陰以恩施，悅其將士，王氏在鎮久，鎮人愛之，不狥㊼匡威，匡威忌日㊽，鎔就第㊾弔之，匡威素服衷甲㊿，伏兵劫之，鎔趨抱匡威曰：「鎔為晉人(51)所困，幾亡矣，賴公以有今日，公欲得四州(52)，此固鎔之願也，不若與公共歸府，以位讓公，則將士莫之拒矣。」匡威以為然，與鎔駢馬(53)，陳兵(54)入府，會大風雷雨，屋瓦皆震(55)，匡威入東偏門(56)，鎮之親軍閉之(57)，有屠者墨君和自缺垣躍出，拳毆(58)匡威，甲士挾鎔於馬上，負之登屋，鎮人既得鎔，攻匡威，殺之，幷其族黨。【考異】實錄，殺匡威在五月，恐約奏到。舊紀：「六月乙卯，幽州李匡威謀害王鎔，恒州三軍攻匡威，殺之。」舊傳唐太祖紀年錄，皆云，五月。新紀，四月丁亥。按匡籌奏云：「四月十九日。」是月己巳朔，十九日丁亥也，今從之。鎔時年十七，體疏瘦(59)，為君和所挾，頸痛頭偏者累日，李匡籌奏鎔殺其兄，請舉兵復冤(60)，詔不許。

(十三)幽州將劉仁恭將兵戍蔚州，過期未代，士卒思歸，會李匡籌立，戍卒奉仁恭為帥，還攻幽州，至居庸關(61)，為府兵(62)所敗，仁恭奔河東，李克用厚侍之。

(十四)李神福圍廬州，甲午，楊行密自將詣廬州，田頵自宣州引兵會之。初蔡人張顥以驍勇事秦宗權，後從孫儒，儒敗歸行密，行密厚待之，使將兵戍廬州，蔡儔叛，顥更[六三]為之用，及圍急，顥踰城來降，行密以隸銀槍都使袁積，積以顥反覆，白行密，請殺之，行密恐積不能容，置之親軍。積，陳州人也。王彥復王審知攻福州，久不下，范暉求救於威勝節度使[六四]董昌，昌與陳巖昏姻，發溫台婺州兵五千救之，彥復審知以城堅援兵且至，士卒死傷多，白王潮欲罷兵，更圖後舉，潮不許，請潮自臨行營，潮報曰：「兵盡添兵，將盡添將，兵將俱盡，吾當自來。」彥復審知懼，親犯矢石，急攻之。五月，城中食盡，暉知不能守，夜以印授監軍，棄城走，援兵亦還。庚子，彥復等入城，辛丑，暉亡抵沿海都，為將士所殺，潮入福州，自稱留後，素服葬陳巖，以女妻其子延晦，厚撫[六五]其家，汀建二州降，嶺海間羣盜二十餘輩，皆降潰[六六]。

(十五)閏月，以武勝防禦使錢鏐為蘇杭觀察使，又以扈蹕都頭曹誠為黔中節度使，耀德都頭李鋋為鎮海軍節度使，宣威都頭[六七]孫惟晟為荊南節度使。六月，以捧日都頭陳珮為嶺南東道節度使，並同平章事。時李茂貞跋扈，上以武臣難制，欲用諸王代之，故誠等四人皆加恩解兵柄(六八)，令赴鎮。【考異】舊紀：「三月庚子，以陳珮為嶺南東道節度使，曹誠為黔中節度使，李鋋為鎮海節度使，孫惟誠為荊南節度使，時期議以茂貞傲侮王命，武臣難制，故罷五將之權。」今從實錄；止是四將。

(十六)李匡籌出兵攻王鎔之樂壽、武強(六九)，以報殺匡威之恥。

(十七)秋，七月，王鎔遣兵救邢州，李克用敗之於平山(七〇)，壬申，進擊鎮州，鎔懼，請以兵糧二十萬助攻邢州，克用許之。克用治兵於欒城(七一)，合鎔兵三萬，進屯任縣(七二)，李存信屯琉璃陂(七三)。

(十八)丁亥，楊行密克廬州，斬蔡儔，左右請發儔父母冢，行密曰：「儔以此得罪，吾何為效之。」

(十九)加天雄節度使(七四)李茂莊同平章事。

(廿)錢鏐發民夫二十萬及十三都軍士，築杭州羅城，周七十里。

(廿一)昇州刺史張雄卒，【考異】新紀：「八月庚子。」蓋約奏到之日，今從十國紀年。馮弘鐸代之為刺史。

(廿二)李茂貞恃功驕橫，上表及遺杜讓能書，辭語不遜(七五)，上怒欲討之，茂貞又上表，略曰：「陛下貴為萬乘，不能庇元舅之一身(七六)，尊極九州，不能戮復恭之一豎。」又曰：「今朝廷但觀彊弱，不計(七七)是非。」又曰：「約(七八)衰殘而行法(七九)，隨盛壯以加恩，體物錙銖(八〇)，看人衡纊(八一)。」又曰：「軍情易變，戎馬難羈(八二)，唯慮甸服(八三)生靈，因茲受禍，未審乘輿播越，自此(八四)何之！」上益怒，決討茂貞，命杜讓能專掌其事，讓能諫曰：「陛下初臨大寶，國步(八五)未夷(八六)，茂貞近在國門(八七)，臣愚以為未宜與之構怨(八八)，萬一不克，悔之無及。」上曰：「王室日卑，號令不出國門，此乃志士憤痛之秋(八九)，藥弗瞑眩，厥疾弗瘳(九〇)，朕不能甘心為孱(九一)懦之主，愔愔(九二)度日，坐視陵夷(九三)，卿但為朕調兵食(九四)，朕自委諸王用兵，成敗不以責卿(九五)。」讓能曰：「陛下必欲行之，則中外大臣，共宜協力，以成聖志，不當獨以任臣。」上曰：「卿位居元輔(九六)，與朕同休戚(九七)，無宜避事。」讓能泣曰：「臣豈敢避事，況陛下所欲行者，憲宗之志也，顧時有所未可，勢(九八)有所不能耳！但恐他日臣徒受晁錯之誅(九九)不能弭七國之禍也，敢不奉詔，以死繼之(一〇〇)！」上乃命讓能留中書，計畫調度(一〇一)，月餘不歸(一〇二)。崔昭緯陰結邠岐，為之耳目，讓能朝發一言，二鎮夕必知之，李茂貞使其黨糾合㉓市人數百千人，擁㉔觀軍容使西門君遂馬，訴曰：「岐帥㉕無罪，不宜致討，使百姓塗炭。」君遂曰：「此宰相事，非吾所及㉖。」市人又邀㉗崔昭緯，鄭延昌肩輿訴之，二相曰：「茲事主上專委杜太尉，吾曹不預知㉘。」市人因亂投瓦石，二相下輿，走匿民家，僅自免㉙，喪堂印㉚及朝服，上命捕其唱帥㉛者，誅之，用兵之意益堅。京師民或亡匿山谷，嚴刑所不能禁㉜。八月，以嗣覃王嗣周為京西招討使，【考異】按順宗子經封郯王，嗣周當是其後，會昌後避武宗諱，改郯作覃。神策大將軍李鐬副之。

(廿三)丙辰，楊行密遣田頵將宣州兵二萬攻歙州，歙州刺史裴樞城守㉝，久不下，時諸將為刺史者多貪暴，獨池州團練使陶雅寬厚得民，歙人曰：「得陶雅為刺史，請聽命㉞。」行密即以雅為歙州刺史，歙人納之，雅盡禮見樞㉟送之還朝。樞，遵慶之曾孫㊱也。

(廿四)朱全忠命龐師古移兵攻兗州，與朱瑾戰，屢破之。

(廿五)九月，丁卯，以錢鏐為鎮海節度使㊲。【考異】今年五月，以李鋋為鎮海節度使，令赴鎮，今復除鏐者，按是時安仁義已據潤州，又孫惟晟除荊南，時成汭已據荊南，二人安得赴鎮？蓋但欲罷其軍權，其實不至鎮而返耳。實錄云：「仍徙鎮海軍額於杭州。」按吳越備史，是歲鏐初除鎮海節度使，猶領潤州刺史，至光化元年，始移鎮海軍於杭州，實錄誤也。

㈦李存孝夜犯李存信營，虜奉誠軍使孫考老。李克用自引兵攻邢州，掘塹築壘環之㈧，存孝時出兵突擊，塹壘不能成。河東牙將袁奉韜密使人謂存孝曰：「大王惟俟塹成，即歸晉陽，尚書所憚者，獨大王耳㈨，諸將非尚書敵也，大王若歸，咫尺之塹，安能沮㈩尚書之鋒銳邪！」存孝以為然，按兵不出，旬日塹壘成，飛走㈪不能越，存孝由是遂窮。汴將鄧季筠從克用攻邢州，輕騎逃歸，朱全忠大喜，使將親軍。

㈦乙亥，覃王嗣周帥禁軍三萬，送鳳翔節度使徐彥若赴鎮，軍於興平㈫，【考異】舊紀：「覃王率扈駕五十四軍進攻岐陽。」今從實錄。李茂貞王行瑜合兵近六萬，軍於盩厔以拒之，禁軍皆新募市井少年，茂貞行瑜所將，皆邊兵百戰之餘㈬，壬午，茂貞等進逼興平，禁軍皆望風逃潰，茂貞等乘勝，進攻三橋，京城大震，士民奔散，市人復守闕㈭，請誅首議用兵者，崔昭緯心害㈮太尉門下侍郎同平章事杜讓能，密遺茂貞書曰：「用兵非主上意，皆出於杜太尉耳。」甲申，茂貞陳於臨皐驛㉖，表讓能罪，請誅之，讓能言於上曰：「臣固先言之矣，請以臣為解㉗。」上涕下，不自禁，曰：「與卿訣矣。」是日貶讓能梧州㉘刺史，制辭略曰：「棄卿士之臧㉙謀，構藩垣㉚之深釁㉛，咨詢之際，證執㉜彌堅。」又流觀軍容使西門君遂於儋州㉝，內樞密使李周潼於崖州㉞，段詡於驩州㉟。乙酉，上御安福門，斬君遂、周潼、詡，再貶讓能雷州㊱司戶。遣使謂茂貞曰：「惑㊲朕舉兵者，三人也，非讓能之罪。」以內侍駱全驩、劉景宣為左右軍中尉。壬辰，以東都留守韋昭度為司徒門下侍郎同平章事，御史中丞崔胤為戶部侍郎同平章事。胤，慎由之子㊳也，外寬弘而內巧險，與崔昭緯深相結，故得為相。季父安潛謂所親曰：「吾父兄刻苦㊴以立門戶，終為緇郎所壞。」【考異】舊傳，胤新拜平章事，安潛有此言。按安潛去年卒，必先時常有此言也。緇郎，胤小字也。李茂貞勒兵不解，請誅杜讓能然後還鎮，崔昭緯復從而擠㊵之。冬，十月，賜讓能及其弟戶部侍郎弘徽自盡，【考異】續寶運錄曰：「大順二年，相國杜讓能孔緯值上京，頻嬰離亂，朝綱紊墜，是時徇意諸道扈駕兵五十四都坊，坊皆滿，兼近藩連師、要行征討，便自統軍，至如岐陽李茂貞，先朝封為太子，本姓宋，洋州牧祖討昭義劉從諫有功，子孫爵賞不絕，洎壽王登位後，遣禮部侍郎薛廷珪持璽書，具禮，冊為岐王。茂貞先中和年中，投判軍容使田令孜作養男，姓田名彥賓，蓋趨其勢也。汴州朱溫，先朝冊東平王，至今上又遣薛廷珪為禮儀使，延王為冊命，使封為梁王。且岐王與北司人情方洽，宰相甚不和睦，累表章云，臣今駐旆咸陽，未敢入中書問罪，杜讓能等請寘極法，表奏，上不悅，遂詔孔杜二相國，令往咸陽謝，及見岐王，戰不能言，岐王大怒，卻令歸中書省過，纔到中書，上又發遣令祈謝岐王，如是往來三度，岐王又奏曰，二相見臣，並不措一言，如此曠官，有辱聖代，請行朝典，別選英賢。上不樂，勅罷知政事，不得已，除昭緯荊南節度使，讓能除河中節度，三日後，貶於嶺表，出國門三十里，並賜自盡。時岐王率驍果五千人住咸陽，及貶二相，乃退」。此皆誤謬之說，今從實錄。復下詔布告中外，稱：「讓能舉枉錯直㊶，愛憎繫於一時㊷，鬻獄賣官，聚斂踰於巨萬㊸。」自是朝廷動息㊹，皆稟㊺於邠岐，南北司往往依附二鎮以邀㊻恩澤。有崔鋋王超者，為二鎮判官，凡天子有所可否，其不逞者㊼，輒訴於鋋超，二人則教茂貞行瑜上章論之，朝廷少有依違㊽，其辭語已不遜，制復以茂貞為鳳翔節度使兼山南西道節度使，守中書令，於是茂貞盡有鳳翔、興元、洋、隴、秦等十五州之地。以徐彥若為御史大夫。

(卅八)戊戌，以泉州刺史王潮為福建觀察使。

(卅九)舒州刺史倪章棄城走，楊行密以李神福為舒州刺史。

(卌)邠寧節度使守侍中兼中書令王行瑜求為尚書令，韋昭度密奏：「太宗以尚書令執政，遂登大位，自是不以授人臣，惟郭子儀以大功拜尚書令，終身避讓，行瑜安可輕議㊾！」十一月，以行瑜為太師，賜號尚父，仍（五〇）賜鐵券。

（卅一）十二月，朱全忠請徙鹽鐵（五一）於汴州，以便供軍，崔昭緯以為全忠新破徐鄆，兵力倍增，若更判鹽鐵，不可復制，乃賜詔開諭（五二）之。

（卅二）汴將葛從周攻齊州刺史朱威，朱瑄朱瑾引兵救之。【考異】編遺錄云：「十月乙未。」今從薛居正五代史梁紀。

（卅三）初武安節度使周岳殺閔勗，據潭州，邵州刺史鄧處訥聞而哭之，諸將入弔，處訥曰：「吾與公等，咸受僕射大恩（五三），今周岳無狀殺之，吾欲與公等，竭一州之力，為僕射報仇，可乎？」皆曰：「善。」於是訓卒厲兵（五四），八年，乃結朗州刺史雷滿共攻潭州，克之，斬岳，自稱留後。

【今註】（一）撫：安撫。（二）解：勸解。（三）平山：《九域志》：「平山縣在鎮州西六十五里。」（四）脯其尸：謂以尸為乾肉。（五）軍曹州：謂駐軍於曹州。（六）石佛山：《述征記》：「彭城南有石佛山，頂方二丈二尺。」（七）鄴下：即鄴中，蓋下含中意，故鄴中又謂鄴下。（八）抑：抑止。（九）顒：仰，音ㄩㄥˊ。（十）角逐：謂角鬭追逐。（十一）元氏：據《新唐書・地理志》三，元氏縣屬趙州。（十二）藁城：據同志三，藁城屬鎮州。（十三）輂：以車運送。（十四）閉壁：閉營門。（十五）按：按問。（十六）碭山：朱全忠兄弟本居碭山。⑰捽抑：捽者持其髻，抑者按其頸。⑱兵眾：兵卒。⑲束身：束縛手足。⑳一介：一個使者。㉑佛山寨：即石佛山寨。㉒家人會別：謂家人悉會於使宅以送別。㉓博野：據《新唐書・地理志》三，博野屬深州。㉔符：符印。㉕更：經歷。㉖德其以己故，致失地：謂德其救己，以致失幽州。㉗宗：宗師。㉘可畏不可恃也：謂止可畏而不可恃也。㉙行己：猶自行。㉚門高：門第高。㉛懿行：美行。㉜玼纇：玉病曰玼，絲節曰纇。㉝膏粱子弟：猶富貴子弟。㉞加勤：謂勤加他人一等。㉟僅得比他人耳：謂纔得與他人相齊。㊱又告令孜通鳳翔書：謂又告令孜有通鳳翔書札。㊲開匣出虎，孔宣父不責他人：《論語・季氏》：「孔子責冉有季路曰：『虎兕出於柙，龜玉毀於櫝中，是誰之過歟！』」㊳當路斬蛇，孫叔敖蓋非利己：楚孫叔敖為嬰兒，出遊而還，憂而不食，其母問其故，泣而對曰：「今日吾見兩頭蛇，恐去死無日矣。」母曰：「今蛇安在？」曰：「吾聞見兩頭蛇者死，吾恐他人復見，已埋之也。」母曰：「無憂，汝不死，吾聞之，有陰德者，天報以福。」人聞之，皆諭其為仁也。㊴專殺不行於閫外：閫外謂郭門外，此謂若專殺不行於閫外。㊵先機恐失於彀中：彀中謂弓矢所及，此謂則預先識機，亦恐為弓矢所傷。㊶涓，宿之孫：馮宿事見卷二百四十五開成元年。㊷旦夕：謂非旦即夕，以喻時之短。㊸燕子樓：張建封之鎮徐也，有愛妓刁盼盼，建封既歿，張氏舊第，有小樓名燕子，盼盼念舊，愛而不嫁，居是樓十餘年，幽獨悵然。出《白樂天集》。㊹城塹：謂城郭及城壕。㊺真定：鎮州，漢之真定國，此以其舊名稱之。㊻土風：謂水土風俗。㊼狥：謂從。㊽忌日：父母終之日，子以為忌日。㊾第：謂李匡威寓第。㊿衷甲：

謂內著鎧甲。(五一)晉人：謂河東李克用之兵。(五二)四州：謂鎮、冀、深、趙。(五三)駢馬：並馬。(五四)陳兵：陳列兵卒。(五五)震：震動。(五六)東偏門：此鎮州牙城之東偏門。(五七)鎮之親軍閉之：謂既入門，而為鎮兵所閉絕其繼至者。(五八)拳毆：謂以拳毆擊。(五九)體疏瘦：謂身體瘦長。(六〇)復冤：猶復仇。(六一)居庸關：《新唐書・地理志》三：「河北道嬀州懷戎縣，北九十里有長城，開元中張說築，東南五十里有居庸塞，東連盧龍碣石，西屬太行常山，實天下之險。」(六二)府兵：謂幽州節度使府之兵。(六三)更：復。(六四)威勝節度使：僖宗中和三年，升浙東觀察為義勝節度，光啓三年，改為威勝節度。(六五)撫：撫恤。(六六)皆降潰：謂皆或降或潰。(六七)耀德都頭、宣威都頭：耀德宣威，亦皆神策五十四都之數。(六八)解兵柄：謂解除兵權。(六九)樂壽、武強：據《新唐書・地理志》三，樂壽屬深州，武強屬冀州。(七〇)平山：據同志三，平山屬鎮州。(七一)欒城：據同志三，欒城屬鎮州。(七二)任縣：據同志三，任縣屬邢州。(七三)琉璃陂：胡三省曰：「琉璃陂在邢州龍岡縣界。」(七四)天雄節度使：時以秦州為天雄軍。(七五)不遜：不遜順。(七六)不能庇元舅之一身：元舅謂王瓌，事見上卷大順二年。(七七)計：計較。(七八)約：謂約摸。(七九)行法：謂行刑。(八〇)體物錙銖：胡三省曰：「言體物有錙銖之重，則待之亦重，有錙銖之輕，則待之亦輕。」(八一)看人衡纊：劉峻《廣絕交論》：「衡所以揣其輕重，纊所以屬其鼻息。」注：「謂操衡揣勢之輕重，持纊量氣之麤細。」(八二)羈：羈勒。(八三)甸服：古之王者，畿方千里，以為甸服。(八四)自此何之：謂自此復之何處。(八五)國步：猶國運。(八六)未夷：未平定。(八七)茂貞近在國門：《九域志》：「鳳翔東距長安，二百八十里。」(八八)構怨：結怨。(八九)秋：猶時。(九〇)藥弗瞑眩，厥疾弗瘳：《書・

說命》之辭，注：「如服藥，必瞑眩極，其病乃除。」(九一)孱：弱劣，音ㄔㄢˊ。(九二)愔愔：深靜貌。(九三)陵夷：猶陵替。(九四)調兵食：調度兵食。(九五)成敗不以責卿：此成敗重在敗一方面，責、罪。(九六)元輔：杜讓能時為首相。(九七)休戚：休慶憂戚。(九八)勢：形勢。(九九)晁錯之誅：晁錯事見漢景帝紀。(一〇〇)敢不奉詔，以死繼之：謂豈敢不奉詔命，而以死繼之乎。(一〇一)調度：徵調支度。(一〇二)不歸：不歸私第。(一〇三)糾合：集合。(一〇四)擁：謂攔圍。(一〇五)岐帥：謂李茂貞，鳳翔本岐州。(一〇六)非吾所及：謂非吾權力所及。(一〇七)邀：攔截。(一〇八)不預知：謂未得參預知曉。(一〇九)僅自免：謂僅以身免。(一一〇)堂印：政事堂印。(一一一)唱帥：首唱及帥領者。(一一二)禁：禁止。(一一三)城守：謂嬰城而守。(一一四)請聽命：猶則聽命。(一一五)雅盡禮見樞：謂雅見樞盡禮。(一一六)樞，遵慶之曾孫：裴遵慶見卷二百二十二肅宗上元二年。(一一七)以錢鏐為鎮海節度使：胡三省曰：「升杭州武勝防禦使為鎮海節度使，唐本置鎮海軍於潤州，今以命錢鏐於杭州，至光化元年，鏐遂請徙軍於杭州。」(一一八)環之：繞圍之。(一一九)尚書所憚者，獨大王耳：李克用時封隴西郡王，存孝蓋亦檢校尚書。(一二〇)沮：止。(一二一)飛走：謂飛禽走獸。(一二二)興平：屬京兆府。(一二三)邊兵百戰之餘：謂邊兵百戰之遺存者。(一二四)守闕：謂聚集闕前，守候答覆，而不散歸。(一二五)心害：謂心中疾害。(一二六)臨皋驛：在長安城西。(一二七)請以臣為解：謂歸罪於讓能，以解兵患。(一二八)梧州：《舊唐書・地理志》四：「嶺南道梧州，至京師五千五百里。」(一二九)臧：善。(一三〇)藩垣：猶藩鎮。(一三一)釁：釁隙。(一三二)證執：謂持執。(一三三)儋州：《舊唐書・地理志》四：「嶺南道儋州，至京師七千四百四十二里。」(一三四)崖州：同志四：「嶺南道崖州，至京師七千四百六十里。」(一三五)驩州：同志四：「嶺南道驩州，至京師陸路一萬二千四百五十二里。」㊱雷州：同志四：「嶺南道雷州，至京師六千五百一十二里。」㊲惑：煽惑。㊳胤，慎由之子：崔慎由歷事文、武、宣，大中間為相。㊴刻苦：謂辛勤。㊵擠：排擠。㊶舉枉錯直：謂枉者舉之，直者錯置而不用。㊷繫於一時：謂繫於一時之意念。㊸巨萬：萬萬。㊹動息：動靜。㊺稟：稟命。㊻邀：邀要。㊼不逞者：不滿意者。㊽依違：謂在依違兩可之間。㊾輕議：謂輕論求為尚書令之事。㊿仍：因。(五一)徙鹽鐵：謂徙鹽鐵轉運使署。(五二)開諭：開譬曉諭。(五三)處訥曰：「吾與公等，咸受僕射大恩」：閔勗檢校尚書右僕射、欽化節度使，以處訥刺邵州，故言受恩。路振《九國志》：「鄧處訥自唐乾符中，從閔勗征蠻於安南，勗帥潭，署處訥邵州兵馬留後。」(五四)厲兵：磨礪兵器。

乾寧元年（西元八九四年）

㈠春，正月，乙丑朔，赦天下，改元。

㈡李茂貞入朝，大陳兵㊀自衛，數日歸鎮。

㈢以李匡籌為盧龍節度使。

㈣二月，朱全忠自將擊朱瑄，軍於魚山㊁，瑄與朱瑾合兵攻之，兗鄆兵大敗，死者萬餘人。

㈤以右散騎常侍鄭綮為禮部侍郎同平章事，【考異】舊傳云：「光化初為相。」恐誤。北夢瑣言曰：「綮雖有詩名，本無廓廟之望，嘗典廬州，吳王楊行密為本州步奉官，因有遺闕，而笞責之，然其儒懦清慎，弘農常重之。昭宗時，吳王雄據淮海朝廷務行姑息，因盛言鄭公之德，由是登庸，中外驚駭。太原兵至渭北，天子震恐渴於攘卻，相國奏劄，請於文宣王謚號中加一哲字，其不究時病，率此類也。」按明年李克用舉兵至渭北，綮已罷相，今從實錄，新紀。綮好詼諧㊂，多為歇後詩㊃，譏嘲㊄時事，上以為有所蘊㊅，手注㊆班簿㊇，命以為相，聞者大驚，堂吏㊈往告之，綮笑曰：「諸君大誤，使天下更無人⑩。」未至，鄭綮吏曰：「特出⑪聖意。」綮曰：「果如是，奈人笑何！」既而賀客至，綮搔首言曰：「歇後鄭五⑫作宰相，時事可知矣。」累讓不獲，乃視事。

㈥以邵州刺史鄧處訥為武安節度使。

㈦彰義節度使⑬張鈞薨，表其兄鐇為留後。

㈧三月，黃州⑭刺史吳討舉州降楊行密。

㈨邢州城中食盡，甲申，李存孝登城謂李克用曰：「兒蒙王恩，得富貴，苟非困於讒慝⑮，安肯捨父子，而從仇讎乎？願一見王，死不恨。」克用使劉夫人視之，夫人引存孝出，見克用，存孝泥首⑯謝罪，曰：「兒粗立⑰微勞，存信逼兒，失圖至此⑱。」克用叱之曰：「汝遺朱全忠王鎔書，毀(一九)我萬端(二〇)，亦存信教汝乎！」囚之，歸於晉陽，車裂於牙門。【考異】太祖紀年錄：「先獲汴將鄧筠安康八軍吏劉藕子潞州所俘供奉官韓歸範，皆與存孝運坐，同日誅之。騎將薛阿檀懼自刺。」按舊紀，克用擒歸範，尋遣歸，因附表訴冤，不聞復往晉陽也。薛居正五代史鄧孫筠傳：「後復自邢州，逃歸汴。」紀年錄誤也。存孝傳曰：「武皇出井陘，將逼真定，存孝面見王鎔，陳軍機，武皇暴怒，誅先獲汴將安康八耳。」存孝驍勇，克用軍中皆莫及，常將騎兵為先鋒，所向無敵，身被重鎧(二一)，腰弓髀槊(二二)，獨舞鐵檛(二三)陷陳，萬人辟易(二四)，每以二馬自隨，馬稍乏(二五)，就陳中易之，出入如飛，克用惜其才，意臨刑諸將必為之請，因而釋之，既而諸將疾(二六)其能，竟無一人言者，既死，克用為之不視事者旬日，私恨諸將，而於李存信竟無所譖(二七)。又有薛阿檀者，其勇與存孝相侔(二八)，諸將疾之，常不得志，密與存孝通，存孝誅，恐事泄，遂自殺。自是克用兵勢浸(二九)弱，而朱全忠獨盛矣。克用表馬師素為邢洺節度使。

(十)朱全忠遣軍將張從晦慰撫壽州，從晦陵侮刺史江彥溫，而與諸將夜飲，彥溫疑其謀己，明日盡殺在席(三〇)諸將，以書謝全忠，而自殺，軍中推其子從頊知軍州事，全忠為之腰斬從晦。

(十一)五月，加鎮海節度使錢鏐同平章事。

(十二)劉建鋒馬殷引兵至澧陵㉛，鄧處訥遣邵州指揮使蔣勛、鄧繼崇將步騎三千，守龍回關，殷先至關下，遣使詣勛，勛等以牛酒犒師，殷使說勛曰：「劉龍驤㉜智勇兼㉝人，術家㉞言當興翼軫㉟間，今將十萬眾，精銳無敵，而君以鄉兵數千㊱拒之，難㊲矣。不如先下之㊳，取富貴，還鄉里，不亦善乎！」勛等然之，謂眾曰：「東軍㊴許吾屬還。」士卒皆懽㊵呼，棄旗幟鎧仗遁去，建鋒令前鋒衣其甲，張㊶其旗，趨潭州，潭人以為邵州兵還，不為備，建鋒徑㊷入府，處訥方宴，擒斬之，戊辰，建鋒入潭州，自稱留後。

(十三)王建攻彭州，城中人相食，彭州內外都指揮使趙章出降，王先成請築龍尾道㊸，屬㊹於女墻㊺，丙子，西川兵登城，楊晟猶帥眾力戰，刀子都虞候王茂權斬之，獲彭州馬步使安師建，建欲使為將，師建泣謝曰：「師建誓與楊司徒同生死，不忍復戴日月㊻，惟速死為惠㊼。」再三諭之，不從，乃殺之，禮葬而祭之㊽。更趙章姓名王宗勉㊾，王茂權曰宗訓，又更王釗名曰宗謹，李綰姓名曰王宗綰。

(十四)辛卯，中書侍郎同平章事鄭延昌罷為右僕射。

(十五)朱瑄朱瑾求救於河東，李克用遣騎將安福順及弟福慶福遷，督精騎(五〇)五百，假道於魏，度河應(五一)之。

(十六)武昌節度使杜洪攻黃州，楊行密遣行營都指揮使朱延壽等救之。

(十七)六月，甲午，以宋州刺史張廷範為武寧節度(五二)使，從朱全忠之請也。

(十八)蘄州刺史馮敬章邀擊淮南軍，朱延壽攻蘄州(五三)，不克。

(十九)戊午，以翰林學士承旨禮部尚書李谿同平章事，方宣制(五四)，水部郎中知制誥劉崇魯出班，掠麻(五五)慟(五六)哭，上召崇魯問其故，對言：「谿姦邪，依附楊復恭西門君遂，得在翰林，無相業(五七)，恐危社稷。」谿竟罷為太子少傅。谿，鄘之孫(五八)也。上師谿為文，崔昭緯恐谿為相，分己權，故使崇魯沮之，谿十表自訟，醜詆(五九)：「崇魯父符受贓枉法，事覺，自殺；弟崇望與楊復恭深交，崇魯庭拜田令孜，為朱玫作勸進表，乃云臣交結內臣，何異抱贓唱賊！且故事，絁巾慘帶(六〇)，不入禁庭，臣果不才，崇魯自應上章論列，豈於正殿慟哭(六一)，為國不祥，無人臣禮，乞正其罪。」詔停崇魯見任，谿猶上表不已，乞行誅竄(六二)，表數千言，詬詈無所不至。

(廿)李克用大破吐谷渾，殺赫連鐸，擒白義誠。【考異】舊紀：「六月壬辰；克用攻陷雲州，執赫連鐸，以薛志勤守雲中。」按唐太祖紀年錄、莊宗列傳、薛居正五代史武皇紀，皆云：「大順二年，武皇拔雲州，鐸奔吐谷渾。」誤也。新紀：「六月，赫連鐸與李克用戰於雲州，死之。」太祖紀年錄：「十月，討李匡籌，師次新城，邊兵願從者眾，赫連鐸白義誠數敗，至是窮蹙無歸，自縶膝行，詣於軍門，大祖微數其罪，命笞而脫之。」薛史武皇紀、吐谷渾傳，亦云：「鐸等來歸命，笞而釋之。」薛志勤傳云：「王暉據雲州叛，討平之，以志勤為大同防禦使。」與舊紀異。唐末見聞錄：「六月，收雲州，處置赫連鐸，活擒白義誠，進兵幽州界，巡檢迴府。」新紀蓋據此；今從之。

(廿一)秋，七月，李茂貞遣兵攻閬州，拔之，楊復恭、楊守亮、楊守信帥其族黨，犯圍(六三)走。

(廿二)禮部侍郎同平章事鄭綮自以不合眾望，累表避位(六四)，詔以太子少保致仕，以御史大夫徐彥若為中書侍郎兼吏部尚書同平章事。

(廿三)綿州刺史楊守厚卒，其將常再榮舉城降王建。

(廿四)楊復恭、守亮、守信、將自商山奔河東，至乾元(六五)，遇華州兵，獲之。八月，韓建獻於闕下，斬於獨柳。李茂貞獻復恭遺守亮書，訴致仕之由(六六)，云：「承天門乃隋家舊業(六七)，大姪(六八)但積粟訓兵(六九)，勿貢獻，吾於荊榛中(七〇)立壽王(七一)，纔得尊位，廢定策國老(七二)，有如此負心門生天子(七三)！」

(七三)昭義節度使康君立詣晉陽謁李克用，己未，克用會諸將飲博，酒酣，克用語及李存孝，流涕不已，君立素與李存孝善，一言忤旨(七四)，克用拔劍斫之，囚於馬步司(七五)。九月，庚申朔，出之，君立已死，【考異】薛居正五代史：「李存孝既死，武皇深惜之，怨諸將無解慍者，君立以一言忤旨，武皇賜酖而殂。」唐末見聞錄曰：「八月三十日，相公於左街宅夜飲，行劍斫損昭義節度使康君立，把送馬步司收禁，至九月一日放出，尋已身薨。」薛史賜酖，恐是文飾其事。克用表雲州刺史薛志誠為昭義留後。

(七六)冬，十月，封皇子祤為棣王(七六)，禊為虔王，禋為沂王，禕為遂王。

(七七)劉仁恭數因(七七)蓋寓獻策於李克用，願得兵萬人取幽州，克用方攻邢州，分兵數千，欲納仁恭於幽州，不克，李匡籌益驕，數侵河東之境，克用怒。十一月，大舉兵(七八)攻匡籌，拔武州，進圍新州(七九)。【考異】唐太祖紀年錄：「十一月壬辰，大軍拔截寇，進收楊門九子，戊戌下武州，甲寅攻新州，營於西北隅。」按十一月己未朔，無壬辰、戊戌、甲寅，紀年錄誤，今從實錄。

(七八)以涇原留後張鐇為彰義節度使。

(七九)朱全忠遣使至泗州，陵慢(八〇)刺史張諫，諫舉州降楊行密，行密遣押牙唐令回持茶萬餘斤，如汴宋貿易，全忠執令回，盡取其茶，楊汴始有隙。

㈩十二月，李匡籌遣大將將步騎數萬救新州，李克用選精兵逆戰於段莊㈧，大破之，斬首萬餘級，生擒將校三百人，以練絙㈢之，徇㈢於城下，是夕，新州降。辛亥，進攻媯州，壬子，匡籌復發兵出居庸關，克用使精騎當㈣其前以疲之，遣步將李存審自他道出其背，夾擊之，幽州兵大敗，殺獲萬計。甲寅，李匡籌挈其族奔滄州，義昌節度使盧彥威利其輜重妓妾，遣兵攻之，於景城㈤殺之，盡俘其眾。存審本姓苻，宛丘㈥人，克用養以為子。丙辰，克用進軍幽州，其大將請降，匡籌素愔㈦懦，初據軍府，兄匡威聞之，謂諸將曰：「兄失弟得，不出吾家，亦復何恨，但惜匡籌才短㈧，不能保守，得及二年，幸矣㈨！」

㈪加匡國節度使王行約檢校侍中。

㈫吳討畏杜洪之逼，納印請代㈩於楊行密，行密以先鋒指揮使瞿章權知黃州。

㈬是歲，黃連洞㈠蠻二萬圍汀州，福建觀察使王潮遣其將李承勳將萬人擊之，蠻解去，承勳追擊之，至漿水口，破之，閩地略定。

潮遣僚佐巡州縣，勸農桑，定租稅，交好鄰道，保境息民，閩人安(九二)之。

(四四)封州刺史劉謙卒，子隱居喪於賀江，士民百餘人謀亂，隱一夕盡誅之，嶺南節度使劉崇龜召補右都押牙兼賀水(九三)鎮使，未幾表為封州刺史。

(四五)義勝節度使(九四)，董昌苛虐，於常賦之外，加斂(九五)數倍，以充貢獻及中外饋遺(九六)，每旬發一綱(九七)，金萬兩、銀五千鋌、越綾萬五千匹，他物稱是，用卒五百人，或遇雨雪風水，違程則皆死(九八)，貢奉為天下最，由是朝廷以為忠，寵命相繼，官至司徒同平章事，爵隴西郡王，昌建生祠於越州，制度悉如禹廟(九九)，命民間禱賽(一〇〇)者，無得之禹廟，皆之生祠。昌求為越王，朝廷未之許，昌不悅曰：「朝廷欲負我矣，我累年貢獻無筭(一〇一)，而惜越王邪(一〇二)！」有諂之者曰：「王為越王，曷若為越帝！」於是民間訛言(一〇三)時世將變，競相帥填門喧譟，請昌為帝，昌大喜，遣人謝之曰：「天時未至，時至，我自為之。」其僚佐吳瑤，都虞候李暢之等皆勸成之(一〇四)，吏民獻謠讖㉟符瑞者，不可勝紀，其始賞之以錢數百緡，既而獻者日多，稍減至五百㊱三百而已，昌曰：「讖云：『兔子上金牀。』此謂我也。我生太歲在卯，明年復在卯，二月卯日卯時，吾稱帝之秋㊲也。」

【今註】㈠陳兵：陳列兵卒。㈡魚山：胡三省曰：「魚山在鄆州須昌、東阿兩縣之間。」㈢詼諧：戲謔。㈣歇後詩：謂語末之詞，隱而不言。㈤譏嘲：譏諷嘲笑。㈥有所蘊：謂意有所藏。㈦注：書寫。㈧班簿：注在朝者姓名。㈨堂吏：政事堂之官吏。㈩使天下更無人：謂使天下人聞之，認朝廷更無人才。⑪特出：但出。⑫歇後鄭五：鄭綮第五，為歇後詩，時謂之歇後鄭五。⑬彰義節度使：時以涇州為彰義節度。⑭黃州：時隸鄂岳，鄂岳乃武昌軍。⑮慝：姦慝。⑯泥首：首挨泥中。⑰粗立：猶稍立。⑱失圖至此：謂失計至此地步。⑲毀：毀謗。⑳萬端：謂萬種罪咎。㉑重鎧：謂重厚之鎧甲。㉒腰弓髀欙：謂腰間懸弓，髀部著欙。㉓鐵檛：鐵鞭。㉔辟易：謂躲避倒退。㉕馬稍乏：謂一馬稍為疲乏。㉖疾：通嫉。㉗譴：譴責。㉘侔：齊等。㉙浸：漸。㉚在席：在宴席。㉛澧陵：當作醴陵，《九域志》：「醴陵在潭州東一百六十里。」㉜劉龍驤：建鋒為龍驤將軍，故以此稱之。㉝兼：猶倍。㉞術家：方術之士。㉟翼軫：翼軫楚荊州分，長沙入軫十六度。㊱君以鄉兵數千：按《新唐書．鄧處訥傳》，蔣勛鄧繼崇皆邵州土豪，所領之兵，皆其土人，故謂之鄉兵。㊲難矣：謂難以取勝。㊳下之：謂降下之。㊴東軍：劉建鋒等兵從東來，故謂之東兵。㊵懽：同歡。㊶張：立。㊷徑：直。㊸龍尾道：胡三省曰：「自城外築墱道，陂陀而上，屬於城上短垣，其道前高後庳，後塌於地，若龍之垂尾然，故謂之龍尾道。」㊹屬：附著。㊺女墻：即城上短垣，所謂陴也。㊻不忍復戴日月：謂不忍苟活。㊼惟速死為惠：謂惟讓速死，方為恩施。㊽禮葬而祭之：謂以禮儀葬而祭之。㊾更趙章姓名王宗勉：按下文更姓名下，皆有曰字，此亦當從添，以期一律。㊿督精騎：謂督帥精騎。(51)應：接應。(52)武寧節度：徐州先時改感化軍，既屬朱全忠，復為武寧軍。(53)蘄州：武昌節度巡屬。(54)方宣制：謂方宣讀制詔。(55)掠麻：掠，強奪取；麻，白麻。所用以書詔者。(56)慟：大哭，音ㄊㄨㄥˋ。(57)無相業：謂無可為宰相之業績。(58)谿，鄘之孫：李鄘見憲宗紀。(59)詆：詆毀。(60)絁巾慘帶：絁巾，絹巾；慘，淺色。(61)豈於正殿慟哭：胡三省曰：「豈下有宜字或當字，文意乃明。」(62)竄：竄逐。(63)犯圍：猶突圍，冒圍。(64)避位：猶辭職。(65)乾元：據《新唐書・地理志》一，乾元屬關內道商州。(66)由：原由。(67)承天門乃隋家舊業：《唐六典》卷七：「宮城南面三門，中曰承天門，門隋開皇二年作，初曰廣陽門，仁壽元年改曰昭陽門，唐武德元年，改曰順天門，神龍元年，改曰承天門。」(68)大姪：守亮，復光養子，故呼為姪。(69)訓兵：猶練兵。(70)荊榛中：謂於荒亂艱難之中。(71)壽王：上本封壽王。(72)定策國老：復恭自謂。(73)門生天子：以天子為其門生，故云然。(74)忤旨：逆旨。(75)馬步司：胡三省曰：「唐末諸鎮皆於馬步司置獄，今謂之兵馬司。」(76)冬十月，封皇子祤為棣王：按《新唐書・昭宗紀》，封皇子上有丁酉二字，當從添。(七七)因：憑藉。(七八)大舉兵：大興兵。(七九)新州：胡三省曰：「新州領永興、礬山、懷安、龍門四縣，史失其建置之始，其地在嬀州西北。」(八〇)陵慢：陵侮怠慢。(八一)段莊：段莊在新州東南。(八二)紤：縛。(八三)徇：徇示。(八四)當：敵對。(八五)景城：據《新唐書・地理志》三，景城屬瀛州。(八六)宛丘：據同志二，宛丘屬河南道陳州。(八七)愔：和善。(八八)才短：猶才劣。(八九)幸矣：言可謂幸運矣。(九〇)請代：請代替。(九一)黃連洞：胡三省曰：「黃連洞在汀州寧化縣南，今潭飛磜即其地。」(九二)安之：謂安習之。(九三)賀水：賀水源出賀州富川縣，石龍亘州城，合桂嶺水，謂之賀江。(九四)義勝節度使：胡三省曰：「詳考下卷，浙東乃威勝節度。又按新書方鎮表，廣明三年，升浙東道觀察為義勝軍節度，光啓三年，改威勝軍，威勝為是。」(九五)歛：征收。(九六)饋遺：謂饋贈。(九七)發一綱：轉運大宗貨物，分批啓行，每批計其車輛船隻，編立字號，名為一綱。(九八)違程則皆死：胡三省曰：「唐制，陸行之程，馬日七十里，步及驢五十里，車三十里。水行之程，舟之重者，泝河日三十里，江四十里，餘水四十五里；空舟，泝河四十里，江五十里，餘水六十里；沿流之舟，則輕重同制，河日一百五十里，江一百里，餘水七十里。轉運徵歛送納，皆準程節其遲速。其三硤砥柱之類，不拘此限。若遇風水淺，不得行者，即於隨近官司，申牒驗記，聽折半功，不及是則為違程。董昌蓋計日限程以至長安，又不許以雨雪風水準折也。」(九九)制度悉如禹廟：胡三省曰：「禹廟在越州會稽縣東南七里。」(一〇〇)賽：謂先祈福於神，其後報祠。(一〇一)無筭：無數。(一〇二)而惜越王邪：謂而吝惜越王之官爵耶，邪同耶。(一〇三)訛言：猶謠言。(一〇四)勸成之：謂勸其為帝。(一〇五)讖：籙。(一〇六)五百：謂五百文。(一〇七)秋：猶時。

卷二百六十　唐紀七十六

起旃蒙單閼，盡柔兆執徐，凡二年。（乙卯至丙辰，西元八九五年至八九六年）

司馬光編集
曲守約註

昭宗聖穆景文孝皇帝上之下

乾寧二年（西元八九五年）

㈠春，正月，辛酉，幽州軍民數萬，以麾蓋㊀歌鼓㊁迎李克用入府舍，克用命李存審、劉仁恭將兵略定巡屬㊂。

㈡癸未，朱全忠遣其將朱友恭圍兗州，朱瑄自鄆以兵糧救之，友恭設伏，敗之於高梧，盡奪其餉㊃，擒河東將安福順、安福慶。

㈢己巳，以給事中陸希聲為戶部侍郎同平章事。希聲，元方五世孫㊄也。

㈣壬申，護國節度使王重盈薨，軍中請以重榮子行軍司馬珂知留後事。珂，重盈兄重簡之子也，重榮養以為子。

㈤楊行密表朱全忠罪惡，請會易、定、兗、鄆、河東兵討之。

㈥董昌將稱帝，集將佐⑥議之，節度副使黃碣曰：「今唐室雖微，天人未厭⑦，齊桓晉文皆翼戴⑧周室，以成霸業，大王⑨興於畎畝⑩，受朝廷厚恩，位至將相，富貴極矣，奈何一旦忽為族滅⑪之計乎！碣寧死為忠臣，不生為叛逆。」昌怒，以為惑⑫眾，斬之，投其首於廁中，罵之曰：「奴賊負我好聖明時，三公不能待，而先求死也。」并殺其家八十口，同坎瘞⑬之。又問會稽令吳鐐，對曰：「大王不為真諸侯以傳子孫，乃欲假天子以取滅亡邪⑭！」昌亦族誅之。又謂山陰令張遜曰：「汝有能政⑮，吾深知之，俟吾為帝，命汝知御史臺。」遜曰：「大王起石鏡鎮，建節浙東，榮貴近二十年，何苦效李錡劉闢之所為乎！浙東僻處海隅，巡屬雖有六州⑯，大王若稱帝，彼必不從，徒守空城，為天下笑耳！」昌又殺之，謂人曰：「無此三人者，則人莫我違矣。」二月，辛卯，昌被衮⑰冕，登子城門樓，即皇帝位，【考異】吳越備史云：「癸卯昌僭號。」按會稽錄：「昌自云應兔子之讖，欲以二月二日僭號，取卯月卯日也。而實錄、長歷，皆云二月己丑朔，非當時曆誤，即今日曆誤，要之，昌必以二月辛卯日僭號。」悉陳瑞物⑱於庭，以示眾。先是咸通末，吳越間訛言⑲：「山中有大鳥，四目三足，聲云羅平天冊，見者有殃。」民間多畫像以祀之，及昌僭號，曰：「此吾鸑鷟⑳也。」乃自稱大越羅平國，改元順天，【考異】吳越備史曰：「癸卯，昌僭稱皇帝，建元順天，國號羅平。」年號，或云入冊，或云大聖，皆非也。羅隱撰吳越行營露布曰：「羅平者，啟國之名；順天者，建元之始。」又曰：「將軍門稱天冊之樓，以會府為宣室之地，明告我其所稱曰權，即羅平國位，昌狀印文曰順天治國之印。」十國紀年亦云：「年號順天。」會稽錄云天冊，蓋誤，今從備史。署城樓曰天冊㉑之樓，令羣下謂己曰聖人㉒，以前杭州刺史李邈、前婺州刺史蔣瓌、兩浙鹽鐵副使杜郢、前屯田郎中李瑜為相，又以吳瑤等皆為翰林學士，李暢之等皆為大將軍㉓。昌移書㉔錢鏐，告以權即羅平國位㉕，以鏐為兩浙都指揮使，鏐遺昌書曰：「與其閉門㉖作天子，與九族百姓俱陷塗炭，豈若開門㉗作節度使，終身富貴邪！及今悛㉘悔，尚可及也。」昌不聽，鏐乃將兵三萬詣越州城下，至迎恩門㉙，見昌再拜，言曰：「大王位兼將相，奈何捨安就危！鏐將兵此來，以俟大王改過耳，縱大王不自惜㉚，鄉里士民何罪，隨大王族滅乎！」昌懼，致犒軍錢二百萬，執首謀者吳瑤及巫覡㉛數人送於鏐，且請待罪天子㉜，鏐引兵還以狀聞。

㈦王重盈之子保義節度㉝使珙、晉州刺史瑤，舉兵擊王珂，表言：「珂非王氏子。」與朱全忠書，言：「珂本吾家蒼頭㉞，不應為嗣。」珂上表自陳，且求援於李克用，上遣中使諭解之㉟。

(八)上重李谿文學，乙未，復以谿為戶部侍郎同平章事。

(九)朱全忠軍于單父㊱，為朱友恭聲援。

(十)李克用表劉仁恭為盧龍留後，留兵戍之，壬子，還晉陽。媯州人高思繼兄弟有武幹㊲，為燕人所服，克用皆以為都將，分掌幽州兵，部下士卒，皆山北㊳之豪也。仁恭憚之，久之，河東兵戍幽州者橫暴，思繼兄弟，以法裁㊴之，所誅殺甚多，克用怒，以讓㊵仁恭，仁恭訴稱高氏兄弟所為，克用俱殺之。仁恭欲收燕人心，復引其諸子置帳下，厚撫㊶之。崔昭緯與李茂貞、王行瑜深相結，得天子過失，朝廷機事，悉以告之，邠寧節度副使崔鋋、昭緯之族也，李谿再入相，昭緯使鋋告行瑜曰：「曩者尚書令之命已行㊷矣，而韋昭度沮之，今又引李谿為同列，相與熒惑㊸聖德，恐復有杜太尉之事㊹。」行瑜乃與茂貞表，稱：「谿姦邪，昭度無相業㊺，宜罷居散秩㊻。」上報曰：「軍旅之事，朕則與藩鎮圖之，至於命相，當出朕懷(四七)。」行瑜等論列不已。三月，貉復罷為太子少師。

(十一)王珙王瑤請朝廷命河中帥，詔以中書侍郎同平章事崔胤同平章事，充護國節度使，以戶部侍郎判戶部摶為中書侍郎同平章事。

(十二)王珂、李克用之壻也，克用表重榮有功於國(四八)，請賜其子珂節鉞，王珙厚結王行瑜、李茂貞、韓建三帥，更上表稱：「珂非王氏子，請以珂為陝州，珙為河中。」上諭以先已允(四九)克用之奏，不許。

(十三)加王鎔兼侍中。

(十四)楊行密浮淮至泗州，防禦使臺濛盛飾供帳，行密不悅，既行，濛於臥內得補綻(五〇)衣，馳使(五一)歸之，行密笑曰：「吾少貧賤，不敢忘本。」濛甚慙，行密攻濠州，拔之，執刺史張璲。行密軍士掠得徐州人李氏之子，生八年矣(五二)，行密養以為子，行密長子渥憎之，行密謂其將徐溫曰：「此兒質狀性識(五三)，頗異於人，吾度渥必不能容，今賜汝為子。」溫名之曰知誥，知誥事溫，勤孝過於諸子，嘗得罪於溫，溫笞而逐之，及歸，知誥迎拜於門，溫問何故猶在此，知誥泣拜曰：「人子捨父母，將何之？父怒而歸母，人情之常也。」溫以是益愛之，使掌(五四)家事，家人無違言(五五)，及長，喜書(五六)善射，識度(五七)英偉，行密常謂溫曰：「知誥俊傑(五八)諸將子皆不及也。」丁亥，行密圍壽州。

(十五)上以郊畿多盜，至有踰垣入宮，或侵犯陵寢者，欲令宗室諸王將兵巡警(五九)，又欲使之四方，撫慰藩鎮，南北司用事(六〇)之臣，恐其不利於己，交章(六一)論諫，上不得已。夏，四月，下詔悉罷之。

(十六)朝廷以董昌有貢輸之勤(六二)，今日所為，類(六三)得心疾(六四)，詔釋其罪，縱歸(六五)田里。

(十七)戶部侍郎同平章事陸希聲罷為太子少師。

(十八)楊行密圍壽州，不克，將還，庚寅，其將朱延壽請試往更攻(六六)，一鼓拔之，執刺史江從勗，行密以延壽權知壽州團練使，未幾，汴兵數萬攻壽州，州中兵少，吏民恟懼(六七)，延壽制軍中，每旗二十五騎，命黑雲隊長李厚將十旗擊汴兵，不勝，延壽將斬之，厚稱：「眾寡不敵，願益兵更往，不勝則死。」都押牙汝陽柴再用亦為之請，乃益以五旗，厚殊死戰，再用助之，延壽悉眾乘(六八)之，汴兵敗走。厚，蔡州人也。行密又遣兵襲漣水(六九)，拔之。

(十九)錢鏐表董昌僭逆、不可赦，請以本道兵討之。

(廿)太傅門下侍郎同平章事韋昭度以太保致仕。

(廿一)戊戌，以劉建鋒為武安節度使，建鋒以馬殷為內外馬步軍都指揮使。

(廿二)楊行密遣使詣錢鏐，言董昌已改過，宜釋之，亦遣詣昌，使趣朝貢(七〇)。

(廿三)河東遣其將史儼、李承嗣以萬騎馳入於鄆，朱友恭退歸於汴。

(廿四)五月，詔削董昌官爵，委(七一)錢鏐討之。

(廿五)初王行瑜求尚書令，未獲，由是怨朝廷，畿內有八鎮兵，隸左右軍(七二)，郃陽鎮(七三)近華州，韓建求之，良原(七四)鎮近邠州，王行瑜求之，宦官曰：「此天子禁軍(七)，何可得也！」王珂王珙爭河中，行瑜、建及李茂貞皆為珙請，不能得，恥之，珙使人語三帥曰：「珂不受代，而與河東婚姻，必為諸公不利，請討之。」行瑜使其弟匡國節度使[七六]行約攻河中，珂求救於李克用，行瑜乃與茂貞、建，各將精兵數千入朝，甲子，至京師，坊市民皆竄匿[七七]，上御安福門以待之，三帥盛陳甲兵[七八]，拜伏舞蹈於門下，上臨軒[七九]親詰[八〇]之曰：「卿等不奏請，俟報[八一]，輒稱兵[八二]入京城，其志[八三]欲何為乎？若不能事朕，今日請避賢路[八四]。」行瑜茂貞流汗不能言，獨韓建粗述[八五]入朝之由，上與三帥宴，三帥奏稱：「南北司互有朋黨，墮[八六]紊朝政，韋昭度討西川失策，李谿作相，不合眾心，請誅之。」上未之許。是日，行瑜等殺昭度、谿於都亭驛[八七]，又殺樞密使康尚弼及宦官數人，又言：「王珂王珙嫡庶不分，請除王珙河中，徙王行約於陝，王珂於同州。」上皆許之。始三帥謀廢上立吉王保，至是聞李克用已起兵於河東，行瑜茂貞各留兵二千人宿衞京師，與建皆辭還鎮，貶戶部尚書楊堪為雅州[八八]刺史。堪，虞卿之子[八九]，昭度之舅也。

(廿六)初崔胤除河中節度使，河東進奏官薛志勤揚言[九〇]曰：「崔公雖重德，以之代王珂，不若光德劉公，於我公厚也，光德劉公[九一]者，太常卿劉崇望也。」及三帥入朝，聞志勤之言，貶崇望昭州(九二)司馬。李克用聞三鎮兵犯闕，即日遣使十三輩發北部兵(九三)，期以來月(九四)，度河入關。

(七七)六月，庚寅，以錢鏐為浙東招討使，鏐復發兵擊董昌。

(七八)辛卯，以前均州刺史孔緯、繡州司戶張濬並為太子賓客，壬辰，以緯為吏部尚書，復其階爵(九五)。癸巳，拜司空兼門下侍郎同平章事，以張濬為兵部尚書諸道租庸使。時緯居華州，濬居長水，上以崔昭緯等外交藩鎮，朋黨相傾(九六)，思得骨鯁之士，故驟用(九七)緯濬，緯以有疾，扶輿至京師，見上涕泣，固辭，上不許。

(七九)李克用大舉蕃漢兵南下，上表稱：「王行瑜、李茂貞、韓建稱兵犯闕，賊害大臣，請討之。」又移檄(九八)三鎮，行瑜等大懼，克用軍至絳州，刺史王瑤閉城拒之，克用進攻，旬日拔之，斬瑤於軍門，殺城中違拒者千餘人。秋，七月，丙辰朔，克用至河中，王珂迎謁於路。匡國節度使王行約敗於朝邑(九九)，戊午，行約棄同州走，己未，至京師，行約弟行實左時為軍指揮使，帥眾與行約大掠西市(四〇)，行實奏稱：「同華已沒，沙陀將至，請車駕幸邠州。」庚申，樞密使駱全瓘奏請車駕幸鳳翔，上曰：「朕得克用表，尚駐軍河中，就使(四一)沙陀至此，朕自有以枝梧(四二)，卿等但各撫本軍，勿令搖動。」右軍(四三)指揮使李繼鵬，茂貞假子也，本姓名閻珪，與駱全瓘謀劫上幸鳳翔，中尉劉景宣與王行實知之，欲劫上幸邠州，孔緯面折景宣，以為不可輕離宮闕，向晚(四四)，繼鵬連奏請車駕出幸，於是王行約引左軍攻右軍，鼓譟震地(四五)，上聞亂，登承天樓(四六)，欲諭止之，捧日都頭李筠將本軍於樓前侍衛，李繼鵬以鳳翔兵攻筠，矢拂御衣(四七)，著于樓桷(四八)，左右扶上下樓，繼鵬復縱火焚宮門，煙炎(四九)蔽天，時有鹽州六都兵屯京師，素為兩軍所憚，上急召令入衛，既至，兩軍退走，各歸邠州及鳳翔，城中大亂，互相剽掠，上與諸王及親近幸李筠營，護蹕都頭李居實帥眾繼至，或傳王行瑜李茂貞欲自來迎車駕，上懼為所迫，辛酉，以筠居實兩都兵自衛，出啓夏門(五〇)，趣南山，宿莎城鎮(五一)，士民追從車駕者數十萬人，比至谷口(五二)，喝死(五三)者三之一，夜復為盜所掠，哭聲震山谷。時百官多扈從㉔不及，戶部尚書判度支及鹽鐵轉運使薛王知柔獨先至，上命權知中書事及置頓㉕使。

【今註】㊀麾蓋：麾旌幢蓋。㊁歌鼓：歌吹鐘鼓。㊂巡屬：幽、涿、瀛、莫、嬀、檀、薊、順、營、平、新、武等州，皆盧龍巡屬。㊃餉：謂資糧。㊄希聲，元方五世孫：陸元方見卷二百五武后長壽二年。㊅將佐：將校僚佐。㊆厭：怨惡。㊇翼戴：輔翼擁戴。㊈大王：昌爵隴西郡王，故稱之。㊉甽畝：甽本謂田中溝，與畝連文，則係指田間。⑪族滅：謂滅族。⑫惑：惑亂。⑬瘞：埋，音一、。⑭乃欲假天子以取滅亡邪：胡三省曰：「乃欲之下有為字，文意方足。」假，偽也。⑮能政：猶良政。⑯六州：謂台、明、溫、處、婺、衢。⑰袞：天子禮服，卷龍衣也，音滾。⑱瑞物：祥瑞之物。⑲訛言：猶謠言。⑳鸑鷟：鳳屬。㉑天冊：謂天所冊命。㉒令羣下謂己曰聖人：唐人稱天子皆曰聖人，昌令羣下謂己曰聖人，亦即呼己為天子之意。㉓又以吳瑤等皆為翰林學士，李暢之等皆為大將軍：按二皆字，於意無裨，俱可刪去。㉔移書：通書。㉕告以權即羅平國位：按羅平乃國名，則位上應必有字，以下文衡之，當係皇帝無疑。㉖閉門：謂偷偷摸摸而不敢公開。㉗開門：猶堂堂正正。㉘悛：改。㉙迎恩門：胡三省曰：「迎恩門越州城西門。」㉚不自惜：謂不愛惜己之名位。㉛巫覡：男曰覡，女曰巫。覡音ㄒㄧ、。㉜且請待罪天子：謂向天子請罪。㉝保義節度：陝虢號保義軍。㉞蒼頭：家僮。㉟諭解之：曉諭和解之。㊱單父：胡三省曰：「單父時帶單州。」㊲武幹：勇武材幹。㊳山北：媯檀諸州，皆在幽州山北，亦謂之山後。㊴裁：治裁。㊵讓：貢。㊶撫：撫恤。㊷已行：已頒行。㊸熒惑：炫惑，音一ㄥˊ。㊹杜太尉之事：杜讓能事見上卷景福二年。㊺相業：謂宰相之業績。㊻散秩：冗散之秩位。㊼朕懷：朕之心意。㊽表重榮有功於國：言破黃巢，黜襄王，王重榮皆有功績。㊾允：允許。㊿綻：衣縫開裂，音ㄓㄢˋ。(51)馳使：謂遣使者馳騁。(52)生八年矣：猶年八歲。(53)質狀性識：謂資質狀貌，情性識見。(54)掌：知掌。(55)無違言：猶無間言。(56)喜書：謂好讀書。(57)識度：見識器度。(58)俊傑：俊彥英傑。(59)巡警：巡邏警戒。(60)用事：任事。(61)交章：交互上章。(62)勤：勞。(63)類：類似。(64)心疾：謂思想行動失常。(65)縱歸：放歸。(66)更攻：再攻。(67)悃懼：悃悃恐懼。(68)乘：憑陵。(69)漣水：據《新唐書・地理志》二，漣水屬河南道泗州。(70)亦遣詣昌，使趣朝貢：趣讀曰促。按此句可添改作亦遣使詣昌，趣其朝貢。(71)委：任命。(72)隸左右軍：隸左右神策軍。(73)郃陽鎮：《九域志》：「郃陽縣在同州東一百二十里。」(74)良原：據《新唐書・地理志》一，良原縣屬涇州。(75)此天子禁軍：謂此天子禁軍之所駐地。(76)匡國節度使：時以同州為匡國軍。《九域志》：「同州東至河中，七十五里。」(77)竄匿：逃竄藏匿。(78)甲兵：謂武裝精良之兵。(79)軒：軒檻。(80)詰：詰問。(81)俟報：謂俟報聞，亦即允許。(82)稱兵：舉兵。(83)志：猶意。(84)避賢路：謂讓避路於賢者。(85)粗述：略述。(86)墮：讀曰隳。(87)都亭驛：胡三省曰：「都亭驛在朱雀門外西街，含光門北來第二坊。」(88)雅州：《舊唐書・地理志》四：「劍南道雅州，在京師西南二千七百二十三里。」(89)堪，虞卿之子：楊虞卿見文宗紀。

〔九〇〕揚言：猶揚聲。〔九一〕光德劉公：胡三省曰：「光德，里名，在長安城中。唐末，大臣有時望者，時人率以其所居里稱之，光德坊朱雀街西第三街，北來第六坊，京兆府在焉。」〔九二〕昭州：《舊唐書．地理志》四：「嶺南道昭州，至京師四千四百三十六里。」〔九三〕北部兵：代北諸藩落兵。〔九四〕來月：下月。〔九五〕階爵：品秩爵號。〔九六〕傾：傾軋。〔九七〕驟用：謂不次擢用。〔九八〕移檄：猶傳檄。〔九九〕朝邑：據《新唐書．地理志》一，朝邑屬同州。〔一〇〇〕西市：朱雀街西，謂之西市。〔一〇一〕就使：即使，乃假設語。〔一〇二〕枝梧：猶支拒。〔一〇三〕右軍：胡三省曰：「按雍錄所云左右六軍，代德以後宿衛者也。僖宗廣明幸蜀，此六軍潰散，田令孜於成都募新軍五十二都，分屬左右神策軍，自時厥後，凡所謂左右軍者，皆此軍也。分營於京城內外，又不專在苑中。若此時王行實李繼鵬為左右軍指揮使，疑是邠岐二帥所留兵以宿衛者，自分為左右也。」〔一〇四〕向晚：傍晚。〔一〇五〕鼓譟震地：謂鼓譟之聲，震動天地。〔一〇六〕承天樓：承天門樓，為宮城南面之中門。〔一〇七〕矢拂御衣：謂矢飛過時，擦動御衣。〔一〇八〕桷：椽方曰桷。〔一〇九〕炎：謂火焰。〔一一〇〕啓夏門：《唐六典》卷七：「京城南面三門：中曰明德，左曰啓夏，右曰安化。」〔一一一〕莎城鎮：在長安城南近郊之地。〔一一二〕谷口：南山谷口。〔一一三〕暍死：謂中熱而死，音ㄧㄝˋ。〔一一四〕扈從：隨從。〔一一五〕置頓：謂休頓食宿之所。

㈠壬戌，李克用入同州，崔昭緯、徐彥若、王摶至莎城(一)，甲子，上徙幸石門鎮，命薛王知柔與知樞密院劉光裕還京城制置，守衞宮禁。丙寅，李克用遣節度判官王瓌奉表問起居，丁卯，上遣內侍㊁郗廷昱齎詔詣李克用軍，令與王珂各發萬騎，同赴新平㊂，又詔彰義節度使張鐇以涇原兵控扼㊃鳳翔，李克用遣兵攻華州，韓建登城呼曰：「僕於李公，未嘗失禮，何為見攻？」克用使謂之曰：「公為人臣，逼逐天子，公為有禮㊄，孰為無禮者乎？」會郗廷昱至，言：「李茂貞將兵三萬至盩厔，王行瑜將兵至興平㊅，皆欲迎車駕。」克用乃釋華州之圍，移兵營渭橋，【考異】唐太祖紀年錄：「王師攻華州，俄而郗廷昱至，且言茂貞領兵三萬至盩厔，行瑜領軍至興平，欲往石門迎駕，乃解華圍，進營渭橋。」按實錄：「八月延王戒丕至河中，克用已發，前鋒至渭北，己丑，克用進營渭橋。」又紀年錄載詔曰：「省表，已部領大軍，前月二十七日離河中。」蓋克用不親圍華州，但遣別將將兵往，及聞邠岐謀迎駕，乃遣華兵詣渭橋，即所謂前鋒者也。克用既以七月二十七日離河中，則戒丕至彼，必在其前，實錄云：「八月至河中。」誤也。今從紀年錄。以薛王知柔為清海節度使㊆同平章事，仍權知兆尹判度支，充鹽鐵轉運使，俟反正㊇日赴鎮。上在南山旬餘，士民從車駕避亂者，日相驚曰：「邠岐兵至矣。」上遣延王戒丕㊈詣河中，趣㊉李克用令進兵，壬午，克用發河中，上遣供奉官張承業詣克用軍。承業，同州人，屢奉使於克用，因留監其軍。己丑，克用進軍渭橋，遣其將李存貞為前鋒，辛卯，拔永壽，又遣史儼將三千騎詣石門㈡侍衛。癸巳，遣李存信、李存審會保大節度使李思孝，攻王行瑜梨園寨㈢，【考異】莊宗列傳曰：「三鎮亂長安，李存信從太祖入關，以前軍先自夏陽度河，攻同華屬邑，下之。時太祖在渭北，伶官羣小或勸太祖入朝，自握兵柄，太祖亦以全忠圖己，朝廷不能斷，心微有望，月餘不進軍。存信與蓋寓乘間密啓曰，大王家世效忠，此行討逆，上為邠鳳不臣，但令臣節為天下所知，即三賊不足平也，而悠悠之徒，不達大體，或以弗詢之晝，苟合台情，雖併優之言，不宜縱其如此，京師咫尺，天聽非遙，實無益於英德也。今三凶正蹙，須速圖之，事留變生，無宜猶豫。太祖曰，公言是也，即日出師，下梨園砦。」按克用謀大事，固非伶官所豫。又實錄：「己丑，克用進營渭橋，癸巳，克梨園。」中間四日耳，無月餘不進事，且既云羣小勸入朝，即當詣行在，不當留渭北，此特李存信之人欲歸功於存信耳，今不取。擒其將王令陶等，獻於行在。思孝，本姓拓跋，思恭之弟也。李茂貞懼，斬李繼鵬，傳首行在，上表請罪，且遣使求和於克用。上復遣延王戒丕、丹王允㈢諭克用，令：「且赦茂貞，併力討行瑜，俟其殄㈣平，當更㈤與卿議之。」且命二王拜克用為兄。

㈡以前河中節度使崔胤為中書侍郎同平章事。

㈢戊戌，削奪王行瑜官爵，癸卯，以李克用為邠寧四面行營都招討使，保大節度使李思孝為北面招討使，定難節度使李思諫東面招討使，彰義節度使張鐇為西面招討使。克用遣其子存勗詣行在，【考異】實錄作存貞，據後唐實錄、薛居正五代史，莊宗未嘗名存貞，實錄蓋誤。年十一，上奇其狀貌，撫㈥之曰：「兒方為國之棟梁，他日宜盡忠於吾家。」克用表請上還京，上許之，令克用遣騎三千駐三橋為備禦，辛亥，車駕還京師，壬子，司空兼門下侍郎同平章事崔昭緯罷為右僕射。以護國留後王珂、盧龍留後劉仁恭，各為本鎮節度使。

(四)時宮室焚毀，未暇完葺(一七)上寓居尚書省(一八)，百官往往無袍笏僕馬。

(五)以李克用為行營都統。

(六)九月，癸亥，司空兼門下侍郎同平章事孔緯薨。

(七)辛未，朱全忠自將擊朱瑄，戰於梁山(一九)，瑄敗，走還鄆。

(八)李克用急攻梨園，王行瑜求救於李茂貞，茂貞遣兵萬人屯龍泉鎮(二〇)，自將兵三萬屯咸陽之旁，克用請詔茂貞歸鎮，仍削奪其官爵，欲分兵討之。上以茂貞自誅繼鵬，前已赦宥，不可復削奪誅討，但詔歸鎮，仍令克用與之和解。以昭義節度使李罕之檢校侍中，充邠寧四面行營副都統，史儼敗邠寧兵於雲陽，擒雲陽鎮使王令誨等，獻之。

(九)王建遣簡州刺史王宗瑤等將兵赴難，甲戌，軍於緜州。

(十)董昌求救於楊行密，行密遣泗州防禦使臺濛攻蘇州，以救之，且表：「昌引咎，願修職貢，請復官爵。」又遺錢鏐書，稱：「昌狂疾自立，已畏兵諫(二一)，執送同惡，不當復伐之。」

(十一)冬，十月，丙戌，河東將李存貞敗邠寧軍於梨園北，殺千餘人，自是梨園閉壁不敢出。

(十二)貶右僕射崔昭緯為梧州(二二)司馬。

(十三)魏國夫人陳氏，才色冠後宮，戊子，上以賜李克用。克用令李罕之李存信等急攻梨園，城中食盡，棄城走，罕之等邀(二三)擊之，所殺萬餘人，克梨園等三寨，獲王行瑜子知進及大將李元福等，克用進屯梨園。庚寅，王行約王行實燒寧州遁去，克用奏請以匡國節度使蘇文建為靜難節度使，趣令赴鎮，且理寧州，招撫降人。

(十四)上遷居大內(二四)。

(十五)朱全忠遣都將葛從周擊兗州，自以大軍繼之，癸卯，圍兗州。

(十六)楊行密遣寧國節度使(二五)田頵、潤州團練使安仁義攻杭州鎮戍，以救董昌，昌使湖州將徐淑會淮南將魏約共圍嘉興(二六)，錢鏐遣武勇都指揮使顧全武救嘉興，破烏墩(二七)、光福二寨，淮南將柯厚破蘇州水柵。全武，餘姚㉘人也。義武節度使王處存薨，軍中推其子節度副使郜為留後。以京兆尹武邑孫偓為兵部侍郎同平章事。

㈦王行瑜以精甲五千守龍泉寨，李克用攻之，李茂貞以兵五千救之，營於鎮西㉙，李罕之擊鳳翔兵，走之。十一月，丁巳，拔龍泉寨，行瑜走入邠州，遣使請降於李克用。

㈧齊州刺史朱瓊舉州降於朱全忠，【考異】薛居正五代史梁紀，瓊降及死，皆在十月，按編遺錄：「十一月丁巳，瓊遣軍將王自新奉檄歸義，壬申，瓊自來，辛巳，死。」今從之。瓊，瑾之從父兄也。

㈨衢州刺史陳儒卒，弟岌代之。

(廿)李克用引兵逼邠州，王行瑜登城號哭，謂克用曰：「行瑜無罪，迫脅乘輿，皆李茂貞及李繼鵬所為，請移兵問鳳翔㉚，行瑜願束身歸朝。」克用曰：「王尚父㉛，何恭之甚，僕受詔討三賊臣，公預其一，束身歸朝，非僕所得專也㉜。」丁卯，行瑜挈族棄城走，克用入邠州，封府庫，撫居人，命指揮使高爽權巡撫軍城，奏趣蘇文建赴鎮，行瑜走至慶州境，部下斬行瑜傳首。

(廿一)朱瑄遣其將賀瓌、柳存及河東將薛懷寶，將兵萬餘人襲曹州，以解兗州之圍。瓌，濮陽人也。丁卯，全忠自中都(三三)引兵夜追之，比明至鉅野(三四)南，及之，屠殺殆盡，生擒瓌、存、懷寶，俘士卒三十餘人，是日晡後大風，沙塵晦冥(三五)，全忠曰：「此殺人未足耳。」下令所得之俘盡殺之。庚午，縛瓌等徇(三六)於兗州城下，謂朱瑾曰：「卿兄已敗，何不早降！」

(廿一)丁丑，雅州刺史王宗侃攻拔利州，執刺史李繼顒，斬之。

(廿二)朱瑾偽遣使請降於朱全忠，全忠自就延壽門(三七)下與瑾語，瑾曰：「欲送符印，願使兄瓊來領之。」辛巳，全忠使瓊往，瑾立馬橋上，伏驍果董懷進於橋下，瓊至，懷進突出擒之以入，須臾擲首城外，全忠乃引兵還，以瓊弟玭為齊州防禦使，殺柳存懷寶，聞賀瓌名，釋而用之。

(廿三)李克用旋軍(三八)渭北。

(廿四)加靜難節度使蘇文建同平章事。

(廿五)蔣勛求為邵州刺史，劉建鋒不許，勛乃與鄧繼崇起兵，連飛山梅山蠻(三九)，寇湘潭(四〇)，據邵州，使其將申德昌屯定勝鎮(四一)，以扼潭人。

㉗十二月，甲申，閬州防禦使李繼雍、蓬州刺史費存、渠州刺史陳璠，各帥所部兵奔王建。

㉘乙酉，李克用軍於雲陽㊷。

㉙王建奏：「東川節度使顧彥暉不發兵赴難，而掠奪輜重，遣瀘州刺史馬敬儒斷峽路，請興兵討之。」戊子，華洪大破東川兵於楸林，俘斬數萬，拔楸林寨。

㉚乙未，進李克用爵晉王㊸，加李罕之兼侍中，以河東大將蓋寓領容管觀察使，自餘克用將佐子孫，並進官爵。克用性嚴急，左右小有過，輒死，無敢違忤，惟蓋寓敏慧，能揣㊹其意，婉辭裨益㊺，無不從者。克用或以非罪怒將吏，寓必陽助之怒，克用常釋之，有所諫諍，必徵㊻近事為喻，由是克用愛信之，境內無不依附，權與克用侔㊼。朝廷及鄰道遣使至河東，其賞賜賂遺，先入克用，次及寓家。朱全忠數遣人間之，及揚言云：「蓋寓已代克用。」而克用待之益厚。

㈣丙申，王建攻東川，別將王宗弼為東川兵所擒，顧彥暉畜以為子，戊戌，通州刺史李彥昭將所部兵二千，降於建。

㈣李克用遣掌書記㈣李襲吉入謝恩，密言於上曰：「比年以來，關輔㈣不寧，乘此勝勢，遂取鳳翔，一勞永逸，時不可失。臣屯軍渭北，專俟進止。」上謀於貴近㈤，或曰：「茂貞復滅，則沙陀大盛，朝廷危矣。」上乃賜克用詔，褒其忠款㈤，而言：「不臣之狀，行瑜為甚，自朕出幸以來，茂貞韓建自知其罪，不忘國恩，職貢相繼，且當休兵息民。」克用奉詔而止，既而私於詔使曰：「觀朝廷之意，似疑克用有異心也，然不去茂貞，關中無安寧之日。」又詔免克用入朝，將佐或言：「今密邇闕庭，豈可不入見天子！」克用猶豫未決，蓋寓言於克用曰：「曏者王行瑜輩縱兵狂悖，致鑾輿播越㈤，百姓奔散，今天子還未安席，人心尚危㈤，大王若引兵度渭，竊恐復驚駭都邑㈤，人臣盡忠，在於勤王，不在入覲，願熟圖之。」克用笑曰：「蓋寓尚不欲吾入朝，況天下之人乎！」乃表稱：「臣總帥大軍，不敢徑入朝覲，且懼部落士卒，侵擾渭北居人。」辛亥，引兵東歸，表至京師，上下始安㊲。詔賜河東士卒錢三十萬緡，克用既去，李茂貞驕橫如故，河西㊳州縣多為茂貞所據，以其將胡敬璋為河西節度使。朱全忠之去兗州也，留葛從周將兵守之，朱瑾閉城不復出，從周將還，乃揚言：「天平河東救兵至，引兵西北邀之。」夜半，潛歸故寨，瑾以從周精兵悉出，果出兵攻寨，從周突出奮擊，殺千餘人，擒其都將孫漢筠而還。

㊴加鎮海節度使錢鏐兼侍中。

㊵彰義節度使張鐇薨，以其子璉權知留後。朱瑄朱瑾屢為朱全忠所攻，民失耕稼，財力俱弊，告急於河東，李克用遣大將史儼、李承嗣將數千騎，假道於魏以救之。

㊶安州防禦使家晟與朱全忠親吏蔣玄暉有隙，恐及禍，與指揮使劉士政、兵馬監押陳可璠將兵三千襲桂州，殺經略使周元靜而代之，晟醉侮可璠，可璠手刃之，推士政知軍府事，可璠自為副使，詔即以士政為經略使。玄暉，吳㊷人也。

【今註】㈠莎城：即上之莎城鎮。㈡內侍：《新唐書・百官志》二：「內侍省，監二人，從三品，少監二人、內侍四人，皆從四品。」㈢新平：據《新唐書・地理志》一，新平屬邠州。㈣控扼：謂控扼而使不能前。㈤公為有禮：謂公若為有禮。㈥興平：據《新唐書・地理志》一，興平屬京兆府。㈦清海節度使：是年賜嶺南節度使軍額曰清海。㈧反正：謂返歸正位。㈨延王戒丕：延王玢，玄宗子，戒丕乃其後裔。㈩趣：讀曰促。⑪石門：《新唐書・地理志》一：「京兆府雲陽縣，武德元年析置石門縣，貞觀元年更石門曰雲陽。」⑫梨園寨：胡三省曰：「梨園寨在京兆府雲陽縣。」⑬丹王允：丹王逾，代宗子，允其後裔。⑭殄：滅。⑮更：再。⑯撫：撫摩。⑰完葺：完治修葺。⑱尚書省：程大昌曰：「尚書省在朱雀門正街之東，自占一坊，六部附麗其旁。」⑲梁山：《新唐書・地理志》二：「鄆州壽張縣有刀梁山。」⑳龍泉鎮：《九域志》：「邠州三水縣有龍泉鎮，在州東北。」㉑兵諫：《左傳》莊十九年：「初鬻拳強諫楚子，楚子弗從，臨之以兵，懼而從之。」㉒梧州：《舊唐書・地理志》四：「嶺南道梧州，至京師五千五百里。」㉓邀：攔。㉔大內：即宮城。㉕寧國節度使：景福元年，升宣歙團練使為寧國節度使。㉖嘉興：據《新唐書・地理志》五，嘉興屬蘇州。㉗烏墩：《九域志》：「湖州烏程縣有烏墩鎮。」㉘餘姚：今浙江省餘姚縣。㉙鎮西：龍泉鎮之西。㉚問鳳翔：謂問罪鳳翔。㉛王尚父：王行瑜賜號尚父。㉜束身歸朝，非僕所得專也：謂束身歸朝之事，非僕所得專決也。㉝中都：《九域志》：「中都縣在鄆州東南六十里。」㉞鉅野：《九域志》：「鉅野縣在鄆州南百八十里。」㉟晦冥：晦暗冥昧。㊱徇：徇示。

㊲延壽門：蓋兗州城門。㊳旋軍：還軍。㊴飛山梅山蠻：胡三省曰：「飛山蠻在邵州西北界，今其山在靖州北十五里，比諸山為最高峻，四面絕壁千仞。梅山蠻在潭州界，宋朝開為安化縣，在州西三百二十里。」㊵湘潭：據《新唐書・地理志》五，湘潭屬江南西道潭州。㊶定勝鎮：胡三省曰：「定勝鎮在邵州東北界。」㊷雲陽：據《新唐書・地理志》一，雲陽屬京兆府。㊸進李克用爵晉王：自隴西郡王進爵晉王。㊹揣：揣度。㊺婉辭裨益：用婉辭以補益之。㊻徵：徵引。㊼侔：齊等。㊽掌書記：《新唐書・百官志》四下：「掌書記掌朝覲聘問慰薦，祭祀祈祝之文，與號令升絀之事。」㊾關輔：關謂蒲潼隴蜀藍田諸關，輔謂三輔，關內即漢三輔之地。㊿貴近：顯貴親近大臣。(51)款：忠誠。(52)播越：播，遷；越，逸。言失所居。(53)尚危：尚仍危懼。(54)都邑：京師。(55)始安：方安。(56)河西：謂涼、瓜、沙、肅諸州。(57)吳：今江蘇省吳縣。

三年（西元八九六年）

㈠春，正月，西川將王宗夔政攻拔龍州，殺刺史田昉。

㈡丁巳，劉建鋒遣都指揮使馬殷將兵討蔣勛，攻定勝寨，破之。

㈢辛未，安仁義以舟師至湖州，欲度江，應董昌㈠，錢鏐遣武勇都指揮使顧全武，都知兵馬使許再思，守西陵，仁義不能度，昌遣其將湯臼守石城㈡，袁邠守餘姚。

㈣閏月，克用遣蕃漢都指揮使李存信㈢將萬騎，假道于魏，以救兗鄆，軍於莘縣。朱全忠使人謂羅弘信曰：「克用志吞河朔，師還之日，貴道可憂。」存信戢㈣眾不嚴，侵暴魏人，弘信怒，發兵三萬夜襲之，存信軍潰，退保洺州，喪士卒什二三，委棄㈤資糧兵械萬數，史儼李承嗣之軍，隔絕不得還，弘信自是與河東絕，專志㈥於汴。全忠方圖兗鄆，畏弘信議㈦其後，弘信每有贈遺，全忠必對使者北面拜授㈧之，曰：「六兄㈨於予，倍年以長㈩，固非諸鄰⑪之比。」弘信信之，全忠以是得專意東方⑫。

㈤丁亥，果州刺史張雄降於王建。

㈥二月，戊辰，顧全武許再思敗湯臼於石城，上用楊行密之請，赦董昌，復其官爵，錢鏐不從。

㈦以通王滋⑬判侍衞諸將事。

㈧朱全忠薦兵部尚書張濬，上欲復相之，李克用表請發兵擊全忠，且言：「濬朝為相，臣則夕至闕庭⑭。」京師震懼，上下詔和解之。

(九)三月，以天雄留後李繼徽為節度使。

(十)保大節度使李思孝表請致仕，薦弟思敬自代，詔以思孝為太師致仕，思敬為保大留後。

(十一)朱全忠遣龐師古將兵伐鄆州，敗鄆兵於馬頰(二五)，遂抵其城下。

(十二)己酉，顧全武等攻餘姚，明州刺史黃晟遣兵助之，董昌遣其將徐章救餘姚，全武擊擒之。

(十三)夏，四月，辛酉，河漲，將毀滑州城，朱全忠命決為二河，夾滑城而東，為害滋甚。

(十四)李克用擊羅弘信，攻洹水(二六)，殺魏兵萬餘人，進攻魏州。

(十五)武安節度使劉建鋒既得志，嗜酒不親政事，長直兵(二七)陳贍妻美，建鋒私之，贍袖鐵撾(二八)擊殺建鋒，諸將殺贍，迎行軍司馬張佶為留後，佶將入府，馬忽踶(二九)齧，傷左髀。時馬殷攻邵州未下，佶謝(三〇)諸將曰：「馬公勇而有謀，寬厚樂善(三一)，吾所不及，真乃(三二)主也。」乃以牒召之，殷猶豫未行，聽直(三三)軍將姚彥章說殷曰：「公與劉龍驤、張司馬㉔，一體之人也㉕，今龍驤遇禍，司馬傷髀，天命人望，捨公尚誰屬哉？」殷乃使親從都副指揮使李瓊留攻邵州，徑詣長沙。

㈥淮南兵與鎮海兵戰於皇天蕩㉖，鎮海兵不利，楊行密遂圍蘇州。

㈦錢鏐、鍾傳、杜洪畏楊行密之彊，皆求援於朱全忠，全忠遣許州刺史朱友恭將兵萬人度淮，聽以便宜從事。

㈧董昌使人覘錢鏐兵，有言其彊盛者，輒怒斬之，言兵疲食盡㉗，則賞之。戊寅㉘，袁邠以餘姚降於鏐，顧全武、許再思進兵至越州城下。五月，昌出戰而敗，嬰城㉙自守，全武等圍之，昌始懼，去帝號，復稱節度使。

㈨馬殷至長沙，張佶肩輿入府坐㉚，受殷拜謁，已乃命殷升聽事，以留後讓之，即趨下，帥將吏拜賀㉛，復為行軍司馬，代殷將兵攻邵州。

㈩癸未，蘇州常熟鎮使陸郢以州城應楊行密，虜刺史成及，行密閱及家所蓄，惟圖書藥物，賢之，歸署行軍司馬，及拜且泣曰：

「及百口在錢公所，失蘇州不能死，敢求富貴㉒，願以一身易百口之死。」引佩刀欲自刺，行密遽㉓執其手止之，館於府舍，其室中亦有兵仗，行密每單衣詣之，與之共飲膳，無所疑。錢鏐聞蘇州陷，急召顧全武，使趨西陵，備行密，全武曰：「越州賊之根本，奈何垂克㉔棄之！」請先取越州，後復蘇州，鏐從之。

(廿)淮南將朱延壽奄至㉕蘄州，圍其城，大將賈公鐸方獵，不得還，伏兵林中，命勇士二人衣羊皮，夜入延壽所，掠羊羣，潛入城，約夜半開門，舉火為應，復衣皮反命㉖，公鐸如期引兵至城南，門中火舉，力戰突圍而入，延壽驚曰：「吾常恐其潰圍而出，反潰圍而入，如此，城安可猝拔㉗！」乃白行密，求軍中與公鐸有舊者，持誓書金帛往說之，許以昏㉘。壽州團練副使柴再用請行，臨城與語，為陳利害，數日公鐸及刺史馮敬章請降，以敬章為左都押牙，公鐸為右監門衛將軍，延壽進拔光州，殺刺史劉存。

(廿一)丙戌，上遣中使詣梓州，和解兩川，王建雖奉詔還成都，然猶連兵未解㉙。

(廿三)崔昭緯復求救於朱全忠，戊子㊵，遣中使賜昭緯死，行至荊南，追及斬之，中外咸以為快。

(廿四)荊南節度使成汭與其將許存，泝江略地，盡取濱江州縣，武泰節度使王建肇棄黔州，收餘眾保豐都㊶，存又引兵西取渝涪二州，汭以其將趙武為黔中留後，存為萬州刺史。汭知存不得志，使人詗㊷之，曰：「存不治州事，日出蹴踘。」汭曰：「存將逃走，先勻足力㊸也。」遣兵襲之，存棄城走，其眾稍稍㊹歸之，屯於茅垻㊺。趙武數攻豐都，王建肇不能守，與存皆降於王建，建忌存勇略，欲殺之，掌書記高燭曰：「公方總攬㊻英雄，以圖霸業，彼窮來歸我，奈何殺之！」建使戍蜀州，陰使知蜀州王宗綰察之，宗綰密言：「存忠勇謙謹，有良將才。」建乃捨之，更其姓名曰王宗播，而宗綰竟不使宗播知其免己也。宗播元從㊼孔目官柳修業，每勸宗播慎靜以免禍，其後宗播為建將，遇彊敵，諸將所憚者，以身先之，及有功，輒稱病不自伐㊽，由是得以功名終。

(廿五)甲午夜，顧全武急攻越州，乙未旦，克其外郭，董昌猶據牙城拒之，戊戌，鏐遣昌故將駱團紿㊾昌云：「奉詔令大王致仕歸臨安。」昌乃送牌印㊿，出居清道坊。己亥，全武遣武勇都監使吳璋，以舟載昌如杭州，至小江(五一)南，斬之，幷其家三百餘人，宰相李邈、蔣瓌以下百餘人。昌在圍城中，貪吝日甚，口率(五二)民間錢帛，減戰士糧，及城破，庫有雜貨(五三)五百間，倉有糧三百萬斛，錢鏐傳昌首於京師，散金帛以賞將士，開倉以賑貧乏。

㈷李克用攻魏博，侵掠徧六州(五四)，朱全忠召葛從周於鄆州，使將兵營洹水(五五)，以救魏博，留龐師古攻鄆州。六月，克用引兵擊從周，汴人多鑿坎(五六)於陳前，戰方酣，克用之子鐵林指揮使落落馬遇坎而躓(五七)，汴人生擒之，【考異】唐太祖紀年錄、薛居正五代史武皇紀實錄，擒落落皆在七月，葛從周、李存信傳，在五月今從梁太祖紀。克用自往救之，馬亦躓，幾為汴人所獲，克用顧射(五八)汴將一人斃之，乃得免。克用請修好，以贖落落，全忠不許，以與羅弘信，使殺之，克用引軍還。葛從周自洹水引兵濟河，屯於楊劉，復擊鄆，及兗鄆河東之兵戰於故樂亭，破之，兗鄆屬城皆為汴人所據，屢求救於李克用，克用發兵赴之，為羅弘信所拒，不得前，兗鄆由是不振。

(廿七)初李克用屯渭北，李茂貞韓建憚之，事朝廷禮甚恭，克用去(五九)，二鎮貢獻漸疏，表章驕慢，上自石門還，於神策兩軍之外，更置安聖、捧宸、保寧、宣化等軍，選補數萬人，使諸王將之，嗣延王戒丕、嗣覃王嗣周，又自募麾下數千人，茂貞以為欲討己，語多怨望，嫌隙日構(六〇)，茂貞亦勒兵揚言：「欲詣闕訟冤。」京師士民爭亡匿山谷，上命通王滋及嗣周、戒丕分將諸軍，以衞近畿，戒丕屯三橋。茂貞遂表言延王無故稱兵(六一)討臣，臣今勒兵入朝請罪，【考異】薛居正五代史：「五月，制授茂貞東川節度使，仍命通王覃王治禁兵於闕下，如茂貞違詔，即討之。茂貞懼，將赴鎮，王師至興平，夜自驚潰，茂貞因出乘之，官軍大敗。」唐補紀曰：「五月，朝廷除覃王為鳳翔節度使，除茂貞為興元節度使，茂貞拒命不發，亦無向闕之心，自是京國人心驚憂，出投郊坰，京城為之一空，上潛謀行幸。」按實錄新舊紀諸書，茂貞未嘗除東川，薛史誤，移鎮興元乃景福二年事，唐補紀誤，今從實錄。上遽遣使告急於河東，丙寅，茂貞引兵逼京畿，覃王與戰於婁館(六二)，官軍敗績。【考異】舊紀：「茂貞請入覲，上令通王、覃王、延王，分統四軍，以衞近畿。丙寅，鳳翔軍犯京畿，覃王拒之於婁館，按戰不利。」實錄：「命延王部神策諸軍於三橋，防遏茂貞，上言，延王稱兵討臣，臣有何罪，言將朝覲，丙寅，李茂貞大軍犯京師，覃王拒之於婁館，王師戰不利。」新紀：「六月庚戌，李茂貞犯京師，嗣延王戒丕禦之，丙寅，及茂貞戰於屢館，敗績(六三)。」今從舊紀。秋，七月，茂貞進逼京師，延王戒丕曰：「今關中藩鎮無可依者，不若自鄜州濟河，幸太原，臣請先往告之。」辛卯，詔幸鄜州，壬辰，上出至渭北，韓建遣其子從允奉表，請幸華州，上不許，以建為京畿都指揮安撫制置及開通四面道路催促諸道綱運等使，而建奉表相繼，上及從官亦憚遠去，癸巳，至富平(六四)，遣宣徽使元公訊召建面議去留；甲午，建詣富平見上，頓首涕泣，言：「方今藩臣跋扈者，非止茂貞，陛下若去宗廟園陵，遠巡邊鄙，臣恐車駕濟河，無復還期。今華州兵力雖微，控帶關輔，亦足自固，臣積聚訓厲(六五)，十五年矣(六六)，西距長安不遠(六七)，願陛下臨之，以圖興復。」上乃從之。乙未，宿下邽，丙申，至華州(六八)，以府署為行宮，建視事於龍興寺。茂貞遂入長安，自中和以來，所葺宮室市肆，燔燒俱盡。乙巳，以中書侍郎同平章事崔胤同平章事，充武安節度使，上以胤崔昭緯之黨也，故出之。

(廿)丙午，以翰林學士承旨尚書左丞陸扆為戶部侍郎同平章事。扆，陝(六九)人也。水部郎中何迎表薦：「國子毛詩博士襄陽朱朴，才如謝安。」道士許巖士亦薦朴有經濟才(七〇)，上連日召對，朴有口辯，上悅之，曰：「朕雖非太宗，得卿如魏徵(七一)矣。」賜以金帛，幷賜何迎。

(廿九)以徐彥若為大明宮留守兼京畿安撫制置等使。

(卅)楊行密表請上遷都江淮，王建請上幸成都。

(卅一)宰相畏韓建，不敢專決政事。八月，丙辰，詔建關議(七二)朝政，韓建上表固辭，乃止。韓建移檄諸道，令共輸資糧詣行在，李克用聞之，歎曰：「去歲從余言，豈有今日之患！」又曰：「韓建天下癡物，為賊臣弱帝室，是不為李茂貞所擒，則為朱全忠所虜耳！」因奏將與鄰道發兵入援。加錢鏐兼中書令。

(卅二)癸丑，以王建為鳳翔西面行營招討使。

(卅三)甲寅，以門下侍郎同平章事王摶同平章事，充威勝節度使(七三)。上憤天下之亂，思得奇傑之士，不次(七四)用之，國子博士朱朴自言：「得為宰相，月餘可致太平。」上以為然，乙丑，以朴為左諫議大夫同平章事。【考異】舊傳曰：「朴腐儒木強，無他才伎，道士許巖士出入禁中，常依朴為姦利，從容上前薦朴有經濟才，昭宗召見，對以經義，甚悅，即日拜平章事，在中書與名公齒，筆札議論，動為笑端。」唐補紀曰：「朴亦有文詞，託識諸王下吏人，以通意旨，言方今宰相皆非時才，致令宗社不安，頻有傾動，若使朴在相位，月餘，能致太平。諸王以為然，乃奉天聽，翌日宣喚，顧問機宜，便入中書令，參知政事，諸相座愕然莫測，聽其籌謨，經四五月，並無所聞，遂貶出嶺外。」按朴雖庸鄙，恐不至如舊傳所云，唐補史亦恐得之傳聞，非詳實，今從新傳。 朴為人庸鄙迂僻，無他長，制出，中外大驚。丙寅，加韓建兼中書令。

(七四)九月，庚辰，升福建為威武軍，以觀察使王潮為節度使。

(七五)以湖南留後馬殷判湖南軍府事，殷以高郁為謀主。郁，揚州人也，殷畏楊行密、成汭之彊，議以金帛結之。高郁曰：「成汭不足畏也，行密公之讎，雖以萬金賂之，安肯為吾援乎？不若上奉天子，下奉士民〈七五〉，訓卒厲兵，以脩霸業，則誰與為敵矣〈七六〉！」殷從之。

(七六)崔胤出鎮湖南，韓建之志也，胤密求援於朱全忠，且教之營〈七七〉東都宮闕，表迎車駕。全忠與河南尹張全義表請上遷都洛陽，全忠仍請以兵二萬迎車駕，且言崔胤忠臣，不宜出外。韓建懼，復奏召胤為相，遣使諭全忠以且宜安靜，全忠乃止。乙未，復以胤為中書侍郎同平章事。【考異】舊傳：「胤檢校兵部尚書嶺南東道節度使，胤密致書全忠求援，全忠上書理之，胤已至湖南，復召拜平章事。」新傳：「昭緯以罪誅，罷為武安節度使，陸扆當國，時南北司各樹黨結藩鎮〈七八〉，胤素厚朱全忠，委心結之，全忠為言胤有功，不宜處外，故還相而逐扆。」按胤出為清海節度使在後，非此年，舊傳誤，今從實錄。以翰林學士承旨兵部侍郎崔遠同平章事。遠，珙弟〈七九〉，璵之孫也。丁酉，貶中書侍郎同平章事陸扆為硤州〈八〇〉刺史，【考異】舊傳曰：「九月，覃王率師送徐彥若赴鳳翔，師之起也，扆堅請曰，播越之後，國步初集，不宜與近輔交惡，必為他盜所窺，加以親王統兵，物議騰口，無益於事，祇貽後患。昭宗已發兵，怒扆沮議，是月十九日，責受硤州刺史。師出果敗，車駕出幸。」按此乃景福二年杜讓能討鳳翔事，時扆未為相，舊傳誤，新傳亦同，從實錄。崔胤恨扆代己，誣扆云黨於李茂貞而貶之。己亥，以朱朴兼判戶部，凡軍旅財賦之事，上一以委之。以孫偓為鳳翔四面行營都統，又以前定難節度使李思諫為靜難節度使兼副都統，以保大留後李思敬為節度使。

(七七)河東將李存信攻臨清，敗汴將葛從周於宗城北，乘勝至魏州北門(八一)。

(七八)冬，十月，壬子，加孫偓行營節度招討處置等使，丁巳，以韓建權知京兆尹兼把截(八二)使。【考異】李巨川許國公勤王錄：「十月十日，勅命公權知京兆尹，幷充把截使。」實錄作癸丑，是月戊申朔，今從勤王錄。戊午，李茂貞上表請罪，願得自新，仍獻助修宮室錢，【考異】舊紀實錄，皆云：「茂貞進錢十五萬，助修官闕。」按十五萬乃百五十貫，太少，蓋脫貫字耳。韓建復佐佑(八三)之，竟不出師。

(七九)錢鏐令兩浙吏民上表，請以鏐兼領浙東，朝廷不得已，復以王摶為吏部尚書同平章事，以鏐為鎮海、威勝兩軍節度使，丙子，更名威勝曰鎮東軍。

(八〇)李克用自將攻魏州，敗魏兵於白龍潭(八四)，追至觀音門(八五)，朱全忠復遣葛從周救之，屯於洹水，全忠以大軍繼之，克用乃還。

㊷加河中節度使王珂同平章事。

㊸十一月，朱全忠還大梁，復遣葛從周東會龐師古攻鄆州。

㊹湖州刺史李師悅求旌節，詔置忠國軍於湖州，以師悅為節度使，賜告身旌節者，未入境，戊子，師悅卒，楊行密表師悅子前綿州刺史彥徽知州事。【考異】實錄：「乾寧二年四月，忠國節度使李師悅卒，以其孫彥徽知留後。」今從新紀，十國紀年。

㊺淮南將安仁義攻婺州。

㊻十二月，東川兵焚掠漢、眉、資、簡㊅之境。

㊼清海節度使薛王知柔行至湖南，廣州牙將盧琚、譚弘玘據境拒之，使弘玘守端州，弘玘結封州刺史劉隱，許妻以女，隱偽許之，託言㊆親迎，伏甲㊇舟中，夜入端州，斬弘玘，遂襲廣州㊈，斬琚，具軍容㊉迎知柔入視事，知柔表隱為行軍司馬。

【今註】㊀安仁義以舟師至湖州，欲度江，應董昌：胡三省曰：「所云度江，蓋自湖州舟行入柳蒲而度西陵。」㊁石城：《會稽志》：「石城山在山陰縣東北三十里。」㊂閏月，克用遣蕃漢都指揮使李存信：胡三省曰：「此又是一段起事，克用之上當有李字。」㊃戢：斂。㊄委棄：委亦棄。

⑥專志：謂一心一意。⑦議：猶謀。⑧授：當作受。⑨六兄：羅弘信第六。⑩倍年以長：《禮・曲禮》：「年長以倍，則父事之。」⑪諸鄰：謂與宣武鄰道諸帥。⑫專意東方：謂專意攻擊兗鄆。⑬通王滋：宣宗子。⑭漼朝為相，臣則夕至闕庭：意乃反對漼之為相。⑮馬頰：《水經注》：「濟水自須昌縣北，逕魚山東，左合馬頰水，水首受濟西北流，歷安民山北，又逕桃城東，又東北逕魚山南，又東注於濟，曰馬頰口。」⑯洹水：據《新唐書・地理志》三，洹水屬河北道魏州。⑰長直兵：長久值衛之兵。⑱檛：鞭。⑲踶：同踼，音ㄉㄧˋ。⑳謝：辭謝。㉑樂善：好善。㉒乃：汝。㉓聽直：聽通作廳，謂值廳事之軍將。㉔劉龍驤張司馬：劉龍驤謂劉建鋒，張司馬謂張佶。㉕一體之人：猶謂同手足之人。㉖皇天蕩：胡三省曰：「大江過昇州界，浸以深廣，自老鸛觜渡白沙，橫闊三十餘里，俗呼為皇天蕩。是時淮南兵既敗浙兵於皇天蕩，遂圍蘇州，則非前所言皇天蕩矣。宋熙寧二年，崑山人郟亶上疏言水利，謂長州縣界有長蕩、皇天蕩，其水上承湖，下通海，正淮浙兵戰處也。」㉗食盡：糧盡。㉘戍寅：當作戊寅。㉙嬰城：猶據城。㉚入府坐：謂入府而坐，坐受拜謁，乃留後受將校牙參之禮。㉛帥將吏拜賀：帥將吏拜賀，為行軍司馬賀新留後之禮。㉜敢求富貴：謂豈敢求富貴。㉝遽：急。㉞垂克：將克拔。㉟奄至：奄忽而至。㊱反命：覆命。㊲猝拔：立拔。㊳許以昏：謂許以婚姻。㊴連兵未解：謂兵火相連，而未解息。㊵戍子：當作戊子。㊶豐都：據《新唐書・地理志》四，豐都屬山南東道忠州。㊷詗：偵。㊸勻足力：謂均勻足力，亦即鍛鍊腳力。㊹稍稍：漸漸。㊺茅埧：胡三省曰：「蜀人謂平川為埧。」宋白曰：「渝州江津縣有茅埧

驛。」(四六)總攬：總領延攬。(四七)元從：起初即相隨從。(四八)伐：矜伐。(四九)紿：詐欺。(五〇)牌印：唐官長之印，盛之以匣，寘於臥內，別為一牌，使吏掌之，以謹出入，印出而牌入，牌出則印入，謂之牌印。(五一)小江：胡三省曰：「據新書載昌傳，小江、西江也，蓋錢清江也，源出諸暨縣東，東流過錢塘鎮，又東入於海，去越州四十五里，又西至杭州八十里。」(五二)口率：計口而率之。(五三)雜貨：唐代所謂雜貨，乃指各種絹帛而言。(五四)六州：謂魏、博、貝、衞、澶、相。(五五)洹水：據《新唐書・地理志》三，洹水屬河北道魏州。(五六)坎：穴。(五七)蹎：蹶仆。(五八)顧射：反射。(五九)克用去：謂歸河東。(六〇)日構：日結。(六一)稱兵：舉兵。(六二)婁館：婁館蓋在京兆興平縣西。(六三)考異曰：「新紀：『丙寅，及茂貞戰於屢館，敗績』」：按《新唐書・昭宗紀》及上所引諸文，屢當改作婁。(六四)富平：據《新唐書・地理志》一，富平屬京兆府。(六五)訓厲：謂訓卒厲兵。(六六)十五年矣：胡三省曰：「按韓建從鹿晏弘至興元之時，僖宗在蜀，遂奔行在，中和四年也，僖宗還長安，光啓元年也，建刺華州當在此時，至是纔十二年耳。」(六七)西距長安不遠：《九域志》：「華州西至長安一百五十里。」(六八)乙未、宿下邽，丙申，至華州：《九域志》：「自富平至下邽三十五里，自下邽至華州六十五里。」(六九)陝：據《新唐書・地理志》二，陝縣屬河南道陝州。(七〇)經濟才：謂經邦濟世之才。(七一)得卿如魏徵矣：謂得卿則如得魏徵矣。(七二)關議：通議。(七三)威勝節度使：胡三省曰：「先是已升浙東觀察使為威勝節度使，方鎮表：『乾寧元年，以乾州置威勝軍節度。』參考下文，則朝議以董昌已誅，欲以王摶代鎮浙東，然則此時藩鎮有兩威勝軍邪！」(七四)不次：不依次第。(七五)下奉士民：按前作上奉天子，則此不得作奉明矣，此奉疑係養之訛。(七六)則誰與為敵矣：謂則誰能與為敵乎。(七七)營：經營。(七八)考異曰：「新傳：『時南比司各樹黨，結藩鎮』」：按比當作北。(七九)遠，珙弟：崔珙見卷二百四十六開成五年。(八〇)硤州：《舊唐書・地理志》二：「山南西道硤州，在京師東南一千八百十八里。」(八一)攻臨清，敗汴將葛從周於宗城北，乘勝至魏州北門：《九域志》：「臨清縣在魏州北一百五十里，宗城縣在魏州西北一百七十里。」(八二)把截：把守攔截。(八三)佐佑：與左右意同，謂輔助之。(八四)白龍潭：按《舊五代史・梁太祖紀》：「乾化元年十月丙辰，幸魏縣，戊辰，幸邑西白龍潭。」(八五)觀音門：《舊五代史》：「魏州羅城西門曰觀音門，晉天福五年閏三月，改曰金明門。」(八六)漢眉資簡：四州皆西川巡屬。(八七)託言：假託言云。(八八)伏甲：伏甲兵。(八九)封州刺史劉隱夜入端州，遂襲廣州：按《九域志》，自封州東南歷康州界而後至端州，自端州東至廣州二百四十里。(九〇)具軍容：具軍容以迎新帥，如承平儀注。

卷二百六十一　唐紀七十七

司馬光　編集
曲守約　註

起彊圉大荒落，盡屠維協洽，凡三年。（丁巳至己未，西元八九七年至八九九年）

昭宗聖穆景文孝皇帝中之上

乾寧四年（西元八九七年）

㈠春，正月，甲申，韓建奏防城將張行思等告睦、濟、韶、通、彭、韓、儀、陳八王㊀，謀殺臣，劫車駕幸河中，建惡諸王典兵，故使行思等告之，上大驚，召建諭之，建稱疾不入，令諸王詣建自陳，建表稱：「諸王忽詣臣理所㊁，不測事端㊂，臣詳酌㊃事體，不應與諸王相見。」又稱：「諸王當自避嫌疑，不可輕為舉措，陛下若以友愛含容㊄，請依舊制，令歸十六宅，妙選㊅師傅，教以詩書，不令典兵預政㊆。」且曰：「乞散彼烏合之兵，用光麟趾之化㊇。」建慮上不從，引麾下精兵圍行宮，表疏連上，上不得已，是夕詔諸王所領軍士，並縱㊈歸田里，諸王勒歸十六宅，其甲兵並委韓建收掌（一〇）。建又奏：「陛下選賢任能，足清禍亂，何必別置殿後四軍（一一），顯有厚薄之恩（一二），乖無偏無黨（一三）之道，且所聚皆坊市無賴姦猾之徒，平居（一四）猶思禍變（一五），臨難必不為用，而使之張弓挾刃，密邇（一六）皇輿，臣竊寒心（一七），乞皆罷。」詔亦從之，於是殿後四軍二萬餘人悉散，天子之親軍盡矣。捧日都頭李筠石門扈從功第一，建復奏斬於大雲橋（一八）。建又奏：「玄宗之末，永王璘暫出江南，遽謀（一九）不軌，代宗時，吐蕃入寇，光啓中朱玫亂常（二〇），皆援立宗支（二一），以繫人望。今諸王銜命四方者，乞皆召還。」又奏：「諸方士出入禁庭（二二），眩惑聖聽，宜皆禁止，無得入宮。」詔悉從之。建既幽諸王於別第，知上意不悅，乃奏請立德王為太子，欲以解之，丁亥，詔立德王祐為皇太子，仍更名裕。【考異】勤王錄曰：「公以儲副之設，國之大本，上表云云，勅宜從允，時正月十一日也。當四日之間，而儲君奉冢祀，宗室歸藩邸，蓬頭突鬢之士，不入於禁門，文成五利之徒，不陳其左道，君父開悟，遐邇詠歌，人不震驚，市無易肆，公之力也。」李巨川著書矯誣善惡，乃至於此，今從實錄。

（二）龐師古葛從周併兵（二三）攻鄆州，朱瑄兵少食盡，不復出戰，但引水為深壕以自固。辛卯，師古等營於水西南，命為浮梁（二四），癸巳，潛決濠水，丙申，浮梁成，師古夜以中軍先濟，瑄聞之，棄城奔中都㉕，葛從周逐之，野人㉖執瑄及妻子以獻。【考異】薛居正五代史梁太祖紀：「辛卯營于濟水之次，龐師古令諸將撒木為橋，乙未夜，以師古中軍先濟㉗，朱瑄棄壁夜走，葛從周擒瑄幷妻男以獻。」按濟水自王莽時，大旱不復能絕河而南，自是河南無濟水。編遺錄曰：「五月，遣騎於鄆州軍前追從周，徑往洹水董師，以代候言，龐師古留攻鄆。」梁太祖實錄：「四年正月，復以洹水之師，大舉伐鄆，十五日辛卯，營其西南河外，龐師古命諸將撒木為橋，以圖宵濟，癸巳，前軍以心膂百人，盜決河口，甲午，浮橋集水次，乙未夜，師古中軍先濟，聲振壁內，朱瑄聞內，朱瑄聞之，棄壁走。」編遺錄：「四年正月己卯，朱瑄兵少糧盡，不敢出戰，然深溝高壘難越也，從周師古乃取清河內小舟，採野葛草茅，索之以為巨纜，乃於其壖南建浮橋橋，丙申，功就，我師度橋，朱瑄奔遁。」皆不云濟水，師古去年三月已敗鄆兵於馬頰，追至西門，據故洛亭子為寨，乙未夜先濟，蓋鄆城下清河水，疑朱瑄引之以環城固守，故師古等為浮橋以濟師，河既可決，明非自然之水也。舊紀：「癸未，龐師古陷鄆州，朱瑄與妻榮氏潰圍走，瑄至中都，為野人所殺，榮氏俘於軍。」新紀：「丙申，全忠陷鄆州。」實錄：「二月丙午朔，陷鄆州，瑄至中都為亂人所殺，妻榮至汴為尼。」據薛史，辛卯，營於濟水，則癸未，鄆未破也。新紀云：「丙申陷鄆。」實錄，二月，蓋約奏到，今從編遺錄新紀。

㈢己亥，罷孫偓鳳翔四面行營節度等使，以副都統李思諫為寧塞節度㉘使。

㈣錢鏐使行軍司馬杜稜救婺州，安仁義移兵攻睦州，不克而還。

㈤朱全忠入鄆州，以龐師古為天平留後。【考異】舊紀梁太祖實錄薛居正五代史師古傳，皆云：「師古為鄆州留後。」編遺錄、薛史梁紀，皆云：「友裕。」按編遺錄：「三月丙子，以友裕為鄆州留後，師古為徐州留後。」蓋初以師古守鄆州，後以友裕代之，而徙師古於師州也。朱瑾留大將康懷貞守兗州，與河東將史儼李承嗣掠徐州之境㉙，以給軍食，全忠聞之，遣葛從周將兵襲兗州，懷貞聞鄆州已失守，汴兵奄至，遂降。二月，戊申，從周入兗州，獲瑾妻子，朱瑾還無所歸，帥其眾趨沂州，刺史尹處賓不納，走保海州㉚，為汴兵所逼，與史儼李承嗣擁㉛州民度淮，奔楊行密，行密逆㉜之於高郵，表瑾領武寧節度使。全忠納瑾之妻，引兵還，張夫人逆於封丘㉝，全忠以得瑾妻告之，夫人請見之，瑾妻拜，夫人荅拜，且泣曰：「兗鄆與司空同姓，約為兄弟，以小故㉞恨望㉟，起兵相攻，使吾姒㊱辱㊲於此，它日汴州失守，吾亦如吾姒之今日乎！」全忠乃送瑾妻於佛寺為尼，斬朱瑄於汴橋，於是鄆、齊、曹、棣、兗、沂、密、徐、宿、陳、許、鄭、滑、濮，皆入於全忠㊳，惟王師範保淄青一道，亦服於全忠。李存信在魏州，聞兗鄆皆陷，引兵還。淮南舊善水戰，不知騎射，及得河東兗鄆兵，軍聲大振，史儼李承嗣皆河東驍將，李克用深惜㊴之，遣使間道詣楊行密請之，行密許之，亦遣使詣克用修好。

㈥戊午，王建遣邛州刺史華洪、彭州刺史王宗祐，將兵五萬攻東川，以戎州刺史王宗瑾為鳳翔西面行營先鋒使，敗鳳翔將李繼徽等於玄武[四〇]。繼徽，本姓楊名崇本，茂貞之假子也。

(七)己未，赦天下。【考異】實錄：「降德音，曲赦天下。」一云德音即非赦，既云曲赦，即不及天下，實錄誤也。

(八)上饗行廟[四一]。庚申，王建以決雲都知兵馬使王宗侃為應援[四二]開峽[四三]都指揮使，將兵八千趨渝州，決勝都知兵馬使王宗阮為開江防送[四四]進奉使，將兵七千趨瀘州，辛酉，宗侃取渝州，降刺史牟崇厚，癸酉，宗阮拔瀘州，斬刺史馬敬儒，峽路始通。鳳翔將李繼昭救梓州，留偏將守劍門，西川將王宗播擊擒之。

(九)乙亥，門下侍郎同平章事孫偓罷守本官，中書侍郎同平章事朱朴罷為祕書監，朴既秉政，所言皆不效，外議沸騰，太子詹事馬道殷以天文，將作監許巖士以醫得幸於上，韓建誣二人以罪而殺之，且言偓朴與二人交通，故罷相。

(十)詔以楊行密為江南諸道行營都統，以討武昌節度使杜洪。

(十一)張佶克邵州，擒蔣勛。

(十二)三月，丙子，朱全忠表曹州刺史葛從周為泰寧留後，朱友裕為天平留後，龐師古為武寧留後[四五]。

(十三)保義節度使王珙攻護國節度使王珂，珂求援於李克用，珙求援於朱全忠，宣武將張存敬、楊師厚敗河中兵於猗氏南，河東將李嗣昭敗陝兵於猗氏，又敗之於張店，遂解河東之圍。師厚，斤溝人(四六)；嗣昭，克用弟克柔之假子也。更名感義軍曰昭武，治利州，以前靜難節度使蘇文建為節度使。

(十四)夏，四月，以同州防禦使李繼瑭為匡國節度使。【考異】實錄：「賜同州號匡國軍，以防禦使李繼瑭為匡國節度使。」按新方鎮表，乾寧二年，賜同州號匡國軍。王行約已嘗為匡國節度使，蓋行約死，繼瑭但為防禦使，今始復舊名耳。繼瑭，茂貞之養子(四七)也。

(十五)以右諫議大夫李洵為兩川宣諭使，和解王建及顧彥暉。

(十六)辛亥，錢鏐遣顧全武等將兵三千自海道救嘉興(四八)，己未，至城下，擊淮南兵，大破之。

(十七)杜洪為楊行密所攻，求救於朱全忠，全忠遣其將聶金掠泗州，朱友恭攻黃州，行密遣右黑雲都指揮使馬珣等救黃州，黃州刺史瞿章聞友恭至，棄城擁眾南保武昌寨(四九)。

(十八)癸亥，兩浙將顧全武等破淮南十八營，虜淮南將士魏約等三千人，淮南將田頵屯驛亭埭，兩浙兵乘勝逐之，甲戌，頵自湖州奔還(五〇)，兩浙兵追敗之，頵眾死者千餘人。

(十九)韓建惡刑部尚書張禕等數人，皆誣奏貶之。【考異】實錄：「貶刑部尚書張禕、趙崇、蘇循等為衡州司馬，韓建惡之，誣奏貶焉。」禕等必不皆為刑部尚書，皆貶衡州司馬，實錄誤也。

(廿)五月，加奉國節度使崔洪同平章事。

(廿一)辛巳，朱友恭為浮梁於樊港(五一)，進攻武昌寨，壬午，拔之，執瞿章，取黃州，【考異】薛居正五代史梁紀：「五月丁丑，朱恭遣使上言，大破淮寇於武昌，收復黃鄂二州。」新紀：「壬午，全忠陷黃州，刺史瞿章死之。」朱友恭傳云翟章，十國紀年作瞿章，吳錄云執刺史瞿章，當可據。馬珣等皆敗走。

(廿二)丙戌，王建以節度副使張琳守成都，自將兵五萬攻東川，更華洪姓名曰王宗滌。

(廿三)六月，己酉，錢鏐如越州，受鎮東節鉞。

(廿四)李茂貞表：「王建攻東川，連兵(五二)累歲，不聽詔命。」甲寅，貶建南州(五三)刺史。乙卯，以茂貞為西川節度使，以覃王嗣周為鳳翔節度使。癸亥，王建克梓州南寨，執其將李繼寧，丙寅，宣諭使李洵至梓州，己巳，見建於張杷砦，建指執旗者曰：「戰士之情(五四)，不可奪也。」

(廿五)覃王赴鎮，李茂貞不受代，圍覃王於奉天。

(廿六)置寧遠軍於容州，以李克用大將蓋寓領節度使(五五)。

(廿七)秋，七月，加荊南節度使成汭兼侍中。

(廿八)韓建移書李茂貞，茂貞解奉天之圍，覃王歸華州。

(廿九)以天雄節度使李繼徽為靜難節度使。

(卅)庚戌，錢鏐還杭州，遣顧全武取蘇州，乙未，拔松江(五六)，戊戌，拔無錫(五七)，辛丑，拔常熟、華亭(五八)。

(卅一)初李克用取幽州，表劉仁恭為節度使，留戍兵及腹心將十人，典其機要(五九)，租賦供軍之外，悉輸晉陽。及上幸華州，克用徵兵於仁恭，又遺成德節度使王鎔、義武節度使王郜書，欲與之共定關中，奉天子還長安，仁恭辭以契丹入寇，須兵扞禦(六〇)，請俟虜退，然後承命(六一)，克用屢趣(六二)之，使者相繼，數月兵不出，克用移書責之，仁恭抵書(六三)於地，慢罵囚其使者，欲殺河東戍將，戍將遁逃獲免，克用大怒。八月，自將擊仁恭。

(卌一)上欲幸奉天，親討李茂貞，令宰相議之，宰相切諫乃止。

(卌二)延王戒丕還自晉陽，韓建奏：「自陛下即位以來，與近輔(六四)交惡，皆因諸王典兵，凶徒樂禍，致鑾輿不安。比(六五)者臣奏罷兵權，實慮不測之變(六六)，今聞延王覃王尚苞(六七)陰計，願陛下聖斷不疑(六八)，制於未亂(六九)，則社稷之福。」上曰：「何至於是！」數日不報，建乃與知樞密劉季述矯制，發兵圍十六宅，諸王被髮，或緣垣，或升屋，呼曰：「宅家(七〇)救兒。」建擁通、沂、睦、濟、韶、彭、韓、陳、覃、延、丹十一王，至石隄谷(七一)，盡殺之，【考異】舊紀：「是日，通覃以下十一王，幷其侍者，皆為韓建所擁至石隄谷，無長少皆殺之。」唐補紀：「六宅諸王，准前商量，請置殿後都，韓建怨怒，進狀爭論，與諸王互說短長，上乃縛韓王克良已下十人送韓建府，建以棘刺圍於大廳，經宿不與相見，軍吏諫，遂請諸王歸宮，散却殿後都。」新紀：「八月，韓建殺通王滋、沂王禋、韶王、彭王、嗣韓王、嗣陳王、嗣覃王、嗣周嗣延王戒丕、嗣丹王允。」按舊紀：「韓建奏睦王、濟王、韶王、通王、彭王、韓王、儀王、陳王八人。」新宗室傳：「初帝遣嗣延王戒丕、嗣丹王允往見李克用。」又有覃王嗣周，則是十一人。新紀傳，儀作沂。按昭宗子禋封沂王，不應更封宗室，舊紀儀王，恐可據。以謀反聞，貶禮部尚書孫偓為南州司馬，祕書監朱朴先貶夔州(七二)司馬，再貶郴州(七三)司戶，【考異】實錄：「朴貶郴州司戶。」薛廷珪鳳閣書詞，有朴自祕書監責除蜀王傅分司東都制云：「苞藏莫顧於朝綱，進見不由於相府。」復云：「猶希顧問之間，來撓澄清之化。」又貶渠州司馬制云：「爭臣條奏，憲府極言，指陳負固之謀，忿嫉崇姦之計。」與此稍異，今從實錄。朴之為相，何迎驟遷至右諫議大夫，至是亦貶湖州(七四)司馬。

㊹鍾傳欲討吉州刺史襄陽周琲，琲帥其眾奔廣陵。

㊺王建與顧彥暉五十餘戰。九月，癸酉朔，圍梓州，蜀州刺史周德權言於建曰：「公與彥暉爭東川三年，士卒疲於矢石，百姓困於輸輓㊄，東川羣盜，多據州縣，彥暉懦而無謀，欲為偷安㊅之計，皆啗㊆以厚利，恃其救援，故堅守不下。今若遣人諭賊帥以禍福，來者賞之以官，不服者威之以兵，則彼之所恃，反為我用矣。」建從之，彥暉勢益孤。德權，許州人也。

㊻丁丑，李克用至安塞軍㊇，辛巳，攻之，幽州將單可及引騎兵至，克用方飲酒，前鋒白賊至矣，克用醉曰：「仁恭何在？」對曰：「但見可及輩。」克用瞋目㊈曰：「可及輩何足為敵！」亟命擊之，是日大霧，不辨人物，幽州將楊師侃伏兵於木瓜澗㊉，河東兵大敗，失亡大半㊀，會大風雨震電㊁，幽州兵解去，克用醒而後知敗，責大將李存信等曰：「吾以醉廢事，汝曹何不力爭！」

㊼湖州刺史李彥徽欲以州附於楊行密，其眾不從，彥徽奔廣陵，都指揮使沈攸以州歸錢鏐。

㈦以彰義節度使張璉為鳳翔西北行營招討使，以討李茂貞。

㈦復以王建為西川節度使同平章事，加義武節度使王郜同平章事，削奪新西川節度使李茂貞官爵，復姓名宋文通。

㈧朱全忠既得兗鄆，甲兵益盛，乃大舉擊楊行密，遣龐師古以徐、宿、宋、滑之兵七萬壁清口，將趨揚州，葛從周以兗、鄆、曹、濮之兵壁安豐㊂，將趨壽州，全忠自將屯宿州，淮南震恐。

㈣匡國節度使李繼瑭聞朝廷討李茂貞而懼，韓建復從而搖㊃之，繼瑭奔鳳翔。冬，十月，以建為鎮國匡國兩軍節度使。

㈣壬子，知遂州侯紹帥眾二萬，乙卯，知合州王仁威帥眾千之，戊午，鳳翔李繼溥以援兵二千，皆降於王建，建攻梓州益急。庚申，顧彥暉聚其宗族及假子共飲，遣王宗弼自歸於建，酒酣，命其假子瑤殺己及同飲者，然後自殺，建入梓州㊄，城中兵尚七萬人，建命王宗綰分兵徇㊅昌普等州，以王宗滌為東川留後。

㈣劉仁恭奏稱：「李克用無故稱兵見討㊆，本道大破其黨於木瓜澗，請自為統帥，以討克用。」詔不許。又遺朱全忠書，全忠奏加仁恭同平章事，朝廷從之。仁恭又遣使謝克用，陳去就不自安之意，克用復書，略曰：「今公仗鉞，控兵（八八）理民，立法擢士（八九），則欲其報德，選將則望彼酬恩，己尚不然，人何足信！僕料猜忌出於骨肉，嫌忌生於屏帷（九〇），持干將（九一）而不敢授人，捧盟盤（九二）而何詞著誓？」

（四四）甲子，立皇子祕為景王，祚為輝王，祺為祁王。

（四五）加彰義節度使張璉同平章事。

（四六）楊行密與朱瑾將兵三萬拒汴軍於楚州，別將張訓自漣水引兵會之，行密以為前鋒。龐師古營於清口，或曰：「營地汙下（九三），不可久處。」不聽，師古恃眾輕敵，居常弈棋，朱瑾壅淮上流欲灌之，或以告師古，師古以為惑眾（九四），斬之。十一月，癸酉，瑾與淮南將侯瓚將五千騎潛度淮，用汴人旗幟，自北來，趣（九五）其中軍，張訓踰柵而入，士卒蒼黃（九六）拒戰，淮水大至，汴軍駭亂（九七），行密引大軍濟淮，與瑾等夾攻之，汴軍大敗，斬師古及將士首萬餘級，餘眾皆潰。葛從周營於壽州西北，壽州團練使朱延壽擊破之，退屯濠州，聞師古敗，奔還，行密瑾延壽乘勝追之，至於淠水(九八)。從周半濟，淮南兵擊之，殺溺殆盡，從周走免，遏後(九九)都指揮使牛存節棄馬步鬪(一〇〇)，諸軍稍得濟淮，凡四日不食，會大雪，汴卒緣道凍餒死，還者不滿千人。全忠聞敗，亦奔還。行密遺全忠書曰：「龐師古、葛從周非敵(一〇一)也，公宜自來淮上決戰。」行密大會諸將，謂行軍副使李承嗣曰：「始吾欲先趣壽州，副使云：『不如先向清口。』師古敗，從周自走，今果如所料。」賞之錢萬緡，表承嗣領鎮海節度使。行密待承嗣及史儼甚厚，第舍姬妾，咸選其尤者(一〇二)賜之，故二人為行密盡力，屢立功，竟卒於淮南。行密由是遂保據(一〇三)江淮之間，全忠不能與之爭。

(四七)戊寅，立淑妃何氏為皇后，后東川人，生德王、輝王。

(四八)威武節度使王潮弟審知為觀察副使，有過，潮猶加捶撻，審知無怨色，潮寢疾(一〇四)，捨其子延興、延虹、延豐、延休，命審知知軍府事。十二月，丁未，潮薨，審知以讓其兄泉州刺史審邽，審邽以審知有功，辭不受，審知自稱福建留後，表於朝廷。

㈣壬戌，王建自梓州還，戊辰，至成都。是歲，南詔驃信舜化有上皇帝書函，及督爽牒中書木夾㈤，年號中興，朝廷欲以詔書報之，王建上言：「南詔小夷，不足辱詔書，臣在西南，彼必不敢犯塞。」從之。黎雅間有淺蠻曰劉王、郝王、楊王㈥，各有部落，西川歲賜繒帛三千匹，使覘南詔，亦受南詔賂，詗㈦成都虛實，每節度使到官，三王帥酋長詣府，節度使自謂威德㈧所致，表於朝廷，而三王陰與大將相表裏㈨，節度使或失大將心，則教諸蠻紛擾㈩。先是節度使多文臣，不欲生事，故大將常藉此以邀姑息⑪，而南詔亦憑之屢為邊患。及王建鎮西川，絕其舊賜，斬都押牙山行章以懲之，邛崍之南⑫不置鄣候⑬，不戍一卒，蠻亦不敢侵盜。其後遣王宗播擊南詔，三王漏泄軍事，召而斬之。

㈤右拾遺張道古上疏稱：「國家有五危二亂，昔漢文帝即位未幾，明習國家事，今陛下登極已十年⑭，而曾不知為君馭臣之道；太宗內安中原，外開四夷⑮，海表⑯之國，莫不入臣，今先朝封域日蹙幾盡，臣雖微賤，竊傷陛下朝廷社稷，始為姦臣所弄⑰，終為賊臣所有也。」上怒，貶道古施州㉘司戶，仍下詔罪狀道古，宣示諫官。道古，青州人也。

【今註】㊀睦濟韶通彭韓儀陳八王：胡三省曰：「皆嗣王也，睦、韶、韓代宗之後，彭、肅宗之後，陳、文宗之後，史皆逸其名及其世系。」㊁理所：即治所。㊂不測事端：不能揣測其來所為之事。㊃酌：斟酌。㊄陛下若以友愛含容：謂陛下若以友愛之故，而欲含容。㊅妙選：精選。㊆不令典兵預政：援開元天寶舊制，不令諸王出閤。㊇麟趾之化：《詩・周南・麟之趾》序：「關雎之化行，雖衰世之公子，皆信厚如麟趾之時。」㊈縱：放。㊉收掌：猶收管。⑪殿後四軍：為安聖、捧宸、保寧、宣化。⑫顯有厚薄之恩：謂恩顯有厚薄之分，此以欲與下句偶對，而易作此式。胡三省曰：「一本厚下更有有字。」⑬無偏無黨：《書・洪範》：「王道蕩蕩，無黨無偏。」蔡傳：「蕩蕩，廣遠也。」⑭平居：謂居太平之時。⑮猶思禍變：謂猶思為禍變。⑯密邇：甚近。⑰寒心：謂戰慄。⑱大雲橋：胡三省曰：「大雲橋在華州大雲寺前，武后時令天下諸州各置大雲寺，以藏大雲經，著受命之符也。」⑲遽謀：立謀。⑳亂常：紊亂綱常。㉑宗支：宗親支屬。㉒禁庭：猶宮庭。㉓併兵：合兵。㉔浮梁：浮於水面之橋梁，謂之浮梁。㉕中都：《九域志》：「中都縣在鄆州東南六十里。」㉖野人：謂田野之人。㉗考異曰：「薛居正五代史梁太祖紀：『乙未夜，以師古中軍先濟』」：按《舊五代史》，以師古作師古以，為合，當從乙。㉘寧塞節度：按〈方鎮表〉：「光化元年，更延州保塞節度為寧塞節度。」㉙掠徐州之境：《九域志》：「兗州南一百一十里，即徐州界。」㉚趨沂州，刺史尹處賓不納，走保海州：《九域志》：「兗州三百四十五里東至沂州，沂州東至海州一百八十里。」㉛擁：猶率。㉜逆：迎。㉝封丘：《九域志》：「封丘縣在汴州北六十里。」㉞小故：小事故。㉟恨望：憾恨怨望。㊱姒：長婦曰姒，又兄弟之妻相呼曰姒，以示尊敬。㊲辱：蒙辱。㊳於是鄆、齊、曹、棣、兗、沂、密、徐、宿、陳、許、鄭、滑、濮，皆入於全忠：鄆、齊、曹、棣、天平軍，兗、沂、密、泰寧軍，徐、宿、感化軍，陳、許、忠武軍，鄭、滑、濮、宣義軍，此五鎮之地。㊴惜：愛惜。㊵玄武：據《新唐書・地理志》六，玄武屬梓州。㊶上饗行廟：胡三省曰：「時駐蹕華州，太常禮院請權立行廟，以備告饗。」㊷應援：接應援助。㊸開峽：以下文開江推之，知開峽乃係開通峽路之意。㊹防送：防禦護送。㊺武寧留後：此時蓋復改感化為武寧。㊻斤溝：《九域志》：「潁州萬壽縣有斤溝鎮。」㊼繼瑭，茂貞之養子：按養子即上文之假子，亦即通呼之義子。㊽嘉興：據《新唐書・地理志》五，嘉興屬蘇州。㊾武昌寨：武昌寨位於今湖北省武昌縣。㊿頵自湖州奔還：自嘉興退軍，取道湖州還宣州。(51)樊港：胡三省曰：「武昌西三里有樊山，山下有樊溪，注于江，謂之樊口。」(52)連兵：謂連續交兵。(53)南州：宋白曰：「武德三年，割渝州之東界置南州。」(54)戰士之情：謂戰士之意。(55)置寧遠軍於容州，以李克用大將蓋寓領節度使：李克用平王行瑜，蓋寓以功領容管觀察使，今升領節度使。(56)松江：胡三省曰：「松江在蘇州南四十里。」(57)無錫：《九域志》：「無錫在常州東九十一里。」(58)常熟、華亭：據《新唐書・地理志》五，二縣俱屬蘇州。(五九)機要：軍機要務。(六〇)扞禦：扞衛防禦。(六一)承命：承受命令。(六二)趣：讀曰促。(六三)抵書：投書。(六四)近輔：謂邠、岐、同、華。(六五)比：近。(六六)不測之變：謂不可揣測之變故。(六七)苞：通包。(六八)不疑：不猶疑。(六九)制於未亂：《周書》云：「制治於未亂。」(七〇)宅家：唐末宮中，率稱天子曰宅家。(七一)石隄谷：在華州西。(七二)夔州：《舊唐書・地理志》二：「山南西道夔州，在京師南二千四百四十三里。」(七三)郴州：同志三：「江南西道郴州，在京師東南三千三百里。」(七四)湖州：《舊唐書・地理志》三：「江南東道湖州，在京師東南三千四百四十一里。」(七五)輸輓：輸送牽挽，輓通挽。(七六)偷安：猶苟安。(七七)啗：同啖。(七八)安塞軍：《新唐書・地理志》三：「幽州西南有安塞軍。」(七九)瞋目：怒目。(八〇)木瓜澗：據《新唐書・沙陀傳》，木瓜澗亦在蔚州界。(八一)太半：謂三分之二。(八二)震電：雷電。(八三)安豐：據《新唐書・地理志》五，安豐屬淮南道壽州。(八四)搖：搖動。(八五)建入梓州：乾寧二年，王建始攻東川，蓋三年而後克之。(八六)徇：徇下。(八七)見討：相討。(八八)控兵：控制兵卒。(八九)擢士：擢拔賢士。(九〇)屏帷：猶同室。(九一)干將：古名劍。(九二)盟盤：謂定盟誓之盤。(九三)汙下：謂停水且低下。(九四)惑眾：謂搖惑眾心。(九五)趣：通趨。(九六)蒼黃：猶倉猝。(九七)駭亂：驚駭散亂。(九八)溮水：《水經注》：「溮水出廬江灊縣西南，霍山東北，又東北過六縣東，又西北過安豐縣故城，西北入於淮。」(九九)遏後：止後。(一〇〇)步鬭：步行而戰。(一〇一)非敵也：謂非敵手。(一〇二)尤者：最好者。(一〇三)保據：保守盤據。(一〇四)寢疾：臥疾。(一〇五)木夾：文書。(一〇六)黎雅間有淺蠻曰劉王、郝王、楊王：胡三省曰：「黎雅西南，大山長谷，皆蠻居之，所在深遠，而三王部落，居近漢界，故曰淺鬱。」 ㉗訶：偵探。㉘威德：威勢德化。㉙相表裏：謂表裏相呼應。㉚紛擾：紛亂騷擾。㉛姑息：謂苟容取安。㉜卭崍之南：謂卭崍關以南。㉝鄣候：亭障烽候。㉞今陛下登極已十年：帝文德元年踐阼，至此十年，若以即位踰年改元數之，則九年。㉟外開四夷：謂外開四夷之境。㊱海表：海外。㊲所弄：所玩弄。㊳施州：《舊唐書・地理志》二：「施州在京師南二千七百九里。」

光化元年㈠（西元八九八年）

㈠春，正月，兩浙、江西、武昌、淄青，各遣使詣闕㈡，請以朱全忠為都統，討楊行密，詔不許。

㈡加平盧節度使㈢王師範同平章事。

㈢以兵部尚書劉崇望同平章事，充東川節度使，以昭信防禦使馮行襲為昭信節度使。

㈣上下詔罪已息兵㈣，復李茂貞姓名官爵，應㈤諸道討鳳翔兵，皆罷之。

㈤壬辰，河中節度使王珂親迎於晉陽，李克用遣其將李昭嗣守河中。

㈥李茂貞韓建皆致書於李克用，言：「大駕出幸累年，乞修和好，同獎王室㊅，兼乞丁匠，助修宮室。」克用許之。

㈦初王建攻東川，顧彥暉求救於李茂貞，茂貞命將出兵救之，不暇東逼乘輿，詐稱改過，與韓建共翼戴㊆天子，又聞朱全忠營洛陽宮，累表迎車駕，茂貞韓建懼，請修復宮闕，奉上歸長安，詔以韓建為修宮闕使，【考異】實錄：「建以行宮卑庳，無眺覽之所，表獻城南別墅，建初修南莊，起樓觀，疏池沼，欲為南內，行廢立之事。其叔父豐見其跋扈，謂建曰，汝陳許間一民，乘時危亂，位至方鎮，不能感君父之惠，而欲以同華兩州百里之地，行廢立，覆族在旦莫矣，吾不如先自裁，免為汝所累。由是建稍弭其志。及李茂貞表請助營宮苑，又聞朱全忠繕治洛陽，累表迎駕，建懼，故急營葺長安，率諸道助役，而又親程功焉，」按建若欲廢立，何必先營南內今不取。諸道皆助錢及工材㊇，建使都將蔡敬思督其役，既成。二月，建自往視之。

㈧錢鏐請徙鎮海軍於杭州㊈，從之。

㈨復以李茂貞為鳳翔節度使。

㈩三月，己丑，以王審知充威武留後。

(十一)朱全忠遣副使萬年韋震入奏事，求兼鎮天平，朝廷未之許，震力爭之，朝廷不得已，以全忠為宣武、宣義、天平三鎮節度使。全忠以震為天平留後，以前台州刺史李振為天平節度副使。振，抱真之曾孫⑳也。

(十二)淮南將周本救蘇州，兩浙將顧全武擊破之，淮南將秦裴以兵三千人，拔崑山㉑而戍之。

(十三)以潭州刺史判湖南軍府事馬殷知武安留後，時湖南管內七州賊帥楊師遠據衡州，唐世旻據永州，蔡結據道州，陳彥謙據郴州，魯景仁據連州，殷所得惟潭邵而已。

(十四)義昌節度使盧彥威性殘虐，又不禮於鄰道，與盧龍節度使劉仁恭爭鹽利，仁恭遣其子守文將兵襲滄州，彥威棄城，挈家奔魏州，羅弘信不納，乃奔汴州，仁恭遂取滄、景、德三州，以守文為義昌留後，仁恭兵勢益盛，自謂得天助，有併吞河朔之志，為守文請旌節，朝廷未許，會中使至范陽，仁恭語之曰：「旌節吾自有之，但欲得長安本色㉒耳，何為累章㉓見拒？為吾言之。」其悖慢如此。

(十五)朱全忠與劉仁恭修好，會魏博兵擊李克用。夏，四月，丁未，全忠至鉅鹿㉔城下，敗河東兵萬餘人，逐北至青山口㉕，以護國節度使王珂兼侍中。

(十六)丁卯，朱全忠遣葛從周分兵攻洺州，戊辰，拔之，斬刺史邢善益。

(十七)五月，己巳朔，赦天下。

(十八)葛從周攻邢州，刺史馬師素棄城走，辛未，滋州刺史袁奉滔自剄，全忠以從周為昭義留後，守邢、洺、磁三州，而還。

(十九)以武定節度使李繼密為山南西道節度使。

(廿)朝廷聞王建已用王宗滌為東川留後，乃召劉崇望還為兵部尚書，仍以宗滌為留後。

(廿一)湖南將姚彥章言於馬殷，請取衡、永、道、連、郴五州，仍薦李瓊為將，殷以瓊及秦彥暉為嶺北七州(二六)游奕使，張圖英、李唐副之，將兵攻衡州，斬楊師遠，引兵趣永州，圍之月餘，唐世旻走死，殷以李唐為永州刺史。

(廿二)六月，以濠州刺史趙珝為忠武節度使。珝，犨之弟也。

(廿三)秋，七月，加武貞節度使(二七)雷滿同平章事，加鎮南節度使鍾傳兼侍中。

(卌四)忠義節度使(二八)趙匡凝聞朱全忠有清口之敗，陰附於楊行密，全忠遣宿州刺史、尉氏(二九)氏叔琮將兵伐之，丙申，拔唐州，擒隨州刺史趙匡璘，敗襄州兵於鄧城(三〇)。

(卌五)八月，庚戌，改華州為興德府(三一)。

(卌六)戊午，汴將康懷貞襲鄧州，克之，擒刺史國湘，趙匡凝懼，遣使請服於朱全忠，全忠許之。

(卌七)己未，車駕發華州，壬戌，至長安，甲子，赦天下，改元。上欲藩鎮相與輯睦，以太子賓客張有孚為河東汴州宣慰使，賜李克用朱全忠詔，又令宰相與之書，使之和解，克用欲奉詔，而恥於先自屈，乃致書王鎔，使通於全忠，全忠不從。

(卌八)九月，乙亥，加韓建守太傅、興德尹。加王鎔兼中書令，羅弘信守侍中。

(卌九)己丑，東川留後王宗滌言於王建，以：「東川封疆五千里，文移(三二)往還，動踰數月，請分遂、合、瀘、渝、昌五州，別為一鎮。」

建表言之㉓。

(卅)顧全武攻蘇州，城中及援兵食皆盡，甲申，淮南所署蘇州刺史臺濛棄城走，援兵亦遁，全武克蘇州，追敗周本等於望亭㉔，獨秦裴守崑山㉕不下，全武帥萬餘人，攻之，裴屢出戰，使病者被甲執矛，壯者彀弓弩㉖，全武每為之却，全武檄裴令降，全武嘗為僧，裴封函納款，全武喜，召諸將發函，乃佛經一卷，全武大慙曰：「裴不憂死，何暇戲予㉗！」益兵攻城，引水灌之，城壞食盡，裴乃降。

(卅一)錢鏐設千人饌以待之，乃出㉘，羸兵㉙不滿百人，軍怒曰㉚：「單弱如此，何敢久為旅拒㉛。」對曰：「裴義不負楊公，今力屈而降耳，非心降也。」鏐善其言，顧全武亦勸鏐宥㉜之，鏐從之，時人稱全武長者。

(卅二)魏博節度使羅弘信薨，【考異】薛居正五代史梁紀弘信傳、太祖紀年錄，皆云：「弘信八月卒。」按八月，昭宗還京，弘信猶加官，舊紀傳：「九月卒。」今從之。十月，實錄約奏到也。軍中推其子節度副使紹威知留後。

(卅三)汴將朱友恭將兵還自江淮，過安州，或告刺史武瑜潛與淮南通，謀取汴軍。冬，十月，己亥，友恭攻而殺之。

㊹李克用遣其將李嗣昭、周德威，將步騎二萬出青山，將復山東三州㉝，壬寅，進攻邢州，葛從周出戰，大破之，嗣昭等引兵退入青山，從周追之，將扼其歸路，步兵自潰，嗣昭不能制㉞，會橫衝都將李嗣源㉟以所部兵至，謂嗣昭曰：「吾輩亦去，則勢不可支矣㊱，吾試為公擊之。」嗣昭曰：「善，我請從公後。」嗣源乃解鞍厲鏃㊲，乘高布陳，左右指畫，邢人莫之測，嗣源直前奮擊，嗣昭繼之，從周乃退。德威，馬邑㊳人也。

㊺癸卯，以威武留後王審知為節度使。

㊻以羅紹威知魏博留後。

㊼丁巳，以東川留後王宗滌為節度使。

㊽加佑國節度使張全義兼侍中。

㊾王珙引汴兵寇河中，王珂告急於李克用，克用遣李嗣昭救之，敗汴兵於河壁㊴，汴人走。前常州刺史王柷性剛介㊵，有時望，詔徵之，時人以為且入相，過陝，王珙延奉㊶甚至，請敍子姪之禮拜

之㊷，柷固辭不受，珙怒㊸，使送者殺之，【考異】柷為給事中幷遇害，皆無年月，今因珙伐河中事，附此。幷其家人，悉投諸河，掠其資裝㊹，以覆舟聞，朝廷不敢詰。

(四〇)閏月，錢鏐以其將曹圭為蘇州制置使，遣王球攻婺州。

(四一)十一月，甲寅，立皇子禎為雅王，祥為瓊王。

(四二)以魏博留後羅紹威為節度使。

(四三)衢州刺史陳岌請降於楊行密，錢鏐使顧全武討之。

(四四)朱全忠以奉國節度使崔洪與楊行密交通，遣其將張存敬攻之，洪懼，請以弟都指揮使賢為質，【考異】十國紀年：「洪託以將士不受節制，遣兄賢質於汴。」按舊紀：「十月，汴將張存敬以兵襲蔡州，刺史崔洪納款，請以弟質於汴，許之。」實錄亦云：「弟賢。」今從之。且言：「將士頑悍㊺，不受節制，請遣二千人詣麾下從征伐。」全忠許之，召存敬還。存敬，曹州人也。

(四五)十二月，昭義節度使薛志勤薨。李克用之平王行瑜也，李罕之求邠寧於克用，克用曰：「行瑜恃功邀君㊻，故吾與公討而誅之，昨破賊之日，吾首奏趣㊼蘇文建赴鎮，今纔達天聽㊽，遽復二三㊾，朝野之論，必喧然謂吾輩復如行瑜所為也，吾與公情如同體㊿固無所愛，俟還鎮，當更為公論功賞耳。」罕之不悅而退，私於蓋寓曰：「罕之自河陽失守，依託大庇㊄一，歲月已深，比來衰老，倦於軍旅，若蒙吾王與太傅㊄二哀愍，賜一小鎮，使數年之間，休兵養疾，然後歸老閭閻㊄三，幸矣。」寓為之言，克用不應，每藩鎮缺，議不及罕之，罕之甚鬱鬱，寓㊄四恐其有它志，亟㊄五為之言，克用曰：「吾於罕之，豈愛一鎮，但罕之鷹也，飢則為用，飽則背飛㊄六。」及志勤薨，旬日無帥，罕之擅引澤州兵，夜入潞州據之㊄七，以狀白克用曰：「薛鐵山㊄八死，州民無主，慮不逞㊄九者為變，故罕之專命㊅〇鎮撫，取王裁旨㊅一。」克用怒，遣人讓㊅二之，罕之遂遣其子請降於朱全忠，執河東將馬溉等及沁州刺史傅瑤送汴州，克用遣李嗣昭將兵討之，嗣昭先取澤州，收罕之家屬送晉陽。

(四六)楊行密遣成及歸兩浙，以易魏約等。錢鏐許之。

(四七)韶州刺史曾袞舉兵攻廣州，州將王瓌帥戰艦應之，清海行軍司馬劉隱一戰破之，韶州將劉潼復據湞洽㊅三，隱討斬之。

【今註】㊀光化元年：是年八月還京，方改元。㊁兩浙、江西、武昌、淄青，各遣使詣闕：兩浙錢鏐、江西鍾傳、武昌杜洪、淄青王師範。㊂平盧節度使：淄青、平盧軍。㊃息兵：休兵、罷兵。

[五]應：一應，猶凡。[六]獎王室：謂獎贊王室。[七]翼戴：輔翼擁戴。[八]工材：工匠木材。[九]錢鏐請徙鎮海軍於杭州：鎮海軍本治潤州，今徙軍額於杭州。[一〇]振、抱真之曾孫：代德之間，李抱真鎮昭義，有大功。[一一]崑山：《九域志》：「崑山在蘇州東七十里。」[一二]本色：謂原來之模樣。[一三]累章：屢次上章。[一四]鉅鹿：據《新唐書・地理志》三，鉅鹿屬河北道邢州。[一五]青山口：胡三省曰：「五代志：『邢州龍岡縣，隋文帝開皇十六年，置青山縣，煬帝大業初，省入龍岡。』」[一六]嶺北七州：謂衡、永、道、連、郴、潭、邵。[一七]武貞節度使：〈方鎮表〉：「光化元年，置武貞節度，領澧朗溆三州，治澧州。」[一八]忠義節度使：忠義軍山南東道。[一九]尉氏：據《新唐書・地理志》二，尉氏屬河南道汴州。[二〇]鄧城：據同志四，鄧城屬山南東道襄州。[二一]改華州為興德府：以車駕駐蹕故。[二二]文移：文書。[二三]建表言之：謂建上表言之。[二四]望亭：《九域志》：「常州無錫縣有望亭鎮，在蘇州北四十五里。」[二五]崑山：據《新唐書・地理志》五，崑山屬蘇州。[二六]彀弓弩：謂張弓弩。[二七]裴不憂死，何暇戲予：謂裴宜憂死之不遑，何暇戲予。[二八]乃出：胡三省曰：「乃當作及。」[二九]羸兵：瘦弱之兵。[三〇]軍怒曰：按軍改作鏐，較佳。[三一]旅拒：謂以眾抗拒。[三二]宥：原宥，音ㄧㄡˋ。[三三]山東三州：謂邢、洺、磁。[三四]制：制馭。[三五]橫衝都將李嗣源：《舊五代史・唐明宗紀》一：「羅宏信襲破李存信於莘縣，帝奮命殿軍而還，武皇嘉其功，即以所屬五百騎，號曰橫衝都。」蓋意取其橫衝直撞，奮厲無前。[三六]支：支持。[三七]厲鏃：磨礪其矢鏃。[三八]馬邑：據《新唐書・地理志》三，馬邑屬河東道朔州。[三九]河壁：《九域志》：「河中府滎河縣有胡壁鎮，滎河唐寶鼎縣也，宋祥符中更名。」

㊵剛介：剛直梗介。㊶延奉：延請奉候。㊷請敍子姪之禮拜之：謂請敍叔姪之輩，而以子姪之禮拜之。㊸梲固辭不受，珙怒：珙以梲薄其門地，本出寒微，而絕之，故怒。㊹資裝：資財衣裝。㊺頑悍：凶頑強悍。㊻邀君：猶要君。㊼趣：讀曰促。㊽天聽：謂皇帝之視聽。㊾遽復二三：二三謂不專一，此言立又改變。㊿同體：猶骨肉。(51)大庇：大乃尊稱，庇、庇護。(52)吾王與太傅：王謂李克用，太傅謂蓋寓。(53)閭閻：猶閭里。(54)鬱鬱：不平貌。(55)亟：頻。(56)背飛：相背而飛。(57)罕之擅引澤州兵，夜入潞州據之：《九域志》：「澤州北至潞州，一百六十五里。」(58)薛鐵山：薛志勤從克用起代北，初名鐵山。(59)不逞：謂不安分。(60)專命：謂未奉王之命令，而輒行之。(61)取王裁旨：謂今取王旨，裁斷其可否。(62)讓：責。(63)湞浛：胡三省曰：「湞浛當在韶州湞昌縣界。」

二年（西元八九九年）

㈠春，正月，丁未，中書侍郎兼吏部尚書崔胤罷守本官，以兵部尚書陸扆同平章事。

㈡朱全忠表李罕之為昭義節度使，又表權知河陽留後丁會、武寧留後王敬蕘、彰義留後張珂，並為節度使㈠。

㈢楊行密與朱瑾將兵數萬攻徐州，軍於呂梁，朱全忠遣騎將張歸厚救之。

㈣劉仁恭發幽滄等十二州㊁兵十萬，欲兼河朔，攻貝州，拔之，城中萬餘戶盡屠之，投尸清水㊂，由是諸城各堅守不下㊃。仁恭進攻魏州，營於城北，魏博節度使羅紹威求救於朱全忠。

㈤朱全忠遣崔賢還蔡州㊄，發其兵二千詣大梁。二月，蔡將崔景思等殺賢，劫崔洪，悉驅兵民度淮奔楊行密，兵民稍稍遁歸，至廣陵者不滿二千人，全忠命許州刺史朱友裕守蔡州。

㈥朱全忠自將救徐州，楊行密聞之，引兵去，汴人追及之於下邳㊅，殺千餘人，全忠行至輝州㊆，聞淮南兵已退，乃還。

㈦三月，朱全忠遣其將李思安、張存敬將兵救魏博，屯於內黃㊇，癸卯，全忠以中軍軍於滑州，劉仁恭謂其子守文曰：「汝勇十倍於思安，當先虜鼠輩㊈，後擒紹威耳。」乃遣守文及其妹壻單可及將精兵五萬，擊思安於內黃，丁未，思安使其將袁象先伏兵於清水㊉之右，思安逆戰於繁陽㊁，陽㊂不勝而却，守文逐之，及內黃之北，思安勒兵還戰，伏兵發，夾擊之，幽州兵大敗，斬可及，殺獲三萬人，守文僅以身免㊂，可及幽州驍將，號單無敵㊃，燕軍失之，喪氣㊄。思安，陳留㊅人也。時葛從周自邢州將精騎八百，已入魏州，戊申，仁恭攻上水關、館陶門㊆，從周與宣義牙將賀德倫出戰，顧門者㊇曰：「前有大敵，不可返顧，命闔其扉㊈。」從周等殊死戰㊉，仁恭復大敗，擒其將薛突厥、王鄶郎，明日，汴魏乘勝，合兵擊仁恭，破其八寨，仁恭父子燒營而遁，汴魏之人長驅㊁追之，至臨清㊂，擁㊂其眾入永濟渠，殺溺不可勝紀。鎮人亦出兵邀擊於東境㊃，自魏至滄，五百里間，僵尸相枕。仁恭自是不振㊄，而全忠益橫矣。德倫，河西胡人也。劉仁恭之攻魏州也，羅紹威遣使修好於河東，且求救，壬午，李克用遣李嗣昭將兵救之，會仁恭已為汴兵所敗，紹威復與河東絕，嗣昭引還。

㈧葛從周乘破幽州之勢，自土門攻河東，拔承天軍，別將氏叔琮自馬嶺㊅入，拔遼州樂平，進軍榆次㊆，李克用遣內牙軍副周德威擊之，叔琮有驍將陳章，號陳夜叉㊇，為前鋒，請於叔琮曰：「河東所恃者周楊五㊈，請擒之，求一州為賞。」克用聞之，以戒德威，德威曰：「彼大言耳。」戰於洞渦[二〇]，德威微服[二一]往挑戰，謂其屬曰：「汝見陳夜叉即走。」章果逐之，德威奮[二二]鐵檛擊之，墜馬，生擒以獻，因擊叔琮，大破之，斬首三千級，叔琮棄營走，德威追之，出石會關，又斬千餘級，從周亦引還。

(九)丁巳，朱全忠遣河陽節度使丁會攻澤州，下之。【考異】實錄：「丁巳，葛從周復取澤州。」按編遺錄：「丁巳，河橋丁會收復澤州。」實錄云從周誤也。唐太祖紀年錄：「三月，周德威敗氏叔琮於洞渦驛，先是逆溫令丁會將兵助李罕之戍潞州，至是葛從周復入潞州，以代丁會，賊復陷我澤州。」梁實錄、薛史梁紀，皆云：「六月，方遣從周入潞州。」紀錄年於，連言後事耳。

(十)婺州刺史王壇為兩浙所圍，求救於宣歙觀察使[二三]田頵。夏，四月，頵遣行營都指揮使康儒等救之。五月，甲午，置武信軍於遂州，以遂合等五州隸之。

(十一)李克用遣蕃漢馬步都指揮使李君慶將兵攻李罕之，己亥，圍潞州，朱全忠出屯河陽，辛丑，遣其將張存敬救之，壬寅，又遣丁會將兵繼之，大破河東兵，君慶解圍去，克用誅君慶及其裨將[二四]伊審、李弘襲，以李嗣昭為蕃漢馬步都指揮使，代之攻潞州。

(十二)庚戌，康儒等敗兩浙兵於龍丘[二五]，擒其將王球，遂取婺州。

㈢六月，乙丑，李罕之疾亟，丁卯，全忠表罕之為河陽節度使，以丁會為昭義節度使，未幾，又以其將張歸霸守邢州，遣葛從周代會守潞州。【考異】編遺錄：「六月乙丑，李罕之疾甚，請歸河陽，丁卯，上令抽大軍迴，以丁會權制置，綏懷上黨，上乃東歸。」不言遣從周入潞。薛居正五代史梁紀：「六月，帝表丁會為潞州節度使，以李罕之疾亟故也，又遣葛從周由固鎮路入於潞州，以援丁會。」梁實錄、後唐紀，皆云代會，自此至潞州破，賀德倫走，不復見會名，或者李罕之既卒，復召會守河陽，以從周代之，不可知也，今因會鎮潞，終言之。

㈣以西川大將王宗佶為武信節度使。宗佶，本姓甘，洪州人也。

㈤丁丑，李罕之薨於懷州。

㈥保義節度使王珙性猜忍㊱，雖妻子親近，常不自保，至是軍亂，為麾下㊲所殺，推都將李璠為留後。

㈦秋，七月，朱全忠海州戍將陳漢賓請降於楊行密，淮海遊奕使張訓以漢賓心未可知，與漣水防遏使廬江㊳王綰將兵二千，直趣海州，遂據其城。

㈧加荊南節度使成汭兼中書令。

㈨馬殷遣其將李唐攻道州，蔡結聚羣蠻，伏兵於隘㊴，以擊之，大破唐兵，唐曰：「蠻所恃者，山林耳，若戰平地㊵，安能敗我！」

乃命因風㊶燔林，火燭㊷天地，羣蠻驚遁，遂拔道州，擒結斬之。

(廿)朱全忠召葛從周於潞州，使賀德倫守之。八月，丙寅，李嗣昭引兵至潞州城下，分兵攻澤州，己巳，汴將劉汜棄澤州走，河東兵進拔天井關㊸，以李孝璋㊹為澤州刺史。賀德倫閉城不出，李嗣昭日以鐵騎環其城，捕芻牧者㊺，附城三十里禾黍皆刈之。乙酉，德倫等棄城宵遁，趣壺關㊻，河東將李存審㊼伏兵邀擊之，殺獲甚眾，葛從周以援兵至，聞德倫等已敗，乃還。

(廿一)九月，癸卯，以鳳翔節度使李茂貞為鳳翔、彰義節度使。

(廿二)李克用表汾州刺史孟遷為昭義留後。

(廿三)淄青節度使王師範以沂密內叛㊽，乞師於楊行密。冬，十月，行密遣海州刺史臺濛，副使王綰將兵助之，拔密州，歸於師範。將攻沂州，先使覘之，曰：「城中皆偃旗㊾息鼓。」綰曰：「此必有備，而救兵近，不可擊也。」諸將曰：「密已下矣，沂何能為？」綰不能止，乃伏兵林中以待之，諸將攻沂州不克，救兵至，引退，州兵乘之，綰發伏擊敗之。

(廿四)十一月，陝州都將朱簡殺李璠，自稱留後，附朱全忠，仍請更名友謙，預於子姪。(廿五)加忠義節度使趙匡凝兼中書令。(廿六)馬殷遣其將李瓊攻郴州，執陳彥謙，斬之，進攻連州，魯景仁自殺，湖南皆平。(廿七)十二月，加魏博節度使羅紹威同平章事。

【今註】㊀又表權知河陽留後丁會、武寧留後王敬蕘、彰義留後張珂，並為節度使：胡三省曰：「河陽武寧皆附屬朱全忠，獨張珂在涇州，而為之請節鉞，亦所以結之。」㊁幽滄等十二州：謂幽、涿、瀛、莫、平、唐、薊、媯、檀、滄、景、德。幽州巡屬更有蔚、新、武三州，劉仁恭留以備河東，不發其兵。㊂清水：即清河之水。㊃不下：猶不降。㊄遣崔賢還蔡州：崔洪以弟賢為質，見上年。㊅下邳：《九域志》：「下邳在徐州東一百八十里。」㊆輝州：胡三省曰：「是年朱全忠表以宋州之碭山、虞城、單父，曹州之成武，置輝州，即單州之封域也。」㊇內黃：《九域志》：「內黃縣在魏州西南二百一十四里。」㊈鼠輩：詈人語。㊉清水：胡三省曰：「淇水東過內黃，謂之白水溝，亦謂之清河水。」⑪繁陽：杜佑曰：「漢繁陽縣故城，在魏州內黃縣西北。」此仍沿用漢之舊名。⑫陽：猶佯。⑬僅以身免：謂僅自免。⑭無敵：謂無能與之對敵者。⑮喪氣：謂喪膽。⑯陳留：據《新唐書・地理志》二，陳留屬河南道汴州。⑰館陶門：胡三省曰：「館陶門魏州城北門，由此門出趣館陶縣，因以為門名。」⑱門者：守門者。⑲扉：門扇。⑳殊死戰：謂拚死作戰。㉑長驅：謂策馬直前，毫無罣慮。㉒臨清：據《新唐書・地理志》三，臨清屬河北道貝州。㉓擁：猶驅。㉔鎮人亦出兵邀擊於東境：鎮人王鎔之兵，深冀趙之東境。㉕不振：不振作。㉖馬嶺：胡三省曰：「馬嶺在太原府太谷縣東南八十里。」㉗榆次：據《新唐書・地理志》三，榆次屬太原府。㉘叔琮有驍將陳章，號陳夜叉：胡三省曰：「俗言陰府有鬼使曰夜叉，時人以陳章鷙悍可畏，如夜叉然，因稱之。」㉙周楊五：周德威小字楊五。㉚洞渦：《魏書・地形志》：「洞渦水一出木瓜嶺，一出沾嶺，一出大廉山，一出原過祠下，五水合流，故曰同過，後語轉為洞渦。」㉛微服：謂著平民之服。㉜奮：謂舉起。㉝宣歙觀察使：按宣歙觀察、先是已升寧國軍，以田頵為節度使。㉞裨將：偏將。㉟龍丘：《九域志》：「龍丘屬衢州，在州東七十五里。」㊱猜忍：猜忌殘忍。㊲麾下：猶部下。㊳廬江：據《新唐書・地理志》五，廬江屬淮南道廬州。㊴隘：關隘。㊵若戰平地：謂若戰於平地。㊶因風：藉風。㊷燭：照。㊸天井關：在今山西省晉城縣南太行山上，亦曰太行關，形勢雄峻，素稱天險。㊹李孝璋：當作李存璋。㊺芻牧者：割草收畜者。㊻壺關：《九域志》：「壺關縣在潞州東二十五里。」㊼李存審：即符存審。㊽淄青節度使王師範以沂密內叛：胡三省曰：「當是時，朱全忠盡有河南一道之地，王師範亦附屬焉，若沂密內叛，將安歸邪？又不乞師於全忠，而乞師於楊行密，此事當考。」㊾偃旗：臥旗。

卷二百六十二 唐紀七十八

司馬光編集
曲守約註

起上章涒灘，盡重光作噩，凡二年。（庚申至辛酉，西元九〇〇年至九〇一年）

昭宗聖穆景文孝皇帝中之中

光化三年（西元九〇〇年）

㈠春，正月，宣州將康儒攻睦州，錢鏐使其從弟銶拒之。

㈡二月，庚申，以西川節度使王建兼中書令。

㈢壬申，加威武節度使王審知同平章事。

㈣壬午，以吏部尚書崔胤同平章事，充清海節度使。

㈤李克用大發軍民，治晉陽城塹，押牙劉延業諫曰：「大王聲振華夷㊀，宜揚兵㊁以嚴四境㊂，不宜近治城塹，損威望而啓寇心。」克用謝之，賞以金帛。

㈥夏，四月，加定難軍節度使李承慶同平章事。

㈦朱全忠遣葛從周帥兗、鄆、滑、魏四鎮兵十萬，擊劉仁恭。

五月，庚寅，拔德州，斬刺史傅公和，己亥，圍劉守文於滄州，仁恭復遣使卑辭厚禮㊃求援於河東，李克用遣周德威將五千騎出黃澤㊄，攻邢洺，以救之。

㈧邕州軍亂，逐節度使李鐬㊅，鐬借兵鄰道，討平之。

㈨六月，癸亥，加東川節度使王宗滌同平章事。

㈩司空門下侍郎同平章事王摶明達有度量，時稱良相，上素疾㊆宦官，樞密使宋道弼、景務修專橫，崔胤日與上謀去宦官，宦官知之，由是南北司益相憎嫉㊇，各結藩鎮為援，以相傾奪㊈，摶恐其致亂，從容言於上曰：「人君當務明大體，無所偏私，宦官擅權之弊，誰不知之，顧其勢未可猝除，宜俟多難漸平，以道消息㊉，願陛下言勿輕泄，以速⑪姦變⑫。」胤聞之，譖摶於上曰：「王摶姦邪，已為道弼輩外應。」上疑之，及胤罷相，意摶排己⑬，愈恨之，及出鎮廣州，遺朱全忠書，具道摶語⑭，令全忠表論之，全忠上言：「胤不可離輔弼之地⑮，摶與勅使相表裏⑯，同危社稷。」表連上不已，上雖察其情⑰，迫於全忠，不得已，胤至湖南復召還，丁卯，以胤為司空門下侍郎同平章事，搏罷為工部侍郎，以道弼監荊南軍，務脩監青州軍；戊辰，貶搏溪州刺史，己巳，又貶崖州⑱司戶，道弼長流驩州⑲，務修長流愛州⑳，是日皆賜自盡，搏死於藍田驛㉑，道弼務修死於霸橋驛㉒。於是胤專制朝政，勢震中外，宦官皆側目㉓，不勝其憤㉔。

㈩劉仁恭將幽州兵五萬救滄州，營於乾寧軍㉕，葛從周留張存敬、氏叔琮守滄州寨，自將精兵逆戰於老鴉堤㉖，大破仁恭，斬首三萬級，仁恭走保瓦橋㉗。秋，七月，李克用復遣都指揮使李嗣昭將兵五萬攻邢洺，以救仁恭，敗汴軍於內丘㉘。【考異】唐太祖紀年錄：「七月，嗣昭攻堯山至內丘，遇汴軍三千，戰敗之，擒其將李瓌。」薛居正五代史後唐紀與紀年錄同，惟唐末見聞錄：「八月二十五日，嗣昭領馬步五萬取馬嶺，進軍下山東，某日山東告捷，收得洺州，九月二日，嗣昭兵士失利，却回。」新紀：「八月庚辰，陷洺州。」薛史唐紀：「九月嗣昭棄城歸。」蓋據此也。按編遺錄：「八月中云，前月二十五日，上於毬場饗士，忽有大風，占者云，賊風，果於是時，李進通領蕃寇出攻洺州。」然則嗣昭出兵，乃七月二十五日也。編遺錄又曰：「八月乙丑，出兵救洺州。」乙丑，九日也。又進通敗奔歸太原在八月，見聞錄誤，今從編遺錄、紀年錄、梁紀。王鎔遣使和解幽汴，會久雨，朱全忠召從周還。

(十一)庚戌，以昭義留後孟遷為節度使。

(十二)甲寅，以西川節度使王建兼東川信武㉙軍兩道都指揮制置等使。

㈣八月，李嗣昭又敗汴軍於沙門河㉚，【考異】編遺錄：「七月二十日，李進通領蕃寇出[三九]州，來攻洺州，八月乙丑，發大軍救應之，上尋亦自領衙軍，相繼北征，翌日，達滑臺，軍前馳報，洺州已陷，刺史朱紹宗因踰堞，墮而傷足，為賊所擒。」唐太祖紀年錄：「八月，李嗣昭又遇汴軍於沙門河，擊而敗之，進攻洺州，刺史朱紹宗挈其族，夜遁，我師追及擒之。」唐末見聞錄：「八月二十五日，嗣昭進軍，下山東，某日山東告捷，收得洺州，捉得刺史朱溫姪男。」舊紀：「八月庚辰，嗣昭攻洺州，下之。」薛史梁紀：「八月，河東遣李建通襲陷洺州。」新紀亦在庚辰，乃二十五日也，實錄在九月，約奏到，今從編遺錄。進攻洺州，乙丑，朱全忠引兵救之，未至，嗣昭拔洺州，擒刺史朱紹宗，全忠命葛從周將兵擊嗣昭。

㈤宣州將康儒食盡，自清溪㉛遁歸。

㈥九月，葛從周自鄴縣度漳水，營於黃龍鎮，朱全忠自將中軍三萬涉洺水，置營，李嗣昭棄城走，從周設伏於青山口，邀擊㉜，大破之。【考異】唐太祖紀年錄：「葛從周攻洺州，嗣昭棄城而歸，是役也，王部郎揚師師悅陷洺州，復為汴有。」唐末見聞錄：「九月二日，嗣昭兵士失利，却回，被汴州捉到王部郎。」編遺錄、薛居正五代史梁紀：「九月，帝遣葛從周屯黃龍鎮，親領中軍涉洺而寨，晉人懼而宵遁，洺州復平。」唐紀：「九月，汴帥自將兵三萬，圍洺州，嗣昭棄城而歸，葛從周伏青山口，嗣昭軍不利。」實錄：「九月，嗣昭棄洺州，敗於青山口。」今從唐末見聞錄、唐紀實錄。

㈦崔胤以太保門下侍郎同平章事徐彥若位在己上，惡之，彥若亦自求引去㉝，時藩鎮皆為彊臣所據，惟嗣薛王知柔在廣州，乃求代之，乙巳，以彥若同平章事，充清海節度使。初荊南節度成汭以澧朗本其巡屬，為雷滿所據，屢求割隸荊南，朝廷不許，汭頗怨望，及彥若過荊南，汭置酒㉞，從容以為言，彥若曰：「令公㉟位尊方面㊱，自比桓文，雷滿小盜，不能取㊲，乃怨朝廷乎！」汭甚懟。

(十八)丙午，中書侍郎兼吏部尚書同平章事崔遠罷守本官，以刑部尚書裴贄為中書侍郎同平章事。贄，坦之弟子㊳也。升桂管為靜江軍，以經略使劉士政為節度使。

(十九)朱全忠以王鎔與李克用交通，移兵伐之，下臨城㊴，踰滹沱，攻鎮州南門，焚其關城㊵，全忠自至元氏㊶，鎔懼，遣判官周式詣全忠請和，全忠盛怒，謂式曰：「僕屢以書諭王公，竟不之聽，今兵已至此，期於無捨㊷。」式曰：「鎮州密邇太原㊸，困於侵暴，四鄰各自保，莫相救恤㊹，王公與之連和，乃為百姓故也。今明公果能為人除害，則天下誰不聽命㊺，豈惟鎮州㊻，明公為唐桓文，當崇㊼義禮，以成霸業，若但窮威武，則鎮州雖小，城堅食足，明公雖有十萬之眾，未易攻也。況王氏秉旄五代㊽，時推忠孝，人欲為之死㊾，庸㊿可異乎！」全忠笑攬(五一)式袂(五二)，延之帳中，曰：「與公戲耳。」乃遣客將(五三)開封劉捍入見鎔，鎔以其子節度副使昭祚及大將子弟為質，以文繒(五四)二十萬犒軍，全忠引還，以女妻昭祚。成德判官張澤言於王鎔曰：「河東，勍敵也，今雖有朱氏之援，譬如火發於家，安能俟遠水乎？彼幽、滄、易、定(五五)猶附河東，不若說朱公乘勝兼服之(五六)，使河北諸鎮，合而為一，則可以制河東矣。」鎔復遣周式往說全忠，全忠喜，遣張存敬會魏博兵擊劉仁恭，甲寅，拔瀛州。冬，十月，丙辰，拔景州，執刺史劉仁霸，辛酉，拔莫州。

(廿)靜江節度使劉士政聞馬殷悉平嶺北(五七)，大懼，遣副使陳可璠屯全義嶺(五八)，以備之，殷遣使修好於士政，可璠拒之，殷遣其將秦彥暉、李瓊等將兵七千，擊士政，湖南軍至全義，士政又遣指揮使王建武屯秦城(五九)，可璠掠縣民耕牛以犒軍，縣民怨之，請為湖南鄉(六〇)導，曰：「此西南有小徑，距秦城纔五十里，僅通單騎。」彥暉遣李瓊將騎六十、步兵三百，襲秦城，中宵(六一)踰垣而入，擒王建武，比明復還，紤(六二)之以練，造(六三)可璠壁下示之，可璠猶未之信，斬其首投壁中，桂人震恐，瓊因勒兵(六四)擊之，擒可璠，降其將士二千，皆殺之，引兵趣桂州，自秦城以南二十餘壁，皆望風奔潰，遂圍桂州，數日，士政出降，桂、宜、巖、柳、象五州，皆降於湖南。【考異】唐烈祖實錄、新唐書本紀、路振九國志、楚世家，皆云：「光化二年，殷克桂州。」馬氏年記王舉大定錄云：「天復元年。」惟曹衍湖湘馬氏故事云：「天復甲子，宣晟自安州入桂州天祐四年丁卯十二月，收嶺北七州，明年十月，平桂州。」差繆極甚。新唐書方鎮表：「光化三年，升桂管經略使為靜江節度使。」而本紀：「乾寧二年，安州防禦使宣晟陷桂州，靜江軍節度使周元靜部將劉士政死之。」歲月既已倒錯，又以士為元靜部將同死，尤為乖誤，今據武安節度掌書記林崇禧撰武威王廟碑云：「我王臨位五歲，而林桂歸款。」自乾寧三年至光化三年，五年矣，又與實錄合，故從之。馬殷以李瓊為桂州刺史，未幾，表為靜江節度使。

(廿)張存敬攻劉仁恭，下二十城，將自瓦橋趣幽州，道濘(六五)不能進，乃引兵西攻易定，辛巳，拔祁州(六六)，殺刺史楊約。癸未，以保義留後朱友謙為節度使。

(廿一)張存敬攻定州，義武節度使王郜遣後院都知兵馬使(六七)王處直將兵數萬拒之，處直請依城為柵，俟其師老(六八)而擊之，孔目官梁汶曰：「昔幽鎮兵三十萬攻(六九)我，於時我軍不滿五千，一戰敗之，今存敬兵不過三萬，我軍十倍於昔，奈何示怯，欲依城自固(七〇)乎？」郜乃遣處直逆戰於沙河(七一)，易定兵大敗，死者過半，餘眾擁(七二)處直奔還，甲申，王郜棄城奔晉陽，軍中推處直為留後。存敬進圍定州，丙申，朱全忠至城下，處直登城呼曰：「本道事朝廷甚忠(七三)，於公未嘗相犯(七四)，何為見攻？」全忠曰：「何故附河東？」對曰：「吾兄與晉王同時立勳(七五)，封疆密邇(七六)，且昏姻也，修好往來，乃常理耳。請從此改圖(七七)。」全忠許之，乃歸罪於梁汶而族之，以謝全忠，以繒帛十萬犒師，全忠乃還，仍為處直表求節鉞。處直，處存之母弟(七八)也。劉仁恭遣其子守光將兵救定州，軍於易水(七九)之上，全忠遣張存敬襲之，殺六萬餘人，由是河北諸鎮，皆服(八〇)於全忠。先是王郜告急於河東，李克用遣李嗣昭將步騎三萬下太行，攻懷州，拔之，進攻河陽，河陽留後侯言不意(八一)其至，狼狽失據(八二)，嗣昭壞其羊馬城(八三)，會佑國軍(八四)將閻寶引兵救之，力戰於壕外，河東兵乃退。寶，鄆州人也。

(廿三)初崔胤與帝密謀盡誅宦官，及宋道弼、景務修死，宦官益懼。上自華州還，忽忽(八五)不樂，多縱酒(八六)，喜怒不常，左右尤自危，於是左軍中尉劉季述、右軍中尉王仲先、樞密使王彥範、薛齊偓等，陰相與謀曰：「主上輕佻(八七)，多變詐，難奉事，專聽任南司(八八)，吾輩終罹(八九)其禍，不若奉太子立之，尊主上為太上皇，引岐華兵為援，控制諸藩，誰能害我哉！」十一月，上獵苑中(九〇)，因置酒，夜醉歸，手殺黃門侍女數人，明旦日加(九一)辰巳，宮門不開，季述詣中書白崔胤曰：「宮中必有變，我內臣也，得以便宜從事，請入視之。」乃帥禁兵千人，破門而入，訪問具得其狀，出謂胤曰：「主上所為如是，豈可理天下(九二)！廢昏立明，自古有之，為社稷大計，非不順(九三)也。」胤畏死，不敢違，庚寅，季述召百官，陳兵殿庭(九四)，作胤等連名狀(九五)，請太子監國，以示之，使署名，胤及百官不得已皆署之。上在乞巧樓(九六)，季述仲先伏甲士千人於門外(九七)，至宣武進奏官程巖等十餘人入，請對(九八)，季述仲先甫登殿，將士大呼，突入宣化門，至思政殿前，逢宮人輒(九九)殺之，上見兵入，驚墮床下，起將走，季述仲先掖之(一〇〇)令坐，宮人走白皇后，后趨至，拜請曰：「軍容勿驚宅家(一〇一)，有事取(一〇二)軍容商量(一〇三)。」季述等乃出百官狀，白上曰：「陛下厭倦大寶(一〇四)，中外羣情(一〇五)，願太子監國，請陛下保頤東宮㉖。」上曰：「昨與卿曹樂飲，不覺太過，何至於是！」對曰：「此非臣等所為，皆南司眾情，不可遏㉗也。願陛下且之㉘東宮，待事小定㉙，復迎歸大內㉚耳。」后曰：「宅家趣㉛依軍容語。」即取傳國寶以授季述。宦官扶上與后同輦，嬪御侍從者㉜纔十餘人，適少陽院，季述以銀檛㉝畫地數㉞上曰：「某時某事，汝不從我言，其罪一也。」如此數十不止㉟，乃手鎖其門，鎔鐵錮㊱之，遣左軍副使李師虔將兵圍之，上動靜㊲輒白季述，穴墻㊳以通飲食，凡兵器針刀，皆不得入，上求錢帛，俱不得，求紙筆亦不與。時大寒，嬪御公主無衣衾，號哭聞於外㊴。季述等矯詔㊵，令太子監國，迎太子入宮，【考異】按此月乙酉朔，己丑五日，庚寅六日也。廢立之日，舊紀，庚寅。舊宦者傳、唐年補紀皆云六日，無云五日者，而實錄新紀云己丑，誤也。唐太祖紀年錄，先云六日，後云七日，尤誤也。崔胤恃者昭宗耳，季述議廢立，安肯即從之？補錄、紀年錄言脅之以兵，是也。唐補紀云：「皇后穴墻取太子。」又云：「令旨宣告大臣，與社稷為主。」又云：「后白軍容，令聖土養疾。」皆程匡柔為宦者諱耳，不可信也。辛卯，矯詔令太子嗣位，更名縝㊶，以上為太上皇，皇后為太上皇后。甲午，太子即皇帝位，更名少陽院曰問安宮，季述加百官爵秩，與將士皆受優賞㊷，欲以求媚㊸於眾，殺睦王倚㊹，凡宮人左右、方士僧道，為上所寵信者，皆榜殺㊺

之，每夜殺人，晝以十車載尸出，一車或止一兩尸，欲以立威，將殺司天監胡秀林，秀林曰：「軍容幽囚君父，更㉖欲多殺無辜乎！」季述憚其言正而止。季述欲殺崔胤，而憚朱全忠，但解㉗其度支鹽鐵轉運使而已。【考異】舊傳：「劉季述畏朱全忠之強，不敢殺崔胤，但罷知政事，落使務，守本官而已。胤復致書於全忠，請出師返正，故全忠令張存敬急攻晉絳河中。」按舊紀、新紀、新宰相表，此際皆無胤罷相事，全忠攻晉絳河中，乃在明年返正後，今不取。

㈣左僕射致仕張濬在長水㉘，見張全義於洛陽，勸之匡復㉙，又與諸藩鎮書，勸之進士，無棣㉚李愚客華州，上韓建書，略曰：「僕每讀書，見父子君臣之際，有傷教害義㉛者，恨不得肆之市朝㉜。明公居近關重鎮㉝，君父幽辱㉞月餘，坐視凶逆，而忘勤王之舉，僕所未諭㉟也。僕竊計中朝輔弼，雖有志而無權㊱，外鎮諸侯，雖有權而無志，惟明公忠義，社稷是依，往年車輅播遷㊲，號泣奉迎，累歲供饋，再復廟朝㊳，義感㊴人心，至今謌詠。此時事勢，尤異前日，明公地處要衝，位兼將相，自宮闈變故㊵，已涉旬時㊶，若不號令率先㊷，以圖反正，遲疑未決，一朝山東侯伯，唱義連衡，鼓行㊸而西，明公求欲自安，其可得乎！此必然之勢㊹也。不如馳檄(四五)四方，諭以逆順(四六)，軍聲(四七)一振，則元凶破膽，旬浹(四八)之間，二豎之首，傳於天下，計無便(四九)於此者。」建雖不能用，厚待之，愚堅辭而去。朱全忠在定州行營，聞亂，丁未，南還。十二月，戊辰，至大梁。季述遣養子希度詣全忠，許以唐社稷輸(五〇)之，又遣供奉官李奉本以太上皇誥示全忠，全忠猶豫未決，會僚佐議之，或曰：「朝廷大事，非藩鎮所宜預知(五一)。」天平節度副使李振獨曰：「王室有難，此霸者之資(五二)也，今公為唐桓文，安危所屬，季述一宦豎耳，乃敢囚(五三)廢天子，公不能討，何以復令諸侯(五四)？且幼主位定(五五)，則天下之權盡歸宦官矣，是以大阿(五六)之柄授人也。」全忠大悟，即囚希度奉本，遣振如京師詗(五七)事，既還，又遣親吏蔣玄暉如京師，與崔胤謀之，又召程巖赴大梁。【考異】薛居正五代史：「李振十一月，太祖遣振入奏於長安，邸吏程巖白振曰，劉中尉命姪希貞來計大事，既至，巖乃先啓曰，主上嚴急，內官憂恐，左中尉欲行廢黜，敢以事告。振顧希貞曰，百歲奴事三歲主，亂國不義，廢君不祥，非敢聞也。況梁王以百萬之師，匡輔天子，幸熟計之，希貞大沮而去。振復命，劉季述果作亂，程巖率諸道邸吏，牽帝下殿，以立幼主，振至陝，陝已賀矣，護軍韓彝範言其事。振曰，懿皇初昇遐，韓中尉殺長立幼，以利其權，遂亂天下，今將軍復欲爾邪！彝範即文約孫也，由是不敢言。」編遺錄：「上雖聞其事，未知摭實，但懷憤激，丁未，上離定州軍前，十二月戊辰，達大梁，欲潛謀返正，乃遣李振偵視其事，振迴，益詳其宜也，尋馳蔣玄暉，與崔胤密圖大義。」薛史梁紀：「季述幽昭宗，立德王裕為帝，仍遣其養子希度來言，為以唐之神器，輸於帝。時帝方在河朔，聞之，遽還於汴，大計未決，會李振自長安使曰，因言於帝云云，帝悟，因請振復使於長安，與時宰潛謀返正。」按季述廢立之前，李振若已嘗立異，今豈敢復入長安，與崔胤謀返止乎？今從編遺錄，注曰：「貞明中，史臣李琪、張衮、郗殷象、馮錫嘉修撰太祖實錄，事多漏略，敬翔別纂成三十卷，補其闕號曰大梁編遺錄。」又按唐太祖紀年錄及舊張濬傳，皆云：「濬勸諸藩匡復。」而梁實錄及李振傳，皆云：「浚勸全忠附中官。」與紀年錄及舊傳相違，恐梁實錄誤，振傳據實錄也。唐補紀曰：「自監國居位，將及五旬，牋表不來，朝野驚虞，亢旱時多，虹蜺背璚，崔胤睹其不祥，便謀內變，潛行書檄於關外，播揚辭舌於街衢。朱全忠封崔胤檄書，併手札等，與季述云，彼已翻覆早宜別圖。無何，季述以此書示於崔胤曰，比來同匡社稷，卻為鬬亂藩方，不審相公何至於此！胤唯云，無此事，遭人反圖刻蠟偽名，自古乃有，軍容若行怪怒，則乞俯存家族。季述乃與言誓，相保始終。胤其夜，便致書謝全忠云，昨以丹誠，諮撓尊聽，卻蒙封示左軍劉公，其人已知意旨，今日與胤設盟，不相損害，然遠託令公為主，方應保全，兼送女僕二女，細馬兩匹。全忠覽書，大詬曰，劉季述我與伊同王事十二三年，兄弟之故，特令報渠，不能自謀，卻示崔相，道我兩頭三面，直是難容，我若不殺此公，不姓朱也。乃擲於地，囚其使者，走一健步直申崔公，從茲與大梁同謀大事。」按崔胤屬來內倚昭宗，外挾全忠，與宦官敵，今昭宗既廢，胤所以得未死者，以與全忠親密故也，全忠安肯以其書示季述，季述恨胤，深入骨髓，若得此書，立當殺胤，豈肯復以示胤而與之盟誓也？此殊不近人情，皆由程匡柔黨宦官，疾胤之亂耳。

(廿五)清海節度使薛王知柔薨。

(廿六)是歲，加楊行密兼侍中。

(廿七)睦州刺史陳晟卒，弟詢自稱刺史。

(廿八)太子即位累旬，藩鎮牋表多不至，王仲先性苛察(一五八)，素知左右軍多積弊，及為中尉，鉤校(一五九)軍中錢穀，得隱沒(一六〇)為姦者，痛捶之(一六一)，急徵所負(一六二)，將士頗不安(一六三)。有鹽州雄毅軍使孫德昭為左神策指揮使，自劉季述廢立，常憤惋(一六四)不平，崔胤聞之，遣判官(一六五)石戩與之遊，德昭每酒酣，必泣，戩知其誠(一六六)，乃密以胤意說之曰：

「自上皇幽閉(六七)，中外大臣至於行間(六八)士卒，孰不切齒(六九)？今反者獨季述仲先耳，公誠能誅此二人，迎上皇復位，則富貴窮一時(七〇)，忠義流千古(七一)，苟狐疑不決，則功落它人之手矣。」德昭謝曰：「德昭小校(七二)，國家大事，安敢專之？苟相公有命，不敢愛死(七三)。」戩以白胤，胤割衣帶，手書(七四)以授之，德昭復結右軍清遠都(七五)將董彥弼、周承誨，謀以除夜，伏兵安福門(七六)外以俟之。

【今註】㈠聲振華夷：聲威振動華夷。㈡揚兵：揚兵威。㈢以嚴四境：以嚴守四境。㈣厚禮：謂厚重之禮物。㈤黃澤：胡三省曰：「黃澤關在遼州遼山縣黃澤嶺。」㈥邕州軍亂，逐節度使李鐬：懿宗咸通三年，升邕管經略使為嶺南西道節度使。㈦疾：惡。㈧憎嫉：憎惡嫉忌。㈨傾奪：傾軋爭奪。㈩以道消息：胡三省曰：「以道消息者，言惡者以漸殺其勢，則久而自消，善者以漸培其根，則久而自長。」(一一)速：召。(一二)姦變：姦人之變故。(一三)排：排斥。(一四)具道摶語：摶語即前從容對上之言。(一五)輔弼之地：謂宰相之位。(一六)相表裏：謂相表裏呼應。(一七)上雖察其情：謂上雖察知其實況。(一八)崖州：《舊唐書・地理志》四：「嶺南道崖州，至京師七千四百六十里。」(一九)驩州：同志四：「嶺南道驩州，至京師陸路一萬二千四百五十二里。」(二〇)愛州：同志四：「嶺南道愛州，至京師八千八百里。」(二一)藍田驛：在藍田縣。(二二)霸橋驛：在長安城南，近霸橋。(二三)側目：怒恨貌。(二四)憤：忿恨。㉕乾寧軍：胡三省曰：「乾寧軍在滄州西一百里，蓋乾寧間始置此軍。」㉖老鴉堤：在乾寧軍東南。㉗瓦橋：胡三省曰：「瓦橋在涿州歸義縣南，至莫州三十里。」㉘內丘：范成大北使錄：「內丘縣至邢州三十三里。」㉙信武：胡三省曰：「時置武信軍於遂州，信武當作武信。」㉚沙門河：胡三省曰：「沙門河疑當作沙河，即邢州沙河縣也。」㉛清溪：《九域志》：「清溪縣在霍州西一百六十六里。」㉜邀擊：截擊。㉝引去：謂引咎而去。㉞置酒：設筵。㉟令公：成汭進中書令，故如此稱之。㊱位尊方面：謂官位為一方一面之最尊者。㊲取：謂攻取。㊳贊，坦之弟子：裴坦見卷二百五十一懿宗咸通十年。㊴臨執：據《新唐書・地理志》三，臨城屬趙州。㊵關城：當為甕城之異稱。㊶元氏：據《新唐書・地理志》三，元氏屬趙州。㊷捨：宥捨。㊸鎮州密邇太原：鎮州與太原，僅一太行山之隔。㊹救恤：恤亦救。㊺聽命：聽從命令。㊻豈惟鎮州：謂豈惟鎮州一州而已。㊼崇：崇尚。㊽王氏秉旄五代：胡三省曰：「庭湊、元逵、紹鼎、紹懿、景崇及鎔，為五世。蓋紹鼎、紹懿兄弟也，共為一世。」㊾人欲為之死：謂人欲為之致死力。㊿庸：豈。(51)攬：牽扯。(52)袂：當作袂，謂衣袖。(53)客將：主賓客，掌通名贊謁。(54)文繒：絹之有文彩者。(55)彼幽、滄、易、定：幽，劉仁恭；滄，劉守文；易、定，王郜。(56)兼服之：謂同服屬之，或作兼併服屬之，亦通。(57)悉平嶺北：湖南之地，在五嶺之北。(58)全義嶺：全義嶺在全義縣，據《新唐書・地理志》七，全義縣屬嶺南道桂州。(59)秦城：范成大《桂海虞衡志》：「秦城在桂林城北八十里，相傳以為始皇發戍五嶺之地，城在湘水之南，灕離二水之間，遺址尚存，石甃亦無恙。城北二十里有嚴關，羣山環之，鳥道不可方軌，秦取百粵，以其地為桂林象郡，而戍兵乃止湘南，蓋嶺有喉衿，在是稍南，又不可以宿兵也。」(六〇)鄉：通嚮。(六一)中宵：夜半。(六二)紲：縶縛。(六三)造：至。(六四)勒兵：猶率兵。(六五)濘：泥淖。(六六)祈州：胡三省曰：「景福二年，王處存表以定州無極深澤二縣，置祁州。」(六七)後院都知兵馬使：胡三省曰：「唐中世以來，方鎮多置後院兵。」(六八)師老：師旅疲老。(六九)幽鎮兵三十萬攻我：僖宗光啓元年，幽州李可舉、鎮州王鎔攻王處存，事見卷二百五十六。(七〇)依城自固：謂依城自固守。(七一)沙河：胡三省曰：「沙河在新城北，望都縣南。」(七二)擁：擁護。(七三)本道事朝廷甚忠：義武自張存忠以來，事朝廷最為忠順。(七四)相犯：謂相違犯。(七五)吾兄與晉王同時立勳：謂王處存與李克用同平黃巢立功。(七六)封疆密邇：自定州出飛狐，即河東之境。(七七)改圖：謂改變計劃。(七八)母弟：謂同母弟，此乃對異母弟言。(七九)易水：在易州遂城縣界。(八〇)服：服從。(八一)不意：不料。(八二)失據：失去憑依。(八三)羊馬城：城外別立短垣以屏蔽，謂之羊馬城。(八四)佑國軍：胡三省曰：「河南府、佑國軍，東北至河陽八十五里。」(八五)忽忽：謂悠悠忽忽，乃憂愁之態。(八六)縱酒：縱恣於麴酒。(八七)輕佻：輕易佻薄。(八八)南司：時宦官謂之北司，謂南牙百官為南司。(八九)罹：遭受。(九〇)苑中：禁苑在宮城北。(九一)加：猶至。(九二)理天下：即治天下。(九三)非不順：謂非叛逆。(九四)陳兵殿庭：陳兵以脅百官。(九五)連名狀：謂共同簽名之表狀。(九六)乞巧樓：據《新唐書・劉季述傳》，乞巧樓在思玄門內，近思政殿。(九七)伏甲士千人於門外：即宣化門外。(九八)請對：謂請天子面對。(九九)輒：便。(一〇〇)掖之：挾持之。(一〇一)宅家：唐季呼天子之稱。(一〇二)取：謂聽取。(一〇三)商量：胡三省曰：「今人謂議事為商量。」(一〇四)大寶：

指帝位言。⑤羣情：謂羣意。⑥保頤東宮：頤、養，謂於少陽院自加保養。⑦遏：止。⑧之：往。⑨小定：猶稍定。⑩大內：謂宮城。⑪趣：讀曰促，猶速。⑫嬪御侍從者：謂嬪御隨而侍從者。⑬檛：鞭。⑭數：責。⑮如此數十不止：歷數之，至數十不止。⑯錮之：封錮之。⑰上動靜：謂上之一舉一動。⑱穴墻：謂於墻間鑿洞。⑲號哭聞於外：謂號哭之聲，聞於垣外。⑳矯詔：假託詔書。㉑更名縝：太子原名裕。㉒優賞：優厚之賞賜。㉓媢：媢幸。㉔睦王倚：倚，上弟。㉕榜殺：謂杖殺。㉖更：復。㉗解：解去。㉘長水：《九域志》：「長水在河南府西二百四十里。」㉙匡復：匡正恢復。㉚無棣：今山東省無棣縣。㉛傷教害義：謂傷教化害義理者。㉜肆之市朝：謂殺而陳尸於市廛。㉝居近關重鎮：蓋謂華州控扼潼關，距關為近。㉞幽辱：幽囚蒙辱。㉟未諭：未曉諭，亦即不明其故。㊱無權：無兵權。㊲往年車輅播遷：車輅猶車輿。事謂乾寧三年，上駐蹕華州，光化元年，歸返長安。㊳廟朝：謂宗廟朝廷。㊴義感人心：謂忠義感於人心。㊵自宮闈變故：謂自宮闈發生變故以來。㊶旬時：即旬日。㊷率先：率眾而先。㊸鼓行：擊鼓而行，謂明目張膽。㊹勢：形勢。㊺馳檄：謂迅速傳檄。㊻諭以逆順：謂諭以逆順之道。㊼軍聲：軍之聲威。㊽旬浹：謂旬日或浹辰，浹辰乃十二日，此與旬月之辭例正同。㊾便：猶利。㊿輸之：輸與之。(51)預知：謂干預知聞。(52)資：資藉。(53)乃敢：謂竟敢。(54)令諸侯：謂號令諸侯。(55)且幼主位定：謂且幼主之位一定。(56)太阿：劍名，《越絕書》外傳記寶劍：「楚王令風胡子之吳，見歐冶子干將使人作鐵劍，歐冶子干將鑿茨山，洩其谿，取鐵英，作為鐵劍三枚，一曰龍淵，二曰泰阿，三曰工布。」按太泰通用。㊼詗：偵探。㊽苛察：苛刻明察。㊾鉤校：鉤稽檢校。㊿隱沒：隱匿收沒。(51)痛捶之：謂重捶之。(52)所負：所負欠者。(53)不安：謂不安心。(54)憤惋：憤恨惋惜。(55)判官：此為度支鹽鐵判官。(56)誠：忠誠。(57)幽閉：幽囚錮閉。(58)行間：謂行伍之間。(59)切齒：痛恨貌。(60)窮一時：謂極一時。(61)流千古：謂流傳千古。(62)小校：謂小將校。(63)愛死：惜死。(64)手書：親筆書。(65)清遠都：亦神策五十四都之一。(66)安福門：《唐六典》卷七：「皇城在京城之中，西面二門，北曰安福，南曰順義，安福門西直開遠門。」

天復元年㈠（西元九〇一年）

㈠春，正月，乙酉朔，王仲先入朝，至安福門，孫德昭擒斬之，馳詣少陽院，叩門呼曰：「逆賊已誅，請陛下出勞㈡將士。」何后不信，曰：「果爾㈢，以其首來。」德昭獻其首，上乃與后毀扉㈣而出，崔胤迎上御長樂門樓㈤，帥百官稱賀，周承誨擒劉季述王彥範繼至，方詰責，已為亂梃所斃，薛齊偓赴井死，出㈥而斬之，滅四人之族，幷誅其黨二十餘人。宦客奉太子匿於左軍，獻傳國寶。上曰：「裕幼弱，為凶豎所立，非其罪也。」命還東宮，黜為德王，復名裕㈦。丙戌，以孫德昭同平章事，充靜海節度使㈧，賜姓名李繼昭。丁亥，崔胤進位司徒，胤固辭，上寵待胤益厚。己丑，朱全忠聞劉季述等誅，折程巖足，械送京師，幷劉希度李奉本等，皆斬於都市，由是益重李振。庚寅，以周承誨為嶺南西道節度使，賜姓名李繼誨，董彥弼為寧遠節度，賜姓李，並同平章事，與李繼昭俱留宿衛，十日乃出還家㈨，賞賜傾府庫⑩，時人謂之三使相⑪。

癸巳，進朱全忠爵東平王。【考異】舊紀：「二月，以全忠守中書令，進封梁王。」薛居正五代史梁紀：「正月癸巳，進封帝為梁王，酬返正之功也。」實雜：「癸巳，沛郡王朱全忠加定謀宣力功臣，進封東平王。」新紀：「二月辛未，封全忠為梁王。」按編遺錄：「此年二月辛未，表讓梁王，三年二月制云免苑名邦，睢陽奧壤，光膺簡冊，大啟封疆，可守太尉中書令，進封梁王。」或者今年已曾封梁王，全忠讓不受，改封東平王，至三年乃進封梁王，而年三制辭前官爵，已稱梁王，蓋誤也，今從實錄。

(二)丙午，敕：「近年宰臣延英奏事，樞密使侍側，爭論紛然，既出，又稱上旨未允⑫，復有改易，橈⑬權亂政，自今並依太中舊制⑭，俟宰臣奏事畢，方得升殿，承受公事。」賜兩軍副使李師度徐彥孫自盡，皆劉季述之黨也。

(三)鳳翔彰義節度使李茂貞來朝，加茂貞守尚書令兼侍中，進爵岐王。劉季述王仲先既死，崔胤陸扆上言：「禍亂之興，皆由中官典兵。乞令胤主左軍⑮，裒主右軍，則諸侯不敢侵陵，王室尊矣。」上猶豫，兩日未決，李茂貞聞之，怒曰：「崔胤奪軍權⑯未得，已欲翦滅諸侯。」上召李繼昭、李繼誨、李彥弼謀之，皆曰：「臣等累世在軍中，未聞書生為軍主⑰，若屬南司，必多所變更，不若歸之北司，為便⑱。」上乃謂胤裒曰：「將士意不欲屬文臣⑲，卿曹勿堅求。」於是以樞密使韓全誨、鳳翔監軍使張彥弘為左右中尉，全誨、亦前鳳翔監軍也，又徵前樞密使致仕嚴遵美為兩軍中尉觀軍容處置使，遵美曰：「一軍猶不可為，況兩軍⑳乎？」固辭不起㉑，以袁易簡、周敬容為樞密使。李茂貞辭還鎮，崔胤以宦官典兵，終為肘腋之患㉒，欲以外兵制之，諷㉓茂貞留兵三千於京師，充㉔宿衛，以茂貞假子繼筠將之。左諫議大夫萬年韓偓以為不可，胤曰：「兵自不肯去，非留之也。」偓曰：「始者，何為召之邪！」胤無以應。偓曰：「留此兵，則家國兩危，不留，則家國兩安。」胤不從。【考異】唐補紀曰：「其月八日，李茂貞朝觀，留二千人，在右街侍衛而回，崔胤申朱全忠，請三千人，在南坊宅側安下，鳳翔劫駕西去，朱全忠又闔以車子載器仗，稱是紬絹進奉，推車子人，皆是官健，入崔胤宅中，人心驚惶不同，前後崔胤累差人喚召朱全忠，不到。」新傳：「韓全誨等知崔胤必除己，乃已，因諷茂貞留選士四千宿衛，以李繼徽揔之，胤亦諷朱全忠納兵二千，居南司，以婁敬思領之。蓋取唐補紀耳。按韓偓金鑾密記，偓對昭宗云，當留兵之時，臣五六度與崔胤力爭，胤曰，某實不留兵，是兵不肯去。臣曰，其初何用召來？又胤云，且喜岐兵只留三千人。」據此，則是胤召茂貞入朝，仍留其兵也。又舊紀、梁實錄、編遺錄、薛居正五代史梁紀等諸書，皆不言全忠嘗遣兵宿衞京師，若如唐補紀所言，岐汴各遣兵數千人戍京師，則昭宗欲西幸時，兩道兵必先鬬於闕下，不則汴兵皆為宦官所誅，不則先遁去，今皆無此事，蓋程匡柔得於傳聞，又黨於宦官，深疾崔胤，未足信也。然胤所以欲留茂貞兵為己援者，蓋以茂貞自以誅劉季述為己功，必能與己同心，讐疾宦官，以利誘之，遂復與宦官為一耳。今從金鑾記。

㈣朱全忠既服河北，欲先取河中，以制河東，己亥，召諸將謂曰：「王珂駑材，恃太原自驕汰㉕，吾今斷長蛇之腰㉖，諸君為我以一繩縛之。」庚子，遣張存敬將兵三萬，自汜水㉗度河，出含山路㉘以襲之，全忠以中軍繼其後。戊申，存敬至絳州，晉絳不意㉙其至，皆無守備，庚戌，絳州刺史陶建釗降之，壬子，晉州刺史張漢瑜降之。全忠遣其將侯言守晉州，何絪守絳州，屯兵二萬，以扼河東援兵之路。朝廷恐全忠西入關，急賜詔和解之，全忠不從，珂遣間使告急於李克用，道路相繼㉚，克用以汴兵先據晉絳，兵不得進㉛，珂妻遺李克用書曰：「兒㉜旦暮為俘虜，大人何忍不救！」克用報曰：「今賊兵塞晉絳，眾寡不敵，進則與汝兩亡，不若與王郎㉝舉族㉞歸朝。」珂又遺李茂貞書，言：「天子新返正㉟，詔藩鎮無得相攻，同獎㊱王室，今朱公不顧㊲詔命，首興兵相加，其心可見。河中若亡，則同、華、邠、岐(38)，俱不自保。天子神器拱手(39)授人，其勢必然矣。公宜亟帥關中諸鎮兵，固守潼關，赴救(40)河中，僕自知不武(41)，願於公西偏(42)，授一小鎮，此地(43)請公有之，關中安危，國祚修短(44)，繫公此舉，願審思之。」茂貞素(45)無遠圖(46)不報。

㈤二月，甲寅朔，河東將李嗣昭攻澤州，拔之，乙卯，張存敬引兵發晉州，己未，至河中，遂圍之，王珂勢窮，將奔京師，而人心離貳，會(47)浮梁(48)壞，流澌(49)塞河，舟行甚難，珂挈其族數百(50)，欲夜登舟，親諭守城者，皆不應；牙將劉訓曰：「今人情擾擾(51)，若夜出涉河(52)，必爭舟紛亂，一夫作難，事不可知。不若且送款(53)存敬，徐圖向背(54)。」珂從之。壬戌，珂植白幡(55)於城隅，遣使以牌印請降於存敬，存敬請開城，珂曰：「吾於朱公有家世事分(56)，請公退舍(57)，俟朱公至，吾自以城授之。」存敬從之，且使走白(58)全忠，乙丑，全忠至洛陽，聞之喜，馳往赴之，戊辰，至虞鄉(59)，先哭於重榮之墓，盡哀，河中人皆悅，珂欲面縛(60)牽羊出迎，全忠遽使止之，曰：「太師(六一)舅之恩，何可忘，若郎君如此，使僕異日(六二)何以見舅於九泉(六三)！」乃以常禮出迎，握手歔欷(六四)，聯轡(六五)入城，全忠表張存敬為護國軍留後，王珂舉族遷於大梁，其後全忠遣珂入朝，遣人殺之於華州。全忠聞張夫人疾亟(六六)，遽(六七)自河中東歸，李克用遣使以重幣請修好於全忠，全忠雖遣使報，而忿其書辭蹇傲(六八)，決欲攻之。【考異】唐末見聞錄：「乾寧四年六月，差軍將發往汴州為使，其書云云，汴州回書云云。」據全忠書：「有前年洹水，曾獲賢郎，去歲青山，又擒列將。」又云：「鎮定歸欵，蒲晉求和。」則非乾寧四年明矣。唐年補錄：「天復元年五月壬午，制以朱全忠兼領河中，仍詔與太原通和。初朝廷以全忠吞併河朔，又收下蒲津，必恐兵起相侵，乃下詔太原夷門，使務和好。」時太原意亦全忠漸強，先以書聘全忠，書辭與見聞錄同，全忠荅太原書，又進表云：「臣與太原曾於項歲，首締歡盟，及其偶掇猜嫌，止為各爭言氣。」又云：「但以來書意旨，未息披攘。」又云：「臣詳茲來意，益切憤懷，不敢遂與通和，必恐有孤朝寄，已遣諸軍進討訖。」續寶運錄：「載全忠表云，臣當道先河府抽軍，使赴太原進討，已累具狀，分析聞奏訖，臣今月二十三日，部領牙隊到東都，李克用差到專使張特與臣書一封，幷馳馬弓箭銀器匹段等，與臣通和，其張特臣且與回書，放歸訖，當月河府抽回兵士，即勒權於河陽屯駐，見排比收復潞州，便邐迤赴太原進討次，其李克用與臣書一封，謹隨狀封進。天復四年二月奏，其年三月二日，表到駕前，奉襄宗三月八日勑云，云云。」天復四年尤誤也。編遺錄：「天復元年二月，李克用遣軍將張特報檄厚幣而來釋憾，亦差軍將持函以為報。又曰，辛巳上欲北回軍便征北虜，近者李克用以甘言重幣，請通和好遂心具事奏聞。」語與補錄同。唐太祖紀年錄：「天復元年六月，太祖以梁寇方疆，難以兵伏，陽降以緩其謀，乃遣押牙張特持幣馬書檄以諭之，請復舊好，書詞大陳北邊五部士馬之盛，皆吾外援。朱溫視之不懌，令敬翔報，詞旨疏拙，人士嗤之。」薛居正五代史梁紀：「天復元年二月，李克用遣牙將張特來聘，帝亦遣使報命。」李襲吉傳：「天復中，武皇議欲修好於梁，命襲吉以貽梁祖書。」辭與見聞錄同，其年月日，各參差不同。據全忠荅太原書云：「今月二十二日使至。」又上表云：「先自河府抽軍赴太原。」又云：「二十三日到東都。」則克用書達全忠，必在天復元年二月下旬，今從編遺錄、梁紀。

(六)以翰林學士戶部侍郎王溥為中書侍郎同平章事，以吏部侍郎裴樞為戶部侍郎同平章事。溥，正雅之從孫㊅也，常在崔胤幕府，故胤引之。
(七)贈謚故睦王倚曰恭哀太子㊆。
(八)加幽州節度使劉仁恭、魏博節度使羅紹威，並兼侍中。
(九)三月，癸未朔，朱全忠至大梁㊆，癸卯，遣氏叔琮等將兵五萬攻李克用，入自太行，魏博都將張文恭入自磁州新口㊆，葛從周以兗鄆兵會成德兵，入自土門，洺州刺史張歸厚入自馬嶺，義武節度使王處直入自飛狐㊆，權知晉州侯言以慈隰晉絳兵入自陰地，叔琮入天井關，進軍昂車㊆。辛亥，沁州刺史蔡訓以城降，河東都將蓋璋詣侯言降，即令權知沁州。壬子，叔琮拔澤州，李存璋棄城走，叔琮進攻潞州，昭義節度使孟遷降之。河東屯將李審建王周將步軍一萬、騎二千，詣叔琮降，叔琮進趣晉陽。夏，四月，乙卯，叔琮出石會關，營於洞渦驛㊆，張歸厚引兵至遼州，丁巳，遼州刺史張鄂降，別將白奉國會成德兵，自井陘㊆入，己未，拔承天軍，與叔琮烽火相應㊆。

㈩甲戌，上謁太廟，丁丑，赦天下，改元！雪王涯等十七家（七八）。

㈩㈠初楊復恭為中尉，借度支賣麴（七九）年之利，以贍（八〇）兩軍，自是不復肯歸（八一）。至是崔胤草赦（八二），欲抑宦官，聽酤（八三）者自造麴，但月輸權酤錢（八四），兩軍先所造麴，趣（八五）令減價賣之，過七月，無得復賣。

㈩㈡東川節度使王宗滌以疾求代（八六），王建表馬步使王宗裕為留後。

㈩㈢氏叔琮等引兵抵晉陽城下，數挑戰，城中大恐，李克用登城備禦，不遑（八七）飲食。時大雨積旬，城多頹壞，隨加完備。河東將李嗣昭、李嗣源鑿暗門，夜出攻汴壘，屢有殺獲，李存進敗汴軍於洞渦。時汴軍既眾，芻糧不給（八八），久雨，士卒瘧利（八九），全忠乃召兵還。五月，叔琮等自石會關歸，【考異】編遺錄：「四月壬戌，李克用遣張特齎書，請尋權監，乃指揮諸軍所在且駐留，見差發專人之太原，許通懽好，兼幷州地寒，節候甚晚，戎馬既多，野草不足於芻牧，尋令氏叔琮迴戈。」後唐太祖紀：「五月，氏叔琮及四面賊軍皆退。」薛史梁紀，班師在四月，後唐紀，汴軍退在五月，蓋全忠四月命班師，而叔琮等以五月離晉陽，故國史記之各異。諸道軍亦退，河東將周德威李嗣昭以精騎五千躡（九〇）之，殺獲甚眾。先是汾州刺史李瑭舉州（九一）附於汴軍，克用遣其將李存審攻之，三日而拔，執瑭斬之。氏叔琮過上黨（九二），孟遷挈族隨之南徙，朱全忠遣丁會代守潞州。

(十四)朱全忠奏乞除河中節度使，而諷〔九三〕吏民請己為帥，癸卯，以全忠為宣武、宣義、天平、護國四鎮節度使。

(十五)己酉，加鎮海鎮東節度使錢鏐守侍中。

(十六)崔胤之罷兩軍賣麴也，并近鎮亦禁之，李茂貞惜其利〔九四〕，表乞入朝論奏，韓全誨請許之，茂貞至京師，全誨深與相結，崔胤始懼，陰厚朱全忠益甚，與茂貞為仇敵矣。

(十七)以佑國節度使張全義兼中書令。

(十八)六月，癸亥，朱全忠如河中。【考異】薛居正五代史梁紀：「庚申，帝發自大梁。」今從編遺錄。

(十九)上之返正也，中書舍人令狐渙、給事中韓偓皆預其謀〔九五〕，故擢為翰林學士，數召對，訪以機密。渙，綯之子〔九六〕也。時上悉以軍國事委崔胤，每奏事，上與之從容〔九七〕，或至然〔九八〕燭，宦官畏之側目〔九九〕，皆咨胤而後行，胤志欲盡除之。韓偓屢諫曰：「事禁太甚〔一〇〇〕，此輩亦不可全無，恐其黨迫切〔一〇一〕，更生他變。」胤不從。丁卯，上獨召偓問曰：「敕使中為惡者如林〔一〇二〕，何以處之！」對曰：「東內之變，敕使誰非同惡，處〔一〇三〕之當在正旦，今已失其時矣。」上曰：

「當是時，卿何不為崔胤言之？」對曰：「臣見陛下詔書云：『自劉季述等四家之外，其餘一無所問。』夫人主所重，莫大於信，既下此詔，則守之宜堅㉔，若復戮一人，則人人懼死矣。然後來所去者，已為不少，此其所以忷忷㉕不安也。陛下不若擇其尤無良者數人，明示㉖其罪，寘之於法，然後撫諭㉗其餘，曰：『吾恐爾曹謂吾心有所貯㉘，自今可無疑矣。』乃擇其忠厚者，使為之長，其徒有善則獎之㉙，有罪則懲之，咸自安矣。今此曹在公私者㉚以萬數，豈可盡誅邪！夫帝王之道，當以重厚鎮之，公正御㉛之，至於瑣細機巧，此機生則彼機應矣㉜，終不能成大功，所謂理絲而棼之者也㉝。況今朝廷之權，散㉞在四方，苟能先收此權，則事無不可為者矣。」上深以為然，曰：「此事終以屬㉟卿。」

(廿)李克用遣其將李嗣昭周德威將兵出陰地關，攻隰州，刺史唐禮降之，進攻慈州，刺史張瓌降之。

(廿一)閏月，以河陽節度使丁會為昭義節度使，【考異】薛居正五代史會傳：「自河陽以疾致政於洛陽，梁祖季年猜忌故將，功大者多遭族滅，會陰有避禍之志，稱疾者累年，天復元年，梁祖幷有河中晉絳㊱乃起會昭義節度使。」按光化二年六月，會自河陽為昭義節度使，九月，李克用敗潞州，表孟遷為節度使，時罕之已卒，必是會却領河陽，至此纔二年則非致政稱疾累年也。又有時，全忠未嘗誅戮大將，疑會降河東後，作傳者誤以天佑中事，在前言之耳。孟遷為河陽節度使，從朱全忠之請也。

(廿二)道士杜從法以妖妄，誘昌普合三州民作亂，王建遣行營兵馬使王宗黯將兵三萬，會東川武信兵討之。宗黯，即吉諫也。

(廿三)崔胤請上盡誅宦官，但以宮人㉗掌內諸司事㉘，宦官屬耳㉙頗聞之，韓全誨等涕泣求哀於上，上乃令胤有事封疏㉚以聞，勿口奏，宦官求美女知書者㉛數人，內㉜之宮中，陰令詗㉝察其事，盡得胤密謀，上不之覺也。全誨等大懼，每宴聚，流涕相訣㉞別，日夜謀所以去胤之術，胤時領三司使㉟，全誨等教禁軍對上誼譟，訴胤減損㊱冬衣，上不得已，解㊲胤鹽鐵使。時朱全忠李茂貞各有挾天子，令諸侯之意，全忠欲上幸東都，茂貞欲上幸鳳翔，胤知謀泄事急，遺朱全忠書，稱被密詔㊳，令全忠以兵迎車駕，且言：「昨者返正，皆令公㊴良圖，而鳳翔先入朝，抄取㊵其功，今不速來，必成罪人，豈惟㊶功為它人所有，且見征討矣。」全忠得書。秋，七月，甲寅，遽歸大梁發兵。【考異】唐太祖紀年錄：「會汴入寇同華，宦者知崔胤之謀，時胤專掌三司泉貨，韓全誨教禁兵伺胤出，聚而呼譟，訴以冬衣減損軍人又上前披訴，天子徇眾情，罷崔胤知政事，崔胤怒，急召朱溫，請以兵師入輔唐補紀時朱全忠在河中，胤潛作急令，全忠入朝，又修書云云，全忠得此書詔，便發河中還汴。」按是時，全忠未寇同華，胤亦未罷，紀年錄誤，從唐補紀。

(卅四)西川龍臺鎮㊂使王宗侃等討杜從法，平之。

【今註】㊀天復元年：是年四月方改元。㊁勞：慰勞。㊂果爾：謂果然如此。㊃毀扉：謂破門。㊄長樂門樓：《新唐書・儀衛志》：「太極宮端門曰承天門，承天門分為東西廊，下門自東廊下，入長樂門，自西廊下，入永安門。凡朝會之仗，門內各有挾門隊。」㊅出：謂引出。㊆復名裕：裕為宦官所立，更名縝，今復舊名。㊇靜海節度使：靜海軍、安南，此乃係遙領。㊈十日乃出還家：即旬休之制。㊉傾府庫：傾竭府庫。⑪三使相：以三人皆任節度使兼宰相，故如此稱之。⑫允：猶合。⑬橈：撓折。⑭太中舊制：胡三省曰：「大中故事，凡宰相對延英，兩中尉先降，樞密使候旨殿西，宰相奏事已畢，樞密使案前受事。」按太當作大，大中乃宣宗年號。⑮主左軍：猶典左軍。⑯軍權：即兵權。⑰軍主：謂軍之主帥。⑱為便：謂於事為便。⑲不欲屬文臣：謂不欲為文臣之部屬。⑳遵美曰：「一軍猶不可為，況兩軍乎」：胡三省曰：「按新書宦者傳，嚴遵美嘗歷左神策觀軍容使，故云然。」不可謂不能，中古可能常相互用。㉑不起：謂不赴任。㉒肘腋之患：猶心腹之患。㉓諷：諷示。㉔充：充當。㉕驕汰：驕傲侈汰。㉖吾今斷長蛇之腰：謂河東河中兩鎮連衡，以通長安，今若取河中，是斷李克用之腰也。㉗汜水：據《新唐書・地理志》三，汜水屬河北道孟州。㉘出含山路：胡三省曰：「含山在絳州東，張濬之敗也，出含口，至河陽，度河西歸，即此路。」㉙不意：不料。㉚道路相繼：謂使者道路相繼。㉛克用以汴兵先據晉絳，兵不得進：胡三省曰：「《九域志》，太原西南二百六十里至汾州，汾州南三百五十里至晉州，晉州南百二十五里至絳州，絳州西南六十五里至河中府，援兵擇便利，投間隙而行，固不盡由驛道，但汴兵已屯晉絳，以塞其衝，幷兵縱由捷徑得進，汴兵遮前險，兵後要，進不得援河中，退不得歸太原也。」㉜兒：此女子自稱曰兒，蓋兒猶子，而子則男女皆可用之，故女子亦自稱曰兒焉。㉝王郎：胡三省曰：「自晉以來，婦翁皆呼壻為郎，迨今猶然。」㉞舉族：全族。㉟返正：返歸正位。㊱獎：助。㊲不顧：謂不顧及，猶不管。㊳同華邠岐：同華，韓建；邠，李茂貞養子繼徽；岐，李茂貞。㊴拱手：所行之敬禮。㊵赴救：往救。㊶不武：無威武。㊷於公西偏：謂於公鎮地之西偏。㊸此地：謂河中。㊹修短：長短。㊺素：平常。㊻圖：謀。㊼會：值。㊽浮梁：謂蒲津之浮梁，河中府治河東縣，架浮梁以通河西縣，自此路西入長安。㊾流澌：漂浮之冰塊。㊿珂挈其族數百：按百下當添一人字。(51)擾擾：謂騷動。(52)涉河：猶渡河。(53)送款：送誠。(54)徐圖向背：此辭重在背字，謂徐謀反背之法。(55)白幡：以示投降之標誌。(56)吾於朱公有家世事分：珂父重榮，朱全忠以舅事之。(57)退舍：謂退處。(58)走白：猶馳白。(59)虞鄉：《九域志》：「虞鄉在河中府東六十里。」(60)面縛：雙手反縛於背後。(61)太師：王重榮為檢校太師，故如此稱之。(62)異日：他日。(63)九泉：謂地下。(64)歔欷：悲泣氣咽而抽息。(65)聯轡：猶並轡，謂兩馬並行。(66)疾亟：疾甚。(67)遽：急。(68)蹇傲：

謂慢傲。(六九)溥，正雅之從孫：王正雅見卷二百四十四文宗太和五年。(七〇)贈謚故睦王倚曰恭哀太子：倚為宦官所殺，見上年。(七一)朱全忠至大梁：自河中歸至大梁。(七二)磁州新口：於磁州武安縣新開軍行道路，故謂之新口。(七三)飛狐：沈括曰：「北岳常山之岑，謂之大茂山，自石晉割燕雲與契丹，以大茂山分脊為界。飛狐路在大茂山西，自銀冶寨北出倒馬關，度北界，却自石門子令水鋪，入缾形梅回兩寨之間，至代州。今大茂祠中多唐人古碑，殿前一亭有李克用題名云：『太原河東節度使李克用，親領步騎五十萬，問罪幽陵，回師自飛狐路，即歸鴈門。』」(七四)昂車：胡三省曰：「昂車即昂車關，在澤州昂車嶺。」(七五)洞渦驛：驛臨洞渦水。(七六)井陘：關名，亦曰土門關，又稱井陘口，在井陘山上，為太行山八陘之一，當冀晉兩省交通之孔道。陘音ㄒㄧㄥˊ。(七七)相應：相呼應。(七八)雪王涯等十七家：王涯等誅夷見卷二百四十五文宗太和九年。(七九)麴：釀酒之原料。(八〇)贍：供給。(八一)自是不復肯歸：按當作自是不肯歸還。(八二)草赦：草赦文及諸條件。(八三)酤：酤酒。(八四)榷酤錢：《會要》：「會昌六年九月，勅揚州等八道州府置榷酤，并置官店酤酒，代百姓納榷酒錢，并充資助軍用。如有人私麴酒及置私麴者，罪止一身，不得沒入家產。」(八五)趣：讀曰促。(八六)求代：謂求代替者。(八七)遑：暇。(八八)不給：謂不能供給。(八九)瘧利：寒熱迭作為瘧，泄下為利。(九〇)躡：謂躡其後。(九一)舉州：謂以州。(九二)上黨：據《新唐書・地理志》三，上黨屬河東道潞州。(九三)諷：諷示。(九四)惜其利：謂愛惜賣麴之利益。(九五)預其謀：參預其謀議。(九六)渙，綯之子：令狐綯相宣宗。(九七)上與之從容：謂上與之從容而談，無所不及。(九八)然：通燃。(九九)宦官畏之側目：按畏作為，較佳。(一〇〇)事禁太甚：謂凡事未免禁止之太甚。㉒恐其黨迫切：謂恐其黨以逼迫嚴切之故。㉓如林：以喻其多。㉔處：處置。㉕宜堅：宜堅定。㉖悩悩：恐懼不安貌。㉗明示：明告。㉘撫諭：安撫曉諭。㉙貯：藏蓄。㉚獎之：獎賞之。㉛今此曹在公私者：胡三省曰：「公謂有職名於官者，私謂乞丐攜養於宦者私家，未有名籍在於官者。」㉜御：制御。㉝則彼機應矣：謂則彼機應而和之矣。㉞所謂理絲而棼之者也：按治絲而棼之，乃《左傳》隱四年衆仲對魯隱公之言。杜注：「絲見棼緼，益所以亂。」㉟散：分散。㊱屬：屬託。㊲考異曰：「薛居正五代史會傳：『天復元年，梁祖幷有河中晉絳。』」：按《舊五代史・丁會傳》，幷有作奄有，雖意俱可通，然以從原文作奄有為是。㊳官人：官吏。㊴掌內諸司事：時宦官分領內諸司使。㊵屬耳：謂屬耳於垣。㊶封疏：謂有事，書於表疏，而將表疏封緘以上聞之。㊷知書者：謂識字者。㊸內：通納。㊹詗：偵探。㊺訣：亦別。㊻三司使：謂戶部、度支、鹽鐵。㊼減損：減少。㊽解：解去。㊾被密詔：謂受密詔。㊿令公：按《舊唐書・昭宗紀》，全忠并河中，進檢校太師兼中書令，故稱令公。㊶抄取：猶奪取。㊷惟：但。㊸龍臺鎮：《九域志》：「普州安岳縣有龍臺鎮。」

(一)八月，甲申，上問韓偓曰：「聞陸扆不樂吾返正，正旦易服，乘小馬出啓夏門㊀，有諸？」對曰：「返正之謀，獨臣與崔胤輩數人知之，扆不知也。一旦忽聞宮中有變，人情能不驚駭㊁，易服逃避，何妨有之㊂！陛下責其為宰相無死難之志㊃，則可也，至於不樂返正，恐出讒人之口，願陛下察之。」上乃止。韓全誨等懼誅，謀以兵制上㊄，乃與李繼昭、李繼誨、李彥弼、李繼筠深相結，繼昭獨不肯從，它日上問韓偓，外間何所聞，對曰：「惟聞勅使憂懼，與功臣㊅及繼筠交結，將致不安，亦未知其果然不㊆耳。」上曰：「是不虛矣，比日繼誨彥弼輩，語漸倔強㊇，令人難耐㊈。令狐渙欲令朕召崔胤及全誨等於內殿，置酒和解之，何如？」對曰：「如此則彼凶悖㊉益甚。」上曰：「為之奈何？」對曰：「獨有顯罪⑪數人，速加竄逐⑫，餘者許其自新⑬，庶幾可息。若一無所問，彼必知陛下心有所貯，益不自安，事終未了耳。」上曰：「善。」既而宦官自恃黨援已成，稍不遵勅旨，上或出之使監軍，或黜守諸陵⑭，皆不行，上無如之何。

㈡或告楊行密云：「錢鏐為盜所殺。」行密遣步軍都指揮使李神福等將兵取杭州，兩浙顧全武等列八寨以拒之。

㈢九月，癸丑，上急召韓偓，謂曰：「聞全忠欲來除君側之惡，大是盡忠〔一五〕，然須令與茂貞共其功，若兩帥交爭，則事危矣。卿為我語崔胤，速飛書〔一六〕兩鎮〔一七〕，使相與合謀，則善矣。」壬戌，上又謂偓曰：「繼誨彥弼輩驕橫益甚，累日前〔一八〕與繼筠同入，輒於殿東令小兒歌以侑酒〔一九〕，令人驚駭。」對曰：「臣必知其然〔二〇〕，茲事失之於初，當正旦立功之時，但應以官爵田宅金帛酬之，不應聽其出入禁中，此輩素無知識，數求入對，或僭易薦人〔二一〕，稍有不從，則生怨望。況惟知嗜利，為敕使以厚利雇之〔二二〕，令其如此耳。崔胤本留衞兵，欲以制敕使也〔二三〕，今敕使衞兵相與為一〔二四〕，將若之何？汴兵若來，必與岐兵鬭於闕下，臣竊寒心〔二五〕。」上但愀〔二六〕然憂沮〔二七〕而已。冬，十月，戊戌，朱全忠大舉兵發大梁〔二八〕。【考異】薛居正五代史：「十月戊戌，奉密詔赴長安，是時朝廷軍國大政，專委崔胤，崔每事裁抑宦官，宦官側目，崔一日於便殿奏〔二九〕欲盡去之，全誨等屬垣聞之，中官視崔眥裂，以重賂甘言誘藩臣，以為城社，時因讌聚，則相向流涕。時崔專掌三司貨泉，全誨等教禁兵於昭宗前訴之，昭宗不得已，罷崔知政事，崔急召太祖，請以兵入輔，故有是行。」按帝幸鳳翔前，崔胤未罷相，此與太祖紀年錄略同，亦誤。

（四）李神福與顧全武相拒，久之，神福獲杭俘，使出入臥內，神福謂諸將曰：「杭兵尚彊，我師且〔三〇〕當夜還。」杭俘走告全武，神福命勿追，暮遣羸兵先行，神福為殿〔三一〕，使行營都尉呂師造伏兵青山㉜下，全武素輕神福，出兵追之，神福師造夾擊，大破之，斬首五千級，生擒全武。錢鏐聞之，驚泣曰：「喪我良將。」神福進攻臨安㉝，兩浙將秦昶帥眾三千降之。

㈤韓全誨聞朱全忠將至，丁酉，令李繼筠、李彥弼等勒兵㉞劫上，請幸鳳翔，宮禁諸門皆增兵防守，【考異】按金鑾記：「二十日，入直，隔夜崔公傳語，明自請相看，侵早到門，崔出御札相示。」然則添人把門，及降御札，皆十九日事，實錄己亥差人把門，己亥乃二十一日，實錄誤也。人及文書出入，搜閱㉟甚嚴。上遣人密賜崔胤御札，言皆悽愴㊱，末云：「我為宗社㊲大計，勢須西行㊳，卿等但東行㊴也，惆悵惆悵㊵。」戊戌，上遣趙國夫人出語韓偓㊶：「朝來，彥弼輩無禮極甚，欲召卿對，其勢未可。」且言：「上與皇后但涕泣相向，自是學士不復得對矣。」癸卯，韓全誨等令上入閤㊷，召百官，追寢正月丙午勅書㊸，悉如咸通以來近例，是日開延英，全誨等即侍側，同議政事。丁未，神策都指揮使李繼筠遣部兵㊹掠內庫寶貨帷帳法物，韓全誨遣人密送諸王宮人，先之㊺鳳翔。戊申，朱全忠至河中，表請車駕幸東都，京城大駭，士民亡竄山谷。是日，百官皆不入朝，闕前寂無人。十一月，己酉朔，李繼筠等勒兵闕下，禁人出入，諸軍大掠，士民衣紙及布襦者，滿街極目㊻，韓建以幕僚司馬鄴知匡國留後，朱全忠引四鎮㊼兵七萬趣同州，鄴迎降。

㈥韓全誨等以李繼昭不與之同，遏絕不令見上。時崔胤居第在開化坊㊽，繼昭帥所部六十餘人㊾，及關東諸道兵在京師者，共守衞之，百官及士民避亂者，皆往依之㊿。庚戌，上遣供奉張紹孫召百官，崔胤等皆表辭不至，壬子，韓全誨等陳兵殿前，言於上曰：「全忠以大兵逼京師，欲劫天子幸洛陽，求傳禪(51)，臣等請奉陛下幸鳳翔，收兵拒之。」上不許，杖劍登乞巧樓，全誨等逼上下樓，上行纔及壽春殿，李彥弼已於御院(52)縱火。是日，冬至，上獨坐思政殿，翹一足，一足蹋(53)闌干(54)，庭無羣臣，旁無侍者，頃之，不得已，與皇后妃嬪諸王百餘人皆上馬，慟哭聲不絕，出門回顧禁中，火已赫然(55)。是夕，宿鄠縣(56)。【考異】續寶運錄：「其年十月，朱全忠發士馬，十二月入長安，聖上幸鳳翔，宰臣裴諗、翰林學士令狐渙等扈從，其皇后王氏及千官太子玉印龍服，并是汴州，迎在華州，相次修東都宮室，旋迎赴東都，其年十一月初，鳳翔士馬入京，劫掠街西諸坊，寶貨士女至甚，及七日，汴州士馬入京赴救，長安士庶并走攢在開化坊。」其說妄謬，今不取。朱全忠遣司馬鄴入華州，謂韓建曰：「公不早知過自歸(57)，又煩此軍少留城下矣。」是日，全忠自故市引兵南渡渭，韓建遣節度副使李巨川請降，獻銀三萬兩助軍，全忠乃西南趣赤水，癸丑，李茂貞迎車駕於田家礓，上下馬慰接之（五八），甲寅，車駕至盩厔，乙卯，留一日，朱全忠至零口（五九）西，聞車駕西幸，與僚佐議，復引兵還赤水，左僕射致仕張濬說全忠曰：「韓建、茂貞之黨，不先取之，必為後患。」全忠聞建有表勸天子幸鳳翔，乃引兵逼其城，建單騎迎謁，全忠責之，對曰：「建目不知書（六〇），凡表章書檄，皆李巨川所為。」全忠以巨川常為建畫策，斬之軍門，謂建曰：「公許人，可即往衣錦（六一）。」丁巳，以建為忠武節度使，理陳州，以兵援送之（六二）。【考異】編遺錄：「上引兵逼華州，韓建輕騎出墻歸投，上於西溪亭子，與建飲膳畢，却歸赤水營，旬日，乃請建充忠武節度使。」梁太祖實錄：「乙卯，大軍及華州，建來降，甲辰，署建權知華州事，仍以宣武牙推龔麟佐之。」唐太祖紀年錄：「丙辰，汴軍攻華州，九日建以城降。」唐補紀：「同州刺史王行約，閉城登壘，全忠斫開城門屠之，不留噍類。華州韓建聞此，出城三十里迎之，只於迎處云，令公本，貫許州，便仰衣錦，乃差人押出關東。」舊傳：「建令李巨川至河中送款，敬翔疾其文筆，勸全忠害之。」薛居正五代史梁紀：「丙辰，帝表建權知忠武軍事，促令赴任。」實錄：「乙卯，全忠取華州，丙辰，次武功，徙建為節度使。」按此月無甲辰，蓋丙辰字誤也。全忠乙卯取華州，丙辰豈能遽至武功？唐補紀又云：「昭宗不知崔胤偽行詔命，聞朱全忠平陷兩州，十一月三日亥時，奔波西去。」按行約乃克用取同州時節度使也，程匡柔妄謬多此類，今取華州日，從梁太祖實錄，李巨川死，從昭宗實錄。以前商州刺史李存權知華州，徙忠武節度使趙珝為匡國節度使。

㈦車駕之在華州(六三)也，商賈輻湊(六四)，韓建重征之，二年得錢九百萬緡，至是，全忠盡取之。是時京師無天子，行在無宰相，崔胤使太子太師盧渥等二百餘人列狀，請朱全忠西迎車駕，又使王溥至赤水，見全忠計事，【考異】編遺錄：「於時長安無人主，朝廷無勅畫，帝在岐下，無輔臣，自魏漢以來，喪亂未若今日，胤請王溥自西京至赤水，請上進軍營駕，戊午，離赤水。」薛居正五代史梁紀：「己未，發赤水。」按唐太祖紀年錄：「朱溫至長樂，崔胤帥百官班迎。」編遺錄：「胤請王溥自西京至赤水軍前商議。」實錄：「胤東寓華州。」又云：「胤召溥至赤水。」皆誤也。舊紀亦云：「胤令溥至赤水，促全忠迎駕。」今從之，發赤水日，從編遺錄。全忠復書曰：「進則懼脅君之謗，退則懷負國(六五)之慙，然不敢不勉(六六)。」戊午，全忠發赤水。

㈧辛酉，以兵部侍郎盧光啓權句當中書事，車駕留岐山三日，壬戌，至鳳翔。

㈨朱全忠至長安，宰相師百官班迎(六七)於長樂坡，明日行，復班辭於臨皐驛，全忠賞李繼昭之功(六八)，初令權知匡國留後，復留為兩街制置使，賜與甚厚，繼昭盡獻其兵八千人。全忠使判官李擇裴鑄入奏事，稱：「奉密詔，及得崔胤書，令臣將兵入朝。」韓全誨等矯詔(六九)，荅以：「朕避災至此，非宦官所劫，密詔皆崔胤詐為之，卿宜斂兵(七〇)歸保土宇(七一)。」茂貞遣其將符道昭屯武功(七二)，以拒全忠，癸亥，全忠將康懷貞擊破之。

(十)丁卯，以盧光啓為右諫議大夫，參知機務(七三)。

(十一)戊辰，朱全忠至鳳翔，軍於城東，【考異】實錄：「乙丑，全忠駐軍岐城之東，丙寅，全忠軍至城下。」按全忠癸亥離長安，乙丑丙寅至岐太速，今從編遺錄、新紀。李茂貞登城謂曰：「天子避災，非臣下無禮，讒人誤公至此(七四)。」全忠報曰：「韓全誨劫遷天子，今來問罪，迎扈(七五)還宮，岐王苟不預謀，何煩陳諭(七六)！」上屢詔全忠還鎮，全忠乃拜表奉辭，辛未，移兵北趣邠州(七七)。【考異】金鑾記曰：「十七日早，聞岐師昨夜二更卻迴，云軍大衄，汴令有表迎駕，并述行止，汴軍在岐東下寨，十八日十九日白麻盧光啓可御史大夫、參知機務，二十日，翰林學士姚洎兼知外制誥，二十四日，汴令有表奉辭東去，二十五日，汴軍離發延英門。」舊紀：「癸酉，全忠辭去。」今從編遺錄。甲戌，制守司空兼門下侍郎同平章事崔胤責授工部尚書，【考異】實錄載制辭曰：「西居極位，一無可稱。」又曰：「無功及人，為國生事。」按舊傳，前為罷知政事落使務，後云同平章事鹽鐵轉運使，實錄前云罷胤鹽鐵使，至此制官位中復帶鹽鐵使，皆誤。戶部侍郎同平章事裴樞罷守本官。乙亥，朱全忠攻邠州，丁丑，靜難節度使李繼徽請降，復姓名楊崇本，全忠質其妻於河中，令崇本仍鎮邠州。全忠之西入關也，韓全誨李茂貞以詔命徵兵河東，茂貞仍以書求援於李克用，克用遣李嗣昭將五千騎自沁州趣晉州，與汴兵戰於平陽(七八)北，破之。乙亥，全忠發邠州，戊寅，次三原。

十二月，癸未，崔胤至三原(七九)，見全忠，趣之迎駕，己丑，全忠遣朱友寧攻盩厔，不下，戊戌，全忠自往督戰，盩厔降，屠之。全忠令崔胤帥百官及京城居民悉遷於華州，詔以裴贄充大明宮留守。

(十二)清海節度使徐彥若薨，遺表薦行軍司馬劉隱權留後。

(十三)李神福知錢鏐定(八〇)不死，而臨安城堅，久攻不拔，欲歸，恐為鏐所邀(八一)，乃遣人守衛鏐祖考丘壟(八二)，禁樵采(八三)，又使顧全武通家信，鏐遣使謝之，神福於要路，多張旗幟為虛寨，鏐以為淮南兵大至，遂請和，神福受其犒賂(八四)而還。

(十四)朱全忠之入關也，戎昭節度使馮行襲(八五)遣副使魯崇矩聽命於全忠，韓全誨遣中使二十餘人，分道徵江淮兵屯金州，以脅全忠，行襲盡殺中使(八六)，收其詔敕送全忠，又遣使徵兵於王建，朱全忠亦遣使乞師于建，建外修好於全忠，罪狀李茂貞，而陰勸茂貞堅守，許之救援，以信武節度使王宗佶、前東川節度使王宗滌等為扈駕指揮使，將兵五萬，聲言(八七)迎車駕，其實襲茂貞山南諸州。

(十五)江西節度使鍾傳將兵圍撫州刺史危全諷，天火燒其城，士民讙(八八)驚，諸將請急攻之，傳曰：「乘人之危，非仁也。」乃祝(八九)曰：「全諷之罪，無為害民。」火尋止，全諷聞之，謝罪聽命，以女妻傳子匡時。傳少時嘗獵，醉遇虎與鬭，虎搏其肩，而傳亦持虎腰不置(九〇)，旁人共殺虎，乃得免。既貫悔之，常戒諸子曰：「士處世貴智謀，勿效吾暴虎(九一)也。」

(十六)武貞節度使雷滿薨，子彥威自稱留後。

【今註】(一)啓夏門：《唐六典》卷七：「京城南面三門：中曰明德，左曰啓夏，右曰安化。」(二)能不驚駭：謂豈能不驚駭。(三)何妨有之：當作何妨之有，謂有何妨害乎。(四)志：謂心。(五)制上：脅制君上。(六)功臣：謂李繼昭、李繼誨及李彥弼。(七)然不：不讀曰否。(八)倔強：梗戾貌。(九)耐：忍耐。(一〇)凶悖：凶惡荒悖。(一一)顯罪：謂公開處罰。(一二)竄逐：貶竄放逐。(一三)自新：謂改過自新。(一四)黜守諸陵：謂剝色配役諸陵。(一五)大是盡忠：謂甚為盡忠。(一六)飛書：喻傳遞之速，如飛翔也。(一七)兩鎮：謂汴岐。(一八)累日前：謂數日前。(一九)侑酒：佐酒。(二〇)臣必知其然：按應作臣知其必然，以使文字較為流順。(二一)僭易薦人：謂僭分輕易薦舉私人。(二二)為勅使以厚利雇之：胡三省曰：「言韓全誨等以利啗繼誨彥弼，惟其所指使而為之用，若受傭雇然。」(二三)崔胤本留備兵，欲以制勅使也：謂留岐兵以制宦官，事見是年正月。(二四)相與為一：謂相結為一。(二五)寒心：謂戰慄。(二六)愀：愁貌，音ㄑㄧㄠˇ。

㉗憂沮：憂愁沮喪。㉘發大梁：謂發於大梁。㉙考異曰：「薛居正五代史：『是時朝廷軍國大政，專委崔胤……崔一日於便殿奏』」：按《舊五代史・梁太祖紀》二，崔胤皆作崔允，蓋胤乃宋太祖諱，宋人修書，例應為諱，故《舊五代史》遂改作允，疑考異此胤字，當時亦改作他字，否則亦必將胤字之筆劃，減少一筆，（此為自宋訖清，避諱之新創辦法）而非作胤字，或如胤字之全書也。又考異引文中之崔字處，《舊五代史》原皆作允字，溫公以允與胤關係甚微，恐讀者不明，遂將原文允字，悉改作崔，此種避諱行為中之變通辦法，實深值注意焉。㉚且：將。㉛為殿：為殿後。㉜青山：沈括曰：「臨安縣有青山鎮。」㉝臨安：《九域志》：「臨安縣在杭州西一百二十里。」㉞勒兵：率兵。㉟搜閱：搜查檢閱。㊱悽愴：悽慘悲愴。㊲宗社：宗廟社稷。㊳西行：謂將幸鳳翔。㊴卿等但東行：使胤等東行，趣朱全忠進兵。㊵惆悵惆悵：猶悲哉悲哉。㊶上遣趙國夫人出語韓偓：命宮人出至學士院語之。㊷入閤：胡三省曰：「百官自閤門入見於內殿，謂之入閤。」㊸正月丙午勅書：丙午勅書，依大中舊制，見上。㊹部兵：部下兵士。㊺之：往。㊻滿街極目：謂滿街盈望者皆是。㊼四鎮：謂宣武、宣義、天平、護國。㊽開化坊：按《舊五代史・孫德昭傳》，開化坊在長安東街。㊾所部六十餘人：六十當作六千。㊿皆往依之：依李繼昭之兵，以避禁兵及岐兵暴掠。(51)求傳禪：謂求傳禪帝位。(52)御院：謂天子及后妃所居之地。(53)蹋：同踏。(54)闌干：殿檻。(55)赫然：灼然。(56)縣：《九域志》：「鄠縣在長安南六十里。」(57)自歸：自己歸順。(58)慰接之：安慰引接之。(59)零口：宋白曰：「昭應縣界有零口。」(60)目不知書：謂眼不識字。(61)往衣錦：項

羽曰：「富貴不歸故鄉，如衣錦夜行。」故往衣錦，亦即往故鄉之意。(六二)援送之：援接及護送之。(六三)車駕之在華州：乾寧三年四年，車駕在華州。(六四)輻湊：謂四方商賈，如車輻皆內湊於轂，而聚集於華州也。(六五)負國：謂孤負國恩。(六六)不勉：不加勉勵。(六七)班迎：謂列班迎接。(六八)賞李繼昭之功：以其能保衞崔胤及百官。(六九)矯詔：假託詔書。(七〇)歛兵：收兵。(七一)土宇：猶疆土。(七二)武功：《九域志》：「武功縣在長安西北一百五十里。」(七三)參知機務：胡三省曰：「參知機務，唐久不除授，盧光啓自權句當中書為之。」(七四)至此：謂以致至於此地。(七五)迎扈：謂迎接及扈從。(七六)陳諭：陳白曉諭。(七七)邠州：《九域志》：「鳳翔東北至邠州二百二十三里。」(七八)平陽：《舊唐書・地理志》二：「河東道晉州臨汾縣，漢平陽縣，隋改為臨汾。」(七九)三原：《九域志》：「自邠州東南至三原一百五十餘里。」(八〇)定：一定。(八一)欲歸，恐為鏐所邀：胡三省曰：「自臨安退還宣州，有千秋嶺之險。」(八二)丘壟：墳墓。(八三)樵采：謂樵薪採草。(八四)犒賂：犒賞之財物。(八五)戎昭節度使馮行襲：按光化三年，以馮行襲為昭信軍節度使，天祐二年，始改昭信軍為戎昭軍。則此戎昭以仍書作昭信為是。(八六)行襲盡殺中使：馮行襲以昭信節度使治金州，故得盡殺中使。(八七)聲言：謂揚聲言。(八八)讙：同諠。(八九)祝：祈祝。(九〇)置：放置。(九一)暴虎：謂空手以搏之。

卷二百六十三　唐紀七十九

司馬光編集
曲守約註

起玄黓閹茂，盡昭陽大淵獻正月，凡一年有奇。（壬戌至癸亥，西元九〇二年至九〇三年）

昭宗聖穆景文孝皇帝中之下

天復二年（西元九〇二年）

㈠春，正月，癸丑，朱全忠復屯三原，又移軍武功，河東將李嗣昭周德威攻慈隰，以分全忠兵勢㈠。

㈡丁卯，以給事中韋貽範為工部侍郎同平章事。

㈢丙子，以給事中嚴龜充岐汴和協㈡使，賜朱全忠姓李，與李茂貞為兄弟，全忠不從，時茂貞不出戰，全忠聞有河東兵，二月，戊寅朔，還軍河中。【考異】實錄在正月。按編遺錄：「二月戊寅，上以久駐兵車於三原，乃議東歸蒲阪，遂取高陵、櫟陽、左馬，入於蒲津。」梁太祖實錄：「正月戊申朔，上總御戎馬，發自三原，復至武功縣，駐焉，貢章奉辭，迴軍赴蒲阪。」今從唐年補錄舊紀。李嗣昭等攻慈隰，下之，進逼晉絳，己丑，全忠遣兄子友寧將兵會晉州刺史氏叔琮擊之，李嗣昭襲取絳州，汴將康懷英㈢復取之，嗣昭等屯蒲縣㈣，乙未，汴軍十萬營於蒲南，叔琮夜帥眾斷其歸路，而攻其壘，破之，殺獲萬餘人。己亥，全忠自河中赴之，乙巳，至晉州。

㈣盜發簡陵㈤。

㈤西川兵至利州，昭武節度使㈥李繼忠棄鎮奔鳳翔，王建以劍州刺史王宗偉為利州制置使。

㈥三月，庚戌，上與李茂貞及宰相、學士、中尉、樞密㈦宴，酒酣，茂貞及韓全誨亡去，上問韋貽範：「朕何以巡幸至此？」對曰：「臣在外不知。」固問不對，上曰：「卿何得於朕前妄語云：『不知。』」又曰：「卿既以非道㈧取宰相，當於公事如法㈨，若有不可，必準故事㈩。」怒目視之，微言曰⑪：「此賊兼須杖之二十。」顧謂韓偓曰：「此輩亦稱宰相⑫。」貽範屢以大盃獻上，上不即持，貽範舉盃直及上頤⑬。」

㈦戊午，氏叔琮朱友寧進攻李嗣昭周德威營，時汴軍横陳十里，而河東軍不過數萬，深入敵境，眾心恟懼⑭，德威出戰而敗，密令嗣昭以後軍前去⑮，德威尋引騎兵亦退，叔琮友寧長驅乘之，河東軍驚潰，禽克用子廷鸞，兵仗輜重，委(一六)棄略盡(一七)。朱全忠令叔琮友寧乘勝遂攻河東，李克用聞嗣昭等敗，遣李存信以親兵逆(一八)之，至清源(一九)，過汴軍(二〇)，存信走還晉陽，汴軍取慈隰汾三州，辛酉，汴軍圍晉陽，營於晉祠(二一)，攻其西門。周德威李嗣昭收餘眾，依(二二)西山(二三)得還，城中兵未集(二四)，叔琮攻城甚急，每行圍(二五)，褒衣博帶(二六)以示閑暇，克用晝夜乘城(二七)，不得寢食，召諸將議保雲州，李嗣昭、李嗣源、周德威曰：「兒輩在此，必能固守【考異】唐太祖紀年錄：「嗣昭與今上，日夜入賊營，斬將塞旗，賊多驚擾。」梁太祖實錄：「三月癸丑，虜眾悉出，友寧以飛騎犯其左右翼，虜大敗北，掩殺不知其數，擒克用男廷鸞及將校健卒數人。」實錄：「朱友寧圍太原，營西北隅，攻其西門，城內大恐，克用欲奔雲中，弟克寧止之，又遣李嗣昭與克用子存勗，日夜擾賊營，友寧乃燒營而遁。」按紀年錄所謂今上者，乃明宗，非莊宗也，實錄誤。，王勿為此謀，動搖人心。」李存信曰：「關東河北皆受制於朱溫，我兵寡地蹙(二八)，守此孤城，彼築壘穿塹環之，以積久(二九)制我，我飛走無路，坐待困斃耳。今事勢已急，不若且(三〇)入北虜，徐圖進取。」嗣昭力爭之，克用不能決，劉夫人言於克用曰：「存信北川(三一)牧羊兒耳，安知遠慮(三二)。王常笑王行瑜輕去其城，死於人手(三三)，今日反效之邪(三四)！且王昔居達靼，幾不自免(三五)，賴朝廷多事，乃得復歸(三六)，今一足出城(三七)，則禍變不測(38)，塞外可得至邪！」克用乃止。居數日，潰兵復集，軍府浸(39)安。克用弟克寧為忻州(40)刺史，聞汴寇至，中塗復還晉陽，曰：「此城吾死所也，去將何之？」眾心乃定。壬戌，朱全忠還河中，遣朱友寧將兵西擊李茂貞，軍於興平武功(41)之間，李嗣昭李嗣源數將敢死(42)士，夜入氏叔琮營，斬首捕虜，汴軍驚擾，備禦不暇(43)，會(44)大疫，丁卯，叔琮引兵還，嗣昭與周德威將兵追之，及石會關，叔琮留數馬及旌旗於高岡之顛，嗣昭等以為有伏兵，乃引去，復取慈隰汾三州，自是克用不敢與全忠爭者累年。克用以使引咨幕府(45)，曰：「不貯軍食(46)，何以聚眾？不置(47)兵甲，何以克敵，不修城池，何以扞禦？利害之間，請垂議度(48)。」

(八)掌書記李襲吉獻議，略曰：「國富不在倉儲，兵彊不由眾寡，人歸有德(49)，神固害盈(50)，聚斂寧有盜臣(51)，苛政有如猛虎(52)，所以鹿臺將散，周武以興(53)，齊庫既焚，晏嬰入賀(54)。」又曰：「伏以變法不若養人，改作何如舊貫(55)，韓建蓄財無數，首事朱溫，王珂變法如麻(56)，一朝降賊，中山城非不峻(57)，蔡上(58)兵非不多，前事甚明，可以為戒。且霸國無貧主，彊將無弱兵，伏願大王崇德(五九)愛人，去奢省役(六〇)，設險固境(六一)，訓兵務農，定亂者選武臣，制理者(六二)選文吏，錢穀有句(六三)，刑法有律(六四)，誅賞由我，則下無威福之弊(六五)，近密多正(六六)，則人無(六七)譖謗之憂，順天時而絕欺誣(六八)，敬鬼神而禁淫祀，則不求富而國富，不求安而自安(六九)，外破元凶，內康疲俗(七〇)，名高五霸(七一)，道冠八元(七二)，至於率閭閻(七三)，定間架(七四)，增麴蘖(七五)，檢田疇(七六)，開國建邦(七七)，恐未為切(七八)。」克用親軍皆沙陀雜虜，喜侵暴良民，河東甚苦之，其子存勗以為言，克用曰：「此輩從吾攻戰數十年，比(七九)者帑藏(八〇)空虛，諸軍賣馬以自給，今四方諸侯，皆重賞以募士(八一)，我若急之(八二)，則彼皆散去矣，吾安與同保此乎(八三)！俟天下稍平，當更清治(八四)之耳。」存勗幼警敏(八五)，有勇略，克用為朱全忠所困，封疆日蹙(八六)，憂形於色(八七)，存勗進言曰：「物不極(八八)，則不返，惡不極，則不亡，朱氏恃其詐力，窮凶極暴，吞滅四鄰，人怨神怒，今又攻逼乘輿，窺覦(八九)神器，此其極也，殆將斃矣。吾家世襲忠貞(九〇)，勢窮力屈，無所愧心(九一)，大人當遵養時晦(九二)，以待其衰，奈何輕為沮喪(九三)，使羣下失望乎！」克用悅，即命酒奏樂而罷。劉夫人無子，克用寵姬曹氏生存勗，劉夫人待曹氏加厚，克用以是益賢之，諸姬有子，輒命夫人母之(九四)，夫人教養，悉如所生(九五)。

(九)上以金吾將軍李儼為江淮宣諭使，書御札賜楊行密，拜行密東面行營都統中書令吳王，以討朱全忠，以朱瑾為平盧節度使，馮弘鐸為武寧節度使，朱延壽為奉國(九六)節度使，加武安節度使馬殷同平章事，淮南、宣歙、湖南等道立功將士，聽用都統牒(九七)，承制(九八)遷補，然後表聞。儼，張濬之子也，賜姓李。【考異】唐補紀：「昭宗自鳳翔，遣金吾將軍李儼，齎御札自巫峽間道潛行，宣告吳王楊行密，為討伐逆賊朱全忠事。李儼者，宰臣張濬男，其張濬先為都統，討太原，退軍，朝貶，韓建力救，不赴貶所，只在三峯，其男留行在，乃授金吾將軍，昭宗差來宣告於吳王行密，朱全忠探知，張濬一門盡遭殺戮。」按此年濬未死，儼賜姓，見此年十月注。

(十)夏，四月，丁酉，崔胤自華州詣河中，泣訴於朱全忠，恐李茂貞劫天子幸蜀，宜以時(九九)迎奉，勢不可緩(一〇〇)。全忠與之宴，胤親執板為全忠歌以侑酒(一〇一)。

(十一)辛丑，回鶻遣使入貢，請發兵赴難(一〇二)，上命翰林學士承旨韓偓荅書許之，乙巳，偓上言：「戎狄獸心，不可倚信，彼見國家人物華靡㉓，而城邑荒殘，甲兵彫弊，必有輕中國之心，啓其貪婪㉔。且自會昌以來，回鶻為中國所破㉕，恐其乘危復怨㉖，所賜可汗書，宜諭以小小寇竊，不須赴難，虛愧其意㉗，實沮㉘其謀。」從之。兵部侍郎參知機務盧光啓罷為太子太保。

(十二)楊行密遣顧全武歸杭州，以易秦裴，錢鏐大喜，遣裴還。

(十三)汴將康懷貞擊鳳翔將李繼昭於莫谷㉙，大破之。繼昭，蔡州人也，本姓符，名道昭。

(十四)五月，庚戌，溫州刺史朱褒卒，兄敖自稱刺史。

(十五)鳳翔人聞朱全忠且來，皆懼，癸丑，城外居民皆遷入城，己未，全忠將精兵五萬發河中，【考異】金鑾記：「五月三日，岐馬步軍敗，迴戈傷中不少，八日聞四面百姓盡般移入城內，二十一日，聞汴帥於郿縣築城及寶雞下寨，二十二日，聞汴帥至石鼻，又至橫渠，二十四日，聞汴帥至城南十里。」按編遺錄，六月全忠始離渭橋，此蓋全忠下遊兵耳。實錄據金鑾紀，云：「癸亥，全忠引軍在石鼻，乙丑，至橫渠，己巳，駐師城南。」誤也。至東渭橫橋㉚，遇霖雨，留旬日。

(十六)庚午，工部侍郎平章事韋貽範㉛遭母喪，宦官薦翰林學士姚洎為相，洎謀於韓偓，偓曰：「若圖永久之利，則莫若未就㉜為善，儻出上意，固無不可。且汴軍旦夕合圍，孤城難保，家族在東，可㉓不慮乎！」泊乃移疾㉔上亦自不許。

(十七)鎮海鎮東節度使彭城王錢鏐進爵越王㉕。

(十八)六月，丙子，以中書舍人蘇檢為工部侍郎同平章事，時韋貽範在草土㉖，薦檢及姚泊於李茂貞，上既不用泊，茂貞及宦官恐上自用人，協㉗力薦檢，遂用之。

(十九)丁丑，朱全忠軍於虢㉘縣。

(廿)武寧節度使馮弘鐸介居宣楊之間㉙，常不自安，然自恃樓船之彊，不事㉚兩道，寧國節度使田頵欲圖之，募弘鐸工人造戰艦，工人曰：「馮公遠求堅木㉛，故其船堪久用，今此㉜無之。」頵曰：「第㉝為之，吾止須一用耳。」弘鐸將馮暉、顏建說弘鐸先擊頵，弘鐸從之，帥眾南上，聲言㉞攻洪州㉟，實襲宣州也，楊行密使人止之㊱，不從。辛巳，頵帥舟師逆擊於葛山㊲，大破之。

(廿一)甲申，李茂貞大出兵，自將之，與朱全忠戰於虢縣之北，大敗而還，死者萬餘人。丙戌，全忠遣其將孔勍出散關㊳，攻鳳州，拔之。丁亥，全忠進軍鳳翔城下，全忠朝服，嚮城而泣曰：「臣但欲迎車駕還宮耳，不與岐王角勝㉙也。」遂為五寨環之。【考異】梁太祖實錄：「六月丁丑，暨虢縣，辛未，文通涸兵驟出布陣，俟敵我之將卒躍進決鬬，始辰暨午，寇大敗，尸仆萬餘人，命諸軍徙寨，逼其壘，自是岐人繼出師，靡不喪衂。六月乙亥，上以盩厔有博野軍，與岐人往來，以窺我，命李暉討平。丙戌，復遣孔勍領兵，由大散關取鳳州。」按六月乙亥朔，無辛未，前云丁丑，後云辛未，又再云六月，皆誤，從唐實錄。

(廿二)馮弘鐸收餘眾沿江將入海，楊行密恐其為後患，遣使犒軍，且說之曰：「公徒眾猶盛，胡為自棄滄海之外㉚，吾府雖小，足以容公之眾，使將吏各得其所，如何？」弘鐸左右皆慟哭聽命，弘鐸至東塘，行密自乘輕舟迎之，從者十餘人，常服，不持兵㉛，升弘鐸舟，慰諭之，舉軍感悅㉜，署弘鐸淮南節度副使，館給㉝甚厚。初弘鐸遣牙將丹徒㉞尚公迺詣行密求潤州，行密不許，公迺大言曰：「公不見聽㉟但恐不敵樓船耳。」至是行密謂公迺曰：「頗記求潤州時否？」公迺謝曰：「將吏各為其主，但恨無成㊱耳。」行密笑曰：「爾事楊叟㊲，如事馮公，無憂矣。」行密以李神福為昇州刺史。

(廿三)楊行密發兵討朱全忠，以副使李承嗣權知淮南軍府事，軍吏欲以巨艦運糧，都知兵馬使徐溫曰：「運路久不行㊳，葭葦堙㊴塞，請用小艇，庶幾易通。」軍至宿州，會久雨，重載㊵不能進，士㊶有飢色，而小艇先至，行密由是奇溫，始與議軍事。行密攻宿州，不克，竟以糧運不繼，引還。

(廿四)秋，七月，孔勍取成隴二州，士卒無鬪者，至秦州，州人城守，乃自故關㊷歸。

(廿五)韋貽範之為相也，多受人賂㊸，許以官，既而以母喪罷去，日為債家㊹所譟㊺，親吏劉延美所負㊻尤多，故汲汲㊼於起復㊽，日遣人詣兩中尉樞密及李茂貞求之，甲戌，命韓偓草貽範起復制，偓曰：「吾腕可斷，此制不可草。」即上疏論：「貽範遭憂未數月，遽令起復，實駭物聽㊾，傷國體㊿。」學士院二中使(五一)怒曰：「學士勿以死為戲(五二)。」偓以疏授之，解衣而寢，二使不得已奏之，上即命罷草(五三)，仍賜勅，褒賞之。八月，乙亥朔，班定(五四)，無白麻可宣(五五)，宦官喧言：「韓侍郎不肯草麻。」聞者大駭，茂貞入見上曰：「陛下命相，而學士不肯草麻，與反何異？」上曰：「卿輩薦貽範，朕不之違，學士不草麻，朕亦不之違。況彼所陳，事理明白(五六)，若之何不從？」茂貞不悅而出，至中書見蘇檢曰：「姦邪朋黨，宛然(五七)如舊。」扼腕者久之。貽範猶經營(五八)不已，茂貞語人曰：「我實不知書生禮數(五九)，為貽範所誤，會當於邠州安置(六〇)。」貽範乃止。

(廿六)保大節度使李茂勳將兵屯三原，救李茂貞，朱全忠遣其將康懷貞孔勍擊之，茂勳遁去。茂勳，茂貞之從弟也。

(廿七)初孫儒死，其士卒多奔浙西，錢鏐愛其驍悍(六一)，以為中軍，號武勇都，行軍司馬杜稜諫曰：「狼子野心，它日必為深患(六二)，請以土人(六三)代之。」不從。鏐如衣錦軍(六四)，命右武勇都指揮使徐綰帥眾治溝洫(六五)，鎮海節度副使成及聞士卒怨言，白鏐請罷役，不從，甲戌，鏐臨饗(六六)諸將，綰謀殺鏐於座，不果，稱疾先出，鏐怪之。丁亥，命綰將所部兵，先還杭州，及外城，縱兵焚掠，武勇左都指揮使(六七)許再思，以迎侯兵(六八)與之合，進逼牙城，鏐子傳瑛與三城都指揮使馬綽等閉門拒之，牙將潘長擊綰，綰退屯龍興寺，鏐還及龍泉(六九),聞變,疾驅至城北,使成及建鏐旗鼓,與綰戰,鏐微服(七〇)乘小舟,夜抵牙城東北隅,踰城而入,直(七一)更卒憑鼓(七二)而寐,鏐親斬之,城中始知鏐至,武安都指揮使杜建徽自新城(七三)入援,徐綰聚木將焚北門,建徽悉焚之。建徽,稜之子也。湖州刺史高彥聞難,遣其子渭將兵入援,至靈隱山(七四),綰伏兵擊殺之。初鏐築杭州羅城,謂僚佐曰:「十步一樓,可以為固矣。」掌書記餘姚(七五)羅隱曰:「樓不若內向(七六)。」至是人以隱言為驗。

【今註】㊀攻慈隰,以分全忠兵勢:朱全忠兼有河中,慈隰二州乃其巡屬。㊁和協:謂和同。㊂康懷英:胡三省曰:「康懷英即康懷貞,後避梁均王友貞名,始改名懷英,斯時未改也,史雜書之。」㊃蒲縣:《九域志》:「蒲縣在隰州東南九十五里。」㊄簡陵:懿宗陵。㊅昭武節度使:光啓二年,升興鳳二州為感義軍節度使,時僖宗在山南,欲以捍東兵也。文德元年,感義軍增領利州,至乾寧四年,更感義軍曰昭武軍,徙鎮利州。㊆中尉、樞密:謂左右軍中尉及樞密使。㊇非道:謂非正道。㊈當於公事如法:謂處事當皆如國法。㊉若有不可,必準故事:謂貶竄之。(一一)微言曰:小聲言曰。(一二)此輩亦稱宰相:意謂其不配稱為宰相。(一三)頤:臉頰。(一四)忷懼:忷忷恐懼。(一五)以後軍前去:謂以後軍先去。(一六)委:亦棄。(一七)略盡:幾盡。(一八)遣李存信以親兵逆之:胡三省曰:「李克用親兵，皆代北雜虜，最為驍勁。」〔一九〕清源：《九域志》：「清源縣在晉陽南五十里。」〔二〇〕過汴軍：按過當係遇之訛。〔二一〕晉祠：晉陽有晉王祠。〔二二〕依：猶循。〔二三〕西山：胡三省曰：「汾水過晉陽東，晉陽西南接介休縣之介山、綿山。」〔二四〕集：集合。〔二五〕行圍：巡行圍壘。〔二六〕褒衣博帶：寬衣大帶，按此乃常人之服，而非戎裝。〔二七〕乘城：猶臨城。〔二八〕地蹙：猶地狹。〔二九〕以積久：以持久。〔三〇〕且：姑且。〔三一〕北川：胡三省曰：「代北之地，謂之北川，以陘嶺之北，皆平川也。」〔三二〕安知遠慮：按作安有遠慮較佳。〔三三〕死於人手：謂死於他人之手。〔三四〕效：仿效。〔三五〕幾不自免：謂幾不能自免。〔三六〕賴朝廷多事，乃得復歸：事見卷二百五十三僖宗廣明元年。〔三七〕今一足出城：意謂今只一出城。〔三八〕不測：不可測度。〔三九〕浸：漸。〔四〇〕忻州：《九域志》：「晉陽北至沂州，一百七十餘里。」〔四一〕興平、武功：興平縣在長安西，武功縣在長安西北。〔四二〕敢死：謂不怕死。〔四三〕不暇：謂無暇時。〔四四〕會：遇。〔四五〕以使引咨幕府：胡三省曰：「使引節度使府所行文引。謀事曰咨，今北人以文書達於上曰咨。」〔四六〕軍食：軍糧。〔四七〕置：設置。〔四八〕議度：謂議論度劃。〔四九〕人歸有德：《書》：「咸有一德曰：『非商求於下民，惟民歸於一德。』」〔五〇〕神固害盈：《易・謙卦・彖辭》：「鬼神害盈而福謙。」〔五一〕聚斂寧有盜臣：《大學》：「孟獻子曰：『與其有聚斂之臣，寧有盜臣。』」〔五二〕苛政有如猛虎：《禮・檀弓》：「孔子曰：『苛政猛於虎也。』」〔五三〕所以鹿臺將散，周武以興：武王伐紂，散鹿臺之財，一戎衣，而天下大定。〔五四〕齊庫既焚，晏嬰入賀：《韓詩外傳》：「晉平公之藏臺火，救火三日三夜乃勝之。公子晏束帛而賀曰：『臣聞王者藏於天下，諸侯藏於百姓，農夫藏於囷庾。今百姓乏於外，而賦歛無已。昔桀紂殘賊，為天下戮，今皇天降災於藏臺，是君之福也。』」胡三省曰：「李襲吉以為齊庫焚而晏嬰入賀，蓋別有所據。」(五五)改作何如舊貫：《論語・先進》：「魯人為長府，閔子騫曰：『仍舊貫，如之何？何必改作。』」注：「貫，事也。」(五六)如麻：以喻繁多。(五七)中山城非不峻：謂王部不能守定州城。(五八)蔡上：謂秦宗權恃眾，卒為朱溫所禽。(五九)崇德：謂崇尚道德。(六〇)省役：省減賦役。(六一)固境：固守邊境。(六二)制理者：即制治者。(六三)錢穀有句：胡三省曰：「出納之籍明，則姦弊自無所容。」句讀鉤，謂勾稽。(六四)刑法有律：依律定刑，則吏手不得而輕重。(六五)則下無威福之弊：謂則臣下無作威作福之弊端。(六六)近密多正：謂近密之臣，多係端正之人。(六七)則人：謂則在外之人。(六八)欺誣：欺詐誣罔。(六九)自安：謂身安。(七〇)內康疲俗：謂內安疲敝之民。(七一)五霸：杜預曰：「五霸：齊桓、晉文、宋襄、秦穆、楚莊。」(七二)八元：《左傳》文公十八年：「高辛氏有才子八人：伯奮、仲堪、叔獻、季仲、伯虎、仲熊、叔豹、季貍，忠、肅、共、懿、宣、慈、惠、和，天下之民謂之八元。」(七三)率閭閻：謂率閭閻之口而賦之。(七四)定間架：謂定房屋之稅。(七五)增麴蘖：謂榷酤之稅。(七六)檢田疇：檢括田疇之畝數，以增加地稅收入。(七七)開國建邦：謂開拓國土，建立諸侯。(七八)切：切要。(七九)比：近。(八〇)帑藏：謂庫中所藏之錢貨。(八一)募士：召募賢士。(八二)急之：謂急迫之。(八三)吾安與同保此乎：謂吾與誰共保此土乎。(八四)清治：清理管治。(八五)警敏：機警聰敏。(八六)蹙：減縮。(八七)色：神色。(八八)極：窮。(八九)窺覦：窺伺覬覦，音俞。(九〇)吾家世襲忠貞：謂自朱邪執宜以來，皆輸力於唐室。(九一)無所愧心：謂於心無愧。(九二)遵養時晦：見《詩・周頌・酌》。傳：「遵，率；養，取；晦，昧也。」箋：「文王之用師，率殷之叛國以事紂，養是暗昧之君，以老其惡。」㊈㊂沮喪：謂失望灰心。㊈㊃母之：謂以為其母。㊈㊄所生：謂所生之子。㊈㊅平盧、武寧、奉國：平盧軍青州，武寧軍徐州，奉國軍蔡州，此時皆係使之遙領。㊈㊆牒：帖牒。㊈㊇承制：奉承天子制命。㊈㊈以時：謂以適當之時。㊀㊀勢不可緩：謂衡諸形勢，不可遲緩。㊀㊀胤親執板為全忠歌以侑酒：胡三省曰：「板，拍板也，古樂無之。玄宗時教坊散樂用橫笛一、拍板一、腰鼓三，後人因之，歌舞率以板為節，以木若象凡八片，以韋貫之，兩手各執其外一片而拍之。」㊀㊁赴難：赴國難。㊀㊂彼見國家人物華靡：華靡謂華麗侈靡，此言彼見唐士民之豪富。㊀㊃婪：貪得無厭，音ㄌㄢˊ。㊀㊄且自會昌以來，回鶻為中國所破：事見卷二百四十七武宗會昌三年。㊀㊅復怨：謂報復仇怨。㊀㊆虛愧其意：謂詐示慼愧其意。㊀㊇沮：止。㊀㊈莫谷：胡三省曰：「莫谷即漠谷，在奉天城北。」㊁㊀東渭橫橋：東渭橋在長安縣東，北接臨潼縣界，漢景帝造。㊁㊁工部侍郎平章事韋貽範：胡三省曰：「平章事之上，當有同字。」㊁㊁未就：即不就。㊁㊂可不：謂豈可不。㊁㊃移疾：移文稱有疾。㊁㊄錢鏐進爵越王：自郡王進爵國王。㊁㊅在草土：居喪者寢苫枕塊，故曰在草土。㊁㊆協：合。㊁㊇虢：《九域志》：「虢縣在鳳翔府南三十五里。」㊁㊈馮弘鐸介居宣楊之間：宣，田頵；楊，楊行密。馮弘鐸以昇州居二鎮之間。㊂㊀不事：不奉事。㊂㊁遠求堅木：謂自遠方求取堅硬之木料。㊂㊁今此：謂今此地。㊂㊂第：但。㊂㊃聲言：揚聲言。㊂㊄洪州：鍾傳據洪州。㊂㊅楊行密使人止之：楊行密時為東面諸道行營都統，故欲制其行師進止。㊂㊆葛山：胡三省曰：「新書作曷山，當從之。張舜民郴行錄曰：『褐山磯在大信口稍西南，去蕪湖縣四十餘里。』」㉘出散關：胡三省曰：「散關在鳳翔府寶雞縣西南，自諸葛亮以來，多以自蜀出師為出散關，今朱全忠自號縣遣孔勍進攻鳳州，為出散關，彼我之說也。」㉙角勝：謂爭勝負。㉚自棄滄海之外：謂自棄置於滄海之外。㉛不持兵：謂不持兵器。㉜感悅：感激歡悅。㉝館給：館舍及供給。㉞丹徒：據《新唐書・地理志》五，丹徒屬江南東道潤州。㉟見聽：相聽。㊱無成：謂未成功。㊲楊叟：行密自謂。㊳久不行：久不通行。㊴堙：亦塞，音ㄧㄣ。㊵重載：重載之巨艦。㊶士：軍士。㊷故關：《九域志》：「秦州清水縣東五十里，有大震關，大中六年，隴州防禦使薛達，徙築安戎關於隴山，由是謂大震關為故關。」㊸賂：賄賂。㊹債家：今則謂債戶，蓋家猶戶也，故意正相同。㊺譟：喧聒。㊻所負：謂所欠之債戶。㊼汲汲：急切。㊽起復：起身復官。㊾實駭物聽：謂實駭人聽聞。㊿傷國體：有傷國家體制。(51)學士院二中使：胡三省曰：「時韓全誨等使二中使監學士院，以防上與之密議國事，兼掌傳宣回奏。」(52)學士勿以死為戲：謂當重視之，以免被處死。(53)罷草：停止草制。(54)班定：謂百官立班已定。(55)無白麻可宣：學士不草制，故無麻可宣，詔書係書於白麻之上，故無麻亦即無詔書也。(56)明白：明顯。(57)宛然：謂類肖。(58)經營：經營宰相之位。(59)書生禮數：謂讀書人之禮法。(60)會當於邠州安置：言將出貽範；會，合也。(61)驍悍：驍勇強悍。(62)深患：大患。(63)土人：此謂浙西人。(64)衣錦車：胡三省曰：「錢鏐臨安人，既貴，改所居營曰衣錦營，又升曰衣錦城，每遊衣錦城，宴故老山林，皆覆以錦。」鏐凡物皆曰衣錦，故軍自亦名為衣錦軍焉。(65)溝洫：溝渠，音ㄒㄩˋ。(66)臨饗：至臨宴饗。(67)武勇左都指揮使：按以上之右武勇都指揮使核之，此左字當提書於上，而作左武勇都指揮使。(六八)迎候兵：迎候兵者，許再思以錢鏐將還，領兵迎候。(六九)龍泉：胡三省曰：「龍泉即龍井，在杭州城西南風篁嶺上，去城十五里。」(七〇)微服：私服。(七一)直：遇。(七二)鼓：更鼓。(七三)新城：《九域志》：「新城縣在杭州西南一百三十里。」(七四)靈隱山：《九域志》：「湖州南至杭州，一百五十五里，靈隱山在杭州城西十二里，有靈隱寺。」(七五)餘姚：今浙江省餘姚縣。(七六)樓不若內向：胡三省曰：「樓謂城上敵樓也，樓外向所以禦敵，今徐綰據杭州羅城，而錢鏐自外攻之，故人以羅隱不若內向之言為驗。」

㈠庚戌，李茂貞出兵夜襲㊀奉天，虜汴將倪章、邵棠以歸，乙未，茂貞大出兵與朱全忠戰，不勝，暮歸，汴兵追之，幾入西門㊁。

㈡己亥，再起復前戶部侍郎同平章事韋貽範，使姚洎草制，貽範不讓㊂，即表謝㊃，明日視事。

㈢西川兵請假道㊄於興元，山南西道節度使李繼密遣兵戍三泉，以拒之。辛丑，西川前鋒將王宗播攻之，不克，退保山寨，親吏柳修業謂宗播曰：「公舉族歸人㊅，不為之死戰，何以自保㊆？」宗播令其眾曰：「吾與汝曹決戰取功名㊇，不爾，死於此㊈。」遂破金牛、黑水、西縣、褒城四寨㊉。軍校秦承厚攻西縣，矢貫左目，達於右目，鏃不出，王建自舐其創(一一)，膿潰鏃出。王宗播攻馬盤寨，繼密戰敗，奔還漢中(一二)，西川軍乘勝至城下，王宗滌帥眾先登，遂克之，繼密請降，遷於成都，得兵三萬、騎五千，宗滌入屯漢中。王建曰：「繼密殘賊三輔，以其降，不忍殺，復其姓名曰王萬弘，不時(一三)召見，諸將陵易(一四)之，萬弘終日縱酒，俳優(一五)輩亦加戲誚(一六)，萬弘不勝憂憤，醉投池水而卒。詔以王宗滌為山南西道節度使，宗滌有勇略，得眾心，王建忌(一七)之，建作府門，繪以朱丹，蜀人謂之畫紅樓，建以宗滌姓名應之(一八)，王宗佶等疾其功，復構以飛語(一九)，建召宗滌至成都，詰責之，宗滌曰：「三蜀(二〇)略平，大王聽讒殺功臣，可矣(二一)！」建命親隨馬軍都指揮使唐道襲夜飲之酒，縊殺之，成都為之罷市(二二)，連營(二三)涕泣，如喪親戚(二四)，建以指揮使王宗賀權興元留後。道襲，閬州人也，始以舞童事建，後浸預謀畫(二五)。

㈣九月，乙巳，朱全忠以久雨，士卒病，召諸將議引兵歸，河中親從指揮使高季昌、左開道指揮使劉知俊曰：「天下英雄，窺此舉一歲矣㉖，今茂貞已困，奈何捨之去！」全忠患李茂貞堅壁㉗不出，季昌請以譎計㉘誘致之，募有能入城為諜者，騎士馬景請行，曰：「此行必死，願大王錄㉙其妻子。」全忠惻然止之，景不可，時全忠遣朱友倫發兵於大梁，明日將至，當出兵迓㉚之，景請因此時，給駿馬，雜㉛眾騎而出，全忠從之，命諸軍皆秣馬㉜飽士㉝，丁未旦，偃㉞旗幟，潛伏營中，寂如無人，景與眾騎皆出，忽躍馬西去，詐為逃亡，入城告茂貞曰：「全忠舉軍遁矣，獨留傷病者近萬人守營，今夕亦去矣，請速擊之。」於是茂貞開門，悉眾攻全忠營，全忠鼓於中軍，百營俱出，縱兵㉟擊之，又遣數百騎據其城門㊱，鳳翔軍進退失據，自蹈藉㊲，殺傷殆盡，茂貞自是喪氣㊳，始議與全忠連和，奉車駕還京，不復以詔書勒㊴全忠還鎮矣。全忠表季昌為宋州團練使。季昌，硤石人，本朱友恭之僕夫也。

㈤戊申，武定節度使李思敬以洋州降王建。

㈥辛亥，李茂貞盡出騎兵，於鄜州就芻糧㊵，壬子，朱全忠穿蚰蜒壕、圍鳳翔，設犬鋪鈴架，以絕內外㊶。

㈦癸亥，以茂貞為鳳翔、靜難、武定、昭武四鎮節度使㊷。

㈧或勸錢鏐度江，東保越州，以避徐許之難㊸，杜建徽按劍㊹叱之曰：「事或不濟，同死於此，豈可復東度乎！」鏐恐徐綰等據越州，遣大將顧全武將兵戍之，全武曰：「越州不足往，不若之廣陵㊺。」鏐曰：「何故？」對曰：「聞綰等謀召田頵，田頵至，淮南助之，不可敵也。」建徽曰：「孫儒之難，王嘗有德於楊公，今往告之，宜有以相報。」鏐命全武告急於楊行密，全武曰：「徒往無益，請得王子為質。」鏐命其子傳璙為全武僕㊻，與偕之廣陵，且求昏於行密。過潤州，團練使安仁義愛傳璙清麗，將以十僕易之，全武夜半賂閽者㊼逃去。綰等果召田頵，頵引兵赴之，先遣親吏何饒謂鏐曰：「請大王東如㊽越州，空府廨㊾以相待，無為殺士卒。」鏐報曰：「軍中叛亂，何方㊿無之，公為節帥(五一)，乃助賊為逆，戰則亟戰(五二)，又何大言(五三)！」頵築壘，絕往來之道，鏐患之，募能奪其地者(五四)，賞以州，衢州制置使陳璋將卒三百，出城奮擊，遂奪其地，鏐即以為衢州刺史。顧全武至廣陵，說楊行密曰：

「使田頵得志，必為王患，王召頵還，錢王請以子傳璙為質。」且求昏，行密許之，以女妻傳璙。

(九)冬，十月，李儼至揚州，【考異】十國紀年注：「李昊蜀書張格傳云，弟休仕唐為御史，奉使揚州，聞長水之禍，改姓名為李儼。」九國志云：「李儼本左僕射張濬之少子，名播，起家校書郎，遷右拾遺，濬為朱全忠所害，播自長水奔鳳翔，昭宗賜其姓名，來使，欲徵兵復讎。行密與朱全忠書云，選張逑於諫省，俾御命於敝藩，授秩執金，賜編屬籍。」新舊唐書昭宗紀及濬傳，皆云：「天復三年十二月，全忠殺濬於長水。」然則儼來使時，濬猶未死，逑字與休字相亂，或一名播乎！實錄：「是月，始以儼為江淮宣諭使，以行密充吳王東面行營都統。誤也。據行密書，則儼父在時，已賜姓李，宣諭行密，以討全忠，明年春，全忠既克鳳翔，儼遂留淮南，不敢歸朝耳。楊行密始建制敕院，每有封拜，輒以告儼，於紫極宮(五五)玄宗像前，陳制書，再拜，然後下(五六)。

(十)王建攻拔興州，以軍使王宗浩為興州刺史。

(十一)戊寅夜，李茂貞假子彥詢帥三團(五七)步兵，奔於汴軍，己卯，李彥韜繼之，庚辰，朱全忠遣幕僚司馬鄴奉表入城，【考異】實錄：「庚辰，司馬鄴奉表，壬午，對全忠使司馬鄷。」薛居正五代史司馬鄴傳：「大軍在岐下，遣奏於昭宗，再入復出。」實錄作鄷，誤也。甲申，又遣使獻熊白(五八)，自是獻食物繒帛相繼，上皆先以示李茂貞，使啓視之，茂貞亦不敢啓。丙戌，復遣使請與茂貞議連和，民出城樵采者，皆不抄掠。丁亥，全忠表請修宮闕，及迎車駕，己丑，遣國子司業薛昌祚、內使(五九)王延續齎詔賜全忠。癸巳，茂貞復出兵擊汴軍城西寨，敗還，全忠以絳袍衣降者，使招呼城中人，鳳翔軍夜縋去(六〇)，及因樵采去不返者，甚眾，是後茂貞或遣兵出擊汴軍，多不為用，散還，茂貞疑上與全忠有密約，壬寅，更於御院北垣外，增兵防衛。

(十二)十一月，癸卯朔，保大節度使李茂勳帥其眾萬餘人救鳳翔，屯於城北阪上，與城中舉烽相應(六一)。

(十三)甲辰，上使趙國夫人詗學士院，二使皆不在(六二)，亟召韓偓姚洎，竊見之於土門外，執手相泣，洎請上速還，恐為它人所見，上遽(六三)去。

(十四)朱全忠遣其將孔勍李暉將兵，乘虛襲鄜坊，壬子，拔坊州，甲申，大雪，汴軍冒之夕(六四)進，五鼓抵鄜州(六五)城下，鄜人不為備，汴軍入城，城中兵尚八十人，格鬭(六六)至午，鄜人始敗，【考異】編遺錄：「十二月癸酉，遣孔勍、李暉領兵襲鄜州，以牽李周彝之兵。己亥，我師攻陷鄜墻，獲周彝親族，遂令李暉權知鄜時軍事，不數日，周彝乃遣幕賓，投分通好，然後上許抽兵。」梁太祖實錄：「十一月癸卯，鄜帥李周彝統州兵萬餘人，屯於老聃祠之下，上命孔勍李暉乘虛捷取之，壬子勍等破中部郡，甲寅，大雨雪，大軍冒之夕進，五鼓及其壘，克之。」按癸卯距己亥近六十日，鄜汴相守，豈得全不交兵，今從唐梁二實錄。擒留守李繼璙，勍撫存(六七)李茂勳及將士之家，按堵(六八)無擾(六九)，命李暉權知軍府事，茂勳聞之，引兵遁去。汴軍每夜鳴鼓角，城中地如動(七〇)，攻城者詬（七一）城上人云：「劫天子賊。」乘城者詬城下人云：「奪天子賊。」是冬大雪，城中食盡，凍餒死者不可勝計，或臥未死，已為人所咼，市中賣人肉，斤直錢百，犬肉直五百（七二）。茂貞儲偫（七三）亦竭，以犬彘（七四）供御膳，上鬻御衣及小皇子衣於市，以充用（七五），削漬松梻（七六）以飼御馬。

(十五)丙子，戶部侍郎同平章事韋貽範薨（七七）。

(十六)癸亥，朱全忠遣人薙（七八）城外草，以困城中。

(十七)甲子，李茂貞增兵守宮門（七九），諸宦官自度不免，互相尤（八〇）怨，蘇檢數為韓偓經營入相，言於茂貞及中尉樞密，且遣親吏告偓，偓怒曰：「公與韋公，自貶所召歸，旬月（八一），致位宰相（八二），訖（八三）不能有所為，今朝夕不濟，乃欲以此相污（八四）邪！」

(十八)田頵急攻杭州，仍具舟將自西陵渡江，錢鏐遣其將盛造、朱郁拒破之（八五）。

(十九)十二月，李茂勳遣使請降於朱全忠，更名周彝，於是茂貞山南州鎮皆入王建，關中州鎮皆入全忠，坐守孤城，乃密謀誅宦官以自贖，遣全忠書曰：「禍亂之興，皆由全誨，僕迎駕至此，以備它盜，公既志匡(八六)社稷，請公迎扈(八七)還宮，僕以弊甲彫兵(八八)，從公陳力(八九)。」全忠復書曰：「僕舉兵至此，正以乘輿(九〇)播遷(九一)，公能協力(九二)，固所願也。」

(廿)楊行密使人召田頵曰：「不還，吾且(九三)使人代鎮宣州。」庚辰，頵將還，徵犒軍錢二十萬緡於錢鏐，且求鏐子為質，將妻以女，鏐謂諸子：「孰(九四)能為田氏婿者？」莫對，鏐欲遣幼子傳球，傳球不可，鏐怒將殺之，次子傳瓘請行，吳夫人泣曰：「奈何寘兒虎口。」傳瓘曰：「紓(九五)國家之難，安敢愛身(九六)！」再拜而出，鏐泣送之，傳瓘從數人，縋北門而下，頵與徐綰，許再思同歸宣州，鏐奪傳球內牙兵印(九七)。越州客軍指揮使張洪以徐綰之黨自疑，帥步兵三百奔衢州，刺史陳璋納之，溫州將丁章逐刺史朱敖，敖奔福州，章據溫州，田頵遣使招之，道出(九八)衢州，陳璋聽其往還，錢鏐由是恨璋。

(廿一)丁酉，上召李茂貞、蘇檢、李繼誨、李彥弼、李繼岌、李繼遠、李繼忠食(九九)，議與朱全忠和，上曰：「十六宅諸王(一〇〇)以下凍餒死者，日有數人，在內諸王及公主(一〇一)妃嬪，一日食粥，一日食湯餅(一〇二)，今亦竭矣，卿等意如何？」皆不對。上曰：「速當和解耳(一〇三)。」鳳翔兵十餘人遮韓全誨於左銀臺門(一〇四)，詬罵(一〇五)曰：「闔境(一〇六)塗炭(一〇七)，闔城餒死，正為軍容(一〇八)輩數人耳。」全誨叩頭訴於茂貞，茂貞曰：「卒輩何知(一〇九)！」命酌酒兩盃，對飲而罷，又訴於上，上亦諭解(一一〇)之。李繼昭謂全誨曰：「昔楊軍容破楊守亮一族，今軍容亦破繼昭一族邪！」慢罵之(一一一)，遂出降於全忠，復姓苻名道昭。

(廿一)是歲，處州刺史(一一二)盧光稠攻嶺南，陷韶州(一一三)，【考異】新紀：「是歲，光稠卒，牙將李圖自稱知州事(一一四)。」按十國紀年、歐陽脩五代史光稠傳，開平五年方卒，新紀誤也。使其子延昌守之，進圍潮州，清海劉隱(一一五)發兵擊走之，乘勝進攻韶州，隱弟陟以為延昌有虔州之援，未可遽取，隱不從，遂圍韶州，會江漲，餽運不繼(一一六)，光稠自虔州引兵救之，其將譚全播伏精兵萬人於山谷，以羸(一一七)弱挑戰，大破隱於城南，隱奔還，全播悉以功讓諸將，光稠益賢之。

(廿二)岳州刺史鄧進思卒，弟進忠自稱刺史。

【今註】㈠襲：偷襲。㈡西門：鳳翔城之西門。㈢不讓：謂不先上表辭讓。㈣即表謝：謂即上表謝除授之恩。㈤請假道：言假道以勤王。㈥親吏柳修業謂宗播曰：「公舉族歸人」：柳修業、王宗播元從孔目官，王宗播，許存也，歸王建見卷二百六十乾寧二年。㈦何以自保：謂何以自保身家性命。㈧吾與汝曹決戰取功名：謂吾與汝曹堅決作戰，以取功名。㈨不爾，死於此：謂不如此，則死於此。㈩金牛、黑水、西縣、褒城四寨：《新唐書．地理志》四：「山南西道興元府西縣，武德三年，以縣置褒州，析利州之綿谷，置金牛縣，八年州廢，二縣來屬，寶曆元年，省金牛縣入焉。興元府又領有褒城縣。」⑪創：創傷。⑫漢中：乃興元府之舊名。⑬不時：謂無定時。⑭陵易之：欺陵輕忽之。⑮俳優：俳伶倡優，音排。⑯戲誚：戲弄嘲誚。⑰忌：忌憚。⑱建作府門，繪以朱丹，蜀人謂之畫紅樓，建以宗滌姓名應之：宗滌本姓華名洪，更姓名見卷二百六十乾寧四年。⑲飛語：謂無根據之謠言。⑳三蜀：謂東西川及漢川。㉑可矣：乃憤激之辭，非真可也。㉒罷市：謂商賈以哀悼故，而停止交易。㉓連營：謂諸相連之營寨。㉔親戚：有時指父母言。㉕謀畫：猶計議。㉖窺此舉一歲矣：謂窺望平李茂貞之舉，已一歲矣。朱全忠自去冬舉兵，至此時幾一歲。㉗堅壁：堅守營壁。㉘譎計：詭計，音ㄐㄩㄝˊ。㉙錄：收恤。㉚迓：迎。㉛雜：混雜。㉜秣馬：秣飼其馬。㉝飽士：士卒皆飽食。㉞偃：偃仆。㉟縱兵：縱放兵卒。㊱又遣數百騎，據其城門：以遮其歸路。㊲蹈藉：蹈踏履藉。㊳喪氣：喪膽氣，亦即喪膽。㊴勒：令。㊵於鄜州就芻糧：謂就芻糧於鄜州，意為於當地食用，而勿須輸於鳳翔。㊶穿蚰蜒壕，圍鳳翔，設犬舖鈴架，以絕內外：

胡三省曰：「蚰蜒蟲也，多涎，天陰雨，則出，行地皆有跡，穿壕塹，如蚰蜒行地之狀，故謂之蚰蜒壕。凡行軍下營，四面設犬舖，以犬守之，敵來則羣吠，使營中知所驚備。鈴架者，繞營設架，挂鈴其上，敵來觸之則鳴。」㊷以茂貞為鳳翔、靜難、武定、昭武四鎮節度使：武定、昭武，時已為王建所取。㊸以避徐許之難：徐許為徐綰、許再思。㊹按劍：乃以手按捺劍柄，而欲由劍鞘拔出之狀。㊺之廣陵：之、往，廣陵，時楊行密所治。㊻僕：御車者。㊼閽者：守門隸，音昏。㊽如：往。㊾解：解舍。㊿何方：猶何處。(51)節帥：即節度使。(52)亟戰：速戰。(53)又何大言：謂又何必空出大言。(54)奪其地者：奪其築壘之地。(55)紫極宮：玄宗詔天下州郡皆立紫極宮，以奉玄元皇帝。(56)下：退下。(57)三團：三土團，亦即三隊鄉兵。(58)熊白：陸佃《埤雅》：「熊脂一名熊白，熊山居冬蟄，當心有白脂如玉，味甚美，俗呼熊白。」(59)內使：內使即中使，往往梁臣避朱全忠名，改中為內。(60)縋去：謂縋下城而去。(61)相應：相呼應。(62)二使皆不在：胡三省曰：「二使，二中使之直學士院者，韓全誨等置之，以防上密召對學士，前此怒韓偓者，即其人也。」(63)遽：即。(64)夕：夜。(65)鄜州：《九域志》：「坊州北至鄜州，一百一十里。」(66)格鬭：胡三省曰：「謂短兵接鬭，兩兩相當，以力角力。」(67)撫存：撫問存恤。(68)按堵：謂安居。(69)擾：騷擾。(70)地如動：謂地如地震時之蕩動。(71)詬：詈。(72)犬肉直五百：謂犬肉斤值五百，斤字乃承上而省。(73)偫：儲物以待用，音峙。(74)堯：豕。(75)以充用：謂以充用度。(76)柹：斫木札。(77)丙子，戶部侍郎同平章事韋貽範薨：按《新唐書．昭宗紀》，丙子作丙辰。(78)薙：除草，音去、一。(79)宮門：行宮門。(80)尤：咎。

(八一)旬月：謂旬月之間。(八二)致位宰相：謂獲致宰相之位。(八三)訖：謂自始至終。(八四)汚：汚漬。(八五)拒破之：抗拒而破敗之。(八六)匡：匡濟。(八七)迎扈：謂迎接及扈從天子。(八八)彫兵：彫殘之兵卒。(八九)陳力：猶展力。(九〇)乘輿：猶車駕，指天子言。(九一)播遷：播越遷徙。(九二)協力：合力。(九三)且：將。(九四)孰：誰。(九五)紓：解。(九六)愛身：謂愛惜己之生命。(九七)兵印：掌兵之符印。(九八)道出：謂道路經由。(九九)上召李茂貞食：亦即上饗李茂貞。(一〇〇)十六宅諸王：為上之兄弟及羣從。(一〇一)在內諸王及公主：為皇子皇女。(一〇二)湯餅：胡三省曰：「湯餅者，磑麥為麵，以麵作餅，投之沸湯煮之。」(一〇三)速當和解耳：按作當速和解耳，似較佳。(一〇四)左銀臺門：胡三省曰：「長安大明宮城門有左右銀臺門，而鳳翔行宮亦設此門，示若在長安宮中也。」(一〇五)諠罵：謂大聲雜亂罵詈。(一〇六)闔境：全境內。(一〇七)塗炭：謂陷於泥炭之中。(一〇八)軍容：其全稱為觀軍容使。(一〇九)卒輩何知：謂卒輩有何知識。(一一〇)諭解之：曉諭寬解之。(一一一)慢罵之：按慢罵之慢，今則作謾或漫。(一一二)處州刺史：按新唐書昭宗紀天祐元年文及本書下文，皆作虔，當改從之。(一一三)韶州：胡三省曰：「韶虔二州，相去雖六百餘里，特以大庾嶺為阻，而實鄰境也。」(一一四)考異曰：「新紀：『是歲，光稠卒，牙將李圖自稱知州事。』」：按新紀載光稠卒事，乃為天祐元年，而非天復二年，此則不宜書於本年文中。(一一五)清海劉隱：當書作清海節度使劉隱。(一一六)會江漲，餽運不繼：胡三省曰：「自廣州運糧，以餽韶州行營，當泝江而上，江漲則水湍急，不可以泝，餽運由此不繼。」(一一七)羸：瘦弱。

三年（西元九〇三年）

㈠春，正月，甲辰，遣殿中侍御史崔構、供奉官郭遵誨詣朱全忠營，丙午，李茂貞亦遣牙將郭啓期往議和解。

㈡平盧節度使王師範頗好學，以忠義自許㈠，為治㈡有聲迹㈢，朱全忠圍鳳翔，韓全誨以詔書徵藩鎮兵，入援乘輿，師範見之，泣下霑衿㈣，曰：「吾屬㈤為帝室藩屏㈥，豈得坐視天子困辱如此，各擁㈦彊兵，但自衞乎！」會㈧張濬自長水，亦遺之書，勸舉義兵，師範曰：「張公言，正會㈨吾意，夫復何疑！雖力不足，當死生以之㈩。」時關東兵多從全忠在鳳翔，師範分遣諸將，詐為貢獻及商販，包束⑪兵仗⑫，載以小車，入汴、徐、兗、鄆、齊、沂、河南、孟、滑、河中、陝、虢、華等州，期以同日俱發，討全忠，適諸州者多事泄，被擒，獨行軍司馬劉鄩取兗州。時泰寧節度使葛從周悉將其兵屯邢州，鄩先遣人為販油者入城，詗⑬其虛實，及兵所從入⑭，丙午，鄩將精兵五百，夜自水竇⑮入，比明，軍城悉定，市人皆不知㉖，【考異】舊紀：「丙午，青州牙將劉鄩陷全忠之兗州，又令牙將張厚入奏，是日亦竊發於華州，殺州將婁敬思。」唐太祖紀年錄：「是月四日，青州帥王師範將劉鄩竊據兗州，同日，師範將張厚輦戈甲十乘，至華州，為華人所詰，因竊發，燔其郛，殺華州指揮使婁敬思而去。」新紀：「丙午，師範取範取兗州。」梁太祖實錄：「丙辰，青州綱將亂於華，而敗，是日，劉鄩陷我兗州。」唐實錄，亦在丙辰。按長歷，丙午正月四日，丙辰下四日。編遺錄云：「魏師及朱友寧告急，劉鄩正月四日襲陷兗州。」與紀年錄等同。梁太祖實錄多謬誤，恐難據，今從諸書，移置丙午。唐祖補紀云：「天復二年。」尤誤。鄩據府舍，拜從周母，每旦省謁㉗，待其妻子，甚有恩禮，子弟職掌㉘供億㉙如故。是日，青州牙將張居厚帥壯士二百，將小車至華州東城，知州事婁敬思疑其有異，剖視之㉚，其徒大呼，殺敬思，攻西城，崔胤在華州㉛帥眾拒之，不克，走至商州㉜，追獲之。全忠留節度判官裴迪守大梁，師範遣走卒㉝齎書至大梁，迪問以東方事，走卒色動㉞，迪察其有變，屏人㉟問之，走卒具以實告，迪不暇白全忠，亟請馬步都指揮使朱友寧將兵萬餘人，東巡兗鄆，友寧召葛從周於邢州，共攻師範，全忠聞變，亦分兵先歸，使友寧并㊱將之。

㈢戊申，李茂貞獨見上，中尉韓全誨、張彥弘、樞密使袁易簡、周敬容皆不得對㊲，茂貞請誅全誨等，與朱全忠和解，奉軍駕還京。上喜，即遣內養㊳帥鳳翔卒四十人，收全誨等，斬之，以御食使[二九]第五可範為左軍中尉，宣徽南院使仇承坦為右軍中尉，王知古為上院樞密使，楊虔朗為下院樞密使[三〇]。是夕，又斬李繼筠、李繼誨、李彥弼及內諸司使韋處廷等十六人。己酉，遣韓偓及趙國夫人詣全忠營，又遣使囊全誨等二十餘人首，以示全忠。【考異】舊紀：「丁巳，蔣玄暉與中使，押送全誨等二十人首級，告諭四鎮兵士，回鑾之期。」新紀：「正月戊申，殺全誨等。」唐太祖紀年錄：「正月甲辰，鳳翔李茂貞殺其子繼筠，觀軍容韓全誨、張彥弘、樞使袁易管、周敬容、等二十二人，皆斬首囊盛，押領出城，以示朱溫。」金鑾紀：「六日，誅全誨等。」唐年補錄：「正月癸卯，賜朱全忠詔。」唐補紀云：「天復三年二月，誅全誨等八人。」其全誨等伏誅日，今從金鑾記、實錄、新紀。按金鑾紀、唐年補錄、唐實錄、後唐紀年錄載六日所誅官宦名，可見者，全誨等四人，處廷等十六人，而金鑾記云：「是夜，處置內官一十九人。」唐年補錄云：「全誨以下二十二人首級。」紀年錄：「殺全誨等二十二人。」北夢瑣言亦云：「二十二人首。」新傳：「繼筠、繼誨、彥弼皆伏誅，是夜，誅內諸司使韋處廷等二十二人。」若幷繼筠等數之，則多二人，若只數宦官，則少二人，若如金鑾記，是夜，又誅十九人，則多一人，或者二人名不見歟。曰：「嚮[三一]來脅留[三二]車駕，懼罪離間，不欲協和[三三]，皆此曹也。今朕與茂貞決意誅之，卿可曉諭諸軍，以豁[三四]眾憤。」辛亥，全忠遣觀察判官[三五]李振奉表入謝，全誨等已誅，而全忠圍猶未解，茂貞疑崔胤教全忠欲必取鳳翔，白上，急召胤，令帥百官赴行在，凡四降詔，三賜朱書御札[三六]，言甚切至[三七]，悉復故官爵，胤竟稱疾不至，茂貞懼，自致書於胤，辭甚卑遜[三八]，全忠亦以書召胤，且戲之曰：「吾未識天子，須公來，辨其是非。」胤始來。甲寅，鳳翔始啓城門，丙辰。全忠巡諸寨，至城北，有鳳翔兵自北山下，全忠疑其逼己，遣兵擊之，擒其將李繼欽，上遣趙國夫人、馮翊夫人㊴詣全忠營，詰㊵其故，全忠遣親吏蔣玄暉奉表入奏。李茂貞請以其子侃尚平原公主，又欲以蘇檢女為景王祕妃，以自固，平原公主、何后之女也，后意難之，上曰：「且令我得出，何憂爾女！」后乃從之。壬戌，平原公主嫁宋侃㊶，納景王妃蘇氏。

㈣時鳳翔所誅宦官已七十二人，朱全忠又密令京兆搜捕致仕不從行者，誅九十人，甲子，車駕出鳳翔，幸全忠營，全忠素服㊷待罪，命客省使㊸宣旨釋罪，去三仗，止報平安㊹，【考異】王禹偁五代史闕文曰：「昭宗佯為鞋系脫，呼梁祖曰，全忠為吾繫鞋，梁祖不得已，跪而結之，流汗浹背。時天子扈蹕尚有衞兵，昭宗意謂左右擒梁祖以殺之，其如無敢動者，自是梁祖被召多不至。其後盡去昭宗禁衞，皆用汴人矣。」按全忠時擁十萬之眾，昭宗方脫茂貞虎口，託身全忠，豈敢遽為此謀，或者欲劾漢高祖之折黥布，亦恐昭宗不能辦耳。今不取。以公服㊺入謝。全忠見上，頓首流涕，上命韓偓扶起之，上亦泣，曰：「宗廟社稷，賴卿再安㊻，朕與宗族，賴卿再生。」親解玉帶以賜之，少休㊼即行，全忠單騎前導十餘里，上辭之，全忠乃令朱友倫將兵扈從，自留部分㊽後隊，焚撤諸寨。友倫，存之子㊾也。

(五)是夕車駕宿岐山，丁卯，至興平，崔胤始帥百官迎謁，復以胤為司空門下侍郎同平章事，領三司如故，己巳，入長安。庚午，全忠崔胤同對，胤奏：「國初承平之時，宦官不典兵預政(五〇)，天寶以來，宦官浸盛，貞元之末，分羽林衛為左右神策軍，以便衛從(五一)，始令宦官主(五二)之，以二千人為定制，自是參掌機密，奪百司權，上下彌縫(五三)，共為不法。大則構扇(五四)藩鎮，傾危(五五)國家；小則賣官鬻獄，蠹害(五六)朝政，王室衰亂，職(五七)此之由。不翦其根，禍終不已，請悉罷諸司使，其事務盡歸之省寺(五八)，諸道監軍，俱召還闕下。」上從之。是日，全忠以兵驅宦官第五可範等數百人於內侍省，盡殺之，【考異】舊紀：「辛未，內官第五可範已下七百人，並賜死於內侍省。」金鑾記：「二十八日，處置第五百範已下四百五十人。」太祖紀年錄：「內諸司百餘人，及隨駕鳳翔羣小二百餘人，一時斬首於內侍省。」舊傳與紀年錄同，新傳：「胤全忠議誅第五可範等八百餘人內侍省。」梁太祖實錄：「己巳，翌日，誅宦官第五可範等五百餘人于內侍省，仍命畿內及諸道，搜索處置，以盡厥類。」唐年補錄云：「誅宦官七百一十人。」按舊紀、編遺錄皆云：「正月辛未，誅可範等。」而梁實錄、唐補紀、續寶運錄、金鑾記、唐年補錄、薛居正五代史梁紀、新唐紀、或云己巳翊日，或云二十八日，今從之。蓋全忠胤雖奏云罷諸司使務，追監軍赴闕，其實即日已擅誅之，至二月癸酉，始下詔賜死，故昭宗哀而癸之耳。冤號之聲，徹(五九)於內外，其出使外方者，詔所在收捕誅之，止留黃衣(六〇)幼弱者三十人，以備酒掃。又詔成德節度使王鎔選進五十人，充(六一)勑使，取其土風(六二)深厚，人性(六三)謹樸也。

上慇可範等或無罪，為文祭之，自是宣傳詔命，皆令宮人出入，其兩軍內外八鎮(六四)兵，悉屬六軍，以崔胤兼判六軍十二衞事。

㈥臣光曰：「宦官用權，為國家患，其來久矣(六五)，蓋以出入宮禁，人主自幼及長，與之親狎(六六)，非如三公六卿，進見有時(六七)，可嚴憚(六八)也。其間復有性識(六九)儇(七〇)利，語言辯給，伺候顏色，承迎(七一)志趣，受命則無違迕(七二)之患，使令則有稱愜(七三)之效(七四)自非上智之主，燭知(七五)物情，慮患深遠，侍奉之外，不任以事。則近者日親，遠者日疏，甘言卑辭之請，有時而從，浸潤膚受之愬(七六)，有時而聽，於是黜陟刑賞之政(七七)，潛移於近習(七八)，而不自知，如飲醇酒，嗜其味而忘其醉也。黜陟刑賞之柄(七九)移，而國家不危亂者，未之有也。東漢之衰，宦官最名(八〇)驕橫，然皆假人主之權，依憑城社(八一)，以濁亂(八二)天下，未有能劫脅(八三)天子，如制嬰兒，廢置(八四)在手，東西出其意(八五)，使天子畏之，若乘虎狼(八六)，而挾蛇虺(八七)，如唐世者也。所以然者非它，漢不握兵，唐握兵故也。太宗鑒前世之弊，深抑宦官，無得過四品，明皇始隳舊章，是崇是長(八八)。晚節令高力士省決(八九)章奏，乃至進退將相，時與之議（九〇），自太子王公，皆畏事之（九一），宦官自此熾（九二）矣。及中原板蕩（九三），肅宗收兵（九四）靈武，李輔國以東宮舊隸（九五），參豫軍謀，寵過（九六）而驕，不能復制，遂至愛子慈父，皆不能庇（九七），以憂悸（九八）終。代宗踐阼，仍遵覆轍，程元振、魚朝恩相繼用事（九九），竊弄刑賞，壅蔽（一〇〇）聰明，視天子如委裘（一〇一），陵（一〇二）宰相如奴虜，是以來瑱入朝，遇讒賜死，吐蕃深侵郊甸（一〇三），匿不以聞，致狼狽幸陝，李光弼危疑（一〇四）憤鬱，以隕其生，郭子儀擯廢（一〇五）家居，不保丘壟（一〇六），僕固懷恩冤抑無訴（一〇七），遂棄勳庸（一〇八），更為叛亂。德宗初立，頗振綱紀，宦官稍絀（一〇九），而返自興元，猜忌諸將，以李晟渾瑊為不可信，悉奪其兵，而以竇文場、霍仙鳴為中尉，使典宿衞，自是太阿（一一〇）之柄，落其掌握矣。憲宗末年，吐突承璀欲廢嫡立庶，以成（一一一）陳洪志之變，寶曆狎暱羣小，劉克明與蘇佐明為逆，其後絳王及文武宣懿僖昭六帝，皆為宦官所立，勢益驕橫，王守澄、仇士良、田令孜、楊復恭、劉季述、韓全誨為之魁（一一二）傑，至自稱定策國老，目（一一三）天子為門生，根深蔕固，疾成膏肓（一一四），不可救藥矣。

文宗深憤⑮其然，志欲除之，以宋申錫之賢，猶不能有所為⑯，反受其殃，況李訓鄭注反覆小人，欲以一朝譎⑰詐之謀，翦累世膠固⑱之黨，遂至涉血⑲禁塗，積尸省戶⑳，公卿大臣，連頸㉑就誅，闔門屠滅。天子陽瘖㉒縱酒，飲泣吞氣㉓，自比赧獻，不亦悲乎！以宣宗之嚴毅㉔明察，猶閉目搖首，自謂畏之，況懿僖之驕侈，苟聲色毬獵，足充㉕其欲，則政事一以付之，呼之以父㉖，固無怪矣㉗。賊汚宮闕，兩幸梁益，皆令孜所為也。昭宗不勝其耻㉘，力欲清滌㉙，而所任不得其人，所行不由其道，始則張濬覆軍於平陽，增李克用跋扈之勢，復恭亡命於山南，啓宋文通㉚不臣之心，終則兵交闕庭，矢及御衣，漂泊莎城，流寓㉛華陰，幽辱東內㉜，劫遷岐陽㉝，崔昌遐㉞無如之何，更召朱全忠以討之，連兵㉟圍城，再罹寒暑，御膳不足於糗糒㊱，王侯斃踣㊲於飢寒，然後全誨就誅，乘輿東出，翦滅其黨，靡有孑遺㊳，而唐之廟社㊴，因以丘墟㊵矣。然則宦官之禍，始於明皇，盛於肅代，成於德宗，極於昭宗，易曰：『履霜堅冰至㊶。』為國家者，防微杜漸㊷，可不慎其始哉！此其為患章章㊸尤著者也。自餘傷賢害能，召亂致禍㊹，賣官鬻獄，沮敗㊺師徒，蠹害烝民㊻，不可徧舉。夫寺人之官，自三王之世，具載於詩禮㊼，所以謹閨闥之禁㊽，通內外之言，安可無也。如巷伯之疾惡㊾，寺人披之事君㊿，鄭眾之辭賞(51)，呂彊之直諫(52)，曹日昇之救患，馬存亮之弭亂，楊復光之討賊，嚴遵美之避權，張承業之竭忠，其中豈無賢才乎！顧人主不當與之謀議政事，進退士大夫，使有威福足以動人耳(53)。果或有罪，小則刑之，大則誅之，無所寬赦，如此，雖使之專橫，孰(54)敢焉？豈可不察臧否(55)，不擇是非，欲草薙而禽獮(56)之，能無亂乎！是以袁紹行之於前，而董卓弱漢，崔昌遐襲(57)之於後，而朱氏篡唐，雖快一時之忿，而國隨以亡，是猶惡衣之垢而焚之，患木之蠹而伐之，其為害豈不益多哉！孔子曰：『人而不仁，疾之已甚，亂也。』斯之謂矣。」

㈦王師範遣使以起兵告李克用，克用貽書褒贊(58)之，河東監軍張承業亦勸克用發兵救鳳翔，克用攻晉州，聞車駕東歸乃罷。

㈧楊行密承制加朱瑾東面諸道行營副都統同平章事，以昇州刺史李神福為淮南行軍司馬、鄂岳行營招討使，舒州團練使劉存副之，將兵擊杜洪，洪將駱殷戍永興㊴，棄城走，縣民方詔據城降，神福曰：「永興大縣，饋運所仰，已得鄂之半矣。」

【今註】㊀自許：自期許。㊁為治：謂為政。此治字以通鑑載唐事文例衡之，當書作理。㊂聲迹：聲譽功迹。㊃衿：衣襟，衿襟同。㊄吾屬：吾輩。㊅藩屏：藩籬屏障。㊆擁：猶據。㊇會：值。㊈會：合。㊉當生死以之：謂當生死以赴之。⑪包束：包裹。⑫兵仗：兵械器仗。⑬詗：偵探。⑭及兵所從入：謂及兵所從入之處。⑮水竇：排水之竇洞。⑯軍城悉定，市人皆不知：胡三省曰：「軍城、泰寧軍牙城也，以此觀之，軍人與市人異處，營屋之立，自唐然矣。」⑰省謁：省候參謁。⑱職掌：謂職位。⑲供億：供給而億安之。⑳剖視之：謂揭開視之。㉑崔胤在華州：天復元年十二月，崔胤帥百官，遷於華州，事見上卷。㉒商州：《九域志》：「華州南至商州，一百八十里。」㉓走卒：卒之備趨走者。㉔色動：容色變動。㉕屏人：屏除左右。㉖幷：合。㉗皆不得對：亦即均不得在上前。㉘內養：亦宦者。㉙御食使：御食使掌御膳，為唐末所置內諸司使之一。㉚上院樞密使、下院樞密使：胡三省曰：「樞密分東西院，東院為上院，西院為下院。」㉛鄉：同嚮。㉜脅留：威脅羈留。㉝協和：合會調和。㉞豁：釋免。㉟觀察判官：胡三省曰：「朱全忠先此以李振為天平節度副使，今蓋為四鎮觀察判官。」㊱朱書御札：《舊五代史・唐莊宗紀》：「段徊奏：『唐制，或歲時災歉，國用不足，天子將求經濟之要，則內出朱書御札，以訪羣臣。』」㊲切至：懇切周至。㊳卑遜：謙卑遜順。㊴趙國夫人、馮翊夫人：二夫人於內命婦爵秩，有國郡之殊。㊵詰：問。㊶平原公主嫁宋侃：嫌於同姓嫁娶，故復侃本姓。㊷素服：白色之服，本為喪者所著，謝罪時亦用之。㊸客省使：時客省使蓋通知閤門事，故令宣旨釋罪。㊹去三仗，止報平安：胡三省曰：「唐制，正衙有親勳翊三衞立仗，左右金吾將軍以一人報平安，去三仗者，恐全忠以羽衞之嚴，不敢入也。」㊺公服：胡三省曰：「唐章服之制，有朝服、公服，朝服，具服也；公服，從省服也。」㊻賴卿再安：謂賴卿方得再安。㊼少休：少為休息。㊽部分：猶處置。㊾友倫，存之子：存，全忠仲兄。㊿預政：參預政事。(51)衞從：宿衞扈從。(52)主之：主掌之。(53)彌縫：補合。(54)構扇：構揑扇惑。(55)傾危：傾覆危害。(56)蠹害：傷害。(57)職：主。(58)省寺：臺省。(59)徹：猶達。(60)黃衣：宦官品秩之卑者衣黃。(61)充：充當。(62)土風：謂地土風俗。(63)人性：謂人之性情。(64)內外八鎮：謂左右神策所統內外八鎮兵。(65)其來久矣：謂其由來久矣。(66)親狎：親昵狎習。(67)有時：謂有規定之時。(68)嚴憚：謂畏憚。(69)性識：稟性神識。(70)儇：疾。(71)承迎：奉承迎合。(72)違迕：違逆。(73)懕：同愜，滿意。(74)效：效績。(75)獨知：猶洞知。(76)浸潤膚受之愬：《論語．顏淵》：「子曰：『浸潤之譖，膚受之愬，不行焉，可謂明也已矣。』」朱注：「浸潤如水之浸灌滋潤，漸漬而不驟也。膚受謂肌膚所受利害切身，愬、愬己之冤也。」(77)政：謂政事。(78)潛移於近習：謂暗暗移轉於近習之手。(79)柄：謂權柄。(80)最名：最為著名。(81)依憑城社：胡三省曰：「言宦官在人主左右，有所依憑，如城狐社鼠，不畏熏燒。」(八二)濁亂：混亂。(八三)劫脅：劫制威脅。(八四)廢置：猶廢立。(八五)東西出其意：謂令天子至東方或西方，全出於其意旨。(八六)乘虎狼：乘，騎，即騎虎而不敢下之意。(八七)挾蛇虺：蛇虺皆毒蟲，若更使挾而持之，則必恐懼愈甚。(八八)太宗深抑宦官，無得過四品，明皇始隳舊章，是崇是長：《新唐書・宦者傳》序：「太宗詔內侍省不立三品官，以內侍為之長，階第四，不任以事，惟內閣守禦，廷內掃除，稟食而已。武后時稍增其人，至中宗黃衣乃二千員，七品以上員外置千員，然衣朱紫者尚少。玄宗承平，財用富足，志大事奢，不愛惜賞賜爵位，開元天寶中，宦官黃衣以上三千員，衣朱紫千餘人，其稱旨者輒拜三品將軍，列戟於門，其在殿頭供奉，委任華重。」(八九)省決：省視決斷。(九〇)議：謀議。(九一)皆畏事之：謂皆畏懼而奉事之。(九二)熾：盛。(九三)板蕩：《詩・大雅》二篇名，本言厲王之無道，後沿用為亂世之代辭。(九四)收兵：收合兵卒。(九五)舊隸：舊日僮隸。(九六)寵過：寵幸過度。(九七)庇：庇護。(九八)憂悸：憂恐。(九九)用事：任事。(一〇〇)壅蔽：壅塞掩蔽。(一〇一)委裘：《漢書・賈誼傳》：「植遺腹，朝委裘，而天下不亂。」孟康注：「委裘若容衣，天子未坐朝事先帝裘衣也。」按即故君之靈衣。(一〇二)陵：陵轢。(一〇三)郊甸：猶郊畿。(一〇四)危疑：謂處危疑之地。(一〇五)濱廢：按濱當作擯，謂擯斥。(一〇六)丘壟：先人之墳墓。(一〇七)無訴：無處申訴。(一〇八)庸：功。(一〇九)稍絀：謂聲勢稍為貶損，絀通黜。(一一〇)太阿：劍名。(一一一)成：構成。(一一二)魁：魁首。(一一三)目：視。(一一四)疾成膏肓：膏、心下，肓、鬲，謂不可救藥之疾。(一一五)憤：憤恨。(一一六)有所為：謂有所作為。(一一七)譎：詭，音ㄐㄩㄝˊ。(一一八)膠固：謂如膠黏物之堅固。(一一九)涉血：涉履血泊。(一二〇)省戶：省閣之門戶。(一二一)連頸：猶駢頸，謂相挨連。㉒瘖：啞。㉓吞氣：猶吞聲。㉔嚴毅：嚴厲果毅。㉕充：滿。㉖呼之以父：按亦可作呼之為父。㉗固無怪矣：謂固無足怪矣。㉘恥：恥辱。㉙力欲清滌：謂力欲清滌此耻。㉚宋文通：李茂貞本名宋文通，以軍功改賜後名。㉛流寓：流亡寄寓。㉜東內：指太子少陽院言。㉝岐陽：《新唐書・地理志》一：「鳳翔府岐山縣，貞觀七年析扶風岐山及京兆之上宜，置岐陽縣。」故岐陽亦即謂鳳翔也。㉞崔昌遐：崔胤字昌遐，《通鑑》稱其字，乃為避宋太祖諱。㉟連兵：謂兵火相連。㊱糗糒：乾飯。㊲踣：仆，音ㄅㄛˊ。㊳孑遺：謂遺餘。㊴廟社：宗廟社稷。㊵丘墟：空虛。㊶履霜堅冰至：《易・坤》之初六：「履霜堅冰至。」象曰：「履霜堅冰，陰始凝也，馴致其道，至堅冰也。」㊷杜漸：杜塞其浸漸。㊸章章：同彰彰。㊹召亂致禍：謂召致禍亂。㊺沮敗：沮喪敗折。㊻烝民：眾民。㊼詩禮：《詩》有〈巷伯〉之篇，《周禮》有寺人之職。㊽謹閨闥之禁：謂謹守宮闈之禁防。㊾巷伯之疾惡：《詩・小雅・巷伯》序：「巷伯刺幽王也，寺人傷於讒，故作是詩也。」胡三省曰：「記曰：『好賢如緇衣，惡惡如巷伯。』」㊿寺人披之事君：見《左傳》僖公二十四年文。(51)鄭眾之辭賞：事見卷四十八漢和帝永元元年。(52)呂彊之直諫：事見卷五十七漢靈帝光和二年、卷五十八中平元年。(53)足以動人耳：謂足以使人畏恐耳。(54)孰：誰。(55)臧否：善否。(56)草薙而禽獮：薙，剔；獮，殺。謂剔草殺禽。(57)襲：因襲。(58)褒贊：褒獎贊成之。(59)永興：據《新唐書・地理志》五，永興屬江南西道鄂州。

卷二百六十四 唐紀八十

司馬光編集
曲守約 註

起昭陽大淵獻二月，盡閼逢困敦閏月，凡一年有奇。（癸亥至甲子，西元九〇三年至九〇四年）

昭宗聖穆景文孝皇帝下之上

天復三年（西元九〇三年）

㈠二月，壬申朔，詔比在鳳翔府所除官㊀，一切停，時宦官盡死，惟河東監軍張承業、幽州監軍張居翰、清海監軍程匡柔、西川監軍魚全禋，及致仕嚴遵美，為李克用、劉仁恭、楊行密、王建所匿，得全㊁，斬它囚以應詔㊂。

㈡甲戌，門下侍郎同平章事陸扆責授沂王㊃傅分司，車駕還京師，賜諸道詔書，獨鳳翔無之，扆曰：「茂貞罪雖大，然朝廷未與之絕，今獨無詔書，示人不廣㊄。」【考異】舊傳：「帝還京後，赦諸道，皆降詔書，獨鳳翔無詔，扆奏云云。」按是時，未赦，恐止是降詔書，或赦前扆議如此，故胤怒耳。崔胤怒，奏貶之，宮人宋柔等十一人，皆韓全誨所獻，及僧道士與宦官親厚者二十餘人，並送京兆杖殺。

㊂上謂韓偓曰：「崔胤雖盡忠，然比卿頗用機數㊅，」對曰：「凡為天下者，萬國皆屬之耳目㊆，安可以機數欺之，莫若推誠直致㊇，雖日計之不足㊈，而歲計之有餘㊉也。」

㊃丙子，工部侍郎同平章事蘇檢、吏部侍郎盧光啓，並賜自盡。【考異】實錄：「檢光啓，並賜自盡，一說，檢長流環州。」唐太祖紀年錄：「初從幸鳳翔，命盧光啓、韋貽範為相又命蘇檢平章事，及車駕還宮，胤積前事，怒之，不一月，皆貶謫之，左遷陸扆沂王傅，王溥太子賓客，蘇檢自盡。」續寶運錄：「二月五日，應是岐王駕前宰臣盧光啓等一百餘人，並賜自盡。」新紀：「朱全忠殺蘇檢、盧光啓。」舊胤傳：「昭宗初幸鳳翔，命盧光啓、韋貽範、蘇檢等作相，及還京，胤皆貶斥之。」新光啓傳云：「檢長流環州，光啓賜死。」與寶運錄注同，檢流環州，不見本出何書。

㊄戊寅，賜朱全忠號回天再造竭忠守正功臣，賜其僚佐敬翔等號迎鑾協贊㊁功臣，諸將朱友寧等號迎鑾果毅功臣，都頭以下號四鎮靜難功臣，上議褒崇全忠，欲以皇子為諸道兵馬元帥，以全忠副之，崔胤請以輝王祚為之，上曰：「濮王長。」胤承全忠密旨，利祚沖㊂幼，固請之，己卯，以祚為諸道兵馬元帥，【考異】金鑾記：「上曰，朕以濮王處長云云。」新傳：「帝十七子，德王裕、棣王翔、虔王禊、沂王禋、遂王禕、景王祕、輝王祚、祁王祺、雅王禛、瓊王祥、端王禎、豐王祁、和王福、登王禧、嘉王祐、穎王禔、蔡王祐、何皇后生裕及祚，餘皆失其母之氏位。」舊傳云：「昭宗十子。」無端王禎以下七人。按新舊傳，昭宗諸子皆無濮王孫光憲續通曆，「濮王名綝，昭宗之子，母曰太后王氏，哀帝被殺，朱全忠冊綝為天子，改元天壽，明年禪位於梁。」此乃光憲傳聞謬誤也昭宗亦無王皇后，金鑾記所云濮王，蓋德王改封耳。庚辰，加全忠守大尉，充副元帥，進爵梁

王，以胤為司徒兼侍中，胤恃全忠之勢，專權自恣(一三)，天子動靜皆稟之，朝臣從上幸鳳翔者，凡貶逐三十餘人，刑賞繫其愛憎(一四)，中外畏之，重足一迹(一五)。以敬翔守太府卿，朱友寧領寧遠節度使(一六)，全忠表苻道昭同平章事，充天雄節度使，遣兵援送之秦州，不得至而還(一七)。

㈥初翰林學士承旨韓偓之登進士第也，御史大夫趙崇知貢舉，上返自鳳翔，欲用偓為相，偓薦崇及兵部侍郎王贊自代，上欲從之，崔胤惡其分己權，使朱全忠入爭之，全忠見上曰：「趙崇輕薄之魁(一八)，王贊無才用(一九)，韓偓何得妄薦為相！」上見全忠怒甚，不得已，癸未，貶偓濮州(二〇)司馬，上密與偓泣別，偓曰：「是人非復前來(二一)之比，臣得遠貶及死，乃幸耳，不忍見篡弒之辱。」

㈦己丑，上令朱全忠與李茂貞書，取平原公主(二二)，茂貞不敢違，遽(二三)歸之。

㈧壬辰，以朱友裕為鎮國節度使。【考異】實錄：「壬辰，以興德府復為華州，賜名感化軍，以友裕為節度使。」按編遺錄：「天祐三年閏十二月乙丑，勅鎮國之號，興德之名，并宜停薛居正五代史地理志，華州梁為感化軍。」梁功臣傳：「天復三年，友裕權知鎮國軍留後。」今從實錄。

(九)乙未，全忠奏留步騎萬人於故兩軍㉔，以朱友倫為左軍宿衛都指揮使，又以汴將張廷範為宮苑使，王殷為皇城使，蔣玄暉充街使㉕，於是全忠之黨，布列徧於禁衛及京輔㉖。戊戌，全忠辭歸鎮㉗，留宴壽春殿，又餞之於延喜樓，上臨軒泣別，令於樓前上馬㉘，上又賜全忠詩，全忠亦和進，又進楊柳枝辭五首，百官班辭㉙於長樂驛，崔胤獨送至霸橋㉚，自置餞席㉛，夜二鼓㉜，胤始還入城，上復召對，問以全忠安否，置酒奏樂，至四鼓乃罷。

(十)以清海節度使裴樞為門下侍郎同平章事。

(十一)李克用使者還晉陽，言崔胤之横，克用曰：「胤為人臣，外倚賊勢，內脅其君，既執朝政，又握兵權，權重則怨多，勢侔㉝則釁生，破家亡國，在眼中矣㉞。」

(十二)朱全忠將行，奏：「克用於臣，本無大嫌，乞厚加寵澤㉟，遣大臣撫慰，俾知臣意。」進奏吏㊱以白克用，克用笑曰：「賊欲有事淄青，畏吾掎其後耳㊲。」

(十三)二月，戊午，朱全忠至大梁，王師範弟師魯圍齊州㊳，朱友寧引兵擊走之，師範遣兵益劉鄩軍，友寧擊取之，由是兗州援絕，葛從周引兵圍之，友寧進攻青州，戊辰，全忠引四鎮及魏博兵十萬繼之。

(十四)淮南將李神福圍鄂州，望城中積荻，謂監軍尹建峯曰：「今夕為公焚之。」建峯未之信，時杜洪求救於朱全忠，神福遣部將秦皇乘輕舟至灄口㊴，舉火炬於樹杪，洪以為救兵至，果焚荻以應之。

(十五)夏，四月，己卯，以朱全忠判元帥府事。

(十六)知溫州事㊵丁章為木工李彥所殺，其將張惠據溫州。

(十七)王師範求救於淮南，乙未，楊行密遣其將王茂章以步騎七千救之，又遣別將將兵數萬攻宿州，全忠遣其將康懷英㊶救宿州，淮南兵遁去。

(十八)楊行密遣使詣馬殷，言朱全忠跋扈，請殷絕之，約㊷為兄弟，湖南大將許德勳曰：「全忠雖無道，然挾天子以令諸侯，明公素奉㊸王室，不可輕絕也。」殷從之。

(十九)杜洪求救於朱全忠，全忠遣其將韓勍將萬人，屯灄口，遣使語荊南節度使成汭、武安節度使馬殷、武貞節度使雷彥威，令出兵救洪，汭畏全忠之彊，且欲侵江淮之地以自廣，發舟師十萬，沿江東下，汭作巨艦，三年而成，制度如府署㊹，謂之和舟載㊺，其餘謂之齊山㊻、截海㊼、劈浪㊽之類甚眾。掌書記李珽諫曰：「今每艦載甲士千人，稻米倍之，緩急不可動也㊾。吳兵剽㊿輕，難與角逐(51)，武陵長沙(52)，皆吾讎也，豈得不為反顧之慮乎！不若遣驍將屯巴陵(53)，大軍與之對岸，堅壁(54)勿戰，不過一月，吳兵(55)食盡自遁，鄂圍解矣。」汭不聽。珽，憕之五世孫(56)也。

(廿)王建出兵攻秦隴，乘李茂貞之弱也，遣判官韋莊入貢，亦修好於朱全忠，全忠遣押牙王殷報聘，建與之宴，殷言：「蜀甲兵誠(57)多，但乏馬耳。」建作色(58)曰：「當道(59)江山險阻，騎兵無所施(60)，然馬亦不乏，押牙少留，當共閱(61)之。」乃集諸州馬，大閱於星宿山(62)，官馬八千，私馬四千，部隊甚整(63)殷歎服。建本騎將(64)，故得蜀之後，於文、黎、維、茂州市胡馬，十年之間，遂及玆數。

(廿)五月，丁未，李克用雲州都將王敬暉殺刺史劉再立，叛降劉仁恭，克用遣李嗣昭李存審(六五)將兵討之，仁恭遣將以兵五萬救敬暉、嗣昭退保樂安，敬暉舉眾(六六)棄城而去。先是振武將契苾讓，逐戍將石善友，據城叛，嗣昭等進攻之，讓自燔死，復取振武城，殺吐谷渾叛者二千餘人，克用怒嗣昭存審失王敬暉，皆杖之，削(六七)其官。

(廿一)成汭行未至鄂州，馬殷遣大將許德勳將舟師萬餘人，雷彥威遣其將歐陽思將舟師三千餘人，會於荊江口(六八)，乘虛襲江陵，庚戌，陷之，盡掠其人及貨財而去，將士亡其家(六九)，皆無鬭志(七〇)。李神福聞其將至，自乘輕舟前覘(七一)之，謂諸將曰：「彼戰艦雖多，而不相屬(七二)，易制也。」當急擊之，壬子，神福遣其將秦裴、楊戎將眾數千，逆擊(七三)汭於君山(七四)，大破之，因風縱火(七五)，焚其艦，士卒皆潰(七六)，汭赴水(七七)死，【考異】新紀：「彥威之弟彥恭陷江陵。」今從編遺錄、舊紀及薛居正五代史、十國紀年，皆云：「汭未至鄂渚，江陵已陷將士亡其家皆無鬥志。」按新紀十國紀年，皆云：「壬子汭敗死。」壬子此月十二日也。而編遺錄云：「二十二日陷江陵。」今不取。北夢瑣言云：「天祐中汭死尤誤也。」獲其艦二百艘，韓勍聞之，亦引兵去。許德勳還過岳州，刺史鄧進忠開門，具牛酒犒軍，德勳諭以禍福，進忠遂舉族遷於長沙，【考異】馬氏行年記：「天復三年，自荊南振旅還，遂入嶽州，降刺史鄧進思。」九國志、楚世家：「天祐二年七月，岳州刺史鄧進思帥其眾來降。」許德勳傳云：「天祐二年，領兵略地荊南，遠經岳州，刺史鄧進忠以城歸附。」新紀全用九國志年月。湖湘故事言：「開平中收荊南回進忠以城降。」又載何致雍天策寺碑銘云：「乃克桂林，乃襲荊渚，彼岳之陽，旋師而取。天祐二年十月，朱全忠謀討襄州趙匡凝，九月，克襄州，始命楊師厚攻荊南。」然則七月許德勳何緣略地荊南，蓋九國志之誤。天復三年，成汭敗死，德勳及雷彥威襲江陵，還取岳州，與何致雍碑意略同，故以行年記為據。馬殷以德勳為岳州刺史，以進忠為衡州刺史，雷彥威狡獪殘忍，有父風(七八)，常泛舟，焚掠鄰境，荊鄂之間，殆至無人(七九)。

(二三)李茂貞畏朱全忠，自以官為尚書令，在全忠上，累表(八〇)乞解去，詔復以茂貞為中書令。

(二四)崔胤奏：「左右龍武、羽林、神策等軍(八一)，名存實亡，侍衛單寡，請每軍募步兵四將，每將二百五十人，騎兵一將、百人，合六千六百人，選其壯健者，分番(八二)侍衛。」從之。令六軍諸衛副使京兆尹鄭元規立格(八三)，召募於市。

(二五)朱全忠表潁州刺史朱友恭為武寧節度使。

(二六)朱友寧攻博昌(八四)，月餘不拔，朱全忠怒，遣客將(八五)劉捍往督之，捍至，友寧驅民丁十餘萬，負(八六)木石，牽牛驢，詣城南築土山，既成，幷人畜木石，排（八七）而築之（八八），冤號聲聞數十里，俄而城陷，盡屠之（八九），【考異】唐太祖紀年錄：「師範之舉兵也，朱溫令朱友寧討之，三月己酉，朱溫至汴州，大舉魏博四鎮之眾十萬擊師範，朱友寧楊師厚攻博興，旬餘不下攻城之眾，死者太半，俄而朱溫至，大怒，斬其主將，復起土山翌日，而拔，城中無少長皆屠之，仍毀其垣。四月，進陷臨淄，傳青州，別將攻北海，渡膠水，寇登萊等郡。」實錄據此而置於四月。梁太祖實錄：「四月丙子，上至鄆領事，辛卯，從子友寧帥師破青州之傳昌、臨淄二邑，殺錢戮五千餘眾，暨北海焉。」編遺錄：「五月辛亥，却離曆下，宿豐齊驛，甲寅，上到汶陽，乙卯，奏王師範逆狀，己未，上又往曆下，壬戌，上以兵士攻取博昌寨，下少樹木，時當炎毒，却勒親從騎兵，皆歸齊州，因又前行，夜將半，客將劉捍謀曰，捍請馳赴軍前，傳諭上意，敦將士，令戮力速攻，必可剋也，今請上却歸曆下，上悅而從之，便令捍馳騎東往，上乃西歸汶陽，丙寅，捷音至，攻拔傳昌，盡戮其黨矣。」據此，則破傳昌在五月，今從朱友寧傳。進拔臨淄（九〇），抵青州城下，遣別將攻登萊。淮南將王茂章會王師範弟萊州刺史師誨，攻密州，拔之，斬其刺史劉康乂，以淮海都遊奕使（九一）張訓為刺史。

（七七）六月，乙亥，汴兵拔登州，師範帥登萊兵拒朱友寧於石樓（九二），為兩柵，丙子夜，友寧擊登州柵，柵中告急，師範趣（九三）茂章出戰，茂章按兵（九四）不動，友寧破登州柵（九五），進攻萊州柵，比（九六）明，茂章度（九七）其兵力已疲，乃與師範合兵出戰，大破之，友寧旁自峻阜（九八），馳騎赴敵，馬仆，青州將張士梟斬之，傳首淮南，兩鎮（九九）兵逐北至米河，俘斬萬計，魏博之兵殆盡。全忠聞友寧死，自將兵二十萬，晝夜兼行（一〇〇）赴之。秋，七月，壬子，至臨朐（一〇一），命諸將攻青州，王師範出戰，汴兵大破之，王茂章閉壘示怯，伺㉒汴兵稍懈，毀柵而出，驅馳疾戰，戰酣退坐，召諸將飲酒，已而復戰，全忠登高望見之，問降者，知為茂章，歎曰：「使吾得此人為將，天下不足平㉓也。」至晡㉔汴兵乃退，茂章度衆寡不敵，是夕引軍還，全忠遣曹州刺史楊師厚追之，及於輔唐㉕，茂章命先鋒指揮使李虔裕將五百騎為殿㉖，虔裕殊死戰㉗，師厚擒而殺之。師厚，潁州人也。張訓聞茂章去，謂諸將曰：「汴人將至，何以禦之？」諸將請焚城，大掠而歸，訓曰：「不可。」封府庫㉘，植㉙旗幟於城上，遣羸弱居前，自以精兵殿其後而去。全忠遣左踏白㉚指揮使王檀攻密州，既至，望旗幟㉛，數日乃敢入城，見府庫城邑皆完㉜，遂不復追，訓全軍而還，全忠以檀為密州刺史。

(廿八)丁卯，以山南西道留後王宗賀為節度使。

(廿九)睦州刺史陳詢叛錢鏐，舉兵攻蘭溪㉝，鏐遣指揮使方永珍擊之，武安都指揮使杜建徽與詢連姻㉞，鏐疑之，建徽不言，會詢親吏來奔，得建徽與詢書，皆勸戒之辭，鏐乃悅，建徽從兄建思，譖㉕建徽私蓄㉖兵仗㉗，謀作亂，鏐使人索㉘之，建徽方食，使者直入臥內，建徽不顧㉙，鏐以是益親重之。

(卅)八月，戊辰朔，朱全忠留齊州刺史楊師厚攻青州，身㉚歸大梁。

(卅一)庚辰，加西川節度使西平王王建守司徒，進爵蜀王㉛。

(卅二)前渝州刺史王宗本言於王建，請出兵取荊南，建從之，以宗本為開道都指揮使，將兵下峽㉜。

【今註】㊀除官：除拜之官。㊁得全：得以保全。㊂以應詔：以應詔書所命。㊃沂王：據《舊唐書．昭宗十子傳》，沂王名禋。㊄示人不廣：謂示人度量不廣。㊅機數：機關術數。㊆萬國皆屬之耳目：謂萬國之視聽，皆凝屬之。㊇直致：謂以正直求之。㊈雖日計之不足：謂雖每日計算之，頗有不足。㊉有餘：則有贏餘。⑪協贊：協助。⑫沖：亦幼。⑬恣：恣肆。⑭刑賞繫其愛憎：愛者賞之，憎者刑之。⑮重足一迹：重足猶累足，謂不敢舉足前行，而將之併於一處。一迹，亦併於一處之意。⑯寧遠節度使：胡三省曰：「寧遠軍容州，時為龐巨昭所據，五季以來，有名號節度使，此類是也。」⑰不得至而還：岐兵塞道，故不得至。⑱魁：魁首。⑲無才用：謂無可用之才。⑳濮州：《舊唐書．地理志》一：「河南道濮州，在京師東北一千五百七十里。」㉑前來：謂以前。㉒上令朱全忠與李茂貞書，取平原公主：平原公主嫁茂貞子宋侃，見上卷上年。㉓遽：即。㉔留步騎萬人於故兩軍：時神策兩軍已散，而營署尚存。㉕充街使：即充左右兩街使。㉖偏於禁衞及京輔：胡三省曰：「唐北門禁衞之兵，皆屯於宮苑，百司庶府及南衙諸衞，皆分居皇城之內，百官私第及坊市居人，皆分居朱雀街之左右街，今全忠悉以腹心為使，則京輔之權，一歸之矣。」㉗全忠辭歸鎮：辭歸大梁。㉘今於樓前上馬：示寵異之。㉙班辭：列班辭別。㉚霸橋：以唐制驛程考之，霸橋驛當在長樂驛東三十里。㉛餞席：謂餞筵。㉜二鼓：即二更。㉝侔：齊等。㉞在眼中矣：謂在眼視線可望見之中，以喻甚近。㉟寵澤：猶恩寵。㊱進奏吏：河東進奏吏。㊲畏吾掎其後耳：蓋用《左傳》襄公十四年之語，文云：「戎子駒支曰，『殽之師，秦師不復，我諸戎實然，譬如捕鹿，晉人角之，諸戎掎之，與晉踣之。』」掎謂從後牽引，音ㄐ一ˇ。㊳齊州：《九域志》：「兗州北至齊州，四百六十里。」㊴灞口：胡三省曰：「灞口在武口之上，對岸即夏浦。」㊵知溫州事：未有朝命為刺史，止稱知州事。㊶康懷英：胡三省曰：「康懷英當作懷貞，是時未改名也。」㊷約：結約。㊸素奉：平常尊奉。㊹制度如府署：謂舟之制度，如府署然。署，廨舍。㊺和舟載：胡三省曰：「言其舟長闊，和荊州皆載其上，舟當作州。」㊻齊山：謂高與山齊。㊼截海：謂其長闊。㊽劈浪：謂言輕疾。㊾緩急不可動也：緩急一辭，乃重在急，謂遇急則不能轉動。㊿剽：含飄意。(51)角逐：角力爭逐。(52)武陵、長沙：武陵謂雷彥威，長沙謂馬殷。(53)巴陵：《九域志》：「巴陵東北至鄂州，三百五十里。」(54)堅壁：堅守營壁。(55)吳兵：楊行密時封吳王，故謂其兵為吳兵。(56)珽，憕之五世孫：李憕，天寶末死於安祿山之難。(57)誠：實。(58)作色：動色。(59)當道：謂本道，唐人稱本道，率曰當道。〔六〇〕騎兵無所施：謂騎兵無所施其能。〔六一〕閱：檢閱。〔六二〕星宿山：宿亦星，此言山上摩星斗，甚高峻也。山當在成都附近。〔六三〕甚整：甚嚴整。〔六四〕建本騎將：王建從楊復光起許州，及扈從昭宗，皆為騎將。〔六五〕李存審：即符存審。〔六六〕舉眾：將眾。〔六七〕削：削黜。〔六八〕荊江口：胡三省曰：「大江自蜀東流入荊州界，謂之荊江，荊江口即洞庭之水與大江之水會處。」〔六九〕亡其家：謂亡其家屬及財產。〔七〇〕鬬志：鬬意。〔七一〕覘：窺。〔七二〕屬：連屬。〔七三〕逆擊：迎擊。〔七四〕君山：胡三省曰：「君山在洞庭湖中，方六十里，亦名洞庭之山。」〔七五〕縱火：放火。〔七六〕潰：潰散。〔七七〕赴水：猶投水。〔七八〕有父風：雷彥威父蒲。〔七九〕無人：謂無人煙。〔八〇〕累表：累次上表。〔八一〕左右龍武、羽林、神策等軍：此崔胤所判六軍。〔八二〕番：次第。〔八三〕格：格式，亦即章程。〔八四〕博昌：《九域志》：「博興在青州西北一百二十里，管下有博昌鎮。」〔八五〕客將：胡三省曰：「今閫府州軍皆有客將，主贊導賓客，蓋古之舍人中涓，漢之鈴下威儀之職。唐末藩鎮置客將，往往升轉至大官，位望不輕。」〔八六〕負：謂負擔。〔八七〕排：推倒。〔八八〕築之：封築之。〔八九〕俄而城陷，盡屠之：謂俄而城陷，將城中人盡屠殺之。〔九〇〕臨淄：《九域志》：「臨淄在青州西北四十里。」〔九一〕淮海都遊奕使：胡三省曰：「楊行密據有淮南，西盡淮源，東暨於海邊，延袤數千里，故置都遊奕使，以謹防遏也。」〔九二〕石樓：胡三省曰：「據舊書，石樓近臨淄。」〔九三〕趣：讀曰促。〔九四〕按兵：按止兵卒。〔九五〕登州柵：登州城外之柵。〔九六〕比：及。〔九七〕度：度量。〔九八〕旁自峻阜：謂傍峻阜之側。〔九九〕兩鎮：王師範以平盧之兵，王茂章以淮南之兵，是兩鎮也。〔一〇〇〕晝夜兼行：謂晝夜皆行，而不停息。〔一〇一〕臨朐：《九域志》：「臨朐在青州東南四十里。」〔一〇二〕伺：

伺候。㉓平：平定。㉔晡：申時。㉕輔唐：據《新唐書・地理志》二，輔唐屬河南道州密。㉖為殿：為殿後。㉗殊死戰：謂致死力作戰。㉘封府庫：封緘府庫。㉙植：豎立。㉚踏白：胡三省曰：「凡軍行，前軍之前有踏白隊，所以踏伏，候望敵之遠近眾寡。」㉛望旗幟：謂望有旗幟。㉜皆完：謂皆完整無損。㉝蘭溪：《九域志》：「蘭溪在婺州西北五十五里。」㉞連姻：猶連婚。㉟譖：譖謗。㊱蓄：藏。㊲兵仗：兵械器仗。㊳索：搜索。㊴不顧：謂不顧慮。㊵身：己。㊶進爵蜀王：自郡王進國王。㊷峽：三峽。

㈠初寧國節度使田頵破馮弘鐸，詣廣陵，謝楊行密，因求池歙為巡屬㊀，行密不許，行密左右，下及獄吏，皆求賂㊁於頵，頵怒曰：「吏㊂知吾將下獄邪！」及還，指廣陵南門曰：「吾不可復入此矣。」頵兵彊財富，好攻取，行密既定淮南，欲保境息民，每抑止之，頵不從，及解釋錢鏐㊃，頵尤恨之，陰有叛志。李神福言於行密曰：「頵必反，宜早圖之。」行密曰：「頵有大功，反狀㊄未露，今殺之，諸將人人自危矣。」頵有良將曰康儒，與頵謀議，多不合，行密知之，擢儒為廬州刺史，頵以儒為貳㊅於己，族之㊆，儒曰：「吾死，田公亡無日矣㊇。」頵遂與潤州團練使安仁義同舉兵，【考異】十國紀年：「朱全忠聞田頵等叛，矯制削奪王官爵，命頵及杜洪鍾傳、錢鏐充四面招討使，布制書於境上，王知其詐妄。」按新舊紀、實錄梁太祖紀，皆無削奪行密官爵，命杜洪等為招討使事，今不取。仁義悉焚東塘戰艦(九)，頵遣二使，詐為(一〇)商人，詣壽州，約奉國節度使朱延壽，行密將尚公廼遇之，曰：「非商人也。」殺一人，得其書，以告行密，行密召李神福於鄂州，神福恐杜洪邀(一一)之，宣言(一二)奉命攻荊南，勒兵具舟楫，及暮，遂沿江東下，始告將士以討田頵。己丑，安仁義襲常州(一三)，常州刺史李遇逆戰，極口(一四)罵仁義，仁義曰：「彼敢辱我，必有備。」乃引去。壬辰，行密以王茂章為潤州行營招討使，擊仁義，不克，使徐溫將兵會(一五)之，溫易其衣服旗幟，皆如茂章兵，仁義不知益兵，復出戰，溫奮擊(一六)破之。行密夫人，朱延壽之姊也。行密狎侮(一七)延壽，延壽怨怒，陰與田頵通謀，頵遣前進士(一八)杜荀鶴至壽州，與延壽相結，又遣至大梁，告朱全忠，全忠大喜，遣兵屯宿州以應(一九)之。荀鶴，池州人也。

(二)楊師厚屯朐，聲言(二〇)將之密州，留輜重於臨朐(二一)。九月，癸卯，王師範出兵攻臨朐，師厚伏兵奮擊，大破之，殺萬餘人，獲師範弟師克，明日，萊州兵五千救青州，師厚邀擊之，殺獲殆盡，遂徙寨抵其城下。【考異】梁太祖實錄：「九月癸卯，楊厚勵眾決鬬，青人大敗北走，殺戮一萬人，擒師範弟師克，翌日，東來郡遣州兵泊土團五千人，將援青壘，我師邀截剪撲，無一二存焉即時徙寨，逼其闉闍。」唐實錄略與此同。編遺錄：「冬十月丁卯，楊師厚繼告捷，於臨朐北及青州四面累役賊黨擒斬頗眾，至十二月，萊州刺史王師克領六千人，欲徑入青丘，助其守禦，師厚伏兵邀之，殺戮將盡。」下文又有：「丁亥，上誕辰，聞朱友倫死。」誕辰乃十月二十一日，友倫死亦十月中事也。下文別有十一月疑上文十一月是十一日字或七日字，又曰：「一日，師範請降。」疑脫二十字，二十一日即戊午也。今從梁實錄。

㈢朱延壽謀頗泄，楊行密詐為目疾，對延壽使者多錯亂所見㉒，或觸柱仆地，謂夫人曰：「吾不幸失明，諸子皆幼，軍府事當悉以授三舅㉓。」夫人屢以書報延壽，行密又自遣召之，陰令徐溫為之備，延壽至廣陵，行密迎及寢門，執而殺之，部兵驚擾，徐溫諭㉔之，皆聽命，遂斬延壽兄弟，黜朱夫人。初延壽赴召，其妻王氏謂曰：「君此行，吉凶未可知，願日發一使，以安我㉕。」一日使不至，王氏曰：「事可知矣㉖，」部分㉗僮僕，授兵㉘闔門。捕騎至，乃集家人，聚寶貨，發百燎㉙焚府舍，曰：「妾誓不以皎然㉚之軀，為讎人所辱。」赴火而死。延壽用法嚴，好以寡擊眾，嘗遣二百人與汴兵戰，有一人應留者，請行㉛，延壽以違命，立斬之。

㈣田頵襲昇州㉜，得李神福妻子，善遇之，神福自鄂州東下，頵遣使謂之曰：「公見機（三三），與公分地而王，不然，妻子無遺（三四）。」神福曰：「吾以卒伍（三五）事吳王（三六），今為上將，義（三七）不以妻子易其志。頵有老母，不顧而反（三八），三綱（三九）且不知，烏足與言乎！」斬使者而進（四〇），士卒皆感勵（四一），頵遣其將王壇、汪建將水軍逆戰（四二），丁未，神福至吉陽磯，與壇建遇，壇建執其子承鼎示之，神福命左右射之，神福謂諸將曰：「彼眾我寡，當以奇取勝。」及暮合戰，神福佯敗，引舟泝（四三）流而上，壇建追之，神福復還，順流擊之，壇建樓船，大列（四四）火炬，神福令軍中曰：「望火炬，輒擊之。」壇建軍皆滅火，旗幟交雜（四五），神福因風縱火（四六），焚其艦，壇建大敗，士卒焚溺，死者甚眾；戊申，又戰於皖口（四七），壇建僅以身免（四八），獲徐綰，行密以檻車載之，遺錢鏐，鏐剖其心，以祭高渭。頵聞壇建敗，自將水軍逆戰，神福曰：「賊棄城而來，此天亡也（四九）。」臨江堅壁（五〇）不戰，遣使告行密，請發步兵斷其歸路，行密遣漣水制置使臺濛將兵應（五一）之，王茂章攻潤州，久未下，行密命茂章引兵會（五二）濛擊頵。

㈤辛亥，汴將劉重霸拔棣州，執刺史邵播，殺之。甲寅，朱全忠如洛陽，遇疾，復還大梁。【考異】梁實錄云壬戌，唐實錄云十月丁卯朔，今從編遺錄。

㈥戊午，王師範遣副使李嗣業及弟師悅，請降於楊師厚，曰：「師範非敢背德㉝，韓全誨李茂貞以朱書禦札，使之舉兵，師範不敢違㉞。」仍請以其弟師魯為質。時朱全忠聞李茂貞、楊崇本將起兵逼京畿㉟，恐其復劫天子西去，欲迎車駕都洛陽，乃受師範降，【考異】曰：舊紀乃薛居正五代史劉鄩傳皆云：「十一月，師範降。」編遺錄曰：「十一月，敗萊州刺史王師克，一日，師範差人捧欵檄至軍前，請舉牆歸降。」按梁太祖實錄、薛史梁紀、唐實錄，皆云：「九月戊午。」今從之。選諸將使守登、萊、淄、棣等州，即以師範權淄青留後。師範仍言：「先遣㊱行軍司馬劉鄩，將兵五千據兗州，非其自專，願釋其罪。」亦遣使語鄩。

㈦田頵聞臺濛將至，自將步騎逆戰，留其將郭行悰以精兵二萬，及王壇汪建水軍，屯蕪湖㊲，以拒李神福，覘者言濛營寨褊㊳小，纔容二千人，頵易之，不召外兵，濛入頵境，番陳㊴而進，軍中笑其怯，濛曰：「頵宿將㊵多謀，不可不備。」冬，十月，戊辰，與頵遇於廣德㊶，濛先以楊行密書徧賜頵將，皆下馬拜受，濛因其挫伏(六二)，縱兵(六三)擊之，顛兵遂敗，又戰於黃池，兵交(六四)，濛偽走，顛追之，遇伏，大敗，奔還宣州，城守，濛引兵圍之，顛亟召蕪湖兵還，不得入，郭行悰、王壇、汪建及當塗廣德諸戍，皆帥其眾降，行密以臺濛已破田顛，命王茂章復引兵攻潤州。

(八)初夔州刺史侯矩從成汭救鄂州，汭死，矩奔還，會王宗本兵至，矩以州降之，宗本遂定夔、忠、萬、施(六五)四州，王建復以矩為夔州刺史，更其姓名曰王宗矩。宗矩，易州人也。蜀之議者，以瞿唐蜀之險要(六六)，乃棄歸峽，屯軍夔州，建以宗本為武泰留後，武泰軍舊治黔州，宗本以其地多瘴癘(六七)，請徙治涪州(六八)，建許之。

(九)葛從周急攻兗州，劉鄩使從周母乘板輿登城，謂從周曰：「劉將軍事我，不異於汝，新婦(六九)輩皆安居，人各為其主，汝可察之(七〇)。」從周歔欷(七一)而退，攻城為之緩，鄩悉簡(七二)婦人及民之老疾不足當敵(七三)者，出之，獨與少壯者同辛苦，分衣食，堅守以扞(七四)敵，號令整肅(七五)，兵不為暴，民皆安堵(七六)，久之，外援既絕，節度副使王彥溫踰城出降，城上卒多從之，不可遏(七七)，鄩遣人從容語彥溫曰：「軍士非素遺者(七八)，勿多與之俱。」又遣人徇(七九)於城上曰：「軍士非素遺從副使，而敢擅往者，族之(八〇)。」士卒皆惶惑，不敢出，敵人果疑彥溫，斬之城下，由是眾心益固。及王師範力屈，從周以禍福(八一)諭之，鄩曰：「受王公命，守此城，一旦見王公失勢，不俟其命而降，非所以事上也。」及師範使者至，丁丑，始出降。【考異】梁實錄：「四年正月辛丑，劉鄩自兗州來降。」舊紀：「十一月，鄩以兗州降。」實錄：「十一月，鄩降。」薛居正五代史梁紀：「十一月丁酉，鄩降。」鄩傳曰：「天復三年十一月，師範告降，且言先差鄩領兵入兗州，請釋其罪，亦以告鄩，鄩即出城聽命。」新紀：「十一月丁丑，劉鄩以兗州叛，附於朱全忠。」按青兗相距不遠，師範之降亦以告鄩，豈有自戊午至丁酉四十日，師範使者始至兗州邪！十月丁丑日，差近，今從新紀。從周為具齎裝(八二)，送鄩詣大梁，鄩曰：「降將未受梁王寬釋(八三)之命，安敢乘馬衣裘乎！」乃素服乘驢(八四)至大梁，全忠賜之冠帶，辭，請囚服入見，不許，全忠慰勞，飲之酒，辭以量(八五)小，全忠曰：「取兗州，量何大邪(八六)！」以為元從都押牙(八七)。是時四鎮將吏，皆功臣舊人(八八)，鄩一旦以降將居其上，諸將具(八九)軍禮拜於廷，鄩坐受自如(九〇)，全忠益奇之，未幾，表為保大(九一)留後。葛從周久病，全忠以康懷英(九二)為泰寧節度使，代之。

(十)宿衛都指揮使朱友倫與客擊毬於左軍，墜馬而卒，【考異】編遺錄：

「丁亥，趙廷隱自長安馳來告，今月十四日，朱友倫墜馬而卒。」十四日，則庚辰也。後唐紀年錄、薛居正五代史及昭宗實錄，皆云：「辛巳。」今從之。全忠悲怒，疑崔胤故為(九三)之，凡與同戲者十餘人，盡殺之，遣其兄子友諒代典宿衞。

(十一)山南東道節度使趙匡凝遣兵襲荊南，朗人(九四)棄城走，匡凝表其弟匡明為荊南留後，時天子微弱，諸道貢賦，多不上供(九五)，惟匡明兄弟委輸(九六)不絕。

(十二)楊行密求兵於錢鏐，鏐遣方永珍屯潤州，從弟鎰屯宣州(九七)，又遣指揮使楊習攻睦州(九八)。

(十三)鳳翔邠州屢出兵(九九)近京畿，朱全忠疑其復有劫遷之謀，十一月，發騎兵屯河中。

(十四)十一月，乙亥，田頵帥死士(一〇〇)數百出戰，臺濛陽(一〇一)退以示弱，頵兵踰濠(一〇二)而鬭，濛急擊之，頵不勝，還走城，橋陷墜馬，斬之，其眾猶戰，以頵首示之，乃潰，濛遂克宣州。初行密與頵同閭里(一〇三)，少相善，約(一〇四)為兄弟，及頵首至廣陵，行密視之，泣下，赦其母殷氏，行密與諸子，皆以子孫禮事之(一〇五)。行密以李神福為寧國節度使，神福以杜洪未平，固讓不拜〔一〇六〕，宣州長史駱知祥，善治金穀〔一〇七〕，觀察牙推沈文昌為文精敏〔一〇八〕，嘗為頵草檄罵行密，行密以知祥為淮南支計官〔一〇九〕，文昌為節度牙推〔一一〇〕。文昌，湖州人也。初頵每戰不勝，輒欲殺錢傳瓘，其母及宣州都虞候郭師從常保護之。師從，合肥〔一一一〕人，頵之婦弟也。頵敗，傳瓘歸杭州，錢鏐以師從為鎮東都虞候。

(十五)辛巳，以禮部尚書獨孤損為兵部侍郎同平章事。損，及之從曾孫〔一一二〕也。中書侍郎兼戶部尚書同平章事裴贄罷為左僕射。

(十六)左僕射致仕張濬居長水，王師範之舉兵，濬豫其謀，朱全忠將謀篡奪，恐濬扇動藩鎮，諷張全義使圖之〔一一三〕。丙申，全義遣牙將楊麟將兵詐為〔一一四〕劫盜，圍其墅〔一一五〕而殺之。永寧縣吏葉彥素為濬所厚〔一一六〕，知麟將至，密告濬子格曰：「相公禍不可免，郎君〔一一七〕宜自為謀〔一一八〕。」濬謂格曰：「汝留則俱死，去則遺種〔一一九〕。」格哭拜而去。葉彥帥義士三十人，送之渡漢而還，格遂自荊南入蜀。

(十七)盧龍節度使劉仁恭習知〔一二〇〕契丹情偽〔一二一〕，常選將練兵〔一二二〕，乘秋深入㉓，踰摘星嶺擊之，契丹畏之，每霜降，仁恭輒遣人焚塞下野草，契丹馬多飢死，常以良馬賂仁恭，買牧地㉔。契丹王阿保機遣其妻兄阿鉢將萬騎寇渝關㉕，仁恭遣其子守光戍平州，守光偽與之和，設幄㉖犒饗於城外，酒酣，伏兵執之以入，虜眾不哭，契丹以重賂請於仁恭，然後歸之。【考異】薛居正五代史及莊宗列傳，皆云：「光啓中，守光擒舍利王子，其王欽德以重賂贖之。」按是時，仁恭猶未得幽州也，今從薛史蕭翰傳及王皥唐餘錄。

(十八)初崔胤假朱全忠兵力以誅宦官，全忠既破李茂貞，併吞關中，威震天下，遂有篡奪之志，胤懼，與全忠外雖親厚，私心漸異，乃謂全忠曰：「長安密邇㉗茂貞，不可不為守禦之備，六軍十二衞但有空名，請召募以實㉘之，使公無西顧之憂。」全忠知其意，曲從之，陰使麾下㉙壯士應募，以察㉚其變。胤不之知，與鄭元規等繕治兵仗㉛，日夜不息，及朱友倫死，全忠益疑胤，且欲遷天子都洛，恐胤立異㉜。

【今註】㈠求池歙為巡屬：唐置宣歙池觀察使，二州本宣州巡屬，故田頵因有功而求之。㈡賂：賄賂。㈢吏：此指獄吏言。㈣解釋錢鏐：事見上卷二年。㈤反狀：反叛之形狀。㈥貳：攜貳。㈦族之：族滅之。㊇亡無日矣：謂亡無多日矣。㊈悉焚東塘戰艦：胡三省曰：「東塘即揚州東塘，淮南之戰艦聚焉，對岸即潤州界，故仁義得焚之。」㊉詐為：謂假裝為。⑪邀：遮截。⑫宣言：揚言。⑬常州：《九域志》：「潤州東南至常州，一百七十五里。」⑭極口：謂口所能罵者，皆盡力宣出。⑮會：會合。⑯奮擊：奮力攻擊。⑰狎侮：狎弄玩侮。⑱前進士：《唐國史補》：「進士得第，謂之前進士。」⑲應：接應。⑳聲言：謂揚聲言。㉑臨朐：《九域志》：「臨朐在青州東南四十里，又二百六十里至密州。」㉒多錯亂所見：謂將所見者，多故意錯亂言之。㉓三舅：延壽第三，言三舅者，乃以其子之所呼為稱。㉔諭：曉諭。㉕以安我：謂以安我心。㉖事可知矣：謂事之吉凶可知矣。㉗部分：猶區處。㉘授兵：授以兵器。㉙發百燎：謂燃起多把燎火，百乃以喻其多。㉚皎然：潔白。㉛請行：謂請赴敵。㉜昇州：《九域志》：「宣州北至昇州，三百六十里。」㉝公見機：謂公若知機宜。㉞無遺：謂無遺類。㉟卒伍：猶小卒，極言其出身之低。㊱吳王：楊行密封吳王，故稱之。㊲義：謂據義理。㊳頵有老母，不顧而反：胡三省曰：「或疑行密留田頵之母於廣陵，詳考本末，田頵母殷自從頵在宣州，李神福蓋言頵有母在，不當輕為舉措，稱兵而敗，則禍必及母也。」㊴三綱：謂君為臣綱，父為子綱，夫為妻綱。㊵而進：謂而進軍不顧。㊶感勵：謂感動奮勉。㊷逆戰：迎戰。㊸泝：逆流曰泝。㊹大列：猶盛列。㊺交雜：謂紊亂。㊻縱火：放火。㊼皖口：胡三省曰：「舒州懷寧縣有皖口鎮，當皖水入江之口。」㊽僅以身免：謂僅自免。㊾此天亡也：謂此天亡之也。㊿堅壁：堅守營壁。(51)應：接應。(52)會：合。(53)背德：謂孤負恩德。(54)違：

違背。(五五)京畿：胡三省曰：「岐本亦京畿，李茂貞據之，遂為彊藩。今所謂京畿，特京兆府之京縣畿縣耳。」(五六)先遣：以前遣。(五七)蕪湖：胡三省曰：「至唐，蕪湖之地入當塗太平二縣界，唐末始復置蕪湖縣，屬宣州。」(五八)褊：狹隘，音扁。(五九)番陳：胡三省曰：「番陳者，分兵為數部，更番列陳整兵而後進，以備倉猝薄戰。」(六〇)宿將：老將。(六一)廣德：《九域志》：「廣德西至宣州，一百八十里。」(六二)挫伏：謂其將士之氣，摧挫而厭伏。(六三)縱兵：縱肆兵卒。(六四)兵交：謂兵鋒相交。(六五)夔忠萬施：夔、忠、萬、荊南巡屬，施、黔中巡屬。(六六)瞿唐、蜀之險要：胡三省曰：「瞿唐峽在夔州東五里，舊名西陵峽，乃三峽之門，兩崖對峙，中貫一江，望之如門。」(六七)瘴癘：瘴氣疫癘。(六八)涪州：《九域志》：「自黔州西北至涪州，一百八十二里。」(六九)新婦：謂從周妻。(七〇)察之：謂察知此理。(七一)歔欷：謂悲泣氣咽而抽息。(七二)簡：簡選。(七三)當敵：禦敵。(七四)扞：禦。(七五)整肅：整齊嚴肅。(七六)安堵：安居。(七七)遏：止。(七八)素遣者：先前遣發者。(七九)徇：徇示。(八〇)族之：族誅之。(八一)以禍福：謂以禍福之道。(八二)齎裝：齎攜之物及行裝。(八三)寬釋：寬宥釋放。(八四)素服乘驢：胡三省曰：「素服，囚服也，渠帥俘虜載以驢。」(八五)量：酒量。(八六)取兗州，量何大邪：此乃依上言之量，而移言取兗州之量，其實此二量字，所標指者，絕不相同，上量乃指酒量，此量乃謂膽量。(八七)元從都押牙：謂都押牙內之元從士卒，乃官職中之最親信者。(八八)是時四鎮將吏，皆功臣舊人：朱全忠迎車駕於鳳翔，諸將皆賜迎鑾果毅功臣，且與全忠出入於行間最久。(八九)具：備。(九〇)自如：謂若固有之。(九一)保大：保大軍鄜州，以捍李茂貞。(九二)康懷英：胡三省曰：「懷英當作懷貞。」(九三)故為：謂有為為之。(九四)朗人：朗人、雷彥威之兵。成汭既死，荊南無帥，朗人遂守之。(95)諸道貢賦，多不上供：唐二稅有上供，以輸京師。(96)委輸：轉運。(97)鏐遣方永珍屯潤州，從弟鎰屯宣州：屯潤州以助攻安仁義，屯宣州以助攻田頵。(98)又遣指揮使楊習攻睦州：陳詢時據睦州，背錢鏐而睦於田頵。(99)鳳翔邠州屢出兵：鳳翔、李茂貞，邠州、李繼徽。(100)死士：謂敢死士。(101)陽：猶佯。(102)濠：城濠。(103)閭里：猶鄉里。(104)約：結約。(105)行密與諸子，皆以子孫禮事之：行密以通家諸子禮事殷氏，其子以諸孫禮事之。(106)不拜：不拜受新職。(107)善治金穀：謂善治錢帛糧穀度支之事。(108)精敏：精妙敏捷。(109)支計官：胡三省：「支計官、蓋唐世節度支度判官之屬，唐末藩鎮變其名稱耳。」(110)節度牙推：胡三省曰：「唐制，節度觀察牙推，在巡官之下，幕府右職也。」(111)合肥：今安徽省合肥縣。(112)損，及之從曾孫：獨孤及見卷二百二十三代宗永泰元年。(113)圖之：圖謀之。(114)詐為：假裝為。(115)墅：別館，音ㄕㄨˋ。(116)所厚：所重。(117)郎君：中古稱貴人之子，率曰郎君。(118)謀：計謀。(119)遺種：謂遺留家族之種子，亦即存有子孫之義。(120)習知：熟知。(121)情偽：謂實偽。(122)練兵：訓練兵士。(123)深入：謂深入契丹之境。(124)常以良馬賂仁恭，買牧地：胡三省曰：「北荒寒早，至秋草先枯死，近塞差暖，霜降草猶未盡衰，故契丹南並塞放牧，焚其野草，則馬無所食而饑死。」(125)渝關：宋白曰：「平州東北至渝關守捉，一百九十里。」(126)幄：《釋名》：「幄，屋也，以帛依板施之，形如屋也。」(127)密邇：密近。(128)實：充實。(129)麾下：猶部下。(130)察：窺察。(131)兵仗：兵甲器仗。(132)恐亂立異：謂恐亂立異論，以沮遷洛之計。

天祐元年㈠（西元九〇四年）

㈠春，正月，全忠密表：「司徒兼侍中判六軍十二衛事、充鹽鐵轉運使判度支崔胤，專權亂國，離間君臣，幷其黨刑部尚書兼京兆尹六軍諸衛副使鄭元規、威遠軍使陳班等，皆請誅之。」乙巳，詔責授胤太子少傅分司，貶元規循州㈡司戶，班溱州㈢司戶，丙午，下詔罪狀胤等，以裴樞判左三軍事充鹽鐵轉運使，獨孤損判右三軍事兼判度支，胤所募兵，並縱遣㈣之。以兵部尚書崔遠為中書侍郎，翰林學士左拾遺柳璨為右諫議大夫，幷同平章事。【考異】舊傳：「崔胤得罪前一日召璨入內殿，草制勅，胤死之日，既夕，璨自內出，前驅傳呼相公來，人未見制勅，莫測所以。」新傳曰：「崔胤死，昭宗密許璨相，外無知者，日暮自禁中出，傳呼宰相，人大驚。」按胤未死，璨已除平章事，新舊傳記云：「胤死後。」誤也。璨，公綽之從孫也。戊申，朱全忠密令宿衛都指揮使朱友諒以兵圍崔胤第，殺胤及鄭元規、陳班，幷胤所親厚者數人。【考異】舊傳：「全忠攻鳳翔，胤寓居華州，為全忠畫圖王之策。」又曰：「天子還宮，全忠東歸，胤以事權在己，慮全忠急於篡代，乃與鄭元規謀，召致兵甲，以扞茂貞為辭，全忠知其意，從之，令汴州軍人，入關應募者數百人，及友倫死，全忠怒，遣其子宿衛軍使友諒誅胤，而應募者突然而出。」唐太祖紀年錄曰：「及事權既失，知朱溫懷篡奪之志，慮一朝禍發，與國俱亡，因圖自安之計，與朱溫外貌相厚，私心漸異，與元規密為計畫，倍招兵數，繕治鎧甲，朝夕不止。朱溫察之，乃陰令部下驍果數千，紿為散卒，於京師應募，胤每日教閱弓弩，梁卒偽示怯懦，或倒弓背矢，有若不能，胤莫之識。俄而朱友倫打毬墜死，溫愈不悅，又聞胤欲挾天子，出幸荊襄，溫乃抗言胤將交亂天下，傾覆朝廷，宜急誅之，無令事發。天子將罷胤知政事，貶太子賓客，鄭元規循州司戶，事未行，溫子友諒，引兵攻胤，詰旦擒之，又攻鄭元規於京府，擒之，崔鄭俱獻首岐下。」實錄：「胤重世宰相，而志滅唐祚。」按崔胤陰狡險躁，其罪固多，然本召全忠，欲假其兵力，以除宦官耳，宦官既誅，全忠兵勢益彊，遂有篡奪之心，胤復欲以譎詐，并圖全忠，故全忠覺而殺之，若云唐室因胤而亡則可矣。舊傳云：「胤為全忠畫圖王之策，」實錄云：「胤志滅唐祚。」恐未必然也。胤仕唐已為上相，威唐立梁，於己何益？假令胤實有此志，則惟患全忠篡代之不速，何故復謀拒之，此所謂天下之惡，皆歸焉者也。紀年錄序朱崔之情，近其實，今從之。然紀年錄云：「傳首岐下。」誤也。又全忠之去長安也，留步騎萬人，何患無兵，何必更令汴卒應募，若在訓練之際，突出擒胤，猶須此卒，胤既貶官家居，一夫可制，安用此計邪，蓋全忠以胤募兵既多，或能圖已，故使汴卒應募，察其動靜，以壞其謀，非藉此兵以誅胤也。人始不知，及誅胤之際皆突出，人方知是汴卒耳。

㈡初，上在華州，朱全忠屢表，請上遷都洛陽，上雖不許，全忠常令東都留守佑國軍節度使張全義繕修宮室。全忠之克邠州也，質㊄靜難軍節度使楊崇本妻子於河中，崇本妻美，全忠私焉，既而歸之，崇本怒，使謂李茂貞曰：「唐室將滅，父何忍坐視之乎㊅！」遂相與連兵侵逼京畿，復姓名為李繼徽。己酉，全忠引兵屯河中。

㈢丁巳，上御延喜樓，朱全忠遣牙將寇彥卿奉表，稱邠岐兵逼畿甸，請上遷都洛陽，及下樓，裴樞已得全忠移書㊆，促百官東行。戊午，驅徙士民，號哭滿路，罵曰：「賊臣崔胤，召朱溫來，傾覆社稷，使我曹流離至此㊇！」老幼繈屬㊈，月餘不絕。壬戌，車駕發長安⑩，全忠以其將張廷範為御營使⑪，毀長安宮室、百司⑫及民間廬舍，取其材，浮渭沿河而下，長安自此遂丘墟⑬矣。全忠發河南北諸鎮丁匠⑭數萬，令張全義治東都宮室，江浙湖嶺諸鎮附全忠者⑮，皆輸⑯貨財以助之。甲子，車駕至華州，民夾道呼萬歲，上泣謂曰：「勿呼萬歲，朕不復為汝主矣。」館於興德宮⑰，謂侍臣曰：「鄙語云：『紇干山頭凍殺雀，何不飛去生處樂。』朕今漂泊，不知竟落何所⑱。」因泣下霑襟，左右莫能仰視⑲。二月，乙亥，車駕至陝，**【考異】**梁實錄：「丁巳，詔以今月二十二日，先遣士庶出京，朕將翌日命駕，壬戌，襄宗發自秦雍，甲子，暨華州，二月丁卯，上至河中，乙亥，天子駐蹕陝郡，翌日，上來覲於行在。」編遺錄：「正月丁酉，上聞關下人心不遑，遂往河中以審都邑動靜，己酉，離梁園，行至汜水，聞崔胤死，是時皆言崔胤已下，潛諫帝，不令東遷雒陽，又密與岐鳳交通，及斯禍也。洎上至蒲津，帝謀東幸，決取二十一日，屬車離長安，是日丁巳，王鑾東指，癸亥，到甘棠，二月乙亥，上離河中，丁丑，到陝郊，戊寅，朝上，欲躬往洛下，催促百工，壬辰，朝辭，明日東邁。」唐太祖紀年錄：「丁巳，下詔。」與梁實錄同。又曰：「壬戌，昭宗發長安，遷幸洛陽，丁卯，車駕次華州，乙亥，駐蹕陝州，丙子，朱溫自汴州迎覲見，已先發，自此人使相望于路，請駕走行幸洛陽。」舊紀：「正月己酉，全忠帥師屯河中，遣牙將寇彥卿奉表，請車駕遷都洛陽，丁巳，車駕發京師，癸亥，次陝州，全忠迎謁於路，二月丙寅朔，乙亥，全忠辭赴洛陽親督工作。」薛居正五代史梁紀：「正月辛酉，帝發自大梁，西赴河中，京師聞之，為之震懼。」唐年補錄：「丁巳，帝御延喜樓，全忠迎扈表至，及還宮，至暮，全忠已移書宰臣裴樞，促百官東行，是日下詔。」與梁實錄同，「尋以張廷範為御營使，便毀折宮室，沿河以下，仍起豪民從行，貧者亦繼焉，車駕以其月二十三日己未至華州，二月丙寅，車駕駐陝郊。」又曰：「三月三日戊辰，車駕離華下。」其差舛如此。實錄：「丁巳，全忠遣牙將寇彥卿奉表，言虜邠岐兵士侵迫，請車駕遷都洛陽，乃下詔。」與梁實錄同，「二月丙寅朔，丁卯，次華州，時朱全忠屯河中，乙亥，駐陝州，丙子，全忠來朝，又賜王建絹，詔云，正月二十日，朕登樓，二十二日，東軍兵士擁脅朕東去。」新紀：「正月戊午，全忠遷唐都於洛陽，二月戊寅，次陝州，朱全忠來朝。」按梁實錄，唐紀年錄、唐年補錄唐實錄，所載詔書，皆云：「二十二日，遣士庶出京，朕翌日命駕。」而諸書月日，各不同，莫有與此詔相應者。編遺、汴人所錄，比唐紀年宜得其實，而正月二十一日，丁巳，全忠請遷都表，始至長安，車駕當日豈能便？發長安去陝猶八程，而癸亥已到甘棠，首尾七日，太似忽遽。實錄全用紀年錄，正月二十六日始離長安，二月二日至華州，駐留數日，故同以十日至陝，差似相近，今從之。以東都宮室未成，駐留於陝。丙子，全忠自河中來朝，上延全忠入寢室，見何后，后泣曰：「自今大家⑳夫婦，委身㉑全忠矣。」

㈣甲申，立皇子禎為端王，祈為豐王，福為和王，禧為登王，祐為嘉王。

㈤上遣間使以御札告難於王建，建以邛州刺史王宗祐為北路行營指揮使，將兵會鳳翔兵，迎車駕至興平㉒，遇汴兵，不得進而還。建始自用墨制㉓除官，云俟車駕還長安，表聞㉔。

㈥二月，丁未，以朱全忠兼判左右神策及六軍諸衛事，癸丑，全忠置酒私第，邀上臨幸，乙卯，全忠辭上，先赴洛陽，督修㉕宮室，上與之宴，羣臣既罷，上獨留全忠及忠武節度使韓建飲，皇后出自捧玉卮，以飲全忠，晉國夫人可證附上耳語，建躡全忠足，全忠以為圖己，不飲，陽㉖醉而出，全忠奏，以長安為佑國軍，以

【考異】按河南府先已為佑國軍，今京兆府乃與同名者，蓋車駕既在河南，則無用軍額，故移其名於京兆耳。天佑二年，鄭賓猶為西京留守判官，然則雖立軍額，京名尚在耳。

韓建為佑國節度使，以鄭州刺史劉知俊為匡國節度使。丁巳，上復遣間使以絹詔告急於王建、楊行密、李克用等，令糾帥㉗藩鎮，以圖匡復㉘，【考異】續寶運錄：「天復四年三月二十二日丑時，襄宗在陝府行營，密遣絹詔告晉楚蜀，末云三月二十三日，四月二十七日賚到西川，頒示管內州縣。」實錄，此月絹詔在四月，據十國紀年，楊行密三月，王建四月得詔，與寶運錄略相應，今移置此月。曰：「朕至洛陽，則為所幽閉㉙，詔勅皆出其手，朕意不復得通㉚矣。」

㈦楊行密遣錢傳璙㉛及其婦幷顧全武歸錢塘，以淮南行軍司馬李神福為鄂岳招討使，復將兵擊杜洪。朱全忠遣使詣行密，請捨㉜鄂岳，復修舊好，行密報曰：「俟天子還長安，然後罷兵修好。」

㈧夏，四月，辛巳，朱全忠奏，洛陽宮室已成，請車駕早發，表章相繼，上屢遣宮人諭以：「皇后新產，未任㉝進路㉞，請俟十月東行。」全忠疑上徘徊俟變㉟，怒甚，謂牙將寇彥卿曰：「汝速至陝，即日促官家㊱發來㊲。」閏月，丁酉，車駕發陝，壬寅，全忠逆於新安㊳。上之在陝也，司天監奏：「星氣有變，期在今秋，不利東行。」故上欲以十月幸洛，至是，全忠令醫官許昭遠告：「醫官使閻祐之、司天監王墀、內都知㊴韋周、晉國夫人可證等，謀害元帥㊵。」悉收殺之。癸卯，上憩㊶於穀水㊷，自崔胤之死，六軍散亡俱盡，所餘擊毬、供奉、內園小兒，共二百餘人，從上而東，【考異】後唐紀年錄云：「五百人。」實錄據之，今從書紀、薛史。全忠猶忌㊸之，為設食於幄，盡縊殺之，豫選二百餘人，大小相類者，衣其衣服，代之侍衛，上初不覺，累日乃寤㊹，自是上之左右職掌使令，皆全忠之人矣。甲辰，車駕發穀水，入宮，御正殿㊺，受朝賀，乙巳，御光政門㊻，赦天下，改元㊼，更命陝州曰興唐府，詔討李茂貞、楊崇本。戊申，勅內諸司惟留宣徽等九使㊽，外餘㊾皆停廢，仍不以內夫人充使。【考異】編遺錄曰：「戊申，鑾輿初到洛都，經費甚廣，況國用未豐，庶事草創，因刪略閑冗司局，今後除留宣徽等九使外，餘並停廢，仍不差內中夫人充使，蓋初誅宦官後，內諸司使皆以內夫人領之，至此始用外人也。」而實錄改充使為宣事，誤也。㊿以蔣玄暉為宣徽南院使兼樞密使，王殷為宣徽北院使兼皇城使，張廷範為金吾將軍充街使，以韋震為河南尹兼六軍諸衛副使，又徵武寧留後朱友恭為左龍武統軍，保大節度使氏叔琮為右龍武統軍，典宿衛(51)，皆全忠之腹心也。癸丑，以張全義為天平節度使(52)，乙卯，以全忠為護國、宣武、宣義、忠武四鎮節度使。

㈨鎮海鎮東節度使越王錢鏐求封吳越王，朝廷不許，朱全忠為之言於執政，乃更封吳王。

㈩更命魏博曰天雄軍，癸亥，進天雄節度使長沙郡王羅紹威爵鄴王。

【今註】㊀天祐元年：是年四月方改元。㊁循州：《舊唐書・地理志》四：「嶺南道循州，至東都四千八百里。」㊂湊州：胡三省曰：「時無湊州，湊當作溱。」㊃縱遣：放遣。㊄質：質押。㊅崇本怒，使謂李茂貞曰：「唐室將滅，父何忍坐視之乎」：李茂貞養崇本為子，更姓名曰李繼徽。㊆移書：移遞之書札。㊇至此：謂至此境地。㊈老幼繈屬：胡三省曰：「繈，錢貫也，言老幼相隨而東，若繈之貫錢，相屬不絕也。」㊉發長安：謂發於長安。⑪御營使：胡三省曰：「時以天子東遷，扈衞兵士為御營，置使以提舉一行事務，御營使之官始此。」⑫毀百司：謂毀百司官署。⑬丘墟：空虛。⑭丁匠：壯丁及工匠。⑮江浙湖嶺諸鎮附全忠者：胡三省曰：「江則鄂岳杜洪、洪州鍾傳，浙則錢鏐，湖則潭州馬殷、澧州雷彥威，嶺則廣州劉隱，皆附全忠者也。」⑯輸：輸送。⑰興德宮：光化元年，上將自華州還長安，以華州為興德府，以所居府署為興德宮。⑱竟落何所：謂畢竟將流落何所。⑲仰視：謂仰頭而視。⑳大家：謂天子。㉑委身：謂寄託性命。㉒興平：據《新唐書・地理志》一，興平屬京兆府。㉓墨制：謂制書不經由中書門下，而徑直頒下。㉔表聞：謂另上表奏聞。㉕督修：督促修繕。㉖陽：猶佯。㉗糾帥：糾合帥領。㉘匡復：匡正恢復。㉙幽閉：

幽囚禁閉。㉚通：通達。㉛遺錢傳璙：錢傳璙為質於楊行密，見上卷天復二年。㉜捨：謂捨而不攻。㉝任：堪。㉞進路：謂登路行進。㉟俟變：謂以待諸道勤王之師。㊱官家：胡三省曰：「按西漢羣臣謂天子為縣官，東漢以來謂為國家，唐時、宮中率呼天子為宅家，又羣小呼之為官家。或曰：『其義蓋取五帝官天下，三王家天下。』」㊲發來：謂進發前來。㊳新安：《九域志》：「新安縣在洛陽西七十里。」㊴醫官使內都知：胡三省曰：「唐末置醫官使，以主醫官。內都知，盛唐知內侍省之職事也。」㊵元帥：謂朱全忠。㊶憩：息。㊷穀水：在洛城西。㊸忌：畏。㊹寤：覺寤。㊺正殿：胡三省曰：「時以貞觀殿為正殿，崇勳殿為內閣。」㊻光政門：胡三省曰：「時遷洛之後，易宮門名，改長樂門為光政門。」㊼改元：改元天祐。㊽惟留宣徽等九使：胡三省曰：「時惟留宣徽兩院、小馬坊、豐德庫、御廚、客省、閤門、飛龍、莊宅九使。」㊾外餘：謂此外其餘。㊿考異曰：「而實錄改充使為宣事，誤也」：胡三省曰：「按宦官既誅，以內夫人宣傳詔命，及充內諸司使。夫既宣傳詔命，則實錄云：『宣事』。亦未為誤。但天祐三年，方罷宮人宣傳詔命，故以實錄為誤。」(51)典宿衞：謂掌宿衞之事。(52)以張全義為天平節度使：緣張全義有積年葺理洛陽之功，今洛陽建都，不為節鎮，故遂以天平授全義焉。

卷二百六十五 唐紀八十一

司馬光編集
曲守約註

起閼逢困敦五月，盡柔兆攝提格，凡二年有奇。（甲子至丙寅，西元九〇四年至九〇六年）

昭宗聖穆景文孝皇帝下之下

天祐元年（西元九〇四年）

㈠五月，丙寅，加河陽節度使張漢瑜同平章事。

㈡帝宴朱全忠及百官于崇勳殿㈠，既罷，復召全忠宴於內殿，全忠疑不入，帝曰：「全忠不欲來，可令敬翔來。」全忠擿㈡翔使去，曰：「翔亦醉矣。」辛未，全忠東還，乙亥，至大梁。

㈢忠義節度使趣匡凝遣水軍上峽，攻王建夔州㈢，知渝州㈣王宗阮等擊敗之，萬州刺史張武作鐵絙㈤，絕江中流㈥，立柵於兩端，謂之鏁㈦峽。

㈣六月，李茂貞、王建、李繼徽，傳檄合兵，以討朱全忠，全忠以鎮國節度使朱友祐為行營都統，將步騎擊之，命保大節度使劉鄩棄鄜州，引兵⑧屯同州，癸丑，全忠引兵自大梁，西討茂貞等。秋，七月，甲子，過東都，入見⑨，壬申，至河中。

㈤西川諸將勸王建乘李茂貞之衰，攻取鳳翔，建以問節度使判官馮涓，涓曰：「兵者凶器，殘民耗財，不可窮也⑩。今梁晉虎爭⑪，勢不兩立，若併⑫而為一，舉兵向蜀，雖諸葛亮復生，不能敵⑬矣。鳳翔蜀之藩蔽⑭，不若與之和親，結為婚姻，無事，則務農訓兵，保固疆場⑮，有事，則覘其機事⑯，觀釁⑰而動，可以萬全⑱。」建曰：「善。茂貞雖庸才⑲，然有強悍之名，遠近畏之，與全忠力爭則不足，自守則有餘，使為吾藩蔽，所利多矣。」乃與茂貞修好。丙子，茂貞遣判官趙鍠如西川，為其姪天雄節度使⑳繼勳求昏，建以女妻之，茂貞數求貨㉑及甲兵於建，建皆與之。王建賦斂重，人莫敢言，馮涓因建生日獻頌，先美功德，後言生民之苦，建愧謝㉒曰：「如君忠諫，功業何憂㉓！」賜之金帛，自是賦斂稍損㉔。

㈥初，朱全忠自鳳翔迎車駕還，見德王裕眉目疏秀㉕，且年齒㉖

已壯，惡之，私謂崔胤曰：「德王嘗奸㉗帝位，豈可復留！公何不言之？」胤言於帝，帝問全忠，全忠曰：「陛下父子之間，臣安敢竊議㉘，此崔胤賣臣耳。」帝自離長安，日憂不測㉙，與皇后終日沈飲㉚，或相對涕泣，全忠使樞密使蔣玄暉伺察帝動靜，皆知之，帝從容謂玄暉曰：「德王，朕之愛子，全忠何故堅㉛欲殺之。」因泣下，齧中指血流，玄暉具以語全忠，全忠愈不自安。時李茂貞、楊崇本、李克用、劉仁恭、王建、楊行密、趙匡凝，移檄㉜往來，皆以興復為辭，全忠方引兵西討㉝，以帝有英氣，恐變生於中，欲立幼君，易謀㉞禪代，乃遣判官李振至洛陽，與玄暉及左龍武統軍朱友恭、右龍武統軍氏叔琮等圖之。八月，壬寅，帝在椒殿㉟，玄暉選龍武牙官史太等百人，夜叩㊱宮門，言軍前㊲有急奏，欲面見㊳帝，夫人裴貞一開門，見兵曰：「急奏㊴，何以兵為㊵？」史太殺之，玄暉問至尊安在，昭儀李漸榮臨軒㊶呼曰：「寧殺我曹，勿傷大家㊷。」帝方醉遽起，單衣繞柱走，史太追而弒之㊸，漸榮以身蔽帝，太亦殺之，又欲殺何后，后求哀於玄暉，乃釋之㊹。癸卯，蔣玄暉矯詔㊺，稱李漸榮裴貞一弒逆，宜立輝王祚為皇太子，更名柷，監軍國事。又矯皇后令，太子於柩前即位，宮中恐懼，不敢出聲哭㊻，丙午，昭宣帝即位，時年十三。

㈦李克用復以張承業為監軍㊼。

㈧淮南將李神福攻鄂州，未下，會㊽疾病還廣陵，楊行密以舒州團練使泌陽㊾劉存代為招討使，神福尋卒。宣州觀察使臺濛卒，楊行密以其子牙內諸軍使渥為宣州觀察使，右牙都指揮使徐溫謂渥曰：「王寢疾㊿，而嫡嗣出藩㊿¹，此必姦臣之謀，它日相召，非溫使者㊿²及王令書㊿³，慎無亟來㊿⁴。」渥泣謝而行。

㈨九月，己巳，尊皇后為皇太后。

㈩朱全忠引兵北屯永壽，南至駱谷㊿⁵，鳳翔邠寧兵竟不出㊿⁶，辛未，東還。

㈩㈠冬，十月，辛卯朔，日有食之。

㈩㈡朱全忠聞朱友恭等弒昭宗，陽㊿⁷驚號哭，自投於地㊿⁸，曰：「奴輩負我，令我受惡名於萬代。」癸巳，至東都，伏梓宮㊿⁹慟哭流涕，又見帝，自陳非己志(六〇)，請討賊。先是護駕軍士有掠米於市者，甲午，全忠奏，朱友恭氏叔琮不戢(六一)士卒，侵擾市肆，友恭貶崖州(六二)司戶，復姓名李彥威，叔琮貶白州(六三)司戶，尋皆賜自盡，彥威臨刑大呼曰：「賣我以塞天下之謗，如鬼神何(六四)？行事如此，望有後乎(六五)！」丙申，天平節度使張全義來朝，丁酉，復以全忠為宣武、護國、宣義、天平節度使，以全義為河南尹兼忠武節度使判六軍諸衛事。乙巳，全忠辭赴鎮，庚戌，至大梁。

(十三)鎮國節度使朱友裕薨於黎園(六六)。

(十四)光州叛楊行密，降朱全忠，行密遣兵圍之，與鄂州皆告急於全忠。十一月，戊辰，全忠自將兵五萬，自潁州濟淮(六七)，軍於霍丘(六八)，分兵救鄂州，淮南兵釋(六九)光州之圍，還廣陵，按(七〇)兵不出戰，全忠分命諸將，大掠淮南以困之。

(十五)錢鏐遣衢州羅城使葉讓殺刺史陳璋，事泄，十二月，璋斬讓而叛，降於楊行密。

(十六)初，馬殷弟賓性沈勇(七一)，事孫儒為百勝(七二)指揮使，儒死，事楊行密，屢有功，遷黑雲指揮使，行密嘗從容問其兄弟，乃知為殷之弟，大驚曰：「吾常怪汝器度(七三)瓌偉(七四)，果非常人，當遣汝歸。」賨泣辭曰：「賨淮西殘兵(七五)，大王不殺而寵任之，湖南地近，嘗得兄聲問(七六)，賨事大王久，不願歸也。」行密固遣之，是歲，賨歸長沙，行密親餞之郊(七七)，賨至長沙，殷表賨為節度副使(七八)。它日，殷議入貢天子，賨曰：「楊王(七九)地廣兵彊，與吾鄰接，不若與之結好，大可以為緩急之援(八〇)，小可通商旅之利(八一)。」殷作色(八二)曰：「楊王不事天子，一旦朝廷致討，罪將及吾，汝置(八三)此論，勿為吾禍(八四)。」

(七)初，清海節度使徐彥若遺表(八五)，薦副使劉隱權留後(八六)，朝廷以兵部尚書崔遠為清海節度使，遠至江陵，聞嶺南多盜，且畏隱不受代，不敢前，朝廷召遠還，隱遣使以重賂(八七)結朱全忠，乃奏以隱為清海節度使。

【今註】(一)崇勳殿：時以洛陽宮前殿為貞觀殿，內朝為崇勳殿。(二)擿：撥動，音的。(三)趙匡凝遣水軍上峽，攻王建夔州：胡三省曰：「趙匡凝以襄陽之甲，窺夔門，夔在三峽上游，泝流攻之，故曰上峽。」(四)知渝州：其全稱為知渝州事。(五)絙：大索，音ㄍㄥˊ。(六)絕江中流：謂斷絕江中水流。

(七)鏁：同鎖。(八)引兵：率兵。(九)入見：謂入見天子。(一〇)不可窮也：極其兵力，好戰不休，是窮兵也。(一一)梁晉虎爭：梁，朱全忠；晉，李克用。(一二)併：合。(一三)不能敵：謂不能抵禦。(一四)藩蔽：藩屏鄣蔽。(一五)疆埸：疆界，埸音ㄧˋ。(一六)機事：事之機宜。(一七)疊：通疊。(一八)萬全：謂絕對安全。(一九)庸才：平凡之才。(二〇)天雄節度使：此天雄軍治秦州。(二一)貨：此指絹帛言。(二二)愧謝：慚愧感謝。(二三)功業何憂：謂何憂功業之不成哉。(二四)稍損：猶稍輕。(二五)疏秀：疏朗雋秀。(二六)年齒：年齡。(二七)奸：音干，犯也。(二八)竊議：私加議論。(二九)不測：謂不可測之禍患。(三〇)沈飲：謂飲必沈醉。(三一)堅：堅決。(三二)移檄：通檄。(三三)西討：西討岐邠。(三四)易謀：容易計謀。(三五)椒殿：皇后殿，亦猶椒房。(三六)叩：敲擊。(三七)軍前：謂西討行營軍前。(三八)面見：親見。(三九)急奏：謂緊急之奏稟。(四〇)何以兵為：謂為何帶有兵士。(四一)軒：宮殿之軒檻。(四二)大家：謂天子。(四三)弒之：時年三十八。(四四)釋：釋放。(四五)矯詔：假託詔書。(四六)出聲哭：謂放聲大哭。(四七)李克用復以張承業為監軍：李克用匿張承業，見上卷天復三年。(四八)會：遇。(四九)泌陽：據《新唐書・地理志》四，泌陽屬山南東道泌州。(五〇)寢疾：臥疾。(五一)出藩：出居於藩。(五二)非溫使者：謂非溫所使之人。(五三)王令書：天子之書曰詔書，君王者則曰令書。(五四)亟來：速來。(五五)北屯永壽，南至駱谷：胡三省曰：「軍永壽，所以致邠兵，自此而南至駱谷，所以致岐兵。」(五六)不出：謂不出交戰。(五七)陽：猶佯。(五八)自投於地：自投觸於地。(五九)梓宮：天子之棺。(六〇)己志：己意。(六一)戢：收斂。(六二)崖州：《舊唐書・地理志》四：「嶺南道崖州，至京師七千四百六十里。」(六三)白州：同志四：「嶺南道白州，至京師六千一百七十五里。」(六四)如鬼神何：謂豈能蔽鬼神乎。(六五)有後：謂有子孫。(六六)薨於黎園：謂死於黎園行營。(六七)自潁州濟淮：胡三省曰：「自潁州潁上縣，取正陽濟淮。」(六八)霍丘：《九域志》：「霍丘縣在壽州東，一百二十七里。」(六九)釋：解。(七〇)按：止。(七一)沈勇：沈毅勇敢。(七二)百勝：以百戰百勝名軍。(七三)器度：器宇度量。(七四)瓌偉：瓌異英偉。(七五)竇淮西殘兵：馬竇從秦宗權孫儒起於淮西，故云然。(七六)聲問：即音問。(七七)親餞之郊：謂親餞之於郊。(七八)是歲，竇歸長沙，行密親餞之郊，竇至長沙，殷表竇為節度副使：按三句連用竇字，未免複贅，末二句若改作及至長沙，殷表為節度副使，則將無此失。(七九)楊王：楊行密封吳王，故稱之。(八〇)以為緩急之援：緩急一辭，重在急字，謂以為危急之援救。(八一)小可通商旅之利：謂小可獲通商旅之利益。(八二)作色：謂動色，變色。(八三)置：放置。(八四)勿為吾禍：謂勿為禍患於吾。(八五)遺表：遺留之章表。(八六)權留後：權攝留後。(八七)賂：財貨。

昭宣光烈孝皇帝

天祐二年（西元九〇五年）

㈠春，正月，朱全忠遣諸將進兵逼壽州㊀。

㈡潤州團練使安仁義勇決㊁得士心，故淮南將王茂章攻之，踰年不克，楊行密使謂之曰：「汝之功，吾不忘也，能束身㊂自歸，當以汝為行軍副使，但不掌兵㈣耳。」仁義不從，茂章為地道入城，遂克之，仁義舉族㈤登樓，眾不敢逼，先是攻城諸將，見仁義輒罵之，惟李德誠不然，至是仁義召德誠登樓，謂曰：「汝有禮，吾今以為汝功。」且以愛妾贈之，德誠掖㈥之而下，并其子，斬於廣陵市。

㈢兩浙兵圍陳詢於陸州，楊行密遣西南招討使陶雅將兵救之，軍中夜驚，士卒多踰壘㈦亡去，左右及裨將韓球奔告之，雅安臥不應㈧，須更自定，亡者皆還。錢鏐遣其從弟鎰及指揮使顧全武、王球禦之，為雅所敗，虜鎰及球以歸。

㈣庚午，朱全忠命李振知青州事，代王師範。

㈤全忠圍壽州，州人閉壁㈨不出，全忠乃自霍丘引歸㈩。二月，辛卯，至大梁⑾。

㈥李振至青州，王師範舉族西遷，至濮陽，素服乘驢而進⑿，至大梁，全忠客之，表李振為青州留後。

㈦戊戌，以安南節度使同平章事朱全昱為大師，致仕。全昱，全忠之兄也，戇⑬樸無能，先領安南，全忠自請罷之。

(八)是日社⑭，全忠使蔣玄暉邀昭宗諸子德王裕、棣王栩、虔王禊、斤王禋、遂王禕、景王祕、祁王祺、雅王禛、瓊王祥，置酒九曲池⑮，酒酣，悉縊殺之，投尸池中。

(九)朱全忠遣其將曹延祚將兵與杜洪共守鄂州，庚子，淮南將劉存攻拔之，執洪、延祚及汴兵千餘人，送廣陵，悉誅之，行密以存為鄂岳觀察使。

(十)己酉，葬聖穆景文孝皇帝於和陵⑯，廟號昭宗。

(十一)三月，庚午，以王師範為河陽節度使。

(十二)戊寅，以門下侍郎同平章事獨孤損同平章事，充靜海節度⑰使，以禮部侍郎河間⑱張文蔚同平章事。甲申，以門下侍郎同平章事裴樞為左僕射，崔遠為右僕射，並罷政事。初柳璨及第不四年，為宰相，性傾巧⑲輕佻，時天子左右皆朱全忠腹心，璨曲意事之，同列裴樞、崔遠、獨孤損皆朝廷宿望⑳，意輕之，璨以為憾，和王㉑傅張廷範本優人㉒，有寵於全忠，奏以為太常卿，樞曰：「廷範勳臣，幸有方鎮㉓，何藉樂卿㉔，恐非元帥㉕之旨。」持之㉖不下，全忠聞之，謂賓佐㉗曰：「吾常以裴十四㉘器識真純，不入浮薄之黨，觀此議論，本態㉙露矣。」璨因此并㉚遠、損，譖於全忠，故三人皆罷，以吏部侍郎楊涉同平章事。涉，收之孫㉛也，為人和厚㉜恭謹，聞當為相，與家人相泣，謂其子凝式曰：「此吾家之不幸也，必為汝累㉝。」

(十三)加清海節度使劉隱同平章事。

(十四)壬辰，河東都押牙蓋寓卒，遺書㉞勸李克用省營繕㉟，薄賦斂，求賢俊。夏，四月，庚子，有彗星出西北。

(十五)淮南將陶雅會衢睦兵，攻婺州，錢鏐使其弟鏢將兵救之。

(十六)五月，禮院奏皇帝登位，應祀南郊，敕用十月甲午行之。

(十七)乙丑，彗星長竟天㊱，柳璨恃朱全忠之勢，恣㊲為威福，會㊳有星變，占者曰：「君臣俱災，宜誅殺以應之。」璨因疏㊴其素所不快者於全忠曰：「此曹皆聚徒橫議㊵，怨望腹非㊶，宜以之塞㊷災異。」李振亦言於朱全忠曰㊸：「朝廷所以不理㊹，良由衣冠浮薄之徒，紊亂剛紀(45)，且王欲圖大事，此曹皆朝廷之難制者也，不若盡去之。」全忠以為然，癸酉，貶獨孤損為棣州(46)刺史，裴樞為登州(47)刺史，崔遠為萊州(48)刺史，乙亥，貶吏部尚書陸扆為濮州(49)司戶，工部尚書王溥為淄州(50)司戶，庚辰，貶太子太保致仕趙崇為曹州(51)司戶，兵部侍郎王贊為濰州(52)司戶，自餘或門胄(53)高華，或科第自進(54)，居三省(55)臺閣(56)，以名檢(57)自處，聲迹稍著者，皆指為浮薄，貶逐無虛日(58)，搢紳為之一空(59)。辛巳，再貶裴樞為瀧州(60)司戶，獨孤損為瓊州(61)司戶，崔遠為白州(62)司戶。

(十八)甲申，忠義節度使趙匡凝遣使修好於王建。

(十九)六月，戊子朔，敕裴樞、獨孤損、崔遠、陸扆、王溥、趙崇、王贊等，並所在賜自盡。時全忠聚樞等及朝士貶官者三十餘人於白馬驛(63)，一夕，盡殺之，投尸於河。初李振屢舉進士，竟不中第，故深疾(64)搢紳之士，言於全忠曰：「此輩常自謂清流，宜投之黃河，使為濁流。」全忠笑而從之。振每自汴至洛，朝廷必有竄逐(65)者，時人謂之鴟梟(66)，見朝士皆頤指氣使(67)，旁若無人。全忠嘗與僚佐及遊客坐於大柳之下，全忠獨言曰：「此柳宜為車轂（六八）。」眾莫應，有遊客（六九）數人起應曰：「宜為車轂。」全忠勃然（七〇）厲聲曰：「書生輩好順口（七一）玩人（七二），皆此類也，車轂須用夾榆（七三），柳木豈可為之？」顧左右曰：「尚何待（七四）！」左右數十人，捽（七五）言宜為車轂者，悉撲（七六）殺之。己丑，司空致仕裴贄貶青州（七七）司戶，尋賜死，柳璨餘怒所注（七八），猶不啻（七九）十數（八〇），張文蔚力解之（八一），乃止。時士大夫避亂，多不入朝，壬辰，敕所在州縣督遣（八二），無得稽留（八三）。前司勳員外郎李延古，德裕之孫也，去官居平泉莊（八四），詔下，未至，責授衛尉寺主簿。秋，七月，癸亥，太子賓客致仕柳遜貶曹州司馬。

（廿）庚午夜，天雄牙將李公佺與牙軍謀亂，羅紹威覺（八五）之，公佺焚府舍，剽掠，奔滄州。

（廿一）八月，王建遣前山南西道節度使王宗賀等，將兵（八六）擊昭信節度使馮行襲於金州。

（廿二）朱全忠以趙匡凝東與楊行密交通，西與王建結昏，乙未，遣武寧節度使楊師厚將兵擊之，己亥，全忠以大軍繼之。【考異】梁太祖實錄、薛居正五代史梁紀，皆云：「十月庚午，遣楊師厚前軍，討趙匡凝於襄州，辛未帝南征。」唐實錄：「七月，全忠奏匡凝擅通好西川淮南，又遣弟專領荊南，請削奪官爵，已遣都將楊師厚討之，翌日全忠自帥軍以進。」編遺錄：「八月壬辰，先抽武寧楊師厚，是日到，乃議伐襄州帥趙匡凝，乙未，大發車徒，委楊師厚總其軍政，己亥，上領親步騎繼大軍之後，是夜宿尉氏。」今從之。薛史：「太祖將圖禪代，以匡凝兄弟並據藩鎮，乃遣使先諭旨焉。凝對使者流涕，荅以受國恩深，豈敢隨時妄有它志。使者復命，太祖大怒，天祐二年秋七月，遣楊師厚師討之，辛未，全忠南征，表匡凝罪狀，請削官爵。」按全忠劫遷昭宗於洛陽，匡凝與行密等移檄諸道共討之，全忠安肯以禪代問之，今不取。

(廿三)處州刺史盧約使其弟佶，攻陷溫州，【考異】新紀：「正月約陷溫州。」十國紀年在此月戊戌，今從之。張惠奔福州。錢鏐遣方永珍救婺州。

(廿四)初禮部員外郎知制誥司空圖，棄官居虞鄉王官谷(八七)，昭宗屢徵之，不起，柳璨以詔書徵(八八)之，圖懼，詣洛陽入見，陽為衰野(八九)，墜笏失儀(九〇)，璨乃復下詔，略曰：「既養高(九一)以傲代(九二)，類移山以釣名(九三)。」又曰：「匪夷匪惠，難居公正之朝，可放(九四)還山。」圖，臨淮(九五)人也。

(廿五)楊師厚攻下唐、鄧、復、郢、隨、均、房七州(九六)，朱全忠軍於漢北，九月，辛酉，命師厚作浮梁於陰谷口(九七)！癸亥，引兵度漢，甲子，趙匡凝將兵二萬陳於漢濱，師厚與戰，大破之，遂傅(九八)其城下。是夕，匡凝焚府城，帥其族及麾下士(九九)，泝漢奔廣陵(一〇〇)，乙丑，師厚入襄陽，丙寅，全忠繼至。匡凝至廣陵，陽行密戲之(一〇一)曰：「君在鎮(一〇二)，歲以金帛輸全忠，今敗乃歸我乎！」匡凝曰：「諸侯事天子，歲輸貢賦，乃其職(一〇三)也，豈輸賊乎！今日歸公，正以不從賊故耳。」行密厚遇之。

(廿六)丙寅，封皇弟禔為穎王，祐為蔡王。

(廿七)丁卯，荊南節度使趙匡明帥眾二萬，棄城奔成都。戊辰，朱全忠以楊師厚為山南東道留後，引兵擊江陵(一〇四)，至樂鄉(一〇五)，荊南牙將王建武遣使迎降，全忠以都將賀瓌為荊南留後，全忠尋表師厚為山南東道節度使。

(廿八)王宗賀等攻馮行襲，所向皆捷，丙子，行襲棄金州奔均州(一〇六)，其將全師朗以城降，【考異】李昊蜀書高祖紀，作全行恩，後主全行宗，林思諤王宗播王承規傳，作全行宗，桑弘志傳，作全行朗，新書馮行襲傳，金行全。蓋傳寫差誤，不可考正。按後蜀後主實錄云：「金州招安指揮使全師郁，世居金州。」疑是師朗昆弟族人也，今從十國紀年。王建更師朗姓名曰王宗朗，補金州觀察使(一〇七)，割渠、巴、開三州以隸之。

(廿九)乙酉，詔更用(一〇八)十一月癸酉，親郊。

(卅)淮南將陶雅、陳璋拔婺州，執刺史沈夏以歸，楊行密以雅為江南都招討使歙婺衢睦觀察使，以璋為衢婺副招討使，璋攻暨陽(一九)，兩浙將方習敗之，習進攻婺州。

(卅一)濠州團練使劉金卒，楊行密以金子仁規知濠州。

(卅二)楊行密長子宣州觀察使渥，素無令(二〇)譽，軍府輕之(二一)，行密寢疾(二二)，命節度判官周隱召渥，隱性惷(二三)直，對曰：「宣州司徒(二四)，輕易(二五)信讒，喜擊毬飲酒，非保家(二六)之主，餘子皆幼，未能駕馭諸將。廬州刺史劉威，從王起細微(二七)，必不負王，不若使之權領軍府，【考異】按徐溫謂隱為奸人。隱若欲為亂，當密召劉威，豈肯對其父斥渥短，請以軍府授威？隱乃戇直之人耳。俟諸子長，以授之。」行密不應，左右牙指揮使徐溫、張顥言於行密曰：「王平生出萬死(二八)，冒(二九)矢石，為子孫立基業(三〇)，安可使它人有之。」行密曰：「吾死瞑目(三一)矣。」隱，舒州人也。它日，將佐問疾，行密目留(三二)幕僚嚴可求，眾出，可求曰：「王若不諱(三三)，如軍府何(三四)？」行密曰：「吾命周隱召渥，今忍死待之。」可求與徐溫詣隱，隱未出，見牒猶在案上，可求即與溫取牒，遣使者如宣州召之。可求，同州人也。行密以潤州團練使王茂章為宣州觀察使。

(四三)冬，十月，丙戌朔，以朱全忠為諸道兵馬元帥，別開幕府(二五)，是日，全忠部署(二六)將士，將歸大梁(二七)，忽變計，欲乘勝擊淮南，敬翔諫曰：「今出師未踰月，平兩大鎮(二八)，闢地數千里，遠近聞之，莫不震懾(二九)，此威望(三〇)可惜(三一)，不若且歸息兵(三二)，俟釁(三三)而動。」不聽。

(四四)改昭信軍為戎昭軍。

(四五)辛卯，朱全忠發襄州，壬辰，至棗陽(三四)，遇大雨，自申州抵光州(三五)，【考異】梁太祖實錄：「十月壬申，上御大軍，發自襄州，由安黃涉申光，暨尋春之霍丘駐焉。」十國紀年：「十月，朱全忠自襄州，帥眾二十萬，趨光壽。」按十月丙戌朔，無壬申，梁實錄，今從編遺錄。道險狹，塗潦(三六)，人馬疲乏，士卒尚未冬服(三七)，多逃亡，全忠使人謂光州刺史柴再用曰：「下我(三八)，以汝為蔡州刺史，不下，且屠城。」再用嚴設守備，戎服登城，見全忠拜伏甚恭，曰：「光州城小兵弱，不足以辱王之威怒，王苟先下壽州，敢不(三九)從命！」全忠留其城東(四〇)，旬日而去。起居郎蘇楷、禮部尚書循之子也，素無才行，乾寧中，登進士第，昭宗覆試，黜之，仍永不聽入科場（四一），甲午，楷帥同列上言：「謚號美惡，臣子不得而私（四二），先帝謚號多溢美（四三），乞更詳議。」事下太常，丁酉，張廷範奏，改謚恭靈莊愍孝皇帝、廟號襄宗，詔從之。

（卌六）楊渥至廣陵（四四），辛丑，楊行密承制、以渥為淮南留後。戊申，朱全忠發光州，迷失道百餘里，又遇雨，比及壽州（四五），壽人堅壁清野以待之，全忠欲圍之，無林木可為柵，乃退屯正陽（四六）。

（卌七）癸丑，更名成德軍曰武順（四七）。

（卌八）十一月，丙辰，朱全忠度淮而北，柴再用抄其後軍，斬首三千級，獲輜重萬計，全忠悔之，躁忿（四八）尤甚，丁卯，至大梁。先是，全忠急於傳禪（四九），密使蔣玄暉等謀之，玄暉與柳璨等議，以魏晉以來，皆先封大國，加九錫殊禮，然後受禪，當次第行之（五〇）。乃先除全忠諸道元帥，以示有漸，仍以刑部尚書裴迪為送官告（五一）使，全忠大怒，宣徽副使王殷、趙殷衡疾（五二）玄暉權寵，欲得其處（五三），因譖之於全忠曰：「玄暉、璨等，欲延唐祚（五四），故逗遛（五五）其事，以須（五六）變。」玄暉聞之懼，自至壽春，具言其狀（五七），全忠曰：「汝曹巧述閑事(五八)，以沮(五九)我，借使(六〇)我不受九錫，豈不能作天子邪！」玄暉曰：「唐祚已盡，天命歸王，愚智皆知之，玄暉與柳璨等，非敢有背德(六一)，但以今茲(六二)晉、燕、岐、蜀(六三)，皆吾勍敵(六四)，王遽(六五)受禪，彼心未服，不可不曲盡義理，然後取之，欲為王創萬代之業(六六)耳。」全忠叱之曰：「奴果反矣。」玄暉惶遽(六七)辭歸，與璨議行九錫。時天子將郊祀，百官既習儀(六八)，裴迪自大梁還，言全忠怒曰：「柳璨蔣玄暉等欲延唐祚，乃郊天也。」璨等懼，庚午，勅改用來年正月上辛。殷衡，本姓孔名循，為全忠家乳母養子，故冒姓(六九)趙，後漸貴，復其姓名。

(甲)壬申，趙匡明至成都，王建以客禮遇之(七〇)。昭宗之喪，朝廷遣告哀使司馬卿宣諭(七一)王建，至是，始入蜀境，四川掌書記韋莊為建謀，使武定節度使(七二)王宗綰諭卿曰：「蜀之士，世受唐恩，去歲聞乘輿東遷，凡上二十表，皆不報，尋有亡卒自汴來，聞先帝已罹朱全忠弒逆，蜀之將士，方日夕枕戈，思為先帝報仇，不知今茲使來，以何事宣諭，舍人(七三)宜自圖進退。」卿乃還。

(四〇)庚辰，吳武忠王楊行密薨(七四)，【考異】十國紀年注、吳錄、唐烈祖實錄及吳史官王振撰楊本紀，皆云：「天祐二年十一月庚辰，行密卒。」敬翔梁編遺錄云：「天祐三年三月，穎州獲河東諜者言去年十一月，持李克用絹書往淮南，十二月，至揚州，方知楊行密已死。」與莊宗功臣列傳行密傳，所載略同。沈顏行密神道碑、殷文圭行密墓誌、游恭渥墓誌，皆云：「天祐三年丙寅，二月十二日丙申卒。」薛居正五代史行密傳，亦云：「天祐三年卒。」行密之亡，嗣君幼弱，不由朝命承襲，或始死未敢發喪，赴以明年二月，疑沈顏等從而書之。墓誌云：「十一月，吳王寢疾，付渥後事，授淮南使。」或本紀等誤以此月為行密卒。王振、沈顏、殷文圭、游恭，皆仕吳，而記錄差異，固不可考，今從舊史，而存碑誌年月，以廣傳聞。將佐共請宣諭使李儼承制，授楊渥淮南節度使東南諸道行營都統兼侍中弘農郡王。

(四一)柳璨蔣玄暉等議加朱全忠九錫，朝士多竊懷憤邑(七五)，禮部尚書蘇循獨揚言(七六)曰：「梁王功業顯大(七七)，曆數(七八)有歸(七九)，朝廷速宜揖讓。」朝士無敢違者。辛巳，以全忠為相國，摠百揆(八〇)，以宣武、宣義、天平、護國、天雄、武順、佑國、河陽、義武、昭義、保義、戎昭、武定、泰寧、平盧、忠武、匡國、鎮國、武寧、忠義、荊南等二十一道為魏國(八一)，進封魏王，仍加九錫。全忠怒其稽緩(八二)，讓(八三)不受。十二月，戊子，命樞密使蔣玄暉齎手詔詣全忠諭指(八四)，癸巳，玄暉自大梁還，言全忠怒不解，甲午，柳璨奏稱：「人望歸梁王，陛下釋重負(八五)，今其時也。」即日遣璨詣大梁，達(八六)傳禪之意，全忠拒之。初璨陷害朝士過多(八七)，全忠亦惡之，璨與蔣玄暉、張廷範，朝夕宴聚，深相結，為全忠謀禪代事，何太后泣，遣宮人阿虔、阿秋達㊇意玄暉，語以它日傳禪之後，求子母生全，王殷、趙殷衡譖玄暉云：「與柳璨張廷範於積善堂夜宴㊈，對太后，焚香㊉為誓，期興復唐祚。」全忠信之，乙未，收玄暉及豐德庫使應頊、御廚使朱建武，繫河南獄，以王殷權知樞密，趙殷衡權判宣徽院事，全忠三表辭魏王九錫之命，丁酉，詔許之，更以為天下兵馬元帥，然全忠已修大梁府舍為宮闕矣。是日，斬蔣玄暉，杖殺應頊、朱建武。庚子，省樞密使及宣徽南院使，獨置宣徽使一員，以王殷為之，趙殷衡為副使。辛丑，勅罷宮人宣傳詔命及參隨視朝㊈。追削蔣玄暉為凶逆百姓，令河南㊈揭尸於都門外，聚眾焚之。玄暉既死，王殷趙殷衡又誣玄暉私侍何太后，令阿秋阿虔通導往來，己酉，全忠密令殷、殷衡害太后於積善宮，勅追廢太后為庶人，阿秋阿虔皆於殿前撲㊈殺。庚戌，以皇太后喪，廢朝三日。辛亥，勅以宮禁內亂，罷來年正月上辛謁郊廟禮。癸丑，守司空兼門下侍郎同平章事柳璨貶登州刺史，太常卿張廷範貶萊州司戶，甲寅，斬璨於上東門外，車裂張廷範於都市，璨臨刑呼曰：「負國賊柳璨，死其宜矣。」

(四二)西川將王宗朗不能守金州，焚其城邑奔成都，戎昭節度使馮行襲復取金州，奏請金州荒殘(九四)，乞徙理(九五)均州，從之，更以行襲頓武安軍。【考異】實錄云：「改為武寧軍。」新表云：「改為武定軍。」按武寧乃徐州軍額，武定乃洋州軍額，不應同名，續寶運錄注云：「天復七年秋，汴軍都頭號馮青面改姓朱，授全忠印綬為洋州刺史。」授當作受，洋州自景福元年，刺史楊守佐歸順鳳翔後，被朱全忠除，此年秋，蜀第二指揮王宗綰收獲全州，都押衙全貴帥眾降，賜姓王名宗朗，拜金州刺史。又編遺錄：「天祐三年二月云，行襲已於均州建節，因署韓恭知金州事，請朝廷落下防禦使，并不建戎昭。」以此諸書參驗，似是今者，以行襲兼領洋州節制，非改戎昭為武定軍。實錄、新表，皆誤，續寶運錄天復七年，亦誤也。

(四三)陳詢不能守睦州，奔於廣陵，淮南招討使陶雅入據其城。

(四四)楊渥之去宣州也，欲取其幄幕及親兵以行，觀察使王茂章不與，渥怒，既襲位(九六)，遣馬步都指揮使李簡等將兵襲之。

(四五)湖南兵寇淮南，淮南牙內指揮使楊彪擊却之。

【今註】㊀壽州：是時壽州治壽春。㊁勇決：勇猛果決。㊂束身：束縛支體，乃罪人受刑之狀。㊃掌兵：猶典兵。㊄舉族：全家族。㊅掖：扶掖。㊆踰壘：越營墻。㊇不應：猶不答。㊈閉壁：謂閉營門。㊉全忠乃自霍丘引歸：胡三省曰：「朱全忠遣諸將逼壽州城下，而留屯霍丘為後勢。」(十一)大梁：《九域志》：「霍丘至大梁，九百餘里。」(十二)至濮陽，素服乘驢而進：至濮陽，已入朱全忠巡屬，故囚服乘驢以請罪。(13)戇：愚，音ㄓㄨㄤˋ。(14)是日社：胡三省曰：「自古以來，以戊日社，戊、土也，立春以後，歷五戊則社日。」(15)九曲池：在洛苑中。(16)和陵：《新唐書・地理志》二：「河南府緱氏，有和陵在太平山，本懊來山，天祐元年更名。」(17)靜海節度：靜海軍治交州，在嶺海之外。(18)河間：據《新唐書・地理志》三，河間屬河北道瀛州。(19)傾巧：傾佞警巧。(20)宿望：勳舊德望。(21)和王：名福，昭宗子。(22)優人：優伶。(23)幸有方鎮：謂幸有方鎮，可以處之。(24)何藉樂卿：胡三省曰：「太常卿掌禮樂，故曰樂卿。言勳人處之之職，當各當其分，不藉樂卿以榮。」(25)元帥：朱全忠時為諸道元帥，故稱之。(26)持之：謂持制書。(27)賓佐：賓客僚佐。(28)裴十四：裴樞，第十四。(29)本態：謂浮薄之態，按實即當時之清議。(30)幷：謂幷連。(31)涉、收之孫：楊收懿宗相，見懿宗紀。(32)和厚：和平忠厚。(33)為汝累：謂為汝之連累。(34)遺書：遺留書疏。(35)省營繕：謂省損營造。(36)彗星長竟天：彗所以除舊布新，易姓之徵也。胡三省曰：「薛居正五代史曰：『是年正月甲辰，有彗出於北河，貫文昌，其長三丈餘；五月乙丑，復出軒轅大角，及於天市垣，光耀嚴猛。』」(37)恣：肆意。(38)會：值。(39)疏：疏列。(40)橫議：猶亂議。(41)腹非：腹中不以為是。(42)塞：厭勝。(43)李振亦言於朱全忠曰：按此非另起一段，則朱字因上文宜刪。(44)不理：即不治。(45)剛紀：按剛當作綱，綱紀謂法度。(46)棣州：《舊唐書・地理志》一：「河南道棣州，在東都東北一千三百七十里。」(47)登州：同志一：「河南道登州，至東都二千七十一里。」(48)萊州：同志一：「河南道萊州，去東都一千八百五十二里。」(49)濮州：同志一：「河南道濮州，至東都七百三十五里。」(五〇)淄州：同志一：「河南道淄州，在東都東北一千四百二十五里。」(五一)曹州：同志一：「河南道曹州，在東都東北六百五十七里。」(五二)濰州：同志一：「河南道青州北海縣，武德二年，於縣置濰州，八年州廢，以北海屬青州。」此時蓋復置濰州。(五三)門胄：門第世胄。(五四)或科第自進：謂或自科第而進。(五五)三省：謂尚書、中書、門下。(五六)臺閣：漢曰臺閣，唐則通稱臺省，皆指中樞而言。(五七)以名檢：謂以名教禮檢。(五八)虛日：空日。(五九)一空：謂皆空。(六〇)瀧州：《舊唐書・地理志》四：「嶺南道康州南至瀧州二百三十里，至東都五千一百五十里。」由知瀧州至東都約為五千三百餘里。(六一)瓊州：同志四：「嶺南道瓊州，兩京與崖州道里相類。」按崖州至東都為六千三百里。(六二)白州：同志四：「嶺南道白州，至東都五千九百一十九里。」(六三)白馬驛：胡三省曰：「白馬驛在滑州白馬縣。」(六四)疾：恨。(六五)竄逐：竄貶放逐。(六六)鴟梟：謂不祥之物。(六七)頤指氣使：以頤指麾，以氣使令。(六八)車轂：轂，輻所湊。(六九)遊客：謂賓客。(七〇)勃然：色變貌。(七一)順口：謂順旁人之言。(七二)玩人：玩弄人。(七三)夾榆：胡三省曰：「說文，『榆白分』。所謂夾榆，乃今之田榆也。生田塍間，其皮類槐，其肉理堅緻而赤，鋸以為器，堅而耐久，車轂眾輻所湊，其木宜堅緻者。」(七四)尚何待：謂尚且等待何事。(七五)捽：持頭髮。(七六)撲：擊。(七七)青州：《舊唐書・地理志》一：「河南道青州，至東都一千五百七里。」(七八)所注：猶所及。(七九)不啻：不止。(八〇)十數：此十數乃謂十餘。(八一)力解之：謂力勸解之。(八二)督遣：督促發遣。(八三)稽留：稽延停留。(八四)平泉莊：李德裕有平泉莊，去洛城三十里。德裕〈平泉記〉云：「先公眺想，屬注伊川，吾於是有退居河洛之志，於龍門得喬處士故居，翦荊棘，驅狐狸而為之。」(八五)覺：發覺。(八六)將兵：謂領兵。(八七)虞鄉王官谷：胡三省曰：「王官谷在虞鄉縣中條山。」(八八)徵：徵召。(八九)衰野：衰老草野。(九〇)失儀：喪失威儀。(九一)養高：養清高。(九二)傲代：即傲世。(九三)類移山以釣名：用文選孔德璋北山移文故實，所謂移山，即文中之：「馳煙驛路，勒移山庭。」也。(九四)放：放遣。(九五)臨淮：據《新唐書・地理志》二，臨淮屬河南道泗州。(九六)楊師厚攻下唐、鄧、復、郢、隨、均、房七州：七州皆忠義軍巡屬。(九七)陰谷口：胡三省曰：「按舊史，陰谷口在襄州西六十里。」(九八)傅：通附，迫近。(九九)麾下士：謂部下將士。(一〇〇)沿漢奔廣陵：楊行密時據廣陵，匡凝沿漢水入江，順流東下而奔歸之。(一〇一)陽行密戲之：按陽當作楊。(一〇二)在鎮：謂在州鎮。(一〇三)職：職分。(一〇四)江陵：荊南軍府治江陵。(一〇五)樂鄉：《九域志》：「江陵府長林縣有樂鄉鎮。」(一〇六)均州：《九域志》：「金州東至均州七百里。」(一〇七)補金州觀察使：謂補充金州觀察使。(一〇八)更用：改用。(一〇九)暨陽：胡三省曰：「此暨陽，即越州諸暨縣也，與婺州東陽縣接境。」(一一〇)令：善。(一一一)軍府輕之：謂軍府將吏輕之。(一一二)寢疾：臥疾。(一一三)惷：愚。(一一四)宣州司徒：楊渥時守宣州，蓋加官司徒。(一一五)輕易：猶輕脫。(一一六)保家：謂保全家族。(一一七)細微：微小。(一一八)出萬死：謂出入萬死之中，萬死喻所遇危險甚多。(一一九)冒：冒犯。(一二〇)基業：基礎及產業。(一二一)瞑目：閉目，亦即安心之意。(一二二)目留：以目示意而留之。(一二三)不諱：謂不可諱言，亦即亡也。(一二四)如軍府何：謂軍府將如何處理。(一二五)別開幕府：別開元帥府。(一二六)部署：部分署任。(一二七)將歸大梁：將自襄陽歸大梁。(一二八)兩大鎮：謂荊、襄。(一二九)震慴：震動慴怖。(一三〇)威望：威嚴名望。(一三一)可惜：謂至宜愛惜。(一三二)息兵：休兵。(一三三)亹：通釁，謂釁隙。㉞棗陽：胡三省曰：「棗陽縣屬隨州，自襄陽至棗陽，一百三十餘里。」㉟自申州抵光州：《九域志》：「自申州東南至光州，三百五十五里。」㊱塗潦：謂道塗泥濘。㊲尚未著冬服。㊳下我：猶降我。㊴敢不：豈敢不。㊵留其城東：謂駐留於其城東。㊶起居郎蘇楷，乾寧中登進士第，昭宗覆試，黜之，仍永不聽入科場：洪邁《容齋隨筆》：「昭宗乾寧三年，試進士，刑部尚書崔凝以下二十五人放榜，詔於武德殿前覆試，但放十五人，自狀頭張貽範以下，重落其六人，許再入舉場，四人所試最下，不許再入，蘇楷其一也。」胡三省曰：「唐人謂貢院為科場，亦謂之場屋，言由此而決科進取爭名之場也。」㊷不得而私：謂不得而私徇之。㊸溢美：謂過度褒美。㊹楊渥至廣陵：渥自宣州至廣陵。㊺壽州：《九域志》：「光州東至壽州，三百五十里。」㊻正陽：胡三省曰：「淮水流出潁壽之間，夾淮有正陽鎮，東正陽屬壽州安豐縣界，西正陽屬潁州潁上縣界。」㊼更名成德軍曰武順：以朱全忠父名誠，故改成德為武順。㊽躁忿：暴躁忿怒。㊾傳禪：謂傳禪帝位。㊿當次第行之：謂當依其次第施行之。(51)官告：為官之告身。(52)疾：嫉恨。(53)欲得其處：謂欲求其貶黜（按處謂處置，此自指貶黜言）。(54)唐祚：唐之祿祚。(55)逗遛：猶稽遲。(56)須：待。(57)狀：情狀。(58)閑事：謂不相干之事。(59)沮：止。(60)借使：假使。(61)非敢有背德：謂非敢有背德之心。(62)今茲：今此，亦即今日。(63)晉、燕、岐、蜀：晉，李克用，燕，劉仁恭，岐，李茂貞，蜀，王建。(64)勍敵：強敵。(65)遽：即。(66)業：基業。(67)惶遽：惶急。(68)天子將郊祀，百官既習儀：胡三省曰：「唐制，大祀，百官皆先習儀，受誓戒散齋，致齋而後行事。」(69)冒姓：假姓。

(七〇)遇之：待遇之。(七一)宣諭：宣告。(七二)武定節度使：武定節度治洋州，蜀之東北鄙。(七三)舍人：胡三省曰：「司馬卿抑時為中書舍人歟？否則，唐制、中書通事舍人掌受四方章奏，及宣傳詔命，今以卿將命出使，故稱之歟！」(七四)楊行密薨：年五十四。(七五)憤邑：邑通悒，謂憤恨不平。(七六)揚言：謂宣言。(七七)顯大：顯赫偉大。(七八)曆數：謂天之星曆運數。(七九)有歸：謂皆歸降之。(八〇)百揆：百度，亦即所有事制。(八一)以宣武、宣義、天平、護國、天雄、武順、佑國、河陽、義武、昭義、保義、戎昭、武定、泰寧、平盧、忠武、匡國、鎮國、武寧、忠義、荊南等二十一道，為魏國：胡三省曰：「宣武領汴、宋、亳、單，宣義領汝、鄭、滑，天平領鄆、曹、濮、濟，護國領河中、晉、絳、慈、隰，天雄領魏、博、貝、衛、澶、相，武順領鎮、冀、深、趙，佑國領京兆、商、華，河陽領孟、懷，義武領定、祁、易，昭義領潞、澤，保義領邢、洺、磁，戎昭領金、均、房，武定領洋，泰寧領兗、沂、密，平盧領青、淄、濟、棣、登、萊，忠武領陳、許，匡國領同，鎮國領陝、虢，武寧領徐、宿，忠義領襄、鄧、隨、郢、唐、復、安，荊南領荊、歸、峽。」(八二)稽緩：稽延遲緩。(八三)讓：辭讓。(八四)諭指：曉諭以朝廷之意旨。(八五)重負：重擔。(八六)達：傳達。(八七)初璨陷害朝士過多：謂白馬之禍。(八八)達：通。(八九)譖玄暉云：「與柳璨張廷範於積善堂夜宴」：按與上宜添玄暉二字，文意方足。又積善堂時為何太后所居。(九〇)焚香：乃中古明誓儀式中之一節目。(九一)勅罷宮人參隨視朝：開元禮疏：「晉康獻褚后臨朝不坐，則宮人傳命百僚，周隋相因，國家承之不改。唐六典曰：『宮嬪司贊掌朝會贊相之事，凡朝引客立於殿廷。』至天祐三年，詔曰：『宮嬪女職，本備內任，今後遇延英坐日，只令小黃門祇候引從，宮人不得出內。』」正是年詔勅之旨。㊁河南：謂河南府。㊂撲：擊。㊃奏請金州荒殘：按請當作謂。㊄徙理：謂徙治所。㊅襲位：承襲其父之位。

三年（西元九〇六年）

㈠春，正月，壬戌，靈武節度使韓遜奏吐蕃七千餘騎，營於宗高谷，將擊嗢末及取涼州。

㈡李簡兵奄至㊀宣州，王茂章度不能守，帥眾奔兩浙，親兵上蔡㊁刁彥能，辭以母老，不從行，登城諭眾曰：「王府㊂命我招諭汝曹，大兵行㊃至矣。」眾由是定。陶雅畏茂章斷其歸路，引兵還歙州，錢鏐復取睦州，鏐以茂章為鎮東節度副使，更名景仁。

㈢乙丑，加靜海節度使曲承裕同平章事。

㈣初田承嗣鎮魏博，選募六州驍勇之士五千人，為牙軍㊄，厚其給賜㊅以自衞，為腹心，自父子相繼，親黨膠固㊆，歲久益驕橫㊇，小不如意，輒族㊈舊帥而易之，自史憲誠以來，皆立於其手㊉。天雄節度使羅紹威心惡之，力不能制，朱全忠之圍鳳翔也，紹威遣軍將楊利言，密以情告全忠，欲借其兵以誅之，全忠以事方急，未暇(一一)如其請，陰(一二)許之，及李公佺作亂，紹威益懼，復遣牙將臧延範趣(一三)全忠，全忠乃發河南諸鎮兵七萬，遣其將李思安將之，會魏鎮兵，屯深州樂城(一四)，聲言(一五)擊滄州，討其納李公佺也。會全忠女適紹威子廷規者卒，全忠遣客將馬嗣勳實(一六)甲兵於橐(一七)中，選長直兵(一八)千人為擔夫，帥之入魏，詐云：「會葬。」全忠自以大軍繼其後，云：「赴行營。」牙軍皆不之疑，庚午，紹威潛遣人入庫，斷弓弦甲襻(一九)，是夕，紹威帥其奴客(二〇)數百，與嗣勳合擊牙軍，牙軍欲戰，而弓甲皆不可用，遂闔營殪(二一)之，凡八千家，嬰孺(二二)無遺(二三)，詰旦(二四)，全忠引兵入城。

(五)辛未，以權知寧遠留後龐巨昭、嶺南西道留後葉廣略，並為節度使。

(六)庚辰，錢鏐如睦州(二五)。

(七)西川將王宗阮攻歸州(二六)，獲其將韓從實。

(八)陳璋聞陶雅歸歙，自婺州退保衢州，兩浙將方永珍等取婺州，進攻衢州。

㈨楊渥遣先鋒指揮使陳知新攻湖南。三月，乙丑，知新拔岳州，逐刺史許德勳，渥以知新為岳州刺史。

㈩戊寅，以朱全忠為鹽鐵度支戶部三司都制置使，三司之名始于此，全忠辭不受。

⑾夏，四月，癸未朔，日有食之。羅紹威既誅牙軍，魏之諸軍皆懼，紹威雖數撫諭之，而猜怨益甚，朱全忠營於魏州城東數旬，將北巡行營，會天雄牙將史仁遇作亂，聚眾數萬據高唐㉗，自稱留後，天雄巡內諸縣多應之，全忠移軍入城，遣使召行營兵還攻高唐，至歷亭㉘，魏兵在行營者作亂，與仁遇相應，元帥府左司馬李周彝、右司馬苻道昭擊之，所殺殆半。進攻高唐，克之，城中兵民，無少長㉙皆死，擒史仁遇，鋸殺之。先是，仁遇求救於河東及滄州，李克用遣其將李嗣昭將三千騎攻邢州，以救之，時邢州兵纔二百，團練使牛存節守之，嗣昭攻七日不克，全忠遣右長直都將張筠，將數千騎，助存節守城，筠伏兵於馬嶺，擊嗣昭，敗之，

嗣昭遁去。義昌節度使劉守文遣兵萬人攻貝州，又攻冀州，拔蓨縣，進攻阜城㉚。時鎮州大將王釗攻魏州叛將李重霸於宗城㉛，全忠遣歸救冀州，滄州兵去，丙午，重霸棄城走，汴將胡規追斬之。

(十二)鎮南節度使鍾傳以養子延規為江州刺史，傳薨，軍中立其子匡時為留後，延規恨不得立，遣使降淮南。【考異】實錄：「初鍾傳養上藍院僧為子，曰延圭，補江州刺史，傳卒，遂召淮師，陷其城。」今從十國紀年、吳史。

(十三)五月，丁巳，朱全忠如洺州，遂巡北邊，視戎備㉜，還入於魏。

(十四)丙子，廢戎昭軍，幷均房隸忠義軍，以武定節度使馮行襲為匡國節度使。

(十五)楊渥以昇州刺史秦裴為西南行營都招討使，將兵擊鍾匡時於江西。

(十六)六月，甲申，復以忠義軍為山南東道。

(十七)朱全忠以長安鄰於邠岐㉝，數有戰爭，奏徙佑國節度使韓建於淄青，以淄青節度使長社王重師為佑國節度使。

(十八)秋，七月，朱全忠克相州，時魏之亂兵，散㉞據貝、博、澶、相、衢州，全忠分命諸將攻討，至是悉平之，引兵南還，【考異】實錄在六月，今從編遺錄、唐太祖紀年錄。編遺錄：「七月癸未，上起兵，離魏都。」按是月壬子朔，無癸未，編遺錄誤也。全忠留魏半歲，羅紹威供億㉟，所殺牛羊豕近七十萬，資糧稱是㊱，所賂遺又近百萬，比去，蓄積為之一空。紹威雖去其逼，而魏兵自是衰弱，紹威悔之，謂人曰：「合六州㊲四十三縣鐵，不能為此錯也㊳。」壬申，全忠至大梁。【考異】編遺錄云：「壬辰。」亦誤。

(十九)秦裴至洪州，軍於蓼洲，諸將請阻水立寨㊴，裴不從，鍾匡時果遣其將劉楚據之，諸將以咎裴，裴曰：「匡時驍將，獨楚一人耳，若帥眾守城，不可猝拔㊵，吾故以要害㊶誘致之耳。」未幾裴破寨執楚，遂圍洪州，饒州刺史唐寶請降。

(廿)八月，乙酉，李茂貞遣其子侃為質於西川，王建以侃知彭州。

(廿一)朱全忠以幽滄相首尾㊷，為魏患，欲先取滄州，甲辰，引兵發大梁。

(廿二)兩浙兵圍衢州，衢州刺史陳璋告急於淮南，楊渥遣左廂馬步都虞候周本將兵迎璋，本至衢州，浙人解圍，陳於城下，璋帥眾歸于本，兩浙兵取衢州。呂師造曰：「浙人近我而不動，輕我也，請擊之。」本曰：「吾受命迎陳使君㊸，至今矣，何為復戰，彼必有以待我也！」遂引兵還，本為之殿㊹，浙人躡㊺之，本中道設伏，大破之。

(廿三)九月，辛亥朔，朱全忠自白馬渡河，丁卯，至滄州，軍於長蘆㊻，滄人不出，羅紹威饋運㊼，自魏至長蘆，五百里不絕於路，又建元帥府舍於魏，所過驛亭㊽，供酒饌、幄幕㊾、什器㊿，上下(五一)數十萬人，無一不備(五二)。

(廿四)秦裴拔洪州，虜鍾匡時等五千人以歸，楊渥自兼鎮南節度使，以裴為洪州制置使。

(廿五)靜難節度使楊崇本以鳳翔、保塞、彰義、保義(五三)之兵攻夏州，匡國節度使劉知俊邀擊坊州(五四)之兵，斬首三千餘級，擒坊州刺史劉彥暉。

(廿六)劉仁恭救滄州，戰屢敗，乃下令：「境內男子，十五以上，七十以下，悉自備兵糧(五五)，詣行營。軍發之後，有一人在閭里，刑無赦（五六）。」或諫曰：「今老弱悉行，婦人不能轉餉（五七），此令必行（五八），濫刑者眾矣。」乃命勝執兵者（五九）盡行，文其面（六〇）曰：「定霸都（六一），」士人（六二）則文其腕或臂曰：「一心事主。」於是境內士民，稚孺之外，無不文者，得兵十萬，軍於瓦橋。時汴軍築壘圍滄州，鳥鼠不能通（六三），仁恭畏其強，不敢戰，城中食盡，丸土（六四）而食，或云相掠啖（六五）。朱全忠使人說劉守文曰：「援兵勢不相及（六六），何不早降。」守文登城應之曰：「僕於幽州，父子也，梁王方以大義服天下（六七），若子叛父而來，將安用之？」全忠愧其辭直（六八），為之緩攻。

(廿七)冬，十月，丙戌，王建始立行臺於蜀，【考異】續寶運錄曰：「天復六年十月六日，行下此牓帖。」則是此年十月也。建東向舞蹈號慟（六九），稱：「自大駕東遷（七〇），制命不通，請權立行臺，用李晟鄭畋故事，承制封拜。」仍以牓帖（七一）告諭所部藩鎮州縣。

(廿八)劉仁恭求救於河東，前後百餘輩（七二），李克用恨仁恭返覆（七三），竟未之許，其子存勗諫曰：「今天下之勢，歸朱溫者什七八，雖彊大如魏博鎮定，莫不附之，自河以北，能為溫患者，獨我與幽滄耳。今幽滄為溫所困，我不與之併力(七四)拒之，非我之利也。夫為天下者，不顧小怨，且彼嘗困我，而我救其急，以德懷(七五)之，乃一舉而名實附也(七六)，此乃吾復振(七七)之時，不可失也。」克用以為然，與將佐謀，召幽州兵與攻潞州曰：「於彼，可以解圍，於我，可以拓境(七八)。」乃許仁恭和，召其兵。仁恭遣都揮使李溥(七九)將兵三萬，詣晉陽，克用遣其將周德威、李嗣昭將兵，與之共攻潞州。

(廿九)夏州告急於朱全忠，戊戌，全忠遣劉知俊及其將康懷英救之，楊崇本將六鎮之兵(八〇)五萬，軍於美原，知俊等擊之，崇本大敗，歸于邠州。

(卅)武貞節度使雷彥威屢寇荊南，留後賀瓌閉城自守，朱全忠以為怯，以潁州防禦使高季昌代之，又遣駕前指揮使倪可福將兵五千戍荊南，以備吳蜀，朗兵(八一)引去。

(卅一)十一月，劉知俊、康懷貞(八二)乘勝攻鄜延等五州，下之，加知俊同平章事，以懷貞為保義節度使，西軍(八三)自是不振。湖州刺史高彥卒，子澧代之。

㊼十二月，乙酉，錢鏐表薦行軍司馬王景仁㈧㈣，詔以景仁領寧國節度使。【考異】候居五代史：「鏐辟為兩府行軍司馬，具以狀聞，及除復命遙領宣州節度使，同平章事。」歐陽脩五代史曰：「鏐表景仁領宣州節度使。」今從之。

㊽朱全忠分步騎數萬，遣行軍司馬李周彝將之，自河陽救潞州。

㊾閏月，乙丑，廢鎮國軍興德府復為華州，隸匡國節度，割金商州隸佑國軍。

㊿初昭宗凶訃㈧㈤至潞州，昭義節度使丁會帥將士，縞素流涕久之，及李嗣昭攻潞州，會舉軍降於河東，【考異】唐太祖紀年錄：「丁酉，丁會開門迎降，閏十二月，太祖以李嗣昭為潞帥。」薛居正五代史梁紀，在閏月，後唐紀，在十二月，今從新舊傳紀、薛史梁紀及編遺錄。李克用以嗣昭為昭義留後，會見克用，泣曰：「會非力不能守也，梁王陵虐唐室，會雖受其舉拔㈧㈥之恩，誠㈧㈦不忍其所為，故來歸命㈧㈧耳。」克用厚待之，位於諸將之上。己巳，朱全忠命諸軍治攻具，將攻滄州，壬申，聞潞州不守，甲戌，引兵還。先是調河南北芻糧，水陸輸軍前㈧㈨，諸營山積㈨㈩，全忠將還，悉命焚之，煙炎㈨㈠數里，在舟中者，鑿而沈之。劉守文使遺全忠書，曰：「王以百姓之故，赦僕之罪，解圍而去，王之惠也。城中數萬口，不食數月矣，與其焚之為煙，沈

之為泥，願乞其餘以救之(九二)。」全忠為之留數囷(九三)，以遺之，滄人賴以濟(九四)，河東兵進攻澤州，不克而退。

(卌六)吉州刺史彭玕遣使請降於湖南(九五)。玕，本赤石洞蠻酋，鍾傳用為吉州刺史。

【今註】(一)奄至：奄忽而至。(二)上蔡：據《新唐書・地理志》二，上蔡屬河南道蔡州。(三)王府：楊渥父子皆以王爵鎮廣陵，故稱淮南軍府曰王府。(四)行：將。(五)初田承嗣鎮魏博，選募六州驍勇之士五千人，為牙軍：事見卷二百二十二代宗廣德元年。(六)給賜：稟給賞賜。(七)膠固：謂如膠黏物之牢固。(八)驕橫：驕傲凶橫。(九)族：族滅。(一〇)自史憲誠以來，皆立於其手：穆宗長慶二年，立史憲誠，文宗太和三年，立何進滔，懿宗咸通十一年，立韓允中，僖宗中和三年，立樂彥禎，文德元年，立趙文玠，尋立羅弘信。(一一)末暇：謂無暇時。(一二)陰：暗。(一三)趣：讀曰促。(一四)深州樂城：樂城，其全稱乃為樂壽。(一五)聲言：揚聲言。(一六)實：充實，亦即藏也。(一七)橐：有底曰囊，無底曰橐。(一八)長直兵：胡三省曰：「長直兵蓋選驍勇之士，長使之直衞，不以番代者也。」(一九)襻：衣系，音ㄆㄢˋ。(二〇)奴客：僮奴及遊客。(二一)殪：滅。(二二)嬰孺：嬰兒孺子。(二三)無遺：無遺餘。(二四)詰旦：明旦。(二五)睦州：《九域志》：「杭州西南至睦州，三百一十五里。」(二六)攻歸州：歸州屬荊南。(二七)高唐：據《新唐書・地理志》三，高唐屬河北道博州。(二八)歷亭：據同志三，歷亭屬河北道貝州。(二九)無少長：謂無論少長。(三〇)蓨縣、阜城：《九域志》：「蓨縣在冀州東北一百五十里，阜城在州東一百六十里。」(三一)宗城：《九域志》：「宗城在魏州西北一百七十里。」(三二)戎備：軍備。(三三)長安鄰於邠岐：《九域志》：「長安西北至邠州，二百七十五里，西至鳳翔，三百九里。」(三四)散：分散。(三五)供億：供給而億安之。(三六)稱是：與此相副稱。(三七)六州：謂魏、博、相、衛、貝、澶。(三八)六州四十三縣鐵，不能為此錯也：謂雖如許之鐵，不能鑄此大錯。(三九)阻水立寨：阻水謂以水為險阻，故亦即濱水立寨之謂。(四〇)猝拔：猶立拔。(四一)要害：謂要害之地。(四二)以幽滄相首尾：幽，劉仁恭；滄，劉守文。父子相為首尾而應援之。(四三)使君：漢代尊稱刺史曰使君，此沿用之。(四四)殿：殿後。(四五)躡：謂踵其後。(四六)長蘆：縣名，屬滄州。(四七)饋運：謂饋運糧草。(四八)驛亭：唐代亭與驛頗相類，故合曰驛亭。(四九)幄幕：帳幕。(五〇)什器：雜器。(五一)上下：謂自上至下。(五二)無一不備：謂無一人需用不備。(五三)保義：胡三省曰：「保義當作保大，蓋保義軍領邢、洺、磁，在山東，而保大軍領鄜、坊，邠岐等鎮，皆在關西也。」(五四)坊州：保大軍巡屬。(五五)兵糧：兵器糧食。(五六)刑無赦：謂刑罰而不赦宥。(五七)轉餉：謂轉運糧餉。(五八)此令必行：謂此令若一定施行。(五九)執兵者：執兵器者。(六〇)文其面：刻劃其面龐。(六一)定霸都：謂堪定霸業之軍旅。(六二)士人：讀書人。(六三)鳥鼠不能通：謂雖鳥鼠亦不能通過，以喻其包圍之嚴密。(六四)丸土：摶土。(六五)掠啖：刦掠而食之。(六六)不相及：謂不能及達。(六七)服天下：謂使天下歸服。(六八)愧其辭直：謂慼其辭直，而愧己之不直。(六九)號慟：謂號泣慟哭。(七〇)大駕東遷：謂昭宗遷洛。(七一)牓帖：文書之名，率張揭於通衢重要之處，以使人得覽知之。(七二)百餘輩：謂百餘人。(七三)返覆：謂反覆不一。㊆併力：合力。㊇懷：懷安。㊈名實附也：謂名實相附隨也。㊉振：振興。㊀拓境：謂開拓疆土。㊁仁恭遣都揮使李溥：按揮上當脫指字。㊂將六鎮之兵：胡三省曰：「據上文，則楊崇本所將者，五鎮之兵耳，蓋併將秦隴之兵為六鎮。」㊃朗兵：乃雷彥威之兵。㊄康懷貞：以此觀之，則上文誤作懷英。㊅西軍：謂邠岐軍。㊆王景仁：即王茂章，是年正月，棄宣州歸錢鏐。㊇訃：告喪曰訃。㊈舉拔：薦舉擢拔。㊉誠：實。㊀歸命：謂歸從王命。㊁水陸輸軍前：謂由水陸兩路，輸入軍中。㊂諸營山積：謂諸營芻糧，如山之堆積。㊃煙炎：謂濃煙及火焰，瀰漫數里。㊄與其焚之為煙，沈之為泥，願乞其餘以救之：按此文例，乃為與其焚之為煙，沈之為泥，不若留而存之，以拯困窘之生靈。願乞其餘以救之。今則省去不若以下二句，致與其二字陷於孤懸，而無應和。又煙下添炎字，泥下增土字，則更括用上辭而使語意愈為充暢。㊅囷：圓者曰囷，方者曰倉。㊆賴以濟：謂賴以得濟。㊇湖南：時為馬殷所守。

資治通鑑今註十五冊出版進度表

冊　次	紀　年	出版時間
1	周紀　秦紀　漢紀	100 年 11 月
2	漢紀	100 年 11 月
3	漢紀	101 年 1 月
4	漢紀　魏紀	101 年 2 月
5	晉紀	101 年 3 月
6	晉紀	101 年 4 月
7	宋紀　齊紀	101 年 4 月
8	齊紀　梁紀	101 年 5 月
9	梁紀　陳紀	101 年 5 月
10	隋紀　唐紀	101 年 6 月
11	唐紀	101 年 7 月
12	唐紀	101 年 8 月
13	唐紀	101 年 9 月
14	後梁紀　後唐紀	101 年 10 月
15	後唐紀　後晉紀 後漢紀　後周紀	101 年 10 月

資治通鑑今註　第十三冊
唐　　紀

主編◆國立編譯館中華叢書編審委員會
校註者◆李宗侗　夏德儀等
發行人◆施嘉明
總編輯◆方鵬程
執行編輯◆葉幗英　徐平　王窈姿
校對◆陳圓　趙蓓芬
美術設計◆吳郁婷

出版發行：臺灣商務印書館股份有限公司
臺北市重慶南路一段三十七號
電話：（02）2371-3712
讀者服務專線：0800056196
郵撥：0000165-1
網路書店：www.cptw.com.tw
E-mail：ecptw@cptw.com.tw

局版北市業字第 993 號
初版一刷：1975 年 12 月
二版一刷：2012 年 9 月
定價：新台幣 2200 元

ISBN 978-957-05-2737-7（精裝）

資治通鑑今註. 第十三冊. 唐紀／李宗侗, 夏
德儀等註譯；國立編譯館中華叢書編審委員會
主編. --二版. -- 臺北市：臺灣商務, 2012. 09
面 ； 公分.

ISBN 978-957-05-2737-7(精裝)

1. 資治通鑑 2.注釋

610.23 101014211